桂林年鉴

GUILIN NIANJIAN

2020

桂林市地方志编纂委员会　编

线装書局

图书在版编目(CIP)数据

桂林年鉴. 2020 / 桂林市地方志编纂委员会编. -- 北京 : 线装书局, 2020.9
ISBN 978-7-5120-4185-1

Ⅰ. ①桂… Ⅱ. ①桂… Ⅲ. ①桂林—2020—年鉴 Ⅳ. ① Z526.73

中国版本图书馆 CIP 数据核字(2020)第 193034 号

桂林年鉴(2020)

编　　者: 桂林市地方志编纂委员会
责任编辑: 周思远
装帧设计: 南宁市佳彩广告设计有限公司
出版发行: 线装書局
地　址: 北京市丰台区方庄日月天地大厦 B 座 17 层(100078)
电　话: 010-58077126(发行部) 010-58076938(总编室)
网　址: www.zgxzsj.com
经　　销: 新华书店
印　　制: 深圳市精一瑞兰印刷有限公司
开　　本: 889 mm × 1240 mm　1/16
印　　张: 33.5
字　　数: 1477 千字
版　　次: 2020 年 9 月第 1 版第 1 次印刷

定　　价: 368.00 元

编 辑 说 明

一、《桂林年鉴》是中共桂林市委、桂林市人民政府领导，桂林市地方志编纂委员会编纂的地方综合年鉴。每年出版1卷，已连续出版26卷。《桂林年鉴》的编纂出版坚持以马克思列宁主义、毛泽东思想、邓小平理论、“三个代表”重要思想、科学发展观、习近平新时代中国特色社会主义思想为指导，旨在载录桂林市经济和社会发展的基本情况，为各级领导机关决策、指导工作提供市情依据，是社会各界和海外人士了解、研究桂林的最新信息载体，并为桂林市的发展积累史料。

二、《桂林年鉴(2020)》主体内容设类目、分目、条目3个层次，除特载、大事记、统计资料、附录等类目外，其他类目的内容均以条目为表现内容的基本形式。条目的标题统一用黑体加【 】表示。年鉴内容采用科学分类和社会分工相结合的原则设置类目，机构、企事业单位的排序一般不表示其地位和规模。

三、本卷年鉴着重记载2019年桂林市经济和社会发展的基本情况及大事、要事、新事，个别重要内容有上溯或下延。全书设概貌、特载、大事记、桂林国际旅游胜地建设、中国共产党桂林市委员会、桂林市人民代表大会、桂林市人民政府、中国人民政治协商会议桂林市委员会、纪检监察、民主党派·工商联、群众团体、政法、军事、外事·接待、旅游业、城乡建设与管理、生态环境保护、交通运输·邮政、信息业、工业、农业·水利·农村扶贫、商业、对外经济贸易·非公有制经济、财政·税务、金融、新区·开发区、经济行政管理与监督、教育、科学、文化、卫生健康·体育、人力资源·社会保障、社会生活、区县(市)简介、人物、统计资料、附录共37个类目，223个分目。设卷首图片专辑67页，内文插图290幅，部分图片内容延伸至2020年。

四、本卷年鉴稿件由各行业主管部门和各县(市、区)提供，并经撰稿单位领导审核。各行业中列入统计部门的主要数据，采用统计部门提供的数据，未列入统计部门范围的数据，以各行业主管部门提供为准，统计数据采用法定计量单位。

五、本卷年鉴为便于读者查阅，配备双重检索系统，书首设中文目录和英文目录，书尾设索引。

桂林市地方志编纂委员会

主　　任：秦春成

副 主 任：彭代元　彭东光　徐　锋　钟　麟　丁东弟
孙清洪　谷海洪　徐朝凯

委　　员：涂国辉　刘满云　贲黄文　唐建林　黄　强
韦远明　黄有能　叶桂忠　唐标明　韦文周
曾　亮　蔡立圭　王子西　蒋平华　李　强
吴般丹　隆　斌　孙敬东　李丽君　文　剑
李宗庆

《桂林年鉴(2020)》编辑人员

主　　编：徐朝凯

副 主 编：李丽君　李宗庆　曾荣平　覃丰展　胡小春
潘树能　廖志良　李春瑜　关玉成

编　　辑：陶树青　伍己忠　陈　辉　尹　乐
游宇琳　廖宝剑

国际旅游胜地——桂林

城市性质：

首批中国历史文化名城

著名国际风景游览城市

城市数字（2019年）：

行政区划：6城区、11县（市）

土地面积：27809平方千米

年末户籍总人口：540.60万人

6城区人口：134.15万人

地区生产总值：2105.56亿元

组织财政收入：258.79亿元

农作物总播种面积：69.09万公顷

粮食总产量：169.00万吨

社会消费品零售总额：1095.20亿元

接待国内外游客人数：1.38亿人次

入境过夜游客人数：314.59万人次

旅游总收入：1874.25亿元

民用汽车保有量：70.37万辆

城镇居民人均可支配收入：37178元

农村居民人均可支配收入：16045元

金融机构本外币存款余额：3624.70亿元

金融机构本外币贷款余额：2831.36亿元

外贸进出口总额：70.58亿元

旅游景点：

世界自然遗产1处：桂林喀斯特地貌（漓江）

全球重要农业文化遗产1处：龙脊梯田（龙胜各族自治县）

世界灌溉工程遗产1处：兴安灵渠（兴安县）

国家5A级旅游景区4处：漓江景区、乐满地度假世界、独秀峰·王城景区、两江四湖·象山景区

国家4A级旅游景区38处

国家3A级旅游景区39处

全国重点文物保护单位20处

漓江风光　李腾钊　摄

国际旅游胜地——桂林

城市荣誉：

首批中国历史文化名城（1982年）

中国重点风景旅游城市（1986年）

首批中国优秀旅游城市（1998年）

首批中国十大文明风景旅游示范点（漓江景区　1998年）

全国创建文明城市工作先进城市（1999年、2002年、2005年、2009年）

国家园林城市（2003年）

全国园林绿化先进城市（2003年）

最佳中国魅力城市（2004年）

国家卫生城市（2005年）

全国科技进步先进市（2005年、2007年、2009年、2011年）

国家环境保护模范城市（2005年）

全国绿化模范城市（2007年、2011年）

中国十大休闲城市（2007年、2013年）

中国青年喜爱的旅游目的地（2007年）

国家知识产权示范城市创建市（2008年）

全国社会治安综合治理最高奖“长安杯”（2009年、2013年、2017年）

全国十佳绿色城市（2011年）

最中国文化名城（2011年）

中国特色休闲城市——最美休闲城市（2011年）

全国双拥模范城（1993年、1994年、1997年、2000年、2004年、2008年、2012年、2016年）

首批“全国旅游刷卡无障碍示范区”城市（2012年）

国家信息消费试点城市（2013年）

中国十佳品牌会展城市（2013年）

创建国家电子商务示范城市（2014年）

国家信息惠民试点城市（2014年）

全国优秀会展城市（2014年）

桂林喀斯特地貌列入世界自然遗产名录（2014年）

2014年度最佳国际旅游度假目的地（2014年）

美丽中国之旅十佳山水城市（2014年）

最佳国内旅游城市（2015年）

中欧低碳生态城市合作项目专项试点示范城市（2015年）

全国人民防空先进城市（2016年）

2011—2015年全国法治宣传教育先进城市（2016年）

2015—2016年度中国最具魅力会议目的地（2016年）

2015—2016年度全国会展名城（2016年）

2016亚洲旅游红珊瑚奖——亚洲最受欢迎旅游城市（2016年）

2013—2016年度全国社会治安综合治理优秀市（2017年）

全国首批健康旅游示范基地（2017年）

建设国家可持续发展议程创新示范区（2018年）

国家黑臭水体治理示范城市（2019年）

漓江景区　林京学　摄

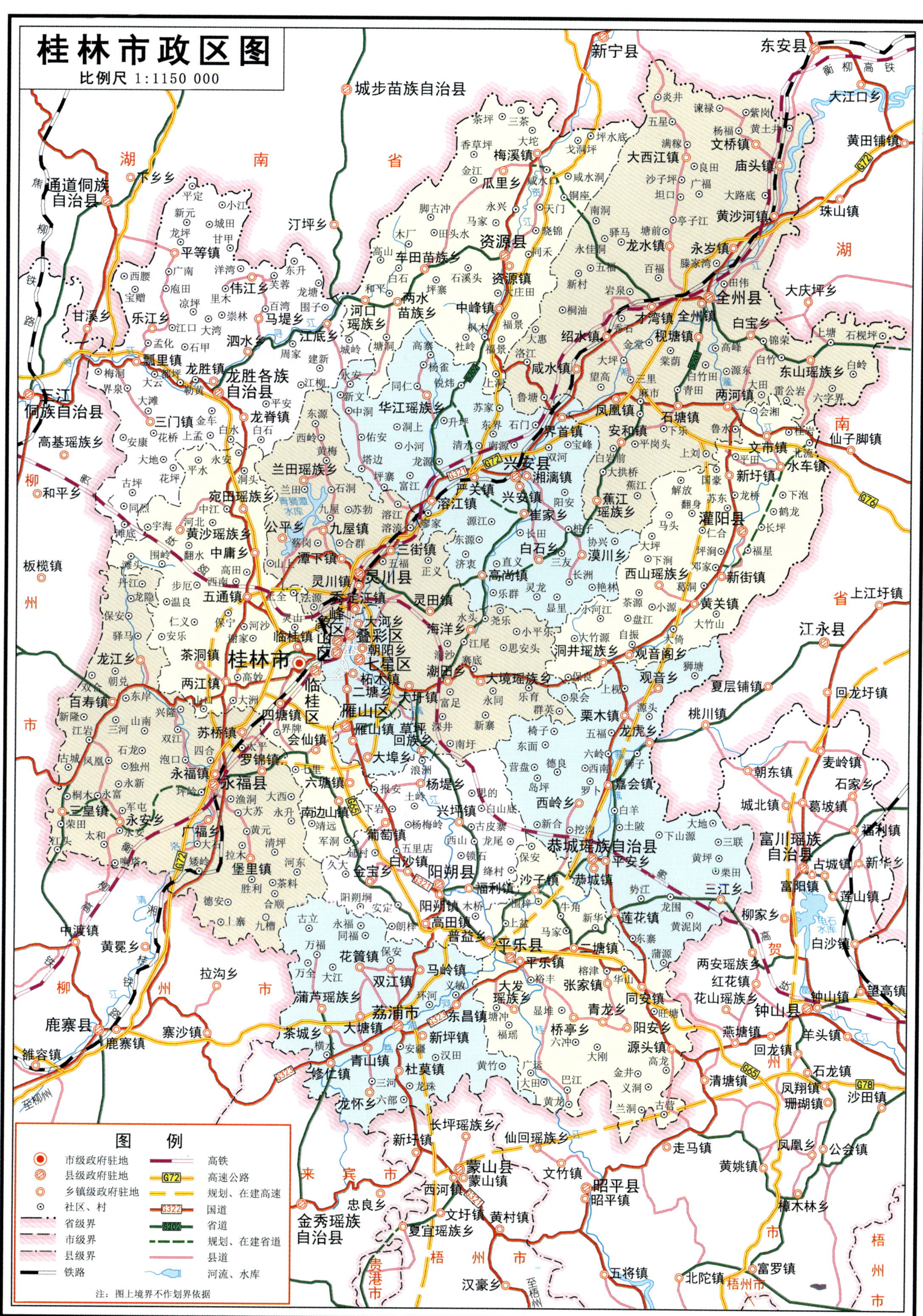
桂林市政区图
比例尺 1:1150 000
图例
市级政府驻地
县级政府驻地
乡镇级政府驻地
社区、村
省级界
市级界
县级界
铁路
高铁
G72 高速公路
规划、在建高速
G322 国道
S202 省道
规划、在建省道
县道
河流、水库
注：图上境界不作划界依据
湖南省
桂林市
临桂区
叠彩区
秀峰区
象山区
七星区
雁山区
灵川县
兴安县
全州县
资源县
灌阳县
龙胜各族自治县
永福县
阳朔县
恭城瑶族自治县
平乐县
荔浦市
新宁县
东安县
城步苗族自治县
通道侗族自治县
三江侗族自治县
江永县
富川瑶族自治县
钟山县
蒙山县
昭平县
金秀瑶族自治县
鹿寨县
柳州市
贺州市
来宾市
梧州市
贵港市
永州市

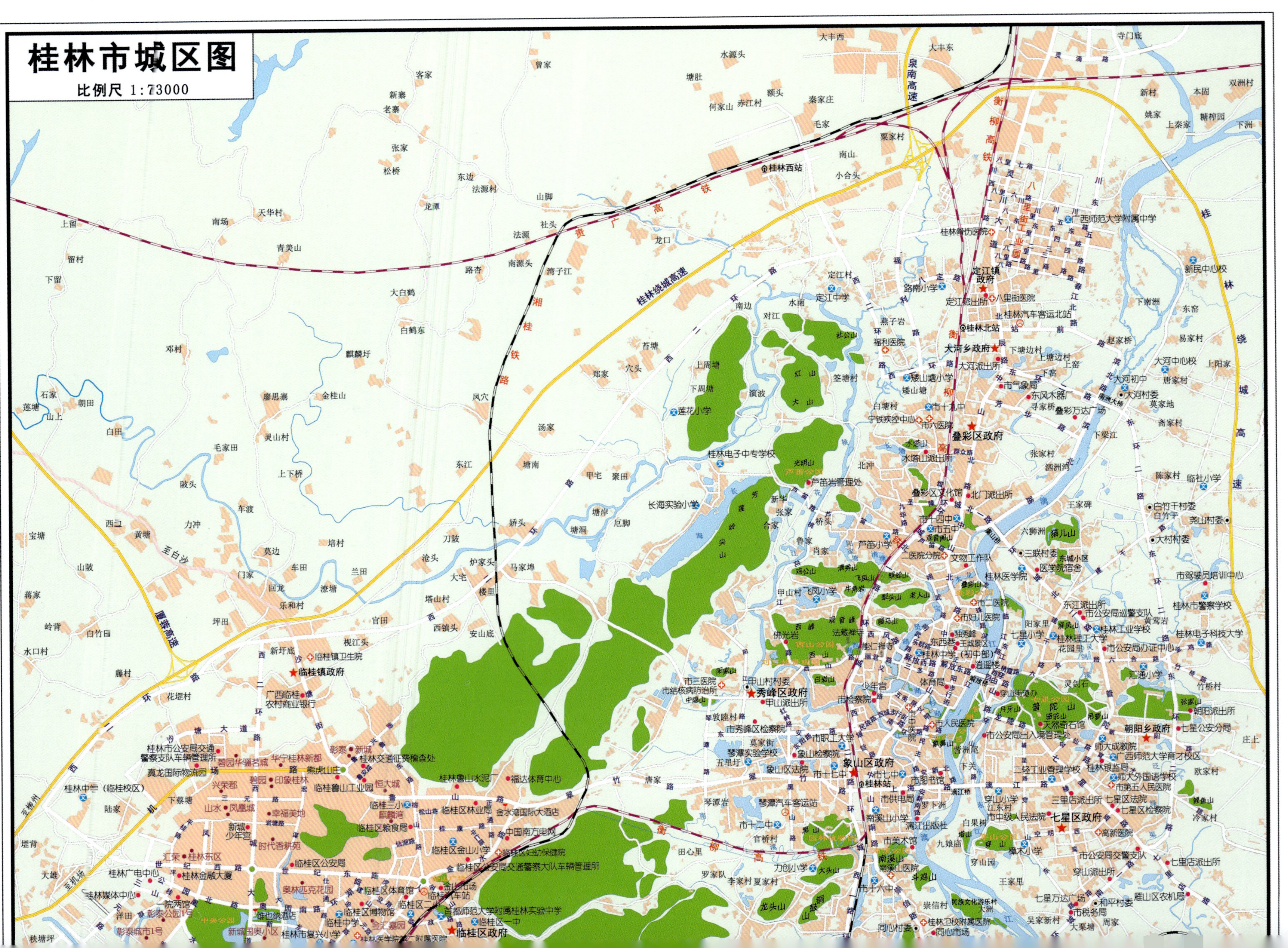
桂林市城区图
比例尺 1:73000
秀峰区政府
象山区政府
七星区政府
叠彩区政府
临桂区政府
临桂镇政府
定江镇政府
大河乡政府
朝阳乡政府
桂林站
桂林北站
桂林西站
泉南高速
厦蓉高速
桂林绕城高速
湘桂铁路
衡柳高铁
贵广高铁
芦笛公园
西山公园
七星公园
象山公园

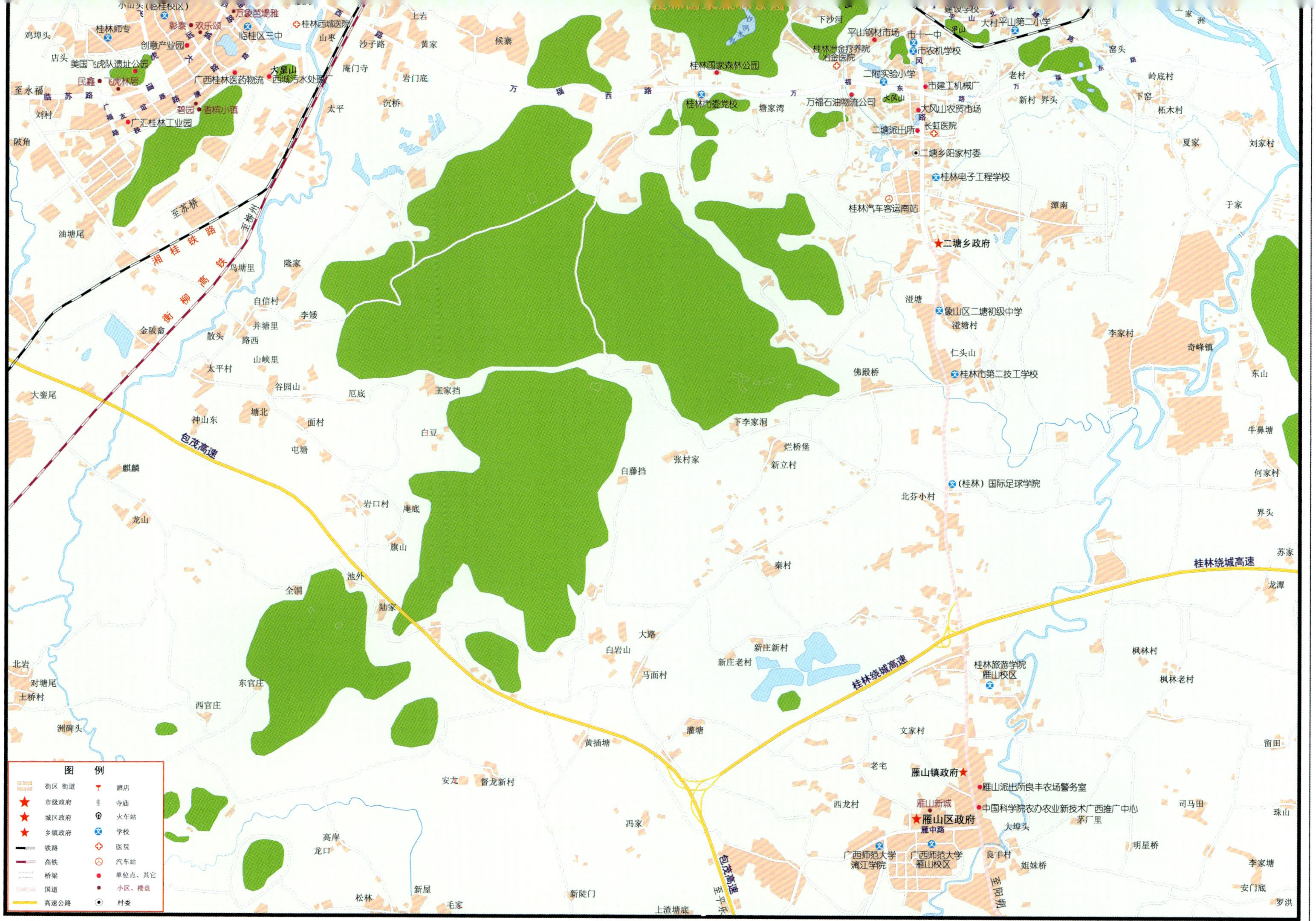

图 例

	街区 街道		酒店
	市级政府		寺庙
	城区政府		火车站
	乡镇政府		学校
	铁路		医院
	高铁		汽车站
	桥梁		单位点、其它
	国道		小区、楼盘
	高速公路		村委

雁山区政府
雁山镇政府
二塘乡政府
桂林绕城高速
包茂高速
湘桂铁路
衡柳高铁
万福西路
桂林国家森林公园
桂林师专
临桂区三中
桂林西城医院
创意产业园
美国飞虎队遗址公园
广西桂林医药物流
西城污水处理厂
广汇桂林工业园
香槟小镇
平山钢材市场
市十一中
市农机学校
二附实验小学
市建工机械厂
大风山农贸市场
二塘派出所
长虹医院
桂林市委党校
万福石油物流公司
二塘乡阳家村委
桂林电子工程学校
桂林汽车客运南站
象山区二塘初级中学
桂林市第二技工学校
（桂林）国际足球学院
桂林旅游学院雁山校区
雁山派出所良丰农场警务室
中国科学院农办农业新技术广西推广中心
雁山新城
广西师范大学漓江学院
广西师范大学雁山校区
至阳朔
至平乐

广西南宁六维地理信息服务有限公司编制　　审图号：桂S（2019）03-002号　　2019年11月

领导考察

2019 年 6 月 10 日，自治区党委书记、自治区人大常委会主任鹿心社（前排中）到兴安县界首镇考察红军堂革命旧址、红军街保护情况　　何平江　摄

2019 年 8 月 14 日，自治区党委书记、自治区人大常委会主任鹿心社（左四）到荔浦市政务服务中心考察　　何平江　摄

2019 年 6 月 10 日，自治区主席陈武（左一）到全州县全州镇赵家村慰问受灾户　　何平江　摄

2019 年 7 月 16 日，自治区主席陈武（前排中）率考察组到靖江王府片区考察历史文化旅游休闲街区改造提升项目　　何平江　摄

领导活动

2019 年 7 月 29 日，市委书记、市人大常委会主任赵乐秦（前排右二）率年中工作会议第一观摩组到桂林市智能电子三轴稳定器产业化基地项目考察建设情况　　何平江　摄

2019 年 11 月 6 日，市委书记、市人大常委会主任赵乐秦（前排中）率参加全市文化旅游发展大会的代表们到阳朔县鸡窝渡村考察　　何平江　摄

2019 年 2 月 5 日，市长秦春成（前排左三）在深科技在建工地调研　　唐艳兰　摄

2019 年 11 月 14 日，市长秦春成（后排右三）带队到临桂区检查创城工作　　唐艳兰　摄

2020 年 5 月 28 日，市人大常委会主任张晓武（前排右一）率调研组到兴安县就红色文化遗址遗存保护立法相关工作进行调研

市人大常委会调研室　供图

2020 年 7 月 3 日，市人大常委会主任张晓武（前排右三）带领市人大常委会机关党员干部到全州县开展红色教育活动

黄英江　摄

2019 年 5 月 14 日，市政协主席粟增林（前排左二）赴临桂区两江镇保全村调研扶贫工作　　唐晓敏　摄

2019 年 10 月 10 日，市政协主席粟增林（前）观看 2019 “颂华诞 爱政协——庆祝新中国成立 70 周年和人民政协成立 70 周年书画展”

市政协办公室　供图

2020 年 5 月 8 日，市政协主席陈丽华（中）到雁山区大埠乡李汕平村开展扶贫调研，现场查看村道硬化和危房改造进展情况　唐启源　摄

2020 年 5 月 27 日，市政协主席陈丽华（前排右四）与桂林市政协系统“引企入桂 委员行动 助推工业振兴”现场会参会人员在平乐工业集中区现场考察　余南帜　摄

2019 年 3 月 1 日，市人大常委会副主任潘永建（右一）到桂林市智能电子三轴稳定器产业化基地调研

张碧周　摄

2019 年 4 月 23 日，市人大常委会副主任潘永建（前排左二）到中国化学工业桂林工程有限公司调研

张碧周　摄

桂林国际旅游胜地建设

2019年，桂林市坚持桂林国际旅游胜地建设“一本蓝图绘到底”，国际旅游胜地建设成效显著。政策争取获得重大突破，自治区为桂林市量身定制的《关于以世界一流为发展目标打造桂林国际旅游胜地的实施意见》《桂林漓江生态保护和修复提升工程方案（2019—2025年）》《关于支持桂林市加快文化旅游产业发展的意见》《关于支持桂林市建设国家可持续发展议程创新示范区若干政策》等文件落地实施。桂林市出台加快文化旅游产业发展三年行动方案等文件，统筹推进国家健康旅游示范基地建设，国际旅游胜地建设四大战略定位逐步实现，12项主要指标有7项提前完成，为如期建成国际旅游胜地奠定基础。年内，桂林市成功举办第五届粤桂黔滇高铁经济带合作联席会、体育强国建设论坛暨中国－东盟体育旅游活力月、“两会一节”、环广西公路自行车世界巡回赛、桂林马拉松赛、世界漂流锦标赛测试赛等活动；自治区文化旅游发展大会在桂林市召开。阳朔县成为全国首批全域旅游示范区，遇龙河成为广西首个国家级旅游度假区，桃花湾旅游度假区成为广西样板。桂林旅游实现“七个升级”，世界品牌、国内标杆、自治区内龙头地位不断提升。全年接待国内外游客1.38亿人次，增长（比上年，下同）26.7%。其中，国内游客1.35亿人次，增长27.1%；入境过夜游客314.59万人次，增长14.5%。实现旅游总消费1874.25亿元，增长34.7%。其中，国内旅游消费1731.75亿元，增长34.2%；国际旅游消费20.62亿美元，增长35.3%；入境过夜游客人均逗留2.53天。漓江生态保护和修复提升工程加速推进。漓江活动壅水科学试验项目二期主体完工，水质保持优良，枯水期生态、景观及通航条件得到改善。持续推进伏龙洲等洲岛及漓江岸线生态修复。兴坪、草坪、杨堤等旅游码头完成改造提升。

第十三届联合国世界旅游组织/亚太旅游协会旅游趋势与展望国际论坛

① 2019 年 10 月 18 日，第十三届联合国世界旅游组织 / 亚太旅游协会旅游趋势与展望国际论坛开幕式举行　　游拥军　摄

② 2019 年 10 月 18 日，广西壮族自治区人大常委会副主任，桂林市委书记、市人大常委会主任赵乐秦在第十三届联合国世界旅游组织 / 亚太旅游协会旅游趋势与展望国际论坛开幕式上致辞　　何平江　摄

③ 2019 年 10 月 18 日，广西壮族自治区副主席李彬在第十三届联合国世界旅游组织 / 亚太旅游协会旅游趋势与展望国际论坛开幕式上致辞　　何平江　摄

④ 2019 年 10 月 18 日，文化和旅游部国际交流与合作局一级巡视员李健钢在第十三届联合国世界旅游组织 / 亚太旅游协会旅游趋势与展望国际论坛开幕式上致辞　　何平江　摄

⑤ 2019 年 10 月 17 日，第十三届联合国世界旅游组织 / 亚太旅游协会旅游趋势与展望国际论坛举行专家会议，与会代表踊跃发言　　游拥军　摄

⑥ 2019 年 10 月 18 日，第十三届联合国世界旅游组织 / 亚太旅游协会旅游趋势与展望国际论坛嘉宾　　游拥军　摄

⑦ 2019 年 10 月 18 日，第十三届联合国世界旅游组织 / 亚太旅游协会旅游趋势与展望国际论坛嘉宾在积极交流　　游拥军　摄

⑧ 2019 年 10 月 16 日，参加第十三届联合国世界旅游组织 / 亚太旅游协会旅游趋势与展望国际论坛的嘉宾在桂林香格里拉酒店受到主办方的热情迎接　　游拥军　摄

⑨ 2019 年 10 月 18 日，出席第十三届联合国世界旅游组织 / 亚太旅游协会旅游趋势与展望国际论坛开幕式的各级领导和国内外嘉宾合影　　何平江　摄

2019中国-东盟博览会旅游展

1

2

3

4

5

1 2019 年 10 月 18 日，2019 中国 – 东盟博览会旅游展在桂林国际会展中心开幕　何平江　摄
2 2019 年 10 月 18 日，文化和旅游部党组成员、副部长李群宣布 2019 中国 – 东盟博览会旅游展开幕　唐艳兰　摄
3 2019 年 10 月 18 日，广西壮族自治区人大常委会副主任，桂林市委书记、市人大常委会主任赵乐秦在 2019 中国 – 东盟博览会旅游展开幕式上致辞　何平江　摄
4 2019 年 10 月 18 日，广西壮族自治区副主席李彬在 2019 中国 – 东盟博览会旅游展开幕式上致辞　何平江　摄
5 2019 年 10 月 18 日，缅甸饭店与旅游部部长吴翁貌在 2019 中国 – 东盟博览会旅游展开幕式上致辞　何平江　摄
6 2019 年 10 月 18 日，2019 中国 – 东盟博览会旅游展开幕式后，领导和嘉宾们到展馆内参观　何平江　摄
7 2019 年 10 月 18 日，2019 中国 – 东盟博览会旅游展会场节目精彩纷呈　唐艳兰　摄
8 2019 年 10 月 18 日，2019 中国 – 东盟博览会旅游展主宾国缅甸进行专场旅游宣传推介　唐艳兰　摄
9 2019 年 10 月 18 日，2019 中国 – 东盟博览会旅游展专业洽谈会在桂林国际会展中心举行　唐艳兰　摄
10 2019 年 10 月 18 日，在 2019 中国 – 东盟博览会旅游展茶歇期间，桂林油茶吸引中外嘉宾的目光　游拥军　摄
11 2019 年 10 月 18 日，观众在桂林市七星区旅游形象展馆骑行动感自行车，体验虚拟场景乐趣　唐艳兰　摄

第九届桂林国际山水文化旅游节

1

2

1 2019 年 10 月 17 日，第九届桂林国际山水文化旅游节举行开幕式　　游拥军　摄

2 2019 年 10 月 17 日，第九届桂林国际山水文化旅游节开幕式现场　　游拥军　摄

3 2019 年 10 月 17 日，第九届桂林国际山水文化旅游节开幕，自治区人大常委会副主任，桂林市委书记、市人大常委会主任赵乐秦敲响迎宾锣　　何平江　摄

4 2019 年 10 月 17 日，第九届桂林国际山水文化旅游节开幕式舞蹈情景演出　　游拥军　摄

5 2019 年 10 月 17 日，第九届桂林国际山水文化旅游节开幕上，嘉宾们穿越“时空”，步入桂林东西巷历史文化街区　　唐艳兰　摄

6 2019 年 10 月 17 日，参加第九届桂林国际山水文化旅游节国外嘉宾在桂林东西巷历史文化街区游玩　　唐艳兰　摄

第五届粤桂黔滇高铁经济带合作联席会议暨粤桂黔滇高铁经济带合作试验区（桂林）广西园建设工作现场会

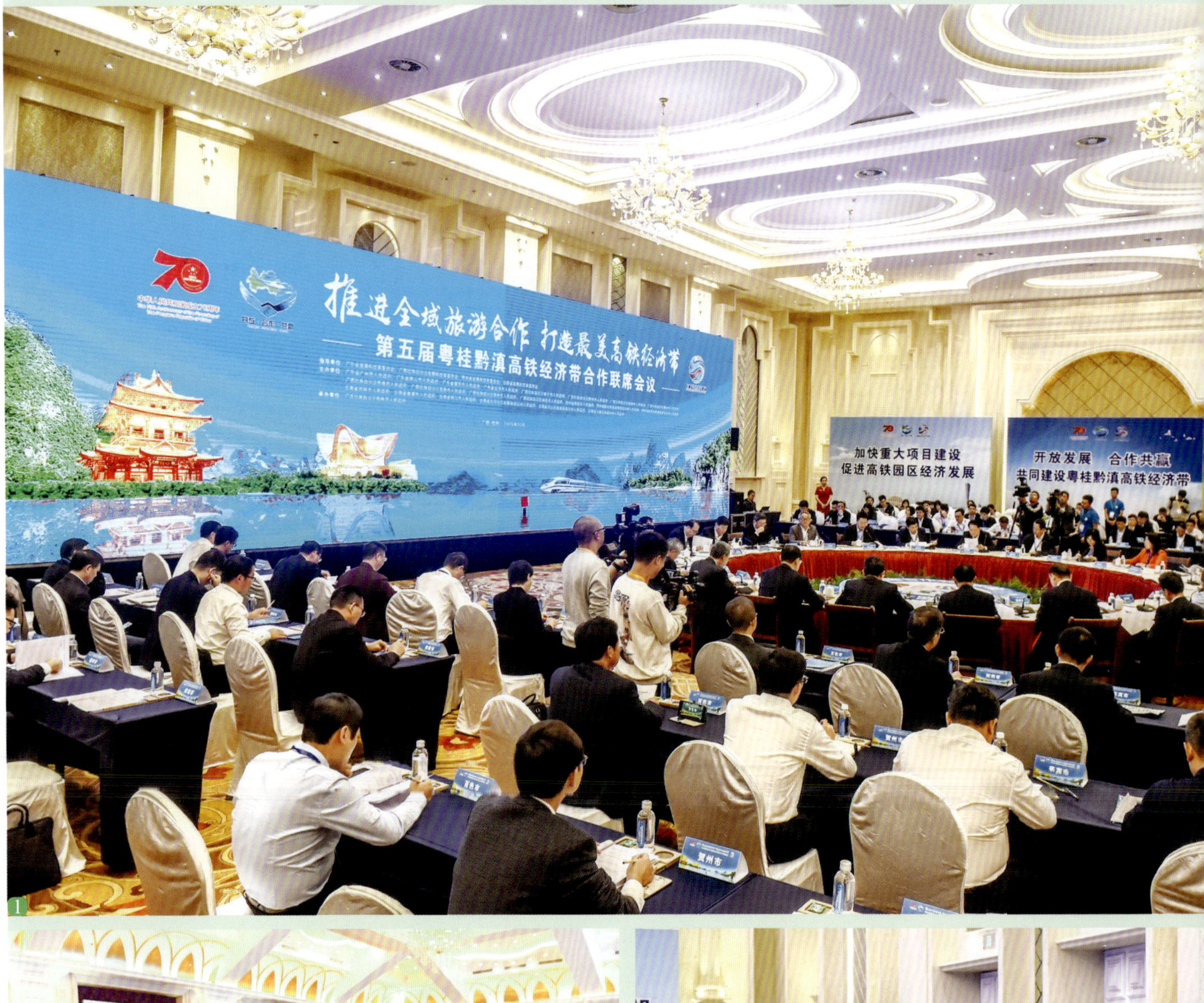

1

2

3

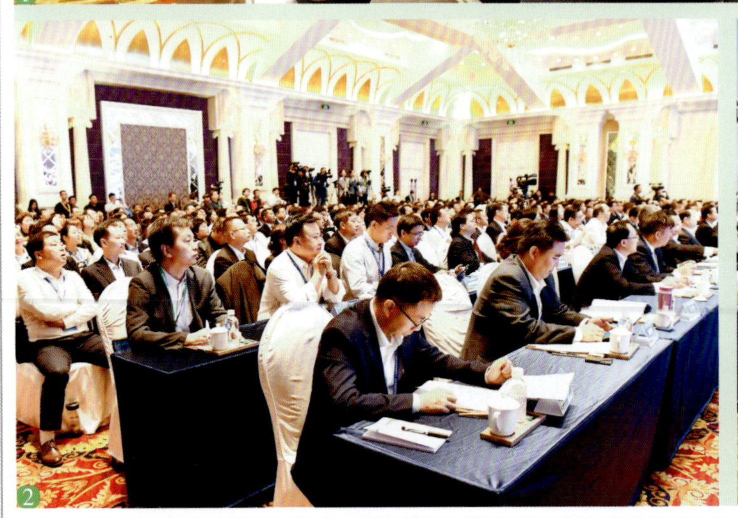

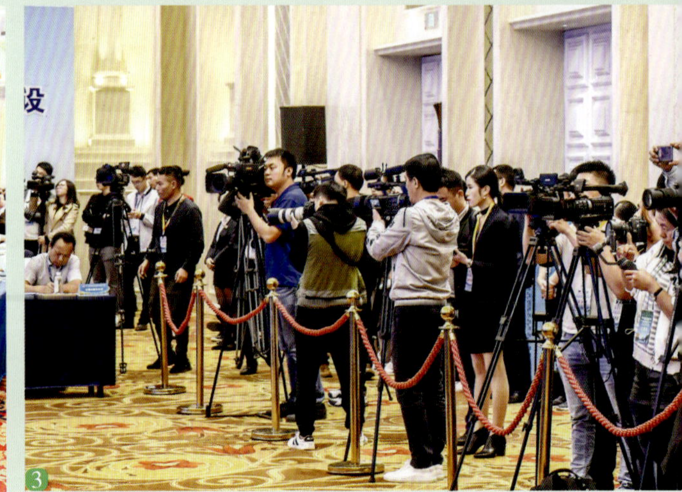

1 2019 年 10 月 18 日，第五届粤桂黔滇高铁经济带合作联席会议在桂林召开 滕 嘉 摄
2 2019 年 10 月 18 日，粤桂黔滇高铁经济带合作试验区（桂林）广西园建设工作现场会现场 王战飞 摄
3 2019 年 10 月 18 日，第五届粤桂黔滇高铁经济带合作联席会议吸引了众多媒体采访 滕 嘉 摄
4 2019 年 10 月 18 日，参加第五届粤桂黔滇高铁经济带合作联席会议的领导和嘉宾们参观 2019 中国－东盟博览会旅游展展厅 唐艳兰 摄
5 2019 年 10 月 18 日，参加第五届粤桂黔滇高铁经济带合作联席会议的领导和嘉宾们考察桂林旧城改造项目桂林东西巷历史文化街区 滕 嘉 摄
6 2019 年 10 月 18 日，参加第五届粤桂黔滇高铁经济带合作联席会议的领导和嘉宾们考察漓江环境综合整治项目两江四湖 滕 嘉 摄
7 2019 年 10 月 18 日，在粤桂黔滇高铁经济带合作试验区（桂林）广西园建设工作现场会上，与会市（州）签订《粤桂黔滇高铁经济带 21 市州全域旅游合作协议》 王战飞 摄

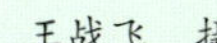

4

5

6

7

重 大 赛 事

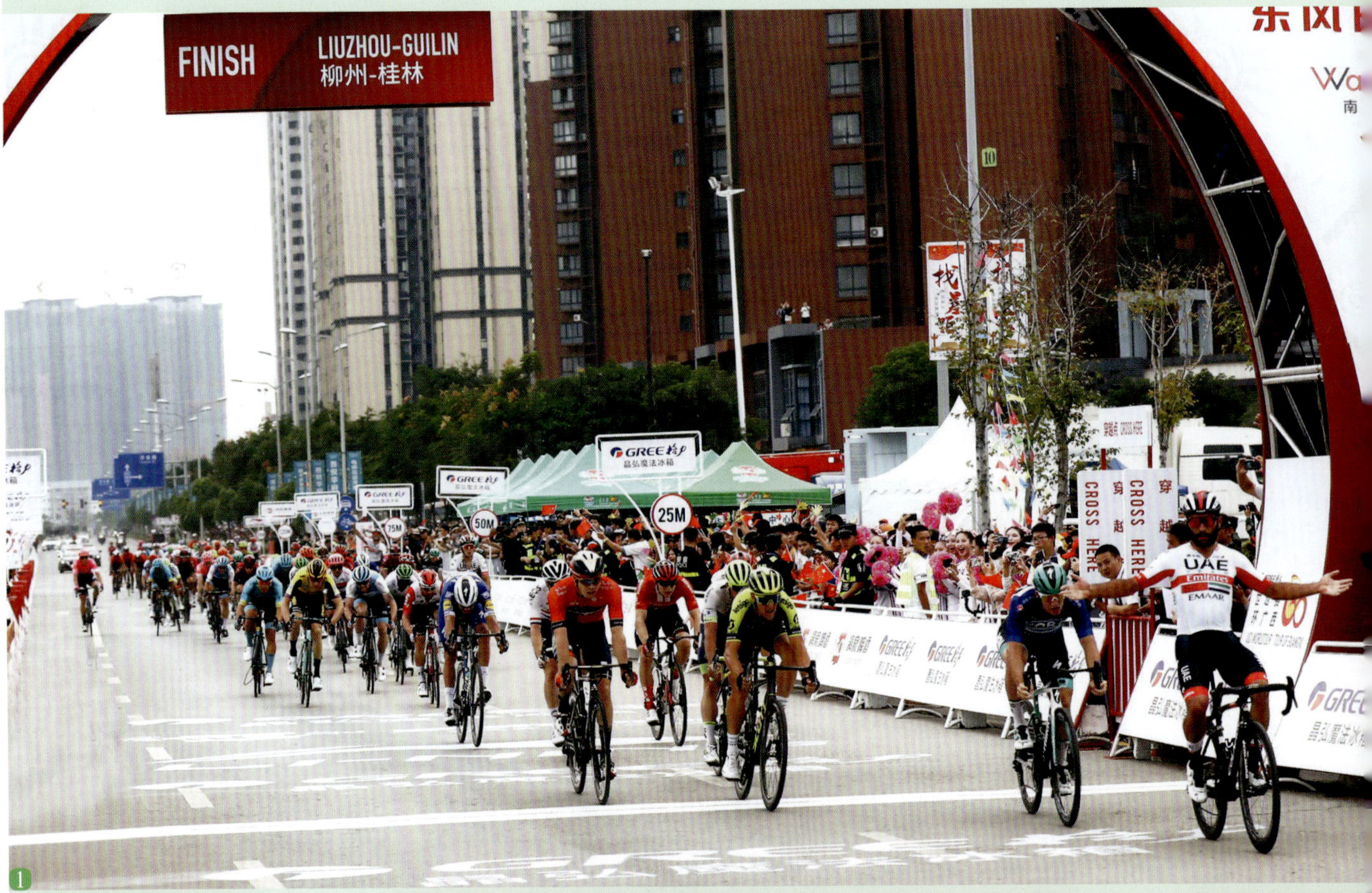

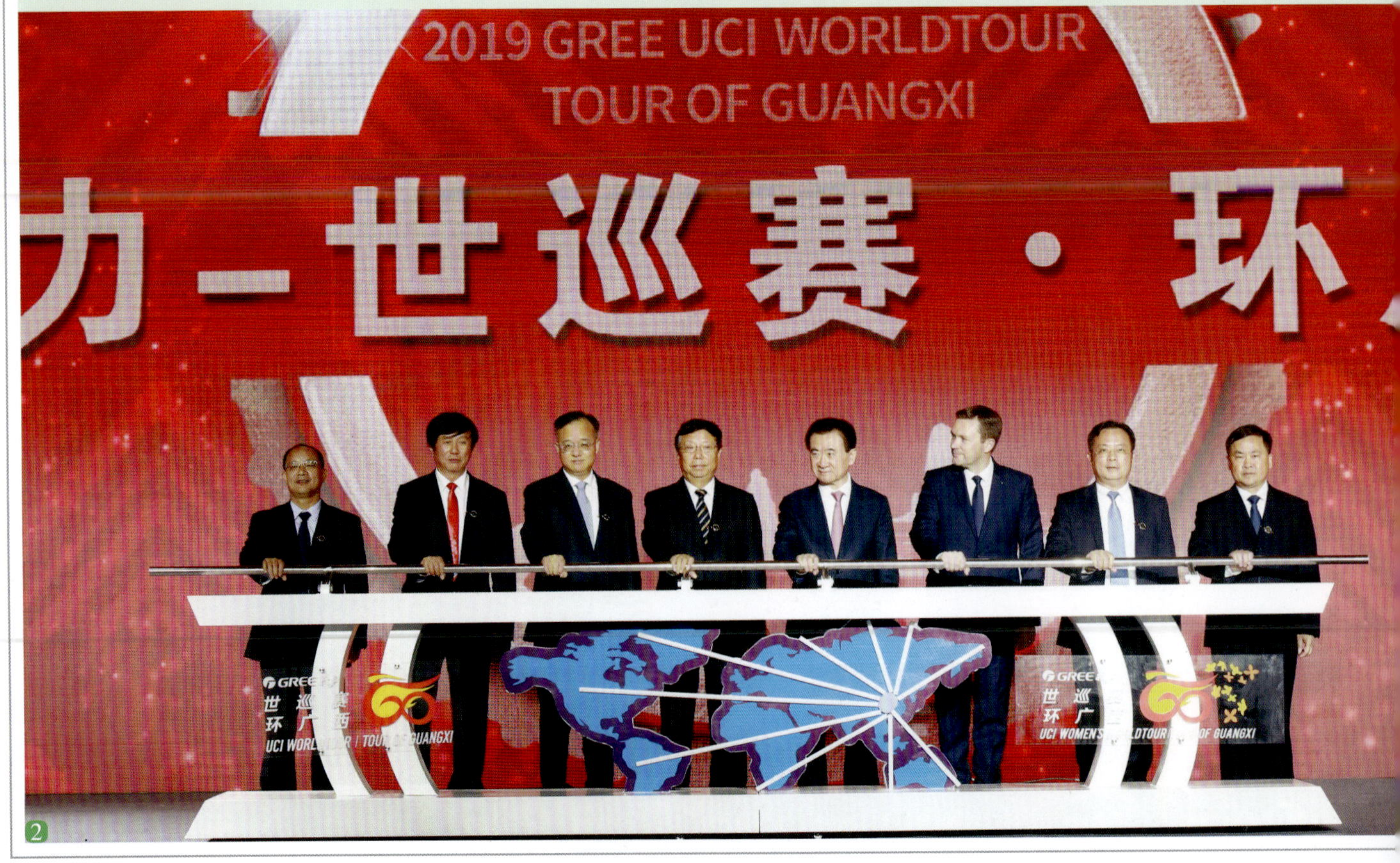

1

2

❶ 2019 年 10 月 21 日下午，2019 环广西公路自行车世界巡回赛第五赛段的车手们陆续冲过终点　　游拥军　摄

❷ 2019 年 10 月 22 日，2019 环广西公路自行车世界巡回赛在桂林举行闭幕式　　何平江　摄

❸ 2019 年 11 月 10 日上午 8 时，2019 桂林国际马拉松赛在市中心广场鸣枪开跑，来自世界各地的 3 万名“跑友”参加比赛　　何平江　摄

❹ 2019 年 11 月 10 日上午，2019 桂林国际马拉松赛比赛场景　　李腾钊　摄

❺ 2019 年 7 月 23 日—25 日，2019 年资源漂流世锦赛（测试赛）暨国际漂流精英对抗赛在资源县五排河举行　　市体育局　供图

❻ 2019 年 12 月 12 日，2019 体育强国建设论坛暨中国－东盟体育旅游活力月在桂林国际会展中心开幕　　游拥军　摄

重大项目建设

1

2

❶ 2019 年 2 月 20 日，市委、市人民政府召开全市重中之重项目联席会议暨“2019 年重大项目建设攻坚突破年”动员大会，市四家班子主要领导出席会议 何平江 摄

❷ 2019 年 7 月 29 日，市委书记、市人大常委会主任赵乐秦（前排右三）率全市年中工作会议观摩组到桂林经济技术开发区华为合作区数据中心观摩考察 桂林经济技术开发区 供图

❸ 2019 年 4 月 27 日，桂林比亚迪新能源商用车产业基地投产仪式在桂林经济技术开发区举行，市委书记、市人大常委会主任赵乐秦（前排左二）等出席并为首辆桂林比亚迪新能源商用车下线剪彩 何平江 摄

❹ 2019 年 4 月 27 日，桂林市举行 2019 年第二季度重大项目集中开竣工暨临桂万达广场奠基仪式，市委书记、市人大常委会主任赵乐秦（中）出席仪式并为项目奠基培土 何平江 摄

重 大 项 目 建 设

1

桂林经济技术开发区
深科技桂林公司欢迎您加入！月综合收入4000-5500元以上！
PEAKMETER 华谊智测
强龙头、补链条、聚集群，为振兴桂林而奋斗
加快深科技建设步伐，为振兴桂林工业作贡献
2

1. 2019 年 7 月 23 日，桂林漓江歌剧院等主体工程加紧推进　何平江　摄
2. 2019 年 7 月 24 日，位于桂林经济技术开发区的桂林华为云计算数据中心进入调试阶段　何平江　摄
3. 2019 年 7 月 24 日，位于桂林经济技术开发区的深科技桂林生产基地工程主体结构完成　何平江　摄
4. 2019 年 7 月 25 日，融创桂林旅游度假区七星和平地块项目建设现场　何平江　摄
5. 2019 年 7 月 25 日，塔山片区改造项目——小东江沿岸的主题工程已显雏形　何平江　摄

重大项目建设

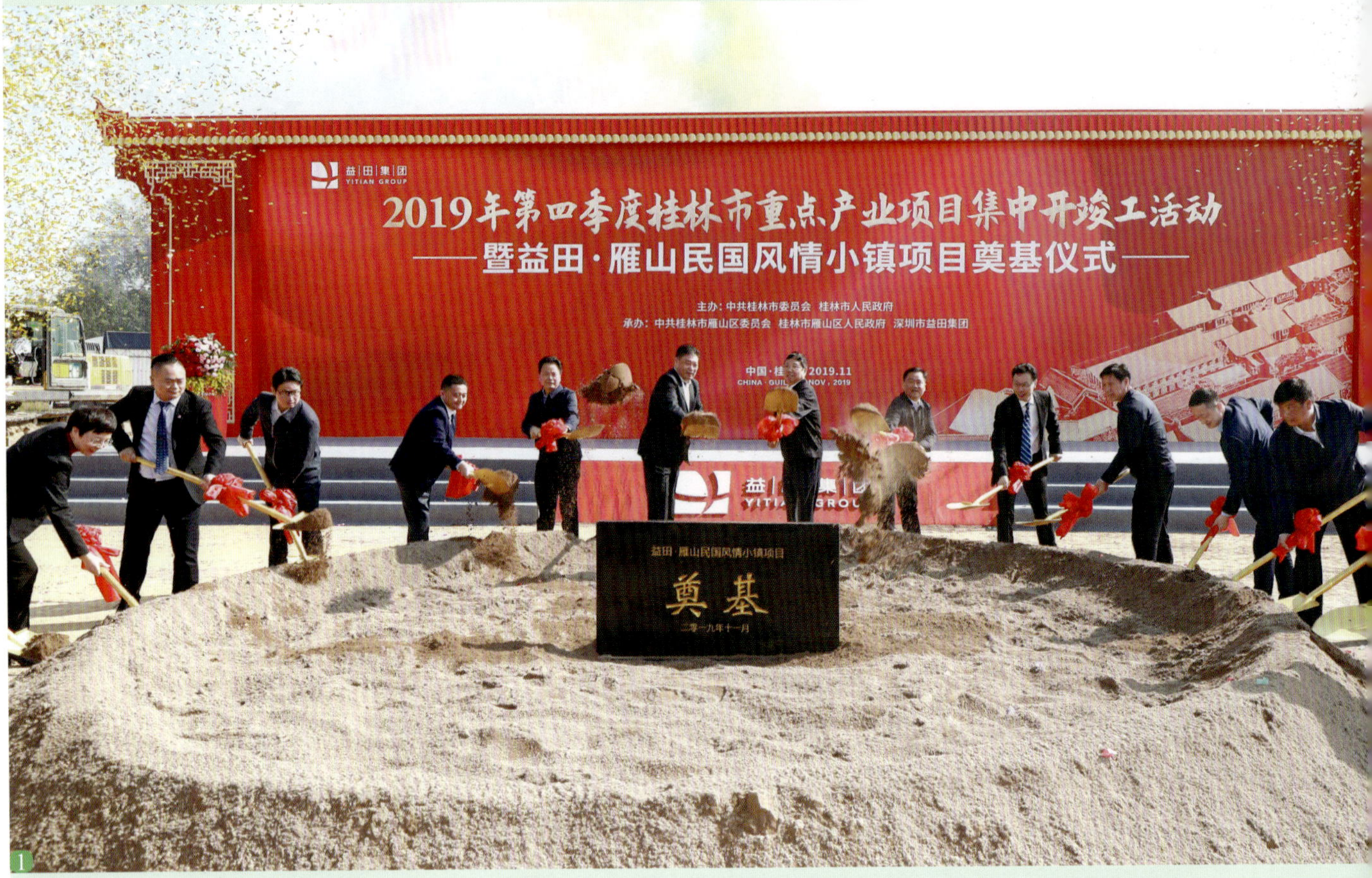
益田集团
YITIAN GROUP
2019年第四季度桂林市重点产业项目集中开竣工活动
——暨益田·雁山民国风情小镇项目奠基仪式——
主办：中共桂林市委员会 桂林市人民政府
承办：中共桂林市雁山区委员会 桂林市雁山区人民政府 深圳市益田集团
益田·雁山民国风情小镇项目
奠基
二零一九年十一月

1

艺炫广告

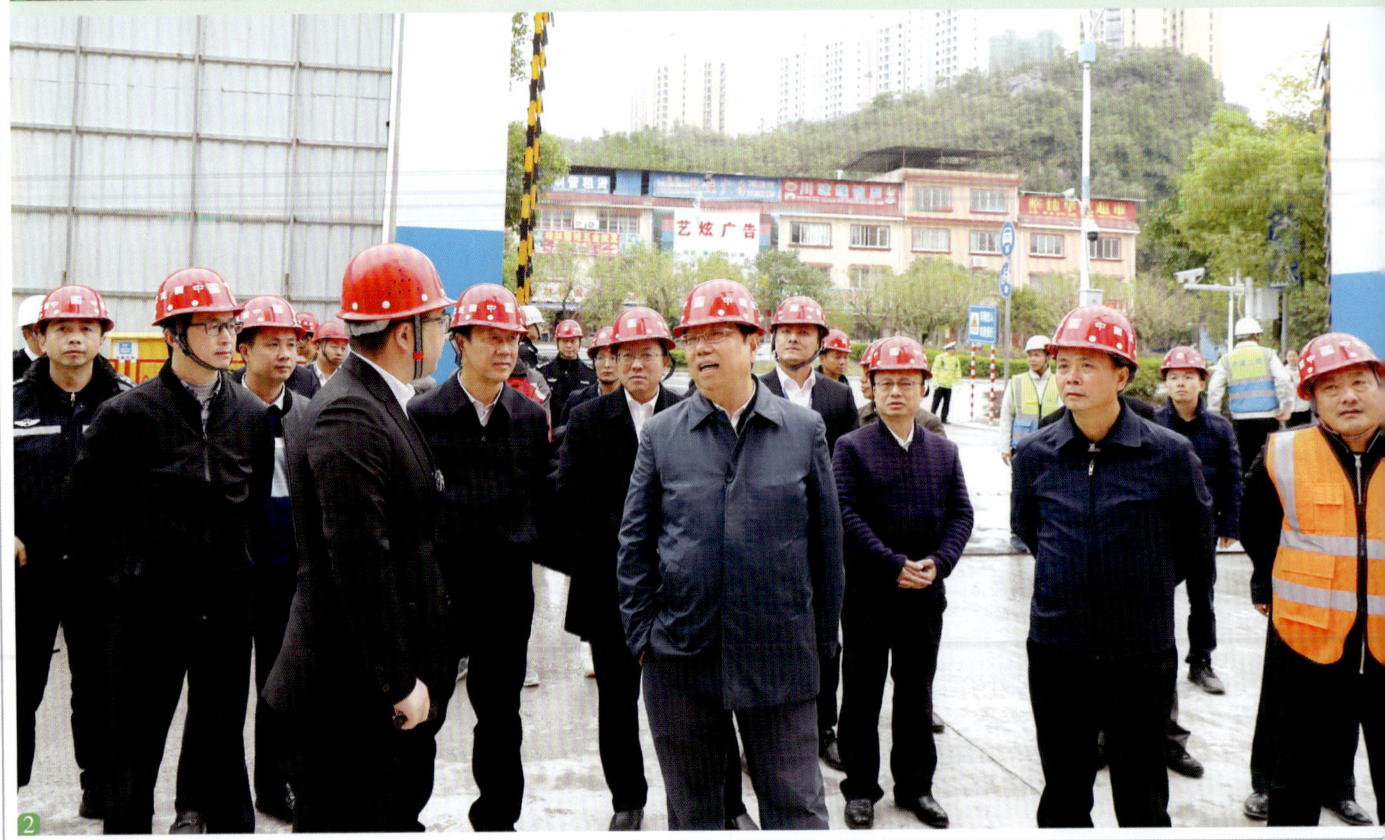

2

1 2019 年 11 月 22 日，市委书记、市人大常委会主任赵乐秦（左七），市长秦春成（左八）等出席 2019 年第四季度桂林市重点产业项目集中开竣工活动，并为益田・雁山民国风情小镇项目奠基 何平江 摄

2 2019 年 11 月 30 日，临桂新区万达广场封顶，市委书记、市人大常委会主任赵乐秦（前排右三）到该项目建设工地进行调研 唐侃 摄

3 2019 年，建设中的桂林融创万达文化旅游城雁山项目 唐艳兰 摄

4 2019 年，深科技项目一期工程完工并投产，实现了广西手机生产零的突破 唐艳兰 摄

5 2019 年 7 月，一批纯电动新能源汽车从桂林比亚迪新能源汽车基地下线 何平江 摄

6 2019 年，华能桂林燃气分布式能源项目 唐艳兰 摄

7 2019 年，华为信息生态产业合作区展示中心 何平江 摄

旅游转型升级

1

2

3

4

5

6

7

8

1 2019 年 11 月 21 日，2019 年广西文化旅游发展大会在桂林市会议中心举行　　唐　侃　摄

2 2019 年 11 月 20 日，参加 2019 年广西文化旅游发展大会的代表考察位于雁山区的融创万达文化旅游城项目，并观看项目沙盘　　唐艳兰　摄

3 2019 年 11 月 21 日，自治区党委书记、自治区人大常委会主任鹿心社（左一），自治区主席陈武（左二）等领导在广西文化旅游发展大会上为 2019 年广西文化旅游品牌单位颁发证书　　黄　克　梁凯昌　摄

4 2019 年 11 月 20 日，参加 2019 年广西文化旅游发展大会的代表考察鲁家村　　唐　侃　摄

5 2019 年 11 月 20 日，参加 2019 年广西文化旅游发展大会的代表到阳朔镇矮山村委鸡窝渡村考察。图为自治区党委常委、常务副主席秦如培（中）为村庄变化点赞　　唐艳兰　摄

6 2019 年 11 月 20 日，参加 2019 年广西文化旅游发展大会的代表在灵川县漓水人家景区考察　　孙　敏　摄

7 2019 年 11 月 20 日，参加 2019 年广西文化旅游发展大会的代表在灵川县漓水人家景区体验传统的打糍粑　　唐艳兰　摄

8 2019 年 11 月 20 日，参加 2019 年广西文化旅游发展大会的代表乘船考察漓江景区品质旅游　　唐　侃　摄

旅游转型升级

1

2

3

4

5

6

① 2019 年 11 月 20 日，参加 2019 年广西文化旅游发展大会的代表观看“桂林千古情”演出，感受桂林文旅融合发展的新魅力　唐艳兰　摄

② 2019 年 11 月 20 日，参加 2019 年广西文化旅游发展大会的代表在桂林东西巷历史文化街区考察　唐艳兰　摄

③ 2019 年 3 月 10 日，雁山区柘木镇田园风光　李腾钊　摄

④ 2019 年 3 月 20 日，王城景区落叶美如画　李腾钊　摄

⑤ 2019 年 2 月 6 日，桂林訾洲公园举办新春郁金香花展　李腾钊　摄

⑥ 2019 年 4 月 4 日，游客和市民在桂林东西巷历史文化街区古城门下，感受开城门、状元巡游等桂林历史文化底蕴　唐艳兰　摄

旅游转型升级

❶ 2019 年 7 月 31 日，蓝天白云下的杉湖，游船在碧水中畅游　　游拥军　摄
❷ 2019 年 8 月 4 日，两名外国游客拍照留住桂林美景　　李腾钊　摄
❸ 2019 年 11 月 4 日，游客在阳朔县遇龙河景区玩耍　　游拥军　摄

4 临桂环城水系公园　　李腾钊　2019 年摄

5 2019 年，全州县红军长征湘江战役纪念园开园以来，每天都迎来众多参观者　　唐艳兰　摄

6 2019 年 9 月 5 日，美国游客在阳朔县骥马村欣赏当地乡村风光　　唐　侃　摄

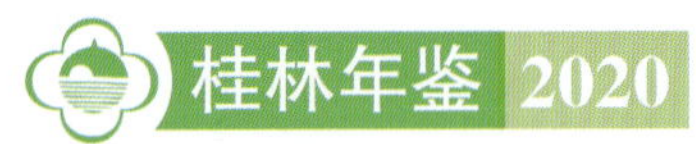

漓江生态保护

1

2

1 2019 年 11 月 20 日，自治区党委常委、常务副主席秦如培（左二）率广西文化旅游发展大会考察团一行现场考察漓江景区和漓江生态保护情况 漓江风景名胜区管委会　供图

2 2019 年 11 月 6 日，市委书记、市人大常委会主任赵乐秦（前排中）率四家班子领导调研漓江生态文化旅游重大项目 漓江风景名胜区管委会　供图

3 2019 年 10 月 30 日，漓江风景名胜区领导带队调研督导漓江生态环境保护工作 漓江风景名胜区管委会　供图

4 2019 年 3 月 14 日，市人民政府领导带队赴自然资源部争取漓江保护项目资金支持 漓江风景名胜区管委会　供图

5 2019 年 3 月 14 日，《桂林漓江风景名胜区条例（草案）》立法调研工作组开展立法调研活动 漓江风景名胜区管委会　供图

6 2019 年 3 月 21 日，亚洲开发银行现场考察漓江生态保护项目 漓江风景名胜区管委会　供图

7 2019 年 12 月 17 日，国务院研究室调研组调研漓江生态环境和古村落保护 漓江风景名胜区管委会　供图

8 2019 年 6 月 28 日，自治区督查工作组现场督查漓江生态修复情况 漓江风景名胜区管委会　供图

漓江生态保护

1

2

1 2019 年，阳朔兴坪旅游码头完成提升改造　漓江风景名胜区管委会　供图
2 2019 年，雁山草坪生态亲水平台完成提升改造　漓江风景名胜区管委会　供图
3 2019 年，漓江活动壅水科学试验项目开展常态化壅水，漓江枯水期生态、景观及通航条件得到显著改善　漓江风景名胜区管委会　供图
4 2019 年，桂林喀斯特世界自然遗产地生态景观修复工程（二期）兴坪镇渔村渔业队岸线生态修复项目　漓江风景名胜区管委会　供图
5 2019 年，伏龙洲生态修复项目竣工　漓江风景名胜区管委会　供图
6 2019 年 11 月 8 日，“摇橹船 讲板路——连通水系休闲游”正式开通运营　漓江风景名胜区管委会　供图
7 2019 年，龙船坪趸船旅游码头提升改造完成　漓江风景名胜区管委会　供图

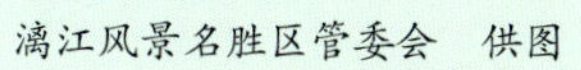

漓 江 生 态 保 护

1 2019 年，漓江城市段三星级游船投入运营　漓江风景名胜区管委会　供图
2 2019 年，漓江风景名胜区管委会执法人员拆解漓江干流弃置船　漓江风景名胜区管委会　供图
3 2019 年，漓江游览排筏统一规范管理　漓江风景名胜区管委会　供图
4 2019 年，漓江风景名胜区管委会执法人员查扣在漓江风景名胜区开山采石盗采设备　漓江风景名胜区管委会　供图
5 2019 年，漓江风景名胜区管委会执法人员开展漓江干流城市段精细化管理工作，劝离钓鱼人员　漓江风景名胜区管委会　供图
6 2019 年，漓江风景名胜区管委会执法人员收缴漓江水域违规沉放的地笼　漓江风景名胜区管委会　供图
7 2019 年，漓江风景名胜区管委会执法人员集中销毁一批漓江“黑筏”　漓江风景名胜区管委会　供图
8 2019 年 5 月 14 日，漓江风景名胜区管委会在阳朔县兴坪镇渔村开展漓江生态环境保护主题讲座　漓江风景名胜区管委会　供图
9 2019 年 6 月 12 日，“科学保护漓江生态环境我先行”活动启动仪式在逍遥楼畔漓江边举行　漓江风景名胜区管委会　供图
10 2019 年 12 月 3 日，桂林喀斯特世界自然遗产地阳朔县葡萄镇五指山、兴坪镇相公山监测点揭牌　漓江风景名胜区管委会　供图

国家可持续发展议程创新示范区建设

2019 年，桂林市统筹前沿战略与规划，完善科技可持续发展新体系。争取到自治区人民政府出台《关于支持桂林市建设国家可持续发展议程创新示范区若干政策》；推动《桂林市促进全社会加大研发经费投入的实施方案》《桂林市科技创新支撑产业高质量发展实施方案（2019—2021 年）》等政策实施，落实奖补资金 1710 万元，为桂林国家可持续发展议程创新示范区建设提供政策保障。加强示范区有关立法工作组织协调，开展《桂林市喀斯特景观可持续利用条例》立法调研，推动《桂林市喀斯特景观资源可持续利用条例》列入立法计划，为可持续发展建设提供法律保障。率先在全国建立“桂林市可持续发展促进中心”，促进示范区建设工作开展。

国家可持续发展议程创新示范区建设工作会议

1. 2019 年 4 月 12 日，中国 21 世纪议程管理中心亚洲开发银行促进 2030 年可持续发展议程本地化的制度建设项目启动会在桂林举行　　市科技局　供图
2. 2019 年 6 月 4 日，国家重点研发计划项目“漓江流域喀斯特景观资源可持续利用关键技术研发与示范”申报工作第一次协调会在桂林召开　　市科技局　供图
3. 2019 年 8 月 29 日，桂林市国家可持续发展议程创新示范区建设情况新闻发布会在自治区新闻办公室（南宁）举行　　市科技局　供图

2019中国－东盟可持续发展创新合作国际论坛

1 2019 年 9 月 22 日，中国 – 东盟可持续发展创新合作国际论坛在桂林开幕　市科技局　供图

2 2019 年 9 月 22 日，联合国开发计划署曼谷区域中心区域经济顾问斯科特·斯坦利在论坛开幕式致辞　市科技局　供图

3 2019 年 9 月 22 日，科技部副部长、中国工程院院士徐南平在论坛开幕式致辞　市科技局　供图

4 2019 年 9 月 22 日，广西壮族自治区人大常委会副主任，桂林市委书记、市人大常委会主任赵乐秦在论坛开幕式致辞　市科技局　供图

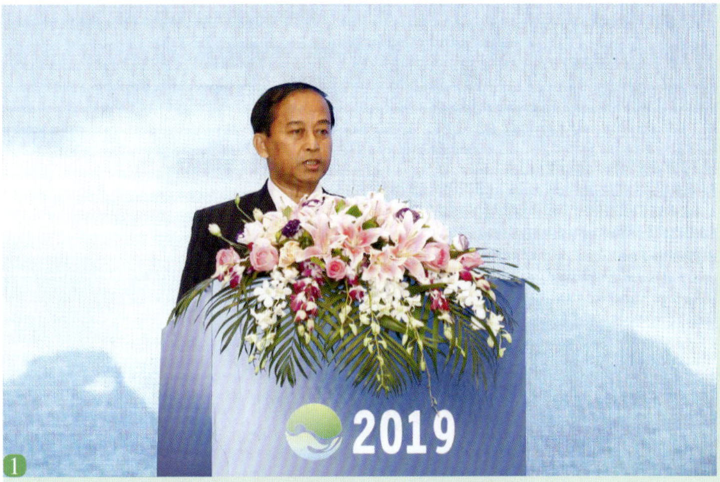
2019
1

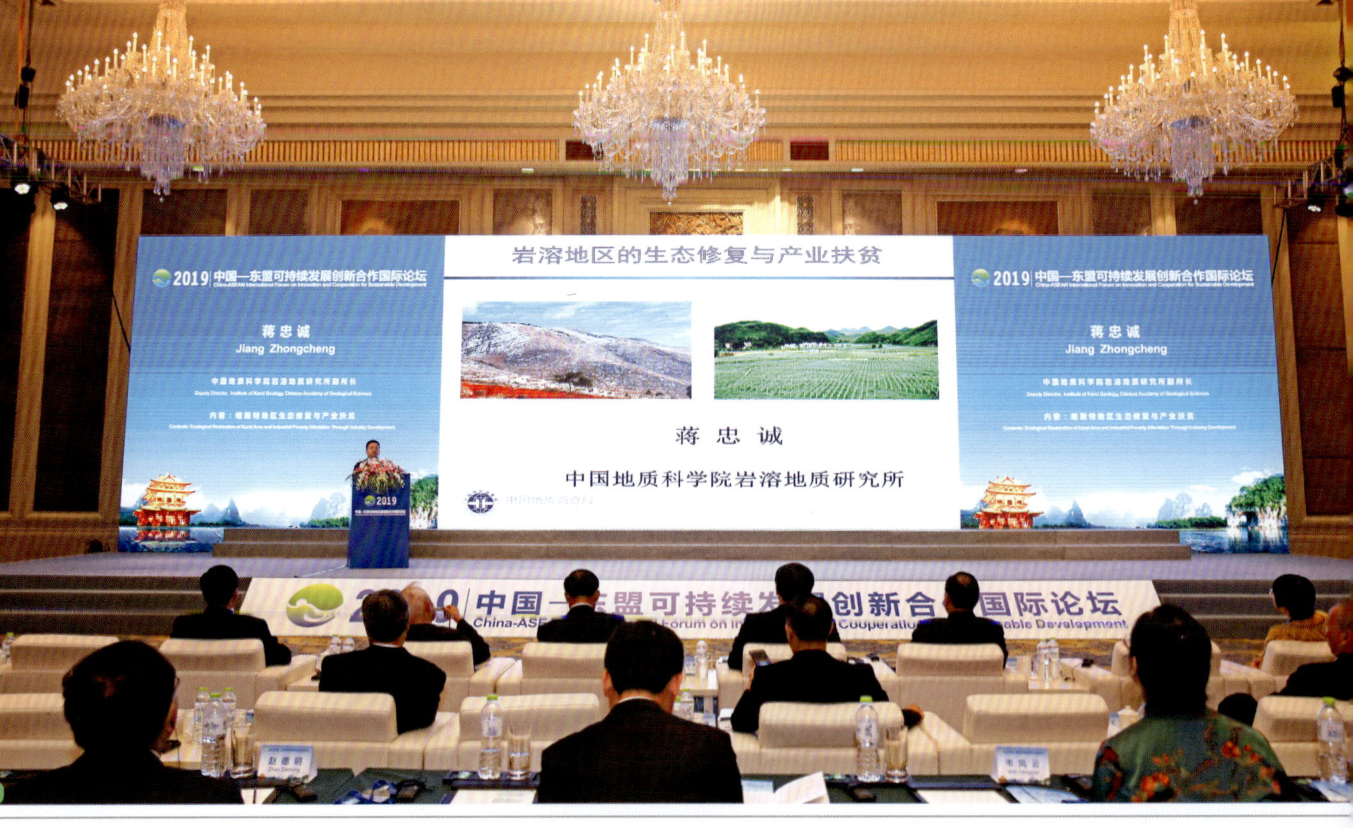

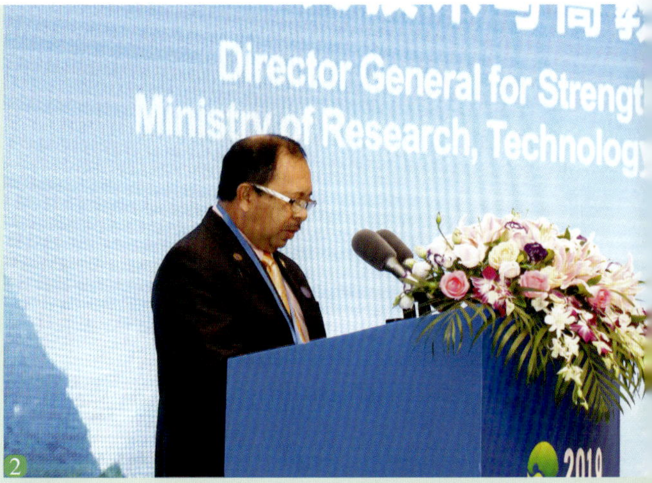
Director General for Strengt
Ministry of Research, Technolog
2

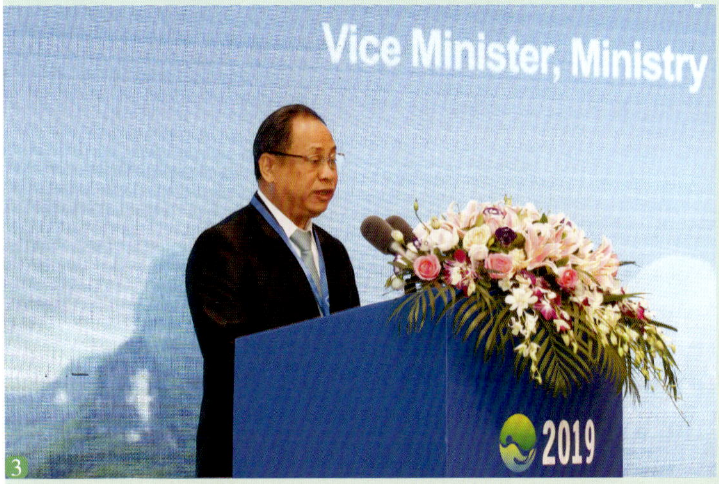
Vice Minister, Ministry
2019
3

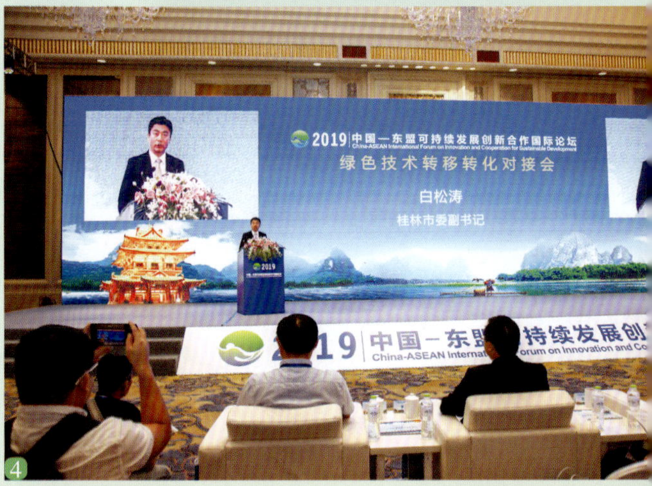
2019 中国—东盟可持续发展创新合作国际论坛
绿色技术转移转化对接会
白松涛
桂林市委副书记
4

2019 中国—东盟可持续发展创新合作国际论坛
蒋忠诚
Jiang Zhongcheng
岩溶地区的生态修复与产业扶贫
蒋 忠 诚
中国地质科学院岩溶地质研究所
5

1. 2019 年 9 月 22 日，柬埔寨国务秘书、柬埔寨国家与东盟科技合作委员会主席邓西尼在论坛开幕式致辞　　市科技局　供图
2. 2019 年 9 月 22 日，印度尼西亚研究技术与高教部创新总司长朱满·阿佩在论坛开幕式致辞　　市科技局　供图
3. 2019 年 9 月 22 日，老挝科技部副部长展翔·皮马翁在论坛开幕式致辞　　市科技局　供图
4. 2019 年 9 月 23 日，中国－东盟可持续发展创新合作国际论坛举行绿色技术转移转化对接会　　市科技局　供图
5. 2019 年 9 月 23 日，中国－东盟可持续发展创新合作国际论坛举行《岩溶地区的生态修复与产业扶贫》主旨演讲　　市科技局　供图
6. 2019 年 9 月 23 日，中国－东盟可持续发展创新合作国际论坛举行《生态农业与广西柑橘产业可持续发展》主旨演讲　市科技局　供图
7. 2019 年 9 月 23 日，中国－东盟可持续发展创新合作国际论坛举行“岩溶景观资源可持续利用平行论坛”发言　　市科技局　供图
8. 2019 年 9 月 23 日，中国－东盟可持续发展创新合作国际论坛在桂林举行签约仪式　　市科技局　供图
9. 2019 年 9 月 22 日，中国－东盟可持续发展创新合作国际论坛举行绿色技术转移转化项目洽谈对接会　　市科技局　供图

工业振兴卓有成效

2019年，桂林市强化组织领导，将服务工业企业列入重中之重项目推进机制，工业项目占全市重中之重项目50%以上，工业固定资产投资增长9%。强化政策保障，出台桂林市工业振兴三年行动方案和支持工业企业发展十八条等政策措施。强化园区建设，制定实施市属三大园区［桂林国家高新技术产业开发区、桂林经济技术开发区、高铁（桂林）广西园］体制改革方案，象山、叠彩、秀峰、雁山、灵川园挂牌成立。强化科技创新，全年新增国家级创新平台7家、绿色工厂3家，转化重大科技成果67项，认定广西“瞪羚企业”培育单位13家，高新技术企业保有量308家。28家高新技术企业跻身全自治区百强，3家企业上榜全自治区创新活力十强。深科技一期投产、二期开工建设，比亚迪新能源商用车产业基地、新桂轮橡胶、桂康新材料复产等46个项目投产，年新增产值60亿元。燕京啤酒（桂林漓泉）股份有限公司、桂林三金药业股份有限公司、桂林优利特电子集团有限公司等9家企业评为广西工业龙头企业 。

龙头企业

1 2019 年，燕京啤酒（桂林漓泉）股份有限公司生产车间　　市工业和信息化局　供图
2 2019 年，桂林三金药业股份有限公司生产车间　　市工业和信息化局　供图
3 2019 年，桂林优利特电子集团有限公司生产车间　　市工业和信息化局　供图
4 2019 年，桂林溢达股份有限公司生产车间　　市工业和信息化局　供图
5 2019 年，桂林福达股份有限公司生产车间　　市工业和信息化局　供图

2

3

4

5

龙 头 企 业

3

4

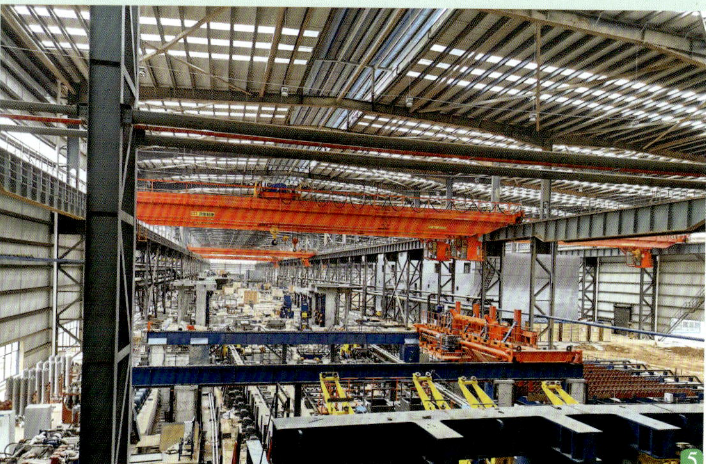

5

6

7

❶ 比亚迪企业正门　市工业和信息化局　供图
❷ 2019 年，桂林比亚迪企业生产线　市工业和信息化局　供图
❸ 荔浦市衣架龙头企业——俏天下家居用品有限公司　中共荔浦市委宣传部　供图
❹ 2019 年，桂林力源粮油食品集团有限公司生产车间　市工业和信息化局　供图
❺ 2020 年，桂林平钢钢铁有限公司产能置换建设技改项目生产线设备　市工业和信息化局　供图
❻ 2019 年，桂林橡胶机械有限公司生产车间　市工业和信息化局　供图
❼ 2019 年，桂林国际电线电缆集团有限责任公司交联生产线　市工业和信息化局　供图

项目开竣工

1

2

❶ 2020 年，桂林深科技二期主体建设　　市工业和信息化局　供图
❷ 2020 年 1 月，桂林市桂柳家禽有限责任公司肉禽屠宰加工（1500 万羽 / 年）项目开工建设　　市工业和信息化局　供图
❸ 2020 年，位于中国中药（桂林）产业园生产基地的广西一方天江制药有限公司　　市工业和信息化局　供图
❹ 2019 年 1 月，广西晨天恒源金属制品有限公司年产 320 吨高比重合金硬质合金建设项目生产线　　市工业和信息化局　供图
❺ 2020 年，桂林飞宇科技股份有限公司智能产业生产线　　市工业和信息化局　供图
❻ 2020 年，桂林智神信息技术有限公司智能电子三轴稳定器产业化生产线　　市工业和信息化局　供图
❼ 2020 年，桂林福达阿尔芬大型曲轴有限公司大型曲轴产品　　市工业和信息化局　供图

乡村振兴取得明显成效

近年来，桂林市认真贯彻乡村振兴战略“产业兴旺、生态宜居、乡风文明、治理有效、生活富裕”二十字方针，坚持乡村全面振兴，抓重点、补短板、强弱项，围绕乡村“产业振兴、人才振兴、文化振兴、生态振兴、组织振兴”五大振兴内容，推动农业全面升级、农村全面进步、农民全面发展，乡村振兴各项工作取得明显成效。

（该专题图片除署名外均由市乡村振兴办供图）

1 2 3 4

1 2019年11月25日，自治区乡村治理体系建设、乡村产业振兴、“幸福乡村”活动、乡村风貌提升现场推进会在永福县召开　　张日斌　摄
2 社会主义新农村——恭城瑶族自治县北洞源村
3 恭城瑶族自治县北洞源村村委大楼
4 兴安县莲塘村进村道路
5 秀峰区桥头村委芳莲池
6 兴安县莲塘村古树坪广场
7 秀峰区桥头村委张家村傩舞广场

脱贫攻坚再创佳绩

2019 年，桂林市共筹措财政专项扶贫资金 19.46 亿元投入脱贫攻坚工作，资金投入比上年增长 3.73%。年内，全市共实现 7.54 万贫困人口脱贫、86 个贫困村出列、灌阳县摘帽。全市 3 个贫困县全部完成脱贫摘帽任务，贫困发生率由上年度的 2.24% 降至 0.35%。2019 年度桂林市获自治区扶贫开发“综合评价好”等次。

（该专题图片除署名外均由市扶贫办供图）

2

3

4

5

6

1 2019 年 9 月 6 日，桂林市召开全市脱贫攻坚推进会

2 2019 年 11 月 28 日，桂林市 · 肇庆市扶贫协作联席会议在广东省肇庆市召开，桂林市市长秦春成、副市长谢灵忠等出席会议

3 2019 年 10 月 14 日，全州县委书记林武民在北京会议中心举行的 2019 年扶贫日“互联网 +”社会扶贫论坛上作典型经验发言

4 2019 年 4 月 17 日，自治区副主席李彬（前排右三）在副市长谢灵忠（前排左一）的陪同下到龙胜各族自治县平等镇调研革命老区脱贫攻坚工作

5 2019 年 6 月 3 日—7 日，市扶贫办举办全市贫困村村委主任脱贫攻坚专题培训班，提高扶贫干部攻坚能力

6 2019 年 3 月 13 日，龙胜各族自治县龙胜镇举办贫困户就业培训，图为桂林米粉学员在进行技能展示

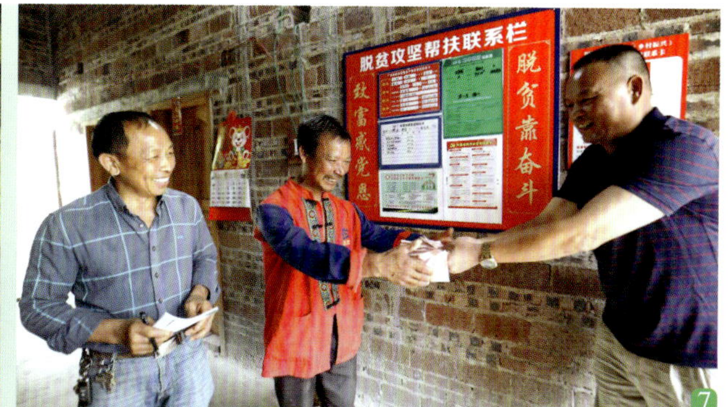

1. 2019 年 11 月 28 日，市长秦春成（左三）率考察组到广东鸿图科技股份有限公司考察调研，推动粤桂扶贫协作事宜
2. 桂林市不断加大健康扶贫工作投入力度，改善贫困群众的就医条件。图为 2019 年 9 月完成改扩建后的草坪卫生院
3. 2019 年 2 月 2 日，部队官兵到柘木镇李家村、苏家村进行走访慰问，与贫困群众一起贴春联、贴年画、挂灯笼
4. 2019 年 6 月 8 日，龙胜各族自治县举办梳秧节活动，图为“九龙五虎”观景点举办的抓凤鸡活动
5. 2019 年 12 月 11 日，龙胜各族自治县龙脊镇金江村贫困户廖国武的罗汉果获丰收

   韦吉阳　摄
6. 资源县众鑫生态种养专业合作社带领白洞村贫困户种植辣椒、西红柿等有机蔬菜
7. 阳朔县白沙镇遇龙村贫困户领到 2019 年度遇龙河景区资源补偿款

   阳朔县委宣传部　供图
8. 永福县狠抓旅游扶贫工作，促进脱贫增收。图为 2019 年 8 月 21 日，该县香巴拉湖畔农庄一角　唐　侃　摄
9. 平乐县二塘镇大展村通过引进村级企业，助农增产增收。图为 2019 年 8 月 26 日，平乐福临蛋鸡养殖场为当地群众提供了就业门路　苏　桂　摄
10. 2019 年 11 月 26 日，灵川县九屋镇四江、三合、祠堂 3 个贫困村抱团成立的联发种植专业合作社食用菌基地
11. 雁山区发挥农业龙头企业的带头作用，开展产业扶贫。图为 2019 年 9 月 30 日，大埠乡陶家村委同盛肉牛养殖基地贫困户领取分红
12. 临桂区大力开展贫困村基础设施提升工程。图为 2019 年 10 月 9 日，临桂区南边山镇新修的过路桥
13. 2019 年 5 月 6 日，雁山区大埠卫生院医务人员到李家湾村贫困户家中进行慢性病知识及慢性病办理政策宣传

长征文化资源保护利用

2019 年，桂林市贯彻落实中央、自治区领导批示精神，做好长征文化资源保护利用工作，同时结合市委提出“寻找桂林文化的力量，挖掘桂林文化的价值”战略，将“红色文化”列入重要内容。桂林市及全州、兴安、灌阳、龙胜、资源 5 县（自治县）采取系列举措，充分保护发掘利用红军长征过桂北历史遗址、遗存；成立专门工作机构，建立健全保护管理体制机制；围绕“长征”主题，打造一批红色旅游线路，创作一批文学精品，拍摄一批纪录片，传承和弘扬先烈们用鲜血和生命铸就的长征精神，以此作为桂林市加快实现“两个建成”（全面建成小康社会、基本建成桂林国际旅游胜地）、走好新时代长征路的不竭精神动力。2019 年 9 月，如期完成湘江战役红军烈士遗骸收殓保护工作和纪念设施建设，得到了中央领导的高度肯定。

1

2

❶ 2019 年 9 月 12 日，红军长征湘江战役纪念设施落成仪式举行 黄利明 供图

❷ 2019 年 3 月，中央党史和文献研究院院务委员魏海生（左四）率中央及有关省党史专家调研湘江战役原有纪念场馆展陈情况 黄利明 供图

❸ 2019 年 9 月 3 日—4 日，自治区党委常委、宣传部部长范晓莉（前排右一）检查湘江战役 3 个纪念馆展陈工作 黄利明 供图

❹ 2019 年 2 月 23 日，自治区人大常委会副主任、桂林市委书记、桂林市人大常委会主任赵乐秦（前排中）在全州指导红军遗骸收殓保护和湘江战役纪念园建设工作 黄利明 供图

❺ 2019 年 8 月 27 日，中宣部宣教局局长常勃（前左一）检查湘江战役 3 个纪念馆展陈工作 黄利明 供图

❻ 2019 年 2 月 22 日，市长秦春成（前排左二）到灌阳县调研指导湘江战役红军遗骸收殓保护和纪念设施建设工作 黄利明 供图

❼ 2019 年 8 月 8 日，中共桂林市委常委、市委宣传部部长、副市长韦凤云（中）到兴安县大风坳检查指导红军遗骸收殓保护工作 黄利明 供图

3

4

5

6

7

长 征

1 2019 年 8 月，红军长征湘江战役纪念园　黄利明　供图

2 2019 年 7 月，兴安县新改造提升的红军长征突破湘江烈士纪念碑园全貌图　黄利明　供图

3 2019 年 10 月，灌阳县新改造提升的湘江战役新圩阻击战酒海井红军纪念园全貌图　黄利明　供图

4 2019 年 10 月，全州县红军长征湘江战役纪念园烈士纪念林区凭吊广场 80 米长的雕塑长廊　黄利明　供图

5 2019 年 10 月，灌阳县新建提升的新圩阻击战史实陈列馆　黄利明　供图

6 2019 年 9 月 12 日，退役军人事务部、中央军委政治工作部、广西壮族自治区党委和政府在红军长征湘江战役纪念园举行烈士遗骸安放仪式　黄利明　供图

7 2019 年 8 月 28 日，全州、兴安、灌阳、资源、灵川、龙胜 6 县同时举行红军烈士遗骸安放仪式。图为兴安县光华铺安放仪式　黄利明　供图

8 2019 年 8 月，兴安县红军遗骸收殓保护安放仪式上，老战士向红军烈士墓献花　黄利明　供图

1
2
3
4
全国重点文物保护单位
湘江战役旧址
千家寺红军标语楼
5
红军烈士永垂不朽

市场监管专场演出

2020年9月28日，《桂林百姓大舞台》在市中心广场举办桂林市市场监督管理局专场演出，通过精彩的文化节目，向全市人民群众全面展示市场监管队伍的新形象和优良作风。

1 《桂林百姓大舞台》的演出活动，架起了市场监管部门与市民加深理解、增进感情的一座桥梁

2 歌颂祖国、歌颂党的吉他合奏

3 方言说唱“市场监管守安康”，用百姓喜闻乐见的方言说唱方式，讲述了市场监管的内容

4 宣传市场监管人员打击虚假宣传和假冒伪劣的小品《儿子来了》

小桂花艺术团专场演出

2020年1月21日,《桂林百姓大舞台》在少年宫举办小桂花艺术团专场演出,演出了“小桂花美丽绽放”“小桂花飘香”“童心永向党”“歌声伴我成长”“漓江画童”“童趣蹁跹”等文艺展演活动，为少年儿童提供文化艺术的交流平台和成长环境，促进了少年儿童的健康成长。

1 合唱《祝福您，亲爱的祖国》
2 舞蹈《草原小骏马》
3 合唱《我和我的祖国》
4 歌舞《学习雷锋好榜样》
5 舞蹈《乐在少年宫》
6 舞蹈《让我们荡起双桨》

1 桂林市副市长雷声在演出前讲话

2 著名桂林籍歌唱家罗宁娜深情的演唱《桂林是我家》，掀起演唱会高潮

3 彩调《十月花》

4 文联的书画艺术家们创作以草坪回族乡发展变化为主题的书画作品，赠送给草坪回族乡

5 歌舞《山欢水笑喜迎宾》

6 民乐合奏《步步高》

桂林百姓大舞台

《桂林百姓大舞台》是由中共桂林市委宣传部牵头，组织各县（市、区）和有关部门参与的群众性、公益性的文化惠民工程，获全国群众文化最高奖——群星奖，受到桂林老百姓喜爱，被称为“桂林的星光大道”。从 2009 年 4 月 29 日首场演出至今已经演出 263 场。2020 年，《桂林百姓大舞台》强化宣传创建文明城、脱贫攻坚工作，开展深入基层、深入农村、深入社区的文化之旅。

雁山专场演出

2020 年 8 月 23 日，《桂林百姓大舞台》走进草坪回族乡，举行“2020 年桂林市创建全国文明城市暨决胜全面小康　决战脱贫攻坚”文艺汇演雁山专场。通过百姓喜闻乐见的文艺节目，宣传创城知识，讲述桂林脱贫攻坚的生动故事，唱响文明和谐主旋律。

（该专题图片均由麻承福摄）

《桂林百姓大舞台》走进草坪回族乡演出现场

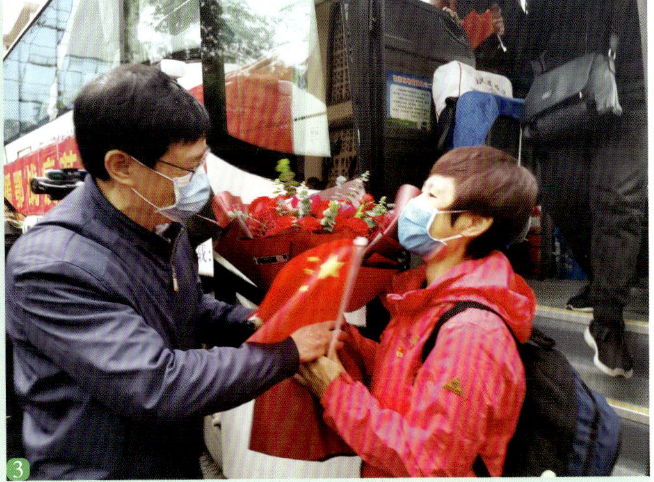

1 2020 年 4 月 2 日，桂林医学院第二附属医院的医疗队员参加桂林市首批驰援湖北医疗队的凯旋欢迎仪式

2 2020 年 4 月 8 日，广西壮族自治区南溪山医院老职工欢迎驰援湖北武汉平安归来的“抗疫英雄” 张超群 供图

3 2020 年 4 月 4 日，驰援湖北十堰的医疗队员黄瑞娟出色完成任务回到桂林 张超群 供图

4 2020 年 4 月 8 日，驰援湖北，平安凯旋让广西壮族自治区南溪山医院白衣天使和家人相聚格外开心 张超群 供图

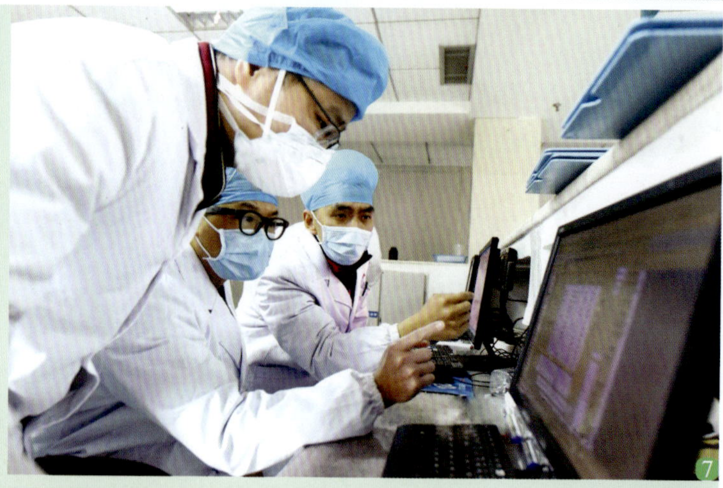

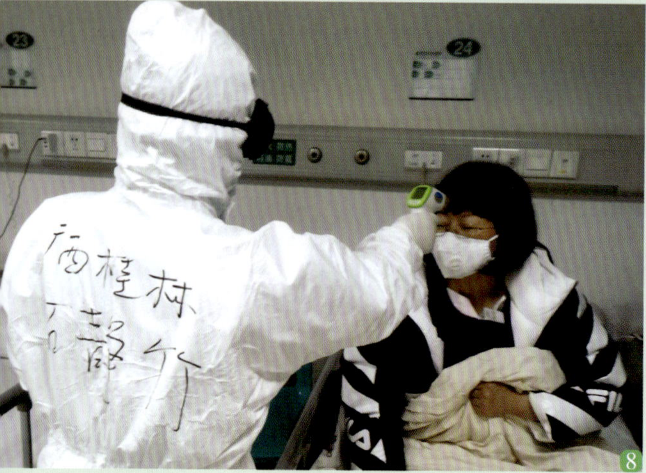

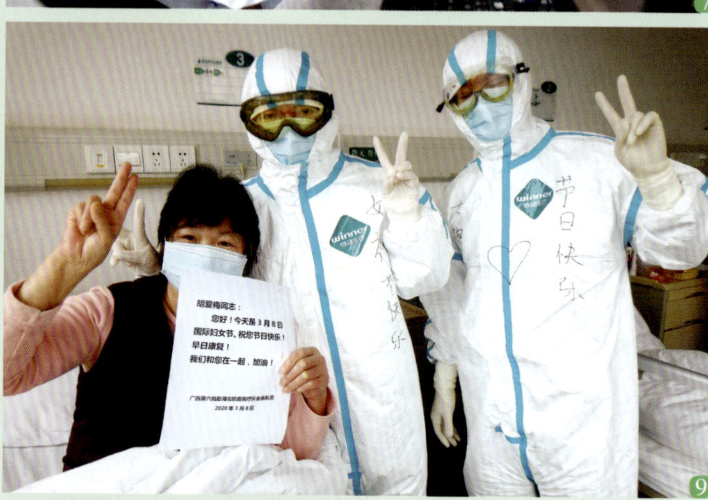

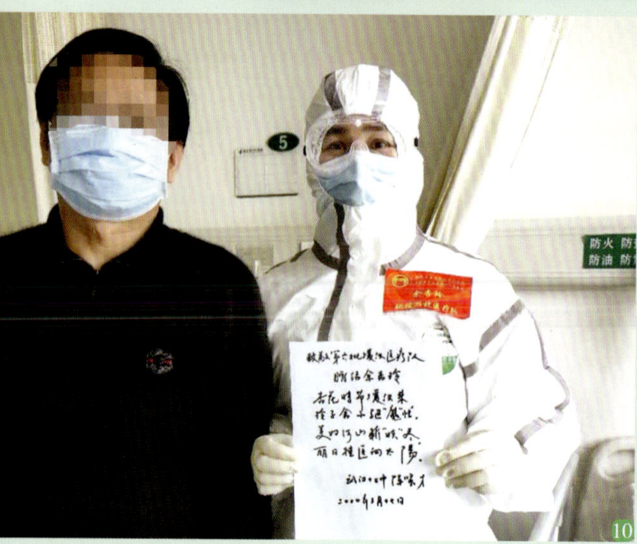

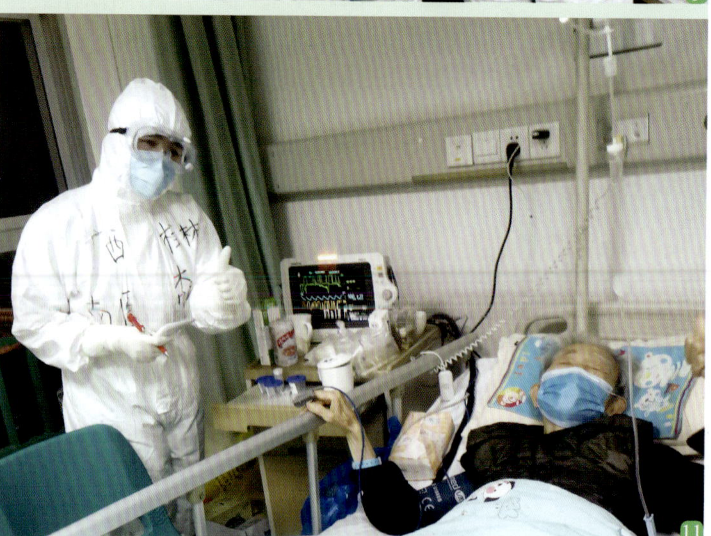

1 2020 年 2 月 11 日，桂林市直属医院第一批驰援湖北医疗队出征仪式

2 2020 年 2 月 19 日，广西壮族自治区南溪山医院抗击新冠肺炎驰援湖北医疗队在南宁机场合影

3 2020 年 2 月 18 日，桂林市人民医院第二批驰援湖北医疗队出征仪式

4 2020 年 1 月 27 日，桂林医学院第二附属医院首批援鄂抗疫医疗队集结出征

5 2020 年 2 月 19 日，桂林医学院第二附属医院首批援湖北抗疫医疗队员在武汉抗疫一线火线入党

6 2020 年 3 月 5 日，市第二人民医院第二批医疗队医师组队员在讨论病例

7 2020 年 2 月 20 日，市第二人民医院第一批医疗队医师组在讨论患者下一步治疗

8 2020 年 2 月 27 日，援湖北医疗队员为患者测量体温

9 2020 年 3 月 8 日，市第二人民医院第二批医疗队队员向患者送上“三八”妇女节祝福

10 2020 年 3 月 17 日，新冠肺炎患者赋诗广西壮族自治区南溪山医院驰援湖北医疗队队员余杏玲（右）

11 2020 年 2 月 27 日，广西壮族自治区南溪山医院出征湖北武汉的护士以自己出色的工作获得新冠肺炎患者和家属点赞　张超群　供图

驰 援 湖 北 武 汉

1

2

3

4

5

2

3

4

5

6

1 2020 年 2 月 18 日，市长秦春成（前排右四）陪同国家检查组在桂林医学院第二附属医院检查疫情防控工作

2 2020 年 3 月 6 日，市四家班子领导到桂林市第二人民医院慰问

3 2020 年 1 月 31 日，桂林市疫情防控领导小组指挥部防控与医疗救治组人员到居家隔离观察点桂林市翠竹社区查看疫情防控工作

4 2020 年 1 月 31 日，桂林市疫情防控领导小组指挥部防控与医疗救治组人员到桂林旅游（办事）武汉籍人员集中休整观察点看望医护人员并指导疫情防控工作

5 2020 年 1 月 30 日，广西壮族自治区南溪山医院医疗诊治专家小组集中对病人展开诊断和分析

6 2020 年 3 月 11 日，广西壮族自治区南溪山医院领导和一线医护人员庆祝最后一名新冠肺炎患者康复

张超群　供图

新型冠状病毒感染肺炎疫情防控

新冠肺炎疫情发生以来，桂林市全面落实中央、自治区有关决策部署，严格落实早发现、早报告、早隔离、早治疗要求，全面落实“外防输入、内防反弹”总体防控策略。截至 2020 年 6 月 12 日，全市累计对 299 例新冠肺炎疑似病例进行调查，通过流行病学调查和核酸检测，确诊 32 例，排除 267 例，32 例确诊病例中，输入性病例 28 例，本地病例 4 例。3 月 10 日，32 例确诊病例全部治愈，治愈率 100%。市疫情防控始终坚持科学防控、精准施策，实现了全市确诊病例“0”死亡、医务人员“0”感染、社区传播“0”发生的优异成绩，疫情防控工作取得阶段性成果，得到了国家第十九督导组和自治区暗访组的高度评价。

（该专题图片除署名外均由市卫健委供图）

桂 林 防 控

❶ 2019 年 8 月，兴安县光华铺新修缮的红军烈士陵园　黄利明　供图
❷ 2019 年 9 月，兴安县溶江镇文甲洞新修缮的红军烈士墓群　黄利明　供图
❸ 2019 年 9 月，兴安县溶江镇大风坳新修缮的红军烈士墓群局部　黄利明　供图
❹ 2019 年 5 月，兴安县华江千家寺红军标语楼　章丰展　摄
❺ 2019 年 8 月，龙胜各族自治县平等镇寨江新修缮的红军烈士纪念碑、墓　黄利明　供图
❻ 2019 年 9 月，全州县板塘村新修缮的红军烈士遗骸安放点和红军墓　黄利明　供图
❼ 2019 年 8 月，全州县古岭头（隔壁山）新修缮的红军烈士墓群局部　黄利明　供图
❽ 2019 年 11 月，全州县红军长征湘江战役渡口　章丰展　摄
❾ 2019 年 10 月，红军长征突破湘江四大渡口旧址统一设置标识。图为全州县凤凰嘴渡标识　黄利明　供图

目　　录
Contents

概　　貌

Overview

特载

Special Edition

大　事　记

Memorabilia

桂林国际旅游胜地建设

Construction of Guilin International Tourist Attraction

中国共产党桂林市委员会

Guilin Municipal Committee of CPC

桂林市人民代表大会

Guilin Municipal People's Congress

桂林市人民政府

Guilin Municipal People's Government

中国人民政治协商会议桂林市委员会

Guilin Municipal Committee of CPPCC

纪检监察

Discipline Inspection & Supervision

民主党派·工商联

Democratic Parties & Federation of Industry & Commerce

群众团体

Mass Organizations

政　　法

Political Law

军　　事

Military

外事·接待

Foreign Affairs & Reception

旅 游 业

Tourism

城市建设与管理

Urban Construction & Management

生态环境保护

Ecological Environment Protection

交通运输·邮政

Transportation & Post

信 息 业

Information Industry

工 业

Industry

农业・水利・农村扶贫

Agriculture, Water Conservancy & Rural Poverty Alleviation

商　　业

Business

对外经济贸易·非公有制经济

Foreign Economic & Trade &
Non-Public Ownership Economics

财政·税务

Finance & Taxation

金 融

Banking

新区·开发区

New District & Development Zone

经济行政管理与监督

Economic Administration & Supervision

教　　育

Education

科　学

Science

文　　化

Culture

卫生健康·体育

Health & Sports

人力资源·社会保障

Human Resources & Social Security

社会生活

Civil Life

区县(市)简介

Brief Introduction of Districts & Counties (Cities)

人　　物

Characters

统计资料

Statistical Information

附　　录

Appendix

索　　引

Indexes

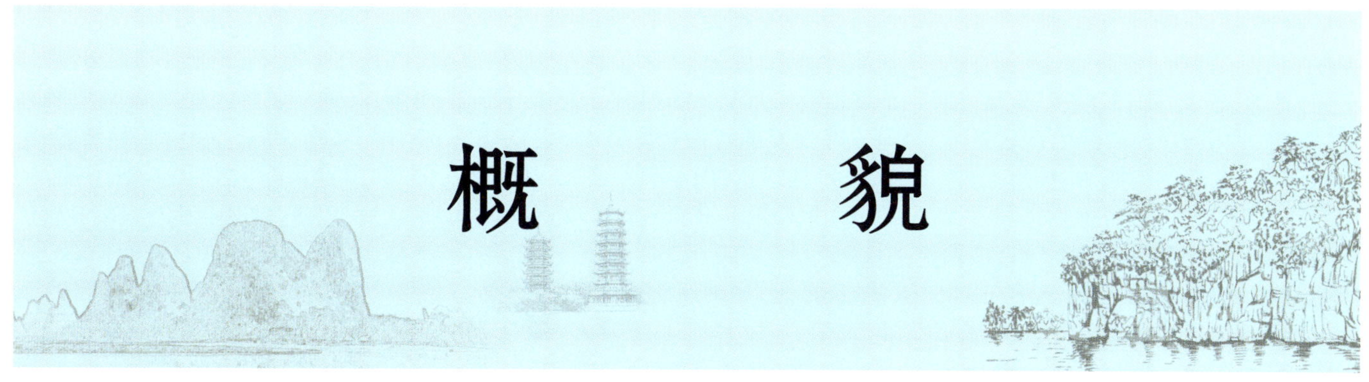

概　貌

建置沿革

先秦时期，桂林为百越地。秦始皇三十三年（前214年），秦王朝统一岭南，设桂林、南海、象三郡，今桂林市大部分为桂林郡，东北部今兴安县、全州县、资源县、灌阳县和龙胜各族自治县的一部分属长沙郡。

汉高祖三年至元鼎五年（前204年—前112年），原桂林郡地属南越国地。

汉元鼎六年（前111年），置始安县，辖地包括今桂林市区、灵川县、阳朔县、永福县、柳州市鹿寨县及兴安县、龙胜各族自治县部分地域，县治在今桂林市区，属荆州零陵郡。今灌阳县、全州县、资源县及平乐县、恭城瑶族自治县部分地域属零陵郡；今龙胜各族自治县属武陵郡；今荔浦市属苍梧郡。

东汉建武四年（28年），改始安县置始安侯国，治所在今桂林市区。

三国吴甘露元年（265年）十一月，分零陵郡南部置始安郡，辖始安（今桂林市区、兴安县、灵川县、阳朔县、荔浦市、永福县）、平乐（今平乐县、恭城瑶族自治县）、荔浦、尚安（今阳朔县）、熙平（今阳朔县）、永丰（今荔浦市）等县，今全州县、灌阳县、资源县属荆州零陵县，今龙胜各族自治县属荆州武陵郡。始安郡、始安县治所均在桂林市区，仍属荆州管辖。

西晋，始安郡改属广州，辖始安、平乐、常安、熙平、永丰、荔浦等县，包括今桂林兴安县、灵川县、临桂区、阳朔县、永福县、平乐县、荔浦市、恭城瑶族自治县，柳州市鹿寨县，梧州市蒙山县。今全州县、灌阳县、资源县、龙胜各族自治县的归属同三国时期。

南朝刘宋年间，始安郡属湘州；南朝梁天监六年（507年），析广州之苍梧、郁林郡置桂州，领郡县，大同六年（540年）十二月，州治迁至今桂林市区。

隋大业三年（607年），桂州废改为始安郡，治始安县（今桂林市区），今桂林市区及辖县大部分属始安郡，今全州县、资源县、兴安县、灌阳县属零陵郡。

唐武德四年（621年），始安郡改置桂州。天宝元年（742年），桂州改为始安郡。唐至德二年（757年）九月，改始安县为临桂县。以后历五代十国、宋、元、明、清至民国二年（1913年）三月一日前均称临桂县，为桂州、广南西路、静江府、静江路、广西行中书省、广西三司（布政使司、提刑按察使司、都指挥使司）、漓江道、桂林道、广西行省治所驻地。唐乾元元年（758年），桂州领临桂、理定（今永福县）、灵川（今灵川县、龙胜各族自治县及临桂区部分）、阳朔、荔浦、永丰（今荔浦市、永福县）、建陵（今荔浦市）、纯化（今鹿寨县）、永福、临源（今兴安县）10县。今全州县、资源县、灌阳县属零陵郡，今平乐县、恭城瑶族自治县先后属乐州、昭州、平乐郡。

五代十国晋天福四年（939年），增设全州，领清湘县（今全州县）、灌阳县，州治清湘县（今全州县城）。晋开运三年（946年），在今兴安县城增置溥州，辖德昌（今兴安县）、广明（今临桂区部分、龙胜各族自治县、灵川县）、义宁（今临桂区部分）。

北宋至道三年（997年），置广南西路，包括今广西和雷州半岛及海南岛等地区，治所桂州（今桂林市），广西简称为“桂”自此始。南宋绍兴三年（1133年）二月初一，桂州升为静江府，府治临桂县城（今桂林市区），辖临桂（今临桂区）、兴安、荔浦、永福、修仁（今荔浦市部分）、灵川、义宁（今龙胜各族自治县及临桂区部分）、理定（今兴安县）、古县（今永福县）、阳朔10县。全州、昭州辖县治所沿袭唐制。

元至元十五年（1278年），改静江府为静江路，所辖县与宋静江府同。元大德五年（1301年），昭州改为平乐府，府治今平乐县城，辖平乐、恭城、蒙山、昭平4县。

明洪武元年（1368年）六月二十三日，静江路复为静江府。洪武五年（1372年）六月，静江府改为桂林府，桂林作为广西东北地区行政区域的名称从此时开始。初领临桂、兴安、荔浦、修仁、灵川、阳朔、永福、理定、古县、义宁10县，后领2州7县（全州、永宁州，临桂、兴安、灵川、阳朔、灌阳、永福、义宁县）。洪武九年（1376年），全州府降为全州，隶属湖广承宣布政使司永州府，辖地不变。洪武二十七年（1394年），全州由属湖广永州府改属广西桂林府，初领灌阳1县。平乐府初领4县，弘治四年（1491年）增辖荔浦、修仁，次年增辖永安州，明末实辖永安州及7县，今桂林市辖县平乐、恭城、荔浦属之。永宁州于隆庆五年（1571年）升古田县置，领永福、义宁2县。

清前期同明制，乾隆六年（1741年）析义宁县西北地置龙胜厅，属桂林府。光绪三十二年（1906年），析永宁州并永福、融、柳城、雒容4县地置中渡厅，属桂林府。

民国元年（1912年）8月28日，广西省治迁往南宁。民国二年（1913年），改临桂县为桂林县，并废府设道。桂林道辖桂林、全州、兴安、灌阳、灵川、龙胜、义宁、古化、中渡、永福、阳朔、平乐、恭城、荔浦、修仁、蒙山、贺县、昭平、富川、钟山20县。其中古化县原为永宁县,为避免与四川、贵州、山西等省永宁县同名,易名为古化县。民国二十五年(1936年)10月1日,广西省治迁回桂林。民国二十九年(1940年),改桂林县为临桂县,析城区八桂、白龙、培风、义南、东江、凤北6镇及太沙、柘木、东附廓、三合、北附廓、西南附廓6乡置桂林市,治所在今桂林市区,直属广西省政府。民国三十一年(1942年),设直属行政区,辖桂林市及全州、灌阳、资源、兴安、阳朔、临桂、永福、百寿、义宁、灵川、龙胜11县。民国三十三年(1944年),改直属行政区为第八行政区。平乐、荔浦、恭城县属平乐区,区治平乐县(今平乐县城)。民国末年(1949年1月1日至9月30日止)8月,广西省治从桂林市迁往南宁市。

1949年10月1日,中华人民共和国成立。12月广西全境解放后,桂林市为省直辖市,桂林行政区专员公署驻今桂林市区,辖临桂、灵川、义宁、永福、百寿、龙胜、兴安、全州、灌阳、资源、阳朔11县。1951年8月,龙胜县改名为龙胜各族联合自治区。1955年9月,改称龙胜各族自治县,义宁县并入灵川县。1952年,百寿县并入永福县,资源县并入全州县,鹿寨县划入桂林专区。1954年,灵川县并入临桂县,恢复资源县制。1958年6月,平乐专区改为梧州专区,荔浦、恭城、平乐县划归桂林专区管辖,鹿寨县划归柳州专区。1960年7月,桂林地区和桂林市合并。1961年5月,桂林地区和桂林市分开。同年,恢复灵川县制,归属桂林地区。1981年7月,阳朔县和灵川县大圩公社的潜经、草坪大队以及茯荔大队的吴家、杨家生产队划归桂林市管辖。1983年10月,临桂县划归桂林市管辖。

1998年8月27日,国务院批复同意桂林市和桂林地区合并。11月8日正式挂牌,组建新的桂林市(地级)。市人民政府驻象山区榕湖南路6号。新的桂林市辖原桂林市的秀峰区、叠彩区、象山区、七星区、雁山区和临桂县、阳朔县以及原桂林地区的灵川县、全州县、兴安县、永福县、灌阳县、龙胜各族自治县、资源县、平乐县、荔浦县、恭城瑶族自治县。2013年1月18日,国务院批复同意撤销临桂县,设立桂林市临桂区。2014年7月12日,桂林市人民政府正式搬迁至临桂区西城中路69号。2018年7月,国务院同意,民政部批复,撤销荔浦县,设立县级荔浦市。（市地方志办）

地理位置

【位置面积】 桂林市位于广西壮族自治区东北部,境域地理位置坐标介于北纬24° 15′ 23″—26° 23′ 30″,东经109° 36′ 50″—111° 29′ 30″之间,境域南北长236千米,东西宽189千米。北部、东北部与湖南省通道、城步、新宁、东安、永州、双牌、道县、江永8个县(市)交界,南部、东南部与广西壮族自治区贺州市富川、钟山、昭平3个县和梧州市蒙山县、来宾市金秀瑶族自治县及柳州市鹿寨县毗邻,西部、西南部与广西壮族自治区柳州市三江、融安2个县接壤。2019年,桂林市土地总面积27809平方千米(其中市区2767平方千米)。

表1 2019年桂林市土地面积

单位:平方千米

指标	面积
全市	27809
秀峰区	54
叠彩区	52
象山区	88
七星区	83
雁山区	288
临桂区	2202
阳朔县	1428
灵川县	2287
全州县	4021
兴安县	2344
永福县	2806
灌阳县	1837
龙胜各族自治县	2538
资源县	1954
平乐县	1919
荔浦市	1759
恭城瑶族自治县	2149

【地形、地貌、山系、水系】

地形　桂林市地处南岭山系的西南部,地形总体上呈北高南低的趋势,即北、东、西三面环山,地势较高;中部、南部及东北部为岩溶山地、平原、河谷地区,地势较低平,其中从全州县、兴安县到灵川县、桂林市区一线有“湘桂走廊”之称,是广西的东北门户。

地貌　桂林市地貌特点是四周山地环绕,山地丘陵面积广大,地貌类型多样,可分为中山、低山、丘陵、岩溶石山和河谷平原五大类。中山主要分布在桂林市的北部、西部和中部海洋山等地,低山主要分布在各大山脉的四周,中山、低山总面积大约占全市面积的一半。丘陵多分布于中低山与河流谷地之间。境内石灰岩地层分布广泛,岩层厚、质地纯,加上受地质构造的作用和长期的侵蚀、切割,形成了沿桂江与湘江两岸分布的典型岩溶石山与河流谷地平原。典型的岩溶石山海拔标高200米—500米不等,有峰丛洼(谷)地和峰林平原等类型。石峰内或地下多洞穴或地下河。市区至阳朔县约80千米漓江沿岸的峰林地貌最为典型,形成了千峰环抱、山环水绕、碧水青山、奇峰倒影、洞奇石美的独特景观,被世人美誉为“山水甲天

象鼻山　　　　（李腾钊　2019年摄）

下”，成为举世闻名的旅游胜地。岩溶石山、丘陵与平原约占全市总面积的47%。此外，在资源县城向北部和西北的白垩纪红色砂岩分布区，由于地表水系的长期侵蚀，形成了一个沿资江分布，面积达125平方千米的丹霞地貌。桂林素来享有“无山不洞，无洞不奇”的赞誉，是中国也是世界上洞穴开发利用最早、最多的地区之一，有洞穴1万个左右。早在公元5世纪，颜延之就在独秀峰下开辟一洞穴为读书岩。七星岩洞口最早的一方石刻是隋开皇十年（590年）所刻的“栖霞洞”，迄今游览历史有1430年。桂林的著名洞穴有芦笛岩、七星岩、穿山岩、冠岩、甑皮岩洞穴遗址、银子岩、丰鱼岩、莲花岩、黑岩、永福岩、蟠山安乳洞岩、百寿岩、龙岩等。

山系　主要为中低山和岩溶山地。山系主要呈北北东走向。北部有猫儿山、越城岭，东部和中部有都庞岭、海洋山，西北和西部有大南山、天平山，南部有驾桥岭和大瑶山。组成山地的岩石除古老地层外，还有大量的花岗岩，形成花岗岩地貌景观。山地长度多在60千米以上，在高度上，除驾桥岭主峰高度较低（海拔1246.9米）外，其余山地主峰均在1700米以上。其中，猫儿山主峰海拔2141.5米，为华南第一高峰；越城岭主峰真宝顶海拔2132.4米，为广西第二高峰。猫儿山、越城岭、海洋山和都庞岭构成了珠江和长江水系的分水岭。在分水岭南北两侧，沿湘江和漓江河谷，分布形成西南—东北走向的兴安—全州河谷平原和西北—东南走向的岩溶山地—河谷平原区。

水系　桂林市河流水系发达，全市共有大小河流100余条，分属长江流域的洞庭湖水系与珠江流域的西江水系，为典型的雨源型山区河流。分布有桂江、湘江、洛清江、资江与寻江五大河流，其中资江与湘江属长江流域洞庭湖水系，桂江、洛清江、寻江属珠江流域西江水系。分山地型河流与岩溶丘陵平原型河流两大类，山地型河流多位于碎屑岩分布区，区内降雨量充沛，地表水系发达，河流曲折多弯，流域形成树枝状水系网络，河流坡降大，水流湍急、落差大，多峡谷、险滩，是开展漂流等水上运动的良好地域。岩溶丘陵平原型河流多位于碳酸盐岩分布区，流域内地表地下岩溶发育，致使地表水系不发育，地下多发育有地下河或伏流，地表与地下水系共存。属长江流域洞庭湖水系的有资江、湘江（包括其支流灌江），流域总面积约占全市总面积的30%。其中，湘江境内河流长190千米，流域面积7049平方千米；资江境内河流长83千米，流域面积1300平方千米。属珠江流域西江水系的有桂江、洛清江和寻江，约占全市总面积的70%。其中，桂江平乐县城以上段又称漓江，境内河流长约288千米（漓江长214千米），流域总面积12669平方千米；洛清江境内河段长103千米，流域面积2806平方千米；寻江境内河段长139千米，流域面积3868平方千米。在湘江和西江两大水系之间，古代修建有著名的灵渠（位于兴安县城西南）将两大水系沟通。另外，在临桂区会仙镇附近的相思埭有一条古运河将漓江水系与柳江水系（通过洛清江）沟通。

（中国地质科学院岩溶地质研究所）

资源·物产

桂林是农业大市，物产富饶，名特优农产品众多。桂林素有“桂北粮仓”之称，是广西主要粮食生产基地之一。粮油作物主要有水稻、玉米、红薯、马铃薯、小麦、大豆、花生、油菜、芝麻等。桂林是广西第一大水果产区。水果主要有柑橘、沙田柚、金橘、葡萄、月柿、百香果、梨、桃、李、板栗、枇杷、枣子等。野生果类资源有中华猕猴桃、山楂、杨梅、酸枣、山葡萄等。其他经济作物主要有罗汉果、荔浦芋、荸荠、棉花、甘蔗、苎麻、烟叶、西瓜、食用菌等。桂林是“南菜北运”“西菜东运”的重要生产基地。蔬菜主要有辣椒、大蒜、番茄、南瓜、苦瓜、豆角、生姜、白菜、萝卜、莲藕等。名优特农产品主要有金橘、月柿、罗汉果、荔浦芋、白果、沙田柚、荸荠等。

桂林市林业资源丰富，是广西的主要林区之一，植物种类有199科564属1415种。国家Ⅰ级保护的珍稀植物有“活化石”——银杉、南方红豆杉、银杏、资源冷杉、水松、伯乐树、苏铁等；国家Ⅱ级保护的珍稀植物有福建柏、柔毛油杉、华南五针松、白豆杉、樟树、马尾树、榉木、楠木、厚朴、花榈木、红豆树、任豆、喜树、半枫荷等。用材林主要有杉、松、毛竹、桉树等。经济林主要有油茶、柿子、板栗、柑橘、柚子、桃、梨、金橘、白果、杜仲、厚朴、金槐、茶叶、油桐等。主要林产品有杉木、松木、桉树、毛竹等商品材，还有柑橘、梨子、葡萄、桃子、柿子、板栗、茶叶、笋干、白果、香菇、杜仲、厚朴、生漆、油桐子、槐米、松脂等。全市有动物种类1593种，隶属68目295科。国家Ⅰ级保护的珍稀动物有黄腹角雉、白颈长尾雉、金雕、林麝、云豹、豹、蟒蛇；国家Ⅱ级保护的珍稀动物有红腹角雉、穿山甲、大鲵(娃娃鱼)、白鹇、毛冠鹿、猕猴、大灵猫、小灵猫等。

桂林市矿产资源较为丰富，已发现可利用矿产48种，其中查明有一定资源储量并开发利用的矿产40种。在查明资源储量的矿产中有17种居全广西前列，其中滑石矿质量居世界前列，保有资源储量居全国前列。铅锌、铌钽、花岗岩、石灰岩、大理岩、重晶石、矿泉水等资源前景较好，滑石、大理岩、花岗岩、石灰岩、萤石、矿泉水及鸡血石等具有较大开发潜力。

（市地方志办）

气候·水文

【气候】 2019年，桂林市辖各县(市、区)全年平均气温在17.3℃—20.6℃之间，比历年平均值(16.77℃—20.28℃)偏高。年极端最高气温38.9℃，出现在灵川县；年极端最低气温-1.6℃，出现在资源县。全年总雨量1447.4毫米—2695.9毫米之间，比历年平均值(1382.2毫米—1887.6毫米)偏多。年日照总时数1202.9小时—1508.8小时，比历年平均值(1250.8小时—1568.9小时)偏少。从整体情况来看，2019年平均气温偏高，降水量总体偏多，总日照时数除灌阳县、全州县偏多外，其余各地均偏少。低温及霜(冰)冻天气较少且持续时间短，对人民生活及交通出行影响并不明显，但局部有暴雨洪涝灾害，局地冰雹、大风、雷电、暴雨、低温冻害等气象灾害给农业生产带来了一定影响。

全年，气象灾害对农业的影响属正常到偏差年份。1月、2月，低温寡照，雨量偏多，不利于蔬菜和马铃薯、冬玉米等冬种作物生长发育，光合作用持续受到抑制，导致其生长缓慢，长时间阴雨潮湿天气，还易导致病害发生。3月，仍是多阴雨寡照天气，对早稻等春种作物播种、出苗、生长和春收作物的采收、上市及各种蔬菜生长十分不利，但是降雨有利于山塘水库和农田蓄水，为犁耕田地等春耕备耕农业用水提供便利。4月，虽然日照偏少，但是气温偏高，热量条件好，有多次降雨过程配合，大部分时段天气条件对早稻播种、育秧、移栽以及栽后返青有利，对春玉米等旱地作物播种、出苗、幼苗生长也比较有利；局部地区降雨日数过多，日照较少，果树出现沤花现象，减少坐果，不利于提高产量；月内大风、冰雹、暴雨等灾害性天气给农业生产造成一定损失。5月，总的气象条件对农业生产有利。6月，温度偏高，雨量和日照接近常年，多数时段总体气象条件对农业生产有利，但月内出现几次明显强降雨天气过程，部分江河水位上涨、沿江沿河以及低洼地区的农田受淹、农作物受灾，雨区重叠较多，出现不同程度的洪涝灾害，造成不同程度的经济损失，而且高温、高湿容易导致病虫害的发生发展，增加农作物、果树病虫防控工作的困难。7月中旬，持续性强降雨天气，导致各乡(镇)出现不同程度洪涝灾害，给当地的农业生产带来一定的损失；后期天气转好，利于在田作物的生长、灾后恢复工作和夏收、夏种工作的开展，但出现持续性高温天气过程，对晚稻秧苗生长及栽后返青有不利影响。8月，出现较长时间高温酷热天气，利于迟熟迟收的夏收作物的收晒入库，不利于迟插晚稻秧苗的生长、移栽和及时返青。9月，以晴热天气为主，部分地区出现旱情，对秋玉米、秋红薯等旱地作物及缺水灌溉的晚稻生长发育不利，也不利于柑、橘、月柿等水果果实膨大，部分沃柑、月柿等出现日灼病，对产量和品质提高有负面影响。10月—12月中旬，干旱持续，对秋玉米等作物生长发育、晚稻灌浆乳熟、甘蔗茎生长、柑橘果实膨大和秋梢抽生等均造成不同程度的危害，对缺乏灌溉设施的柑橘等水果果实发育也有不利影响，不利于产量和品质提高，对晚稻和其他秋收作物成熟收割、晾晒入库有利，也利于柑、橘、柿等水果的采收上市。

年均气温和雨量　全年，桂林市辖各县(市、区)平均气温17.3℃—20.6℃，与常年同期相比，平乐县偏低0.1℃，其余各地偏高0.2℃—1.0℃。最高气温38.9℃(8月20日灵川县)；最低气温-1.6℃(1月22日资源县)。雨量累计1447.4毫米—2695.9毫米，荔浦市雨量最少、灵川县雨量最多，与常年同期相比，龙胜各族自治县偏少4%，其余各地偏多10%—50%；雨日160天—201天。4月—9月，全市雨量累计972毫米—2083.9毫米，与历年同期相比，荔浦市偏少4.6%，局部出现洪涝灾害。

暴雨　全年全市按13站计算(10县+桂林市区+临桂区+荔浦市)，出现1站暴雨的有15天，2站暴雨的有6天，3站暴雨的有4天，4站、6站暴雨的有1天，8站、9站暴雨的有2天，单站日雨量最大259.8毫米(7月9日灵川县)。暴雨在各月的分布情况，1月无暴雨，2月有1天，3月有1天，4月有7天，5月有3天，6月有9天，7月有7天，8月有2天，9月有2天，10月—12月无暴雨。5月25日20时—26日8时，桂林市最大雨量

表2　**2019年桂林市13站基本气象要素信息表**

站点	全年平均气温(℃)	全年最低气温(℃)	全年最高气温(℃)	年降水量(毫米)	年日照数(小时)
桂林市区	20.2	1.2	38.0	2533.3	1243.9
临桂区	19.8	1.0	37.9	2549.2	1405.6
阳朔县	20.0	1.7	38.6	1929.1	1349.0
灵川县	19.8	0.9	38.9	2695.9	1266.6
全州县	19.0	-0.7	38.5	2337.7	1434.4
兴安县	18.9	-0.5	38.5	1901.1	1249.2
永福县	19.8	0.6	38.5	2521.3	1410.2
灌阳县	18.5	-1.0	38.3	1905.9	1276.1
龙胜各族自治县	18.9	0.5	38.0	1535.5	1202.9
资源县	17.3	-1.6	37.1	2288.2	1327.1
平乐县	20.1	1.3	37.8	1608.7	1498.9
荔浦市	20.3	1.6	38.4	1447.4	1420.6
恭城瑶族自治县	20.6	2.1	38.7	1729.3	1508.8

为兴安县猫儿山自动站321.9毫米。6月6日8时—13日8时，桂林市出现暴雨到大暴雨过程，局部特大暴雨，50毫米—99.9毫米8站，100毫米—249.9毫米92站，250毫米以上89站，最大雨量为桂林市区山水阳光城自动站832毫米；小时雨量最大出现在6月9日8时，为全州县庙头镇86.8毫米。6月22日20时—23日20时，小时雨量最大为桂林市区山水阳光城自动站68.8毫米；24小时雨量最大为桂林市区山水阳光城自动站201.3毫米，其次为永福县龙山村183.4毫米。7月6日8时—9日20时，累积雨量100毫米—249.9毫米119站，250毫米以上64站，最大雨量为桂林市区九华山社区自动站656.8毫米。7月11日18时—14日17时，累积雨量100毫米—249.9毫米132站，250毫米以上37站，最大雨量为桂林市区铁山园自动站481毫米。

日照 全市年日照时数1202.9小时(龙胜各族自治县)—1508.8小时(全州县)，与历年相比，除灌阳县、全州县偏多外，其余各地均偏少。

强对流 受冷暖空气共同影响，3月21日8时—22日7时，桂林市出现雷雨大风、冰雹及短时强降水天气。其中有5个国家站出现大于17米每秒的大风，最大风速为临桂区地面站60.3米每秒，出现在21日21时13分，打破历史纪录。7月1日14时30分，恭城瑶族自治县莲花镇发生雷电暴雨极端天气，15时在兰洞村榴石脚屯果园内1名村民被雷电击中，当场死亡。

干旱 7月月末—9月，转入高温少雨天气，有10天达到37℃以上高温天气。9月，桂林市除一些局地性降水和23日人工增雨外，几乎没有出现明显降水过程(10毫米以上)，桂林进入旱季，其中兴安县、恭城瑶族自治县、平乐县出现重旱。

（王存真）

【水文】 桂林市水文中心下设13个县级中心水文站，共管辖水文(位)站128个，自动监测降水量站372个。

2019年，桂林市面平均降雨量2244毫米，与历年同期相比偏多25.6%。汛期(3月—8月)面平均降雨量1821毫米，与上年同期相比偏多59.7%。由于降雨量偏多，桂林市各江河来水量也相应偏多，汛期(3月—8月)月平均流量与历年同期相比，各江河来水量均偏多23.2%(龙胜各族自治县六漫河)—135%(全州县万乡河)。全年，桂林市雨水情况具有以下特点：入汛早，强降雨场次多、强度大、范围广，超警河流多、分布广、站次多，洪水量级大、中小河流尤为突出，超警洪水频次密集、间隔时间短。

3月，桂林市入汛以来，受强降雨影响，先后有42条河流(河段)63个水文(位)站共出现174站次超防洪警戒水位洪水，超警戒水位幅度0.01米—5.88米，洪水主要发生在5月—7月。有8个水文(位)站出现超50年一遇及以上的特大洪水，有1个水文(位)站出现20年一遇的大洪水，其余为5年—10年一遇的洪水，其中全州县湘江支流万乡河龙水水文站出现超100年一遇特大洪水，阳朔县桂

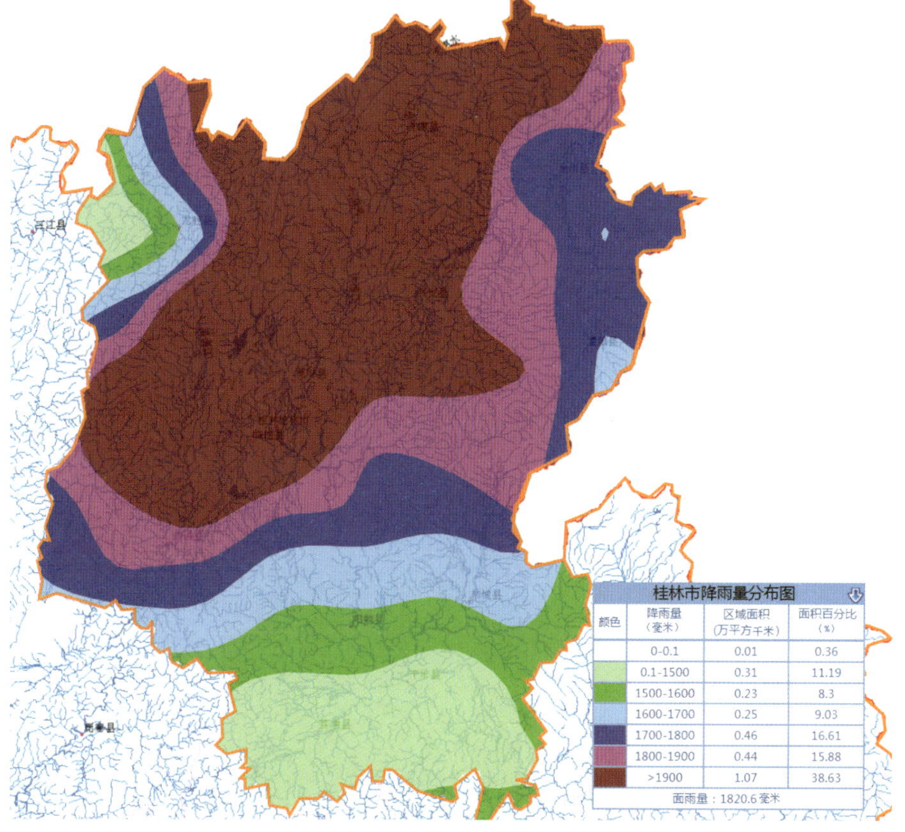

颜色	降雨量（毫米）	区域面积(万平方千米)	面积百分比（%）
	0-0.1	0.01	0.36
	0.1-1500	0.31	11.19
	1500-1600	0.23	8.3
	1600-1700	0.25	9.03
	1700-1800	0.46	16.61
	1800-1900	0.44	15.88
	>1900	1.07	38.63
面雨量：1820.6毫米			

2019年3月—8月桂林市降雨量分布图

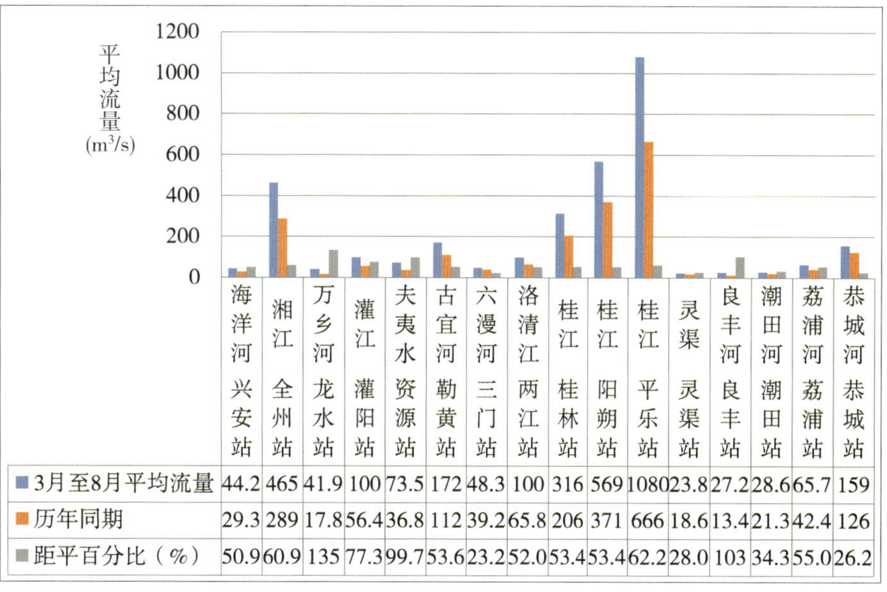

	海洋河兴安站	湘江全州站	万乡河龙水站	灌江灌阳站	夫夷水资源站	古宜河勒黄站	六漫河三门站	洛清江两江站	桂江桂林站	桂江阳朔站	桂江平乐站	灵渠灵渠站	良丰河良丰站	潮田河潮田站	荔浦河荔浦站	恭城河恭城站
3月至8月平均流量	44.2	465	41.9	100	73.5	172	48.3	100	316	569	1080	23.8	27.2	28.6	65.7	159
历年同期	29.3	289	17.8	56.4	36.8	112	39.2	65.8	206	371	666	18.6	13.4	21.3	42.4	126
距平百分比（%）	50.9	60.9	135	77.3	99.7	53.6	23.2	52.0	53.4	53.4	62.2	28.0	103	34.3	55.0	26.2

2019年3月—8月桂林市主要江河来水量距平图

表 3　　2019 年桂林市部分水文(位)站洪水情况统计表

站名	日期	洪峰水位(米)	超警幅度(米)	频率	河流	所属县(区)
河口	5 月 25 日	393.88	5.88	超 50 年一遇	大湾河	资源
资源	5 月 26 日	379.00	2.80	超 50 年一遇	资　江	资源
龙水	6 月 9 日	168.21	2.71	超 100 年一遇	万乡河	全州
三门	6 月 9 日	214.71	5.11	超 50 年一遇	六漫河	龙胜
黄梅	7 月 7 日	242.19	1.19	超 50 年一遇	甘棠江	灵川
两合	7 月 7 日	238.50	2.50	超 50 年一遇	兰田河	灵川
龙江	7 月 9 日	211.97	2.97	超 50 年一遇	龙　江	永福
两江	7 月 9 日	157.54	1.94	20 年一遇	洛清江	临桂
兴坪	7 月 13 日	124.33	4.33	超 50 年一遇	桂　江	阳朔
潮田	7 月 13 日	159.38	1.68	超 10 年一遇	潮田河	灵川
阳朔	7 月 14 日	112.63	3.13	超 10 年一遇	桂　江	阳朔

江干流兴坪站、资源县资江干流资源站、龙胜各族自治县古宜河支流六漫河三门站等 7 个水文(位)站出现超 50 年一遇特大洪水,均为有实测水文资料以来最大洪水。

5 月,桂林市进入主汛期。5 月 25 日,桂林市北部全州、资源等县普降大雨,局部暴雨到大暴雨,其中最大 24 小时降水量大于 200 毫米的有资源县城 201 毫米、中峰镇中峰村 314 毫米、中峰镇烟竹山村 289 毫米、两水乡社水村 228 毫米,全州县才湾镇 251 毫米。受此次强降雨影响,资江及其支流出现明显的涨水过程,其中资源县境内资江支流大湾河河口水文站 5 月 25 日出现 393.88 米的洪峰水位,超警戒水位 5.88 米,资源水文站 5 月 26 日 3 时 40 分出现 379.00 米的洪峰水位,超警戒水位 2.8 米,洪水涨幅 6.97 米,相应洪峰流量 1760 立方米每秒,是资源水文站有实测水文资料以来测到的最大洪水,资源及河口水文站的洪水量级均为超 50 年一遇的特大洪水。

6 月,桂林市再次迎来强降雨天气过程,多地遭遇大暴雨。暴雨中心主要集中在全州县龙水镇、龙胜各族自治县三门镇。6 月 9 日,最大 24 小时降水量大于 100 毫米的有龙胜各族自治县三门镇下鸡爪村 364 毫米、大地村 276 毫米、其洞村 259 毫米、滩底村 216 毫米,全州县龙水镇 152 毫米、龙水镇大仙殿村 185 毫米。受此次强降雨影响,龙胜各族自治县境内古宜河支流六漫河三门水文站 6 月 9 日 10 时 35 分出现 214.71 米的洪峰水位,超警戒水位 5.11 米,洪水涨幅 7.88 米,相应洪峰流量 1930 立方米每秒,是龙胜各族自治县三门水文站有实测水文资料以来测到的最大洪水,洪水量级为超 50 年一遇;全州县境内湘江支流万乡河龙水水文站 6 月 9 日 8 时 55 分出现 168.21 米的洪峰水位,超警戒水位 2.71 米,洪水涨幅 4.6 米,相应洪峰流量 1550 立方米每秒,全州县龙水镇石脚村一片汪洋,龙水水文站站房一楼被淹,是全州县龙水水文站有实测水文资料以来最大洪水,洪水量级为超 100 年一遇的特大洪水。

(钟婷)

人　口

2019 年年末,桂林市户籍人口总户数 165.65 万户,其中 6 个城区 42.17 万户,11 个县(市)123.48 万户。全市有户籍人口 540.60 万人。其中,6 个城区 134.15 万人,11 个县(市)406.45 万人;男性 279.50 万人,女性 261.10 万人;城镇人口 206.62 万人。全市常住人口 511.23 万人,其中城镇人口 260.20 万人,常住人口城镇化率 50.90%。常住人口出生率 12.37‰,死亡率 6.51‰,自然增长率 5.86‰。

(市地方志办)

行政区划

2019 年年末,桂林市下辖秀峰区、叠彩区、象山区、七星区、雁山区、临桂区 6 个城区,阳朔县、灵川县、全州县、兴安县、永福县、灌阳县、龙胜各族自治县、资源县、平乐县、恭城瑶族

表 4　　2019 年年末桂林市人口统计表

地区别	年末总户数(户)	年末总人口(人)		
		合计	男	女
全市	1656513	5405969	2794974	2610995
市辖区	421729	1341501	668116	673385
秀峰区	38554	115733	55571	60162
叠彩区	53025	156172	75167	81005
象山区	86544	243845	118120	125725
七星区	78490	227410	109684	117726
雁山区	18522	70164	34978	35186
临桂区	146594	528177	274596	253581
阳朔县	95720	331429	171137	160292
灵川县	119076	395909	199731	196178
全州县	246051	845033	455549	389484
兴安县	123951	392770	202043	190727
永福县	83510	291418	153789	137629
灌阳县	107571	297247	158901	138346
龙胜各族自治县	48357	173684	88265	85419
资源县	56736	181509	94726	86783
平乐县	148897	465056	246192	218864
荔浦市	114037	385080	197937	187143
恭城瑶族自治县	90878	305333	158588	146745

注:该表人口为市公安局提供的户籍人口。

(唐志红)

自治县10个县，以及荔浦市1个县级市。县（市、区）下辖街道13个，镇88个，乡46个（民族乡15个）。分辖社区255个，建制村1653个。

秀峰区　辖街道3个（秀峰街道、丽君街道、甲山街道）。分辖社区20个，建制村7个。

叠彩区　辖街道2个（叠彩街道、北门街道），乡1个（大河乡）。分辖社区22个，建制村15个。

象山区　辖街道3个（象山街道、南门街道、平山街道），乡1个（二塘乡）。分辖社区36个，建制村8个。

七星区　辖街道4个（七星街道、东江街道、穿山街道、漓东街道），乡1个（朝阳乡）。分辖社区33个，建制村19个。

雁山区　辖街道1个（良丰街道），镇2个（雁山镇、柘木镇），乡1个（大埠乡），民族乡1个（草坪回族乡）。分辖社区4个，建制村35个。

临桂区　辖镇9个（临桂镇、六塘镇、会仙镇、两江镇、五通镇、四塘镇、南边山镇、中庸镇、茶洞镇），民族乡2个（宛田瑶族乡、黄沙瑶族乡）。分辖社区15个，建制村161个。

阳朔县　辖镇6个（阳朔镇、白沙镇、福利镇、兴坪镇、葡萄镇、高田镇），乡3个（金宝乡、普益乡、杨堤乡）。分辖社区15个，建制村99个。

灵川县　辖镇7个（灵川镇、大圩镇、定江镇、三街镇、潭下镇、九屋镇、灵田镇），乡3个（潮田乡、海洋乡、公平乡），民族乡2个（大境瑶族乡、兰田瑶族乡）。分辖社区19个，建制村128个。

全州县　辖镇15个（全州镇、黄沙河镇、庙头镇、文桥镇、大西江镇、龙水镇、才湾镇、绍水镇、石塘镇、咸水镇、凤凰镇、安和镇、两河镇、枧塘镇、永岁镇），乡1个（白宝乡），民族乡2个（蕉江瑶族乡、东山瑶族乡）。分辖社区14个，建制村272个。

兴安县　辖镇6个（兴安镇、湘漓镇、界首镇、高尚镇、严关镇、溶江镇），乡3个（漠川乡、白石乡、崔家乡），民族乡1个（华江瑶族乡）。分辖社区10个，建制村115个。

永福县　辖镇6个（永福镇、罗锦镇、百寿镇、苏桥镇、三皇镇、堡里镇），乡3个（广福乡、永安乡、龙江乡）。分辖社区6个，建制村93个。

灌阳县　辖镇6个（灌阳镇、黄关镇、文市镇、新街镇、新圩镇、水车镇），乡1个（观音阁乡），民族乡2个（洞井瑶族乡、西山瑶族乡）。分辖社区4个，建制村138个。

龙胜各族自治县　辖镇6个（龙胜镇、瓢里镇、三门镇、龙脊镇、平等镇、乐江镇），乡4个（泗水乡、江底乡、马堤乡、伟江乡）。分辖社区9个，建制村119个。

资源县　辖镇3个（资源镇、中峰镇、梅溪镇），乡1个（瓜里乡），民族乡3个（车田苗族乡、两水苗族乡、河口瑶族乡）。分辖社区3个，建制村71个。

平乐县　辖镇6个（平乐镇、二塘镇、沙子镇、同安镇、张家镇、源头镇），乡3个（阳安乡、青龙乡、桥亭乡），民族乡1个（大发瑶族乡）。分辖社区13个，建制村134个。

荔浦市　辖镇10个（荔城镇、东昌镇、新坪镇、杜莫镇、青山镇、修仁镇、大塘镇、花篢镇，双江镇、马岭镇），乡2个（龙怀乡、茶城乡），民族乡1个（蒲芦瑶族乡）。分辖社区22个，建制村122个。

恭城瑶族自治县　辖镇6个（恭城镇、栗木镇、莲花镇、嘉会镇、西岭镇、平安镇），乡3个（三江乡、观音乡、龙虎乡）。分辖社区10个，建制村117个。　（秦丽萍）

经济与社会建设

【概况】 2019年，桂林市坚持桂林国际旅游胜地建设“一本蓝图绘到底”，一体推进国家可持续发展议程创新示范区建设，加快“两大振兴”，打好“三大攻坚战”，狠抓“四大建设”，保持经济社会持续健康发展。全市地区生产总值2105.56亿元，按可比价格计算，增长（比上年，下同）6.5%，分别高于全国、全自治区0.4和0.5个百分点，组织财政收入258.79亿元，固定资产投资增长9.3%，社会消费品零售总额1095.20亿元，增长10.0%；城镇、农村居民人均可支配收入分别增长7.3%、9.7%，居民消费价格上涨3.4%；常住人口城镇化率50.90%；二氧化硫、化学需氧量、氨氮、氮氧化物排放量完成自治区下达目标。

【乡村振兴加快推进】 2019年，桂林市农业产业持续提质增效。成立袁隆平院士工作站，灌阳超级稻、再生稻平均亩产连续10年创广西第一。建设高标准农田2.29万公顷，水果产量增长20.4%，产值突破200亿元。新增自治区级现代特色农业示范区11个，永福福寿田园等17个田园综合体加快建设。新认证“三品一标”产品38个，月柿、金橘、金槐等农产品加工业持续壮大，新增市级以上农业产业化龙头企业47家，培育农产品网销单品315个，新增广西休闲农业与乡村旅游示范点13个。“美丽桂林·幸福乡村”建设深入推进。阳朔农村人居环境整治工作获国务院督查激励，全面建设乡村振兴示范村200个；完成农村厕所无害化改造3500户，启动村级垃圾处理设施建设18个，恭城瑶族自治县在全国农村生活垃圾治理工作推进现场会上作典型发言；新增入选中国传统村落名录53个；实现新时代文明实践中心（所、站）和建制村“一约四会”（即村规民约、红白理事会、道德评议会、村民议事会、禁毒禁赌会）全覆盖，创建卫生示范村镇40个，建成村级公共文化服务中心1336个，农村社区建设试点覆盖率30.2%。

【工业振兴稳步迈进】 2019年，桂林市工业发展环境持续优化。召开全市工业振兴暨科技创新大会，出台桂林市工业振兴三年行动方案、支持工业企业发展十八条等政策措施；新增工业用地205.57公顷；发放“惠企贷”4.03亿元，惠及企业53家；国家级投资公司通过股权投资支持桂林智神信息技术有限公司、桂林光隆光电科技股份有限公司发展新兴产业。重点工业项目建设取得突破。10个市领导跟踪服务推进的重中之重工业项目全年完成投资38亿元，实现年度投资计划的120%；推进“双百双新”工业项目23个、“千企技改”项目76个；深科技一期投产、二期开工建设，比亚迪新能源商用车产业基地、新桂轮橡胶、桂康新材料复产等46个项目投产，年新增产值60亿元。主导产业支撑作用继续增强，四大主导产业总产值占规模工业总产值的52.4%，提高6.5个百分点。企业培育成果丰硕。筛选29家经营规模大、带动能力强的龙头企业进行重点培育，全年产值增长12%，占规模工业总产值的30%；9家企业入选自治区工业龙头企业培育库，数量占全自治区的18.8%；3家企业获2019年广西工业企业质量管理标杆认定；新增上规入统工业企业63家。

【第三产业优质高效发展】 2019年，桂林市第三产业对经济增长贡献率为54.2%，接待游客1.38亿人次，旅游总消费1874.25亿元，分别增长26.7%、34.7%。全域旅游居全自治区前列。新增灵川县、恭城瑶族自治县为广西特色旅游名县，新增国家4A级旅游景区9家。地中海俱乐部二期等项目落地实施，融创文化旅游城、益田·雁山民国风情小镇等项目加快建设，三千漓、大碧头等项目建成运营。桂林千古情成为广西文化旅游新标杆。红军长征湘江战役纪念设施列入长征国家文化公园及全国“重走长征路”精品线路，成为旅游新爆点。翠竹孝慈轩养老服务中心建成营业，桂林仙源健康产业园等项目开工建设，恭城瑶族自治县平安镇成为全自治区唯一国家智慧健康养老应用试点示范乡（镇）。“一部手机游桂林”模式全自治区推广。推动服务业转型升级。高新创意产业园被评为优秀自治区现代服务业集聚示范区。万象城、吾悦广场建成开业。桂林啤酒堡、瓦窑小镇二期等项目加快推进。开展“百日促消费、百店大促销”等活动，社会消费品零售总额增速居全自治区前列。网络零售发展指数居全自治区第二，永福县成为国家电子商务进农村综合示范县。邮电业务总量增长67.4%。做好稳金融工作，年末金融机构本外币存款、贷款余额分别增长3.9%、13.8%，证券交易额增长25%。加快打造百亿米粉产业，出台桂林米粉产业发展规划，完善全产业链标准体系，预包装米粉销售收入实现翻番。

【城乡区域协调发展】 2019年，桂林市老城疏解提升上新台阶。八一桥改扩建工程建成通车，万福东路基本建成，东西巷与正阳步行街地下通道建成启用。塔山、和平、新生街等漓江城市段两岸片区改造提升加快推进。临桂新区发展再提速。市公安局新业务技术用房、金融大厦、广电中心入驻使用。西城大道南延长线、新国际会展中心、临桂万达广场等重点项目加快推进。国惠幼儿园、宝贤小学等建成招生，宏谋大酒店建成开业，翻山底市场等项目加快建设，新区配套设施日趋完善。县域经济发展亮点凸显。阳朔县、龙胜各族自治县被评为广西科学发展先进县，灵川县、平乐县、七星区被评为广西科学发展进步县（区）。荔浦市被认定为国家首批创新型县（市）。全面完成新型城镇化示范县建设7个。示范乡（镇）建设稳步推进。完成第四批新型城镇化示范乡（镇）建设16个、启动第五批新型城镇化示范乡（镇）建设14个。恭城月柿、兴安三花、荔浦衣架等5个特色小镇加快建设。新增恭城康养、资源丹霞旅游、灌阳油茶、全州粉业4个广西特色小镇。

【文化软实力加快提升】 2019年，桂林市深化历史文化保护利用工作，成立桂林红军长征湘江战役文化保护传承中心，完成甑皮岩遗址环境整治二期、东巷博物馆陈列布展等工作，灵渠展示中心建成开放，靖江王陵遗址数字化博物馆、非遗展示馆二期、省立艺术馆维修改造等项目顺利推进。桂林文化旅游中心等项目加快建设，新建村级公共服务中心58个。民族歌剧《刘三姐》走出国门，《桂林有戏》走进国家大剧院，桂剧《破阵曲》获广西铜鼓奖，文场戏《帆过漓江天地红》获第三届中国西部优秀曲艺节目展演一类优秀节目。完成第二轮地方志修编。“百姓大舞台”等群众文化活动品牌影响力持续提升。社区“15分钟健身圈”加快构建，在桃花湾建成广西首个高品质、高标准的“智能体育健身区”。

【生态环境持续优化】 2019年，桂林漓江活动坝水科学试验项目二期主体完工，枯水期生态、景观及通航条件得到改善。持续推进伏龙洲等洲岛及漓江岸线生态修复。兴坪、草坪、杨堤等旅游码头完成改造提升。《桂林市漓江风景名胜区管理条例（草案）》通过三审。推进大气污染防治，完成网格化数字管理平台一期建设，机动车尾气检测执行新国标，实现砖厂脱硫除尘、无组织排放整治和在线监控全覆盖，市区空气质量优良天数323天，细颗粒物、可吸入颗粒物平均浓度连续5年下降，为全自治区唯一连续5年完成大气环境考核指标城市。持续推进水污染防治，全面落实河长制、湖长制，依法拆除青狮潭周边水域非法养殖场，主要河流和城市集中式生活饮用水水源地水质达标率均保持100%，地表水环境质量排名全国前列，通过国家节水型城市复核。持续开展土壤污染详查，危险废物规范化管理督查考核排名全自治区前列。生态创建、绿色创建全自治区领先，永福县入选国家园林县城，荔江国家湿地公园试点建设通过国家验收。森林覆盖率71.62%。

【社会事业蓬勃发展】 2019年，桂林市学前教育三年毛入园率、九年义务教育巩固率、高中阶段教育毛入学率分别为89.8%、97.9%、92.3%。纳入义务教育学区制管理学校比例93.6%，新建改扩建中小学（幼儿园）156所，新增学位1.8万个，普惠幼儿园覆盖率75.7%，“入园难”“入园贵”“大班额”等问题有效缓解。中小学教师“县管校聘”改革试点工作在荔浦市开展。全市40所职业学校调整优化为24所。开办首家公办残疾儿童幼儿园。桂林大学聚集区发展规划获批实施。桂林市通过国家卫生城市复审，入选全国医疗服务多元化监管城市、医联体建设试点城市，灵川县、灌阳县、龙胜各族自治县、恭城瑶族自治县、临桂区入选国家紧密型县域医共体建设试点县（区），恭城瑶族自治县龙虎乡被评为国家卫生乡（镇），2个单位入选广西首批中医药健康旅游示范基地，桂林中医医院城北院区等项目加快建设。在第十届全国残疾人运动会上获金牌数居全自治区第一，成功举办环广西公路自行车世界巡回赛、桂林马拉松赛、世界漂流锦标赛测试赛等活动，资源县获2020年世界漂流锦标赛举办权。

（桂林市发展和改革委员会）

政治建设

【思想政治建设】 2019年，中国共产党桂林市委员会（简称市委）坚持把党的政治建设摆在首位，坚持理论学习中心组每月学习制度，全方位、多层次开展理论宣传宣讲，推动全市广大党员干部在学懂、弄通、做实上取得新进步。贯彻落实中共中央总书记习近平对广西工作的重要指示精神，关于“做好湘江战役红军遗骸收殓保护工作、规划建设好纪念设施”重要批示精神，完成湘江战役红军遗骸收殓保护工作和“一园两馆”等纪念设施建设，隆重举行红军长征湘江战役烈士纪念设施落成仪式和湘江战役红军烈士遗骸安葬仪式，激励引导党员干部感恩奋进、走好新时代长征路。组织开展“我和我的祖国”群众性主题宣传教育活动，激发全市人民爱党、爱国、爱社会主义热情。开展“不忘初心、牢记使命”主题教育，组织开展系列专题研讨，统筹推进专项整治，解决一批事关项目建设、企业发展、脱贫攻坚、民计民生等问题，增强党员干部守初心、担使命的思想自觉，推动改革发展稳定各项工作，涵养风清气正的政治生态。

【加强社会主义民主政治建设】 2019年，市委坚持党的领导、人民当家作主、依法治国有机统一，发挥党总揽全局、协调各方作用，调动各方面因素。召开全市人大工作会议，地方立法取得新进展，开展人大代表履职平台建设和代表履职活动，人大依法履职更加有效。支持人民政协依法开展民主监督和政治协商，协商议政渠道更加畅通。巩固发展爱国统一战线，定期向党外人士通报重大重点工作情况。深化司法体制综合改革，法治桂林建设深入推进。坚持党管武装，军民融合走在全自治区前列，实现自治区“双拥模范城”十连冠。

【全面从严治党】 2019年，市委强化政治监督，深化政治巡察，组织开展“政治建设六项重点任务”专项检查。加强基层党建工作，出台促进全域党建提质聚力增效等6个文件，巩固完善市委常委联系指导党建品牌建设制度，推进市、区、街道、社区四级党群服务中心体系建设，两新组织（新经济组织、新社会组织）党组织实现全覆盖。激励干部担当作为，出台5个专项文件和12个配套文件，建立健全正向激励、容错纠错、考核评价等机制。树立重实干、重实绩的鲜明用人导向，全年提拔处级领导干部138人，其中正处级领导干部32人、副处级领导干部106人。完善人才政策体系，建成“海创基地”和“桂林人才飞地”，举办首届桂林创新创业大赛，人才集聚通道更加畅通，创新创业环境不断优化。加强党风廉政建设和反腐败斗争，市委常委会带头树牢制度意识，严格制度执行，组织开展全市领导干部警示教育、廉政谈话、勤廉榜样选树等活动，强化监督执纪，打造“智慧”监督平台。制定为基层减负二十条，解决一批形式主义、官僚主义突出问题，风清气正的政治生态更加稳固。

（市委办公室）

2019年3月14日，市委书记、市人大常委会主任赵乐秦为市委办公室全体党员干部上党课

（市委办公室 供图）

【加强党对人大工作领导】 2019年，市委全面加强对人大工作的领导。9月6日，市委召开全市人大工作会议，研究部署新时代人大工作，出台实际举措，率先在广西落实城区街道人大工作机构和人员编制，结合桂林实际，推动新时代人大工作与时俱进，为市人大及其常委会履行职权、发挥作用创造良好条件。市人大常委会党组履行政治领导责任，坚持党组中心组理论学习制度。年内，市人大常委会统筹安排立法、监督、决定、任免等工作，增强在新形势下做好人大工作的思想自觉和行动自觉。

【市人大常委会依法加强对“一府一委两院”监督】 2019年，市人大常委会依法对“一府一委两院”（市人民政府、市监察委员会、市中级人民法院、市人民检察院）进行监督。对水污染防治法、渔业法、高等教育法、娱乐场所管理条例以及自治区扶贫开发条例、大气污染防治条例、乡村清洁条例、促进科技成果转化条例等8部法律法规的贯彻实施情况进行检查。听取和审议2019年上半年计划和预算执行情况报告，2018年度市本级预算执行和其他财政收支审计查出问题整改情况的报告，关于桂林市国有资产管理情况的综合报告，关于住房公积金缴存使用和管理情况、社会保障发展状况及保障制度等专项工作报告，关于扫黑除恶专项斗争情况的报告。审查批准2018年市本级决算和2019年预算调整方案。针对当前桂林市营商环境中存在的问题，开展“优化营商环境”专题询问。市人大常委会组成人员和企业人大代表对涉及到11个市政府工作部门的营商环境突出问题问询，推动桂林市营商环境不断优化。

（黄英江）

【全面依法治市】 2019年6月3日，中共桂林市委全面依法治市委员会成立，9月2日，市委全面依法治市委员会第一次会议召开，审议通过《桂林市委全面依法治市委员会工作规则》《桂林市委全面依法治市委员会协调小组工作规则》《桂林市委全面依法治市委员会办公室工作细则》等文件，明确委员会各职能机构职责。年内，市委全面依法治市委员会办公室推动各部门普遍成立法治建设领导小组，62个市直单位均以党委（党组）名义成立了以主要领导为组长的法治建设领导小组并确定了统筹协调科室，强化党政主要负责人推进法治建设责任的意识。全年各级各部门法治建设组织机构框架搭建完成，全面依法治市工作进入到高位统筹协同推进阶段。

2019年9月2日，市委书记、市人大常委会主任赵乐秦主持召开市委全面依法治市委员会第一次会议
（凌翔 供图）

【营造法治化营商环境】 2019年，桂林市营造法治化营商环境。深化“放管服”改革，企业开办时限压缩至0.5个工作日办结，不动产登记实现1个工作日办结，实行“一窗受理、集成服务”，政务服务事项网上可办率98.7%，市本级调整取消行政许可等事项50项，认领国家监管事项950项。在全自治区率先推行“双容双承诺”改革。桂林市被评为2019年浙商（省外）最佳投资城市。依法保护民营企业权益。贯彻落实中共中央总书记习近平关于“法治是最好的营商环境”的讲话精神。在桂林经济技术开发区设立服务营商环境工作站，成立服务营商环境工作室，为企业家与法官提供零距离的沟通交流平台；构建“检企对话”机制，在自治区内率先出台《关于建立健全全市检察机关与工商联服务保障民营经济沟通联系机制的意见》；在荔浦市、平乐县等民营企业较多的地方单设工业园区公共法律服务站，基本满足民营企业的法律服务需求。审判机关审结民商事案件3.99万件，审结涉企案件2万件，解决争议标的金额35亿元。检察机关依法打击侵害企业利益犯罪，起诉影响非公经济发展案件12件30人；起诉假冒商标、假冒专利等侵犯知识产权犯罪10人；起诉生产销售伪劣产品、强迫交易等破坏市场经济秩序犯罪267人。引导律师服务经济社会发展。组织律师为246家民营企业开展免费法治体检，举办106场法治讲座，发现或排除法律风险133个。全年全市律师办理各类案件9334件，担任常年法律顾问741家，协助处理涉法涉诉信访案件414件。

2019年10月24日，桂林市向自治区营造法治化营商环境督察组汇报工作
（凌翔 供图）

【提高立法质量和效率】 2019年，桂林市加快推进重点立法项目和重点领域地方性立法。年内，市人大常委会表决通过《桂林市漓江风景名胜区管理条例（草案）》《桂林市城乡规划管理条例（草案）》《桂林市违法建设防控和查处条例（草案）》3部地方性法规。政府规章方面，《桂林市三轮车与电动四轮车管理办法》经市人民政府审议通过，《桂林市国有土地上房屋征收与补偿暂行办法》等3个规章草案在审查修改阶段。首次对《桂林市城市照明管理办法》实施效果及相关条款进行评估论证。推进党内法规制度建设。完善备案审查衔接联动机制，将党内规范性文件备案工作列入年度绩效考评指标，推进市纪委、市委部门党内规范性文件备案工作；完成全市党内规范性文件第二次集中清理工作，维护党内规范性文件权威性和统一性。

【深化司法体制改革】 2019年，桂林市审判机关完成内设机构改革。全年新收案7.10万件，结案7.12万件（含旧存），实现结案比新收案多的历史性突破。结案率、民事调解率、民事一审服判息诉率等主要指标居全自治区法院前列。巩固“基本解决执行难”活动成果，共执结案件2.10万件，到位金额21.45亿元。推进以审判为中心的刑事诉讼制度改革，庭审实质化案件当庭裁判率75.23%。全面推行认罪认罚从宽制度，审结认罪认罚刑事案1594件1996人。成立速裁团队45个，推进案件繁简分流，68%的案件适用简易程序实现速裁，其中民商事案件一审服判息诉率92.91%，平均审理周期比法定审限缩短48天，提升了审判质效。全市法院有17个集体和66名个人获自治区级以上表彰。检察机关完成内设机构重新组建，推动“捕诉一体”规范化制度化，提高诉讼效率。加强与纪委监委的衔接配合，起诉职务犯罪52件64人；办理适用认罪认罚从宽制度刑事案件2221件2949人；公益诉讼立案372件，占全自治区检察机关立案总数的21.56%。有30个集体、56名个人获自治区级以上表彰，其中获国家级先进集体10个，先进个人11人。司法行政机关突出“一个统筹、四大职能”定位，完成与政府法制机构、调处办等3个单位的重组融合，并承担起市委全面依法治市委员会办公室日常工作。年内，获自治区级以上表彰表扬的先进集体23个和先进个人20名。全市12家公证机构共办理各类公证4.6万件。加强对司法鉴定机构和司法鉴定执业活动的监督管理，桂林市7家司法鉴定机构共办理司法鉴定案件5185件。强化仲裁服务，拓展仲裁业务，有效化解社会各类民商事经济纠纷，共受理案件245件。

【推进法治社会建设】 2019年，桂林市创新社会治理，深化平安桂林建设。桂林市社会稳定动态指标位居全自治区第四。群众对司法行政机关工作满意度位居全自治区第二。推进扫黑除恶专项斗争。打掉恶势力犯罪集团7个，恶势力团伙9个，刑事拘留涉恶犯罪嫌疑人120人。全市涉恶案件立案906件，桂林市城区刑事警情下降(比上年，下同)16.67%。全市检察机关批捕涉黑涉恶类案件47件89人，起诉38件186人。桂林市2件检察建议入选广西检察机关扫黑除恶专项斗争精品检察建议。全市审判机关判决涉黑案件10件48人，涉恶案件32件182人。市中级人民法院刑一庭获“全国刑事审判工作先进集体”和“全区法院扫黑除恶先进集体”称号。桂林市律师代理涉黑恶势力犯罪案件100件。查封、冻结、扣押涉黑涉恶资金2623万元，扣押车辆45辆。立案查处涉黑涉恶腐败和“保护伞”问题110件，党纪政务处分69人，其中群众身边的涉黑涉恶腐败问题24件，充当黑恶势力“保护伞”问题62件。开展“神剑”等系列整治行动。全市刑事、“两抢”、盗窃电动车、入室盗窃警情分别下降11.01%、45.05%、38.21%、19.86%。创新传销打防管控体系，实现桂林市“摘牌脱帽”。推进基层治理创新。推进“雪亮工程”建设，全市重点区域Wi-Fi、电围、智能卡口、视频监控覆盖率超50%。147个乡(镇、街道)综治中心基本建成。搭建大数据平台中心，桂林市成为全国33个试点城市之一。开发全警掌中宝“e察”APP，入选公安部30个移动应用创新示范地级市。加强特殊人群管控，完善社区矫正执行体系，帮教安置刑满释放人员2638人，重新犯罪率低于0.2%。夯实基层组织建设，全年倒排出软弱涣散党组织172个，完成软弱涣散村整顿166个。审查出430名不符合条件的村“两委”干部，依法依规清理撤换405人，按照程序补齐配强108人。激发基层社会活力，市司法局等7个部门联合印发《桂林市关于做好村规民约和居民公约工作的实施方案》，创新开展村(居)委规范化建设工作，全市9个乡(镇)、60个社区被确定为自治区级试点单位，创新经验在全自治区推广。积极化解社会矛盾纠纷。强化民间纠纷排查化解机制，全市各级人民调解组织共调解纠纷3.40万件，调解成功率97.6%。“三大纠纷”案件调结460件，调结率92.18%。桂林市2个基层司法所被司法部分别授予“全国模范司法所”“全国先进司法所”称号。市公安局秀峰分局白龙派出所获全国首批“枫桥式”派出所。开展法治宣传工作。开展“法律进乡村”“三下乡”等宣传活动50多场次，受益群众3万人次；开展“尊法守法　携手筑梦”服务农民工公益法律服务专题活动，共举办6次普法法治讲座和大型法律咨询服务活动，现场宣讲惠及农民工720人次，接待现场法律政策服务咨询78人次，办理法律援助案件8件。（凌翔）

【加强法治政府建设】 2019年，市人民政府坚持依法科学民主决策，自觉接受市人大及其常委会的法律监督、工作监督以及市政协的民主监督，办理人大代表建议和政协委员提案，吸纳各民主党派、工商联、无党派人士调研成果，推进政府重大行政决策全面纳入法治化轨道。建立规范行政审批管理制度，对行政许可事项目录实行动态管理，对自治区下放、增设事项制定相关制度和配套措施，并全部纳入政务服务大厅集中办理。严格执行政府及部门权力清单、责任清单制度，完成部门权责清单和优化行政权力运行流程编制工作，及时做好权责清单动态调整，及时公布行政权力清单和行政自由裁量权；严格实行目录化、编码化管理，优化流程、减少环节、提高效率，构建权责明确、透明高效的行政审批规范化管理制度。实行统一市场准入制度，改革市场准入管理模式，从前置审批转向事中和事后管理，对外商投资企业设立及变更由许可制改为备案制，全面清理清单之外违规设立的准入许可和违规制定的市场准入类负面清单。实行行政事业性收费和政府性基金清单制度，及时更新和公布行政事业性收费目录及政府性基金目录。继续开展“双随机一公开”监管工作，及时调整事中事后监管联席会议成员单位，印发《桂林市政府部门随机抽查事项清单(第二版)》，涉及33个市级部门453项行政检查事项；县级346个部门也全部完成制定清单工作。增强政府公共服务职责，将公共服务事项全部纳入政务服务中心统一办理，并在广西一体化网上政务服务平台公布公共服务事项目录和实施清单232项(子项)；修订《桂林市政府购买服务指导目录》。

【抓好政府系统党风廉政建设】 2019年，市人民政府抓好政府系统党风廉政建设和反腐败工作。严格落实党风廉政建设主体责任，政府系统党委(党组)落实全面从严治党主体责任，坚持把党风廉政建设与经济社会发展工作同部署、同推进、同考核，做到两手抓、两手硬。严格执行中央八项规定及其实施细则精神，深入推进整治形式主义为基层减负工作，严厉整肃庸政懒政怠政行为，持之以恒纠“四风”，力戒形式主义、官僚主义，会议精简51.6%，发文压减49%，基层减负工作走在全自治区前列。强化审计监督，规范权力运行，坚决整治群众身边腐败和作风问题，政府系统党风廉政建设不断加强。（邓翔宇）

文化建设

【开展文化惠民活动】 2019年，全市172家公共图书馆、美术馆、综合类博物馆、文化馆、文化站，投入经费1635万元实施零门槛开放和免费提供基本服务。全年开展文化下乡活动1000多场。打造“桂林百姓大舞台”“桂林百姓大讲坛”“读书月”“漓江之声”“桂海讲坛”“周末大家乐”广场文艺演出等多种群众文化活动品牌。其中“桂林百姓大舞台”“漓江之声”先后获国家文化部颁发的全国群众文艺政府最高奖——“全国群星奖”。“一县(区)一品”节庆文化活动丰富多彩。培育了阳朔“渔火节”、临桂“湿地文化节”、荔浦“荔浦芋美食文化节”、平乐“桂江文化旅游节”、恭城“桃花节”和“月柿节”、兴安“米粉节”、全州“湘山文化节”、灌阳“雪梨黑李节”、灵川“红枫节”、永福“福寿节”、资源“河灯节”、龙胜“龙脊梯田文化旅游节”、荔浦“文化旅游节”、高新七星区“中国·桂林创新创意文化节暨桂林国际动漫节”、秀峰区“歌圩节”、象山区“象山水月”、叠彩区“叠彩桂花香”、雁山区“金雁文化节”等系列旅游节庆活动。依托农家书屋，开展形式多样的读书活动。组织农民朋友和农村青少年开展文化学习、政策宣传、技术培训、读书演讲、书画摄影展、旅游农家乐、农民读书节等活动，丰富农村文化生活、普及科学知识、提高实用技能、帮助农民走上致富之路。坚持农村电影公益放映“一村一月一场”放映制度。按照“一村一月放映一场电影”(即每个建制村每年放映12场电影)的公益服务目标要求，全年全市农村电影公益放映2万场以上。

【推进文化惠民基础设施建设】 2019年，全市建设村级公共服务中心58个，全市1653个建制村共有农家书屋1718家，实现“村村有书屋”的目标。至年末，全市完成20户以上已通电自然村广播电视直播卫星覆盖工程村村通建设村点1.47万个，受益用户36.52万户。全市共新建乡(镇)无线发射台站103个，建制村广播电视覆盖率分别为97%、98.5%。发放安装广播电视直播卫星设备3.89万套。解决了部分地处边远、居住分散的农民群众听广播看电视难的问题。

【提升文化影响力】 2019年，在第七届广西戏曲青年演员比赛中，桂林市有18名演员参赛，参赛人数位列各市之首，获一等奖1人，二等奖2人，三等奖3人，辅导奖1人。在第十届广西音乐舞蹈比赛中，2个节目获三等奖。荔浦市的文场戏《帆过漓江天地红》参加全国2019年戏曲百戏(昆山)盛典活动深受好评。桂剧《破阵曲》获广西铜鼓奖。9月28日，组织拍摄“同吃国庆面，共庆国庆节”视频，数百名各界群众聚集在“一院两馆”广场共同唱响《今天是你的生日，中国》和《我和我的祖国》歌曲，一起吃面条、米粉，共同庆祝新中国成立70周年。10月2日，歌曲《咏桂林》在中央电视台播出。协助中央电视台在象山公园拍摄“我和我的祖国”快闪活动，并在中央电视台播出。年内，以春节、“三月三”民族歌圩节、建国70周年等节庆日为契机，组织开展“浓情三月三·多彩民族风”“文化和自然遗产日”广西主场城市活动、“我和我的祖国”文艺调演、“文化列车”服务项目等文旅活动，让游客观景游览的同时，感受桂林的民俗风情、文化底蕴。

【红军长征文化资源保护利用】 2019年，桂林市贯彻落实习近平等中央领导关于做好湘江战役红军烈士遗骸收殓保护及红军长征文化资源保护利用工作的重要批示精神，全面开展湘江战役红军烈士遗骸收殓保护考古勘探、发掘工作。全年对红军长征文物遗址、遗迹进行全面调查，将89处红军长征文物遗址、遗迹抢救性保护纳入国家红军长征文物保护专项资金申报，累计3.54亿元，其中2019年文物保护经费1.86亿元，2020年文物保护经费1.68亿元。在全州县新建红军长征湘江战役纪念馆，在兴安县改造提升红军长征突破湘江纪念馆，在灌阳县迁建新圩阻击战史实陈列馆。

【文旅产品日益增多】 2019年，桂林市新建红军长征湘江战役纪念馆、改造提升红军长征突破湘江纪念馆和迁建新圩阻击战史实陈列馆，至年末接待游客近100万人次，红色文化旅游成为新热点。甑皮岩、靖江王陵国家考古遗址公园建设、展览馆维修改造项目基本完成，桂林市文化旅游中心、非遗展示馆、省立艺术馆维修改造、桂林石刻——龙隐岩龙隐洞石刻抢险加固工程建设加快推进，东巷博物馆完成陈列布展，灵渠展示中心对外开放，三千漓山水人文度假区、全州大碧头国际旅游度假区开业运营，桂林文旅产品日益丰富。开发文创产品，桂林博物馆自主研发的“生肖寄语金属书签系列”获2019年广西“十佳文创精品奖”。

【弘扬桂林文化】 2019年，桂林市打造提升民族歌剧《刘三姐》、大型桂剧《破阵曲》、地方演出品牌《桂林有戏》，创作编排歌曲《咏桂林》、文场戏《帆过漓江天地红》、纪录片《追溯漓江记忆，重拾昔日情怀》《我在西街》等，并到各地巡演、展演。《破阵曲》获第十届广西政府铜鼓奖和第十五届“五个一”工程奖，《咏桂林》音乐纪录片在中央电视台播出，民族歌剧《刘三姐》在悉尼歌剧院和墨尔本艺术中心Hamer Hall演出。（王善库）

生态文明建设

【桂林市创建国家生态文明先行示范区】 2019年，《桂林市创建国家生态文明先行示范区攻坚行动计划》印发实施，生态文明先行示范区建设工作步伐加快，主要目标指标、重点工作任务以及体制机制创新取得新成效。市区空气质量优良天数323天，细颗粒物、可吸入颗粒物平均浓度连续5年下降；森林覆盖率、森林蓄积量均排全自治区前列；主要河流和城市集中式生活饮用水水源地水质达标率均保持100%，地表水环境质量排名全国前列，全市生态系统稳定性增强。国土空间开发格局持续优化，国际旅游胜地建设全面推进，老城城市品质不断提升，新区城市功能加快完善。产业结构优化升级有序推进，工业发展稳步向好，桂林深科技智能制造产业园一期正式投产，首台“桂林造”智能手机下线；绿色生态农业加快发展，现代特色农业示范区建设、农村人居环境整治三年行动计划和“美丽桂林·幸福乡村”建设活动持续推进；现代服务业发展提质增速，生态文化旅游持续融合发展，桂林创意产业园获优秀自治区现代服务业集聚示范区。资源循环高效利用加快推行，餐厨废弃物资源化利用和无害化处理项目加快建设，阳朔生态环保科技园项目前期工作进展顺利。自然生态系统和环境保护力度不断加大，《桂林市大气污染防治攻坚两年可持续行动计划(2019—2020年)》加快实施，《桂林市销售燃放烟花爆竹管理条例》正式施行，桂林市漓江(城市段)排污综合治理项目完善工程、临桂污水处理厂扩建工程等一批生态文明建设重点项目加快推进。推动绿色循环低碳发展，组织推荐全州县工业园区申报大宗固体废弃物综合利用基地，经济技术开发区、高新区及高铁园循环化改造加快进行。生态文化体系不断完善，广西2019年节能宣传周暨低碳日系列活动在桂林市举办。体制机制创新取得积极进展。生态文明建设指标体系与考核制度持续完善，《桂林市生态文明建设目标评价考核办法》及配套的《桂林市绿色发展指标体系》《桂林市生态文明建设考核目标体系》《桂林市生态文明先行示范区建设相关指标体系》等指标体系出台。生态补偿机制持续完善，加大市本级重点生态功能区环境空气、地表水、集中式生活饮用水监测及治理力度，2019年桂林市入选全国黑臭水体治理示范城市，获中央专项补助资金4亿元。

2019年8月16日，桂林深科技智能制造产业园一期投产仪式举行

（桂林经济技术开发区　供图）

【推进生态文明项目建设】 2019年6月，《桂林漓江生态保护与修复提升工程方案(2019—2025年)》实施。桂林漓江生态保护与修复提升工程项目由六大类147个子项目组成，总投资918.8亿元。2019年计划实施项目113个，总投资732亿元，至年末完成投资29.66亿元，其中漓江综合治理工程完成投资2.70亿元，漓江生态保护工程完成投资0.33亿元，漓江生态修复工程完成投资0.92亿元，城市生态提升工程完成投资7.95亿元，产业生态提升工程完成投资12.02亿元，漓江生态保护和修复提升重点支撑工程完成投资5.74亿元。推进中央预算内投资生态文明建设专项项目建设。临桂区两江镇污水处理厂扩容升级改造工程、全州县城北新区污水管网建设工程、荔浦市东昌镇污水处理厂及配套管网工程、全州县污水处理厂提标改造工程及资源县瓜里乡污水处理工程等5个项目获2019年度生态文明建设专项中央预算内资金5100万元，各项目建设进展顺利。

【发展生态经济】 2019年，桂林市大力发展生态经济。推动生态农业发展。发展循环农业，加强种养结合，示范推广“果园养鸡”“稻田养鸭(鱼)”“粮经轮作”“立体循环生产”等一批种养结合、生态循环模式典型。加强农业废弃物资源化利用。建设3个国家畜禽粪污资源化利用重点县，2个自治区级畜禽粪污资源化利用重点县。建立种植产品质量认证与使用有机肥关联制度，推进有机肥替代化肥行动。通过鼓励在养殖密集区域建立粪污集中处理中心、支持在田间地头配套建设管网和储粪(液)池等方式，解决粪肥还田问题。促进工业绿色发展。开展绿色制造体系示范试点创建。组织企业申报自治区及国家级绿色工厂，桂林福达股份有限公司离合器分公司、桂林国际电线电缆有限责任公司、桂林三金药业股份有限公司、桂林莱茵生物科技股份有限公司等4家企业获自治区绿色工厂认证，其中桂林福达股份有限公司离合器分公司、桂林莱茵生物科技股份有限公司2家企业同时获工业和信息化部绿色工厂认证。推进生态经济项目建设。统筹推进新兴生态产业发展工程、生态旅游发展工程等生态经济项目建设。全市有37个项目列入2019年发展生态经济项目，其中新兴生态产业发展工程9项，产业园区生态化建设工程4项，生态旅游发展工程16项，水环境改善工程4项，固体废弃物处置工程3项，生态城镇建设工程1项，全年完成投资26亿元。

（桂林市发展和改革委员会）

2019年桂林市党政机关、直属事业单位、党派团体及其领导人名单

中国共产党桂林市委员会

书记：赵乐秦
副书记：秦春成
　　白松涛
常委：王致
　　张晓武
　　赵志军
　　韦凤云
　　吕洪安
　　王建毅
　　彭东光
　　赵仲华
　　董冶(挂职)
秘书长：赵仲华
副秘书长：刘春燕
　　刘祖军(兼，任至3月)
　　黄立平
　　王春梅(任至9月)
　　郭红星
　　肖必忠
　　于建新(任至6月)
　　李志华
　　张松
　　刘丰华
　　戴波(3月任职)

中国共产党桂林市纪律检查委员会、桂林市监察委员会

中国共产党桂林市纪律检查委员会
　书记：吕洪安
　副书记：韦秋燕
　　蒋平华(任至12月)
　　李伟中(12月任职)
　　刘初刚
　常委：李伟中(任至12月)
　　洪莉春(12月任职)
　　周芳
　　王健(任至12月)
　　何涛(12月任职)
　　张捷林
　　杨勇
桂林市监察委员会
　主任：吕洪安
　副主任：韦秋燕
　　蒋平华
　　刘初刚
　委员：周芳
　　王健(任至10月)
　　杨勇
　　刘凌
　　黄清云
　　张琦

市委工作部门

中国共产党桂林市委员会办公室［挂中国共产党桂林市委员会保密委员会办公室(桂林市国家保密局)、中国共产党桂林市委员会机要局(桂林市国家密码管理局)、桂林市档案局牌子］
　主任：刘春燕
　副主任：王波
　　戴波
中国共产党桂林市委员会组织部(挂中国共产党桂林市非公有制经济组织和社会组织工作委员会、桂林市公务员局牌子)
　部长：彭东光
　副部长：蔡泽军
　　李安平(任至3月)
　　叶桂忠(3月任职)
　　韦文周(3月任职)
　　石凤羽
　　林兵
　　刘琴
　　唐德华(3月任职)
　　欧立坚(3月任职)
中国共产党桂林市委员会宣传部(挂桂林市精神文明建设委员会办公室、桂林市人民政府新闻办公室、桂林市新闻出版局牌子)
　部长：韦凤云
　副部长：时曦
　　蒋桂斌(3月转任兼职副部长)
　　诸葛亚(3月转任兼职副部长)
　　蔡一鸣(3月任职)
　　孙敬东(3月任职)
　　黄小雪(4月任职)
　　陈利(11月任职)
中国共产党桂林市委员会统一战线工作部(挂中国共产党桂林市委员会台湾工作办公室、桂林市侨务办公室牌子)
　部长：王建毅
　副部长：胡涛
　　程海超
　　张广惠(任至3月)
　　周作智(兼，3月任职)
　　蒋文明(兼，3月任职)
　　阳行志(兼，3月任职)
　　杨海芬(3月任职)
中国共产党桂林市委员会政法委员会
　书记：赵志军
　副书记：陈荣茂(任至7月)
　　朱永辉(7月任职)
　　文社教
　　唐恢豪
　　毛永安
　　莫家晶(11月任职)
　委员：莫家晶(任至11月)
　　陈敏
　　林鼎立
　　孙杰
　　蒋海波
中国共产党桂林市委员会政策研究室
　主任：龚明聪
　副主任：吴学东
　　许敏良
　　苏绍维(任至3月)
　　王贵军(5月任职)
中国共产党桂林市委员会网络安全和信息化委员会办公室(挂桂林市互联网信息办公室牌子)
　主任：蒋桂斌(3月任职)
　副主任：汤榕(3月任职)
　　黄荣(3月任职)
中国共产党桂林市委员会机构编制委员会办公室
　主任：谭兴元(任至3月)
　　叶桂忠(3月任职)
　副主任：丁银健(3月任职)
　　刘成(任至3月)
　　袁石平(3月任职)
中国共产党桂林市直属机关工作委员会
　书记：张衍平(任至4月)
　　郑建忠(4月任职)
　副书记：吴江宁
　　邓晖(任至8月)
　　唐咸康
　委员：刘锦辉
　　石远国

中国共产党桂林市委员会巡察工作领导小组办公室
主任：李伟中（任至12月）
　　洪莉春（12月任职）
副主任：刘占军
　　王忠君
中国共产党桂林市委员会、桂林市人民政府信访局
局长：刘祖军（任至3月）
　　裴军（3月任职）
副局长：周东青（任至4月）
　　万子健
　　程春林
　　苏业龙（11月任职）
中国共产党桂林市委员会老干部局（挂中国共产党桂林市委员会离退休干部工作委员会牌子）
局长：刘琴
副局长：王达金
　　朱斌
　　张成平
中国共产党桂林市委员会督查和绩效考评办公室
主任：邹玉章（任至3月）
　　黄立平（3月任职）
副主任：王淑兰（3月任职）
　　李南海
　　唐祖杰（任至4月）

市委直属事业单位
中国共产党桂林市委员会党校
校长：白松涛
常务副校长：唐庆林
副校长：黄革新
　　李富亮
　　张力丹
中国共产党桂林市委员会党史研究室
主任：邓学艺
副主任：彭敏翎
　　凌世君（任至4月）
　　王文胜（5月任职）
桂林日报社
党组书记：覃澍
党组副书记：龙霖锋
社长：覃澍
副社长：王学军（4月任职）
　　赵秋丽
总编辑：龙霖锋
副总编辑：唐禄贤
　　覃龙新
　　王学军（任至4月）
　　郑斌
　　王光星（4月任职）
桂林市档案馆
馆长：奉世江
副馆长：蒙涛
　　全裕胜
　　胡正科

桂林市人民代表大会常务委员会

主任：赵乐秦
副主任：潘永建
　　徐锋
　　王德明（任至7月）
　　石春莲
　　赵德明
　　何运保
党组书记：赵乐秦（任至8月）
　　潘永建（8月任职）
副书记：潘永建（任至8月）
秘书长：周理胜
副秘书长：李永松
　　郑钧洪
　　王嬡
　　许礼祥
桂林市人民代表大会常务委员会办公室
主任：周理胜（兼）
副主任：蒙少强
　　邓洁
桂林市人民代表大会法制委员会
主任委员：李日升
副主任委员：方悦仁
　　丁白茹
桂林市人民代表大会财政经济委员会
主任委员：李远红
副主任委员：莫秋萍
　　李建平
桂林市人民代表大会农业委员会
主任委员：兰辉
副主任委员：唐树明
　　刘长记
桂林市人民代表大会城乡建设环境与资源保护委员会
主任委员：侯翔
副主任委员：王玲
　　欧阳莉萍（任至1月）
　　蒙少强（6月任职）
桂林市人民代表大会教育科学文化卫生委员会
主任委员：刘鹃
副主任委员：覃积孔（6月任职）
　　王艺洁
桂林市人民代表大会民族华侨外事委员会
主任委员：赵海兵
副主任委员：王冬秀
　　何媛
桂林市人民代表大会社会建设委员会
主任委员：欧阳莉萍（1月任职）
副主任委员：陈兰香（3月任职）
　　莫林涛（3月任职）
桂林市人民代表大会监察和司法委员会
主任委员：石长进（1月任职）
副主任委员：邓洁（6月任职）
桂林市人民代表大会常务委员会选举联络工作委员会
主任：黄玲
副主任：申春梅
　　李方连
桂林市人民代表大会常务委员会调查研究室
主任：涂国辉
副主任：秦清浥
　　覃积孔（任至6月）
桂林市人民代表大会常务委员会法制工作委员会
主任：廖国忠
副主任：徐强
　　张海云

桂林市人民政府

市长：秦春成
副市长：张晓武
　　韦凤云
　　董冶（挂职）
　　陈荣茂（任至7月）
　　朱永辉（7月任职）
　　樊新鸿（任至7月）
　　彭代元
　　兰燕
　　谢灵忠
　　黄加才（挂职）
　　雷声（挂职）
党组书记：秦春成
秘书长：丁东弟
副秘书长：陆桂弟（任至11月）
　　李安平（3月任职）
　　裴军
　　赵塞经

李顺意
马建锋(挂职)
贲黄文(兼,任至3月)
阳耀明(兼,任至3月)
杨水才(兼,任至3月)
曹方明
郑文宝(11月任职)
孙清洪(11月任职)
蒋易君(3月任职)

市政府工作部门

桂林市人民政府办公室
主任:丁东弟(兼)
副主任:蒋易君

桂林市发展和改革委员会(挂桂林市粮食和物质储备局牌子)
党组书记:叶桂忠(任至3月)
贲黄文(3月任职)
主任:叶桂忠(任至3月)
贲黄文(3月任职)
副主任:谭永源
覃正东
蒋福光
饶江
徐宁
罗克勤

桂林市教育局
党组书记:唐建林
局长:唐建林
副局长:吴东才
文泽鸿
容志权
陈念进

桂林市科学技术局
党组书记:黄强
局长:黄强
副局长:钟可安
唐健梅

桂林市工业和信息化局(挂桂林市大数据发展局牌子)
党组书记:韦远明
局长:韦远明
副局长:陈雄文
莫国才
余剑(任至11月)
叶涛

桂林市民族宗教事务委员会
党组书记:蒋文明
主任:蒋文明
副主任:潘天秀
李冠宇

桂林市公安局
局长:陈荣茂(任至7月)
朱永辉(8月任职)
专职副书记:刘小平
副局长:文社教(兼,3月任职)
谢坚
黎筱棣
周云
钟明
王淮

桂林市民政局
党组书记:蒋伟名
局长:蒋伟名
副局长:刘修祥
赵艳春
蒋晓金(任至3月)

桂林市司法局(挂桂林市调解处理土地山林水利纠纷办公室牌子)
党组书记:蒋海波
党组副书记:曾忠东(任至3月)
诸葛旸(3月任职)
局长:蒋海波(任至4月)
诸葛旸(4月任职)
副局长:曾忠东
陈桂生
秦昕
董忠(4月任职)

桂林市财政局
党组书记:谷海洪
党组副书记:卫东
局长:谷海洪
副局长:卫东
刘桂峰
黄宏忠
唐伟(任至5月)
梁红(3月任职)

桂林市人力资源和社会保障局
党组书记:李安平(任至3月)
韦文周(3月任职)
局长:李安平(任至3月)
韦文周(3月任职)
副局长:苏骋
魏承林(任至3月)
朱桂平
周斌
欧阳凯

桂林市自然资源局
党组书记:谢小明
党组副书记:王飚
局长:王飚(4月任职)
副局长:王锡光
于小明
李济明
易云初
张海

桂林市生态环境局
党组书记:邓学云
局长:邓学云
副局长:舒忠常
蒋永光
刘学振
刘德华(4月任职)

桂林市住房和城乡建设局
党组书记:曾亮
局长:曾亮
副局长:刘开成
周旭
高醇武
李维祥
刘江帆

桂林市交通运输局
党组书记:钟德臣
局长:钟德臣
副局长:魏海(4月任职)
陈晞
刘林军(6月任职)

桂林市水利局
党组书记:文飞
局长:文飞
副局长:黄东明
唐官荣
仇建辉

桂林市农业农村局
党组书记:蔡立圭
党组副书记:魏承林
局长:蔡立圭
副局长:邱云
何祖任
蒋福信
刘资灵
蒋碧娟

桂林市商务局
党组书记:苏绍坤
局长:王昕
副局长:宁志(任至11月)
石修雄
吕佳军(11月任职)
邓冶

桂林市文化广电和旅游局(挂桂林市博览事务局牌子)
党组书记:罗建章
党组副书记:李滨

局长:李滨
副局长:李汉春
陈连生
李山宏
张明道(3 月—9 月任职)
曹健
张志红

桂林市卫生健康委员会(挂桂林市中医药民族医药管理局牌子)
党组书记:王芳
党组副书记:蒋平华
主任:蒋平华(6 月任职)
副主任:卢浩华
唐玲凤
麦浩(12 月任职)

桂林市退役军人事务局
党组书记:唐铭泽
局长:唐铭泽
副局长:陆刚
程建屿
蒋晓金

桂林市应急管理局
党组书记:邹玉章
党组副书记:陈建国
局长:陈建国
副局长:秦天清
杨灏
吴根山
张建新
仇建辉(兼,5 月任职)

桂林市审计局
党组书记:江建和
局长:江建和
副局长:唐正柱(任至 4 月)
赵素云
全宏星

桂林市外事办公室
党组书记:陈强华
党组副书记:余治水
主任:陈强华
副主任:余治水
王晓霞
叶兵

桂林市市场监督管理局
党组书记:廖建秋
党组副书记:唐述东
局长:唐述东
副局长:衣鹏
张进
曾小林
蒋以宏
隋国华
聂平安
蒋小刚
彭秀成

桂林市体育局
党组书记:王子西
局长:王子西
副局长:莫智斌
彭鸥翔(任至 4 月)
张宇
刘诚(12 月任职)

桂林市统计局
党组书记:李强
局长:李强
副局长:和向东
粟峥群

桂林市人民防空办公室
党组书记:蒋永刚
主任:蒋永刚(4 月任职)
副主任:粟定就
叶昆

桂林市扶贫开发办公室
党组书记:吴应新
主任:吴应新
副主任:林章廷
经本荣
廖健印(12 月挂职)

桂林市医疗保障局
党组书记:罗静
局长:罗静
副局长:张林
陆小春

桂林市城市管理委员会(挂桂林市城市管理综合行政执法局牌子)
党组书记:刘祖军(3 月任职)
主任:刘祖军(3 月任职)
副主任:陈运春(任至 4 月)
张坤
秦军
谢应明

桂林市行政审批局(挂桂林市政务服务监督管理办公室牌子)
党组书记:唐金华
局长:唐金华
副局长:蒋少海
莫海林
庞采哲
周迎新

桂林市金融工作办公室
主任:高钦(挂职)
副主任:徐伟翔

桂林市林业和园林局
党组书记:彭志明
党组副书记:杨水才
局长:杨水才
副局长:孙桂春
陆伟东
陆丹
刘强
秦香华

桂林市机关事务管理局
党组书记:吴殷丹
局长:吴殷丹
副局长:韩克军
曾向东
梁建明
陈建华

桂林市国有资产监督管理委员会
党委书记:龙挥忠
党委副书记:肖必忠
主任:肖必忠
副主任:蓝誉国
陈江
赵祖俊
朱袭林

市政府直属事业单位

桂林市接待办公室
党组书记:王春梅(任至 9 月)
主任:王春梅(任至 9 月)
副主任:汪信萍
程文华

桂林市人民政府发展研究中心
党组书记:吴晓罡
主任:吴晓罡
副主任:曲庭万
谢波
赵弟云(6 月任职)

桂林市地方志编纂委员会办公室
主任:徐朝凯
副主任:李丽君(11 月任职)
文剑
李宗庆(4 月任职)

桂林市供销合作社
党组书记:唐纪文
党组副书记:黄永文
理事会主任:唐纪文
理事会副主任:范远明
唐行知
监事会主任:黄永文
监事会副主任:廖忠(12 月任职)

桂林市工业合作联社
党组书记:韦杰
主任:韦杰
副主任:宁文超
唐永斌
桂林市投资促进局(挂非公有制经济发展服务中心牌子)
党组书记:罗静(任至3月)
唐双喜(3月任职)
局长:罗静(任至3月)
唐双喜(3月任职)
副局长:叶琴
黄锡亮
范春德
桂林市住房公积金管理中心
主任:江冰欣
副主任:邓金山

政府驻外办事机构
市政府驻北京联络处
主任:秦伟
副主任:徐福照
陈建林
市政府驻南宁办事处
主任:宁静

中国人民政治协商会议桂林市委员会

党组书记:粟增林
副书记:邹长新(任至7月)
主席:粟增林
副主席:邹长新(任至7月)
汤桂荔
肖立华
郑毅
钟麟
区捷
蒋昌桂
秘书长:苏甲杏
副秘书长:唐晓敏
黄明贵
曾艳波
阳宝林(任至1月)
戴玉萍(7月任职)
中国人民政治协商会议桂林市委员会办公室
主任:苏甲杏(兼)
中国人民政治协商会议桂林市委员会提案委员会
主任:谢漓
副主任:唐萍莉
韦敏玲
沙惠平(兼)
赖慧云(兼)
马伟荣(兼)
赵玉林(兼)
中国人民政治协商会议桂林市委员会经济委员会
主任:李小元
副主任:李何(7月任职)
梁志鸿
王亿群
谭永源(兼)
莫绍芬(兼)
蓝誉国(兼)
邱云(兼)
何明华(兼)
阳耀民(兼)
中国人民政治协商会议桂林市委员会农业和农村委员会
主任:阳宝林(1月任职)
副主任:唐建秀(7月任职)
中国人民政治协商会议桂林市委员会教科卫体委员会
主任:唐克力
副主任:秦永川
邓凡
何绍连(兼)
唐春松(兼)
文泽鸿(兼)
吴东才(兼)
覃澍(兼)
王子西(兼)
颜丽萍(兼)
中国人民政治协商会议桂林市委员会社会法制与民族宗教委员会
主任:杨湘林
副主任:林俐
蒋丽娟
文社教(兼)
侯天良(兼)
李何(兼)
李荣
张力丹(兼)
中国人民政治协商会议桂林市委员会文化文史和学习委员会
主任:刘满云
副主任:胡伶俐
张彦
隆斌(兼)
徐熔(兼)
伍发进(兼)
中国人民政治协商会议桂林市委员会港澳台侨外事委员会
主任:谭兴元(1月任职)
副主任:吴德英
戴玉萍(任至7月)
王晓霞(兼)
叶涛(兼)
蔡振生(兼)
张翔(兼)
中国人民政治协商会议桂林市委员会研究室
主任:龙镇凯(任至3月)
叶雪刚(7月任职)
副主任:龙海
中国人民政治协商会议桂林市委员会委员联络工作办公室
主任:王晓燕
副主任:徐松年

法院・检察院

广西壮族自治区桂林市中级人民法院
党组书记:陈敏
党组副书记:潘凌宇
院长:陈敏
副院长:潘凌宇
张德生
黄强
唐原(挂职)
苗小所(6月任职)
广西壮族自治区桂林市人民检察院
党组书记:林鼎立
副书记:周鸿广
检察长:林鼎立
副检察长:周鸿广
邹定华
侯天良
秦艳

民主党派・工商联

中国国民党革命委员会桂林市委员会
主委:区捷
副主委:秦明群(兼)
向惠玲(兼)
郑发生(兼)
中国民主同盟桂林市委员会
主委:谭建国
副主委:以体杰
伍发进(兼)
蒋太才(兼)
孙小军(兼)

中国民主建国会桂林市委员会
主委:郑毅
副主委:李丽君(任至 11 月)
唐正柱(兼)
赵钧铎(兼)
席国际(兼)
中国民主促进会桂林市委员会
主委:白云(兼)
副主委:葛浩波
傅广生(兼)
李其斌(兼)
覃文(兼)
中国农工民主党桂林市委员会
主委:农军
副主委:邓翠荣(任至 11 月)
周长山(兼)
李素华(兼)
中国致公党桂林市委员会
主委:谢永功
副主委:蒋向筝(兼)
陈东辉(兼)
曾明华(兼)
九三学社桂林市委员会
主委:卢全喜
副主委:谭永源(兼)
梁士楚(兼)
林玉山(兼)
桂林市工商业联合会
党组书记:胡涛(任至 3 月)
周作智(3 月任职)
主席:周英
副主席:胡涛(任至 3 月)
蒋海燕
王卫斌
伍和志

群众团体

桂林市总工会
党组书记:张强(任至 11 月)
宁志(11 月任职)
主席:罗永东(任至 11 月)
徐锋(11 月任职)
副主席:张强(任至 11 月)
宁志(11 月任职)
龙镇凯(11 月任职)
李国玉
叶雪刚(任至 7 月)
中国共产主义青年团桂林市委员会
书记:李超
副书记:杨丹
张圆
刘俊
桂林市妇女联合会
党组书记:徐熔
主席:徐熔
副主席:覃丽
舒满江
李彬棠
关永兵(兼)
桂林市文学艺术界联合会
党组书记:何绍连
主席:何绍连
副主席:秦凌斌
许菁
盘文波(兼)
张贤(兼)
钟毅(兼)
滕彬(兼)
雷洪(兼)
叶春桃(兼)
罗敏(兼)
桂林市科学技术协会
党组书记:倖文英
主席:倖文英
副主席:莫绍芬(任至 4 月)
彭友萍
唐祖杰(4 月任职)
陈雪潮(4 月任职)
苏桂发(兼)
韦霄(兼)
邱云(兼)
姜路(兼)
文泽鸿(兼)
杨家福(兼)
卢有盟(兼)
桂林市归国华侨联合会
主席:叶涛
副主席:陆飞雄
简桂梅(兼)
何明华(兼)
蒋向筝(兼)
桂林市社会科学界联合会
党组书记:隆斌
主席:隆斌
副主席:邹清(6 月任职)
伍垂龙
庾和周
李春毅(任至 4 月)
陆奇岸(兼)
周海(兼)
唐春松(兼)
毕贵索(兼)
中国国际贸易促进委员会桂林市委员会
会长:陈立高
副会长:卢毅
桂林市残疾人联合会
党组书记:吉喆
理事长:沙惠平
副理事长:吉喆
李孝平
阳东升(12 月任职)
杨娟(12 月任职)
桂林市台湾同胞联谊会
会长:吕虹(兼)
副会长:高建娟(任至 11 月)
左剑虹(兼)
洪波(兼)
马晓珍(兼)
桂林市红十字会
名誉会长:赵乐秦
副会长:唐建林(兼)
唐述东(兼)
王芳(兼)
丁银健(兼)
李成钢(兼)
蒋伟名(兼)
秦维忠(兼)
刘正东

县(市、区)机构

秀峰区
中共秀峰区委员会
书记:蒋育亮
副书记:雷陈
唐芳顺
中共秀峰区纪律检查委员会
书记:李巍
秀峰区人大常委会
主任:相恒心
副主任:贺东方
王桂英
莫广燕
黄璐
秀峰区人民政府
区长:雷陈
副区长:李元浪
谢静
王洋
代海鹏
陆军
殷允章

秀峰区政协
主席:郭琳
副主席:颜艺华
黄初长
狄加
骆家茂

叠彩区
中共叠彩区委员会
书记:唐修璇(任至3月)
余捷(3月任职)
副书记:朱鹃屏
陈永东
中共叠彩区纪律检查委员会
书记:王唐飞
叠彩区人大常委会
主任:粟卫宏
副主任:王启贵
向林海
刘小强
秦秀珍
叠彩区人民政府
区长:朱鹃屏
副区长:曾艺
朱娟
潘玲
谢俊
陈孝云
刘丽春
叠彩区政协
主席:李曼华
副主席:阳庆平
郑建国(任至11月)
石霞
黄晔华

象山区
中共象山区委员会
书记:唐小忠
副书记:蒋永刚(任至3月)
经友新(3月任职)
陈文彬
中共象山区纪律检查委员会
书记:黄文
象山区人大常委会
主任:徐维升
副主任:谢东
黄晖
聂桂华
李勇江
象山区人民政府
区长:蒋永刚(任至3月)
经友新(3月任职)
副区长:梁红(任至3月)
经翠艳
周灿
林莉
王华
崔海健
李光祥(5月任职)
象山区政协
主席:眭铂生
副主席:钟庭盛
赖慧云
李雅劼
罗秋云

七星区
中共七星区委员会
书记:石玉琳
副书记:郑平
肖育明(任至3月)
谢文彬(3月任职)
中共七星区纪律检查委员会
书记:周毅松
七星区人大常委会
主任:黄文干
副主任:齐桂平
蒋瑞芳
曾小明
张永红
七星区人民政府
区长:郑平
副区长:蒋伟宁
王海燕
阳明
张翔
胡凯
周琥(任至11月)
七星区政协
主席:宛高云
副主席:梁荣军
孙士桥
彭小珂
涂文红
桂林国家高新技术产业开发区
党工委书记:白松涛
党工委副书记:石玉琳
郑平
聂云(任至2月)
周敏
肖育明(3月任职)
党工委委员:覃传良
黄岳飞
管委会主任:石玉琳
管委会第一副主任:郑平
管委会副主任:覃传良
黄岳飞
张一新
殷立夫
谢文彬(任至3月)
伍传仁
赵树刚(6月任职)

雁山区
中共雁山区委员会
书记:古保华
副书记:杨玉霜
孙敬东(任至3月)
邓世文(3月任职)
中共雁山区纪律检查委员会
书记:潘军勇
雁山区人大常委会
主任:杨明
副主任:李春燕
刘开送
张杰雄
付德定
蒋继鹃
雁山区人民政府
区长:杨玉霜
副区长:邓世文(任至3月)
葛建斌(6月任职)
李红
唐新文
莫运珍
陆铁拓(任至11月)
李剑鸿
雁山区政协
主席:莫连旺
副主席:刘永莉
欧双球
唐振国
蒋家领

临桂区
中共临桂区委员会
书记:何新明
副书记:李绍政
郑建忠(任至4月)
王凤玲(4月任职)

中共临桂区纪律检查委员会
书记:郑远军
临桂区人大常委会
主任:易立林
副主任:陈苦源
欧翠兰
李少波
黄萍
临桂区人民政府
区长:李绍政
副区长:粟皎敏
周波
唐立勋(任至 6 月)
赵珂
于荣生
张国安
韦崇广(6 月任职)
临桂区政协
主席:李先赠
副主席:以善梅
李燕青
韦崇广(任至 7 月)
黄有能
唐立勋(7 月任职)

阳朔县
中共阳朔县委员会
书记:蒋春华
副书记:周彦
张晓阳
中共阳朔县纪律检查委员会
书记:杨贵清(任至 4 月)
彭莹(11 月任职)
阳朔县人大常委会
主任:李自军
副主任:黄燕
梁文干
徐永康
莫永明
阳朔县人民政府
县长:周彦
副县长:李首群
孟璇
韦星
黄爱荣
蒋东兵
邹茂东(任至 3 月)
陈建华(5 月任职)
阳朔县政协
主席:陈庆武
副主席:吴土得
张猛
蔡龙德
海强

灵川县
中共灵川县委员会
书记:赵奇玲
副书记:胡焕忠
周文金
中共灵川县纪律检查委员会
书记:罗颖
灵川县人大常委会
主任:唐火祯
副主任:刘甲秀
李志仁
陈华
侯和琪
灵川县人民政府
县长:胡焕忠
副县长:朱名武
唐筱凌
陈世章(任至 10 月)
赵莉
谢小明
廖明昊
灵川县政协
主席:赵国平
副主席:刘云堂
秦壬娣
秦玉珍
卢启辉

全州县
中共全州县委员会
书记:林武民
副书记:周政英
吕佳军(任至 11 月)
蒙新宇(11 月任职)
中共全州县纪律检查委员会
书记:张楷
全州县人大常委会
主任:阳瑞华
副主任:唐忠祥
陶韬
蒋艳姣
李恩琼(任至 5 月)
谭桂松
全州县人民政府
县长:周政英
副县长:李光强(任至 12 月)
王本瑛
蒋雪娇
侯中华
王荣正(任至 4 月)
蒋学军
李恩琼(5 月任职)
伍茂民(12 月任职)
全州县政协
主席:蒋经灿
副主席:蒋述生
伍吉东
蒋龙云
丛莉

兴安县
中共兴安县委员会
书记:黄洪斌
副书记:黄钦
经友新(任至 3 月)
黄小桂(3 月任职)
中共兴安县纪律检查委员会
书记:刘先锋
兴安县人大常委会
主任:张永军
副主任:刘婉秋
赵代林
蒋功合
胡琳
兴安县人民政府
县长:黄钦
副县长:黄小桂(任至 4 月)
唐社林(4 月任职)
庄慧琼
徐建强(任至 5 月)
伍发进(5 月任职)
刘绍千(4 月任职)
吕忠荣
文新祥
申小军(任至 1 月)
兴安县政协
主席:唐庆林
副主席:韦辉
唐树斌
伍发进(任至 5 月)
张琴

永福县
中共永福县委员会
书记:廖照德
副书记:莫振华
钟涛

中共永福县纪律检查委员会
书记:何涛
永福县人大常委会
主任:罗代璋
副主任:莫军
吴明忠
周昌盛
曹文缤
潘小成
永福县人民政府
县长:莫振华
副县长:赵家维
蔡一鸣(任至3月)
王春霞(3月任职)
王树生(任至4月)
李忠德
廖先梅
王庆文(5月任职)
黄成龙(4月任职)
永福县政协
主席:秦际广
副主席:黄泽治
徐玉红
卢秀明
万钦红

灌阳县
中共灌阳县委员会
书记:周春涌
副书记:卢嵩
陈礼兵
中共灌阳县纪律检查委员会
书记:闫位勤
灌阳县人大常委会
主任:余桂兰(2月任职)
副主任:王峰
袁高明
赵新春
杨小龙(任至5月)
灌阳县人民政府
县长:卢嵩
副县长:周恒志
陈春虹
秦家德
唐敏
蒋红斌
陶日桂(任至5月)
杨小龙(5月任职)
灌阳县政协
主席:桂文英(2月任职)
副主席:唐莉姣
陆健康
向国庆(任至11月)
郑有成

龙胜各族自治县
中共龙胜各族自治县委员会
书记:周卉
副书记:吴永合
黄健
中共龙胜各族自治县纪律检查委员会
书记:李桥胜
龙胜各族自治县人大常委会
主任:粟宁群
副主任:李健胜
梁文星
曾波
潘艳玫
龙胜各族自治县人民政府
县长:吴永合
副县长:潘德辉
李一飞
曾瑞玉
刘勇
阳健青(任至5月)
戴顺贵
龙宪智(5月任职)
龙胜各族自治县政协
主席:杨桂姬
副主席:侯秋英
何彦泽
吴耿心
甘高强

资源县
中共资源县委员会
书记:韦绍艺
副书记:谭玉成
姚兴松
中共资源县纪律检查委员会
书记:刘晴
资源县人大常委会
主任:陈育勤
副主任:莫家荣
杨清霞(任至6月)
程国
易敬友
资源县人民政府
县长:谭玉成
副县长:孙清洪(任至11月)
唐文政
杨清霞(6月任职)
黄民兴
陈虹(任至6月)
刘兆龙
谢强
资源县政协
主席:容小敏
副主席:张征林
王庆文(任至5月)
何春艳
吴龙华
李迅军(12月任职)

平乐县
中共平乐县委员会
书记:陆智成
副书记:石小松
梁志明
中共平乐县纪律检查委员会
书记:王峥
平乐县人大常委会
主任:陶伟文
副主任:彭钦凤
伍成红
彭骏武
王继芳
平乐县人民政府
县长:石小松
副县长:李钧
陈利(任至11月)
余和登(任至6月)
朱建华
杨林葵
陶保文
张镇(6月任职)
平乐县政协
主席:袁天赐
副主席:林忠
黄家乐
于江
李子佳(任至9月)

荔浦市
中共荔浦市委员会
书记:陈代昌
副书记:李玉清
唐双喜(任至5月)
孙志武(5月任职)
中共荔浦市纪律检查委员会
书记:陶捌旺

荔浦市人大常委会
主任:覃舜
副主任:何有军
黄旭斌
张维娟
王日康
荔浦市人民政府
市长:李玉清
副市长:姜路
李宗庆(任至6月)
覃丽虹
李文林
何启芝(任至6月)
莫桂桓
何彰贤(6月任职)
李青松(6月任职)
荔浦市政协
主席:蒋战平
副主席:罗毅
高祖斌
黄旭庆
莫志惠

恭城瑶族自治县
中共恭城瑶族自治县委员会
书记:邓晓强
副书记:黄枝君
杨征山
中共恭城瑶族自治县纪律检查委员会
书记:覃自仁
恭城瑶族自治县人大常委会
主任:陈义军
副主任:吴艳琴
林堃
蒋述卫
李晓武
恭城瑶族自治县人民政府
县长:黄枝君
副县长:骆骁
关小菊
江选文
叶勇
蒋舒羽(任至6月)
周建斌
蒋尽球(6月任职)

恭城瑶族自治县政协
主席:唐寿元
副主席:陈念翠
段凡徐
蒋尽球(任至6月)
钟础富
贲定明(7月任职)

临桂新区
党工委书记:张晓武
党工委第一副书记:何新明
党工委副书记:李绍政
唐标明
管委会主任:何新明
管委会第一副主任:李绍政
管委会常务副主任:李星明
管委会副主任:唐标明
文杰
蒋玖明
周新强
秦土六
黄福岗
陈清
粟皎敏

漓江风景名胜区
党工委书记:何运保
党工委副书记:柳茵
石明(任至3月)
秦荣军(3月任职)
管委会主任:柳茵
管委会副主任:石明(任至3月)
秦荣军
石长进(任至3月)
陈建国(挂职,任至3月)
阳健青(3月任职)
李琼(3月任职)
蒋东兵(兼)
张翔(兼)
李红(兼,任至11月)
朱名武(兼,任至11月)
唐新文(兼,11月任职)
唐明昊(兼,11月任职)
莫运珍(兼,11月任职)

桂林经济技术开发区
党工委书记:樊新鸿(任至3月)
张晓武(3月任职)
党工委副书记:何兵
莫振华
李绍政
管委会主任:何兵
管委会副主任:卜清亮
黄锦堂
莫孟觉
李家明(任至11月)
戴大文
黄宏忠
赵家维
于荣升
骆秋国(6月任职)
邱海波(11任职)

粤桂黔高铁经济带合作试验区(桂林)广西园
党工委第一书记:张晓武
党工委书记:赵奇玲
党工委副书记:胡焕忠
朱鹃屏
雷陈
王长发
管委会主任:胡焕忠
管委会常务副主任:王长发
管委会副主任:梁劲
蒋自强
高景
曾艺
李元浪
李勇(任至4月)
莫国才
李济明
侯和琪
卢启辉

(市委组织部)

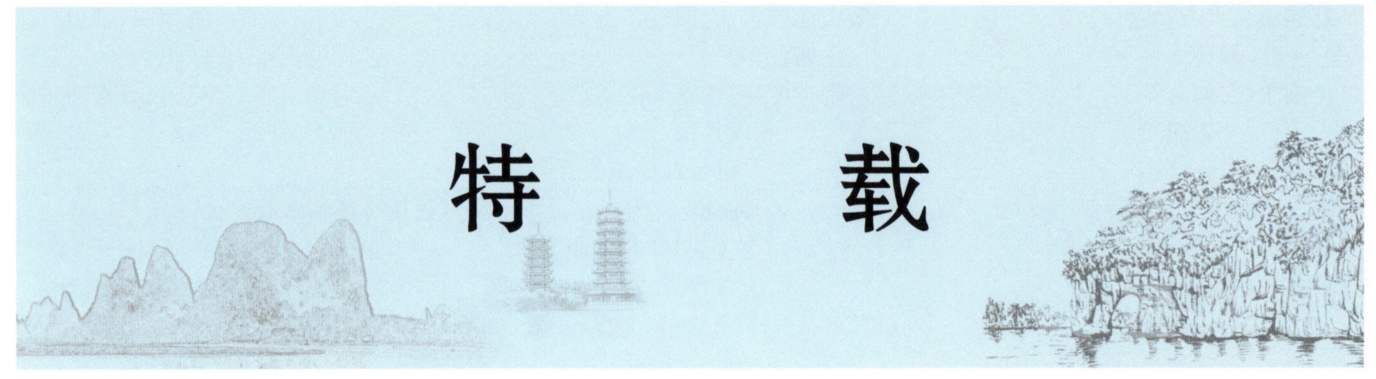

市委常委会工作报告

——2020年1月6日在中国共产党桂林市第五届委员会第六次全体(扩大)会议第一次全体会议上

中共桂林市委书记　赵乐秦

同志们:

这次全会的主要任务是,以习近平新时代中国特色社会主义思想为指导,深入学习贯彻党的十九大和十九届二中、三中、四中全会精神,贯彻落实中央经济工作会议、自治区党委十一届七次全会和全区经济工作会议精神,听取和讨论市委常委会工作报告,研究部署2020年工作。

下面,受市委常委会委托,我向全会报告市委五届五次全会以来的工作情况,并就加快推进桂林治理现代化和做好今年工作讲几点意见。

一、市委五届五次全会以来常委会工作

一年来,在自治区党委、政府的正确领导下,市委常委会团结带领全市各级党组织、广大党员和干部群众,高举习近平新时代中国特色社会主义思想伟大旗帜,全面贯彻习近平总书记对广西工作的重要指示精神,坚持稳中求进工作总基调,坚持桂林国际旅游胜地建设"一本蓝图绘到底",一体推进国家可持续发展议程创新示范区建设,解放思想、改革创新、扩大开放、担当实干,推动各项事业取得新成效,为决胜桂林"两个建成"目标打下坚实基础。

这一年,市委常委会坚持把方向、谋全局,集中力量抓好五件大事:一是持续推动学习贯彻习近平新时代中国特色社会主义思想往深里走、往心里走、往实里走,进一步增强"四个意识"、坚定"四个自信"、做到"两个维护"。特别是认真贯彻落实习近平总书记关于"做好湘江战役红军遗骸收殓保护工作、规划建设好纪念设施"重要批示精神,圆满完成湘江战役红军遗骸收殓保护工作和"一园两馆"等纪念设施建设,隆重举行红军长征湘江战役烈士纪念设施落成仪式和湘江战役红军烈士遗骸安葬仪式,激励引导广大党员干部感恩奋进、走好新时代长征路。二是围绕隆重庆祝中华人民共和国成立70周年,广泛组织开展"我和我的祖国"群众性主题宣传教育活动,激发全市人民爱党爱国爱社会主义的巨大热情,凝聚接续奋斗的磅礴力量。三是扎实开展"不忘初心、牢记使命"主题教育,聚焦主题、紧扣主线、把握要求,以上率下、学做结合、查改贯通,组织开展系列专题研讨,统筹推进"8+1+3+1"专项整治,解决一批事关项目建设、企业发展、脱贫攻坚、民计民生等问题,增强了广大党员干部守初心、担使命的思想自觉和行动自觉,提振了干事创业、担当作为的精气神,推动了改革发展稳定各项工作,涵养了风清气正的政治生态。四是扎实推进重点领域和关键环节改革,市县机构改革任务圆满完成,构建起运行顺畅、充满活力、令行禁止的工作体系,改革创新不断催生发展活力。五是成功举办第五届粤桂黔滇高铁经济带合作联席会议、"两会一节"等系列重大活动,新桂林新形象得到全方位展示。

一年来,市委常委会重点抓了以下八方面工作。

(一)坚持多措并举,奋力推进经济高质量发展

市委常委会积极应对经济下行压力,有效落实"六稳"

措施，统筹实施国家战略，部署推进“两大振兴”“四大建设”，促进经济社会高质量发展。初步预测，全年地区生产总值增长6.5%，组织财政收入按可比口径增长11.6%，固定资产投资增长10%，社会消费品零售总额增长8%，城镇居民和农村居民人均可支配收入分别增长7.5%、10%，常住人口城镇化率达到51.1%。

坚持把工业振兴作为重中之重，着力补齐发展最大短板，为高质量发展打基础。加大工业发展领导力度，召开全市工业振兴大会，出台工业振兴三年行动方案和支持工业企业发展十八条政策措施，推行“双容双承诺”，建立企业反映问题、解决问题清单制度，形成大抓工业浓厚氛围。推进高新区、经济技术开发区、高铁（桂林）广西园体制机制改革，激发园区发展活力。出台招商引资激励二十条，精心组织开展产业大招商突破年活动，招商区域向粤港澳大湾区、长三角、京津冀拓展。成功承办华为中国地区部供应商大会，华为信息生态产业合作区注册数字经济企业71家，桂林深科技智能制造项目实现一期投产、二期开工建设。扎实推进“双百双十双新”“千企技改”项目建设，强化产业科技协同创新，28家企业跻身全区高新技术企业百强，数量居自治区前列。持续优化营商环境，大力改善基础设施和公共服务，百日攻坚指标全面完成，获得信贷指标自治区第一，政务服务更加高效。加快发展现代服务业，一批高端化、品牌化商业综合体建成开业，“电商桂林”深入推进，线上线下融合发展，高新区获批国家外贸转型升级基地，第三产业对经济增长贡献率达到57%。提档升级现代农业，农业生产能力、农产品质量、加工能力大幅提升，现代特色农业示范区建设成效显著，农民增收居自治区前列。

（二）坚持文旅融合，国际旅游胜地实现升级发展

市委常委会立足桂林文化旅游独特优势，坚持文旅联动、融合提升，创出文旅融合发展新高度。全力构筑内外畅通、快速便捷的文旅融合大通道，文旅融合支撑能力大幅提升。引进实施一批辐射面广、带动力强的高端文旅项目，融创文化旅游城加快推进，王城历史文化旅游休闲街区展现新魅力。持续推动生态旅游牵手、文旅产业融合，文化创意、医养康养、休闲度假、健康旅游等新业态竞相涌现，《桂林有戏》走进国家大剧院，歌剧《刘三姐》走出国门，《桂林千古情》持续火爆，遇龙河国家级旅游度假区整治提升成效显著，阳朔成为首批国家全域旅游示范区，灵川、恭城成为广西特色旅游名县，“一城文化满城绿”的桂林韵味全面彰显。预计全年接待游客超1.3亿人次、旅游总消费超1700亿元。自治区文化旅游发展大会在桂林召开，全面展示了国际旅游胜地建设和文旅融合发展的丰硕成果，桂林经验、桂林变化得到与会人员的一致好评，桂林文化旅游在自治区的龙头地位进一步凸显，桂北大地呈现出全域文旅融合发展的生动局面。

（三）坚持城乡统筹，城乡建设展现新变化

市委常委会坚持全域统筹、城乡一体，推动市县乡村形成特色鲜明、联动发展新格局。加快完善综合交通体系，补短板破瓶颈促提升成效明显，铁路站场改造扎实推进，2条高速公路建成通车、4条高速公路加快建设，市区外环快速路基本打通，连接县域乡村、旅游景区的交通运输体系进一步优化。机场旅客吞吐量、铁路到发旅客保持增长。大力提升中心城区品位，漓江东岸城中村、棚户区等片区改造加快推进，桃花湾旅游度假区成为自治区样板，核心商圈功能更加完善。临桂新区一批商业综合体拔地而起，产城融合步伐加快，桂林城市新中心加快形成。城市管理往深里走、往细里走、往严里走，“洁齐美”成为城市新常态，拥有140平方千米的桂林主城区，更加彰显出文化品位休闲之都的独特魅力。县域经济竞相发展，实施分类培育计划，县域产业发展、县城建设、乡村振兴取得新成绩，5个县（区）获广西科学发展先进县和进步县（区），数量广西最多。完成第四批、全面启动第五批新型城镇化示范乡（镇）“书记工程”建设，74个示范乡（镇）面貌焕然一新，美丽桂林·幸福乡村活动扎实推进，自治区乡村治理体系建设、乡村产业振兴、“幸福乡村”活动、乡村风貌提升现场推进会在我市召开。全面启动田园综合体试点，现代农业、乡村旅游、田园社区融合发展新引擎加快形成。

（四）坚持绿色发展，创新示范区建设取得新突破

市委常委会时刻牢记习近平总书记“一定要保护好桂林山水”的殷切嘱托，坚持生态立市，加快建设国家可持续发展议程创新示范区，推动桂林生态更美丽、发展可持续。争取自治区出台创新示范区建设专项支持政策，成立桂林可持续发展促进中心，成功举办中国－东盟可持续发展创新合作国际论坛，推进可持续发展地方立法、生态环境保护与修复取得新成果。加快漓江岸线洲岛生态修复和码头提升改造，纵深推进“四乱一脏”综合整治，漓江生态人文魅力更加凸显。全力打好蓝天、碧水、净土保卫战，中央环保督察反馈问题整改成效明显，生态创建、绿色创建工作保持自治区领先。全市森林覆盖率达到71.58%，市区空气PM2.5、PM10平均浓度连续5年下降，主要河流水质达标率保持100%，生态环境质量持续改善。

（五）大力传承红色基因，宣传思想文化工作全面加强

市委常委会坚持高举旗帜、守正创新，高扬主旋律、弘扬正能量，为决胜桂林“两个建成”目标凝聚强大精神力量。始终以高度的政治自觉，充分运用红军长征湘江战役红色资源，传承弘扬伟大长征精神，成立桂林红军长征湘江战役文化保护传承中心，加强与延安、赣州、遵义等红军长征沿线重要城市的交流合作，完善提升革命传统教育和爱国主义教育的鲜活载体，“一园两馆”等纪念设施建成以来，参观人数超过130万人次。贯彻落实《中国共产党宣传工作条例》，严格落实意识形态工作责任制，抓好党委（党组）理论学习中心组学习，强化理论武装，加强舆情引导和网络阵地管理，在自治区率先实现县级融媒体中心全覆盖。持续实施文化惠民工程，新时代文明实践场所建设取得明显成效。扎实开展全国文明城市创建，在自治区文明城市测评中排名第一。积极培育践行社会主义核心价值观，“爱国爱家爱桂林，讲德讲孝讲文明”深入人心。

（六）坚决打赢脱贫攻坚战，社会民生持续改善

市委常委会牢固树立以人民为中心的发展思想，始终把脱贫攻坚作为最大政治任务、最大民生工程、最大发展机遇，坚持市县乡村四级书记抓扶贫，全力抓好中央和自治区

脱贫攻坚巡视、考核、督查反馈问题整改。聚焦"两不愁三保障",组织打好"五场硬仗",深入开展"五大专项行动",推进脱贫攻坚普查整改,强化扶贫开发工作成效(绩效)考核,全市脱贫攻坚工作质量持续提升。预计全年7.5万贫困人口脱贫、86个贫困村出列、灌阳县脱贫摘帽,贫困发生率降到0.35%左右。统筹抓好各领域民生建设,深入实施桂林教育三年行动计划,教育整体发展水平不断提升,就业创业、社会保障、卫生健康、科技体育、食品药品安全等工作不断进步,自治区推动地方特色食品质量安全和产业发展现场会在我市召开。加强和创新社会治理,扫黑除恶专项斗争取得阶段性成果,平安桂林深入推进,市社会治理与应急指挥中心建成使用,信访维稳、安全生产形势持续好转,人民群众获得感、幸福感、安全感进一步增强。

(七)加强社会主义民主政治建设,巩固团结和谐大好局面

市委常委会坚持党的领导、人民当家作主、依法治国有机统一,发挥党总揽全局、协调各方作用,充分调动各方面积极因素。召开全市人大工作会议,地方立法取得新进展,开展人大代表履职平台建设和代表履职活动,人大依法履职更有实效。支持人民政协依法开展民主监督和政治协商,协商议政渠道更加畅通。巩固发展最广泛的爱国统一战线,定期向党外人士通报重大重点工作情况,群团、民族、宗教等工作得到加强。深化司法体制综合改革,法治桂林建设深入推进。坚持党管武装,军民融合走在自治区前列,实现自治区"双拥模范城"十连冠。

(八)坚决落实主体责任,全面从严治党向纵深发展

市委常委会坚持把党的政治建设摆在首位,不断提升各级党组织创造力、凝聚力、战斗力。强化政治监督,深化政治巡察,组织开展"政治建设六项重点任务"专项检查,以实际行动践行"两个维护"。加强基层党建工作,出台促进全域党建提质聚力增效等6个文件,巩固完善市委常委联系指导党建品牌建设制度,推进市、区、街道、社区四级党群服务中心体系建设,两新组织党组织实现全覆盖。激励干部担当作为,出台5个专项文件和12个配套文件,建立健全正向激励、容错纠错、考核评价等机制。树立重实干重实绩的鲜明用人导向,全年提拔处级领导干部138名,其中正处32人、副处106人。完善人才政策体系,建成"海创基地"和"桂林人才飞地",成功举办首届桂林创新创业大赛,人才集聚通道更加畅通,创新创业环境不断优化。加强党风廉政建设和反腐败斗争,市委常委会带头树牢制度意识、维护制度权威、严格制度执行,组织开展全市领导干部警示教育、廉政谈话、勤廉榜样选树等活动,强化监督执纪,打造"智慧"监督平台。制定为基层减负二十条,解决一批形式主义、官僚主义突出问题,风清气正的政治生态更加稳固。

同志们,以上报告的是市委常委会一年来的主要工作。这一年,市委常委会带领全市广大干部群众,不忘初心、牢记使命,团结拼搏、锐意进取,各项事业实现新发展。这些成绩的取得,是自治区党委、政府正确领导的结果,是全市各级党组织、广大党员和干部群众共同努力、艰苦奋斗的结果,也是各位委员、候补委员辛勤工作的结果。在此,我代表市委常委会,向大家表示衷心感谢和崇高敬意!

市委常委会清醒认识到,当前桂林工作还面临不少困难和挑战,应对经济下行压力的措施和办法还不够多,产业发展尤其是工业短板问题突出,民生保障任务依然艰巨,发展不平衡不充分问题亟待解决,干部的担当精神和能力作风与新时代新使命还不相适应,党的建设还需进一步加强,等等。对这些问题,市委常委会将在今后的工作中,认真加以解决。

二、深入贯彻落实党的十九届四中全会精神,奋力推进桂林治理现代化

党的十九届四中全会是我们党站在"两个一百年"奋斗目标的历史交汇点上召开的一次具有开创性、里程碑意义的会议。深入学习贯彻党的十九届四中全会精神,是当前和今后一个时期全党全国的重要政治任务。自治区党委十一届七次全会对贯彻落实党的十九届四中全会精神,推进广西治理现代化作出了安排部署。全市上下要站在党和国家事业发展全局的高度,充分认识党的十九届四中全会的重大现实意义和深远历史意义,进一步坚定中国特色社会主义道路自信、理论自信、制度自信、文化自信,切实增强贯彻落实全会精神的思想自觉、政治自觉和行动自觉,加快推进桂林治理现代化各项工作。

2019年10月21日,市委书记、市人大常委会主任赵乐秦(前排左一)到龙胜各族自治县乐江镇金坪村兄金屯慰问贫困户,通过手机了解贫困户养鸡等生产情况

(何平江 摄)

(一)深入学习领会党的十九届四中全会精神

党的十九届四中全会精神内涵丰富、博大精深。习近平总书记在全会上

所作的重要讲话和全会通过的《决定》，为新时代坚持和完善中国特色社会主义制度、推进国家治理体系和治理能力现代化指明了方向、提供了根本遵循。要在学懂弄通、学深悟透上下功夫，创新宣传宣讲方式载体，精心组织学习培训，集中开展全市县处级以上领导干部全员轮训，分批进行党员干部系统培训，分层分类宣传教育，力求学思践悟、融会贯通、入脑入心。要在知行合一、学以致用上下功夫，把贯彻落实全会精神与贯彻落实自治区党委决策部署结合起来，与确保实现桂林“两个建成”目标结合起来，与做好桂林改革发展稳定各项工作结合起来，加快制度创新和治理能力建设，为桂林高质量发展注入强劲动力。

（二）充分认识推进桂林治理现代化的重要性和紧迫性

推进治理现代化是桂林全面协调可持续发展的迫切需要。新中国成立70年来，桂林经济社会发展取得历史性成就，城乡面貌发生翻天覆地的变化，归根结底在于坚持党中央集中统一领导，坚持不懈推进制度创新和治理能力建设，不断提升地方治理能力水平。当前桂林发展正处于转型升级、爬坡过坎的关键阶段，面临诸多风险挑战和深层次矛盾问题，解决发展不平衡不充分问题，推动高质量发展，不断满足人民群众对美好生活的新期待，迫切需要持续深化各领域各方面体制机制改革，切实加强制度创新和治理能力建设，在推动治理能力现代化的实践探索中，奋力开创新局面、实现新作为。

（三）准确把握推进桂林治理现代化的方向和重点

推进桂林治理现代化，必须坚持以习近平新时代中国特色社会主义思想为指导，全面贯彻落实党的十九大和十九届二中、三中、四中全会精神，认真落实自治区党委十一届七次全会精神，增强“四个意识”、坚定“四个自信”、做到“两个维护”，紧紧围绕“十三个坚持和完善”，围绕自治区党委关于贯彻落实九个方面制度、提升九个方面能力水平的部署要求，进一步解放思想、改革创新、扩大开放、担当实干，加强制度创新和治理能力建设，走出一条切合桂林实际的地方治理现代化路子。一要着力在遵守好、执行好支撑中国特色社会主义制度的根本制度、基本制度、重要制度上下功夫，自觉对标对表，强化制度执行，确保党中央各项制度安排落地落实。二要着力在坚持好、巩固好经过实践检验、有利于桂林改革发展稳定的各项制度上下功夫，尤其要坚持和巩固桂林文旅融合发展、国际旅游胜地建设管理、漓江环境保护、历史文化和红色文化保护利用、城乡统筹发展、新型城镇化管理、基层党建等制度。三要着力在完善好、发展好桂林改革发展稳定急需的制度、满足全市人民对美好生活新期待的必备制度上下功夫，加快探索工业振兴、产业高质量发展、开放合作、优化营商环境、县域经济发展、科技协同创新等制度，加快完善脱贫攻坚、乡村振兴、民生保障、公共服务、乡村治理等制度，大力推进法治桂林、平安桂林、美丽桂林建设，努力使各方面制度更加系统、更加完善，制度优势和治理效能充分发挥，使改革发展成果更多更公平惠及全市人民。

（四）扎实推进桂林治理现代化进程

推进桂林治理现代化，要按照“加强统筹、突出重点、狠抓落实、务求实效”的思路，把制度建设贯穿改革始终，围绕重点领域和关键环节，聚焦发力、精准施策、纵深推进，形成一批制度成果。一要加强组织领导。围绕中央和自治区党委的部署要求，建立市委统一领导，人大、政府、政协各负其责，各级党政部门、人民团体、社会各界和广大人民群众广泛参与的落实推进机制。要尽快出台工作方案，健全工作机制，明确责任分工，有力有序推进。二要强化制度执行。牢固树立法治意识、制度意识、规则意识，坚持按制度办事、依法办事。各级领导干部要增强系统治理、依法治理、综合治理、源头治理的意识和能力，带头维护制度权威，自觉作制度执行的表率。加强制度监督，督促广大党员、干部严格按照制度履行职责、行使权力、开展工作，坚持在制度轨道上推动改革发展稳定各项事业。三要着力推动制度创新。建立“六破六立”长效机制，大力推进思想再解放、改革再深入。坚持问题导向，探索更多具有桂林特色的治理新理念、新方式、新手段，及时总结提升固化，形成有效管用的制度体系，切实把制度优势转化为治理效能。

三、决胜“两个建成”目标，开创桂林高质量发展新局面

今年是全面建成小康社会、基本建成国际旅游胜地和“十三五”规划收官之年，做好今年工作至关重要。

实现“两个建成”目标是桂林当前最紧迫的任务。从全面建成小康社会目标看，党的十八大确定2020年地区生产总值和城乡居民人均可支配收入比2010年翻一番、实现现行标准下农村贫困人口全面脱贫的三大指标，预计能够如期实现；从自治区细化指标看，总体实现进程已达到97%；从基本建成国际旅游胜地目标看，总体而言能够顺利完成，但也存在一些短板和差距。我们要充分认识到，桂林经济稳中向好、长期向好的基本面没有变，面临诸多发展机遇和有利条件。必须坚定信心决心，聚焦短板问题，靶向发力，精准攻坚，完成好既定的发展目标任务，保持全市经济增速不低于全区平均水平，并努力向更高目标迈进。

根据“两个建成”与“十三五”规划目标要求，今年经济社会发展主要预期目标是：地区生产总值增长6.5%，组织财政收入按可比口径增长7%，固定资产投资增长10%，社会消费品零售总额增长8%，城镇居民和农村居民人均可支配收入分别增长7.5%、10%，常住人口城镇化率达到52.2%。

做好今年工作，必须坚持以习近平新时代中国特色社会主义思想为指导，全面贯彻党的十九大和十九届二中、三中、四中全会精神，坚持以习近平总书记对广西工作的重要指示精神统揽全局，坚持稳中求进工作总基调，坚持新发展理念，坚持高质量发展要求，贯彻“解放思想、改革创新、扩大开放、担当实干”工作方针，打好“三大攻坚战”，坚持桂林国际旅游胜地建设“一本蓝图绘到底”，按照“加快建设新城、疏解提升老城，产业融合发展、城乡协调推进，生态文化相融、富裕和谐桂林”总要求，统筹实施国家

战略，全力推进工业振兴和乡村振兴，着力抓好国际旅游胜地升级发展、项目建设、改革创新、社会民生、生态文明、宣传思想文化、民主法治和全面从严治党各项工作，加快补齐全面建成小康社会短板，保持经济持续健康发展和社会大局和谐稳定，奋力完成"十三五"规划目标任务，确保实现与全国全区同步全面建成小康社会，基本建成桂林国际旅游胜地。

（一）聚力推动工业振兴，夯实高质量发展基础

桂林高质量发展最大短板在工业、最大潜力在工业，必须把工业作为经济社会发展的核心战略和突破口，举全市之力打好工业振兴大会战。力争全年工业总产值突破1000亿元，其中规模以上工业总产值880亿元，增长10%以上；规模以上工业增加值290亿元，增长7%以上。

优化工业发展布局。按照集聚产业、融合发展的思路，全力建强三大工业园区、打造四大工业强县、推动五个生态功能区县差异发展，构建布局合理、多点支撑的工业发展新格局。一要提升壮大三大园区。市属三大园区要确保实现规模工业总产值620亿元，增长12%以上。高新区布局建设七星园、象山园、雁山园、灵川园，重点发展电子信息、生态食品、生物医药等产业，力争达350亿元、增长10%以上；经济技术开发区涵盖临桂和永福2个县（区），重点发展智能终端、新能源商用车、橡胶轮胎等产业，力争达170亿元、增长20%以上；高铁（桂林）广西园布局建设灵川园、秀峰园、叠彩园，重点发展高端装备、智能电子产业，力争达100亿元、增长10%以上。要引导产业向园区集中，力争全市园区工业总产值占全部工业产值比重超75%。二要全力打造四大工业强县。荔浦、全州、兴安、平乐要依托资源禀赋和产业基础，做大做强特色工业，力争实现规模工业总产值190亿元，增长15%以上。三要培育发展五个生态功能区县。灌阳、恭城、资源、阳朔、龙胜要重点发展绿色、生态、环保产业，力争实现规模工业总产值80亿元，增长10%以上。四要加快建设一批特色产业园区。加快园区标准厂房及基础设施建设，集聚全市资源力量，全力推动华为科技城建设，加快打造花江智慧谷、增材制造产业园、米粉产业园、罗汉果小镇等一批特色产业园区，夯实产业承载基础。

加快产业集聚发展。按照强龙头、补链条、聚集群的要求，扶持、引进、培育相结合，做大做强电子信息、先进装备制造、生态食品、生物医药四大重点产业，力争完成规模工业总产值450亿元，增长12%，占全市比重超50%。一要大力培育龙头企业。坚持以企业培育产业，推动优势资源向引领性强、关联度高、带动性大的龙头企业倾斜，重点加快深科技、比亚迪、新桂轮等新引进项目达产满产，千方百计做大增量；推动燕京漓泉、国际线缆、三金药业等企业技改扩能，努力做优存量。力争产值10亿元以上企业新增8家、50亿元以上企业新增2家。二要加快中小企业发展。加强重点行业和企业工业运行监测分析，强化企业帮扶指导，加强政银企对接，推动企业上规入统，全力稳住工业基本面。力争新上规入统企业80家，新增产值50亿元以上。三要加快培育新动能。坚持以项目引领产业发展，强力推进"双百双十双新""千企技改"项目建设，大力推进桂林深科技智能制造项目建设，确保二期投产、三期开工，形成年产手机5000万台产能，年产值100亿元以上；加快一批在建工业项目竣工投产，尽快形成新产能。推进产学研深度融合、企业研发与生产跨区域合作，围绕人工智能、物联网、大数据、区块链等技术创新与产业应用，积极谋划电子芯片、量子通讯、电池材料等一批新项目，加快培育创新型企业，促进新产业新业态发展。

加大工业招商力度。抢抓国家支持中西部地区承接产业转移的重大机遇，围绕引进一批央企、民企、湾企，着力解决"招什么""怎么招""拿什么招"的问题。牢固树立培育理念，敢于吃眼前亏、得长远利，以更开放胸怀和长远眼光全面打开产业入桂大门。要创新招商引资方式，灵活招商，实行市领导带队招大商、部门大招商、县区"主官招商"、市场化委托招商，拓宽招商项目渠道。全面落实招商引资激励二十条，充分调动行业主管部门和县（市、区）积极性，形成全民招商、全员招商良好氛围。重点推进华为信息生态产业合作区产业链招商，力争注册数字经济企业达100家以上；大力推动领益、宝能、格力等一批工业项目落地实施。力争全年新引进投资1000万元以上工业项目100个，其中亿元以上项目30个。

营造工业发展良好环境。建立工业企业直通车制度和涉企许可事项清单管理制度，各级各部门要在项目立项、用地、审批等方面开辟"绿色通道"，对企业反映问题协调解决实行挂账销号。建立政策兑现跟踪督办和调整评估制度，全面落实支持工业企业发展十八条政策措施，深入推进减税降费，持续降低企业水电气和物流成本。组建市级工业投融资平台，积极引进社会资本，支持重大产业项目建设。各级党政主要领导是抓工业和工业招商引资的第一责任人，党委常委会和政府常务会要及时专题研究工业工作，政府每月进行工业运行调度，集中解决工业发展问题。建立工业发展量化考评机制，对工业项目引进、落地、开竣工、完成投资量、新增产值等指标进行年度绩效考核，以工业发展论英雄，形成你追我赶、竞相发展的良好局面。

（二）全力推动乡村振兴，做大做强县域经济

坚持把乡村振兴作为"三农"工作总抓手，推动农业农村现代化，提高县域经济综合实力。

加快发展现代农业。坚持以规模化、标准化、品牌化"三化"为方向，推动特色效益农业提质增效，实现农业增加值450亿元，增长5.5%。加大高标准农田建设力度，打造和培育现代特色农业示范区（园、点）、特色农产品优势区700个以上，建设全区现代特色农业高质量发展先行区。加快实施田园综合体建设"书记工程"，年内完成第一批建设和验收，启动第二批建设工作，打造桂林乡村发展新名片。健全现代新型农业经营体系，扶持和培育新型农业经营主体，大力发展农产品加工、冷链物流、农村电商、乡村旅游等产业，推动乡村产业兴旺。

大力发展县域经济。桂林在全区县域数量最多，只有县域经济上去了，全市经济才能快速发展。坚持以产业为支撑，把工业振兴作为县域经济发展重点，做好工农商旅融合文章，推动一二三产深度融合发展。坚持以新型城镇

化为引领，扩容提质和凸显特色并重，加快县城新区建设，拉大县城框架，完善城市功能；全面完成第五批14个新型城镇化示范乡（镇）建设，建立长效管理机制，发挥连接城乡、服务“三农”、促进乡村振兴的作用，增强城镇承载力、集聚力和吸引力。坚持以项目为带动，继续实行各县（市、区）完成固定资产投资、重大项目投资、工业技改投资、民间投资等红黑榜制度，推动县域项目数量、投资总量增加，增强发展动力。加强县域经济分类培育，争创一批广西科学发展先进县和进步县。

尽锐出战高质量打赢脱贫攻坚战。今年是脱贫攻坚决战决胜之年，必须以不获全胜决不收兵的意志啃下脱贫硬骨头，一鼓作气，全面完成剩余1.4万贫困人口、51个贫困村脱贫摘帽任务。巩固脱贫成果，聚焦“两不愁三保障”，严格落实产业扶贫、易地搬迁扶贫、发展村集体经济等措施，建立完善扶贫产业收益分配和利益联结机制，增强贫困群众脱贫致富的内生动力。建立健全稳定脱贫长效机制，常态化开展扶贫领域突出问题专项治理，深入开展“回头看”，严格落实摘帽不摘责任、不摘政策、不摘帮扶、不摘监管“四不摘”要求，及时做好返贫人口和新发生贫困人口的监测和帮扶，确保贫困群众脱真贫、真脱贫、不返贫。

持续改善农村人居环境。以村屯设施改造、基础设施改造、环卫设施改造“三改”为重点，深入开展“美丽桂林·幸福乡村”活动，健全乡村规划和建设管理体制机制，重点整治无序建房、非法占地建房及村容村貌、垃圾污水等问题，基本完成村庄“三清三拆”，打造环境秀美、生活甜美、乡村和美的“幸福乡村”示范村200个以上。坚持以法治、德治、自治“三治融合”为抓手，推进乡村治理创新，培育文明乡风，争创一批全国乡村治理示范县、示范镇村。

（三）加快国际旅游胜地提质升级，打造世界一流旅游目的地

对标世界一流标准，推进旅游国际化、品牌化、智慧化、标准化，走世界一流旅游城市品质升级之路。

加快补短板促升级。对照自治区《关于以世界一流为发展目标　打造桂林国际旅游胜地的实施意见》，围绕“六个一流”目标，整合力量，统筹推进国际旅游胜地建设和国家健康旅游示范基地建设，建立科学有效的一体化推进机制，逐项细化分解，加快制定标准体系，争取上级扶持政策尽快落地，全面提升国际旅游胜地升级版建设水平。加大国际航线培育力度，积极开发多元化旅游产品，巩固拓展入境游市场。完善旅游集散中心功能，推进旅游交通基础设施建设，完善景区景点、重要街区节点中英文标识，提高旅游公共服务国际化水平。加强旅游市场管理，健全旅游诚信体系，扎实推进智慧旅游建设，实现旅游服务线上线下深度融合，提高旅游监管、服务、营销智慧化水平，提升桂林旅游品牌形象。

加快文旅深度融合。深入贯彻落实全区文化旅游发展大会部署要求，坚持红绿结合、文旅相融、康养一体，提升文旅融合系统化、标准化、规范化、全域化和信息化水平。加快实施文化旅游产业发展三年行动方案，进一步推动漓江游船提档升级，高标准建设遇龙河国家级旅游度假区；加快融创文化旅游城等一批世界级休闲度假基地建设，推进桂阳文化旅游产业带融合升级。做好“文旅+”文章，打造一批高品质景区景点、旅游线路、酒店民宿、节庆活动、旅游演艺等文旅融合产品，大力发展健康旅游、医养康养、文化创意等文旅新业态。总结推广阳朔、秀峰创建国家级、自治区级全域旅游示范区的成功经验，带动县（市、区）形成相互融合、互为补充的文化旅游差异化发展新格局。

加快服务业转型升级。制定鼓励发展新兴服务业的扶持政策，推动金融、会展、电子商务、软件信息技术等现代服务业发展，积极创建“国际消费中心城市”。大力推进先进制造业与现代服务业深度融合，依托华为、腾讯等平台，引进培育一批新兴服务业企业，加快盘活老城区闲置厂房和低效用地，发展楼宇经济、总部经济，大力发展供应链、平台经济、工业互联网创新应用等服务业新业态。加快国家物流枢纽城市建设，培育发展枢纽经济。抓好现代服务业集聚区升级扩容，推动现代服务业提档升级。

（四）强力推进项目建设，加快培育发展新动能

坚定不移实施重大项目带动战略，统筹推进基础设施、产业发展、城市建设、社会民生等项目建设，全年实施市级层面重大项目800项以上，完成投资增长12%，占固定资产投资比重达到65%左右，确保固定资产投资增长10%。

加快完善基础设施。实施交通网、能源网、信息网、物流网、地下管网“五网大会战”，全年实施重大项目140项以上，年度完成投资200亿元以上。交通方面，做大做强桂林航空，提升机场旅客吞吐量；全面推进铁路站场改造，推动一批高铁项目列入国家、自治区铁路中长期规划；推进高速公路新建改扩建，确保荔浦至玉林（桂林段）竣工通车，加快干线公路升级改造，力争市区云轨项目获批建设，实施万福路改造工程，打通城市断头路，优化连接新老城区的交通路网。能源方面，推进长塘水库建设，竣工投产一批清洁能源项目，构筑高效、清洁、经济、安全的现代能源体系。信息方面，全面推进5G基站建设，加快完善数字桂林基础设施，抢占数字经济发展新机遇。物流方面，重点推进苏桥无水港等一批项目建设，打造“通道+枢纽+网络”物流运行体系。地下管网方面，加快实施第二水源工程、城区治涝完善工程等一批项目，补齐基础设施短板。

实施城市建设项目攻坚。坚持加快建设新城，疏解提升老城，推动新老城区联动发展，实施重大项目300项以上，年度完成投资400亿元以上。城东区域，全力抓好漓江东岸城中村、棚户区改造，基本完成新生街改造提升，建成桂林歌剧院；加快解放桥至净瓶山大桥段旧城改造，重点推进塔山片区、和平片区棚户区改造，展现城市新风貌。城西区域，加快琴潭片区整体提升，重点推进华润二期、大龙燕京啤酒堡、琴潭公园等项目建设；临桂新区重点推进机场路以北及南塘河以南片区发展，加快临桂万达广场、新国际会展中心等项目建设，进一步完善桂林新中心城市功能。城南区域，统筹抓好火车南站片区、瓦窑片区改造以及雁山新城建设，重点推进益田·雁山民国风情小镇、悦桂情歌田园、华邦国际旅居健康颐养等项目，推动产城融合发展。城北区域，大力实施叠彩老旧小区、灵川桂林

北新城改造提升，重点推进高铁综合客运枢纽、江东片区村貌改造等项目，完善公共服务配套设施，提升城市整体形象。

强化项目推进机制。坚持“五个一”工作机制，继续抓好市领导跟踪服务推进重中之重和重大项目建设，重中之重项目中工业项目要达到50%以上。扎实做好项目前期和要素保障，确保新增工业建设用地增长20%以上、占新增建设用地比例不低于30%，对按期开工、完成投资量、达到形象进度的重大项目，审批优先服务、要素优先保障、资金优先安排。完善重大项目建设绩效考核制度，量化细化考核指标，建立针对性奖惩机制。加快研究制定“十四五”规划，聚焦国家战略、政策导向、工业振兴、乡村振兴、基础设施、生态环保、民生保障等重点方向，策划包装一批符合桂林发展需要，前景好、能落地的重大项目，力争列入国家和自治区规划盘子，为长远发展提供支撑。

（五）全面深化改革，不断激发创新发展活力

坚持问题导向，聚焦产业发展，破解难点、消除痛点、疏通堵点，精准发力，着力推出一批突破性改革举措。

加快重点领域和关键环节改革。推进市属三大园区改革，全面落实授予园区市级相关管理权限政策，推动园区创新发展。积极探索优质老工业企业创新提质激励措施，促进“老树发新芽”。持续开展优化营商环境大行动，全面推进“双容双承诺”“放管服”“简易办”等改革。加大智库资源整合力度，探索建立多层次、全方位、可持续的产学研协同创新体系，构建政企校所合作交流平台。深化城市资产资源经营管理改革，探索老城区闲置土地规范管理使用办法，有效盘活存量资源。加强激励干部担当作为制度建设，探索绩效考评制度改革，营造干事创业良好氛围。深入推进农村土地制度、集体产权制度、农村金融、农业科技体制等综合改革，助力乡村振兴战略深入实施。抓好教育“县管校聘”、县域医共体、医养结合等民生领域改革，让改革红利惠及更多人民群众。加强统筹协调，建立完善重大改革任务责任制度、改革落实情况定期报告制度、改革督察联动制度和改革成果绩效评价制度，形成高位推进改革工作机制，推动各项改革举措落地见效。

（六）持续增进民生福祉，不断满足人民群众对美好生活的新期待

坚持以人民为中心的发展思想，加大民生投入，织密民生保障安全网。实施就业优先政策，抓好重点群体特别是贫困家庭、零就业家庭的就业工作，大力支持创业孵化基地、众创空间、大学生和农民工创业园建设，以创业带动就业。大力发展更加公平更高质量的教育，扎实推进基础教育发展，加快中职教育内涵发展，有效解决进城务工人员子女上学难等问题。加强保障性住房建设，抓好城镇棚户区和农村危房改造。持续推进全民参保计划，加强重点人群养老保险工作。完善城乡社会救助体系，健全受灾群众生活救助保障制度。全面推进健康桂林建设，提升城乡公共卫生服务水平。大力开展全民健身运动。推进普惠性、基础性、兜底性民生建设，集中解决一批人民群众最关注最直接的民生问题，让人民群众获得感、幸福感、安全感更加充实、更有保障、更可持续。

（七）大力推进生态文明建设，加快建设美丽桂林

牢固树立“绿水青山就是金山银山”理念，坚持保护优先、绿色发展，持续擦亮“桂林山水甲天下”金字招牌。

加快国家可持续发展议程创新示范区建设。抓好自治区政策落地落实，力争在财政金融、科技创新、产业发展、人力智力、体制机制、对外交流合作等方面得到更多资金、项目支持。加快推动可持续发展地方立法，尽快制定桂林市喀斯特景观资源可持续利用条例。围绕实施创新示范区“五大行动”，在自然景观资源保育、生态产业、创新能力提升等领域，统筹策划、包装和推进一批可持续发展项目。提升中国－东盟可持续发展创新合作论坛水平，加快汇聚国内外创新资源，打造创新开放新平台。

提升漓江保护管理水平。加快实施《桂林漓江生态保护和修复提升工程方案（2019—2025年）》，推进漓江综合治理、漓江生态保护、漓江生态修复、城市生态提升、产业生态提升、漓江生态保护和修复提升重点支撑工程“六大工程”，尽快出台《桂林漓江风景名胜区管理条例》，推动漓江全流域保护治理。做好漓江水文章，加强沿岸及支流环境整治，推进大环城水系建设、湿地恢复、石漠化治理，全面提升漓江品质。

持续打好污染防治攻坚战。实行最严格的生态环境保护制度，建设法治环保、数字环保、全民环保，健全源头预防、过程控制、损害赔偿、责任追究的生态环境保护体系，构建全域一体化大环保格局。全面推动中央和自治区生态环境保护督察反馈意见问题整改，推行垃圾分类处理，持续巩固黑臭水体整治成果，全面打赢蓝天、碧水、净土保卫战。加快传统产业和产业园区生态化改造，倡导节约资源、保护环境的生产生活方式，推动绿色、循环、低碳发展。

（八）坚持守正创新，提升宣传思想文化工作水平

深入贯彻落实《中国共产党宣传工作条例》，紧紧围绕举旗帜、聚民心、育新人、兴文化、展形象的使命任务，切实增强宣传思想文化工作的凝聚力和引领力。

牢牢掌握意识形态工作领导权。坚持以习近平新时代中国特色社会主义思想武装头脑、指导实践、推动工作，加强党委（党组）理论学习中心组学习，深入开展宣传宣讲，切实做到学思用贯通、知信行合一。加强意识形态阵地建设，健全完善舆情引导处置机制，依法依规加强网络安全管理。持续巩固壮大主流舆论，坚持正确舆论导向，用好新媒体新平台，讲好桂林故事，传播好桂林声音。大力培育践行社会主义核心价值观，加强理想信念、革命传统、爱国主义教育，推动岗位学雷锋活动、志愿服务活动常态化，发挥新时代文明实践场所和县级融媒体中心作用，深化群众性精神文明创建活动，倡导“爱国爱家爱桂林、讲德讲孝讲文明”，不断提高市民思想道德素质。坚持“创城为民、创城惠民”，提升城市精细化管理水平，实现全国文明城市创建目标。

持续推进文化繁荣发展。坚持“寻找桂林文化的力量，挖掘桂林文化的价值”，加快文化保护传承利用。抓好长征国家文化公园（广西段）规划设计，打造一批红色文化旅游精品，推动红色文化交流合作，让红色基因在美丽山水

间永续传承。加快非遗展示传承系列项目建设，加强民族民俗文化挖掘整理，推进非物质文化遗产保护传承。大力发展文化产业，加快建设桂林市文化旅游中心，推出一批文化精品。深入实施文化惠民工程，完善公共文化服务体系，推进村级公共文化服务中心全覆盖。

（九）加强民主法治建设，汇聚团结奋进的磅礴力量

坚持党的领导、人民当家作主、依法治国有机统一，充分发扬社会主义民主，加强社会主义法治建设，巩固团结和谐的良好局面。支持人大及其常委会依法行使职权，加强重要领域立法，健全人大对“一府一委两院”监督机制，推进“混合编组、多级联动、履职为民”工作，加大人大代表履职活动中心、联络站等平台建设力度，提高人大整体工作效能。充分发挥人民政协专门协商机构作用，支持各民主党派和无党派人士履行职能，推动协商民主广泛多层制度化发展。巩固和发展最广泛的爱国统一战线，坚持大统战工作格局，做好民族工作和宗教工作，健全党外代表人士队伍建设制度，汇聚团结奋斗的正能量。深入推进法治桂林建设，健全社会公平正义法治保障制度，提高依法治市能力水平。全面推广新时代“枫桥经验”，推动形成共建共治共享的社会治理格局。持续开展平安桂林建设，纵深推进扫黑除恶专项斗争，完善社会治安防控体系和“雪亮工程”体系，建设全市上下联通的社会治理和应急指挥平台，加强信访维稳工作，着力防范化解各类风险隐患。坚持总体国家安全观，增强全民国家安全意识。健全公共安全体制机制，抓好安全生产、食品药品安全、防灾减灾救灾和应急管理等工作，营造安全稳定和谐的社会环境。推进军民融合，争创全国“双拥模范城”九连冠。

（十）坚定不移推进全面从严治党，营造风清气正的政治生态

深入贯彻落实新时代党的建设总要求和新时代党的组织路线，持续正风肃纪反腐，推动全面从严治党向纵深发展。

锲而不舍加强党的政治建设。坚决维护党中央权威和集中统一领导、坚决执行党和国家各项制度、坚决贯彻党中央决策部署，增强“四个意识”、坚定“四个自信”、做到“两个维护”。始终把不忘初心、牢记使命作为必修课、常修课，时常叩问和守护初心，及时修枝剪叶、补钙壮骨，把牢理想信念“总开关”，在大是大非面前旗帜鲜明，在风浪考验面前无所畏惧，在各种诱惑面前立场坚定，在关键时刻让党信得过、靠得住、能放心。引导广大党员干部尊崇党章，严格执行新形势下党内政治生活若干准则，增强党内政治生活的政治性、时代性、原则性、战斗性。

建好建强基层党组织。树立大抓基层的鲜明导向，实施基层党建“提质聚力十大行动”，推动基层党建全面进步全面过硬。常态化推进党建品牌梯次建设，建强机关、农村、社区、国企、两新组织党组织，构建全域党建新格局。按照“增加先进支部、提升中间支部、整顿后进支部”的思路，加强党支部标准化规范化建设，加快发展农村党员，整顿提升软弱涣散基层党组织，进一步强化基层党组织政治功能、服务功能和组织力。

激励干部担当作为。倡导“担当为要、实干为本、发展为重、奋斗为荣”理念，坚持“实干就是能力，落实才是水平”，大力选拔任用敢担当善作为的干部。坚持严管与厚爱并重、约束与激励结合，深入落实激励干部担当作为系列政策措施，开展“担当作为善作善成好干部”选树活动，建立容错纠错正面清单和负面清单，为担当者担当，为负责者负责。党员、干部特别是领导干部要以居安思危的政治清醒、坚如磐石的战略定力、勇于斗争的奋进姿态，敢于闯关夺隘、攻城拔寨。进一步完善人才政策体系，持续实施重大人才工程和项目，多方招才引智，重点围绕工业振兴，大胆引进、大胆使用工业发展急需人才，建立人才协同服务机制，营造良好的人才发展环境。

始终保持惩治腐败高压态势。落实和完善全面从严治党责任制度，推动“两个责任”协调贯通、层层落实，构建一体推进不敢腐、不能腐、不想腐体制机制，巩固和发展反腐败斗争压倒性胜利。强化政治监督，持续深化政治巡察，确保实现巡察全覆盖。坚持不懈纠治“四风”，严格执行中央八项规定及其实施细则精神，深入推进整治形式主义为基层减负工作。持续深化扶贫领域专项治理，坚决查处涉黑涉恶腐败和充当“保护伞”问题，扎实推进民生领域损害群众利益问题集中治理。加强廉政警示教育，引导广大党员干部知敬畏、存戒惧、守底线。深入推进纪检监察体制改革，不断提升纪检监察工作法治化规范化水平。

同志们，汗水浇灌收获，实干笃定前行。让我们更加紧密地团结在以习近平同志为核心的党中央周围，不忘初心、牢记使命，只争朝夕、真抓实干，全力决胜桂林“两个建成”目标，奋力开创桂林改革发展新局面，为建设壮美广西、共圆复兴梦想作出新的更大贡献！

2019年3月12日，市委书记、市人大常委会主任赵乐秦（前排左三）到全州县才湾镇湘江战役觉山铺阻击战旧址植树点参加义务植树活动（何平江 摄）

桂林市人大常委会工作报告

——2020年1月20日在桂林市第五届人民代表大会第五次会议上

桂林市人大常委会副主任　潘永建

各位代表：

我受市人大常委会委托，向大会报告工作，请予审议。

2019年主要工作

2019年是新中国成立70周年，也是地方人大设立常委会40周年。在市委坚强领导下，常委会坚持以习近平新时代中国特色社会主义思想为指导，全面贯彻党的十九大和十九届二中、三中、四中全会精神，深入贯彻习近平总书记关于坚持和完善人民代表大会制度的重要思想、对地方人大及其常委会工作的重要指示精神，聚焦市委确定的大事、群众关心的难事、改革发展的要事，依法行使立法、监督、决定、任免等职权，用心用情做好人大工作，矢志不渝推进桂林发展，竭尽全力造福桂林人民，推动我市人大工作迈上新台阶，为决胜桂林“两个建成”作出了积极贡献。

一、突出思想引领，坚定正确政治方向

党的十九届四中全会强调坚持和完善人民代表大会制度这一根本政治制度。站在新的历史起点上，以习近平同志为核心的党中央决策给人大工作与时俱进指明了方向，提供了强大动力。

（一）始终坚持在人大工作中强化党的领导

市委高度重视、全面加强对人大工作的领导，召开全市人大工作会议研究部署新时代人大工作，出台实际举措，率先在广西落实了城区街道人大工作机构和人员编制，结合桂林实际，推动新时代人大工作与时俱进，为市人大及其常委会履行职权、发挥作用创造了良好条件。常委会党组认真履行政治领导责任，坚持党组中心组理论学习制度，每次党组会议都专题学习习近平总书记重要讲话精神，贯彻中央、自治区党委和市委重要会议、重要文件精神。常委会紧紧围绕市委决策部署，统筹安排立法、监督、决定、任免等工作，不断增强在新形势下做好人大工作的思想自觉和行动自觉。

（二）扎实开展“不忘初心、牢记使命”主题教育

按照中央、自治区党委和市委的部署要求，市人大常委会党组聚焦主题主线，结合工作实际，精心谋划，周密实施，积极推进，把学习教育、调查研究、检视问题、整改落实贯通起来，着力健全工作机制，提高立法质量，改进监督方式，增强工作协同，用制度巩固主题教育成果，以工作成绩检验主题教育实效。主题教育扎实有序开展，在推动中心工作、促进经济高质量发展和解决民生领域难点问题、助力社会和人民群众关注的热点问题化解等方面都取得了实实在在的成效。

二、突出良法善治，推进科学民主立法

常委会紧紧围绕市委的要求、人民的期盼和发展的需要，坚持科学立法、民主立法，有针对性地推进立法工作，致力运用立法成效解决改革发展中的突出问题。

（一）坚持科学立法，确保法规顺民意

一是坚持正确的立法方向。一年来，常委会对立法中社会关注度高、涉及面广、意见分歧较大的问题，及时向市委请示报告。二是做实调查研究。坚持扣紧立法中的突出问题开展调查研究，充分了解实际情况，合理设计法规条款，确保法规的针对性和可操作性。相继开展了桂林市喀斯特景观资源保护和可持续利用、湘江战役遗址保护、会仙喀斯特国家湿地公园保护、灵渠保护、青狮潭水库水质保护、养犬管理等立法项目调研工作。三是突出问题导向。加强生态环境、社会民生等重点领域的地方立法。初次审议了《桂林市机动车船及非道路移动机械排气污染防治条例（草案）》《桂林市城市园林绿化管理条例（草案）》；三审表决通过了《桂林市城乡规划管理条例（草案）》《桂林市违法建设防控和查处条例（草案）》和《桂林市漓江风景名胜区管理条例（草案）》；经自治区人大常委会批准，颁布实施了《桂林市销售燃放烟花爆竹管理条例》。

（二）坚持民主立法，确保工作接地气

在立法过程中，注重发挥市人大及其常委会的立法主导作用，不断增强立法透明度。积极邀请群众代表参加座谈会，广泛征求各方意见，注重吸纳外地经验，召开多层次

立法听证会、专家论证会、立法座谈会,公开征集立法意见和建议,积极与上级人大沟通联系,争取重视,形成合力。注重做实立法论证,对法规草案修改中的重大复杂问题,积极探索论证咨询机制,认真听取立法专家和专业人士的意见,确保立法的民主性、科学性和高效性。

(三)坚持护法守法,确保法治入人心

大力开展宪法宣传活动,推动了宪法和法律法规在桂林的贯彻实施。充分发挥国家工作人员带头学法、模范守法的引领作用,进一步增强国家工作人员的法治素养和法治意识。为有效推进《桂林市销售燃放烟花爆竹管理条例》的宣传贯彻,常委会举行条例集中宣传启动仪式,对条例的出台背景、立法过程、重要内容等进行解读。

三、突出中心大局,实施精准有效监督

常委会坚持以人民为中心,把推动发展、维护民利作为监督的重点,突出问题导向,持续精准发力,进一步提升了监督的刚性和实效。

(一)全力助推经济发展

常委会贯彻新发展理念,突出改革发展重点,全力推动我市经济平稳健康发展。按照市委部署要求,立足人大职能,多措并举,跟踪服务和推进全市重大项目建设、重点工业企业发展。7月和12月,市人大常委会组成人员、驻桂林全国和自治区人大代表,分别对我市民营经济发展情况进行专题视察和集中视察,推动市政府和相关部门贯彻落实支持民营经济发展政策措施,保障和促进我市民营经济高质量发展。加强国有资产监督,落实国有资产报告制度,听取和审议关于我市国有资产管理情况的综合报告,使国有资产更好发挥效益、造福人民。听取和审议2019年上半年计划和预算执行情况报告。深化决算审查,审查批准2018年市本级决算和2019年预算调整方案。强化预算执行监督,听取和审议2018年度市本级预算执行和其他财政收支审计查出问题整改情况的报告,继续加大审计发现问题整改落实情况的监督力度,关注财政生态环保资金分配和使用情况,不断助推我市经济社会健康发展。

(二)持续开展专题询问

常委会注重发挥专题询问实效,在2018年首次开展审计查出突出问题整改情况专题询问的基础上,针对当前我市营商环境中存在的问题,着眼于问出责任、问出担当、问出成效,12月开展"优化营商环境"专题询问。询问会上,常委会组成人员和企业人大代表,根据前期调研掌握的情况,坚持问题导向,对涉及到11个市政府部门的营商环境突出问题持续发问、探根寻底,并对有关部门的应询情况进行现场满意度测评,进一步推动我市营商环境不断优化。

(三)努力保障民生改善

密切关注人民对美好生活的向往,坚持把人民群众身边的民生小事、难事当作履职大事。密切关注扶贫工作。组织驻桂林全国和自治区人大代表专题视察我市脱贫攻坚工作情况,进一步汇聚脱贫攻坚强大合力,增强扶贫能力和脱贫信心。密切关注教育和食品安全工作。围绕教育改革中人民群众关心的议题,认真开展学前教育专题调研。对市人民政府贯彻实施《中华人民共和国食品安全法》整改落实情况开展跟踪检查,促进我市食品安全治理能力和保障水平不断提升。密切关注"三农"工作。对我市实施乡村振兴战略情况进行专题视察,并对推进农业产业兴旺情况开展了专题调研。针对近年来基层干部群众和人大代表反映强烈的柑橘黄龙病和非洲猪瘟问题,协同自治区人大相继开展了柑橘黄龙病防控立法和非洲猪瘟防控工作情况专题调研。密切关注住房和社会保障工作。围绕广大职工普遍关切的问题,听取和审议关于住房公积金缴存使用和管理情况、社会保障发展状况及保障制度等专项工作报告。

(四)着力强化法律监督

认真开展执法检查和执法监督。对水污染防治法、渔业法、高等教育法、娱乐场所管理条例以及自治区扶贫开发条例、大气污染防治条例、乡村清洁条例、促进科技成果转化条例等8部法律法规的贯彻实施情况进行检查。聚焦群众关注的社会治理热点难点问题,深入开展扫黑除恶专项斗争调研,听取和审议市人民政府关于扫黑除恶专项斗争情况的报告,有力地支持和推动我市扫黑除恶专项斗争向纵深发展,有效提升群众幸福感和安全感,维护经济秩序和发展环境。为进一步保护和鼓励台湾同胞投资,依法维护台资企业合法权益,对台湾同胞投资保护法贯彻实施情况开展专题调研,协助全国人大开展了文化服务保障法实施情况调研。持续对我市首部实体

2020年1月20日,桂林市第五届人民代表大会第五次会议开幕式召开

(黄英江 摄)

法——《桂林市石刻保护条例》的贯彻实施情况进行了跟踪检查，先后组织召开3次有关会议，提出了建设性意见和建议，促进了法规的顺利实施。自《桂林市市容和环境卫生管理条例》公布实施以来，相关部门依法开展环境专项整治活动，确保制定的法规条例行得通、真管用、有效果。

（五）不断促进司法公正

积极组织各级人大代表对市中级法院、市检察院执法办案进行旁听评议，有效深化了司法监督。认真接待和受理群众来信来访106批（件）次，切实维护人民群众合法权益，助力营造平安和谐稳定的社会环境。扎实抓好规范性文件备案审查工作，共备案审查16件规范性文件。

四、突出科学规范，行使好决定和任免权

（一）科学决定重大事项

常委会始终坚守对人民的忠诚，把讨论和决定重大事项作为关怀民生、促进发展的重要措施认真落实。围绕全市改革发展大局和人民日益增长的美好生活需要，全力助推桂林构筑高质量发展新格局，全年共召开常委会会议7次，作出决议决定14项，努力将市委主张通过法定程序转化为全市人民的共同意志，不断提升决议决定的科学化、民主化、法治化水平。

（二）依法做好人事任免

坚持党管干部和依法任免相统一的原则，按照地方组织法和人事任免办法的规定，全年共任免地方国家机关工作人员107人次，实现市委有关人事安排意图。严格落实宪法宣誓制度，组织宣誓37人次，教育和激励国家工作人员忠于宪法、遵守宪法、维护宪法，进一步增强工作使命感和责任感。

五、突出主体作用，加强和改进代表工作

常委会坚持把充分发挥代表主体作用作为密切联系群众、提高工作质效的重要抓手，通过完善保障机制，创新服务载体，不断提升代表工作水平。

（一）积极开展履职为民活动

按照自治区人大常委会要求，努力推进我市人大代表“混合编组、多级联动、履职为民”工作开展。积极组织各级人大代表进入代表联络站，开展“助力清水行动，打好水污染防治攻坚战”主题履职活动。目前，全市12000多名全国、自治区、市、县、乡五级人大代表，按其最下一级代表身份，全部混合编入148个乡（镇）、街道人大代表履职活动中心和928个村（社区）、企业代表联络站和47个代表联络点。通过代表视察、专题调研、座谈走访等形式，助力各级党委、政府不断完善基层治理措施，使各项工作更加符合人民意愿。

（二）充分保障代表依法履职

常委会以提高代表履职能力为目标，精心组织开展代表履职培训活动。注重拓展培训渠道，采取请进来、走出去和集中培训、自主学习相结合的方式，组织和引导全体市人大代表加强学习，提升自身素质。首次组织第一批市人大代表、县（市、区）人大常委会分管领导等110余人赴深圳人大干部培训中心进行履职学习。加大代表履职平台建设力度，通过以乡（镇、街道）人大代表履职活动中心为重点，以村（社区）代表联络站为延伸，加强实体平台和网络平台建设，形成代表履职平台线下布局网格化、代表与群众线上沟通和代表意见建议线上办理信息化，推动人大代表履职平台线上线下深度融合。

（三）切实提高建议办理质量

针对机构改革后部分议案建议承办单位职能发生变化的情况，及时落实承办单位，分清责任，通过集中交办、常委会领导重点督办、听取办理情况报告、通报办理成效等举措，加强督办协调，提高办理质量，形成提、办、督、效良性循环。对市五届人大四次会议及闭会期间的90件代表建议进行督办，其中，常委会领导集中督办了6件重点建议，对其他84件代表建议进行全面督办。目前，90件代表建议中，已经解决或基本解决的58件，落实率达64.45%。通过代表建议办理，推动解决了一批事关经济社会发展的重大问题，有效解决了一批事关人民群众切身利益的民生问题。继续开展优秀代表建议和承办建议先进单位评选表彰活动，激发代表及承办单位积极性。

六、突出自身建设，夯实人大工作基础

常委会坚持以习近平新时代中国特色社会主义思想为指导，认真学习贯彻党的十九届四中全会精神以及习近平总书记关于坚持和完善人民代表大会制度的重要思想，增强“四个意识”、坚定“四个自信”、做到“两个维护”。贯彻落实全区和全市人大工作会议精神，全面履行宪法和法律赋予的各项职权，准确把握新时代人大工作面临的新形势、新任务，推动人大自身建设与时代同步伐、与改革同频率、与实践同发展。坚持把加强学习放在首位，着力筑牢做好人大工作的理论功底和思想根基。在“不忘初心、牢记使命”主题教育中，常委会领导带头深入学习、带头讲党课，带头深入基层调研。扎实抓好人大系统干部培训，代表履职能力和常委会工作能力得到了进一步提升。坚持严格落实党建主体责任，以党的政治建设为统领，统筹推进机关党的各项建设，深入推进机关党风廉政建设。坚持加强和提高意识形态工作。深入学习贯彻习近平总书记对意识形态工作的重要指示精神，牢牢掌控意识形态工作主动权，办好桂林人大网和《桂林人大》刊物，讲好人大故事，传播好人大声音。坚持高质量开好常委会会议。制定出台了关于改进常委会会议审议工作的若干规定，努力使会议审议更有力度、更富成效。坚持高标准做好联系点精准脱贫帮扶工作，千方百计协调落实扶贫项目、扶贫资金，确保大境瑶族乡松江村、乐育村如期打赢脱贫攻坚战。坚持积极主动服务好离退休老同志。进一步加强与全市各级人大沟通联系，推动全市人大工作创新发展。

各位代表，市人大及其常委会过去一年工作成绩的取得，是坚决贯彻落实习近平新时代中国特色社会主义思想的结果，是市委正确领导的结果，是“一府一委两院”积极支持和配合的结果，是全体人大代表、常委会组成人员、专门委员会以及人大机关工作人员共同努力、辛勤工作的结果，也是各县(市、区)人大及其常委会、全市广大人民群众大力支持的结果。在此，我谨代表市人大常委会，向大家表示衷心的感谢！

同时，我们也清醒地认识到，常委会工作同新时代的新要求和人民群众日益增长的新期盼还有一定差距，立法对改革发展的引领和推动作用还有待进一步加强，真支持、善监督的能力还有待进一步提升，服务保障代表履职的载体和方式还有待进一步拓展，常委会机关自身建设整体水平还有待进一步增强，等等。对此，我们将以改革创新精神，认真抓重点、补短板、强弱项，积极采取有效措施加以解决。

2020 年主要任务

2020 年是全面建成小康社会和“十三五”规划收官之年，做好今年各项工作意义重大。市人大常委会工作的总体要求是：以习近平新时代中国特色社会主义思想为指导，全面贯彻党的十九大和十九届二中、三中、四中全会精神，深入贯彻落实习近平总书记关于坚持和完善人民代表大会制度的重要思想，增强“四个意识”，坚定“四个自信”，做到“两个维护”，紧紧围绕贯彻落实市委决策部署和全市人大工作会议精神，坚持党的领导、人民当家作主、依法治国有机统一，依法行权履职，展现人大作为，为实现桂林“两个建成”打下坚实基础，为谱写新时代桂林发展新篇章作出新贡献。

一、深学笃用，以更加坚定的政治方向开创人大工作新局面

(一)坚持正确政治方向

紧紧围绕学习贯彻习近平新时代中国特色社会主义思想，始终在思想上政治上行动上同以习近平同志为核心的党中央保持高度一致，自觉把党的领导、人民当家作主、依法治国有机统一的要求贯穿于行权履职的全过程，落实到新时代人大工作的各方面，在进一步深化思想认识、强化责任担当上下功夫，切实做到学思用贯通、知信行统一，增强“四个意识”、坚定“四个自信”、做到“两个维护”。

(二)科学决定重大事项

以实现市委的决策部署和全市人民意志相统一为原则，为全市经济社会发展凝聚力量。围绕全市改革发展和人民日益增长的美好生活需要以及国家战略实施等重大事项，依法作出决议决定，不断提升决议决定的科学化、民主化、法治化水平。

(三)依法做好任免工作

坚持党管干部和依法任免干部相统一原则，认真履行选举任免职能，充分发扬民主，严格依法办事，确保市委人事安排意图顺利实现。落实常委会任命的国家机关工作人员进行宪法宣誓制度，加快探索建立人大常委会任命干部的任后监督工作机制，增强国家机关工作人员的责任感和使命感。

二、厉行法治，以更高水准的地方立法护航高质量发展

(一)立法推动改革发展

科学编制 2020 年地方立法工作计划，坚持问题导向，突出地方特色，推进精准立法，继续审议《桂林市机动车船及非道路移动机械排气污染防治条例(草案)》《桂林市城市园林绿化管理条例(草案)》，提高法规的可执行性、可操作性和社会实效性。初次审议《桂林市喀斯特景观资源保护和可持续利用条例(草案)》《桂林市养犬管理条例(草案)》《桂林市灵渠保护条例(草案)》。积极开展青狮潭水库水质保护、气象设施和气象探测环境保护管理、靖江王陵保护、会仙喀斯特国家湿地公园保护等立法调研工作。

(二)提高立法质量和效率

加强重点领域立法，以良法保障善治，使立法精确对接发展所需、基层所盼、民心所向，积极邀请人大代表、立法专家、人民群众参与到法规立项、起草、调研、论证、评估等各个环节中来，充分发挥立法在改革发展中的引领、推动和保障作用，使立法更好地凝聚民心、集中民智、体现民意。

(三)积极营造法治桂林环境

开展宪法学习宣传教育，维护宪法尊严和权威，发挥人大在宣传和贯彻实施宪法中的重要作用，激励和教育国家工作人员带头尊崇宪法、学习宪法、遵守宪法、维护宪法、运用宪法。认真做好规范性文件备案审查工作，努力实现备案审查工作制度化、规范化、数字化，增强做好规章和规范性文件备案审查工作的刚性制约，保障宪法法律实施。

三、围绕中心，以更富实效的依法监督促进重大部署落实

(一)着力加强重大项目监督

紧扣市委全会提出的一系列改革发展新举措和民生热点难点问题，精选监督议题，创新监督形式，加大监督力度，突出重点问题、重点行业、重点领域，不断提高监督实效。对我市重大项目建设进展、城市道路建设和管理工作等情况开展专题调研，推动我市重大项目建设情况落到实处，助力桂林高质量发展。坚持问题导向，组织专题视察、开展专题询问，确保工作得到落实、关切得到回应、问题得到解决。

(二)着力加强财经监督

围绕加快高质量发展，进一步加强对全市财经工作的监督，听取和审议市人民政府关于 2020 年上半年国民经济和社会发展计划执行、预算执行，2019 年市本级决算、市

本级预算执行和其他财政收支审计工作、审计查出问题整改，国有企业管理等情况报告，着力提高经济运行和预算执行质量。推进全市预算联网监督系统平台建设，创新加强预算工作监督手段。

（三）着力加强民生工作监督

坚持以人民为中心，把保障和改善民生作为工作的出发点和落脚点，抓住民生热点难点开展监督。对动物防疫法、固体废物污染环境防治法、民办教育促进法、道路交通安全法、预防未成年人犯罪法等法规开展执法检查，推动法律实施、工作改进、问题解决。听取和审议市人民政府关于我市农村饮水安全情况、养老服务工作情况等专项报告，推动解决群众最关心、最直接、最现实的问题。对残疾人养老保障、民族团结进步创建工作、对外交流合作等情况进行调研，对少数民族扶贫开发工作情况进行跟踪检查，积极回应人民群众的期盼和关切。

（四）着力加强法治建设监督

不断拓展监督范围，突出监督重点，加大监督力度，推动“一府一委两院”依法行政、依法监察、公正司法。听取和审议市人民政府关于在全市公民中开展法治宣传教育第七个五年规划实施情况的报告，助力全民普法，增强法治观念，为推进法治桂林建设提供法治保障。

四、凝心聚力，以更为完善的工作机制充分发挥代表作用

（一）发挥“双联”制度优势

加强同人大代表的联系，密切人大代表同人民群众的联系，更好发挥人大代表接地气、察民情、聚民智的作用，为保障人民权益、增进民生福祉、完善政策、改进工作提供重要参考；推动“混合编组、多级联动、履职为民”工作落实，进一步搭建好代表履职平台，提升完善代表履职活动中心功能，逐步规范建设代表联络站，推动驻桂林各级人大代表进站联系群众、履职为民；认真组织代表履职专题学习培训，提高代表依法履职能力水平，引导各级人大代表强化责任意识，珍惜人民赋予的权力，自觉接受人民监督。坚持邀请代表列席会议，及时向代表通报人大工作情况，推动“一府一委两院”与代表的密切联系，进一步拓宽代表知情知政渠道。

（二）提高议案建议办理质量

加强对社会关注度高、意见比较集中的代表建议进行重点办理、督办，帮助基层通堵点、疏痛点、消盲点。继续组织开展评选表彰代表优秀建议和承办建议先进单位的活动，进一步推动建议办理工作提质增效，提高建议落实率和代表满意率。

（三）支持和保障代表依法履职

积极为代表出席会议、参加集中视察、专题调研、提出议案建议及履行其他法定职责提供服务保障，精心组织代表在闭会期间参加视察、执法检查和调研等活动，有效推动代表担当尽职。做好驻桂林全国和自治区人大代表的联系和服务工作，全力为代表履职创造条件、提供支撑，保障代表依法履职、主动履职、高效履职，突出代表履职成效。

五、担当实干，以更加务实的举措加强常委会自身建设

（一）加强理论武装

要把政治建设摆在首位，全面贯彻党的基本理论、基本路线、基本方略，巩固“不忘初心、牢记使命”主题教育成果，把学习贯彻习近平总书记关于坚持和完善人民代表大会制度的重要思想引向深入，进一步解放思想、改革创新、担当实干，努力使常委会成为全面担负起宪法法律赋予各项职责的工作机关，成为同人民群众保持密切联系的代表机关。

（二）加强能力建设

认真贯彻落实全区和全市人大工作会议精神，强化人大机关履职能力建设，按照市委“实干就是能力，落实才是水平”的要求，进一步加强机关干部队伍建设，加强全市人大系统工作交流和业务培训，提高人大工作能力。

（三）开展智慧人大建设

根据自治区“智慧广西人大”建设工作部署安排，按照“整体规划、集约建设、统分结合、共建共享”的工作要求，结合桂林实际，加强顶层设计，坚持需求导向，统筹抓好桂林市本级智慧人大建设，提高人大工作质量和效率。

（四）打造人大工作品牌

立足桂林独特的文化优势、生态优势、名城优势、政策优势，高度重视创建人大工作品牌，努力打造全市人大工作三大品牌，即为实施国家战略搭建地方法治平台、为助推全市高质量发展发挥监督实效、为维护人民群众利益贡献代表智慧。

（五）加强作风建设

深入贯彻落实全面从严治党要求，持之以恒正风肃纪，健全人大机关组织和工作制度，自觉接受人民监督，虚心听取代表意见，营造忠诚干净担当、廉洁勤政有为的工作氛围。

（六）加强宣传工作

办好《桂林人大》刊物、桂林人大网，充分宣传人民代表大会制度优越性，加强正确舆论引导，营造全社会关心、支持和促进人大工作的良好氛围。

（七）加强服务协作

按照自治区和市委关于新时代人大工作要求，加强县乡人大工作规范化建设，推动基层人大工作持续健康发展；加强人大信访工作，努力维护人民群众合法权益；扎实推进精准帮扶工作，圆满完成脱贫攻坚帮扶任务；进一步做好老干部服务保障工作。

各位代表，让我们更加紧密地团结在以习近平同志为核心的党中央周围，在市委的坚强领导下，切实肩负起新时代坚持和完善人民代表大会制度的崇高使命，解放思想、担当实干，奋力开创我市人大工作新局面，为决胜桂林“两个建成”，加快建设壮美广西、共圆复兴梦想而努力奋斗！

政府工作报告

——2020年1月19日在桂林市第五届人民代表大会第五次会议上

桂林市市长 秦春成

各位代表：

现在，我代表市人民政府，向大会报告政府工作，请予审议，并请各位政协委员和列席会议的同志提出意见。

一、2019年工作回顾

2019年，是新中国成立70周年，也是决胜“两个建成”的关键之年。面对国际经贸摩擦、历史罕见的洪涝灾害及非洲猪瘟疫情等带来的系列风险挑战，全市上下坚持以习近平新时代中国特色社会主义思想为指导，全面贯彻落实党的十九大和十九届二中、三中、四中全会精神，深入贯彻落实中央、自治区、市委各项决策部署，坚持稳中求进工作总基调，坚持高质量发展，坚持桂林国际旅游胜地建设“一本蓝图绘到底”，一体推进国家可持续发展议程创新示范区建设，加快“两大振兴”，打好“三大攻坚战”，狠抓“四大建设”，顶住了经济下行压力，保持了经济社会持续健康发展。初步预计，地区生产总值增长6.5%，高于自治区0.5个百分点，组织财政收入按可比口径[1]增长11.6%，固定资产投资增长10%，社会消费品零售总额增长10%；城镇、农村居民人均可支配收入分别增长7.3%、9.8%，居民消费价格上涨3.4%；常住人口城镇化率达51.1%；万元地区生产总值能耗下降1.19%；三次产业结构调整为21.5∶23.5∶55.0。

——长征文化资源保护利用工作成效显著。认真落实中央、自治区领导批示精神，克服时间紧、任务重、雨季长、气温高等重重困难，如期完成湘江战役红军烈士遗骸收殓保护工作和纪念设施建设，得到中央领导的高度肯定，为决胜“两个建成”注入强大精神动力。

——政策争取获得重大突破。入选国家黑臭水体治理示范城市，成为自治区唯一用地用矿审批权限下放试点城市，自治区为我市量身定制的《关于以世界一流为发展目标 打造桂林国际旅游胜地的实施意见》《桂林漓江生态保护和修复提升工程方案(2019—2025年)》《关于支持桂林市加快文化旅游产业发展的意见》《关于支持桂林市建设国家可持续发展议程创新示范区若干政策》等文件落地实施，我市迎来新一轮重大发展机遇。

——工业强龙头卓有成效。入选自治区工业龙头企业培育库9家，列入自治区“双百双新”[2]工业项目23个；深科技一期投产、二期开工建设，比亚迪新能源商用车产业基地、福达阿尔芬大型曲轴等项目竣工投产，平钢、中国中药(桂林)产业园等项目加快推进；西麦食品成为广西2019年唯一A股IPO上市企业，龙头企业带动作用更加明显。

——旅游转型升级明显加快。自治区文化旅游发展大会在我市召开。阳朔成为全国首批全域旅游示范区，遇龙河成为自治区首个国家级旅游度假区，桃花湾旅游度假区成为全区样板。桂林旅游实现“七个升级”，世界品牌、国内标杆、区内龙头地位不断提升。

——脱贫攻坚取得决定性进展。实现7.5万贫困人口脱贫，86个贫困村出列，预计灌阳摘帽，全市贫困发生率降至0.35%左右。2019年7月，我市及龙胜、灵川、荔浦、永福在自治区扶贫成效考核中获“综合评价好”等次。

——农村人居环境整治再创佳绩。阳朔农村人居环境整治获国务院督查激励，得到自治区主要领导批示肯定。龙胜成为农村人居环境整治中央预算内投资项目县。永福罗锦镇、临桂泗林村、兴安莲塘村、恭城北洞源村、龙胜金江村被认定为全国乡村治理示范村镇。自治区乡村治理体系建设、乡村产业振兴、“幸福乡村”活动、乡村风貌提升现场推进会在我市召开。

——系列重大活动彰显桂林风采。成功举办第五届粤桂黔滇高铁经济带合作联席会、体育强国建设论坛暨中国－东盟体育旅游活力月、“两会一节”[3]等系列重大活动，总结推广了一批可复制、可借鉴的“桂林经验”“桂林模式”，展示了桂林的新形象和较高的办会、接待、文稿、安保、交通保障水平。

一年来，我们主要做了以下工作：

(一)聚焦实施国家战略，“两个建成”基础更加扎实

国际旅游胜地建设成效显著。全面落实自治区系列文件精神，出台加快文化旅游产业发展三年行动方案等文件，统筹推进国家健康旅游示范基地建设，胜地建设四大战略定位逐步实现，12项主要指标有7项提前完成，为如期建成国际旅游胜地奠定坚实基础。

2019年5月16日，市长秦春成（左四）调研深科技项目建设情况 （李云波 摄）

创新示范区建设取得新进展。成立可持续发展促进中心，启动实施亚洲开发银行技术援助合作等项目，承办中国－东盟可持续发展创新合作国际论坛、联合国“科技创新促进可持续发展”国际培训班，推进可持续发展地方立法、生态环境保护和修复提升取得新成果。

“十三五”规划实施情况良好。主要指标进度总体符合预期，14项约束性指标有13项达到预期，19项预期性指标有10项提前完成或达到预期。

全面建成小康社会基础不断夯实。6大类53项指标有34项提前完成，总体实现进程达97%，居自治区前列。

（二）聚焦“六稳”[4]狠抓落实，经济运行保持总体平稳

全面落实中央“六稳”要求，加快推进产业转型升级，实现三次产业平稳增长。

工业振兴迈出坚实步伐。预计规模工业增加值增长6.4%。强化组织领导。将服务工业企业列入重中之重项目推进机制，工业项目占全市重中之重项目50%以上，工业固定资产投资增长9%。强化政策保障。出台工业振兴三年行动方案和支持工业企业发展十八条等政策措施。狠抓园区建设。制定实施市属三大园区体制改革方案，象山、叠彩、秀峰、雁山、灵川园挂牌成立。竣工标准厂房89.5万平方米。高新区智能三轴手持稳定器产业化等一批总投资290亿元的项目加快建设，成功引进华安鑫创等一批新型科技项目。经开区竣工投产产业项目20个，引进北京优尼康通等项目35个，华为信息生态合作区注册数字企业71家。高铁园引进光达云创谷等项目15个，总投资79.6亿元。荔浦引进英路维特等重点工业项目30余个，总投资60多亿元，创建自治区首支县级科创基金。平乐引进工业企业70余家，总投资38亿元。全州米粉产业园入驻企业30余家。灌阳双百双新科技产业园加快建设，中电新型合金等项目建成投产。狠抓骨干企业。新增上规入统工业企业63家。国际线缆、燕京漓泉、桂林三金、桂林南药、桂康新材料等企业加快发展。光隆光电、长海发展、君泰福、莱茵生物等76个自治区“千企技改”[5]项目加快推进。狠抓科技创新。新增国家级创新平台7家、绿色工厂3家，转化重大科技成果67项，认定广西“瞪羚企业”培育单位13家，高新技术企业保有量308家。28家高新技术企业跻身自治区百强，3家企业上榜自治区创新活力10强，数量均居自治区前列。思奇通信、中化桂林公司分别参与完成的两项关键技术分获国家技术发明奖二等奖、科技进步奖二等奖。桂林南药阿莫西林胶囊通过国家仿制药一致性评价，实现广西零的突破。加强企业服务。市领导服务工业企业情况排名全自治区前列，开展停产负增长重点企业对接帮扶，50家企业实现复产或降幅收窄。夯实数字桂林基础。华为云计算数据中心建成使用，市级政务数据共享平台与自治区实现联通。

乡村振兴加快推进。以农业供给侧结构性改革为重点，加快打造提升粮食、柑橘、特色水果、蔬菜、中草药、优质家畜等6个超100亿元产业集群，食用菌、优质家禽、特色经济林等3个20亿元产业集群，预计农林牧渔业总产值增长6%。粮食和主要农产品生产稳定。袁隆平院士工作站在灌阳挂牌运行，灌阳超级稻、再生稻平均亩产连续10年创广西第一。水果产值突破200亿元。非洲猪瘟疫情防控取得实效。农业耕种收综合机械化水平达62.3%。建成全州米粉等农产品加工集聚区8个，新增兴安印象·老山界等广西休闲农业与乡村旅游示范点13个，永福福寿

2019年2月28日，桂林市举行乡村振兴大会 （曹凯 摄）

田园等17个田园综合体加快建设。新增“三品一标”产品38个，资源国家有机农产品认证示范县创建工作有序推进。恭城月柿、全州禾花鱼成功入选中国特色农产品优势区名单，新增自治区级现代特色农业示范区11个、市级以上农业产业化龙头企业47家。成功举办西南贫困地区农产品产销对接活动及第17届广西名特优农产品交易会。

三产优质高效发展。第三产业对经济增长贡献率达57%，接待游客1.38亿人次，旅游总消费1874亿元，分别增长26.7%、34.7%。全域旅游走在自治区前列。新增灵川、恭城两个广西特色旅游名县，新增4A级景区9家。地中海俱乐部二期等项目落地实施，融创文化旅游城、益田·雁山民国风情小镇等项目加快建设，三千漓、大碧头等项目建成运营。桂林千古情成为广西文化旅游新标杆。红军长征湘江战役纪念设施列入长征国家文化公园及全国“重走长征路”精品线路，三个月接待游客超130万人次，成为旅游新爆点。翠竹孝慈轩养老服务中心建成营业，桂林仙源健康产业园等项目开工建设，恭城平安镇成为自治区唯一国家智慧健康养老应用试点示范乡（镇）。“一部手机游桂林”模式自治区推广。新建旅游厕所144座。推动服务业转型升级。高新创意产业园获评优秀自治区现代服务业集聚示范区。万象城、吾悦广场建成开业。桂林啤酒堡、瓦窑小镇二期等项目加快推进。开展“百日促消费、百店大促销”等活动，社会消费品零售总额增速居自治区前列。网络零售发展指数居自治区第二，永福成为国家电子商务进农村综合示范县。电信业务总量增长76.4%。积极做好稳金融工作，金融机构人民币存贷款余额分别增长7%、14%，证券交易额增长25%。加快打造百亿米粉产业，出台桂林米粉产业发展规划，完善全产业链标准体系，预包装米粉销售收入实现翻番。

财政金融助力实体经济。累计争取上级转移支付资金245.6亿元，增长10.2%，新增地方政府债券42亿元。创新财政支持方式，政府投资引导基金投入运作。发挥桂林银行等金融机构支持地方经济建设作用，增加制造业贷款31.2亿元，累计发行企业债48.6亿元。16家企业列入自治区上市（挂牌）后备企业资源库。

（三）聚焦三个攻坚突破，发展新动能不断增强

重大项目建设持续发力。788个市级层面重大项目完成投资增长20%。实现开竣工270个，总投资1254.7亿元，其中竣工101个，总投资373.2亿元。完成土地收储2.1万亩，土地出让0.94万亩，盘活存量土地3.49万亩，清理闲置土地2730亩，供地率达70.7%，超额完成自治区考核任务，实现重大项目用地应保尽保。

产业大招商成效明显。实施招商引资“一把手工程”，出台招商引资激励办法，围绕14个重点方向，开展“走进大湾区、对接长三角、拓展京津冀”等招商活动，组织小分队招商、校友招商、以商招商、产业链招商，新签实施亿元以上项目136个，区外境内到位资金832.7亿元，实际利用外资6241万美元。

营商环境进一步优化。百日攻坚指标全面完成，企业开办办结时限压缩至0.5个工作日，不动产登记实现1个工作日办结。深化“放管服”改革，实行“一窗受理、集成服务”[6]，政务服务事项网上可办率达98.7%，市本级调整取消行政许可等事项50项，认领国家监管事项950项。在全区率先推行“双容双承诺”[7]改革，首批28个项目实现快落地、快建设。12345政府服务热线整合工作稳步推进。被评为“2019浙商（省外）最佳投资城市”。

（四）聚焦统筹协调发展，城乡面貌深刻变化

品位休闲之都魅力彰显。老城疏解提升上新台阶。八一桥改扩建工程建成通车，万福东路基本建成，东西巷与正阳步行街地下通道建成启用。塔山、和平、新生街等漓江城市段两岸片区改造提升加快推进。尊神庙美食文化城等建成开业，城市业态进一步优化。临桂新区发展再提速。市公安局新业务技术用房、金融大厦、广电中心入驻使用。西城大道南延长线、新国际会展中心、临桂万达广场、北区水系及景观绿化工程等重点项目加快推进。国惠幼儿园、宝贤小学等建成招生，宏谋大酒店建成开业，翻山底市场等项目加快建设，新区配套设施日趋完善。“大城管”成效明显。市政设施完好率及机械化清扫率分别达95%、80%。建筑垃圾数字监控平台建成运行，新增垃圾分类试点小区35个，山口生活垃圾焚烧发电项目年处理垃圾59.6万吨、发电2.3亿千瓦小时，实现变废为宝。城市管理向背街小巷、城中村、城乡结合部延伸。拆除违法建设151.6万平方米，高铁沿线环境安全综合治理取得良好成效。文明城市创建工作自治区测评保持第一。

县域经济发展亮点凸显。加强县域经济发展分类考核培育，强化指导支持、要素保障、激励约束，阳朔、龙胜被评为广西科学发展先进县，灵川、平乐、七星被评为广西科学发展进步县（区），总数全区第一。荔浦被认定为国家首批创新型县（市）。全面完成7个新型城镇化示范县建设。

示范乡（镇）建设稳步推进。完成第四批16个、启动第五批14个新型城镇化示范乡（镇）建设。恭城月柿、兴安三花、荔浦衣架、永福罗汉果、灵川漓水文化等5个特色小镇加快建设。新增恭城康养、资源丹霞旅游、灌阳油茶、

兴坪古镇　　（曹凯　2019年摄）

阳朔遇龙河景区　　（曹凯　2019 年摄）

全州粉业等 4 个广西特色小镇。

幸福乡村建设成果丰硕。扎实开展“美丽桂林·幸福乡村”活动，推进农村人居环境整治和乡村风貌提升三年行动，完成 3243 个村庄“三清三拆”[8]工作。53 个村落入选第五批中国传统村落名录。阳朔蕉芭林村、秀峰桥头村获评中国美丽休闲乡村。200 个乡村振兴示范村全面开建。

（五）聚焦基础设施建设，发展支撑能力不断提升

公路水路交通基础设施完成投资 92.5 亿元。阳朔至鹿寨、贺州至巴马（钟山至昭平段）高速公路建成通车，桂林至柳州高速四改八扩建项目开工建设，荔浦至玉林、灌阳经恭城至平乐、桂林至柳城高速公路加快推进。完成 4 个国省道改建项目。乡（镇）通公交率 82.8%，建制村通畅率 100%、通客车率 98%、通公交率 48.9%。完成桂林西站改造。水利基础设施完成投资 10 亿元以上。第二水源工程开工，资源源口潭水库扩容等重大项目加快推进，长塘水库工程可研报告完成审查，施工准备工程开工，完成 10 个病险水库除险加固。能源、通信基础设施加快推进。电网建设改造完成投资 25.7 亿元，实施风电项目 13 个，新增装机容量 66.9 万千瓦；重要交通沿线、重点景区景点实现 4G 网络全覆盖，建成 5G 基站 820 个，开通 5G 网络商用。

（六）聚焦生态文化建设，“一城文化满城绿”风韵更加彰显

漓江生态保护和修复提升工程加速推进。漓江活动壅水科学试验项目二期主体完工，水质保持优良，枯水期生态、景观及通航条件得到改善。持续推进伏龙洲等洲岛及漓江岸线生态修复。兴坪、草坪、杨堤等旅游码头完成改造提升。《桂林市漓江风景名胜区管理条例（草案）》通过三审。

生态环境保护成效明显。扎实开展中央环保督察反馈意见整改和第二次全国污染源普查工作。强力推进大气污染防治，完成网格化数字管理平台一期建设，机动车尾气检测执行新国标，实现砖厂脱硫除尘、无组织排放整治和在线监控全覆盖，市区空气质量优良天数 323 天，细颗粒物（PM2.5）、可吸入颗粒物（PM10）平均浓度连续 5 年下降，为全区唯一连续 5 年完成大气环境考核指标城市。持续推进水污染防治，全面落实河长制、湖长制，依法拆除青狮潭周边水域非法养殖场，主要河流和城市集中式生活饮用水水源地水质达标率均保持 100%，地表水环境质量排名全国前列，通过国家节水型城市复核。持续开展土壤污染详查，危险废物规范化管理督查考核排名全区前列。生态创建、绿色创建全区领先，永福入选国家园林县城，荔江国家湿地公园试点建设通过国家验收，植树造林 15.6 万亩，森林覆盖率达 71.58%，“桂林山水甲天下”金字招牌越擦越亮。

文化软实力加快提升。持续唱响历史文化保护利用“三部曲”，成立桂林红军长征湘江战役文化保护传承中心，完成甑皮岩遗址环境整治二期、东巷博物馆陈列布展等工作，灵渠展示中心建成开放，靖江王陵遗址数字化博物馆、非遗展示馆二期、省立艺术馆维修改造等项目顺利推进。桂林文化旅游中心等项目加快建设，新建村级公共服务中心 58 个。民族歌剧《刘三姐》走出国门，《桂林有戏》走进国家大剧院，桂剧《破阵曲》获广西铜鼓奖，文场戏《帆过漓江天地红》获评第三届中国西部优秀曲艺节目展演一类优秀节目。完成第二轮地方志修编。“百姓大舞台”等群众文化活动品牌影响力持续提升。

（七）聚焦深化改革开放，市场主体活力有效释放

重点领域改革持续推进。市县机构改革圆满完成，整合减少市县多领域执法机构 95 个，制定 41 个部门的市县乡三级权责清单规范化通用目录。在自治区率先落实专职专班专抓改革工作机制，39 项重点改革基本完成。深化供给侧结构性改革，新增减税降费超 33 亿元，工业用电电价每度降低 0.11 元。稳妥发展混合所有制经济，五洲旅游完成重组，旅发展、旅股份启动再融资。全面完成国有林场改革，荔浦完成农村集体产权制度改革全国试点任务。完成全国第四次经济普查。扎实推进国土空间规划编制和第三次国土空间调查。

开放合作取得新成果。积极融入粤港澳大湾区、珠江－西江经济带。与赣州、吉安、韶关、永州、遵义组建“旅游联盟”，共同打造红色旅游品牌。高新区获批国家级外贸转型升级基地（电子产品）。

民营经济健康发展。民营企业增至 22.1 万户，民间投资增长 10%。荔浦、全州、灵川列入自治区首批民营经济示范县（市）创建名单，民华科技、奥创园入选“国家小型微型企业创业创新示范基地”。力源粮油、盛丰建设等 8 家企业入选广西民营企业 100 强。海威科技等 4 家企业上榜“2019 广西最具潜力民营企业”，数量居自治区第一。开展解决民营企业突出问题百日攻坚行动，清欠民企账款 3.4 亿元。法律服务民企典型经验入选工商联（商会）工作“创新中国”最佳案例榜单。

重大风险得到有效防控。财税金融体制改革稳步推进。通过压减支出、加大土地出让等方式，有效化解债务

存量，严控债务增量，政府债务平稳化解。加大不良贷款处置力度，农村中小金融机构整体风险可控。

（八）聚焦抓脱贫惠民生，人民群众获得感持续增强

民生领域支出占一般公共预算支出比重达77.3%。自治区、市两级层面63个为民办实事项目全面完成。

全力推进脱贫攻坚。聚焦“两不愁三保障”，筹集财政扶贫专项资金18.9亿元，全力打好“四大战役”[9]“五场硬仗”[10]。县级“5+2”[11]、村级“3+1”[12]特色产业覆盖率分别达93.7%、91%，贫困村集体经济收入4万元以上，认定就业扶贫车间391家，新增贫困劳动力转移就业2.8万人次。解决11.9万农村贫困人口饮水安全问题，20户以上村屯道路全部通达，完成贫困户危房改造4741户，“十三五”易地扶贫搬迁计划全部完成。县域内定点医院实现医疗兜底“一站式”即时结算。实施肇庆－桂林扶贫协作项目44个，到位帮扶资金6740万元。教育扶贫、“互联网+”社会扶贫持续推进。

社会事业蓬勃发展。坚持教育优先。学前教育三年毛入园率、九年义务教育巩固率、高中阶段教育毛入学率分别达89.8%、97.9%、92.3%。纳入义务教育学区制管理学校比例达93.6%，新建改扩建中小学（幼儿园）156所，新增学位1.8万个，普惠幼儿园覆盖率75.7%，“入园难”“入园贵”“大班额”等问题有效缓解。中小学教师“县管校聘”[13]改革试点工作在荔浦开展。全市40所职业学校调整优化为24所。开办首家公办残疾儿童幼儿园。桂林大学聚集区发展规划获批实施，芳香东路建成通车。全面推进健康桂林建设。国家卫生城市通过复审，入选全国医疗服务多元化监管城市、医联体建设试点城市，灵川、灌阳、龙胜、恭城、临桂入选国家紧密型县域医共体建设试点县，恭城龙虎乡获评国家卫生乡（镇），2家单位入选广西首批中医药健康旅游示范基地，中医院城北院区等项目加快建设。第十届全国残疾人运动会金牌数自治区第一，成功举办环广西公路自行车世界巡回赛、桂林马拉松赛、世界漂流锦标赛测试赛等活动，资源获2020年世界漂流锦标赛举办权。

社会保障持续加强。积极稳就业，城镇新增就业4.4万人，农村劳动力转移就业新增7.7万人次，城镇登记失业率2.66%。“五险”累计参保人数956.9万人次，实现基本医疗保险全覆盖，发放养老金142.3亿元。社会救助保障标准实现13连涨。新开工棚户区改造7976套，基本建成保障性住房9723套，既有住宅加装电梯工作走在全区前列。

社会保持安全稳定。扎实开展“平安桂林”建设，扫黑除恶专项斗争及禁毒工作取得阶段性成果，严打新型网络犯罪，出列“国家重点整治传销城市”名单，刑事警情下降25%。秀峰分局白龙派出所被评为全国“枫桥式”派出所。市社会治理与应急指挥中心建成使用，积极开展安全隐患大排查大整治，安全生产形势稳定向好，信访维稳工作取得实效，群众安全感进一步提升。自治区推动地方特色食品质量安全和产业发展现场会在我市召开。实施“树枝型”水库群防洪联合调度，开创“桂林经验”，获自治区通报表扬。

过去一年，我们扎实开展“不忘初心、牢记使命”主题教育，推动政府系统作风形象、服务效能、工作成效持续提升。坚持依法科学民主决策，自觉接受市人大及其常委会的法律监督、工作监督以及市政协的民主监督，认真办理人大代表建议和政协委员提案，认真吸纳各民主党派、工商联、无党派人士调研成果，推进政府重大行政决策全面纳入法治化轨道。持之以恒纠“四风”，力戒形式主义、官僚主义，会议精简51.6%，发文压减49%，基层减负工作走在自治区前列。强化审计监督，规范权力运行，坚决整治群众身边腐败和作风问题，政府系统党风廉政建设不断加强。

一年来，国防教育深入开展，国防动员和后备力量建设得到加强，人民防空工作扎实推进，支持办好东盟防长扩大会反恐专家组联合实兵演习获广泛好评，退役军人服务保障体系基本建立，荣膺自治区双拥模范城“十连冠”。市保密局成为自治区唯一全国保密工作先进集体，市水利局被评为全国水利系统先进集体，市志办被评为全国地方志工作先进集体。消防、外侨、口岸、审计、统计、司法行政、机关事务、档案、供销、气象、水文、测绘、决策咨询、社会科学、公共机构节能等工作取得新进步，中直、区直驻桂林单位取得新成绩，工会、共青团、妇联等群团组织在经济社会发展中发挥了重要作用。

各位代表！成绩的取得，是市委总揽全局、科学决策的结果，是市人大及其常委会和市政协监督支持的结果，是全市各族干部群众团结拼搏、开拓进取的结果。在此，我代表市人民政府，向全市各族人民，向人大代表、政协委员，向各民主党派、工商联、无党派人士、各人民团体和各界人士，向离退休的老领导、老同志，向中央和自治区驻桂林单位，向驻桂林部队、武警官兵和政法干警，向所有关心支持桂林发展的海内外朋友，表示衷心的感谢！

各位代表，前进路上无坦途，我们也清醒地认识到，桂林发展还面临不少困难和挑战，主要表现为：产业发展尤其是工业短板问题突出，发展不平衡不充分问题亟待解决，全面建成小康社会还有弱项，政府效能有待进一步提升，等等。对这些问题，我们一定高度重视，采取更加坚决有力的措施切实加以解决。

二、2020年工作总体要求和目标任务

今年是桂林“两个建成”和“十三五”规划收官之年，也是脱贫攻坚决胜之年，做好今年工作，意义重大，任务艰巨。

今年政府工作的总体要求是：以习近平新时代中国特色社会主义思想为指导，全面贯彻党的十九大和十九届二中、三中、四中全会精神，坚持以习近平总书记对广西工作的重要指示精神统揽全局，全面落实自治区党委十一届七次全会和市委五届六次全会决策部署，坚持稳中求进工作总基调，坚持新发展理念，坚持高质量发展要求，贯彻“解放思想、改革创新、扩大开放、担当实干”工作方针，打好“三大攻坚战”，坚持桂林国际旅游胜地建设“一本蓝图绘到底”，按照“加快建设新城、疏解提升老城，产业融合发展、城乡协调推进，生态文化相融、富裕和谐桂林”总要求，统筹实施国家战略，全力推进工业振兴和乡村振兴，着力抓好国际旅游胜地升级发展、项目建设、改革创新、社会民

生、生态文明等各项工作，加快补齐全面建成小康社会短板，保持经济持续健康发展、社会大局和谐稳定，奋力完成“十三五”规划目标任务，确保与全国广西同步全面建成小康社会，基本建成桂林国际旅游胜地。

今年经济社会发展主要预期目标是：地区生产总值增长6.5%，组织财政收入按可比口径增长7%，规模工业增加值增长7%以上，固定资产投资增长10%，社会消费品零售总额增长8%；城镇、农村居民人均可支配收入分别增长7.5%、10%，居民消费价格涨幅控制在4.2%左右，现行标准下剩余农村贫困人口全部脱贫、贫困村全部出列；常住人口城镇化率提高1.1个百分点；节能减排降碳控制在自治区下达目标范围内。

实现上述目标，要抓好以下工作：

（一）坚持新发展理念，统筹实施国家战略，决战决胜“两个建成”

加快国际旅游胜地提质升级。围绕四大战略定位、“六个一流”[14]目标，高标准落实系列政策措施，抓好桂林国际养生谷等项目，加快推进国家健康旅游示范基地建设，集中攻坚入境游客数、城镇化率等5个弱项指标，确保基本建成国际旅游胜地，并实现升级发展。

加快推进创新示范区建设。细化分解自治区支持创新示范区建设若干政策，按清单化、表格化要求逐项落实。用好“景观资源保育”专项绿色金融债券。实施好10项可持续发展科技重大专项，争取自治区专项资金5亿元以上。加快“喀斯特石漠化治理与修复”等17项重点工程建设，建成联合国教科文组织国际喀斯特研究中心，推进亚洲开发银行漓江生态综合治理等国际合作项目。推动出台《桂林市喀斯特景观资源可持续利用条例》。继续办好中国－东盟可持续发展创新合作国际论坛。

主动融入自治区重大战略。融入粤港澳大湾区，加密往来高铁班列及航班航线，加强互联互通，把桂林打造成承接湾企的新高地、旅游休闲的后花园、市民生活的菜园子果园子。对接中国（广西）自由贸易试验区，出台桂林负面清单，推动桂林空港经济区建设，争取保税物流中心尽快落地。融入珠江－西江经济带，推动桂江及洛清江千吨级航道改造工程尽快落地，降低物流成本，集聚产业发展。融入西部陆海新通道，加快桂林西物流中心、苏桥无水港建设，探索开行桂林至北部湾港海铁联运集装箱班列，争取建设区域物流集疏分拨中心，打造商贸服务型国家物流枢纽承载城市。融入中国－东盟信息港，做大华为云计算数据中心，加快建设桂林数字经济示范区。融入面向东盟的金融开放门户，鼓励社会资本设立绿色基金，打造“基金小镇”。融入“南向、北联、东融、西合”全方位开放发展新格局，积极打造“北联”主阵地，加快桂林至柳州四改八扩建高速公路项目建设，开工全州至桂林四改八扩建高速公路项目，构建湘桂合作走廊，推进与粤桂黔滇高铁经济带城市合作。发挥中心城市辐射带动作用，坚持与全区同频共振、与周边城市互动发展，开工衡柳铁路（桂林段）提速改造项目，争取怀化经桂林至湛江高速铁路项目列入国家、自治区“十四五”规划，全力构筑区域性综合交通枢纽；加快桂林大学聚集区建设，打造科教产业中心；加快中医院城北院区、桂林医学院附属医院整体搬迁、医学院二附院升级改造等项目建设，实现旅游综合医院等项目竣工，打造区域卫生健康中心；加快新国际会展中心建设，打造区域会展中心；争创国家文化旅游消费试点城市，建设国际消费中心城市；建成桂林歌剧院等项目，打造区域性文化旅游中心和国际交流重要平台。

加快补齐小康社会短板。对标对表6大类53项指标，针对研发经费投入强度等短板，集中攻坚，确保与全国自治区同步全面建成小康社会。

确保“十三五”规划圆满收官。做好经济普查成果与“十三五”规划指标衔接。对照4大类33项指标，加大经济发展和创新驱动类指标攻坚力度，力争顺利完成各项目标任务。

（二）坚持高质量发展，集中优势资源，聚力推动工业振兴

倾注更多精力、投入更多财力、调配更多人力，大力开展“制造业攻坚突破年”活动，推动央企、民企、湾企入桂林，力争规模工业总产值增长10%以上。力争深科技新增产值50亿元、量子通讯项目新增产值40亿元。推动平钢、中国中药、英路维特等项目竣工投产，新增产值超20亿元。力争国际线缆、燕京漓泉、福达、比亚迪、新桂轮、桂康新材料等骨干企业新增产值超30亿元。力争80家企业新上规入统，新增产值50亿元以上。

优化工业布局。按照集聚产业、融合发展思路，构建三大工业园区、四大工业强县、五个生态功能区县差异发展新格局，力争园区工业总产值占全市比重超75%。提升壮大三大工业园区，实现规模工业总产值增长12%以上。高新区加快建设七星、象山、雁山、灵川园，重点发展电子信息、生态食品、生物医药等产业，着力抓好光隆光电等重点项目建设，力争规模工业总产值增长10%以上；经开区涵盖永福、临桂两县区，实现华为信息生态合作区注册数字企业突破100家，重点发展智能终端、新能源商用车、橡胶轮胎等产业，打造集研发、孵化、生产、生活、人才公寓于一体的万亩华为科技城及比亚迪城、百年基业科教城，力争规模工业总产值增长20%以上；高铁园加快建设灵川、秀峰、叠彩园，重点发展高端装备、智能电子产业，加快推进花江智慧谷等项目，力争规模工业总产值增长10%以上。全力打造四大工业强县。荔浦、全州、兴安、平乐依托资源禀赋和产业基础，做大做强特色工业，重点推进美亚迪、晨天恒源、汽车配件产业园、生命科学园等项目建设，力争规模工业总产值增长15%以上。培育发展五个生态功能区县。灌阳、恭城、资源、阳朔、龙胜重点发展绿色、生态、环保产业，力争规模工业总产值增长10%以上。提升园区承载能力。全市建成标准厂房80万平方米，土地收储9000亩，完成基础设施投资10亿元，让企业实现“轻资产入驻”。落实市属三大园区体制改革方案，放权赋能，实现“园区事园区办”。

强化龙头带动。依托华为、深科技技术优势，加快建成深科技二期、开工三期，年内实现5000万部手机产能，加快推进手机支架、包装盒等项目落地，形成集聚效应，争取再引进显示屏、芯片等项目，逐步形成1000亿元信息产

业集群。依托农产品质优量大优势，做大做强力源粮油、娃哈哈、顺昌食品、三养胶麦等企业，加快形成200亿元生态食品产业集群。依托国际线缆、君泰福、电力电容等骨干企业，加强技改和创新，加快新品投产，积极开拓市场，推进本地应用，逐步形成200亿元电力装备产业集群。依托生态优势，加强技术研发，做强做优桂林三金、桂林南药、一方天江等企业，加快形成100亿元生物医药产业集群。依托技术人才优势，帮助新桂轮解决产权转让、橡胶进口政策等问题，加快形成100亿元生态橡胶轮胎产业集群。依托比亚迪、福达品牌优势，进一步扩大商用车生产，加快推动物流车底盘、高端中巴车、电机电控及轨道交通装备等项目落地，加快形成100亿元新能源商用车及轨道交通装备产业集群。依托燕京漓泉、桂林三花、湘山酒业等老字号，加强技术攻关，改良品质，强化营销，扩大市场范围，振兴桂酒品牌，加快形成100亿元桂酒产业集群。依托平钢、桂康新材料等重点企业，推进资源整合、技改提升，加快形成100亿元新型钢材产业集群。

强化创新驱动。实施科技创新支撑工业高质量发展行动，全面完成“三百二千”[15]科技创新工程任务，建设提升一批研发平台、孵化基地、成果转化园区，力争新增自治区级创新平台5家，突破关键技术40项以上，转化重大科技成果70项以上，高新技术企业保有量超350家。积极培育新经济新业态，推动人工智能、物联网、大数据、区块链等技术创新和产业应用，推进思奇通信多域资源认知与虚拟化关键技术产业化一期等项目建设。

强化招商引资。突出工业招商主题，着力瞄准世界500强、中国500强和行业领军企业，强化市领导及县区主官招商工作机制，全面落实奖励项目业主、中介机构等二十条激励措施，引进5000万元以上工业项目30个，其中亿元以上项目15个，带动全市引进区外境内到位资金按可比口径增长10%。

强化资金投入。实施以“双百双十双新”为重点的工业项目130个，完成投资90亿元。确保工业新增市级财力30%用于工业发展。金融机构对制造业贷款余额增长15%以上、年度授信不低于100亿元。发挥市应急转贷资金作用，缓解企业转贷压力。财政每年投入1亿元，充实政府投资引导基金。加快汇聚金融资源，力争新设立3支以上市场化产业投资基金，逐步破解企业融资难题。创新园区建设模式，捆绑组合营利性和公益性两类项目，综合平衡建筑施工、房产开发和项目运营三块利润，统筹利用PPP[16]、专项债、财政奖补等政策，进行组合打包，防止碎片化，以此引进一批有资金实力、招商资源、运营经验的战略合作伙伴，破解建设资金难题。

强化要素保障。强化土地保障。加快落实自治区用地用矿审批权限下放试点政策，确保新增工业建设用地占比不低于30%。加快清理批而未供土地，提高供地率。强化人才保障。实施“企业家领跑计划”，加快“高层次人才一站式服务平台”建设，力争引进高层次人才100人以上。把握高校独立学院剥离机遇，扩大发展高职高专，为工业提供高素质的工匠队伍。强化政策保障。继续完善支持工业企业发展十八条政策措施，出台支持特色产业园创建、降低企业物流成本等补充政策。重点扶持专注主业、专注品牌的骨干企业，打造行业领军企业和百年老店。继续落实减税降费政策，有效降低企业用水、用电、用气等成本。

（三）坚持深化农业供给侧结构性改革，突出四大重点，全力推动乡村振兴

发挥县城龙头带动、示范乡（镇）连城带村作用，强化特色产业支撑，走桂林特色乡村振兴之路，实现第一产业增加值增长5.5%。

推进农业高质量发展。着力调整农业产业结构。加强高标准农田建设，创建一批绿色高产高质高效示范区（片），确保粮食播种面积稳定在485万亩、总产量稳定在167万吨。提升柑橘产业集群，调整优化区域布局及品种、熟期结构，力争产值达150亿元。扩大无公害蔬菜生产，推进城市近郊“保障性菜园”基地建设。大力推广林—药、林—菌、林—禽等生态种养模式，新增林下经济900万亩。持续抓好非洲猪瘟疫情防控，落实扶持政策，加快灌阳“双胞胎”、平乐六和生猪产业一体化等项目建设，完成350万头生猪生产任务。提升农业品质品牌。创建一批农产品区域公用品牌、企业品牌、农产品品牌，新增“三品一标”产品10个以上，力争资源有机农产品认证示范县通过考核验收。提升农产品精深加工水平。加快建设永福罗汉果等17个农产品加工集聚区，主要农产品加工转化率提高到70%以上。狠抓示范区创建。实施田园综合体建设“书记工程”，完成第一批17个田园综合体初步验收，启动第二批建设。新认定各级各类现代特色农业示范区（园、点）700个以上，力争创建中国特色农产品优势区1个、广西特色农产品优势区2个以上。提升农产品流通水平。推进海吉星农产品物流园、桂林东站冷链物流园等项目建设，加快形成覆盖城乡的冷链物流体系。提升农旅融合水平。加快叠彩花卉示范园、阳朔百里新村农旅观光示范带等项目建设，办好广西首届花卉苗木交易会，创建广西休闲农业与乡村旅游示范点5个、广西星级乡村旅游区（农家乐）10家以上。

大力发展县域经济。结合各县（市、区）特点，加大县域经济培育力度，灵川、永福、临桂、七星要集中资源，全力发展工业，推动产城互动，争做全市工业发展排头兵；象山、秀峰、叠彩、雁山要抢抓设立“园中园”机遇，发挥人才集聚优势，大力发展新型工业，推动城市片区及城中村、城郊村改造，发展新业态，打造服务业发展新高地；荔浦、全州、兴安、平乐要加快园区建设，加大招商引资力度，在大力发展工业的基础上，积极发展现代农业与特色旅游，做大经济总量，完善县城功能，提升城市化水平；阳朔要发挥旅游及乡村建设引领作用，推进升级发展与全域发展；恭城要发挥生态和人居环境优势，加快发展健康旅游产业，打造恭城油茶小镇，做大油茶产业；龙胜、资源、灌阳要进一步巩固脱贫攻坚成果，发挥生态文化优势，大力发展生态农业、旅游业，积极发展特色新型工业。力争每个县（市、区）培育2个主导产业、2家行业龙头企业，建设2个以上特色产业园区，培育壮大2家带动力强的国有企业，增强政府对县域经济的引导力和调控力。做好农村全域土地

综合整治和增减挂等工作，确保全市完成新增耕地4600亩，在满足自身需求的基础上，开展占补平衡指标交易，增加县级财力。根据县域经济发展分类考核办法，强弱项补短板，争取荔浦、阳朔、龙胜、兴安、全州、灵川、资源成为广西科学发展先进县（市），临桂、灌阳、永福、象山、恭城成为进步县（区），推动全市经济协调发展。

持续推进示范乡（镇）建设。巩固提升已建成的60个新型城镇化示范乡（镇），推动常态化、规范化管理，进一步增强产业集聚能力。完成第五批、启动第六批示范乡（镇）建设。持续推进9个特色小镇建设，打造基础设施完善、产业发展健康、自然环境优美、文化特色鲜明的桂北城镇群。有序推进农业转移人口市民化。

2019年6月3日，市长秦春成（中）检查斧子口水库　（李云波　摄）

加快推进幸福乡村建设。编制“多规合一”实用性村庄规划，健全乡村建设管理机制。加快“四建一通”工程建设，基本实现乡（镇）通二级（或三级）路，完成所有农村公路安全生命防护、窄路拓宽、危桥改造任务，实现建制村通客车率达100%，乡（镇）、建制村通公交率分别达100%、60%；推动“四好农村路”高质量发展，新增村际联网路200千米以上。开展“美丽桂林·幸福乡村”活动，推进乡村风貌提升三年行动，建设基本整治型村庄6418个、设施完善型村庄536个、精品示范型村庄55个，建设一批乡村风貌示范带，完成一批行政村生活污水处理项目和清淤疏浚治理试点建设，逐步消除农村黑臭水体。按芦笛三村、北芬大村、鸡窝渡、大河坊等模式，加快漓江两岸、城市近郊、旅游通道沿线村庄改造，建成乡村振兴示范村200个以上。

（四）坚持旅游带动，促进消费升级，推动服务业转型发展

贯彻落实自治区文化旅游发展大会精神，坚持红绿结合、文旅相融、康养一体，推进文化旅游产业高质量发展，引领服务业转型升级，实现第三产业增加值增长7%。发挥红军长征湘江战役纪念设施、三千漓、大碧头等新项目带动作用，确保融创文化旅游城、临桂万达广场如期开业，实现年接待游客突破1.5亿人次，旅游总消费突破2000亿元。

实施旅游品牌化战略。以“文旅+”“+文旅”为抓手，做优以漓江为代表的一流观光旅游、以独秀峰·王城景区为代表的一流文化旅游、以愚自乐园为代表的一流休闲度假旅游、以龙脊梯田为代表的一流民族风情旅游、以印象·刘三姐为代表的一流演艺旅游、以夕阳红为代表的一流康养旅游、以融创文化旅游城为代表的一流主题公园旅游、以红军长征湘江战役纪念设施为代表的一流红色旅游等8大品牌。提升千古情、温德姆等现有知名品牌，力争引进万豪、奥特莱斯等品牌酒店、购物商店，不断增强品牌集聚效应。

实施旅游国际化战略。加快国际航线培育，力争开通境外客源地航线2条。以需求为导向，加大境外主要客源地精准营销力度，开发一批适应入境游客需求的旅游线路及特色产品。办好入境游（桂林）旅行商大会，加大对贡献突出的境外旅行商和境内旅行社扶持力度，促进入境游客快速增长。办好“两会一节”、资源世界漂流锦标赛、环广西公路自行车世界巡回赛等重大活动，引进跨国企业年会、重大国际会奖旅游项目。积极与境外客源地城市建立友好关系，邀请其参加我市重大节庆活动，加强合作交流、游客互送。完善标识系统，打造语言无障碍国际化旅游城市，建立健全国际通行旅游服务标准体系。

实施旅游高端化战略。在大众化旅游基础上，推动旅游高端化发展。建设高端化旅游景区景点。加快推进地中海俱乐部二期、全州天湖国际高山生态旅游度假区等自治区重点支持的58个文旅项目，打造一批世界级休闲度假基地。推动龙脊梯田、八角寨、猫儿山创建国家5A级景区，持续提升遇龙河国家级旅游度假区，推动桃花湾旅游度假区创建国家级旅游度假区。建设高端化旅游项目。推进兴安、资源、阳朔等通用航空机场建设，开发低空旅游、定制飞行、高科技视觉体验等高端化旅游产品。建设高端化旅游服务设施。持续推进漓江星级游船和码头改造提升，引导漓江游船定制化、高端化运营。高标准建成旅游集散中心4家、星级汽车旅游营地12家、旅游厕所100座以上。推进智慧旅游建设，完善“一部手机游桂林”公共服务体系。鼓励发展精品酒店、主题酒店、高端民宿，建设高端度假酒店群。

实施旅游全域化战略。加快创建全域旅游示范市，力争创建国家、自治区全域旅游示范区各2个。打造“一核三带三极多点”全域旅游发展格局。加快建设桂林宜游宜居城市核心区。升级漓江东岸生态休闲旅游示范带，提升兴坪、大圩、草坪等一批特色小镇；打造以桂阳文化旅游大道为主轴的旅游示范带，带动荔浦、平乐、恭城、永福旅游发展，提升南线旅游品质；培育壮大以桂北6县为主的红色旅游发展带，加快推出大型实景演出《突破湘江》，打造全国著名的红色文化旅游目的地。做强做优阳朔、龙胜、兴安旅游三极。持续打造县城、乡（镇）全域旅游重要节点，

串联8条精品线路[17],建设一批乡村旅游重点村、民族风情特色村。

加快服务业转型升级。用好城市闲置土地和低效用地,出台免租奖励政策,加快发展楼宇经济、数字经济。推进工业主辅分离,培育一批生产性服务企业。做大做强桂林银行等金融机构,加快发展银行、保险、证券等金融服务业。培育"互联网+"服务新业态,支持力港宜兑积分做大做强,大力发展平台经济。实施"互联网+"农产品进城和工业品入村工程,加快国家电子商务进农村综合示范县、国家电子商务示范基地建设。加强微笑堂、百货大楼、宝路通、桂林柳药、华润医药、中石油、中石化、烟草等重点企业服务,继续办好"漓江购物节"等特色促销活动,打造东西巷、益田·西街等高品位步行街,推动形成新的消费增长点。大力发展夜间经济,加快桂林啤酒堡等项目建设,开发灵渠夜游等新产品,建设夜间经济示范街区,丰富夜间购物、餐饮、文旅、娱乐等业态。推进桂林航空股权重组,抓好艾娱、师大出版社、桂林国旅等企业帮扶,推动其他营利性服务业加速发展。加快5G商用进程,推动邮政、电信业务总量快速增长。加快建设桂林米粉中央配送厨房,推进米粉品牌店升级改造,冠名"桂林米粉号"专列,打造百亿元米粉产业。充分利用经济普查成果,完善奖励扶持政策,加大民宿、连锁酒店、高校食堂及大型商业综合体上限入统培育力度。

(五)坚持项目带动,增加有效投资,持续增强发展后劲

加快推进重大项目建设。实施市级统筹推进重大项目800个以上,完成投资增长12%。加强基础设施建设,开展交通网、能源网、信息网、物流网、地下管网"五网大会战",实施重大项目140个以上,完成投资200亿元以上。建成荔浦至玉林高速公路,继续推进桂林至柳城、灌阳经恭城至平乐等高速公路项目,开工城步(湘桂界)至龙胜、贺州至巴马(蒙山至象州段)等高速公路项目。加快干线公路升级改造。力争轨道交通1号线获批建设。实施万福路改造工程,打通城市断头路,优化连接新老城区的交通路网。推进桂林经郴州至赣州红军长征高铁项目列入国家中长期铁路建设规划。加快第二水源工程建设,开工长塘水库工程。竣工投产一批清洁能源项目。建成2000个5G基站,实现市区核心区域5G网络连续覆盖。狠抓项目资金落实,抓好中央预算内投资、政府专项债券、企业债券等各类资金的申报和落实,鼓励多安排政府专项债券资金用作项目资本金;组建专班,优化项目库,大力推行PPP模式,加快建立向民间资本推介项目长效机制,吸引更多民间资本参与基础设施补短板项目。推动各县(市、区)储备新增"双百双十双新"项目1个以上、自治区层面重大项目1个以上、PPP项目1个以上。

统筹做好"十四五"规划编制。用改革精神和创新理念编制好"十四五"规划。加强与国家和自治区沟通对接,策划包装一批基础设施、产业发展、生态环保、民生工程等项目,争取漓江生态保护和修复提升工程、全国红色党性教育基地等更多重大项目列入国家、自治区"十四五"规划。

(六)坚持建管并重,建设公园城市,打造品位休闲之都

优化城市空间布局。全面完成国土空间规划编制,划定并严守生态保护红线、永久基本农田、城镇开发边界三条控制线。按照保护漓江、发展临桂要求,重点预留向西发展空间,统筹生产、生活、生态空间布局。按照公园城市标准,强化规划刚性约束,严控建筑物高度、密度、容积率,提高城市绿化率,扩大水域面积,形成错落有致、疏密有序、视廊通畅、显山露水的城市空间形态,打造山、水、景、城相互交融的城市风貌。按照品位休闲之都要求,挖掘历史记忆,修缮名人故居,完善标示标识,丰富文化内涵;建设完善休闲绿道、运动场所、登高赏景等设施;加快发展休闲餐饮、咖啡茶艺、特色演艺等业态;打造功能完善、干净整洁、文明和谐、激情浪漫的城市环境。

统筹提升城市功能。坚持老城做减法,疏解人口,创新业态,丰富内涵,提升品质;坚持新区做加法,集聚人气,增加流量,完善功能,加快发展,推动老城新区统一规划、综合平衡、联动发展。城东区域,全力抓好漓江东岸城中村、棚户区改造,基本完成新生街改造提升;加快解放桥至净瓶山大桥段旧城改造,强力推进塔山、和平片区棚户区改造,展现城市新风貌。城西区域,整体提升琴潭片区,重点推进华润二期、琴潭公园等项目建设;临桂新区重点推进机场路以北及兰塘河以南片区发展,加快兴桂园等项目建设,开工建设万宁路等5条道路,推进临桂污水处理厂扩建工程,完善桂林新中心功能。城南区域,统筹抓好桂林站、瓦窑片区改造以及雁山新城建设,重点推进益田·雁山民国风情小镇、悦桂情歌田园等项目,推动产城融合发展。城北区域,改造提升叠彩老旧小区、灵川桂林北新城,加快清风五福、下梁江片区城中村及江东片区村貌改造,重点推进高铁综合客运枢纽等项目,完善公共服务配套设施,提升城市整体形象。

提升城市管理水平。推进城市管理综合执法体制改革,出台升级版城市管理绩效考评办法,严格落实门前三包和网格化管理,强化停车、摊位、夜市、户外广告等管理,发挥基层管理员作用,推动城市治理向街道社区延伸。全面启动生活垃圾分类工作,建设全城垃圾分类保障体系。完善城市主干道保洁、绿化错峰作业制度。研究完善老旧小区改造奖补政策,改造老旧小区436个。加大管控力度,实现违法建设"零增长"。加快推进公交都市创建工作。坚持"创城为民、创城惠民",实现全国文明城市创建目标。

推进建筑业健康发展。落实促进和扶持建筑业发展措施,力争新增建筑工程施工总承包特级、一级资质企业各1家。

(七)坚持问题导向,攻克深度贫困堡垒,坚决打赢脱贫攻坚战

坚持尽锐出战,持续推进"四大战役",打好"五场硬仗",确保剩余1.4万贫困人口脱贫、51个贫困村出列。

集中兵力打好深度贫困歼灭战。对剩余4个深度贫困乡、16个深度贫困村和674户极度贫困户实行挂牌督战、全程督战,着力在资金、项目、政策上予以倾斜,重点完善基础设施,优先安排产业扶贫项目,落实特困群体兜底保障政策,实现脱贫不漏一村、不落一人。

全面解决"两不愁三保障"突出问题。扎实抓好中央脱贫攻坚专项巡视"回头看"、国家脱贫攻坚成效考核

反馈问题整改落实。继续实施“雨露计划”,加大控辍保学和学生资助工作力度,确保应读尽读、应助尽助。严格执行“198”兜底政策[18],全面落实“先诊疗、后付费”制度,提高贫困人口健康保障水平。完成危房改造5178户。有效解决贫困人口饮水安全问题。建立完善扶贫产业收益分配和利益联结机制,加强就业、创业工作扶持,实现贫困户有稳定收入,贫困村集体经济收入5万元以上。加大对扶贫开发任务较重的非贫困村的支持力度。深入推进肇庆－桂林扶贫协作,广泛动员社会力量参与扶贫。

着力巩固脱贫成果。严格落实“四不摘”[19]要求,保持现有扶贫政策稳定,强化产业扶贫、就业扶贫,实施搬迁后续“十大扶持”工程[20]。建立返贫监测预警和动态帮扶机制,按时完成脱贫攻坚普查任务,确保贫困群众脱真贫、真脱贫、不返贫。

(八)坚持改革创新,完善治理体系,不断提升治理水平

坚持和加强党的全面领导,确保中央、自治区、市委决策部署一贯到底、落地生根。坚持以人民为中心的发展思想,坚持民主集中制原则,坚持依法行政,不断推进政府治理体系和治理能力现代化。

深化行政管理体制改革。加大简政放权力度,做到应放尽放、能放全放。开展政务服务“简易办”[21]创新突破年行动,加快推广“承诺审批”[22],持续推进“一表申请”[23]。打好“一网通办”[24]攻坚战,推广应用一体化在线政务服务平台,加快推进政务数据“聚通用”工作,实现政务数据全面汇聚、共享互通、创新应用。深化“双容双承诺”改革,扩大直接落地改革项目数量和规模,强化事中事后监管。全面启用12345政府服务热线和“网上中介服务超市”。强化社会信用体系建设,构建以信用为核心的新型市场监管机制。落实国家优化营商环境条例,推动营商环境综合水平进入全区前列。

建立完善高质量发展制度体系。完善以供给侧结构性改革为主线、激发市场主体活力的体制机制,推动经济社会更高质量、更有效率、更可持续的发展。稳妥推进事业单位改革。支持民营企业改革发展。推动出台《桂林市漓江风景名胜区管理条例》,深化拓展桂林旅游产业用地试点政策。加快出台非住宅商品房去库存、地下车位(库)确权等政策。深化林业改革,推进农村集体产权制度改革,完成农村土地承包经营权确权登记颁证收尾工作。加快环评审批制度改革,全面取消环保验收许可。深化统计管理体制改革,做好第七次全国人口普查。统筹深化财政、国资国企、医药卫生、文化旅游市场综合行政执法等领域改革,使改革成果更多更公平惠及全市人民。

加强和创新社会治理。深入开展“平安桂林”建设,构建完善的社会治安立体防控体系,巩固拓展扫黑除恶专项斗争成果,深入开展“亮剑·2020”系列专项行动[25],实现社会治安持续向好。加强应急管理工作,落实安全生产责任制,提升防灾减灾救灾能力,坚决防范和遏制重特大事故发生。抓好信访维稳、市场监管等工作,加大食品安全执法力度,创建国家食品安全示范城市。依法管理宗教事务,争创全国民族团结进步示范市。健全自治、法治、德治相结合的基层治理体系,争创一批全国乡村治理示范村镇。

打好防范化解重大风险攻坚战。加大向中央、自治区资金争取力度。加快老城区资产处置,做好土地出让工作。继续加大市级国有资本收益上缴比例,增加地方法人金融机构、国有企业上缴利润。严控隐性债务增量,化解隐性债务存量,切实化解债务风险。强化金融监管,持续做好农村中小金融机构风险化解工作。落实全面预算绩效管理,大力压减一般性支出,重点保工资、保运转、保基本民生,政府带头过紧日子,让人民过上好日子!

(九)坚持生态立市,生态文化相融,厚植高质量发展优势

坚持人文、自然相融共促,持续擦亮历史文化名城、生态山水名城两张名片,营造高质量发展环境。

加快推进漓江流域生态环境保护与修复。持续推进“六大工程”[26]。加快桂林喀斯特世界自然遗产地生态景观修复项目三期、漓江风景名胜区核心景区沿江可视范围景观林工程等项目建设。推进截污管网全覆盖,重点整治漓江支流污染。加强精细化管控,对漓江干流城市段河道及沿岸“四乱一脏”[27]违法违规行为即查即处。充分发挥漓江上游水库群及活动壅水科学试验项目调水补水作用,涵养漓江生态。多渠道争取漓江流域山水林田湖草生态保护与修复资金。推进漓江国家公园建设。推动建立漓江流域生态补偿机制。

持续改善生态环境。强化生态环境保护目标责任制,加快中央、自治区生态环境保护督察反馈问题整改,做好第二轮中央生态环境保护督察迎检工作。全力打赢污染防治攻坚战。推进大气网格化数字管理平台二期建设,继续深化工业、生活等污染源治理,确保市区空气质量优良率88.5%以上,细颗粒物(PM2.5)浓度控制在39微克/立方米以下。落实最严格水资源管理,巩固南溪河、灵剑溪、道光河等黑臭水体治理成果,主要河流和城市集中式生活饮用水水源地水质达标率均保持100%。提升山口生活垃圾焚烧发电厂处理能力,推进阳朔生态环保科技园、桂北地区垃圾焚烧发电等项目建设;实施重金属污染防治和土壤修复项目,确保受污染耕地安全利用率超82%;推进采石场标准化和绿色矿山建设,确保60%的大中型矿山达到自治区级绿色矿山建设标准,规范矿石运输管理,避免道路损害和粉尘污染。加快国家森林城市创建步伐,全面落实林长制,抓好植树造林、林业生态保护和修复等工作,森林覆盖率提高到71.59%。加快灌江国家湿地公园试点建设。

全面加强文化建设。做好长征国家文化公园(广西段)规划建设,继续推动灵渠申遗,加快榕湖北路—古南门历史文化街区、靖江王陵国家考古遗址公园、桂林渔鼓传承基地和非遗展示馆等项目建设。加强历史文化名城名镇名村和传统村落保护开发,积极争创国家文物保护利用示范区。深入开展文化惠民活动,推进村级公共文化服务中心全覆盖,持续提升“漓江之声”“百姓大舞台”等群众文化活动品牌内涵。加快文化产业发展,推动高新创意产业园创建国家级文化产业示范园区,提升东西

巷街区文化产业集聚区。打造桂林文化艺术创作基地。营造浓厚氛围，厚植文化根基，加强文化人才培养，造就一批文化名师大家。

（十）坚持以人民为中心，补齐民生短板，增强人民群众获得感

推进社会保障稳步发展。把稳就业作为重中之重，促进高校毕业生、退役军人等重点群体就业，确保零就业家庭动态清零；大力支持创业孵化基地、众创空间建设，以创业带动就业；强化重点企业用工监测和政策扶持，加大稳岗支持力度，努力化解招工难就业难，城镇登记失业率控制在4.5%以内。实施全民参保计划，进一步降低社保费率；加强重点人群养老保险工作。完善城乡社会救助体系，加强对农村“三留守”人员、城镇困难职工、失独失能老人、孤儿的关爱保护服务，全面实施残疾儿童康复救助制度，兜住基本生活底线。棚户区改造开工5898套，新建公租房3108套。落实“菜篮子”县（市、区）长负责制，抓好生活必需品保供稳价工作。

推进教育事业优先发展。完成教育提升三年行动计划。加大教育投入，新开工建设学校48所，改扩建300所，新增学位1.1万个，实现乡（镇）公办中心幼儿园全覆盖。加强小区配套幼儿园和无证幼儿园整治工作。继续实施义务教育学校学区制和“县管校聘”改革。完成平乐、全州国家县域义务教育发展基本均衡县评估验收。实施普通高中突破发展工程，完成普及高中阶段教育评估验收。全面落实义务教育教师工资待遇，切实减轻中小学教师负担。强化中职学校内涵建设。加强校外培训机构整治。强化教育督导“督政”作用，推动县（市、区）政府切实履行教育职责。

推进健康桂林建设。实施健康中国行动计划。整合医疗资源，深化“三医联动”[28]，推进紧密型县域医共体国家级试点县建设，加快医保支付方式改革，提高医保基金使用效益，缓解群众“看病贵”问题。推进中医药传承创新发展，打造市中医院为桂北中医诊疗中心。广泛开展全民健身运动，办好桂林马拉松赛等重大赛事。

推进服务国防建设纵深发展。深入开展国防教育，健全军民融合工作机制，建立资源共享平台，做好退役军人服务管理、国防动员、人民防空、民兵预备役等工作，争创全国双拥模范城“九连冠”。

推进为民办实事工程。筹措资金96亿元，全力完成自治区和我市为民办实事工程任务。

各位代表！民之所望，政之所向。各级政府务必不忘初心、牢记使命，加快转职能、提效能、增动能，不断提升政府治理水平，努力建设人民满意政府。

牢记宗旨，忠诚履职。强化“四个意识”，坚定“四个自信”，坚决做到“两个维护”，始终同以习近平同志为核心的党中央保持高度一致，坚决贯彻落实中央、自治区和市委决策部署，用行动赢得人民的信任，以真情换取群众的认可。

坚守法治，依法履职。树牢法治理念，依法接受市人大及其常委会监督，自觉接受市政协民主监督，主动接受社会和舆论监督，认真办理人大代表议案、建议和政协提案。加强政府协商，广泛听取各民主党派、工商联、无党派人士和人民团体意见，提高政府决策科学化、民主化、法治化水平。

清正廉洁，干净履职。把全面从严治党贯穿于政府建设始终，坚持不懈纠治“四风”，严格执行中央八项规定及其实施细则精神，深入推进整治形式主义为基层减负工作，严厉整肃庸政懒政怠政行为，营造风清气正干事创业的良好政治生态。

各位代表，志不求易者成，事不避难者进。让我们更加紧密团结在以习近平同志为核心的党中央周围，在自治区党委、政府和市委的坚强领导下，只争朝夕，不负韶华，为圆满完成“十三五”规划目标任务，决胜“两个建成”而努力奋斗！

《政府工作报告》名词解释

[1]按可比口径：根据新一轮更大规模减税降费等因素对我市造成减收的对比增长。其中，2019年全市组织财政收入的增幅是在完成2018年全市组织财政收入257.01亿元，比照年初经市人大通过的232亿元收入基数上的对比增长；2020年全市组织财政收入增幅是在完成2019年组织财政收入258.79亿元，再减去预计减税降费造成减收的基数上的对比增长。

[2]“双百双新”：“双百”指总投资100亿元、年产值100亿元以上的重大产业项目，“双新”指总投资1亿元以上的新产业、新技术类型重大项目。这是自治区为推进产业转型升级和经济高质量发展而实施的一项重大战略工程。同时，在此基础上，结合实际，桂林市再组织策划实施一批“双十”项目（主要指总投资10亿元以上、年产值10亿元以上的重大项目），并放宽“双新”项目的入围标准（除大健康产业项目总投资需达到1亿元以上，其他项目总投资门槛放宽至5000万元以上）。

[3]“两会一节”：联合国世界旅游组织/亚太旅游协会旅游趋势与展望国际论坛、中国－东盟博览会旅游展、桂林国际山水文化旅游节。

[4]“六稳”：稳就业、稳金融、稳外贸、稳外资、稳投资、稳预期。

[5]“千企技改”：以高成长性企业技术改造为重点，对全自治区1000家工业企业采用新设备、新工艺、新材料、新产品、新模式实施技术改造。

[6]“一窗受理、集成服务”:采取按投资项目审批、商事登记、不动产登记、公积金、社会事务、水电气报装等类别分领域综合受理和无差别全科受理等方式设置“一窗”,建立“前台综合受理、后台分类审批、综合窗口出件”服务模式。

[7]“双容双承诺”:项目审批容缺后补、容错纠错,企业向政府承诺、政府向企业承诺,强化政府靠前服务,推动企业投资项目“先建后检”直接落地。

[8]“三清三拆”:“三清”指清理村庄垃圾、清理乱堆乱放、清理池塘沟渠;“三拆”指拆除乱搭乱盖、拆除广告招牌、拆除废弃建筑。

[9]“四大战役”:义务教育保障、基本医疗保障、住房安全保障和饮水安全四大战役。

[10]“五场硬仗”:产业扶贫、易地扶贫搬迁、村集体经济发展、基础设施建设、粤桂扶贫协作五场硬仗。

[11]县级“5+2”:“5”指有扶贫开发任务的县(市、区)在自治区特色产业目录中选择并报自治区审核认定的5个产业项目,在脱贫攻坚期内原则上不能变动;“2”指在自治区特色产业目录中自主选定的2个产业项目,根据实际情况每年可进行一次调整。

[12]村级“3+1”:“3”指贫困村在所在县(市、区)确定的“5”个特色产业中选定的3个产业项目,脱贫攻坚期内原则上不能变动;“1”指各村根据实际情况在自治区特色产业目录中自主选定的1个产业项目,根据实际情况每年可进行一次调整。

[13]“县管校聘”:公办义务教育学校教师和校长全部实行县级政府统一管理,统一定期强制流动,从而将教师和校长从过去的某学校的“学校人”,改变为义务教育系统的“系统人”。

[14]“六个一流”:建设一流的精品景区、提供一流的旅游服务、培育一流的旅游品牌、建成一流的国际消费中心、形成一流的文旅体验、建设一流的康养基地。

[15]“三百二千”:“三百”指突破100项重大技术、创建100个国家级创新平台、引进培育100个高层次创新人才和团队;“二千”指新增1000家高新技术企业、转化1000项重大科技成果。

[16]PPP:政府和社会资本合作,是公共基础设施建设中的一种项目运作模式,主要是鼓励私营企业、民营资本与政府进行合作,参与公共基础设施建设。

[17]8条精品线路:百里漓东、峰林遗产、茶江生态、桂柳运河、龙脊风情、资江丹霞、湘江红色、灵渠古道等精品线路。

[18]“198”兜底政策:建档立卡贫困人口100%参加基本医疗保险,住院医疗合规费用实际报销比例达到90%,门诊特殊慢性病符合规定的门诊医疗费用实际报销比例达到80%。

[19]“四不摘”:摘帽不摘政策、摘帽不摘责任、摘帽不摘帮扶、摘帽不摘监管。

[20]搬迁后续“十大扶持”工程:强化教育保障、医疗保障、社会保障、社区保障、产业扶持、就业帮扶、文化服务、拆旧复垦、组织建设、平安建设等10个搬迁后续扶持工程。

[21]政务服务“简易办”:以优化营商环境为总抓手,以制度创新和信息共享为突破口,以更简更快更优服务企业和群众办事创业为导向,以打造简易、快捷、便民、公开的政务服务新模式为目标的改革举措。通过线下“四个减少”、线上“四个简化”推动办事减环节、减材料、减跑动次数,不断提高政府服务效能。

[22]“承诺审批”:按照“你承诺、我审批,你失信、我撤销”的原则,对不存在失信记录和未履行被执行人义务的申请人,在不能全部提交申请材料的情况下,允许申请人向政务服务部门作出自承诺之日起60日内补齐全部申请材料并签订符合法定形式的书面承诺后,政务服务部门即当场或在承诺审批时限内作出行政审批决定的制度。

[23]“一表申请”:以企业和群众办好“一件事”为标准,实行“一套材料、一表登记、一次采集”,避免办事重复登记、重复提交材料。

[24]“一网通办”:依托一体化在线政务服务平台,通过规范网上办事标准、优化网上办事流程、搭建统一的互联网政务服务总门户、整合政府服务数据资源、完善配套制度等措施,推行政务服务事项网上办理,推动企业群众办事线上只登录一次即可全网通办。

[25]“亮剑·2020”系列专项行动:在2020年开展的以打黑恶、打枪爆、打毒品、打黄赌、打电诈、打传销为龙头的“亮剑”系列专项行动。

[26]“六大工程”:漓江综合治理、漓江生态保护、漓江生态修复、城市生态提升、产业生态提升及漓江生态保护和修复提升重点支撑工程六大类工程项目。

[27]“四乱一脏”:乱建、乱挖、乱养、乱经营、环境卫生脏。

[28]“三医联动”:医保体制改革、卫生体制改革与药品流通体制改革联动。

政协桂林市常委会工作报告

——2020年1月18日在政协第五届桂林市委员会第五次会议上

市政协主席　粟增林

各位委员：

我受中国人民政治协商会议第五届桂林市委员会常务委员会的委托，向大会报告工作，请予审议。

一、2019年工作回顾

2019年是新中国成立70周年，是人民政协成立70周年，也是我市决胜“两个建成”的关键之年。一年来，市政协常委会以习近平新时代中国特色社会主义思想为指导，在中共桂林市委的领导下，不断增强“四个意识”、坚定“四个自信”，坚决做到“两个维护”，把坚持和发展中国特色社会主义作为巩固共同思想政治基础的主轴，把服务桂林市“两个建成”作为工作主线，把加强思想政治引领、广泛凝聚共识作为中心环节，认真履行政治协商、民主监督、参政议政职能，切实把市委决策部署和对政协工作的要求落实下去，把全市各族各界人士的智慧和力量凝聚起来，为我市经济社会高质量发展作出了贡献。

（一）强化理论武装，广泛凝聚共识，共同思想政治基础更加巩固

常委会坚持通过有效工作，使人民政协成为用党的创新理论团结教育引导各族各界代表人士的重要平台。

主题教育扎实开展。从2019年9月开始，市政协党组认真组织党员常委、委员深入开展“不忘初心，牢记使命”主题教育，把学习教育、调查研究、检视问题、整改落实与政协各项工作贯通融合，取得了理论学习有收获，思想政治受洗礼，干事创业敢担当，为民服务解难题，清正廉洁作表率的预期效果。同时，参加人民政协的各党派团体结合自身实际，分别开展了“不忘合作初心，携手继续前行”专题教育，不断夯实共同思想政治基础。

理论学习深入人心。充分运用主席会议、常委会议、集中培训和专题讲座等载体，深入学习习近平新时代中国特色社会主义思想和习近平总书记关于加强和改进人民政协工作的重要思想，及时跟进学习习近平总书记最新重要讲话精神。认真组织学习党的十九届四中全会精神，全面贯彻落实中央政协工作会议和自治区党委政协工作会议精神。市政协领导带头讲党课，在全区政协系统创新组建“委员宣讲团”开展送理论到基层活动，全年宣讲63场，听众达一万多人次，受到广大委员和人民群众的称赞。

思想引领坚定有力。通过主席联系常委、专委会联系界别，党员委员联系党外委员等制度，及时了解统一战线内部思想动态，把思想政治引领同经常性思想政治工作结合起来，同委员日常履职工作结合起来，推动各党派团体和各族各界人士实现思想上的共同进步，坚持和发展中国特色社会主义的共同思想政治基础更加巩固。

（二）充分发挥专门协商机构作用，服务桂林“两个建成”更有作为

市政协常委会紧紧围绕桂林“两个建成”大局，贯彻落实创新、协调、绿色、开放、共享发展理念，全力服务我市经济社会发展。

聚焦工业振兴开展专题协商。振兴桂林工业，是市委、市政府确定的重点工作，也是政协委员和各界群众关注的焦点问题。我们组织委员和专家成立调研组，以“加快推进我市工业振兴，实现产业高质量发展”为题，深入开展考察、调研、分析和论证，形成专题报告，并于2019年7月召开专题协商会，市委、市政府主要领导率有关县（市、区）和部门负责人出席会议听取意见并作回应。会上，8名委员分别从政策扶持、人才引进、投资融资等方面建言献策，一些意见建议已被采纳。同时，我们组织力量对“优化我市营商环境，促进民营经济发展”和“积极对接粤港澳大湾区国家战略，促进胜地建设”两个重点课题进行攻关，为市委、市政府决策提供智力支持。

立足经济社会高质量发展开展界别（对口）协商。市政协五届四次全会期间，组织全体委员听取、协商讨论政府工作报告和其他报告，收集整理委员意见和建议提交市政府参考；组织大会发言材料25篇，10名委员代表作专题发言，市委、市政府主要领导和相关市领导以及各县（市、区）、市直各部门的负责人出席大会，认真倾听委员的真知灼见，并给予高度评价。

一年来，市政协常委会以界别（对口）协商会为平台，立足促进我市经济社会高质量发展，组织各界别的委员建言献策，分别围绕培育高新技术产业、合理布局水果产业、

2020年1月18日，中国人民政治协商会议第五届桂林市委员会第五次会议开幕式举行
（张志生 摄）

完善社会保障体系、加强城市交通管理、加快乡村文化建设、促进我市惠台政策落实、重视社区居家养老服务体系建设等专题召开8次界别(对口)协商会,66名委员在会上发言,共提出意见和建议400多条。界别(对口)协商会的选题彰显了新发展理念,紧扣了全市中心工作,回应了社会各界和群众的重大关切,委员们的发言既畅所欲言、各抒己见又理性有度、合法依章,针对性和建设性都比较强,得到了领导肯定、群众欢迎,真正体现了“建言建在关键处,议政议到点子上”。

紧盯重大项目开展服务。市政协班子成员分别牵头组成重点企业的“直通车”服务组和重大项目推进工作组,充分发挥政协组织资源丰富、智力密集的优势,分别对广西桂康新材料公司等9家重点企业和湘江战役红色遗址群等9个重大项目全程指导、全程服务。委员们深入所联系的企业和项目现场调查研究,分析问题,解决问题,在一线中展示了政协作为,在实践中展示了委员风采,有力地推动了这些重点企业和重大项目的发展与建设。

(三)坚持人民政协为人民,增进民生福祉更有实效

在履职过程中,常委会始终把满足人民对美好生活的需要作为出发点和落脚点,引导广大委员主动参与社会实践。

提案办理注重实效。年初,制定出台《关于办理市政协五届四次会议提案的实施意见》,积极开展多层次提案协商和督办活动,促进提案建议落地见效。首次实行党政领导领衔督办重点提案机制,遴选出12件提案作为重点提案,由党政领导、政协领导和市政协各专委会三个层面来督办落实。遴选出10件民生提案作为监督性提案进行督办,接受社会和舆论监督。五届四次全会以来,共收到提案319件,立案245件,所有提案均已办复,提案所提问题和建议已经解决和计划逐步解决的占91%,委员对提案办理工作基本满意率达97.6%。

委员视察贴近民生。以“文化创意产业发展”为主题,组织市政协常委对我市“三千漓”“万达文旅城”“桂林千古情”等文化创意产业进行视察,对该产业的发展状况、存在问题进行深度分析研讨,并提出针对性和操作性较强的对策建议。受自治区政协委托,组织住桂林的自治区政协委员就“中医药健康与现代农业深度融合”的专题,赴玉林市进行考察,听取玉林市政府和相关部门的情况汇报,考察相关企业和市场,形成有见地的调研报告报自治区政协,得到了自治区政协的好评。五届四次会议以来,各专委会组织委员小组活动76次,参加委员达1300多人次,小组活动内容都与经济发展、城市管理、社会保障等民生福祉紧密相关。

文教工作资政育人。组织开展加强乡村文化建设、重视文物保护与利用、构建高校毕业生就业服务体系、推进高考综合改革等专题调研并形成报告。分别在广西电视台和桂林电视台举办《桂在协商》和《委员论坛》,请专家委员就提高公办中学教育质量、老年人健康养生问题答疑解惑、献策支招。为庆祝新中国和人民政协成立70周年,举办“颂祖国、爱政协”大型书画展。积极收集桂林市政协成立以来的各种珍贵文史资料,如期建成桂林市政协文史馆,编辑、出版《马克思主义在桂林的传播》专辑。

社情民意真实畅达。充分发挥政协委员与社会各界联系密切的优势,收集、反映社情民意和舆情动态,切实为党委、政府体察民情、科学决策提供支持,全年共收集上报信息156篇,编发政协《社情民意》7期。

群策群力扶贫攻坚。常委会高度重视打赢脱贫攻坚战,积极动员社会力量参与扶贫。市政协班子成员以身作则,率领机关帮扶干部经常深入联系点指导工作,确保联系村和联系户如期脱贫、稳定脱贫。同时,注重引导和组织广大政协委员积极参与脱贫攻坚战,全市两级政协各界别积极行动,联系贫困村、帮扶贫困户,筹集扶贫资金,资助临桂区两江镇保全村、全州县蕉江乡绕湾村等9个市级贫困村修建村屯道路、校舍和公共活动中心。通过市仁济慈善基金会组织爱心人士,在全市范围内开展扶贫济困、救灾助学等公益活动,获得社会各界和群众的普遍赞誉。

(四)广泛联谊增进团结,朋友圈越来越大

发挥政协独特优势,整合丰富资源,搭建合作平台,努力画出最大同心圆。

扩大对外友好交流。参与举办自治区、市政协港澳台侨和对外联谊工作座谈会,认真听取港澳台侨政协委员的意见和建议,深入走访委员企业;组织开展港澳委员、异地商会调研联谊活动,热情为他们在桂林投资创业牵线搭桥;密切与海外桂林同乡会、华人华侨商会的联系,向他们

通报桂林经济社会发展情况；组织港澳委员回内地考察、赴红色教育基地参观学习，不断壮大爱国、爱港、爱澳力量。按照自治区和桂林市有关工作安排，组团到台湾参访交流。

增进与各界人士联谊。发挥政协团结统战功能，慰问在桂林的“两航起义”人员遗孀，鼓励他们为祖国和平统一多做工作。深入民族地区和宗教场所调查研究，参加伊斯兰“古尔邦”节庆活动，促进民族团结、宗教和睦。

促进各地政协合作交流。配合全国政协、自治区政协在我市开展的各项调研工作，热情接待全国政协、外省（区）、市政协来桂林的调研考察团。组织委员赴上海、广东、江苏等地政协进行广泛交流，宣传桂林，让桂林的履职成果走向全国，让外地的经验在桂林得到借鉴，共同推进人民政协事业发展。

（五）加强两支队伍建设，履职能力越来越强

按照“懂政协、会协商、善议政”和“守纪律、讲规矩、重品行”的要求，不断加强政协委员和政协机关干部队伍建设。

机关党建工作进一步加强。市政协机关党委切实把抓好“不忘初心、牢记使命”主题教育的责任扛在肩上、抓在手上。以机关党委理论学习组为龙头，以各专委会党支部为阵地，组织全体党员干部读原文、学原著、悟原理，深入学习党的创新理论；以召开专题研讨会、参观红色遗址为载体，重温入党誓词，传承红色基因，接受思想政治洗礼；以调查研究、检视问题为切入点，深刻查找存在问题，剖析问题原因，明确努力方向，激发干事创业的热情；以狠抓整改落实为突破口，进一步增强为民服务、为民解忧的积极性、主动性；以学习党章党规、分析典型案例为抓手，教育党员干部知敬畏、存戒惧、明底线，提高清正廉洁的自觉性。通过主题教育，政协机关全体党员干部进一步增强“四个意识”，坚定“四个自信”，做到“两个维护”。协助市委制定下发《关于加强新时代人民政协党的建设工作的实施意见》，突出党建引领政协工作，实现党建与政协履职双促进双提高。我们的做法先后在全区政协系统党建工作推进会、全区政协工作经验交流会、全区市县政协主席工作会上作经验介绍；《人民政协报》头版进行了深度报道，被中国共产党新闻网转载，作为典型经验向全国推介。

委员履职能力进一步提升。组织政协常委和部分委员到高校和干部学院进行培训，召集委员座谈会，交流互鉴履职经验和体会。吸纳部分委员参加各类专项工作协调组、督导组、调研组，遴选 100 多名委员担任特邀监督员，对纪检、政法、组织、城建、环保等工作进行民主监督，参与政风行风评议、绩效考核及暗访督查。通过这些活动，委员们了解更多实情、掌握更多素材，议政建言更有针对性。

理论研究和宣传工作再上台阶。召开学习“习近平总书记关于加强和改进人民政协工作的重要思想”理论研讨会，收到论文 151 篇，形成了一批有一定深度的理论成果，其中 8 篇入选自治区政协理论文集。积极组织政协各参加单位和县（市、区）政协向各级主流媒体供稿，分别在《人民政协报》《中国政协》《广西政协报》《文史春秋》以及人民网、人民政协网、广西政协网刊发各类稿件 310 多篇。配合自治区政协开展“政协工作八桂行”集中采访活动，中新社、人民网、《广西日报》等 11 家媒体先后刊发相关新闻报道 21 篇，发出了桂林政协好声音，宣传了桂林政协新作为，展示了桂林政协新形象。

各位委员，一年来市政协常委会工作取得的成绩，是中共桂林市委正确领导的结果，是市人大常委会、市人民政府以及各部门和社会各界大力支持的结果，是市政协各参加单位、各级政协组织和全体委员共同努力的结果。在这里，我代表市政协常委会，向大家表示衷心的感谢！

总结一年来的工作，我们深刻体会到，做好新时代人民政协工作，必须增强政治意识，坚定不移维护核心；必须

2020 年 1 月 18 日，中国人民政治协商会议第五届桂林市委员会第五次会议会场 （张志生 摄）

增强大局意识，聚精会神服务中心；必须增强团结意识，引领思想凝聚人心；必须增强合作意识，始终不渝坚守初心；必须增强责任意识，为民履职保持恒心。

同时，我们也清醒地看到，工作中还存在一些差距和问题，主要是：协商民主制度化、规范化建设比较薄弱，民主监督的实效不够明显，委员管理还不够严格，政协系统党的建设缺乏鲜明特色等。对这些问题，我们将认真研究加以解决。

二、2020 年工作部署

2020 年是全面建成小康社会、基本建成桂林国际旅游胜地和"十三五"规划收官之年。在新的一年里，常委会工作的总体思路是：以习近平新时代中国特色社会主义思想为指导，深入贯彻中共十九大和十九届二中、三中、四中全会精神，全面贯彻中央、自治区党委和市委政协工作会议精神，坚持团结和民主两大主题，紧扣习近平总书记赋予广西的新使命新要求，围绕中共桂林市委五届六次全会提出的目标任务，全面提高工作质量，更好地发挥专门协商机构作用，为决胜桂林"两个建成"和"十三五"规划圆满收官凝聚共识、贡献力量。

（一）持续深化党的创新理论武装，更好地统一思想、步调一致

把深入学习贯彻习近平新时代中国特色社会主义思想作为首要政治任务，完善学习座谈会制度，健全以党组理论学习中心组为引领的学习制度体系，及时跟进学习习近平总书记最新重要讲话精神，学习中共中央、全国政协、自治区和市委最新重要会议精神，做好党的创新理论的消化、深化和转化工作。认真抓好中央、自治区党委和市委政协工作会议精神的学习贯彻，召开好全市政协学习贯彻经验交流会。召开以发挥人民政协专门协商机构作用为主题的理论研讨会，举办委员专题研讨班，开展委员宣讲下基层活动，引导委员做到思想上同心同向、政治上旗帜鲜明、行动上紧紧跟随，实现共同进步。

（二）持续助推我市高质量发展，充分发挥专门协商机构作用

紧紧围绕市委五届六次全会提出的目标任务，认真组织实施政协协商年度工作计划，聚焦国际旅游胜地建设、国家可持续发展议程创新示范区建设、国家健康旅游示范基地建设的贯彻落实和"十四五"规划的科学编制，瞄准我市工业振兴、乡村振兴、项目建设、招商引资等重要问题，深入开展调查研究和协商议政活动，力求提出具有针对性、全局性、前瞻性的对策和建议，为市委、市政府科学民主决策、破解发展难题，建有据之言，献务实之策。积极开展"工业振兴、乡村振兴委员行"等活动，助推我市经济社会高质量发展。

（三）持续关注民生改善，促进社会和谐稳定

顺应人民对美好生活的向往，坚持人民政协为人民，聚焦民生热点难点和群众所思所盼，紧扣就业、教育、医疗、养老、居住、环境等事关群众生产生活的实际问题以及脱贫攻坚任务，加强调查研究，提出对策建议，促进民生改善。通过提案、调研报告、建议案、社情民意信息等，及时反映不同阶层、不同群体的意见和需求，更好地维护群众利益，促进社会公平正义。深入开展"脱贫攻坚委员行"活动，巩固脱贫攻坚成效。发挥市仁济慈善基金会作用，组织和引导委员积极参与社会公益事业，真心为贫困群众和弱势群体办实事、解难事、做好事，着力提升广大人民群众获得感、幸福感、安全感。加强和改进民主监督工作，坚持协商式监督的特色优势，聚焦市委、市政府重大改革举措和重要政策落实情况，通过多种监督方式提出意见建议，协助市委、市政府及其部门解决问题、促进工作，切实把人民政协的制度优势转化为参与基层治理的效能。

（四）持续增强统战功能，促进社会各界大团结大联合

牢牢把握人民政协作为爱国统一战线组织的本质属性，支持、引导民主党派和无党派人士依照章程履行职能，坚定走中国特色社会主义发展道路。发挥人民政协"重要阵地""重要平台""重要渠道"作用，积极探索与市委统战部共同协商议政制度，组织各民主党派、工商联和无党派人士进行协商，推动政党协商与政协协商有机衔接，展现我国新型政党的制度优势。全面贯彻党的民族宗教政策，促进民族团结、宗教和睦。鼓励和支持委员深入基层，听民意、聚民心，努力画出最大同心圆。充分发挥港澳委员"双重积极作用"，密切桂台联系交往，支持扩大"朋友圈"、讲好"桂林故事"，为维护港澳地区长期繁荣稳定、促进祖国统一大业作出积极贡献。加强同东盟各国及海外友好城市交流合作，拓展我市政协对外交往途径，为世界了解桂林、为桂林走向世界凝心聚力。

（五）持续强化责任担当，不断提升政协履职实效

坚持把提质增效贯穿于政协工作全过程，强化党建引领，推进党建与履职双促进双提高。把强化委员责任担当落到实处，坚持为国履职、为民尽责，全面增强履职本领，切实发挥委员主体作用，当好人民政协制度的参与者、实践者、推动者。完善人民政协专门协商机构制度，使专门协商机构"专"出特色，"专"出质量，"专"出水平。加强专委会建设，切实发挥其履行职能的重要方式、团结联系委员的重要纽带、协商民主实践的重要载体作用。加强委员履职服务管理，建立委员管理中心，完善与委员、委员所在单位的联系制度，落实委员履职工作规则，建立履职激励机制，做好政协委员提交年度履职报告工作；加强"数字政协"建设，办好《委员论坛》，发挥文史馆作用，创新委员履职方式方法。从严从实加强机关和干部队伍建设，建立健全"不忘初心、牢记使命"主题教育长效机制，认真落实党风廉政制度和中央八项规定精神，大力倡导担当为要、奋斗为荣的工作作风，提高服务保障能力和水平。改进政协系统联系指导方式，推动解决市县（市、区）政协"两个薄弱"问题，提高政协工作整体水平。

各位委员，同志们！

走过七十载光辉历程的人民政协，站在了新的历史起点上，我们豪情满怀、重任在肩。让我们更加紧密地团结在以习近平同志为核心的中共中央周围，在中共桂林市委的领导下，同心同德、奋发有为，努力干出新样子，奋力开创新局面，为决胜桂林"两个建成"作出新的更大贡献！

大 事 记

1月

2日 桂林市第四次全国经济普查入户登记工作全面启动，普查6.7万家单位和2.8万户个体经营户。该次普查的标准时点为2018年12月31日。年内，桂林市完成第四次全国经济普查，普查数据为：2018年末，全市共有从事第二产业和第三产业活动的法人单位48395个，与2013年第三次全国经济普查相比，增长59.3%；从业人员748459人，下降1.6%；产业活动单位56583个，增长41.5%；个体经营户185712个。

5日 维也纳节日交响乐团在桂林大剧院为桂林市民奉献一场高雅的艺术盛宴。

7日 市长秦春成在南宁出席2019年世界桂商暨商会经贸文化交流合作大会，并在会上推介桂林。

10日 桂林市政法系统在市中心广场举行2019年"大走访、大宣传、大巡逻、大防控、大化解"暨"警民牵手110、共创平安迎大庆"主题宣传活动启动仪式。

11日 政协桂林市第五届委员会第四次会议在市会议中心大礼堂开幕。13日，会议闭幕。

12日 桂林市第五届人民代表大会第四次会议在市会议中心大礼堂开幕。14日，会议闭幕。

12日—13日 2019中国柑橘产业高质量发展峰会暨柑橘产销对接会在永福县举行。活动以"汇聚产业链资源 促进高质量发展"为主题。

13日 桂林市首家"公建民营"养老项目——美好家园(桂林翠竹)孝慈轩开放。该项目总投资约2000万元，建筑面积约5000平方米，提供养老床位182张。

19日 桂林市"我们的中国梦——文化进万家"暨2019年文化科技卫生"三下乡"活动在灵川县三街镇文化广场启动。

23日 2019第二届CCTV《中华母亲》公益春晚(桂林)分会场演出、录制，在漓江大瀑布饭店举行。

24日 "桂林名师云课堂"上线，桂林市初一、初二、高一、高二的广大学生足不出户就可免费接受到名校名师教育。

2月

2日 永福县获2018—2020年度"中国民间文化艺术之乡"，为桂林市唯一上榜县(市、区)。

13日 全市领导干部会议在市会议中心召开。会议研讨事关桂林发展的重大问题。

18日 桂林市对职业教育资源进行优化调整，将5所职业学校新整合组建为桂林市机电职业技术学校、桂林市旅游职业中等专业学校，并揭牌成立。其中，原桂林市机电工程学校、桂林电子中等专业学校、桂林林业学校和桂林市经济管理干部中等专业学校合并，组建成立桂林市机电职业技术学校，设临桂、长海和尧山3个校区，以加工制造、信息技术和交通运输类专业为主干专业；原桂林市旅游职业中等专业学校与桂林市财贸管理干部中等专业学校整合组建，沿用桂林市旅游职业中等专业学校校名，设穿山和清风2个校区，以现代旅游服务类和财经类专业为主干专业。

19日 中央广播电视总台举行全国县级融媒体智慧平台暨央视网新版全新上线启动仪式，平乐县融媒体中心入驻中央广播电视总台县级融媒体智慧平台。

3月

7日—10日 桂林市代表团携市"小桂花"艺术团受邀参加韩国济洲市传统节日——野火节。

10日 桂林国际马拉松赛获"2018中国田径协会金牌赛事"称号。

12日 桂林市举行2019年全民义务植树活动，种植树苗10000多株，持续优化生态环境。

14日 桂林市举行2019年服务业和农业高质量发展银企对接桂林市集中签约活动，83家企业与银行现场签约，授信金额合计51.99亿元，实际放款16.01亿元。

同日 桂林"我和我的祖国"快闪节目在中央广播电视总台新闻频道《朝闻天下》栏目播出。

18日 市税务局"智慧桂林，秀峰先行”增值税电子发票试点启动仪式在秀峰区税务局举行，是桂林市在全自治区率先启用电子发票。

20日 中央文明办在中国文明网上公布《全国文明城市提名城市中的141个地级以上城市、城区2018年文明城市年度测评结果》，在113个地级城市的排名中，桂林居21名，为广西参评城市第一。

22日 桂林市新时代文明实践中心在桂林图书馆揭牌。

23日 市长秦春成在临桂新区会见乌拉圭体育部部长费尔南多·卡塞雷斯一行。

24日 桂林旅游“先游后付诚信联盟”在阳朔县成立，该联盟由桂林市文化广电和旅游局、驴妈妈旅游网共同发起。

25日 桂林银行落地广西首单绿色金融债业务，贷款授信2000万元，专项用于漓江景区的保护性开发。

同日 三千漓山水人文度假区开业。该度假区位于阳朔兴坪，投资近30亿元，占地146.67公顷。

30日 2019年广西STEAM创新教育峰会在桂林市召开。

31日 “喜迎中华人民共和国成立70周年，庆祝广西壮族自治区‘壮族三月三’中俄文化艺术交流展”在桂林美术馆开幕。该次展览展出8名来自俄罗斯乌苏里斯克市油画家的80余幅作品，题材包括静物、肖像、风景，表现了当地的风土人情和独特的绘画语言。

4月

3日 第十一届广西体育节、2019年“壮族三月三·民族体育炫 民族歌圩节”开幕式在市中心广场举行。

同日 广西遗体器官捐献者纪念园（桂林）在桂林市凤凰山陵园落成。

5日 中国－东盟狮王争霸赛在市中心广场鸣锣开赛，共有来自广西、广东以及马来西亚、印度尼西亚、越南等9支国内外精英舞狮队伍参加比赛。

7日 庆祝中华人民共和国成立70周年“壮族三月三·八桂嘉年华”暨桂林市“周末大家乐”广场文艺演出启动仪式、第六届全国少数民族优秀节目展演在市中心广场上演。

9日 桂林－美国加州（旧金山、洛杉矶）两地企业家交流座谈活动在香格里拉大酒店举行。该次活动主题为“祝福祖国·共叙友情·共谋发展”。

11日 越南国防部国防战略院代表团团长、院长邓光明一行5人，在中国人民解放军军事科学院军队政治工作研究院副院长马卫防等中方代表的陪同下，到广西壮族自治区南溪山医院考察调研。

三千漓山水人文度假区三千堂 （曹凯 2019年摄）

12日 中国21世纪议程管理中心－亚洲开发银行“促进2030年可持续发展议程本地化的制度建设”项目启动会在桂林市举行。

同日 桂林市在临桂区金山广场启动为烈属、军属和退役军人等家庭悬挂“光荣之家”牌匾工作。

16日 由中国歌剧院舞剧院演出的2015版民族歌剧《白毛女》在桂林大剧院上演。

23日 市委常委、统战部部长王建毅在榕湖饭店会见由台湾花莲县秀林乡乡长王玫瑰、乡民代表会主席赖俊杰率领的秀林乡参访团一行40人。

25日 纪念中美建交40周年美国飞虎队遗产研讨会在桂林市举行。主题是“历史昭示未来：团结应对挑战 合作扩大共赢”。自治区党委副书记孙大伟，美国驻华大使布兰斯塔德出席研讨会并分别致辞，自治区人大常委会副主任、桂林市委书记、市人大常委会主任赵乐秦出席研讨会。

26日 桂林市人民政府与桂林医学院在创业大厦签署《桂林旅游综合医院运营合作协议》。

同日 副市长樊新鸿在市会议中心会见到桂林市考察的国际漂流联合会主席乔·琼斯一行。

27日 桂林比亚迪新能源商用车产业基地竣工投产，首台“桂林制造”的比亚迪新能源商用车总装下线，填补了桂林市新能源汽车技术和产业空白。

30日 桂林市举行纪念“五四”运动100周年大会，深入学习贯彻习近平新时代中国特色社会主义思想，重温五四运动的光荣历史。

5月

1日 桂林市鼎富旅游集散中心开始运营，该中心位于象山区翠竹路75号鼎富大厦。

7日 桂林首个5G商用电话拨通。

14日—17日 桂林市代表分团分别在香港和澳门开展投资促进活动。共有8个项目达成初步投资合作意向，预计投资总额230亿元，其中稀土电池生产项目、汽车大数据处理中心及智能汽车电子终端研发中心2个项目签约，投资总额22亿元。

17日 第七届中国大学生阳光体育羽毛球比赛在桂林师范高等专科学校开幕，该赛事由中国大学生体育协会主办。

18日 2019桂林(深圳)投资合作推介会在广东省深圳市举行，共签约16个项目、3个战略合作协议，总投资44.73亿元，项目涉及高端智能、新制造、新材料、新能源等新兴产业。

19日 广西桂林阳朔遇龙河旅游度假区获文化和旅游部公布为国家级旅游度假区。

21日 中国计划生育协会桂林市优生优育指导中心在市妇幼保健院揭牌并投入使用。该中心是中国计划生育协会2019年在全国设立的28个优生优育指导中心项目点之一，是广西首个、唯一的项目点。

22日 市长秦春成会见到访的友好城市韩国济州市市长高喜范一行。

同日 副市长黄加才在桂林香格里拉大酒店会见捷克外交部第一副部长卢卡斯·考茨基一行。

同日 桂林市举行民兵应急营基干民兵入队仪式暨整组点验大会，任命桂林市民兵应急队干部骨干，310名入队的民兵接受整组点验。

23日 中国－东盟商务与投资峰会2019中日韩健康产业论坛在桂林市举办。该次论坛以“投资健康产业 共享发展机遇”为主题。

24日 第八届中国创新创业大赛广西赛区桂林选拔赛暨第五届桂林市创新创业大赛启动仪式在桂林智慧谷文创产业园举行。

25日 “保护母亲河，争做‘河小青’”——2019年广西青少年保护母亲河志愿环保行动启动仪式暨桂林市漓江环保基金捐赠、鱼苗放生及环保徒步活动在桂林市訾洲公园进行，该活动由共青团广西自治区委主办、桂林团市委承办、桂林银行协办。

27日 2019全国健身气功气舞大赛(桂林站)在桂林市体育馆开幕，来自全国各地的34支队伍300多名运动员参赛。

28日 “中国计生协暖心家园”和广西计生家庭健康素养优生优育促进行动项目启动仪式在秀峰区尊神庙美食夜市街举行，是桂林市获得的首个“中国计生协暖心家园”项目。

6月

4日 财政部、住房和城乡建设部、生态环境部公示2019年黑臭水体治理示范城市竞争性选拔结果，桂林市被确定为第二批城市黑臭水体治理示范城市。

6日 2019年“文化和自然遗产日”广西主场城市活动在逍遥楼举行。

10日—11日 自治区党委书记、自治区人大常委会主任鹿心社，自治区主席陈武率自治区党委常委到全州、兴安县接受革命传统现场教育，开展“守初心、持恒心、强信心”专题研讨暨自治区党委理论学习中心组2019年第三次专题学习。

11日—12日 自治区党委书记、自治区人大常委会主任鹿心社到灌阳县，实地调研红军突破湘江战役遗址保护和脱贫攻坚工作。

12日 自治区主席陈武在广西师范大学雁山校区音乐学院为桂林市13所高校大学生代表作形势与政策专题报告。

13日 桂林市向参加世界旅游联盟2019年第三次会员日活动的会员们举行旅游推介会。世界旅游联盟秘书长刘士军、爱彼迎中国副总裁安丽参加推介会。

14日 2019桂林(杭州)投资推介会在浙江省杭州市举行，来自长三角地区的近200家企业代表参会，与桂林市相关单位洽谈投资合作。该次推介会成功签约项目8个，项目涉及高端智能、新制造、新材料等战略新兴产业，投资金额58.55亿元。

同日 第26届广西青少年爱国主义读书教育活动小学生讲故事暨中学生演讲会在市“一院两馆”举行。

17日 广西第二届节能体验自行车赛暨环广西公路自行车世界巡回赛预热赛(桂林站)在临桂新区市民广场开赛。该次活动的主题是“绿色发展，节能先行”。

19日 桂林西麦食品股份有限公司在深圳证券交易所中小企业板上市，公司证券代码002956，成为广西当年首家A股IPO上市企业。

7月

1日 中共中央宣传部组织的“壮丽70年·奋斗新时代——记者再走长征路”主题采访活动走进桂林。《人民日报》、新华社、中央广播电视总台等20多家媒体的120余名记者围绕湘江战役主题进行采访报道。

8日 自治区人大常委会副主任、桂林市委书记、市人大常委会主任赵乐秦在中央党校省部级战略思维与能力提升班作学习讲话，以《历史的丰碑——为苏维埃新中国流尽最后一滴血》为题详述湘江战役悲壮历史，并结合“不忘初心、牢记使命”主题教育谈体会心得。

12 日 第十二届广西园林园艺博览会在防城港园博园开幕。桂林市当天在园博园举办桂林城市活动日暨桂林园开园仪式。

15 日—16 日 自治区主席陈武率全自治区年中工作会议第二组代表到桂林市，深入产业园区、项目现场、企业车间考察交流。

16 日 2019“创客中国”中小企业创新创业大赛广西赛桂林分赛在临桂区开赛。共吸引企业、创客等 48 个项目参赛。有 30 个项目入围桂林分赛，参赛项目涵盖高新技术、教育、医疗、社交、互联网等多个领域。

17 日 第四届中国－东盟民族文化论坛在桂林市开幕。来自中国、文莱、柬埔寨、印度尼西亚、老挝、马来西亚、缅甸、菲律宾、泰国、越南、印度、日本 12 个国家的 150 多名专家学者、嘉宾，围绕“中国－东盟民族文化的区域合作与共同发展”论坛主题研讨交流，18 日闭幕。

17 日—18 日 由越南国家电视台纪录片中心和中国广西电视台国际部 9 名记者组成的中越联合工作组到桂林，到南溪山医院进行调研，为“2018 纪录中国”重点外宣合作项目——中越合拍纪录片《南溪河畔》了解挖掘医疗援越故事。

21 日 全市首家科技馆——赛酷尔科技馆开馆。该馆位于叠彩区智慧谷文化产业园内，总建筑面积约 8000 平方米，馆内设置“智慧人类馆”“饮水安全馆”“能量之源馆”等 13 个主题馆。

同日 2019 年世界机器人大赛广西选拔赛在市第一中学体育馆拉开帷幕。桂林市首届机器人大赛、我爱机器人第六届青少年机器人城市联赛同时进行，600 多名来自广西各市、县的选手同台竞技。

22 日 副市长樊新鸿在资源县会见出席“2019 资源漂流世锦赛（测试赛）暨国际漂流精英对抗赛”的国际漂流联合会主席乔·琼斯一行。

25 日 自治区党委、政府和广西军区在南宁召开自治区双拥模范城（县）命名暨双拥模范单位和个人表彰大会。桂林市获自治区双拥模范城称号，成功实现自治区双拥模范城“十连冠”目标。

30 日 阳朔至鹿寨高速公路建成通车现场会在荔浦市高速路口举行，标志着阳鹿高速建成通车，结束了荔浦市无高速公路的历史。

8 月

3 日—5 日 全国政协副主席、民建中央常务副主席辜胜阻在桂林考察。先后考察了芦笛岩、漓江亮化美化提升改造项目、王城历史文化街区、漓江景区、桂林千古情、大榕树景区、印象刘三姐、遇龙河景区、雁山园、桂海碑林。

6 日 兴安红军长征突破湘江烈士纪念碑园获“全国关心下一代党史国史教育基地”并举行授牌仪式。

7 日 市人民政府党组成员朱永辉会见到桂林市访问的印度尼西亚楠榜省高级检察院代表团一行。

8 日 中国数字银行论坛·2019 桂林论坛在大公馆举行。来自全国的银行高管、行业专家、主流媒体代表 200 余人，共同探讨银行数字化转型新趋势。

12 日—15 日 自治区党委书记、自治区人大常委会主任鹿心社到恭城瑶族自治县、平乐县、荔浦市和永福县，就县域经济发展、乡村振兴和生态文明建设等进行调研。

14 日 大型桂剧《破阵曲》首次在北京公演，为新中国 70 周年华诞献礼，该剧由桂林市地方戏剧创作研究院创作。

15 日—16 日 全自治区“优质粮食工程”现场推进会在全州县召开。

16 日 桂林深科技有限公司生产的第一台智能手机（整机）亮相，实现广西手机生产零的突破。

19 日 由桂林市委、市人民政府主办的 2019 桂林—北京投资推介活动周座谈会在北京召开，拉开了桂林－北京投资推介活动周的序幕，当日市人民政府与中国电子信息产业集团有限公司签订战略合作协议。

同日 第三届中国国际华语大会开幕式在万福广场举行。来自全国各地的广播电视台主持人、播音主持艺术高校教师和语言艺术从业者、爱好者，以及部分中小学校师生共约 380 名代表参加活动。

同日 市房地产业协会人民调解委员会、民商事调解中心，桂林福建商会人民调解委员会、民商事调解中心成立揭牌仪式举行。市工商联、市中级人民法院、市司法局三部门首次在桂林市商协会设立调解机构，桂林是广西首个在商协会设立民商事调解中心的城市。

20 日—25 日 自治区人大常委会副主任、桂林市委书记、市人大常委会主任赵乐秦，市长秦春成率桂林市考察团，先后到四川省阿坝藏族羌族自治州、陕西省延安市、贵州省遵义市等红军长征途经和战斗过的地方学习考察。

30 日 东西巷与正阳步行街地下通道工程建成开放通行。

9 月

5 日 桂林红军长征湘江战役文化保护传承中心在桂林投资发展商务大厦挂牌成立。

7 日 2019 年广西东盟（桂林）狮王邀请赛暨第四届中国桂林秀峰龙狮文化节在市中心广场开幕。来自中国、马来西亚、泰国等国家共 8 支精英龙狮团进行传统南狮、高桩自选等表演。

8日　2019阳朔铁人三项赛鸣枪开赛，该届比赛分为精英组（全程113千米）和挑战组（全程51.5千米）。经过激烈角逐，胡春熙以04:26:49的成绩获得男子精英组冠军，曲颖以05:01:57的成绩获得女子精英组冠军。汤九零以02:10:48的成绩获得男子挑战组冠军，于姝珺以02:18:02的成绩获得女子挑战组冠军。

9日　桂林市"践行新使命、忠诚保大庆"暨新中国成立70周年大庆安保誓师大会在临桂区市民广场举行。

10日　市委召开全市"不忘初心、牢记使命"主题教育工作会议，启动主题教育。

11日—12日　中央政治局委员、中央书记处书记、中宣部部长黄坤明，中央军委委员、军委政治工作部主任苗华、中央有关部委领导及自治区领导200人，出席12日上午在全州县举行的红军长征湘江战役纪念设施落成仪式和湘江战役烈士遗骸安葬仪式。11日晚，黄坤明一行考察了漓江亮化美化提升改造项目、王城历史文化街区、《桂林有戏》。

12日　红军长征湘江战役纪念设施落成仪式在全州县举行。中共中央政治局委员、中央书记处书记、中宣部部长黄坤明出席活动并讲话，中央军委委员、政治工作部主任苗华主持落成仪式。自治区党委书记、自治区人大常委会主任鹿心社致辞。自治区党委副书记、自治区主席陈武，自治区政协主席蓝天立，退役军人事务部部长孙绍骋出席。自治区人大常委会副主任、桂林市委书记、市人大常委会主任赵乐秦，市长秦春成，市政协主席粟增林，市人大常委会党组书记、副主任潘永建等市四家班子领导参加活动。

同日　红军长征突破湘江纪念馆在兴安县开馆。

同日　新圩阻击战史实陈列馆在灌阳县开馆。

19日　桂林市干部党性教育基地在市委党校行政中心挂牌成立。

22日　2019中国－东盟可持续发展创新合作国际论坛在桂林开幕。该届论坛以"加强创新合作，促进产业可持续发展"为主题，来自国内外的500多名专家学者共同探索可持续发展新路径，共同展望绿色发展新愿景。

23日　桂林市"不忘初心、牢记使命——广西党组织成长的光荣之路"主题展播活动在市会议中心启动。

25日　桂林市琴潭片区改造及文化广场建设一期项目竣工暨桂林万象城开业庆典在桂林万象城举行。同日，总投资约90亿元的桂林市琴潭片区改造及文化广场建设二期项目启动。

同日　桂林市城南水产综合批发市场项目开工，该项目位于桂林市环城南三路凉水井村。

27日　桂林中华文化学院在桂林市社会主义学院挂牌成立。

28日　桂林市庆祝中华人民共和国成立70周年大会暨"我和我的祖国"文艺晚会在桂林大剧院举行。

29日　桂林西站新站房投入使用，改造升级后的桂林西站站房总面积超过6300平方米，总候车面积3000平方米，最高可同时容纳1200人候车。

30日　桂林市各界向烈士敬献花篮仪式在七星公园举行。自治区人大常委会副主任、桂林市委书记、市人大常委会主任赵乐秦，陆军特种作战学院政委程伯福，市长秦春成，市政协主席粟增林，市人大常委会党组书记、副主任潘永建出席敬献花篮仪式。

10月

1日　桂林市在创业大厦前广场举行庆祝中华人民共和国成立70周年升国旗仪式。

8日　市委书记、市人大常委会主任赵乐秦，市长秦春成共同为桂林市党群服务中心揭牌。该中心位于临桂新区公园北路新城投资集团办公楼副楼。

同日　市委书记、市人大常委会主任赵乐秦，市长秦春成在市会议中心会见中国工程院院士、共和国勋章获得者袁隆平。

9日　中国工程院院士、共和国勋章获得者、中国杂交水稻之父袁隆平在灌阳县新圩镇小龙村为袁隆平院士工

2019年10月8日，桂林市四家班子领导为市党群服务中心正式揭牌

（市委组织部　供图）

作站揭牌。

10 日 市委书记、市人大常委会主任赵乐秦，市长秦春成率市四家班子党员领导干部来到湘江战役发生地全州、兴安、灌阳县开展“寻找红色印记，传承红色基因”革命传统现场体验教育暨“守初心、持恒心、强信心”专题研讨。

12 日 桂林市第二水源工程在临桂区庙岭大道西城水厂项目现场开工建设。该工程以青狮潭水库作为水源，总投资 24.22 亿元。

17 日 第九届桂林国际山水文化旅游节在桂林开幕。

同日 自治区人大常委会副主任、桂林市委书记、市人大常委会主任赵乐秦在桂林香格里拉大酒店会见了前来出席第十三届联合国世界旅游组织 / 亚太旅游协会旅游趋势与展望国际论坛的重要嘉宾——联合国世界旅游组织执行主任曼努埃尔·巴特勒，亚太旅游协会首席运营官特雷弗·韦尔特曼，香港理工大学酒店与旅游业管理学院院长田桂成，世界旅游组织亚太部副主任黄海国，黑山共和国可持续发展旅游部副部长阿曼德·米拉，柬埔寨旅游部助理部长托克·索克姆，马来西亚会议与会展局局长黄宏炳，斯里兰卡旅游发展局总干事、旅游规划发展司司长普拉萨德·贾亚苏里亚。

同日 自治区人大常委会副主任、桂林市委书记、市人大常委会主任赵乐秦在桂林香格里拉大酒店会见了前来出席“两会一节”的缅甸饭店与旅游部部长吴翁貌以及驻华使节。

18 日 第十三届联合国世界旅游组织 / 亚太旅游协会旅游趋势与展望国际论坛在桂林开幕。该届论坛的主题是“超越都市——疏散政策、容量管理和乡村旅游”。

同日 2019 中国 - 东盟博览会旅游展在桂林国际会展中心开幕。该届旅游展以“坚持创新引领　深化中国 - 东盟旅游开放合作”为主题。

同日 第五届粤桂黔滇高铁经济带合作联席会议在桂林市召开，粤桂黔滇四省区高铁沿线 21 市州人民政府的领导出席会议。

同日 桂林人才飞地揭牌仪式在广东省深圳市举行，同时举行了桂林人才飞地合作共建、企业入驻签约仪式，标志着桂林跨区域协作的创新创业引才聚才平台启用。

19 日 2019 粤桂黔滇产业项目对接会召开，来自粤桂黔滇四省(区)高铁沿线 21 市(州)代表团有关负责人及知名企业代表 200 多人参加，共签约 19 个产业合作项目，签约金额 169.29 亿元。

同日 2019 中国 - 东盟入境游电子商务论坛在桂林漓江大瀑布饭店举行。

22 日 2019“环广西”赛第六赛段——桂林城市赛鸣枪开赛。全球 18 支顶级车队的 126 名顶尖车手参加角逐。

同日 2019 年环广西女子公路自行车世界巡回赛在桂林园博园鸣枪开赛。17 支世界顶级女子车队参加角逐。

28 日 桂林市两新组织党群服务中心举行揭牌仪式，该中心位于临桂区世纪大道 41 号奥林匹克花园小区售楼部旁，共设置新时代学习厅、政治生活厅、双轨孵化厅、成果分享厅、新时代悦读厅 5 个展厅，总面积 2470 平方米。

11 月

2 日 “中国体育彩票杯”2019 中国·桂林首届网球团体公开赛开幕式在桂林市体育中心网球场举行，共有 15 个省、市的 16 支代表队近 200 名选手参赛。

5 日 中国共产主义青年团桂林市团校、中国(广西)国际青年交流学院培训基地在桂林市委党校举行揭牌仪式。

6 日 全市文化旅游发展大会召开。

7 日 赣州、遵义、延安、龙岩、桂林五地在江西瑞金干部学院签订了《赣州·遵义·延安·龙岩·桂林“干部党性教育培训联盟”合作协议》。

8 日 “摇橹船　讲板路——连通水系休闲游”项目开通运营。

10 日 2019 桂林银行桂林国际马拉松赛在市中心广场鸣枪开跑。全球 26 个国家和地区的 3 万参赛者齐聚桂林。

同日 广西第十四届运动会火炬传递(桂林站)活动在市中心广场举行。市长秦春成、自治区体育局副局长卢意文、广西广播电视台副台长庞通、桂林市副市长钟洪出席火炬传递仪式。

11 日 2019 首届入境游旅行商(桂林)采购大会在桂林市开幕。邀请了来自加拿大、澳大利亚、以色列等近 20 个国家和地区的 120 余名入境游采购商，以及 100 多名机场、航空公司、景区、旅行社的境内旅游供应商参加会议。

13 日 桂林市 2019 年政务公开日暨“走进政务中心　体验政务服务”活动在市政务服务中心举行，100 余名各界代表走进市政务服务中心，现场体验政务服务。

15 日—17 日 2019 年首届世界米粉大会桂林米粉宣传推介活动在南宁市国际会展中心举行。

16 日 桂林市启用推广智能液化石油气钢瓶。

18 日—19 日 全国政协副主席卢展工率队的全国政协京昆室委员调研组到桂林市，围绕支持戏曲传承发展政策贯彻落实情况进行调研。

19 日 2019 年广西(桂林)文化旅游重大项目招商推介会暨签约仪式在桂林市举行。签约项目共 17 个，其中自治区层面签约项目 6 个，桂林市层面签约项目 11 个，总金额 759.3 亿元。

20日 东盟防长扩大会反恐专家组联合实兵演习在桂林进行综合演练。

同日 自治区主席陈武在桂林市考察项目建设情况。陈武实地考察了桂林深科技智能制造产业园项目一期生产及二期建设情况;桂林三金药业股份有限公司;华能桂林燃气分布式能源有限责任公司,了解项目供热范围和管网建设等情况。

21日 2019年广西文化旅游发展大会在桂林市召开。

22日 桂林市第26届"解放杯"象山欢乐跑活动在园林植物园开跑。2000多位市民以欢乐跑的形式,纪念桂林解放70周年。

23日 桂林砂糖橘品牌宣传暨农业投资招商推介会在北京新发地农产品批发市场举行。北京、桂林两地企业共签订购销协议金额21亿元,同时签订投资意向金额8亿元。

27日—28日 市长秦春成带队赴广东省肇庆市对接粤桂扶贫协作工作。

28日 中国桂林创新创业大赛桂林总决赛在桂林香格里拉大酒店举行,包括新一代信息技术、先进制造、生态食品、生物与生命科学、新材料与新能源等五大产业领域的24个高科技项目同场竞技。

30日 临桂新区新城吾悦广场开业运营。

12月

5日 西南贫困地区农产品产销对接活动及第17届广西名特优农产品(桂林)交易会在桂林国际会展中心开幕,630多家自治区内外企业、3000余种名特优农产品参会参展。签约金额共计49.03亿元。

5日—7日 自治区人大常委会副主任、桂林市委书记、市人大常委会主任赵乐秦出席在贵州省遵义市举行的第二届"红军长征论坛"并作交流发言,讲授湘江战役红色经典,共同缅怀红军浴血奋战的峥嵘岁月。

10日 全自治区高校征兵工作规范化建设推进会在桂林电子科技大学召开。广西军区副司令员万苏晋、桂林警备区司令员刘礼智、副市长兰燕、桂林警备区副司令员彭云参加会议。

11日 以湘江战役为创作背景的大型原创音乐剧《血色湘江》在桂林大剧院上演。

12日 2019体育强国建设论坛暨中国–东盟体育旅游活力月在桂林国际会展中心开幕。该次活动以体育强国建设促进经济高质量发展为主题。

同日 2019桂林国际拳击公开赛暨辉煌广西拳击之夜拳王争霸赛在市体育馆举行。中国、俄罗斯、韩国等8个国家的14名高水平拳击运动员参赛。

13日 桂林市纪检监察综合业务基地揭牌启用,市委书记、市人大常委会主任赵乐秦宣布基地启用,并与市委常委、纪委书记、监委主任吕洪安共同为基地揭牌。

14日 民族歌剧《刘三姐》受邀赴澳大利亚,参加中澳重要文化交流项目——第3届澳大利亚中华文化节演出。该剧由中国歌剧舞剧院携手桂林市文化新闻出版广电局共同打造,中国歌剧舞剧院和桂林文化演艺有限公司联合演出。

17日 2019年全市质量强市暨第五届市长质量奖表彰大会在创业大厦会议中心召开。桂林南药股份有限公司、桂林广陆数字测控有限公司获第五届桂林市市长质量奖。桂林电力电容器有限责任公司、桂林两江四湖旅游有限责任公司获第五届桂林市市长质量奖提名奖。

18日 2019桂林"勤廉榜样"先进事迹主题情景报告会在桂林大剧院举行。

25日 中国科技产业化促进会柑橘研究院荔浦基地授牌暨"E浦橘社"柑橘大数据柑橘交易平台启动仪式在荔浦市举行。

26日 桂林市社会组织党组织服务中心和桂林市社会组织服务中心揭牌启用,"双服务中心"位于临桂区宏谋路岩塘社区,总面积360平方米。

27日 广西北部湾银行桂林分行在临桂新区西城大道耀辉美好家园开业。

28日 全自治区推动地方特色食品质量安全和产业发展现场会在桂林市召开。

31日 芳香东路新建工程竣工通车。该工程西起芳香路与东二环路交叉口,向东穿过竹桥村,跨过绕城高速公路,于桂林航天工业学院附近连接灵朝线,道路全长5.35千米,道路等级为城市次干路,设计行车速度为每小时30千米,项目总投资2.84亿元。

同日 桂林市消防救援支队举行挂牌仪式,17县(市、区)消防救援大队同时挂牌成立。

同日 中央农村工作领导小组办公室、农业农村部、中共中央宣传部、民政部、司法部联合公布全国乡村治理示范村镇名单,永福县罗锦镇入选全国乡村治理示范乡镇,兴安县溶江镇莲塘村、恭城瑶族自治县平安镇北洞源村、龙胜各族自治县龙脊镇金江村、临桂区中庸镇泗林村入选全国乡村治理示范村。 (陶树青)

桂林国际旅游胜地建设

综　述

【桂林国际旅游胜地建设主要指标大部分完成】 2019年，桂林市坚持国际旅游胜地“一本蓝图绘到底”，桂林国际旅游胜地建设实现七大升级，实现从传统产业发展模式向全域旅游升级，从观光游览地向休闲度假地升级，从旅游产业基本要素发展向“文化旅游+”深度融合升级，从开发一般文旅项目向创造未来文化遗产升级，从基本服务规范向国际化服务品质升级，从旅游企业相互竞争向文旅产业集聚发展升级，从一般国际旅游城市向国际旅游胜地升级，桂林文化旅游世界品牌、国内标杆、自治区内龙头地位不断提升。年内，桂林国际旅游胜地主要指标大部分提前或超额完成。《桂林国际旅游胜地建设发展规划纲要》提出的12个指标有8个提前完成。其中，全市森林覆盖率71.62%，高出预期目标1.03个百分点；城市污水集中处理率约100%，高出预期目标近5个百分点；城市空气质量优良率持续向好，优良天数323天；漓江干流水质达标率100%；旅游总人数13833.66万人次，超预期目标9303.66万人次；旅游总收入1874.25亿元，超预期目标368.22亿元；旅游总收入占地区生产总值比重为50%，超过预期目标22.6个百分点；第三产业占地区生产总值的比重54.3%，提前完成预期目标。其他4个指标的实现程度为：入境游客人数314.59万人次，完成预期目标的80.7%；农村居民人均纯收入16045元，完成预期目标的86%；城镇化率50.90%，完成预期目标的85.2%；城镇居民人均可支配收入37178元，完成预期目标的66.7%。

【胜地建设四大战略定位取得新进展】 2019年，桂林国际旅游胜地建设成效显著，胜地建设四大战略定位逐步实现。一是世界一流的旅游目的地建设稳步推进。临桂新区已建成山水公园、新区水系和“一院两馆”等一批标志性设施。旅游业态日益丰富，深入实施“旅游+”战略，培育了休闲度假、健康养生、红色旅游、研学旅行等新模式、新业态。完成第四批新型城镇示范乡（镇）建设，休闲农业走在全国前列，乡村旅游人数突破3000万人次，综合收入超50亿元。提升旅游服务水平，旅游服务业标准化试点城市通过国家验收。二是全国生态文明建设示范区建设成效显著。持续推进漓江沿岸畜禽养殖整治，游船和码头改造升级，桂林市入选全国黑臭水体治理示范城市，建成防洪及漓江补水枢纽工程，构建统一管理、统一经营、统筹各方利益的保护与修复机制，并计划投资近1000亿元，实施漓江生态保护与修复提升工程、漓江流域山水林田湖草生态保护和修复工程。临桂会仙喀斯特国家湿地公园试点建设通过国家验收。桂林先后成为全国水生态文明建设试点城市、国家级低碳城市试点城市、国家生态文明先行示范区，并通过国家环境保护模范城市复核。推进老城疏解、街区改造、业态提升工作，城市绿化覆盖率提高到41.1%，“一城文化满城绿”的桂林风韵全面彰显。三是全国旅游创新发展先行区建设取得新进展。全市持证导游1.3万人，带动就业60多万人。探索建立旅游用地基准地价体系，破解旅游发展用地难题。11月15日，广西壮族自治区人民政府办公厅印发《关于支持文化旅游高质量发展用地政策的通知》，桂林旅游产业用地改革经验在全自治区推广。四是区域性文化旅游中心和国际交流平台加快建设。已连续举办13届联合国世界旅游组织/亚太旅游协会旅游趋势与展望国际论坛。中国－东盟博览会旅游展、桂林国际山水文化旅游节影响力不断提升。环广西公路自行车世界巡回赛（桂林段）、桂林国际马拉松赛、世界漂流锦标赛等国际赛事极大提升桂林知名度和美誉度。两江国际机场T2航站楼已建成使用，机场年旅客吞吐能力增至1200万人次。全市航空、高铁、城市交通、县县高速等旅游通道能力大幅提升。

【国际旅游胜地项目建设】 2019年，在桂林国际旅游胜地建设中，桂林市坚持项目建设带动，引进一批重大旅游项目带动产业升级。旅游产业重大项目融创万达文化旅游城进展顺利，桂林袭汇国际文化世界、恭城瑶家大院互联网影视旅游基地、象山区瓦窑小镇等重大文化项目加速建设。引进会仙湿地国际旅游度假小镇、兴安乐满地5A级文化旅游康养综合体、美好家园国际旅居康养小镇、愚自乐园地中海度假村（二期）、益田（雁山）民国风情小镇等一批投资50亿元以上、辐射面广、带动力强、引领产业走向的重大项目，推动桂林旅游由单一观光型向多元综合型发展，增强桂林旅游发展后劲。桂林路网建设全面加快。7月30日，阳鹿高速建成通车，阳朔到鹿寨的行车时间由原来的150分钟缩短为50分钟，阳朔、荔浦、鹿寨3个县（市）连成一线，提升了三地的招商引资能力和旅游观光吸引力，结束了荔浦市不通高速公路的历史。8月10日，灌阳至平乐高速公路建设启动。灌阳至平乐高速公路由北向南主要经过灌阳县、恭城瑶族自治县、平乐县，为自治区层面重大项目，路线全长约136千米，总投资约136亿元。（唐飞鸿）

漓江科学保护

2019年，阳朔杨堤生态亲水平台完成提升改造（漓江风景名胜区管委会 供图）

【概况】 中共桂林漓江风景名胜区工作委员会（简称漓江风景名胜区党工委）、桂林漓江风景名胜区管理委员会（简称漓江风景名胜区管委会），为市委、市人民政府的派出机构，实行一个机构、两块牌子，负责漓江风景名胜区统一管理、统一经营、统筹兼顾各方利益工作。办公地址在桂林市七星区骖鸾路23号。2019年3月，漓江风景名胜区党工委、管委会进行机构改革，内设办公室、生态保护与规划建设局（世界自然遗产保护管理局）、综合执法局、旅游发展局、财政局、机关党组织，人员编制20名（含后勤服务聘用人员控制数2名），在职人员16人。下设参照公务员法管理事业单位1个：桂林漓江风景名胜区综合执法支队。下设全额拨款事业单位2个：桂林漓江风景名胜区战略发展处（桂林漓江风景名胜区港航管理处）、桂林漓江风景名胜区市场拓展处。年内，漓江风景名胜区党工委、管委会统筹推进漓江综合整治，构建漓江生态保护新格局，漓江生态环境持续向好，漓江保护经验成效得到《人民日报》《光明日报》和中央电视台等媒体的持续关注报道。

【漓江风景名胜区重大项目建设】 2019年，漓江风景名胜区党工委、管委会坚持以市级层面重大项目为带动，增强漓江保护能力。一是重大项目建设持续发力。漓江活动壅水科学试验项目二期船闸主体工程完工并开展壅水，漓江枯水期水质及水域卫生保洁情况良好，漓江生态、景观及通航条件显著改善。龙船坪、净瓶山、雁山草坪、阳朔杨堤、阳朔兴坪、灵川大圩等一批旅游码头和生态亲水平台提升改造项目完成。伏龙洲生态修复项目竣工，实施周边自然泊岸生态修复提升，同步实施伏龙洲夜景灯光亮化，成为漓江城市段洲岛生态修复良好范例。桂林喀斯特世界自然遗产地生态景观修复工程（二期）完成工程形象进度80%，漓江城市段岸线湿地生态修复竣工验收，城市段洲岛湿地生态修复完成工程形象进度80%。二是政策争取获得重大突破。牵头编制《桂林漓江生态保护和修复提升工程方案（2019—2025年）》。会同市自然资源局等部门持续推进漓江流域山水林田湖草空间规划和项目册编制，自治区给予桂林市资金支持开展项目试点。开展漓江风景名胜区核心景区沿江可视范围景观林提升工程前期工作，自治区主管部门给予支持，项目完成规划设计相关工作。三是融资功能得到明显提升。桂林漓江旅游投资运营有限责任公司募集到广西首单绿色金融债券，专项用于漓江风景名胜区的生态保护基础设施建设和生态旅游资源开发利用；亚洲开发银行漓江生态保护项目贷款列入国家备选项目，国家开发银行漓江“一江四岛”（漓江，伏龙洲、蚂蟥洲、南洲、大洲）一期项目贷款获自治区核准批复和用地预审批复；环城水系公司获政府专项债券融资和自治区环保专项资金。

2019年，漓江风景名胜区管委会查处在漓江沿岸倾倒建筑垃圾违法行为（漓江风景名胜区管委会 供图）

【漓江风景名胜区综合执法监管】 2019年，漓江风景名胜区党工委、管委会对破坏漓江生态环境的违法违规行为进行严格执法，推进“四乱一脏”（乱建、乱挖、乱养、乱经营，环境卫生脏）整治821次，拆除搭建3.5万平方米，

2019 年 8 月 23 日,漓江生态保护和修复提升现场推进会召开

(漓江风景名胜区管委会　供图)

扣缴采挖设备 11 台,收缴销毁地笼 1.8 万米,迁移养殖场 19 处,收缴销毁“黑筏”486 张,拆解弃置和餐饮船舶 46 艘,配合公安机关带离扰乱旅游秩序 53 人,督查清理垃圾 470 吨。开展扫黑除恶治乱专项整治,漓江公安分局破获漓江“黑筏”经营者阻碍执行公务系列案件,端掉长期盘踞磨盘山码头寻衅滋事的“野马”“黑车”欺客宰客团伙。历史遗留问题取得新突破。生态环境部解除漓江流域采石场生态破坏和河流污染问题挂牌督办;拆解清理漓江干流历史遗留的弃置船舶 34 艘、弃置排筏 60 余张、污染环境的餐饮船舶 8 艘,完成收购、安置伏龙洲水域长期停放的住家排筏和住家船,清理伏龙洲长期停放的 11 张照相排筏、4 艘船舶;拆除叠彩区大河乡漓江沿岸养猪场违规搭建 7000 多平方米,拆除桂磨大桥水域沿岸历史遗留的鱼餐馆 4 家。规范漓江干流排筏管理,完成漓江干流兴坪、杨堤、草坪、大圩 1210 张游览排筏外观提升改造,对游览排筏的运营进行统一信息化新式号牌备案登记造册,建立安全技术评估和信息化管理机制。推进漓江干流联动执法精细化管理,在漓江生态环境保护、旅游市场秩序维护、旅游服务品质提升等方面,通过实施精细化管理措施,建立健全日常巡查处置机制和联动执法整治机制,打击各类违法违规行为。

【漓江风景名胜区生态红线保护】 2019 年,漓江风景名胜区党工委、管委会以《桂林漓江风景名胜区总体规划(2013—2025 年)》为引领,做好漓江生态红线保护。严格规划管控,修订完善《桂林漓江风景名胜区建设和生态景观类活动事项报请审核监督管理暂行办法》,加快推动漓江流域国土空间规划编制;召开漓江风景名胜区建设和规划活动业务审核会议 5 次,审议事项 27 项,出具规划审核意见 81 份,对阳朔兴坪古镇休闲养生度假区等 8 个项目的规划执行情况进行抽查。强化规划编制,编制完成《桂林乌柏滩生态公园规划》《漓江风景名胜区漓江沿岸旅游项目(2017—2021 年)》;完成桂林漓江风景名胜区景观资源调查(一期)及文物古迹(古村落)调查工作,形成调查研究报告。突出规划引领,支持漓江沿岸县(区)生态文化旅游融合发展,漓江沿岸大圩、草坪、杨堤、兴坪等一批生态保护重镇、旅游休闲名镇、历史文化古镇迅速崛起。强化信息化监控监测,建设完成桂林喀斯特世界自然遗产地(漓江风景名胜区)信息化监控摄像头 71 个,统一接入漓江风景名胜区综合监管平台,对重点区域进行实时监控;在葡萄镇五指山、兴坪镇相公山设置专项监测点,对遗产地范围内地质地貌、生物生态、环境因素、森林防火、旅游活动进行监测。加强桂林喀斯特世界自然遗产地保护宣传工作,组织开展“文化和自然遗产日”系列活动,通过宣传牌、宣传册、宣传展板、微信公众号、公益宣传网站等多种形式开展宣传,在阳朔县葡萄镇遗产地范围内的 20 个自然村安装固定宣传牌,在雁山区 9 所中小学安装宣传栏,强化群众生态环境保护意识。

【漓江风景名胜区旅游品牌建设】 2019 年,漓江风景名胜区党工委、管委会以国际旅游胜地升级发展为目标,把生态优势转化为发展优势,推进漓江旅游品质提档升级。按照国内一流标准,持续推进漓江游船提档升级,漓江精华段星级游船 126 艘投入运营,城市段 3 艘星级游船投入运营、开展试航 6 艘、建造 16 艘,鼓励支持游船企业加快推进五星级高端游船的设计、建造工作。丰富漓江水上游览产品,推行分段游、分时游、分级游、分形游的“四分”游览新模式,漓江分时游、分段游的“一江四岛”一期“一江三山”(漓

2019 年 9 月 29 日,“一江三山”水陆互通游开通

(漓江风景名胜区管委会　供图)

2019 年 6 月 25 日，桂林市自然资源局漓江风景名胜区分局挂牌

（漓江风景名胜区管委会　供图）

江、象鼻山、叠彩山、伏波山）、“摇橹船讲板路——连通水系休闲游”等新航线开通。推动实施水上游览经营准入退出管理，依法依规授予完成整合的游船企业经营权，漓江水上游览经营权管理实现历史性突破。健全漓江水上游览票制票价体系，《漓江精华游线路游览票制及价格方案》经市人民政府审定并同意试行。按照门票、游览票分离的“两票制”原则，牵头拟定《漓江风景名胜区水上游览线路“两票制”票价方案》。优化完善“一键游漓江”平台，“一键游漓江”平台上线运营，实现手机实名购票、在线选座、线上订餐、移动支付、投诉处理等功能，推动所有线路票务运营依法依规统一纳入“一键游漓江”平台，同步推进接入“一键游桂林”平台。

【漓江风景名胜区管理体制改革】 2019 年，漓江风景名胜区党工委、管委会按照市委印发的《桂林漓江风景名胜区管理体制改革方案（2017—2020 年）》要求，完善漓江管理体制。健全漓江风景名胜区管理机构和队伍，行政管理框架得到优化调整，职能配置、内设机构和人员编制得到完善和充实。年内，市委编办批准成立市自然资源局漓江风景名胜区分局。加快推进漓江风景名胜区法治建设，《桂林市漓江风景名胜区管理条例（草案）》通过市人大常委会三审。推动建立健全漓江生态补偿机制，自治区启动漓江流域上下游横向生态保护补偿试点工作，拟定《漓江流域试点县区上下游横向生态保护补偿协议（2020—2022 年）》；探索建立漓江风景名胜区生态补偿机制，牵头拟定《漓江风景名胜区生态环境保护补偿机制实施建议方案》。

（漓江风景名胜区管委会）

旅游创新发展

【打造精品文旅产品】 2019 年，桂林市坚持文旅融合，实施“文化 +”“旅游 +”，推动文化创造性转化和创新性发展，打造文旅融合新产品新业态新品牌，呈现高铁游、自驾游、体验游、骑行慢游等旅游新方式，乡村旅游、民宿旅游、健康医养等旅游新业态快速发展，文化创意演艺、休闲度假等旅游新产品蓬勃发展，为桂林发展增添新动力。3 月 25 日，位于阳朔兴坪镇的三千漓山水人文度假区开业。度假区投资近 30 亿元，占地 146.67 公顷，成为代表桂林山水新形象的山水人文度假胜地。10 月 1 日，自治区、桂林市统筹建设的重大项目全州县大碧头国际旅游度假区建成开业。12 月 21 日，桂林全州天湖滑雪场开业。红色文化资源挖掘保护利用取得里程碑式进展，新建红军长征湘江战役纪念馆，改造提升红军长征突破湘江纪念馆，迁建新圩阻击战史实陈列馆，红色文化旅游成为新热点。文旅线路推陈出新，突出“红色 + 绿色生态”“红色 + 民族风情”等特色，整合桂北五县资源，策划推出桂林红色旅游精品线路 12 条，加快打造“百里”漓东之旅、峰林遗产之旅、茶江生态之旅、桂柳运河之旅、龙脊风情之旅、资江丹霞之旅、湘江红色之旅、灵渠古道之旅 8 条大桂林生态休闲旅游精品线路，打造线路总长 795 千米，范围覆盖 11 个县 2 个城区的 39 个乡（镇）、599 个自然村。围绕“乡村公园化、景区精品化、全域景区化、生态经济化”目标，实施生态修复和生态建设、环境综合整治、城乡风貌改造、基础设施建设、现代休闲观光农业和精品农业、特色文化传承和建设，将沿线大量分散的古村古镇、特色小镇、特色乡村、景点景区，串点成线，连线成廊，延廊成环，将整个桂林打造成为一个集乡村生态休闲旅游、现代农业（林业）核心示范区生态观光旅游、“改善农村人居环境·建设美丽桂林”生态体验旅游“三位一体”的生态旅游精品示范区。创建全国休闲农业与乡村旅游示范县 6 个，三星级以上国家休闲农业与乡村旅游示范园区 22 个，乡村旅游成为休闲旅游新热点。漓泉啤酒文化广场、三花酒博物馆、溢达九美桥时尚园成为工业旅游新亮点。

【桂林文化旅游发展获自治区支持】 2019 年 11 月 20 日—21 日，自治区党委、政府在桂林召开首届广西文化旅游发展大会。会议提出要加快桂林国际旅游胜地提质升级，并专门出台《广西壮族自治区人民政府办公厅关于支持桂林市加快文化旅游产业发展的意见》《关于以世界一流为发展目标打造桂林国际旅游胜地的实施意见》《桂林漓江生态保护和修复提升工程方案（2019—2025 年）》文件，明确重点支持桂林建设文化旅游产业发展重点项目 58 个，加强桂林文化旅游交通基础设施和文化旅游公共服务设施建设，支持提升桂林两江国际机场枢纽功能，打造世界一流旅游航空港。自治区、市两级政府每年安排航线培育专项资金 2 亿元，用于桂林国际航线的开辟。支持依托桂林两江国际机场，规划建设空铁公联运交通枢纽，建设桂林两江国际机场—桂林火车站（南站、北站、西站）的轨道交通和旅游专线铁路。支持桂林加快建设漓江

2019年11月20日，广西文化旅游发展大会考察团一行考察漓江景区

（漓江风景名胜区管委会　供图）

航运黄金水道，实施漓江游船提档升级工程，高标准特色化改造提升漓江沿岸游船码头配套设施，推行漓江分段游、分时游、分级游、分形游。支持建设一流的智慧旅游城市，升级完善“一键游桂林”智慧旅游公共服务体系，加快景区及重点公共场所4G、5G网络全覆盖建设等。加大对桂林的财政资金支持力度，从2019年起，通过自治区旅游发展专项资金分2年安排5000万元，支持桂林市公共文化旅游服务设施和重大项目建设；2019—2025年，自治区在保障对桂林综合财力补助的基础上，统筹各方面资金加大对桂林市的支持。

【阳朔县成为首批“国家全域旅游示范区”】 2019年9月25日，文化和旅游部公布首批“国家全域旅游示范区”名单，阳朔县成为“国家全域旅游示范区”。2016年，阳朔县被列入首批创建“国家全域旅游示范区”，该县探索交通助畅、业态提质、全域营销、生态共享的全域旅游发展模式，成立旅游发展委员会，设立旅游警察、旅游巡回法院、旅游食品药品监督管理分局、旅游工商质量技术监督所，成立广西首个景区一线旅游投诉统一受理中心，建立全域旅游服务体系，构建“快旅慢游”交通体系，开展“厕所革命”和“停车场革命”，建立阳朔旅游大数据中心，形成集交通、气象、治安、客流信息等为一体的综合服务平台，西街等主要旅游场所实现免费Wi-Fi全面覆盖。阳朔县入选国家全域旅游示范区后，将优先纳入中央和地方预算内投资支持对象，优先支持旅游基础设施建设，优先纳入旅游投资优选项目名录，优先安排旅游外交、宣传推广重点活动，优先纳入国家旅游改革创新试点示范领域，优先支持国家A级旅游景区等国家重点旅游品牌创建，优先安排旅游人才培训，优先列入文化和旅游部重点联系区域等。（唐飞鸿）

重大项目建设

【概况】 2019年，桂林市贯彻自治区党委、政府关于“以世界一流为发展目标，打造桂林国际旅游胜地”的部署要求，实施重大项目带动战略，推动全市经济社会持续健康发展。全年全市统筹推进国际旅游胜地重大项目788个，实际完成投资比上年增长20%以上。

【城市基础设施项目建设】 2019年，桂林市实施城市基础设施重大项目83个，其中前期项目22个，新开工项目21个，续建项目28个，竣工项目12个。年内，开工建设临桂新区机场路以北片区湖塘水系连通周边景观绿化工程、鲁山西路一期、凤凰西路北延长线，阳朔县新城区山水大桥、朝霞桥、兰溪桥和甲四桥桥梁工程项目等项目18个。续建临桂新区沙塘大道二期、西城大道南延长线（秧一路至临苏路口）改造提升工程，阳朔县新城区建设项目一期工程，桂林市城北水厂二期供水工程，桂林电子科技大学花江校区供水工程，雁山区雁南路、雁北路、雁飞路、雁翔路道路工程等项目28个。竣工桂林市芳香东路新建工程、临桂新区沙塘大道一期等项目6个。

【旅游景点景区项目建设】 2019年，桂林市实施旅游景点景区重大项目46个，其中前期项目14个，新开工项目9个，续建项目21个，竣工项目2个。年内，开工建设桂林崇山田园乡村生态旅游区、悦桂情歌田园项目，灌阳千家洞景区旅游开发设施建设工程等项目8个。续建阳朔兴坪休闲养生度假区建设项目一期、桂林碧宸芦笛桃花湾农业生态休闲旅游园、兴安老山界红色生态旅游综合开发项目、全

2019年12月31日，桂林市芳香东路建成通车

（桂林市发展和改革委员会　供图）

2019年9月，红军长征湘江战役纪念馆建成开放

（桂林市发展和改革委员会　供图）

州县湘江战役红色旅游遗址群项目、全州县大碧头旅游开发建设项目（一期）、天湖国际高山生态旅游度假区（一期）、广西桂林八角寨景区提升改造项目、罗山湖体育旅游开发利用建设项目（二期）等项目21个。竣工桂林市桃花湾旅游休闲度假区基础设施一期工程、荔浦荔江湾景区旅游开发建设项目（二期扩建）。

【城市交通项目建设】 2019年，桂林市实施城市交通重大项目25个，其中前期项目7个，新开工项目2个，续建项目9个，竣工项目7个。开展桂林港平乐港区珠子洲作业区码头一期工程、桂林至柳州改扩建工程（桂林段）、城步（湘桂界）至龙胜高速公路等7个项目的前期工作。开工建设桂林高铁综合客运枢纽提升改造、平乐县长滩至黄龙公路建设项目。续建桂林永安关经水车至灌阳公路、国道241线梅溪至资源段改造工程、灌阳至平乐高速公路、桂林至柳城高速公路（桂林段）、荔浦至玉林高速公路（桂林段）等项目9个。竣工荔浦市国道321线荔浦过境公路改建工程（北环路）项目、贺州至巴马高速公路（桂林段）、阳朔至鹿寨高速公路（桂林段）、桂三高速公路龙胜各族自治县县城段出口连接公路工程项目（一期）、资源县梅溪至车田公路改建工程项目。

【产业和服务业项目建设】 2019年，桂林市实施产业和服务业重大项目444个，其中前期项目58个，新开工项目131个，续建项目185个，竣工项目70个。开展华诺威生物医药基地项目、吉福思扩建提升工程——特色罗汉果产品生产线建设项目、桂林智能传媒谷等58个项目的前期工作。开工建设桂林米粉产业园（一期）、桂林雁山民国风情小镇（一期）、阳朔凤凰山水尚境项目、粤桂黔高铁经济汽车产业园一期（汽车零配件仓储物流中心）、临桂新区万达建设工程等项目107个。续建桂林城北体育文化城项目、智能电子三轴手持稳定器产业化基地建设项目、飞宇智能产业项目等项目185个。竣工桂林新城·吾悦广场、桂林比亚迪新能源汽车基地项目、燕京漓泉100万吨产能填平补齐工程（一期）等项目55个。

【民生和社会事业项目建设】 2019年，桂林市实施民生和社会事业重大项目126个，其中前期项目24个，新开工项目23个，续建项目58个，竣工项目21个。年内，开工建设桂林市中医医院城北院区建设项目（中医药传承创新项目）、桂林医学院附属医院整体搬迁项目、桂林市临桂区宏谋中学、平乐县智慧医疗与康养项目等项目20个。续建江东片区村貌改造项目、龙船坪特色街区提升改造工程（码头服务设施建设项目）、七星区塔山片区城中村·棚户区改造暨环境整治工程、城中村改造（福隆园）、桂林中学临桂校区、桂林师范高等专科学校临桂新校区、桂林医学院临桂校区等项目58个。竣工第四批新型城镇化示范乡（镇）建设、桂林市王城片区历史文化旅游街区改造项目、桂林交通枢纽指挥中心、桂林旅游综合医院等项目18个。

【生态文明项目建设】 2019年，桂林市实施生态文明建设重大项目14个，其中前期项目4个，新开工项目3个，续建项目7个。年内，开展桂林古桂柳运河生态修复工程及综合利用项目（含旅游）、漓江风景名胜区核心景区沿江可视范围生态景观林建设项目、桂林漓江风景名胜区蚂蝗洲生态修复项目、桂林喀斯特世界自然遗产地（漓江风景名胜区）生态景观修复项目的前期工作。开工建设永福县党校至东江半岛道路及污水管网建设工程。续建广西主要支流湘江治理工程全州县城区防洪治理工程、桂林漓江风景名胜区大小洲生态修复项目、桂林市琴潭千亩荷塘湿地项目、世界银行贷款项目桂林市环境综合治理工程（排水项目）等项目7个。（王嘉辉）

2019年，龙船坪趸船旅游码头提升改造后的候船室

（漓江风景名胜区管委会　供图）

中国共产党桂林市委员会

综　　述

【概况】 2019年，中国共产党桂林市委员会办公室(简称市委办)办公地址在桂林市临桂区西城中路69号，内设秘书科、政工科、综合一科、综合二科、信息综合科、值班科、文电科、政策法规科、会务接待科、行政科、国家安全一科、国家安全二科、档案事业发展和管理科、机关党办；市委保密委员会办公室(市国家保密局)、市国家密码管理局、市档案局在市委办公室挂牌。人员编制72名，在职人员56人。年内，中国共产党桂林市委员会(简称市委)坚持稳中求进工作总基调，一体推进国家可持续发展议程创新示范区建设，解放思想、改革创新、扩大开放、担当实干，推动各项事业取得新成效，为决胜桂林“两个建成”目标打下坚实基础。

【全面从严治党向纵深发展】 2019年，市委坚持把党的政治建设摆在首位，不断提升各级党组织创造力、凝聚力、战斗力。强化政治监督，深化政治巡察，组织开展“政治建设六项重点任务”专项检查，以实际行动践行“两个维护”。加强基层党建工作，出台促进全域党建提质聚力增效等6个文件，巩固完善市委常委联系指导党建品牌建设制度，推进市、区、街道、社区四级党群服务中心体系建设，两新组织党组织实现全覆盖。激励干部担当作为，出台5个专项文件和12个配套文件，建立健全正向激励、容错纠错、考核评价等机制。树立重实干重实绩的鲜明用人导向，全年提拔处级领导干部138名，其中正处32人、副处106人。完善人才政策体系，建成“海创基地”和“桂林人才飞地”，成功举办首届桂林创新创业大赛，人才集聚通道更加畅通，创新创业环境不断优化。加强党风廉政建设和反腐败斗争，市委带头树牢制度意识、维护制度权威、严格制度执行，组织开展全市领导干部警示教育、廉政谈话、勤廉榜样选树等活动，强化监督执纪，打造“智慧”监督平台。制定为基层减负二十条，解决一批形式主义、官僚主义突出问题，风清气正的政治生态更加稳固。

【推进经济高质量发展】 2019年，市委应对经济下行压力，落实“六稳”(稳就业、稳金融、稳外贸、稳外资、稳投资、稳预期)措施，统筹实施国家战略，部署推进“两大振兴”“四大建设”，促进经济社会高质量发展。全年地区生产总值增长6.5%，组织财政收入按可比口径增长11.6%，固定资产投资增长10%，社会消费品零售总额增长8%，城镇居民和农村居民人均可支配收入分别增长7.5%、10%，常住人口城镇化率51.1%。

【支持产业振兴】 2019年，市委加大工业发展领导力度，召开全市工业振兴大会，出台工业振兴三年行动方案和支持工业企业发展十八条政策措施，推行“双容双承诺”，建立企业反映问题、解决问题清单制度，形成大抓工业浓厚氛围。推进桂林高新技术产业开发区、桂林经济技术开发区、桂林高铁园体制机制改革，出台招商引资激励二十条，组织开展产业大招商突破年活动，招商区域向粤港澳大湾区、长三角、京津冀拓展。承办华为中国地区部供应商大会，华为信息生态产业合作区注册数字经济企业71家，桂林深科技智能制造项目实现一期投产、二期开工建设。扎实推进“双百双十双新”“千企技改”项目建设，强化产业科技协同创新，28家企业跻身自治区高新技术企业百强。持续优化营商环境，大力改善基础设施和公共服务，百日攻坚指标全面完成，获信贷指标自治区第一。加快发展现代服务业，一批高端化、品牌化商业综合体建成开业，“电商桂林”深入推进，线上线下融合发展，高新区获批国家外贸转型升级基地，第三产业对经济增长贡献率达57%。提档升级现代农业，农业生产能力、农产品质量、加工能力大幅提升，现代特色农业示范区建设成效显著。

【国际旅游胜地实现升级发展】 2019年，市委立足桂林文化旅游独特优势，坚持文旅联动、融合提升，全力构筑内外畅通、快速便捷的文旅融合大通道。引进实施一批辐射面广、带动力强的高端文旅项目，融创文化旅游城加快推进，王城历史文化旅游休闲街区展现新魅力。持续推动生态旅游牵手、文旅产业融合，文化创意、医养康养、休闲度假、健康旅游等新业态竞相涌现，《桂林有戏》走进国家大剧院，歌剧《刘三姐》走出国门，遇龙河国家级旅游度假区整治提升成效显著，阳朔成为首批国家全域旅游示范区，灵川县、恭城瑶族自治县成为广西特色旅游名县。全年接待游客1.3亿人次，旅游总消费1700亿元。自治区文化旅游发展大会在桂林召开，全面展示了国际旅游胜地建设和文旅融合发展的丰硕成果，桂林经验、桂林变化得到与会人员的一致好评，桂林文化旅游在自治区的龙头地位进一步凸显。

【城乡建设展现新变化】 2019年,市委坚持全域统筹、城乡一体,推动市、县、乡村形成特色鲜明、联动发展新格局。加快完善综合交通体系,补短板、破瓶颈、促提升成效明显,铁路站场改造扎实推进,2条高速公路建成通车、4条高速公路加快建设,市区外环快速路基本打通,连接县域乡村、旅游景区的交通运输体系进一步优化。机场旅客吞吐量、铁路到发旅客保持增长。提升中心城区品位,漓江东岸城中村、棚户区等片区改造加快推进,桃花湾旅游度假区成为自治区样板,核心商圈功能更加完善。临桂新区一批商业综合体崛起,产城融合步伐加快,桂林城市新中心加快形成。县域经济竞相发展,实施分类培育计划,县域产业发展、县城建设、乡村振兴取得新成绩,5个县(区)获广西科学发展先进县和进步县(区)。完成第四批、全面启动第五批新型城镇化示范乡镇"书记工程"建设,74个示范乡(镇)面貌焕然一新,美丽桂林·幸福乡村活动扎实推进,自治区乡村治理体系建设、乡村产业振兴、"幸福乡村"活动、乡村风貌提升现场推进会在桂林市召开。全面启动田园综合体试点,现代农业、乡村旅游、田园社区融合发展新引擎加快形成。

【坚持绿色发展】 2019年,市委坚持生态立市,加快建设国家可持续发展议程创新示范区,推动桂林生态更美丽、发展可持续。争取自治区出台创新示范区建设专项支持政策,成立桂林可持续发展促进中心,举办中国–东盟可持续发展创新合作国际论坛,推进可持续发展地方立法、生态环境保护与修复取得新成果。加快漓江岸线洲岛生态修复和码头提升改造,推进"四乱一脏"综合整治,漓江生态人文魅力更加凸显。打好蓝天、碧水、净土保卫战,中央环保督察反馈问题整改成效明显,生态创建、绿色创建工作保持自治区领先。全市森林覆盖率71.58%,市区空气PM2.5、PM10平均浓度连续5年下降,主要河流水质达标率保持100%,生态环境质量持续改善。

【加强宣传思想文化工作】 2019年,市委高扬主旋律、弘扬正能量,为决胜桂林"两个建成"目标凝聚强大精神力量。运用红军长征湘江战役红色资源,传承弘扬伟大长征精神,成立桂林红军长征湘江战役文化保护传承中心,加强与延安、赣州、遵义等红军长征沿线重要城市的交流合作,完善提升革命传统教育和爱国主义教育载体,"一园两馆"等纪念设施建成,参观人数超过130万人次。贯彻落实《中国共产党宣传工作条例》,落实意识形态工作责任制,抓好党委(党组)理论学习中心组学习,强化理论武装,加强舆情引导和网络阵地管理,在自治区率先实现县级融媒体中心全覆盖。持续实施文化惠民工程,新时代文明实践场所建设取得明显成效。开展全国文明城市创建,在自治区文明城市测评中排名第一。培育践行社会主义核心价值观,"爱国爱家爱桂林,讲德讲孝讲文明"深入人心。

【开展脱贫攻坚】 2019年,市委坚持市县乡村四级书记抓扶贫,全力抓好中央和自治区脱贫攻坚巡视、考核、督查反馈问题整改。聚焦"两不愁、三保障",组织打好"五场硬仗",深入开展"五大专项行动",推进脱贫攻坚普查整改,强化扶贫开发工作成效(绩效)考核,全市脱贫攻坚工作质量持续提升。全年全市7.5万贫困人口脱贫、86个贫困村出列、灌阳县脱贫摘帽,贫困发生率降到0.35%。

(郑义来)

重要会议

【全市工业振兴暨科技创新大会】 2019年2月25日召开,市委书记、市人大常委会主任赵乐秦出席会议并讲话。会议贯彻落实自治区创新支撑产业高质量发展推进大会精神,强调要坚持问题导向,抓住关键环节,补短板、强弱项,高质量推进工业振兴与科技创新,加快构建具有桂林特色的现代化产业体系。重点抓好工业发展布局、工业项目建设、招商引资、产业科技协同创新、政策落实、营商环境6个方面工作。市长秦春成就全市工业振兴工作进行部署。

【全市乡村振兴大会】 2019年2月28日召开,市委书记、市人大常委会主任赵乐秦,市长秦春成出席会议并讲话。会议贯彻中共中央和自治区农业农村工作部署要求,研究部署全市乡村振兴工作,推动"三农"工作实现新发展。重点做好打赢脱贫攻坚战、加快推动乡村产业发展、加快补齐乡村建设短板、全面启动"美丽桂林·幸福乡村"建设、全面深化农村改革、提升乡村治理水平6个方面工作。

【全市"不忘初心、牢记使命"主题教育工作会议】 2019年9月10日召开,市委书记、市委"不忘初心、牢记使命"主题教育领导小组组长赵乐秦作动员讲话。会议号召全市各级党组织和广大党员干部开展好主题教育,要把学习教育贯穿始终、把调查研究贯穿始终、把检视问题贯穿始终、把整改落实贯穿始终,推动主题教育高质量开展。

【粤桂黔滇高铁经济带合作试验区(桂林)广西园建设工作现场会】 2019年10月18日在桂林召开,广东省副省长张虎,贵州省副省长魏国楠,云南省副省长王显刚,广西壮族自治区党委常委、常务副主席秦如培出席会议并分别致辞。自治区人大常委会副主任、桂林市委书记、市人大常委会主任赵乐秦会见出席会议的各市(州)代表团团长,桂林市市长秦春成出席会议并致辞。与会领导嘉宾围绕"推进全域旅游合作,打造最美高铁经济带"主题,共商合作发展大计。现场会上,与会市(州)共同签订《粤桂黔滇高铁经济带21市州全域旅游合作协议》。会议强调,通过发挥高铁经济的同城效应,共同推进全域旅游合作发展;发挥高铁经济的聚焦效应,共同推进园区平台联动发展;发挥高铁经济的辐射效应,共同推进产业深度融合发展等,全面推进高铁经济带合作。

【桂林市文化旅游发展大会】 2019年11月7日召开,市委书记、市人大常委会主任赵乐秦出席会议并讲话,市长秦春成主持会议。会议全面落实自治区"以世界一流为发展目标,打造桂林国际旅游胜地"重大部署,分

2019 年 11 月 7 日，桂林市文化旅游发展大会召开　（曹凯　摄）

析研究全市文化旅游发展面临的新形势、新任务，推进文化旅游深度融合，加快打造桂林国际旅游胜地升级版，为广西建设文化旅游强区作出桂林应有的贡献。会议强调重点抓好五方面工作：一是抓统筹谋划，优化完善空间布局，加快制定升级版标准，推动政策落地实施；二是抓项目建设，加快完善文旅融合大通道建设，加快标志性引领性文旅项目建设，加快打造文旅品牌；三是抓产业升级，全面提升景区景点内涵，延长文旅融合产业链条，提升壮大文旅市场主体；四是抓业态创新，不断培育新业态，支持发展夜间经济，培育互联网文化消费新业态；五是抓环境提升，优化城乡环境、旅游环境、营商环境。

【2019 年广西文化旅游发展大会】 2019 年 11 月 21 日在桂林召开，自治区党委书记、自治区人大常委会主任鹿心社出席会议并讲话，自治区党委副书记、自治区主席陈武主持会议，自治区领导蓝天立、范晓莉、秦如培、黄伟京、王跃飞、赵乐秦、李彬出席会议，桂林市市长秦春成作经验发言。会议强调，要突出重点、精准发力，开创文化旅游产业高质量发展和文化旅游强区建设新局面，重点抓好六方面工作：一是强龙头，构建全域旅游发展新格局；二是促融合，培育文化旅游新业态；三是创精品，提升文化旅游竞争力；四是优环境，提高服务质量；五是增活力，壮大文化旅游市场主体；六是拓市场，加强文化旅游整体营销。

（郑义来）

重要决策

【开展湘江战役红军遗骸收殓保护工作】 2019 年，市委贯彻落实中共中央总书记习近平关于“做好湘江战役红军遗骸收殓保护工作、规划建设好纪念设施”重要批示精神，按照中央批准的工作方案和《红军长征湘江战役烈士纪念设施建设保护总体规划》，坚持庄重严肃、简朴节约原则，全力推进湘江战役红军遗骸收殓保护和烈士纪念设施的建设工作。全年共完成投资 4.85 亿元，建成“一园两馆”（红军长征湘江战役纪念园、红军长征突破湘江纪念馆、新圩阻击战史实陈列馆）等项目 68 个。做好遗骸收殓保护安葬工作，共完成 217 处、421 个点的发掘工作，发掘收殓相对完整遗骸 82 具、零散遗骸 7465 块。9 月 12 日，红军长征湘江战役烈士纪念设施落成仪式和湘江战役红军烈士遗骸安葬仪式举行。

【开展解放思想、推动经济社会高质量发展讨论】 2019 年，市委开展“解放思想、改革创新、扩大开放、担当实干，推动经济社会高质量发展”大讨论。市委常委会专题研究，印发《关于开展“解放思想、改革创新、扩大开放、担当实干，推动经济社会高质量发展”专题学习讨论的通知》。市委常委班子率先垂范，带头召开市委中心组（扩大）学习会，开展专题研讨，重点围绕自治区党委确定的 9 个方面的重点工作，结合桂林市实际，推进学习讨论，全市项目建设实现新突破，工业振兴稳步推进，招商引资有新举措，营商环境逐步优化，一批形式主义、官僚主义突出问题得到解决，专题学习讨论取得阶段性成果。

【推动为基层减负工作】 2019 年，市委、市人民政府贯彻落实中共中央办公厅印发《关于解决形式主义突出问题为基层减负的通知》精神，出台实施《桂林市解决形式主义突出问题为基层减负 20 条》《桂林市整治形式主义为基层减负专项工作机制》《桂林市关于形式主义官僚主义突出问题专项整治实施方案》等系列文件。建立减负专项工作机制，通过减文控会、规范督查检查考核、改进问责手段、抓好各项清理规范工作等措施，全年印发文件和召开会议数量分别下降 49%、46%，督查检查考核事项下降 52%，切实为基层减负松绑。

【开展中华人民共和国成立 70 周年系列活动】 2019 年，市委、市人民政府开展中华人民共和国成立 70 周年系列活动。9 月 12 日，红军长征湘江战役烈士纪念设施落成仪式和湘江战役红军烈士遗骸安葬仪式在桂林市全州县隆重举行，以实际行动向中华人民共和国成立 70 周年献礼。国庆节期间，举行桂林市庆祝中华人民共和国成立 70 周年大会暨“我和我的祖国”文艺晚会、升国旗仪式、收听收看大会及阅兵盛况、万人“同吃国庆面　欢度国庆节”等活动，共同祝福国家繁荣昌盛。　（郑义来）

组织工作

【概况】 2019 年，中国共产党桂林市委员会组织部（简称市委组织部）办公地址在桂林市临桂新区西城中路69号创业大厦。2月，桂林市进行机构改革，市委组织部加挂中共桂林市非公有制经济组织和社会组织工作委员会、桂林市公务员局牌子；7月，市领导干部考试与测评工作办公室更名为市领导干部考试与测评中心，加挂市党群服务中心牌子，由原来的正科级参照公务员管理事业单位升格为市委组织部管理的相当副处级、公益一类财政全额拨款事业单位；市党员电化教育中心（市远程办）更名为市党员教育中心（市远程办）。机构改革后，市委组织部内设办公室、研究室（政策法规科）、干部一科、干部二科、干部三科、干部四科、干部五科、干部监督一科、干部监督二科、干部队伍建设规划办公室、干部教育科、市委党建办、组织一科、组织二科、组织三科、组织四科、组织五科、人才工作科、信息管理科、公务员一科、公务员二科、公务员三科、机关党委（人事科），下辖市党员教育中心（市远程办）和市考评中心（市党群服务中心）2个二层机构。机关行政编制79名（含后勤服务聘用人员控制数5名），在职人员70人。年内，桂林市组织工作以党的政治建设为统领，以开展“不忘初心、牢记使命”主题教育为契机，统筹推进高素质专业化干部队伍建设、基层党建提质聚力增效，打造桂北最优人才生态，提高党的建设和组织工作质量和水平。至年末，全市有基层党组织1.47万个（其中党委532个，党总支部1152个，党支部1.3万个），党员29.25万人。

2019年9月10日，全市“不忘初心、牢记使命”主题教育工作会议在市会议中心小礼堂召开 （周建林 摄）

【开展“不忘初心、牢记使命”主题教育】 2019年，桂林市“不忘初心、牢记使命”主题教育从9月开始，历时4个多月，市四家班子、17个县（市、区）、91个市直单位（市直属企业）、1.44万个基层党组织和28.88万名党员参加。全市各级党组织和党员干部按照“守初心、担使命、找差距、抓落实”总要求，开展主题教育。市委组织部创新联动推进主题教育，围绕贯彻落实《中共中央关于加强党的政治建设的意见》，制订具体举措198条，增强党员领导干部推进政治建设的自觉性和坚定性。创建全市干部党性教育基地，开发市级现场教学精品课程4门，构建满足1天—7天培训需求的课程体系。编印应知应会知识手册10万本，制作初心系列公益微视频6部，推送的《歌唱祖国》“唱响初心”视频被中共中央组织部、全国党建研究会非公有制经济组织党建研究专业委员会评为特等奖。开展学时代楷模、知识竞赛、主题征文等系列活动，在自治区主题教育线上知识竞赛中，桂林市包揽参赛人数、获奖人数“两个第一”。市四家班子党员领导干部带头开展集中封闭式读书班、专题研讨和现场体验教育、蹲点调研、推进专项整治，引领各单位开展读书班1236期、专题研讨2593场次，桂林市处级以上领导班子成员参加调研2856人次，收集意见建议2838条，制订整改措施855项，推动湘江战役红军遗骸收殓保护工作取得阶段性重大成果，一批全市重大工业项目建设难题和群众操心事、烦心事得到加快解决。中央广播电视总台、《人民日报》等中央媒体刊播桂林市主题教育新闻204条（次）。

【打造四级党群服务中心体系】 2019年，桂林市高标准建成桂林市党群服务中心和桂林市两新组织党群服务中心。市党群服务中心在自治区首创“四有”（有机构、有编制、有场所、有经费）实体化运作模式，凸显“八大”（集成城市基层党建的枢纽型平台、拓展党群贴心服务的一站式窗口、融合智慧党建运行的信息化总部、创新党内生活教育的体验式阵地、连接党员志愿服务的联盟性基地、分享党建经验交流的孵化性园地、凝聚党员人才学习的成长型家园、共建嵌入胜地建设的红色总驿站）功能定位，打造出集教育、管理、咨询、培训、服务、体验为一体的党群工作平台。整合资金近1亿元，建成市、区、街道、社区四级党群服务中心136个，构建“开放式、集约型、共享性、先锋色”党群工作新体系，推动城市基层党建工作整体提升。年内，市党群服务中心共接待团体270个7458人次，其中机关事业单位团体213个6468人次，社会团体及企业57个990人次，接待外市团体41个612人次。桂林市在自治区城市基层党建工作推进会上作典型发言，为新时代城市基层党建引领城市基层治理提供“桂林经验”。

【激励干部担当作为】 2019年，市委组织部把激励干部担当实干作为服务经济社会发展的抓手，延伸拓展激励干部担当作为制度链条，制订考核评价实施意见等专项及配套文件20个，引领带动各县（市、区）出台相关政策70余项，推进激励干部担当作为。围绕红军长征湘江战役开发系列精品课程，推动成立桂林市干部党性教育基地，会同赣州、遵义等长征沿线五市成立“干部党性教育培训联盟”，政治训练和思想淬炼不断强化。聚焦班子功能和单位职能双匹配，优化领导班子46个，调整或重新任命处级干部342人。全面规范公务员队伍精细化管理，实施公务员职务与职级并行制度，深化公务员分类改革，发挥提拔重用和职级晋升的激励效应，提拔重用冲锋在急难险重任务一线且实绩突出的处级干部138人。充实完善“80、90”科级干部库、选调生储备库，公开招录选调生118人、公务员471人。推进容错纠错机制，干部容错纠错和澄清正名23人，发现并查处诬告错告行为3起。从严监督管理干部，加强干部选拔任用中政治监督，详细列出政治表现负面清单30条，实行政治表现、廉洁自律情况“双签字”和任前政治理论测试，严把选人用人政治关，相关经验被中共中央组织部《组工信息》刊发。做好领导干部个人有关事项查核验证，桂林市个人有关事项如实报告率96.9%。推进领导干部提醒、函询、诫勉工作，加大选人用人巡视检查问题整改督办力度，建立干部信息摸底研判“大数据库”，分类开展干部队伍专题调研，统筹做好机构改革干部调整配备，形成人岗相适、功能优化、活力激发的选人用人格局。

【推进全域党建】 2019年，市委组织部出台《关于促进全域党建提质聚力增效的意见》等文件6个，构建全域党建制度体系。抓好基层党组织建设，实施村级党组织“星级化”管理，全市三星级以上村党组织780个。集中整顿软弱涣散村党组织172个，422名县级领导班子成员开展“村村到、村村分析”调研摸排，并落实整顿措施。推动村级组织主要负责人“一肩挑”，定额、选聘村级党组织组织委员1505人，增强村级党组织带头人队伍整体素质。自然村（屯）级党组织组建百日攻坚实现自然村（屯）党组织（含党小组）、党员和党群议事机制三个100%。开展流动党员管理“磁吸行动”，设立党员先锋岗、党员责任区2290个，党员积分制管理、“双报到双服务”等成为党员发挥先锋模范作用的抓手；“两新”（新经济组织、新社会组织）、机关、国有企业、社区、学校等基层党组织“八有”达标率实现90%。发挥党建品牌引领作用，市委常委挂点指导党建品牌建设，带动各地各单位创建党建品牌和高标准示范点200多个。打造先锋联盟工作站29个、旅游红色驿站62个、“桂博先锋”等精品机关党建品牌18个，建成“智慧党建”云互动平台，桂林市旅游红色驿站、旅游诚信党建品牌做法被《中国组织人事报》报道，全国“建强创优党建品牌，助力非公经济高质高效发展”主题研讨会、广西党建带工建现场会和党旗领航·电商扶贫“我为家乡代言”电商大集等一批重量级会议和活动在桂林举办。“桂林两新党建”微信公众号在全国5767个两新党建微信公众号中排名第五，居自治区第一。增强党建工作效益，强化工作队管理成效量化计分排名、捆绑考评、动态暗访督导，选树市级第一书记（工作队员）工作示范点13个。创新村级集体经济绿色高质量发展，全市建制村（含社区）集体经济年收入4万元1747个，占97.76%；5万元1360个，占76.1%。

【创新人才工作】 2019年，桂林市修订出台《桂林市人才引进和培养办法》《桂林市实施人才优先发展建设旅游胜地人才集聚高地行动方案》等系列人才新政。创新性建立桂林人才飞地（深圳），成功吸引入驻企业15家，实现桂林与粤港澳大湾区人才链、产业链、资金链、服务链、创新链有机融合。升级打造海内外高端人才创业创新示范基地，举办“国家高层次人才服务行——走进广西桂林”活动暨桂林市海内外高端人才创业创新示范基地入驻仪式，12名高层次人才与基地签订入驻协议并陆续进驻，9名专家携具体项目载体与12家企事业单位达成合作意向。创新“产业+人才”发展思路，启动创建“桂林市产才融合示范基地”，强化人才对产业发展的支撑作用。实施“漓江学者”培养工程、拔尖人才评选、农村实用人才培养示范工程、人才小高地、“鱼鹰引才计划”“丹桂育才计划”等重大人才工程项目，全年实施市级人才小高地项目11个，年度资助总额320万元，推进人才工作重点项目8个，给予资金支持400万元，建设农村实用人才培养示范点10个，给予资金支持100万元。首次推出“优秀学子印象桂林”、中国桂林创新创业大赛等系列活动。实施“弘扬爱国奋斗精神，建功立业新时代”活动，召开专家人才座谈表彰会，开展专家人才服务团下基层活动，激发各类人才投身经济社会发展的积极性、创造性。

【推进公务员管理工作】 2019年，桂林市落实公务员法及配套法规，统一管理全市公务员工作，坚持考录、遴选并重，优化公务员队伍结构。全年共录用公务员471人，计划完成率99.16%。改进基层艰苦边远地区考录工作，采取不设专业要求、适当允许设置户籍限制、放宽村干部年龄和学历条件等措施招录乡（镇）公务员277人，缓解乡（镇）机关空编率问题；遴选基层公务员28名，拓宽基层公务员向上流动渠道。全面推行公务员职务与职级并行制度，实现职务职级有序过渡衔接。印发《桂林市公务员职务与职级并行制度实施方案》，完成全市1.55万名非领导职务公务员职级套转，加强职级职数管理，推进职级首次晋升和二次晋升工作，激励广大公务员担当作为。完成公安机关执法勤务警员和警务技术人民警察职务序列改革，开展警员职务晋升工作。深化法检系统法官、检察官、司法辅助人员的单独职务序列改革，健全法检系统公务员管理机制。服务机构改革大局，研究制订机构转隶工作制度，做好涉改机构的人员转隶工作。从严从实加强公务员日常管理，研究制订规范借调细则，组织开展机关事业单位长期借调人员的清理工作。全面清理市级13项“一票否决”和32项签订责任状事项，为基层减负。落实公务员各项工资福利政策，督导完成134个乡（镇）共3.81万名干部的新标准乡镇工作补贴按时足额兑现。健全和落实公务员带薪年休假制度，完成市级公务员（含参照公务员法管理人员）职级工资套转，调动全市公务员队伍干事创业积极性。完成2019年度公务员信息更新采集、公务员统计和工资统计工作，至年末，全市共有公务员（含参照公务员法管理人员）3.18万人。（花泽红）

巡察工作

【概况】 2019年,中国共产党桂林市委员会巡察工作办公室(简称市委巡察办)办公地址在桂林市临桂新区西城中路69号。内设综合科、联络督查科,人员编制8名,在职人员7人。市委共设置6个市委巡察组(市委第一、二、三、四、五、六巡察组),人员编制30名,在职人员20人。年内,市委巡察机构紧扣"两个维护"根本任务,推动全市巡察工作实现高质量发展。

【深化政治巡察】 2019年,桂林市深化政治巡察的内涵和重点,聚焦被巡察党组织职责使命和核心职能,聚焦党组(党委)领导班子,突出关键少数,落实全面从严治党战略部署、落实新时代党的组织路线、落实巡视、巡察整改要求,开展全面政治体检,查找政治偏差。创新工作机制,开展巡察质量提升工程,制订《桂林市巡察质量提升工程任务分工表(2019—2020年)》,明确市委巡察工作领导小组、市委巡察组、市委巡察办以及县级党委巡察工作"四大提升"工程16大类31项重点内容,出台《巡察机构联系指导县(市、区)巡察工作和被巡察党组织巡察整改工作实施意见(试行)》、完善市县党委书记听取巡察汇报情况报备制度、规范巡察整改工作等制度机制,推进桂林市巡察工作制度化。突出监督重点,紧跟形势任务,围绕贯彻落实中共中央重大决策部署等开展政治监督,共发现并推动解决党的领导弱化、党的建设缺失、全面从严治党不力等问题534个,保障党和国家各项方针政策落地落实,推动全市政治生态持续净化。

【推进巡察全覆盖】 2019年,桂林市丰富巡察方式,凝聚监督合力,推动有形覆盖与有效覆盖相结合。把落实"三大攻坚战"、扫黑除恶专项斗争等纳入重点监督内容,对市教育局、农业农村局、卫生健康委3个党组织开展脱贫攻坚"机动式"巡察;统筹市、县两级对政法系统同步开展"对口式"巡察,加强对县(市、区)巡察工作的指导督导,发挥市委常设巡察组日常指导、示范、带动作用。探索建立"巡察+"监督机制,推动巡察监督与纪律、监察、派驻监督有机贯通,在巡察前全面沟通,精准了解被巡察单位情况;巡察中协同配合,精准发现问题;巡察后整改联动,全程跟踪整改落实情况,把联动协同体现在监督全过程,破解监督信息不畅、工作力量不足的"薄弱点"。创新巡审联动,协调市审计局派出专项审计小组,开展"审计回头看",将审计结果向市委巡察工作领导小组汇报,发挥巡察政治体检和审计专业体检的结合优势。从2016年至2019年年末,全市开展9轮巡察,巡察单位84个,覆盖率83.2%;各县(市、区)开展7轮—9轮巡察,覆盖率76.3%。

【市县巡察上下联动】 2019年,桂林市坚持软件与硬件两手抓,完善市县巡察上下联动、上下贯通的监督格局,扎牢织密上下联动监督网。完善市县联动机制,建立市委常设巡察组"一对多"联系指导县(市、区)巡察工作机制,明确常设巡察组6个,分别联系指导2个—3个县(市、区)巡察工作,加强日常指导、示范、带动。结合"不忘初心、牢记使命"主题教育,派出调研组5个,深入17个县(市、区)开展调查研究,发现并推动解决各县(市、区)巡察存在的问题165个;严格实行年度计划、巡察方案、书记听汇报、巡察重要事项和重大改革举措、工作总结以及其他重要工作事项及时报备的"5+1"报备制度,构建以市级巡察带动县级巡察,以县级巡察充实市级巡察的良性互补工作格局。严格督责问效,组织召开县(市、区)委巡察办主任座谈会,分析市县巡察工作现状,指出共性问题,梳理工作思路,统一思想认识,明确工作重点,对个别全覆盖质量、效果、进度达不到要求的县(市、区),明确要求其采取巡察"回头看""机动式"巡察的方式,对村(社区)一对一直接巡察,深化村级巡察。加强信息化建设,推广运用巡视、巡察数据管理系统,采集全市巡察数据,实时掌握市县巡察工作总体进度和质量,打通市县巡察信息数据交流通道。

【强化巡察成果运用】 2019年,桂林市强化巡察整改和成果运用,及时对巡察发现的问题进行分类处置,市县巡察共发现问题1.26万个,移交领导干部问题线索1162条,转立案340件,给予党纪政务处分234人。加强整改指导,实行"一单位一报告一清单"反馈模式,巡察结束后,逐项列出问题清单,提出明确整改时限、责任领导、责任部门等整改要求,形成整改问题清单534项,同步反馈被巡察党组织,规范巡察整改工作;联合市纪委监委、市委组织部等部门对被巡察党组织巡察整改方案进行审核,帮助其找准整改思路,明确标准要求,改进整改措施。强化日常监督,建立巡察反馈问题整改评估子系统,构建"信息化+监督整改"的常态化监督体系,实现线上实时、高效、精准监督整改工作;组织开展整改"回头看"等方式,派出6个市委常设巡察组,对24个市直单位、市属国有企业的巡察整改落实情况进行"回头看",对整改落实不到位的问题提出整改要求,推动解决整改中存在的问题117个,发现问题24个,提出新的整改意见86条。狠抓源头治理,坚持以推动改革、促进发展为落脚点,总结巡察中发现的体制机制问题和制度漏洞,向相关部门提出意见建议338条,推动被巡察党组织制定完善相关制度机制181项。 (蒙益凤)

宣传工作

【概况】 2019年,中国共产党桂林市委员会宣传部(简称市委宣传部)办公地址在桂林市临桂区西城中路69号,内设办公室、干部科、政策法规研究室、意识形态工作责任制专项巡察办公室、理论科、新闻科、文艺科、宣传教育科(市国防教育办公室)、文化体制改革和发展科、舆情信息科、出版发行管理科、电影和版权管理科、反非法反违禁科(市"扫黄打非"工作领导小组办公室)、新闻发布科、对外宣传交流科、精神文明建设一科、精神文明建设二科、精神文明建设三科。下设桂林市委讲师团、桂林新闻图片社。挂靠单位有中共桂林市委精神文明建设委员会办公室、桂林市政府新闻办公室、桂林市新闻出版局,代管单位有桂林红军长征湘江战役文化保护传承中心。人员编制60名(含后勤服务聘用人员控制数6名),在职人员60人。年内,桂林市宣传思想文化战线工作在湘江战役红军遗骸收殓保护和纪念设施建设、庆祝中华人民共和国成立70周年社会宣传等重大工作得到中央、自治区领导高度评价。市委宣传部获广西激励干部担当作为奖励集体。县级融媒体中心和新时代文明实践中心建设,“学习强国”平台推广使用。（蒋孜　廖芸）

【理论武装】 2019年,市委理论学习中心组组织学习10次,编印《中心组学习信息参考》7期。在自治区党委(党组)理论学习中心组学习经验交流会上,桂林市作典型发言。组织广大党员干部群众学习《习近平谈治国理政》第二卷、《习近平新时代中国特色社会主义学习纲要》《新时代面对面》等重要理论辅导读物,推动党的创新理论进社区、进学校、进企业、进农村。举办全市学习宣讲中共十九届四中全会精神宣讲骨干培训班暨宣讲团成员集体备课会、“学习强国”管理员、供稿通讯员培训班。组织理论专家和理论宣讲骨干深入到街道、社区、村(屯)、学校、企事业单位及市直各单位,宣讲党的十九届四中全会精神200余场次,宣讲中共中央总书记习近平关于扶贫工作重要论述80余场次,宣讲全国“两会”精神50余场次,宣讲自治区党委书记鹿心社关于解放思想的重要讲话精神40余场次。依托新时代文明实践中心(所、站)开展各类宣讲1.7万场次。全面推进“学习强国”学习平台在桂林市“每个党支部、每个党员”中迅速推广使用,做到在职党员全覆盖。建好建强管理员、通讯员、评论员“三支队伍”,开展选树先进典型等活动,向“学习强国”广西学习平台推送桂林市优秀视频、图文、音频等稿件,桂林市注册党员人数23.03万人,覆盖率83.59%,稿件被“学习强国”广西学习平台采用212篇,总用户数、日活跃用户数、日活跃率居广西各设区市第一。（谢子卿　文秀芳）

【落实意识形态工作责任制】 2019年5月,市委设置意识形态工作责任制专项巡察工作办公室,把意识形态工作纳入2019年市委常委会工作要点、市委党建工作要点和宣传思想工作要点。建立全市意识形态人才库,组织召开党委(党组)书记落实意识形态工作责任制述职评议考核工作会议、意识形态工作座谈会。推进分级分层督导量化考评工作机制,首创《桂林市2019年度意识形态工作责任制量化考评方案》,印发《桂林市防范化解意识形态领域重大风险工作实施方案》《〈市直单位党委(党组)落实意识形态工作责任制责任清单〉等6个工作清单的通知》等文件。先后4次组织开展意识形态专项督导考评,派出30个督查调研组深入各县(市、区)、市直各单位督查调研。在雁山区和团市委、桂林日报社等8个单位开展意识形态(含网络意识形态)工作责任制试点工作。17个县(市、区)、98%个市直单位意识形态工作分值均达90分以上。（黎辉海）

【对外宣传工作】 2019年,桂林市新闻对外宣传工作树立“大外宣”理念和“一盘棋”思想,在守正创新中开辟新时代新闻对外宣传工作新局面。录制《桂林快闪》,获中共中央宣传部副部长徐麟和自治区党委书记鹿心社肯定。“壮丽70年·奋斗新时代——记者再走长征路”主题采访活动走进桂林,持续推出一批有深度、有温度的报道。县级融媒体中心建设全面推进,率先在自治区实现全覆盖。桂林市在自治区以上主流媒体刊播稿件3300篇(条),在中央和自治区主流媒体刊播稿件大幅增长,其中《人民日报》86篇(含海外版35条),中央电视台新闻类92条(含《新闻联播》14条),新华社753篇(含新华每日电讯9篇),《光明日报》47篇,《经济日报》33篇,中新社327篇,《广西日报》683篇(其中头版重点稿件62篇,头版头条5篇),广西电视台631条(其中《广西新闻》225条,头条25条)。完成“庆祝新中国成立70周年”“三会一节”“2019年广西文化旅游发展大会”“脱贫攻坚”“主题教育”“扫黑除恶”等主题活动的宣传报道。（肖毅）

【文化文艺工作】 2019年,全市文化改革发展工作获自治区绩效考评第一。完成中央广播电视总台记者“重走长征路”广西兴安站文艺演出录制工作,完成大型原创音乐剧《血色湘江》在桂林大剧院4场演出的组织工作,在桂林大剧院举办以“庆祝新中国成立70周年”为主题的文艺调演21场。文艺精品方面,纪录片《广西民宿》获广西当代文学艺术创作工程三年规划第二批重点项目扶持,扶持金额100万元。桂林市戏剧创作研究院创作的文艺精品剧目《桂林有戏》受国家大剧院“艺海遗珠”非物质文化遗产戏曲展演演出;桂剧《破阵曲》获推荐参加2019年全国基层院团戏曲会演,为广西唯一入选院团;民族歌剧《刘三姐》走出国门,赴澳大利亚悉尼歌剧院和墨尔本汉墨音乐厅演出。桂剧《破阵曲》和长篇小说《灵渠》获广西第十五届精神文明建设“五个一工程”奖;桂剧《破阵曲》、长篇小说《灵渠》、小说《行走的稻草人》、书法《西湖“平湖秋月”联》4部作品获第九届广西文艺创作铜鼓奖。传统文化传承方面,开展送戏下乡1800多场次,戏曲进乡村专场演出1074场,惠及农村群众100万人次。深化文化体制改革,制订出台《桂林市加快文化旅游产业发展三年行动方案(2019—2021年)》《桂林市文化与旅游深度融合发展的行动方案》《加快以世界一流为发展目标打造桂林国际旅游胜地三年行动计划》《桂林市关于深化文化市场综合行政执法改革的实施意见》等相关配套文件,推动文旅产业高质量发展。支持桂林市文化旅游产业发展,桂林国际文化创意产业园、桂林智慧谷文创产业园入选自治区级文化产业示范园区,桂林湘山酿酒生态园入选自治区文化产业示范基地,桂林市文体集团文化产业示范基地等19家单位入选市级文化产业示范基地。在2019年广西文化创意产品展暨广西

十佳文创精品评选活动中，桂林市15件套文化创意产品获广西“十佳文创精品奖”。（伍繁　廖玲）

【创建全国文明城市工作】 2019年，市委、市人民政府主要领导担任创城工作指挥部指挥长，将创城工作纳入常委会工作要点、纳入绩效考评体系、纳入各级财政预算、纳入市委、市政府重要日程。市创城办紧扣测评标准，把创建任务细化到人、分解到点，实行周例会、月测评、克难关工作机制，采取“黄雀”精准督导法，实现无遗漏、无盲点、无缝隙的主体责任体系全覆盖。市创城办内设“金点子”办公室，持续开展“创建文明城，为民办实事”金点子征集活动，共收到金点子综合意见7883份，办结7049件，办结率89.4%，解决了一批市民反映强烈、长期存在的问题。推动6个城区全面深入开展创城“最后一公里”体制机制创新；推动市直各单位开展行业管理与创城指标并轨落实、并轨考核及深入社区开展“双报到”志愿活动；倡导企事业单位及社会各界全面参与、共建共享，全市志愿者注册人数超过常住人口15%，活跃度65.90%。在全国文明城市提名城市2019年度测评中，桂林市居广西设区市第一名。

（魏欣）

精神文明建设

【概况】 2019年，桂林市精神文明建设委员会办公室（简称市文明办）办公地址在桂林市临桂新区西城中路69号创业大厦。内设精神文明建设一科、精神文明建设二科、精神文明建设三科。在职人员12人。年内，桂林市以培育和践行社会主义核心价值观为根本，持续加强思想道德建设，弘扬优秀传统文化，深化群众性精神文明创建，培育社会文明新风，为助推桂林实现“两个建成”目标凝聚精神力量。

【开展庆祝新中国成立70周年活动】 2019年，桂林市开展庆祝中华人民共和国成立70周年“我和我的祖国”群众性主题宣传教育活动80余场，举办“时代新人说——我和祖国共成长”演讲比赛，桂林市庆祝中华人民共和国成立70周年大会，致敬英烈活动、传唱爱国歌曲、国庆体验旅游、国庆美食活动、“国庆吃面、国泰民安”活动。在桂林“两报一网”和新媒体上推出“壮丽70年·奋斗新时代——建设桂林国际旅游胜地”“献礼70周年、媒体走基层”等系列专题报道。全国“两会”期间中央电视台《春天里唱响我和我的祖国》播出桂林快闪。国庆节期间，中央、自治区主流媒体共刊播桂林活动报道140条。

【开展群众性精神文明创建活动】 2019年，桂林市树立大创城理念，构建完善“党委统一领导、党政齐抓共管、文明委组织协调、有关部门各负其责、全社会积极参与”的创城工作领导体制和运行机制，将创城工作融入全市工作大局。全年召开市委常委会、市政府常务会专题研究创城工作，定期听取创城工作汇报。建立完善“常委包干制”“点长制”等制度和“日督查、周例会、月通报”工作机制，并通过媒体公开通报问题及整改成效，对城区与行业主管部门实行双线督查，压实工作责任。坚守惠民利民创城理念，部署开展“进社区访民情”主题活动，各级各部门定期联系社区为居民送文化、送健康、送卫生、送政策，继续抓实抓好“金点子”工作，对收到的1万多份市民意见，形成金点子处理签7883份，办结7049件、未办结834件，办结率89.4%，推动市民从“要我创城”向“我要创城”转变。文明村镇创建与乡村振兴同步推进，按照“产业兴旺、生态宜居、乡风文明、治理有效、生活富裕”的总要求，完善乡村治理体系。阳朔县农村人居环境整治工作获国务院办公厅督查激励2000万元，龙胜各族自治县获全国农村人居环境整治整县推进试点资金2200万元。永福县获“全国乡村治理体系建设试点示范县”。组织各级文明单位到社区开展“结对共创文明城”主题实践活动80多场。推动文明单位与贫困村开展结对帮扶。市委统战部举办统一战线“不忘初心·爱心助力”扶贫捐助文艺演出，筹集资金3075.34万元。开展“传家规、立家训、扬家风”“我爱我的家，我爱我的国”等文明家庭宣传、教育、亲子活动，成立“桂林市家庭教育全媒体融合中心”，线上与线下同步开展家庭教育，推荐并获全国最美家庭2户，自治区最美家庭7户。

【营造未成年人成长环境】 2019年，桂林市引导未成年人“扣好人生第一粒扣子”，开展“新时代好少年”评选和学习宣传等活动，评选出桂林市“新时代好少年”10人，其中3人获广西“新时代好少年”。组织开展学校社区结对共建文明城市，各中小学与

2019年5月31日，市委常委、市委宣传部部长、副市长韦凤云（后排右七）到叠彩区大河中心校开展“扣好人生第一粒扣子”庆“六一”活动慰问　（赵芯　摄）

113个社区结对开展文明实践活动。选树志愿服务和青少年典型,推荐获自治区学雷锋先进典型3个,获自治区级表彰的五四红旗团组织12个,优秀团员、团干部25人,“百年五四·广西青年榜样”4人,广西优秀少先队集体8个,广西优秀少先队员8名。

【加强公民道德建设】 2019年,桂林市在开展第五届道德模范评选的基础上,分别向国家及自治区推荐道德模范人选。年内,廖爱娟获第七届全国道德模范提名奖;吴锡棋、罗标获第五届自治区道德模范,潘小波、刘串德获第五届自治区道德模范提名奖。开展“我推荐我评议身边好人”评选推荐,桂林市入选“中国好人榜”3人、“中国好人榜”团体1个。开展“全国模范退役军人”“最美退役军人”评选推荐活动,彭永康、段宗元获“全国模范退役军人”称号。表彰、推荐各类妇女典型,获全国三八红旗手1人、全国巾帼文明岗5个、广西三八红旗手(集体)12个。推进诚信制度化建设,开展电信诈骗、互联网金融诈骗等19项诚信缺失突出问题集中治理,全市共73家企业获自治区“守合同重信用”,打造了一批“放心消费”示范街区、景区、商家等诚信典型。

【健全志愿服务机制】 2019年,桂林市加强信息平台建设,推进广西志愿服务网登记注册工作,在广西志愿服务网注册志愿者超过84万人,占桂林市常住人口比例16.59%,志愿者活跃度61.95%,注册总人数和活跃度均居自治区第一。依托新时代文明实践中心开展志愿服务,专题开展“农村扶贫济困,社区邻里守望”、学雷锋志愿服务月、“向祖国献礼——志愿者在行动”等主题志愿服务活动,开展“时间银行”养老志愿服务试点工作,推动“学习雷锋365·天天志愿有服务”工作落实。全市县、乡(镇、街道)、建制村(社区)成立新时代文明实践中心、所、站2100多个。通过围绕供需关系整合资源,融合拓展活动形式,因地制宜探索工作方法,建设志愿服务示范项目,各级工作机构开展活动2.70万场,受众近140万人次。 (唐启源)

统一战线

【概况】 2019年,中国共产党桂林市委员会统一战线工作部(简称市委统战部)办公地址在桂林市临桂区西城中路69号,内设办公室、研究室、干部科、一科(民主党派工作科)、二科(非公有制经济代表人士工作科)、三科(港澳统战工作科)、四科(非公经济工作科)、五科(无党派人士和党外知识分子工作科)、六科(新的社会阶层人士统战工作科)、七科(侨务综合科)、八科(侨务事务科)、九科(互联网信息科)、十科(台务综合科)、十一科(台务事务科)和机关党委。统一领导市民族宗教事务委员会,加挂市侨务办公室、市台湾事务办公室牌子。3月,中国共产党桂林市委员会台湾工作办公室、桂林市侨务办公室并入市委统战部,人员编制45名(含后勤服务聘用人员控制数5名),在职人员46人。年内,桂林市统一战线突出主题主线,整合资源打造特色品牌,聚焦重点发挥优势作用,各领域统战工作得到全面推进。统战理论研究、统战信息宣传、对台工作、解决民营企业融资难、新的社会阶层人士统战等工作取得实效。

【统一战线服务大局展现新作为】 2019年,市委统战部引导各民主党派桂林市委会、工商联、无党派人士、港澳台侨同胞等聚焦桂林改革发展的重心难点和群众普遍关心的民生问题建言献策,组织引导统一战线广大成员参与脱贫攻坚。5月20日,在灌阳县召开全市统一战线助力脱贫攻坚推进会,各民主党派桂林市委会、相关商协会和民营企业代表等18个帮扶单位分别与灌阳县18个深度贫困村签订结对帮扶协议。组织开展桂林市统一战线“不忘初心、爱心助力”扶贫捐助活动,活动收到捐赠善款3075.34万元,其中现金2533.14万元,物资价值542.20万元。全年桂林市统一战线及社会各界力量实施产业、教育、医疗、就业、培训、公益等帮扶项目178个,开展各类扶贫活动661场次,投入各项扶贫资金7871.03万元,其中教育扶贫投入资金1924.30万元,医疗扶贫投入资金2019.21万元,电商扶贫投入资金290.20万元。

【多党合作效能得到新提升】 2019年,桂林市印发《2019年度政党会议协商计划》,发挥各民主党派参政议政优势。8月27日,桂林市召开发展壮大民营经济工作专题协商座谈会,向各民主党派、工商联、无党派人士代表通报全市民营经济发展的基本情况以及发展壮大民营经济的思路和举措,畅通与党外人士的交流沟通渠道,推动全市民营经济高质量发展。全年各民主党派、工商联、无党派人士完成市

2019年10月23日,桂林市举办统一战线“不忘初心·爱心助力”扶贫捐助文艺演出 (市委统战部 供图)

委部署的理论调研课题9篇；参加各界别协商座谈会10余次，完成质量较高的调研报告27篇，撰写各类议案、提案、建议367件，收集社情民意信息555条，向中共中央统战部《零讯》期刊投稿39篇。做好自治区党外代表人士锻炼基地（桂林）的第二批党外干部挂职工作，第二批接收自治区挂职干部4人，其中正处级2人，副处级2人。全市有党外干部正处级18人，副处级90人，正科级311人，副科级503人。全年，各县（市、区）、各市直单位、各民主党派工商联及统战系统参加网络培训1100人。全年组织63名党外科级干部参加市委统战部秋季干部培训；组织30多名党外干部参加自治区党委统战部干部培训；组织56人参加中共中央统战部在苏州干部培训中心举办党外代表人士的统战部长培训。

【非公有制经济“两个健康”取得新成效】 2019年，市委统战部牵头制订《桂林市四家班子领导成员联系服务非公企业和非公经济代表人士工作制度》，市四家班子领导成员分别联系服务民营企业102家、非公有制经济代表人士68人，县级四家班子成员联系服务民营企业628家、非公有制经济代表人士720人。印发《桂林市开展民营经济示范市、示范县（市、区）、示范乡镇、示范园区创建活动方案》，全市有3个县（市）、13个乡（镇）、1个园区创建区级民营经济示范点。开展解决民营企业突出问题百日攻坚行动，共收集到问题419个，已解决问题192个。

【民族宗教工作】 2019年5月，桂林市召开民族工作现场推进会，总结桂林市以民族文化和中华优秀传统文化进校园为载体开展民族团结进步创建活动经验，推广服务管理流动少数民族群众的城市民族工作经验，观摩民族乡开发民族特色旅游产业加快民族地区发展的先进经验。年内，桂林市做好全国第七次民族团结进步模范推荐评选，以及自治区第三批民族团结进步示范单位推荐评选工作，获全国民族团结进步模范集体3个、模范个人3人。全年，桂林市共安排各级少数民族发展资金3477万元，实施项目123个，解决贫困地区道路交通、饮水、桥梁等基础设施困难，惠及贫困地区各族人民20万人。健全宗教工作制度，制订《桂林市宗教团体和宗教活动场所重大事项请示报告制度》《桂林市抵御境外宗教渗透机制工作制度》《桂林市网络宗教事务管理机制工作制度等。配合市公安局、市网监等部门依法处置涉及宗教领域非法活动，吊销桂林市基督教迦南堂宗教活动场所登记证，处理全州县基督教非法传教活动场所，责令停止“恩光教会”非法传教活动，依法整治盘踞多年且顽固不化的桂林“庇哩亚教会”。

【党外知识分子和新的社会阶层人士统战工作】 2019年，桂林市17个县（市、区）均成立新的社会阶层人士联谊会，新的社会阶层人士统战工作平台建设居自治区第一。10月31日—11月1日，自治区新的社会阶层人士联谊会建设现场推进会在桂林召开。15个县（市、区）成立党外知识分子联谊会。全市累计建立自治区级创新创业实践基地1个、市级创新实践基地7个、县级实践创新基地17个。完成市委“加快桂林健康产业与特色旅游融合发展对策研究”课题；启动桂林欧美同学会（桂林留学人员联谊会）与恭城瑶族自治县“县域智慧全域旅游及智慧民宿解决方案”课题并签约。组织近100名党外知识分子专家为106家企业在科技创新、技术（工艺）升级等方面共计110个项目提供支持或指导，创造直接经济效益14.67亿元。

【港澳工作实现新发展】 2019年，市委统战部3次组队到香港开展交流活动，同时共接待港、澳同胞9批462人次到桂林参观考察。协助香港童军总会九龙地域到桂林参访；协助深圳狮子会坪山服务队、香港广西桂林市同乡联谊会开展第四期“深港复明献爱心·广西桂林光明行”活动，为100名贫困白内障患者实施复明手术。对接香港、澳门桂林同乡会到阳朔县开展关爱贫困学生活动，捐款捐物共计31.7万元。

【对台工作】 2019年，桂林市制订《桂林市贯彻落实“31条惠及台胞措施”“广西80条惠及台胞措施”的实施办法》，为台湾同胞在桂林就学、就业、生活提供与当地居民同等待遇。全面深化桂台经济文化交流合作，促进两地经济社会融合发展。获国务院台湾事务办公室批复重点交流项目6个。“2019桂台慢速垒球赛”“台湾广西籍青少年桂林文化体验营”“2019年在台广西籍陆配回娘家活动”等在桂林成功举办。全年共接待到桂林各类台湾参访团22批706人次；组织开展生态农业、文化教育、体育交流、经贸合作、医疗救护共17批次221人次公务参访交流。加强与台商联络，搭建经贸合作平台，助力桂台经贸发展，全年新增台资企业15家，合同金额1839.67万美元，实际到位12万美元。

【侨务工作】 2019年，桂林市建立“桂林市基本侨情系统平台”“桂林市海外华侨华人资源库”和“桂林市侨资企业资源库”；定期开展走访侨资企业及慰问在桂林工作生活的海外高层次华侨华人，全年看望慰问归侨侨眷250多户（人次），慰问物资20万元，获上级业务部门支持的华侨事业费39万元。承办“著名侨商侨领广西行桂林考察”“新西兰桂林总商会桂林行”等侨务引资活动4场次，促成投资项目1个，协议投资额2亿多元。指导象山区将军桥社区、叠彩区清秀社区、秀峰区乐群社区和桂林华侨农场进行示范创建，到社区进行侨务政策宣传，指导各县（市、区）开展涉侨工作。做好华文教育工作，会同县（市、区）教育局，选派14名优秀教师赴老挝、柬埔寨、泰国、菲律宾华文学校援教。配合广西师范大学做好海外学校校董研习班工作，近200名海外华文学校校董、校长参加研习班。加强与泰国《新中原日报》、柬埔寨《柬华日报》等海外华文媒体合作，刊发桂林新闻，传播桂林声音，讲好桂林故事，提升侨务对外宣传水平。在桂林市社会主义学院挂牌成立桂林中华文化学院，为桂林海外统战工作和对外文化交流增添新平台和窗口。

（段晓光）

政策研究

【概况】 2019年，中国共产党桂林市委员会政策研究室（简称市委政研室）增挂中国共产党桂林市委员会全面深化改革委员会办公室（简称市委改革办）牌子，办公地址在桂林市临桂区西城中路69号，内设秘书科、经济科、社会科、综合科、协调科、督察科。人员编制20名（含后勤服务聘用人员控制数1名），在职人员18人。年内，市委政研室深入开展调查研究，以文辅政，高质量完成市委重要文稿，强化推进落实，强化阵地建设。

【市委政研室调研成果显著】 2019年，市委政研室围绕市委重大工作，开展调查研究，调研机制进一步完善，全年完成调研课题9项。其中，“关于桂林工业振兴的调研”为全市领导干部会议提供基础性材料，成为桂林工业振兴与科技创新大会领导讲话的素材；“桂林三大园区的调研”转化为三大园区管理体制改革方案；“文旅融合的调研”成为全市文化旅游大会的基础材料；“关于桂林主动融入大湾区的调研”“关于解放思想、扩大开放、担当作为的调研”等调研成果，为市委相关文稿写作提供参考；“关于建设桂林市特色新型智库”的调研，探索汇聚智力资源服务桂林发展的新途径。荔浦市教师“县管校聘”教育改革试点的调研得到市委主要领导批示。结合自治区党委政研室“大学习大调研”活动，开展桂林市党委政研（改革）系统大调研活动，各县（市、区）统筹政策研究工作力量，围绕桂林国际旅游胜地和国家可持续发展议程创新示范区建设以及经济发展、改革开放、乡村振兴、脱贫攻坚、社会和谐稳定、全面从严治党等工作进行调研，全市共上报调研课题46篇，获自治区一、二、三等奖8篇。

【市委改革办强化推进落实】 2019年，市委改革办围绕“抓谋划、抓重点、抓落实、抓亮点、抓宣传”工作要求，坚持“一手抓改革方案出台，一手抓改革举措落地”，注重统筹谋划，狠抓督察问效，推动各项改革落地落实落细。全年46项重点改革任务全面完成，43项面上改革任务全部达到预期目标，自治区改革督察整改要求和改革绩效考评各项指标任务圆满完成。各领域改革成效突出，优化营商环境百日攻坚指标全面完成；在自治区率先推行“双容双承诺”改革，28个项目直接落地；医联体改革居自治区前列，医联体改革“灌阳模式”得到国务院医改办和国家卫健委肯定；文化旅游融合发展创出新高度，自治区首届文化旅游发展大会在桂林成功召开；融媒体改革成效明显，在自治区率先实现县级融媒体机构全覆盖；传统村落保护自治区领先，全市累计入选中国传统村落名录138个，占自治区近一半；荔浦市完成农村集体产权制度改革全国试点任务，全市农村集体产权制度改革国家、自治区、市三级改革试点成效明显；农村人居环境整治再创佳绩，阳朔县农村人居环境整治工作获国务院督查激励；乡村治理体系建设和美丽桂林·幸福乡村活动扎实推进，自治区乡村治理体系建设、乡村产业振兴、“幸福乡村”活动、乡村风貌提升现场推进会在桂林市召开。建立完善改革信息联系制度、信息报送制度、信息考评制度、信息通报制度，并落实专人加强与自治区党委改革办的信息沟通协调，全年组织上报桂林市特色改革信息70多篇。

【市委政研室强化阵地建设】 2019年，市委政研室强化阵地建设，《今日桂林》刊发宣传中国共产党桂林市第五届委员会第五次全体（扩大）会议、全市“两会”、中国共产党桂林市第五届纪律检查委员会第四次全体会议和全市组织工作会等重要会议稿件，围绕中共中央总书记习近平在中共中央办公厅视察时的重要讲话进行再学习主题刊发系列学习文章，结合桂林市“不忘初心、牢记使命”主题教育和市委书记赵乐秦在2019年桂林市委党校春季主体班开班动员会上的讲话精神，开设学习习近平“5·8”重要讲话精神征文选登专栏，宣传勇于担当的党办精神。《今日桂林》参加中国城市党刊省际宣传合作，与各城市党刊实现宣传互动、信息互通、资源共享。

（刘泽兴　邹文静）

党校工作

【概况】 2019年，中国共产党桂林市委员会党校（简称市委党校）办公地址在桂林市象山区万福路25号，为“两校两院”体制格局（市委党校、市行政学院、市社会主义学院、桂林市团校）。2019年，桂林市团校整合到党校，增加了《学报》编辑部（市情研究室）和青少年培训部。市委党校内设办公室、组织人事科、财务科、教务科（加挂业务指导科）、科研科、学员工作科、社会培训科、信息技术科、行政科、图书馆、党史党建教研室、经济学教研室、公共管理与法学教研室、文史哲教研室、统一战线理论教研室、《学报》编辑部（市情研究室）、青少年培训部和机关党组织、离退休人员工作科。年末，有在职教职工110人，其中参照公务员管理人员41人、专业技术人员60人（其中专职教师40人）、工勤人员9人，副高级以上专业技术职称人员14人、中级专业技术职称33人。

【市委党校干部教育】 2019年，市委党校围绕培训全市各级领导干部的主渠道、思想理论建设的重要阵地和科研咨政的重要智库的定位，聚焦主课主业，学习习近平新时代中国特色社会主义思想和中共十九大、十九届四中全会精神，举办主体班及各类培训班次169期，培训1.29万人次，上缴财政非税收入1510万元。承接的培训班70%以上来自桂林市外，自治区委党校、广西社会主义学院2019年的主体班均安排到桂林进行现场教学，自治区纪委监委、自治区党委组织部等10多个自治区直属机关和自治区内各市均安排培训班到市委党校培训。

【市委党校丰富教学工作】 2019年，桂林市市县领导常态化到市委党校为学员授课，共有23名领导26次为学员授课，其中厅级领导11人。邀请部分县（区）委书记、市直单位主要领导走上党校大讲堂给学员们进行专题

2019年10月11日，市委党校与市直机关工委联合举办的“特色党课献祖国”，开创了市直机关“党课大讲坛”全新教育模式 （市委党校 供图）

授课和互动交流，使教学内容更贴近学员实际，增强教学针对性和实效性。培育红色教育、廉政教育、生态文明、国际旅游胜地、历史文化、城乡融合等品牌课程，设计推出了10条具有桂林特色的现场教学线路，其中以湘江战役纪念场馆为重点的红色教育精品课程和现场教学线路，以桂林廉政教育基地为重点的廉政教育课程、线路，成为各个班次的必选课程。

【市委党校科研咨政】 2019年，市委党校共获各类课题立项31项、结项27项。在各级各类刊物上公开发表学术论文42篇，其中国家级3篇、省级刊物23篇、市级刊物13篇；参与各级各类理论研讨会获奖或入选文章78篇；参与著作编写4部、教材1部；汇编理论研讨会优秀论文集2部，公开出版《科研咨政促发展——中共桂林市委党校智库文萃》专著1部，收录教研人员文章50篇。3月，桂林廉政研究中心加入中国廉政研究会，开发了陈宏谋故居现场教学、江头村现场教学、周渭祠现场教学、桂海碑林现场教学4条廉政教育精品现场教学线路。10月31日，与广西师范大学、桂林市纪委监委共同举办第三届“漓江·廉政论坛”，全国有60多家单位近200位专家学者出席论坛。11月15日，承办自治区党校系统“庆祝中华人民共和国成立70周年暨党的民族政策在广西的实践”理论研讨会。

【党的建设探索新模式】 2019年，市委党校把党的建设贯穿于工作各方面，以“微党课+情景剧+红诗红歌会”的形式让党课学习鲜活起来，10月与市直机关工委联合举办的“特色党课献祖国”，开创市直机关“党课大讲坛”全新教育模式，得到参加学习的600多名市直机关干部好评。组建以教师为骨干的理论宣讲志愿服务队，深入全市各新时代文明实践中心、新时代讲习所，以及社区、乡村，宣讲习近平新时代中国特色社会主义思想和“不忘初心、牢记使命”主题教育相关内容，宣讲30多场。建设好“金秋家园”党建活动阵地，铁西离退休支部建成自治区标准化规范化试点党支部。

【市委党校对外合作搭建新平台】 2019年，桂林市干部党性教育基地、桂林中华文化学院、中国（广西）国际青年交流学院培训基地在市委党校挂牌，扩展了干部教育培训新内涵。为提升办学质量，加强合作交流办学，市委党校先后与广东、江西、福建、贵州、山东、河南等省的相关市党校（干部学院）对接交流，互派班次开展异地教学。11月，与赣州、遵义、延安、龙岩红军长征中的重要节点城市共同签订“干部党性教育合作联盟”。2019年7月，与深圳市经理进修学院举行培训交流合作签约仪式。年内，共接待外地党校、干部学院44批294人次到校参观交流，探讨合作机遇。9月，加入中国青年工作院校协会，举办首期国际青年交流培训班。

【市委党校业务指导推动系统新发展】 2019年，市委党校加大对县级党校业务指导力度，出台和完善系列规范性文件，统筹培训班次和师资调配，举办基层党校师资培训班，全市县级党校共举办各类主体班66期，培训学员6908人。先后组织13个调研组61人次到各分校开展教学、科研、师资队伍建设等指导和精品课验收工作。11月，开展全市党校系统教学科研文体活动周，组织市、县党校教职工进行教学比赛、科研培训、微党课展示以及气排球比赛，促进全市党校系统教职工相互学习交流和办学水平。

（张莉莎）

党史工作

【概况】 2019年，中国共产党桂林市委员会党史研究室（简称市委党史研究室）办公地址在桂林市临桂区西城中路69号创业大厦，内设秘书科、征编一科、征编二科、宣传教育科。人员编制19名（含后勤服务聘用人员控制数4名），在职人员18人。年内，市委党史研究室以红军长征湘江战役烈士遗骸收殓保护工作为切入点，围绕党史基本著作编撰工作中心，开展党史存史、资政、育人工作，促进全市党史工作的科学发展。市委党史研究室获2019年广西壮族自治区激励干部担当作为集体三等奖。

【市委党史研究室存史工作】 2019年，市委党史研究室推进《中国共产党桂林历史（三卷）》编撰工作，全年完成50%初稿。完成《桂林执政纪实（2018）》编辑出版工作，完成《广西区党委执政纪实（2018）》桂林市委工作纪要初稿撰写工作。收集整理《改革开放以来桂林历次党代会报告》《改革开放以来桂林有关专题研究选编》《桂林改革开放40年大事记》等130万字的资料汇编，向自治区党史研究室报送3万余字的《桂林市改革开放发展历程、成就与经验综述》。启动《桂林国际旅游胜地建设党史专题集》工作，全年收集近80万字原始参考资料。

【市委党史研究室资政工作】 2019年，市委党史研究室全面参与红军烈士遗骸收殓保护工作。参与呈送中共中央办公厅有关湘江战役红军遗骸收殓保护的信息工作，得到中共中央总书记习近平及国务院总理李克强等14位中央领导人的重要批示。牵头做好3个纪念馆展陈文案、展陈大纲编写任务。指导、协助各级各部门完成湘江战役烈士遗骸收殓保护和纪念设施建设工作，审定65处红军墓葬点和遗骸收殓保护点及遗址保护点简介材料。承担历史和革命精神研究工作，合作推出《湘江战役英雄谱》系列连环画丛书一套5本，合作完成《新长征再出发》干部教育读本和《红星闪耀桂北——湘江战役文化中学生读本》《红星闪耀桂北——湘江战役文化小学生读本》读物。

【市委党史研究室育人工作】 2019年，市委党史研究室开展党史国史宣讲，全年宣讲桂林地方党史和红军长征湘江战役30余场次，受众近3000人。作为红色故事主讲嘉宾参与自治区党委组织部主持和开展的《红色传奇》进高校活动。参与市委组织部牵头的《"不忘初心、牢记使命"——广西党组织的成长的光荣之路》主题展播，负责完成桂林党组织的光荣之路"桂林第一党组织的建立"等8个部分的展陈大纲、图片材料及解说词。组织原桂林中共地下组织老党员、桂北游击队老队员及部分烈士家属约50人开展清明祭扫烈士墓活动。参与"我和我的祖国——不忘初心、牢记使命"湘江战役主题演讲比赛评比工作。 （全智勇）

保密工作

【概况】 2019年，中国共产党桂林市委员会保密委员会办公室（简称市委保密办）和桂林市国家保密局是两块牌子一套人马。办公地址在桂林市临桂新区西城大道69号创业大厦，内设秘书宣教科和法规检查科，下属桂林市保密技术服务中心，在职人员11人。年内，市委保密办加强对机关、单位保密工作的指导和监督，组织开展保密督查检查、保密技术防护、保密宣传教育、案件查处等各项工作。持续加强保密宣传教育力度，督促指导全市市直机关单位、各县（市、区）干部、职工开展保密警示教育，做到全覆盖，保密信息报送刊用连续3年自治区排名第一。年内，桂林市国家保密局被人力资源和社会保障部、国家保密局授予"全国保密工作先进集体"称号。

【加强保密管理】 2019年，市委保密委向全市印发中共中央保密委《保密违法违纪行为处分建议办法》《工作秘密管理暂行办法》，指导各县（市、区）、市直各单位开展学习贯彻2个办法。加强定密管理，组织人员对各县（市、区）、市直各单位2010、2011年度定密事项审核情况和2018、2019年度定密事项统计情况进行梳理。对过去乱定密、乱标密及到期应解密的事项进行统计和整改，规范桂林市定密工作。年内，桂林市完成涉密领域涉密计算机单机国产化替代工作，各县（市、区）、市直单位完成456台（市直单位186台，各县（市、区）270台）。推进桂林市涉密网络测评审批工作，督促有关单位加快涉密信息网络、加密网、电子政务内网的测评审批工作。对市委保密办（局）2018年度印发的密级文件进行清退，共回收84个市直单位、52个中区直单位的843份密级文件。指导各县（市、区）、各单位完善涉密载体销毁工作，销毁中心全年共销毁纸质涉密载体7吨，U盘161个，硬盘701块，内存条178条，SD卡7张，软驱2个，刻录机2个，光盘1191张，芯片1个，读卡器2个。

【保密宣传教育】 2019年，市委保密办、市国家保密局牵头，各县（市、区）、市直各单位组织辖区、单位、干部职工和涉密人员（含跟班借调人员）观看自治区党委保密委制作的《警钟Ⅱ》警示教育片，观看人数2万人次。市委保密办、市国家保密局到平乐县、灌阳县、七星区、市委组织部等20多个单位讲授保密课，听课4000人次。参与"4·15"全民国家安全教育日宣传活动，在桂林市中心广场摆放宣传展板，发放宣传资料。开展学刊、用刊工作，向全市发放《保密工作》《保密科学技术》《信息安全保密问题与应对》等宣传资料。持续加大对桂林市保密工作先进经验的宣传，撰稿并被《保密工作》杂志刊用2篇，被《保密工作简报》刊用15篇。

【开展保密综合检查】 2019年，市委保密办、市国家保密局开展保密综合检查，检查市直单位的计算机保密管理情况和涉密载体管理情况，抽查非涉密计算机483台、涉密计算机92台，实现84个市直单位全覆盖，对检查中存在问题的单位及时给予纠正，督促限期整改。市国家保密局联合桂林市邮政管理局对全市邮政机要通信场所开展联合检查，共检查市、县两级邮政企业的机要通道营业处理场所13处、接发转运场所及相关办公场所1处。全年共查处1个单位非涉密网络传输涉密信息案件和1起网上售卖涉密文件案件，依法依规对相关责任单位、责任人提出处理建议。

【保密技术服务保障】 2019年，市委保密办、市国家保密局对市委主要领导办公室进行保密安全检测，加强对主要领导办公环境的安全保密防范工作。为"守初心、持恒心、强信心"主题研讨会、自治区文化旅游发展大会、创建全双拥模范城动员部署会等各类涉密会议和高考、中考、法律考试、教师资格考试、医师资格考试等各类考试提供保密服务保障。 （赵颖华）

信访工作

【概况】 2019年，桂林市信访局办公地址在桂林市临桂区西城中路69号，内设办公室、综合指导科、办信科、接访科、网信电话科、复查复核督查调研科。人员编制22名，在职人员36人。年内，全市信访工作围绕社会和谐稳定、中央扫黑除恶驻桂林督导、中央脱贫攻坚巡视整改年度重点工作，推进信访工作“三化”（制度化、规范化、程序化）建设，强化信访矛盾攻坚化解，开展“诚信建设+信访”试点工作，主动作为，畅通民意表达渠道，全市信访总量2869件3500人次，件次（比上年，下同）增长36.36%，人次下降0.74%；赴邕到非接待场所上访26人次，下降25.7%；进京到非接待场所上访38人次，下降9.52%；到市人民政府集体访73批1039人次，批次下降43.41%，人次下降58.46%；办理自治区信访局交办扫黑除恶相关信访件751件。

【完善信访工作联席会议机制】 2019年，桂林市召开2次信访联席扩大会议，针对信访工作面临的新形势、新任务、新要求，特别是新中国成立70周年大庆暨第16届中国－东盟两会期间信访保障工作进行部署，调整充实信访工作联席会议成员单位、第三方参与信访工作专家库人员，抽调律师及部分单位人员参与市群众信访服务中心联合接访和市信访联席办日常工作，发挥市信访维平台融合功能，通过综合分析研判形势，上传下达情报信息，作出决策部署，快速出击依法处置，确保任务完成。

【群众信访服务中心标准化建设】 2019年，桂林市信访系统坚持学习和发展“枫桥经验”（发动和依靠群众，坚持矛盾不上交，就地解决。实现捕人少，治安好），开展县、乡、村三级群众信访服务中心标准化建设。全市17个县（市、区）、147个乡级单位、1860个村级单位均按自治区标准完成群众信访服务中心（站、室）标准化建设工作，为服务信访群众，做到小事不出村，大事不出镇，矛盾不上交，就地化解工作提供保障。

【信访矛盾化解攻坚】 2019年，桂林市梳理各类矛盾纠纷，加强党委和政府对信访矛盾化解攻坚工作的领导，坚持“谁主管、谁负责”“系统抓、抓系统”，督促县（市、区）信访矛盾化解攻坚，发挥各有关部门化解信访矛盾的作用，形成了信访联治、矛盾联调、工作联动大格局。全部办结国家信访局、自治区信访局交办桂林市矛盾化解攻坚信访件23件，实体化解13件，实现息诉息访，最大限度减少信访存量。

【网上信访】 2019年，桂林市信访局加强信访信息系统优化和深度应用，用好网上信访平台，在市人民政府门户网站增加网上信访链接，推动信访业务“触网”，提高移动端信访普及率。推进视频接访，探索推广“最多访一次”做法，加大督查通报力度，加强终端工作人员网上在线培训，拓宽网上信访主渠道。开展信访业务流程精细化管理，强化业务对接，排查业务“堵点”，解决各类不规范问题、纠正不规范行为，推动信访事项及时受理、及时办理，信访群众对信访事项办理评价满意率、参与评价率等提升。

（侯海洋）

2019年1月18日，桂林市信访工作联席会议（扩大）工作会召开 （龙祥 摄）

老干部工作

【概况】 2019年，中共桂林市委老干部局（简称市委老干部局）办公地址在桂林市临桂区西城中路69号，内设办公室、党建工作办公室、服务指导科、文化活动科、宣传调研科，市关心下一代工作委员会办公室设在市委老干部局。2月，根据《桂林市机构改革方案》成立市委离退休干部工作委员会。下设参照公务员法管理事业单位4个，分别为桂林市直属机关老干部休养所、桂林市直属机关第二老干部休养所、桂林市虞山老干部休养所、桂林市老干部活动中心（桂林市老年大学）。人员编制21名（含后勤服务聘用人员控制数3名），在职人员20人。至年末，全市共有离休干部577人，平均年龄90.9岁。按市县区域分：市直属单位368人，6个城区47人，11个县（市）162人。按单位性质分：行政机关离休干部204人，事业单位离休干部137人，企业单位离休干部236人。按革命时期分：抗战时期参加革命工作的41人，解放战争时期参加革命工作的536人；按享受待遇分：享受厅级待遇的36人，享受处（县）级待遇的385人，享受科级待遇及其他156人。

【加强离退休干部党组织建设】 2019年，桂林市在离退休干部中开展“不忘初心、牢记使命”主题教育，教育活动做到要求不减、标准不降。举办2019年桂林市离退休干部党支部书记“不忘初心、牢记使命”主题教育专题培训，120名离退休党支部书记参加培训。推进离退休党支部标准化规范化建设试点工作，按照自治区试点要求的6个方面22项建设任务，确定阳朔县人民医院离退休干部党支部、七星区机关退休干部第五党支部、市委党校铁西离退休干部党支部、桂林日报社离退休干部党支部为试点党支部。12月，七星区机关退休干部第五党支部被推荐评选为全国离退休干部先进集体；全市5个单位和14名个人被评为广西老干部先进集体和先进个人。

2019年3月29日，桂林市召开老干部局局长会议　　（市委老干部局　供图）

【落实老干部待遇】 2019年，市委老干部局树立精准服务意识，为老干部办实事、做好事、解难事。春节前在《桂林日报》刊登致全市离退休干部春节慰问信，向老干部表达新春祝福。组织召开全市经济社会发展情况通报会，及时向老干部通报市委、市人民政府新举措、新进展和重要工作情况。对全市离休干部和四家班子老领导进行全覆盖大走访活动，倾听老干部诉求，解决老干部实际困难。做好新中国成立70周年基层走访慰问活动，为每名离休干部送去2000元慰问金和“庆祝中华人民共和国成立70周年”纪念章。组织市本级副处级以上退休干部和离休干部共780人进行健康体检，做好对异地安置、患病住院离休干部和四家班子老干部的看望慰问工作，为90岁以上的老干部登门祝寿，做好老干部医疗保健、丧事办理和遗属抚慰工作。建立桂林市特殊困难离休干部帮扶资金，为24名有特殊困难的离休干部及遗偶提供资金帮助近20万元。

【开展老干部正能量活动】 2019年，市委老干部局持续引导老干部为党和人民的事业增添正能量。组织开展迎新春游园活动，举办庆祝建党98周年文艺汇演，开展“多彩金秋·乐为桂林”文化活动月，举办全市离退休干部书画美术作品展，开展庆祝新中国成立70周年系列活动，开展“为助推脱贫攻坚添动力”活动。持续开展“老书记讲精品党课”活动，全年共举办活动200多场次。依托老干部活动中心，举办庆祝“三八”妇女节老干部才艺表演、迎春舞会、“红五月”老干部卡拉OK赛等系列活动。

【引导老干部发挥作用】 2019年，市委老干部局引导广大老干部为全市经济社会发展贡献智慧和力量。实施“银发人才”工程，出台《关于进一步完善桂林市“银发人才”信息库的通知》，挖掘有专业特长的离退休干部加入“银发人才”队伍。构建“银发人才”智慧平台，助力桂林国际旅游胜地建设、脱贫攻坚、乡村振兴、民生事业。打造提升“乐为桂林”党建品牌，继续与桂林电视台联合推出《板路》栏目之“乐为桂林”节目，宣传报道桂林离退休党员干部先进典型。组建成立31支“乐为桂林”老干部志愿者服务队，在关爱未成年人、城市管理、政策宣传、医疗保健、服务“三农”、产业扶贫等方面发挥余热。在老干部集中居住的市直机关龙珠路、象山小区、桂山小区建立3个“金秋家园”和“老党员驿站”。

【开展关爱青少年活动】 2019年，桂林市有基层关心下一代工作委员会组织2752个，“五老”（老干部、老战士、老专家、老教师、老模范）骨干9000人；全市“五老”组织1329个，“五老”志愿者1.68万人。年内，市关心下一代工作委员会办公室组织“五老”进校园、进社区开展“共和国英模进校园”“扣好人生第一粒扣子”“传承红色基因，争做时代新人”等各种报告会、宣讲会及文艺演出活动190多场次，受教育未成年人达8万多人次。举办桂林市庆“六一”暨“3元计划·爱心工程”资助困境儿童活动，为全市1000名困境儿童发放每人800元的现金扶助。10月，桂林市“3元计划·爱心工程”帮困助学优秀品牌被中国关心下一代工作委员会评为“全国关心下一代帮扶工作品牌”。（王宏宇）

机构编制

【概况】 2019年，中共桂林市委员会机构编制委员会办公室（简称市委编办）办公地址在桂林市临桂区西城中路69号。内设综合科、机关机构编制科、事业机构编制科、县乡机构编制科、监督检查科、电子政务科。下设二层参照公务员法管理事业单位市事业单位登记管理中心。人员编制28名（含后勤服务聘用人员控制数2名），在职人员22人。至年末，桂林市有县以上行政机构1060个，其中市级85个，县级975个。

【市县机构改革完成】 2019年1月25日，桂林市机构改革方案获自治区党委、自治区人民政府批准。市委编办全力组织实施，推动改革任务的高质量完成。3月25日，中央、自治区明确的20项机构改革“规定动作”桂林市全部落实到位，完成645个涉机构改革部门的班子配备、挂牌组建、人员转隶、“三定”规定制定等工作，市本级完成人员转隶463人。

【事业单位改革成效明显】 2019年，市委编办结合机构改革全面完成承担行政职能事业单位改革任务，市本级32个事业单位承担的行政职能全部回归行政机关，除执法队伍外，不再保留和新设承担行政职能事业单位。对职能相同相近的和职能萎缩弱化的事业单位进行整合撤并，市本级减少事业单位46个，核减收回事业编制787名，优化事业单位机构编制资源。改革后，保留设置的事业单位，名称不再称“委、办、局”。

【综合行政执法改革率先完成】 2019年，桂林市根据中央和自治区关于综合行政执法改革的指导意见和实施意见精神，按照“市本级和市辖区原则上只设一支执法队伍”的原则，在自治区范围内率先完成市场监管、生态环境保护、文化市场、交通运输、农业5个领域综合行政执法改革，理顺部门之间的执法职责，有效破解多头执法、重复执法等难题，提升综合执法水平。年内，市本级和五城区共减少执法队伍24个。

【园区管理体制机制改革】 2019年，市委编办会同市委改革办、市行政审批局等部门，针对桂林市园区管理体制不活、不顺问题，对桂林市三大经济园区（桂林高新技术产业开发区、桂林经济技术开发区、桂林高铁经济产业园）开展新一轮的管理体制机制改革。对三大园区重新赋予新的发展定位，对其管理机构重新赋予职责，激发园区活力，促进桂林市工业经济发展。

【完善基层管理体制】 2019年，市委编办解决基层管理体制不适应、人员力量不充足等问题，完善简约高效的管理体制，保证基层的事基层办。做好城区编制调整使用工作，从市本级行政编制总量调剂37名行政编制充实到市辖五城区，同时随职责下放城区市场监管综合行政执法行政编制34名，缓解城区人员编制不足问题。紧盯基层教育、医疗事业招人难，留人难问题，推动“县管校聘”改革，重新核定中小学编制总量，合理分配教育资源。探索公立医院编制管理新机制，加快推动基层医疗卫生服务一体化。推进完善乡（镇）“四所合一”改革，做好人员稳定和制度完善工作。抓好乡（镇）空编率过高问题的整改，全市乡（镇）的行政空编率控制在8%以内，乡（镇）工作人员力量得到保障。

【编制服务保障】 2019年，市委编办盘活现有的编制资源，保障桂林市重点中心工作和民生公共服务需要。贯彻落实中共中央总书记习近平等中央领导人对红军长征湘江战役烈士遗骸收殓保护工作的重要批示指示精神，传承和弘扬红军长征精神，成立桂林红军长征湘江战役文化保护传承中心，为市委直属正处级事业单位，由市委宣传部代管。推进退役军人服务保障体系建设，市本级及各县（市、区）设置服务中心、乡（镇、街道）设立服务站、建制村（社区）设立服务点，实现了市、县、乡、村退役军人服务机构的全覆盖。全市共核定退役军人服务机构行政编制95名，事业编制234名。为优化桂林市营商环境，提升政务服务水平和重大项目建设服务能力，增加市政务服务中心、市公共资源交易中心、市重大项目建设服务中心事业编制。加强桂林市公共文化建设，增加桂林博物馆、桂林图书馆机构编制。加强桂林市应急工作力量，组建市应急救援服务中心。

2019年2月1日，市委、市人民政府召开全市机构改革动员部署电视电话会议

（市委编办　供图）

【机构编制问题整改】 2019年，桂林市历年积累机构编制问题641个。年内，市委编委及各县（市、区）编委将机构编制问题整改列入重要工作日程，市本级及各县（市、区）党委编办采取多项举措，开展存量问题的整改销号工作。至年末，全市共整改销号问题533个，整改比例82.25%。

（市委编办）

机关党建

【概况】 中国共产党桂林市直属机关工作委员会（简称市直属机关工委）办公地址在桂林市临桂区西城大道69号，内设办公室、组织部、宣传部、机关工会工委、团工委、妇工委。人员编制20名，在职人员22人。年内，市直属机关工委履行机关党建主体责任，推进机关党建高质量发展，巩固发展良好的机关政治生态，开创新时代机关党建工作新局面。年末，市直属机关工委直属党组织85个，其中党委49个，党总支部15个，党支部21个。管理党员2.19万人，其中在职党员1.44万人，离退休党员7509人。

【精简规范市直机关基层党组织】 2019年，市直属机关工委根据机构改革实际，理顺隶属关系，指导各直属党组织调整优化基层党组织设置。印发《关于做好机构改革涉改单位机关党组织党建工作的通知》，做好机关党组织设置调整工作，将涉改单位的党组织设置分为“不变、更名、调整、新建、撤销”五类方式进行调整。改革前，设有直属党组织95个、党员2.67万人。改革后，保留直属党组织81个（党委46个、党总支部14个、党支部21个），党员2.19万名。基层党组织数由改革前的1367个减少至1098个（党委82个、党总支部49个、党支部967个）。其间，与市行政审批局、市委督查和绩效考评办公室等9个新设部门联系，跟进做好机关党组织建立工作，指导34个直属党组织换届选举（其中党委15个，党总支部9个，党支部10个）。组织召开全市机关党的建设工作会议，制定出台《关于全面加强新时代机关党的建设的意见》,推进制约机关党建“缺人办事、缺钱办事”瓶颈问题的解决,落实专职副书记 64 人,专职党务工作人员 167 人。

【市直机关基层党组织建设】 2019 年,桂林市直各单位党建经费由原来的工资总额的 0.5%,在此基础上逐年按 10%—15% 的比例增加,直至不低于工资总额 1% 的标准。市直属机关工委为各直属党组织返还及下拨党费 180 多万元,用于支持各级党组织党建阵地、党员活动室建设,直属党组织建设“八有”标准党员活动室的比例达 80%,967 个党支部达 40%。通过配发机关党的组织生活专用记录本,开展定期督促检查,将“按期”“定期”制度的刚性要求有效落地,全年直属党组织党员领导干部讲党课完成率 100%,967 个党支部“三会一课”及时率 95%。年内,各级党组织依托红军长征湘江战役纪念设施、廉政教育基地、党群服务中心等党性教育资源,常态化开展形式多样的“周五党日 +”活动。市直属机关工委在全面落实书面述职的同时,安排市民政局机关党委、市统计局党总支部、市投资促进局党支部等 12 个机关党组织书记会议述职,对会议述职的机关党组织书记进行现场点评、评议。对书面述职的机关党组织书记给予书面点评意见。改进绩效考核,将上年的 20 余项指标简化为 8 项,并鼓励加分,强化正向激励,考核结果优秀占 60%,合格占 30%,需要改进的占 10%。

【加强党员教育培训】 2019 年,市直属机关工委分别举办直属党组织书记培训班、党支部书记培训班、党员发展对象培训班各 1 期。在江西干部学院举办直属党组织书记“不忘初心 牢记使命”学习教育培训班,直属党组织书记、县(区)工委书记 114 人参加培训。举行市直机关“不忘初心、牢记使命”主题教育党支部书记培训班,培训党支部书记 870 人。举行党员发展对象培训班,培训党员发展对象 614 人。

【机关党建品牌创建】 2019 年,市直属机关工委通过机关党建品牌创建宣传、机关党建品牌建设现场推进会、优秀机关党建品牌评选表彰等形式,深化机关党建品牌创建。对市纪委监委机关党委创建的“廉洁清风”、市委办机关党委“践行‘五个坚持’,建设‘四个模范部门’”、市税务局机关党委“党旗引领、税徽闪亮”等 18 个优秀党建品牌进行宣传推广,集中展示机关各级党组织抓党建工作成效。与市委宣传部联合举办“桂林市‘我和我的祖国——不忘初心、牢记使命’湘江战役主题演讲市直机关专场”活动,与市委党校联合举办“特色党课献祖国”活动,与建行桂林分行联合举办“党的好战士——张富清同志先进事迹情景报告会”特色党课。发挥“桂林机关党建网”重要宣传阵地作用,全年刊发有关信息、图片 1500 余条(张)。举办桂林市庆祝新中国成立 70 周年“我和我的祖国”文艺调演——“歌颂新时代、舞动机关美”市直机关专场晚会。机关在职党员“学习强国”平台使用 100% 全覆盖。

【增强机关群团工作活力】 2019 年,市直属机关工委指导市直机关各级党组织做好党的群众工作,支持市直机关工会、团工委、妇工委按照各自章程开展工作。开展“佩团徽、举团旗、跟党走”“健康生活、快乐工作”等主题活动。加强典型引领,深化“青年文明号”“五四青年奖章”“职工之家”“工人先锋号”“五一劳动奖”“巾帼文明岗”“三八红旗手”等评选推优工作。先后举办羽毛球、乒乓球、气排球比赛,创新举办市直机关首届趣味运动会。深化慰问帮扶工作,先后开展“学雷锋志愿服务活动”“送温暖”下基层等活动,为贫困村孤残、困难群众、留守老人开展冬季送温暖,为社区群众,为农民开展义诊、免费看病、免费发放药品等活动。 (刘付昌)

督查和绩效考评

【概况】 2019 年 3 月 22 日,中国共产党桂林市委员会督查室和桂林市绩效考领导小组办公室合并组建的中国共产党桂林市委员会督查和绩效考评办公室(简称市委督查绩效办)成立,办公地址在桂林市临桂区西城中路 69 号。内设综合科、决策督查科、专项查办科、第一绩效考评科、第二绩效考评科以及机关党组织,下设桂林市督查和绩效评估中心。机关人员编制 20 名(含后勤服务聘用人员控制数 1 名),事业人员编制 10 名。年内,市委督查绩效办加强督促检查工作,统筹规范督查检查考核,整治形式主义为基层减负,做好绩效管理升级发展,发

2019 年 7 月 11 日,桂林市召开机关党建品牌建设现场推进会 (市直属机关工委 供图)

挥督查“利剑”和绩效考评“指挥棒”作用。

【抓好决策督查】 2019年，市委督查绩效办制订《2019年市委重大督查工作方案》，将全年重大督查任务逐项落实到各部门和单位。落实市委常委会议定事项、新型城镇化示范乡（镇）建设、创建全国文明城市等重点督查事项，组织开展重大督查活动23次，形成《督查报告》20期，印发《督查通报》5期。配合自治区党委办公厅、自治区党委督查室开展系列督查活动，推动各级党委重大决策部署的贯彻落实。抓好督查检查考核工作的统筹规范，执行督查检查考核事项审核报备制度和清单管理，印发《2019年全市各部门、议事协调机构督查检查考核事项清单》。严格落实倒查机制，每季度要求各县（市、区）报送县级接受市级督查检查考核情况，对市直各单位开展督查检查考核情况进行通报，有效减少市直各单位随意增加调整督查检查考核的现象。

【加强专项查办】 2019年，市委督查绩效办坚持时效与实效并举，规范高效办理领导批示事项，对涉及重点项目、重大民生等事项建立台账，挂牌督办，跟踪督查，一抓到底，确保事项落到实处。全年共办理领导批示件82件，形成《督办专报》22期，其中在督办湘江战役纪念设施建设和烈士遗骸收殓保护工作中，研制专项督查方案，组织开展专项督查7次，及时督促相关县和部门协调解决工作中的困难和问题，推动湘江战役红军遗骸收殓保护和纪念设施建设如期完成。开展贯彻落实中共中央总书记习近平重要指示、批示精神“回头看”，研究制订《中共桂林市委办公室、中共桂林市委督查和绩效考评办公室办理习近平总书记重要指示批示工作规范》，将领导批示办理“回头看”作为常态化工作抓紧抓实。

【落实基层减负】 2019年，市委督查绩效办坚持目标任务导向，力抓减文控会，统筹规范督查检查考核，改进问责手段，完善激励关怀机制，为全市党员干部崇尚实干、担当作为营造良好氛围。研究出台《桂林市解决形式主义突出问题为基层减负20条》，建立市级层面整治形式主义为基层减负专项工作机制。到县（市、区）、乡（镇）开展专项调研，带头抓好调研成果转化运用，助力基层减负。市专项工作机制办研究制订《桂林市整治形式主义突出问题为基层减负工作数据采集通报制度》《桂林市政务类APP、微信工作群和微信公众号管理暂行规定》，印发《桂林市整治形式主义为基层减负工作手册》，强化减负过程管理，明确减负目标任务、具体措施及减负明细表，为全市减负工作提供全面指导。印发《桂林市关于形式主义官僚主义突出问题专项整治实施方案》，将为基层减负工作作为桂林市“不忘初心、牢记使命”主题教育重点整治内容。对照中央层面《整治形式主义为基层减负工作负面清单》深入查摆抓好整改，及时解决问题，确保“基层减负年”决策部署真正落实到实处。

【做好自治区绩效考评】 2019年，市委督查绩效办突出任务分解，压实考评指标，制订《桂林市2019年度自治区绩效考评指标管理目标》，对指标任务进行细化分解，确定指标牵头单位，将自治区年度绩效指标任务逐级分解落实到各级责任主体，做好统筹协调，确保各单位明确任务，掌握标准，落实责任。加强对指标推进过程的监管和对县（市、区）有关工作的指导，协调解决指标推进中遇到的各种矛盾和问题，推进各项指标任务落实。9月—11月，分别对46个牵头单位和12个县（市、区）的15项具体指标进行督导、核查，在全市推进会上对工作不力的指标牵头单位点名通报。12月，组织党群部门和政府部门分别召开指标调度会，针对个别存在问题的指标，听取有关单位的情况汇报，并提出解决问题具体措施。针对近2年被反复扣分指标的落实情况和重点难点指标的推进情况，及时协调解决推进过程中发现的问题，及时报告指标实施过程中遇到的难点问题，以便市领导统筹加以解决。对一些难度大、分值高、涉及面广的指标，提前做好分析预案，制订措施加以推进，共形成绩效专报16份。针对桂林市民意调查满意度较低的问题，抓好社会评价意见建议的整改落实，组织各整改责任单位制定《桂林市2018年度群众意见建议整改方案》，按月填报《整改工作进展情况表》，逐条逐项进行整改。加大宣传力度，营造良好的舆论氛围。在桂林日报、桂林晚报、桂林人民广播电台、桂林电视台、桂林生活网、桂林绩效管理网开设“强绩效、惠民生、解民忧”专栏，进行有针对性的正面宣传，并通过微信公众号把桂林取得的成绩向广大市民展示，提高人民群众的知晓率、获得感和满意度。

【市级绩效考评】 2019年，市委督查绩效办坚持以高质量发展为主题，引导各级、各部门明确目标，压实责任，强化约束，推进重点工作重点项目，使自治区和市委、市人民政府的重大决策部署体现到考核指标中，转化为实际行动。加大工业发展、重大项目建设、产业大招商、脱贫攻坚、旅游发展等指标分值，全市经济建设指标的分值权重约55%，比2018年度提高22个百分点。锁定党委、政府大事要事，通过采取严格控制指标设置范围、严格执行指标准入程序，提高指标的进取性和挑战性，确保指标数量只减不增、质量只高不低，推动党委政府重大决策部署高质量高标准落实。2019年，县（市、区）绩效考评具体指标206项，比2018年减少41项；市直单位、中（区）直有关单位绩效考评共性指标比2018年度下降25%。修改完善绩效考评加（扣）分标准以及工作创新指标评分标准，在县（市、区）开展立项创新考评，发挥绩效考评引领助推作用，促进各县（市、区）各单位创新争优。推进绩效管理信息化建设，采用“互联网＋绩效”模式，运用绩效管理系统，推动市级绩效考评从指标设置、标准制定、过程管控、年度考评等各环节工作逐步实现信息化。严格执行督查考核审批报备制度，为切实减轻基层负担，要求各考核单位原则上不专门单独组织指标实地考核、核验，确有需要的，需经市委督查绩效办审核同意后方可组织实施，以此减少各单位到基层实地考核的次数。

（市委督查绩效办）

桂林市人民代表大会

综　　述

2019年年末，桂林市三级人民代表大会共152个，其中市人民代表大会1个，县(市、区)人民代表大会17个，乡(镇)人民代表大会134个。有市、县(市、区)、乡(镇)三级人大代表11358人，其中市人大代表434人，县(市、区)人大代表2927人，乡(镇)人大代表7997人。桂林市第五届人大常委会组成人员37人，其中主任1人，副主任4人，秘书长1人，委员31人。

桂林市人民代表大会(简称市人大)常设机关为市人大常委会，办公地址在桂林市临桂区西城中路69号。设有市人大法制委员会、市人大财政经济委员会、市人大农业委员会、市人大城乡建设环境与资源保护委员会、市人大教育科学文化卫生委员会、市人大民族华侨外事委员会、市人大社会建设委员会、市人大监察和司法委员会8个专门委员会。市人大常委会设办公室、选举联络工作委员会、调查研究室、法制工作委员会、预算工作委员会和机关党委6个办事机构、工作机构。

年内，市人大常委会依法履职，举行常委会会议7次，审议地方性法规5部，通过3部，听取和审议市人民政府、市中级人民法院、市人民检察院专项工作报告14项，开展专题视察2次，开展专题询问1次，作出决议决定14项，依法任免国家机关工作人员107人次。

重要会议

【桂林市第五届人民代表大会第四次会议】 2019年1月12日—14日在桂林市会议中心大礼堂举行。应到代表433人，出席代表406人。会议分别听取和审议《政府工作报告》《桂林市人大常委会工作报告》《桂林市中级人民法院工作报告》《桂林市人民检察院工作报告》《桂林市2018年国民经济和社会发展计划执行情况与2019年国民经济和社会发展计划草案的报告》《桂林市全市与市本级2018年预算执行情况和2019年预算草案的报告》，并分别表决通过相关报告的决议。会议依法补选桂林市第五届人民代表大会常务委员会委员4名。

2019年3月15日，桂林市第五届人大常委会举行第20次会议　（黄英江　摄）

【全市人大工作会议】 2019年9月6日，市委召开全市人大工作会议，学习贯彻中共中央总书记习近平关于坚持和完善人民代表大会制度的重要思想，总结工作，研究部署今后一个时期全市人大工作。市委书记、市人大常委会主任赵乐秦出席会议并讲话，市委副书记、市长秦春成主持会议，市人大常委会党组书记、副主任潘永建出席会议。会议以电视电话会议形式召开，各县(市)及临桂区设分会场。

【桂林市第五届人大常委会会议】 2019年，桂林市第五届人大常委会共召开会议7次。

第19次会议　1月7日举行。会议听取和审议《关于若干代表的代表资格审查情况的报告(草案)》。会议审议并表决通过《关于召开市五届人大四次会议的决定》《市五届人大四次会议列席人员的决定》，以及需提交市五届人大四次会议审议的有关材料。会议审议并原则通过拟提交市五届人大四次会议审议的《桂林市人大常委会工作报告》。会议决定市五届人大四次会议于2019年1月12日举行。

第20次会议　3月15日举行。会议审议并表决通过《市人大常委会2019年工作要点》《桂林市人大常委会关于改进常委会会议审议工作的若干规定(试行)》。会议表决通过有关人事任免事项。市委书记、市人大常委会主任赵乐秦为新任命的国家机关工作人员颁发任命书。会议举行新任命国家机关工作人员向宪法宣誓仪式。

第 21 次会议 4 月 26 日举行。会议听取和审议《关于实施乡村振兴战略推进产业兴旺工作报告》《关于贯彻实施〈中华人民共和国食品安全法〉整改落实情况的报告》。会议表决通过有关人事任免事项。市人大常委会副主任潘永建为新任命的国家机关工作人员颁发任命书。

第 22 次会议 6 月 27 日举行。会议审议《桂林市机动车船及非道路移动机械排气污染防治条例(草案)》,并听取起草说明和审议意见;听取和审议《关于 2018 年桂林市本级财政决算情况的报告》《关于桂林市本级 2018 年度预算执行和其他财政收支的审计工作报告》;听取和审议桂林市人大常委会执法检查组《关于〈广西壮族自治区扶贫开发条例〉执法检查情况的报告》《关于〈广西壮族自治区乡村清洁条例〉执法检查情况的报告》和桂林市人大常委会代表资格审查委员会《关于个别代表的代表资格审查情况报告(草案)》。会议表决通过《桂林市人大常委会关于批准 2018 年市本级决算的决议》《桂林市人大常委会代表资格审查委员会关于个别代表的代表资格审查情况的报告》。会议表决通过有关人事任免事项。市人大常委会副主任潘永建为新任命的国家机关工作人员颁发任命书。

第 23 次会议 8 月 27 日举行。会议听取和审议《桂林市人民政府关于 2019 年上半年国民经济和社会发展计划的报告》《桂林市人民政府关于 2019 年上半年预算执行情况的报告》;第 2 次审议《桂林市漓江风景名胜区管理条例(草案)》。会议表决通过有关人事任免事项,决定接受陈荣茂、樊新鸿分别辞去桂林市副市长职务,免去陈荣茂的桂林市公安局局长职务,决定任命朱永辉为桂林市副市长、桂林市公安局局长,决定任命钟洪为桂林市副市长。市人大常委会党组书记、副主任潘永建为新任命的国家机关工作人员颁发任命书。会议举行新任命国家机关工作人员向宪法宣誓仪式。

第 24 次会议 10 月 25 日举行。会议听取和审议《桂林市住房公积金缴存、使用和管理情况专项工作报告》《桂林市人民政府关于全市扫黑除恶专项斗争工作情况的报告》;听取和审议市人大常委会执法检查组《关于开展〈娱乐场所管理条例〉执法检查情况的报告》。会议审议并表决通过《桂林市城乡规划管理条例》《桂林市违法建设防控和查处条例》。会议表决通过有关人事任免事项。市人大常委会党组书记、副主任潘永建为新任命的国家机关工作人员颁发任命书。会议举行新任命国家机关工作人员向宪法宣誓仪式。

第 25 次会议 12 月 20 日举行。会议听取和审议《桂林市人民政府关于桂林市本级 2019 年预算调整方案(草案)的议案》《桂林市人民政府关于 2018 年度桂林市本级预算执行和其他财政收支审计查出问题整改情况的报告》《桂林市人民政府关于桂林市 2018 年度国有资产管理情况的综合报告》《桂林市人民政府关于社会保障工作情况的专项报告》《桂林市人民政府关于市五届人大四次会议及闭会期间代表建议批评和意见办理工作情况的报告》《桂林市中级人民法院关于桂林市五届人大四次会议代表建议办理工作情况的报告》《桂林市人大常委会选举联络工作委员会关于桂林市五届人大四次会议及闭会期间代表建议、批评和意见办理工作情况报告》。会议初次审议《桂林市城市园林绿化管理条例(草案)》;审议并表决通过《桂林市漓江风景名胜区管理条例》《桂林市人民代表大会常务委员会关于批准 2019 年市本级预算调整方案的决定》《桂林市人民代表大会常务委员会关于召开桂林市第五届人民代表大会第五次会议的决定》《桂林市第五届人民代表大会第五次会议列席人员的决定》。会议决定桂林市第五届人民代表大会第五次会议于 2020 年 1 月 19 日召开。会议对市五届人大四次会议及闭会期间的 10 个代表优秀建议和 10 个承办建议办理单位进行表彰。会议表决通过有关人事任免事项。会议决定接受赵德明辞去市五届人大常委会副主任职务。

重要工作

【地方立法工作】 2019 年,市人大常委会对立法中社会关注度高、涉及面广、意见分歧较大的问题,及时向市委请示报告。坚持扣紧立法中的突出问题开展调查研究,了解实际情况,合理设计法规条款,确保法规的针对性和可操作性。相继开展桂林市喀斯特景观资源保护和可持续利用、湘江战役遗址保护、会仙喀斯特国家湿地公园保护、灵渠保护、青狮潭水库水质保护、养犬管理等立法项目调研工作。突出问题导向,加强对生态环境、社会

2019 年 7 月 1 日—4 日,驻桂林全国和自治区人大代表集中视察桂林市脱贫攻坚工作 (张碧周 摄)

民生等重点领域的地方立法。初次审议《桂林市机动车船及非道路移动机械排气污染防治条例(草案)》《桂林市城市园林绿化管理条例(草案)》;三审表决通过《桂林市城乡规划管理条例(草案)》《桂林市违法建设防控和查处条例(草案)》《桂林市漓江风景名胜区管理条例(草案)》;经自治区人大常委会批准,颁布实施《桂林市销售燃放烟花爆竹管理条例》。

【人大监督工作】 2019年,市人大常委会分别组织市人大常委会组成人员、驻桂林全国人大代表和自治区人大代表,对桂林市民营经济发展情况、全市脱贫攻坚工作情况进行专题视察和集中视察;对市人民政府贯彻实施食品安全法整改落实情况开展跟踪检查,对台湾同胞投资保护法贯彻实施情况开展专题调研,对扫黑除恶专项斗争开展调研。协同自治区人大常委会相继开展柑橘黄龙病防控立法、非洲猪瘟防控工作和文化服务保障法实施情况专题调研。对水污染防治法、渔业法、高等教育法、娱乐场所管理条例以及自治区扶贫开发条例、大气污染防治条例、乡村清洁条例、促进科技成果转化条例8部法律法规的贯彻实施情况进行检查。听取和审议2019年市本级上半年计划和预算执行情况报告,2018年市本级预算执行和其他财政收支审计查出问题整改情况的报告,关于桂林市国有资产管理情况的综合报告、住房公积金缴存使用和管理情况、社会保障发展状况及保障制度等专项工作报告,关于扫黑除恶专项斗争情况的报告。审查批准2018年市本级决算和2019年预算调整方案。12月12日,市人大常委会召开优化营商环境工作专题询问会。市人大常委会组成人员和市人大代表根据前期调研掌握的情况,坚持问题导向,针对当前桂林市营商环境中存在的问题,对涉及11个市人民政府工作部门和市中级人民法院的营商环境突出问题开展询问,并对有关工作部门的应询情况进行现场满意度测评,进一步推动桂林市营商环境不断优化。开展规范性文件备案审查工作,备案审查规范性文件16件。

2019年3月15日,桂林市第五届人大常委会第20次会议举行新任命国家机关工作人员向宪法宣誓仪式 （黄英江 摄）

【决定重大事项及人事任免工作】 2019年,市人大常委会围绕全市改革发展大局和人民日益增长的美好生活需要,把讨论和决定重大事项作为关怀民生、促进发展的重要措施认真落实。常委会会议作出决议决定14项。坚持党管干部和依法任免相统一的原则,按照地方组织法和人事任免办法的规定,依法任免国家机关工作人员107人次,组织宪法宣誓37人次。

【人大代表工作】 2019年,市人大常委会推进桂林市人大代表“混合编组、多级联动、履职为民”工作。组织各级人大代表进入代表联络站,开展“助力清水行动,打好水污染防治攻坚战”主题履职活动。全市1.2万名全国、自治区、市、县、乡五级人大代表,按其最下一级代表身份,全部混合编入148个乡(镇)、街道人大代表履职活动中心和928个村(社区)、企业代表联络站和47个代表联络点。拓展培训渠道,采取请进来、走出去和集中培训、自主学习相结合的方式,组织和引导全体市人大代表加强学习,提升自身素质。首次组织市人大代表、县(市、区)人大常委会分管领导等110余人到深圳人大干部培训中心进行履职学习。加大代表履职平台建设力度,通过以乡(镇)、街道人大代表履职活动中心为重点,以村(社区)代表联络站为延伸,加强实体平台和网络平台建设,形成代表履职平台线下布局网格化,代表与群众线上沟通和代表意见建议线上办理信息化,推动人大代表履职平台线上线下深度融合。

【代表建议办理工作】 2019年,市人大常委会通过集中交办、常委会领导重点督办、听取办理情况报告、通报办理成效等举措,加强督办协调,提高代表建议办理质量,形成提、办、督、效良性循环。对市五届人大四次会议及闭会期间的90件代表建议进行督办,其中常委会领导集中督办6件重点建议,其他84件代表建议进行全面督办;已经解决或基本解决58件,落实率64.44%。开展优秀代表建议和承办建议先进单位评选表彰活动,激发代表及承办单位积极性。(黄英江)

桂林市人民政府

综　　述

2019年，桂林市人民政府设置工作部门36个，工作部门加挂牌子7个。桂林市人民政府办公室（简称市政府办公室）办公地址在桂林市临桂区西城中路69号，内设第一秘书科、第二秘书科、第三秘书科、第四秘书科、第五秘书科、第六秘书科、第七秘书科、第八秘书科、人事行政科、文书科、信息科、调查研究科、会议接待科、综合科、值班科、内网管理科、建议提案督办科、决策督查科、专项督查科，另设市人民政府督查室、机关党组织。人员编制90名（含后勤服务聘用人员控制数8名），在职人数80人。

2019年，市人民政府坚持稳中求进工作总基调，坚持高质量发展，按照“加快建设新城，疏解提升老城，产业融合发展，城乡协调推进，生态文化相融，富裕和谐桂林”的总体要求，坚持桂林国际旅游胜地建设“一本蓝图绘到底”，一体推进国家可持续发展议程创新示范区建设，加快推进“两大振兴”，打好“三大攻坚战”，狠抓“四大建设”，顶住了经济下行压力，保持经济社会持续健康发展。全年全市地区生产总值增长（比上年，下同）6.5%，规模以上工业增加值增长6.4%，固定资产投资增长9.3%，社会消费品零售总额增长10.0%；城镇、农村居民人均可支配收入分别增长7.3%、9.7%，居民消费价格上涨3.4%；常住人口城镇化率50.90%。

年内，市人民政府统筹实施国家战略，加快推进“十三五”规划实施和全面小康社会建设，国际旅游胜地建设四大战略定位逐步实现，“规划纲要”主要指标基本完成，全面建成小康社会总体目标逐步实现，为决胜桂林“两个建成”目标奠定坚实基础。加快推进工业振兴，坚持领导干部联系服务企业制度，每月召开协调会与重大项目统筹推进，出台工业振兴三年行动方案和支持工业企业发展十八条等政策措施，工业振兴迈出坚实步伐。大力实施乡村振兴战略，以农业供给侧结构性改革为重点，加快调整农业产业结构，推进农业高质量发展，大力发展县域经济，持续推进示范乡（镇）建设，加快推进幸福乡村建设，推动乡村全面振兴。狠抓旅游融合、政策体系建设、品牌建设、景区景点建设、红色旅游提升等工作，桂林旅游世界品牌、国内标杆、区内龙头地位不断提升，以旅游为龙头的第三产业优质高效发展。推进重大项目建设、产业大招商、优化营商环境“三大攻坚突破”，重大项目建设持续发力，产业大招商成效明显，营商环境进一步优化，发展新动能不断增强。统筹推进基础设施建设、城乡建设、生态文明建设、文化建设“四大建设”，基础设施不断完善，城乡面貌深刻变化，生态文化融合发展，“一城文化满城绿”风韵更加彰显，发展质量有效提升。持续推进改革开放，重点抓好市县机构改革及供给侧结构性改革、国有林场改革、农村集体产权制度改革等重点领域改革；持续扩大开放合作，积极融入粤港澳大湾区、珠江－西江经济带，大力发展民营经济，坚决打好防范重大风险攻坚战，发展活力有效释放。保障和改善民生，坚决打赢脱贫攻坚战，加快发展教育、体育、卫生事业，深化健康桂林、平安桂林建设，健全社会保障体系，加强社会治理，深入开展扫黑除恶专项斗争，群众的获得感、幸福感、安全感不断增强。（罗建玲）

重要会议

【全市性重要会议】

1月2日，市人民政府召开全市旅游工作务虚会。

1月6日，市人民政府召开全市旅游市场综合监管工作会议。

1月15日，市人民政府召开桂林市县域义务教育均衡发展国家督导评估认定整改工作推进会。

1月18日，市人民政府召开全市2019年春季大气污染综合治理攻坚行动布置会。

1月28日，市人民政府召开2019年全市一季度经济运行工作会议。

1月31日，市人民政府召开2019年全市消防工作电视电话会议。

2月18日，市人民政府召开全市教育工作会议。

2月22日，市人民政府召开2019年全市交通运输工作会议。

3月11日，市人民政府召开全市优化营商环境重点指标百日攻坚行动推进会。

同日，市人民政府召开2019年全市国资监管工作会议。

3月13日，市人民政府召开全市体育工作会议。

3月15日，市人民政府召开全市一季度工业经济运行分析会。

3月18日，市人民政府召开2019年一季度全市经济运行分析会议。

3月28日，市人民政府召开全市地方志工作会议。

4月1日，市人民政府召开旅游

市场乱象整治工作落实会。

同日,市人民政府召开全市 2019 年第二季度防范重特大安全事故工作电视电话会议暨市安委会全体会议。

4 月 12 日,市人民政府召开全市市场监管工作会议。

4 月 17 日,市人民政府召开全市义务教育控辍保学和防范中小学生溺水工作暨 2019 年第一次联席会议。

同日,市人民政府召开全市电子信息产业发展工作座谈会。

4 月 28 日,市人民政府召开桂林市县级集中式饮用水水源地环境保护工作推进会。

5 月 8 日,市人民政府召开全市第四次经济普查专题会议。

5 月 13 日,市人民政府召开全市“十四五”规划编制工作启动会议。

5 月 22 日,市人民政府召开桂林市脱贫攻坚住房安全保障战役工作推进会议。

5 月 27 日,市人民政府召开桂林市第四批新型城镇化示范乡(镇)建设推进、第五批新型城镇化示范乡(镇)建设启动和部署推进 2019 年度桂林乡村风貌提升三年行动工作调度会议。

5 月 29 日,市人民政府召开桂林市民族工作现场推进会。

6 月 10 日,市人民政府召开全市生态环境保护工作会议。

6 月 17 日,市人民政府召开 2019 年 1 月—5 月全市经济运行分析研究会。

6 月 21 日,市人民政府召开全市义务教育保障战役和基本医疗保障战役工作部署及推进会议。

6 月 27 日,市人民政府召开全市预防中小学生溺水工作联席(扩大)电视电话会议。

7 月 2 日,市人民政府召开全市第十四次民政会议。

同日,市人民政府召开桂林市大气污染防治攻坚两年可持续行动推进工作联席会议。

7 月 12 日,市人民政府召开 2019 年第三季度防范重特大安全事故工作电视电话会议。

7 月 25 日,市人民政府召开 2019 年全市汛期灾后重建和森林防灭火工作电视电话会议。

7 月 26 日,市人民政府召开全市医疗服务多元化监管试点工作启动会。

8 月 30 日,市人民政府召开 2019 年全市卫生健康工作会议。

9 月 4 日,市人民政府召开第五届粤桂黔滇高铁经济带合作联席会议暨粤桂黔滇高铁经济带合作试验区(桂林)广西园建设工作现场会筹备工作推进会议。

同日,市人民政府召开全市国有企业退休人员社会化管理工作推进会。

9 月 9 日,市人民政府召开庆祝 2019 年第 35 个教师节座谈会。

9 月 16 日,市人民政府召开“2019 中国 – 东盟可持续发展创新合作国际论坛”筹备工作会议。

9 月 17 日,市人民政府召开 1 月—8 月经济运行分析调度会。

同日,市人民政府召开桂林市扶贫小额信贷风险防范和处置工作推进会。

9 月 20 日,市人民政府召开全市“防风险 保平安 迎大庆”火灾防控工作电视电话会议。

10 月 9 日,市人民政府召开“三会一节”及文旅大会桂林筹备工作部署会。

10 月 12 日,市人民政府召开 2019 年全市秋冬季森林防灭火及抗旱工作电视电话会议。

10 月 15 日,市人民政府召开桂林市开展棚户区和老旧小区调查摸底工作部署动员会议。

同日,市人民政府召开全市金融机构风险防范化解工作布置会。

10 月 28 日,市人民政府召开全市优化营商攻坚突破年工作推进会。

11 月 1 日,市人民政府召开全市 2019 年第四季度防范重特大安全生产事故暨开展安全生产隐患大排查大整治工作电视电话会议。

11 月 6 日—7 日,市人民政府召开桂林市文化旅游发展大会。

11 月 19 日,市人民政府召开桂林市基础教育工作会议。

11 月 26 日,市人民政府召开全市大气污染防治攻坚推进会。

12 月 17 日,市人民政府召开 2019 年全市质量强市暨第五届市长质量奖表彰大会。

同日,市人民政府召开全市 2019 年第四季度经济运行分析会。

12 月 19 日,市人民政府召开 2019 年桂林市未成年人保护暨预防青少年违法犯罪工作会议。

同日,市人民政府召开全市重中之重项目及重点工业企业工作推进会。

12 月 24 日,市人民政府召开桂林市城镇小区配套幼儿园治理工作推进会。 (陈园)

【第五届人民政府常务会议】 2019 年,桂林市第五届人民政府常务会议共召开 20 次。

第 33 次常务会议 2019 年 1 月 2 日召开。审议并原则通过《政府工作报告(送审稿)》《桂林市 2018 年国民经济和社会发展计划执行情况及 2019 年国民经济和社会发展计划(草案)的报告(送审稿)》《桂林市全市和市本级 2018 年预算执行情况及 2019 年预算草案的报告(送审稿)》等事宜。

第 34 次常务会议 2019 年 1 月 17 日召开。学习自治区党委十一届五次全会及全自治区经济工作会议精神;审议并原则通过扩建升级桂林市智慧交通管理系统,桂林市 2019 年市领导跟踪服务推进的重中之重项目,桂林市人民政府新一届法律顾问拟聘任人员名单,调整灵川县县城饮用水水源保护区,大河村委会桂林大河圩村旧村改造及新村腾讦(控制性详细)规划调整方案;审议并原则通过《桂林市企业职工基本养老保险自治区级统筹市县级政府责任分担办法》《2019 年桂林市人民政府行政规范性文件立项计划》《桂林市旅游产业项目建设用地控制指标编制报告》等事宜。

第 35 次常务会议 2019 年 2 月 18 日召开。听取法制讲座,中央一号文件精神解读,桂林市湘江战役红军遗骸收殓保护工作情况汇报、桂林市大棚房清理工作情况汇报,《广西壮族自治区人民政府关于推进桂林市国家可持续发展议程创新示范区建设的若干政策意见》情况汇报,桂林旅游发展总公司、桂林旅游股份有限公司和桂林航空旅游集团有限公司、桂林航空有限公司有关情况汇报;审议并原则通过第五届桂林市市长质量奖获奖单位、全市农业农村工作会议相关事宜、桂林市新一轮征地统一年产值标准、全市工业振兴暨创新支撑产业高质量发展大会相关事宜、桂林深科技有限公司财税分成；审议并原则通过《关于促进桂林米粉产业发展的指导意见》《桂林市漓江剧院地块控制性详细规划方案》《桂林市猫儿山东南片地块控制性详细规划M1-5-1和M1-5-2地块规划调整方案》等事宜。

第36次常务会议　2019年2月26召开。专题研究脱贫攻坚工作。会议传达学习了自治区党委书记鹿心社在中央第二巡视组对广西开展脱贫攻坚专项巡视反馈意见整改动员部署大会上的讲话精神。

第37次常务会议　2019年4月3日召开。专题研究脱贫攻坚工作。听取关于中央第二巡视组脱贫攻坚专项巡视反馈意见整改情况汇报、全市扶贫小额信贷风险防控情况汇报；审议并原则通过《桂林市进一步加快贫困地区就业扶贫车间建设工作实施方案》。

第38次常务会议　2019年4月3日召开。听取全市安全生产工作情况汇报，通报2017年度各县（市、区）能源消耗总量和强度“双控”目标责任评价考核结果；审议并原则通过《桂林市大气污染防治攻坚两年可持续行动计划(2019—2020年)》《桂林市电动汽车充电基础设施建设运营特许经营实施方案》《桂林市公交补贴成本规制管理办法》及相关配套文件、《桂林市园区企业投资项目“双容双承诺”直接落地改革实施方案(试行)》《桂林市人民政府桂林医学院关于桂林旅游综合医院运营合作协议》《桂林桃花江度假区仙人桥休闲度假区详细规划7-2地块规划调整方案》《甲天下旅游休闲中心地块二期调整修建性详细规划方案》；审议并原则通过租赁桂林市交通运输枢纽指挥中心办公楼等事宜。

第39次常务会议　2019年4月28日召开。审议并原则通过桂林市第二水源工程——引水工程子项PPP项目投融资结构、调整桂林市市区公办幼儿园保教费收费标准；审议并原则通过《广西壮族自治区桂林市城镇低效用地再开发专项规划(2018—2022年)》《桂林市城市规划管理技术规定》《桂林市象山区龙船坪特色街区(码头旅游服务设施)规划(一期)与建筑风貌方案》《桂林市临社小学综合改造工程项目修建性详细规划方案》《桂林大学聚集区发展规划》《桂林市改革完善全科医生培养与使用激励机制的实施方案》《关于加快民宿经济发展的指导意见》《桂林市国家可持续发展议程创新示范区建设智库管理办法》《桂林市田园综合体创建指导意见》及《桂林市田园综合体验收标准》等事宜。

第40次常务会议　2019年5月20日召开。传达学习《防范和惩治统计造假、弄虚作假督查工作规定》等3个文件精神、全国违建别墅问题清查整治专项行动专题电视电话会议精神，听取2019年度桂林市一季度生态环境质量状况汇报，通报《桂林市市属国有企业职工家属区“三供一业”所涉资产移交方案》；审议并原则通过《桂林市深入贯彻落实广西“三大定位”新使命工作方案》《桂林市工程建设项目审批制度改革实施方案》《桂林市机动车船及非道路移动机械排气污染防治条例(草案)》《桂林市利用农村集体土地开发旅游项目的补充规定》《桂林市象山区桂客幼儿园改造修建性详细规划方案》《桂林市七星区塔山片区城中村改造项目控制性详细规划调整方案》《桂林市雁山镇区控制性详细规划调整方案》；审议并原则通过桂林国投产业发展集团有限公司协议购买桂林市信托投资公司撤销清算组持有的沙河仓库资产、桂林化纤总厂(桂林宏伟集团公司)国有工业划拨土地分证方案、将市中医医院铁西分院置换给市第二人民医院、桂林市城区部分天桥和道路命名、桂林市城区部分道路命名更名、实施桂林多普勒气象雷达搬迁项目等事宜。

第41次常务会议　2019年6月18日召开。听取全市防汛减灾工作情况汇报；审议并原则通过公布2019年桂林市市区城市和农村低收入家庭收入标准，提高桂林市城乡居民最低生活保障标准，桂林银行部分部门搬迁南宁办公；审议并原则通过《桂林市火葬区和土葬区调整划定方案草案》《桂林市关于深化文化市场综合行政执法改革的实施方案》《桂林市城市综合交通体系规划修编(2018—2030)》《桂林市琴潭组团控制性详细规划D6-2地块规划调整方案》《桂林市新建路西片区控制性详细规划方案》《桂林市九华山片区火柴厂地块控制性详细规划方案》《桂林市叠彩区宠物花卉研发交易中心详细规划方案》等事宜。

第42次常务会议　2019年7月11日召开。听取法制讲座、清理拖欠民营企业中小企业账款、非洲猪瘟防控、上半年经济运行情况汇报；审议并原则通过《湘江战役红军遗属帮扶实施方案》《桂林市基本公共服务领域市以下财政事权和支出责任划分改革实施方案》《桂林市人民政府关于修改〈桂林市城市照明管理办法〉的决定》《桂林市城区公共服务项目用地基准地价》《2018年桂林市中心城区历史建筑名录》《榕湖北路—古南门历史文化街区保护规划方案》《桂林市中心城区历史文化街区划定方案》《桂林市叠彩城北滨江区控制性详细规划(GT7-1-1、GT7-3-1、GT10-1-1、GT10-1-2)地块调整方案》《恒大广场项目27-1#楼(原桂林北站站前广场2号商业楼拆除回建)规划方案》《桂林市市政地块控制性详细规划方案》《桂林市根艺奇石市场搬迁项目详细规划及桂林市科技新城软件外包与人才培训输出基地A-01、A-04地块详细规划调整方案》《临桂万福旅游度假区规划方案》《临桂新区秧塘片区控制性详细规划方案》；审议并原则通过评定李娜为烈士等事宜。

第43次常务会议　2019年8月30日召开。会议专题学习中共中央总书记习近平关于扶贫工作重要论述。听取了2019年上半年桂林市、灌阳县脱贫攻坚推进情况汇报，并安排了下半年全市脱贫攻坚工作。

第44次常务会议　2019年8月30日召开。审议并原则通过桂林国投产业集团有限公司公开转让持有的广西鸣新底盘部件有限公司20%国有股权、桂林旅游发展总公司重大资产重组、收回市司法局等办公大楼产权并授权市财政局公开处置、七星区“5·13”燃气管道泄漏事故处理建议；审议并原则通过《桂林航空有限公司重组的战略合作框架协议》《桂林市教育现代化(2035)》《桂林市关于加快推进教育现代化实施方案(2019—2022年)》《桂林市第二水源工程—引水工程子项PPP项目实施方案》《雁山区“5·5”较大火灾事故调查报告》等事宜。

第45次常务会议　2019年9月27日召开。听取全市消防工作、安全生产工作、涉稳情况、新中国成立70周年信访保障工作情况汇报，学习《中共中央办公厅　国务院办公厅印发〈关于深化消防执法改革的意见〉的通知》；审议并原则通过《桂林市土地储备管理实施办法》《桂林市市本级土地储备资金管理实施办法》《象山区二塘乡北芬大村村庄规划(2018—2028)》《桂林市国资委以管资本为主推进职能转变方案》《桂林市市属企业公司制改革工作实施方案》《2019年桂林市“壮美广西智慧广电”数字桂林广电云村村通户户用工程建设实施方案》《桂林市加快文化旅游产业发展三年行动方案(2019—2021年)》《桂林市人民政府与中国电子科技集团有限公司战略合作框架协议》；审议并原则通过2019年市直机关事业单位编外聘用人员申报计划、桂林独秀水泥总厂整体承债式有偿划转灵川县人民政府、修订《桂林市人民政府工作规则》、桂林市人民政府与中国有色矿业集团有限公司等6家企业项目合作框架协议、2019中国－东盟可持续发展创新合作国际论坛签署合作协议(备忘录)等事宜，安排部署近期工作。

第46次常务会议　2019年10月25日召开。研究全市四季度经济工作，听取清理拖欠民营企业中小企业账款工作情况汇报；审议并原则通过《桂林市2019年电信普遍服务试点项目协议》《桂林市人民政府　中国电子信息产业集团有限公司战略合作协议》《桂林市公园管理规定(送审稿)》等事宜。

第47次常务会议　2019年11月13日召开。专题研究全市脱贫攻坚工作。学习中共中央总书记习近平关于扶贫工作重要论述，听取中央巡视反馈问题和上级督查检查反馈问题整改情况汇报，2019年贫困人口动态调整工作情况、全市1月—10月脱贫攻坚各项指标完成情况、全市开展“牢记初心使命，践行扶贫为民”脱贫攻坚普查整改提升月活动情况、2019年全市扶贫开发成效(绩效)实地考核工作有关情况汇报。

第48次常务会议　2019年11月13日召开。听取全市食品安全工作、桂林市全面建成小康社会、桂林国际旅游胜地建设情况汇报；审议并原则通过《桂林市预拌混凝土与预拌砂浆产业发展规划(2020—2022年)》《桂林市医疗卫生领域财权事权和支出责任划分改革实施方案》《加强桂林市中小学幼儿园安全风险防控体系建设的实施方案》《桂林市人民政府关于促进和扶持建筑业发展的若干措施》《广西师范大学桂林市人民政府战略合作框架协议》《成都市人民政府桂林市人民政府深化合作推进文化旅游协同高质量发展协议》、修订《桂林市经济适用住房管理办法》；审议并原则通过授权桂林市交通投资控股集团作为桂林市轨道交通特许经营实施机构、支持上海复星集团与桂林愚自乐园合作项目和复星(桂林)国际旅游度假山水小镇项目投资合作协议、桂林市2020年地方性法规立法计划项目、市本级行政规范性文件制定主体清单、榕湖康养度假酒店改造项目固定资产报废、桂林旅游发展总公司认购桂林旅游股份有限公司非公开发行股票等事宜。

第49次常务会议　2019年11月27日召开。专题研究粤桂(肇庆—桂林)扶贫协作工作。学习中共中央总书记习近平关于扶贫工作重要论述、自治区《2019年市县党委和政府扶贫成效年终考核工作方案》，听取开展粤桂扶贫协作工作情况汇报。

第50次常务会议　2019年11月27日召开。听取全市工业发展、禁止露天焚烧和秸秆综合利用、化解桂林国际旅游胜地建设发展基金以及兴业银行棚户区贷款隐性债务情况汇报；审议并原则通过划转桂林市高新技术产业发展集团有限公司国有股权、桂林广播电视台申请调整绩效工资控高线、2020年桂林市人民政府行政规范性文件立项计划；审议并原则通过《桂林市城市园林绿化管理条例》《桂林市叠彩城北滨江区GZ4-3地块控制性详细规划调整方案》等事宜。

第51次常务会议　2019年12月13日召开。学习习近平总书记关于安全生产重要论述、国家综合性消防救援队伍训词及森林防灭火工作重要部署，听取全市违建别墅问题清查整治、营商环境工作情况汇报；审议并原则通过《桂林市本级2019年预算调整方案》《桂林市城区三轮车与电动四轮车管理办法》《桂林市夜市市场管理办法》《桂林市T1、T2地块控制性详细规划T2-1、T2-2、T2-3、T2-6、T2-7地块调整方案》等事宜。

第52次常务会议　2019年12月20日召开。学习中央经济工作会议精神，审议并原则通过《桂林市招商引资激励办法》等事宜。

(何铁宝)

重要政务

【实施国家战略】 2019年，市人民政府加快推进桂林国际旅游胜地建设，自治区出台《关于以世界一流为发展目标　打造桂林国际旅游胜地的实施意见》《关于支持桂林市加快文化旅游产业发展的意见》，配套出台加快文化旅游产业发展三年行动方案等文件，统筹推进国家健康旅游示范基地建设，胜地建设12项主要指标有7项提前完成。加快推进国家可持续发展议程创新示范区建设，自治区出台《关于支持桂林市建设国家可持续发展议程创新示范区若干政策》，成立可持续发展促进中心，《桂林市喀斯特景观资源可持续利用条例》列入立法程序，启动实施亚洲开发银行技术援助合作等项目，承办中国－东盟可持续发展创新合作国际论坛、联合国“科技创新促进可持续发展”国际培训班。加快实现全面建成小康社会，6大类53项指标有34项提前完成，总体实现进程达97%。

【推动工业经济高质量发展】 2019年，市人民政府坚持把工业振兴作为重中之重，推动工业经济高质量发展。狠抓企业服务，将服务工业企业列入重中之重项目推进机制，工业项目占全市重中之重项目50%以上，工业固定资产投资增长9%。狠抓园区建设，制订实施市属三大园区体制改革方案，象山、叠彩、秀峰、雁山、灵川园挂牌成立；竣工标准厂房89.5万平方米；高新区智能三轴手持稳定器产业化等一批总投资290亿元的项目加快建设，成功引进桂林华安鑫创科技发展有限公司等一批新型科技项目；经济技术开发区竣工投产深科技智能制造（一期）等产业项目20个，引进北京优尼康通电子医疗器械等项目35个；高铁（桂林）广西园引进光达云创谷等项目15个，总投资79.6亿元。狠抓企业培育，新增广西新桂轮橡胶有限公司等上规入统工业企业63家，桂林国际电线电缆集团有限责任公司、燕京啤酒（桂林漓泉）股份有限公司等企业加快发展，桂林光隆光电科技股份有限公司、桂林长海发展有限责任公司、桂林莱茵生物科技股份有限公司等76个自治区“千企技改”（以高成长性企业技术改造为重点，对全自治区1000家工业企业采用新设备、新工艺、新材料、新产品、新模式实施技术改造）项目加快推进。狠抓科技创新，新增中国化学工业桂林工程有限公司技术中心、桂林电子科技大学国家科技成果转化和技术转移基地、桂林电子科技大学机械工程博士后科研流动站等国家级创新平台7家，桂林福达股份有限公司等绿色工厂3家，转化滇桂艾纳香胶囊技术等重大科技成果67项，广西蓝天科技股份有限公司、广西北斗星测绘科技有限公司等13家企业被认定为广西“瞪羚企业”（创业后跨过死亡谷以科技创新或商业模式创新为支撑进入高成长期的中小企业）培育单位，高新技术企业保有量308家；桂林电力电容器有限责任公司、中国有色桂林矿产地质研究院有限公司、桂林优利特医疗电子有限公司等28家高新技术企业跻身全自治区百强，桂林力港网络科技股份有限公司、桂林橡胶机械有限公司、桂林市啄木鸟医疗器械有限公司3家企业上榜全自治区创新活力10强；桂林三金药业股份有限公司、中国有色桂林矿产地质研究院有限公司2家企业上榜全自治区创新能力10强；桂林市思奇通信设备有限公司、中国化学工业桂林工程有限公司分别参与完成的两项关键技术分获国家技术发明奖二等奖、科技进步奖二等奖；桂林南药阿莫西林胶囊通过国家仿制药一致性评价，实现广西零的突破。

【加快推进乡村振兴战略】 2019年，市人民政府深入实施乡村振兴战略，加快推进农业供给侧结构性改革，调优特色农业产业布局。粮食和主要农产品生产稳定，袁隆平院士工作站在灌阳挂牌运行，灌阳超级稻、再生稻平均亩产连续10年创广西第一；水果产值突破200亿元。建成全州米粉等农产品加工集聚区8个，新增兴安印象·老山界等广西休闲农业与乡村旅游示范点13个，永福福寿田园等17个田园综合体加快建设。加大品牌建设力度，新增“三品一标”（无公害农产品、绿色食品、有机农产品和农产品地理标志）产品38个，资源国家有机农产品认证示范县创建工作有序推进。恭城月柿、全州禾花鱼成功入选中国特色农产品优势区名单，新增漓江东岸柑橘产业等自治区级现代特色农业示范区11个、桂林市顺昌食品有限公司等47家市级以上农业产业化龙头企业。加快建设幸福乡村，灵川县海洋乡黄土塘村等53个村落入选第五批中国传统村落名录，累计入选中国传统村落名录138个。农村人居环境整治成效显著，阳朔农村人居环境整治获国务院督查激励，龙胜各族自治县成为农村人居环境整治中央预算内投资项目县，永福罗锦镇、临桂泗林村、兴安莲塘村、恭城北洞源村、龙胜金江村被认定为全国乡村治理示范村镇。成功举办西南贫困地区农产品产销对接活动及第17届广西名特优农产品交易会，全自治区乡村治理体系建设、乡村产业振兴、“幸福乡村”活动、乡村风貌提升现场推进会在桂林市召开。

【发展优质高效第三产业】 2019年，市人民政府推进以旅游为龙头的服务业提质升级，新增灵川、恭城2个广西特色旅游名县，新增漓水人家、大圩古镇等9家4A级旅游景区。阳朔成为首批国家全域旅游示范区，遇龙河旅游度假区成为广西首个国家级旅游度假区。地中海俱乐部二期等项目落地实施，融创文化旅游城、益田·雁山民国风情小镇等项目加快建设，三千漓、全州大碧头等项目建成运营。红军长征湘江战役纪念设施列入长征国家文化公园及全国“重走长征路”精品线路，10月—12月接待游客超130万人次。翠竹孝慈轩养老服务中心建成营业，桂林仙源健康产业园等项目开工建设，恭城平安镇成为全自治区唯一国家智慧健康养老应用试点示范乡（镇）。“一部手机游桂林”模式全自治区推广。2019年广西文化旅游发展大会在桂林市召开，全年接待游客1.38亿人次，旅游总消费1874.25亿元，分别增长26.7%、34.7%。推动服务业转型升级，高新创意产业园获评自治区优秀现代服务业集聚示范区，万象城、新城·吾悦广场建成开业，桂林啤酒堡、瓦窑小镇二期等项目加快推进，永福县成为国家电子商务进农村综合示范县。

【推进三大攻坚】 2019年，市人民政府推进重大项目建设攻坚突破，788个市级层面重大项目完成投资增长20%；实现开竣工270个，总投资1254.7亿元，其中竣工101个，总投资373.2亿元；完成土地收储1400公顷，土地出让626.67公顷，盘活存量土地2326.67公顷，清理闲置土地182公顷，供地率70.7%，实现重大项目用地应保尽保。推进产业大招商攻坚突破，出台《桂林市招商引资激励办法》，围绕14个重点方向，开展“走进大湾区、对接长三角、拓展京津冀”等招商活动，组织小分队招商、校友招商、以商招商、产业链招商，新签实施1亿元以上项目136个，自治区外境内到位资金832.7亿元，实际利用外资6241万美元。推进优化营商环境攻坚突破，百日攻坚指标全面完成，企业开办办结时限压缩至0.5个工作日，不动产登记实现1个工作日办结。深化“放管服”改革，政务服务事项网上可办率达98.7%，市本级调整取消行政许可等事项50项,认领国家监管事项950项;在全自治区率先推行“双容双承诺”(项目审批容缺后补、容错纠错,企业向政府承诺、政府向企业承诺,强化政府靠前服务,推动企业投资项目“先建后检”直接落地)改革,桂林桂柳生物饲料有限公司、桂林精成生物科技有限公司等首批28个项目直接落地;被评为“2019浙商(省外)最佳投资城市”。

【实施重大基础设施建设】 2019年,市人民政府坚持实施重大项目带动战略,重点抓好交通、水利、能源、通信等重大基础设施建设。全市公路、水路交通基础设施完成投资92.5亿元。阳朔至鹿寨、贺州至巴马(钟山至昭平段)高速公路建成通车,桂林至柳州高速四改八扩建项目开工建设,荔浦至玉林、灌阳经恭城至平乐、桂林至柳城高速公路加快推进;完成国道321荔浦过境公路、省道301线全州(才湾)至资源(梅溪)等4个国省道改建项目;乡(镇)通公交率82.8%,建制村通畅率100%、通客车率98%、通公交率48.9%;完成桂林西站改造。全市水利基础设施完成投资10亿元以上,第二水源工程开工,资源源口潭水库扩容等重大项目加快推进,完成10个病险水库除险加固。能源、通信基础设施加快推进,电网建设改造完成投资25.7亿元,实施风电项目13个,新增装机容量66.9万千瓦;重要交通沿线、重点景区景点实现4G网络全覆盖,建成5G基站820个,开通5G网络商用。

【统筹城乡建设】 2019年,市人民政府持续推进老城疏解提升,八一桥改扩建工程建成通车,万福东路基本建成,东西巷与正阳步行街地下通道建成启用,塔山、和平、新生街等漓江城市段两岸片区改造提升加快推进,尊神庙美食文化城等建成开业,城市业态进一步优化。临桂新区功能加快完善,市公安局新业务技术用房、金融大厦、广电中心入驻使用;西城大道南延长线、新国际会展中心、临桂万达广场、北区水系及景观绿化工程等重点项目加快推进;国惠幼儿园、宝贤小学等建成招生,宏谋大酒店建成开业,翻山底市场等项目加快建设,新区建成面积约40平方千米,常住人口约35万人。示范乡(镇)建设稳步推进,完成第四批16个、启动第五批14个新型城镇化示范乡(镇)建设;恭城月柿、兴安三花、荔浦衣架、永福罗汉果、灵川漓水文化5个特色小镇加快建设;新增恭城康养、资源丹霞旅游、灌阳油茶、全州粉业4个广西特色小镇。县域经济竞相发展,阳朔、龙胜被评为广西科学发展先进县,灵川、平乐、七星被评为广西科学发展进步县(区);荔浦被认定为国家首批创新型县(市);全面完成7个新型城镇化示范县建设。加快推进幸福乡村建设,53个村落入选第五批中国传统村落名录;阳朔蕉芭林村、秀峰桥头村获评中国美丽休闲乡村;200个乡村振兴示范村全面开建。

【推进生态文化相融】 2019年,市人民政府持续推进生态文化相融。强化生态环境保护。强力推进漓江科学保护,漓江生态保护和修复提升工程加速推进,漓江活动壅水科学试验项目二期主体完工,水质保持优良,枯水期生态、景观及通航条件得到改善;强力推进大气污染防治,市区空气质量优良天数323天,细颗粒物(PM2.5)、可吸入颗粒物(PM10)平均浓度连续5年下降,为全自治区唯一连续5年完成大气环境考核指标城市;持续推进水污染防治,主要河流和城市集中式生活饮用水水源地水质达标率均保持100%,地表水环境质量排名全国前列,通过国家节水型城市复核;持续开展土壤污染详查,危险废物规范化管理督查考核排名全自治区前列;森林覆盖率71.62%。强化文化传承创新。红军遗骸收殓保护工作顺利完成,红军长征湘江战役烈士纪念设施建成开放;持续唱响历史文化保护利用“三部曲”,桂林歌剧院等项目加快建设,灵渠展示中心建成开放,民族歌剧《刘三姐》在悉尼歌剧院上演,《桂林有戏》在国家大剧院上演,桂剧《破阵曲》获广西铜鼓奖。

【深化改革开放】 2019年,市人民政府推进重点领域改革,市县机构改革圆满完成,整合减少市县多领域执法机构95个,制订41个部门的市县乡三级权责清单规范化通用目录;在全自治区率先落实专职专班专抓改革工作机制,基本完成重点改革39项;深化供给侧结构性改革,新增减税降费超33亿元,工业用电电价每度降低0.11元;全面完成国有林场改革,荔浦完成农村集体产权制度改革全国试点任务;完成全国第四次经济普查,推进国土空间规划编制和第三次国土空间调查。持续深化开放合作,成功召开第五届粤桂黔滇高铁经济带合作联席会议暨粤桂黔滇高铁经济带合作试验区(桂林)广西园建设工作现场会,举办“两会一节”(联合国世界旅游组织/亚太旅游协会旅游趋势与展望国际论坛、中国–东盟博览会旅游展、桂林国际山水文化旅游节)、中日韩健康产业论坛等重大活动。坚决打好防范重大风险攻坚战,财税金融体制改革稳步推进;通过压减支出、加大土地出让等方式,有效化解债务存量;加大不良贷款处置力度,农村中小金融机构整体风险可控。

【发展社会民生事业】 2019年,市人民政府持续加大民生投入,民生领域支出占一般公共预算支出比重77.3%。全面完成自治区、市两级层面为民办实事项目62个。打好脱贫攻坚战,筹集财政扶贫专项资金18.9亿元,打好“四大战役”(义务教育保障、基本医疗保障、住房安全保障和饮水安全)、“五场硬仗”(产业扶贫、易地扶贫搬迁、村集体经济发展、基础设施建设、粤桂扶贫协作),贫困村集体经济收入4万元以上,认定就业扶贫车间391家,新增贫困劳动力转移就业2.8万人次;解决11.9万人农村贫困人口饮水安全问题,20户以上村(屯)道路全部通达,完成贫困户危房改造4741户,“十三五”易地扶贫搬迁计划全部完成。实现脱贫贫困人口7.5万人,贫困村出列86个,灌阳县摘帽,全市贫困发生率降至0.35%左右。坚持教育优先,学前教育三年毛入园率、九年义务教育巩固率、高中阶段教育毛入学率分别达89.8%、97.9%、92.3%;纳入义务教育学区制管理学校比例93.6%,新建改扩建中小学(幼儿园)156所,新增学位1.8万个,普惠幼儿园覆盖率75.7%,“入园难”“入园贵”“大班额”等问题有效缓解；全市40所职业学校调整优化为24所。全面推进健康桂林建设，国家卫生城市通过复审，入选全国医疗服务多元化监管城市、医联体建设试点城市，灵川、灌阳、龙胜、恭城、临桂入选国家紧密型县域医共体建设试点县。举办环广西公路自行车世界巡回赛、桂林马拉松赛、世界漂流锦标赛测试赛等活动，资源县获2020年世界漂流锦标赛举办权。健全社会保障体系，城镇新增就业4.4万人，农村劳动力转移就业新增7.7万人次，城镇登记失业率2.66%，实现基本医疗保险全覆盖。加强社会治理，开展“平安桂林”建设，扫黑除恶专项斗争及禁毒工作取得阶段性成果，严打新型网络犯罪，出列“国家重点整治传销城市”名单；市社会治理与应急指挥中心建成使用，安全生产形势稳定向好，信访维稳工作取得实效，群众安全感进一步提升。

（罗建玲）

【驻北京联络工作】 2019年，桂林市人民政府驻北京联络处（简称驻京联络处）办公地址位于北京市西城区西便门西里小区15号楼，设综合科、外联科，人员编制6名。全年共接待服务桂林市各级党政机关、企事业单位到北京开会、公务、学习约900人次，服务桂林市在北京举办的各类大型活动6项。3月—8月，驻京联络处配合桂林市相关部门和全州县做好红军长征湘江战役纪念园项目在北京的各项协调和申报工作。年内，驻京联络处协助桂林市人民政府在北京幸福城酒店召开桂林米粉产业在京推广发展座谈会，协助桂剧《破阵曲》《桂林有戏》厅堂版在北京演出，协助市委、市人民政府在北京友谊宾馆召开“机遇桂林、梦启桂林、笃定前行、协同发展”为主题的2019桂林－北京投资推介活动周。协助桂林市有关部门招商引资共200多亿元，中国中药（广东一方制药）中药产业园项目生产基地落户桂林高新区铁山工业园，广西优尼通医疗科技有限公司在桂林高新区苏桥工业园区开工建设；协助与中国化学工程集团公司、中广核新能源控股有限公司等公司签署全面战略合作项目。

（驻北京联络处）

政务督查

【概况】 2019年，桂林市人民政府督查办公室（简称市政府督查室）为桂林市人民政府办公室内设机构，内设决策督查科和专项督查科。年内，市政府督查室围绕市委、市人民政府重大决策、重点工作和民生热点问题，坚持“抓重点、抓难点、抓落实、抓成效”的工作思路，规范督查管理，创新督查方式，强化督查结果运用，发挥督查“利剑”作用，推动全市重大决策部署落地生效。

【重大决策部署贯彻落实督查】 2019年，市政府督查室抓好中央和自治区有关稳增长等一系列重大决策部署落实情况督查。做好国务院第六次大督查及移交问题线索整改工作，通过挂图作战、挂牌督办、严肃问责等方式，全面完成国务院督查组移交的问题线索整改工作。全面做好自治区年中督查迎检及整改工作，推动工作落实。实行“红黑榜”通报制度，制订《2019年全市推动经济高质量发展和优化营商环境情况“红黑榜”督查通报工作方案》，全年印发“红黑榜”督查通报11期，对每期“红黑榜”上黑榜的县（市、区）和指标涉及的单位，印发督办通知书并跟踪督办，对连续多次上黑榜的县（市、区）和指标涉及的单位进行约谈，推动全市经济高质量发展和营商环境优化。将2019年《政府工作报告》主要目标任务细化为257项，分解下达到66个牵头责任单位和各县（市、区），并抓好季度进展情况跟踪督查，全年全面完成目标任务245项，完成率95.3%。抓好市人民政府常务会议贯彻落实情况督查，做到全程跟踪督办、动态管理，全年共办理市政府常务会议决定事项175项，落实率100%。

【领导批示和重点交办事项督查】 2019年，市政府督查室根据市人民政府领导指示、批示和有关重点工作部署开展督查，对经济稳增长、脱贫攻坚、优化营商环境、工业振兴、新型示范化乡（镇）建设等工作开展专项督查。年内办理市人民政府主要领导批示157件，办结157件，办结率100%。编制领导批示办理情况月报6期，对领导批办事项，及时做好分办、转办、催办，做到件件有单位承办、事事有专人负责。

【社会民生热点问题督查】 2019年，市政府督查室找准政府领导关注的重点问题、人民群众关心的热点问题、决策执行中的难点问题开展督查。完成2019年为民办实事项目的筛选、督办、协调、服务等工作。确定全市为民办实事十项工程项目33个。实行月度检查、月度通报、不定期督查、专项协调等工作制度，深入一线对17个县（市、区）为民办实事项目进行阶段性全面督查，发现问题、分析原因、研究

2019年8月16日，2019年桂林市人民政府督查工作布置会召开 （李俊杰 摄）

2019 年 6 月 5 日，市政府督查室督查灌阳县防汛工作　（李俊杰　摄）

对策、协助解决，促进为民办实事项目落地生根。年内，自治区级 29 个为民办实事项目累计完成投资 89.4 亿元，市级 33 个为民办实事项目累计完成投资 6.38 亿元；完善创新人大代表建议、政协委员提案办理机制，注重座谈面商、实地走访，强化开门办案、统筹办理，提高办理质量。全年共承办人大代表建议、政协委员提案共 357 件，其中自治区人大代表建议 3 件，市人大代表建议 88 件，办结率 100%；自治区政协委员提案 4 件，市政协委员提案 262 件，办结率 100%。

（李俊杰）

行政审批

【概况】 2019 年 3 月 18 日，桂林市行政审批局挂牌成立，是桂林市政府工作部门，加挂桂林市政务服务监督管理办公室牌子，办公地址在桂林市临桂区西城中路 69 号。内设办公室、人事科、政策法规科、行政审批改革科、政务管理督查科、信息化技术科、项目勘验科、投资项目科、建设项目科、市场服务一科、市场服务二科、社会事务科、环保城管科、旅游文体科、教育卫生科、交通运输科、涉农事务科、政务公开科、公共资源交易管理科。人员编制 82 名（含机关后勤服务聘用人员控制数 6 名），在职人员 78 人。直属事业单位有桂林市政务服务中心、桂林市 12345 政府热线服务中心，代管桂林市公共资源交易中心。

桂林市政务服务中心办公地址在桂林市临桂区西城中路 69 号，面积 2.8 万平方米，市本级 46 个部门 1525 项行政审批和公共服务事项全部进驻政务服务中心，共有服务窗口 215 个，窗口工作人员 262 人。政务服务中心设有不动产交易登记服务区、社会事务服务区、建设项目审批区、商事登记服务区 4 个功能服务区，同时设有电子效能监察室、公证处、银行、免费复印、照相、邮政快递、学雷锋志愿者站等审批服务辅助窗口，以及自来水、供电、燃气、有线电视、公交车充值点、书吧等便民公共服务区和企业服务区。

桂林市公共资源交易中心办公地址在桂林市临桂区西城中路 69 号，面积 1.2 万平方米。按使用功能划分为开标区、评标区、信息发布区、代理服务区、视频监控区、办公区 6 大主要功能区。中心共有工作人员 37 人，设有开标室 11 间、评标室 23 间，专家休息室、专家餐厅、投标人等候区等服务区。

桂林市 12345 政府热线服务中心，办公地址在桂林市福旺街 38 号。2019 年 7 月，由桂林市市政热线服务中心变更为现名，主管部门由桂林市城市管理委员会调整为桂林市行政审批局，按照“应合必合、应接必接”的原则，将全市各类公共服务热线整合到统一的桂林市 12345 政府服务热线，建设“一号对外”的政府总客服，24 小时全天候受理公民、法人和其他组织提出的各类咨询、投诉、求助、建议、举报和表扬等事项。

【实施“双容双承诺”改革】 2019 年 4 月，桂林市行政审批局牵头编制《桂林市园区企业投资项目“双容双承诺”直接落地改革实施方案》分别经市人民政府常务会、市委常委会审议通过并印发实施，在全自治区率先开展“双容双承诺”改革。实施方案在国家级和自治区级工业园区（开发区），经自治区工业主管部门确认的 A、B 类产业园区内，以“容缺后补、容错纠错，企业向政府承诺、政府向企业承诺”为主要内容，实行统一窗口受

2019 年 3 月 18 日，桂林市行政审批局挂牌成立　（桂林市行政审批局　供图）

理、统一编码分发，统一办理出件，统一监督管理的“一号通”运行管理模式，变投资项目“先批后建”为“先建后验”，实现投资项目直接落地。年内，桂林深科技投资发展有限公司深科技智能制造产业园厂房（二期）、桂林桂柳生物饲料有限公司、桂林精成生物科技有限公司等28个项目已签订双向“承诺书”，直接落地开工，计划项目投资额72亿元，预期实现产值82.2亿元。

【推行政务服务“简易办”改革】 2019年，桂林市人民政府以优化营商环境为抓手，推行政务服务“简易办”改革，打造简易、便捷、便民、公开的政务服务新模式。设置企业开办综合专窗。全面整合和规范企业登记、税务登记、公安刻章等业务，企业开办受理材料由多套变为1套，办结时限压缩至0.5个工作日，有效解决群众办事“窗口多头跑，资料反复送，等待时间长”的问题。设置不动产和税务联办综合窗口。群众办理不动产房产交易、缴税、查档、登记等业务实行一个窗口“一事通办”。审核环节减少为3个，申请材料压缩至4项，登记业务最快0.5个工作日办结，实体经济企业不动产登记1个工作日办结。设置“水电气”综合受理窗口。全面推广“水电气”一事通办，涉及自然资源、住建、城管、林业和园林等部门的多个事项实行并联审批6个工作日内办结出证。设置工程建设项目联合审批服务窗口。梳理简化工程报建审批流程，实现项目工程报建“一个窗口收件和领证”。年内，全覆盖流程审批时间压缩至100个工作日以内（包括从立项到竣工验收和公共设施接入服务，覆盖行政许可事项和技术审查、中介服务、市政公用设施报装服务以及备案等其他类型事项）。推广使用数字政务一体化平台，推动线上“简易办”。桂林市人民政府门户网站的网上办事频道作为桂林市政务服务门户统一入口为申请人提供服务。申请人在政务服务门户可以查阅到政务资讯、政策解读、办理进度、办件公示，可以在线咨询、投诉、建议。除涉密事项外，市、县两级推动政务服务事项网上办理，桂林市网上可办率超过99%。抓好“互联网+监管”系统应用工作。桂林市本级已认领国家监管事项950项，认领完成率100%。

【全面推进政务公开】 2019年，桂林市行政审批局按照“坚持以公开为常态、不公开为例外原则，推进决策公开、执行公开、管理公开、服务公开、结果公开”要求，督促各级各部门全面落实五公开制度，主动公开政府信息14.11万条，其中公开文件1.02万份，同步发布政策解读材料532篇。10月13日，创新性举行2019年桂林市政务公开日暨“走进政务中心，体验政务服务”活动，邀请人大代表、政协委员、企业和群众、网友代表以及新闻媒体代表共70余人零距离、多角度体验便民创新政务，增进政民交流互动。

【网上中介服务超市落地应用】 2019年11月，桂林市行政审批局推进自治区统建的网上中介服务超市在桂林市落地应用。对各县（市、区）、市直属单位，和中央、自治区直属有关单位、行业主管部门、市属有关企业，以及中介服务机构进行动员部署和操作培训。按“常态开放、动态进驻”原则抓好中介服务机构及中介服务项目的入驻审核工作，简化流程、即驻即审，为中介服务机构和项目业主提供优质便捷服务。桂林市备案入驻中介服务机构80家，发布项目公告12个，项目成交公示5个。

【优化公共资源交易】 2019年，桂林市行政审批局推进公共资源交易活动规范化、科学化、制度化，打造阳光透明、高效廉洁的公共资源交易平台。推进信息系统应用。市级平台公共资源交易信息系统经升级改造，房屋建筑和市政工程施工类项目全流程电子化交易、政府采购公开招标类项目半流程电子化招投标。建成远程异地评标系统，并在荔浦市启动投入使用，实现市、县两级交易平台的专家资源共享。优化公共资源交易营商环境。取消投标报名及标书费，简化招标投标流程。取消政府采购投标保证金，降低制度性交易成本。取消工程建设诚信卡校验，通过广西建筑业企业诚信信息库共享信息。加强公共资源交易监管，推进“数字见证”深覆盖。在全自治区创新向社会公众“现场直播”专家评标无声画面，供交易主体实时了解项目进程，广泛接受公众监督。桂林市各级工程建设项目招标投标、土地使用权和矿业权出让、国有产权交易、政府采购等四大板块，已经纳入到统一的公共资源平台，发挥交易平台公共财政“节流阀”“增效剂”作用。市级平台完成交易项目3272个，交易额278.21亿元。节约额12.0亿元，节约率5.9%；溢价额7.55亿元，溢价率9.6%。

【12345政府服务热线建设】 2019年，桂林市按照“应合必合、应接必接”原则，有序推进12345政府服务热线运营场地装修、运营服务外包、通讯资源、办公设备和办公家具采购等项目招标，热线知识库建设、与自治区系统的对接、与原12345热线系统的割接等工作。已开通话务线路11条，话务座席20人，4个班次轮值接听电话，基本实现12345政府服务热线上线试运行，全年共接听电话2.66万个，生成有效工单1898个，成为政府与群众、企业之间重要的“连心桥”。

（桂林市行政审批局）

人民防空

【概况】 2019年，桂林市人民防空办公室（简称市人防办）办公地址在桂林市秀峰区骝马山路26号，内设秘书人事科、指挥通信科、工程管理科（行政审批办公室）、平战财务管理科、法规宣传科和机关党组织，人员编制21名（含后勤服务聘用人员控制数2名），在职人员29人。年内，市人防办结合人防职责要求和使命任务，立足军事斗争人防应急准备，抓住防空袭核心能力建设，围绕大局，取得较好成绩。

【人防战备建设】 2019年，市人防办完成规定训练科目、训练时间；组建人防专业队，招募人防志愿者，并开展人防志愿活动；在城区周边县新建人口疏散地域，推进市本级防空方案编修和人防地面指挥所信息化建设，桂林市防空警报器整体质量和音响覆盖率得到提升。推进临桂区人防地面指挥所建设，人防宣传教育基地完成土建设计方案并启动布展设计招标代理单位的筛选工作。年内，市人防办对在建人防地下室进行质量监督，对人防地下室进行竣工备案验收。

【人防法治监督】 2019 年，市人防办结合巡察整改和人防系统腐败问题专项治理主动作为，共修改完善规范性文件 6 份，新拟制出台 3 份；防空地下室防护设计施工审查 30 项；依法收取防空地下室易地建设费。开展执法监督检查 400 余次，追缴人防易地建设费 50 多万元；对已批建未验收人防工程项目和已建人防地下室进行执法检查，依法对部分未验收就投入使用又不按规定要求进行整改的人防工程项目单位进行立案查处；对人防坑道安全隐患进行大排查，处理投诉举报 2 次。

【人防平战结合】 2019 年，市人防办全年签订出租合同 92 份。按“应收尽收”原则，依法依规收取人防工事租金 283 万元，增长 11.4%。城南人防工事管理中心管理的人防工事出租率 100%，年收入 97 万元。组织“桂防—2019”“广西人民防空警报统一试鸣活动暨实战化演习”。

（刘海科）

2019 年，市人防办在广西人防短波电台操作比武竞赛中获一等奖

（市人防办　供图）

发展研究

【概况】 2019 年，桂林市人民政府发展研究中心（简称市发展研究中心）办公地址在桂林市临桂区西城中路 69 号，内设秘书科、产业经济研究科、社会发展研究科、区域·农村经济研究科、旅游经济研究科、综合研究科、《桂林发展研究》编辑部，人员编制 28 人，在职人员 26 人。年内，市发展研究中心立足“决策咨询服务”基本职能，围绕市委、市人民政府重大决策部署以及经济社会发展重点、热点、难点问题开展调查研究，在课题研究、刊物编辑、信息情报收集及研究等方面取得新进展。全年起草或参与起草《政府工作报告》等重要文件、文稿 15 个，完成各类研究成果 40 余项，其中市领导布置的重点课题 4 项、调研报告 6 个、咨政报告 6 个，成稿总字数 80 多万字。牵头完成 2019 年度《政府工作报告》的起草工作；组织完成“推动桂林医药产业跨越式发展对策研究”“桂林市柑橘产业供给侧改革研究”“加快桂林近郊农旅融合发展对策研究”“桂林康养产业发展对策研究”研究课题，在课题的基础上形成精简版咨政报告，提供市人民政府领导决策参考，多项政策建议获市领导肯定。牵头完成市委、市人民政府交办的《桂林经济技术开发区体制机制改革方案》《砥砺奋进七十载，阔步迈进新时代》《加强项目用地保障，助推“1+2”国家战略实施》《桂林市打造农产品区域公用品牌的对策建议》等重要文件、文稿的起草工作。参与完成市委、市人民政府交办的《桂林市“解放思想、改革创新、担当实干、扩大开放”调研报告》《桂林国际旅游胜地建设文化旅游项目推进工作情况》及自治区重大项目现场观摩会、广西首届文化旅游发展大会、桂林市领导干部务虚会等系列材料撰写工作。组织开展系列自选课题研究，咨政报告《用好政府投资基金，助推我市工业振兴》获市长肯定、批示，《新时期桂林国土空间总体规划编制的思考和建议》《加强桂林城市设计的技术路径和管理路径》2 篇研究成果在《桂林日报》刊登。《我市软件产品增值税即征即退政策落实存在的问题及对策建议》获市领导肯定；参与完成《关于加强特色新型智库建设的实施意见》。全年共编辑出版《桂林发展研究》6 期，编发稿件 90 余篇，约 50 万字；编辑完成《决策参考》22 期，刊载稿件 400 余篇，约 24 万字；完成信息报送 20 条。

【“推动桂林医药产业跨越式发展对策研究”课题】 该课题为市人民政府年度重点课题之一。该课题对桂林医药产业发展情况进行深入细致的调研，在充分剖析桂林医药产业存在规模总量偏小、创新能力不强、产业结构不合理、产业布局配套不足、中药材发展面临瓶颈以及政策扶持力度不够等问题的基础上，提出尽快实施道地药材培育、实施龙头企业培育、实施强链延链补链、实施创新发展提升、实施名药名企培育、实施重大项目推进、实施产业园区建设、实施人才团队培引等八大工程，推动桂林医药产业实现跨越发展的对策建议。2019 年，该课题完成。

【“桂林市柑橘产业供给侧改革研究”课题】 该课题是市发展研究中心根据市人民政府领导指示而做的研究性课题。该课题对中国柑橘产业发展形势进行深入研究探讨，对国内柑橘产业发展较好的地区的先进经验进行客

2019 年 5 月 9 日，市发展研究中心领导在乐群小学调研

（市发展研究中心　供图）

观分析，在充分掌握桂林市柑橘产业发展现状、深入剖析存在问题的基础上，研究提出桂林市柑橘产业供给侧改革的指导思想、基本思路和 21 条对策建议。其中，在打造精品品牌、加快产业升级方面的对策建议具有较强的前瞻性、创新性和可操作性，对桂林市柑橘产业发展具有较大的指导意义和现实意义。2019 年，该课题完成。

【“加快桂林近郊农旅融合发展对策研究”课题】 该课题是市发展研究中心根据市人民政府要求而开展的专题研究。该课题对桂林近郊农旅融合发展基本情况进行深入调研，总结近郊农旅融合发展的主要成效，分析制约桂林近郊农旅融合发展存在的发展基础较为薄弱、创新不足、利益联结机制不健全、要素制约明显等主要问题，在学习借鉴重庆、浙江等外地成功经验的基础上，提出加强顶层设计，优化发展布局、强化要素支撑，搭建五大平台、建立利益联结机制，实现利益共享、创新发展理念，加强业态培育、加强示范引领，打造知名品牌、加强项目策划，实施重大项目、加强设施建设，夯实发展基础等有较强针对性和操作性的对策建议。2019 年，该课题完成。

【“桂林康养产业发展对策研究”课题】 该课题是市发展研究中心根据市政府领导指示，结合桂林市产业发展热点与重点而起草的研究性课题。该课题通过调研走访、组织部门座谈等方式，科学系统地总结分析桂林康养产业发展的现状以及存在的主要问题，在此基础上从桂林康养产业融合发展、政策落地、制度创新等角度提出了改革体制机制、强化项目支撑、突出要素保障、优化营商环境、推进融合发展、打造支撑平台、实施品牌战略、完善基础设施等 8 个具有针对性、可操作性和实效性的意见和建议，进一步探索桂林康养产业深度融合发展新模式，为市委、市人民政府决策提供前瞻性、科学性、可操作性咨询服务。2019 年，该课题完成。

【《用好政府投资基金，助推我市工业振兴》报告】 该报告分析和借鉴重庆市创新应用产业引导基金明确投资方向、坚持设立初衷、整合四种资源、创新运营理念、完善风控体系、全程助推企业的经验做法，总结了自治区人民政府投资引导基金运行情况和桂林市人民政府投资引导基金目前运行情况，分析与南宁、柳州、北海等市相比，桂林市人民政府投资引导基金起步比较晚、基金规模小、撬动效应不明显等差距，进而提出加快做大做实桂林市人民政府投资引导基金规模、加快明确政府投资引导基金专业合作机构与合作模式、加快建立投资子基金与直接股权投资相结合的投资模式、加大政府投资基金在招商引资方面的作用、加快配套完善桂林市人民政府引导基金相关政策措施等对策建议。该报告得到市长秦春成的肯定批示。

【《我市软件产品增值税即征即退政策落实存在的问题及对策建议》报告】 该报告根据 2011 年国家财政部、国家税务总局发布的《关于软件产品增值税政策的通知》，调研了桂林市当时 37 户已备案软件企业享受的退税政策情况，深入分析桂林市软件退税存在的主要问题及原因，提出坚持问题导向，对标先进，持续推进办税便利化；简化流程措施，优化业务办理；加快推进办税业务信息化建设，提高办税业务透明度；优化服务，激发企业发展内生动力等对策建议。该报告得到市长秦春成的重要批示。

（侯湘玲）

地方志工作

【概况】 2019 年，桂林市地方志编纂委员会办公室（简称市地方志办）办公地址在桂林市临桂区西城中路 69 号，内设综合科、志书科、年鉴科、资料科、信息科、理论研究科和单位党组织，人员编制 30 名，在职人员 21 人。年内，桂林市第二轮地方综合志书编修全面完成；《桂林年鉴（2019）》、各县（市、区）地方综合年鉴全部完成出版，《桂林图志》出版发行。挖掘地情资源，服务经济建设，桂林市地方志事业实现高质量发展。11 月，市地方志办获全国地方志工作先进集体。

【第二轮地方综合志书编修全面完成】 2019 年，市地方志办按照全面完成第二轮地方志书编修工作要求，全面落实地方志工作“两全目标”，推进第二轮地方综合志书的出版。以工作会议确立志书出版进度要求，明确年初未出版的《七星区志》《兴安县志（1991—2005）》推进进度和目标任务。由主要领导带队组成调研组，到兴安县、七星区进行调研，推进志书编纂工作。4 月，《七星区志》出版发行。7 月，《兴安县志（1991—2005）》出版发行，桂林市在自治区率先完成第二轮地方综合志书编纂任务，共出版地方综合志书18部。

【地方综合年鉴工作全面推进】 2019年，市地方志办树立年鉴精品意识，组织完成《桂林年鉴(2019)》编纂工作，于年末出版发行。该卷年鉴总篇幅30印张，版面总字数122万字，有彩色插页40页，内文插图281幅。内容结构分为概况、特载、大事记、桂林国际旅游胜地建设、中国共产党桂林市委员会等类目38个，书前设有桂林国际旅游胜地建设、国家可持续发展议程创新示范区建设、推进乡村振兴战略等彩色图片专辑。年内，市辖17个县(市、区)2019卷地方综合年鉴编纂工作全面启动并出版发行。组织县(市、区)申报2019年广西年鉴精品工程项目，其中《临桂年鉴(2019)》被自治区地方志办公室列为2019年广西年鉴精品工程项目。

【《桂林图志》出版发行】 2019年7月，由市地方志编纂委员会组织编纂的《桂林图志》由广西师大出版社出版发行。《桂林图志》于2014年启动编纂，全书采用照(图)片与文字相结合、以照片为主的体裁和专题式结构，共分综合、旅游、政治、经济、文化、社会、人物等篇章，记述桂林从甑皮岩的史前发源到历朝历代建置沿革、革命变迁以及新时代新风貌，重点收录改革开放以来反映桂林市在政治、经济、文化、旅游、民生等各行各业的重大变革和成就的照(图)片。全书为大16开，32.5印张，采取全彩印刷，有照(图)片1500余张。

【地情资源开发利用】 2019年，市地方志办将桂林地情网原来的11个一级栏目调整为5个，整合、归类二级栏目，上传《桂林年鉴(2018)》，发布地方志动态信息43条，上传桂林时政新闻48条。“志说桂林”微信公众号上传发布图文消息36篇，内容涉及桂林的人文、地理、自然、民俗等。年内，市地方志办参与湘江战役烈士纪念设施总体规划方案编写，参与评审湘江战役烈士纪念馆陈列方案，参与红军烈士遗骸的寻找、收殓、鉴定等工作。为市政协文史馆建设提供历史照片50余幅。为市纪委编写1949年以来的纪检大事记。为市委组织部党建中心提供文稿及照片。

【2019年桂林市地方志理论研讨会召开】 2019年11月21日—22日，2019年桂林市地方志理论研讨会在全州县召开，各县(市、区)地方志办人员、论文作者及市地方志办全体人员参会。理论研讨会共收到理论研讨文章25篇，其中县(市、区)18篇。会上，各县(市、区)代表结合修志实践，对修志工作中存在的问题进行分析探讨，从修志的组织实施、机构编制、队伍建设、修志保障、框架结构、资料工作、志稿试写撰写、修改总纂、评审验收等方面总结出经验和教训，有助于提高全市地方志系统修志队伍业务水平。并以二轮修志的经验对即将展开的第三轮志书编修予以展望，为第三轮志书编修工作做准备。

(游宇琳)

机关事务管理

【概况】 2019年，桂林市机关事务管理局办公地址在桂林市临桂区西城中路69号。新增负责市直机关公务用车的编制、配备、更新、处置工作职能；撤销财务科，原市直机关财务管理职能由市机关后勤服务中心财务科承担；撤销设备通讯管理科，其职能由市机关后勤服务中心物业科承担，撤销计划生育管理科，其职能合并到机关服务保健管理科。内设公办室、人事科、政策法规督查科、房地产资产管理科、节能监督管理科、服务保健管理科、安全保卫科、公务用车管理科(市公车管理中心)。行政编制21名，机关后勤服务聘用人员控制数39名(含市公车管理中心后勤服务聘用人员控制数34名)。年末，行政编制在编人员38人，机关后勤服务聘用人员控制数6人。下辖事业单位有桂林市机关后勤服务中心(加挂桂林市人民政府会议接待管理中心牌子)、市机关幼儿园、市机关第二幼儿园、市机关第三幼儿园、临桂新区国惠幼儿园；自收自支事业单位有市政府招待所(湖滨饭店)、市政府第二招待所(珍珠饭店)；企业有桂林迎宾车辆租赁有限公司、桂林市新政会展公司、桂林市桂勤物业公司、桂林市临桂桂勤餐饮有限公司、桂林市政勤会务服务有限公司、桂林市新政教育管理集团公司。年内，市机关事务管理局履行机关事务管理、保障、服务工作职能，保障市直机关正常运转。

【开展节能宣传周活动】 2019年6月14日，2019年广西节能宣传周和低碳日活动启动仪式暨漓江论坛在桂林国际会展中心举行，活动以“绿色发展、节能先行、低碳行动、保卫蓝天”为主题。自治区党委常委、自治区副主席严植婵，中国生态文明研究与促进会副会长李晓东，国家机关事务管理局节能司副司长洪波，自治区人民政府副秘书长、自治区机关事务管理局局长黄小川，桂林市副市长谢灵忠等领导出席启动仪式。

同日下午，漓江论坛在兴进塔山

2019年6月14日，2019年广西节能宣传周和低碳日活动启动仪式暨漓江论坛在桂林国际会展中心举行

(莫徽鸿 摄)

2019年6月14日，自治区党委常委、自治区副主席严植婵（前左二）等领导及嘉宾在桂林国际会展中心参观广西公共机构节能工作10周年成果展 （莫徽鸿 摄）

会议中心举行，与会专家学者以“绿水青山就是金山银山实践路径”为主题，结合桂林“漓江生态保护与修复”问题建言献策。

【机关事务标准化建设】 2019年，桂林市机关幼儿园综合标准化、机关食堂综合标准化、党政机关会议服务综合标准化和桂勤物业服务管理综合标准化项目，被自治区市场监督管理局、自治区机关事务管理局联合确定为自治区级机关事务管理和公务服务综合标准化建设试点。市机关事务管理局领导率队先后到湖北省十堰市机关事务管理局、辽宁省盘锦市机关事务管理局学习，结合试点项目细化制订《桂林市机关幼儿园综合标准化试点创建工作实施方案》《桂林市机关食堂综合标准化试点创建工作实施方案》《桂林市桂勤物业服务管理综合标准化试点创建工作实施方案》《桂林市党政机关会议服务综合标准化试点创建工作实施方案》，启动标准化创建工作。

【机关办公资产建设与管理】 2019年3月，市机关事务管理局完成机构改革后调整办公室140余间，解决和调剂市法制办仲裁委和市妇幼中心等二层机构在老城区办公场地问题。在临桂新区租赁鼎盛大厦（桂林市交通运输枢纽指挥中心）作为调剂办公用房，安排市交通局、市总工会等8个单位入驻办公。协助做好桂林市会议中心、机关食堂接待区零星工程装修建设，对榕荫路机关住宅区进行危旧房改造。全年共计收到门面及办公用房租金500余万元，收缴水电费入账400余万元。

【公共机构节能管理】 2019年，市机关事务管理局加强对各县（市、区）和市本级公共机构节能工作的督促检查指导力度。全市公共机构2870家，办公建筑用能总面积1246.7万平方米，用能人数104余万人，实际拥有公务用车5308辆。全市公共机构全年用电总量2.64亿千瓦小时，用水总量2011.75万吨，用油总量1403.57万升（其中汽油1274.55万升、柴油129.02万升），其他能源163.32吨，天然气14.5万立方米，液化石油气36.87吨。公共机构人均综合能耗下降8.43%，单位建筑面积综合能耗下降2.91%，人均用水量下降6.68%。恭城瑶族自治县被国家机关事务管理局确定为全国集中统一组织合同能源管理试点县（广西唯一）。新装餐厨资源化处理设备1台，新增垃圾分类设施约6000组；安装10kWP光伏发电系统3个，高效油烟净化设备4台，节能灶具改造2处；推广新能源汽车156台，新增充电桩400个；新增能耗监测点3处，全年既有建筑节能改造约19万平方米，合同能源管理项目4个。成立桂林市漓江低碳节能研究会。

【会展经济】 2019年，桂林市机关事务管理局发展会展经济。6月14日—16日，在桂林国际会展中心采用政府引导、市场运作的方式举办2019广西·桂林第八届节能减排新产品新技术（新能源汽车）展示会暨第三届绿色低碳产业博览会。展会设新能源汽车展区、新产品新技术展区、桂林综合馆、绿色农产品展区，参展企业282家，成交金额3000余万元。10月18日—27日，2019桂林漓泉啤酒音乐美食节在桂林市象山区瓦窑小镇举行，吸引游客及市民30余万人次到现场品尝美食。

【机关后勤服务保障】 2019年，桂林市机关事务管理局完成挂职交流厅级干部住房由象山公寓楼搬迁到新区周转房居住。建立完善桂林市公车管理信息化平台，完成全市小车定编和市直单位公务出行保障。加强和规范机关财务管理。严格落实财务规定，节约使用财政资金，做好58个经费归口管理单位的日常财务报账核算和部门决算报表的编制和报送，规范市直属机关国有资产报废、清理处置，经费归口管理单位全年共报废固定资产总额620.54万元。接收各单位划拨固定资产36.71万元。会议保障试行标准化管理，完成各类全市性重大任务的会议服务保障工作，全年保障各类会议1800余场次。

【幼教资源开发利用】 2019年9月，公办临桂新区国惠幼儿园开园，缓解了市直机关干部子女和小区周边居民子女“入园难”矛盾。发挥机关幼儿园、机关第二幼儿园自治区示范幼儿园的资源优势，组建桂林市新政教育管理集团，实施机关幼教标准化管理，在七星区、雁山区开办加盟德明幼儿园、彰泰天街幼儿园、全州县小枝丫幼儿园。全州县小枝丫幼儿园被广西幼儿师范高等专科学校选为实训基地，带动了当地学前教育的发展，缓解桂林市优质幼教资源不足的压力。

（莫徽鸿）

中国人民政治协商会议桂林市委员会

综　　述

2019年，中国人民政治协商会议桂林市委员会（简称市政协）办公地址在桂林市临桂新区西城中路69号。市政协机关内设办公室、机关党委、提案委员会、经济委员会、农业和农村委员会、教科卫体委员会、社会法制与民族宗教委员会、文化文史和学习委员会、港澳台侨外事委员会、研究室、委员联络工作办公室。有人员编制54名，在职人员46人；办公室下属事业单位市政协文史馆有人员编制5名，在职人员1人。全年市政协召开全体委员会议1次，常务委员会议5次，主席会议6次。以界别（对口）协商会为平台，立足促进桂林市经济社会高质量发展，组织各界别委员建言献策，分别围绕培育高新技术产业、合理布局水果产业、完善社会保障体系、加强城市交通管理、加快乡村文化建设、促进桂林市惠台政策落实、重视社区居家养老服务体系建设等专题召开8次界别（对口）协商会，共提出意见和建议400多条。发挥政协组织资源丰富、智力密集的优势，分别对广西桂康新材料公司等9家重点企业和湘江战役红色遗址群等9个重大项目指导、服务。全年收到提案319件，立案245件。各专委会组织委员小组活动76次，参加委员1300多人次，小组活动内容都与经济发展、城市管理、社会保障等民生福祉紧密相关。发挥政协委员与社会各界优势，收集、反映社情民意和舆情动态，全年共收集上报信息156篇，编发政协《社情民意》7期。

重要会议

【政协桂林市第五届委员会第四次会议】 2019年1月11日—13日，政协桂林市第五届委员会第四次会议在桂林市会议中心大礼堂召开，会议应出席委员428人，实到委员390人，驻桂林市的自治区政协委员、特邀贵宾应邀列席会议，市政协主席粟增林主持会议，中共桂林市委书记赵乐秦出席会议并讲话。会议期间，与会委员听取并审议《中国人民政治协商会议桂林市第五届委员会常务委员会工作报告》《中国人民政治协商会议桂林市第五届委员会常务委员会关于政协五届三次会议以来提案工作情况的报告》。会议审议通过《中国人民政治协商会议桂林市第五届委员会第四次会议政治决议》《中国人民政治协商会议桂林市第五届委员会第四次会议关于常务委员会工作报告的决议》《中国人民政治协商会议桂林市第五届委员会第四次会议关于市政协五届三次会议以来提案工作情况报告的决议》。

【政协桂林市第五届委员会常委会会议】 2019年，共召开5次常委会会议。

第12次会议　1月7日召开。会议听取关于市政协常委会工作报告起草情况的说明、关于市政协提案工作报告起草情况的说明；关于市政协有关人事事项的说明。会议通过《市政协五届四次会议议程、日程》。

第13次会议　1月12日召开。会议审议补选市政协常务委员的建议名单（草案）；审议《政协桂林市第五届委员会第四次会议补选市政协常务委员选举办法（草案）》；审议大会选举总监票人、监票人建议名单（草案）；审议提交分组会议讨论的会议各项决议（草案）。

第14次会议　1月12日召开。会议通过提交大会选举的常务委员候选人名单（草案）；通过提交大会通过的《中国人民政治协商会议桂林市第五届委员会第四次会议补选市政协常务委员选举办法（草案）》；通过提交大会通过的总监票人、监票人名单（草案）；通过提交大会通过的中国人民政治协商会议桂林市第五届委员会第四次会议《政治决议（草案）》《常委会工作报告的决议（草案）》《提案工作报告的决议（草案）》；通过成立政协桂林市委员会农业和农村委员会的决定和有关人事事项。

第15次会议　7月5日召开。会议审议通过《加快推进工业振兴，实现产业高质量发展的专题调研报告》，审议通过市政协调整有关机构及人事事项的决定。

第16次会议　9月29日召开。会议听取市人民政府通报全市经济社会发展情况和提案办理情况，市中级人民法院通报2019年以来市中级人民法院执法工作情况，市人民检察院通报执法工作情况。会议审议市政协调研组关于《对接粤港澳大湾区国家战略，促进桂林国际旅游胜地高质量发展调研报告（草案）》，审议通过有关人事事项。

重要工作

【理论学习】 2019年，市政协充分运用主席会议、常委会议、集中培训和专题讲座等载体，深入学习习近平新时代中国特色社会主义思想和习近平关于加强和改进人民政协工作的重要思想。认真组织学习中共十九届四中全会精神，全面贯彻落实中央政协工作会议和自治区党委政协工作会议精神。市政协领导带头讲党课，在自治区政协系统创新组建“委员宣讲团”开展送理论到基层活动，全年宣讲 63 场，听众达 1 万多人次。

【开展专题协商】 2019 年，市政协组织委员和专家成立调研组，以“加快推进我市工业振兴，实现产业高质量发展”为题，开展考察、调研、分析和论证，形成专题报告。7 月，召开专题协商会，市委、市人民政府主要领导及有关县（市、区）和部门负责人出席会议听取意见并作回应。组织力量对“优化我市营商环境，促进民营经济发展”“积极对接粤港澳大湾区国家战略，促进胜地建设”重点课题进行攻关，为市委、市人民政府决策提供智力支持。

【开展界别（对口）协商】 2019 年，市政协五届四次全会期间，市政协组织全体委员听取、协商讨论政府工作报告和其他工作报告，收集整理委员意见和建议提交市人民政府参考；组织大会发言材料 25 篇，10 名委员代表作专题发言。市政协常委会以界别（对口）协商会为平台，专题召开 8 次界别（对口）协商会，66 名委员在会上发言，共提出意见和建议 400 多条。

【开展重大项目服务】 2019 年，市政协班子成员分别牵头组成重点企业的“直通车”服务组和重大项目推进工作组，发挥政协组织资源丰富、智力密集的优势，分别对广西桂康新材料公司等 9 家重点企业和湘江战役红色遗址群等 9 个重大项目全程指导、全程服务。

【提案办理注重实效】 2019 年年初，市政协制定出台《关于办理市政协五届四次会议提案的实施意见》，开展多层次提案协商和督办活动，促进提案建议落地见效。首次实行党政领导领衔督办重点提案机制，遴选出重点提案 12 件，由党政领导、政协领导和市政协各专委会 3 个层面督办落实。遴选出 10 件民生提案作为监督性提案进行督办，接受社会和舆论监督。全年共收到提案 319 件，立案 245 件，所有提案均已办复，提案所提问题和建议已经解决和计划逐步解决的占 91%，委员对提案办理工作基本满意率 97.6%。

【委员视察】 2019 年，市政协以“文化创意产业发展”为主题，组织市政协常委对桂林市“三千漓”“万达文旅城”“桂林千古情”等文化创意产业进行视察，对产业的发展状况、存在问题进行深度分析研讨，并提出针对性和操作性较强的建议。受自治区政协委托，组织驻桂林的自治区政协委员就“中医药健康与现代农业深度融合”的专题，赴玉林市进行考察，听取玉林市人民政府和相关部门的情况汇报，考察相关企业和市场，形成调研报告报自治区政协。各专委会围绕经济发展、城市管理、社会保障等民生福祉，组织委员小组活动 76 次，参加委员 1300 多人次。

2019 年 11 月 24 日，市政协党组召开“不忘初心、牢记使命”专题民主生活会

（蔺帅　摄）

【文教工作资政育人】 2019 年，市政协组织开展加强乡村文化建设、重视文物保护与利用、构建高校毕业生就业服务体系、推进高考综合改革等专题调研并形成报告。分别在广西电视台和桂林电视台举办《桂在协商》《委员论坛》，邀请专家委员就提高公办中学教育质量、老年人健康养生问题答疑解惑、献策支招。为庆祝新中国和人民政协成立 70 周年，举办“颂祖国、爱政协”大型书画展。收集桂林市政协成立以来的珍贵文史资料，如期建成桂林市政协文史馆，编辑、出版《马克思主义在桂林的传播》专辑。

【对外友好交流】 2019 年，市政协参与举办自治区、市政协港澳台侨和对外联谊工作座谈会，听取港澳台侨政协委员的意见和建议，走访委员企业。组织开展港澳委员、异地商会调研联谊活动，密切与海外桂林同乡会、华人华侨商会的联系，向他们通报桂林经济社会发展情况。组织港澳委员到内地考察、赴红色教育基地参观学习，不断壮大爱国、爱港、爱澳力量。组团到中国台湾地区参访交流。

【理论研究】 2019 年，市政协召开学习“习近平总书记关于加强和改进人民政协工作的重要思想”理论研讨会，收到论文 151 篇，形成一批理论成果，其中 8 篇入选自治区政协理论文集。组织政协各参加单位和县（市、区）政协向各级主流媒体供稿，分别在《人民政协报》《中国政协》《广西政协报》《文史春秋》以及《人民网》《人民政协网》《广西政协网》刊发各类稿件 310 多篇　　（廖晓波　蔺帅）

纪检监察

综　述

【概况】 2019年，中国共产党桂林市纪律检查委员会与桂林市监察委员会（简称市纪委监委）合署办公，办公地址在桂林市临桂区西城中路69号。内设办公室、组织部、宣传部、研究法规室、党风政风监督室、信访室、案件监督管理室、信息技术保障室、第一监督检查室、第二监督检查室、第三监督检查室、第四监督检查室、第五监督检查室、第六监督检查室、第七监督检查室、第八监督检查室、第九审查调查室、第十审查调查室、第十一审查调查室、第十二审查调查室、案件审理室、纪检监察干部监督室以及机关党委，下设桂林廉政教育中心、桂林市纪检监察综合业务基地管理中心。人员编制130名（含后勤服务聘用人员控制数11名），在编人员120人。派驻市直部门纪检监察组（纪检监察工作委员会）30个，履行党的纪律检查和国家监察职责，派驻机构人员编制166名（含政法专项行政编制36名）、在编人员133人。中共桂林市委员会巡察工作办公室（中共桂林市委员会巡察工作领导小组办公室）是市委工作机关，人员编制由市纪委代管，人员编制8名，在编人员7人。市委第一、二、三、四、五、六巡察组人员编制共30名（每个巡察组5名），在编人员20人。2019年，全市各级纪检监察机关持续推动纪检监察工作高质量发展，为改革发展提供坚强纪律保障。

【巩固发展反腐败斗争压倒性胜利】 2019年，市纪委监委保持战略定力，坚持有贪肃贪、有腐反腐，一体推进“三不”机制，推动惩治同向同步同进。始终保持反腐败高压态势，做到不减力度、不变节奏、不松尺度，全年全市共立案2660件，给予党纪政务处分2198人，涉及处级干部125人，包括指定管辖的自治区直属机关、自治区直属企业、自治区直属高等学校以及6个地市的一批严重违纪违法案件。强化对权力集中、资金密集、资源富集的部门和行业的监督，集中查处文教卫系统194人、政法系统281人、农林系统149人等一批窝案、串案、系列案，持续形成震慑。深化以案促改，系统整理近2年查处的18个典型案例及其忏悔书，形成《桂林市纪检监察机关查处严重违纪违法典型案例汇编》，印发全市组织学习，让广大党员干部引以为戒。及时总结监督检查、审查调查、巡视巡察中发现的体制机制问题和制度漏洞，督促相关单位制订和完善制度453项。印发制订出台《关于规范运用纪律检查建议书和监察建议书的实施意见》，共发出纪律检查和监察建议书428份，提出建议694条，纠正违规行为460个，堵塞监管漏洞。建立跟踪回访机制，对受到前三种形态处理的处级干部做好动态了解、疏导沟通等工作，对近年来281名处分影响期满的干部及时回访，并对那些表现好的及时提出继续使用意见。开展经常性的纪律教育，市纪委监委领导班子带头开展党纪党规宣讲，共开展宣讲14场，受到教育党员干部3万多人次。升级打造桂林廉政教育基地和清廉桂林门户网站，其中基地接待2996批次15万人次，全国影响力日益增强。依托市级主流媒体，持续打造“廉洁桂林”“爱廉说”“廉洁的声音”等品牌专栏，在各类媒体刊发稿件1500余篇、录播视频节目52期，编印《廉洁桂林》一书，获广泛好评。

【推进纪检监察体制改革】 2019年，市纪委监委深化派驻机构改革，制订

2019年12月13日，桂林市纪检监察综合业务基地在临桂新区揭牌启用

（市纪委监委　供图）

“1+2”派驻改革实施方案，协助市委印发《关于深化市纪委监委派驻机构改革的实施方案》，制订出台《关于推进市直属企业纪检监察体制改革的实施方案》《关于桂林市纪委监委向市直属金融企业派驻纪检监察组的实施方案》，提高派驻监督全覆盖质量。推进市、县（市、区）派驻机构规范化建设，赋予派驻机构监察权，优化量化考评办法，注重探索实施县级纪委分片派驻、区域联合执纪审查、乡（镇）纪委交叉办案等机制，派驻机构各项工作实绩实现大幅增长。年内，市纪委监委派驻机构立案131件，比上年增长62.5%，“派”的权威和“驻”的优势进一步凸显。持续深化国家监察体制改革，严格落实6项“纪法衔接”和10项“法法衔接”工作制度，正确履行监委监督调查处置职责，规范使用“12+3”审查调查措施，健全完善与司法执法机关协作配合机制，实现执纪审查与依法调查的有效贯通和高效顺畅对接。加大纪法衔接业务培训力度，开展“纪法衔接”培训4期，培训纪检监察干部3940人次。年内，对122名对象采取留置措施。强化自身监督制约，制订出台特约监察员工作办法，从市人大代表、市政协委员、党政机关干部、各民主党派以及基层一线代表和群众中推选出特约监察员25人，推动市监委依法接受监督。

【市纪检监察综合业务基地揭牌启用】2019年12月13日，桂林市纪检监察综合业务基地在临桂新区揭牌启用，市委书记、市人大常委会主任赵乐秦，市委常委、纪委书记、市监委主任吕洪安共同为基地揭牌。桂林市纪检监察综合业务基地的启用，将成为助推全市纪检监察工作高质量发展的新平台。

重要会议

【市纪委五届四次全体会议】2019年2月14日，中国共产党桂林市第五届纪律检查委员会第四次全体会议召开，市委书记、市人大常委会主任赵乐秦出席全会并讲话。会上，市委常委、纪委书记、市监委主任吕洪安代表市纪委常委会作题为《推动新时代纪检监察工作高质量发展，为决胜桂林“两个建成”提供坚强纪律保证》的工作报告。会议审议并通过了中国共产党桂林市第五届纪律检查委员会第四次全体会议公报。

【落实中央脱贫攻坚专项巡视反馈意见整改工作部署会】2019年2月25日，全市纪检监察机关落实中央脱贫攻坚专项巡视反馈意见整改工作部署会召开，市委常委、纪委书记、市监委主任吕洪安出席会议并讲话。会议强调，巡视整改是一场必须坚决打赢的“硬仗”，要以巡视整改为契机，深入学习贯彻中共中央总书记习近平关于扶贫工作的重要论述，全面贯彻落实中共中央总书记习近平对广西脱贫攻坚工作的重要指示精神，把巡视整改落到实处，为坚决打赢脱贫攻坚战、桂林决胜“两个建成”目标提供坚强的纪律保障。

【《中国共产党纪律处分条例》宣讲报告会】2019年4月23日，桂林市召开《中国共产党纪律处分条例》宣讲报告会，市委常委、市委宣传部部长、副市长韦凤云主持报告会，市委常委、纪委书记、市监委主任吕洪安为全市党员干部作宣讲报告。会议强调，新条例的修订是推进党的政治建设的迫切需要，是巩固发展反腐败压倒性胜利的迫切需要，是深化纪法衔接、法法贯通的迫切需要，广大党员要提高对新条例重要性的认识，增强学习宣传贯彻的自觉性和坚定性，自觉践行“两个维护”。领导干部要发挥“头雁效应”，在学习、遵守和执行纪律上走前头、作表率，要担负起全面从严治党主体责任，以严明的纪律营造良好政治生态。

【全市漠视侵害群众利益问题专项整治工作会】2019年8月20日，全市纪检监察系统漠视侵害群众利益问题专项整治工作会暨审查调查工作推进会召开。会议深入学习贯彻中共中央、自治区党委和市委有关精神，研究部署了下阶段工作。会议强调，要深刻认识抓好专项整治工作的重要意义，把抓好专项整治工作作为增强“四个意识”、坚定“四个自信”、做到“两个维护”的直接检验，作为主题教育的重要抓手，迅速把思想和行动统一到中共中央、自治区党委和市委决策部署上来，增强思想自觉、政治自觉和行动自觉。

【全市“知敬畏、存戒惧、守底线”廉政教育会议】2019年11月25日，全市“知敬畏、存戒惧、守底线”廉政教育会议召开。会议深入学习贯彻中共十九大和十九届二中、三中、四中全会精神，以案为鉴、以案明纪、以案促改，推动全面从严治党向纵深发展。会议强调，敢于直面问题、勇于修正错误是党的显著特点和优势。要坚持从严律

2019年2月14日，中国共产党桂林市第五届纪律检查委员会第四次全体会议召开

（市纪委监委　供图）

己、政治过硬、责任过硬、能力过硬、作风过硬，在清正廉洁上作表率，形成攻坚克难、担当实干的良好作风，全面推动各项工作落实，为经济社会持续健康发展提供有力保证。

主要工作

【落实党的政治建设】 2019年，市纪委监委开展“不忘初心、牢记使命”主题教育，先后召开常委会(扩大)会议8次、中心组学习会6次，举行专题研讨7次。举办集中读书班、征文比赛、知识竞赛、革命传统现场体验教育、专题党课等活动15场次。聚焦政治责任落实，在全市组织开展政治建设专项检查35次，发现并整改问题213个，约谈领导干部31人。实施精准有力问责，查处全面从严治党责任落实不力等问题138件，问责党组织5个、问责党员领导干部150人，以问责倒逼责任落实。严明政治纪律和政治规矩，全市查处违反政治纪律行为21人、组织纪律行为47人。深化集中整治形式主义、官僚主义，共查处形式主义、官僚主义问题362件，给予党纪政务处分322人。

【开展经常性监督】 2019年，市纪委监委始终把监督挺在前面，用活监督手段，创新监督方式方法，在精准监督上下工夫，把日常监督、长期监督做到位。聚焦“四风”问题，加强对落实中央八项规定及其实施细则精神的经常性监督，全市共开展检查209次，发现并督促整改问题187个、处理44人。对顶风违纪行为从严查处，共查处违反中央八项规定精神问题327件，给予党纪政务处分431人。深入推进领导干部利用名贵特产类特殊资源谋取私利问题专项整治，认真梳理本地名贵特产，有针对性地开展专项整治，共处理14人，重点查处3名处级领导干部收受高档烟酒等问题。加强对领导班子特别是“一把手”的监督，共走访调研、约谈提醒联系单位“一把手”125次。推进市管干部廉政档案标准化建设，动态更新重点岗位“一把手”和后备干部廉政档案207份，对发现的问题及时准确客观地反馈，形成压力并传导下去。落实《市纪委监委机关监督工作办法》，全要素运用“10+2”监督方式，全市共开展谈话函询及提醒2030件次。运用监督执纪“四种形态”，在“治未病”上积极作为。全市纪检监察机关运用“四种形态”处理7211人次，其中第一种形态占68.5%、第二种形态占26.4%、第三种形态占2.9%、第四种形态占2.2%，结构和比例呈现积极变化，实现由惩治极少数向管住大多数拓展。

【深化政治巡察】 2019年，市纪委监委高质量推进巡察全覆盖，在全市实施巡察质量提升工程，先后制订出台《巡察机构联系指导县(市、区)巡察工作和被巡察党组织巡察整改工作实施意见(试行)》《县(市、区)党委书记听取巡察汇报情况报备制度》和规范巡察整改、加强巡察机构档案管理等制度机制4项，实现领导更有力、督导更扎实、指导更到位。紧扣上级党委重点工作任务，把落实“三大攻坚战”、扫黑除恶专项斗争等纳入监督重点内容，创新常规巡察与“对口式”巡察相结合，实现对公检法系统巡察全覆盖，发现并推动整改扫黑除恶方面问题492个，问题线索46条，并通过建立“巡察+”监督机制、创新巡审联动等方式，推动有形覆盖与有效覆盖相结合。做好巡察“后半篇文章”，对巡察发现的问题进行分类处置。2016年五届市委以来，市、县两级巡察共发现问题2.5万个，移交领导干部问题线索4386条，转立案1624人，巡察利剑作用不断彰显。研发运行巡察反馈问题整改评估子系统，构建“信息化+监督整改”的常态化监督体系，督促市本级整改反馈问题2296个，占反馈问题的97.95%，实现对被巡察党组织整改工作在线全过程监督管理。抓好中央脱贫攻坚专项巡视整改，市纪委监委机关共细化整改措施30条，全面完成整改并销号，对转交的246件信访举报件及时精准处置并全部办结，转立案57件。及时总结巡察中发现的体制机制问题和制度漏洞，向相关部门提出意见建议338条，推动完善相关制度机制181项。

【整治群众身边腐败和作风问题】 2019年，市纪委监委推进漠视侵害群众利益问题专项整治，聚焦解民忧10件实事，确保整治成果可检验可评判可感知，共查处漠视侵害群众利益问题1051个，涉案金额2.06亿元，追缴违纪违法款7066万元，通报曝光89期130件，桂林市主题教育专项整治工作在自治区作经验发言4次。深化扶贫领域腐败和作风问题专项治理，坚持“抓系统、系统抓”，督促18个市直扶贫领域职能部门围绕扶贫政策落实和项目资金使用情况开展监督检查。紧盯扶贫项目、扶贫资金、重点村(屯)、基础设施，严肃查处侵害群众利益问题，全市扶贫领域立案861件，处理1885人，涉案金额1.8亿元，挽回经济损失6842万元。坚持把扫黑除恶专项斗争监督执纪问责与专项治理工作相结合，持续加大“打伞破网”力度，共立案查处涉黑涉恶腐败和“保护伞”案件147件，在全市引起震动。结合专项斗争，在政法系统召开警示教育大会，仅灵川县、资源县、永福县先后有96名公安干警向纪委监委主动交代问题，上缴违纪款317.07万元。

【市纪委监委加强自身建设】 2019年，市纪委监委以党的政治建设为统领，持续深化“三转”，打造忠诚干净担当的纪检监察干部队伍，机关党建工作被评为“廉洁清风”优秀党建品牌。强化能力提升，先后组织全市纪检监察干部前往西南政法大学、延安干部培训学院等地开展党性教育10批，培训1200人次。开展全员培训，举办“知识大讲堂”6期，全市共开展各类培训85期，培训干部8638人次，提升纪法双施双守的能力和水平。全面提升全市办案设施，桂林市纪检监察综合业务基地、全州留置专区建成启用。全面推动信息化建设，在全市全面推广应用“4+1”政治生态分析研判系统，对被监督单位进行日常监督、实时监督、动态监督；部署建设信息查询系统，升级改造OA智能办公系统，有效提升纪检监察工作科技水平。坚持刀刃向内，对执纪违纪、执法违法者零容忍，立案查处纪检监察干部11人，免职调离4人。 (杨茜童)

民主党派·工商联

中国国民党革命委员会桂林市委员会

【概况】 2019年,中国国民党革命委员会桂林市委员会(简称民革桂林市委)办公地址在桂林市临桂区西城中路69号创业大厦西辅楼。内设办公室、组联部、宣传部和调研部。人员编制13名,在职人员9人。全年发展新党员29人;至年末共有党员583人,其中大专以上学历465人,占总人数79.76%。民革桂林市委下设的基层组织总支部更名为基层委员会,至年末有基层委员会6个,基层支部23个。年内,民革桂林市委以思想政治建设为统领,履行参政党职能,建言献策,提出的1件提案被市政协列为重点督办提案,2件提案被市政协评为年度优秀提案。

2019年5月25日,民革桂林市委组织党员到重庆市民主党派历史陈列馆开展主题教育活动 (黄谦 摄)

【民革桂林市委开展庆祝新中国成立70周年系列活动】 2019年,民革桂林市委开展庆祝中华人民共和国成立70周年和中国人民政治协商会议成立70周年系列活动,举办"峥嵘岁月共携手,七十华诞谱新篇"专场文艺演出和征文活动。组织桂林民革党员参加民革中央、民革广西壮族自治区委员会(简称民革广西区委)、桂林市政协等单位举办的庆祝中华人民共和国成立70周年演讲比赛、书画展、征文等系列活动。年内,民革桂林市委各基层组织开展了迎国庆快闪行为艺术、社区文艺演出等活动。

【民革桂林市委开展主题教育活动】 2019年,民革桂林市委在基层组织和全体党员中,开展"不忘合作初心,继续携手前进"主题教育系列活动。5月,组织民革桂林市委常委、各专委会主任及副主任、部分机关专职干部到重庆市开展"夯实思想共识,凝聚精神力量"主题教育活动,参观民主党派历史陈列馆、红岩革命纪念馆、桂园、八路军办事处。11月,组织各基层组织开展"不忘合作初心,继续携手前进"主题教育活动。其中,农科支部、教育支部到红军长征湘江战役纪念馆开展主题教育学习活动;农科支部到灵川县潭下镇合堡贫困村开展送科技下乡活动;财经支部到灵川县三街镇桂林土耘农业有限公司开展调研活动等。

【民革桂林市委参政议政】 2019年,民革桂林市委围绕桂林市重大工程项目、反腐倡廉、民营经济等重大议题,参政议政。民革桂林市委和全市民革党员共向各级人大、政协会议提交提案(建议)110件。其中,向十三届全国人大二次会议提交建议1件;向全国政协十三届二次会议提交提案2件;向自治区政协十二届二次会议提交提案2件;向市五届人大四次会议提交建议2件;市政协五届四次会议提交提案43件;向各县(市、区)人大、政协会议提交提案(建议)60件。民革桂林市委的集体提案《关于优化我市营商环境的几点建议》被列为2019年度桂林市政协重点督办提案。《加强违法建设治理,提升城市品质》《关于大力推进全市医院就诊一卡通的建议》被评为2019年度桂林市政协优秀提案。开展社情民意报送工作,《制定〈个人破产法〉时考虑增设个人无故意违约记录的建议》等6件信息被民革广西区委采用,《广西高考加分"人籍分离"现象严重凸显教育不公平》等8件信息被中共桂林市委办公室采用,《关于鼓励高端工具行业发展的建议》等5件信息被中共桂林市委统战部采用。

【民革桂林市委服务社会】 2019年，民革桂林市委与灌阳县新圩镇共耕村签订扶贫责任状，组建扶贫工作领导小组，对该村集体经济产品生产销售、包装设计等方面提出方案和建议，并组织党员为共耕村希望小学捐赠价值3000元的文体用品。年内，民革桂林市委号召党员参与扶贫攻坚工作，全年共捐资、捐物(价值)16万元，27名民革党员受到中共桂林市委统战部表彰。联合社会爱心人士、企业等举办为爱守护公益活动3场，设立周末公益美术课堂。组织开展学雷锋活动、创城清扫活动、送医下乡、送教下乡、敬老爱老送温暖进养老院等系列社会服务活动。（黄谦）

中国民主同盟桂林市委员会

【概况】 2019年，中国民主同盟桂林市委员会(简称民盟桂林市委)办公地址在桂林市临桂区西城中路69号创业大厦西辅楼，内设组织部、宣传部、社会服务部、办公室。人员编制14名(含后勤服务聘用人员控制数1名)，在职人员11人。全年发展新盟员50人。至年末，共有盟员875人(女盟员397人)，平均年龄55.55岁。有副高级以上专业技术职称盟员占总盟员数的41.7%。民盟桂林市委设有基层组织14个，其中总支部9个，直属支部5个。年内，民盟桂林市委开展“不忘合作初心，继续携手前进”主题教育活动，履行参政党职能，推进自身建设，各项工作取得新进展。

【民盟桂林市委开展主题教育活动】 2019年，民盟桂林市委开展“不忘合作初心，继续携手前进”主题教育活动和“弘扬爱国奋斗精神，建功立业新时代”专题活动。民盟桂林市委领导班子成员到基层组织开展调研活动，共收集到思想政治建设、组织建设、履职能力建设等方面的意见和建议13条。年内，民盟桂林市委举办思想宣传和理论培训班1期、2016级盟员“同心·共进”主题班会1期、新盟员培训班2期，参加培训盟员250人次。组织基层盟员参加民盟广西壮族自治区委员会(简称民盟广西区委)举办的“不忘初心，携手前行”诗歌朗诵汇演和“我和我的祖国——庆祝中华人民共和国成立70周年”征文比赛。

【民盟桂林市委参政议政】 2019年年初，民盟桂林市委在自治区人大、政协会上，提交人大建议7件、政协提案2件。向市五届人大四次会议提交建议1件；市政协五届四次会议提交提案46件，其中作题为《关于大力推进桂林休闲农业发展的建议》的大会口头发言和题为《我市农村义务教育存在的问题及对策》的书面发言。《关于加大对工业园区扶持力度，重振桂林工业雄风的建议》被列为市政协2019年重点督办提案。年内，民盟桂林市委完成的课题研究有：中共桂林市委的重大调研课题“集聚发展优势主导产业，推动桂林工业高质量发展的建议”，2020年度的市政协大会发言调研课题“婴有所托，幼有所育，着力推进我市学前教育发展的建议”和“聚力健康医养，创新桂林产业生态”，民盟中央经济论坛课题“基于云服务创新创业教育资源共享新体系构建和关键技术研究”和民盟中央“一带一路”课题“乡贤文化与乡村旅游融合的思考”，民盟广西区委的合作课题“关于契合粤港澳大湾区建设，大力发展广西健康医养产业的建议”“不忘初心，牢记使命，扎实推进我区城镇小区配套幼儿园整治工作”。民盟桂林市委全年向民盟广西区委、中共桂林市委、桂林市政协反映各种社情民意信息68篇次，向民盟广西区委“议政建言”论坛提交论文5篇。

【民盟桂林市委盟员工作创佳绩】 2019年，桂林市的民盟盟员在工作岗位上取得较好成绩。盟员符强获2019年国家科学技术奖科学技术进步类一等奖；彭振赟获2019年国家科学技术奖自然科学类二等奖；谭建国获民盟中央思想政治建设和宣传工作先进个人；严宗光获民盟中央高校基层组织盟务工作先进个人、广西教学成果二等奖；彭振赟主持国家自然科学基金项目1项；丁勇获工业和信息化部互联网创新发展工程子课题1项；聂瑾芳获2018年教育部在线教育研究中心“智慧教学之星”、第六届广西高校青年教师教学竞赛三等奖；张远海获中国地质调查局“优秀地质人才”称号，出版专著1部；孙小军获广西发展战略研究会“2018年度广西发展战略优秀专家”称号；罗晓曙获广西人文社会发展研究中心科学研究工程创新创业重大委托专项1项，出版专著3部，获国家发明专利3项；杨毅获国家发明专利1项、实用新型专利14项；徐科铭获2019年度“朱汉章针刀医学奖”——“杏林圣手”大奖。

【民盟桂林市委服务社会】 2019年，民盟桂林市委推动民盟中央医疗扶贫

2019年7月11日，民盟桂林市委到阳朔县杨堤乡开展“精准扶贫、送医下乡”义诊活动

（民盟桂林市委 供图）

项目“守护天使工程”在广西落地。3月,民盟“守护天使工程”广西启动仪式在恭城瑶族自治县举行。同月,民盟桂林市委组织民盟桂林医学院附属医院支部专家到平乐县中医医院开展医疗指导和诊疗活动。5月—9月,民盟桂林市委组织民盟广西师范大学总支部盟员及其大学生科普团队,在叠彩区大河中心校、阳朔兴坪西山小学等7所小学开展系列“科普进校园”活动,并为阳朔兴坪西山小学捐赠价值5600元的文具用品。6月,民盟桂林市委会同民盟广西师范大学总支部为桂林市第一戒毒所捐赠图书及文体用品共计6000余元。8月,民盟桂林市委为灌阳县文市镇联合村捐赠3.8万元。10月,民盟桂林市委为桂林市慈善会捐赠价值6万元的创业扶贫用书。 (刘晓君)

中国民主建国会桂林市委员会

【概况】 2019年,中国民主建国会桂林市委员会(简称民建桂林市委)办公地址在桂林市临桂区西城中路69号创业大厦西辅楼,内设办公室、组织部、宣传部。全年共发展会员49人,全部为大专以上学历,平均年龄42.6岁。至年末,会员总数717人,全会平均年龄50.6岁。企业界会员435人,占会员总数的60.67%;企业高级管理人员184人,占25.66%;有大专以上学历的584人,占81.45%;有中、高级职称者371人,占51.74%。民建桂林市委共有基层组织40个,其中总支部6个,支部34个。年内,民建桂林市委履行参政党职能,各项工作都取得新成绩。

【民建桂林市委加强理论宣传】 2019年,民建桂林市委开展“不忘合作初心,继续携手前进”主题教育活动,邀请专家开展专题讲座,组织骨干会员到全州红军长征湘江战役纪念馆、兴安界首红军堂等教育基地开展现场教学活动。举办“新时代新思想·民建会章会史”知识竞赛活动,获民建广西壮族自治区委员会(简称民建广西区委)知识竞赛优秀组织奖。年内,民建桂林市委开通“桂林民建”微信公众号,拓展宣传阵地。全年共出版会刊《桂林民建》4期,结合时政要求开辟《不忘合作初心 继续携手前进》《聚焦两会》等专栏。在《当代广西》《桂林科学发展研究》刊登多篇调研报告、建言献策类文章。

【民建桂林市委建言献策】 2019年,民建桂林市委参政议政,向各级人大、政协建言献策。在自治区政协十二届二次会议上,民建桂林市委上报的《关于扶持我区特色书店产业的建议》《关于建设我区校企产学研信息交流平台的建议》等被民建广西区委采纳为集体提案。其中,《培育国际学校大产业发掘我区“一带一路”重要门户新优势》被选为大会发言,《打造广西百亿冷链物流产业畅通生鲜市场“南向通道”》成为重点提案。在市政协五届四次会议上,民建桂林市委提交《构建具有独特旅游资源优势的大桂林乡村振兴战略发展的建议》《培育国际学校大产业发掘国际旅游胜地新优势》《山水文史并重漫游文创辉映谋划桂林乡村振兴战略新格局》3篇大会发言;在民建桂林市委提交的11件集体提案中,《关于药店参与居民健康卡项目建设的建议》被列为年度重点督办提案,市政协就此举办了督办会和调研活动。《关于重视智能制造行业,实现工业园区产业聚合发展的建议》《关于做大做强保鲜速食型桂林米粉产业的建议》分别获市政协五届三次会议期间优秀提案一等奖和二等奖。

年内,民建桂林市委承接中共桂林市委“探索营商环境的升级路径护航我市民营企业健康发展”的年度重点调研课题,并形成调研报告。在民建中央举办的“2019’中国(甘肃)非公有制经济发展论坛”征文中,以该重点调研课题为基础提交的《营造三大环境护航民企发展》,获优秀论文一等奖。民建桂林市委承担并完成民建广西区委“开创壮美广西新局面,探索营商环境2.0升级之路”的年度重点调研课题。向民建广西区委投标2个课题,其中“激发乡村发展活力建立新型农业服务中介组织探索研究”成为中标课题,“深化职业教育产教融合促进校企合作的研究”与民建南宁市委的课题合并为民建中央重点调研课题,均顺利结题。年内,民建桂林市委通过课题招标形式,立项来自各总支部、专委会和会员个人的各类课题11个,分别转化为市政协大会发言和集体提案。向上级部门报送的社情民意信息19篇,获民建中央采用5篇,全国政协采用2篇。

【民建桂林市委加强组织建设】 2019年,民建桂林市委开展基层大调研、大走访,并形成《民建桂林市委基层组织大调研报告》,为基层组织届中调整及做好换届准备工作打基础。开展基层组织和优秀会员评选表彰工作,有

2019年11月30日,民建桂林市委“不忘合作初心,继续携手前进”主题教育暨基层骨干、新会员学习班组织学员到全州县红军长征湘江战役纪念馆进行现场教学 (郑雯娟 摄)

2个总支部、6个支部、72名会员分别获民建桂林市委“先进总支部”“先进支部”“优秀会员”称号。

【民建桂林市委服务社会】 2019年，民建桂林市委强化抗灾、扶贫服务。年内，民建桂林市委争取资金210多万元，援助资源、全州、平乐县遭受到洪涝等灾害受灾群众5000余户近2万人。实施“思源·蔚蓝图书馆”项目，获价值350万元的图书，分别捐助资源、全州、平乐、灌阳县的县图书馆和乡（镇）文化站。提升贫困地区小学生的美育教育，向中华思源工程扶贫基金会申请到资金40万元，在灌阳、龙胜、资源的4所寄宿式小学实施“思源·芭莎课后一小时”项目。实施“小荷图书角”项目，联系“齐家教育公益基金”争取到10万元资金，援助资源、灌阳县幼儿园20所。2019年，民建桂林市委被民建中央评为“脱贫攻坚先进集体”，会员席国际、蔡敏获“民建中央脱贫攻坚先进个人”称号。

（银波　张尚君）

中国民主促进会桂林市委员会

【概况】 2019年，中国民主促进会桂林市委员会（简称民进桂林市委）办公地址在桂林市临桂区西城中路69号西辅楼。内设办公室、调研室、组织部和宣传部，有人员编制12名（含后勤服务人员控制数1名），在职人员9人。全年发展新会员28人。至年末，共有会员717人，平均年龄55.7岁，其中有大专及以上学历的613人，有中级技术职称407人，有高级技术职称203人。有基层组织44个，其中总支部5个，基层支部39个。年内，民进桂林市委获民进中央“民进全国组织建设先进地方组织”称号，民进广西师范大学支部获民进中央“民进全国先进基层组织”称号，会员覃文、贝桂鸾获民进中央“民进全国组织建设先进个人”称号。

【民进桂林市委组织会员学习培训】 2019年3月22日，民进桂林市委组织会员代表、机关专职干部30余人赴民进广西壮族自治区委员会（简称民进广西区委）参观会史陈列室。7月15日—20日，组织会员代表、机关专职干部参加由民进桂林市委、民盟桂林市委、致公党桂林市委联合在上海复旦大学举办的“2019年桂林民主党派基层骨干及新盟（会、党）员培训班”。8月23日，组织会员代表、机关专职干部共50余人参加“不忘合作初心　继续携手前进”主题教育活动动员会。8月23日—24日，组织会员代表及机关专职干部共50余人参加“民进桂林市委2019年基层骨干培训班”。10月26日，组织26名新会员参加“民进桂林市委2019年新会员培训班”。12月14日，组织会员代表及机关专职干部共70余人参加“民进桂林市委学习贯彻中共十九届四中全会精神宣讲报告会”。

【民进桂林市委开展庆祝新中国成立70周年系列活动】 2019年9月28日，民进桂林市委组织会员代表、机关专职干部共60余人参加“桂林民进庆祝中华人民共和国成立70周年气排球比赛”。10月26日，组织130余名会员参加“不忘合作初心，继续携手前进”主题教育观影活动，集中观看爱国主题影片《我和我的祖国》。年内，民进桂林市委以庆祝中华人民共和国成立70周年、人民政协成立70周年为主题，组织基层支部举行专题讲座和学习座谈会。组织会员参加市政协举行的庆祝中华人民共和国成立70周年征文活动，提交理论文章4篇，其中《民主党派界别政协委员履职路径探究》入选《桂林人民政协理论研究论文集》。聘请专业团队，深入10余个基层支部开展相关拍摄活动；组织会员100余人到桂林市秀峰区桥头小学，与学校师生共同参加《我和我的祖国》大合唱拍摄活动，创作了以庆祝中华人民共和国成立70周年为主题的爱国歌曲联唱短视频《我和我的祖国》。

【民进桂林市委参政议政】 2019年1月11日，在桂林市政协五届四次会议上，民进桂林市委作题为《推进县乡义务教育均衡化发展，稳定我市县域教师队伍》大会发言，并提交集体提案10件，其中《关于建立香江立交桥至市政务服务中心公交专用道的建议》被市政协定为2019年重点提案进行督办，并获2019年度优秀提案。12月26日，民进桂林市委参加“2019年桂林市民主党派、工商联、无党派人士调研协商座谈会”，民进桂林市委主委白云作题为《重规范，促提升，推进乡镇幼儿园优质发展》发言。年内，民进桂林市委组织会员完成“基于‘水—土—气’的漓江流域生态文明制度建设研究”“挖掘我区红色文化资源，引导青少年树立正确的世界观”调研课题。年内，会员中的各级人大代表、政协委员共提交个人议案、提

2019年9月18日，民进桂林市委到龙胜各族自治县开展调研活动

（邓宗永　摄）

案42件。向中共桂林市委提交社情民意信息25篇，采用7篇；向民进广西区委提交社情民意信息10篇，采用3篇，其中《提高民族地区乡村教师队伍整体素质》被中共中央统战部信息刊物《零讯》采用。

【民进桂林市委服务社会】 2019年1月20日，民进桂林市委联合民进桂林开明书画院、桂林医学院附属医院、民进桂林医学院支部的20余名书法家、医学专家到临桂区中庸镇开展“春联万家”送福送春联和“为民义诊”活动，送出400余副春联、福字，为近百名村民开展义诊。1月23日，民进桂林市委和民进桂林市芦笛小学支部到叠彩区大河乡潘家村开展“春联万家”活动，送出春联200余幅、窗花150余对。5月23日—24日，民进桂林市委组织教育专家、优秀教师，到灵川县潮田乡南圩小学和潮田中心校开展为期2天的送教下乡活动。5月30日，民进桂林市委到桂林市秀峰区桥头小学开展“六一”慰问活动，向桥头小学的全体师生捐赠价值1.2万元的文化用品一批。9月6日，民进桂林市委到灌阳县黄关镇开展助力脱贫攻坚爱心捐赠活动，为结对帮扶村正江村贫困村民、村委捐赠价值7.5万元的液晶电视55台。（邓宗永）

中国农工民主党桂林市委员会

【概况】 2019年，中国农工民主党桂林市委员会（简称农工党桂林市委）办公地址在桂林市临桂区西城中路69号创业大厦西辅楼。内设办公室、组织部、宣传部、调研服务部，人员编制12名（含后勤服务人员编制控制数1名），在职人员6人；全年发展党员33人，至年末共有党员643人，其中有高级专业技术称职263人、中级专业技术称职286人。农工党桂林市委下设基层组织20个，其中总支部7个，支部13个。年内，农工党桂林市委获农工党广西壮族自治区委员会（简称农工党广西区委）授予的“全区参政议政先进集体”称号。

【农工党桂林市委开展主题教育活动】 2019年，农工党桂林市委创新开展“不忘合作初心，继续携手前进”主题教育活动。3月29日—30日，组织50余名骨干党员在中共灌阳县委党校举办“不忘合作初心，继续携手前进”主题教育培训班，并观看电影《血战湘江》，参观枫树脚将军亭、新圩阻击战陈列馆、杨柳井红五师指挥所、酒海井红军纪念园，在红军烈士墓前齐声朗诵诗歌《你们的名字叫红军》。8月，举办“不忘合作初心，继续携手前进”主题文艺汇演，党员们自编自演，近300名领导、嘉宾、党员代表观看演出。

【农工党桂林市委加强理论研究】 2019年，农工党桂林市委在党员中征集7篇理论研究论文提交农工党广西区委，征集6篇政协理论研究论文提交市政协，其中1篇论文获市政协2019年度优秀论文表彰并入选桂林政协理论论文集。农工党桂林市委获市政协颁发的理论研究工作三等奖。对《桂林农工》进行全新彩印改版并出版2期。完成新闻报道稿22篇，其中4篇被农工党中央网站采用，24篇次被广西农工网站及其微信公众号采用，13篇被中共桂林市委统战部网站采用。

【农工党桂林市委参政议政】 2019年，农工党桂林市委积极参政议政。在市政协五届四次会议上，农工党桂林市委及党员履职参政，共向市政协提交提案21件，其中集体提案9件。农工党桂林市委在会上作《进一步加强漓江生态环境保护实现桂林景观资源可持续利用》的口头发言，并向大会提交书面发言1篇。农工党桂林市委有3件集体提案获2018年度市政协优秀提案、3件个人提案获表彰。年内，农工党桂林市委承接并完成中共桂林市委课题“桂北湘江战役长征文化保护与传承调查研究”、市政协课题“关于推进我市田园综合体建设调查研究”。参与农工党广西区委开展的课题招投标工作，“全区住院医师规培制度调查研究”等3个课题中标并结题。6月，农工党桂林市委召开2019年统战理论和参政议政培训会，7月，在永福县堡里镇罗田村开展2019年度社情民意信息骨干调研及交流活动。全年农工党桂林市委共报送社情民意信息93篇，被农工党中央采用3篇，中共广西区委统战部采用8篇，农工党广西区委采用18篇，中共桂林市委采用9篇。农工党桂林市委获农工党自治区委评选的“全区参政议政先进集体”称号。

【农工党桂林市委服务社会】 2019年，农工党桂林市委发挥自身优势，开展社会服务活动。3月，与中共桂林市委统战部联合组织党员专家到阳朔县兴坪镇古皮寨村开展社会服务活动，为当地建档立卡贫困户免费检查身体。5月，响应“全市统一战线助力

2019年3月29日—30日，农工党桂林市委在中共灌阳县委党校举办“不忘合作初心，继续携手前进”主题教育培训班（农工党桂林市委 供图）

脱贫攻坚”号召，与灌阳县大龙村结成对口帮扶单位，并帮扶大龙村维修水利工程。6月，与中共象山区委统战部、桂林市新的社会阶层人士联谊会、桂林爱尔眼科医院联合举办的象山区“校园眼健康指导站”在桂林象山区博雅双语学校正式启动。10月，组织发动广大基层组织和党员参加捐助活动，共捐赠53.96万元。

（农工党桂林市委）

中国致公党桂林市委员会

【概况】2019年，中国致公党桂林市委员会（简称致公党桂林市委）办公地址在桂林市临桂区西城中路69号创业大厦西辅楼。内设办公室、组织宣传部、调查联络部。人员编制7名，在职人员5人。全年发展新党员20人，至年末有致公党党员400人，平均年龄59.1岁，具有中、高级专业技术职称272人。下设专门委员会5个，支部12个。年内，致公党桂林市委完成全市12个基层支部的换届工作。致公党广西壮族自治区委员会（简称致公党广西区委）社情民意工作现场会在桂林召开，致公党桂林市委社情民意工作创新做法得到肯定并推广。年内，致公党桂林市委获“致公党中央先进集体”称号，1名党员获“致公党中央优秀党员”称号。

【致公党桂林市委开展主题教育活动】2019年，致公党桂林市委开展“不忘合作初心，继续携手前进”主题教育活动。举办了“同心共筑中国梦　携手奋进新时代”庆祝致公党桂林市委成立35周年纪念活动、“不忘合作初心，继续携手前进”主题教育活动征求意见座谈会、“忆初心　重走长征路”现场教育活动、“颂华诞·咏祖国”庆祝新中国成立70周年和多党合作制度确立70周年合唱活动以及“江山如画——中国致公党庆祝新中国成立70周年五市书画联展”等系列专题活动。

【致公党桂林市委参政议政】2019年，致公党桂林市委提交十三届全国人大二次会议议案2件，提交自治区人大十一届四次大会议案3件，提交市人大五届四次会议代表议案（建议）10件，其中获市人大优秀代表建议1件。向市政协提交大会发言2篇、集体提案10件、委员提案6件，其中集体提案《进一步推进我市康养产业与旅游产业深度融合发展的建议》被列为2019年市政协重点督办提案。年内，致公党桂林市委完成“关于桂林市主动融入粤港澳大湾区的建议”“关于桂林文化产业生态链建设及发展对策的建议”“以新型城镇化示范乡镇建设推动乡村振兴调研报告”课题。年内，致公党桂林市委共召开4次社情民意信息工作会议。全年共收集党员社情民意信息共130多篇，整理上报并被采纳信息38篇。其中，致公党中央采用信息《针对服刑和强制隔离戒毒人员未成年人子女失学、失教、失养的问题，应引起高度重视》；致公党广西区委采用《关于将农村农民住宅建设纳入政府建设管理系统》等11篇；中共自治区党委采用《整治“黑导”“野导”乱象规范旅游市场秩序》等4篇；中共桂林市委办公室采用《当前一些贫困地区仍存在的陈规陋习现象》等6篇；中共桂林市委统战部采用《关于全面推行“无感支付”的建议》等17篇。6月25日—26日，致公党广西区委在桂林召开2019年参政议政工作培训交流会和社情民意信息工作现场会。

2019年9月19日，致公党桂林市委到灌阳县文市镇陈家坪村开展“不忘合作初心，助力精准扶贫”社会服务活动　（韦婉芹　摄）

【致公党桂林市委服务社会】2019年，致公党桂林市委打造“同心·致福”品牌，到龙胜各族自治县乐江乡西腰小学开展帮扶慰问活动，发放助学金、奖学金，并送去价值9000元的慰问品。年内，致公党桂林市委参与精准扶贫，为灌阳县文市镇陈家坪村送去产业发展扶助资金3万元、价值1万元的药品和医疗器械、6000多元的慰问品和慰问金。参加中共桂林市委统战部组织的“不忘初心，爱心助力”捐助活动，共捐款13.61万元，其中党员个人捐款7.07万元。

【致公党桂林市委开展海外联谊】2019年，致公党桂林市委加强与欧美、日韩等地区和国家开展科技文化交流活动。1名党员受邀到日本参加第43届国际配位化学会议，到东京大学固态物理研究所开展国际合作和学术交流；1名党员组织联系设立广西唯一设计学专业中韩合作办学项目，并获教育部批准；1名党员在美国天普大学路易斯·凯茨医学院遗传学及生物化学实验室访学1年；1名党员到韩国又石大学开展学术交流和学习。

（韦婉芹）

九三学社桂林市委员会

【概况】2019年，九三学社桂林市委员会（简称九三学社桂林市委）办公地址在桂林市临桂区西城中路69号创业大厦西辅楼。10月，内设机构进行调整，原有的办公室、组织宣传部、科教部调整为办公室(宣传部)、组织部、参政议政(社会服务)部。人员编制8名(含后勤服务人员控制数1名)，在职人员7人。至年末，有基层组织27个，其中基层委员会5个，支社21个，直属小组1个。共有社员551人，其中高级专业技术职称341人，博士53人、硕士74人；平均年龄56.6岁。全年发展新社员30人。年内，九三学社桂林市委获九三学社广西壮族自治区委员会(简称九三学社广西区委)2017—2019年度宣传思想工作先进集体和2019年度参政党理论研究优秀成果二等奖。

【九三学社桂林市委加强思想建设】2019年，九三学社桂林市委多次组织基层组织和社员学习全国人大和政协会议精神、习近平新时代中国特色社会主义思想、自治区人大和政协会议精神、社章社史等政治理论。3月，组织“倾情礼赞新中国　巾帼奋进新时代——我为雁山发展献计出力”活动；组建九三学社桂林市委合唱队。5月，召开庆祝新中国成立70周年、纪念“五四”运动100周年、九三学社桂林市委成立35周年大会，举办社员文艺大舞台演出。10月，组织代表队参加九三学社广西区委第四届运动会。出版书籍《韶光鸿图集——纪念九三学社桂林市委员会成立三十五周年》和《多彩年华——九三学社桂林市委员会机关35年历程》，月度工作展示画册12期，社讯2期，制作宣传片1部。

【九三学社桂林市委开展主题教育活动】2019年，九三学社桂林市委开展“不忘合作初心，继续携手前进”主题教育活动。6月13日，组织50多名社员集中观看电影《周恩来回延安》。9月，组织100余名社员在广西桂林图书馆开展“不忘合作初心，继续携手前进”主题教育活动暨“爱在九三·重温社史社员科技讲坛(第四讲)”。10月，协助九三学社中央在桂林举办“不忘合作初心，继续携手前进”主题论坛，并组织骨干社员参加实践活动。11月，九三学社桂林市委举办“不忘合作初心，继续携手前进”主题教育宣讲活动暨提案宣讲会。

【九三学社桂林市委加强组织建设】2019年，九三学社桂林市委召开主委会6次、常委会议8次、全委会议1次、谈心会(民主生活会)1次。新成立九三学社桂林市象山区委员会、雁山区委员会、七星南区委员会、七星北区委员会4个基层组织。开展各种学习培训活动，召开社务工作会议2次，开展基层组织目标管理考评工作，修订完善《2019年度基层组织目标管理项目表》。举办2019年骨干社员培训班，增强基层组织的活力和凝聚力。与各级统战部门和社员集中单位中共党委沟通，走访相关单位近20次。召开九三学社桂林市委与基层组织所在城区、单位中共党委工作座谈会暨2019年基层组织工作总结会。启动九三学社桂林市委监督委员会和青年工作委员会筹备工作。

2019年12月7日，九三学社桂林市委员会“助力脱贫实践基地”在灌阳县文市镇马莲村揭牌　　(黎冰　摄)

【九三学社桂林市委参政议政】2019年，九三学社桂林市委共有自治区政协委员2人；桂林市人大代表3人，政协委员19人；各县(市、区)人大代表5人，政协委员45人。社员中的人大代表、政协委员在各级人大、政协会上分别提交人大建议6条、政协提案56件。提案获市政协优秀提案表彰4件。在市政协会议上作题为《加强漓江两岸植被生态保护，推进桂林市国家可持续发展议程创新示范区建设》的口头发言，提交书面发言《继续培育壮大桂林特色农产品品牌，加快现代农业提档升级步伐》。承担并完成中共桂林市委课题“打造粤港澳大湾区后花园，提高涉旅企业财政贡献率”。完成九三学社广西区委课题“营造公平竞争市场环境，推动民营企业集群式发展”，获九三学社广西区委2019年参政议政课题调研成果三等奖。年内，九三学社桂林市委向各级部门报送信息52篇，其中信息稿《零售药房处方药管理安全隐患亟待重视》被九三学社中央采用。11月9日，召开提案宣讲会，21件提案在会上宣讲。年内，九三学社桂林市委领导、机关干部及基层组织负责人近60人次参加中共桂林市委、市人民政府、市政协召开的协商会、征求意见会、座谈会、情况通报会。

【九三学社桂林市委服务社会】2019年，九三学社桂林市委开展社会服务工作。3月，组织30名社员开展创建“九三林”植树活动，在訾洲公园种下桃树50余棵。4月，九三学社桂林市委在龙胜各族自治县举办“疝医者行·关注营养”同心助力扶贫慈善活动，科技咨询服务受益群众200人，义诊及免费送药受益群众400余人，培训县、乡两级基层医护人员100多人。5月，组织社员近20人参加桂林市“保护漓江生态环境我行动”，向漓江放生鱼苗。年内,组织专家社员到农村开展科技扶贫活动近60次,受益群众近1000人,企业家社员为脱贫攻坚捐赠12.25万元。年内,九三学社桂林市委获"九三学社广西区委2017—2019年度社会服务工作先进集体"称号。

(黎冰)

桂林市工商业联合会

【概况】 2019年,桂林市工商业联合会(简称市工商联)与桂林市总商会(简称市总商会)合署办公,办公地址在桂林市临桂区青莲路投资发展大厦南楼;下辖17个县(市、区)工商联,132个乡(镇)商会,55个行业商(协)会,17个异地商会。机关内设办公室、调研部、宣传教育部、会员部、经济联络部,人员编制17名,在职人员19人。年内,发展会员1009个(家)。至年末,全市有会员5504个(家),其中企业会员2280家,团体会员221个,个人会员3003个。年内,市工商联围绕促进非公有制经济健康发展和非公有制经济人士健康成长主题,推动全市工商联工作取得新成绩。全市有6个县(市)工商联获全国"五好"县级工商联。

【市工商联参政议政】 2019年,市工商联承接中共桂林市委的重点课题"以特色农副产品商品化推动桂林乡村振兴的对策研究",研究结果向中共桂林市委作参政议政专题汇报。在自治区政协十二届二次会议上作《着力解决民营企业、中小企业发展中遇到的困难,激发市场活力》的发言,在市政协五届四次会议上作《加大科技型企业人才扶持力度,推动桂林民营经济高质量发展》的大会发言,全年向市政协提交集体提案7件,其中《关于调整我市非公企业员工社保缴纳比例和基数的建议》被市政协定为重点督办提案,并在桂林市重点提案督办交流会上作重点发言。

【市工商联服务非公有制经济】 2019年9月,市工商联与市中级人民法院出台《关于建立保障非公经济健康发展的合作机制》,挂牌成立"服务营商环境工作室";联合市人民检察院召开服务民营经济座谈会,并在广西率先出台《关于建立健全检察机关与工商联服务保障民营经济沟通联系机制的意见》;联合市中级人民法院、市司法局共同推动促成,分别成立桂林市房地产业协会和桂林市福建商会人民调解委员会、民商事调解中心;联合市司法局、市律师协会开展民营企业"法治体检"活动,推进"法律三进"(法律进机关、法律进企业、法律进商会)工作。11月4日—5日,2019年广西工商联法律服务现场会在桂林市召开。年内,市工商联以"打造法律服务民企创新样板"工作亮点,入选2019年度"创新中国"工商联最佳案例。

2019年8月19日,桂林市房地产业协会人民调解委员会、民商事调解中心和桂林市福建商会人民调解委员会、民商事调解中心成立揭牌仪式举行(市工商联 供图)

【市工商联促进经济建设】 2019年9月,市工商联促成深圳研祥高科技控股集团与桂林高新区签约20亿元科研中心项目落地桂林高新区。联合中共桂林市委统战部、自治区农信社桂林办事处开展金融机构服务民营经济县域行活动,授信签约企业27家,授信总额6510万元,签订贷款合同金额1200万元。参与发起设立桂林人才飞地,构建桂林与深圳科技创新和人才交流合作的重要窗口和基地。开展"名企开放日"活动,全年共举办活动4场,约400名桂林电子科技大学、桂林理工大学学生走入8家桂林市知名企业参观。与自治区就业局和市人社局、工信局、教育局等单位联合举办招聘会4场,入场招聘单位400余家,提供就业岗位3.4万个。

【市工商联开展学习教育活动】 2019年,市工商联共组织近1000人次非公有制经济人士开展学习教育活动。利用商会讲坛、主席(会长)沙龙等平台,把"不忘初心、牢记使命"主题教育贯彻其中,专题研讨"学习习近平新时代中国特色社会主义思想";与桂林市两新组织(新经济组织和新社会组织)党工委联合举行"致敬初心、筑梦前行"全市非公有制企业庆祝新中国成立70周年文艺汇演;在广西师范大学举办桂林市非公有制经济人士学习班,帮助桂林市非公有制经济人士了解国际、国内经济发展趋势,拓展企业决策思路,加快企业转型升级、创新发展。

【市工商联服务社会】 2019年,市工商联引导民营企业履行社会责任,参与脱贫攻坚和社会公益事业。年内,全市工商联部门开展"万企帮万村"活动,至年末,共有225家民营企业参与帮扶贫困村329个,帮扶项目170个,企业投入总金额1.23亿元,受帮扶贫困人数4.4万人。(市工商联)

群众团体

桂林市总工会

【概况】 2019年，桂林市总工会（简称市总工会）办公地址在桂林市临桂区公园北路新城商务酒店办公楼。内设办公室、基层组织工作部、宣传教育部、权益保障部、劳动和经济工作部、财务资产部、社会联络部、网络工作部、经费审查委员会办公室、桂林市教育工会委员会、桂林市财贸轻纺烟草工会委员会，人员编制36名，在职人员37人；直属单位有桂林市职工大学、桂林市工人文化宫、桂林市第二工人文化宫、桂林市职工技术协作站、桂林市职工对外交流中心、桂林市天盛商贸有限责任公司。下辖10个县总工会、1个县级市总工会和6个城区（总）工会。全市工会组织数3.36万个，工会会员总数99.39万人，职工入会率98.58%。年内，市总工会开展“强基层、补短板、增活力”行动，加强基层工会规范化建设，打造职工之家工作品牌，推动货车司机等八大群体入会工作深化发展。坚持精准帮扶困难职工，完善长效帮扶机制，开展“践行新理念、建功十三五”主题劳动竞赛活动，弘扬新时代劳模精神，培育工匠精神，突出维权主责主业、主动依法科学维护职工合法权益、深化和谐劳动关系建设。

【桂林市工会第五次代表大会】 2019年12月4日—6日召开，大会代表433名。大会选举产生桂林市总工会第五届委员会主席、常务副主席、副主席（含挂、兼职）等7名，委员73名，桂林市总工会第五届经费审查委员会主任。市人大常委会副主任徐锋当选为桂林市总工会第五届委员会主席，宁志当选为桂林市总工会第五届委员会常务副主席，龙镇凯、李国玉、莫曦媛当选为桂林市总工会第五届委员会副主席，黄锦堂当选为桂林市总工会第五届委员会挂职副主席，莫函佳当选为桂林市总工会第五届委员会兼职副主席。选举产生桂林市总工会第五届经费审查委员会委员15名，第五届经费审查委员会主任1名，宾勇当选为桂林市总工会第五届经费审查委员会主任。大会总结了桂林市工会前5年的工作，提出桂林市工会今后5年工作任务。

【“两新”组织和快递行业建会】 2019年，桂林市总工会以“百人以上企业、八大群体”建会为重点，助力桂林市经济稳步发展，开展“两新”组织建会和快递行业建会和会员入会工作。指导成立全自治区首个非公有制经济组织和社会组织工会联合会，涵盖会员单位100余个，会员3000余人。“两新”组织建会工作得到自治区党委组织部和自治区总工会认可。年内，成立桂林市快递行业联合工会委员会，会员单位44个，工会会员2594人。

【弘扬劳模品质】 2019年“五一”国际劳动节，广西广大印务有限责任公司等4个单位获“广西五一劳动奖状”、朱剑波等9名个人获“广西五一劳动奖章”、国家税务总局桂林市象山区税务局第一税务分局（办税服务大厅）等5个集体获“广西工人先锋号”。年内，市总工会召开命名“桂林工匠”新闻发布会暨桂林市“先模创新工作室”通报会，弘扬劳模精神、劳动精神和工匠精神。组织开展“广西工匠”推荐宣传学习活动，福达集团桂林曲轴公司设备部数控调试室调试员、工程师蒲鹰获2019年“广西工匠”。组织开展“发现、命名桂林工匠”活动，命名中国石油天然气第六建设有限公司电焊高级技师农华科等10人为“桂

2019年12月5日，桂林市工会第五次代表大会开幕式在桂林市会议中心大礼堂召开 （蒋淑芳 摄）

2019 年 4 月 28 日，桂林市庆“五一”表彰先进颁奖仪式暨新时代的追梦人职工文艺汇演在市少年宫春天剧场举行，中共桂林市委副书记白松涛（中）为获奖的先进集体和先进个人颁奖　　（蒋淑芳　摄）

林工匠”。组织开展 2019 年度自治区级劳模和工匠人才创新工作室申报，桂林市象山景区管理处“莫函佳劳模创新工作室”获命名。国庆前夕，组织开展全国劳动模范和先进工作者“庆祝中华人民共和国成立 70 周年”纪念章颁发活动。落实劳模政策待遇，春节期间慰问各级劳模 649 人，发放慰问金 70.7 万元。

【劳动竞赛】 2019 年，市总工会开展以劳模精神、劳动精神、工匠精神为引领的“践行新理念、建功‘十三五’”劳动竞赛活动，承办第七届全自治区职工职业技能大赛，推进重点工程、旅游服务行业立功竞赛活动；组织开展以“落实全员安全责任，促进企业安全发展”为主题的“安康杯”竞赛活动和具有产业、行业（系统）、企业特色的劳动竞赛。开展首届桂林物业管理行业技能竞赛暨全自治区物业管理行业技能竞赛桂林选拔赛。组织 11 个单位 37 个项目参加自治区新中国成立 70 周年广西职工技术创新成果展示交流活动。年内，共组织开展涉及 12 个工种 26 项赛事，覆盖 975 个单位的职工岗位练兵、技能比武劳动竞赛活动，参与、参赛职工 12.6 万人次。

【帮扶关爱困难职工】 2019 年，市总工会坚持精准帮扶困难职工，完善长效帮扶机制，推进困难职工建档无纸化、信息精准化、救助流程化、解困脱困标准化、管理规范化建设。开展“两节送温暖、夏季送清凉、金秋送助学、平时送岗位、难时送帮扶”工会品牌活动。桂林市各级工会共筹集“送温暖”慰问金 500 多万元，慰问建档立卡困难职工、困难农民工 617 人，各级劳动模范 605 人。筹集资金 160 多万元，走访慰问“爱心驿站”、生产车间、建筑工地等在高温作业的农民工、环卫工人、一线职工，以及执勤交警。筹集助学金 100 多万元，资助困难学生 325 人。开展“暖流行动”，组织 250 名在佛山务工的优秀和困难农民工代表返乡。同时，在县（市、区）设立“暖流行动”服务站，为返乡农民工提供服务。开展“关爱乳房，关爱健康”“关爱女性，关爱健康”活动，联合妇联做好妇女宫颈癌和乳腺癌免费检查工作，为 2.67 万名女职工、女农民工进行“两癌筛查”。全市工会举办技能培训 835 人，创业培训 237 人，家政服务培训 443 人，帮助城镇困难职工脱困解困、农村贫困户就业脱贫。

【维护职工权益】 2019 年，市总工会创新工会劳动人事调解工作新模式，商谈工会、法院合作“诉前联调”工作模式。完善劳动争议调解机制，发挥法律维权服务作用，助力社会联络工作开展。建立市、县（市、区）、乡（镇、街道、工业园区）三级维稳信息专属通报制度。建立职工队伍稳定风险排查化解工作机制，与桂林市突发事件和紧急敏感情况信息协调联动机制实行并轨，突出工作形势需要开展法治宣传。深入开展“法律六进”“尊法守法·携手筑梦”法律服务普法活动，共组织法律服务队 6 个，举办法治讲座和现场法律咨询服务活动 12 次，现场宣讲惠及农民工 820 人次，接待现场法律政策服务咨询 78 人次，现场受理劳动争议案件 8 件，办理法律援助案件 8 件。年内，接待各类来信、来访 56 次，涉及 220 多人次。全年各级工会法律服务机构（法律服务律师团、站、点）共承办劳动争议仲裁、诉讼代理案件 36 件次，涉及职工、农民工 64 人次，涉及金额 492.73 万元。

2019 年 1 月 18 日，市总工会在市环境管理处举行 2019 年“送温暖”活动启动仪式　　（蒋淑芳　摄）

【网聚职工正能量】 2019年，市总工会围绕“网聚职工正能量、争做中国好网民”主题组织开展“我和桂林的故事”主题网络征文活动，“书香工会，阅读悦美”职工读书活动，文化服务快车走基层活动到企业、社区、街道开展网络宣传知识问答送礼品活动等。推荐优秀作品参加全国总工会、自治区总工会“网聚职工正能量、争做中国好网民”活动微视频、歌曲、摄影等项目评选。桂林市共获歌曲类、微视频类、摄影作品手机组一等奖。

【职工文化建设】 2019年，市总工会围绕提升职工文化工作的质量水平，建设职工群众的“学校和乐园”，发挥工人文化宫、职工大学、职工之家等职工文化阵地作用，打造“职工文化服务快车走基层”“职工文化大讲堂”“咱们工人有力量”等工会文化服务品牌。全年开展“职工文化服务快车走基层”活动25场，影响面达4万人次。“职工文化大讲堂”活动为基层工会职工免费培训6期79个班次，培训学员2.2万人次。举办以“壮美桂林，阔步新时代”为主题的职工文化系列活动，举办庆祝新中国成立70周年“我和我的祖国”和“不忘初心、牢记使命”主题征文、演讲朗诵比赛。加强“职工书屋”建设，全年全市获全国“职工书屋”示范点1个，自治区级“职工书屋”示范点8家，便利型职工阅读站点3个。建设市级“职工书屋”示范点和市级“职工书屋”巩固示范点44个。22家市级“爱心妈咪小屋”示范点和8个自治区级“爱心妈咪小屋”示范点正常运作。做好桂林工会网站和“桂林职工微服务”微信公众号建设和《桂林工运》编辑、印发工作。推动县级工人文化宫建设。

【工会经费】 2019年，市总工会推进工会经费“一改三策”工作向纵深发展。年末，全市工会经费代收完成1.58亿元。市本级共完成经费收入总计7524.23万元，上解自治区总工会经费2749.69万元。 （银光兴）

共青团桂林市委员会

【概况】 2019年，共青团桂林市委员会（简称团市委）办公地址在桂林市临桂区西城中路69号。内设办公室、组织部、基层组织建设部、宣传部（网上青年工作部）、青年发展部、学校部、少年部、统战部、维护青少年权益部、社会联络部。有人员编制19名（含后勤服务聘用人员控制数2名），在职人员17人。下辖桂林市少年宫和桂林市青少年社会服务中心。挂牌机构有桂林市青年联合会、桂林市学生联合会、中国少年先锋队桂林市工作委员会。年内，全市共有基层共青团组织7136个，其中基层团（工）委336个、团总支部150个、团支部6651个，共青团员10.14万人。年内，打造广西首个青年人才驿站——桂林市青年人才驿站；广西第二所设区市团校——桂林市团校成立，广西地市级第一所对外青年交流培训基地——中国（广西）国际青年交流学院培训基地成立，桂林市少年宫少先队校外工作委员会成立。

2019年4月30日，桂林市纪念“五四”运动100周年大会在桂林市会议中心小礼堂召开 （团市委 供图）

【加强青少年思想引领】 2019年，团市委深入开展“青年大学习”行动，发动50万人次青少年参与学习团中央“青年大学习”网上主题团课在全州县湘江战役纪念园专题，吸引了全国近2000万青少年参与学习、观看，有效助推桂林红色文化的传承。组建桂林青年讲师团，深入机关、农村、企业、学校开展以学习宣传贯彻中共中央总书记习近平在纪念“五四”运动100周年大会上的重要讲话精神等为主题的宣讲交流活动。开展“学雷锋志愿服务活动月”“清明祭英烈”“青春心向党，建功新时代”先进榜样事迹分享会、“我与祖国共奋进——国旗下的演讲”特别主题团日、“争做新时代好队员”主题队日、“青春与使命”成人仪式、新时代文明实践等活动，培养青少年的家国情怀，引导青少年自觉践行社会主义核心价值观。加强“网上共青团”建设，做好青少年网络意识形态管理。利用“青春桂林”微信公众号、桂林共青团官方微博等团属新媒体传播党的理论、弘扬正能量，全年微信推文共发布600余条，微博推送200余条。推出《我是谁》桂林共青团员宣传片、“我为祖国献礼”公益快闪等较有影响力的网络文化产品一批。

【青年服务社会事务】 2019年，团市委聚焦主旋律，发挥委员参政议政作用。组织市政协共青团、青联界别委员与团市委、市青联委员召开提案工作座谈会，整理提案24篇，其中《破解我市工业园区发展融资难题的建议》《发挥桂林资源优势，创建全国研学旅行胜地》提案入选市政协五届五次会议。开展生态保护重点课题调研，形成“桂林市青年社会组织参与漓江保护的现状与优化研究”报告，出版发行书籍《百年漓江》。7月19日，桂林青年人才驿站项目上线试运营，免费为外地到桂林求职就业的高校应届毕业生提供不超过5天的短期住宿服务，为桂林市引进青年人才提供保障。

【优化青少年健康成长环境】 2019年，团市委紧贴实际需求，优化青少年健康成长环境。开展“阳光沐童”法律课堂进校园、“轻松备考·12355与你同行”活动80余场次，受益学生约5万人次；持续开展“流动少年宫”艺术普及活动和启聪活动。年内，团市委组织100余名青少年赴兴安县、全州县“全国中小学爱国主义教育基地”开展“红色经典艺术体验活动”。

【开展青年志愿者行动】 2019年，团市委组织1.5万人（次）青年志愿者参与桂林市创建全国文明城市、中国－东盟博览会旅游展、桂林国际马拉松赛、环广西公路自行车世界巡回赛（桂林站）、广西首届文化旅游大会、西南贫困地区农产品产销对接活动和第17届广西名特优农产品（桂林）交易会、体育强国建设论坛暨中国－东盟体育旅游活力月等大型活动，为赛会的成功举办提供保障。

【推进青春扶贫行动】 2019年，桂林各级团组织围绕乡村振兴战略，推进“青春扶贫行动”。全年开展青年创业创新活动39场，参与青年1200多人。开展“青创10万+”工作，指导龙胜各族自治县、资源县成立青年创业类组织。组织600多名桂林农村创业青年参加广西“乡村振兴青春建功行动”农村青年致富带头人“领头雁”培养计划。在易地扶贫搬迁安置点打造“青空间”示范点自治级1个、市级7个。 （团市委）

桂林市妇女联合会

【概况】 2019年，桂林市妇女联合会（简称市妇联）办公地址在桂林市临桂区青莲路投资发展商务大厦19楼，内设办公室、组织部、宣传部、发展部、权益部、家庭和儿童工作部、联络部。人员编制21名（含后勤服务聘用人员控制数2名），在职人员19人。下设桂林市妇女儿童活动中心，办公地址在桂林市文明路21号，人员编制7名，在职人员5名。全年市妇联围绕中心，服务大局，开展妇女思想引领、巾帼建功、巾帼暖人心、家庭文明建设和妇联自身建设等工作。年内，市妇联在自治区基层妇联组织建设工作推进会上作典型经验发言。

2019年3月6日，桂林市2019年纪念“三八”妇女节颁奖大会暨文艺演出现场，市委常委、市委宣传部部长、副市长韦凤云（中）为先进典型颁发证书 （谢敏 摄）

【开展巾帼宣讲活动】 2019年，市妇联以“百千万巾帼大宣讲”为载体，在新时代文明实践中心、妇女之家，“桂姐姐”巾帼宣讲队针对不同的妇女群体，用以会代训、微宣讲等方式精准宣讲，把党的理论和主张及巾帼好故事宣传到妇女群众之中，全市开展宣讲活动488场次。开展“巾帼心向党、礼赞新中国”活动，组织各界妇女开展庆祝新中国成立70周年群众性教育活动，参加妇女8万多人。注重发挥榜样的典型示范作用，全年全市获全国三八红旗手1个、广西三八红旗手（集体）12个，桂林市三八红旗手（集体）60个。加强网上建设，提升“巾帼桂林”微信公众号影响力，开展庆祝新中国成立70周年群众性宣传教育活动、线上广场舞比赛，在“巾帼桂林”开设“花开漓江”人物榜样专栏，线上线下参与近20万人次。

【鼓励妇女创新创业】 2019年，市妇联深化“创业创新巾帼行动”，通过组织开展女性非物质文化遗产手工技艺展、著名女企业家座谈会、巾帼电商培训班、参加全自治区女性创新成果展等方式，展示桂林市女性创业成果。年内，深入开展巾帼建功行动，全市创建全国巾帼文明岗5个、全国建功标兵2个、全国巾帼建功先进集体1个，创建自治区级巾帼脱贫示范基地7个、市级巾帼脱贫示范基地10个，创建市级巾帼文明岗30个。以增强贫困妇女内生动力和脱贫致富能力为突破口，开展“金绣球”巾帼家政培训班。

【关爱女性健康】 2019年，市妇联抓好“两癌”宣传、筛查、救助、保险“一站式”关爱女性健康工作，全年全市关爱女性健康“两癌”保险投保27.98万份，保费1399.3万元，覆盖16.74万人，为妇女提供保险保障139.9亿元。全年共理赔案件150件，赔付金额1278万元。桂林市“两癌”保费规模、受众人数、赔付金额均列全自治区第一。

【维护妇女权益】 2019年，市妇联推进妇女儿童发展规划实施，强化妇女儿童权益保障，加强维权站点、窗口、绿色通道大平台建设，累计创建维权站点2100多个、维权岗132个、“惜缘婚姻辅导室”10个、“婚调委”3个，接访咨询调解处置率100%。新建“儿童之家”318个，历年总计创建1546个。

【家庭文明建设】 2019年，市妇联持续推进"最美家庭"品牌创建，探索寻找"最美家庭"活动新渠道，深入村（社区）开展好家风公益广告宣传，挖掘文明家庭先进典型，潘平西、龙素日家庭获"全国最美家庭"称号。创新家庭教育指导服务工作，开展"书香桂林父母同行"亲子阅读主题活动，在"世界读书日"期间举办"我爱我的家我爱我的国"大型亲子阅读活动，家长、师生5000余人共同参与。深化"志愿服务儿童之家"公益活动，组织大学生志愿者到"儿童之家"开展"亲子公益读书会"，全市共开展亲子共读活动124场次，参与家庭5200余户。开创家庭教育指导工作新模式，联合市教育局、广西期刊传媒集团成立"桂林市家庭教育全媒体融合中心"，打造"蒙正讲堂"家庭教育系列公益讲座品牌，开创线上线下同步开展的家教指导工作新模式。

（黄娟）

桂林市归国华侨联合会

【概况】 2019年，桂林市归国华侨联合会（简称市侨联）办公地址在桂林市临桂区西城中路69号，内设办公室、经济联络科，人员编制6名（含后勤服务聘用人员控制数1名），在职人员9人。年内，市侨联强化对侨界群众的政治引领，发挥侨界资源优势，服务桂林经济社会发展，深化侨联改革，推进海外联谊和拓展新侨工作，参与社会公益事业，加强自身建设，侨联工作水平迈上新台阶。

【举办侨界迎新春联欢会】 2019年1月17日，由市侨联和市外侨办共同举办的2019年侨界迎新春联欢会在桂林桂山华星大酒店举行，全市各级侨联组织代表、归侨侨眷和海外侨胞400余人参加联欢活动。通过举办桂林市侨界迎新春联欢会，让侨联工作者与广大归侨侨眷和海外侨胞同台献艺，拉近侨联干部与侨界群众的距离，增进党员干部与人民群众的鱼水之情，使侨界人士感受到党和政府的关心关怀。

【市侨联开展捐资助学活动】 2019年，市侨联发扬海内外华侨华人爱国爱乡的传统，引导他们对桂林边远山区学生进行资助。"六一"前夕，市侨联与市委统战部、民盟桂林市委到阳朔县兴坪镇西山小学开展捐资助学活动，爱国侨领陈隆魁捐赠爱心文具、体育器材和助学金共计2.8万元。9月，世界广西妇女联谊总会副主席黄天华一行到阳朔县特殊教育学校开展捐资助学活动。

【搭建为侨服务平台】 2019年，桂林市侨联重视为侨服务平台搭建工作，做好推荐引智引才、地区合作交流、助力精准扶贫、参与社会公益事业等工作。2月，桂林海外华侨交流协会、桂林侨联青年委员会举办2019海归创新创业与留学经验分享会，宣传桂林市人才、项目和投资政策，会议就如何提升企业竞争力、海外留学人才回国发展等主题进行探讨。7月，新西兰桂林总商会成立。

【开展海内外联谊工作】 2019年，市侨联以亲情、乡情、友情为纽带，以血缘、地缘、业缘为基础开展海内外联谊工作。年内，市侨联先后接待台湾华侨协会总会、加拿大蒙特利尔广西同乡会等海华社团的学习参访。4月，选派代表赴日本出席第十九届世界广西同乡联谊大会暨商务论坛，加强与海外社团的联谊与交流。12月，承办2019年海外华裔青少年"中国寻根之旅"冬令营，加深海外华裔青少年对祖籍国的了解，增进海外华裔青少年对中华优秀文化的价值认同。加强国内联谊交流。受邀参加海外华侨华人防城港（东兴）联谊大会、桂东侨界青年委员会成立大会，参观考察侨胞之家等活动载体，加强与其他侨联之间交流与合作。

【市侨联参与社会公益事业】 2019年，市侨联开展"献爱心·送温暖"活动，逢元旦、春节、端午、"七一"、中秋、重阳节之际，走访慰问困难归侨、侨眷和党员以及老红军，全年共累计慰问170余人，送去慰问金和慰问品价值5万元。1月，市侨联与爱尔眼科医院合作，在桂林市区组织义诊公益行动。10月，市侨联与南溪山医院合作，开展"侨爱心·送温暖医疗队"下乡活动，先后分别到龙胜各族自治县马堤乡、乐江镇和桂林华侨农场开展免费义诊活动，举办医疗知识和健康卫生讲座，解决侨界群众及贫困户看病就医实际问题。

（钱朋华）

桂林市台湾同胞联谊会

【概况】 2019年，桂林市台湾同胞联谊会（简称市台联）办公地址在桂林市临桂区西城中路69号。市台联第五届理事会共有理事15名，其中会长1名（兼职），驻会专职副会长（兼秘书长）1名，兼职副会长3名。年内，市台联积极参政议政，取得成效。

【召开理事会议】 2019年1月22日，市台联召开理事会，总结2018年台联工作并制订2019年工作计划，学习中共中央总书记习近平在《告台湾同胞书》发表40周年纪念会上的讲话精神，传达市政协五届四次全会精神及市长秦春成在参加小组讨论时作出关于尽快恢复桂林—高雄直航，市台联做好相关联络和协调工作的精神。9月24日，召开桂林市台联理事迎国庆座谈会，研讨桂林、台湾经济、文化交流与合作发展形势。

【提出恢复桂林—高雄直航建议】 2019年，市台联履行市政协台联界别委员作用，积极献计献策，为方便在桂林的台商、台属往返桂林、台湾两地，向两地相关部门了解情况并积极沟通，向市人民政府提出"恢复桂林—高雄直航的建议"，得到市长的支持并批复。

【开展台联各类活动】 2019年，市台联完成全国台联举办的第十六次台湾同胞青年千人夏令营接待工作，接待来自台湾青年学生100多人，得到全国台联和台湾青年学生的高度认可。7月2日，协助全国台联在桂林举办第四届大陆任教台湾教师座谈会。推荐吕虹、陈万诚、黄嘉琳、薛健4名市台联理事作为广西台湾同胞联谊会第九次广西台湾同胞代表大会代表人选。

（戴荣燕）

桂林市残疾人联合会

【概况】 2019年，桂林市残疾人联合会（简称市残联）办公地址在桂林市临桂区西城中路69号创业大厦，内设办公室、组织联络科、维权科、康复科、教育就业科、宣文计财科，人员编制13名，在职人员22人。下设桂林市残疾人事业管理中心，人员编制12名，在职人员8人。全市有市级残联1个，县级残联17个，乡（镇、街道）残联147个，村（社区）残疾人协会1884个；乡（镇、街道）以上残联机构工作人员470人。年内，对13.35万名办证残疾人的基本服务状况和需求信息进行动态更新。

【残疾人康复服务】 2019年，市残联组织实施精准康复服务行动，全年为2.46万名残疾人提供基本康复服务，基本辅具适配服务8661人。组织实施0岁—17岁残疾儿童康复救助，成立桂林市残疾儿童康复救助工作领导小组和专家技术指导小组，全市共评定24家残疾儿童康复定点机构（其中市级7家、县级17家），覆盖视力类、肢体类、智力类、孤独症类、听力言语类残疾儿童康复服务，共为332名残疾儿童提供康复救助。建成全市首家公办残疾儿童幼儿园，对招收的残疾儿童实施有针对性的特殊教育和康复训练。推进出台市本级残疾儿童康复救助配套政策，起草《桂林市关于完善残疾儿童康复救助制度的实施办法（征求意见稿）》。

【残疾人教育】 2019年，市残联贯彻落实残疾人特殊教育政策，实施特殊教育提升计划，对104名学龄前特教儿童、859名特殊教育学校在校生和123名大中专残疾学生共发放助学金95.45万元，对全市2676名残疾学生和贫困残疾人子女发放助学补助167.37万元。配合教育部门落实残疾儿童“一人一案”，以随班就读、送教上门等方式，全力保障适龄残疾儿童接收义务教育权利。

【残疾人劳动就业】 2019年，桂林市累计录入5.56万名残疾人就业状况信息，录入2.61万名残疾人培训状况信息。城乡新增残疾人就业816人，完成率111%，新增残疾人培训1456人，完成率106%。为残疾人提供免费优质的就业服务，市本级共有41个用人单位为残疾人提供就业岗位69个，为残疾人提供就业服务277人次，成功就业51人。全市按比例安排残疾人就业800人，安排残疾人就业单位382个，征收残疾人就业保障金8676.54万元，分别比上年增长7.96%、50.39%、16.53%。新建辅助性就业机构3个，累计建成辅助性就业机构11个，为105名就业困难人员提供辅助性就业服务。举办盲人按摩职业能力提升班，培训盲人30人。扶持个体创业残疾人69人、残疾人辅助性就业机构3个，共发放扶持资金106.5万元。

2019年12月3日，桂林市举办第28个“国际残疾人日”暨残疾儿童康复救助开放日活动
（陈锡亨　摄）

【帮扶残疾人脱贫攻坚】 2019年，市残联坚决贯彻落实中央、自治区和桂林市关于打赢脱贫攻坚三年行动的指导意见，逐级分解压实责任，强化考核督导，落实中央脱贫攻坚专项巡视整改工作要求，推进残疾人“六大扶贫工程”。实施“党员扶残温暖同行项目（三期）”工程，帮扶全市1800户建档立卡的残疾人家庭增强发展能力，增收脱贫。实施“阳光助残扶贫基地”补助项目，投入资金360万元，扶持农村残疾人扶贫开发基地建设18个，辐射带动残疾人1800余人；实施“阳光家园”项目，投入资金560.25万元，为全市3685名重度肢体、智力、精神残疾人进行日间照料和居家托养服务；推进农村贫困残疾人实用技术培训项目，投入资金50万元，对全市500名贫困残疾人进行培训，增强他们的种养技能；实施贫困残疾人家庭无障碍改造项目，投入资金344.4万元，为全市836户贫困残疾人家庭进行无障碍改造，方便残疾人出行和居家生活。

【残疾人社会保障】 2019年，市残联协助民政部门为38.85万人次困难残疾人发放生活补贴3073.28万元，为57.86万人次重度残疾人发放护理补贴4571.94万元。贯彻落实残疾人社会保障政策，提升残疾人基本公共服务水平，通过开展关爱未成年人活动，为未成年人特别是残疾儿童健康成长提供更加人性化、多元化服务。年内，好善助残联合会联合叠彩万达举办关爱自闭症儿童公益活动，为自闭症儿童康复机构捐赠善款14.8万元；蓝丝带助残志愿者协会与清风社区、聋哑学校合作，募集各类图书7000余册（其中盲文书籍1000余册），设立清风社区图书馆、聋哑学校阳光书屋，辐射社区未成年人近800人；组织志愿者开展各种公益活动170余次，与培智学校联合开展趣味运动会，面向残疾儿童及家庭提供物资、精神方面的帮扶，培养残疾儿童积极乐观的品格，为让有身体残障的未成年人更好地融入社会。组织开展“就

2019 年 8 月 26 日，桂林籍运动员吴国山（右三）获全国第十届残运会广西首枚金牌

（陈锡亨　摄）

业援助月”活动，共 49 个用人单位参加活动，提供就业岗位 1000 余个，帮助 300 多名残疾人实现就业，为残疾人发放创业就业扶持补助和争取残疾人就业创业扶持资金共 54.3 万元。做好高校和特殊教育学校残疾人毕业生的就业创业服务工作，为 52 名高校残疾人毕业生提供就业帮助。年内，为 613 名残疾人发放机动轮椅车燃油补助 15.9 万元。

【残疾人体育及文体活动】 2019 年，桂林籍运动员吴国山在世界残奥田径大奖赛（北京站）暨第七届中国残疾人田径公开赛上卫冕铅球、铁饼 2 项冠军。8 月 25 日—9 月 1 日，桂林市田径、游泳、举重、轮椅篮球及特殊奥林匹克运动项目共 34 名运动员入选广西代表团，参加全国第十届残疾人运动会暨第七届特殊奥林匹克运动会，在竞技项目上夺得金牌 10 枚、银牌 2 枚、铜牌 5 枚。市残联被中国残联和国家体育总局评为 2015—2018 年全国残疾人体育先进集体，市残联干部农喜千被中国残联和国家体育总局评为 2015—2018 年全国残疾人体育先进个人。市残联兼职副理事长（市培智学校校长）曾立华获“全国助残先进个人”称号。推荐市聋哑学校舞蹈《老师，我爱你》、培智学校舞蹈《夜空中最亮的星》等 4 个节目参加第六届全自治区特教学校学生艺术汇演，获二等奖 3 个（表演、创作、辅导奖）。组织开展“全国残疾预防日”“全国爱耳日”“全国爱眼日”“世界防治麻风病日”“全国助残日”“世界残疾人日”等宣传活动。

【桂林市 2019 年残疾人工作会议召开】 2019 年 8 月 20 日，桂林市 2019 年残疾人工作会议暨桂林市残疾人联合会第五届主席团第二次全体会议在桂林市会议中心 309 会议室召开，桂林市委常委、副市长、市政府残工委主任董冶出席会议并讲话，市残联执行理事会理事长沙惠平作《奋力推动新时代残疾人事业高质量发展为实现桂林“两个建成”作出新的贡献》的工作报告。大会通过关于调换、增补和免去部分主席团委员的决议。

【残疾人基层组织建设】 2019 年，市残联加强五类残疾人专门协会建设，指导 5 个残疾人专门协会开展坐式排球、趣味运动会、拔河比赛等文体活动，丰富残疾人文化生活，促进残疾人交流。组织协会领导参加自治区残联“学听跟”专项活动。组织 17 个县（市、区）残疾人专职委员参加全自治区专职委员骨干培训班。加强村、社区残疾人协会建设，发挥残疾人基层组织作用，下拨五城区协管员工作性补贴 26.4 万元。加强全市残疾人评定工作，规范残疾人证办理流程，新增残疾评定机构 5 家，培训残疾评定医生 240 多人，并颁发评残资格证书。全年全市持证残疾人 13.09 万人，新办和换证 1.82 万个。

【残疾人普法宣传与维权】 2019 年，市残联加强对热点、难点、敏感问题的源头预防，建立健全上下联动解决机制，化解残疾人信访问题。在重大节点期间，启动残疾人信访维稳应急预案，通过转办形式办理来信、来访 11 人次。通过中国残疾人联合会信访系统，办理信访件 7 人次。做好“12385”残疾人服务热线建设工作，倾听残疾人心声，了解残疾人需求，帮助残疾人解决实际困难和问题。组织残疾人普法宣传教育活动，为残疾人提供无

2019 年 8 月 20 日，桂林市召开全市残疾人工作会议暨市残联第五届主席团第二次全体会议

（陈锡亨　摄）

障碍法律服务和法律援助服务，共办结“扶残维权工程”法律援助案件25件，办理残疾人来信、来电和来访诉求715人次。（潘冬）

桂林市红十字会

【概况】2019年，桂林市红十字会（简称市红十字会）办公地址在桂林市临桂区西城中路69号。内设办公室、组宣青少部、赈济救护部。人员编制5名，在职人员7人。全市有县级地方红十字会机构17个，市本级有基层红十字组织10个，红十字成员单位40个，会员1.1万人，志愿服务队伍5支，志愿者123人。年内，桂林市红十字会在“三救”（救灾、救助、应急救护）、“三献”（无偿献血、无偿捐献造血干细胞、无偿捐献遗体器官）和志愿服务、备灾减灾项目工作上取得较好成绩，发挥了政府在人道主义领域内助手作用。

【扩大红十字宣传】2019年，市红十字会加强红十字宣传，倡导人道理念，推进移风易俗。围绕纪念“5·8”世界红十字日、“5·12”国家减灾日、世界急救日等时机，举办开放式主题宣传11场，走进高校开展知识普及讲座6场。加强网上宣传，及时将相关的宣传资料、工作动态、先进人物、感人事迹等内容投放在官方网页上，让更多人了解红十字工作。

【实施人道救助】2019年，市红十字会多渠道筹措资金和物资，关爱困难群体。向上级申请送温暖物资25万余元，购买374袋温暖包以及大米、食用油等慰问物资10万余元，开展春节“送温暖”活动。前往灵川、全州、阳朔、秀峰等县（区）开展入户走访慰问活动，入户看望困难家庭29户。关注特困（殊）群体，申请救助金21万余元，帮助器官捐献特困家庭，安排5000余元物资到麻风病村慰问留置老人，安排1.2万元资金物资看望造血干细胞捐献者和艾滋病患者。依托上级项目开展大病救助，全年上报大病救助项目书70余份，获儿童白血病小天使项目救助23人，获先心天使阳光项目救助3人，获建档立卡大病救助项目救助8人，获博爱救心项目救助2人，共计款项80.4万元。

2019年4月3日，广西遗体器官捐献者纪念园（桂林）落成（李辉 摄）

【加强红十字会应急救援】2019年，市红十字会增强救灾队伍建设。先后投入8万余元，购买无人机、指挥帐篷、救援服装等装备。5月和9月，在恭城瑶族自治县莲花镇举行赈济救援队和心理救援队（联合）演练，新增灾区群众心理安抚等课程。6月，全州县部分乡（镇）遭受特大暴雨袭击，市红十字迅速向自治区申请下拨总价值约70万元救灾物资和6万元的紧急备用金，帮助受灾的群众渡过难关。

【推进应急救护培训】2019年，市红十字会以《健康桂林(2030)规划》为指导，以“五进”（进机关、进学校、进社区、进企业、进农村）为抓手，推进应急救护培训工作。举办应急救护师资培训班，培训应急救护师30人。为市区29所中学（职高）及机关企事业单位、民间团体、社区、村（屯）培训100余场2万余人。参与桂林国际马拉松赛、第三届商学院桂林山水越野挑战赛等重大赛事医疗保障。争取到中国红十字总会生命健康安全教育基地项目落户全州县，建成生命健康体验馆1个，开展救护员培训12期。为王城景区和漓江风景区申请5A级旅游景区救护站建设项目2个。争取自治区红十字会应急救护培训公益讲座15期(1万元每期)，帮助县级红十字会开展应急救护培训工作。

【见证遗体器官和造血干细胞捐献工作】2019年，市红十字会协调、见证人体器官捐献19例，捐献大器官59个，眼角膜26枚。遗体捐献10例。完成造血干细胞采样入库361人份，成功捐献5人。清明节前，广西遗体器官捐献者纪念园（桂林）正式落成。4月3日，自治区、市、县红十字会及民政、卫健系统，桂林各OPO医院及遗体器官捐献者家属、器官移植康复者代表、志愿者、媒体记者等共150多人参加纪念园启动仪式暨2019年缅怀纪念活动。

【倡导志愿服务】2019年，市红十字会依托“三救三献”核心业务，引导志愿者参与到灾害救援、应急救护公众普及培训等人道事业中。全年，组织志愿者进机关、学校，县（市、区）村（屯）开展志愿服务活动230余次，派出志愿者1700余人次。推动红十字精神在青少年中传播，7月，举办第五期红十字青少年骨干夏令营暨应急救援演练。组织30余名各高校红十字骨干进行红十字运动知识交流、应急救护培训演练、野外帐篷搭设等活动。（李辉）

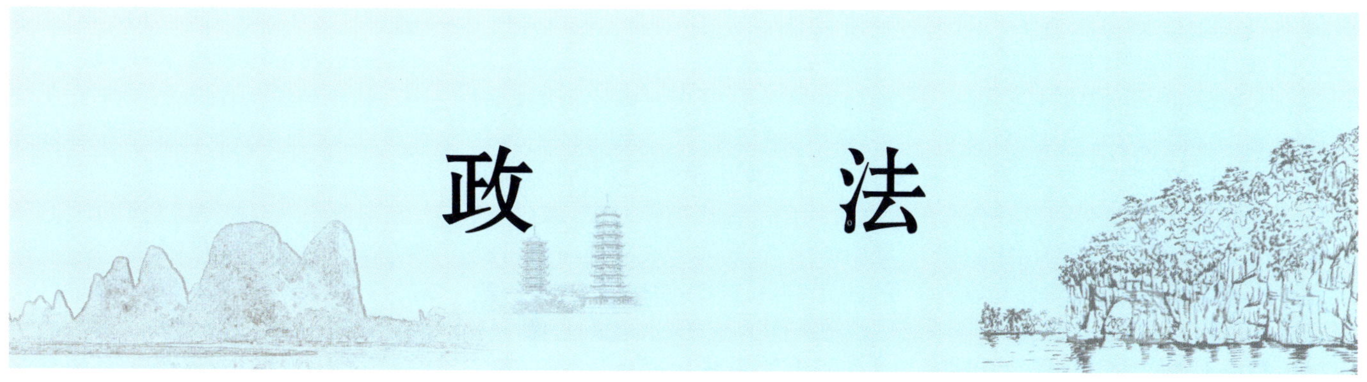

政　法

社会治安综合治理

【概况】 2019年，中国共产党桂林市委员会政法委员会（简称市委政法委）办公地址在桂林市临桂区西城大道69号。内设办公室、政策研究与法治建设室、政治安全与维稳指导科、综合信息科、综治督导科（专项行动办公室）、基层社会治理指导科、平安建设与智能化建设科、反邪教协调科、执法监督室、宣传科、干部人事科、教育培训科。人员编制33名，在职人员23人。政治部、机关党组织不作为内设科室单独列置，市法学会由市委政法委代管。

7月，桂林市社会治安综合事务中心成立，是市委政法委管理的财政全额拨款的公益一类副处级事业单位，办公地址在桂林市临桂区西城大道69号。人员编制12名，内设机构有综合科、协调科、技术科。

年内，市委政法委聚焦主业，通过开展问计于民，听取人民群众对综治平安建设的要求和建议，建立健全矛盾纠纷多元化解机制，推进“雪亮工程”建设，完善各级综治中心建设，加强网格化服务管理，开展城中村和无物业小区的治安综合整治，推进乡村治理体系和治理能力现代化，人民群众安全感和满意度得到提升，确保全市社会大局稳定、人民安居乐业。

【服务发展大局】 2019年，全市政法部门运用法律手段调节经济社会关系，打击经济犯罪，服务优化营商环境，保障经济高质量发展。审判机关受理民商事案件3.99万件，审结3.99万件；受理涉民营企业案件2.06万件，审结2.0万件，解决争议标的金额35亿余元；审结涉金融案件4565件；审结劳动争议纠纷案778件；审结知识产权案158件。检察机关批准逮捕破坏市场经济秩序等经济犯罪嫌疑人269人，起诉影响非公有制经济发展案件30人，起诉假冒商标、假冒专利等侵犯知识产权犯罪10人，起诉生产销售伪劣产品、强迫交易等破坏市场经济秩序犯罪267人。公安机关立经济犯罪案件479件，破案224件，涉案金额3.94亿元，挽回经济损失2860.6万元。司法行政机关组织开展法律服务，律师受聘为741家政府和企事业单位担任法律顾问，办理刑事案件1341件、民事案件2185件；拓展公证服务，办理公证事务6.09万件。

【维护社会稳定】 2019年，桂林市加强维稳工作领导，各级党委、政府定期研究社会稳定工作，肩负起社会稳定第一责任。健全社会稳定风险评估机制，组织社会稳定风险评估重大决策、重大工程项目72个。开展社会矛盾纠纷化解，完善矛盾纠纷排查督办机制，坚持专项排查，全市排查各类矛盾纠纷1.42万件，调处成功1.39万件，调处率98.03%，排查影响社会稳定的敏感人、敏感群体、敏感案（事）件相关问题1080余件，化解565件。全市社会大局稳定，没发生影响社会稳定群体性事件和突发事件。

【打击违法犯罪】 2019年，桂林市公安机关坚持打防并举，开展“神猫”“亮剑”等系列专项行动，依法打击各类违法犯罪活动。公安机关立刑事案件1.51万件，下降（比上年，下同）5.38%；破案5369件，下降8.88%；抓获犯罪嫌疑人5850人，下降0.53%；打掉犯罪团伙128个，抓获团伙成员777人。受理治安案件1.57万件，查处9591件。审判机关受理刑事案件6855件，审结6867件。其中，审结故意杀人、抢劫、绑架、强奸等严重暴力犯罪案200件242人；审结运输毒品等毒品犯罪案560件706人；审结组织、领导传销活动等涉众型经济犯罪案130件255人。检察机关受理提请（移送）审查逮捕案4240件6116人，经审查批准（决定）逮捕3556件4849人；受理审查起诉刑事案件4295件6234人，提起公诉3959件5628人。

【加强社会管理】 2019年，桂林市加强校园及周边环境突出问题的整治，排查影响学校、幼儿园安全隐患147处，整改120处。开展特殊人群服务管理，加强刑满释放人员安置帮教，衔接刑满释放人员3417人，安置3331人，帮教3324人，帮教率96.7%，刑满释放人员重新犯罪率0.9%。加强社区矫正工作，新接收社区矫正人员258人，解除矫正295人，年末有社区矫正人员1757人，社区矫正人员重新犯罪率为零。加强铁路护路综合整治，开展铁路法律法规宣传，落实整治措施，全市5个单位获自治区“铁路护路安全村（社区、学校）”称号。开展城中村和无物业小区整治工作，完成城中村整治58个，完成无物业小区治安综合整治434个。

【完善基层基础建设】 2019年，桂林市加强治安防控体系建设，推进“雪亮工程”建设，建成县（市、区）“雪亮工程”共享平台17个，乡（镇、街道）共享平台96个，村级共享平台26个，并在高速路口、检查站及三级以上的道路建设并联网可以识别车牌的高清智能卡口162套、高清视频卡口967套,人脸识别卡口592套。各县(市、区)落实30户以上的自然村(屯)安装视频监控摄像头2个以上,年末安装率60%,全市在治安复杂重点区域按照要求完成安装视频监控探头12460个。加强基层政法综治组织建设,推进综治中心建设,全市已建成市级综治中心1个,县级综治中心17个,乡级综治中心147个,村级综治中心1876个。推进网格化服务管理,全市已建立县(市、区)网格中心17个,乡(镇、街道)网格中心147个,村(社区)网格中心1984个,划分网格2852个,配备网格员3956人,配备手持终端4030部,通过综治信息化平台和手持终端上报各种信息49万余条,受理人民群众办理业务4.5万件,共计上报网格事件5.38万条,及时处理5.31万条,及时处理率98.71%。

【加强政法队伍建设】 2019年,全市政法部门加强思想教育,组织开展“牢记初心使命、忠诚守正担当”主题教育活动,开设党风廉政建设专题课堂,组织到监狱开展警示教育,巡回播放警示教育片《失守的初心》,用身边事警示身边人。全市政法队伍满意度97.86%,政法队伍形象不断提升。开展政治轮训,联合市委组织部举办沂蒙精神党性教育专题培训班2期,培训政法系统共135名副处级以上干部。举办各类培训班1106期,培训干警3.95万人次。加强领导班子建设,协助党委调整政法各部门领导班子成员118人,选拔干部290人。组织创先争优活动,191个单位1745名干警获表彰,其中获国家和自治区集体、个人荣誉174项(国家级57项、省级117项)。

【平安桂林建设】 2019年,全市政法部门坚持打防并举,开展“亮剑”系列严打整治专项行动,集中整治非法传销,开展校园及周边安全环境综合整治,打击各类违法犯罪。完善天网“雪亮工程”、综治中心、网格化服务等建设,推进城中村和无物业小区治安综合整治、禁毒严打整治、社区戒毒、社区康复“兴安模式”建设。全市“两抢”、盗窃电动车、黄赌、入室盗窃警情分别下降58%、45.35%、9.28%、33.68%。群众安全感96.93%,较上年提升1.08个百分点。摘掉全国传销重点整治城市帽子,受自治区多次表扬。白龙派出所获公安部首批100个“枫桥式公安派出所”。叠彩派出所、穿山派出所、阳朔城关派出所获自治区首批“枫桥式派出所”。全国、自治区性政法综治平安工作现场会在桂林市召开9次,其中国家级2次、省级7次;桂林市政法系统在各类会议作经验发言35次,其中国家级5次,省级30次。

【扫黑除恶专项斗争】 2019年,全市深入推进扫黑除恶专项斗争,并取得阶段性成果。严惩黑恶势力犯罪、严查腐败和“保护伞”,侦办黑社会性质组织3个、恶势力犯罪集团11个、恶势力团伙14个,刑拘涉黑犯罪嫌疑人66人、涉恶犯罪嫌疑人184人,查处腐败和“保护伞”案件111件、党纪政务处分78人。敦促50名涉黑涉恶犯罪嫌疑人投案自首,提前完成“百日追逃”行动任务。完成中央第17督导组专项督导和督导“回头看”。对旅游、交通等行业乱象开展系列整治,行业秩序转好。开展灵川八里街乱点乱象整治,打造城乡结合部立体化治安管控新模式。排查并完成整顿提升软弱涣散党组织172个,全市调整撤换不合格、不胜任村“两委”干部429人,铲除黑恶势力滋生土壤。

【各项改革成效彰显】 2019年,全市有序推进司法体制改革和政法委、公安、国安、司法行政机关、法学会系统改革,在全自治区率先成立市级社会治安综合治理事务中心并推动县级综治中心建设。逐步完善法官检察官员额常态化动态管理机制,推动职业保障机制落实,全市有员额法官539人、员额检察官262人。发挥改革后的法治保障作用,助力优化营商环境和三大攻坚战,全市法院共审结各类案件7.12万件,结案率96.55%,一审服判息诉率85.06%。制订《关于建立保障非公经济健康发展的合作机制》《关于为我市民营经济发展壮大提供司法服务和保障的意见》,桂林市“五个一”工作法(一心、一联、一帮、一服、一审判)在自治区推广。全市检察系统综合发挥打击、保护、监督、预防职能,批捕4807人,提起公诉5433人,其中开展公益诉讼提起公诉破坏环境资源犯罪228件309人,制订《关于建立健全检察机关与工商联服务保障民营经济沟通联系机制的意见》被最高人民检察院推广。（唐晓明）

公　安

【概况】 2019年,桂林市公安局办公地址在临桂区义宁路6号临桂业务技术大楼。下辖分局18个,派出所176个。年内,桂林市公安机关狠抓“七

2019年8月28日,桂林市公安局举行新业务大楼揭牌升旗仪式

（市公安局　供图）

2019 年 4 月 11 日，市委书记、市人大常委会主任赵乐秦（中）到桂林市公安局刑警训练基地调研扫黑除恶专项斗争工作 （市公安局 供图）

个持之以恒”（持之以恒夯实维护国家安全和社会稳定“主阵地”，持之以恒紧盯刑事治安警情“晴雨表”，持之以恒抓住桂林社会治安突出问题的“牛鼻子”，持之以恒打造大数据时代公安工作“助推器”，持之以恒守好执法规范化和执法质量“生命线”；持之以恒提升为民服务“新本领”，持之以恒地把好党建引领“总开关”），确保桂林市社会治安持续向好，治安和刑事警情大幅减少，实现“六个全面下降”（“6+1 城区”刑事警情下降，两抢警同比下降，盗窃电动车警情下降，黄赌警同比下降，入室盗窃警同比下降，进北京非正常上访人数下降）；打击犯罪能力显著提升，重大刑事案件做到在第一时间内迅速破获，实现“三个大幅上涨”（刑拘电信诈骗人员数上涨，破获网络贩枪案件上涨，黄赌案件逮捕数上涨），“桂林传销重点关注地区”成功摘牌脱帽。群众安全感得分 97.29 分，实现历史性突破。开展安全保卫（简称安保）工作，完成以新中国成立 70 周年大庆等 257 次安保任务，其中国际级安保 17 次，国家级安保 21 次，自治区级安保 48 次，市级安保 171 次。

【创新工作模式】 2019 年，全市公安机关创新工作模式，秀峰公安分局白龙派出所打造“一二三五警务”模式（组建“一室两队”，即综合指挥室、社区警务队和打处办案队；强化“三大支撑”，即科技支撑、部门支撑、群众支撑；夯实“五个保障”，即党建保障、文化保障、基础保障、制度保障、执法保障）。构建“三位一体”（“定期会商”+“多部门流转”+“驻所调解”，形成多部门协同、法理情融合的矛盾纠纷多元化解机制）联调体系，实现矛盾不上交、平安不出事、服务不缺位，形成具有国际旅游胜地特色的枫桥式先进经验，被公安部评定为全国“枫桥式公安派出所”。桂林市公安局开展的“五抓五讲”（即抓学习、讲使命；抓教育、讲忠诚；抓主业、讲担当；抓整改、讲作为；抓引领、讲奉献）经验做法，在全国公安机关“不忘初心、牢记使命”主题教育交流会上做发言。灌阳县公安局创建“一村一协警、一屯一警助”农村警务新模式；临桂区公安局开展星级小区创建；七星区公安分局出租屋星级评定等经验成果获自治区推广。桂林市公安局获自治区首届公安机关社区警务工作大比武团体第一名。

【扫黑除恶斗争取得阶段性成效】 2019 年，桂林市公安机关成功打掉操纵经营黄赌的李某勇集团、经营“套路贷”的古某集团、操纵基层政权的文某集团 3 个涉黑犯罪集团。“破网打伞”坚决有力，“打财断血”排名自治区前列。形成多警种每月夜查的“城市风暴”行动机制，有力遏制“黄赌”活动的滋生蔓延。联合各职能部门发起“黑车黑店”旅游市场乱象整治，形成齐抓共管机制。重点地区、重点行业和重点领域得到有效整治，营商环境明显改善。

【开展“亮剑·2019 关键之仗”】 2019 年，全市公安机关紧盯人民群众反映强烈的治安痛点、难点，坚持以打开路，集中力量破大案、突出民生破小案、快侦快破现发案、全力攻坚破积案，持续对涉黑涉恶、枪爆、毒品、黄赌、电诈、传销、盗抢等违法犯罪发起攻势。全年共侦破重大网络贩枪案件 8 件，破获枪爆违法犯罪案件 61 件，缴获一大批枪支弹药和制枪零配件。破获毒品刑事案件 532 件，逮捕 630 人，缴获各类毒品 20.55 千克。查办

2019 年 12 月 4 日，桂林市公安局举行“亮剑·2019 关键之仗”成果展、追缴赃物返还活动暨“千名民警进万家”大走访活动启动仪式 （市公安局 供图）

涉赌治安案件983件、刑事案件67件，逮捕208人，行政拘留2219人。查办涉黄治安案件601件，刑事案件58件，逮捕138人，行政拘留703人。查办传销案件49件。查处交通违法1.8万余件，查处酒驾、醉驾、毒驾6696件。开展灵川八里街乱点乱象整治，打造出城乡结合部立体化治安管控新模式并在全市推广。捣毁3个盘踞在越南对中国实施电信诈骗的犯罪团伙，抓捕32人。侦破自治区首例利用银行APP漏洞、使用嗅探设备获取密码后盗刷银行卡系列案件。快侦快破衡柳线全州段破坏交通设施案，扫除重大安全隐患，受到公安部表彰。成功侦破"广西巡洋贸易有限公司"特大销售假冒注册商标商品案，扣押假冒品牌红酒10余万支，涉案金额2000余万元，抓获犯罪嫌疑人24人。

【服务优化营商环境】 2019年，桂林市公安机关推出"365天不打烊"服务理念，率先在自治区建立24小时出入境自助服务厅，让"马上办、网上办、就近办、一次办"成为人民群众真实体验。在自治区率先建立移民事务服务中心，服务外籍高层次人才。打造的户政服务"云窗口"全覆盖常用户政业务，全程网上办结。开创首个电动车便民服务站，并在全市全面施行新10项公安交管"放管服"改革便民利民服务措施。 （唐志红）

检　　察

【概况】 2019年，桂林市人民检察院办公地址在象山区信义路9号。内设部门15个，下辖17个基层检察院，在职人员754人（含后勤服务聘用人员控制数33人）。年内，全市检察机关认真履职，各项检察工作持续发展，108项业务核心数据中有88项居自治区前6名，有18项居自治区第1名。全市检察机关有30个集体、56人获自治区级以上表彰，其中获国家级先进集体10个，先进个人11人。

【检察服务改革发展大局】 2019年，全市检察机关贯彻落实中央扫黑除恶第17督导组下沉督导及"回头看"反馈会议精神，批捕涉黑涉恶类案件47件89人，起诉38件186人，办理纪委监察委移送的"保护伞"案件8人。批准逮捕在象山区瓦窑小镇骗取游客财物影响桂林旅游形象的莫某等诈骗犯罪嫌疑人11人。加大对黑恶势力犯罪背后"关系网"和"保护伞"线索的审查力度，审查发现并向纪委监察委移送"保护伞"线索86条，起诉古某等人敲诈勒索套路贷案、李某某等人强迫卖淫案、文某等人敲诈勒索影响基层政权案等重大黑社会性质案件。向有关主管部门制发完善制度、强化监管、加强基层组织建设等方面的检察建议、调研报告43份，临桂区人民检察院撰写的《关于农村认老同"风俗"引发社会治安乱象的专题调研报告》得到自治区人民检察院转发推广。保障打好"三大攻坚战"，织密金融安全司法"防护网"，守护好百姓的"钱袋子"，起诉套路贷、非法吸收公众存款、非法集资、传销等犯罪731人；办理利用虚假诉讼方式诈骗案、利用P2P平台非法吸收公众存款案等一批有重大影响的经济犯罪案件，服务保障乡村振兴战略，参与扶贫领域腐败和作风问题专项治理，起诉虚报冒领、截留私分扶贫款物等犯罪39人，向因案致贫、因案返贫等群众提供司法救助214.3万元，其中向龙胜各族自治县龙脊镇小寨失火导致受灾的56户家庭发放救助金34.5万元。针对农民工讨薪难问题，开展拒不支付劳动报酬专项检察，惩治恶意欠薪、非法克扣等犯罪10人，支持农民工起诉114件，帮助追索"血汗钱"1020余万元。促进污染防治，起诉偷排偷放污染物、盗伐滥伐林木、非法采矿等破坏环境资源犯罪309人，运用"补植复绿""增殖放流"生态补偿机制，守护绿水青山。依法打击侵害企业利益犯罪，起诉影响非公有制经济发展案件12件30人，起诉假冒商标、假冒专利等侵犯知识产权犯罪10人，起诉生产销售伪劣产品、强迫交易等破坏市场经济秩序犯罪267人；走出去深入民营企业41家，请进来组织召开民营企业座谈会28次，市人民检察院与市工商联共同制订《关于建立健全检察机关与工商联服务保障民营经济沟通联系机制的意见》，服务保障民营经济健康发展，最高人民检察院在《工作简报》中转发推广。

【平安桂林建设】 2019年，全市检察机关发挥打击、保护、监督、预防职能作用，批准逮捕3529件4807人，提起公诉3833件5433人，其中起诉危害公共安全犯罪386件392人，起诉故意杀人、抢劫等严重暴力犯罪149人，起诉盗窃、抢夺等多发性侵犯财产犯罪1415人，起诉毒品犯罪661人，起诉利用电信网络诈骗老百姓"血汗钱""救命钱""养老钱"等犯罪102人。依法办理雁山区5名大学生死

2019年5月5日，市监察委、市人民检察院、市中级人民法院、市公安局等单位在市人民检察院召开扫黑除恶专项斗争统一执法工作联动机制会议

（市人民检察院　供图）

亡、38 人受伤的特大火灾案，李某某涉嫌聚众扰乱社会秩序、赖某某等 25 人特大毒品犯罪团伙等一批重大敏感案件，推进平安桂林建设。推动社会治理现代化，坚持和发展新时代"枫桥经验"，探索构建矛盾纠纷多元化解体系，助推提升基层治理现代化水平。开展群众"最多访一次"工作，落实属地责任、分级引导处置，接待群众来信、来访、咨询 4300 余件，落实"群众来信件件有回复"，所有来信均在 7 日内完成程序性回复，回复率 100%。引入律师、心理咨询师等第三方力量进驻检察服务中心，为群众提供法律咨询、心理疏导等服务，合力化解涉法涉诉信访矛盾。对不支持监督的 113 件民事行政申诉案件，做好释法说理，劝导当事人息诉服判。市人民检察院、资源、全州、龙胜、荔浦等人民检察院办理的 6 件案件分别获全自治区检察机关矛盾化解精品案件或司法救助精品案件。

2019 年 11 月 26 日，市人民检察院检察长林鼎立为桂林中学师生讲授"预防校园暴力，共创和谐校园"法治课

（市人民检察院　供图）

【提供检察服务】 2019 年，全市检察机关公益诉讼立案 372 件，占自治区检察机关立案总数的 21.56%。针对桂林是历史文化名城，又是湘江战役所在地，历史文化遗迹较多实际，开展"历史文化遗迹和文物保护""清理人防工程违建"两项具有地方特色的检察公益诉讼专项监督活动，办理督促修缮文物飞龙桥、督促对陈宏谋宗祠修缮保护等一批具有代表意义的案件。与民政、文化等管理部门配合推进英雄烈士纪念设施的规范管理，办理英烈保护案件 14 件。在办理市人防办原主任赖某某滥用职权、受贿、贪污案件中，发现多处防溶工程被 2 万余平方米的违法建筑侵占，导致人防功能丧失，对相关情况形成专项报告向市人民政府通报，已立案并开展相关调查工作。桂林市公益诉讼工作获自治区人大常委会调研组高度评价，《检察日报》以《"检察蓝"守护大美漓江》《留住历史的足迹》《只为这方山水"甲天下"》为题相继在头版或专版报道。保障千家万户舌尖上的安全，针对农产品、食品药品、网络餐饮、饮用水源等领域问题开展专项监督，办理涉嫌生产、销售不符合安全标准的食品案等各类案件 120 余件，保持对危害食品药品安全违法行为的高压态势；督促相关职能部门严格监管，对"饿了么""美团外卖"等网络餐饮服务第三方平台和入网餐饮服务提供者按照法律要求在网上进行信息公示和更新。针对 20 余所中小学、幼儿园食堂及周边流动食品摊点进行食品安全隐患排查，让学生和群众吃得安心。保障未成年人合法权益，注重将教育感化挽救贯彻办案始终，不批捕涉罪未成年人 55 人，附条件不起诉 11 人。会同市教育局出台《关于建立健全全市检察机关与教育部门沟通联系机制的实施意见》，与团市委签署《关于构建桂林市未成年人检察工作社会支持体系的合作协议》，与市法律志愿者协会签订《关于开展未成年人保护的合作协议》，推动未成年人司法特殊保护和社会支持体系建设。与有关部门开展"法治进校园"巡讲活动 200 余场(次)。

2019 年 3 月 11 日，市人民检察院、市工商联服务民营经济座谈会召开

（市人民检察院　供图）

【促进公正司法】 2019 年，全市检察机关加强立案监督和侦查活动监督，监督公安机关立案 124 件，撤案 12 件，纠正漏捕 179 人、漏诉 198 人；提出书面纠正意见 147 件。加强审判监督，提出刑事抗诉 24 件；提出书面纠正意见 32 件。平乐县人民检察院在该县公安局多功能执法办案管理中心建立检察监督平台，延伸法律监督触角。市检察院、灵川、灌阳、恭城等人

民检察院办理的4件案件分别获评自治区检察机关精品抗诉案件或优秀公诉案件。全面加强刑事执行活动监督，审查减刑、假释、暂予监外执行案件1414件，对减刑建议不当提出意见379件，监督纠正监管活动违法情形648件，纠正监外执行履行职责不当情形395件，纠正脱管漏管5人，防止“以权减刑”“提钱出狱”。开展羁押必要性审查案件382件，获办案机关采纳355件。推行“派驻+巡回”检察方式，对桂林监狱、英山监狱开展交叉巡回检察。依法做好特赦工作，确保特赦罪犯“一个不错、一个不漏”，经验做法被最高人民检察院在《工作简报》中转发推广。推进民事行政诉讼监督工作，综合运用抗诉、检察建议等手段精准监督，提升监督质效，审查办理民事行政诉讼案件418件，提出抗诉5件；提请抗诉26件，提出监督检察建议114件，采纳103件。开展虚假诉讼专项检察监督，办理涉嫌虚构事实打“假官司”的民事案件5件。

（王六生）

审　判

【概况】 2019年，桂林市中级人民法院办公地址在七星区毅峰路19号。内设机构23个，人员编制284名（含后勤服务聘用人员控制数21名），在职人员271人，管辖基层人民法院17个。年内，全市人民法院共审结各类案件7.12万件，增长18.97%。全市人民法院共有17个集体和66名个人获自治区级以上表彰。

【依法惩治犯罪】 2019年，全市人民法院共受理刑事案6855件，审结6867件。分别审理中央扫黑除恶第17督导组高度关注的黑恶犯罪案62件337人，坚决铲除社会毒瘤，维护国家安全和社会稳定。审结受贿等职务犯罪案80件91人，深入推进反腐败斗争。审结故意杀人、覃某某抢劫、刘某某绑架、易某强奸等严重暴力犯罪案200件242人，全力保障人民群众生命财产安全。审结毒品犯罪案560件706人，遏制毒品犯罪蔓延态势。审结涉众型经济犯罪案130件255人，助力桂林市成功摘帽“传销城市”。审结中央督办的破坏环境资源犯罪案243件320人，该案获最高人民法院服务保障新时代生态文明建设典型案例。在新中国成立70周年之际，坚决贯彻全国人大常委会决定，依法对正在服刑的4类83名罪犯实行特赦，体现依法治国理念和人道主义精神。

【服务优化营商环境】 2019年，全市人民法院制订为民营经济发展壮大提供司法服务和保障措施33条，以设立优化营商环境工作站、工作室、产业园区巡回法庭、涉企审判“绿色通道”、员额法官联系企业制度等方式，为企业提供精准优质高效的司法服务。全市法院共审结民商事案3.99万件；审结涉企案2.0万件，解决争议标的金额35亿余元。审结涉金融案4565件，有效防范化解金融风险。审结涉企劳动争议纠纷案778件，维护企业自主经营权和管理权。审结知识产权案158件，依法保护企业商标、桂林老字号等品牌价值，服务创新驱动发展战略。搭建破产审判“府院联动”平台，设立破产案件管理人援助资金，清理“僵尸企业”6家，健全市场主体退出机制，盘活灵川金海房产、荔浦一江名城等问题楼盘。平乐科赛公司执行系列案盘活土地54.67公顷、化解债务19.7亿元、实现税收2亿余元，该案入选广西法院典型案例。

【强化行政审判】 2019年，全市人民法院共审结行政案1797件，准许非诉行政执行案305件。以确认行政行为违法、撤销行政行为、判决履行法定职责的方式监督行政机关依法行政。坚决维护行政权威，支持行政机关依法关闭污染资江的小型造纸厂17家，妥善审结漓江风景区非法采砂、兴安猫儿山风景区、龙胜花坪国家级保护区违建水电站等案件，以行政审判助推环境整治。妥善审结土地征收、房屋拆迁等纠纷案352件，新生街片区改建、全州湘江战役纪念园等政府重点项目顺利推进。依法审结市场监管、社会保障等领域案296件，服务保障“放管服”改革，助推政府职能转变。延伸行政审判职能，定期召开“三大纠纷”联席会议，多元化解农村土地矛盾纠纷，服务乡村振兴战略；积极参与重大决策社会稳定风险评估工作，提供法律意见45件次，助推法治政府建设。

【巩固执行攻坚成果】 2019年，全市人民法院共执结案2.10万件，到位金额21.45亿元，兑现群众“真金白银”。开展涉民生、涉农民工工资等专项执行活动，执结涉民生案405件，到位金额728.34万元，执结涉农民工工资案122件，到位金额382.04万元。强化执行强制措施运用，拘留（拘传）280人，发布失信名单7716人，限制高消费1.33万人，罚款11人共计43.73万元，判决拒不执行判决、裁定罪1人，

2019年3月27日—28日，2019年全市法院刑事审判工作暨业务培训会在平乐县人民法院召开

（邬红艳　摄）

2019年6月10日，桂林市中级人民法院举办2019年第一期民企维权大讲堂活动 （秦学 摄）

坚决压缩失信被执行人生存空间，助推诚信桂林建设。成立扫黑除恶“打财断血”专业团队，涉黑案执行到位金额1034万元。成立专班高位推进“33号红通人员黄某某违法所得没收案”的执行工作。贯彻文明执行理念，审慎适用强制措施，开展涉金融案专项执行活动，防范化解金融风险，帮助212家民营企业在履行债务期间维持正常经营活动，助力优化营商环境。

【加强民生司法保护】 2019年，全市人民法院审结桂林金穗投资公司涉购房户破产债权确认系列案、全州县绍水镇松川村委村民取水权纠纷等民生权益案3748件。审结物业纠纷案2549件，婚姻家庭继承案5224件，促进社会和谐。加强司法人文关怀，为确有经济困难的当事人减、免、缓交诉讼费303.35万元，办理救助案306件，向有生活困难的当事人发放司法救助金609.32万元，雁山区人民法院在广西法院首创“保险＋救助”模式，将救助金增加1.5倍，保障弱势群体权益。完善涉诉信访机制，推行当事人预约院庭领导和案件主办人制度，实现有序快速办理信访案件。

【参与社会治理】 2019年，全市人民法院针对审判中特别是扫黑除恶专项斗争中发现的社会治理隐患，向有关单位发出司法建议64份，为夯实基层基础、清除黑恶势力滋生土壤、促进社会治理精准化贡献司法力量。创新发展新时代“枫桥经验”，坚持司法引领、社会协同，全市人民法院建立婚调委等诉调对接中心32个，引入调解组织64个，调解员121人，成功调解纠纷4063件。持续推行法官村官“一对一”结对联系、驻村法官、法官工作服务站等制度，从源头有效化解矛盾纠纷。灵川县人民法院开展“百名法官进千家”问计于民活动、恭城瑶族自治县人民法院践行“三心三治一守”（三心，即忠孝心、敬畏心、互助心；三治，即自治、德治、法治；一守，即守规矩）社会治理模式，提升群众安全感满意度。加强未成年人司法保护，贯彻“教育、感化、挽救”方针，连续10年到自治区未成年犯罪管教所开展回访帮教活动，打造未成年人“立体帮扶”模式。积极开展法治宣传，召开新闻发布会35次，举办“公众开放日”活动68次，开展“国家宪法日”“国际禁毒日”、扫黑除恶专项斗争宣传和送法“六进”活动500余次，助推桂林创建全国文明城市。

【深化司法责任制配套改革】 2019年，全市人民法院推进以审判为中心的刑事诉讼制度改革，庭审实质化案件当庭裁判率75.23%。全面推行认罪认罚从宽制度，审结认罪认罚刑事案1594件1996人，有效节约司法资源、提高诉讼效率、减少社会对抗。成立速裁团队45个，推进案件繁简分流，68%的案件适用简易程序实现速裁，其中的民商事案件一审服判息诉率达92.91%，平均审理周期42天，比法定审限缩短48天，提升审判质效。完成基层法院内设机构改革，构建系统完备、科学规范、运行高效的机构体系。推进智慧法院建设，全面落实电子卷宗随案生成，上线智能云柜系统，实行类案智能推送、文书自动生成、语音文字自动转换，采取一站式送达、网络公告送达、电子送达、“网格化＋综治E通”送达等方式提高审判质效。聚焦一站式多元解纷机制、一站式诉讼服务中心建设，启用广西移动微法院，开通网上和跨区域立案等服务，全面推动诉讼服务“提档升级”。全市人民法院已基本建立立体化诉讼服务渠道、集约化诉讼服务机制和智慧诉讼服务新模式，基本形成由诉讼服务大厅、诉讼服务网、12368热线、巡回审判等多渠道为一体的“厅网线巡”诉讼服务新格局。市中级人民法院、永福县人民法院、阳朔县人民法院等6个法院获评自治区高级人民法院诉讼服务中心建设先进集体。

【提升司法能力】 2019年，全市人民法院组织开展全员业务能力培训，举办各类培训班118期，培训5221人次，提升法官法律适用、庭审驾驭、诉讼调解、文书说理、判后答疑和案件执行等专业能力及群众工作能力。积极参与优秀裁判文书评比，全市人民法院有15篇文书获评自治区优秀裁判文书。龙胜各族自治县人民法院拍摄的微电影《抢粮》，在第七届亚洲微电影艺术节上获“平安中国单元最佳作品奖”。秀峰区人民法院法治宣传教育品牌“独秀法韵”被评为全自治区法院十大文化建设特色项目。开展“用身边事警示身边人”专项活动，深入开展全面从严治警“五查五整顿”专项行动，持续深入开展“正风肃纪、廉洁司法”专项整治，并采取廉政专题党课、廉政谈话、司法巡查等措施加强日常监督执纪，紧盯问题抓整改落实，切实正风肃纪。

【依法接受人大监督】 2019年，市中级人民法院认真办理人大代表提出的

《关于请求加大基层涉众型涉法涉诉案件调处工作力度的建议》《关于加强法官履职档案建设的建议》，主动接受人大常委会关于优化营商环境工作专题询问。高度重视代表联络工作，走访代表271人，邀请代表视察法院工作、观摩庭审等524人次。自觉接受政协民主监督，邀请政协委员视察、座谈等331人次。自觉接受检察机关法律监督，全市检察长列席审判委员会12次，依法审理抗诉案6件，办理检察建议8件，共同维护司法公正。主动接受社会各界监督，聘任特约监督员实现对法院监督全覆盖，邀请人民陪审员陪审案件8579件，全年庭审直播案1.47万件，上网公开裁判文书7.42万份，以看得见感受得到的方式增强群众司法获得感。　（黄柳峰）

司法行政

【概况】 2019年，桂林市司法局办公地址在临桂区公园北路新城商务酒店，内设科室17个。人员编制87名（含机关后勤服务人员控制数6名），在职人员84人。有市、县（市、区）两级司法行政机关18个（地级市司法局1个），司法所147个，在职人员668人。中共桂林市委全面依法治市委员会办公室设在桂林市司法局，办公室设置秘书科。直属单位有桂林市法律援助中心、桂林仲裁委员会秘书处。年内，桂林市完善公共法律服务体系建设，全市建成市、县（市、区）公共法律服务中心18个，乡（镇、街道）公共法律服务站146个，村（社区）公共法律服务工作室1877个，实现了市、县（市、区）、乡（镇、街道）、村（社区）四级网络服务平台，群众不出村（社区）就能得到相应的法律服务。全年全市共司法部门获全国表彰先进集体25个、先进个人12人，获自治区表彰先进集体6个、先进个人59人。

【法律服务保障】 2019年，全市司法部门严格规范办证程序，提高公证质量，提升公证公信力，全年共办理公证6.09万件。桂林市桂林公证处由“三非”体制（非行政、非事业、非合作）改革为合作制公证机构，是广西唯一的合作制改革试点公证处。加强司法鉴定机构内部管理，规范鉴定操作流程，提高鉴定质量，全市有司法鉴定机构7家，其中综合类机构1家，有司法鉴定人73人。全年共办理各类司法鉴定业务6193件，办理司法鉴定法律援助业务3件。完成首次国家统一法律职业资格考试主客观考试的考试组织工作。完善法律援助工作规范化建设，全市法律援助中心18个，建立法律援助工作站（点）320个。年内，全市共接待来访、来电咨询1.05万人次；共受理法律援助案件3538件，其中刑事案件1341件、民事案件2185件、行政案件12件；受理农民工讨薪案件737件，为受援人挽回或避免经济损失1972.61万元。桂林仲裁委员会共受理仲裁案件245件，增长33.74%。兴安县法律援助中心被司法部评为全国法律援助工作先进集体、桂林正诚司法鉴定中心被司法部评为全国公共法律服务工作先进集体，2名个人被司法部评为全国公共法律服务工作先进个人，1人被司法部评为“新时代司法为民好榜样”。

【完善公共法律服务体系建设】 2019年，全市建成市、县（市、区）公共法律服务中心18个，乡（镇、街道）公共法律服务站146个，村（社区）公共法律服务工作室1877个，实现了市、县（市、区）、乡镇（街道）、村（社区）四级网络服务平台，广大群众不出村（社区）就能得到相应的法律服务。

【法治宣传教育】 2019年，桂林市司法部门组织开展“七五”普法工作、宪法宣传周、山歌普法等为载体的宪法宣传系列活动。举办了全市领导干部“双百”法治宣讲活动宪法专场报告，精心组织形式多样的“送法进乡村”“法律服务基层行”等法治宣传活动，把党和政府的有关政策，涉及民生保障、生产生活等相关法律法规送到群众手中。健全完善法治宣传工作机制和工作分工，推动全市“谁执法谁普法”“谁主管谁普法”“谁服务谁普法”任务措施清单落实，将普法融入执法、管理、服务全过程，形成党委领导、人大监督、政府实施、职能部门负责、社会广泛参与的大普法格局。桂林市司法局被全国普法办评为“七五”普法中期法治宣传教育先进集体，荔浦市被全国普法办评为“七五”普法中期法治宣传教育先进县（市、区）。

【社会矛盾化解】 2019年，全市共建立人民调解组织2064个，其中乡（镇、街道）人民调解委员会（简称调委会）146个，村（社区）调委会1877个，企事业单位调委会3个，物业纠纷调委会2个，道路交通调委会9个，劳动争议调委会9个，医疗纠纷调委会13个，旅游纠纷调委会6个，人民调解员1.02万名。全市各级人民调解组织共开展纠纷排查1.26万次，预防纠纷

2019年3月13日，桂林市司法局召开“法律服务进军营活动”会　（徐丹　摄）

2019年7月30日，桂林市司法局在象山区同心社区开展公共法律服务进社区活动 （陈锴 摄）

4654件。调解案件总数3.40万件，调解成功3.32万件，成功率97.6%，涉及金额2.99亿元。防止民间纠纷转化为刑事案件3件11人。有339件疑难复杂纠纷得到有效化解。桂林市司法局、桂林市七星区司法局、桂林市秀峰区司法局等13个单位被中华全国人民调解员协会评为人民调解宣传工作先进集体。

【特殊群体管理】 2019年，全市社区矫正工作持续安全稳定，教育管理质量不断提高。社区服刑人员重新犯罪率持续下降。全市在册社区服刑人员在矫期间无重大刑事、恶性案件发生，累计再犯罪低于全国0.2%的平均水平，并保持持续下降。围绕为庆祝新中国成立70周年，稳妥完成“特赦”工作，实现“不错赦一人，不漏赦一人”目标，全州县司法局社矫股被司法部评为全国司法行政系统特赦实施工作中作出突出贡献单位。全年全市衔接刑满释放人员3417人，安置3331人，安置率97.5%，落实帮教措施3310人，帮教率96.7%。获社会救助36人，获就业服务74人。

【地方政府立法】 2019年，市司法局完成地方政府规章《桂林市城市照明管理办法》立法后评估并重新颁布。组织制订《桂林市三轮车与电动四轮车管理办法》并颁布。组织起草《桂林市国有土地上房屋征收与补偿实施办法》《桂林市餐厨废弃物管理办法》《桂林市燃气管道设施保护管理办法》等地方政府规章。完成《桂林市机动车船及非道路移动机械排气污染防治条例》《桂林市城市园林绿化管理条例》地方性法规的政府审查工作并提交市人大常委会审议。配合市人大常委会审议《桂林市城乡规划条例》《桂林市违法建防控和查处条例》《桂林市漓江风景名胜区管理条例》等地方性法规。推进《桂林市喀斯特景观资源可持续利用条例》《桂林市青狮潭水库水质保护条例》《桂林市养犬管理条例》《桂林市灵渠保护条例》等地方性法规的调研工作。

【行政复议和应诉】 2019年，市司法局行政复议与应诉（市人民政府行政复议办公室）立案受理行政复议案件129件，其中山林纠纷72件，土地纠纷10件，行政处罚17件，行政不作为10件，工伤认定5件，信息公开13件，其他2件。共审理结案188件，其中维持128件，撤销41件，驳回复议申请8件，责令限期履行6件，经调解终止结案1件，调解成功结案1件，制作行政复议调解书1份，出具行政复议意见书2份。直接纠错率为22%，综合纠错率为25%，发挥了行政复议的监督、纠错功能。副市长雷声代表市人民政府出庭参加行政诉讼应诉1件，市司法局代理市人民政府出庭应诉211件。

【制度和规范化建设】 2019年，市委全面依法治市委员会印发《中共桂林市委员会全面依法治市委员会工作规则》《中共桂林市委员会全面依法治市委员会协调小组工作规则》《中共桂林市委员会全面依法治市委员会办公室工作细则》等规章制度。桂林市贯彻落实《广西壮族自治区法治政府建设实施方案(2016—2020年)》，深入开展全国法治政府建设示范创建活动，加大基层法治政府建设，将法治政府建设向纵深推进。按照时间节点和要求做好全市全面推行“三项制度”的有关工作，开展全国法治政府建设示范创建活动，17县（市、区）和市本级参加申报。制定印发《桂林市法治建设绩效考评细则》《桂林市2019年度县（市、区）法治建设绩效考评指标考核实施方案》。打造“网上政府”，市司法局14项公共服务行政办事事项实现网上申请、审批试运行，政务服务效率不断提高。健全衔接机制，畅通衔接渠道，与桂林市中级人民法院、桂林市人民检察院、桂林市公安局联合印发《桂林市律师事务所和律师违法违规行为行政执法与刑事司法衔接工作办法》并施行。 （廖燕）

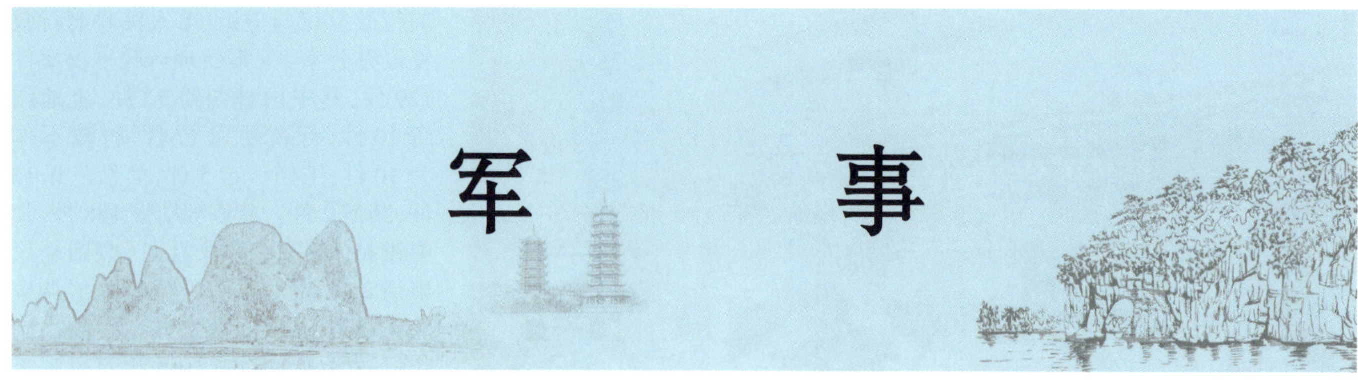

军　　事

桂林警备区

【概况】 2019年,桂林警备区按照铸牢军魂、聚焦主业、强固根基、稳中求进的思路,坚定信念信仰、聚焦备战打仗、扎实国防动员、持续深化改革、依法从严治军,完成年度工作任务,部队全面建设向上向好。年内,桂林第二离职干部休养所被中央军委国防动员部表彰为先进干休所,兴安县人民武装部、临桂区人民武装部、桂林第二离职干部休养所被广西军区表彰为全面建设先进团级单位,荔浦市人民武装部被广西军区表彰为备战打仗先进单位,七星区人民武装部党委、兴安县人民武装部党委、桂林第二离职干部休养所党委被广西军区党委表彰为先进团级单位党委,5名官兵立三等功,41人次受到通令嘉奖,5人次受到中央军委机关表彰、15人次受到广西军区表彰。

【桂林警备区思想政治建设】 2019年,桂林警备区强化党的创新理论武装,对照学懂弄通做实要求,抓好习近平新时代中国特色社会主义思想、习近平强军思想学习贯彻,学习中共十九届四中全会和全军基层建设会议精神,确保党的创新理论落地生根。抓好军委主席负责制贯彻落实,强化官兵政治自觉。抓好"不忘初心、牢记使命""传承红色基因、担当强军重任"主题教育,培养官兵听党话、跟党走的思想根基。针对官兵特别是文职人员思想实际,开展"我奋斗、我精彩"主题实践活动和重温入党誓词、"一说一谈"等配合活动,做好一人一事的思想教育,引导官兵纯正思想、回归本色。开展典型培树活动,李鸿燕、刘铁军、甘廷晓等分别受到军委政治工作部、军委国防动员部表彰,梁友才被广西军区表彰"岗位建功"优秀干部。11月18日,桂林警备区第十四次党代会召开,全面总结第十三次党代会工作,研究部署今后五年的目标任务,选举产生新一届警备区党委、纪委。自治区人大常委会副主任、桂林市委书记、市人大常委会主任赵乐秦当选桂林警备区党委第一书记。

【桂林警备区聚焦练兵备战】 2019年,桂林警备区坚持把备战打仗,按时组织常委议训,立起重心在战的鲜明导向。坚持以战领训,组织首长机关基础业务、指挥技能训练,参加广西军区岗位能力素质考核,优良率全军区领先,关键少数胜战本领明显增强。年内,桂林警备区民兵基地化训练、学生军训按纲施训有效落实;组织专职人民武装干部、教练员、军训骨干集训,组织"四会教学"(会讲、会做、会教、会做思想工作)比武会操。坚持任务牵引,全州县、七星区率先完成民兵应急连编组,基干民兵整组任务如期完成。参加抢险救灾、防汛抗洪演练、重大赛事安保警戒,出动民兵17批1500人次,部队遂行任务能力得到增强。坚持战备为先,分季度落实抢险救灾、国防动员、保障过(入)境、重要目标防卫课题方案会审。依托兴安县人民武装部组织正规化建设现场会,经验做法在广西军区专题转发;修订完善3类21个战备行动方案,调整补充4大类36种器材,拟制下发《作战(机关)值班规范》,部队始终保持常态备勤的戒备状态。

【桂林警备区国防动员工作提质增效】 2019年,桂林警备区结合地方机构改革,落实市国防动员委员会专业办、征兵办合署办公。国防动员潜力调查数

2019年5月10日,桂林警备区组织民兵开展抗洪抢险训练

(桂林警备区　供图)

据更加齐全精准，考评成绩排名广西军区前列。国防动员“十三五”规划11个方面52项任务顺利推进。灵川县、雁山区人民武装部成为自治区高校征兵规范化建设试点。化解征兵困难，完成征集新兵、直招士官任务，入伍大学生和毕业生数质量实现“双提升”。落实全市57名新任专职人民武装干部资格认证，市、县专业办军事训练分批完成，各专业保障人员业务素质明显提升。

【桂林警备区安全发展基础得到巩固】2019年，桂林警备区树牢依法从严治军导向，抓好案例警示教育，组织保密骨干培训，纠治保密办公制度不落实等问题。开展“贯彻落实新条令，塑造军队好样子”“条令月”活动，加强安全工作组织领导，落实形势分析、隐患排查、明查暗访等常态机制，组织安全大检查、保密工作专项检查、“百日安全”等活动，自下而上开展重特大安全风险评估和安全形势分析，部队安全管理实现稳中向好。

【桂林警备区部队风气更加纯正】2019年，桂林警备区注重教育预防，强化刚性执纪。坚持把严守政治纪律政治规矩作为党风廉政建设的首要任务，抓好全面深入贯彻军委主席负责制意见和监督问责规定落实。推进军委国防动员部党委巡察组反馈问题整改。开展思想作风纪律专项教育整顿活动，筑牢各级各类人员的红线底线高压线意识。紧盯干部提拔使用、立功受奖、新兵征集、工程建设、物资采购，桂林警备区正风肃纪得到落实。

【桂林警备区部队正规化建设】2019年，桂林警备区坚持严把标准，提高部队正规化建设水平。贯彻落实习近平强军思想和老干部服务保障总要求，按照“夯基固本、便于落实、统一标准、规范运行”的原则，从“服务保障规范化、管理运行正规化、设施建设标准化”等方面进行试点建设，在桂林第二干休所召开“三化”建设现场会，为广西军区各干休所提供建设示范样板。贯彻广西军区“来宾会议”精神，以聚焦国防动员备战打仗为重点，突出国防动员主责主业，依托兴安县人民武装部召开规范化建设推进会，为桂林警备区及各县（市、区）人武部正规化建设统一思想、理清思路、立起标杆。

【桂林警备区双拥共建】2019年，桂林警备区推进双拥共建，参与“全国文明城市”评选有关活动，配合驻地实现自治区双拥模范城“十连冠”。开展“庆祝建军92周年等系列活动”，举办“最美双拥人”评选晚会，召开“八一”慰问军地座谈会，举行全民“国防教育日”“烈士公祭日”活动，参与中共中央宣传部、中央军委政治工作部在全州县举办的湘江战役红军烈士遗骸安葬和湘江战役纪念设施落成仪式，振奋军心民心。完善、落实拥军优抚安置政策，解决军人后顾之忧，拿定向招聘随军家属26人，随调安置随军家属20人，依托社会安置随军家属15人，就近优先安排入学驻地军人子女307人。年内，参与精准扶贫，桂林警备区帮扶的13个贫困村（屯）、240户贫困户、780名贫困人口脱贫出列。

2019年9月21日，桂林警备区组织国防教育日活动　　（桂林警备区　供图）

【桂林警备区综合保障】2019年，桂林警备区适应新体制新要求，规范后勤装备运行秩序。收回停偿项目241个、移交委托项目7个、完成超面积经济适用房和公寓房清退。室内体能训练场、军人职业教育中心、国防动员办公楼全面整修，雁山区人民武装部新营院投入使用，全州县和阳朔县人武部新营院、市民兵训练基地、警备区公寓房、干休所营院整治等工程建设相继启动。年内，集中采购率增长25%，行政消耗下降34%，依规补缴公寓房房租7.35万元。（黄如意）

桂林联勤保障中心

【桂林联勤保障中心思想政治建设】2019年，桂林联勤保障中心贯彻习近平强军思想，推进“传承红色基因、担当强军重任”主题教育，开展改革整编专项教育，组织优秀政治教员评比竞赛，培树和宣扬“全军备战标兵个人”吴勇，开展“奋进联勤新时代”群众性系列文化活动，培塑“一切为了前线、一切为了胜利”的保障打赢观、“服务部队、服务官兵”的姓军为兵观、“艰苦奋斗、勤俭建军”的干事创业观、“克己奉公、清正廉洁”的公廉用权观、“依靠国家、依靠人民”的融合发展观。抓好“不忘初心、牢记使命”主题教育，开展法纪警示教育，狠抓重点行业领域清理整治和作风建设督察，持续保持正风肃纪高压态势。

【桂林联勤保障中心练兵备战打仗】2019年，桂林联勤保障中心参加上级组织的演习和演练，开展群众性岗位练兵比武竞赛，完成东盟城市反恐联演、专业分队实战化训练和国际维和分队医疗保障任务，紧急调拨数万件物资器材前送担负一线任务的部队，应急应战能力不断锤炼提升。

【桂林联勤保障中心服务保障】 2019年，桂林联勤保障中心深入战区机关和保障对象进行联勤走访，与武警部队建立保障关系，组织运输投送计划管理和财务行业廉政培训，召开医疗卫生机构建设座谈会，制订完善业务管理规定，中心采购制度获评“全国政府采购十佳内控制度”。开展“粮油科技进军营”“联勤军医老区行”和巡检巡修等优质服务活动，推行医疗服务“一卡通”模式，深化军人交通出行依法优先举措，采购净水设备让官兵喝上放心水，通过系列服务，官兵的获得感幸福感得到增强，展示了改革新成效、新风貌。

2019年5月9日，桂林联勤保障中心在资源县开展送医下乡免费义诊活动
（桂林联勤保障中心　供图）

【桂林联勤保障中心基础建设】 2019年，桂林联勤保障中心组织机构调整政策宣讲解读，确保整编工作有序推进。攻坚“十三五”规划落实，推进财务标准化正规化建设，完成资产项目移交收储，推动保障能力转型升级。开展“贯彻落实新条令、塑造联勤好样子”活动，组织召开基层建设座谈会，开展基层建设大调研，基层秩序更加正规。细化为基层减负的具体举措，解决基层单位反映的困难问题，为基层单位配备巡逻车，慰问困难党员、救济困难家庭。狠抓经常性落实，开展“争创百日安全”“军车交通安全月”活动，推进相关隐患问题整改，部队总体保持安全稳定。

【桂林联勤奋保障中心双拥共建】 2019年，桂林联勤保障中心坚持精准施策、军地联动，助力脱贫攻坚。机关及部队先后组织召开军地扶贫座谈会150多场次，研究审定产业扶贫、结对帮扶、支部帮建等扶贫项目124个，定点帮扶贫困村15个，结对帮扶贫困户231户1036人，投入资金2450余万元，实施帮扶项目124个，助力217户670名群众脱贫摘帽，挂钩贫困县医院10所，帮扶7所贫困县医院评审达标，以实际行动支援驻地打赢脱贫攻坚战。 （曹同川）

2019年3月14日，桂林联勤保障中心某团组织实弹射击考核
（桂林联勤保障中心　供图）

陆军特种作战学院

【陆军特种作战学院思想政治建设】 2019年，陆军特种作战学院深化强军思想指导建设、擎领发展。统筹组织“不忘初心、牢记使命”“传承红色基因、担当强军重任”主题教育，坚持以自我革命精神抓学习教育、搞调查研究、上专题党课、促整改落实，思想灵魂得到深刻洗礼，践行使命更加坚定自觉。开展艰苦创业教育，培塑担当有为典型，凝聚团结奋斗意志，宣扬“最美奋斗者”事迹，强化官兵员工扎根桂林、建功学院意识。推进特战文化建设，设计发布院徽，征集创作院训、院歌，启动院史编纂，优化升级《制胜报》、“制胜之声”广播、强军网3个舆论宣传平台，举办“制胜杯”系列文体比赛，以学院创建转型为主线在军内外主流媒体刊稿200余篇，集中反映新时代特院建设发展风貌。

【陆军特种作战学院教学训练】 2019年，陆军特种作战学院以新时代军事战略方针为指引，始终扭住教学训练中心，推进以质量为核心的内涵式发展。强化理念更新，从组织教学改革集训入手，学习四川大学先进经验，邀请军地专家领导授课，深化办学思想大讨论，组织“特战论坛—2019”专题研讨会，持续掀起“头脑风暴”，高等教育理念逐步确立。推进教学改革，开展课程改造，遴选课程负责人，论证形成系列课程教学计划，组织课程评比，完成自编教材编写30余本、专业慕课微课制作18门，完成学科专业教学项目建设69个。突出实践教学，组织到鹿寨等综合训练基地，进行不同战场环境条件下战术驻训、实装演练和综合演习，采取实战化编组、岗位角色轮换、预设敌后远程隐蔽渗透等作业条件组织全流程全要素综合演练，提高学员遂行多样化军事任务的作战技能和指挥素养。提升教学能力，组织新教员岗前培训，分专题组织集训研讨，强化打牢教学基本功。开展群众性练兵比武，狠抓教学业务学习，施行教研室打分排名，系室主任和学员管理干部管理水平有效提升。推进第二课堂，把课外活动作为深化固化课内教学的有效延伸，制订本科学员第二课堂活动方案和阶段性体技能训练指导意见，秉持“合格+特长”培养理念，开设攀登攀岩、定向越野等26个俱乐部，开展水上救生、网络侦攻、极限体能等多个特色项目训练，促进学员综合能力提升。承办陆军某重大考核比武竞赛，参加陆军战术理论授课比赛获一等奖，参加陆军院校领导比武竞赛总成绩名列前茅。

【陆军特种作战学院学术科研】 2019年，陆军特种作战学院围绕重点作战方向、重要作战领域，聚焦教学训练中心，提高科研学术对作战准备、人才培养的贡献率和紧密度。着眼特种部队能力生成和作战运用，完成多项军队战法训法课题研究和10余部学术专著编撰。成立科研创新团队，组织教学科研骨干集训，集中研究破解教学训练中难点问题。邀请军地名家开设学术讲座，拓宽视野思维、完善知识结构、提高联合意识。制订轻武器《试验鉴定工作方案》，建立“行政、技术、质量”管理体制，组织承试单位数据采集员培训和装备在役考核，完成多型轻武器在役考核试验大纲和轻武器作战试验大纲制订任务。组织赴军地高校、军工企业专项调研，初步实现科研重心由理论研究向作战运用转变，服务部队由跟踪指导向前瞻引领转变。

【陆军特种作战学院后勤装备建设】 2019年，陆军特种作战学院按照“突出重点、保障急需、统筹推进、注重质效”的思路，加快建设后装保障综合体系。着眼学历教育和专业教学需求，建成象山营区攀登楼、伞降训练场等训练设施11个，全面推开专业教室（实验室）、训练场地和信息化条件等建设项目23项；投入8000余万元，采购调配训练物资器材330类48万余件，补充武器装备44种6000余件，教学训练保障能力显著提升。满足官兵工作、学习和生活保障需求，投入近3000万元，完成新兵住用营房整修、北区住宿楼供电改造和空调安装、广州营区电梯安装等工程项目19个。实施暖心工程，新建体能训练房5个，采购补充书报杂志5000余册、健身器材1200余件，拓展丰富学员（兵）课余生活。协调20名官兵子女入读中小学，帮助解决17名官兵家庭涉法问题，对134名困难官兵和党员进行救济。

【陆军特种作战学院军民共建】 2019年，陆军特种作战学院开展军民共建活动，推进与华南师范大学、桂林电子科技大学等高校共建合作，开展与广州市天河区沙河小学、桂林市将军桥小学军民共建。做好桂林市扶贫工作，投入107万元精准帮扶永福县大罗村，定期赴雁山区李家村开展解难帮困。 （闫肃）

武警桂林市支队

【概况】 2019年，中国人民武装警察桂林市支队（简称武警桂林市支队）把握“讲标准、重质量、抓落实、上层次”工作指导，坚定奋斗目标不动摇，着力“塑造部队未来3年的应有基本样子”，牵引带动部队发生内在的深刻的变化，全面建设守正创新、提质提速，呈现出稳中有进、由稳向好的发展态势。

【武警桂林市支队思想政治建设】 2019年，武警桂林市支队坚持用习近平强军思想建队育人，以学好纲要为重点，以理论学习、微课等载体普及党的创新理论，开展主题教育，点对点做好官兵思想工作，强化思想政治引领，官兵信念更加坚定、士气更加高昂，人心思齐思进氛围更加浓厚。

【武警桂林市支队练兵备战】 2019年，武警桂林市支队坚持按纲施训，抓备战强练兵，突出军事训练核心竞争力，全面归正打仗重心。抓好执勤正规化建设和隐患治理，8个中队完成执勤模式优化调整，推进内部体系建设，优化军地兵力需求对接机制，全年累计出动兵力完成“9·12”烈士遗骸安葬仪式及抗洪抢险等临时勤务。

【武警桂林市支队后勤装备建设】 2019年，武警桂林市支队树立“服务基层、官兵至上”理念，主动跟进中心工作合理调配伙食，伙食保障水平上台阶。投入90余万元加强营区改造，投入12万元为基层采购安装电磁灶和燃气灶。为官兵办理公积金贷款240余万元，发放各类救济金5.9万元，协调官兵及家属纳入联勤医疗保障，为患病干部家属捐款9.8万元，为患病官兵建立健康档案，跟进后续治疗。

【武警桂林市支队双拥共建】 2019年，武警桂林市支队按照“地方所需、群众所盼、部队所能”的原则，投身脱贫攻坚工作。年内，支队机关投入帮扶资金25万元帮扶临桂区两江镇高妙村、永福县罗锦镇上笑村和阳朔县杨堤乡浪石小学，开展系列知识讲座、资助贫困学生、医疗巡诊、慰问困难群众、赠送图书文体器材和组织联建等活动，帮助巩固脱贫成果，防止返贫。

（武警桂林市支队）

外事·接待

外　　事

【概况】 2019年3月,桂林市外事侨务办公室更名为桂林市外事办公室(简称市外事办),办公地址在桂林市临桂区西城中路69号。内设秘书科、综合协调科(港澳办)、礼宾领事科、出国管理科、对外交流合作科,人员编制22名,在职人员24人。桂林市人民对外友好协会在市外事办挂牌,人员编制12名,在职人员13人。全年,市外事办接待中共中央对外联络部、全国人大常委会、中国人民对外友好协会、外交部、自治区外事办公室交办的境内外团组58批1044人次,其中国家级领导1人、前政要3人、正部级领导7人、副部级领导17人。共受理审核因公出访团组96批193人次,其中完成桂林市厅级团组出访6批次。受理审核邀请通知函108批243人次。3月,桂林市与罗马尼亚特尔戈维什泰市缔结友好城市获全国对外友好协会批复。

【外宾到访】 2019年,访问桂林的重要外宾团组主要有20批252人次:3月8日,泰国国家立法议会教育和体育委员会主席端·安塔猜一行17人;3月23日—25日,乌拉圭体育部部长费尔南多·卡塞雷斯一行7人;4月20日,埃塞俄比亚领导干部考察团埃塞俄比亚人民革命民主阵线总书记比纳弗·安杜阿莱姆·阿申尼夫一行27人;4月26日,国际漂流联合会主席席乔·琼斯一行5人;5月22日—23日,捷克外交部第一副部长卢卡斯·考茨基一行4人;5月23日—24日,日本前首相鸠山由纪夫一行17人;6月6日—7日,奥地利联邦议会议长英戈·阿佩一行12人。6月12日,缅甸曼德勒省议会议长吴昂觉乌一行13人;6月17日—20日,越南友协代表团(越中友协副会长)阮荣光一行22人;8月29日,越南体育总局局长王碧胜一行5人;9月21日—23日,老挝科技部副部长展翔·匹马翁一行9人,柬埔寨国家与东盟科技合作委员会国务秘书邓西尼一行13人;9月22日—24日,波兰前总统科莫罗夫斯基一行5人;9月24日,老挝妇联主席因拉万·乔本潘一行25人;10月16日—21日,缅甸饭店与旅游部部长吴翁茂一行33人,老挝旅游部副部长欧同考潘一行7人;10月17日—21日,泰国素叻他尼府副府尹锡拉一行13人;10月25日—26日,法国前总理让·皮埃尔·拉法兰一行6人。11月22日—24日,缅甸宣传部部长培敏一行8人。12月11日—12日,柬埔寨旅游部副国务秘书索卡亚一行6人。

2019年10月26日,市委书记、市人大常委会主任赵乐秦(右)、市长秦春成(左)向法国政府前总理让·皮埃尔·拉法兰(中)送礼品　　(夏雪　摄)

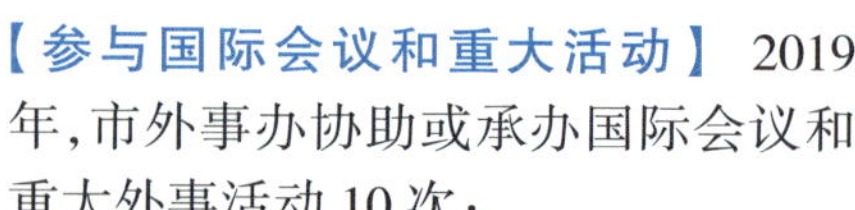

【参与国际会议和重大活动】 2019年,市外事办协助或承办国际会议和重大外事活动10次:

4月12日,中国21世纪议程管理中心—亚洲开发银行“促进2030年可持续发展议程本地化的制度建设”项目启动会在桂林举行。市委副书记白松涛出席会议并致辞。副市长兰燕主持会议。中国21世纪议程管理中心、亚洲开发银行以及桂林市相关县区、部门负责人等参加会议。4月25日,纪念中美建交40周年美国飞虎队遗产研讨会在桂林举行。自治区党委副书记孙大伟,美国驻华大使布兰斯塔德出席研讨会并致辞。自治区人大常委会副主任、桂林市委书记、市人大常委会主任赵乐秦出席研讨

2019 年 4 月 24 日，市委书记、市人大常委会主任赵乐秦（右四）会见出席“纪念中美建交 40 周年美国飞虎队遗产研讨会”活动的美国驻华大使泰里·布兰斯塔德一行 （夏雪 摄）

会。活动期间，布兰斯塔德一行先后参观美国飞虎队桂林遗址公园、桂林市博物馆，出席“呵护母亲河青年志愿者行动启动仪式”，乘船考察漓江，观看《印象·刘三姐》及“桂林有戏”戏曲表演。9 月 22 日，2019 中国－东盟可持续发展创新合作国际论坛在桂林开幕。该届论坛以“加强创新合作，促进产业可持续发展”为主题，来自国内外的 500 多名专家学者参会。科技部副部长、中国工程院院士徐南平，自治区人大常委会副主任、桂林市委书记、市人大常委会主任赵乐秦，柬埔寨国务秘书、柬埔寨国家与东盟科技合作委员会主席邓西尼，老挝科技部副部长展翔·皮马翁，缅甸马奎省社会部部长钦貌埃，印尼研究技术与高教部创新总司长朱满·阿佩，联合国开发计划署驻华代表处助理驻华代表万扬分别致辞。10 月 18 日，2019 中国－东盟博览会旅游展在桂林国际会展中心开馆，共有 71 个境外国家和地区组团参展参会，其中东盟 10 国全部参展。吸引约 800 家参展商，300 名境内外专业买家参会。10 月 17 日，第九届桂林国际山水文化旅游节在桂林开幕。自治区党委常委、常务副主席秦如培，自治区人大常委会副主任、桂林市委书记、市人大常委会主任赵乐秦，自治区副主席李彬，广东省副省长张虎，云南省副省长王显刚，国家文化和旅游部机关服务局副局长张杰，国家发展改革委基础司铁道处副处长刘智荣，中国国家铁路集团有限公司特别代表、中国铁路南宁局集团有限公司党委书记、董事长康维，联合国世界旅游组织执行主任曼努埃尔·巴特勒，柬埔寨旅游部副国务秘书索卡亚，亚太旅游协会首席运营官特雷弗·韦尔特曼，香港理工大学酒店与旅游业管理学院院长田桂成出席开幕式。10 月 18 日，第十三届联合国世界旅游组织/亚太旅游协会旅游趋势与展望国际论坛在桂林开幕。来自世界各地的旅游官员、专家学者和业界精英汇聚一堂，针对世界旅游行业当前和未来发展趋势开展对话交流。联合国世界旅游组织执行主任曼努埃尔·巴特勒，亚太旅游协会首席运营官特雷弗·韦尔特曼，香港理工大学酒店及旅游业管理学院院长田桂成，自治区人大常委会副主任、桂林市委书记、市人大常委会主任赵乐秦，自治区副主席李彬，国家文化和旅游部国际交流与合作局一级巡视员李健钢出席开幕式并致辞。10 月 21 日—22 日，2019 环广西公路自行车世界巡回赛桂林赛段在桂林举行。自治区人大常委会副主任、桂林市委书记、市人大常委会主任赵乐秦书记出席颁奖仪式并致辞。桂林市市长秦春成出席开赛仪式并致辞。来自世界各地 18 支男子车队和 17 支女子车队的 126 名世界顶级车手们齐聚广西参加赛事。11 月 9 日—22 日，东盟防长扩大会反恐专家组联合实兵演习在桂林举行，共有来自东盟 10 个成员国家和 8 个对话伙伴国及东盟军事医学中心，800 余名官兵参演。12 月 9 日，“科技创新促进可持续发展”发展中国家技术培训班在桂林市开班。联合国经济和社会事务部副司长穆柯尔吉、联合国亚洲及太平洋经济社会委员会技术与创新处主任乔纳森·王、埃塞俄比亚科学和高等教育部部长阿非沃·吉佐、柬埔寨规划部国家科学技术委员会秘书长汉斯·蓬东、中国科技部国际合作司副司长陈霖豪、中国 21 世纪

2019 年 10 月 17 日，市委书记、市人大常委会主任赵乐秦（右）会见联合国世界旅游组织执行主任曼努埃尔·巴特勒并赠送纪念品 （夏雪 摄）

议程管理中心副主任柯兵、自治区科学技术厅副厅长唐咸来、桂林市委副书记白松涛等参加开班仪式。12月12日,2019体育强国建设论坛暨中国－东盟体育旅游活力月在桂林启幕。国家体育总局水上运动管理中心党委书记李瑞林,国家信息中心经济预测部主任张宇贤,李宁(中国)体育用品有限公司董事长李宁,自治区地方金融监管局局长范世祥,人民网总编辑罗华出席开幕式。

【因公出入国(境)管理】 2019年,市外事办共受理审核审批因公出访团组96批次,193人次,计划内65批次,113人次,涉及36个国家和地区,其中党政团组13批32人次,赴东盟国家12批29人次;共受理审核邀请到桂林从事经济贸易、文化教育和医疗的外国技术人员通知函材料108批243人次。

2019年,桂林市厅级团组共6批次:5月13日—17日,市政协副主席郑毅率团出访澳大利亚;5月14日—17日,市委副书记白松涛随自治区人民政府代表团赴中国香港进行经贸交流;7月14日—8月3日,市委组织部部长彭东光随自治区党委代表团赴日本培训;7月16日—23日,副市长彭代元率团访问美国和墨西哥;7月20日—27日,市委政法委书记赵志军随自治区政法委代表团访问土耳其、以色列和埃及;7月21日—8月3日,市委统战部部长王建毅随自治区党委代表团赴新加坡培训。

【涉外应急领事保护】 2019年,市外事办协助处理桂林籍公民海外领事保护与协助工作6起:1月,协调象山区和七星区人民政府做好桂林市赴塞拉利昂非法采金被劝返人员的管理教育工作;2月,协助处理桂林全州籍公民唐专金在马尔代夫死亡善后工作;5月,协助处理在缅甸死亡的桂林市公民卿永笔家属赴缅甸处理后事事宜;6月,协助处理桂林市象山区公民莫嘉华在越南因藏匿毒品被提起诉讼事宜;10月,协助处理桂林市公民吕柏林在俄罗斯旅游期间死亡事宜;11月,协助桂林市民徐敏在越南刑满回国事宜。协调处理外籍公民在桂应急事件2起:2月,协调处理以色列籍公民AXEL MIKHAEL在桂林阳朔死亡善后工作;10月,协调处理法国游客Henri Bryon在桂林阳朔死亡善后工作。协助调查了解中外企业经济纠纷1起:5月,协助处理泰国企业Global Advance Industry Limited与桂林华德机械设备有限公司采购纠纷。(胡军)

接　　待

【概况】 2019年,市接待办共接待全国各级领导及随员893批1.05万人次。其中,接待党和国家领导人8批次;接待省(部)级领导干部114批209人次。安全行车6.5万千米。加强对县(区)接待工作的指导,推动桂林市公务接待能力均衡发展。

【接待国家各部委团组】 2019年,桂林市接待国家各部委领导团组有:1月,退役军人事务部副部长钱锋到桂林进行检查、调研工作。4月,文化和旅游部副部长李群到桂林调研工作;中国工程院副院长邓秀新到桂林考察调研。5月,中央扫黑除恶第十七督导组下层二组组长王春峰到桂林督导扫黑除恶专项斗争落实情况;中国农业技术协会理事长柯炳生到桂林调研农业工作;交通运输部原部长黄镇东到桂林开展一史一录调研。6月,最高人民法院专职委员刘贵祥到桂林调研基层法院情况;水利部副部长兼应急管理部副部长叶建春到桂林开展珠江流域防汛抗旱防台风检查工作;水利部副部长魏山忠到桂林指导水旱灾害防御工作。9月,科技部副部长徐南平到桂林参加中国－东盟科技论坛;国务院第六次大督查第九督查组组长吴宏耀到桂林进行督查;国家林业和草原局李春良副局长到桂林调研。10月,九三学社中央副主席丛斌到桂林调研九三学社工作;中央第九巡回督导组组长杜德印到桂林督导"不忘初心、牢记使命"主题教育活动;中央军委政治工作部群众工作局局长肖安水到桂林指导桂林市创建双拥工作情况;文化和旅游部副部长李群到桂林出席"两会一节"。10月,国家林业和草原局李树铭副局长到桂林调研;中科院院士袁隆平到桂林调研。11月,全国工商联副主席鲁勇到桂林市调研工商联工作;农业农村部副部长于康震到桂林调研;民政部副部长王爱文到桂林调研。12月,国务院副秘书长、国家信访局局长舒晓琴到桂林市调研信访工作;中宣部常务副部长王晓辉到桂林市调研;中国侨联原主席庄严林到桂林市考察;全国人大调研组教文卫委副主任委员杨志今到桂林调研;国务院经济普查办公室主任贾楠到桂林调研;人民日报社副总编辑许正中到桂林参加体育强国建设论坛;国务院研究室副主任杨书兵到桂林调研。

【接待自治区领导团组】 2019年,桂林市接待自治区领导团组有:1月,自治区政协副主席钱学民到桂林开展春节前慰问;自治区党委常委、常务副主席秦如培到桂林指导2018年市委常委班子民主生活会;自治区人民政府党组成员、公安厅党委书记周成方到桂林调研。2月,自治区党委常委、统战部部长徐绍川到全州县、兴安县、灵川县调研统战工作;自治区副主席方春明到桂林调研;自治区人大常委会副主任张秀隆到桂林调研。3月,自治区政协副主席、民盟广西区委主委刘慕仁到桂林恭城瑶族自治县出席民盟中央相关活动;自治区党委常委、统战部长徐绍川到阳朔县出席统战活动;自治区人大常委会副主任王跃飞到桂林调研;自治区副主席黄俊华到桂林考察调研教育卫生工作。4月,自治区政协副主席、民盟广西区委主任刘慕仁到桂林就民盟工作开展调研指导工作;自治区中级人民法院院长黄海龙、自治区检察院检察长崔智友到桂林调研司法工作;自治区政协副主席李康到桂林开展"新时代加强和改进政协工作"大调研;自治区党委常委、组织部部长曾万明到桂林调研基层党建工作;自治区政协副主席磨长英到桂林企业开展综合调研;自治区党委常委、宣传部部长范晓莉,自治区副主席李彬到龙胜各族自治县、全州县、兴安县、资源县调研湘江战役红军遗骸收殓保护工作情况;自治区党委副书记孙大伟到桂林出席中美建交

40周年纪念活动，并到恭城瑶族自治县调研农村人居环境整治工作；自治区人大常委会副主任卢献匾到桂林出席2019年设区市地方立法研讨培训班；自治区人大常委会副主任赵乐秦在桂林开展工作调研。5月，自治区党副书记孙大伟到龙胜各族自治县、资源县调研扶贫攻坚工作；自治区政协主席蓝天立到桂林出席日本经贸代表团相关活动；自治区政协副主席钱学明到桂林调研；自治区党委常委、纪委书记房灵敏到桂林参加自治区纪检监察系统业务工作培训班开班仪式；自治区人大常委会副主任张晓钦到桂林开展消费者权益保护条例执法检查。6月，自治区党委书记鹿心社率自治区党委常委到全州县、兴安县、灌阳县开展“不忘初心、牢记使命”主题教育活动，并调研基层扶贫攻坚和基层党建工作；自治区政协主席蓝天立到兴安县、全州县开展“不忘初心、牢记使命”主题教育活动；自治区副主席李彬到桂林开展慰问及调研；自治区政协副主席陈刚到桂林进行重点提案督办调研；自治区副主席杨晋柏到桂林调研；自治区副主席严植禅先后两次到桂林进行调研。7月，自治区政协副主席、民建广西区委主委钱学明到桂林就民建工作开展调研指导工作；自治区政协副主席、民盟广西区委主委刘慕仁到桂林开展调研；自治区党委常委、统战部部长徐绍川到桂林调研；自治区党委常委、宣传部部长范晓莉到全州、兴安就湘江战役烈士遗骸保护工作进行调研指导；自治区副主席黄俊华到桂林考察调研教育卫生工作；自治区主席陈武到桂林考察。8月，自治区党委书记鹿心社到桂林市恭城瑶族自治县、平乐县、荔浦市、永福县就扶贫攻坚、乡村振兴、工业企业等进行调研考察；自治区政协副主席、自治区工商联主席磨长英到桂林就民营企业问题开展调研活动；自治区政协副主席、民建广西区委主委钱学明到桂林调研；自治区副主席方春明到桂林调研。9月，自治区党委常委、宣传部部长范晓莉到桂林兴安、全州就湘江战役烈士遗骸保护工作进行调研和布置相关工作；自治区党委副书记孙大伟到桂林市、恭城瑶族自治县、平乐县、阳朔县慰问各界困难群众、英模代表，并进行脱贫攻坚、乡村振兴开展调研工作；自治区人大常委会副主任杨静华到桂林调研；自治区副主席方春明到桂林调研。10月，自治区副主席李彬到桂林出席“两会一节”；自治区副主席李彬到桂林调研；自治区副主席黄俊华到桂林调研；自治区党委常委、常务副主席秦如培到桂林参加第五届粤桂黔滇高铁经济带合作联席会议暨粤桂黔滇高铁经济带合作试验区(桂林)广西园建设工作现场会。11月，自治区党委常委、统战部部长徐绍川到桂林调研统战工作；自治区党委常委、政法委书记黄世勇到桂林调研政法工作；自治区党委常委、宣传部部长范晓莉到桂林全州县开展党日活动；自治区副主席费志荣到桂林调研；自治区副主席黄俊华到桂林调研；自治区人大常委会副主任卢献匾到桂林调研；自治区人大常委会副主任赵乐秦在桂林出席自治区文旅会议。12月，自治区党委常委、纪委书记房灵敏到桂林指导市委常委领导班子民主生活会；自治区党委常委、常务副主席秦如培到桂林进行工作调研；自治区党委常委、统战部部长徐绍川，政协副主席磨长英到桂林参加中华老字号企业广西合作发展大会；自治区副主席费志荣到桂林调研；自治区副主席方春明到桂林参加第17届农交会；自治区副主席杨晋柏到桂林调研；自治区党委常委、常务副主席秦如培到桂林参加自治区特色食品发展现场会；自治区副主席李彬到桂林调研。

【接待外省(自治区、直辖市)团组】 2019年，桂林市接待外省(自治区、直辖市)团组有：3月，海南省委常委、海口市委书记张琦率代表团到桂林考察。4月，云南省政协副主席罗黎辉到桂林考察学习政协工作。5月，四川省绵阳市委书记刘超率党政代表团到桂林考察学习；吉林省人大常委会副主任贺东平到桂林考察调研。7月，海南省政协副主席吴岩俊到桂林调研政协工作。8月，海南省政协主席毛万春在自治区政协主席蓝天立陪同下到桂林调研考察。9月，江西省委副书记、赣州市委书记李炳军到桂林考察。10月，辽宁省政协副主席李晓安到桂林考察学习；海南省副省长苻彩香到桂林考察。12月，四川省政协副主席李昌平到桂林考察学习；浙江省政协副主席吴晶到桂林考察。

【接待新闻媒体、院校团组】 2019年，桂林市接待新闻媒体、院校团组有：2月，广西日报社副总编辑陈仕平到桂林采访；中央电视台广西记者站站长宋大珩到桂采访。4月，中央文明网总编辑郝瑞珩到桂林调研；民族歌剧《白毛女》在桂林大剧院演。9月，香港凤凰卫视集团总裁刘长乐到桂林考察。12月，《血色湘江》导演组导演陈卫到桂林开展演出。

【接待知名人士、企业团组】 2019年，桂林市接待知名人士团组有：1月，中关村信息谷公司总经理石七林到桂林投资考察；华邦控股集团领导董事局主席苏如春到桂林投资考察；中国铁路通信信号股份有限公司党委书记、董事长周志亮到桂林投资考察。3月，中国农业发展银行监事会主席于学会到桂林进行商务洽谈；兴业银行南宁分行行长林仁德到桂林调研。4月，深银信投资集团董事长唐晓丹到桂林考察洽谈；华夏幸福基业股份有限公司董事长吴向东到桂林考察洽谈；华为公司消费者BG CPO宋艳玲、深科技公司常务副总裁陈珠江到桂林进行商务投资洽谈。5月，中国－东盟商务与投资峰会中日韩健康产业论坛会议在桂林举办，自治区人大常委会副主任杨静华、中国贸促会党组成员、副会长张慎峰参会。6月，日本原首相鸠山由纪夫到桂林投资考察。7月，北京侨商代表团副团长王琳达率代表团到桂林考察企业投资情况。8月，中国电子集团、深科技总经理张冬辰到桂林投资考察；比亚迪公司总裁王传福到桂林投资考察；华为公司数据通信产品线副总裁钟开生到桂林考察。10月，万达集团董事长王健林到桂林参加环广西自行车赛年终盛典。11月，红星美凯龙集团董事长车建新到桂林进行投资考察洽谈。12月，海航集团董事长陈峰到桂林洽谈，并与桂林市人民政府签署相关合作协议；深圳宝能集团副总经理赵乐国到桂林投资考察。（市接待办）

旅 游 业

综 述

【概况】 2019年，桂林市文化广电和旅游局坚持桂林国际旅游胜地建设“一本蓝图绘到底”，推进桂林市旅游产业加快升级发展。全年全市接待游客总人数1.38亿人次，增长(比上年，下同)26.7%。其中，接待国内游客1.35亿人次，增长27.1%；入境过夜游客314.59万人次，增长14.5%。全市实现旅游总消费1874.24亿元，增长34.7%。其中，国内旅游消费1731.75亿元，增长34.2%；国际旅游(外汇)消费20.62亿美元，增长35.3%。全市文化旅游实现从传统产业发展模式向全域旅游升级、从观光游览地向休闲度假地升级、从旅游产业基本要素发展向“旅游+”深度融合升级、从开发一般旅游项目向创造未来遗产升级、从基本服务规范向国际化服务品质升级、从旅游企业相互竞争向产业集聚发展升级、从一般国际旅游城市向国际旅游胜地升级，桂林旅游世界品牌、国内标杆、广西龙头地位不断提升。桂林市获“中国十大品质休闲城市”“最受游客欢迎的十大国内旅游城市”“中国(区域)最具魅力人气旅游城市”等称号。

全市入境过夜旅游人数外国人160.98万人次，增长13.5%。港澳同胞74.27万人次，增长22.9%；台湾同胞79.35万人次，增长9.6%。外国人市场中，东盟十国61.42万人次，增长20.9%。外国人市场前十依次为韩国、马来西亚、美国、印度尼西亚、新加坡、英国、法国、泰国、加拿大、日本。国内游客中，除广西游客外，客源以广东省最多，占总体比例32.84%。其次是湖南省和贵州省，分别占比7.63%和3.62%。基于空间位置及交通优势，湖南省、贵州省客源地已逐步构成桂林旅游的二级市场。全市2019年十大客源省(直辖市、自治区)依次为广西、广东、湖南、贵州、浙江、江苏、四川、北京、陕西、上海。在交通方面，随着国家高速铁路的快速发展，高铁直达桂林的城市快速增加，大部分游客出行选择以动车为主。广西周边省份的游客驾车或乘车的游客占比逐步增加。在住宿方面，游客在桂林停留2天—4天，占总游客数量56.7%。经济型酒店最受欢迎，占过夜人数35%，其次是四星级高档型酒店，占过夜人数25%，三星级舒适型、五星级豪华型、以及民俗客栈分别占比为18%、15%和7%。游客半数以上选择在桂林市区的酒店入住。出游桂林的游客中，男性比例高于女性比例，占比达到58.5%。选择带孩子到桂林游玩的游客占比45%，选择与闺蜜、朋友、情侣到桂林游玩的游客占比34%，独自出游的游客占比14%。

【承办首届广西文化旅游发展大会】 2019年11月20日—21日，首届广西文化旅游发展大会在桂林召开，该此大会由自治区党委、自治区政府主办，自治区文化和旅游厅、自治区发展和改革委员会及中共桂林市委、市人民政府承办，会议全面部署文化旅游发展各项工作。配合文化旅游发展大会的召开，自治区配套出台支持文化旅游发展的“1+7”系列文件引导支持自治区文化旅游产业高质量发展，其中专门出台《广西壮族自治区人民政府关于支持桂林市加快文化旅游产业发展的意见》等3个支持桂林市的政策文件，明确重点支持桂林建设文化旅游产业发展重点项目58个。中共桂林市委、市人民政府出台了《桂林市加快文化旅游产业发展三年行动方案》等“1+4”系列配套政策。各县(市、区)相关配套政策及落实方案也陆续出台。为旅游融合发展明确目标、任务和具体措施。

【推进旅游“双创”工作】 2019年，桂林市继续推进以创建广西特色旅游名县和创建国家全域旅游示范区为内容的“双创”工作，推动桂林市旅游业从“景区旅游”向“全域旅游”发展。1月，秀峰区获首批自治区级全域旅游示范区。5月，阳朔县遇龙河景区成为自治区首个国家级旅游度假区。9月，阳朔县入选文化和旅游部公布首批“国家全域旅游示范区”名单。11月，灵川县、恭城瑶族自治县获自治区文化和旅游厅命名的“广西特色旅游名县”称号，全市累计有8个县(市、区)(阳朔县、兴安县、龙胜各族自治县、荔浦市、资源县、雁山区、灵川县、恭城瑶族自治县)获“广西特色旅游名县”称号。桂林创建特色旅游名县数量居自治区首位。

【旅游产业开发助力脱贫攻坚】 2019年，桂林市依托各乡村特色文化旅游资源，发展休闲农业与乡村旅游带动贫困户脱贫致富。龙脊景区2019年接待游客392万人次，景区内群众直接分红超过1656万元；黄洛瑶寨开发“红瑶长发”民族文化服务项目和体验产品，2019年接待游客97.49万人次，仅歌舞表演1项就分红350万元；金江村江边组引进国际知名旅游平台，打造木楼精品民宿示范点在平台网络面向全球进行宣传销售；金竹壮寨由旅游公司统一改造精品民宿，将村寨周边的辣椒、罗汉果、百香果等蔬果种植改造为游客体验区，打造以木楼民宿为核心的田园综合体，让房屋户主享受分红收益或劳务服务收益。

【以旅游厕所建设提升乡村旅游质量】 2019年，桂林市把旅游厕所建设作为市级层面为民办实事项目，提升乡村旅游质量，改善桂林市农村人居环境。桂林市旅游厕所建设布局侧重于8条精品线路沿线集镇、城镇示范乡(镇)工程、乡村旅游区、桂北五县红色旅游线路，全年共新建改建旅游厕所144座。并将厕所建设提升作为星级乡村旅游区、星级农家乐等创建的必备项目，实行一票否决制。

【"一键游桂林"促进桂林智慧旅游产业升级】 2019年，随着旅游经济步入移动互联网时代，游客对智慧旅游的需求不断提升，为适应大众旅游新需求，桂林市提升智慧景区建设水平。3月，腾讯城市品牌计划"30秒游桂林"启动，"30秒游桂林"活动以城市IP化为核心，多维度多层面帮助城市打造旅游目的地IP，面向全国宣传桂林旅游资源和特色，吸引更多的年轻人来到桂林旅游，助力消费升级。"30秒游桂林"微视话题上线一周播放总量即超1亿次，总播放量3.6亿次。该次创作活动借助腾讯微视红包视频的社交媒体产品属性，全网首创互动视频新玩法，数百万网友线上票选出"桂林新三宝"城市名片。5月，"一键游桂林"项目升级，启动"一部手机游广西"项目，建设覆盖广西的"i游广西"智慧旅游平台。旅游综合服务平台"i游桂林"中桂林的入驻企业超过3000家。旅游综合监管平台已达到"6通"("通旅行社""通导游""通景区""通酒店""通购物企业""通旅游车辆")，实现旅游管理、服务、营销智慧化。

【"一节一展一论坛"创新升级】 2019年10月17日—18日，第十三届联合国世界旅游组织/亚太旅游协会旅游趋势与展望国际论坛在桂林市举办。该届论坛中外专家学者围绕"超越都市——疏散政策、容量管理和乡村旅游"主题，围绕全域旅游、加强旅游容量管理、提升游客旅游体验等方面，深入交流探讨，释放出独特的国际影响力，为桂林旅游创新发展提供新理念新路径新模式。

2019年10月17日—18日，第十三届联合国世界旅游组织/亚太旅游协会旅游趋势与展望国际论坛在桂林市举办 （唐飞鸿　摄）

10月17日—20日，第九届桂林国际山水文化旅游节在桂林举行，以"新融合、新体验、新活力"为主题，既有文化和旅游的融合体验，又有游客和市民的参与互动；既保留传统的经典活动，又新增文化创意、非遗体验等活动，充分展现桂林旅游的新时尚新魅力，桂林旅游美誉度和竞争力显著提升。

10月18日—20日，2019中国－东盟博览会旅游展在桂林市举办，该届旅游展以"坚持创新引领，深化中国－东盟旅游开放合作"为主题，集旅游展示、交流、交易于一体，参展国家、地区达57个，东盟10国全部参展，参展净面积1611平方米。广西国际友城泰国素叻他尼府、越南广南省，桂林国际友好城市日本熊本市、韩国济州市参展。该次旅游展组展形式以各省(自治区)、直辖市旅游主管部门为主，形式增加了展会专业性；突出文旅融合，参展的各文旅单位展示丰富多样，让旅游有更丰富的文化色彩，同时文化又在旅游中得以传承；促进各地区文旅单位更密切的交流学习，为21世纪海上丝绸之路建设夯实民意基础，为建设中国－东盟命运共同体积累共识。

旅游资源

【概况】 2019年，按照《中国旅游资源普查规范(试行稿)》对旅游资源进行分类，桂林具有地文景观类、水域风光类、生物景观类、古迹及建筑类、消闲求知类、购物类全部六大类，67个基本类型，占全部74个基本类型中的90.5%。

桂林有世界自然遗产1处：桂林喀斯特(漓江)。全球重要农业文化遗产1处：龙脊梯田(龙胜各族自治县)。世界灌溉工程遗产1处：兴安灵渠(兴安县)。

桂林有国家5A级旅游景区4处：漓江景区、乐满地度假世界、独秀峰·王城景区、两江四湖·象山景区。

桂林有国家4A级旅游景区38处：七星景区(七星区)、芦笛景区(秀峰区)、世外桃源旅游区(阳朔县)、冠岩景区(雁山区)、愚自乐园艺术园景区(雁山区)、银子岩旅游度假区(荔浦市)、灵渠景区(兴安县)、古东瀑布景区(灵川县)、穿山景区(七星区)、龙胜温泉旅游度假区(龙胜各族自治县)、丰鱼岩旅游度假区(荔浦市)、尧山景区(叠彩区)、荔江湾景区(荔浦市)、图腾古道—聚龙潭景区(阳朔县)、南溪山景区(象山区)、龙脊梯田景区(龙胜各族自治县)、金钟山景区(永福县)、经典刘三姐大观园景区(秀峰区)、蝴蝶泉景区(阳朔县）、西山景区（秀峰区）、罗山湖·玛雅水上乐园景区（临桂区）、逍遥湖景区（灵川县）、猫儿山景区（兴安县）、西街景区（阳朔县）、红溪景区（临桂区）、资江天门山景区（资源县）、八角寨景区（资源县）、资江灯谷景区（资源县）、三庙两馆景区（恭城瑶族自治县）、红岩景区（恭城瑶族自治县）、在水一汸景区（临桂区）、新区环城水系景区（临桂区）、红军长征突破湘江烈士纪念碑园景区（兴安县）、大圩古镇景区（灵川县）、漓水人家景区（灵川县）、大碧头国际旅游度假区（全州县）、红军长征湘江战役纪念园（全州县）、桂林全州县湘山·湘源历史文化旅游区（全州县）。

桂林有国家3A级旅游（区）点39处：十二滩漂流景区（临桂区）、天河瀑布（荔浦市）、龙门瀑布景区（灵川县）、仙家温泉景区（平乐县）、神龙水世界度假区（灵川县）、多耶古寨·蛇王李景区（雁山区）、江头景区（灵川县）、芦笛岩鸡血石文化艺术中心（秀峰区）、桂林旅苑景区（雁山区）、白面瑶寨（龙胜各族自治县））、艺江南中国红玉文化园（龙胜各族自治县）、崇华中医街景区（临桂区）、炎井温泉景区（全州县）、万福广场·休闲旅游城（象山区）、马岭鼓寨民族风情园（荔浦市）、柘村景区（荔浦市）、宝鼎景区（资源县）、塘洞景区（资源县）、侗情水庄景区（象山区）、凤山景区（永福县）、抱璞文化展示中心（临桂区）、龙虎关景区（恭城瑶族自治县）、矮寨景区（恭城瑶族自治县）、社山景区（恭城瑶族自治县）、罗汉果小镇（永福县）、瓦窑小镇景区（象山区）、黄沙秘境大峡谷景区（临桂区）、美国飞虎队桂林遗址公园（临桂区）、李宗仁故居（临桂区）、会仙喀斯特国家湿地公园景区（临桂区）、黄岭景区（恭城瑶族自治县）、杨溪景区（恭城瑶族自治县）、瑶族文化村景区（恭城瑶族自治县）、北洞源景区（恭城瑶族自治县）、唐景崧故里景区（灌阳县）、希宇·欢乐城景区（灵川县）、八路军桂林办事处路莫村物资转运站景区（灵川县）、桂林国际茶花谷旅游休闲度假区（全州县）、桂林湘山酿酒生态园景区（全州县）。

桂林有国家级风景名胜区1处（漓江）；自治区级风景名胜区3处：龙脊（龙胜各族自治县）、青狮潭（灵川县）、八角寨—资江（资源县）。

桂林有国家级自然保护区4处：花坪、猫儿山、千家洞、银竹老山；自治区级的自然保护区7处；县级的自然保护区9处；自治区级的旅游度假区4处：桃花江旅游度假区、龙胜温泉旅游度假区、青狮潭旅游度假区、丰鱼岩旅游度假区。国家地质公园1处（桂林资源丹霞国家地质公园）。国家湿地公园1处（桂林会仙喀斯特国家湿地公园）。

桂林有全国重点文物保护单位20处：甑皮岩新石器时期洞穴遗址、桂林石刻、灵渠、靖江王府和王陵、李宗仁官邸和故居、八路军办事处旧址、秦城遗址、湘江战役旧址、江头村和长岗岭村古建筑群、燕窝楼、恭城古建筑群、晓锦遗址、湘山寺塔群与石刻、永宁州城城墙、百寿岩石刻、父子岩遗址、桂林静江府城墙、乐湾村左建筑群、广西省立艺术馆旧址、湘江战役旧址。

桂林有国家全域旅游示范区1个（秀峰区），自治区级全域旅游示范区1个。国家历史文化名镇名村8个，全国特色景观旅游名镇名村7个，全国休闲农业与乡村旅游示范县12个，全国休闲农业与乡村旅游示范点25个。国家工农业旅游示范点12个，中国传统村落85个。国家级非物质文化遗产保护名录4项，自治区级非物质文化遗产保护名录84项，市级非物质文化遗产保护名录183项。广西特色旅游名县8个，广西星级乡村旅游区29家，广西星级农家乐112家。

【中心区域景点选介】

逍遥楼·东西巷 位于桂林市中心解放东路和正阳路交汇处，包含正阳街东巷、江南巷、兰井巷等桂林传统街巷，空间尺度宜人，是桂林明清时代遗留下历史街巷，是桂林古历史风貌的观景区，总占地面积2.92万平方米，建筑总面积6万多平方米。逍遥楼最早建于唐代武德四年（621年），由当时的桂州大总管李靖以独秀峰为中心修建桂州城，称为“子城”，逍遥楼坐落在子城的城墙上，成为桂林东边的一个制高点。唐宋以来，逍遥楼是文人雅士登楼赏景、题诗作画、宴饮留别的绝佳场所。逍遥楼重建地点在离逍遥楼原址不远的解放桥西北角，并依照唐代建筑风格，由著名设计师精心设计，历1年时间，千古名楼建成。东西巷历史文化街区以传统居住、传统商业、文化体验、休闲旅游等主要功能为基础、融合景区游赏，以“市井街巷、名人府邸”特色，同时体现时代发展的多元文化复合型历史风貌区，整体建筑风格还原了老东西巷明、清古风貌建筑群。

漓江景区 世界自然遗产、全国首批国家5A级旅游景区。漓江发源于兴安县猫儿山，是桂林风光的精华，中国山水风光的典型代表。漓江是喀斯特地形发育最典型的地段，酷似一条青罗带，蜿蜒于万点奇峰之间。从桂林至阳朔约83千米的水程，沿江风光旖旎碧水萦回，奇峰倒影、深潭、喷泉、飞瀑参差，美不胜收。兼有“山青、水秀、洞奇、石美”四绝，还有“洲绿、

逍遥楼　（李腾钊　2019年摄）

滩险、潭深、瀑飞”之胜。乘船游览漓江,可见绿岛芳洲、渔舟红帆、鹰击长空、鱼翔浅底。江水赋予凝重的青山以动态、灵性、生命,把人带进神话世界,舟行之际,进入“分明看见青山顶,船在青山顶上行”意境。春天,岚雾缭绕,烟雨缥缈,江山空漾;夏日,上下天光,碧绿万顷,万山刚毅;秋时,江峰如洗,满山飘香,累累硕果;冬季,两岸白雪,山水清灵,纯净高雅。构成一幅绚丽多彩的画卷,人称“百里漓江、百里画廊”。

两江四湖·象山景区　国家5A级旅游景区。由两江四湖景区、象山景区、滨江景区(伏波山公园和叠彩山公园)构成,位于桂林中心城区,是以象鼻山、伏波山、叠彩山为中心,两江四湖为纽带的大型景区,集山清水秀、洞奇石美及丰富的历史文化景观为一体。整个景区沟通连接漓江、桃花江2条河流和榕湖、杉湖、桂湖、木龙湖4个湖泊,构成可通航的环绕桂林城区的水上游览体系。两江四湖景区主要包括以木龙古渡、古城墙为主景,宝积山、叠彩山等为背景的体现城市文化特色的木龙古水道主景区,以山林自然野趣为特色的桂湖景区,以体现“城在景中、景在城中”山水城市空间特征为特色的榕湖、杉湖主景区。象鼻山景区主要有象鼻山、水月洞、象眼岩、普贤塔、三花酒窖、爱情岛、太平天国革命遗址陈列馆等,以其独特的山形和悠久的历史成为桂林城徽标志,位于水月洞内有摩崖石刻50余件,是广西重点文物保护单位,唐代著名诗人韩愈的名句“江作青罗带,山如碧玉簪”镌刻于洞中。水月洞与水中倒影宛如一轮明月,自古有象山水月的美誉。叠彩山上历代名人的摩崖石刻尤多,为文物的精华。伏波山因唐代曾在山上修建汉朝伏波将军马援祠而得名。伏波山公园由多级山地庭园组成,有还珠洞、千佛岩、珊瑚岩、试剑石、听涛阁、半山亭、千人锅及大铁钟等景点和文物,集山、水、洞、石、亭、园、文物于不足1万平方米的范围内,成为独特的桂林山水的缩影。

独秀峰·王城景区　国家5A级旅游景区,全国重点文物保护单位。靖江王城始建于明洪武五年(1372年),史上为明朝藩王府,清时广西贡院,民国时的广西省政府所在地。靖江王城坐东北朝西南,南北长556米,东西宽355米,整个王府占地面积18.7公顷,历经11代14位藩王的历史。按照藩王府定制构筑,保持了中国古代建筑中轴对称的布局,前为承运门,中为承运殿,后为寝宫,最后是御苑。围绕主体建筑还有4堂、4亭和台、阁、轩、室、所等40多处。王城著名的景点有承运殿、太平岩、贡院、独秀峰。独秀峰有“南天一柱”的赞誉,史称桂林第一峰,山峰突兀而起,形如刀削斧砍,周围众山环绕,孤峰傲立,有如帝王之尊,峰壁摩崖石刻星罗棋布,“桂林山水甲天下”千古名句真迹题刻于此。

芦笛景区　国家4A级旅游景区。位于桂林市西北郊,因洞口长有一种可做笛子的芦荻草而得名,是一个以游览岩洞为主、观赏山水田园风光为辅的风景名胜区。芦笛岩洞深240米,游程500米。洞内有大量奇丽多姿、玲珑剔透的石笋、石乳、石柱、石幔、石花,琳琅满目,主要景点有:狮岭朝霞、红罗宝帐、盘龙宝塔、原始森林、水晶宫、花果山等景观,令游客目不暇接,如同仙境,被誉为“大自然的艺术之宫”。从唐代起,历代都有游人踪迹,现洞内存历代壁画77则。1959年发现并开发,建有餐厅、茶室、水榭、湖池、曲桥,并设游船,广植花木等。

两江四湖景区——渔鹰捕鱼　（唐飞鸿　2019年摄）

七星景区　国家4A级旅游景区。位于漓江东岸,面积134.7公顷,因有七星山、七星岩而得名。七星山七峰并峙,宛如北斗星座,北四峰象斗魁,称普陀山,南三峰象斗柄,称月牙山。著名的七星岩就在普陀山山腹。岩洞雄厅深邃,洞中石钟乳、石笋、石柱、石幔等千姿百态,蔚为奇观。桂林山水的精品“三山两洞一条江”,其中“两洞”指七星岩、芦笛岩。七星景区具有典型的岩溶地貌景观,集山、水、洞、石、庭院、林木、文物等精华,其主要景观有花桥、普陀山、七星岩、驼峰、月牙山、桂林海碑林、栖霞禅寺以及华夏之光广场等,是旅游者的必游之地。

穿山公园　国家4A级旅游景区,国家级重点风景名胜区。位于桂林市区漓江东岸,是自然风景与人文景观相映衬的著名风景区,因园内山峰穿山而得名。小东江自北而南,曲贯穿山与塔山之间。主要景点有穿山、塔山、月岩、穿山岩、寿佛塔等。穿山岩被誉为“世界罕见神奇的水晶宝洞”,位于穿山山腹,岩洞常年温度保持在22摄氏度,冬暖夏凉。洞内精美的石钟乳、石笋、石幔,琳琅满目、美不胜收。主要景观有天鹅湖、一线天、水帘洞、芭蕾脚、龙戏龟、卷曲石等,特别是晶莹剔透的鹅管石,雪白如玉的白玉石,新奇的石头开花和独特的石头长毛,形成了穿山岩独有的四大特色。穿山是桂林的名山之一,自古负有盛名,主峰有一穿洞,空明正圆,好似一轮明月高挂,因此得名月岩。登上月岩,不仅可欣赏到摩崖石刻,还可眺望漓江和桂林城景。塔山顶上,一座明

代七层实心寿佛塔巍然耸立，江中倒映，雅致清丽，有“塔山清影”之誉，是桂林“老八景”之一。

靖江王陵　全国重点文物保护单位，国家级大遗址保护重点园区。位于桂林市东北郊的尧山西南麓，是明王朝分封在靖江（桂林）历代诸王的陵园，规模宏大，素有“岭南第一陵”之称。靖江王陵是保存最完整、墓葬数量最多的明代藩王墓群。王陵的墓园布局大体相同，皆采用两院落式长方形布局，沿神道中轴线左右对称，呈“回”字形结构，中轴线上依次筑有陵门、祾恩门、祾恩殿、宝城。神道两旁为对列整齐的石作仪仗队。王陵墓群现存地表石刻334件，数量上居全国明代藩王陵首位，体现了不同时期的风格，反映了古代艺术家的追求与成就，同时也为研究明代藩王陵的墓仪规制提供一套较为完整的实物资料。

甑皮岩新石器时期洞穴遗址　全国重点文物保护单位。甑皮岩新石器时期洞穴遗址于1965年发现，1978年对外开放，占地5万平方米。遗址包括主洞、矮洞、水洞，洞穴面积约1000平方米，出土了石器、骨器、蚌器、角器、牙器和陶器残片。发现了中国最原始的陶器和新石器洞穴遗址最早的石器加工场。发掘了古人类骨架32具，其中大部分为屈肢蹲葬。出土了古人类食后遗弃的113种水、陆生动物遗骸，其中哺乳类的“秀丽漓江鹿”，鸟类的“桂林广西鸟”是首次发现的绝灭种属。鉴定出植物孢粉和碳化物近200种，其中发现了中国最早、距今约1万年的桂花种子。遗址的遗迹遗物记载和展示了距今12000年—7000年的桂林史前文化发展轨迹，被考古界称为“华南及东南亚史前考古最重要的标尺和资料库之一”，有“史前明珠”之誉。

美国飞虎队遗址公园　位于临桂区临苏路秧塘机场遗址，是在抗日战争时期美国第十四志愿航空队秧塘机场指挥所旧址上建设的一个纪念公园，保存有山洞指挥所、陈纳德将军观战石、飞机掩体等文物。有抗战纪念馆、抗战英雄纪念碑、抗战英雄浮雕墙、空军将士情景雕塑以及营房、指挥所等项目。纪念馆内陈列着与“飞虎队”相关的军服、勋章以及老照片等历史文物近300件，均由美国飞虎队历史委员会捐赠。纪念馆综合利用现代声光电展览陈设技术，结合图片、文物、模型复制品等，还原飞虎队在桂林的抗日史实。遗址公园建成后，成为美国飞虎队老战士及家属和朋友重温历史、瞻仰前辈先烈的重要基地，成为进一步增进中美两国友好交流的重要平台。2017年3月25日，在美国飞虎队桂林遗址公园开园两周年之际，美国飞虎队历史委员会正式向桂林捐赠了一架C-47飞机，永久陈列在美国飞虎队桂林遗址公园。

【东部区域景点选介】

大圩古镇　国家历史文化名镇，国家科技小城镇建设示范点，广西重点文物保护单位。汉代形成居民点，北宋已是商业繁华集镇，明代为广西四大古镇之一，明清时期，依漓江水路优势，成为沟通桂林、广东、梧州等地的交通枢纽和桂北地区的重要商品集散地，为桂林著名历史文化旅游景点。古镇内有一条长800米的青石板街以及老圩街、地灵街、隆安街、兴隆街、塘坊街、教楼街、福兴街、泗瀛街8条大街。青石板街与漓江平行而建，数百个商铺分列古街两旁。卖半码头、更鼓楼码头、秦聚利码头等13个码头沿江而建，依商业种类划分其交易功能。民国时期孙中山先生北伐时曾在塘坊码头启岸并发表“南北一统”的著名演说。

逍遥湖景区　国家4A级旅游景区。位于灵川县大圩镇，距市区20千米，占地200公顷，游览线路长约3千米，属于以山林、山溪、山间之湖组成的自然生态景区，是观光游览和休闲度假的好去处。景区重建了以逍遥楼为代表的桂林历史名楼名亭，通过仿古园林建筑、石刻诗词文章、历史名人趣事、坊间古风民俗、桂林八大状元，再现了底蕴深厚的桂林历史文化。景区设有350米高空滑索，让游客体验空中飞人的强烈刺激；西瓯丛林有探险小项目36个，可以激发游客挑战自我、跨越丛林的冒险精神。景区还设置小溪蹚水、榕溪泛舟、桂林傩舞、罚酒吟诗、蒙眼点状元、娱乐高尔夫、乘坐观光车等游乐互动项目，游程之中乐趣横生。

恭城瑶族自治县“三庙一馆”景区　国家3A级旅游景区。包括文庙、武庙、周渭祠、湖南会馆。文庙又称孔庙，全国重点文物保护单位，位于恭城瑶族自治县县城西山南麓，是纪念古代杰出教育家、思想家孔子的庙殿，始建于明朝永乐八年（1410年），总面积3600平方米，是国内保存较完整的孔庙之一，有“华南小曲阜”之称。建筑布局依次为照壁官墙、礼门、义路门、棂星门、泮池和状元桥、左右碑亭和东西厢房、大成门、名宦祠、乡贤祠、东西庑殿、露台、大成殿，最后是崇圣祠。门、院、殿宇贯穿在一条中轴线上，左右对称排列，层次分明，布局严谨。武庙为全国重点文物保护单位，该庙是纪念祭祀三国时期的名将关羽的祠庙，又称关帝庙。始建于明朝万历三十一年（1603年），庙宇面积2100平方米，武庙规模较大、气势宏伟，保存完整。周渭祠又称周王庙或嘉应庙，建于明朝成化十四年（1478年），清朝雍正元年（1723年）重修，是祭祀北宋监察御史周渭的祠庙。占地面积1600多平方米，建筑面积1040平方米，由戏台、门楼、大殿、后殿及左右厢房组成。周渭祠门楼面阔五间，重檐歇山，颇有明清古建筑特色。正殿塑有周渭像，两边的墙壁上用壁画的形式展示周渭生平故事，并配有诗赋。湖南会馆建于清朝同治十一年（1872年），为三湘同乡会集资所建，占地面积1847平方米，建筑面积1420平方米。由门楼、戏台、正殿信两边厢房组成。因其结构独特，造型奇巧，雕饰丰富，花草人物繁杂，故有“湖南会馆一枝花”之美称，其丰富的彩饰古戏台具有明显的岭南古建筑特色，有较高的艺术价值和研究价值。

漓水人家　国家4A级旅游景区。漓水人家位于灵川县大圩镇潮田河畔，距桂林市区19千米，是集文化、旅游、农业、生态于一身的旅游综合体。是以桂北风情、古民居建筑艺术、民间传统工艺为主题的村落。村落将漓江流域的传统文化、生产生活方式、建筑及环境真实生动的复制进来，并配以丰富多彩的参与性活动及趣味性解说，让游客能直观地看到过去又能真切的体验传统。

【南部区域景点选介】

阳朔西街　位于阳朔县城中心，是阳朔县古老街区，有1400多年历史。全长1180米，宽8米。西街的房屋建筑古朴典雅，呈桂北明清时期风格，处处可见小青瓦、坡屋面、白粉墙，吊阳台。环境古尚，民风淳朴，商业繁荣，文化交汇，游人如织。西街各式商行铺面比邻连接，洋溢民族气息。被称誉为"中国第一条洋人街""最大的外语角""名副其实的地球村"，不同爱好的各国游客在这里自由地游览、活动、交友，形成了中西文化的交汇点。

印象·刘三姐　全国文化产业示范基地、广西文化产业示范基地、广西民族风情旅游示范点。获中国乡土文化艺术特别贡献奖、首届文化部创新奖和第三届中国十大演出盛事奖、最佳导演奖。印象·刘三姐集漓江山水、广西少数民族文化及中国精英艺术家创作之大成，是一部全新概念的大型山水实景演出。演出地点为漓江山水剧场，位于阳朔县书童山。张艺谋、王潮歌、樊跃任总导演，67位中外著名艺术家参与创作，整场演出全长70分钟，演出人员600余人。演出以"印象·刘三姐"为主题，大写意地将刘三姐的经典山歌、广西少数民族风情、漓江渔火等元素创新结合起来，融入山水，还于自然，成功诠释了人与自然的和谐关系。

遇龙河国家级旅游度假区　位于阳朔县中西部，总面积86平方千米(其中核心区面积30平方千米)，遇龙河蜿蜒贯穿度假区全境。遇龙河是漓江在阳朔境内最长的一条支流，素有"小漓江"之称，两岸青峰起伏，翠竹葱郁，荷塘连片，稻田金黄，果园飘香，白鹭蹁飞，是天人合一的诗意境界、返璞归真的自由天地、如诗如画的田园风光。度假区依托遇龙河经过多年的发展，逐步实现从"旅游目的地"向"旅居目的地"转型，度假区内有秀丽的山水田园风光和独特的人文景观，形成了以遇龙河、桂林千古情、大榕树、月亮山等为主的景区集群，打造了墨兰山舍、秘密花园、山畔度假酒店、香樟华苹等一批高端精品民宿酒店集群，铁人三项、国际攀岩节等一批国际赛事纷纷落户，让度假区成为世界旅游组织推荐的最佳休闲旅游目的地。2019年5月19日，遇龙河旅游度假区被确定为国家级旅游度假区。

世外桃源景区　国家4A级旅游景区，全国首批农业旅游示范点。位于阳朔县白沙镇，是根据陶渊明《桃花源记》中描绘的桃源美景并结合当地田园风光所设计开发的大型旅游景区。集山水、田园、民俗于一体，展示了一幅古桥、流水、田园、老村与水上民族村寨融为一体的画图。青山秀水环绕，生态环境优美，全程可乘船游览。景区展示了少数民族的特色建筑，有侗族鼓楼、风雨桥、壮族小姐楼、苗族刀山(架)、土家族图腾柱等。

银子岩景区　国家4A级旅游景区，桂林市文明旅游风景区示范点。位于荔浦市马岭镇。1999年年初对外开放，岩洞为典型的喀斯特地貌，贯穿12座山峰，属层楼式溶洞，汇集了不同地质年代发育生长的钟乳石，晶莹剔透，宛如夜空中的银河倾斜而下，闪烁出像银子、似钻石的光芒，所以称银子岩。洞内特色景点数十处，最为著名的景观有"雪山飞瀑""音乐石屏""瑶池仙境"。被誉为"世界溶洞奇观"。

丰鱼岩景区　国家4A级旅游景区，自治区级田园旅游度假区。位于荔浦市龙怀乡，属洞穴与地下河景观构成的溶洞观光景区。丰鱼岩洞穴长5.3千米，其中暗河水洞长3.7千米。洞内最高处有36米，洞穴面积12万平方米，最大的一处洞厅面积2.55万平方米。洞中大厅连小厅，石笋、石柱、石幔林立，其中定海神针、不夜城、宝塔王国、八方锦绣等景点辉煌壮丽，灿烂缤纷。洞内暗河漂流观赏区全长3.3千米，河道曲折，空谷幽邃，岸危穹高，忽仰忽倾，恍若回到混沌初开的远古时代。

兴坪古镇　距离阳朔县城28千米。兴坪古镇是一座有1000多年历史的古镇，周围群峰竞秀，有"三岩、五井、十二山"等名胜。兴坪古镇现尚有众多的文物古迹，主要集中在兴坪古街及离镇约2千米的渔村，有古桥、古渡、古亭、古戏台、古庙、古寨、古树和古村落建筑群，比较完整地保持了原有的历史环境风貌，身临其境，可领略"老街长长，古巷深深"意趣。兴坪古街是一条长1千余米的石板街。从兴坪古镇东南至漓江榕树潭、古渡码头，便于居民、客商来往，各省的会馆建筑于古街的两旁，现各类砖瓦结构的古建筑大部分保存完好。

【西部区域景点选介】

龙脊梯田景区　国家4A级旅游景区，自治区级风景名胜区。位于龙胜各族自治县龙脊镇。以农艺梯田景观为主体，集自然景观、人文景观、民族风情于一体的综合型旅游景区。龙脊梯田始建于元朝末期，成形于明朝，完工于清朝初期。主要以平安壮族梯田和金坑红瑶梯田为主体，并向周边村寨辐射的梯田群体。景区占地面积71.6平方千米，梯田分布在海拔300米—1100米之间。龙脊梯田规

天门山风光　（唐飞鸿　2019年摄）

模宏伟、气势磅礴，线条行云流水，堪称“天下一绝”，是中国南方农耕文明的集中体现。一年四季各有神韵，春如层层银带，夏滚道道绿波，秋叠座座金塔，冬似群龙戏水，被艺术家们赞叹为“神奇的韵律、优美的线条”。

龙胜温泉景区　国家4A级旅游景区。位于龙胜各族自治县江底乡，是以山间温泉为特色，集康体、休闲、度假、商务、旅游于一体的综合性旅游度假区。温泉由地下1200米深处岩层涌出，分上下两大泉群，有16眼泉口，水温为54摄氏度至58摄氏度。温泉水质为天然饮用矿泉水，含有锂、锶、铁、锌、铜等10余种于人体有益的微量元素。

资江景区　国家3A级旅游景区、国家森林公园、国家地质公园、自治区级风景名胜区。位于资源县北部。属丹霞地貌、生态型自然风景区。景区系3000万年前强烈的造山运动构成南北走向的山脉，由白垩系红色砾岩、砂岩、泥岩构成软硬相间的岩层，在漫长的地质年代里由于风化、剥蚀、侵蚀和溶蚀的综合作用，逐渐发育形成的丹霞地貌。资江历史上是湘桂两地重要通道，漂流旅游的黄金水道，开辟了机动木船、橡皮艇、竹筏等游览项目，漂流中途可参观浪田瑶寨，观看浪田瑶族歌舞表演。漂流河段是资江景观最为集中的地带，全长22.5千米，河谷深割，似玉带穿梭于奇山峻岭之中。两岸丹峰耸立，植被丰富多样，原生态植物保护完好，有国家重点保护的资源冷杉、福建柏、鹅掌楸、马蹄参、香果木、银杏、观光木等。沿途有风帆石、火炬山、神象饮水、浪田瑶寨、将军骑马镇天门等景点60多处。

八角寨景区　国家森林公园，国家地质公园，自治区级风景名胜区。位于资源县北部。景区面积40平方千米，丹霞地貌发育最为典型，其丰度和品位高，具有大、多、长、密、厚等特质，被专家誉为“丹霞之魂”。景区以峰林为主，涵盖了丹霞地貌中的石寨、石墙、石崖、石柱、石峰、嶂谷、峰林、水蚀溶洞、造型地貌、天然壁画等类型，奇景变幻多姿。主峰八角寨又名云台山，因主峰斜生8个翘角而得名。

李宗仁故居　全国重点文物保护单位。位于临桂区两江镇。故居西北倚靠天马山，西南边有古定山和肖家山。占地面积5060平方米，建筑面积4039平方米。始建于清宣统三年（1911年），经3期扩建而成，为木结构二层楼房，四周围以院墙，用青砖包泥砖砌筑，院内由安乐第、将军第、学馆和三进客厅组成，分布有7个院落，13个天井，共有大小厅房113间，既具有雄踞一方的庄园气派，又富桂北民居建筑特色。整个院落楼轩相连，廊庑回环，点缀有泉池、百年古杨、山茶、苏铁等珍稀花木。李宗仁在此度过他的童年和少年时代，从政后亦数度居此。

金竹壮寨　距离龙胜县城18千米。金竹壮寨因金色的竹林而得名，是龙脊十三寨的“第一寨”。金竹壮寨有80户人家，450多人口，是中国典型的壮族村寨，誉为“北壮第一寨”。金竹壮寨1992年曾被联合国教科文组织号称“壮寨的楷模”。具有魔伊大王、图腾、古老寨门、百年古井诉说着百年的壮族沧桑历史，金竹壮寨的吊脚楼建筑风格独特保持得比较完整。这里可以听到优美动听的山歌。壮族人民很好客，吃饭时，村民们多会唱上敬酒歌劝酒。

【北部区域景点选介】

红军长征湘江战役纪念设施　包括全州红军长征湘江战役纪念园、兴安红军长征突破湘江纪念馆、灌阳新圩阻击战史实陈列馆。1934年11月25日至12月1日，连续突破三道封锁线的中央红军经过湘江流域的广西桂林灌阳、全州和兴安境内时，遭到国民党军队重兵围追堵截，为确保中共中央和中央红军主力渡过湘江，粉碎敌人围歼红军于湘江以东的企图，中央红军在湘江上游广西境内的兴安县、全州县、灌阳县，与国民党军苦战数昼夜，最终从全州、兴安之间强渡湘江，突破了国民党军的第四道封锁线，粉碎了蒋介石围歼中央红军湘江以东的企图，成为中央红军长征以来最壮烈的一战。2018—2019年，桂林推进湘江战役纪念设施建设保护和红军遗骸收殓保护工作，完成68个湘江战役纪念设施建设保护项目和红军遗骸收殓、集中安放工作。2019年9月12日，红军长征湘江战役纪念设施落成仪式在桂林市全州县举行。

乐满地度假世界　国家5A级旅游景区，中国十佳主题乐园，中国先进游乐园，位于兴安县，是集狂欢主题乐园、五星级度假酒店、木屋别墅、高尔夫球场于一体的综合性度假胜地。主题乐园分为欢乐中国城、美国西部区、梦幻世界区、大峡谷漂流等30余项惊险刺激的游乐设施，有好莱坞影视特技秀、魅力狂欢大巡游、街头秀等演艺项目10余项。高尔夫球场围绕着灵湖和丘陵而建，为18洞标准球场。

江头村和长岗岭村古建筑群　全国重点文物保护单位。江头村和长岗岭村都位于灵川县，两个村在明、清时期已形成具有历史、艺术、科学价值的民居祠堂、牌坊、巷道、墓葬等建筑群。江头村历史悠久，古民居建筑种类齐全，规模宏大，分布着明中晚期、清朝时期、民国时期民居的古建筑群。江头村周氏是北宋理学家周敦颐后裔，明代迁居至江头村。该村保留有江头周氏居住的明清古建筑100余座，建筑的着色、雕花、布局均按周敦颐的理学文化构建，具有明显的文化特色。长岗岭村位于兴安灵渠至桂林、大圩古商道的中央，有“小南京”之称。该村先民依托地理优势经商发迹，清代及民国时期成为桂林一带的富豪村，该村古民居的跨度、高度、宽度堪称桂林民居之首，古墓石雕豪华气派、古商道幽深完整。

猫儿山景区　猫儿山主峰海拔2141.5米，号称“华南第一峰”，是漓江、寻江、资江发源地。景区内风景秀丽，气候宜人。景点包括华南绝顶、穿仙洞、通天道、华南虎、猫岳佛光、睡美人、铁杉荟萃、漓江源、杜鹃花廊、龙潭、十里大峡谷、剑崖大瀑布以及1996年发现的美国二战援华飞机（飞虎队）失事之地等，整个景区是集科教、探险、猎奇、度假、避暑、竹木经济开发、缅怀革命先烈与纪念国际友人为一体的综合性国际旅游景区。

灵渠景区　国家4A级旅游景区。又名秦凿渠，或称陡河，位于兴安县。建成于秦始皇三十三年（前214年），与四川都江堰、陕西郑国渠并称为秦代三大水利工程。2004年重新修复秦城水街，2005年4月向社会开放，秦城水街沿灵渠而建，长约1千米，地处秦代著名水利工程灵渠的城区一段，沿街建筑古老而富有岭南特色，楼台亭阁、小桥连廊精巧典雅。秦城水街整体分为古建设文化、古桥文化、古石雕木雕文化、古灵渠文化、岭南市井风俗文化5个主题，主要景观有秦文流觞、娘娘桥、万里桥、七层佛塔、北街里、马嘶桥、湖广会馆、漓江书院、照壁砖雕、百米浮雕、三将军墓等。

天湖景区　位于全州县才湾镇，在华南第二高峰真宝顶东侧。海拔1600多米，是由高山草地、原始森林13座水库组成的湖泊群，典型的高山湖泊景观。景区面积43平方千米，高山顶上的座座水库相互贯通，互成补充，点缀在崇山峻岭间。满山生长着高山植物，随山体高低不同形成层次变化，绿茵茵的草甸，像厚厚的绿毯覆盖在山坡上，成为天湖奇观。天湖水电站水头落差高达1074米，为亚洲第一高水头电站。

天湖景区　（唐飞鸿　2019年摄）

炎井温泉　国家3A级旅游景区。位于全州县大西江镇炎井村，地处越城岭山脉北端，海拔高度700米—1000米。温泉属低钠低矿化度含氟偏硅酸及高温氡医疗矿泉。景区周围山峰林立，原始森林苍翠葱茏，蔚为壮观。景区内高山幽谷，环境优雅，冬暖夏凉，气候宜人，宛若一幅清新秀丽的山水画。沿途还有虹饮桥、千年古樟、精忠祠、童母岩等众多景点。

湘山寺景区　国家3A级旅游景区，景区内湘山寺塔群与石刻为全国重点文物保护单位。位于全州县全州镇北门社区湘山南麓，有妙明塔，觉传和尚墓塔，大圆鉴翁老和尚塔，洗钵岩泉1处，湘山摩崖石刻81件，湘山寺石雕群1处，湘山寺建筑基础遗存。分布面积3.45万平方米。妙明塔始建于唐乾符元年(874年)，塔原为5层，宋元丰至元祐年间(1081—

表5　**桂林市主要旅游景区(点)一览表**

区域	主要旅游景区(点)
桂林市区	两江四湖·象山景区、独秀峰·王城景区、逍遥楼·东西巷、芦笛岩、西山景区、七星景区、桂海碑林博物馆、愚自乐园(法国地中海俱乐部桂林度假村)、八路军桂林办事处旧址、靖江王陵、冠岩、穿山公园、南溪公园、西山公园、尧山景区、刘三姐景观园、虞山景区、甑皮岩、李宗仁官邸、园林植物园、訾洲公园、芦笛岩鸡血石文化艺术中心、桂林旅苑景区、九滩瀑布、花坪、十二滩漂流、古桂柳运河、李宗仁故居、刘三姐茶园、义江缘景区、红溪、五通浮州塔、东宅江瑶寨蝴蝶谷、岚岩生态长寿村、会仙湿地、罗山湖·玛雅水上乐园景区、崇华中医街景区、临桂环城水系公园等
阳朔县	大榕树景区、兴坪景区、杨堤景区、福利景区、印象·刘三姐、阳朔西街、遇龙河、世外桃源、碧莲峰、历村、月亮山景区、蝴蝶泉、聚龙潭、鉴山寺、莲花岩、龙颈河漂流、图腾古道—聚龙潭景区、桂林千古情、三千漓等
灵川县	古东景区、青狮潭、大圩千年古镇、东江生态旅游区、世纪探古乐园、海洋银杏林、江头景区、毛洲三岛农家乐、逍遥湖景区等
全州县	湘山寺景区、炎井温泉、天湖、三江口、龙岩洞、燕窝楼、溪竹山、童母岩、千年古樟、虹饮桥、觉山铺、关岳庙、凤凰嘴、大坪渡、语录山、全州红军长征湘江战役纪念园、大碧头国际旅游度假区等
兴安县	乐满地度假世界、灵渠、秦城水街、红军长征突破湘江烈士纪念公园、超然派度假山庄、秦家大院、世纪冰川大溶洞、古严关、猫儿山、五里峡水库等
永福县	永宁州城城墙、百寿岩石刻、板峡湖景区、金钟山旅游度假区、孔雀山庄、龙江社边农家乐、白马山庄等
灌阳县	九龙岩、赤壁山、灌江山峡、太子山风景旅游区、月岭古民居、黑岩、千家洞、九如堂、新圩阻击战遗址、灌阳烈士陵园、米珠山农家乐等
龙胜各族自治县	龙脊梯田、龙胜温泉、龙胜温泉国家森林公园、大唐湾景苑、龙脊古壮寨、银水侗寨、白面红瑶寨、三门红瑶寨、红军楼、红军岩、黄洛红瑶寨、金竹壮寨、细门红瑶寨、玉牙谷、艺江南中国红玉文化园、龙脊特色旅游小镇、金车生态民族村等
资源县	资江、八角寨、天门山、宝鼎瀑布、五排河漂流、福满园温泉、晓锦遗址等
平乐县	桂江生态游、千年古镇、仙家温泉、千年古榕、冷水石景苑等
荔浦市	银子岩景区、丰鱼岩景区、龙怀文化景区、长滩河漂流、鹅翎禅寺、荔江湾景区、龙皇山、天河瀑布、银龙古寨等
恭城瑶族自治县	三庙一馆景区、红岩生态旅游村、朗山古民居、大岭山桃花源景区、茶江水上乐园、横山瑶寨、社山生态旅游景区、豸游周氏祠堂等

1092 年),改建为 7 层,宋绍兴五年(1135 年)赐敕名妙明塔,历代或有修建,现存塔基是南宋遗物,塔身是明代遗构。洗钵岩泉位于湘山寺西北角,清道光十二年(1832 年)造池,泉水从林地下的沟渠流入青石砌成的 3 个水池中。

旅游行业管理

【旅游执法机构改革】 2019 年,桂林市深化旅游综合执法改革,完善桂林市旅游工作局际联席会议制度。开展旅游市场专项整治,对网吧、娱乐场所、营业性演出市场、"不合理低价游"、旅行社转让经营权和承包挂靠、宾馆酒店非法经营旅游业务行为以及"黑车""黑社""黑导"等问题进行清理整治,营造安全舒适的文化旅游环境。出台旅游市场综合监管责任清单,建成旅游购物企业视频监控系统。坚持"宜融则融、能融尽融"原则,探索同城一支队伍开展文化旅游市场执法工作。坚持文化旅游执法市、县联动,部门联动,每季度组织市、县两级相关部门执法人员开展联合交叉执法检查。

【旅游民宿经济发展】 2019 年,桂林市坚持政府引导、业主主体、示范带动、市场运作,推进民宿经济发展。强化农业、旅游、文化、生态等关联要素融合,构建以民宿为载体的桂林休闲旅游新格局。打造"民宿休闲、品质生活",重点发展具有特色品质型乡村民宿、个性化文化型民宿、中高端乡居度假型民宿、健康医养休闲民宿、主题庄园民宿等,丰富民宿多原化发展。以标准化、集成化、全供应链价值优化和服务供给网式集成为手段,通过星级评定、品牌民宿评选等措施,推行品牌化运作,树立标杆性民宿及其关联服务品牌,发挥其示范和带动作用,以点带线,以线带面,促进民宿经济整体水平和实力提升。推进民宿及其关联服务的品牌建设,构建民宿及其关联服务文化价值、生态价值和体验价值,实现民宿及其关联服务价值的市场实现,通过"民宿品牌—旅游品牌—城市品牌"打造民宿及其关联服务品牌体系,使"品质、特色、诚信、值得体验"成为民宿及其关联服务品牌的基本元素。以"体验丰富、诚信超值"等基本品牌要素为支点,加强创新,做强民宿及其关联服务的市场主体,培育和发展集成化品牌连锁,实现全新品牌模式下的民宿及其关联服务有效供给。全市共有民宿旅馆 3000 多家,直接从业人员近 3 万余人。

【品牌创建提升旅游品质】 2019 年,桂林市继续开展旅游品牌创建工作,提升桂林市乡村旅游发展总体水平。全年创建广西星级乡村旅游区(农家乐)19 家(五星级 11 家、四星级 7 家、三星级 1 家),创建广西生态旅游示范区 2 家。至年末,桂林市共有广西星级乡村旅游区 29 家,广西星级农家乐 112 家。注重引导星级乡村旅游区、农家乐、乡村旅馆、酒店按照特色化、个性化、品牌化要求提升改造。开展"广西休闲农业与乡村旅游示范点""特色文化旅游名镇名村建设"品牌创建,推动"旅游 + 农业"的融合发展,改善乡村生态环境和保护乡村风貌。

旅游开发建设

【推进文化旅游融合升级发展】 2019 年,桂林市推进"文化 +""旅游 +"融合升级,推动文化创造性转化和创新性发展,文化旅游融合新产品、新业态、新品牌竞相涌现,高铁游、自驾游、体验游、骑行慢游等旅游新方式精彩纷呈,乡村旅游、民宿旅游、健康医养等旅游新业态快速发展,文化创意演艺、休闲度假等旅游新产品蓬勃发展。至年末,全市累计创建全国休闲农业与乡村旅游示范县 6 个、三星级以上国家休闲农业与乡村旅游示范园区 22 个。推出《桂林千古情》《桂林有戏》《三生三世三千漓》等一批演艺项目《印象·刘三姐》接待人数 126.3 万人次,营业收入 2.02 亿元。《桂林千古情》接待人数 248.14 万人次,营业收入 2.15 亿元。漓泉啤酒文化广场、三花酒博物馆、溢达九美桥时尚园成为工业旅游新亮点。正阳东西巷、逍遥楼、《桂林有戏》、信和信、夕阳红等成为文化旅游康养融合发展新典范。纳入自治区层面统筹推进的 20 个文化旅游重大项目全年完成投资 65 亿元。红色文化资源挖掘保护利用取得里程碑式进展,新建红军长征湘江战役纪念馆、改造提升红军长征突破湘江纪念馆和迁建新圩阻击战史实陈列馆。突出"红色 + 绿色生态""红色 + 民族风情"等特色,整合桂北资源,策划推出桂林红色旅游精品线路 12 条,打造百里漓东之旅、峰林遗产之旅、茶江生态之旅、桂柳运河之旅、龙脊风情之旅、资江丹霞之旅、湘江红色之旅、灵渠古道之旅 8 条

2019 年 12 月 12 日,第二届广西曲艺展演在荔浦市举行 (唐飞鸿 摄)

大桂林生态休闲旅游精品线路，基本形成以漓江黄金水道为主轴、两岸为双翼，各县（市、区）连为一体的全域旅游发展格局。成立“桂北红色旅游联合体”，整合推出“桂林—兴安—全州—灌阳”“桂林—龙胜—资源”等“重走长征路”红色旅游精品线路，突出“红色＋绿色生态”“红色＋民族风情”等特色，引导沿线乡（镇）、村（屯）开办红色生态休闲农庄，将长征文化与乡村振兴相结合，实现社会效益和经济效益双丰收。

【桂林旅游节庆形成“一县（市、区）一品”品牌】 2019年，桂林市持续把节庆活动作为展示民俗文化的有效载体，从实际特点、资源禀赋、人文地理、风情民俗出发，实现宜山则山、宜水则水、宜景则景、宜文则文的培育节庆活动。全市形成了阳朔县“渔火节”、临桂区“湿地文化节”、荔浦市“荔浦芋美食文化节”、平乐县“桂江文化旅游节”、恭城瑶族自治县“桃花节和月柿节”、兴安“米粉节”、全州“湘山文化节”、灌阳“雪梨黑李节”、灵川县“红枫节”、永福县“福寿节”、资源县“河灯节”、龙胜各族自治县“龙脊梯田文化旅游节”、高新七星区“中国·桂林创新创意文化节暨桂林国际动漫节”、秀峰区“歌圩节”、象山区“象山水月”、叠彩区“叠彩桂花香”、雁山区“金雁文化节”等系列旅游节庆活动，通过旅游节庆活动促进旅游产品和线路的全面优化。

旅游企业

【星级饭店（宾馆）】 2019年年末，桂林市有旅游3星级（含）以上宾馆（饭店）50家，其中五星级宾馆（饭店）4家，四星级饭店13家，三星级宾馆（饭店）33家。辖县（市）星级饭店中有五星级宾馆（饭店）1家，四星级9家、三星级19家。全年新评三星级宾馆（饭店）4家，四星级宾馆（饭店）2家。三星级（含）以上宾馆（饭店）停业3家，注销1家。

【旅行社】 2019年年末，桂林市共有旅行社367家，其中经营出境旅游业务的旅行社23家。

表6　2019年桂林市区星级宾馆（饭店）

	酒店名称	星级	地址	电话
1	喜来登饭店	五	滨江南路15号	2825588
2	漓江大瀑布饭店	五	杉湖北路1号	2822881
3	香格里拉大酒店	五	环城北二路111号	2698888
4	桂山华星酒店	四	穿山路42号	3199999
5	桂林宾馆	四	榕湖南路14	2823950
6	桂湖饭店	四	螺蛳山1号	2558899
7	临桂花样年福朋喜来登	四	西城南路1号	2824467
8	丹桂大酒店	三	中山南路77号	3834300
9	新凯悦酒店	三	中山南路72	8983456
10	杉湖大酒店	三	中山中路24号	2890089
11	中山大酒店	三	中山中路2号	2882999
12	香江大饭店	三	西环一路141	2266666
13	环球大酒店	三	解放东路1号	3128888
14	名城大酒店	三	正阳路6号	2828331
15	山水大酒店	三	七星路48号	5815151
16	桂星酒店	三	七星路18号	2188888
17	金嗓子大酒店	三	栖霞路6号	2677688
18	新桂大酒店	三	银锭路1号	3676666
19	柏丽商务酒店	三	解放东路2号	3111111
20	郦峰饭店	三	雉山路108号	3871555
21	教育宾馆	三	雉山路7号	3816098

表7　2019年桂林市各县（市）星级宾馆（饭店）

	酒店名称	星级	地　址	电　话
1	阳朔碧莲江景大酒店	五	阳朔县观莲路	8886666
2	灌阳红豆杉国际大酒店	四	灌阳县灌阳镇滨江东路1号	4099999
3	全州维也纳酒店	四	全州县半边街大公路2号	8699666
4	阳朔桂福大酒店	四	阳朔县抗战路2号	8880000
5	阳朔新世纪酒店	四	阳朔县阳朔镇碧莲巷2号	8829819

续表

	酒店名称	星级	地　址	电　话
6	资源盛源大酒店	四	资源县城北开发区 188 号	4368888
7	恭城千钧国际大酒店	四	恭城瑶族自治县滨江西路	3378888
8	兴安帝豪大酒店	四	兴安县志玲路 447 号	6251111
9	荔浦金凤凰大酒店	四	荔浦市滨江路	7238111
10	桂林漓江假日酒店	四	灵川县八里街工业园区	6787777
11	资源资江明珠大酒店	三	资源县滨江路资江明珠新城	8973333
12	资源丹霞商务宾馆	三	资源县大埠街 115 号	8958888
13	资源天成大酒店	三	资源县城北开发区中国移动旁	8969888
14	资源资江明珠大酒店	三	资源县城北新区滨江路资江明珠新城	8973333
15	恭城信合大酒店	三	恭城瑶族自治县恭城镇茶北路 1 号	8215888
16	恭城维也纳酒店	三	恭城瑶族自治县城中西路 3 号	3130333
17	恭城白天鹅大酒店	三	恭城瑶族自治县拱辰路 46 号	8189999
18	荔浦丰渔岩宾馆贵宾楼	三	荔浦市龙怀乡丰渔岩	6988992
19	荔浦荔景大酒店	三	荔浦市滨江新城 B 区	7196403
20	全州博宇大酒店	三	全州县全州镇中心北路 1 号	8681118
21	兴安兴怡度假山庄	三	兴安县崔家乡长冲村	6255667
22	兴安景泰大酒店	三	兴安县双灵路 240 号	6211898
23	灵川金水湾国际大酒店	三	灵川县八里街阳光美地小区 8 栋	2666777
24	灵川中汇酒店	三	灵川县金龙路 1 号	2221577
25	灵川维也纳酒店	三	灵川县灵川大道 157 号	3631888
26	龙胜碧莲大酒店	三	龙胜各族自治县兴龙南路 1 号	7510821
27	龙胜县珊瑚大酒店	三	龙胜各族自治县兴龙北路 115 号	7518289
28	永福金海岸阳光假日酒店	三	永福县龙福路 18 号	8568888
29	永福金海岸商务酒店	三	永福县连江路 26 号	8513333

表 8

2019 年桂林市部分旅游景点门票价格表

单位:元 / 人

景点名称	票价	景点名称	票价
芦笛岩	120	大野神境景区	门票 80、漂流 198
独秀峰・王城景区	120	古东瀑布景区	70
西山景区	70	冠岩景区	75（市民 40）
芦笛景区	110	神龙水世界度假区	55
象山景区	70	逍遥湖	60
七星岩	55	龙门瀑布	40
七星景区	70	乐满地度假世界	150
伏波山	28	猫儿山原生态旅游景区	75、180（含来回车费）
翰苑碑林	18	超然派景区	80
叠彩山	32	漓江源大峡谷	65
訾洲公园	37	世纪冰川灵佛岩	45
尧山索道	单程 60、双程 110	灵渠	B 票 55（灵渠） C 票 140（灵渠、水街游）
刘三姐大观园	白天 90、晚上 120	龙胜温泉	125
甑皮岩遗址博物馆	13	龙脊梯田	95
李宗仁官邸	13	金坑索道	单程 70、双程 120
宋城主题公园	70	大唐景苑	88（含门票、表演）
日月双塔	42	义江缘景区	80
桂林园林园艺博览园	80	十二滩漂流	128

续表

景点名称	票价	景点名称	票价
雁山园景区	90	罗山湖水上乐园	150
地中海俱乐部桂林度假村	600（含自助午餐、运动项目）	蝴蝶谷	50
凯旋王国主题乐园	180	银子岩	80
世外桃源	75	丰鱼岩	65
三千漓山水人文度假区	日场 60、夜场 120	桂林全州大碧头国际旅游度假区温泉	158
聚龙潭	55	荔江湾	58
鉴山寺景区	20	天河瀑布景区	38
碧莲峰景区	30	八角寨	38
古榕公园	20	资江漂流	86
月亮山	15	五排河漂流	168
龙颈河山溪漂流	128	丹霞温泉	138
九马画山漂流	128（市民 100）	天门山	38
白沙湾峡谷漂流	128	天门山索道	58（单程）
阳朔图腾古道	45	宝鼎瀑布	29
蝴蝶泉	55	灌阳腾龙洞	75
文庙	15	金钟山景区	温泉 128、永福岩 60、天坑 45
武庙	10	仙家温泉景区	98

表 9

2019 年桂林市旅游文艺演出场所票价表

单位：元 / 人

演出单位	票价	演出单位	票价
印象·刘三姐	普通席 198 贵宾席 320、238 总统席 680、480	梦幻漓江	150（普通座） 180（VIP）
桂林千古情	普通席 280 贵宾席 290 带桌豪华席 380	山水间	B 票 198 A 票 26 贵宾票 388
三生三世三千漓	120	新漓水·古越山水实景演出	80
象山传奇	260		

表 10

2019 年桂林水上游览项目价格表

单位：元 / 人

航线	类别		散客		团队		说明
			淡季	平旺季	淡季	平旺季	
漓江精华游	桂林至阳朔	超豪华空调船（含自助餐）	380	450	350	400	平（旺）季为每年的 4 月—11 月
		超豪华空调船（不含餐，可另加中餐标准餐费，围桌 35 元，自助餐 45 元）	240	270	210	240	
		普通空调船（含经济餐）	190	210	180	200	
两江四湖环城水系游			230				
环城水系桃花江自然生态山水画廊游			白天 120、晚上 170				
市区水上游			65				
阳朔水上游	阳朔至福利		160				
	杨堤至兴坪		90				
遇龙河漂流	金龙桥至工农桥		280				
	朝阳至工农桥		180				

（唐飞鸿）

城市建设与管理

城乡规划

【概况】 2019年，桂林市组建桂林市自然资源局，整合桂林市国土资源局（桂林市测绘地理信息局）、桂林市规划局等相关部门职责，城乡规划划入桂林市自然资源局管理。桂林市自然资源局办公地址在临桂区桂林投资发展大厦，下设与城乡规划相关的部门有桂林市城市规划展示馆、桂林市城市规划信息技术中心、桂林市城市规划研究中心、桂林市城市规划设计研究院、桂林市国土资源规划测绘院等。机关（含分局）人员编制132名（含后勤服务人员控制数10名），参照公务员法管理单位（市自然资源综合行政执法支队和市土地储备中心）人员编制91名，事业单位编制247名，在职人员415人。年内，桂林市执行"多规合一"，整体性谋划国土空间自然保护、有序开发、高效利用和高品质建设。完成《桂林市国土空间总体规划（2020—2035年）》编制，组建空间规划编制联盟，深化规划编制推进"控规全覆盖"，组织编制新建路西片区等控制性详细规划9个，完成桃花江仙人桥地块等控制性规划调整11个，完成与民生领域密切相关的专项规划4个。加强历史文化名城规划和保护，完成报批专项规划性文件4个。以村庄规划编制工作助推乡村振兴，完成村庄规划成果编制及评审论证67个。完成《桂林市综合交通体系规划修编（2018—2030年）》《桂林市城市轨道交通线网及建设规划（2019—2022年）》，从轨道交通、高铁站场、高速路网及快速公交上做好规划布局。

【国土空间规划编制】 2019年，桂林市规划管理部门全面对接和服务桂林"1+2"国家战略实施，提高桂林国际影响力，通过编制《桂林市国土空间总体规划（2020—2035年）》，形成生产空间集约高效、生活空间宜居适度、生态空间山清水秀的空间格局。市本级组建"2+14"空间规划编制联盟，形成14个专题研究和5个专项规划，完成双评估、双评价和生态保护红线优化调整工作。

【推进"两规"协同】 2019年，桂林市规划管理部门结合桂林城市的特殊性以及日益突出的"土规"（土地利用总体规划）和"城规"（城市规划）之间的不协调问题，通过汇报、沟通、化解，多年来影响城区开发建设的"土规"与"城规"矛盾冲突取得突破性进展，完成第一批需要进行一致性、协调性处理的约910公顷存量土地的梳理、方案制定、规划编制等前期工作，为开展国土空间规划编制提供参考，激发老城发展活力创造有利条件。

【民生领域专项规划和审批】 2019年，桂林市规划管理部门聚焦市民出行、儿童入学、居民用水、汽车充电等民生领域，加强源头治理体系规划，组织编制《桂林市公交都市建设行动计划》《桂林市电动汽车充电基础设施布点规划（2018—2025年）》，加快城北水厂一期扩建工程、蔡家渡地块公共配套小学规划审查，落实住宅小区配套幼儿园的竣工规划条件核实，城市规划导向功能日益凸显。

【构建历史文化名城规划和保护政策体系】 2019年，桂林市规划管理部门完成《桂林历史文化名城保护规划（2010—2020年）》《桂林市中心城区历史文化街区划定方案》《桂林市榕湖北路—古南门历史文化街区保护规划2018年桂林市中心城区历史建筑

2019年建成的桂林市第五批新型城镇化示范乡（镇）——永福县堡里镇状元文化广场

（市住建局　供图）

名录》的报批，王城片区改造提升工程已露雏形，成为展示桂林历史文化的名片。

【村庄规划】 2019年，全市需完成51个村庄规划编制任务，桂林市立足作出农民看得懂、可实施、出效益的实用型村庄规划为目标，共组织67个村庄开展示范点规划编制，除阳朔县、兴安县、龙胜各族自治县为自治区确定的风貌示范带示范点任务外，其他县（市、区）均按要求完成3个示范点村庄规划任务。至年末，67个村庄全部完成规划成果编制及评审论证。

（罗宇韬）

住房和城乡建设

【概况】 2019年，桂林市住房和城乡建设局（简称市住建局）办公地址在临桂区青莲路建设大厦。内设办公室、人事教育科等机构21个，下设社会保障住房发展中心、建设工程综合监督站等事业单位17个、企业7家。人员编制64名（含后勤服务人员控制数6名），在职人员59人。年内，市住建局加强住房城乡建设管理，全面完成保障性住房及棚户区改造建设、农村危房改造、传统村落保护发展、广西百镇建设示范工程、桂林市新型城镇化示范乡（镇）建设等重点工作任务，开展重大项目建设、城乡风貌改造提升、建筑节能和绿色建筑应用推广、建筑市场和房地产市场监管、公共租赁住房管理等工作，加快新型城镇化进程，统筹城乡协调发展，改善城乡人居环境，促进建筑业和房地产业转型升级。全年完成建筑业总产值472.37亿元，增长（比上年，下同）19.2%；完成房地产开发投资364.25亿元，增长11.8%。

【住房城乡建设行政审批改革】 2019年，市住建局推进优化营商环境建设，加快工程建设项目报建提速，开展“减证便民”专项行动，实施“容缺受理”制度，开展“一事通办”改革，完成全部43项政务服务事项“一次性告知（限时办结）”“最多跑一次”“一次不用跑”三类清单编制，“最多跑一次”政务服务事项覆盖率98%，所有事项100%实现网上受理。简化施工许可证审批手续，承诺办结时限由7个工作日提速到5个工作日。年内，市住建局完成政务服务事项办理1.53万件，其中商品房预售许可98件，建设工程施工许可证核发161件，房地产开发企业资质核准365件，建设工程竣工验收备案400件，施工图设计文件审查情况备案873件，商品房预售合同备案1.14万件。

【保障性住房及棚户区改造建设】 2019年，市住建局根据自治区下达的住房保障工作目标任务，推进全市住房保障工作。新开工棚户区改造5984套，完成5984套；建成棚户区改造住房8126套，完成年度任务203.15%；建成公租房1597套，完成年度任务100%；发放公租房租赁补贴3370户，完成年度任务108.71%；政府投资公租房新增分配套数871套，完成年度任务108.47%。配合自治区完成全市棚户区、老旧小区房屋套数、面积等统计调查工作，调查摸底棚户区户数共1.78万套，人数5.24万人，建筑面积129.77万平方米，用地面积185.19万平方米；调查摸底老旧小区435个，住户6.38万户，建筑面积475.74万平方米。

【公共租赁住房管理】 2019年，市住建局规范直管公房管理，推进公共租赁住房租金调整，全年完成租金调整9576户。完成芦笛路112户公共租赁住房承转户的拆迁安置工作，落实桂林博物馆职工住房安置方案及工作，组织协调部分危旧公房的租户进行搬迁。继续推进公共租赁住房（非住宅）公开招租，全面启动桂林市公共租赁住房租金收缴电子信息系统，实现了公租房日常管理信息化，完成租金收缴5285万元。做好公共租赁住房实物配租工作，分配保障性住房520套。加强公共租赁住房动态管理，取消344户不符合公租房保障条件的入住资格。

【新型城镇化建设】 2019年，市住建局继续统筹推进县城建设与重点小城镇建设。7个自治区级新型城镇化试点示范县54个建设项目累计完成投资32.82亿元，投资完成率100.03%。新增自治区级特色小镇4个，全市共获得自治区级特色小镇9个，数量居自治区第一位。新型城镇化示范乡（镇）建设强势推进，多渠道投入资金约150亿元，分5批共建设新型城镇化示范乡（镇）74个，占全市乡（镇）的55.22%。第四批16个新型城镇化示范乡（镇）建设建设完成并通过中共桂林市委、市人民政府考核验收，第五批14个新型城镇化示范乡（镇）建设全面启动。

【城乡风貌改造提升】 2019年，桂林市将乡村风貌提升三年行动作为实施乡村振兴战略的任务，与农村人居环境整治和“美丽桂林·幸福乡村”建设紧密结合，推动乡村环境持续改观。

2019年，桂林市推进迎宾新村安居工程建设　（市住建局　供图）

2019 年建设的桂林市第五批新型城镇化示范乡(镇)——临桂区五通镇门楼
(市住建局　供图)

建成“阳朔县遇龙河景区示范带”“兴安县红军长征突破湘江红色文化示范带”。开展三类村庄建设情况，整治村庄 1571 个，设施完善村庄 35 个，建设精品示范型村庄 8 个；实施景观改造 401 处，开展公共空间整治 1776 处共 10.3 万平方米。全市开展“三清三拆”整治村庄 3374 个，清理村庄垃圾 3.4 万吨，清理乱堆、乱放物品 1.2 万处，清理池塘、沟渠淤泥 2.17 万吨；拆除乱搭乱盖 6339 处共 15.68 万平方米，拆除广告招牌 1.24 万个，拆除农村危旧房 5412 栋共 36.81 万平方米，拆除废弃猪牛栏及露天茅厕 9816 处，拆除废弃建筑残垣断壁 7068 处。

【传统村落保护发展】 2019 年，桂林市继续加强传统村落保护发展，全市累计入选中国传统村落名录 138 个、广西传统村落名录 262 个，分别占自治区的 50% 和 40%。全市获中央财政支持的传统村落 73 个，争取补助资金 2.44 亿元。前三批获中央财政支持的 49 个村落全面完成建设，完成投资 1.93 亿元；第四批 2017 年中央财政资金支持 15 个中国传统村落，计划投资 7819.5 万元，完成投资 6800.5 万元；第四批 2018 年中央财政资金支持 5 个中国传统村落，计划投资 2503.5 万元，完成投资 1514 万元。

【推进宜居乡村基础便民专项工作】 2019 年，自治区下达桂林市村(屯)公共照明建设 148 个，桂林市完成农村公共照明建设 167 个。桂林市自然村公共厕所改造项目计划任务 36 个，已开工 36 个，竣工 5 个。农村非正规垃圾堆放点整治项目 31 个，全市完成非正规垃圾堆放点整治 33 个。

【农村危房改造】 2019 年，自治区下达桂林市农村危房改造任务 9994 户，其中建档立卡贫困户 4603 户，其他类对象 5391 户。至年末，全市农村危房改造开工 1.02 万户，开工率 102.01%；竣工 8897 户，竣工率 89.02%。其中，建档立卡贫困户开工 4694 户，竣工 4690 户。开展扶贫领域农村危房改造中存在的腐败和作风问题专项治理，组织成立核查组 70 个，完成全市 131 个乡(镇)1071 个村 8.47 万户 4 类重点对象(含建档立卡贫困户 2.85 万户)的住房鉴定核查工作。

【推进建筑业改革发展】 2019 年，桂林市建筑业企业 439 家，其中施工总承包企业 162 家，专业承包企业 142 家，监理企业 26 家，检测机构 20 家，劳务企业 89 家。全市全年完成建筑业总产值 472.37 亿元，增长 19.2%。年内，市住建局优化营商环境，切实减轻企业负担，促进扶持企业发展。停止统一收取建筑安装工程劳动保险费，农民工保障金的监管移交到人力资源和社会保障部门。落实农民工工资保证金相关制度管理规定，将 2005—2019 年市本级政府投资项目建设单位缴存的农民工工资保证金 9400 多万元，一次性转入市财政账户，有效地盘活财政资金，加快政府投资项目建设。

【建筑市场管理】 2019 年，市住建局强化建筑市场监管，实施《建筑施工企业信用行为评价管理办法(试行)》，深化建筑业“放管服”改革，优化建筑市场环境，营造诚实守信的市场环境。全面推进建筑用工实名制管理，将项目每位农民工实名制信息录入广西建筑农民工实名制管理公共服务平台，使用与平台联网的考勤设备，并由银行通过“桂建通”卡代发工资，实现“干活有数据，用工有实据，讨薪有依据”的目标。协助召开城区项目农民工欠薪协调会 6 次。加大建筑市场违法行为查处力度，立案查处违法施工案件 18 件、违法分包案件 1 件。

【工程质量安全监管】 2019 年，市住建局开展建筑施工安全专项整治，建设工程质量安全水平稳定提升。全市获国优工程奖 1 项，自治区建筑工程“真武阁杯”奖 27 项。开展建设工程质量安全大检查暨层级监督调研及建筑起重机械安全隐患排查暨专项安全检查，共检查项目 60 个，下发整改建议书 48 份，停工建议书 12 份。开展全市建设工程质量安全提升专项检查，全年发出整改通知书 356 份，发现督促整改质量隐患 931 处。开展建筑工地扬尘污染治理拉网式督查，督查项目 1215 个，下发整改通知书 1195 份、停工整改通知书 15 份，在建工地扬尘污染、脏乱差等现象得到有效治理。全市获自治区建筑施工安全文明标准化工地 49 个、桂林市建设工程施工安全文明标准化工地 149 个。

【建设工程招投标和造价管理】 2019 年，市住建局加大工程招投标和造价监管，推进招投标监管深化改革，开展招投标市场行为及造价成果文件检查和调研，规范市场秩序。推进电子招投标工作，全市进入公共资源交易中心的房屋建筑和市政工程施工项目全部实现全流程的电子化招投标方式进行交易。加强评标专家、从业人员动态管理，对评标专家实行一标一评。全年共办理工程施工发包的建设工程项目125个，工程造价85.19亿元。规范工程造价管理，做好造价指数指标和造价信息编制、发布工作，调整完善价格信息采集发布制度，每月定期发布砖、瓦、灰、砂、石、钢材、石材、水泥、商品混凝土、预拌砂浆等材料价格。

【勘察设计管理】 2019年，市住建局下属部门完成建筑工程野外勘察报告登记101项，完成施工图、勘察和岩土设计文件备案核查329项。强化《桂林市施工图审查机构有关规定》执行力度，健全市场准入、动态管理、年度考核等机制，规范建筑审图市场。通过施工图审查系统采取动态检查、交叉审查、日常抽查等方式，严格施工图审查机构的审图质量，全市勘察设计质量进一步提高。全年约谈建设单位2家，勘察单位1家，设计单位3家，施工图审查机构2家，通报批评设计单位2家，审图机构2家，均要求限期完成整改。开展专业技术人员职业资格“挂证”行为专项整治，清查涉嫌“挂证”企业40余家，涉及勘察设计行业执业注册人员200余人。

【建筑节能和绿色建筑发展】 2019年，市住建局贯彻执行《广西民用建筑节能条例》，全面推广绿色建筑，全年共推广绿色建筑项目161个，建筑面积489.03万平方米，竣工面积174个，建筑面积242.85万平方米。配合自治区住建厅对桂林市建筑节能和绿色建筑标准进行专项检查，检查施工、监理、设计、施工图审图机构执行建筑节能和绿色建筑标准情况，对5家设计单位、2家施工图审查机构发出整改意见书，要求限期完成整改。

【新型墙体材料应用】 2019年，市住建局加大新型墙体材料应用推广，全市新墙材产量折合标砖24亿块，占墙体材料总产量的80%；城镇房屋建筑使用新型墙材比例超过90%，实现节约土地306.67公顷，节约能源标准煤16.77万吨，减少二氧化碳排放33.4万吨，减少二氧化硫排放0.39万吨，利用工业废渣111.8万吨。开展县城“限黏”乡（镇）农村“禁实”工作，完成自治区下达5个县城“限黏”40个乡（镇）“禁实”工作目标任务，61家砖厂通过自治区新型墙材产品认定和年检。全市118家新型墙材企业全部安装脱硫设施和在线监控。开展清水墙砖生产线示范和农村新墙材推广应用示范项目验收和建设工作，桂林市获得自治区批复清水砖示范生产线示范项目7个。

【房地产市场平稳发展】 2019年，桂林市房地产开发企业439家，其中一级资质1家，二级资质9家，三级资质84家，四级资质84家，暂定资质261家。全市完成房地产开发投资364.25亿元，增长11.8%；商品房新开工面积934.96万平方米，增长53.9%；商品房上市面积836.10万平方米，增长25.1%。其中，商品住房上市面积766.39万平方米，增长33.7%。商品房成交面积701.77万平方米，增长17.9%；商品住房成交面积651.90万平方米，增长19.2%。年末商品房累计可售面积818.79万平方米，增长27.7%，库存消化周期16.9个月。其中，商品住房可售面积600.12万平方米，增长40.7%，库存消化周期13.3个月。

【房地产市场管理】 2019年，桂林市加强房地产市场调控，确保房地产市场平稳健康发展。加强房地产开发企业经营行为和商品房预售资金监管，组织对全市在建在售房地产项目开展集中检查，向社会公示全市房地产开发企业资质备案情况，净化房地产市场环境，维护房地产市场秩序。加强房地产中介机构监管，对全市房地产估价机构及房地产中介机构进行双随机抽查，并将抽查结果在国家企业信用信息网公布；及时查处违法违规行为，规范中介市场秩序。推动培育和发展住房租赁市场，制订《桂林市人民政府关于加快建立多主体供给多渠道保障租售并举制度，培育和发展住房租赁市场的若干措施》，促进住房租赁市场多元发展。筹备搭建住房租赁交易服务平台，建立住房租赁备案信息系统，加强住房租赁备案管理，为健全住房租赁体系、建立完善租购并举的住房制度夯实基础。

【房屋征收拆迁管理】 2019年，市住建局依法依规有序开展国有土地上房屋征收与补偿及拆迁管理工作，加快推进桂林市漓江剧院房屋征收工作，完成征收前期调查测绘、评估和发布征收预告等工作。拟定《桂林市芦笛棚户区改造项目国有土地上房屋征收补偿安置方案》，完成该方案公众意见征求并进行修改反馈，完成该项目国有土地上房屋征收补偿资金的测算工作，协调落实房屋征收补偿安置资金1.13亿元。开展桂林师范高等专科学校甲山地块国有土地收储涉及的房屋征收前期工作，对征收补偿方案进行论证。推进房屋拆迁遗留项目拆迁工作，全年办结和核发拆迁合格证的拆迁遗留项目4个。完成《桂林市国有土地上房屋征收与补偿实施办法》起草和征求意见工作，进入合法性审查阶段。

【推进住房改革】 2019年，市住建局推进住房改革，危旧房改住房改造项目开工784套，建成255套，完成投资额0.8亿元。全年受理房改房上市交易审核，审核3575户，公示3539户；受理公有住房出售15个单位30户，办结17个单位207户，售房面积1.32万平方米；受理退房审核11个单位44户；办理住房调查1046户。推进经济适用住房建设和销售工作，审核经济适用住房申购家庭199户，开展经济适用住房销售2期，签订购房合同160户。

【规范小区物业管理】 2019年，桂林市物业服务企业约360家，从业人员3万余人，管理小区700多个、面积约5000万平方米。市住建局加大物业服务行业监管力度，开展物业服务行业检查，推进物业管理诚信系统建设，调解处理物业管理纠纷20余件。加强物业维修资金归集和使用管理，全年市本级新增归集资金6532.75万元，累计归集资金10.79亿元；受理申请使用维修资金项目460余个，审批使用维修资金项目458个，拨付维修资金792.97万元，历年累计拨付使用6483.74万元。

【住房和城建档案管理】 2019年，市

住建局加强住房和城建档案管理利用工作，为全市城市建设、不动产登记、司法部门取证等提供凭证和依据。年内整理、装订交易中心确认件和不动产业务信息补录6805份，接待各类档案信息查询1.64万户，完成领导干部房产信息核查482批次、查询1.04万人次。推进城建档案数字信息化建设，采购、安装电子化档案接收、管理系统，跟踪拍摄重点工程项目等各类照片1200余张、视频6200余分钟。加强建设工程档案管理，落实“四书”制度，出具工程档案“四书”证明材料834份，接收80个建设项目竣工档案，编审和信息录入71个工程项目5872卷，移交入库档案79个工程项目1.09万卷。做好城建档案查询、利用工作，接待查档群众1088人次，调阅档案3400卷，提供利用复印档案3.78万张。

【房屋安全管理】 2019年，市住建局加强全市房屋安全管理工作，组织完成查勘、鉴定房屋约600栋(户)，鉴定面积28万平方米。组织协调房屋安全事件应急工作，加强白蚁防治，坚持白蚁防治公益性服务，共签订新建房屋白蚁预防公共服务协议75份，完成新建房屋白蚁预防面积271万平方米，全市企业减轻负担共计623.3万元。

【市政工程建设】 2019年，市住建局加强市政工程建设，共办理人大建议和政协提案11件，完成回复涉及市政公用和市容环卫设施项目建设征求意见32件。完成市人大重点督办建议，组织实施上海路交通节点优化工程，拆除原上海路快车道和公交车道间的绿化带，增设快车道2条，改造后上海路通行效率大幅提升，成为治理交通拥堵亮点。做好建设项目储备工作，完成城区治涝工程的项目建议书编制审批、净瓶山大桥拆除重建的方案编制等前期准备工作。

【消防验收管理】 2019年，市住建局与市消防支队联合印发《关于印发桂林市建设工程消防设计审查验收职责移交承接工作方案的通知》，做好建设工程消防设计审查、消防验收、消防验收备案职责承接工作。7月1日，市住建局开始独立承接办理消防设计审查、消防验收及验收备案工作。受理消防设计审查项目401个(市本级169个)，办结消防设计审查项目400个(市本级169个)；受理消防验收项目201个(市本级78个)，办结消防验收项目200个(市本级78个)；受理消防验收备案项目193个(市本级102个)，办结消防验收备案项目193个(市本级102个)；验收备案抽查项目48个(市本级23个)；办理行政处罚调查3件，实施行政处罚1件。

(市住建局)

城市管理

【概况】 2019年，桂林市城市管理委员会(简称市城管委)办公地址在秀峰区榕湖北路3号，内设办公室、计划财务科、人事教育科、政策法规科、发展规划技术科、安全应急科、市政设施管理科、公用事业管理科、市容秩序景观科、环境卫生综合管理科、信息宣传科、执法监督科、数字化考评科、建筑垃圾管理科、离退休人员工作科。人员编制50名，在职人数46人。年内，市城管委推进“两违”(违法用地和违法建设行为)治理，完成存量拆违151.62万平方米。全年生活垃圾无害化处理率100%，城市污水集中处理率近100%，供水水质综合合格率99%，所管道路完好率95%以上，路灯亮灯率98%。加强立法基础性工作，《桂林市违法建设防控和查处条例》经市人大常委会审议通过。完成《桂林市城市照明管理办法》立法后评估修改，《桂林市燃气管道设施保护管理办法》《桂林市生活垃圾分类管理办法》完成意见征求。开展餐饮场所燃气专项治理行动，遏制餐饮场所燃气重特大事故发生，桂林市自来水公司生产技术部供水调度中心获全国“五一巾帼标兵岗”称号，市城管委获2019年自治区城市管理执法队伍技能大比武军事队列竞赛二等奖，桂林市城市管理监察支队被评为自治区住建厅城市管理执法队伍“强基础、转作风、树形象”专项行动成效突出单位，桂林市政综合设计院被评为自治区优秀勘察设计单位。

【城市管理考评】 2019年，市城管委继续推进城市管理考评工作。年内，各县(市、区)、各有关单位加大投入、补齐短板，城市管理精细化程度得到提高，管理覆盖面得到延伸，市本级数字化城市管理系统功能进一步完善，灵川县、阳朔县及6个城区建成数字化城市管理指挥分中心，形成了全天候、全方位、常态化的监管模式。全年城市管理案卷总数53万多件，按时处置率99.88%。数字城管热线12319共接市民投诉报修案件3934件，办结2804件。

2019年8月30日，东西巷地下通道开通 (李祉源 摄)

【环卫保洁和市容管理】 2019年,桂林市生活垃圾处理减量化资源化大幅提升,全年生活垃圾累计进场59.63万吨,全部进行焚烧处理并最大程度资源化利用。垃圾分类工作持续推进,全年新增90个小区、60个公共机构的垃圾分类推广宣传和试点运行,共收集厨余垃圾1104吨,接收大件垃圾1729吨。对200多条次市区主次干道进行深度清洗,全年建成市政公厕47座。印发《桂林市非机动车停放管理暂行办法》,将共享单车纳入非机动车管理范畴,促进市民文明骑行。建成并投入运行桂林市建筑垃圾数字监控平台,全市所有建筑垃圾运输车辆和建设项目均已接入平台,全年办理建筑垃圾处置许可证82个,办理车辆准运9731台,申报建筑垃圾处置量367.34万立方米。实施洒水降尘,全年洒水道路总里程76.58万千米。

【城市市政市容基础设施建设】 2019年,市城管委加强所管路桥及附属照明、排水设施管理养护,确保城市路桥完好畅通。全年完成城市主次干道车行道维修4.05万平方米,人行道维修2.27万平方米,桥梁维护114座次,开挖路面修复115处,累计完成产值1219万元。完成照明维护产值510万元。开展桥梁隐患排查整治,实施城市桥梁护栏专项升级改造,全年完成12座桥梁、2座隧道的定期检测,对净瓶山大桥、仙人桥、沙河立交桥等不合格桥梁采取限行限载措施。

【自来水供应】 2019年,桂林市城区供水量1.60亿立方米,增加1241.46万立方米;售水量为1.39亿立方米,增加1102.17万立方米。耗电为每千立方米204千瓦小时,氯耗为每千立方米2.21千克,矾耗为每千立方米2.67千克;累计产销差13.47%。出厂水压力合格率99.98%,管网水压力合格率99.99%,水质综合合格率99.99%,各项指标均保持较好水平。新增用户6.14万户,累计全市在线水表61.4万只;累计拆换水表3.17万只,累计维修管道1.05万处,修漏及时率100%。精简供水申报材料、简化报装流程、压缩报装时间,多优化用水用气报装服务。

2019年11月16日,桂林市启用智能液化石油气钢瓶,配上芯片的钢瓶有了唯一的“身份证” （韦桂玉 摄）

【市容整治】 2019年,市城管委严格落实“门前三包”制度,全年共督促7200多家店铺完成“门前三包”补签,城市沿街商铺门前卫生实现有效转变。持续开展各类市容专项治理和城市道路行政执法,全年共组织市容专项整治200余次,开展校园周边环境综合整治行动93次,取缔流动占道经营、超门窗经营摊点7200多摊次,取缔露天烧烤95处。加强建筑垃圾执法,全年共查处建筑垃圾违规处置237件。严厉查处房产和园林案件,全年共查处住宅室内违规装饰装修案件285件、查处损坏园林绿化设施案件409件。

【燃气行业管理】 2019年,市城管委全面开展餐饮场所燃气专项治理行动,遏制餐饮场所燃气重特大事故发生,共检查餐饮商铺5000余个,发出整改通知书3000余份,收缴不合格钢瓶1100余个。加强对6个城区和兴安县燃气监管和气站安全检查,全年共开展执法行动200余次,事故抢险3次,查处涉案黑燃气点423家,罚款30余万元,暂扣非法运输车辆65台、钢瓶1.38万个,移送公安机关57人,销毁历年暂扣钢瓶1.7万个,上交市财政销毁收入24万元。

【基础设施项目建设】 2019年,市城管委承担市级层面以上重点项目14个,年度计划投资8.83亿元,实际完成投资9.39亿元。承担东西巷与正阳步行街地下通道工程、八一桥改扩建工程等11个项目的建设任务。其中芳香东路、金桃路建成通车,东西巷与正阳步行街地下通道工程开放通行,上海路节点改造完成,漓江(城市段)排污综合治理项目(二期)、靖江王府片区夜景亮化项目、老城区59条道路路灯加装智能防漏电设备项目和甲山生活垃圾中心转运站升级改造工程完工,城北水厂二期供水工程基本完工,第二水源工程开工,八一桥改扩建工程、桂林电子科技大学花江校区供水工程、餐厨废弃物资源化利用和无害化处理BOT项目及山口生活垃圾卫生填埋场浓缩液处理工程等项目加快推进。 （杨达珍）

住房公积金管理

【概况】 桂林市住房公积金管理中心办公地址在临桂区平桂西路金融大厦16楼,公积金业务大厅办公地址为桂林市临桂新区平桂西路金融大厦B副楼1楼。内设办公室、人事教育科、财务结算科、信息管理科、政策法规科、审计稽核科、客户服务部、支取业务部、建缴业务部、贷款业务部,派出机构有荔浦市、全州县、阳朔县、灵川县、兴安县、资源县、灌阳县、平乐县、永福县、龙胜各族自治县、恭城瑶族自治县管理部。在编人员81人。年内，桂林市住房公积金管理中心贯彻“一事通办”改革，优化营商环境。加强内部控制，按时运行电子化稽查，打击骗取骗贷工作。加强公积金归集和提取管理，各项业务稳步增长，保证了全市广大职工贷款和支取需求。

【公积金归集和提取】 2019年，全市公积金归集47.08亿元，增长14.46%。全年住房公积金缴存单位7951个；缴存职工38.42万人。累计归集住房公积金368.85亿元，归集余额136.99亿元。全年住房公积金业务收入4.18亿元，增长8.19%；业务支出2.19亿元，增长3.38%。全年实现增值收益2亿元，增长14%。全市全年提取住房公积金35.3亿元，增长19.51%，提取率74.97%。累计提取231.86亿元。

【住房公积金个人贷款】 2019年，全市发放住房公积金个人贷款7581户23.69亿元，增长32.07%；回收个人贷款本金14.32亿元，增长13.16%。累计发放个人贷款10.84万户220.12亿元，贷款发放额增长12.06%，个贷余额125.8亿元。全年住房公积金个贷逾期额180.95万元，逾期率0.144‰，低于自治区0.4‰的指标。

【住房公积金政策调整】 2019年，桂林市住房公积金管理中心印发《关于调整2019年度桂林市住房公积金缴存基数及月缴存额上下限的通知》，根据桂林市2018年城镇非私营单位就业人员年平均工资69299元，确定住房公积金缴存基数上限为17325元。住房公积金缴存基数下限按桂林市现行最低工资标准执行，市级及城区住房公积金缴存基数下限为1680元，各县（市）住房公积金缴存基数下限为1300元。住房公积金缴存比例上限为12%，住房公积金缴存比例下限为5%。印发《桂林市住房公积金管理中心关于既有住宅加装电梯提取住房公积金有关事项的通知》实行既有住宅加装电梯可提取住房公积金政策。印发《桂林市住房公积金管理中心个人住房公积金贷款按月对冲还贷管理试行办法的通知》实行个人住房公积金贷款按月对冲还贷政策。

（桂林市住房公积金管理中心）

园林绿化

【概况】 2019年3月，桂林市林业局和桂林市园林局合并组建桂林市林业和园林局，办公地址在桂林市临桂区青莲路1号。内设办公室、财务科、人事教育科、生态保护修复科、森林资源管理科、公园管理科、野生动植物保护管理科、自然保护地和湿地管理科、改革发展科、产业科、国有林场和种苗管理科、科学技术与推广科、规划建设科、政策法规科、绿化管理科（桂林市绿化委员会办公室）、机关党组织、离退休人员工作科。下设桂林市森林公安局、桂林市林业技术推广站、桂林市林业综合发展中心、桂林市林业和园林综合服务中心、广西桂林花坪国家级自然保护区管理处、桂林市猫儿山国家级自然保护区管理处、广西桂林千家洞国家级自然保护区管理处、桂林市龙泉生态林区管理处、桂林湿地保护中心、桂林市野生动物保护站、广西桂林银竹老山资源冷杉国家级自然保护区管理处、桂林市林业设计院、桂林市林业科学研究所、桂林市绿化工程处、桂林市第二绿化工程处、桂林市穿山公园管理处、桂林园林植物园、桂林市南溪山公园管理处、桂林市石山绿化试验站、桂林市东江苗圃（訾洲公园管理处）、桂林市花木研究所、桂林市木材产品质量检验站、桂林市西山公园管理处、桂林市虞山公园管理处、桂林市园林规划建筑设计研究院、桂林市园林建设工程管理处。行政编制49名（含后勤服务聘用人员控制数4名），在职人员55人。年内，桂林市以“创建国家生态园林城市，建设美丽桂林”为目标，推进城市园林绿化建设和管理，开展市区花化、彩化和园林景观营造工作，引种各种适合桂林生长的开花植物，加快形成“一路一景，一路一品”的道路绿化景观，提升城市园林绿化品位。至年末，城市绿地率35.70%，绿化覆盖率40.81%，人均公园绿地面积14.67平方米。

【春季义务植树】 2019年，桂林市林业和园林局在泗洲湾河滩、二塘乡四合村委佛殿蜡烛山、小东江栖霞桥至阳家里河堤、芦笛三村及芳莲池周边、雁山区柘木镇龙门大桥至老柘木圩河堤等基地等植树点，组织市委机关和企业单位、协调部队共5000余人参加义务植树活动，种植桂花、枫香、碧桃、乌桕、栾树、洋紫荆、任豆等10多个品种共1万多株。组织5000多市民到桂阳公路绿道、桂林园博园、市区各公园参加植树活动。开展“美化阳台，扮美家居”向市民赠送花木活动，共向市民赠送月季、茉莉、茶花、绣球花、花叶蔓长春、银边吊兰等一批花木，引导市民自觉参与城市绿化。

【城市绿化管护】 2019年，桂林市林

2019年，在訾洲公园打造的诗画广场 （李腾钊 摄）

2019 年 3 月 12 日，桂林市林业和园林局组织市直机关干部到全州县开展义务植树 （曹凯 摄）

业和园林局通过加强市区绿化考评，重点对绿化修剪、道路行道树缺株、地被缺苗、病虫害防治以及绿地环境卫生保洁等方面进行检查，发现问题及时整改，使城市绿化管护保持较好水平。累计乔木修枝 6.96 万株，灌木球修剪 18.42 万平方米，地被修剪 363.84 万平方米，修剪草皮 303.19 万平方米。共补植乔木 8661 株，灌木 1.42 万株，地被 59.59 万株 4.34 万平方米，草皮 1121 平方米，沿阶草 1.63 万平方米。完善病虫害预警机制，针对由于天气原因病虫害防治压力大的问题，加强全年春夏两季病虫害防治，对各绿化管护单位病虫害防治提出管控要求，对市重点路段的几个危害较大的秋枫透翅蛾、红棕象甲、钻心虫、红火蚁、白蚁等病虫害进行专项防治。组织做好受极端天气影响的绿化抢险工作，全年组织 1839 名抢险人员和 364 个台班机械，完成 187 株倒树抢险和 637 次断枝处理，确保城市交通顺畅和人民群众生命财产安全。

【城市"花化"工作】 2019 年，桂林市林业和园林局继续加强紫薇在城市绿化中的运用，结合桂林的气候、土壤环境种植紫薇。从外地大量引种不同品种的紫薇，在中山路、七星路、东二环路、中隐路、机场路、滨北路、环城南一路、环城南二路、桂磨路等城市主干道和旅游通道采用树阵方式种植，取得良好的花化彩化效果。在解放西路种植藤本月季，达到良好绿化、花化效果。选择象牙红、洋紫荆、红花羊蹄甲、美花红千层等多种适宜桂林生态环境，养护成本低、花期长、花色艳、抗污能力强的园林植物，打造"一路一品""一路一景"的花化彩化城市景观，城区花化彩化程度持续提升。

【公园管理】 2019 年，市人民政府重新修订《桂林市公园管理规定》，新增"公园内不得设立与公园服务功能无关的项目，确保公园的公益性，禁止设立私人会所、高档餐馆、茶楼等"等条款。桂林市林业和园林局按照"公园建设生态化、公园活动特色化、公园管理精细化"加强公园管理。在各节假日和不同的开花季节，先后举办訾洲公园郁金香花展、穿山公园梅花节、南溪山公园樱花季、虞山公园月季花展、西山公园荷花展、桂林园林植物园桃花节和桂花节等花事活动，让市民游客享受桂林的"花样"生活。

【王城历史文化旅游休闲街区改造园林绿化建设】 2019 年，桂林市林业和园林局完成王城片区的节点广场园林绿化，凤北路及滨江路段树池花箱改造，皇辅巷、贡后巷、中华路和凤北路节点的园林绿化，中华路西侧新增绿地试点。共计种植造型罗汉松、紫薇桩、山茶等乔灌木 450 余株，种植红叶石楠、春鹃等地被植物及时花 10 万余株，堆叠景置石 90 吨，园路及广场铺装 1200 余平方米，喷淋灌溉系统 100 余米；安装独立花箱 217 个，组合花箱 60 套，配套种植花灌木地被 9 万余株。

【绿化执法】 2019 年，桂林市林业和园林局共受理砍伐城市树木审批 309 件，临时占用城市绿地 23 件，迁移古树名木审批 2 件，收取绿化补偿费 7.57 万元。贯彻自治区财政和物价部门的规定精神，对企业免收绿化补偿费，市人民政府批准减免绿化补偿费 3.81 万元。委托桂林市城市监察支队依法处理违章占绿、毁绿违建共立案 35 件，结案 21 件，遏制破坏园林绿化现象。 （李腾钊）

2019 年，在中山路种植的紫薇花盛开 （李腾钊 摄）

生态环境保护

综　　述

2019年，桂林市生态环境局办公地址在桂林市中山南路102号。年内，桂林市加强生态环境保护职能划转、生态环境综合行政执法改革、县级生态环境机构垂直管理，推进机构改革，3月新组建的桂林市生态环境局，内设办公室、生态环境保护督察科（行政执法科）、综合科、人事科、科技与财务科、政策法规与标准科、自然生态保护科、水生态环境科、大气环境科、土壤生态环境科、核与辐射安全监管科、生态环境监测与应急科、机关党组织及6个城区（工业园区）生态环境局，人员编制66名（含后勤服务人员控制数6名），在职人员55人。下设桂林市生态环境保护综合行政执法支队、桂林市生态环境污染源监控中心。年内，组建临桂等12个县（市、区）生态环境局，为市生态环境局的派出机构，由市生态环境局直接管理。

年内，桂林市生态环境局以环境质量改善为核心，以落实大气、水、土壤污染防治行动计划为重点，落实各项生态环保领域改革，生态环境保护工作取得较大成绩。桂林市环境质量全年总体维持较好水平。环境空气质量各监测项目浓度年均值（臭氧和一氧化碳为百分位数）除细颗粒物外均达到国家一级或二级标准，市区全年环境空气质量优良天数323天；地表水、地下水水质总体良好；市区声环境质量昼间保持较好等级；辐射环境质量保持正常。

环境质量

【环境空气质量】

市区　2019年，桂林市环境空气质量优良率88.49%，空气质量指数（AQI）范围为20—195，143天空气质量指数为一级，180天空气质量指数为二级，36天空气质量指数为三级，6天空气质量指数为四级。与2018年相比，优良率下降（比上年，下同）0.5个百分点。市区二氧化硫（SO_2）日均值浓度范围为6微克每立方米—44微克每立方米，年均值为13微克每立方米，增长8.3%。二氧化氮（NO_2）日均值浓度范围为12微克每立方米—80微克每立方米，年均值为25微克每立方米，增长8.7%。一氧化碳（CO）日均值浓度范围为0.5毫克每立方米—2.2毫克每立方米，年评价浓度（第95百分位数）为1.4毫克每立方米，增长7.7%。臭氧（O_3）日最大8小时平均值浓度范围为5微克每立方米—210微克每立方米，年评价浓度（第90百分位数）为149微克每立方米，增长8.1%。可吸入颗粒物（PM10）日均值浓度范围为6微克每立方米—219微克每立方米，年均值为54微克每立方米，下降1.8%。细颗粒物（PM2.5）日均值浓度范围为5微克每立方米—146微克每立方米，年均值为37微克每立方米，下降2.6%。降水pH值范围为4.30—6.83，年均值为5.00，下降0.15；酸雨频率为75.5%，上升6.5个百分点。

按照《环境空气质量标准》（GB 3095-2012）进行年度污染物单因子评价，二氧化硫、二氧化氮、一氧化碳达到一级标准；臭氧和可吸入颗粒物达到二级标准，细颗粒物年均值超过二级标准。

各城区　2019年，空气自动监测站点按照所在城区进行评价。二氧化硫、二氧化氮、一氧化碳：6个城区均达到一级标准。臭氧（8小时）：叠彩区超过二级标准，其他城区达到二级标准。可吸入颗粒物：6个城区均达到二级标准。细颗粒物：象山区超过二级标准，其他城区均达到二级标准。

各县（市）　桂林市10个县和荔浦市按照《环境空气质量标准》（GB 3095-2012）对自动监测数据进行评价。二氧化硫：永福县城达到二级

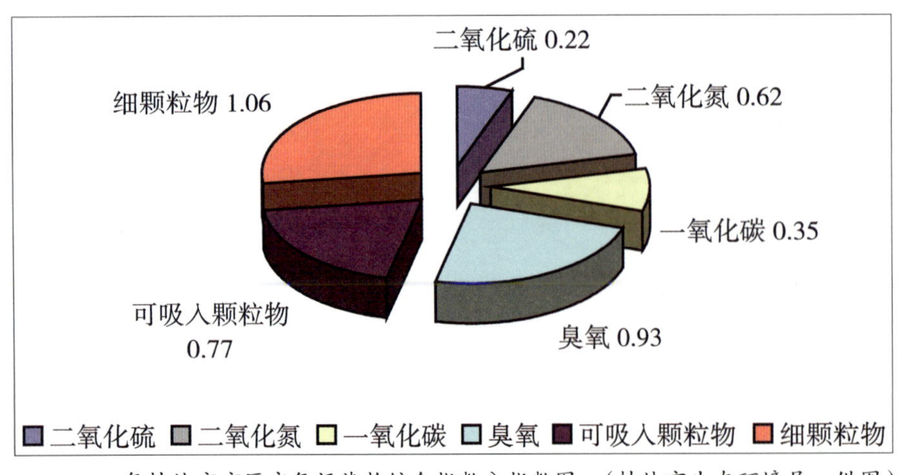

2019年桂林市市区空气污染物综合指数分指数图　（桂林市生态环境局　供图）

标准，其他县城达到一级标准。二氧化氮、一氧化碳：所有县城均达到一级标准。臭氧(8小时)：兴安县城超过二级标准，其他县城达到二级标准。可吸入颗粒物：所有县城均达到二级标准。细颗粒物：灵川、永福和全州县城超过二级标准，其余县城均达到二级标准。

【水环境质量】 2019年，桂林市地表水水质保护类别依据《桂林市地表水环境功能区划》，按断面对应标准进行评价，执行环境保护部办公厅《地表水环境质量评价办法(试行)》(环办〔2011〕22号)文件规定，总氮和粪大肠菌群项目为参考指标，不参与水质类别评价。集中式饮用水水源地水质按《地表水环境质量标准》(GB 3838-2002) Ⅲ类标准评价；青狮潭水库水质按《地表水环境质量标准》(GB 3838-2002) Ⅱ类标准评价；地下水按《地下水质量标准》(GB/T 14848-2017) Ⅲ类标准评价。其他水体按《地表水环境质量标准》(GB 3838-2002)相应的标准进行评价。

地表水水质 2019年，桂林市各干流水质较好，漓江干流、桂江、湘江、资江、灌江、洛清江和寻江为Ⅱ类—Ⅲ类水质，符合水环境功能区保护目标要求；漓江支流桃花江、小东江、相思江和桂江支流荔浦河、恭城河断面水质类别为Ⅱ类—Ⅳ类，符合水环境功能区保护目标要求。

饮用水水源地水质 2019年，桂林市区和各县(市)共18个在用集中式生活饮用水源，其中河流型水源地17个，水库型水源地1个。市区4个集中式生活饮用水源地水质监测项目均符合国家地表水Ⅲ类水质标准，各县(市)在用集中式生活饮用水源地水质符合国家地表水Ⅰ类—Ⅲ类水标准。

青狮潭水库水质 2019年，青狮潭水库除西湖中心外其他监测点位水质符合水环境功能区保护目标要求，其中水库出水口、东湖中心和西湖湖边水质为Ⅱ类，西湖中心水质为Ⅲ类，入库河流东江河和西江河水质为Ⅰ类，兰田河水质为Ⅱ类。青狮潭东湖中心、水库出水口、西湖中心、西湖湖边营养状态级别均为中营养。

市区风景湖(塘)水水质 2019

2019年11月14日，自治区生态环境保护督察组检查桂林饮用水源地环境保护情况 (周程安 摄)

表11 2019年桂林市河流水水质类别评价结果

河流名称	断面名称	水功能区目标	2019年水质类别	超标因子(断面均值超标倍数、超标率)
漓江干流	大埠头	Ⅲ	Ⅱ	无
	大面	Ⅲ	Ⅱ	无
	大河	Ⅲ	Ⅱ	无
	磨盘山	Ⅲ	Ⅱ	无
	阳朔	Ⅱ	Ⅱ	无
漓江支流甘棠江	水库出水口	Ⅱ	Ⅱ	无
漓江支流小东江	花桥	Ⅳ	Ⅱ	无
	刘家桥	Ⅳ	Ⅱ	无
漓江支流桃花江	伍仙桥	Ⅳ	Ⅲ	无
	胜利桥	Ⅳ	Ⅳ	无
	南门桥	Ⅳ	Ⅳ	无
漓江支流相思江	渡槽	Ⅴ	Ⅲ	无
桂江	浮桥	Ⅲ	Ⅱ	无
桂江支流荔浦河	扒齿	Ⅲ	Ⅲ	无
桂江支流恭城河	乐湾	Ⅲ	Ⅱ	无
湘江	庙头	Ⅲ	Ⅱ	无
	界首	Ⅲ	Ⅱ	无
资江	随滩	Ⅲ	Ⅱ	无
灌江	文市	Ⅲ	Ⅱ	无
洛清江	龙溪	Ⅲ	Ⅱ	无
	潦潭	Ⅲ	Ⅱ	无
寻江	交洲	Ⅲ	Ⅱ	无

表12 2019年桂林市区集中式生活饮用水源地水质状况统计表

水源地名称	取水总量(万吨)	达标率
城北水厂	4387.17	100%
东镇路水厂	2871.03	100%
东江水厂	3884.84	100%
瓦窑水厂	5217.75	100%
合计	16360.79	100%

表 13 **2019 年桂林市各县(市)集中式生活饮用水源地水质类别和达标情况**

各县	评价标准	水质类别				达标率
		一季度	二季度	三季度	四季度	100%
平乐县	Ⅲ	Ⅱ	Ⅱ	Ⅱ	Ⅱ	100%
永福县	Ⅲ	Ⅱ	Ⅰ	Ⅱ	Ⅰ	100%
全州县	Ⅲ	Ⅱ	Ⅱ	Ⅱ	Ⅱ	100%
资源县	Ⅲ	Ⅰ	Ⅱ	Ⅱ	Ⅱ	100%
龙胜各族自治县	Ⅲ	Ⅰ	Ⅰ	Ⅱ	Ⅰ	100%
灵川县	Ⅲ	Ⅰ	Ⅰ	Ⅱ	Ⅰ	100%
兴安县	Ⅲ	Ⅱ	Ⅱ	Ⅰ	Ⅰ	100%
灌阳县	Ⅲ	Ⅱ	Ⅱ	Ⅱ	Ⅱ	100%
荔浦市	Ⅲ	Ⅱ	Ⅱ	Ⅱ	Ⅱ	100%
恭城瑶族自治县	Ⅲ	Ⅱ	Ⅱ	Ⅲ	Ⅰ	100%
阳朔县	Ⅲ	Ⅱ	Ⅱ	Ⅱ	Ⅱ	100%

年，市区风景湖(塘)桂湖、木龙湖、榕湖、春天湖、杉湖为Ⅲ类—Ⅳ类水质，水质符合水环境功能区保护目标要求；芳莲池为Ⅴ类水质，总磷超标，水质劣于水功能区目标要求。芳莲池水质营养状态级别为轻度富营养，桂湖、木龙湖、榕湖、春天湖水质营养状态级别为中营养。

城区地下水水质　2019 年，桂林城区地下水枯水期 20 处监测点中，有Ⅱ类水 15 处，占总数的 75%；Ⅲ类水 1 处，占总数的 5%；Ⅳ类水 4 处，占总数的 20%。丰水期 20 处监测点中，有Ⅰ类水 10 处，占总数的 50%；Ⅱ类水 7 处，占总数的 35%；Ⅳ类水 3 处，占总数的 15%。以《地下水质量标准》(GB/T 14848-2017) Ⅲ类水标准为界限值主要超标项目为硝酸盐、亚硝酸盐、氨氮、锰、铅、高锰酸盐及 pH 值。Ⅲ类水分布区占监测区总面积的 95% 以上，较差级水呈零星点状分布。

【声环境质量】

市区(不含临桂区)声环境　2019 年，桂林市区监测区域声环境质量点位 102 个，道路交通声环境质量点位 55 个，功能区声环境质量点位 10 个。区域声环境和道路交通声环境监测时段为昼间，功能区声环境连续监测 24 个小时。区域环境噪声昼间平均等效声级为 53.4 分贝，下降 0.4 分贝，按《环境噪声监测技术规范　城市声环境常规监测》(HJ 640-2012) 等级划分属于二级，对应评价为较好。各监测点昼间等效声级为 44.3 分贝—65.6 分贝，暴露在 60 分贝以上的面积占总网格面积的 7.8%。噪声声源构成比中生活噪声居首位，占 78.4%，其次为交通噪声，占 13.7%，两者之和为 92.1%，是桂林市区的主要噪声源。从声源强度来看，则是施工噪声占首位。

桂林市区道路交通噪声昼间平均等效声级为 68.8 分贝，上升 0.7 分贝，按《环境噪声监测技术规范　城市声环境常规监测》(HJ 640-2012) 等级划分属于二级，对应评价为较好。超标路段长度 31936 米，占监测路段总长度的 27.0%，说明桂林市区昼间大部分监测路段的等效声级低于国家标准控制值(70 分贝)。

桂林市区功能区声环境各类功能区昼间共有 38 个监测点次达标，总点次达标率 95.0%，下降 2.5 个百分点；夜间共有 29 个监测点次达标，总点次达标率 72.5%，上升 2.5 个百分点。1 类区监测点次昼间达标率 100%，夜间达标率 75.0%；2 类区监测点次昼间达标率 90.0%，夜间达标率 95.0%；3 类区监测点次昼间、夜间达标率 100%；4 类区监测点次昼间达标

2019 年 7 月 30 日，桂林市生态环境局对平乐县木官汀饮用水水源地保护区进行现场检查　（桂林市生态环境局　供图）

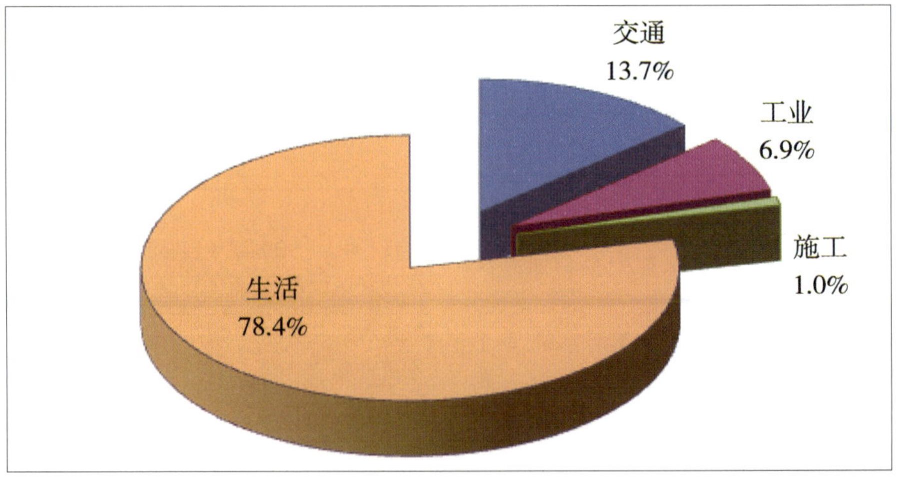

2019 年桂林市市区区域环境昼间噪声声源构成比例图　（桂林市生态环境局　供图）

率 100%，夜间达标率 0%。各功能区监测点次达标率与上年相比，除 2 类区昼间下降 5 个百分点、夜间上升 5 个百分点外，其他各功能区昼间和夜间达标率均持平。

各县（市、区）区域声环境　2019 年，各县（市、区）区域环境噪声昼间平均等效声级为 51.8 分贝（平乐县）—57.3（灌阳县）分贝，按《环境噪声监测技术规范　城市声环境常规监测》（HJ 640–2012）等级划分，阳朔、全州、永福、资源、平乐、恭城 6 个县（自治县）评价为较好（二级），占 50.0%；灵川、兴安、灌阳、龙胜 4 个县（自治县）和临桂区、荔浦市评价为一般（三级），占 50.0%。

各县（市、区）道路交通噪声昼间平均等效声级为 61.6（平乐）分贝—69.8（临桂）分贝，按《环境噪声监测技术规范　城市声环境常规监测》（HJ 640–2012）等级划分，阳朔、灵川、全州、兴安、永福、灌阳、龙胜、资源、平乐、恭城 10 个县（自治县）和荔浦市评价为好（一级），占 91.7%；临桂区评价为较好（二级），占 8.3%。

各县（市、区）功能区声环境：灵川、全州、灌阳、龙胜、资源、平乐、恭城 7 个县（自治县）和荔浦市各类功能区昼间和夜间监测结果均低于国家标准限值；兴安和永福县除 4 类功能区夜间超标外，其他功能区昼间和夜间均达标；临桂区各类功能区昼间均达标，夜间均超标；阳朔县 1 类功能区昼间和夜间均超标，2 类和 4 类功能区为昼间达标、夜间超标。

【电离辐射环境质量】　2019 年，桂林市辐射自动监测站连续监测 1 个点位的 γ 辐射空气吸收剂量率，年均值为 83.5 纳戈瑞每小时（未扣除宇宙射线响应值），处于本底涨落范围内。

环境管理

【环保目标责任制考评】　2019 年年初，桂林市人民政府与 11 个县（市）、6 个城区人民政府和 10 个市直单位主要领导签订《2019 年度桂林市生态环境保护目标责任状》。至年末，桂林市成立 6 个考核组，对 2019 年签状单位进行现场考评。11 个县（市）和临桂区人民政府评奖结果：兴安县人民政府一等奖，全州县人民政府、灌阳县人民政府二等奖，荔浦市人民政府、平乐县人民政府、永福县人民政府、龙胜各族自治县人民政府、灵川县人民政府、恭城瑶族自治县人民政府、阳朔县人民政府、临桂区人民政府、资源县人民政府三等奖。5 个城区人民政府评奖结果：秀峰区人民政府一等奖；雁山区人民政府、象山区人民政府二等奖。市直属单位评奖结果：市自然资源局一等奖，市公安局、市发展改革委员会二等奖，市工业和信息化局、市城管委、市农业农村局、临桂新区管委、市住房城乡建设局、市交通运输局、桂林经济技术开发区管委三等奖。

2019 年 8 月 30 日，桂林市副市长彭代元（前排右）到临桂区业青新型建材厂调研　（夏超　摄）

【环保专项资金】　2019 年，桂林市生态环境局共获各级财政性环保专项资金 2594.7 万元，其中中央资金 200 万元（中央土壤污染防治专项资金 200 万元）；第二批自治区生态环境保护专项资金 1545 万元（酸雨监测网络建设经费 120 万元、广西重点污染源自动监控设施社会化运行补助项目 59 万元、广西各地贯彻落实环境保护有关政策措施成效激励资金 180 万元、地表水监测网络水质自动监测站建设和水质采测分离运行补助及实验室改造经费 701 万元、河流水质自动监测网络运行经费 70 万元、漓江流域山水林田湖草生态保护修复工程方案的编制前期工作经费 80 万元、2019 年生态环境监测网络建设资金——重金属水质自动监测站建设更新改造费用 45 万元、地表水环境监测网络水质自动监测站建设前期工作费用 10 万元和 2019 年广西城市大气环境网格化监管体系项目建设补助资金 280 万元）；市本级资金 849.7 万元（桂林市生态环境局预算安排的市本级生态环境保护专项资金 849.7 万元）。

【监测机构管理】　2019 年，桂林市生态环境局按照《广西壮族自治区环境监测服务社会化管理办法（试行）》要求，对在桂林市开展业务的 35 家社会环境检测机构进行备案登记管理。对桂林市 6 家生态环境监测机构开展专项监督检查，针对发现的问题，要求各相关检验检测机构落实纠正和预防措施，加强资质认定法律法规、评审准则和检验检测方法的培训学习，规范检验检测行为，提高人员素质，确保质量管理体系有效运行和检测数据准确可靠。

【世界银行贷款项目建设】　2019 年，桂林市生态环境局持续推进世界银行贷款项目实施，在“桂林市水环境监测与污染源管理系统”项目验收基础上，完成世界银行项目各个合同的分阶段付款及利息支付工作。协调世界银行团队、市世界银行项目办公室、市财政局做好项目的各项阶段进展情况汇报工作，协助自治区财政厅完成2019年度项目审计工作。协调市环保科研所推进世界银行项目国内配套资金“漓江流域（桂林城区）污染源解析及管理对策”子项目建设。

【环境信息化建设】 2019年，桂林市生态环境局加强环保大楼及信息中心机房的设备及服务器建设，提高网络稳定性。加强全局网络信息安全工作，组织网络安全培训，增强全局人员网络安全意识，提高信息安全技术水平。完成《桂林市环境监测与污染源管理系统》和《桂林市环境监测信息化与空气预警预报系统》向市公安局进行二级等级保护备案工作。完善全局信息安全相关制度，完成《桂林市环境保护局网络安全事件应急处置预案》《桂林市生态环境局网络安全实施方案》起草。全年发布环保信息3486条；环境投诉管理系统接收环保投诉2439件；综合办公系统(OA系统)已经融入各部门行政办公，OA系统全年办件量1.12万件。

【环境法治建设】 2019年，桂林市生态环境局加强环境法治建设，制订《桂林市生态环境局行政执法公示制度》《桂林市生态环境局行政执法全过程记录制度》《桂林市环境保护局重大执法决定法制审核制度》。加强环境立法，3月29日，《桂林市销售燃放烟花爆竹管理条例》获得广西壮族自治区第十三届人民代表大会常务委员会第八次会议批准，自2019年10月1日起施行，桂林成为广西首个禁燃烟花爆竹的城市。加大规范性文件制定，制订并发布《关于实施国家第六阶段机动车排放标准的通告》。

【环境行政处罚】 2019年，桂林市生态环境局依法作出行政处罚决定书210件，处罚金额共2066万余元。按照环境保护法及相关配套办法查办的环境违法案件65件，其中查封扣押30件，限产停产31件，移送拘留3件，涉嫌污染犯罪移送公安部门1件，2人被追究刑事责任。

【环境信用评价】 2019年，桂林市环境信用评价范围主要包括全市国家重点监控企业、市控重点企业、纳入环统企业、2018年度被环境行政处罚企业等。纳入2018年度企业环境信用评价的536家企业在2019年得出的评价结果为：除2家关停企业外，其余534家参评企业中环保诚信（绿牌）企业25家，环保良好（蓝牌）企业382家，环保警示（黄牌）企业113家，环保不良（红牌）企业14家。被评为2018年度环保诚信企业的有：桂林长海发展有限责任公司、桂林紫竹乳胶制品有限公司、桂林市排水工程管理处桂林市北冲污水处理厂、桂林雪芙莲日化有限公司等25家企业。企业环境信用评价结果纳入企业信用评价体系、纳入中国人民银行企业征信系统，作为开展企业整体信用评级、绿色信贷等工作的重要依据。

【环境保护行政许可管理】 2019年，桂林市生态环境局深化环评审批“放管服”（即简政放权、放管结合、优化服务）改革，全年桂林市辖区建设项目环境影响评价文件审批442件，环境影响登记表备案1274件；核发新版排污许可证162家，其中污水处理厂49家，屠宰行业9家，汽车制造业2家，全市锅炉行业28家，人造板行业48家，家具制造行业6家，废弃资源利用行业6家，电镀行业4家，白酒制造行业5家，肥料、农副食品加工业、食品制造、调味品制造、电力生产行业各1家。年内，桂林市环境保护技术中心共接受委托进行技术评估的环评项目37个，延续2018年承接的任务3个，办结的评估项目30个，延续2018年的项目全部办结，召开技术审查会36次，出具修改意见函与评估结论函共58份。开展审批环评文件技术复核工作，共抽取2018年度及2019第一季度县级审批环评文件共60余件，涉及环评机构40余家。做好规划环评工作，组织专家组完成对《桂林港总体规划修编环境影响报告书》《桂林市平乐县工业集中区二塘工业园区控制性详细规划修编(2018—2025)环境影响报告书》等规划环评文件的审查工作。

【生态保护建设】 2019年，桂林市生态环境局推进各级生态市县创建，指导并督促资源县、全州县、阳朔县开展2019年度国家生态文明建设示范县创建申报工作，指导龙胜各族自治县开展“两山基地”（即“绿水青山就是金山银山”实践创新基地）创建。完成2019年度自治区级生态市创建验收材料申报。加强自然保护区建设和管理，开展“绿盾2019”自然保护区强化监督，对自然保护区违规建设项目持续开展自查，并建立监督台账。开展对违法破坏森林资源行为的发现、查处和整改，完成自治区联合检查组对桂林市自然保护区开展的现场核查。实施资源开发项目生态保护，配合桂林市人民政府开展采石场专项整治工作，参与6个试点采石场标准化建设实地验收；参与6个县（区）18个

2019年7月29日，生态环境部环境执法局现场核查漓江流域采石场整治完成情况 （周程安 摄）

采矿权投放计划实地踏勘调查。参与“国际生物多样性日”专题宣传活动。

【固体废物管理】 2019年，桂林市生态环境局、桂林市发展改革委、桂林市工信局、桂林市应急管理局联合印发《桂林市工业固体废物堆存场所环境污染整治工作方案》，组织各县（市、区）开展工业固体废物堆场排查整治工作，全市累计出动排查人员500余人次、车辆120余台次，排查企业169家。兴安县广西桂林大锰锰业投资有限公司、全州县桂林翔云锰业有限公司、平乐县广西兆虹锰业有限公司、龙胜各族自治县铅锌矿业有限公司共4家企业工业固体废物堆场列入整治清单。

【危险废物管理】 2019年，桂林市生态环境局印发《桂林市加强危险废物全程监管实施方案》，组织开展全市固体废物大排查工作，共排查涉固体废物相关企业211家。其中，工业危险废物产生企业70家，危险废物经营企业14家，一般工业固体废物产生企业107家，污水处理厂20家，通过排查初步摸清当前全市工业固体废物产生、贮存、处置情况。制订《2019年度桂林市危险废物规范化管理督查考核工作方案》，组织固体废物管理、环境监察等部门对全市7家危险废物经营单位和47家危险废物产生单位进行危险废物规范化管理考核，全市企业危险废物规范化管理考核合格率98.3%。11月，桂林市通过自治区危险废物规范化管理考核。年内，加大执法力度，查处多起涉危险废物固体废物环境污染案件：桂林市环境监察支队查处象山区发顺废弃油脂加工厂非法处置废矿油案件并移送司法机关，雁山区生态环境局查处林某非法转运、倾倒污泥案件并移送司法机关，永福县生态环境局查处深圳市某工业园固体废物非法转入永福县境内倾倒案件，灌阳县生态环境局查处雷某某非法收集废铅酸电池案件，临桂区生态环境局查处韦某某非法收集废铅酸电池案件。年内，桂林市继续加强危险废物处置能力建设，临桂区医疗废物处置中心项目扩容改建工程顺利取得危险废物经营许可（许可有效期5年），全州县医疗废物处置项目于2019年12月完成主体工程建设。

【核与辐射安全监管】 2019年，桂林市核技术利用单位195家，其中桂林市生态环境局发放辐射安全许可证160家，自治区生态环境厅发放许可证34家，国家生态环境部发放许可证1家。桂林市登记在册射线装置520套，Ⅱ类射线装置69套，Ⅲ类射线装置451套。桂林市有14家放射源使用单位，由市生态环境局发放辐射安全许可证的单位6家，自治区生态环境厅发许可证7家，国家生态环境部发放许可证1家。全市有放射源94枚，其中Ⅴ类源47枚，Ⅳ类源1枚，Ⅲ类源3枚，Ⅱ类源4枚，Ⅰ类源39枚。

【环境监察】 2019年，桂林市生态环境局推进中央第五环境保护督察组“回头看”期间反馈的11个问题和群众信访案件492件的整改；推进2016年中央第六环境保护督察组反馈意见问题未完成整改的2个问题（恭城各族自治县海洋山自然保护区采矿企业污染环境问题、灌阳县千家洞自然保护区违规建设水电站问题）和未完成整改的群众信访案件22件的整改；继续推进兴安县猫儿山自然保护区正丰电站的整改。3月，桂林市整改工作领导小组办公室印发《关于印发桂林市贯彻落实中央环境保护督察“回头看”及固体废物环境问题专项督察反馈意见整改工作验收销号备案方案的通知》，明确问题整改验收销号备案责任主体、原则、条件、流程等事项，为督促各县（市、区）和市直部门落实《桂林市贯彻落实中央环境保护督察“回头看”及固体废物环境问题专项督察反馈意见整改方案》，确定了具体操作细则。12月，桂林市完成中央第五环境保护督察组“回头看”期间反馈的9个问题的整改，完成交办的群众信访案件435件，完成率88.41%；完成自治区第一生态环境保护督察组交办的群众信访案件64件，完成率85.33%。

【环境执法】 2019年，桂林市生态环境局共对燕京啤酒（桂林漓泉）股份有限公司、桂林晶盛有限责任公司、雁山污水处理厂、七里店污水处理厂（二期）等44家次工业企业开展监督性监测。准确掌握各排污单位水、大气、噪声污染物排放达标情况，监督企业环境污染治理情况，加强监督管理，督促企业正常运行污染物治理设施，确保污染物达标排放。加强联合打击环境违法行为，全年对市区立案查处违法企业6家，处罚金230万元。对桂林慧通沥青制品有限公司重油泄露行为进行处罚，对桂林市排水工程管理处超标排放水污染物进行处罚，对桂林市裕弘油脂有限公司和1个塑料生产点、2个砂场等进行罚款、查封扣押、停产整治，对象山区发顺废弃油脂加工厂未取得危险废物经营许可证违规加工废油脂进行查封扣押。强化工业污染源现场监管，杜绝环境污染事故发生。积极采取有效措施加强对管辖企业的监管，全年共检查排污企业2969家次，全市全年未发生环境污染事故。推进适用4个配套办法案件的办理，全年桂林市适用《环境保护法》配套办法案件总数65件，其中查封扣押案件30件，限产停产案件31件，移送行政拘留案件3件，涉嫌环境污染犯罪移送公安机关1件。开展污染源随机摇号和抽查工作，2019年全市双随机抽查系统共录入922家污染源、120个建设项目，共摇号抽中1007家次（企业）污染源、31家（次）（企业）建设项目。加强环境监察移动执法系统应用，推广使用环境监察移动执法系统，提高环境监察执法工作效能，全年全市执法次数2572次，出动人数达6028人次，使用系统完成各种记录2758条（其中现场检查记录2349条、调查询问笔录113条、现场勘察笔录296条），上传现场取证照片3126幅。

【环境专项执法检查】 2019年，桂林市生态环境局对全市砖瓦行业进行专项执法检查，监督检查砖瓦行业企业124家，监督性监测正常生产企业73家，存在超标排放行为企业68家。年内，对7个县（区）32家超标排放砖厂立案处罚，共处罚金397万元。其他涉嫌环境违法企业，向企业属地生态环境部门下达督办通知，要求依法对涉嫌环境违法的企业进行立案调查，并对存在的环境问题进行整治。

【污染源自动监控建设】 2019年，桂林市纳入生态环境自动监控数据“传输有效率”考核范围的监控企业25家，共27套自动监控设施，数据传输有效率平均为99.14%，达到自治区生态环境厅要求90%以上、国家生态环境部要求75%以上的考核要求。完成33个监测点位设备验收备案工作。完成资源县污水处理厂合浦桥分厂主要污染物长期超标排放环境违法案件挂牌督办摘牌工作。2019年桂林市自动监控重点污染源飞行抽检比对监测工作，共完成飞行抽检企业28家。通过检查发现污染物排放超标企业3家，自动监控设施不正常运行企业18家。桂林市开展砖厂企业飞行抽检76家次，污染物排放超标企业56家，自动监控设施不正常运行企业38家。

【环境应急预案体系建设】 2019年，桂林市生态环境局继续将全市涉重金属、危险化学品、危险废物、尾矿库等行业企业纳入重点监管范围，督促企业开展环境风险评估、制订环境应急预案并备案。年内，将重点环境风险源从230家充实、更新为235家(含4家在册在用尾矿库)。至年末，目录清单中完成备案企业232家，重点环境风险源企业备案率为98.7%。

【开展突发环境事件处置演练】 2019年12月20日，桂林市生态环境局在阳朔县开展2019年突发生态环境事件应急演练。演练采用推演方式，模拟广东某企业将5吨生产镍镉充电电池的废渣，利用运输车运至阳朔县福利镇渡头村漓江边进行倾倒，部分废物浸入漓江，导致少量鱼类死亡。整个演练过程从接警、启动应急响应、各部门协调分工处置、防止跨境水污染事件的发生到解除响应，有序紧凑，快速合理。桂林市、县(市、区)生态环境部门从事环境应急管理工作的100多人参加此次演练。全年桂林市未发生突发环境事件。

环境治理

【水污染治理成效明显】 2019年，桂林市对漓江流域生态环境进行综合治理，取得明显成效，全市地表水水质达标率和集中式饮用水源水质达标率为100%，水环境质量在自治区排名前列。年内，桂林市将水污染防治行动中重点任务分解到年度环保目标责任状中进行考核，考核内容包括城镇和工业园区污水处理设施建设与改造、畜禽养殖污染防治、城市截污和黑臭水体整治、饮用水水源规范化建设、农村环境综合整治、水环境风险防控等水污染防治任务，考核单位涉及各相关市直属部门和11个县(市)6个城区，以日常督查和年度考核，加快推进水污染防治重点任务实施。年内，生态环境部公布的2019年1月—12月全国地级及以上城市地表水考核断面水环境质量状况排名中，桂林市排名第七。2019年，桂林市被自治区人民政府评为2018年度“水环境质量明显改善的设区市”。

【饮用水水源地保护】 2019年，桂林市生态环境局开展2018年度集中式饮用水水源地评估调查工作，对市区饮用水水源地保护区开展评估，编制完成《桂林市集中式饮用水水源2018年度环境状况评估报告》。桂林市市级集中式饮用水水源地评估结果均为优秀。统筹推进水源保护区调整工作，推进水源地规划化建设，推进水源保护区调整和取水口迁建工作，全市已投入资金7675.4万元，完成8个水源地保护区调整工作，解决了50多家工业企业历史遗留问题。开展饮用水水源地环境保护专项行动，对排查出的环境问题进行集中整治，共整治市级饮用水水源地保护区环境问题33个，县级饮用水水源地保护区环境问题49个。年内，桂林市生态环境局加强监管确保饮用水源地安全，共出动180人次对漓江干流、县城及各乡(镇)饮用水源地开展执法检查，共检查企业45家、江边餐馆8家，停产整治企业1家，搬迁排污企业1家，对经营中的5家餐馆下达限期改正通知书，关闭餐馆3家。确保饮用水源地的安全和漓江干流水质达标。

【大气污染治理】 2019年，桂林市大气污染防治以PM2.5+PM10+O_3(细颗粒物+可吸入颗粒物+臭氧)三联防为管控重点，实施烟花爆竹禁燃限放、露天焚烧管控、城市扬尘综合治理、餐饮油烟和露天烧烤整治、柴油车污染治理、工业企业污染治理、污染天气应急应对七大举措。推进露天焚烧整治和秸秆综合利用，加强露天焚烧管控，落实市、县、乡、村四级责任体系，加大巡查和执法检查力度，严厉查处露天焚烧行为。推进10t/h以上燃煤锅炉改造，完成桂林紫竹乳胶制品有限公司“煤改气”。强化高污染燃料禁燃区管理，3月1日，全市开始在禁燃区内全面禁止销售和使用高污染燃料。10月1日，《桂林市销售燃放烟花爆竹管理条例》实施。10月，城区内的煤厂全部已搬迁或拆除。严控砖厂废气污染，11月，完成砖厂污染物

2019年7月25日—26日，桂林市生态环境局对阳朔县、资源县的农村环境综合整治项目成效评估自查情况进行抽查检查工作　（唐议　摄）

无组织排放整改。开展全市挥发性有机污染物的走航监测(VOCs 走航监测是通过车载的质谱走航监测系统，对环境空气中 VOCs 进行快速检测，根据检测出的污染物总浓度，描绘污染地图)，实现对区域内环境空气 VOCs 污染全面摸排，快速全面掌握区域内 VOCs（挥发性有机物）污染因子排放特征以及污染水平，缩小目标区域，针对问题区域、问题企业提出针对性科学合理的 VOCs 管控措施。加强与气象局沟通协商，加强空气质量会商研判和预警，实现数据共享，完善环保、气象等部门人工影响天气改善空气质量工作机制。依托数字化城市管理平台，完成大气污染防治网格化数字管理平台建设。委托上海交通大学开展应急预案修订项目研究，通过识别桂林市重点大气污染源及排放热点、大气自动监控站点周边污染源及排放特征，建立桂林市高分辨率大气污染物基础源清单，构建桂林市大气污染物实时动态排放清单，优化应急减排措施(含企业错峰生产、机动车错峰限行措施等)，形成“目标—预测—预警—研判—决策—实施—评估—优化”的动态大气污染防治工作机制。抓好污染天气应急应对，强化预测预报，每日分析空气质量变化趋势，为空气污染预警和保障措施落实提供技术支持和决策依据。加强污染天气应急联动，紧盯预报预警信息，紧盯空气质量数据变化，联防联控，要求各县(市、区)依法依规采取停产、限产或错峰生产措施，重点查处露天焚烧、露天烧烤、重型柴油车超标排放、工地扬尘、工业企业偷排漏排等违法行为，最大限度减少污染物排放。年内，桂林市空气环境质量持续改善，市区优良天数 323 天，优良率 88.5%；PM2.5（细颗粒物）年均浓度 37 微克每立方米，下降 2.6%。PM2.5、PM10 年均浓度连续 5 年下降，是唯一一个全自治区连续 5 年完成大气环境考核指标的城市。

【加强机动车排放检测】 2019 年，桂林市生态环境局加强机动车排放检测，全面落实机动车排放检验新标准，全市 22 家机动车排放检验机构全部完成新标准升级改造，成为自治区当时唯一全面完成升级改造的城市。严把机动车排放检验机构监管关，开展“双随机”（随机抽取检查对象，随机选派执法检查人员）日常巡查。共对各机动车排放检验机构实行“双随机”巡检 344 人次，检查 86 家次。建立“全覆盖、无死角”的机动车排放检验监控体系，通过增加检测车间全景、操作间监控以及业务大厅监控摄像，采用“机审 + 人审”的监管模式，实现柴油车排放检验全过程的“跟踪”溯源，形成“线上检测监管、后台数据核查、双随机现场检查”格局。全年全市共检测车辆近 45 万台(含复检)，新注册车辆上线检测 1.66 万辆；转入桂林市车辆检测量 1.64 万辆；4.82 万辆汽车经过维修治理后尾气达标；机动车环保检测率(含免检)超过 90%；抽查车辆检测视频近 7.73 万辆，核查车辆排放阶段及基础信息变更 14.08 万次。

【巩固油气检测治理成果】 2019 年，桂林市生态环境局实施委托第三方检验机构开展油气回收监督性检测，加大巡查检查力度，指导各县(市、区)生态环境部门同步开展监督检查。全年巡查加油站 271 家次，委托第三方检测机构开展加油站油气检测 159 家次。年内，桂林市生态环境局联合桂林市商务局、桂林市场监督管理局、桂林市公安局等相关部门，全面开展运输企业燃料尿素专项检验、查处黑加油站点、油气回收联合检查、查处劣质油品和车用尿素等工作。

【强化机动车路检和停放地监管执法】 2019 年，桂林市生态环境局联合公安部门划定桂林市国家第三阶段及以下排放标准柴油货车禁行区，对高污染车辆进行管制。继续推行生态环境部门检测取证、公安交通警察管理部门实施处罚、交通运输部门监督维修的联合监管执法模式。建立联合执法常态化路检路查工作机制，并将第三方检验单位监测结果应用于路面执法监督性检测。依照“驾驶排放检验不合格的机动车上路行驶的”交通违法行为代码“60630”进行现场处罚。全市(含各县、市、区)开展机动车排放联合执法 84 次，现场检测疑似超标排放货运车、冒黑烟车 768 辆，查处超标排放车辆 186 辆(其中 130 辆由公安交管部门进行罚款)。督促超标排放车辆限期完成整改治理。将检验机构自动抓拍黑烟车、路检路查发现的超标车辆、举报属实的冒黑烟车辆纳入管理“黑名单”。开展停放地抽检，全年开展机动车排放停放地检测 5 次，检测车辆 97 辆，检测超标排放车辆 17 辆。组织各县(市、区)生态环境部门同步推进机动车排气道路检测联合执法工作。10 月，组织各县(市、区)生态环境部门开展联合执法现场培训，全面铺开桂林市机动车排气道路检测联合执法工作。

【新能源汽车发展】 2019 年，桂林市淘汰老旧车 18890 辆(其中营运柴油车 4952 辆)。推动发展绿色公交。桂

2019 年 9 月 5 日，桂林市生态环境局尾气办及各县(市、区)生态环境部门工作人员在南洲大桥开展路查执法现场培训 （谢骐阳 摄）

林市投资 1.97 亿元，新增纯电动新能源公交车 163 辆，全面开启公交绿色新能源时代。至年末，桂林市共有油电混合公交车 129 辆、天然气公交车 214 辆、纯电公交车 326 辆。统筹推进 2000 套物流园区新能源汽车充电桩建设，出台新能源汽车减半收取停车费政策。

【机动车遥感监测建设】 2019 年，桂林市生态环境局编制桂林市机动车遥感监测项目建设方案，完成机动车遥感监测系统项目建设招投标工作。组织 12 个职能部门推进机动车遥感监测系统建设，落实机动车遥感监测建设选点。开展机动车遥感监测系统平台建设。市区加快建设机动车遥感监测系统 1 套、机动车黑烟自动抓拍系统 2 套。指导并推动全市 12 个县(市、区)共计 24 套机动车黑烟自动抓拍系统进入建设阶段。

【全面启动非道路移动机械综合管理】 2019 年，桂林市生态环境局制订《桂林市人民政府关于划定禁止使用高排放非道路移动机械区域的通告(征求意见稿)》。联合桂林市发展改革委、交通运输局等 10 个部门联合制订并发布《桂林市非道路移动机械摸底调查和编码登记工作实施方案》。委托有资质的第三方检验机构，对桂林市建筑工地在用的非道路移动机械开展调研性检测。至年末，共检测 12 批次 36 台工程机械。

【土壤污染防治】 2019 年，桂林市生态环境局编制印发《桂林市加强危险废物全程监管实施方案》《桂林市工业固体废物堆存场所环境污染整治工作方案》。继续开展土壤污染详查工作，核实确认纳入调查并录入污染地块调查系统的企业地块 229 块。完成桂林市广西重点行业企业调查第一阶段(基础信息采集与风险筛查)信息采集验收评估及风险纠偏工作。持续开展污染地块动态管理工作，联合市自然资源局对 5 个低效用地开发地块实施土壤环境场地调查。至年末，共实施农村环境整治项目 532 个，其中污染水处理项目 478 个，垃圾收集转运项目 54 个。开展桂林市规范调整畜禽养殖禁养区工作，调整后全市畜禽养殖禁养区 76 个，禁养区面积 5332.43 平方千米。完成加油站地下油罐防渗改造 876 个。强化危险废物规范化管理，完成市级危险废物规范化管理督查考核，企业抽查合格率达 100%。建立危险废物全过程监管联席会议制度，加大涉危险废物违法行为联合打击力度，依法对 8 个单位核发废铅蓄电池类危险废物收集经营许可证。严格监管桂林市医疗废物处置行为，督促全州县医疗废物处置项目建设，全市医疗废物安全得到保障。继续开展涉镉等重金属重点行业企业排查整治工作，完成 3 个整治项目的整改并上报销号申请。督促阳朔县兴坪镇思的村 73.33 公顷农田安全利用项目、恭城瑶族自治县磨底塘农田土壤重金属污染修复项目按实施方案进度实施。

【漓江流域生态保护】 2019 年，桂林市生态环境局开展生态保护红线划定相关工作，配合自治区生态环境厅完成生态保护红线饮用水水源地范围核定，与市自然资源局完成资料交接，委托生态环境部南京环科所开展桂林市生态保护红线勘界定标相关工作。开展漓江流域市区段病死牲畜打捞工作，通过单一来源政府采购形式，委托桂林容发环保工程管理有限责任公司开展打捞。全年共打捞死亡动物 436 头，并进行无害化处理。

【环保专项行动】 2019 年，桂林市生态环境局组织开展“散乱污”专项整治工作，制订《桂林市“散乱污”企业清理整治工作方案》，深入排查、清理整治辖区内的“散乱污”企业。全年共排查“散乱污”企业 709 家，开展整治 695 家，完成整改 633 家。组织开展砖瓦行业环境保护执法专项执法，重点对砖瓦行业企业建设项目环评制度执行情况、大气污染防治设施建设和运行情况、大气污染物稳定达标排放情况进行现场检查，并组织环境监测机构对砖瓦企业二氧化硫、氮氧化物、颗粒物和氟化物 4 个主要污染因子开展监督性监测。全年共完成全市 124 家砖厂执法检查、监测。

环境监测与科研

【环境监测】 2019 年，桂林生态环境监测中心加强环境监测能力建设，对创业大厦站点和市控旅游学院站点按规范进行仪器调试、数据手工比对监测、站房整改，完成桂林市新增“十四五”空气自动监测国控站点申报和验收。与自治区生态环境监测中心和市气象台会商，向公众发布未来 72 小时的空气质量预报信息，全年实施大气重污染天气预警 1 次。加强水质自动监测站建设，完成全市 15 个地表水小型水质自动站仪器安装。完成漓江活动试验坝、双潭(城北预警)水

2019 年 9 月 16 日，桂林市生态环境局工作人员开展项目环境影响评价现场踏勘
(桂林市生态环境局　供图)

质自动监测站验收，漓江活动试验坝水质自动监测站对漓江活动试验坝实施后的漓江水质进行实时监测。加强环境空气监测，全市22个环境空气自动监测站运转正常，对公众实时发布环境空气质量状况，发布空气质量周报52期，发送空气质量短信6.3万条。加强降水监测，对市区降水监测做到逢雨必测、按月上报，共采集降水86场，样品241个，获取监测数据2892个。加强地表水环境监测，完成并上报国控断面、自治区控断面、市控断面、风景湖塘、青狮潭水库等监测数据，获取监测数据6352个。向自治区生态环境监测中心站上报水质周报52期。加强饮用水源地水质监测，每月对桂林市区4个集中式生活饮用水水源地水质进行监测，全年对规划水源地青狮潭水库进行全分析监测。全市全年获取监测数据5991个。加强地下水环境监测，全年广西桂林地质环境监测站完成桂林市地下水质量控制监测面积830平方千米，监测点类型有抽水井、民井、溶潭和泉水等。水质监测频率分枯水期、丰水期，枯、丰水期各监测22处和19处，共取样41套，检测项目包括化学指标和毒理性指标共35项。加强声环境监测，全年桂林生态环境监测中心完成区域声环境质量102个点位和道路交通声环境质量55个点位昼间监测工作，完成功能区声环境质量10个点位每季度监测工作，共获取监测数据4468个。强化重点污染源监督性监测，桂林生态环境监测中心全年完成61家次重点监控企业监督性监测。

【环境科研】 2019年，桂林生态环境监测中心牵头的自治区科技厅项目《基于大数据技术的环境质量监测数据挖掘系统研究与示范》完成研究，自治区科技厅项目《基于非点源污染负荷的智慧漓江流域建设及示范》按计划推进；市科学技术局项目《基于3S技术的数字空间信息数据平台构建》通过验收，市科学技术局项目《桂林市灰霾污染特征及来源解析初步研究》按期完成研究。桂林市生态环境局参与的市科技局项目《桂林城市生活污水中非法药物残留及代谢物的分布特征研究》和国家自然科学基金项目《霾过程桂林城区微环境PM2.5颗粒中的微生物群落分布及演化规律》获立项支持。桂林生态环境监测中心牵头组织《基于大数据技术的环境质量监测数据挖掘系统研究与示范》完成研究，《基于3S技术的数字空间信息数据平台构建》通过验收。

环境宣传教育

【环境新闻宣传】 2019年，桂林市生态环境局强化宣传教育先行理念，在全社会营造环境保护舆论氛围。全年全市在各传统新闻媒体上发表环境新闻稿件645篇，其中《中国环境报》21篇；《广西日报》54篇；《桂林日报》188篇，《桂林晚报》147篇；桂林电视台《桂林新闻》播出环保新闻62条，《身边》栏目报道环保题材57条，桂林电台播出环保新闻26条；桂林生活网90篇。利用官方网站、微博、微信等新媒体互动平台，宣传环保工作典型，普及环境知识，全年网站发布信息3486条，微信公众号共发布信息340条，微博发布信息419条。加强信息发布和舆论引导，主动设置议题，推动环境信息公开，全年召开新闻发布会3次，与《桂林日报》主办方共同组织策划整版的环保主题专栏4期。

【环境宣传活动】 2019年，桂林市生态环境局开展以环保为主题的宣传活动，举办国际生态学校创建暨环境教育骨干教师培训班。6月1日，桂林市生态环境局主办，桂林航天工业学院、广西星播影视传媒集团承办的“美丽中国，我是行动者，守护两江四湖，我们在行动”2019年“6·5”世界环境日桂林主场活动在桂林市两江四湖景区举行。同日，举办“6·5”世界环境日电磁辐射知识进校园宣传活动。6月8日，桂林市生态环境局在市中心广场举办以“美丽中国，我是行动者”为主题的“2019年桂林市生态环境宣传文艺晚会”。9月1日，承办由生态环境部宣传教育中心和自治区生态环境厅宣传教育中心联合主办的中国青少年生态教育示范课进校园活动(广西站)启动仪式在桂林市榕湖小学举行。10月—12月，开展禁销售、禁燃放烟花爆竹宣传、劝阻和执法工作，举行《桂林市销售燃放烟花爆竹管理条例》宣传启动仪式。年内，桂林市生态环境局共举办4次环保公众开放日活动，邀请市民代表参观各类环保相关设施，受益市民约400人次。

【绿色生态学校创建】 2019年，桂林市生态环境局推进绿色创建工作。推进“绿色学校”和“环境教育基地”创建工作，全年全市新命名永福县向阳小学等“绿色学校”19所，“2019年桂林市环境教育基地”1个；获“国际生态学校”绿旗称号的幼儿园和中小学11所，累计27所。年内，桂林市成为自治区首批申报自治区级生态市的城市。 （陈马丽）

2019年6月1日，桂林市生态环境局主办的“美丽中国，我是行动者，守护两江四湖，我们在行动”活动在两江四湖景区举行 （潘川 摄）

交通运输·邮政

交通运输综述

【概况】 2019年，桂林市交通运输局（简称市交通运输局）办公地址在桂林市中山南路92号。内设办公室、人事教育科、财务科、政策法规科、规划计划科、综合运输管理科、城市客运管理科、公路管理科、水运管理科、安全监督管理科、机关党组织、离退休人员工作科。增挂市国防动员委员会交通战备办公室，市高速公路建设领导小组办公室，市西江（漓江、桂江）黄金水道建设领导小组办公室（在水运管理科挂牌）牌子。人员编制42名（含后勤服务人员控制数4名），在职人员41人。下设桂林市交通运输信息中心、桂林市交通运输服务中心、桂林市公路建设养护中心、桂林市水路建设养护中心、桂林市交通运输综合行政执法支队。

2019年年末，全市共有1654个建制村实现通等级水泥路（油路），建制村通达率100%，路面硬化率100%，公路列养率100%。全市新增公路里程563千米，公路总里程1.46万千米，居自治区第二，公路密度52.69千米/百平方千米，其中农村公路总里程1.18万千米。新改建农村公路1226千米、桥梁3811延米；新建成景观路25条101.77千米；新建成连通自然村（屯）达等村际联网路390千米，累计建成2703千米。全市有客运站92个，总建筑面积14.53万平方米，一级站4个，二级站11个，三级站19个，四级站17个，五级站28个，等外站14个，乡（镇）场站覆盖率56.39%。全市1622个建制村通客车，通客车率98.07%；809个建制村通公交车，通公交车率48.91%。全市拥有营运汽车2.04万辆，其中营运客车5614辆17.64万个座位，营运货车1.48万辆24.20万吨位。全市共有港口码头154个，其中旅游码头15个，货运码头3个，便民码头136个。营运船舶334艘，其中客船287艘，货船47艘。桂林市市区拥有公交车923辆，公交站点1192个（港湾式停靠站236个），市区公交线路70条，市区线路总长1094.5千米。公路运输换算周转量完成229.7亿吨千米，水路运输换算周转量完成1.37亿吨千米。道路客运量6686万人次，旅客周转量40.44亿人千米。

【基础设施建设】 2019年，全市公路水路交通基础设施建设完成投资92.5亿元，其中高速公路完成投资68.9亿元，路网项目完成投资12.8亿元，农村公路完成投资10.5亿元，站场建设完成投资2574万元，水运项目完成投资386万元。阳朔至鹿寨高速公路建成通车，桂林至柳州高速公路改扩建开工建设，桂林至柳城、灌阳至平乐、荔浦至玉林等高速公路建设持续推进，龙胜—峒中口岸公路龙胜芙蓉至县城段高速公路前期工作基本完成。桂林外环高速公路等项目前期工作加快推进，全市高速公路通车里程691千米，县县通高速率92%。路网项目方面，国道321线荔浦过境公路、国道241线资源枫木至界首、省道302线永福至三皇、省道301线全州（才湾）至资源（梅溪）等4个国省道改建项目完工，国道241线梅溪至资源、龙脊梯田景区大循环旅游公路、灵川县城至八里街1号工业区（西站）等一批普通国省道改造、旅游专项公路、高铁连接线公路项目加快建设。普通国省道二级以上比重72%，国省道干线网络进一步完善。实施农村公路项目743个1226千米、桥梁3811延米，公路安全生命防护工程389个（处），整治隐患里程1155千米，全市农村公路总里程1.18万千米，剩余4个建制村实现通畅目标；新建成景观路25条

2019年12月25日，兴安县界首镇下宅桥项目建成通车　（吴丽霞　摄）

101.77千米,累计打造景观路179条1384.65千米;新建成连通自然村(屯)达等村际联网路390千米,累计建成2703千米,公路通达水平和服务能力得到明显提升。站场建设项目,恭城综合客运枢纽站和栗木镇客运站实现开工,完成阳朔汽车客运站前期准备工作,全市建成便民候车亭77个。水运项目方面,《桂林港总体规划修编》编制完成,巴江口船闸改扩能工程、湘桂运河战略规划研究和珠子洲货运码头前期工作加快推进。

【"四好农村路"建设】 2019年,桂林市出台《桂林市加快"四建一通"工程推进"四好农村路"高质量发展实施方案(2019—2021年)》《桂林市"四建一通"工程建设市级财政"以奖代补"方案(2019—2021年)》。市财政配套2.8亿元奖补资金专项支持"四建一通"项目建设,奖补政策按受益面广度向公路安全生命防护、畅返不畅、窄路加宽进行倾斜,使该3类项目的国家、自治区级及市级补助总和达到或超过项目总投资的70%,缓解了县级财政的自筹资金压力。实行联席会议制度,市领导召开全市"四建一通"工程项目推进会、约谈会,集中研究推进过程中的重大问题。全年实施"四建一通"工程项目452个,项目开工率99%、完工率95%。新开工乡乡通二级(或三级)公路项目6个,新增3个乡(镇)通二级公路,全市134个乡(镇)已有120个乡(镇)通二级(或三级)公路,乡乡通二级(或三级)公路率89.5%。完成371个公路安全生命防护工程处治公路隐患里程1048千米,完成危桥改造26座。16个农村公路"畅返不畅"项目、16个窄路加宽项目全部完工,全市所有乡镇和建制村硬化路全部实现通畅。全市县道中等路以上比例79%、乡道中等路以上比例77%、平均绿化率60.6%、好桥率93.6%。爱路护路乡规民约、村规民约制定落实超过95%。农村交通出行环境不断改善。

【工程建设质量监督】 2019年,全市农村公路质量监督覆盖率和质量鉴定合格率100%,质量抽检总体合格率94.92%,项目一次性验收合格率100%。全年出动168人次对24个在监在建项目开展质量监督检查28次,提出质量(安全)整改意见276条,对龙胜大循环公路等4个存在较大质量隐患的项目要求停工整改。严抓工程的质量检评和鉴定工作,严格按照规定频率、方法进行检测和评定,全年完成14个项目的质量鉴定工作。与建设项目业主签订工程质量管理承诺书,督促项目建设单位全面落实建设(安全)主体责任,全面落实第三方试验检测机构检测。开展信用评价工作,规范农村公路建设从业单位市场行为,对履约能力差的2家企业信用等级评定为C(D)级。

【强化绩效管理考核】 2019年,市交通运输局强化绩效管理考核,激励各县(市、区)主动作为,出台《2019年桂林市各县(市、区)人民政府交通运输工作责任目标考核细则》,将乡村振兴战略、打赢脱贫攻坚战、"四建一通"工程等工作全面纳入绩效考评体系,强化责任意识。指导督促县级人民政府将"四建一通"工程建设等内容纳入县、乡两级人民政府和行业管理部门年度"四好农村路"建设绩效考评,完善"自治区、市交通运输主管部门行业监管,县级政府为责任主体,乡(镇)和村委会积极参与"的五级管理体制。明确四城区农村公路养护管理责任主体,落实国家有关深化农村公路管理养护体制改革的要求,促进全市农村公路科学健康发展。

【交通脱贫攻坚】 2019年,市交通运输局补齐贫困地区交通短板,全年全市投资13.5亿元,贫困地区实施项目133个,累计争取上级补助资金5.7亿元。纳入2019年自治区交通脱贫攻坚计划的176个项目进展顺利,全年累计完成投资4.2亿元。

【运输服务与旅游融合发展】 2019年,市交通运输局按照交通运输部建设旅游公路相关工作部署,对标自治区全域旅游示范区和特色旅游名县创建要求,编制《桂林旅游公路技术指南(初稿)》《桂林市旅游公路规划纲要》。开通城游巴士,通过点线结合实现景区之间当日无限次接驳循环,为散客提供便捷的交通+旅游服务。综合客运枢纽加快建设,运输服务信息共享机制和运输组织模式持续优化,开通机场至全州等9条"空港巴士"专线,完善永福、兴安、恭城各县(自治县)汽车站接驳高铁站的城乡公交,推行"空巴通""公铁通"的运输发展模式。开发临桂新城区环城水系旅游资源,新开通"大观楼—蔡塘河—大皇山—大观楼"客运航线,临桂新区水路运输旅游实现零突破。

【法治交通建设】 2019年,市交通运输局深化行政审批制度改革,法治交通建设深入推进。下放毗邻县行政区域间道路旅客运输经营许可审批权至县级交通运输部门,动态调整权责清单,明确执法主体。制订《桂林市交通运输局推行"双随机一公开"监管工作实施细则》,动态调整《随机抽查事项清单》,推行"双随机、一公开",加强事中事后监管。全年共受理审批业务8892件,办结率100%。加强运输市场监管。以整顿市场秩序为重点,开展"扫黑除恶"等专项行动,全年查处各类交通运输违法行为1032件。坚持政府主导、部门联动的原则,完善治超联动机制,约谈重点县(市、区)政府、企业,加强对源头、路面联合治理,打击超限超载运输行为。全年检测货车3.21万辆,查处超限车辆1463辆次、卸载货物3.03万吨,罚款126.78万元,累计扣分5119分。

【绿色交通建设】 2019年,桂林市开展柴油货车超标排放专项行动,淘汰注销老旧营运车辆2206辆。起草《鼓励老旧燃油旅游大巴提前淘汰补贴方案》,新增纯电动旅游大巴公交车229辆,新能源车辆占比居自治区前列。建立顺丰、邮政新能源和清洁能源车辆城市配送试点。推进桂林港口与船舶污染防治,联合海事部门发布《桂林市船舶水污染事件应急处置预案》《桂林市防治船舶及其有关作业活动污染水域环境应急能力建设规划(2019—2020)》。协同漓管委落实《桂林市港口和船舶污染物接收、转运及处置设施建设方案》,累计完成建设项目14个,占总任务的75%。

【智慧交通建设】 2019年，市交通运输局启动交通枢纽指挥中心信息化建设，加快数据交换平台数据治理，研究建立各类信息系统互通共享、融合发展机制，实现互联互通。完成城市公共交通运行监管服务信息系统的公交车、巡游出租车和网约车基础数据接入工作。做好自治区公路水路安全畅通与应急处置系统工程桂林分中心建设，推进信息资源集约化管理、应急力量的统一调度和应急过程的统一指挥。全年全市交通运输“12328”客服中心共受理业务1.01万件，电话总量增长409.1%，转办率100%。

2019年11月17日，桂林公交公司在陆通驾校考试场地开展2019年“扬工匠精神·育工匠之师”驾驶员技能比武大赛 （阳娟 摄）

【交通安全生产】 2019年，桂林市水路运输、消防安全和工程建设质量领域事故为零，道路运输行业发生行车死亡事故38件、死亡44人，事故起数下降5%，死亡人数与上年持平，安全生产形势保持稳定。市交通运输局有序推进平安交通安全体系建设试点工作，按照《桂林市交通运输安全体系建设试点工作实施方案》要求，成立领导机构，明确任务和职责。严格执行《桂林市交通运输行业全面落实安全生产责任暂行办法》，落实交通运输系统安全生产监管责任两级约谈警示制度，先后对发生事故的11家运输企业和辖区交通运输主管部门、行业管理机构进行安全生产警示约谈。

【交通专项整治】 2019年，市交通运输局开展打非治违、行业安全隐患大排查大整治百日攻坚、隐患路段和桥隧排查整治等专项行动，强化重点时段、重点领域安全生产风险管控和安全隐患排查治理，防范化解行业潜在重大安全风险。专项整治期间，累计出动检查执法人员800余人次，检查企业350家次，巡查管辖农村公路294次，发现安全隐患68起、当场整改30起、限期整改8起，违法违章罚款57.5万元。

【安全责任专项督查】 2019年，市交通运输局强化与应急、公安交警等部门联动，通过现场检查、突击检查、重点抽查等形式，对企业安全隐患排查整改情况、各单位安全生产监管执法情况进行全覆盖督查。建立健全了重点运输企业“红黑排行榜”，对零违法、零事故的企业通报表扬，对车辆违法多、事故频发的高风险企业进行曝光、约谈、联合惩戒，集中整治一批长期性、反复性根源性痼疾，消除重大事故隐患。全年市交通运输局安委会共组织开展专项督查32次，督查县（市、区）交通运输部门16次，排查落实整改运输企业29家，暂停企业新增业务7家，联合处罚运输企业8家，罚款81万元。

2019年8月14日，桂林交控集团公交公司智能调度指挥中心在桂林汽车北站首次安装站台监控 （阳娟 摄）

【交通应急保障】 2019年，市交通运输局修改完善各类应急预案15个，市区储备120辆客车、60辆货车作为应急保障车辆，做到实时响应、随时调度。组织开展应急演练，全系统共组织道路运输、水路运输、农村公路、防汛救灾、消防等应急救援演练60余次，事故救援和应急处置能力稳步提升。 （以敏）

铁路运输

【桂林车站】 2019年，中国铁路南宁局集团有限公司桂林车站（简称桂林车站）办公地址在桂林市叠彩区站前路6号，管辖9个车站和定江线路所，其中客运一等站桂林站、桂林北站，客运二等站桂林西站，客运三等站三江南站、阳朔站、恭城站，客运四等站五通站，货运站场2个即桂林西站普速场、桂林南站。年内，桂林车站推进车站畅通工程,优化客运组织流程和设备设施功能布局,补强引导标识揭示,推广智能验票进站等重点项目,让旅客进出站更加顺畅、舒心。净化美化站场服务环境,整治桂林站、桂林北站、桂林西站、阳朔站等站环境美化、卫生保洁、治安整治等工作,完善交通配套,全面提升客运服务质量。全年发送旅客1690.4万人次,增长0.5%。2019年桂林车站获“全国民族团结进步模范集体”称号。 (谢武云)

【桂林车务段】 2019年,中国铁路南宁局集团有限公司桂林车务段(简称桂林车务段)办公地址在桂林市叠彩区水塔路南巷2号。党群组织机构设党委、纪委、工会、团委,内设党群工作办公室,党总支部6个、党支部43个。行政职能机构设办公室(保卫科、人民武装部)、劳动人事科、职工教育科、计划财务科、业务科、技术科、安全科、信息技术科、融媒体工作室,以及辅助生产机构生产调度指挥中心;下设东安、全州、兴安、永福、鹿寨5个车间。全段职工944人,其中干部95人、工人849人。桂林车务段管辖车站46个,其中湘桂铁路(蓝家村—洛埠)35个、衡柳铁路(东安东—柳州西)(不含桂林、桂林北)11个;按等级分,三等站8个,四等站38个。营业里程609.25千米,湘桂铁路338.66千米,衡柳铁路270.59千米。全年发送旅客297万人次,增长7.2%;累计发送货物120.6万吨。客运收入2.30亿元,增长10.9%;停时25.8小时,比年计划压缩1.7个小时,比上年减少1.3个小时。至年末,全段实现行车无一般D类事故4673天。

年内,桂林车务段加大高铁外部环境综合治理,排查隐患58处,其中路内35处,路外23处;强化站台安全管控,在5个高铁客运站10个站台端部设置安全警示软隔离,降低旅客进入区间的隐患;抓好重点时期安检查危工作,修订完善安检查危奖惩办法,投入7.5万元增加5个单向门,调拨4台安检仪备用,提升设备保安全能力,现场检查2004次;投入使用安全生产指挥中心视频墙,完善调车、外勤作业视频记录仪及数据调阅系统,动态完善管理人员安全监督量化标准。对凉风桥、塘堡、葡萄、亲睦村、矮岭、大端河、幽兰、新村、对亭等9个车站实行计算机联锁改造。至年末,车务段湘桂线有15个车站完成计算机联锁改造。 (徐振玉)

【桂林西站站房改造工程竣工】 2019年1月,桂林西站站房改造工程开工建设,总投资1579万元,9月29日站房改造工程竣工并投入使用。改造后,桂林西站站房总面积6336平方米,候车室面积3000平方米,候车能力提升1倍,最高同时能容纳1200人候车,达到中型站房要求。

【桂林站提升改造工程开工建设】 2019年4月,桂林站提升改造工程开工建设。主要新建永久安检、检票大厅3997平方米;扩建部分一层、局部二层;改造部分办公室和卫生间,新增建筑面积4598平方米;新建天桥一座,其中天桥1490平方米,天桥净宽10米;建站台雨棚约1190平方米。工程总投资1.84亿元,计划竣工时间为2020年12月。11月4日,站房外立面方案通过市规委会审议。全年桂林站累计完成投资5100万元。

【铁路建设】 2019年1月25日,《新建铁路怀化经桂林、玉林至湛江高铁可行性研究》通过评审。怀桂高铁是张家界—吉首—怀化高铁的延长线,是落实“一带一路”、长江经济带、桂林国际旅游胜地建设等国家战略的举措,是1条黄金旅游带。11月4日,桂林北站站房及东广场改造一期工程概念性方案通过市规委会审议,项目建议书和项目可行性研究报告已编制完成。12月23日,南宁经桂林至衡阳(永州)高速铁路可行性研究通过评审。项目作为“八纵八横”高速客运通道之呼南通道的重要组成部分,是广西东出北上与华中华东地区交流的便捷通道。 (市发改委)

公路运输

【概况】 2019年8月15日,广西壮族自治区桂林公路管理局更名为广西壮族自治区桂林公路发展中心(简称桂林公路发展中心),办公地址在象山区环城南三路7号。内设办公室、党委办公室、人事科、养护管理科、纪检监察室、工程管理科、规划计划科、财务科、审计科、国有资产与票务管理科、安全生产监督科(应急管理办公室)、法制监督科(公路公安科)、离退休人员管理科(机关工会)和服务中心,人员编制106名,在职人员75人。

年内,桂林公路发展中心管养国道5条,分别是国道241、321、322、323、357线;省道为7条,分别是省道202、206、208、301、302、501、502线。管养总里程2054.78千米,全部为高级、次高级路面。按专业技术等级分:一级公路226.83千米;二级公路1270.84千米;三级公路303.24千米;四级公路253.87千米。管养的全部路线晴雨通车里程、已绿化里程均达到100%。管养公路桥梁434座2.24万延米,其中大、中桥180座共1.76万延米。管养公路隧道7道共5372.2延米。管理在建路网工程项目1个,建设里程82.02千米,项目工程总投资6.62亿元,年内完成投资0.56亿元。

【公路管养综合服务】 2019年,桂林公路发展中心严格养护工程质量管理,中心管养道路优良路率70.95%,控制差路率6.47%。全年累计修复路面病害134.99万平方米(折算),完成年度修补任务124.05%。共投入抗冰救灾巡查抢险人员1078人次,运输车辆310台次,专业除雪车10台班,装载机5台班,使用工业除冰盐245吨,投入资金180余万元。共投入水毁修复资金635万元,完成51项公路水毁修复工程。共开展日常安全隐患排查865次,检查场所185处,排查出事故隐患315处,已完成整改315处。市级以上挂牌督办隐患点共3个,已整改销号3个,整改率100%。完成4个养护大中修工程及27项路网结构改造工程资金共计7896.24万元,确保公路安全畅通。

【赛道维护工作】 2019年,桂林公路发展中心做好环广西自行车巡回赛赛道维护工作,管养公路里程全长144.96千米。共完成处理路面病害(沉陷及软基等)5.2万平方米,修复挡土墙315.47立方米,恢复路面标线1210平方米,处理路面反射裂缝3.44万米,清理边坡塌方5000立方米,砍伐危树96棵,修剪路树425棵,刷白路树1.02万棵,修复波形护栏243米,修复沿线标志标牌36块,整治路容路貌、清理水沟147千米,投入维修资金300多万元,确保赛道维护工作正常开展和赛道质量。

2019年3月13日,桂林市交通执法人员在汽车南站开展出租车专项整治
(周雯　摄)

【重大活动交通保障】 2019年,桂林公路发展中心完成"红军长征湘江战役纪念园"开馆仪式活动前的公路大修工程,为红军长征湘江战役纪念设施落成仪式举行提供良好交通保障。红军长征湘江战役觉山铺阻击战纪念园是中央专项投资建设的重点项目,国道322线K1521+000至K1529+500路段是全州西高速路口至纪念园的唯一干线公路,该路面大修工程是红军长征湘江战役觉山铺阻击战纪念园的配套工程。全州公路养护中心用40天完成8.5千米一级公路大修工程任务,创造了桂林公路系统大修工程完成时间最短的速度。

【路政管理】 2019年,桂林公路发展中心管理路段发生路政案件186件,查处186件,查处率100%,累计追回路产赔(补)偿款100.21万元。办理路政许可项目57件,拆除违法建筑4处,清理非公路标志1672块,清理临时搭棚14处,疏通人为堵塞水沟470米。路政执法人员共参与联合执法363次,出动执法人员近2万人次,检测车辆3.03万辆次,监督卸载超限运输车辆918辆次,卸载货物3.06万吨,其中查处"百吨王"货车77辆,卸货6034.48吨。圆满完成设置在全州县的桂林市首个治超非现场执法项目试点建设工作。　　(陈铸恒)

【出租汽车行业管理】 2019年,市交通运输局加强出租汽车行业服务管理,提升行业服务品质。开展2019年度"我为桂林做代言"优质服务竞赛,"阅游桂林　阅开心"图书漂流,爱心送考等活动;组建自治区首支"巾帼车队",增强行业凝聚力和使命感。组织开展违法违规出租汽车驾驶员带车停班学习培训271人次,驾驶员文明意识进一步提升,出租汽车市场秩序更加规范。推进网络预约出租汽车政策实施。落实《桂林市网络预约出租汽车经营服务管理暂行办法》,向20家网约车平台公司颁发《网络预约出租汽车经营许可证》,5月24日核发桂林市首张《网络预约出租汽车道路运输证》,推进网约车合法化。

【道路客货运行业】 2019年,桂林市全年新增中高级客车302辆,提升乘客乘车体验。完成2018年度道路客运企业质量信誉考核,评出AAA级企业30家、AA级企业16家。市区新增普货企业1家、货运车辆106辆,新增危货企业3家、危货车辆56辆。完成市区总质量4.5吨以下普通货车营运证的注销工作。

【运输相关服务业发展】 2019年,市交通运输局加强驾驶培训机构及机动车维修行业监管工作,驾驶培训机构全部接入广西机动车驾驶培训监管服务平台,有效规范驾驶培训机构服务行为。开展2018年度机动车维修企业质量信誉考核。145家机动车维修企业建立汽车维修电子健康档案并接入自治区交通运输厅平台。完成车辆等级评定1.28万辆次,检测核查新车1450辆、合格1426辆。推进车辆年审、年检和尾气排放检验"三检合一"。

2019年,抢修完工后的国道322线红军长征湘江战役纪念园路段　(刘康　摄)

【道路运输安全生产】2019年，市交通运输局结合安全生产月、安全生产八桂行等活动，举办市区运输企业安全教育培训3次，播放警示教育片6次，营造安全生产氛围。开展道路运输行业安全隐患大排查大整治百日攻坚行动，成立6个督查组深入各县（市、区）、各企业进行督导，共出动检查人员300余人次，检查辖区企业45家，落实隐患整改16处；下发整改通知书11份，给予暂停新增运力业务整改处理4家。加强营运车辆动态监管，督促企业对所属车辆逐车排查并落实整改，并对被通报动态监控存在问题的运输企业及所属平台负责人进行约谈。承办2019年广西道路客运突发事件应急演练活动，组织辖区70家道路运输企业开展车辆集结、消防、逃生演练。（以敏）

2019年12月6日，桂林交控集团公交公司平山场站新建的新能源充电桩

（吴鸣刚　摄）

城市公共交通

【概况】2019年，桂林市全年新开通常规公交线路8条、定制公交线路10条，优化调整线路15条，市区公交线路总数达到70条1094.5千米，公共交通机动化出行分担率为45%。年内，桂林市完善城市交通管理机制，成立了以市委书记为组长的公交都市创建工作领导小组，修改完善《公交都市建设行动计划》，出台《桂林市公交成本规制财政补贴管理办法》《桂林市公交成本规制操作方案》，将公交服务质量与运营情况纳入考核范畴，保障公交行业可持续发展。

【推广绿色公交】2019年，桂林市推广绿色公交车辆，新购置纯电动新能源公交车121辆，市区清洁能源和新能源公交车达723辆，占比78.42%，并加快充电网络配套设施建设。加快公交信息化建设，推进公交调度系统升级改造、ERP系统工程和智能公交电子站牌建设，实现公交自动排班管理、智能化运营调度、科学化综合统计分析，提高企业的运营管理效率和管理水平。

【城乡公交一体化建设】2019年，市交通运输局制订《2019—2020年桂林市建制村通客车暨城乡公交一体化工作实施方案》，加快实现城乡公交基本公共服务均等化。全年新增通客车建制村71个，全市1654个建制村有1622个通客车，通客车率98.07%。新增通公交乡（镇）9个、通公交建制村80个。全市通公交乡（镇）111个、通公交建制村809个，乡（镇）、建制村通公交率分别为82.84%、48.91%，城郊公交化率100%，全市有240多万名农村群众实现乘坐公交车出行。

【公交基础设施建设】2019年，市交通运输局组织编制《漓江路—上海路—翠竹路—机场路—西城大道公交专用道规划方案》，建设完成滨北车场二期工程和吾悦广场公交首末站，启动雁山大埠、东二环、苏桥工业园等公交停保场项目前期工作，升级改造公交站点43个。（以敏）

水路运输

【概况】2019年，桂林海事局办公地址在桂林市上海路4号。内设办公室、财务会计处、通航管理处（指挥中心）、船舶监督处、执法督察处、党群工作部（纪检监察处），设政务中心、海巡执法支队（全州办事处）2个处室办事机构，下设阳朔海事处、漓江海事处、平乐海事处3个派出机构。人员编制71名，在职人员66人。

年内，自治区桂林航道管理局更名为自治区桂林航道养护中心，办公地址在桂林市秀峰区中安路8号。内设办公室、人事科（增挂离退休人员工作科）、党办（监察室）、财务审计科、航道航标科、航道行政监督科（增挂航道行政执法大队）、设备管理科（增挂安全管理科）、科技信息管理科。设有直属机构6个，分别是航道疏浚处、测绘处、平乐分中心、桂林航道站、大圩航道站、阳朔航道站（副科建制）。人员编制124名，在职人员88人。

2019年，全市完成水路运输客运量294.8万人次、客运周转量1.33亿人千米，分别增长4.6%、2.5%。完成水路货运量59.2万吨、货运周转量7101.6万吨千米，分别增长15.9%、11.2%。全年未发生重大安全生产事故，水路运输安全生产责任事故多年持续为零。

【水运标准化管理品牌创建】2019年，市交通运输局以“弘扬水运工匠精神，创建广西样板工程，共铸群众满意平安渡”为目标，采取建设资金补助、纳入绩效考评等方式，调动当地政府和群众建设便民码头、候船亭、渡口进出道路的积极性。试点实施渡口可视化管理，首批安装在阳朔县4个渡口的视频监控完成验收，改变了渡口设备陈旧、手段落后的状况。规范渡口标识标牌31套，便民码头、便民候船亭、渡口进出道路标准化建设覆盖率92.59%、77.78%、85.19%，改善桂林市渡运环境。

【推动水运企业安全标准建设】 2019年，市交通运输局依法规范和引导水路运输企业开展安全标准化建设。开展辖区水路运输企业安全生产责任目标考核。对辖区水路运输企业2018年度安全生产责任目标工作进行考核，考核企业6家，企业获优秀1家，合格4家，基本合格1家。落实企业安全生产主体责任，增强从业人员的安全生产工作意识。年内，平乐县金之韵车船有限公司获交通运输企业安全生产标准化建设二级企业。

【水路运输安全生产】 2019年，市交通运输局针对可能出现的险情灾情，进行防汛部署，要求水路运输行业各单位开展汛前各项准备工作，及早开展隐患自查自纠工作，同时派出检查组开展汛期安全生产大检查，重点检查防汛应急预案、值班表制定、应急物资准备、封航水位、安全生产防护措施、现场安全管理、船舶适航状况、风险管控情况等，做到汛期来临时对水运设施安全运行。加强节假日管理，在春运、“壮族三月三”、清明节等节假日，加强落实各级安全生产监督检查，确保节假日期间全市水路运输行业安全生产工作的平稳。3月，开展“渡运安全月”活动，对辖区内渡口渡船进行全面检查。10月，在平乐海事码头成功举办“2019年桂林市水路客运突发事件现场处置综合应急演练”，提高船员安全意识，增强船员对水上突发事件应急处置能力。 （以敏）

【通航秩序管理】 2019年，桂林海事局强化法定节假日及全国“两会”，广西文化旅游发展大会、枯洪水期等重要时间段的现场监管和重点驻守。做好兴安县端午节龙舟比赛、全州县端午节龙舟比赛、第二十三届全国漓江漂游活动、阳朔铁人三项赛、平乐妈祖文化旅游节等水上活动的现场维护工作。做好全州庙头大桥工程，吴家里新建船闸工程，龙门大桥天然气管道过漓江工程，阳朔自来水公司取水口迁移工程等涉水工程的指导服务工作。保障阳朔兴坪码头“渔村游”和“排筏游”提档升级改建。加强对码头、浅滩、通航密集区现场监管和巡航检查，通过弹性执法打击排筏非法载客行为。利用漓江船舶综合监管系统、广西内河渡口渡船监控系统及无人机开展电子巡航和空中巡航，保障安全畅通，连续4年辖区无一般级以上等级事故。全年共安全开航船舶48.35万艘次，发送旅客1444.57万人次；开展巡航2421次，巡航里程7.18万海里，巡航时间1.15万小时，出动执法人员6163人次、巡航车船2421车（艘）次；电子巡航里程5.07万海里，监控船舶10.03万艘次；实施行政处罚101件，罚款11.46万元；发布航行通告10份，水文信息610条，发送预警信息104条；船舶封航管制12次，排筏封航管制37次。

2019年10月22日至25日，桂林海事局组织开展漓江旅游排筏水上突发事件应急演练活动
（桂林海事局 供图）

【船舶监督管理】 2019年，桂林海事局开展船舶安全检查、船舶检验质量监督和航运公司管理；落实河长制相关工作，协助地方政府开展水上餐饮船治理，共拖离水上餐饮主船23艘、附属船艇100余艘、网箱养殖船2艘、水泥船1艘。至年末，桂林海事局登记在册船舶共计1126艘。全年开展船舶现场监督2013艘次，船舶安全检查初查559艘次，发现缺陷1164项，平均缺陷率2.1项（艘）。共清理无证船舶63艘；摸排统计长期脱管船舶129艘次，完成整治100艘次；辖区所有旅游客船、客渡船等全部更新符合船检要求的救生设备，共为459艘船舶新换救生衣2.28万件，救生圈971个。

【漓江船舶防污染管理】 2019年，桂林海事局强化船舶防污染监管，开展辖区水上加油船专项检查、防治船舶水污染专项整治等活动；现场执法工作中，重点检查船舶防污染文书配备、人员配备、污染物接收相关设施设备及污染物排放与接收情况，并对船员进行船舶防污染宣传教育。加强船舶污染大气防治，全面开展船用燃油检测。推广辖区新能源船舶建设，推动辖区企业研发、建造、使用新能源船舶，桂林辖区使用纯电力、油电混合或光伏电板等作为动力的船舶超过40艘。推动溢油应急演习，联合漓管委在磨盘山码头举行防止船舶污染水域综合应急演习，辖区20余家单位及航运企业代表共50人参加。全年船舶污染物接收处理作业7.21万艘次，其中含油污水接收1808次、12吨，船舶垃圾接收5.49万艘次、637.6吨，船舶生活污水接收1.53万艘次、5617吨；防污染登轮检查491艘次。

【漓江排筏规范管理】 2019年，桂林海事局按照桂林市人民政府漓江干流游览排筏“三统”（统一管理、统一经营、统筹各方利益）、“四化”（限量化、公司化、标准化、规范化）要求，联合地方政府、漓管委开展漓江载客排筏综合整治行动，利用CCTV监管系

2019 年 10 月 24 日，桂林市水路客运突发事件现场处置综合应急演练

（桂林海事局 供图）

统和无人机监控方式，对非法排筏精准定位并进行围堵。全年共暂扣排筏 160 张，配合地方政府销毁排筏 140 张，拆除 212 张自用排筏顶棚。在漓江大圩、草坪、杨堤、兴坪、阳朔段等水域开展漓江载客排筏水上应急综合演练，有上滩失去动力、遭遇船舶浪涌、筏上人员落水、遭遇恶劣天气及心肺复苏科目。联合市漓管委共同印发《漓江载客游览排筏信息化规范化管理工作实施方案》，草拟《桂林漓江风景名胜区载客游览排筏备案登记管理办法》，漓江游览排筏备案登记工作取得阶段性进展。

【渡口渡船监管】 2019 年，桂林海事局加强渡运安全管理，加大渡口渡船现场监管频度力度，在重点渡口设立监控摄像头。促进渡运安全共管共治，联合交通局、船检局、漓管委及相关乡（镇）人民政府开展渡运安全月活动，共出动执法人员 266 人次，出动巡察车船 137 台（艘）次，巡察时间 312 小时。检查船舶 150 艘次，检查渡口 121 道。纠正渡船各类安全缺陷 113 项，排查并推动重大以上渡运安全隐患治理 8 项。推动闲置、已渡改桥的渡口进行撤销，全年共撤销渡口 10 道，年底辖区共有渡口 64 道，渡船 85 艘、在岗渡工 68 人。开展联合执法行动 10 次，开展渡船船员安全教育 30 次，受教育船员 181 人。

【船员管理】 2019 年，桂林海事局加强船员管理，桂林启航船务服务有限公司获得船员培训资质，为桂林首家船员培训机构。全年共开展船员履职检查 190 人次、船员违法记分 66 人次；开展 84 期各类船员考试评估，计 2029 人次；开展合格证内河基本安全培训 18 期 788 人次、客培 13 期共 158 人次、客培再有效 35 期 393 人次，排筏船员适任培训 15 期 609 人次，三类驾驶适任培训 2 期 74 人次，内河小型船舶驾驶适任培训 1 期 7 人次；签发船员管理类证件 3012 本，其中内河船舶船员适任证书 733 本，船员服务簿 969 本，内河客船船员特殊培训合格证 550 本，排筏操作员证书 760 本。至年末，桂林辖区注册船员 6592 人。

【水上应急搜救】 2019 年，桂林海事局加大水上搜救演练力度，举行各类应急演练共 14 次，参演船舶（排筏）183 艘次，参演人员 1473 人。加强搜救志愿者队伍建设，选送志愿者参加水上专业救援培训；整合各方搜救资源，推动桂林市冬泳协会设立漓江水上义务救援点。成功处置辖区洪峰过境期间各类突发事件 4 件，确保汛期桂林未发生险情和事故。全年共处置险情 13 起，成功救助遇险船筏 4 艘次、遇险人员 36 人，搜救成功率 100%。

（桂林海事局）

【航道航标维护管理】 2019 年，桂林航道养护中心辖区共设置各类助航标志 213 座，其中侧面浮标 128 座，示位标 63 座，桥涵标 22 座。全年共完成漓江航道维护测量工程量 9.2 平方千米，完成 53 条整治建筑物的观测，更新 23 条滩险航道图数据。航道疏浚维护 23 滩次 2.13 万立方米，维护性补坝 910 立方米，航标维护 7.76 万座天，标灯维护 3.83 万盏天。辖区通航保证率 100%，标志维护正常率 100%，标灯维护正常率 100%。全年航道安全畅通，无任何航道航标安全生产责任事故。

【航道行政管理】 2019 年，桂林航道养护中心完成行政审批和许可 5 项。加强航道行政执法监督巡查，劝阻破

2019 年 10 月，桂林航道局工作船疏浚漓江河道　（桂林航道管养中心 供图）

坏或占用航道等违法施工行为，并对审批的事项做好事中事后监管。处理元宝塘、月亮洲跨河缆线掉落事件2件，并对娃仔滩、五大莲等不达标的跨河缆线持续跟进，督促其运营单位整改，保证航道安全。全年共组织执法巡查43次，出动执法人员145人次。

（陈智凯）

民用航空

【概况】 2019年，桂林两江国际机场（简称桂林机场）地址在桂林市临桂区两江镇，内设办公室、党群工作部、安全监察部、人力资源部、财务部、基建设备部、规划经营部、服务营销部，下设运行指挥中心、消防安保部、安全检查站、地勤服务部、修缮动力部、候机楼管理部、机场货站、航空信息部、逸飞祥贵宾服务部。在职人员1708人。

年内，桂林机场运输起降6.55万架次，下降3.7%；旅客吞吐量855万人次，下降2.1%；货邮吞吐量3.03万吨，增长12%；航班放行正常率86.63%，增长3%。旅客服务质量满意度94%，提升0.5个百分点；航空公司满意度92%，提升1.5个百分点。全年飞行航线140条，其中国内航线134条，国际及地区航线6条，通航城市84个，新增及恢复城市17个（北京大兴、延安、博鳌、泸州、攀枝花、常州、荔波、信阳、十堰、铜仁、盐城、张家界、宜宾、南阳、无锡、大理、万县）。年内，桂林机场完成全国"两会"、新中国成立70周年系列庆祝活动、环广西自行车赛等重要飞行保障任务，完成民航机场公安管理体制改革工作。桂林机场获2018年重大活动民航运输保障工作先进集体称号，"鹊翼班组"获"全国民航示范班组"称号。

【航空运输】 2019年，桂林机场实施航班时刻结构调整和航空旅客增量补贴方案，先后走访民航中南局，以及厦门航空、海南航空等航空公司，梳理夏秋航季航线网络结构，对收益率低的航班时刻进行调整。成立市场攻坚指挥部，对36、24、12小时内的航班空余座位进行监控和推销。开展线上线下促销活动，与携程网进行合作，为中转旅客提供"购立减"优惠服务，加强"一县一点"宣传，开展各种民俗节庆特色宣传活动。利用货运奖励政策及优质快捷的转运服务，引进杭州子华、广西联邮等6家企业开展货邮运输业务。

【安全管理】 2019年，桂林机场履行安全生产主体责任，建立完善SMS-DG（危险品航空运输安全管理体系）手册；成立法定自查办公室，推进法定自查工作；成立运行安全监管办公室，加大机坪运行监管力度，实现机坪专项治理常态化。年内，桂林机场遭受多次恶劣天气侵袭，均在短时间内恢复生产，未对航班运营造成影响，应急处置能力进一步提升。全年安全保障航班起降6.8万架次，地面运输安全行车317.5万千米，排除飞机故障43起，查获违禁物品7.8万件，开展应急演练59次，未发生机场保障原因造成的飞行事故、重特大航空地面事故、炸劫机事件和空防事故，连续实现第36个安全年。

2019年9月26日，市长秦春成（左二）到桂林机场调研　（刘荣华　摄）

【服务保障】 2019年，桂林机场聚焦旅客需求，实施民航服务质量重点攻坚专项行动，提升服务保障能力。成立航班正点协调办公室，设立专职进程监控席位，与桂林空管站、华南蓝天航空油料公司及驻场单位建立协调机制，对机场航班保障实施全程监控和干预，紧盯航班正常率。紧抓"民航服务质量重点攻坚"专项行动，紧紧围绕"推动民航高质量发展"的工作目标，落实便民措施。实现"无纸化"通关，开通乘机临时证明自助办理服务。改善行李提取服务，使用手持发放终端，降低行李错提率。提升餐饮服务质量，推出地方特色的"一县一菜"和"十二道乡味"航空配餐，推进候机楼餐饮"同城同质同价"工作。

【"桂林—梧州"航线开通】 2019年12月4日，"桂林—梧州"航线首飞仪式在桂林机场举行，标志着广西首条通航短途运输航线正式开通。"桂林—梧州"航线作为广西"金桂飞"通航短途运输项目的首条航线，发挥通用航空"小机型、小航线、小航程"特点，实现桂林、梧州间的常态化运输，并有效利用桂林机场中转枢纽，提升广西机场运输量，破解支线机场持续、健康发展难题。该航线由赛斯纳208飞机执飞，每天（除周四外）往返1班。

【桂林机场基建保障】 2019年，桂林机场完成固定资产及更新改造项目投资7833.8万元，完成助航灯光系统改造、增设禁止进入排灯、污水处理厂改造、飞行区巡逻道改造等项目。年内，桂林机场新增桂林客运南站、客运北站及融水（接驳融安、三江）3条客运班线，地面运输班线8条，实现"铁路、公路、机场"一体化，保障旅客出行。

（莫亚兰）

邮　　政

【概况】 2019年，桂林市邮政管理局（简称市邮政管理局）办公地址在桂林市凤北路1号。内设办公室、普遍服务科（机要通信科）、市场监管科。人员编制12名，在职人员17人。年内，桂林市邮政业平稳有序发展，全市邮政行业业务总量完成10.95亿元，增长18.18%；业务收入完成9.07亿元，增长7.98%。快递业务量完成3312.28万件，增长12.98%；快递业务收入完成5.29亿元，增长19.1%。全市共有邮政普遍服务营业场所184个，快递许可企业93家、分支机构383家。全年新建村邮站278个，全市所有建制村实现村邮站全覆盖，实现"一村一站"目标。累计建成农村快递公共取送点130个，村邮乐购网点1448个，为农村电商发展和乡村振兴注入平台力量。全市智能快件箱1015组，格口9.16万个，全年投递量累计完成2560.59万件。

【邮政业务增长快速】 2019年，市邮政管理局推进邮政电信业务快速增长各项措施，全市共有乡（镇）末端网点1001个，居自治区第一。2019年第四季度邮政业务快速增长，获自治区奖励资金200万元。与市服务业协调，制订地方邮政业增长方案，调动企业积极性，邮政业再获市级服务业发展专项奖金20万元。

【月柿寄递专题调研】 2019年9月—10月，市邮政管理局到恭城瑶族自治县、平乐县开展月柿寄递专题调研，推动寄递业助力服务精准扶贫和乡村振兴。引入玉林市北流县知名电商团队和钦州市巧妇九妹电商团队，助力月柿产品线上销售，推动多方合作共赢。全年完成月柿寄递203.5万件，实现寄递收入855万元，增长208%。

2019年10月17日，市邮政管理局到平乐县开展月柿寄递专题调研

（市邮政管理局　供图）

【快递行业联合工会成立】 2019年10月25日，桂林市快递行业联合工会第一次会员大会召开。市总工会宣读《关于同意成立桂林市快递行业联合工会委员会的批复》，快递行业联合工会旨在维护广大从业人员合法权益，构建和谐劳动关系，促进行业更好发展。快递行业联合工会共有会员单位40多家，惠及全市快递从业人员3700余人。年内，快递行业联合工会获市总工会启动补助资金3万元。

【农村电商发展】 2019年，市邮政管理局推动各县（市、区）农特产品进城示范项目发展，全市建成村邮乐购网点1448个。全年农特产品配送量134吨，交易额173.8万元，带动电商快包业务1.4万件，实现业务收入14.3万元，其中灌阳雪梨配送量超过40吨，灌阳黑李、资源红心猕猴桃、灌阳桃子交易额均有大幅提升。

【绿色邮政"9571"工程】 2019年，市邮政管理局举办邮政、快递"绿色发展"暨电动三轮车规范通行启动仪式，引导督促企业落实社会责任和环境治理主体责任。开展快递包装实地抽查工作，共抽查邮件快件200件。全市主要快递品牌电子面单使用率95%，大部分电商快件不再进行二次包装，循环中转袋使用率约70%，品牌企业分拨中心均配备可循环中转袋。全市邮政快递企业在网点设置回收装置120余个。

【邮政综合服务平台建设】 2019年，市邮政管理局推动邮政企业与税务、交警的邮政综合服务平台建设，推广"网上办事＋线下寄递"模式，助力"不见面"审批。全市37个邮政网点开办代征税业务；邮政企业已进驻桂林市交警支队服务大厅，并开通警邮服务平台系统；全市开办车管业务代办网点14个，开办的业务主要包括互联网面签、驾驶证业务、行驶证业务等共计21项。

【邮政业务监管】 2019年，全市邮政市场监管队伍出动检查852人次，检查企业及其分支机构284家，依法查处违法违规案件22件，罚款金额6.35万元，下达责令改正通知书9份，约谈企业4家。处理消费者申诉，全年累计受理申诉2258件，为用户累计挽回损失12.37万元，申诉处理用户满意度97.5%。

【乡（镇）快递网点违规收费问题专项治理】 2019年，市邮政管理局依法开展乡（镇）快递网点违规收费问题专项治理。发布禁止乡（镇）快递网点违规收费通告，指导企业发布联合声明，同时广泛宣传政策，公布举报电话，动员社会力量进行监督。对群众举报违规收费行为进行查处，专项治理共暗查乡（镇）15个、网点35个；出动106人次，随机电话回访213人，走访群众20余人；约谈企业4家。

（冯珂）

信 息 业

综 述

2019年，桂林信息产业具体业态包括电子信息制造业、信息通信业、软件与信息技术服务业。全年全市完成电信业务收入总量373.10亿元，(比上年，下同)增长69.5%。主营业务收入36.14亿元，其中话音业务收入4.47亿元、移动数据及互联网业务收入28.92亿元、短信业务收入2379.61万元。完成固定资产投资11.13亿元，增长18.2%；互联网出口带宽2938.4GB，新增600GB，增长20.42%；全市光纤18.38万千米，新增2.31万千米，增长12.57%；固定电话用户减少1.28万户，累计固定电话用户27.33万户；新增移动电话用户70.56万户，累计移动电话用户566.47万户，其中3G、4G用户470.51万户；新增4G基站5780个，累计2.4万个；新增宽带用户38.21万户，累计160.46万户，其中新增“千兆”光纤宽带用户979户。

2019年，桂林市规模以上电子信息企业实现工业总产值增长6%，软件和信息服务业增长83.4%，电信业务总量增长76.37%，4G网络建制村以上覆盖率实现100%，建成5G基站820个。率先建成全自治区最大的云计算数据中心，实现智能手机整机生产零的突破，桂林出行网获工业和信息化部新型信息消费示范项目，工业信息化项目获自治区资金支持数量和金额排全自治区第一。“一键游桂林”项目、市委组织部智慧党建平台、市纪委监委政治生态分析研判系统为自治区内首创，宜兑积分系统国内领先。

（何松芳）

信息化建设

【提升数字基础支撑能力】 2019年，桂林市在全面实现100M固定宽带接入能力的基础上，新建成35个1000M接入能力的区域。完成14个建制村4G基站补点，实现农村地区实现所有建制村通光纤宽带和4G网络，50户以上的自然村(屯)光纤网络覆盖率由67%提升到80%。全市互联网出口带宽达3.1T，增加0.4T，新建5G基站870个。建成电子政务云，累计开设虚拟机600余台，承载60余家单位政务信息系统150多个，系统上云比例为74%。桂林华为云计算数据中心项目计划总投资金额2.65亿元，累计完成投资1.76亿元，总建筑面积1.79万平方米，建成标准机柜1000个，是广西最大的数据中心。年内，桂林市电子政务外网市直单位覆盖率100%，实现自治区、市、县、乡(镇)四级联通，政务数据整合共享的物理网络通道建成。市本级不再批准各部门新增业务专网，所有新上的业务系统都要求基于电子政务外网部署。

【数字政务建设】 2019年，桂林市加强桂林政务数据整理应用，梳理形成《桂林政务信息资源目录(2019版)》，30家单位在共享平台挂载数据资源681项，上报到自治区平台数据资源557项，超过自治区当年要求的500项数据资源要求。市级政务数据共享平台与自治区共享平台联通，共享平台累计归集数据1.7亿条，数据累计调用153万次，数据日均调用超2万次。加快建设数字政务一体化平台(一网通办)。桂林市纳入全国政府网站报送系统的68个政府网站全部完成IPV61改造，各县(市、区)门户网站及市级部门网站集约化率94.7%。年内，桂林市人民政府门户网站设立“个人办事”主题栏目22个、“法人办事”主题栏目28个，依申请事项1468项，可网上办事项数1449项，网上可办率98.71%。建设公共监控视频联网总

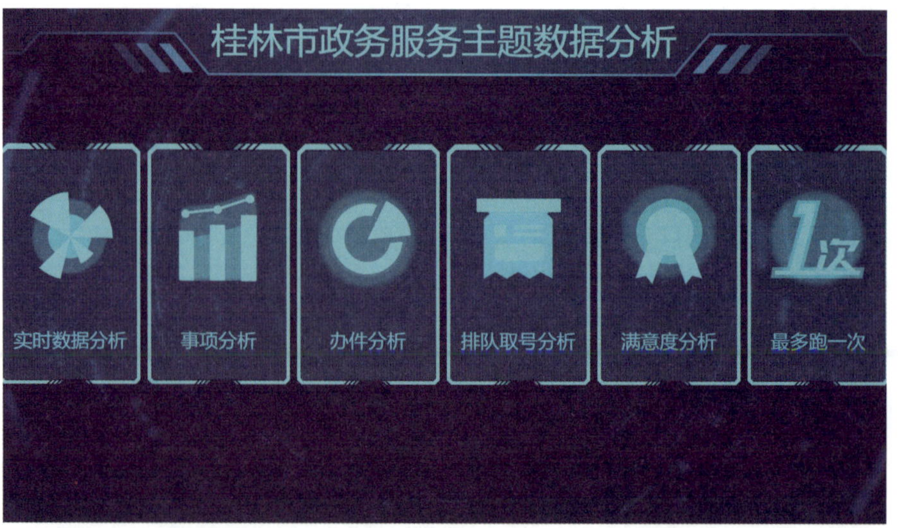

2019年12月，桂林市政务服务主题数据分析 （市工信委 供图）

平台。市委政法委利用中央拨给桂林的雪亮工程建设资金 2800 万元牵头建设公共监控视频联网总平台，实现全市视频资源一张网、一个平台、一套管理机制，有效解决监控资源重复建设问题。助推公安户政管理水平提升。桂林公安建成“户政服务云窗口”平台，民众网上申请就可办理户口迁移、出生死亡、变更更正、恢复户口等 9 大类 56 项常用户政业务。“智慧人社”实现“零现场”经办模式。“智慧人社”实现“五险合一”“同人同城同库”建设目标。向桂林市民发放并激活社会保障卡 241 万张，实现桂林市七大银行任一网点的实时缴费，任一家定点医疗机构的实时就医结算，全自治区任一定点医院的异地就医结算，手机移动终端能进行脸谱身份认证，实现“一次不跑、一面不见、一字不写”的“零现场”经办模式。

【“智慧社区”开启桂林模式】 2019 年，桂林率先在自治区打造企业自筹资金为主、政府引导资金为辅的智慧社区桂林模式。依托桂林市国投产业集团投资建设的“爱达家”智慧社区项目对桂林市无物业小区、有物业小区和城中村的智慧门禁系统、车辆道闸门控制系统、视频监控系统、电动车/汽车充电桩系统及智慧社区信息化运营管理、样板示范工程建设、公共安全与综合治理的服务支撑等领域进行改造建设。以智慧门禁系统为抓手，进行大规模的社区数据应用，拉动社区信息化系统的建设。年末，完成 25 个社区 1000 个单元门智能刷脸门禁系统安装和试点使用。

【加快普及乡村信息化应用】 2019 年，国家信息进村入户工程完成全市建制村覆盖率 85% 以上。兴安、灵川、平乐、阳朔、永福、荔浦、灌阳、全州、龙胜、恭城、资源 11 个县（市）获批国家信息进村入户工程整县推进项目，争取到中央和自治区资金 1900 多万元，示范地区益农信息社网点服务体系初步建成、成效初显。至年末，11 个项目县累计建成县级电商服务中心 11 个，村级三类服务点 4338 个（标准站 1448 个、简易站 1445 个、专业站 1445 个），物流配送网点 1400 多个。

【桂林出行网获国家示范项目】 2019 年，桂林市交通投资控股集团有限公司推出桂林出行网，打造线上线下协同发展的桂林出行信息生态体系，方便市民游客出行，获工业和信息化部 2019 年新型信息消费示范项目。项目总投资 1.5 亿元，全年平台收入流水 1 亿元，注册用户 100 多万户，活跃用户 50 万户。

【“一键游桂林”模式推广】 2019 年，“一键游桂林”是国内首个地级城市与腾讯深度合作的项目，探索出一个“旅游＋互联网＋金融”的旅游升级创新模式。搭建运营的“i 游桂林”平台实现游客注册数 50 多万个，3000 多家涉旅企业入驻。“一键游桂林”模式在广西范围内复制推广。

2019 年 12 月，桂林宜兑数字经济项目运营　（市工信委　供图）

【宜兑积分系统市场前景广阔】 2019 年，桂林力港科技借鉴国内外先进的积分运营管理经验，整合各行各业消费积分，通过宜兑积分系统实现积分跨平台兑换，打造移动积分一卡通。年末，宜兑积分微信小程序上线运营，平台已加盟桂林微笑堂商厦、桂林力源集团、华荣超市、明桂米粉、天籁影院等门店 400 多家，拥有用户 5 万多户。

【腾讯众创空间（桂林）开园】 2019 年 1 月，腾讯众创空间（桂林）开园，是广西唯一的腾讯众创空间和腾讯首家文旅基地。至年末，入驻优质企业 20 多家，入驻企业产值 5000 万元。腾讯众创空间（桂林）成为桂林高校双创实践基地，调动在校大学生创业积极性。全年举办各类运营活动 36 场，参加人员 2300 多人次。

【引领桂林政企数字转型】 2019 年，桂林市推进数字城市建设，加快企业数字化改造，培育以信息化为主的现代服务业，促进产业聚集，为区域经济发展注入新的动能。在前期与华为公司合作建成华为信息产业联合创新中心，创新中心的“云上软件园”对接市内 IT 企业 48 家和高校 5 所，为飞宇、鸿程、智神等 30 多家企业提供技术支撑服务，并推荐企业进入华为合作供应链的基础上深化合作。12 月 17 日，桂林市政府与北京中软国际在桂林市签署战略合作框架协议。（何松芳）

网络安全管理

【概况】 2019 年 3 月 22 日，中共桂林市委员会网络安全和信息化委员会办公室（简称市委网信办）成立，为市委正处级工作机构，设在市委宣传部，对外保留市互联网信息办公室牌子，内设综合科、网络新闻信息传播科、网络安全协调和应急管理执法科、信息化发展和网络评论科 4 个科室，人员编制 13 名，在职人员 11 人。年内，市委网信办推进网络安全和信息化工作。二层事业单位桂林市互联网舆情中心（桂林市网络安全应急中心、桂林市互联网违法和不良信息举报中心）成立。

2019 年 5 月，桂林市互联网企业党建工作座谈会召开　（陈东　摄）

【网上正面宣传】 2019 年，市委网信办统筹市属及各县（市、区）融媒体中心网络新闻媒体做好中共十九大精神、习近平新时代中国特色社会主义思想、“庆祝新中国成立 70 周年 · 祭奠湘江战役红军英烈”“扶贫攻坚进行时”等网上专题宣传。组织国家、自治区及市属网络新闻媒体开展“记者重走长征路”主题采访活动和“看美丽乡村，庆 70 华诞”系列直播活动，聚焦桂林“三会一节”、环广西公路自行车世界巡回赛、广西文化旅游发展大会等大型活动和赛事开展专题宣传。策划创作“湘江战役红色故事”原创抖音短视频系列短视频，今日头条、抖音共同发起“抖 in 美好桂林”城市挑战赛播放量突破 3 亿次，通过短视频向全球同频共振传播桂林好声音。

【网上舆论引导】 2019 年，市委网信办组织网络评论员围绕中央、自治区重大决策部署和涉桂林热点敏感问题开展网上舆论引导。5 月，获市直机关工委批复成立中国共产党桂林市互联网行业委员会（功能型党委）。协同举办全市互联网企业党建工作座谈会、高星七星区网络新媒体座谈会。培育和选树先进典型，桂林坤鹤文化传播有限公司《可可小爱》公益剧作品获 2019 年中国互联网发展基金会、人民网联合举办的“网聚‘政’能量 共筑同心圆”优秀创意类案例，该公司总经理王羽潇作为公益动画剧《可可小爱》创始人当选“2019 年度中国好网民”。

【网络舆情调控管控】 2019 年，市委网信办落实网络意识形态工作责任制，牵头协调市政法、文化广电和旅游、市场监督管理、城市管理等部门建立网络舆情每日报信息共享机制，将“舆情即时办”函件及时反馈至涉事单位。妥善应对处置“雁山 5·5 火灾”“桂林女导游强迫游客消费事件”等多起重大突发舆情。其中，“雁山 5·5 火灾”网络舆情因处置得当，并作为处置成功典型案例经验收录内部刊物。全年集中开展打击网络谣言等专项行动，加强网络生态治理，严防境内外敌对势力渗透破坏，构建清朗网络空间。加强对网络媒体和自媒体的管理，对辖区内符合互联网新闻信息服务许可条件的平台进行备案登记。

【网络安全防护】 2019 年，市委网信办加强网络安全态势感知和监测预警。5 月，承办 2019 年度广西网络安全应急演练活动，提高网络安全突发事件应急处置实战能力。9 月，协调全市 17 个县（市、区）、市直相关单位集中开展 2019 年国家网络安全宣传周活动。年内，做好新中国成立 70 周年、第 16 届中国 – 东盟博览会、中国 – 东盟商务与投资峰会等重要时间节点的网络安全统筹工作。

【信息化发展】 2019 年，市委网信办组织开展全市关键信息基础设施网络安全自查，聘请自治区网络安全检测资质单位对桂林 8 家单位开展抽查工作，督促及时整改相关隐患问题。协同相关部门推动网络覆盖、农村电商、网络扶智、信息服务、网络公益五大工程。配合自治区党委网信办做好信息化发展水平评估工作，为全市信息化发展服务惠民提供支撑。

（陈东　蒋磊　刘春仙）

无线电管理

【概况】 2019 年，广西壮族自治区工业和信息化委员会桂林市无线电管理

2019 年 10 月 21 日，环广西公路自行车世界巡回赛桂林站无线电安全保障
（钟显文　摄）

处、广西壮族自治区桂林市无线电监测站整合设立广西壮族自治区桂林市无线电监测中心。桂林市无线电监测中心办公地址在桂林国家高新区信息产业园8-1号(同兴大楼),内设综合业务科、频率台站科、监督检查科、财务科、宣传培训科,人员编制19名,在职人员15人。年内,桂林市无线电监测中心抓好频谱资源管理、干扰防范查处、监测网络建设以及环广西国际公路自行车赛桂林赛段、2019桂林国际马拉松赛、东盟防长扩大会反恐专家组联合实兵演习等重大活动无线电安全保障。

2019年10月19日,桂林市无线电监测中心举办"周末大家乐"专场演出

(钟显文　摄)

【频谱资源和频率台站管理】 2019年,桂林市无线电监测中心按照"一事通办""八统一"(主项名称、子项名称、适用依据、申请材料、办事流程、业务经办流程、办理时限和表单内容)规范程序受理设台申请、指配回收频率、报废台站等审核审批工作,累计审批新增设台单位6个,新指配频率15个,新增设台257个;撤销各类台站24个,收回频率4个。完成移动、电信公司新设5G基站实地核查,备案登记932个;核查4个单位7个卫星地球站并填报相关信息。组织开展3次业余无线电台操作证书等级考试,参考人数122人,分配业余无线电呼号60个。完成频率占用费年度收缴任务,累计收取无线电频率占用费18.12万元;继续推进无线电发射设备销售备案工作,完成辖区173家经营主体335个型号设备登记备案。

【无线电监测】 2019年,桂林市无线电监测中心加强无线电监测、数据管理,利用固定站重点对1400MHz至1427MHz、3400MHz至3600MHz等20多个频段进行专项监测,按要求填报频谱监测统计报告,监测时长达1.2万小时以上。参与中越边境无线电监测,协助完成友谊关口岸—大新硕龙口岸段边境电磁环境测试任务。持续强化监测设施建设和推进监测能力提升,通过国家无线电频谱管理研究所有限公司监测能力提升第三方评估,组队参加自治区无线电监测技术演练暨全国第四赛区选拔赛,获团体总分第二名。

【无线电监督执法】 2019年,桂林市无线电监测中心组织人员对中国移动桂林分公司、桂林叠彩万达广场、广西二轻工业学校等20多家生产或使用无线电设备单位进行监督检查。全年累计受理排查中国移动桂林分公司、中国电信桂林分公司、桂林民航交通管理站等干扰投诉10件,出具干扰查处报告10份;累计开展行政执法4件,责令违规设台用频单位和个人采取技术措施消除有害干扰。继续打击整治"伪基站""黑广播",组织技术人员对辖区公众移动通信频段和广播频段进行"伪基站""黑广播"信号监测追踪,累计动用车辆100余次、人员300人次、设备180套次,监测时长2800多小时。组织相关部门召开5G基站干扰协调工作座谈会,探讨建立5G干扰排查协调工作机制。

2019年6月8日,桂林高考无线电安全现场监测保障　(钟显文　摄)

【无线电安全保障】 2019年,桂林市无线电监测中心在春节、全国"两会"、壮族"三月三"、国庆节期间确保节假日期间无线电频率使用安全。做好环广西公路自行车世界巡回赛桂林赛段、桂林国际马拉松赛、中央电视台"七一·长征万里行"节目现场直播、东盟防长扩大会反恐专家组联合实兵演习等重大活动无线电安全保障工作,累计动用监测人员150多人次、监测车80多辆次、监测定位设备70多套次,累计监测频点120余个,排查清理违规用频13个,出具电磁环境测试报告8份。年内,实施全国高考、广西公务员录用考试、初级会计师资格考

试、建造师资格考试等18次重大考试无线电安全保障，累计出动监测人员72人次、监测车46辆次，动用监测设备56套，有效维护考试的公平公正。

【无线电综合服务能力建设】 2019年，桂林市无线电监测中心开展系列无线电法律法规、无线电科普知识宣传活动，通过移动短信平台发送20多万条无线电宣传短信，通过桂林电视台科教频道、生活频道播放无线电宣传内容，通过利用社区公告栏制作无线电科普知识宣传板报进行相关宣传。10月19日，举办“周末大家乐”专场演出，让无线电宣传走进“百姓大舞台”。年内，桂林市无线电监测中心落实工作信息报送制度，向上级网站及刊物投稿36篇，24篇被采用。

（钟显文）

2019年10月15日，中国电信桂林分公司举行中国电信服务质量社会监督员受聘仪式 （易燕纯 摄）

电 信 业

【中国电信股份有限公司桂林分公司】 2019年，中国电信股份有限公司桂林分公司（简称中国电信桂林分公司）办公地址在桂林市中山中路53号，下辖高新七星区分公司、象山区分公司、秀峰分公司、叠彩区分公司、雁山区分公司、临桂区分公司和11个县（市）分公司。年末，该公司在职人员881人。年内，中国电信桂林分公司以“抓规模、调结构、强能力、高质量”为主线，推进企业转型升级，实现高质量发展。

年内，中国电信桂林分公司以电信“双千兆”（5G、宽带/Wi-Fi千兆）产品体系为基础，聚焦用户家庭Wi-Fi全覆盖刚需，通过金融分期解决智能产品需求，打造以客户体验为中心的“一站式付费，升级全屋智慧家庭”的消费服务升级。10月31日，5G正式商用。

年内，中国电信桂林分公司落实“金融分期+泛智能终端”政策，深化渠道拓展及异业合作，拉动天翼规模发展；采取措施提升宽带运营能力。11月27日，开启携号转网服务，年末本地网开通携号转网服务厅店有32家。创建新型运营模式，建立“专业化运营团队+客户经营平台”的新型专业化运营模式，构建“大数据+客户经营平台+门店、直销、装维、万号、外呼、电渠”等六大触点的高质量客户平台化经营体系，加快推动客户经营从个人到家庭，从产品到权益，从维系到价值，从粗放到精准的4个转变。

2019年4月26日，中国电信桂林分公司主办的“电信5G助力数字桂林——全民5G新体验启动仪式”在中山中路营业厅开启 （钟怡华 摄）

年内，中国电信桂林分公司提升信息化市场影响力，与市人民政府签署“数字桂林”战略合作框架协议，统筹主办“桂林电信5G+VR全景直播象山景区亮相华为信息生态产业园展会”“电信5G引领数字未来，全民5G体验发布会”“桂林市企业上云研讨会”等多场业务推介活动，提升中国电信在本地信息化市场的影响力。

年内，中国电信桂林分公司推进智慧化运营，自主开发厅店运营管理系统、云展厅智慧交互系统、本地门户自定义报表系统等IT工具，通过IT平台建设和优化为一线减负，让一线聚焦发展，全面响应客户需求。加强全渠道服务，通过服务测评倒逼营业服务质量提升，专项攻坚解决办理等候时间长、业务办理差错和营业解释不清问题。在政企渠道方面完善一站式服务，密切政企单位及其个人客户需求；在电子渠道方面简化线上业务办理操作，解决业务订购复杂问题，为线上粉丝转化、线下营销收单、代理合作网点客流引导提供有效助力。

年内，中国电信桂林分公司加强网络建设，新建并开通4G基站、直放站、5G基站、室分基站和扩容4G站点，扩大城区、校园、县城、农村和高速沿线的

4G深度覆盖，提升4G无线网络容量，实现市区、县城主营业厅、政府办公区、漓江（杨提乡—兴坪镇）风景区的5G网络覆盖。持续推进光网覆盖，2019年FTTH端口数比上年末提升11.69%；农村光网覆盖累计新增2000个建制村和自然村，建制村和自然村光网通达率分别增长1.35%和14.16%。

年内，中国电信桂林分公司实施移动网、光网双提升工作，提升网络品质。移动网方面，通过开展4G分簇优化、VoLTE质量提升，高铁、高速等专项优化工作，全面提升4G网络质量，提升用户感知；光网方面，完成老旧烽火及中兴OLT设备退网工作，完成OLT双上联改造和组播下沉改造，分公司FTTH用户占比达99%，本地网多项指标均有明显提升，部分指标位居全自治区前列。完成各类重大活动保障51次，出动应急通信车35车次，投入保障人员1200人次，投入保障车辆370车次，开通保障站点140个。（蒋芸）

2019年10月21日—22日，2019环广西公路自行车世界巡回赛，中国移动桂林分公司在赛事部分沿线开通5G网络通信基站　　（中国移动桂林分公司　供图）

【中国移动通信集团广西有限公司桂林分公司】 2019年，中国移动通信集团广西有限公司桂林分公司（简称中国移动桂林分公司）办公地址在桂林市七星区毅峰南路18号，下辖13个分公司，在职人员1368人。年内，中国移动桂林分公司有序开展5G网络整体规划，重点打造以两江四湖、中心广场、象山景区、靖江王城景区为核心的5G精品区域，完成桂林城区连续覆盖，两江四湖、漓江水道等重要景区、各大高校、各县热点地区5G网络覆盖。1月14日，中国移动中山中路营业厅开通桂林市首个5G基站；2月，桂林经济技术开发区华为信息生态合作区建设首个“平安工地云”，实现专线/物联网/流量+云服务的融合。4月3日，桂林市经济开发区华为生态软件园开通桂林市首个5G宏基站；“五一”前夕，开通桂林“两江四湖”环湖水系5G网络。5月7日，自治区人大常委会副主任、桂林市委书记、市人大常委会主任赵乐秦，自治区副主席费志荣，桂林市市长秦春成，华为技术有限公司集团董事、首席供应官姚福海等人的见证下，成功拨通桂林首个5G电话。8月16日，首位5G用户诞生。8月28日，完成市内26所大中专院校5G网络建设。9月6日，产生首位5G校园体验人员。10月21日—22日，2019环广西公路自行车世界巡回赛，中国移动广西公司桂林分公司在赛事部分沿线开通5G网络通信基站，赛事期间，5G信号下行测试速率均值稳定在900Mbps以上。

年内，该公司推进5G在智能制造、智慧政务、数字校园等领域落地，适配医疗云、金融云、教育云及工业云等不同行业云业务解决方案和产品，5G信息化业务可满足14个行业109个场景应用需求。一是5G+视频监控示范基地，开展中国移动千里眼雪亮示范基地建设，包括雪亮工程项目、游船及车辆视频监控、无人机监控项目、景区监控项目等项目，全力打造桂林5G+视频监控示范基地。二是5G+智慧医疗。积极推进医疗云、云医护等智慧解决方案在各区域落地实施。三是5G+工业互联网项目。使用5G网络替代园区现有的厂区通信技术，满足工业生产现场海量数据处理需求；打造智慧园区、工业旅游和访客管理系统。使用5G数据采集，改善企业使用工业Wi-Fi升级部署困难，抗干扰能力低的痛点；打造一套智慧园区管理平台，使用可视化数据平台呈现，提升园区管理水平。四是5G+智慧旅游。搭建“数字旅游大数据分析平台”，实现实时旅游大数据可视化展示，全力配合桂林市全力推进“一键游桂林”项目；以旅游大数据为拳头产品，打造“广西全域旅游示范区”信息化标杆。

2019年7月3日，中国移动广西公司与广西师范大学在南宁签订战略合作框架协议　　（中国移动桂林分公司　供图）

提升农村网络覆盖能力　2019年，中国移动桂林分公司加快改善农村区域弱覆盖，做好农村网络日常维护保障专项工作，提升农村网络覆盖能力，提升通信网络质量。成立农村优化专项团队，剖析各种网络问题原因，梳理农村区域网络问题清单，圈定网络覆盖弱的村庄，优化网络建设方案，逐项突破弱覆盖难题。围绕提升农村4G用户高清通话质量及高速上网效果的目标，制定实时调整方案，将网络资源划分至网格，由片区和责任人管理，确保无缝看管，切实提升问题解决率，移动通信网络和服务渠道已覆盖桂林100%的城镇和行政村。

深化网络扶贫　2019年，中国移动桂林分公司加快推进电信普遍服务试点项目实施，深化网络扶贫，持续完善贫困地区村屯通信基础，通过快速建站、FDD网络建设等项目进一步提升农村、贫困村的网络覆盖，加快立档建卡贫困县、偏远农村贫困地区网络建设，1月28日，开通贫困村临桂区茶洞镇温良村委土皮和黄茅坪2个基站，率先实现移动信号全面覆盖，结束该村村民"通话要爬山"的历史；7月12日，首家完成平乐县政府重点扶贫村大发旱冲村网络覆盖，实现通信扶贫；全年共完成239个贫困村的宽带网络工程及4G基站开通任务。共选派驻村67名及帮扶人员推进扶贫攻坚任务，为贫困家庭79户办理扶贫贷款及申领扶贫基金，帮扶贫困户50户按期脱贫摘帽，贫困户预脱贫47户。（徐先丽）

【中国联合网络通信集团有限公司桂林市分公司】　2019年，中国联合网络通信集团有限公司桂林市分公司（简称中国联通桂林市分公司）办公地址在桂林市中山中路47号。年末，该公司共有员工518人；营业服务网点分布在市、县、乡（镇），共1600余个；4G网络覆盖率市、县、乡（镇）达98%。年内，该公司加快转变经营模式，持续提升企业治理能力，纵深推进"五新"联通建设（新基因、新治理、新运营、新动能、新生态）。全年完成主营收入3亿余元，全自治区KPI考核排名第四。

全场景规划小改革　2019年，中国联通桂林市分公司作为第一家央企集团层面的"混改"试点企业，该公司不断尝试各种模式改革，建立基于价值贡献的组织架构，成立11个部门（1个临时项目部），13个综合分公司，6个BG，34个BU，通过设置自主创业及内部承包的模式，推进全场景改革落地。

全新运营模式加速互联网化转型　中国联通桂林市分公司于2019年成立产业互联网研究院桂林分院，以大数据为引领，以产业互联网为核心，着力打造大数据、云计算、物联网、产业互联网等创新业务能力，为政府、企业提供一站式专业解决方案。加强人才配置，实现人才驱动，共有战略人才15人，产研院418人才11人，全年申报自治区QC管理成果10项，获广西联通微创新项目奖项5项。

5G建设全面启动　联通5G网络采用与电信共建共享的方式建设，5G带宽采用200M共享技术，上传、下载速度均达到110Mbps，1.8Gbps下载速率，最高达到2.5GMbps下载速率。至年末，中国联通桂林市分公司5G基站开通21个，可提供1Gbps下载峰值，均值可提供800Mbps以上下载速率。

重点项目建设　2019年，东盟信息交流中心及沃易购电子商务基地桂林备份中心位于市七星区铁山工业园Z-2-2地块，总投资1.03亿元，全部为自筹资金。项目规划用地1.33公顷。项目建成后，将作为联通集团八大总部基地的南宁总部基地备份基地，负责河池、贵港、玉林、梧州、贺州的核心网设备容灾，确保南宁区域性国际通信业务出入口安全，大幅提升桂林市业务出口能力。为建设"智慧桂林"，打造城市"智慧"生活提供有力保障。同时建设1000平米的IDC机房，安装400架集装架，用于提供IDC机架托管，解决政府与企业的云计算、云灾备等需求。（常玲）

【中移铁通有限公司桂林分公司】　2019年，中移铁通有限公司桂林分公司（简称中移铁通桂林分公司）办公地址在桂林市七星区朝阳路信息产业园。年末，该公司共有员工104人，营业服务网点分布在市、县、乡（镇），共39个。年内，该公司围绕"智能高质、向外拓展、做强做优、持续做大"的经营主线，深化改革促转型，全年实现营业收入超1亿元。年内，该公司党委中心组坚持每月一学、每季一次集中研讨学习制度，全年共集中学习12次，集中研讨4次；作为第二批开展"不忘初心　牢记使命"主题教育单位，中心组集中学习和研讨40学时，并完成开展调研、上专题党课、召开专题民主生活会、组织生活会和民主评议党员工作；4月开展反腐倡廉教育月活动期间，组织全体党员在集团公司网上大学完成规定的必学课程学习，党员学习覆盖率100%。

推动嵌入式廉洁风险防控　2019年，中移铁通桂林分公司依照上级党委嵌入式廉洁风险防控机制建设的新要求，修订和新建纪检监察、党建管理、工会工作管理、法律管理、人力资源管理、战略管理、品质监督管理、综合领域、采购管理、物资管理、网络维护、市场体系、政企、工程领域等的廉洁风险防控分册，设立廉洁风险点239个，实现各业务领域的廉洁风险防控全覆盖。

夯实安全生产　2019年，中移铁通桂林分公司各部、班组、网格均设立专兼职安全员，并制订《安全生产检查考核制度》《装维及施工作业安全检查主要考核项目》等管理文件，确保安全责任全面落实；全年外出检查262次，现场检查场所737处，整改完成791项，整改率98.01%；组织包括新员工入职安全培训、高危作业安全培训、安全事故案例宣讲等安全培训73次，共培训1146人次；通过开展内部安全交叉检查、"安全百日攻坚"活动、组织各类应急演练、落实全员自查复查制度等举措，加强员工安全意识，提高安全警惕性，严防安全事故，向"安全零事故"的目标稳步推进。

强化业务素质提升　2019年，中移铁通桂林分公司围绕铁通转型升级和移动全业务发展共组织短板培训543期，其中综合管理类5期，市场业务类156期，技术培训类92期、安全类227期、管理类63期。参加培训1537人次，全员培训率100%；举办安全员、安全管理员、低压/高压电工证、登高证培训共8期，登高证取证110人，电工证复审、取证24人，安全员/安全管理员取证64人；全员参加集团组织的5G+赋能知识培训，完成率100%，通过技能认证初级考试的合同制员工73人，合作企业员工455人。（蒋秀成）

工　　业

综　　述

【概况】 2019年，桂林市工业和信息化局（简称市工业和信息化局）加挂桂林市大数据发展局牌子，办公地址在临桂区西城中路69号。内设办公室、综合科、经济运行科、投融资科、工业园区科、对外合作科、政策法规科、科技科、中小企业发展科、能源与循环经济科、原材料工业科、电子信息科、轻工医药科、装备工业科、大数据产业融合科、大数据应用与安全科、军民融合科、规划科、人事教育科、财务科、离退休人员工作科和机关党组织。人员编制83名（含机关后勤服务人员控制数6名），在职人员80人。下设事业单位7个，企业1家。

2019年，面对经济持续下行的压力和多种外部复杂因素的影响，桂林市围绕产业做强升级、推动工业迈向中高端、加快实现桂林工业振兴的目标任务，坚持高质量发展，推进重点领域和关键环节改革，重大政策加快落实落地，全市工业呈总体平稳、稳中有进的发展态势。全年全市工业总产值增长（比上年，下同）1.8%，其中规模以上工业总产值增长2.0%。工业增加值增长5.5%，其中规模以上工业增加值增长6.4%。在规模以上工业增加值中，分经济类型看，国有企业增长16.7%，集体企业增长14.0%，股份制企业增长5.2%，外商及中国港澳台商投资企业增长30.6%；分门类看，采矿业增长6.2%，制造业增长4.3%，电力、燃气及水的生产和供应业增长19.2%；从产业结构看，高技术行业增长4.0%，高耗能行业增长2.5%。

【完善政策体系】 2019年，桂林市印发《支持工业企业发展十八条政策措施（试行）》《关于营造企业家健康成长环境弘扬优秀企业家精神更好发挥企业家作用的工作措施》《2019年市领导跟踪服务重点工业企业工作方案》《促进工业企业上规入统工作实施意见》《特色产业园建设实施方案》等系列政策文件，从资金扶持、营造环境、企业服务、企业培育、园区建设等多方面，完善工业高质量发展的政策体系。

【项目建设推进】 2019年，桂林市推进各项工业项目建设。年内，华为信息生态产业合作区、新桂轮绿色智能百亿橡胶生态产业园等23个工业项目列入自治区“双百双新”（“双百”指投资超过百亿元或产值超过百亿元的重大产业项目，“双新”指新产业、新技术项目）项目。桂林福达股份有限公司年产40万件曲轴自动化生产线技术改造、桂林平钢钢铁有限公司年产120万吨炼钢及轧钢生产线技术改造等119个项目，列入自治区“千企技改”工程项目库，光隆光电激光器芯片生产与封装等4个项目被评为自治区“千企技改”工程示范项目。全年全市开工工业项目45个。桂林深科技智能制造项目等35个项目顺利投产。通过市本级和自治区级工业发展专项资金、直投资金等途径缓解企业资金压力，累计安排、争取各类资金超10亿元。

【优化园区建设】 2019年，桂林市竣工标准厂房89.5万平方米，完成土地收储649.47公顷，完成基础设施（不含标准厂房）投资10.2亿元。按照“特色优势明显、产业链条完整、功能配套完善、管理科学规范、创新能力突出”的发展目标，印发《桂林市特色产业园建设实施方案》。各县（市、区）立足自身产业条件推动特色发展，桂林高新区信息产业园、桂林经济技术开发区华为信息产业合作示范区、桂林高铁园机械装备制造产业园、荔浦市光电科技产业园、灌阳岭南黑白根石材文化产业园等一批特色产业园粗具规模。组织各县域工业园区开展产业发展规划、总体规划的调整编制工作。整合园区资源，引导产业发展集聚，年末，9个县完成主导产业的确定和空间布局的调整。

【工业核心竞争力提升】 2019年，桂林市新增国家企业技术中心1家、国家级绿色工厂3家、自治区级绿色工厂4家、自治区技术创新示范企业7家、自治区企业技术中心3家、自治区工业企业质量管理标杆3家。桂林民华科技发展有限公司的民华科技企业孵化器桂林创新大厦孵化基地、桂林奥创园创业管理有限公司的桂林奥创园获“2019年度国家小型微型企业创业创新示范基地”称号。荔浦市工业集中区、平乐县工业集中区分别被自治区评为“广西荔浦现代家居制品轻工园”“广西平乐智能制造产业园”。桂林电力电容器有限责任公司等9家企业入选自治区工业龙头企业培育库。“创客中国”中小企业创新创业大赛桂林分赛的1个项目入围全国总决赛200强。桂林西麦食品股份有限公司在深圳证券交易所中小企业板上市，成为2019年自治区首家A股IPO上市企业。

【服务企业成效明显】 2019年，桂林市积极服务企业，优化营商环境，助力企业发展。年内，建立惠企通、惠企贷、惠企帮的“三惠”立体化服务体系。开通“惠企通”APP平台，随时受理企业反映问题，对问题处理情况实行挂账销号，实时公示处理进度；实现线上线下各类信息同步服务。发挥“惠企贷”作用，全年共为65家企业发放贷款5.73亿元。至年末，该业务共为123家企业发放贷款350笔，共计21.99亿元；在贷企业70家，在贷额共5.8亿元。推出“惠企帮”服务，该项业务包括工信系统全面实行24小时无限时服务，成立工业振兴企业服务领导小组及相关服务组，设立966011企业服务热线，不定期召开座谈会，降低企业水电气成本，联合高校举办专场招聘会等。全年来共收集企业问题209个，所反映的资金难题、用地诉求、配套设施完善等问题得到有效解决，解决率99%。建立市县两级领导联系服务工业企业工作机制。重点聚焦72家重点工业企业，开展精准服务，全年市领导与牵头部门共深入企业现场调研服务超600次，各县(市、区)领导参与联系服务工业企业超800人次，服务企业超2600次，解决企业各类问题超1100个。优化营商环境，印发《关于营造企业家健康成长环境弘扬优秀企业家精神更好发挥企业家作用的工作措施》，依法保护企业和企业家合法权益。抓好企业上规入统培育工作，加大对入规企业的奖励力度，全年全市新增上规入统企业70家。推进清理拖欠民营企业中小企业账款工作，至年末，全市清理拖欠民营企业中小企业账款4.27亿元，涉及拖欠主体114个，被拖欠主体414个，已清偿3.46亿元，剩余待清偿金额0.81亿元，清偿进度81.11%。推动企业交流合作，举办全市本地企业产品配套合作对接会，促成桂林航空有限公司与“爽圆圆”米粉等多家企业之间的合作。

【强化招商引资】 2019年，桂林市开展多种形式的招商活动，吸引优质企业入驻。年内，组织开展全市重点产业链全景图编制工作。围绕龙头企业延伸产业链，初步编制完成桂林市电子信息、生物医药、先进装备制造(新能源汽车及零部件)、生态食品系列产业链全景图。组织开展产业链招商。根据产业链全景图，组织“对接粤港澳大湾区”“桂林(杭州)投资推介会”等系列精准招商活动，共新签乾昭新型金属材料等工业项目50余个。其中，新签1亿元以上工业项目38个，新签并实施1亿元以上工业项目33个。组织企业参加第16届中国－东盟博览会，全市共签约工业项目19个，项目涉及生物医药、电子信息、新材料、新能源等产业。组织参加“2019年华为中国地区部供应商大会”，邀请400多名客商参会并进行投资推介。举办“2019年桂林电子信息产业投资及发展洽谈会”，组织50家企业与参会企业对接洽谈，取得较好效果。

【“数字桂林”建设】 2019年，桂林市推进“数字桂林”建设。7月，市级政务数据共享平台与自治区共享平台联通，并挂载到自治区平台。共享平台已对接全市36个市直部门数据，累计建立共享数据库表41个，累计归集记录1.76亿条。完善全市信息基础网络设施建设，全市各城区、各重要交通沿线、各重点景区景点已全面实现4G网络全覆盖，完成582个5G基站建设，光纤宽带接入速率达100M，建成了35个1000M接入能力的区域。农村地区已实现所有建制村通光纤宽带和4G网络，50户以上的自然村光纤网络覆盖率80%。建成广西最大的数据中心并投入使用，桂林华为云计算数据中心项目总投资2.3亿元，总建筑面积1.79万平方米，累计完成投资1.7亿元。年末，已完成主机房的环境建设，机柜共计1000个，预计满配可容纳服务器3000台。加快推进全市电子政务工程项目建设，全年完成技术审核项目37个，完成验收电子政务工程建设项目14个。 (赵晨彦)

电力生产

【概况】 2019年，桂林市电力生产主要包括火力发电、水力发电、风力发电、燃气发电和光伏发电。火力发电企业有国电永福发电有限公司、桂林市深能环保有限公司。国电永福发电有限公司全年发电平均负荷27.96万千瓦，比上年有所增加；桂林市深能环保有限公司山口生活垃圾焚烧工程项目全年发电2.3亿千瓦小时。水力发电以各县中、小型水电站为主。风力发电主要是桂北山区的风力发电场，现逐渐成为桂林市电力供应的重要保障。燃气发电有华能桂林燃气分布式能源有限责任公司1家，年发电量2.63亿千瓦小时。光伏发电以家庭分布式光伏发电为主，总的发电量较少，发电量较大的主要是自发自用的工业企业，全市有光伏发电项目415个。全年全市火力发电、新能源发电增加，总发电量呈上升趋势。全年发电量102.14亿千瓦小时，增长24.29%。其中，火力发电26.46亿千瓦小时，增长15.95%；水力发电47.39亿千瓦小时，增长31.6%；风力发电25.47亿千瓦小时，增长28.18%；燃气发电2.63亿千瓦小时，下降22.42%；光伏发电0.05亿千瓦小时，下降42.22%。

【水力发电】 2019年，桂林市新增水电站2座，报废3座，新增装机0.58万千瓦，全市水电总装机137.48万千瓦，中小型水电站总数798座。桂林市水电站大都偏小，总装机5万千瓦以上的中型电站有3座，即平乐县巴江口水电站(装机9万千瓦)，龙胜各族自治县南山梯级水电站(装机7.2万千瓦)，全州县的天湖水电站(装机6万千瓦)，5万千瓦以下水电站有龙胜各族自治县的银河水电站(装机2.4万千瓦)、青狮潭水电厂(装机1.94万千瓦)等。

【风力发电】 2019年，桂林市共39个风电场完成核准(含投产项目，其中资源金紫山、龙胜南山、兴安严关、兴安界首各2期)，装机容量233.85万千瓦。已投产的风电项目25个，总装机146万千瓦，分别位于资源县、龙胜各族自治县、灌阳县、全州县、兴安县、永福县、恭城瑶族自治县。已核准未投运的风电项目14个。年初，灵川县灵田风电场首批3台风电机组全部并网发电，实现灵川县风电投产容量零突破。12月17日，最后1台机组成功并网发电，该风电场30台风力发电机组顺利实现全部投产。项目共装设30台2.0兆瓦风电机组，配套新建一座110千伏升压站及19.6千米送出线路。项目总投资5.09亿元，投产运行后年上网电量1.46亿千瓦小时。年内，恭城瑶族自治县西岭风电项目

2019 年 10 月，桂林市全州县天湖风电场 （伍文悄 摄）

共安装 24 台风力发电机组，总装机容量 49 兆瓦，可实现年发电量 1.1 亿千瓦小时。 （邓云）

供电与电网建设

【概况】 2019 年，广西电网有限责任公司桂林供电局（简称广西电网桂林供电局）办公地址在桂林市象山区上海路 15 号，内设办公室（党委办公室）、财务部（财务中心）、人力资源部、企业管理部（法律中心）、计划部、建设部（项目中心）、生产技术部（带电中心）、安全监管部（应急指挥中心）、市场营销部、监督部（纪委办）、审计部、党建部、工会和系统部。二级机构设电力调度控制中心、信息中心、输电管理所、变电管理一所、变电管理二所、供电服务中心、计量中心、物流服务中心、综合服务中心（离退中心）、项目管理中心、城中供电分局、东城供电分局和城南供电分局。全局共有在职人员 1609 人。

2019 年，广西电网桂林供电局营业面积 2.78 万平方千米，拥有客户 123.801 万户，服务人口 264.1 万人，客户装见容量 1464.35 万千伏安，市场占有量 83.2%。售电量完成 112.64 亿千瓦小时，趸售用电占比 27.17%；大工业用电占比 26.46%；居民生活用电占比 25.06%；一般工商业及农业排灌等用电占比 21.31%。电费回收率 100%；综合线损率 4.23%，下降 0.92 个百分点，县级企业线损均降到 5.15% 以下。客户年平均停电时间（低压）8.5 小时每户，客户平均停电时间（中压）10.96 小时每户。全年全社会用电量 146.03 亿千瓦小时。其中，第一产业 1.60 亿千瓦小时，占比 1.1%；第二产业 72.58 亿千瓦小时，占比 49.7%，其中工业用电 62.91 亿千瓦时；第三产业 29.22 亿千瓦小时，占比 20.01%；城乡居民生活用电 42.63 亿千瓦时，占比 29.19%。区域最高负荷 243.32 万千瓦，增长 2.84%；最大日电量 0.44 亿千瓦小时，增长 5.91%。

至年末，桂林供电网区（含所辖分局、县局）共有 35 千伏及以上变电站 75 座，总容量 800.41 万千伏安。220 千伏变电站 17 座（容量 432 万千伏安），110 千伏 45 座（容量 354.2 万千伏安），35 千伏 13 座（容量 14.21 万千伏安）。110 千伏及以上线路 4340.96 千米，35 千伏及 10 千伏公用线路 2230.40 千米。形成以 500 千伏桂林站、如画站（属中国南方电网有限责任公司超高压输电公司产权）为电源点，220 千伏电网为主干网架，110 千伏电网辐射至各县（市、区），35 千伏电网环网接线为主的电网网络。

【电网基础建设】 2019 年，广西电网桂林供电局完成固定资产投资 25.67 亿元，增加 11.06 亿元，增长 75.70%。新投产 35 千伏及以上变电站 5 座，总容量 41 万千伏安。其中，220 千伏 2 座（容量 30 万千伏安），110 千伏 2 座（容量 9 万千伏安），35 千伏 1 座（容量 2 万千伏安）；新增 110 千伏及以上线路 238.6 千米，35 千伏及 10 千伏公用线路 1665.42 千米。按项目分类，主网项目完成投产 8 项，新增变电容量 39 万千伏安，线路 425.45 千米；农配网项目投产 1312 个；新电力公司 7 个县农网项目，开工项目 2021 个，竣工投产项目 1941 个；供电所技术用房项目完成竣工 9 个。8 月 1 日，该局 220 千伏骆驼变电站第 5 条 110 千伏配套送出工程电缆线路施加正常系统对地电压，成功完成 48 小时各项投产试验后，投入运行，标志 220 千伏骆驼变电站 5 条 110 千伏配套送出工程全部完成送电。该工程从启动到投产历时 9 年。9 月 18 日，220 千伏宝象变电站 3 号主变冲击合闸 5 次并稳定运行，标志 220 千伏宝象变电站成功投入运行。宝象变电站从启动到投产历时 12 年。

【电网运行维护】 2019 年，广西电网桂林供电局开展配网综合治理，加强供电可靠性提升管理，做好电网运行维护工作。年内，印发 2019 年配网综合整治及奖惩工作方案，明确重点解决 96 条高故障线路，配网故障率下降

2019 年 9 月 18 日，220 千伏宝象（雁山）送变电工程顺利投产 （骆彬 摄）

40%的工作目标，成立配网管理办公室，建立分片挂点机制，重点指导县级供电企业配网管理提升。全年累计完成各类综合整治207条次，清理树木63棵，更换各类针式瓷瓶、设备线夹等老旧设备6.26万个，故障次数下降40.21%，其中线树故障下降59.06%。加强综合停电管理，制订并落实2019年供电可靠性提升工作方案，中压客户平均停电时间8.5小时每户，下降38.63%。拓展综合不停电作业项目，完成广西首单带电立杆及桂林首单电缆不停电作业，累计开展不停电作业3186次，减少停电时户数10.9万时户，多供电量2293万千瓦小时，配电网不停电作业化率60.3%，增长31%。

【优化电力市场管理】 2019年，广西电网桂林供电局加强市场营销，多举措降低用电成本，全网全年售电量112.64亿千瓦小时，增长12.58%。年内，落实重点业扩报装项目服务跟踪，针对重大新增用电项目，安排专人“一对一”跟踪，并按计划节点实行进度督促考核，促成桂康新材料有限公司3号炉项目、桂林深科技有限公司智能制造项目等重大项目提前实现投产用电。灌阳县工业集中区增量配电业务改革试点项目新设立公司进入运营阶段。成功接收独立供电区11个。落实大工业、一般工商业、居民生活电价调整政策，持续开展35千伏及10千伏电力市场交易工作，全年共为电力客户节约电费成本7.12亿元。挖掘市场交易潜力，通过与工信部门政企联动，组建网区电力市场交易微信群，开展电力体制改革政策宣传，协助企业降低用电成本，促成348家企业参与广西电力直接交易，大工业用电量增长21.83%，拉动桂林市全社会用电量增长15.21%。全年交易电量超40亿千瓦小时，占总售电量的36%。

【电力安全生产】 2019年，广西电网桂林供电局落实风险联动管控机制，加强电力监控网络安全管理，安全型企业建设不断推进。年内，强化电网与设备的紧密联动，开展设备特维55次，确保关键保护设备正常运行。开展保护精益化排查工作，组织完成苏桥、大丰等6个站变电站自查工作。全年组织开展备自投带负荷试验(覆盖全网82套备自投装置)95次，小电源解列装置试验、低频减载装试验18套，有效防范变电站全站失压风险。首次实施母差改造不停电作业，在自治区内首次提出并实施220千伏母线保护改造“高保真”不停电传动试验方法，缩短母线保护停电时间，单个间隔传动时间从原来的6小时缩短至2小时，有效降低单套母差运行或无失灵保护运行风险，避免设备停电可能导致的设备操作风险和电网运行风险。编制并落实“护网2019”网络攻防演习迎战工作任务清单，成功抵御160余支队伍连续3周网络攻击，完成公安部网络攻防演习工作任务。完成220千伏及部分110千伏变电站的态势感知系统建设，220千伏变电站I区纵向加密装置国密改造，完成对110千伏及以上变电站电力监控系统网络的安全联合检查及问题整改。完成纪念新中国成立70周年、2019年环广西自行车赛、2019年桂林市“两会一节”等多项重大活动保供电任务。全年没有发生四级及以上事故事件，配网故障次数下降40.21%。

（赵洳　梅山啸）

2019年6月5日，广西电网桂林供电局带电作业中心人员首次启用“绝缘履带式带电作业车”，为高考重要保供电线路10千伏南蔡家线进行障碍物清理工作

（赵景玉　摄）

电子信息产业

【概况】 2019年，桂林市电子信息产业主要包括计算机、通信和其他电子设备制造、软件与信息技术服务业、太阳能光伏制造业等。年内，在中美贸易摩擦不断升级的不利背景下，桂林市电子信息产业加大科技投入，强化研发创新，工业总产值增长11.6%，高于自治区电子信息制造业总产值增长率6个百分点，高于全市工业总产值增长率9.1个百分点，居桂林市工业四大主导产业第二位。其中计算机、通信和其他电子设备制造业规模以上工业增加值增长7.0%。

【市人民政府与中国电子信息产业集团有限公司签订战略合作协议】 2019年8月19日，市人民政府与中国电子信息产业集团有限公司签订战略合作协议，推动在智能制造、现代数字城市、健康医疗大数据等领域的合作。其中，在智能制造方面，共同支持深科技智能制造一期达产提升、二期工程建设和三期规划，推进智能制造园区向产业链上下游延伸，加快形成全产业链发展格局；在现代数字城市方面，共同推动数字桂林的投资、建设、运营；在健康医疗大数据方面，桂林市支持中国电子依法依规运用健康医疗大数据，创新发展智慧健康产业生态，推动桂林国家健康旅游示范基地建设。

【桂林智神信息技术股份有限公司稳步发展】 2019年，该公司坚持自主研发和科技创新，拓展海外市场，在变革与创新中实现稳步提升。4月29日，该公司"智能电子三轴手持稳定器产业化基地建设项目"封顶。项目计划于2020年1月进入全面投产。5月，该公司与法国最大的电子商务平台Cdiscount平台合作交流，达成ZHIYUN品牌稳定器入驻合作意向。6月，组织召开ZHIYUN首届海外经销商交流会，来自全球30多个国家和地区的60多位海外经销商代表、合作伙伴参会。年内，该公司获"安永复旦中国最具潜力企业评选2019"最具潜力企业奖。

【深科技智能制造项目一期投产】2019年8月16日，桂林深科技智能制造产业园一期投产、二期工程开工仪式举行。该项目规划总用地66.67公顷，总投资60亿元，由桂林深科技有限公司和桂林经开深科投资发展有限公司合作共同投资建设，其中桂林深科技有限公司投资22亿元，购置SMT自动化生产线160条，形成年生产1亿台智能手机和建设汽车电子、医疗器械等项目。桂林经开深科投资发展有限公司投资38亿元建设厂房45万平方米、公寓楼及基础和配套设施等。该项目分3期建设，其中一期投资15亿元，建设月产200万台智能手机生产线，2019年8月正式投产；二期计划投资18.4亿元，建设月产200万台智能手机生产线；三期2020年建设，2021年投产。（曹焱）

医药及生物制品业

【概况】2019年，桂林生物医药及生物制品产业发展持续向好，以桂林三金、桂林南药股份有限公司（简称桂林南药）、桂林市啄木鸟医疗电子有限公司为代表的生物医药产业提速增效发展迅猛。至年末，桂林市拥有规模以上生物医药企业38家，其中产值超1亿元企业14家；行业从业人员0.8万人。实现规模工业总产值近74亿元，占全市规模以上工业总产值的9.6%。规模以上企业工业总产值及主营业务收入均有增长。其中，桂林市规模以上医疗器械企业5家，分别为桂林优利特电子集团公司（简称优利特）、桂林市啄木鸟医疗电子有限公司、桂林威诺敦医疗器械有限公司、桂林紫竹乳胶制品有限公司、桂林恒保健康防护有限公司，全年实现规模工业总产值近17亿元。优利特尿液分析产品国内市场占有率第一，血液分析及生化分析产品国内市场占有率均在国内前三。

【桂林南药综合实力提升】2019年，桂林南药加大生产研发力度，拓展海外市场，综合实力不断提升。年内，桂林南药通过和美国疾病预防和控制中心（CDC）合作，该公司的抗疟创新药注射用青蒿琥酯（Artesun®）进入美国市场。9月20日，桂林南药与美国Novelstar公司共建联合实验室项目签约。年内，桂林南药获"2019中国化学制药行业工业企业综合实力百强"，获"2019中国化学制药行业制剂出口型优秀企业品牌"。多个产品获单项奖，注射用青蒿琥酯获"2019中国化学制药行业原研药、专利药优秀产品品牌"。磺胺多辛乙胺嘧啶分散片+盐酸阿莫地喹分散片获"2019中国化学制药行业原研药、专利药优秀产品品牌""2019中国化学制药行业儿童用药优秀产品品牌"。全年营业收入8.48亿元。

【桂林南药阿莫西林胶囊通过仿制药一致性评价】2019年12月，桂林南药收到国家药品监督管理局颁发的关于阿莫西林胶囊（规格：0.25g）的《药品补充申请批件》，该药品通过仿制药一致性评价（指对已经批准上市的仿制药，按与原研药品质量和疗效一致的原则，分期分批进行质量一致性评价，即仿制药需在质量与药效上达到与原研药一致的水平）。该药品是桂林南药首个通过一致性评价的品种，是广西首个通过一致性评价的品种。至年末，该公司对该药品一致性评价累计研发投入655万元。

【优利特产品入选优秀国产医疗设备】2019年，中国医学装备协会网站对第五批优秀国产医疗设备产品目录、第二批优秀国产医疗设备产品目录动态调整结果进行公示，优利特多款全自动尿液工作站、血细胞分析仪入围，各产品综合评分名列前茅，其中UD1300/1320，UC1800/1810（US-2000系列模块化尿液分析流水线）在全自动尿液工作站技术参数评比中居榜首。US-2000系列模块化尿液分析流水线将人工智能识别技术应用于尿液分析，受到二级以上医疗机构认可。（倪勇）

机械工业

【概况】2019年，桂林市机械工业主要包括汽车及零部件、通用设备制造、专用设备制造、文化和办公用机械制

2019年6月12日，自治区政协副主席、总工会主席陈刚（前排中）到桂林南药股份有限公司调研

（市工业和信息化局　供图）

造、金属制品等门类。产品主要有客车及汽车配套产品、磨床工具、矿山装备、农业装备、橡胶装备、轻工装备、日用金属品等。年末，规模以上工业增加值中，汽车制造业增长44.0%，专用设备制造业增长17.2%。

【机械工业加大科技研发投入】 2019年，桂林市机械工业企业加强科技研发，提升企业核心竞争力。年内，桂林电器科学研究院全年研发投入4006万元，申报纵向研发课题项目22个，开展研发项目40个，组织申请中国发明专利23件、PCT专利5件，转让专利技术3件，组织申请软件著作权3件。桂林国际线缆集团全年研发费用1亿元，技术改造资金2亿元，实现产值50亿元，增长21%。中国化学工业桂林工程有限公司的五复合橡胶挤出机组生产线、大型宽幅胶片挤出压延生产项目继续获国家首台（套）国家保险费补助。桂林中昊力创机电设备有限公司开展“两化”（工业化和信息化）深度融合专项转型升级，利用远程视频和传感网络，指导客户使用和诊断、维修产品设备，客户服务不断创新。桂林福达齿轮公司获广西创新驱动发展科技重大专项；桂林福达股份有限公司入选广西工业龙头企业培育库和广西知识产权优势企业培育库。

【机械工业推进智能化制造】 2019年，桂林市机械工业推进科技创新，智能化制造不断强化。年内，桂林福达锻造公司和离合器公司获“大型船用曲轴关键技术研究及应用”“模具电弧增材再制造系统的研发与应用”等7项广西重点研发计划和广西科技计划项目。桂林国际线缆集团加快推进智能制造，投入开发绿色制造新技术新工艺，成立智能化信息化研究所。对现有生产线进行智能化改造，引进高速自动拉制装备，开发新一代机器人生产线，企业技术装备水平、产品质量、生产效率大幅提高。桂林电器科学研究院开展关键生产设备数据采集与监控系统（SCADA）项目建设，全年完成17台关键设备联网数据自动采集，增加关键设备连入系统150台，50%的设备采用新型图像识别技术，生产过程中的设备状态监控水平和产品制造稳定性大幅提高。

【多家企业获智能制造、绿色工厂认定】 2019年，桂林市机械工业以信息化、智能化提升改造传统产业，多家企业获智能制造、绿色工厂认定。年内，桂林市啄木鸟医疗器械有限公司、桂林鸿程矿山设备制造有限责任公司、桂林芯飞光电子科技有限公司、广西桂林华海家居用品有限公司4家企业被认定为2019年广西智能工厂示范企业。桂林福达股份有限公司离合器公司、桂林福达重工锻造有限公司被评为国家级绿色工厂。桂林福达股份有限公司、国营长虹机械厂2家企业获2019年广西工业企业质量管理标杆认定。

2019年，桂林电力电容器有限责任公司金属化膜电容器生产线技术改造项目
（林峰 摄）

【机械工业新产品开发】 2019年，桂林市机械工业注重新产品、新工艺的研发，拓展新市场。年内，桂林福达股份有限公司开发新产品30多个，正式启动与德国宝马合作的曲轴项目。3月29日，桂林福达阿尔芬大型曲轴有限公司举行投产仪式，曲轴生产线向智能制造、网络协同转变，形成产业发展新动能。桂林客车发展有限责任公司打破过度依赖校车销量的销售策略，多面发展公交车、公路客车、物流车、观光车及其他系列改装车型，开发新能源汽车类产品。利用已取得的新能源客车资质，打造系列警务用车，计划打造VV系列、M100系列巡逻车（已获得公安部警用装备采购中心公告资质）和EQ490、ES120系列警用车。11月，桂林大宇客车有限公司开发的GDW6818HKE客车上市，成为公司新的经济增长点。开拓海外市场，加大出口力度，销售量增长23.3%；加大旅游市场的大客户开发，公交客车增长5.82%。

【机械工业推进项目建设】 2019年，桂林市机械工业实行精细化管理，推进项目建设。年内，比亚迪新能源车生产线调试完成，客车下线交付使用。桂林客车发展有限公司冲压车间及冲压生产线完工。桂林福达股份有限公司40万件曲轴自动化生产线项目投入生产。广西鸣新底盘部件有限公司汽车控制臂及智能工厂建设项目完成并开始生产。桂林鸿程矿山设备制造有限公司粉体装备生产线数字化改造升级项目调试完毕。桂林天湖水利电业设备有限公司年产1万台变压器搬迁改造智能化生产线项目完成并进行试生产。桂林狮达机电技术工程有限公司电子束3D加工智能工厂建设项目完成设备安装。桂林君泰福电气有限公司金工车间智能化改造项目完成设备安装并已投入生产。桂林长龙机械有限公司新厂区项目建设完成搬迁和投产。（李少铸）

冶金（钢铁·铁合金）业

【概况】 桂林市冶金（钢铁·铁合金）业主要集中在全州、灌阳、资源、龙胜、灵川、平乐等县，以铁合金业为主，主要产品有硅锰合金和工业硅。2019年，桂林市冶金（钢铁·铁合金）行业因电价过高、原材料价格及运输费用保持高位、市场需求低迷、产品市场价格较低、融资困难等因素影响，企业发展面临较大困难。在诸多不利条件下，市工业和信息化局引导冶金（钢铁·铁合金）业参与电力市场化交易，加大技术改造投入，加快项目建设，推动传统冶金（钢铁·铁合金）转型升级。至年末，全市有铁合金企业43家，规模以上企业31家。全年铁合金产量75.62万吨，产值46.22亿元，税收7346万元。

【广西桂康新材料有限公司加快升级改造】 2019年，广西桂康新材料有限公司推进各项设施升级改造，全年生产锰基复合合金新材料和高纯锰系合金产品共9.6万吨，完成工业产值6亿元。年内，按照国家有关要求完成铁合金行业规范整改。在第一台202#电炉及配套设施完成升级改造并投产运行的基础上，推进第二台、第三台功率均为2.55兆伏安的201#、101#电炉完成炉体检修、配套设施的升级改造，并投产运行。启动第四台同功率的102#电炉及配套设施升级改造工作。7月29日，联通该公司的铁路专用线开通。

【桂林平钢钢铁有限公司项目建设】 2019年，桂林平钢钢铁有限公司引进世界先进生产设备，推进年产120万吨炼钢及轧钢生产线技术改造项目。该项目是国内首家最先进的短流程炼钢样板项目，总投资16亿元（其中固定资产13亿元）。年内，完成固定资产投资9.8亿元，完成原材料、炼钢、轧钢等各主要车间的基础实施建设。开始进入设备安装阶段，包括炼钢电炉设备、连铸机设备、棒线材轧钢生产线设备等。

【桂林金殿冶炼有限责任公司技改项目竣工投产】 2019年，桂林金殿冶炼有限责任公司对闲置9年的2.5兆伏安电炉及配套设施进行升级改造，设计产能120吨每天，年产值3亿元。11月，完成升级改造并点火投产。年末，生产硅锰合金产品4900吨，完成工业产值3000万元。 （秦溯）

食品（饮料）工业

【概况】 2019年，桂林市食品（饮料）工业主要有大米加工、饲料加工、旅游休闲食品加工、酒类加工、果蔬产品加工等。主要产品有大米、饲料、白酒、啤酒、米面制品（糕点及干湿米粉等）、罐头、包装饮用水、冷冻蔬菜及其他特色食品等。年内，桂林市食品（饮料）工业优化产品结构，升级生产工艺，全行业实现平稳增长。至年末，全市食品（饮料）行业规模企业96家，占全市规模企业总数16%；年产值1亿元以上企业20家，行业从业人员近2.1万人。行业完成规模工业总产值（含饲料工业）及主营业务收入有所增长；利税与上年基本持平，利润略有增长。

2019年12月16日，桂林平钢钢铁有限公司三大主要车间（原材料车间、炼钢车间和轧钢车间）基本建设完成 （市工业和信息化局 供图）

【燕京啤酒（桂林漓泉）股份有限公司稳定发展】 2019年，燕京啤酒（桂林漓泉）股份有限公司加快智能制造，推进“两化”融合，拓展营销方式，全年高质量稳定发展。年内，推进数字化转型，实现无纸化签约方式。加强对外合作，扩大品牌知名度，年内，与广西公路自行车世界巡回赛合作，签约成为“世界巡回赛·广西公路自行车”官方合作伙伴。10月17日，第五届桂林漓泉啤酒音乐美食节在瓦窑小镇举办，宣扬企业啤酒文化。在世界品牌实验室发布的2019年第十六届“中国500最具价值品牌”榜上，“漓泉”以181.62亿元的品牌价值，跻身中国品牌价值排行榜500强。

【米粉产业持续发展】 2019年，桂林市推动桂林米粉由“小特产”向“大产业”转变发展，桂林米粉产业朝规模化、产业化、标准化、品牌化、绿色化方向发展。年末，全市有以三养胶麦、日清、崇善和米粉股份等为代表的桂林米粉预包装米粉生产企业31家，有品牌35个，20个品牌在淘宝、天猫、京东等网站开设网店。年内，桂林市人民政府出台《关于桂林米粉产业发展的指导意见》，提出加快桂林米粉标准化建设，健全桂林米粉全产业链标准体系。组织召开桂林米粉银商对接座谈会，通过政府搭台，加强米粉企业和金融机构之间对接，为桂林米粉产业发展提供金融支持。加快推进桂林米粉产业园（一期）项目建设工作。编制《桂林市米粉产业发展规划（2020—2025）》，为加快桂林米粉产业发展提供思路和路径。借助在北京召开的2019广西大数据产业投资合作洽谈会，宣传桂林三养胶麦生态食疗产业有限公司等企业的预包装米粉，加快开拓桂林米粉市场。11月，组织20家米粉企业参加在南宁举办的首届世界米粉大会，提高桂林米粉在国内及东盟的影响力。日清米粉举办

2019 年，桂林西麦食品股份有限公司的有机燕麦片（市工业和信息化局 供图）

"桂林米粉·爽圆圆号"飞机启航仪式，将桂林米粉带往全世界。

【桂林西麦食品股份有限公司深交所上市】 2019 年 6 月 19 日，桂林西麦食品股份有限公司在深圳证券交易所中小企业板上市，公司证券代码 002956，成为广西当年首家 A 股 IPO 上市企业。该公司创建于 2001 年，是一家以燕麦产品的研发、生产、经营为主导产业的健康食品公司。该公司是桂林市食品企业的代表之一，是自治区燕麦食品的支柱企业，在国内燕麦食品市场占有率位居前三。（倪勇）

包装及竹木加工业

【概况】 2019 年，桂林市包装及竹木加工业发展木衣架、特种包装纸、竹制家居用品、人造板、实木家具等特色产品。至年末，桂林市包装及竹木加工业规模以上企业 85 家，产值达 1 亿元的 13 家，就业人数 1.5 万人。全行业工业总产值、主营业务收入、利税均有所下降。

【荔浦市衣架家居产业发展】 2019 年，荔浦市工业集中区以"衣架家居"为主导的特色产业高质量发展，培育了俏天下家居用品集团有限公司、桂林裕祥家居用品有限公司等一批现代化衣架家居生产企业。产品从原来单一的木衣架向多品种、多功能高端衣架家居用品转型升级，主要原材料向多元化及复合型方向发展，现有 8 个大类 3000 个品种。至年末，荔浦市拥有衣架家居企业 320 多家，其中骨干企业 87 家，规模企业 29 家，具有自营出口权企业 37 家，从业人员 3 万人。全年衣架家居产业产值 18.2 亿元，产量和出口量均占全国市场份额的 70%。7 月，第 113 届中国日用百货商品交易会暨中国现代家庭用品博览会在上海新国际博览中心举行，桂林裕祥家居用品有限公司获竹木领域的参展资格。11 月 8 日，荔浦市木衣架作为特色产品亮相第二届中国国际进口博览会。年内，桂林市荔浦市工业集中区被授予"广西荔浦现代家居制品轻工园"称号。12 月，广西桂林华海家居用品有限公司被评为"广西智能工厂示范企业"。（倪勇）

建材工业

【概况】 2019 年，桂林市建材工业以水泥工业为主，其他建材工业有预拌混凝土、预拌砂浆、滑石及加工、石材、墙体材料等。年内，桂林市制订预拌混凝土与预拌砂浆产业发展三年规划，开展行业清理整顿、规范市场秩序等工作，散装水泥、预拌混凝土、预拌砂浆"三位一体"产业稳步发展。全市有水泥生产企业 13 家，全年生产水泥熟料 566.45 万吨、水泥 770.33 万吨，完成散装水泥累计供应量 440.49 万吨。全市有专业承包资质预拌混凝土生产企业 31 家，备案预拌砂浆生产企业 7 家，预拌混凝土累计供应量 864.52 万立方米、预拌砂浆累计供应量 135 万吨。

【建材工业高质量发展】 2019 年，桂林市建材工业加强产品质量把控，创新工艺，全行业稳定发展。年内，兴安海螺水泥有限责任公司获桂林市"2018 年度强优工业企业"称号，获全国水泥品质指标检验大对比"全优奖"称号，通过质量环境职业健康安全体系及产品质量现场审核。该公司普通硅酸盐水泥 P·O42.5 产品、P·O52.5 产品分别获中国质量认证中心(CQC)颁发的《低碳产品认证证书》，实现桂林市低碳产品认证零的突破。年内，桂林南方水泥有限公司石灰石矿山通过自治区级绿色矿山建设评审。桂林金山新材料有限公司获桂林市"2018 年度创新工业企业"称号。

【兴安海螺水泥有限责任公司推进项目建设】 2019 年，兴安海螺水泥有限责任公司生产熟料 371.24 万吨；生产各类水泥 403.23 万吨，其中 P·C32.5 水泥 90.64 万吨，P·O42.5 水泥 259.07 万吨，P·O52.5 水泥 53.52 万吨；综合能源消费量 42.64 万吨标煤，消耗电力 3.68 亿千瓦小时，余热发电 1.35 亿千瓦小时。5 月，该公司投资约 2300 万元的机制砂技术改造项目投产。子公司兴安海创环境科技有限责任公司利用水泥窑协同处理城市生活垃圾项目稳定运行。至年末，累计处理兴安县城市生活垃圾 6.1 万吨，推动"资源节约型、环境友好型"绿色宜居城市建设。

【桂林南方水泥有限公司坚持绿色生产】 2019 年，桂林南方水泥有限公司生产熟料 195.21 万吨，生产各类水泥产量 128.71 万吨，其中生产 P·O42.5 水泥 90.02 万吨，生产 P·C32.5R 水泥 38.69 万吨；综合能源消费量 26.8 万吨标煤，消耗电力 1.47 亿千瓦小时，余热发电 6707.43 万千瓦小时。该公司改进生产技术，推进绿色环保生产。年内，该公司 90 万吨每年骨料生产线及水泥库、粉煤灰库技术改造工程项目开工建设。10 月，粉煤灰库技术改造项目竣工使用。隶属于该公司的临桂南方水泥有限公司，自 2016 年以来一直处于闲置状态，10 月中旬，临桂南方水泥有限公司 30 万吨矿粉生产线于点火恢复生产并正常运行，水泥生产成本有所降低。

【桂林金山新材料有限公司】 桂林金山新材料有限公司是集研发、生产和销售为一体的轻质碳酸钙系列产品专业生产企业。2019 年，该公司生产经营稳步发展，轻钙、纳米钙的生产、销售取得较好成绩。全年生产碳酸钙系列产品 50 万吨。投资 1.2 亿元的原材料供应基地——独石山年产 200 万吨石材自动化新生产线成功投产运行。新增的年产 5 万吨的纳米钙生产线竣工投产，纳米钙产能达到 15 万吨，跻身中国纳米碳酸钙企业年产销量前三名。科研及成果转化取得突破，高附加值产品逐步提高，聚氨酯碳酸钙和高档卷烟纸造纸钙实现试产并对外销售。用于薄膜生产的透明碳酸钙项目获自治区科技厅重大专项资金 1000 万元。

【规范预拌混凝土与预拌砂浆行业市场秩序】 2019 年，桂林市制定预拌混凝土与预拌砂浆产业发展三年规划，规范预拌混凝土与预拌砂浆行业市场秩序。年内，市工业和信息化局印发《桂林市预拌混凝土与预拌砂浆产业发展年规划(2020—2022 年)》。组织市工业和信息化局、市发展改革委、市自然资源局、市生态环境局、市住房和城乡建设局、市市场监管局、桂林供电局等单位，在全市范围开展预拌混凝土与预拌砂浆行业清理整顿、规范市场秩序活动，对相关县（市、区）预拌混凝土与预拌砂浆产业发展及规范市场秩序情况进行监督检查。市工业和信息化局联合市住房和城乡建设局，对建设工地开展禁止现场搅拌混凝土和砂浆监督检查。配合新闻媒体对有关预拌混凝土生产企业进行现场回访报道。（秦湖）

二轻城镇集体工业

【概况】 2019 年，桂林市工业合作联社（简称市工业合作联社）办公地址在桂林市临桂区青莲路桂林投资发展大厦，内设二轻工业行业管理科、技术管理科、人事劳动科、财务管理科、办公室、党委办公室。人员编制 41 名，在职人员 9 人，其中行政编制 3 人，自收自支事业编制 6 人。

至年末，桂林市有市属二轻城镇集体工业生产企业 3 家，荔浦市和临桂区二轻城镇集体工业企业 15 家。主要产品有油漆、塑料制品、木衣架、金属衣架、塑料衣架、金属配件、食品饮料、钢化玻璃等。全年全市二轻城镇集体工业完成工业总产值 4.19 亿元，增长 4.28%。荔浦特色经济区域（衣架产业）完成工业总产值 48.6 亿元；完成出口交货值 36.6 亿元。年内，桂林市工艺美术行业全年实现产值 20.4 亿元，增长 5.1%。

【城镇集体企业改革改制】 2019 年，市工业合作联社、市城镇集体企业改革领导小组办公室推进企业改革改制，促进企业摆脱困境，寻求新的发展机遇。年内，继续推动桂林家具工贸公司、桂林市水电建筑工程公司、桂林市导游公司、桂林市无线电八厂等企业的改革改制工作。企业改革改制工作严格按程序进行，积极服务，稳步推进。

【传统工艺美术产业】 2019 年，市工业合作联社根据《桂林市传统工艺美术保护规定》，继续推动桂林工艺美术产业升级和结构优化，促进桂林工艺美术行业发展。年内，市工业合作联社组织上报广西工艺美术大师精品创作工程项目 36 个，全部获批准。完成 9 个广西工艺美术大师工作室申报、26 个大师工作室复查资料审核和工作室实地审查上报工作。组织 9 名广西工艺美术大师参加自治区二轻联社在江西景德镇陶瓷大学举办的广西工艺美术大师培训班，组织 50 余名工艺美术从业人员参加全市工艺美术设计创新与产品创新培训班。组织工艺美术行业从业人员参加在重庆市举办的第 54 届全国工艺品交易会、参加由中国轻工业联合会在南京举办的首届中国工艺美术博览会，获国家级金奖 12 项、银奖 9 项、铜奖 19 项。8 月，组织参加 2019 年广西工艺美术作品（旅游工艺品）暨大师精品展览，获金奖 29 项、银奖 32 项、铜奖 26 项。11 月，组织参加首届广西“西江杯”宝（玉）石作品展览，获金奖 3 项、银奖 4 项、铜奖 7 项。

【2019 中国衣架产业发展高峰论坛】 2019 年 12 月 13 日，“2019 中国衣架产业发展高峰论坛”在“中国衣架之都”桂林荔浦市举办。论坛汇聚衣架产业的行业指导部门、国内外顶尖专家、学者和企业家 179 人，以“新国际贸易形势下中国衣架产业发展转型升级之路”为主题，论道中国衣架产业发展，探索以思想创新、模式创新和技术革新共同推动传统衣架产业转型升级，创造新的发展机遇和市场空间。荔浦以“2019 中国衣架产业发展高峰论坛”举办为创新平台和契机，持续推进衣架产业园区提档升级，夯实上下游产业链条，强化企业技改创新，提高机械化、自动化、智能化生产水平；持续推进产品自主品牌研发和设计，培育出一批具有强大竞争力和全球影响力的知名品牌，推动实现“荔浦制造”向“荔浦创造”转变。（文小毛）

2019 年 12 月 13 日，“2019 中国衣架产业发展高峰论坛”在荔浦市举行

（文小毛　摄）

农业·水利·农村扶贫

农业综述

【概况】 2019年，桂林市农业局更名为桂林市农业农村局，办公地址在桂林市临桂区青莲路建设大厦北楼。内设办公室、人事科、计划财务科、农办综合科、政策法规与改革科、发展规划科、乡村产业发展与对外交流合作科、农村社会事业促进科、农村合作经济指导科、市场与信息化科、科技教育科（桂林市农业转基因生物安全管理办公室）、农产品质量安全监管科、种植业管理科（农药管理科）、畜牧与饲料科、兽医科（桂林市人民政府重大动物疫病防治指挥部办公室）、渔业渔政科、农业机械化管理科、农田建设管理科、党委办公室、离退休人员工作科。下辖直属二层机构15个，分别为：桂林市农业机械化服务中心、桂林市农业农村综合发展中心、桂林农业综合执法支队、桂林市水产技术中心推广站、桂林市农业科学研究中心、桂林市植物保护站（桂林市植物检疫站）、桂林市农业农村科教站、桂林市经济作物技术推广站、桂林市农业生态与资源保护站、桂林市畜牧站、桂林市动物疫病预防控制中心、桂林市水产养殖场、桂林市第二水产养殖场、桂林市种畜场、桂林市农业技术推广中心。局机关人员编制72名，在职人员69人。

2019年，桂林市农林牧渔业总产值（按可比价格计算，下同）增长（比上年，下同）6.1%，其中种植业产值增长9.1%，林业产值增长6.1%，畜牧业产值下降5.9%，渔业产值增长5.0%，农林牧渔专业及辅助性活动产值增长10.6%。全市农田有效灌溉面积21.49万公顷，增长0.7%。全年农作物总播种面积69.09万公顷，下降1.1%。其中，粮食作物播种面积33.0万公顷，下降2.1%；经济作物播种面积7.13万公顷，增长3.0%。全年粮食总产量169.00万吨，下降4.0%；水果总产量678.29万吨，增长20.4%；蔬菜产量499.60万吨，增长2.9%。全年肉类总产量50.55万吨，下降9.1%；生猪出栏342.98万头，下降22.4%；家禽出栏1.36亿羽，增长15.2%；水产品产量10.08万吨，增长5.1%。全市农村常住居民人均可支配收入16206元，增长10%，居全自治区第一。

【农业管理体制改革】 2019年，根据《桂林市机构改革方案》，桂林市农业局更名为桂林市农业农村局（简称市农业农村局），新组建的市农业农村局整合了原桂林市农业局、市发展改革委、市财政局、市国土资源局、市水利局等部门的相关职责，统筹实施乡村振兴战略，深化农业供给侧改革，提升农业发展质量，推进“美丽乡村”建设，推动农业全面升级、农村全面进步、农民全面发展，加快实施农业农村现代化。加强党对“三农”（即农业、农村、农民）工作的集中统一领导，设立市委农村工作领导小组办公室（简称市委农办），接受市委农村工作领导小组的直接领导，承担市委农村工作领导小组具体工作，组织开展“三农”重大问题政策研究，协调督促有关方面落实市委农村工作领导小组决定事项、工作部署和要求等。市委农办与市农业农村局合署办公。3月18日，市农业农村局正式挂牌成立。

【保障重要农产品有效供给】 2019年，桂林市粮食播种面积33万公顷，粮食总产量169.00万吨。“袁隆平院士工作站”在灌阳县挂牌运行，灌阳县水稻超高产攻关基地每666.7平方米最高产量再次突破1000千克，连续9年获广西水稻单产第一名。落实粮食生产责任制，推广超级稻、优质稻、再生稻，划定粮食生产功能区12.51万公顷，促进粮食生产稳产增效。持续推进“菜篮子”工程建设和蔬菜标准园建设，全市建立蔬菜示范点33个，实施“稻+菜+菜”“稻+菜+薯”“稻+菜+菜+菜”等稻田耕作模式，引进推广蔬菜新优品种和标准化生产技术，全市蔬菜播种面积21.31万公顷，蔬菜总产量499.60万吨。打造桂林“百亿元”水果生产基地工程，全市水果种植面积224.98万公顷，总产量678.29万吨，面积和产量分别增长4.96%和20.4%，总产值突破200亿元。砂糖橘、葡萄、月柿生产呈现规模化和集约化；沃柑、默科特（柑橘类），桂翡（猕猴桃类），阳光玫瑰（葡萄类）等新品种的引进，推动全市果品结构更新换代。加快恢复养殖业，在做好非洲猪瘟预防控制的同时，加强对养殖场的服务指导，推动全州县上安生态农业养殖有限公司2500头种猪场、全州县恒泰通农牧有限公司1200头种猪场、恭城瑶族自治县大信农牧有限公司种猪场、灌阳县双胞胎猪业有限公司年产40万头生猪养殖产业链、平乐县新好农牧有限公司年出栏50万头生猪产业一体化、全州县汉世伟食品有限公司5000头种猪基地等一批项目实施，及时形成新增产能，稳定市场猪肉供应。

【现代农业产业发展成效显著】 2019年，桂林市新增自治区、市、县、乡、村各级现代农业示范区（点）778个，全市各级现代特色农业示范区(园、点)总数1747个,特色产业实现县(市、区)、乡(镇)全覆盖。拥有市级以上农业产业化龙头企业174家,其中国家级3家、自治区级25家;农民专业合作社7024家,其中国家级示范社30家、自治区级示范社213家、市级示范社102家;家庭农场1597家,其中自治区级示范家庭农场90家,市级示范家庭农场118家。已建成荔浦衣架、食品,全州米粉等8个农产品加工集聚区;永福罗汉果、恭城月柿、全州禾花鱼、资源红提获批成为自治区级特色农产品优势区;继永福罗汉果之后,恭城月柿、全州禾花鱼晋升为国家级特色农产品优势区。推进农业生态绿色高质优质高效发展,做强桂林砂糖橘、桂林葡萄、阳朔金橘、永福罗汉果、荔浦芋、桂林桂花茶等一批区域公用品牌。打造区域农业品牌。全市有16个种植业产品获2019年度农业农村部农产品地理标志登记保护;认证的无公害农产品企业109家、无公害农产品总数143个;"绿色食品标志"使用权产品27个,全国绿色食品原料标准化生产基地2个,有机产品认证产品2个。创建全国休闲农业与乡村旅游示范县6个,国家级休闲农业与乡村旅游示范点3个,中国"美丽田园、美丽乡村"7个,国家休闲农业与乡村旅游五星级示范点2个、四星级15个、三星级5个,自治区休闲农业与乡村旅游示范点15个,自治区星级农家乐100多家。

【新农村建设加快实施】 2019年,桂林市全面启动"美丽桂林·幸福乡村"建设,开展"环境秀美""生活甜美""乡村和美"专项活动,累计争取项目464个,总投资390.42亿元,申请上级资金支持52.76亿元。年内,桂林市以农村环境整治为重点,开展"村庄清洁"行动,完善农村生活垃圾治理体系,已配置覆盖农村范围的垃圾中转站94座,乡(镇)片区垃圾处理设施68座,村级垃圾处理中心114座,农村生活垃圾处理率95%。加快推进农村"厕所革命"。共争取2019年中央补助资金7200万元,实施农村无害化卫生厕所建设(或改造)2.09万座,全市农村卫生厕所普及率91.67%,无害化卫生厕所普及率70.28%。落实农村污水治理。全市累计投入农村环保专项资金5.01亿元(其中中央环保专项资金2.86亿元,自治区级配套补助1.49亿元,县级配套0.66亿元),重点对漓江流域农村环境进行综合治理。共建设农村环境整治项目528个,其中污水处理项目474个(处理设施603套),总处理能力3.17万吨。建成污水管网1288.4千米,垃圾收集转运项目54个,整治项目覆盖9个县和2个城区,受益人口143.3万人。实施"三清三拆"(清路障、清淤泥、清垃圾,拆危房和残破建筑、拆违章建筑、拆旱厕)整治的村庄3113个,累计清理村庄垃圾2.67万吨。抓好示范村创建,全面提升城乡风貌。共建成基本整治型村庄1571个、设施完善型村庄35个、精品示范型村庄7个。以"普惠制"新农村为基础,创建乡村振兴(幸福乡村)示范村200个。开展"最美庭院"创建活动,普及"微田园、微菜园、微果园"建设模式,打造与桂林山水融为一体的有文化气息的最美农家庭院50个。持续推进新型城镇化示范乡(镇)建设,第四批16个新型城镇化示范乡(镇)全部通过验收,全市新型城镇化示范乡(镇)60个。探索集现代农业、休闲旅游、田园社区为一体的乡村综合发展新模式,启动第一批17个田园综合体创建,打造出"优势产业+美丽乡村+休闲农业"模式的恭城瑶韵柿乡田园综合体、"山水田园+精品民宿"模式的阳朔梦幻遇龙田园综合体、"特色产业+历史风情+宜居乡村"模式的兴安灵渠秦风田园综合体、"生态康养+乡村旅游"模式全州大碧头康养综合体等创新模式。11月25日—26日,自治区乡村治理体系建设、乡村产业振兴、"幸福乡村"活动、乡村风貌提升现场推进会在永福县召开。

2019年国庆节期间,全州县大碧头康养田园综合体项目——大碧头国际旅游度假区试营业 (市农业农村局 供图)

【农业农村制度改革】 2019年,桂林市完成农村土地确权颁证工作,全市已颁证农户92.30万户,颁证率99.08%。加快农村土地流转,促进适度规模经营,土地流转面积超过9.33万公顷,约占农村家庭承包土地总面积的40%。基本完成农村集体资产清产核资工作,清查集体资产总计91.26亿元,集体土地总面积252.71万公顷,清产核资数据全部录入全国清产核资系统。新增9个县级农村产权流转交易中心,全市县级农村产权流转交易中心达13个,实现主要农业县(市、区)全覆盖。年内,荔浦市被确定为农业部和自治区级农村集体产权制度试点单位,兴安县兴安镇被确定为市级农村集体产权制度改革试点单位。组织龙胜各族自治县大寨村、阳朔县遇龙河沿线村(屯)开展农村"三变"(即农村资源变资产、资金变股金、农民变股东改革)改革试点,激发农村发展新活力。有序推进农村的土地承包经营权、住房财产权、集体收益分配权的"三权分置"改革,兴安、灵川等县通过农村宅基地整治、增减挂钩及耕地占补平衡等措施,促进农民增收。
(杨华东)

粮油生产

【概况】 2019年,桂林市继续实施乡村振兴战略,落实各项惠农政策,推进粮油生产绿色发展,加大农业科技推广力度,全面完成粮食生产功能区划定,粮食综合生产能力保持稳定。受5月下旬至6月初的百年一遇洪涝灾害影响,全市粮食播种面积和粮食总产量略有下降。全年全市完成粮食播种面积33万公顷,下降2.15%。粮食总产量169万吨,下降3.97%。其中,稻谷总产量132.22万吨,玉米总产量19.55万吨,豆类总产量6.41万吨,薯类总产量(折粮)9.30万吨,其他旱杂粮1.52万吨。粮食平均每公顷产量5121.3千克。油料生产稳定增长,油料作物总产量8.09万吨,增长9.62%。其中,花生总产量6.98万吨,油菜、芝麻等油料作物总产量1.11万吨。9月5日,第十六届广西“看禾选种,助农增收”活动在全州县举行。

【“袁隆平院士工作站”落户灌阳县】 2019年10月9日,“袁隆平院士工作站”在桂林市灌阳县新圩镇小龙村揭牌,中国工程院院士袁隆平出席工作站揭牌仪式。该工作站旨在联合开展科研攻关,为广西农业高质量发展提供技术支撑,转换和应用推广袁隆平院士科研团队的科技成果,培养高层次农业科技人才,选育优质超级稻品种,完善超高产栽培技术体系。工作站建成后,由袁隆平带领科研团队开展杂交水稻选育与示范推广的研究工作,扩展杂交水稻的种植区域,有效提高土地单面积产量,通过选育出适合当地种植的一系列杂交水稻新组合,争取实现每666.7平方米产出稻谷1200千克的目标。

【粮食绿色高质高效创建活动】 2019年,桂林市灌阳县继续被列为农业部水稻绿色高质高效创建项目实施县,创建项目区位于黄关镇、新街镇、灌阳镇、新圩镇、水车镇、文市镇6个主要产粮乡(镇),创建区面积共计7120公顷。年内,项目区开展“超级稻+再生稻+绿肥”栽培模式的技术攻关,组装配套已有的集中育秧、水气平衡栽培、“三控”栽培(控肥、控苗、控病虫)等技术,提升水稻绿色高质高效创建技术水平。至年末,项目区域内水稻生产综合机械化水平85%,病虫害绿色防控覆盖率85%以上。农药、化肥使用量比非创建区下降4%,产量增长5%,每666.7平方米稻田节约成本150元以上。

【农业新技术推广应用】 2019年,桂林市推广测土配方施肥技术面积31.68万公顷,节水农业技术面积11.34万公顷,水稻抛秧技术面积15.99万公顷,水稻水气平衡技术面积5.36万公顷,水稻“三控”(控肥、控苗、控病虫)技术面积3.74万公顷,玉米“一增三改”(合理增加种植密度,改种耐密型高产品种、改粗放用肥为配方施肥、改人工种植和收获为机械化作业)技术面积0.81万公顷。其中,节水农业技术得到广泛应用,推广面积增长16.67%。全市实施秸秆还田面积33.42万公顷,中低产田改良面积1.78万公顷。开展病虫综合防治测报准确率在90%以上。

【超级稻种植】 2019年,桂林市完成超级稻种植面积15.11万公顷,减少1.25万公顷,下降7.64%。其中,早稻面积6.45万公顷,中稻面积2.91万公顷,晚稻面积5.75万公顷。种植的主要品种有:“中浙优1号”“天优华占”“H两优991”“五优308”“五丰优286”“株两优819”“深两优5814”等。

【优质稻生产】 2019年,桂林市种植优质稻面积21.15万公顷,减少1.33万公顷,下降5.92%。其中,早稻优质稻9.75万公顷,中稻优质稻3.24万公顷,晚稻优质稻8.16万公顷。种植的优质稻品种有:“五优华占”“N两优1号”“五丰优823”“五山丝苗”“百优429”“软华优128”等。

【土豆生产】 2019年,桂林市利用秋冬闲田,实施马铃薯主粮化战略,发展土豆种植。全年全市土豆种植面积0.45万公顷,总产量5.67万吨。种植面积和总产量与上年基本持平,保持相对稳定。全市种植产区主要分布在雁山、临桂、平乐、兴安、灵川等县(区),主要品种有:“费乌瑞它”“东农303”“克新1号”“克新4号”“桂农薯1号”“合作88”等。年内,土豆市场销售价格在每千克1元—2元之间波动。 (唐茂军)

其他经济作物生产

【概况】 2019年,桂林市经济作物(不含蔬菜、水果)播种面积5.78万公顷,增加0.99万公顷,增长20.67%。中药材种植面积2.84万公顷,茶叶面积0.23万公顷,其他经济作物面积2.71万公顷。

【中药材产业发展势头向好】 2019年,桂林市中药材产业保持良好的发展势头。全年全市中药材种植面积2.84万公顷(当年新种植面积1.85万公顷),总产值35.23万元,分别增长5.58%和12.3%。主要中药材种植保持稳定。其中,“三木”药材种植面积0.81万公顷(杜仲0.06万公顷,黄柏0.16万公顷,厚朴0.59万公顷);罗汉果种植面积1.02万公顷;金银花种植面积0.05万公顷;金槐种植面积0.62万公顷。当年种当年收的药材种植面积迅速扩大,主要品种有生姜、葛根、罗汉果、灵芝、白及等,种植面积0.72万公顷,增加0.09万公顷,增长14.3%。年内,桂林市依托“桂林罗汉果”地理标志产品名片,加大罗汉果品牌建设。组织临桂区、永福县、龙胜各族自治县的罗汉果生产企业和农业合作社签订使用协议,统一使用“桂林罗汉果”地理标志商标,设计统一包装进行销售。组织罗汉果生产企业和合作社参加各类展销会进行宣传、推广罗汉果标准化种植技术,提升种植罗汉果的经济效益。推动罗汉果种植的专业协会、专业合作社与农户建立紧密利益联结机制,提高个体种植的组织化和专业化水平。全市罗汉果种植面积增长10.87%,原果价格增长25%以上。在乡村振兴战略带动下,中药材种植已成为全市农民增收的增

2019 年，灵川县金晨菌业有限公司组织菌棒制作

（市经济作物技术推广站　供图）

长点，在优势集中产区，农民种植中药材收益占农民人均纯收入的比重高提升至 55% 左右。

【甘蔗产业】 2019 年，桂林市甘蔗种植面积 1460 公顷，减少 33.3 公顷。其中，糖蔗面积 254.2 公顷，减少 45.8 公顷；果蔗面积 1205.8 公顷，增加 12.5 公顷。年内，全市甘蔗产业依然在低迷状态徘徊。糖蔗生产受糖业市场、经济效益和其他产业冲击等方面的影响，发展动力持续不足，糖蔗种植业回暖乏力。果蔗种植业在困境中寻求发展，主产区之一的阳朔县福利镇举办第二届果蔗文化节，通过文旅融合活动，向社会广泛宣传推介福利镇优质黑皮果蔗。阳朔县利用土壤、气候和地理环境等本地条件，试验果蔗套种黄豆栽培技术，通过降低果蔗生产成本，增强果蔗市场竞争力。

（于琴芝）

【食用菌生产】 2019 年，桂林市经历的低温阴雨天气偏多，尤其是春节前后，积温不够，导致出菇慢，产量下降；持续低温多雨湿度过大，导致木耳耳片变薄甚至腐烂、香菇菌盖变大变薄影响品质；多数食用菌生产企业未配备专业烘干房，以干货销售为主的品种晾晒困难。6 月—7 月，受强降雨影响，各地的食用菌基地、生产大棚不同程度受灾，对食用菌生产造成不小影响。全年全市食用菌栽培面积 1884.13 公顷，下降 6.11%；食用菌鲜品总产量 17.29 万吨，下降 5.20%；总产值 14.78 亿元，增长 1.51%。食用菌产区主要分布在全州、兴安、灵川、灌阳、平乐、临桂等县（区），主要栽培品种有香菇、木耳、秀珍菇、双孢蘑菇、凤尾菇、灵芝等，其中栽培面积达 100 公顷以上的品种有 6 个（香菇 398.35 公顷，产量 3.85 万吨；黑木耳 274.23 公顷，产量 2.51 万吨；毛木耳 297.10 公顷，产量 3.12 万吨；平菇 131.07 公顷，产量 1.62 万吨；灵芝 160.14 公顷，产量 0.19 万吨；秀珍菇 236.82 公顷，产量 2.53 万吨）。年内，全市种菇农户 5985 人，食用菌产业从业人员 1.31 万人，生产及加工企业 17 家（其中市级以上龙头企业 5 家），食用菌专业合作社（家庭农场）49 家。个体菇农数量锐减但企业（合作社）发展加快，行业转向以专业企业（合作社）主导的“公司（合作社）+ 农户”模式方向发展，产业化水平逐步提高。（刘瑞雯）

水果生产

【概况】 2019 年，桂林市水果栽培面积 24.99 万公顷（不含白果、板栗，下同），增长 4.96%。其中，柑橘面积 16.57 万公顷，增长 5.68%；葡萄面积 1.46 万公顷，下降 0.68%；柿面积 2.43 万公顷，增长 5.65%。水果总产量 678.29 万吨，增长 20.37%。水果总产值 177.22 亿元，增长 10.61%。水果栽培面积、产量、产值居全自治区第一；砂糖橘、金橘、柿产量居全国第一；柑橘、葡萄、桃、梨产量居全自治区第一。至年末，桂林市已建成与水果相关的龙头企业 30 多家，农民专业合作经济组织 1589 个。建成水果产地冷库 326 个，容积 21 万立方米，生产处理线 302 条，年处理鲜果 200 多万吨。

【水果新品种引进和结构调整】 2019 年，桂林市开展柑橘、葡萄、甜柿等水果新品种引进试验示范，逐步调整水果种植结构，推广赣南早脐橙、金葵砂糖橘等柑橘早熟品种，降低砂糖橘的种植比重，解决市场供大于求的难题，

表 14　**2019 年桂林市各县（市、区）水果生产情况统计表**

县（市、区）	总面积（万公顷）	总产量（万吨）
市四城区（秀峰区、叠彩区、象山区、七星区）	0.02	0.05
雁山区	0.20	4.87
临桂区	1.30	22.76
阳朔县	2.45	68.11
灵川县	2.31	60.82
全州县	3.04	61.85
兴安县	2.01	55.83
永福县	2.73	50.18
灌阳县	1.67	47.86
龙胜各族自治县	0.64	12.80
资源县	0.41	8.18
平乐县	2.66	96.45
荔浦市	2.17	62.82
恭城瑶族自治县	3.38	125.72
合　计	24.99	678.29

缓解水果销售压力。年内，全市建立新品种试验示范点 10 个。引入新品种 12 个，分别为柑橘类：由良蜜橘、青秋脐橙、明日见。甜柿类：阳丰、富有。葡萄类：蜜光、红玉。李类：前卫红、国峰 17 号、幸运李。梨类：酥脆 1 号。猕猴桃类：桂翡猕猴桃。

【果品质量安全建设】 2019 年，桂林市推进水果“二品一标”（绿色食品、有机食品和农产品地理标志）认证工作，提升水果质量安全和市场竞争力。至年末，全市新增果品类绿色食品生产企业（含合作社）5 家，新增获“绿色食品标志”使用权产品 5 个。有全国绿色食品原料标准化生产基地 2 个，分别为恭城瑶族自治县的柑橘生产基地（0.73 万公顷）和月柿生产基地（0.67 万公顷）。年内，桂林市完成 29 家生产企业（含合作社）使用“桂林砂糖橘”和“桂林葡萄”2 个国家农产品地理标志的授权工作，建成砂糖橘地理标志项目示范点 7 个。全市首批 16 家砂糖橘生产企业（含合作社）启动申请“桂林砂糖橘”GAP 认证（良好农业规范认证）。

【水果品牌宣传推介】 2019 年，桂林市举办“兴安葡萄节”“恭城月柿节”“柑橘产销论坛”“第五届荔浦砂糖橘王争霸赛”等水果节庆活动，吸引各地采购商走进桂林果园实地考察，与当地水果种植企业（合作社）进行现场洽谈对接，同时在中央电视台、今日头条等主流媒体宣传桂林优质特色水果品种，涌现出“双燕姐柑橘”“丰华园甜脆柿”“错峰葡萄”等一批新的水果品牌。破解销售难题，主动对外宣传，抢占市场商机。年内，由桂林市人民政府主办的“桂林砂糖橘品牌宣传暨农业投资招商推介会”分别在北京、沈阳、嘉兴 3 地举行，共签订砂糖橘购销协议 48 亿元。

【桂林砂糖橘销售】 2019 年年初，桂林砂糖橘陆续上市。受持续近 40 天低温雨水天气影响，部分果园砂糖橘果品质量下降，销售价格由高走低，部分果农惜售，造成砂糖橘库存量过大，市场出现供大于求局面。后期气温回升，各主产区集中上市，出现价格波动，收购均价在每千克 3.2 元—5.6 元，较往年下降每千克 3 元—4 元，砂糖橘价格趋向合理。年内，各县（市、区）人民政府积极应对砂糖橘销售难题。通过出台运费补贴等措施，缓解果农经销压力。发挥水果专业合作社、农村经纪人等中介作用，依托柑橘大数据平台，为果农联通销售市场的上下游，有效对接全国水果超市、水果批发市场等销售终端，避免出现滞销情况。全年全市销售砂糖橘 161 万吨，销售金额 70.8 亿元。

【柑橘黄龙病防控】 2019 年，桂林市柑橘种植受市场行情不佳、暖冬气候延缓果实成熟、失管果园面积增多等因素影响，全市柑橘黄龙病病株发生率为 1.8%，柑橘黄龙病有逐年加重的趋势。年内，桂林市继续抓好柑橘无病健康苗木繁育体系建设，出圃柑橘无病毒苗木 1380 万株。强化柑橘苗木市场整治，检疫处置带病苗木 7.2 万株。加强柑橘失管果园治理，清理病树 352 万株。组织各县（市、区）全面开展柑橘木虱统防统治工作，抓好柑橘黄龙病综合防控示范点建设。全年全市举办柑橘黄龙病综合治理培训班 93 期，培训果农 1.8 万人次。

（罗继丰）

2019 年 11 月 24 日，桂林市人民政府主办的“桂林砂糖橘品牌宣传暨农业投资招商（沈阳）推介会”在辽宁省沈阳市举行

（罗继丰 供图）

蔬菜生产

【概况】 2019 年，桂林市蔬菜复种面积 21.73 万公顷，增长 1.31%；蔬菜总产量 499.6 万吨，增长 2.89%。蔬菜复种面积和总产量均居全自治区第二。全市无公害蔬菜产地认定面积 8.92 万公顷，增长 3.12%；推广蔬菜“三避”（避雨、避寒、避晒）技术应用面积 6.28 万公顷，增长 29.64%。年初，受低温寡照天气影响，全市蔬菜春种育苗延后，产量较上年同期有所下降。3 月份以后，气温逐渐回升，蔬菜种植加快，生产形势良好。销售时节，蔬菜及时采收上市，价格较上年同期普遍提高。年内，临桂、灵川、全州、阳朔、兴安、灌阳等县（区）新建一批蔬菜大棚，实现番茄、辣椒、茄子、黄瓜、芦笋等蔬菜品种错峰上市，获得较好经济效益。全年全市农贸市场检测室检测蔬菜样品合格率 99.99%，未发生因蔬菜农药残留超标引发的安全事故。

【常年蔬菜基地建设】 2019 年，桂林市已有规模化蔬菜示范基地 45 个，面积 0.22 万公顷，分别增长 12.5% 和 4.76%，主要分布在灵川县、全州县、荔浦市、恭城瑶族自治县和雁山区、临桂区等地区。年内，桂林市筛选、引进蔬菜新优品种 49 个，结合地方技术规程、减药减肥试验、“稻 + 菜”或“菜 + 菜”轮作、间套作模式探索试验及蔬菜“三避”技术加以推广应用。特色示范区建设蓬勃发展。灵川县建成灵川镇和大圩镇两个常年蔬菜绿色防控基地；临桂区建成葛根、淮山、韭菜花示范基地以及六塘镇“稻+菜+菜+菜”示范基地、茶洞镇常年蔬菜核心示范区、中庸镇蔬菜采摘生态旅游示范基地；全州县建成有机芦笋大棚蔬菜种植标准化基地。

【蔬菜生产标准化建设】 2019年，桂林市继续开展“减肥少药，提升蔬菜品质”生产示范活动，各县（市、区）积极探索新技术的推广应用。资源县主推番茄避雨栽培、膜下滴灌、集中育苗盘嫁接育苗、遮阳网覆盖、病虫害综合防治、水肥一体化6项技术，建成集中育苗盘嫁接育苗点2个，番茄避雨棚栽培示范基地4个，总面积133.33公顷；推动早春蔬菜拱棚育苗、大棚甜瓜及地膜覆盖等技术得到辐射推广应用，辐射带动面积1666.67公顷。永福县推广半月形拱棚薄膜覆盖避雨、避霜栽培技术达到增产增收，建成“三避”设施半棚及大中棚333.33公顷。临桂区会仙镇加强产业扶持，依托桂林市临桂广丰蔬菜专业合作社建成设施栽培蔬菜基地6.67公顷，蔬菜年销售量由原来600多吨发展到2000多吨。年内，桂林市经济作物技术推广站完成“桂北高山番茄生产技术规程”“桂北朝天椒生产技术规程”和“桂北朝天椒提纯复壮技术规程”3项广西地方标准的制定和发布。龙胜、资源、灌阳等县（自治县）致力高海拔地区无公害蔬菜生产发展，推广示范优良抗病品种、高山蔬菜基地生态保护措施以及高山蔬菜标准化生产技术，蔬菜品质提升效果显著。年末，资源县众鑫生态种养专业合作社、资源县诚信有机蔬菜种植有限公司获有机蔬菜基地生产认证。（于琴芝）

农业科技

【概况】 2019年，桂林市农业科技教育部门围绕农业增效、农民增收的目标，组织实施各类农业科技推广项目。全年全市组织实施农业科技项目43个，项目资金2262万元。获奖科技研究成果9个。继续加强农业科技培训力度，培训农民和农业技术干部21.2万人次。

【农业科技项目实施】 2019年，桂林市争取到基层农技推广体系改革与建设补助、新型职业农民培育等农业科技项目43个，项目资金2262万元。年内，桂林市农业科学院研制的“水稻区域试验信息管理系统”“马铃薯区域试验信息管理系统V1.0”“一种桑葚蒸馏酒以及桑葚皮渣蒸馏酒的酿制方法”等8项专利获授权；制定并申报《鲜食玉米大豆套作栽培技术规程》《水稻甘薯轮作生产技术规程》《广西稻作区绿肥油菜生产与利用技术规程》等7项技术规程。

【农业实用人才队伍建设】 2019年，桂林市以实施基层农技推广补助项目、新型职业农民培育工程项目为依托，推进农村种养生产能手和致富带头人的培育。年内，全市有31名青年农场主参加现代青年农场主培训，32名致富带头人参加农民职业经理人培训。资源县农民蒋艳梅获农业农村部2019年度农民教育培训百名优秀学员资助项目资格。7名农技推广人员获农业农村部农牧渔业丰收奖农业技术推广贡献奖。全年全市培育高素质农民1986人，共举办农业科技培训班980期，现场指导1100场次，培训普通农民和农业技术干部21.2万人次。

【农业科技获奖成果】 2019年，桂林市农业科技研究获奖成果9个。其中，获农业农村部农牧渔业丰收奖农业技术推广成果奖2个，分别为桂林市水果生产办公室承担的《砂糖橘优质高效栽培技术集成及推广应用》（获二等奖），灌阳县农业技术中心推广站承担的《再生稻一体化高产技术攻及示范应用》（获三等奖）；获广西农牧渔业丰收奖农业技术推广成果奖2个，分别为桂林市农业科学研究院承担的《桂北农业生态区粮油作物高效生产技术应用推广》《甜瓜桂蜜12号健康栽培技术研究与示范》（均获三等奖）；4项科技研究成果获广西农业科学院科技进步奖，分别为桂林市农业科学研究院承担的《经济绿肥种质资源创新及利用技术示范》（获二等奖）以及《菜用型油菜高产高效技术研究与示范》《淮山线虫病无公害防控技术研究》和《甜瓜桂蜜12号健康栽培技术研究与示范》（均获三等奖）；获桂林市重要技术标准研制奖励（制定地方标准类）1个，为桂林市农业科学研究院编制的《冬季短段木灵芝栽培技术规程》（获三等奖）。（黄迪）

2019年，资源县推广高山番茄避雨栽培技术（于琴芝 供图）

农业执法

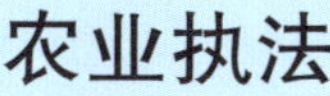

【概况】 2019年，桂林市农业执法部门加强开展农作物种子市场监管、农药监督抽查、肥料市场和农资打假专项治理行动、打击非法捕捞专项行动、动物卫生监督检查、农机安全生产检查和农产品质量安全执法检查等执法行动，规范农资市场秩序，提高动物卫生监督水平，保护渔业资源和生态环

境，消除农业机械安全事故隐患和农产品质量安全隐患，维护农民切身利益。全年共立案查处违法违规案件4754件，行政处罚333.23万元。

【桂林市农业综合行政执法支队成立】 2019年，桂林市按照农业综合执法体制改革部署，整合原桂林市渔政站(桂林市渔政执法支队、桂林市渔船检验渔港监督管理站)、桂林市动物卫生监督所(桂林市畜牧兽医综合执法支队)、桂林市农业行政综合执法支队、桂林市农机安全监理所4个单位的执法职能，组建桂林市农业综合行政执法支队。支队建立，旨在完善农业执法体系，壮大农业执法队伍，提高农业执法人员能力和效率，全面解决多头执法、重复执法问题。11月5日，桂林市农业综合行政执法支队成立。

【农资市场监管】 2019年，桂林市农业综合行政执法支队重点围绕农作物种子、农药、肥料市场等领域，开展农资质量监督抽查、农资打假专项行动等农资市场监管行动。全年全市立案查处种子、农药、肥料案件206件，结案175件，罚没款176.83万元。其中，农药立案139件，结案109件，罚没款146.38万元；肥料立案57件，结案56件，罚没款26.66万元；种子立案10件，结案10件，罚没款3.79万元。

【农机安全检查】 2019年，桂林市农业综合行政执法部门组织开展农机安全专项检查45次，出动检查人员8513人次，共检查农业机械4.15万台，纠正违章1705台次，查处无牌证行驶709台次、无证驾驶72人次，纠正违法载人1659台次。处罚拖拉机违法行为4367件，罚没款59.23万元。全年全市农机安全生产保持平稳态势，桂林市连续17年无道路外重大农机事故发生。

【动物卫生监管】 2019年，桂林市重点做好非洲猪瘟防控防疫工作。加强对进场(屠宰、养殖)生猪“瘦肉精”的检测，对进场生猪按3%的抽检比例进行尿样检测；对病死猪严格按照“四不准”(不准宰杀，不准食用，不准出售，不准转运)的处理要求，就地

2019年，桂林市农业综合行政执法部门开展拖拉机非法改装行为查处行动

(桂林市农业综合行政执法支队　供图)

进行无害化处理，严防病死猪流入市场、流入餐桌。严格落实生猪定点屠宰场“两项制度”(生猪屠宰环节非洲猪瘟自检制度和官方兽医派驻制度)。全市共关停不合格的生猪定点屠宰场46家，检验合格的生猪定点屠宰场13家(市本级3家)，屠宰生猪51.94万头，无害化处理病猪5324头、病害肉品91.61吨。生猪屠宰检疫率、动物产品出厂(场)检疫出证率、病害动物及动物产品无害化处理率均达到100%。全年全市动物卫生监督共立案查处违法违规案件162件，罚没款85.91万元。其中，动物卫生案件154件，罚没款76.40万元；兽药案件5件，罚没款0.11万元；屠宰案件3件，罚没款9.40万元。至年末，全市动物卫生监督结案161件，结案率99.38%。

【农产品质量安全监管】 2019年，桂林市农业综合行政执法部门加强农产品质量安全风险防范，继续开展农药残留、私屠滥宰、农资打假等专项整治行动。年内，桂林市农业综合行政执法部门强化农业投入品质量抽查。完成农药市场抽查72个，检测出合格样品63个，不合格样品9个，合格率87.5%。完成肥料市场抽查60个，检测出合格样品47个，不合格样品13个，合格率78.33%。组织开展农产品质量安全监督抽查工作。对灵川、兴安、荔浦、永福、龙胜、全州、雁山、临桂8个县(市、区)的50个产品样品(涉及葡萄、柑橘、辣椒、豇豆、菜心等作物产品)进行抽查，检测合格率100%。协助农业农村部完成菜心、豇豆等44个农作物产品样品的抽检任务。

(唐联锟)

【渔政执法管理】 2019年，桂林市农业综合行政执法部门加强联合执法和日常巡查力度，有效遏制电鱼、炸鱼、毒鱼等渔业违法行为。年内，全市开展联合执法行动221次，出动巡查船、艇360多艘次，出动执法人员5158人次，检查渔船175艘次。查获非法捕捞案50件(其中市本级6件)，收缴电鱼工具120余套，行政处罚11.27万元。组织漓江及其他水域渔业增殖放流活动，共向漓江投放鱼种300多万尾。

(侯德恩)

林　　业

【概况】 2019年3月18日，由原桂林市林业局和原桂林市园林局合并组建的桂林市林业和园林局(简称市林业和园林局)正式挂牌成立。办公地址在桂林市临桂区青莲路建设大厦北楼。内设办公室、财务科、人事教育科、生态保护修复科、森林资源管理科、公园管理科、野生动植物保护管理科、自然保护地和湿地管理科、改革发展

科、产业科、国有林场和种苗管理科、科学技术与推广科、规划建设科、政策法规科、绿化管理科(市绿化委员会办公室)、机关党组织、离退休人员工作科。下属单位26个,分别是:桂林市森林公安局、广西花坪国家级自然保护区管理处、广西猫儿山国家级自然保护区管理处、广西桂林千家洞国家级自然保护区管理处、广西银竹老山资源冷杉国家级自然保护区管理处、桂林市龙泉生态林区管理处、桂林市林业技术推广站、桂林市野生动物保护站、桂林市湿地保护中心、桂林市林业综合发展中心、桂林市林业和园林综合服务中心、桂林市林业科学研究所、桂林市林业设计院、桂林市木材产品质量检验站、桂林市绿化工程处、桂林市第二绿化工程处、桂林市穿山公园管理处、桂林市虞山公园管理处、桂林市西山公园管理处、桂林市南溪山公园管理处、桂林园林植物园、桂林市花木研究所、桂林市东江苗圃、桂林市园林建设工程管理处、桂林市石山绿化试验站、桂林市园林规划建筑设计研究院。局机关人员编制49名(含后勤服务聘用人员控制数4名),在职人员55人。全年全市完成植树造林面积1.04万公顷,森林覆盖率71.62%,活立木总蓄积量1.17亿立方米,完成政策性森林保险投保180.81万公顷。

【林业产业】 2019年,全市森林面积199万公顷,森林覆盖率71.62%,活立木蓄积量1.17亿立方米。有国家级自然保护区4个、自治区级自然保护区8个,国家级森林公园5个,国家级湿地公园5个。全市林业产业发展以打造竹木种植、经济林培育、花卉苗木、野生动植物繁殖利用、竹木加工、人造板、林产化工、木浆造纸、森林旅游为主的林业产业体系,全年林业产业总值805.98亿元。培育出林业加工企业950家,产值145亿元;林下产业经营企业658家(不含家庭经营部分),产值86亿元;森林旅游经营企业736家,产值75亿元;花卉经营企业2000多家,经营产值38亿元;其他产业经营企业350多家,产值50亿元。年内,永福县龙溪麻竹特色农业核心示范区、龙胜各族自治县勇爱有机油茶示范区、叠彩区花卉产业区、兴安县华江竹产业园区被评为自治区级核心产业园。

【造林绿化】 2019年,桂林市完成植树造林面积1.04万公顷,义务植树700万株。推进重点营林工程。全州县和龙胜各族自治县实施珠江流域防护林工程项目,造林面积1066.67公顷;阳朔、灵川、全州、平乐、永福等县实施石漠化治理工程项目,造林面积0.32万公顷。至年末,全市林地面积209.6万公顷,森林面积199万公顷,森林覆盖率71.62%。

【森林资源保护利用】 2019年,桂林市林业和园林部门严格执行林地使用管理规定,加强采伐源头管理,规范采伐设计,严禁无证采伐、超范围采伐,落实森林采伐限额管理和凭证采伐运输制度,森林资源消耗量控制在生长量以下。优先保障自治区统筹推进重大项目和民生工程的林地定额使用,加大项目建设林地征占用的监管力度,严禁项目建设未批先用、批少用多、批东用西等违法行为发生。加强风电项目专项整治,建立森林资源信息管理平台,构建"天上看、地下查、网上办"的森林资源管理体系。全年全市共完成188个建设项目使用林地审核(审批)工作,涉及林地面积741公顷,征收森林植被恢复费7562.5万元。全市林木采伐许可证发证合格率95%,森林采伐限额总蓄积量158.87万立方米,森林采伐限额消耗总量93.55万立方米。

【森林督查】 2019年,桂林市根据国家林业局和自治区林业厅有关部署,加大对违法破坏森林资源行为的发现、查处和整改力度,以林地"一张图"为基础,采用卫星遥感数据,对森林督查案件进行查处整改。全年核查森林督查图斑2.04万个,排查出涉嫌违法违规图斑5137个,图斑立案件数2773件(行政案件1542件,刑事案件1231件)。全市共查处森林破坏案件4757件。

【油茶"双千"计划】 2019年,桂林市全面实施油茶"双千"计划(即到2022年,全区域油茶种植面积突破66.67万公顷;到2025年,油茶产业年综合产值增加至1000亿元)。年内,印发《桂林市人民政府办公室关于推进落实自治区油茶"双千"计划助推乡村产业振兴的通知》,成立桂林市油茶产业发展工作领导小组。结合精准扶贫工作,推广"企业(合作社、家庭林场)+基地+农户"新型合作经营模式,培育油茶新型经营主体。抓好油茶良种苗木培育管理,落实油茶新造林奖补政策。至年末,全市完成油茶新造林面积909.33公顷;建设高产高效(简称"双高")示范园4个,全市"双高"示范点达5个;实现油茶年产值7.34亿元。

2019年4月,市林业科技专家到平乐县指导老油茶低产林技术改造

(市林业和园林局 供图)

【林业生态环境保护】 2019年，桂林市林业和园林部门推进漓江流域生态环境保护。漓江风景名胜区18家采石场全部关停，实施生态复绿山体136万平方米；强力整治毁林垦荒点189处，有效遏制毁林种果等破坏漓江生态环境行为。抓好中央环保督察"回头看"反馈意见涉及自然保护区问题整改工作。按照"保护优先、应保尽保"原则，修改完善青狮潭、架桥岭、寿城、银殿山、海洋山5个自然保护区确界方案，开展自然保护区功能区划工作。启动自然保护区违规建设项目排查，全市11个林业自然保护区排查出不合法、不合规建设项目38个。年内，印发《桂林市湿地保护修复制度实施方案》，建立全市湿地保护修复工作局际联席会议制度，组织实施湿地保护修复工程。

【荔浦荔江国家湿地公园试点通过国家验收】 2019年年末，荔浦市荔江建设国家湿地公园试点项目通过验收，正式成为"国家湿地公园"。荔浦荔江国家湿地公园于2014年12月31日获批开展试点建设，属河流型湿地公园，位于荔浦市的荔城、修仁、青山、龙怀4个乡（镇）区域内，以荔江干流为主体，西起修仁镇念村蚂蝗坝，东至荔城镇金雷桥，东西长24.7千米，南北跨度11.9千米，总面积699.99公顷，湿地面积391.28公顷，湿地率55.9%。湿地公园地处珠江流域源头区和大瑶山地生物多样性保护重要区，生存有超过577种维管植物和266种脊椎动物。

【林业病虫害防治】 2019年，桂林市加强林业有害生物监测预警、检疫预灾、防治减灾体系建设，做好松材线虫病、马尾松毛虫、黄脊竹蝗等林业有害生物防控工作。全年全市累计开展林业有害生物防治作业面积28万多公顷，实现林业有害生物成灾率0.556‰、无公害防治率100%、测报准确率95.46%、种苗产地检疫率和木材调运检疫率100%，林业有害生物防控目标管理工作"四率"指标全面达标。10月，全国重点区域松材线虫病防治会议上，桂林市做典型发言。年内，桂林市森林病虫害防治检疫站获"全国生态建设突出贡献先进集体"称号。

（市林业和园林局）

畜 牧 业

【概况】 2019年，桂林市受非洲猪瘟等不利因素影响，生猪价格呈现前低后高的走势。年内，桂林市通过开展生态养殖、狠抓动物疫病防控、加大畜禽养殖废弃物资源化利用等重点工作，积极落实惠农政策，克服不利因素影响，全市畜牧业生产保持平稳态势。全年全市共出栏猪342.50万头、牛19.26万头、羊22.55万头、家禽1.36亿羽，肉类总产量50.54万吨。

【畜禽生产】 2019年，桂林市共出栏生猪342.98万头，下降22.32%；牛19.26万头，增长13.16%；羊22.55万头，增长7.73%；家禽1.36亿羽，增长15.24%；兔232.71万只，增长11.82%。肉类总产量50.55万吨，下降9.1%；禽蛋产量5.75万吨，增长9.68%；奶类产量925.36吨，增长7.85%；蜂蜜产量1256.86吨，下降5.64%。至年末，受非洲猪瘟影响，猪存栏量大幅下降；牛、羊、家禽存栏量较上年都有所增加。

【饲料生产】 2019年，桂林市共有饲料和饲料添加剂生产企业26家，其中半停产4家。全年全市共生产饲料产品143.95万吨，下降3.32%。其中，配合饲料139.12万吨，下降2.92%；浓缩饲料5.5吨，下降97%；饲料添加剂0.32万吨，下降10.61%；饲料添加剂预混合饲料1.55万吨，下降25.11%；单一饲料2.96万吨，下降5.02%。饲料产品总产值40.0亿元，下降19.91%。年内，桂林市组织对全市22家饲料生产企业进行安全生产执法检查，完成饲料和饲料添加剂产品监督抽样98批次，未检出"瘦肉精"、三聚氰胺等违禁添加物。

【畜禽生态养殖】 2019年，桂林市持

表15　　2019年桂林市畜牧业生产情况表

单位：万头（羽）

项目	猪	牛	羊	家禽	其中		
					鸡	鸭	鹅
当年出栏	342.98	19.26	22.55	13619.90	10823.87	2532.25	236.54
上年同期	441.55	17.02	20.93	11818.55	9630.96	1974.41	194.15
增减(%)	-22.32	13.16	7.73	15.24	12.39	28.25	21.83
年末存栏	214.58	46.36	23.32	4562.10	3670.22	800.37	81.56
上年同期	277.59	42.25	21.22	3900.47	3137.95	661.17	80.69
增减(%)	-22.70	9.74	9.86	16.96	16.96	21.05	1.08

表16　　2019年桂林市畜牧业产品产量表

单位：吨

项目	肉类总产量	禽蛋产量	奶类产量	蜂蜜产量
当年产量	505479.38	57539.43	925.36	1256.86
上年同期	556101.48	52462.31	858.00	1332.00
增减(%)	-9.10	9.68	7.85	-5.64

续推进畜禽现代生态养殖场认证工作。年内，桂林市共组织开展畜禽生态养殖场认证活动2批次，申报生态养殖场认证的养殖场201家，通过认证201家(其中五星级养殖场5家，四星级养殖场12家，三星级养殖场184家)，认证通过率100%。至年末，全市共有符合生态养殖认证要求的规模养殖场1089家，已认证的养殖场1043家，生态养殖认证率95.78%。全面推广"微生物+"生态养殖技术，推进畜禽养殖废弃物资源化利用，全市规模畜禽养殖场(小区)畜禽粪污综合利用率87.28%，规模养殖场(小区)粪污处理设施装备配套率96.14%。新(改、扩)建的规模畜禽养殖场(小区)全部实施雨污分流、粪污资源化利用。

【牛品种改良】 2019年，桂林市共完成牛杂交改良配种6.38万头(牛人工授精3.86万头、牛本交2.52万头)，下降9.5%。其中，黄牛人工授精配种数3.42万头，受胎数2.43万头，受胎率71.15%；水牛人工授精配种数4353头，受胎数1844头，受胎率42.36%。牛产仔4.84万头(水牛产仔6994头、黄牛产仔4.14万头)，增长3.41%。全年全市发放液氮2.35万升，牛冻精5.16万支(黄牛4.36万支，水牛8000支)。 (程亭亭)

【动物防疫与检疫】 2019年，桂林市强制免疫的动物中，口蹄疫应免猪392.80万头，实免392.53万头，免疫密度99.93%；应免牛53.22万头，实免53.17万头，免疫密度99.91%；应免羊39.33万头，实免39.31万头，免疫密度99.94%。家禽禽流感应免禽10312.29万羽，实免10309.90万羽，免疫密度99.98%。其中，应免鸡8317.35万羽，实免8315.62万羽，免疫密度99.98%；应免鸭1926.51万羽，实免1925.92万羽，免疫密度99.97%；应免鹅58.96万羽，实免58.89万羽，免疫密度99.89%；其他禽类应免9.47万羽，实免9.47万羽，免疫密度100.00%。小反刍兽疫应免羊20.66万头，实免20.64万头，免疫密度99.89%。集中免疫的动物中，家禽新城疫应免鸡7055.99万羽，实免7053.27万羽，免疫密度99.96%；其他禽类应免5.83万羽，实免5.83万羽，免疫密度100.00%。高致病性猪蓝耳病应免猪348.51万头，实免348.44万头，免疫密度99.98%。猪瘟应免猪297.95万头，实免297.72万头，免疫密度99.92%。免疫犬猫狂犬病10.26万只，其中犬10.09万只，免疫密度99.74%；猫0.17万只，免疫密度99%。全年全市产地检疫申报生猪292.10万头，牛7.63万头，羊5.38万头，各类家禽11020.38万羽(其中市本级生猪产地检疫数为7.31万头，各类家禽124.17万羽)。生猪屠宰检疫152.88万头，牛羊屠宰检疫2.81万头，无害化处理病猪6.46万头，病害肉品130.13吨(其中市本级屠宰检疫生猪51.94万头，无害化处理病死生猪0.53万头，病害动物产品91.61吨)。11月，桂林市在全州县、资源县、龙胜各族自治县、灌阳县与湖南省接壤的高速公路服务区，全州县与湖南省省际国道路口，共设立指定通道5个，查验运输进入广西的生猪及生猪产品。

(李林海)

水 产 业

【概况】 2019年，桂林市水产养殖业克服强降雨带来的洪灾影响，通过及时捕捞上市、及时补充鱼种、增加饲料投喂、加强鱼病防治等措施，保障水产品市场供应正常。发展特色水产品养殖，示范推广稻渔综合种养、池塘工程化循环水养殖、受控式集装箱养殖等渔业养殖新技术，推动全市水产业持续健康发展。组织完成《桂林市养殖水域规划(2019—2030年)》修编并发布实施。至年末，全市水产养殖面积1.10万公顷，增加78公顷，增长0.72%；水产品产量10.08万吨，增加0.49万吨，增长5.06%。

【《养殖水域滩涂规划》修编】 2019年，桂林市根据原农业部印发的《养殖水域滩涂规划编制工作规范》和《养殖水域滩涂规划编制大纲》等文件要求，组织开展《桂林市养殖水域滩涂规划》修编工作。7月，全市水产品产量超过3000吨的阳朔、灵川、全州、兴安、永福、灌阳、平乐、荔浦、恭城、临桂10个县(市、区)完成本辖区内的《养殖水域滩涂规划》修编工作，并经当地人民政府批准发布实施。12月31日，《桂林市养殖水域规划(2019—2030年)》发布实施。该规划重点增加了禁养区、限养区等方面内容，对全市养殖水域功能划定、渔业产业优化、水域环境保护等方面做了前景设计。

【集装箱养殖模式示范推广】 2019年，桂林市继2018年在荔浦市新坪镇开展"集装箱循环水生态养殖模式"示范后，扩大养殖规模，分别在七星区、雁山区进行养殖示范，新增养殖集

2019年，桂林市雁山区鱼伯伯渔业科技园成为全国首批池塘集装箱生态循环水养殖模式示范基地之一

(侯德恩 供图)

装箱 49 个。集装箱循环水生态养殖模式是利用集装箱进行标准化、模块化、工业化循环水养殖的新兴模式，通过水质测控、粪便收集、水体净化、恒温供氧、鱼菜共生和智慧渔业等功能模块，实现资源高效利用、循环用水、环保节能、绿色生产、风险控制的目标。为解决养殖水域滩涂划分禁养区，传统水产养殖区域被划入生态红线限制发展等问题提供发展新方向。年内，全国水产技术推广总站的池塘养殖转型升级绿色生态模式示范项目落户雁山区鱼伯伯渔业科技园，该科技园成为全国首批池塘集装箱生态循环水养殖模式示范基地之一。

【特色水产品养殖】 2019 年，桂林市继续将冷水鱼产业作为全市特色渔业发展重点，龙胜各族自治县、资源县、灌阳县、永福县、临桂区等将发展冷水鱼养殖作为当地扶贫产业项目给予支持，扩大养殖规模。全年全市新增虹鳟、鲟鱼等冷水鱼基地 4 个，冷水鱼总产量 850 吨，增长 7.24%。加大冷水鱼养殖技术培训力度。5 月 27 日—28 日，市农业农村局与广西水产技术推广总站联合举办冷（亚冷）水性鱼类养殖技术培训班，邀请 20 多位国家特色淡水鱼产业技术体系负责冷（亚冷）水鱼类相关岗位的专家指导授课。顺应市场需求，推广克氏原螯虾（俗称小龙虾）和中华绒螯蟹养殖。全市克氏原螯虾养殖面积达 133.33 公顷，增长 31.26%；产量 320 吨，增长 22.14%。中华绒螯蟹养殖总面积 66.67 公顷。年内，桂林市辉科淡水小龙虾养殖农民专业合作社从江苏省引进中华绒螯蟹扣蟹 20 万只，在雁山区柘木镇大桥村养殖基地进行稻田养殖示范。

【稻鱼综合种养】 2019 年，桂林市实施稻田养鱼面积 2.87 万公顷，收获鱼产量 1.25 万吨，分别增长 0.34% 和 4.47%。年内，桂林市争取国家项目资金 700 万元，分别在全州县和灌阳县建设稻鱼综合种养示范基地 9 个，示范面积 100 公顷。全市已建成规模稻鱼综合种养示范基地近 20 个，示范面积达 200 公顷。加大科研攻关力度。桂林市水产技术中心推广站与广西水产科学研究院合作实施“禾花鱼稻田生态养殖技术创新与示范”课题，在全州县、灌阳县、兴安县等地建设禾花鱼稻田生态养殖示范基地 10 个，推广稻田综合种养面积 980.67 公顷，投放禾花鱼苗 54.2 万尾。

【水产品质量安全监管】 2019 年，桂林市水产管理部门继续开展水产品质量安全监管行动、“三鱼两药”（大菱鲆、乌鳢、鳜鱼和孔雀石绿、硝基呋喃）专项行动、水产苗种专项整治行动、水产品质量安全监测行动、水产养殖监管专项行动、渔业养殖环境隐患问题大排查大整治、重大节假日产品质量安全监管行动等专项监管行动，打击使用氯霉素、孔雀石绿、硝基呋喃类、乙烯雌酚等违禁药物行为以及其他违规养殖行为。年内，组织对 11 个县（市）、6 个城区进行水产品质量安全抽样 4 次，检测样品共 157 批次，抽检合格率 100%。重点监测养殖场 88 家，未发现禁用药物残留超标问题。

（侯德恩）

农业机械化

【概况】 2019 年 9 月 29 日，由原桂林市农业机械化管理局（中心）和桂林市农业机械化技术推广站整合组建的桂林市农业机械化服务中心挂牌成立，办公地址在桂林市七星区横塘路 8 号。内设办公室、政工科、机关党委办公室、监督管理科、科教质量科、安全监督管理科、计划财务科和单位党组织，人员编制（含后勤服务聘用人员控制数）45 名，在职人员 43 人。全年全市农业机械总动力 543.08 万千瓦，增加 19.82 万千瓦，增长 3.79%。拥有各类拖拉机 36.06 万台，增加 1.49 万台，增长 4.32%。其中，大中型拖拉机 979 台，联合收割机 3871 台，水稻插秧机 1840 台，分别增长 3.93%、1.34%、0.82%。至年末，全市有农机专业合作社 230 个，从业人员 2911 人，全年农机作业服务面积 4.97 万公顷。

【农机购置补贴】 2019 年，桂林市继续落实“自主购机、带机申请、定额补贴、县级结算、直补到卡”的农机购置补贴政策。年内，自治区财政厅安排给桂林市的中央财政农机购置补贴资金 2343 万元。至年末，桂林市落实使用农机购置补贴资金 5202.17 万元。全市 17 个县（市、区）共补贴各类农机具 2.97 万台（套），受益农户 2.27 万户。

【农业机械化水平】 2019 年，桂林市主要农作物耕、种、收综合机械化水平 62.3%，提高 1.5 个百分点；水稻耕、种、收综合机械化水平 78.3%，提高 1.27 个百分点；全市农业机械化总动力达 543.08 万千瓦，增加 19.82 万千瓦，增长 3.79%。年内，全市共组织各类农业机械开展作业服务 65.6 万台次；完成农作物机耕面积 66.48 万公顷（水稻机耕面积 20.96 万公顷），完成机收面积 47.05 万公顷（水稻机收面积 20.34 万公顷）。完成水稻机插面积 9.51 万公顷。

【农机安全生产】 2019 年，桂林市年检拖拉机 1.70 万台。参加拖拉机驾驶员培训考试 856 人，增长 9.04%。办理新机入户 170 台。推进“平安农机”示范创建工作，市、县两级共投入资金近 80 万元。至年末，桂林市被评为全国“平安农机”示范市；临桂区、灵川县、兴安县、资源县、荔浦市、恭城瑶族自治县被评为全国“平安农机”示范县（市、区）；雁山区、永福县被评为全自治区“平安农机”示范县（区）。

【农机产品质量维权保障】 2019 年，桂林市农机部门利用农机培训、现场演示会、科技下乡、农机打假活动、圩日等时机，开展形式多样的农机产品质量宣传，接受农民的投诉维权。全年全市出动农机宣传人员 110 人次，制作宣传展板 50 多个，接待群众咨询 1700 余人次，指导维权近 80 人次。利用全国农机化生产信息服务平台，及时跟踪各县（市、区）农机产品质量投诉信息情况，督促各县（市、区）做好投诉案件的登记、处理和反馈。年内，全国农机化生产信息服务平台受理农机质量投诉案件 1 件，发生在灌阳县境内，已得到妥善处理。

2019 年 4 月 23 日，桂林市水稻机械化精量穴直接播种试验现场会在兴安县崔家乡高泽村举行　（市农业机械化服务中心　供图）

【农业机械化技术推广培训】 2019 年，桂林市农机部门推广水稻工厂化育秧、机插育秧、无纺布育秧等农机化新技术和新机具，试验水稻机械化精量穴直接播种新技术示范推广方式。加大农机化实用人才培训力度。依托市、县农机技术推广站，县农机校等农机教育培训机构，通过集中培训、农机科技下乡、现场演示会等形式培训农机持证人员 7100 人（农机操作人员 4980 人、农机化管理人员培训 560 人、农机化技术人员 1560 人）。开展农机科技知识培训，通过现场演示、讲座等方式培训农民 1.10 万人。　（李芳）

农场有限公司

【广西农垦良丰农场有限公司】 2019 年 1 月，原广西农垦国有良丰农场完成改制，更名为广西农垦良丰农场有限公司（简称良丰农场公司），地址在桂林市雁山区良丰路 18 号。内设办公室、人力资源部、党群工作部、纪检监察部、企划发展部、经营管理部、财务部。下辖 5 个农业生产单位。在职人员 286 人，管理国有土地 741.1 公顷。全年全公司实现经营总收入 4722 万元，水果总产量 1.60 万吨。12 月，该公司承担建设的广西农垦桂林相思江休闲农业核心示范区（县级）通过自治区评审验收，获“广西现代特色农业核心示范区（四星级）”称号。

年内，良丰农场公司按照垦区集团化、农场企业化的改革要求，完成公司化改制，作为广西农垦集团有限责任公司下属子公司，实行现代企业运营模式。公司成立之后，结合实际出台相关的行政管理、考核分配、财务管理、项目审批等 20 多项符合公司运营的管理制度，强化营收和利润目标考核机制，全面落实现代企业管理机制。加强公司正常运转过渡期的人员管控，开展一系列提升团队精神和执行力的培训活动，增强员工对企业的责任感和认同感。

年内，良丰农场公司围绕综合地产开发，助力重点项目实施。推动“悦桂情歌田园”项目（含“桂林相思江生态家园”项目）进程，9 月项目开工建设。至年末，“桂林相思江生态家园”项目涉及的 133 个果园岗位，已经收回 129 个。项目建设用地范围内完成拆迁补偿 202 户，拆迁补偿率 62.15%；共收回土地 146.67 公顷。如期完成 60.67 公顷国有土地收储任务（农用地面积 54.02 公顷、建设用地面积 6.65 公顷）。收储范围内的 33.05 公顷果园完成收回补偿面积 17.33 公顷，补偿率 52.44%。收储范围内需拆除的职工住房、公建房屋、仓库等设施完成评估调查和清点登记工作，并向自治区上报评估补偿申请。

年内，良丰农场公司继续改善生产和生活区的基础设施条件。完成“良丰佳园（二期）”项目进出道路、绿化等设施建设，做好危旧房改造扫尾工作。启动公司办公楼异地回建工作。

（莫娟平）

【广西农垦源头农场有限公司】 2019 年 1 月，由原广西农垦国有源头农场、广西农垦国有立新农场、广西农垦国有桂北农场组建成立广西农垦源头农场有限公司（简称源头农场公司），总部地址在桂林市平乐县源头镇车田村。公司内设办公室、企划发展部、纪检监察部、人力资源部、经营管理部、财务部、党群工作部以及生产一队、生产二队、生产三队、生产四队、生产五队、生产六队，下辖广西农垦立新农场有限公司（简称立新农场公司）和广西农垦桂北农场有限公司（简称桂

2019 年 9 月 25 日，“悦桂情歌田园”项目开工建设　（良丰农场公司　供图）

2019 年，源头农场公司培育无病毒苗木 53 万株 （源头农场公司 供图）

北农场公司）2 家子公司。有在职员工 690 人，管理国有土地 2394.5 公顷。公司全年生产总值 6.93 亿元，企业项目投资 1130 万元，柑橘总产量 4.63 万吨，柑橘加工量 6300 吨，马蹄粉加工量 1887 吨。

年内，源头农场公司按照垦区集团化、农场企业化的改革要求，完成农场企业化改革和企业优化重组，作为广西农垦集团有限责任公司下属二级子公司，并下辖立新农场公司和桂北农场公司 2 家三级子公司，全部实行现代企业运营模式。公司成立后，坚持“公开选聘、公平竞争、双向选择、择优聘任”的原则，完成公司总部机关和各三级子公司的部室设置和人员定岗定编工作。建立公司内部 OA 办公系统，实现高效办公和办公自动化。完善运营机制，建立健全规章制度 42 项。

年内，源头农场公司加快现代农业示范建设。各果场打造示范果园，引进柑橘新品种。桂北农场公司已建成柑橘标准化种植示范园 18 公顷，引种大雅柑 4 公顷。2019 年挂果采摘 40 吨，产值 24 万元。立新农场公司规划建设脐橙生产全程机械化创新示范区 31.03 公顷，建成大棚 12.99 公顷，种植柑橘 12.51 公顷。源头农场公司本部建成示范果园 4000 平方米，种植兴津温州蜜柑 726 株。推进平乐县 2019 年高标准农田节水灌溉建设项目实施，共投入资金 130 万元，完成投资额 84.5 万元，完成项目进度 65%，建成滴灌果园 53.33 公顷。发展无病毒苗圃。立新农场公司建成无病毒苗圃约 2 公顷，共培育无病毒苗木 13.7 万株，品种有纽荷尔脐橙、赣南早熟脐橙等。继续探索绿色农业循环发展。组织完成“间套种 + 绿肥”和“有机肥 + 配方肥”2 个项目；源头农场公司本部柑橘种植基地采用“果—沼—畜”生态农业循环发展模式成效显著，化肥用量（较上年，下同）下降 15%，有机肥用量增加 20%。年末，广西农垦源头柑橘产业核心示范区获“广西现代特色农业核心示范区（四星级）”称号。

年内，源头农场公司推进柑橘产业链建设，增加冷链物流设施，提升三产融合能力。桂北农场果蔬加工仓储冷链物流中心项目完成投资 1470 万元，占总投资的 73.5%；引进高端水果分选线 2 条，每小时可分选水果 25 吨。构建网上销售平台，打造“源兴农产品”微信小程序，整合源头、桂北、立新 3 家公司的品牌资源，利用“互联网 +”提升市场开拓能力。

（李申梅）

水 利

【概况】 2019 年，桂林市水利局（简称市水利局）办公地址在桂林市临桂区公园北路新城商务酒店。内设办公室、人事科、财务科、规划计划科、水政水资源科、水旱灾害防御和水土保持科、水利工程建设管理监督科、农村水利水电和科学技术科、河长制工作科，下设桂林市市属水库管理处、桂林市防洪排涝工程管理处、桂林市水利电力勘测设计研究院、桂林市水利综合行政执法支队、桂林市水利综合发展中心、桂林市水利工程管理处、桂林市农田灌溉试验中心站、桂林灵川青狮潭水库库区管理站、桂林市青狮潭水库灌区管理站、桂林市川江水库管理站、桂林市小溶江水库管理站、桂林市斧子口水库管理站、桂林市思安江水库管理站 13 个所属事业单位。局机关人员编制 31 名，在职人员 27 人。全年全市共落实水利建设投资 12.95 亿元，增长 4.9%，其中争取中央、自治区两级水利资金 7.16 亿元。全市中央水利项目投资总体完成率 99.37%。全市建有水库 397 座，其中大型水库 5 座，中型水库 24 座，小(1)型水库 107 座，小(2)型水库 261 座。水库总库容 24.76 亿立方米，总有效库容 17.71 亿立方米，总灌溉面积 14.83 万公顷。年内，桂林市获全自治区 2018 年度水利建设投资综合评价第二名。桂林市水利系统获自治区政府通报表彰 1 项、自治区水利厅专项表彰 3 项。市水利局获“全国水利系统先进集体”称号。

【防汛抗旱】 2019 年，桂林市平均降雨量 1976.9 毫米，比上年偏多 34%，比历年偏多 18%。强降雨次数多，且呈现时空分布不均、降雨范围广、局部强度大的特点。防汛期间，全市各类水库共拦蓄洪水 15.83 亿立方米，减免农田受灾面积 0.88 万公顷，减免直接经济损失 5.1 亿元。8 月，桂林市陆续出现旱情，调度青狮潭水库、小溶江水库、斧子口水库、川江水库、思安江水库 5 座水库进行联合补水，共完成漓江补水量 8.83 亿立方米，补水天数 211 天，保障了漓江补水、农业灌溉、城市供水等多方用水需求。

【探索树枝型水库群防洪“桂林经验”】 2019 年主汛期以来，桂林市出现暴雨洪水频发重发，桂江洪水防御形势严峻。市水利局组织水文、气象、水库管理等单位，经过科学研判，应用

2019年7月10日，桂林市水库专家组进行水库错峰排洪紧急会商（罗娟　供图）

桂江上游洪水预报调度一体化平台，多次对桂江上游青狮潭、小溶江、斧子口、川江水库群进行防洪联合调度，拦洪错峰削峰效果显著。6月9日—10日，通过4座水库联合调度，洪水削峰量达3000立方米每秒，降低桂林水文站洪峰水位1.34米，将近百年一遇特大洪水削减为十年一遇洪水。7月6日—12日，桂林市先后2次实施防洪联合调度，洪水削峰量分别达4690立方米每秒、3520立方米每秒，降低桂林水文站洪峰水位分别为4.09米、2.26米，共拦截洪量3.11亿立方米，占总洪量的77.0%，连续将2次超过1998年的特大洪水降至安全水位。桂林市的青狮潭、小溶江、斧子口、川江4座大型水库均在漓江上游，由于河道众多，4座水库呈现树枝型分布，对树枝型分布的水库群联合调度在国内尚无成功经验可借鉴。桂林市通过对水库群的科学调度，降低了市城区洪峰水位、减轻了市城区的防洪压力，探索出树枝型水库群联合调度的“桂林经验”。

【水利项目规划与储备】 2019年5月，《桂林市水利发展“十四五”规划》编制工作全面启动。该规划策划漓江生态修复工程、阳朔县木浪岗水库扩容工程、桂林市华境水库建设、漓江上游4座水库连通工程、雁山区大学聚集区防洪排涝工程、遇龙河生态保护与修复工程等重大水利项目222项，总投资预算640.6亿元。提出水利发展的重大工程项目、重大政策、重大改革举措17项，完成1000万元以上水利项目储备98项，投资金额135亿元。

【重大水利项目进展顺利】 2019年，桂林市重大水利项目进展顺利。年内，历经十年建设的桂林市防洪及漓江补水枢纽工程全面完成建设任务，如期发挥防洪、补水、发电效益。工程累计完成投资57.02亿元，占阶段性修编后总投资的103.64%。资源县源口潭水库扩容工程可行性研究报告研阶段前置要件全部获批复，可行性研究报告、初步设计方案均通过技术审查。资源县金竹坪水库可行性研究报告获批复，初步设计方案通过审查。兴安县上桂峡水库扩容工程可行性研究报告通过技术审查，发布《关于禁止在兴安县上桂峡水库扩容工程建设征地范围内新增建设项目及迁入人口的通告》。恭城瑶族自治县社坪水库可行性研究报告已申报审批，各配套专题有序展开。全州县弄岩引水工程可行性研究报告获批复，初步设计方案一期工程施工前期准备工作全面展开。12月18日，国家“十三五”规划大型水库建设项目——长塘水库施工准备工程启动。

【推进农村水利基础设施建设】 2019年，桂林市统筹推进贫困地区水利基础设施建设，共为3个贫困县及216个贫困村投入水利建设资金2.48亿元，占全市水利涉农资金的40%。共完成主要支流及中小河流治理23.27千米，提升改造水库进库道路9.97千米。开展2个大型灌区和3个中型灌区续建配套与节水改造工程项目，实施10座小型病险水库除险加固项目，完成综合治理水土流失面积86.13平方千米。共建成农村饮水安全巩固提升工程项目278个，累计完成投资7930.79万元，巩固提升受益人口13.86万人。完成6座绿色小水电站和1条绿色河流的创建工作，全市水电发电量47.96亿千瓦小时，增长32.96%。

【冬春水利建设】 2019年4月30日，桂林市“2018—2019年度冬春水利

2019年12月18日，国家“十三五”规划大型水库建设项目——长塘水库施工准备工程启动

（罗娟　供图）

建设”累计完成投资10.36亿元。共修复水毁灾损工程89处，完成治理水土流失面积241.45平方千米。加固水库工程6座，新修、加固堤防122.8千米。实施沟渠清淤68.67千米，完成渠道防渗长度159.07千米。新增高效节水灌溉面积3193.33公顷，恢复、改善灌溉面积1.03万公顷。

【水生态文明建设】 2019年，桂林市推进节水型城市建设，全市共节水1200余万立方米，工业用水重复利用率83.05%，征收水资源费1357.7万元。加大水质水量监测力度。对全市12条主要河流以及水库共48个国家级和自治区级重要水功能区进行监测，同时对列入水利部水生态监测试点的青狮潭水库、桂湖和漓江流域大面河段等重点水域开展以理化和浮游植物为监测指标的水生态监测，监测的水功能区水质状况总体良好，水质类别全部在Ⅰ—Ⅲ类标准内，达标率100%；对6处跨设区市河流及12处跨县(区)河流交接断面进行每月跟踪监测，达标率100%。持续推进江河湖库水系连通项目建设。桂林市江河湖库水系连通体系临桂新区机场路以北片区湖塘水系连通工程、阳朔县城区河湖水系连通工程均完成主体工程完工验收，桂林市雁山大埠万达文化旅游城项目景观水系供水工程完成投资3110万元。

【水利行业监督和管理】 2019年，市水利局利用第二十七届“世界水日”、第三十二届“中国水周”、“全国城市节水宣传周”等时机，开展节水宣传活动；与桂林航天工业学院、育才社区等单位联合开展水利法律法规宣传。依法开展河道采砂等涉黑涉恶领域治理，全市水利系统共摸排涉黑涉恶案件线索17件，行业管理乱象治理问题9件。加强水利建设工程项目监管。完成6个县35组实体工程质量检测和6个县20组管材检测工作，桂林市连续4年在全自治区水利建设质量工作考核评估中获得A级，未发现水利建设项目存在拖欠农民工工资情况。加强水利行业安全监管，建立健全安全生产责任体系，强化隐患排查治理，实施安全生产年度目标考核，全年全市水利系统未发生生产安全责任事故。推动水土保持监管信息化工作，组织完成“天地一体化”扰动图斑现场核查1589个，对389个水土保持方案违规图斑进行查处。强化水利科技支撑，全年全市承担并实施水利部水利技术示范项目2个，广西科技计划项目3个，广西水利厅旱情监测预警、水资源管理保护项目各1个；申报全国“环境技术进步奖”1项；组织编写芒果灌溉技术专著，以及水稻、砂糖橘、荔枝、罗汉果、金橘灌溉技术5项广西地方标准。

【河长制、湖长制管理取得实效】 2019年，桂林市开展河湖“清四乱”(清理乱占、乱采、乱堆、乱建)专项行动和“河长治污”专项行动。针对洛清江龙溪断面水质持续超标的问题，实施洛清江流域水质改善治理，治理后的水质达到Ⅱ类水质考核要求。全年全市列入专项治理的“四乱”问题129个，整治完成率100%。加强暗访督查，抓好江河湖库执法治理力度。年内，市级河长制成员单位共出动执法人员185人，销毁非法运营“黑竹筏”75张，地笼80余条约1600米，查处违法企业45家，停产整治企业1家，搬迁排污企业1家。对经营中的5家江边餐馆下达限期改正通知书，关闭餐馆3家。清理吊离客渡船23艘、无证旅游排筏23张。桂林市顺利通过水利部第三方评估组对全市全面推行河长制湖长制的总结评估工作。

【水利改革纵深推进】 2019年，桂林市持续开展小型水利工程管理体制改革。全市水利工程管理体制改革涉及15个县(区)，工程数量1.51万处，均按时完成改革目标任务并通过市级验收。加快实施农业水价综合改革。全州县磨盘灌区作为年度农业水价综合改革试点地区，实施农业水价综合改革面积4667公顷。推进行政审批改革。保留并实施的18项水利行政许可事项全部进驻市政务服务中心集中办理，实行“一窗受理、集成服务”，实现“一窗通办”。完成广西数字政务一体化平台与国家政务服务平台的对接、认领、录入工作，涉及市级层面的依申请水利事项目录清单50大项(51小项)、依职权水利事项187项；共受理、审批、办结依申请事项159件；完成水利项目技术审查评估61件。

(罗娟)

农村扶贫

【概况】 2019年，桂林市扶贫开发办公室(简称市扶贫办)办公地址在桂林市临桂区青莲路建设大厦。内设综合科、项目管理科、社会扶贫科、督查考核科，人员编制13名(含后勤服务聘用人员控制数2名)，在职人员29人。下设桂林市扶贫开发综合服务中心。全年全市共筹措财政扶贫资金19.46亿元，增长3.73%。其中，财政专项扶贫资金12.86亿元，增加0.88亿元，增长7.35%；通过政府债券、涉农整合等方式用于扶贫项目的资金1.99亿元；历年未列支财政专项扶贫资金结转结余0.55亿元；其他资金4.06亿元。至年末，桂林市顺利完成当年脱贫攻坚任务，7.5万名贫困人口脱贫，86个贫困村出列，灌阳县实现贫困县“摘帽”。全市3个贫困县全部完成脱贫摘帽任务，贫困发生率由上年度的2.24%降至0.35%。

【推进农村基础设施建设】 2019年，桂林市累计投入农村基础设施建设专项资金6.4亿元，共完成修建屯级砂石路及硬化路1181条、1438千米，独立桥梁96座，小型人饮水利工程92处，其他基础设施项目808处。完成全部建档立卡贫困户住房安全性认定，并出具房屋安全性评定表。投入资金1.38亿元，完成4616户建档立卡贫困户的危房改造任务。累计投入资金7930.79万元，实施农村饮水安全巩固提升项目278个，巩固提升受益人口13.86万人，列入国家扶贫开发信息系统中的贫困群众饮水安全问题全部实现销号。投入资金近2亿元，建设110千伏电力线路项目1个、2千米，建设35千伏电力线路项目7个、15千米，建设10千伏电力线路项目232个、153.34千米；安装配电变压器587台；实施电表“一户一表”改造8.11万户。投入资金8391万元，建设宽带网络工程855个、4G基站工程1031个。

【产业扶贫】 2019年,桂林市全面落实产业扶贫以奖代补政策,共计发放以奖代补资金1.41亿元,惠及贫困户5.74万户。申报特色产业发展项目的贫困户8.99万户,产业覆盖率97%。投入扶贫产业开发项目资金1.66亿元,用于种植作物1.03万公顷,进行低产改造446公顷,养殖家禽130.8万羽、家畜5.9万头(只)、水产434吨,培育食用菌23.2万棒,实施其他产业项目11.8万项。全市产业扶贫项目受益贫困户8.3万户29.5万人。全市所有510个贫困村都有新型农业经营主体或产业示范基地(园)覆盖,带动贫困户1.64万户。

【村级集体经济发展】 2019年,桂林市印发《桂林市关于加强村级集体经济高质量发展的实施意见》《关于发展壮大村级集体经济的若干政策措施》等政策文件,在全市范围内设立17个县级发展服务中心和792个村级发展服务站,为发展壮大村级集体经济发展提供思路,作出决策,统筹推进项目、资金、资源等落地见效。打造"资产经营""产业配套""资源开发""为农服务""电商创业""联合经营"6种村级集体经济绿色发展模式,培育龙胜各族自治县大寨村、兴安县源江村等一批绿色发展典型,形成荔浦市电商农业、阳朔县生态旅游等一批优势产业。加大人、财、技术等方面的保障力度。建立"四库"(即党员教育院校库、师资库、教材库和实训基地库)课堂,分级、分类、分层次对农村党员、村干部、村民合作社班子成员等人员进行全员轮训。建立市、县两级发展壮大村级集体经济基金,并整合落实3亿多元发展帮扶资金,在落实每个贫困村50万元扶持资金的基础上,为每个非贫困村(农村社区)提供相应的发展扶持资金。选派村级集体经济绿色发展指导员,采取聘请职业经理人和发展带头人,引进返乡人才、经济能人、经纪人、种养能手、大学生村官,支持社会各界人士以技术入股等多种形式参与村集体经济发展壮大。加强村集体经济账目监管,推行"村财乡管",落实联系点制度,成立12个工作指导组,每组负责长期联系1—2个县(市、区),实行精准督导、责任捆绑。至年末,全市1787个建制村(含社区,下同)集体经济年收入全部达到4万元以上,达到5万元以上的建制村占88.98%,达到10万元以上的建制村占21.77%,达到20万元以上的建制村有137个,达到50万元以上的建制村有26个,各项指标均位列自治区前列。

【教育扶贫】 2019年,桂林市继续实施全面改善贫困地区义务教育薄弱学校基本办学条件工程(简称"全面改薄"工程)。全市274所尚未达到国家要求的贫困地区义务教育基本办学条件的乡村学校,完成升级改造261所。推进教育精准扶贫资助项目实施。全年共发放学生资助资金4.25亿元,受助学生36.9万人次,其中给建档立卡贫困学生发放补助资金7675万元,受助贫困学生10.68万人次。未出现建档立卡贫困学生在义务教育阶段辍学现象。全年全市"雨露计划"扶贫培训项目共安排财政扶贫资金3429.72万元,补助贫困家庭子女学历教育1.89万人次,扶持贫困劳动力接受短期技能培训2645人,补助建档立卡贫困群众参加实用技术培训1.35万人,扶持贫困家庭"两后生"(初、高中毕业未能继续升学的贫困家庭中的富余劳动力)参加中期就业技能培训76人。年内,桂林市与广东省肇庆市开展教育扶贫协作,签订教师互派合作协议,选派40名教师到肇庆市对口学校跟班学习。

【科技文化扶贫】 2019年,桂林市选聘下派科技特派员240人,覆盖全市贫困村510个,开展农业科技入村服务6885次。推进农村公共文化服务体系建设,建成贫困村村级公共服务中心58个、戏台34个、宣传栏(墙)20个,组建文艺队12支、体育队11支。加强脱贫攻坚的宣传报道。全年全市宣传表彰各类扶贫领域先进典型210人次;召开各种脱贫攻坚先进典型报告会、宣讲会、见面会60余场,开展政策宣讲260余场次。

【就业帮扶】 2019年,桂林市通过扶贫车间务工、返乡创业带动、组织劳务输出、扶贫公益性岗位安置4种渠道帮助贫困户实现就业1.74万人,全市累计帮助建档立卡贫困劳动力实现就业3.72万人。年内,全市新增转移就业贫困劳动力2.83万人次,其中转移到广东省1.06万人次。通过扶贫车间实现就地就近就业2.62万人,吸纳贫困劳动力4560人。签订生态护林员管护合同的贫困户7141人。

【医疗健康扶贫保障】 2019年,桂林市加大对建档立卡贫困人口医疗健康保障力度,为符合参保条件的41.02万名建档立卡贫困人口全部购买城乡基本医疗保险,为5.30万名建

2019年,平乐县张家镇老埠村砂糖橘加工扶贫车间为贫困户提供就地就近就业岗位

(黄院菊 供图)

档立卡贫困人口办理门诊加大诊慢性病卡，贫困人口住院医疗费用、慢性病门诊医疗费用的个人实际报销比例分别达90%和80%。落实建档立卡贫困人口“先诊疗后付费”和“一站式”即时结算(指:联网系统自动计算出基本医疗保险报销额、居民大病保险报销额、民政医疗救助额、贫困人口医疗商业补充保险赔付额和个人自付金额，结算个人负担医保系统统筹报销外的费用)等制度，所有建档立卡贫困患者在县域外、市区内均能享受“一站式”结算服务。至年末，全市常住建档立卡贫困人口家庭医生签约率100%。每个贫困村至少有1个标准化卫生室，每个村卫生室至少有1名合格的乡村医生[含乡(镇)卫生院以巡诊、派驻形式提供服务的医生]，配备有基本医疗器械和常用药品。

【贫困群众综合保障】2019年，桂林市建档立卡贫困对象全部参加城乡居民养老保险，约9万名建档立卡贫困户享受农村居民最低生活保障(简称农村低保)补助。全年全市共发放农村低保资金4.53亿元，救助199.01万人次，其中向建档立卡贫困人口发放2.41亿元，救助106.3万人次。年内，新增农村低保对象4.72万人，其中建档立卡贫困对象1.32万人。农村低保平均补助水平每人每月227元。

【金融扶贫信贷】2019年，桂林市发放扶贫小额信贷(含还清再贷)4.20亿元，扶贫小额信贷余额7.27亿元，到期金额11.75亿元，现金收回8.98亿元，续贷余额2.24亿元，展期余额4814万元，核销风险补偿72万元，到期处置率99.7%。当年贴息5110.29万元，惠及贫困户2.06万户。

【易地扶贫搬迁】2019年，桂林市全面完成“十三五”易地扶贫搬迁规划任务，共建成集中安置点43个，搬迁建档立卡贫困户6985户约3万人，搬迁入住率和项目完工率均达100%。强化易地搬迁后续产业发展和就业创业扶持，实现分散安置搬迁户产业发展全覆盖，集中安置搬迁户中有1人以上有劳动能力且有就业意愿的家庭成员安排就地就近就业。加强集中安置点规范管理。43个安置点均成立党组织;每个安置点成立社区或者就近纳入其他社区(村民)委员会管理;安置点附近的小学、幼儿园、农贸市场、卫生站(或医疗诊所)等相关配套设施均已建成。

【全面推动粤桂扶贫协作】2019年，桂林市共获广东省和广东省肇庆市财政协作帮扶资金6740万元，实施项目44个(龙胜各族自治县33个、资源县11个)，惠及贫困人口4.38万人。年内，肇庆市安排14个镇(街)、18个村(社区)与桂林市的14个乡(镇)、18个村建立结对帮扶关系，联系58家企业帮扶贫困村51个。肇庆市派出党政干部和医生、教师等专业技术人才54人支援桂林市，桂林市派出党政干部和专业技术人才49人赴肇庆市交流学习。肇庆市与桂林市各有20所学校开展教育协作对接，肇庆市5家医院与桂林市6家医院开展扶贫对接。全年共举办劳务协作培训班13期，培训291人，为龙胜各族自治县、资源县安排扶贫协作就业的贫困人口241人。

【旅游扶贫】2019年，桂林市将旅游业与贫困村的发展有机结合，在发展大旅游产业的同时，制订相应的贫困村产业发展规划，改善贫困地区基础设施，以农业观光、乡村休闲游、旅游商品开发、旅游配套设施建设、贫困户转移就业等形式带动贫困村产业增效、农民增收。年内，桂林市组织动员协调旅游规划设计单位参与旅游规划扶贫公益行动，帮助贫困村编制旅游规划。全市13个县(市、区)73个旅游扶贫村均完成规划编制工作。以旅游扶贫村为重点，做好旅游扶贫基础建设工作，改善旅游贫困村生态停车场、旅游厕所、旅游标识等基础设施。指导旅游扶贫贫困村利用现有资源，创建星级农家乐、星级乡村旅游区，适应散客旅游多元化需求，提升乡村旅游品质。探索有效的旅游扶贫模式，逐步形成特色村寨旅游扶贫模式、龙头企业带动发展扶贫模式、村寨旅游联盟开发模式等符合桂林发展实际、富有鲜明桂林特色的“桂林模式”。6月14日，“世界旅游联盟2019年度第三次会员日活动”在桂林市举行。活动重点考察了桂林市与Airbnb公司合作在龙胜各族自治县金江村开发的乡村旅游扶贫试点项目——现代共享民宿。

【电商扶贫】2019年，桂林市与自治区商务厅联合举办“广西电子商务高峰论坛暨桂林网购节”活动，促进农村地区特色产品销售;争取广西“壮族三月三”电商节主、分会场的举办权，通过购物狂欢节促进贫困地区的农特产品走进千家万户。引进阿里巴巴、京东、苏宁、乐村淘、村邮乐购等电商平台落户农村实体市场。其中，阿里巴巴电商平台与7个县签订合作协议，京东集团与5个县签署合作协议。年内，永福县获“国家电子商务进农村综合示范县”称号，灵川县灵川镇和全州县全州镇获“2019年淘宝镇”称号。至年末，桂林市的荔浦市、灌阳县、全州县、龙胜各族自治县、恭城瑶族自治县、资源县、永福县7个县(市)先后获国家电子商务进农村综合示范项目。累计建成7个县级电商服务中心，69个乡(镇)级服务站点，739个村级服务点，709个物流配送网点。累计培训农村电商业务3.37万人次，农产品网络零售额累计21.5亿元，培育农产品网销单品313个。

【扶贫干部队伍管理】2019年，桂林市及时调整不适宜履职的26名第一书记和1名工作分队队长，为资源县2个极度贫困村增派4名工作队员。落实脱贫攻坚工作队员全员培训，全年全市共举办扶贫干部脱贫攻坚培训班486期，培训扶贫干部7.45万人次。加大“红榜”表扬力度，宣传3个县、1个乡(镇)、1个后盾单位的先进经验和12名表现优秀的第一书记先进事迹。树立脱贫一线用人的鲜明导向，当年共提拔重用优秀脱贫攻坚一线队员200多人。年内，桂林市安排1431个单位分别与510个贫困村建立结对帮扶关系，6.26万名干部结对帮扶11.45万户贫困户和联系8.62万名在校贫困学生。共派驻工作分队134个、驻村工作组1654个、

2019年2月28日，桂林市落实中央第二巡视组对广西开展脱贫攻坚专项巡视反馈意见整改工作布置会议召开　（何斌　摄）

工作队员4244人。

【强化返贫致贫预警监测】　2019年，桂林市做好防致贫防返贫工作，结合脱贫攻坚“回头看”专项行动和2019年度扶贫对象动态管理工作，对8.69万户脱贫户开展“六看”（即“一看”义务教育、基本医疗、住房安全、饮水安全是否有保障；“二看”产业发展是否持续增收；“三看”就业发展是否实现稳定就业；“四看”刚性大额支出是否造成生活困难；“五看”内生动力是否发展不足；“六看”扶贫政策是否落实）入户核查，排查出脱贫监测户1196户4174人，认定边缘户2634户8390人。及时将新致贫的25户89名贫困人口纳入建档立卡贫困户管理，予以帮扶。

【开展“互联网+”社会扶贫】　2019年，桂林市开展中国社会扶贫网的推广应用。全市社会扶贫网累计注册用户量31.98万人，贫困户物品和资金需求发布量1.09万次；累计帮扶对接成功7.02万次，对接成功率68.09%，捐赠金额99.37万元。10月14日，由中国社会扶贫网承办的“互联网+”社会扶贫论坛在北京召开，桂林市全州县在会上分享全县推广应用中国社会扶贫网的经验以及扶贫成果。

【落实中央脱贫攻坚专项巡视反馈问题整改】　2019年，桂林市对照中央脱贫攻坚专项巡视组对广西反馈的4大类、19项共性问题，举一反三，深入查摆，把问题细化为4大类、21项具体问题，研究制订整改措施99条、具体整改任务204个。年内，桂林市坚持问题导向，按照“全覆盖、无遗漏”要求，逐项对照，逐条落实。各牵头部门和责任单位，细化整改方案，实行挂图作战，推动整改措施落到实处。各县（市、区）拉紧责任链条，强化跟踪问效，确保各项整改任务落实到位。至年末，全市共解决实际问题2900多个，全面完成中央脱贫攻坚专项巡视反馈问题的整改工作。　（黄院菊）

水库移民

【概况】　2019年3月，桂林市水库移民工作管理局更名为桂林市水库和扶贫易地安置中心，为桂林市发展和改革委员会管理的公益Ⅰ类事业单位（正处级），办公地址在桂林市临桂区青莲路建设大厦北楼。内设办公室、安置科、后期扶持科，人员编制13名，在职人员16人。全年全市共投入移民资金1.56亿元（水库移民后期扶持资金1.53亿元，市防洪及漓江补水枢纽工程移民安置工作专项资金286.85万元），共完成易地扶贫搬迁入住约3万人。年内，桂林市完成“十三五”易地扶贫搬迁规划任务，组织完成长塘水库工程建设征地移民安置前期规划工作。

【易地扶贫搬迁工作】　2019年7月，桂林市通过考核验收，完成“十三五”易地扶贫搬迁规划任务，建档立卡贫困户6985户29950人全部完成搬迁入住，实际搬迁入住率100%。至年末，全市有劳动能力且有就业意愿的搬迁户共有6133户1.26万人实现就业。全市易地扶贫搬迁安置区共建成扶贫车间58个，建档立卡搬迁群众310人实现就地就近就业。全市易地扶贫搬迁贫困户6985户29950人中，未脱贫75户277人，脱贫率98.93%。全市能拆除旧房3682户（套），拆除3242户（套），拆除面积27.27万平方米，旧房拆除率86.64%。全市43个安置点均成立党组织；每个安置点成立社区或者就近纳入其他社区（村民）委员会管理；安置点附近的小学、幼儿园、农贸市场、卫生站（或医疗诊所）等相关配套设施均已建成。

【开展水库移民后期扶持】　2019年，桂林市共投入水库移民后期扶持资金1.53亿元。其中，发放后期扶持补助4712.70万元，受益移民7.85万人；实施水库移民后期扶持项目234个，完成项目投资1.06亿元。其中，实施大中型水库移民项目196个，完成投资9258.52万元；实施小型水库移民项目38个，完成投资1335.8万元。受益移民1.41万户2.36万人。

【桂林市防洪及漓江补水枢纽工程移民安置】　2019年，桂林市防洪及漓江补水枢纽工程建设征地移民安置投资286.85万元，其中兴安县完成投资256.21万元，灵川县完成投资30.64万元。至年末，灵川县完成小溶江水库移民搬迁安置入住，有369户1257人的库区移民组团修建安置房265座；兴安县库区移民建房入住1242户（川江水库222户、小溶江水库652户、斧子口水库368户），完成率82.4%。年内，桂林市完成小溶江、斧子口水库搬迁安置移民后期扶持人口核定工作，共核定人口5454人（小溶江水库1366人，斧子口水库4088人）。

（蒋子文）

商　　业

商业服务业

【概况】 2019年，桂林市商务局（简称市商务局）办公地址在桂林市临桂区青莲路投资发展大厦南楼。内设办公室、人事教育科、财务科、综合业务科、市场秩序科、市场体系建设科、流通业发展科、市场运行和消费促进科、对外贸易科、对外经济和外资管理科、电子商务和信息化科、口岸管理科，另设机关党组织。人员编制44名（含后勤服务聘用人员控制数4名），在职人员58人。

2019年，桂林市社会消费品零售总额1095.20亿元，增长10.0%。按经营地统计，城镇901.33亿元，乡村193.87亿元；按消费类型统计，商品零售184.92亿元，餐饮收入910.28亿元。批发业实现销售额631.07亿元，增长10.0%；零售业实现销售额1082.29亿元，增长11.4%；住宿业实现营业额47.29亿元，增长7.0%；餐饮业实现营业额269.64亿元，增长17.7%。

【桂林市消费品市场平稳增长】 2019年，桂林市消费品市场总体保持平稳增长，社会消费品零售总额突破1000亿元大关，增长10%，增速排自治区设区市首位。限额以上单位商品零售额中，13类实现增长，占比约60%，其中中西药品类增长25.5%，文化办公用品类增长20.3%。年内，市商务局用好各类促消费项目资金，组织开展“2019桂林漓江购物节”“2019桂林市汽车促消费活动”“2019桂林市家电以旧换新促消费活动”等系列促消费活动，营造良好购物氛围，拉动汽车、家电、服装、建材家居、日用百货、酒店住宿、餐饮美食等消费需求稳定增长。

【市场体系建设】 2019年，桂林市推进市场体系建设，发展电子结算、智慧物流、电子商务等新型业务。至年末，桂林市有营业的大型商业项目20个，其中交易额1亿元以上商品交易市场13个；在建项目5个。25个商业项目面积共246万平方米。建成运营的冷链物流项目共77个，配备冷藏车73辆，冷库库容28.8万立方米，可存储约15万吨农产品。经自治区商务厅备案的二手车交易市场共11家。

【步行街培育】 2019年，市商务局开展步行街培育和认定工作，举办桂林市万人“同吃国庆面，欢度国庆节”和“1117桂林吃货节”等活动，多渠道宣传推介，聚拢步行街人气，促进步行街销售。推荐桂林市东西巷、万福广场和阳朔益田西街参加广西高品位步行街评定，推荐桂林市东西巷申报全国第二批步行街改造提升试点。

【扶持桂林米粉产业发展】 2019年，市商务局牵头拟制出台《关于桂林米粉产业的发展指导意见》，配合市米粉办制订《桂林米粉产业发展规划（2019—2025）》《促进桂林米粉产业发展的扶持政策》。支持桂林米粉“走出去”发展，在广州、深圳等地建设配送中心，在南京开设品牌门店。持续推进桂林米粉“五进工作”，支持桂林米粉与星级酒店开展合作、拓展市场。组织米粉企业参加长沙餐饮食品博览会、第101届全国糖酒会（天津）和南宁首届世界米粉大会，宣传桂林米粉品牌，促进桂林米粉销售。

【家政服务信用体系建设】 2019年，市商务局开展家政服务信用体系建设工作，联合桂林市家政服务行业协会组织家政企业开展广西家政信息平台数据采集人证合一工作。指导家政企业做好2019年广西家政服务信用体系建设项目资金申报工作，全市申报项目家政企业14家，获批资金57万元。

【市场秩序建设】 2019年，市商务局开展打击冻品牲畜活体走私，打击治理象牙等濒危物种走私，打击成品油走私及食糖走私，联合市公安局、市场监管局、工业和信息化局、桂林海关等部门开展“惊雷”“国门利剑2019”、烟草“烈日”等联合专项行动。共出动执法力量1.20万人次，出动执法车辆3082车次。查办“3·27”特大非法收购、运输、出售珍贵、濒危野生动物制品系列案件，刑事立案19件，行政立案5件，抓获犯罪嫌疑人7人，查获象牙制品16件净重435.9克，穿山甲鳞片1193.7克。加快和规范冻品无害化处理，向自治区无害化处理企业移交涉私冻品4批次共计134.37吨。6月28日，桂林市肉菜流通追溯体系项目建设启动，有效保障肉类蔬菜质量安全和人民群众健康安全。12月12日，在中心广场开展2019年广西诚信兴商宣传暨桂林市稳增长促消费活动。　（罗晖）

电子商务

【概况】 2019年，桂林市推进桂林国家电子商务示范城市、国家电子商务示范基地、国家电子商务进农村综合示范县建设，农村电子商务发展成效明显，成为助力精准脱贫和乡村振兴的有效手段。全年桂林市电子商务交易总额711亿元，增长14.5%。全年全市电子商务网络零售额102.42亿元，网络零售发展指数73.73，全市网络零售店铺数量2.2万家，吸纳就业人数2.6万人。

【农村电商项目建设】 2019年，桂林市共有7个县获批国家电子商务进农村综合示范项目，争取中央资金1.3亿元，示范地区农村电子商务服务体系初步建成。累计建成县级电商服务中心7个，乡（镇）级服务站点69个，村级服务点739个，物流配送网点709个，农村电商业务累计培训3.5万人次，农产品网络零售额累计25.03亿元，培育农产品网销单品323个。其中，永福县成功申报并获批2019年国家电子商务进农村综合示范项目，争取到中央财政资金1500万元；灵川镇和全州镇获评2019年自治区级淘宝镇。

【桂林电商谷建设】 2019年，桂林市加强桂林电商谷建设，电商谷基地总孵化面积10万平方米，包括研发办公楼、电商培训基地、仓储物流、企业服务中心、公共会议室、网络机房、员工餐厅等配套设施，成为面向电子商务及电子商务服务企业的集创业办公、研发、基础配套、公共服务平台于一体的综合性服务园区。年内，“桂林电商谷”在商务部关于国家电子商务示范基地综合评价中成绩突出。

2019年3月14日，桂林市2019年烟草市场清理整顿工作会暨2018年度卷烟打假打私总结表彰会召开　（常婷婷　摄）

【做大做强电商节】 2019年，桂林市成为自治区商务厅批复的广西“壮族三月三”电商节3个分会场之一。市商务局对接联系京东商城，在电商节期间举办“京迎桂味·行销全国”京东超市食品粮油推介会，组织全市食品饮料、粮油米面、地方老字号等行业商家参加，推动桂林名特优产品线上销售。指导广西茗益电子商务公司做强做优京东中国特产·桂林馆，京东中国特产·桂林馆获京东集团2018年度生鲜开发平台中国特产·京英奖。组织举办2019桂林跨境贸易电商峰会，帮助桂林100多家外贸企业跨境出海。与广西师范大学漓江学院、杭州名淘公司共同发起成立全市首个高校电商人才培养孵化基地，建立桂林县域与高校电商人才培养产政教融合机制，为县域经济电商人才储备搭建桥梁。

（罗晖）

【烟草专卖】 2019年，桂林市烟草专卖局（公司）办公地址在桂林市七星区骖鸾路36–1号，内设办公室、人力资源管理科、党群工作科、财务科、后勤服务科、纪检监察科、安全管理科、综合管理科、法规科、审计科、信息科、基础设施建设与管理办公室、专卖监督管理科、稽查支队、内管派驻办、卷烟营销中心、物流配送中心等科（室），在职人员204人。下辖桂林市城区、临桂、灵川、兴安、全州、灌阳、永福、阳朔、荔浦、平乐、恭城、龙胜、资源13个县级局（营销部），39个专卖管理所（客户服务站），服务和管理全市卷烟零售户2.38万户。

年内，桂林市烟草专卖局（公司）健全打假打私工作机制，强化重大案件侦破力度，维护良好卷烟市场秩序。全年累计销售卷烟94亿支，销售额57.28亿元，含税单箱销售额3.05万元，增长4.69%；实现税金10.06亿元，上缴财政14.85亿元。共查获各类涉烟违法案件1285件，其中国标网络案件7件；查扣非法卷烟3400多万支，涉案金额2000多万元；逮捕30人，判刑23人。（常婷婷）

2019年9月12日，2019桂林市跨境电商峰会举行　（蔡俊　摄）

物资流通

【概况】 2019年,桂林市社会消费稳中有升,社会消费品零售总额1095.20亿元,增长10%。对外贸易略有下降,全市外贸进出口总额70.58亿元,下降2.6%。其中,出口总额62.30亿元,与上年持平;进口总额8.28万亿元,下降18.6%。邮政业务增速放缓,邮政行业业务总量累计完成10.95亿元,增长18.18%;邮政行业业务收入(不包括邮政储蓄银行直接营业收入)累计完成9.07亿元,增长7.98%。其中,快递服务企业业务量完成3312.28万件,增长12.98%;快递业务收入完成5.29亿元,增长19.1%。货运量周转量增速放缓,公路运输换算周转量完成229.7亿吨千米,增长6.61%;水路运输换算周转量完成1.37亿吨千米,增长11.2%。

【重要商品市场供求】 2019年,桂林市重要商品市场供求基本平衡。年内,桂林市加强粮食、食盐、农资等重要商品总量宏观调控,市场供应充足,价格基本稳定。粮食方面,全年实际收购粮食11.21万吨,其中普通早稻5.53万吨,优质稻5.68万吨。食盐方面,全年购进盐品2.10万吨,销售盐品1.86万吨,其中小包装盐销售1.31万吨,加工用盐销售5450吨。年末盐品库存6420吨,其中小包装食盐库存5001吨,50千克饲料添加氯化钠库存1327吨,工业盐库存92吨。小包装食盐能满足3个月销售,大包装盐能满足1.5个月销售。

【国家物流枢纽承载城市建设】 2019年,桂林市各县(市、区)及相关部门、重点企业开展规划编制工作专题调研,组织规划编制相关单位赴怀化、商丘、临沂3市学习国家物流枢纽承载城市建设经验,召开桂林市国家物流枢纽建设方案编制工作调研座谈会,确定物流枢纽建设运营主体。年内,完成《桂林市国家物流枢纽布局城市建设工作方案(规划)编制》招标采购,编制《桂林市国家物流枢纽布局城市建设规划》《桂林市商贸服务型国家物流枢纽建设方案》。

【重点物流项目建设】 2019年,桂林市编制2019年现代物流业项目投资计划表,协调推进桂林西物流中心完成项目备案,推进桂林中辰电商物流交易中心、申通快递物流园、苏桥无水港项目、桂林海吉星农产品物流园、桂林东站冷链物流园等一批重大物流项目建设。争取到2019年自治区服务业发展专项资金支持桂林中辰电商物流交易中心项目、桂林海吉星农产品物流园建设。搭建宣传物流项目企业平台,对接中央驻桂和自治区主要新闻媒体开展西部陆海新通道建设主题采访报道。

【开展商品促销活动】 2019年,桂林市人民政府主办"2019桂林漓江购物节",首次使用新媒体平台进行持续跟踪报道。年内,桂林市作为自治区首批6个实施家电以旧换新补贴政策的试点城市之一,获自治区专项资金520万元,并成为自治区首个启动家电以旧换新工作的城市。年内,市商务局组织21家桂林米粉、罗汉果等名特优农产品生产经营企业参加"第101届全国糖酒会(天津)—桂林米粉品牌促销活动",展销期间签约成交总金额3500万元;意向签约总金额1.42亿元,其中桂林米粉1.01亿元,罗汉果1600万元,桂花糕、荔浦罐头、蜂蜜、甜酒等1500万元。 (市发展和改革委)

集市贸易

【概况】 2019年,桂林市市场开发服务中心(简称市市场中心)办公地址在桂林市七星区自由路花桥街4号,内设行政秘书科、财务科、人事教育科、法制科、物业管理科,下设北区、中区2个物业管理处和东环市场、旅游批发市场2个市场管理部门,下辖东环、雁山、北门、保惠、芦笛、铁路、乐群、信义等8个集贸市场物业管理所。在职人员129人。

【市场建设与发展】 2019年,市市场中心投入资金40余万元,对所辖乐群菜市面积约1100平方米的大棚进行安全整改。8月,投入资金19.95万元,对旅游批发城A座2层至4层、B座2层至3层的消防卷帘门、应急广播、消防供水、室内消火栓、应急照明和指示牌等消防设备的整改维修并通过了相关验收。投入资金7万余元,安装东环市场消防水管管道、新装消防栓11个,消除东环市场内无消防水的安全隐患。

【市场整治】 2019年,市市场中心加大桂林创建全国文明城市宣传工作,及时更新公益广告牌、横幅、海报。解决各市场"脏乱差"等突出问题,各市场专职卫生保洁和管理人员坚持每日

2019年11月14日,市领导到北门市场检查创城工作 (莫志军 摄)

早、中、晚三次大清扫,实行每日冲洗、消毒制度。发动商户全员行动,彻底清理卫生,规范物品摆放秩序,保证市场通道宽敞通畅。加强多部门联合执法,清理假冒、伪劣、变质食品,确保食品安全与卫生,共同打击假冒伪劣、短斤少两、欺行霸市等违法行为。配合相关部门清理市场内流动商贩、乱张贴广告、乱停放车辆等行为,确保市场经营秩序,占道经营现象明显减少,市场环境大为改观。

【安全生产管理】 2019年,市市场中心开展安全生产大检查42次,出动检查人员221人次,发现安全隐患123件,印发安全生产隐患通知书36份。6月,组织60多名职工及旅游商品批发城商户进行消防灭火演练,提高职工和商户对发生火灾处理的报警和前期应急处理能力。年内,投入资金50多万元,完成消防设施器材维护保养、电源线路的更换和改造、安全宣传教育及其他不安全因素的检查和维修,从根本上消除各市场的安全隐患。

(白般华)

供销合作商业

【概况】 2019年,桂林市供销合作社(简称市供销社)办公地址在桂林市临桂区青莲路桂林投资发展大厦南楼,内设办公室、人事劳动保障科、财务审计科、经济发展科、合作指导科、社有资产管理科、监事会办公室,人员编制26名,在职人员24人。下辖12个县(市、区)供销合作社。有县以上社有企业48家,其中市直属企业4家。有基层供销社95家,专业合作社558家,农民合作社联合社95家,社员13.50万人,其中农民社员13.31万人,带动农户6.90万户。

全年全市供销合作社系统购进总额143.18亿元,增长15.2%;销售总额166.67亿元,增长14.6%;农副产品购进总额37.63亿元,增长17%;消费品零售额62.9亿元,增长17.83%;售给农民的农业生产资料44.26亿元,增长13.79%;再生资源购进额1.76亿元,增长17.8%;利润总额2836万元,增长18.07%。

【"广西馆"名特优农产品征集】 2019年,市供销社参与筹备和运营广东东西部扶贫协作产品交易市场"广西馆"工作,完成"广西馆"内桂林市的农产品的征集、筛选和展示工作,共收集加入"广西馆"的农副产品数据库企业42家,代表桂林特色的桂林米粉、恭城月柿、恭城油茶、荔浦芋头、全州禾花鱼、永福罗汉果、龙胜萃鸭、阳朔金橘、桂林辣椒酱等95个名特优农产品在"广西馆"亮相,向粤港澳大湾区推广产销。

【市供销社扩大农产品销售】 2019年,市供销社开展"供销大集"百场百家活动,永福、灵川、临桂等县(区)在春节前开展"抓流通,助脱贫,供销大集"活动,推动农产品销售。年内,市供销社到北京、上海和广州等地开展以桂林砂糖橘为主的优质农产品销售推介活动,并在广东东西部扶贫协作产品交易市场"广西馆"举办桂林砂糖橘专场推介活动,扩大桂林农产品在粤港澳大湾区的销售。

【助推脱贫攻坚取得明显成果】 2019年,桂林市供销系统投入资金308.7万元,争取县以下财政补助136.3万元,实施建设扶贫项目14个。组织贫困地区参加各类产销对接会2次,设立商贸连锁经营企业消费扶贫专区(柜)17个,农产品批发市场专设贫困地区产品销售展区6个,与贫困地区建立长期稳定合作关系单位45家,帮助销售贫困地区农产品4600余万元,搞活贫困地区农产品销售。恭城瑶族自治县供销社领办的泗安乡村果蔬专业合作社获自治区脱贫攻坚"先进集体"称号。

【推进供销社综合改革】 2019年,市供销社先后在恭城瑶族自治县、灌阳县召开全市供销社系统综合改革现场推进会,以点带面引领和带动全系统综合改革向纵深推进。深化"县基一体化"管理机制,通过组建社有资本投资运营平台,加强社有资产运营监管,拓展经营服务领域,促进社有资产保值增值。全年全系统领办创办农民专业合作社60家,发展乡(镇)"农合联"36家,建成综合服务社(站)23个。全年基层社实现营业收入4.46亿元、利润总额688万元,发展质量和经济实力逐年提升。

【推进项目建设】 2019年,市供销社系统推进为农服务项目开发建设,推进项目建设30个,投资总额1.98亿元。其中,投资300万元以上的项目15个。年内,灌阳县文市供销社投资2600万元建成含供销社综合服务站、商场、酒店、地下停车场以及商住房的日用消费品配送中心。年末,灵川县九屋供销社综合大楼拆旧建新升级改造完工;灵川县潭下供销社建设街改建纳入自治区市场投资公司股权投资项目;永福县苏桥镇供销社将闲置资产与罗锦镇小博士幼儿园合作,建成占地2000平方米的苏桥镇供销社小博士幼儿园,并完成8间门面的装修改造;临桂区供销社利用城区中心社闲置土地建成临桂区电商扶贫超市联盟中心;10月,资源县瓜里供销农贸市场开业。

【农业社会化服务】 2019年,桂林市供销系统依托农民专业合作社、"农合联"和农资公司等,采取全托管、半托管等方式开展以土地托管为主要内容的农业社会化服务,提供农资配送、配方施肥、农机作业、统防统治、收割烘干、冷链贮藏、加工销售等系列化服务。全系统托管土地面积0.53万公顷,农业社会化服务规模进一步扩大。永福县供销社依托农资公司配送中心平台,全县农资产品的乡村覆盖率96%,加盟店78家,并通过村级综合服务社增加日用消费品经营网点10个。恭城瑶族自治县与太平洋保险公司合作,在平安乡、三江乡等乡(镇)组建农民专业合作社联合社,试点开展农业保险等综合业务服务,打造一站式农业社会化服务平台。

【电子商务发展】 2019年,桂林市供销系统立足当地优势农业资源,采取多种方式加快农村电子商务发展,促进农产品进城、工业品下乡,实现电子商务销售额3600多万元,增长113%,

其中农产品电子商务销售额 2248 万元，增长 103%。（谭祥树）

粮油商业

【概况】 2019 年，桂林市粮食企业粮食总购进 160.20 万吨（贸易粮，下同），总销售 63.44 万吨。其中，国有粮食企业总购进 16.66 万吨，总销售 20.97 万吨。实现主营业务销售收入 6.16 亿元，减少 676 万元；利润总额 974.75 万元，增加 230.75 万元。其中，市直国有粮食企业实现销售收入 1.44 亿元，增加 5614 万元，实现利润 1081 万元，增加 85 万元。全市粮油饲料产品主营业务收入 45.41 亿元，增长 7.28%；实现利税 1.36 亿元，下降 19.22%。其中，大米加工业销售收入 13.15 亿元，下降 20.1%；饲料加工业销售收入 29.16 亿元，下降 10.96%；小麦粉加工销售收入 1.04 亿元，增长 52.4%。

【稻谷目标价格补贴与储备粮订单收购】 2019 年，自治区下达桂林市稻谷补贴与储备粮订单收购计划，安排直补资金 3724 万元，占自治区计划总量的 15.56%，全市 6 个县（区）纳入到粮食直补范围。全市全年实际收购粮食发放补贴资金 3265.85 万元。

【粮食仓储设施建设】 2019 年，桂林市按照多渠道投入、分级负担的原则，利用国家实施“粮安工程”有利时机，多方筹措资金，加大粮食仓储设施建设力度，全市粮食仓储设施建设共有在建项目 6 个，建设资金 630 万元，其中建仓资金 450 万元，仓房维修改造资金 180 万元。

【“优质粮食工程”建设】 2019 年，桂林市列入粮食产后服务体系建设范围的单位为灵川县、全州县、永福县、平乐县，共获上级财政补助资金 530 万元并完成资金支付。全州县列入中国好粮油行动示范县，获中央专项补助资金 6446 万元；桂林力源粮油食品集团公司列入中国好粮油行动示范企业，获中央专项补助资金 500 万元。至年末，全州县中国好粮油建设资金完成支付 2747.7 万元，桂林力源粮油食品集团公司全部完成资金支付。年内，灵川县、临桂区列入中国粮食质量监督检验机构建设范围，分别获中央专项建设资金 150 万元、100 万元，年内全部完成资金支付。

2019 年 1 月，阳朔县葡萄镇马岚村地头冷库工作场景（谭祥树 摄）

【粮食库存检查】 2019 年，桂林市按照第三次全国粮食库存大清查要求，开展政策性粮食库存大清查。年内，桂林各级人民政府统筹协调各方力量，突出抓好关键环节，按照规定的时间节点推进大清查工作。全市纳入清查范围的县（市、区）12 个、报账单位 30 个，实际库存粮食数量真实、质量良好、管理规范、储存安全，检查中未发现涉粮违法行为。

【粮食调控】 2019 年，桂林市粮食和物资储备局围绕确保全市粮食安全主题，完善储备粮吞吐调节机制，灵活运用销售轮换方式，保持粮食市场供应和价格基本稳定。抓好节日期间粮油市场供应。粮食储备规模和风险基金规模足额落实，调节全市粮食供求总量，确保粮食安全。承接原商务部门划转过来的猪肉储备职能，全面完成自治区下达的猪肉储备总量规模和新增任务，确定承储单位企业 11 家；承接原民政部门划转过来的应急救灾物资储备职能，应急救灾物资储备接收到位，确定市级应急救灾物资代储单位，接收自治区减灾中心调拨的一批救灾储备物资。强化粮油市场监测预警。做好粮食流通统计，开展粮油供需平衡调查，加强粮油市场价格监测，及时收集、汇总全市粮食市场供应、粮油价格等方面的信息，为上级机关和政府决策搞好服务。

【粮食产业化发展】 2019 年，桂林市粮食和物资储备局注重加强对龙头企业的培育和扶持，引导粮食企业发展订单农业，走优质谷产业化经营之路，取得较好社会效益和经济效益。桂林力源粮油食品有限公司成为国家级农业产业化龙头企业，产值近 200 亿元，有子公司 73 家。6 月，桂林市粮食和物资储备局组织粮食企业参加在河南郑州举行的第二届中国粮食交易大会，桂林力源粮油食品有限公司、桂林永福福寿米业公司、桂林米粉公司等企业参展；8 月下旬，组织粮食企业到广州市参加第 16 届广西名特优产品（广州）交易会，参展的桂林农产品 1000 多种，涵盖粮、油等特色产品。（张咸忠）

对外经济贸易·非公有制经济

招商引资

【概况】 2019年，桂林市投资促进局（桂林市非公有制经济发展服务中心）办公地址在临桂区西城中路69号创业大厦西辅楼。内设办公室、政策研究和信息科、投资促进一科、投资促进二科、投资促进三科、项目协调服务科、非公经济服务科、机关党组织，人员编制32名（含后勤服务人员编制控制数5名），在职人员39人。年内，桂林市投资促进局组织开展产业大招商攻坚突破年活动，推进“强龙头、补链条、聚集群”。全年内资自治区外到位资金832.67亿元，战略性新兴产业到位资金增长（比上年，下同）15%以上。全市实际利用外资6272万美元。新签并实施1亿元以上项目136个，其中工业项目45个。策划包装项目109个，其中“双百双新”项目15个。年内，桂林市获“2018年度广西招商引资专项考评优秀等次”。

【坚持高位推动招商】 2019年，桂林市成立招商高效决策机制，调整充实市招商引资工作领导小组，统筹协调推进全市招商引资工作。开展专题调研摸排，弄清桂林产业发展现状，分门别类编印目标企业目录300多家，制订《2019年产业大招商攻坚突破年实施方案》，确定三次产业14个重点产业招商方向，明确招商联系的市领导和牵头部门。出台《桂林市招商引资激励办法》，对招商引资项目、中介机构、承担年度招商引资目标任务的各级政府和园区、招商引资贡献突出的集体和个人给予激励，调动市内外积极因素“招大商、引大资、培大企”。

【创新模式精准招商】 2019年，桂林市“走出去”开展点对点精准招商。开展“走进大湾区”“对接长三角”“拓展京津冀”等大型招商活动，市主要领导参加并推介，共签约项目51个，总投资314.14亿元。开展小分队精准招商近20次，拜访知名企业100多家，达成投资意向项目50多个，计划总投资194.2亿元。开展“请进来”招商活动，邀请名优企业企业家100多批次到桂林市考察，举办“2019桂林电子信息产业投资及发展洽谈会”“2019中国－东盟博览会旅游展投资合作推介会”“2019粤桂黔滇产业项目对接会”和广西首届文化旅游发展大会投资推介会等，签约项目29个，总金额超865.5亿元。利用合作平台宣传推介桂林，对接项目。年内，组织参加市外投资洽谈会13场。在“2019广西大健康产业峰会”“2019广西全面对接粤港澳大湾区产业发展推介会”签约项目3个，总投资47亿元。桂林市在第16届浙商投融资大会上被评选为“2019浙商（省外）最佳投资城市”。落实项目后续跟踪对接，制订跟踪对接方案，做到每家有意向企业都有联络员负责后续跟踪对接。

【市县联动构建招商格局】 2019年，桂林市建立“市主抓、部门联动、县（市、区）落实”攻坚突破机制，党政领导带队，带任务招商、压责任招商。各行业主管部门开展专题招商，举办第五届粤桂黔滇高铁经济带合作联席会议暨粤桂黔滇高铁经济带合作试验区（桂林）广西园建设工作现场会、电子信息产业（深圳）招商推介会、中国－东盟博览会旅游展投资合作推介会等。各园区开展专题招商，组织开展北京央企、国企对接会和园区平台公司峰会，深圳高端装备制造业项目对接洽谈会，桂林高铁经济产业园暨灵川县招商对接会等。各县（市、区）开展多次“请进来，走出去”专题招商活动，构建全市大招商工作格局。

【优化环境服务招商】 2019年，桂林市加强统筹协调，开展外资服务月活动，召开全市招商引资工作推进大会和全市利用外资督导工作大会，指导、推进产业大招商工作。市领导主动服务招商。年内，市领导开展招商引资对接洽谈194次，召开项目协调推进会80次，解决项目问题204个。市四家班子领导分别联系1家—2家重点工业企业（项目），了解企业存在的困难和问题，督促责任单位限时解决，扶持企业做大做强。做好招商引资宣传推介片录制，建立招商引资三大平台。对列入自治区招商引资重点项目清单的18个项目，各县（市、区）指定专人跟踪服务，为桂林光达云创谷有限公司项目、桂林数字港科技有限公司项目等49个项目开展代办服务；全年共处理投诉案件25件。

【招大引强取得突破】 2019年，桂林市引进世界500强企业投资项目7个，分别是：华润医药集团有限公司投资的华润桂林医药公司配送、医疗器械配套综合项目，国家电力投资集团公司分别投资的灵川海洋1#风电场项目、兴安界首二期风电场项目和资源县马家风电场项目，太平洋建设集团投资的全州县天湖米粉产业园基础设施工程项目，华能集团投资的桂林临桂华能分布式能源燃气管网、供热管网项目，新疆广汇实业投资（集团）有限责任公司投资的桂林广汇物流园项目。中国500强企业投资项目4个，

2019年9月21日，第16届中国－东盟博览会桂林市经济合作项目签约仪式举行 （邱景 摄）

分别是：碧桂园控股有限公司投资的荔浦碧桂园房地产开发项目二期工程项目、华夏幸福基业股份有限公司投资的桂林乐满地康养文旅综合体项目、国家电力发展股份有限公司投资的全州县国电马头风电场项目（二期）、龙光地产控股有限公司投资的龙光·桂林国际养生谷项目。中国民营500强企业双胞胎（集团）股份有限公司投资的灌阳光明村年存栏6000头母猪扩繁场建设项目。2019年中关村瞪羚企业北京盛和信科技股份有限公司投资的桂林信息网络智能终端及网络设备服务产业项目。

【强化项目示范带动】 2019年，桂林市新引进重大产业项目且通过该项目示范带动吸引11家企业到桂林投资，为助推桂林经济高质量发展提供支撑。项目分别为：总投资13亿元的桂林皓隆石墨烯新型制品产业园项目，总投资2亿元的灌阳县高纯新型合金材料项目，总投资1.5亿元的华越LED芯片支架新项目、钢带分条线项目，总投资20亿元的桂林灵川光大云创谷项目，总投资1.9亿元的平乐爱森新材料生产加工项目，总投资6000万元的平乐永鑫玻璃生产加工项目，总投资1.08亿元的桂林百里香食品项目，总投资2亿元的桂林永福罗锦镇农产品加工集聚区项目，总投资27亿元的桂林乐满地康养文旅综合体（华夏灵洲·幸福水镇项目一期），总投资1.6亿元的桂林临桂软件开发销售及维护项目，总投资2000万元的卓净清洁洗涤基地项目。

【参加第16届中国－东盟博览会】 2019年，桂林市组织参加第16届中国－东盟博览会、商务与投资峰会，市长秦春成分别会见华润集团、广西建工集团等重要客商嘉宾。桂林共签约项目41个，签约总金额590.35亿元。其中工业类项目19个，签约金额83.63亿元。自治区集中签约专场，桂林共签约项目7个。其中，内资项目5个，外资项目2个；工业项目5个，文化旅游类项目2个。桂林市经济合作项目签约专场，现场签约内外资项目共计34个，签约金额420.33亿元。34个项目中，内资项目31个，外资项目3个；工业项目14个，文旅、大健康等服务业类项目20个，工业类项目签约金额56.63亿元。项目涉及制造业、电子信息、新材料、新能源等战略性新兴产业以及生物医药、健康养生、休闲旅游等大健康产业和文化、商贸等现代服务业等行业。 （邱景）

对外贸易

【概况】 2019年，桂林市外贸进出口总额70.58亿元，下降2.6%。其中，出口62.30亿元，与上年持平；进口8.28亿元，下降18.6%；贸易顺差54.02亿元，增长2.7%。加工贸易进出口总额9.75亿元，增长3.4%。申报国家级外贸转型升级基地（电子产品）、自治区级电线电缆、橡胶工业外贸转型升级基地并获批准。183家外贸企业参保中国出口信用保险公司，数量在全自治区名列第一。

【进出口产品结构】 2019年，进口产品中，数控机床、计算机集成电路、计量检测自动分析仪器等机电产品约占60%，其他进口货值过1000万元的有大米、棉花、天然橡胶、锰矿砂和医药品，锰矿砂、天然橡胶、钢材、数控机床、电线电缆等大宗商品进口增长较快，分别增长30%、50%、110%、200%和96.4%。出口产品中，传统出口企业的衣架、电线电缆、青蒿琥酯、多轴手持稳定器、植物提取物、铜合金加工型材、服装、车用安全玻璃、滑石制品、客车、口腔医疗设备、临床检验仪器等产品，继续对桂林外贸稳增长起到关键作用。

【出口产品市场】 2019年，桂林市出口市场涉及166个国家、地区和国际组织，产品出口市场遍布全球，主要市场是亚洲、欧洲、拉丁美洲。对亚洲整体出口增长17.1%。对东盟十国出口中，对缅甸出口增长97.1%，对柬埔寨出口增长37.1%，对菲律宾出口增长29.9%，对新加坡出口增长23.7%，对马来西亚出口增长66.8%，对泰国出口增长29%。其他亚洲国家中，对印度出口增长116.5%，对韩国出口增长41%，对日本出口增长15.9%。对其他“一带一路”国家中，出口增长的较好的国家是：哈萨克斯坦增长458%，斯里兰卡增长375.6%，塔吉克斯坦增长101.1%，阿富汗增长54.8%，乌兹别克斯坦增长31.2%，阿联酋增长76.2%。其余“一带一路”国家的出口业务下降比较大。对欧洲市场整体出口增长2.7%，对比利时、丹麦、英国、德国、希腊、安道尔、马耳他、俄罗斯、乌克兰、波黑均有两位数增长，对卢森堡、葡萄牙、奥地利、保加利亚、亚美尼亚、阿塞拜疆有三位数增长。对拉丁美洲整体出口增长20.5%，其中对危地马拉、洪都拉斯、墨西哥、巴拿马和委内瑞拉均三位数增长。对澳大利亚出口下降10.5%，对加拿大出口增长2.8%，对美国出口下降15.7%。

【利用外资】 2019年，桂林市新增外资项目38个，增长123.53%；实际利用外资额6272万美元，增长25.09%。外商直接投资项目按行业分，农、林、牧、渔业项目3个，制造业项目6个，建筑业项目2个，批发和零售业项目5个，交通运输、仓储和邮政业项目1个，住宿和餐饮业项目1个，信息传输、软件和信息技术服务业项目4个，租赁和商务服务业项目7个，房地产业项目2个，科学研究和技术服务业项目3个，水利、环境和公共设施管理业项目1个，文化、体育和娱乐业项目3个。

【对外投资】 2019年，桂林市共有6家企业完成"走出去"备案手续，中方协议投资额1.6亿美元，增长2273%，实际投资额1896.3万美元，增长484%。主要投资企业有桂林莱茵生物科技股份有限公司在美国投资的莱茵控股集团有限公司，桂林国际电线电缆集团有限责任公司投资的澳大利亚电线电缆股份有限公司。 （颜杰）

个体私营经济

【概况】 2019年，桂林市市场监督管理局（简称市市场监管局）持续优化营商环境，激发全市民营经济活力。至年末，全市民营经济市场主体增长10.17%。其中私营企业累计7.86万家，增长13.68%，注册资本3118.83亿元，增长13.79%；全市个体工商户累计22.01万户，增长9.12%，资金金额189.82亿元，增长23.27%；农民专业合作社累计7024户，增长5.47%，出资金额92.44亿元，增长11.20%。1户个体户获全国先进个体工商户。全市2019年新办个体工商户转型升级为企业的共110户，增长69%。

【"小个专"党建工作】 2019年，市市场监管局按照"围绕发展抓党建，抓好党建促发展"总体思路，开展小微企业、个体工商户和专业市场（以下简称"小个专"）党建工作。至年末，全市共有"小个专"党组织148个，党员955人。年内，市市场监管局实施领导干部定点联系帮扶指导"小个

表17　　2019年桂林市个体工商户分类统计表

行业分类	户数（户）	从业人员（人）	资金数额（万元）
农、林、牧、渔业	6879	19615	322832.33
采矿业	86	363	3665.62
制造业	9937	30339	127522.60
电力、热力、燃气及水生产和供应业	76	220	5740.59
建筑业	1994	4511	25080.33
批发和零售业	131312	199038	765680.26
交通运输、仓储和邮政业	4525	6304	41878.39
住宿和餐饮业	35861	93375	374642.14
信息传输、软件和信息技术服务业	635	1129	4091.10
金融业	14	25	75.70
房地产业	197	328	1369.95
租赁和商务服务业	5028	9170	67437.69
科学研究和技术服务业	694	1367	4782.49
水利、环境和公共设施管理业	6483	12905	35374.01
居民服务、修理和其他服务业	13781	27009	86283.56
教育	25	89	1348.10
卫生和社会工作	438	3476	4971.00
文化、体育和娱乐业	983	2705	17838.33
其他	1132	2383	7576.97
合计	220080	414351	1898191.16

表18　　2019年桂林市私营企业分类统计表

行业分类	数量（家）	从业人员（人）	注册资本（万元）
农、林、牧、渔业	5343	28125	1593741.20
采矿业	443	3170	240122.17
制造业	5703	41080	1979623.04
电力、热力、燃气及水生产和供应业	768	7718	1491206.09
建筑业	6396	34390	2248460.21
批发和零售业	26060	109867	4482990.08
交通运输、仓储和邮政业	1407	8447	316816.46
住宿和餐饮业	1501	8744	311539.51
信息传输、软件和信息技术服务业	3290	17037	714534.64
金融业	179	1299	297512.18
房地产业	2931	15964	1667074.05
租赁和商务服务业	13932	73304	7367816.60
科学研究和技术服务业	5689	31378	7141803.40
水利、环境和公共设施管理业	1068	6375	309958.87
居民服务、修理和其他服务业	1517	7705	175851.04
教育	185	1819	53119.60
卫生和社会工作	121	1020	76633.50
文化、体育和娱乐业	1613	8322	484354.11
其他	483	2465	235107.98
合计	78629	408229	31188264.73

表19　　2019年桂林市"小个专"党建情况统计表

项目	数量（个）	党员（人）
党委	2	23
党总支部	16	22
小微企业党支部	106	753
个体工商户党支部	17	109
专业市场党支部	7	48
合计	148	955

2019 年 11 月 19 日，国家市场监管总局调研组到桂林万禾农产品有限公司党总支部开展“小个专”党建工作调研 （市市场监管局 供图）

专”市场，将党建工作与生产经营活动深度融合，推动市场主体发展壮大。结合桂林国际旅游胜地建设，率先在“吃住游购行”等涉旅游行业将党建工作规范化、标准化与服务行业标准化深度融合，打造旅游党建品牌。为符合条件的市场主体颁发“党组织推荐放心店”和“共产党员经营户”牌匾。年内，全市有 3 个“小个专”党组织被自治区市场监管局评为“全区小个专党建工作高标准示范点”、有 2 个“小个专”党组织被自治区党委组织部两新组织党工委评为“全区两新组织党建工作高标准示范点”。（何云霞）

外商与中国港澳台地区投资企业

【概况】 2019 年，桂林外商与中国港澳台地区投资企业共 760 家（含分支机构，下同），增长 34.99%；注册资本 32.02 亿美元，增长 14.23%；投资总金额 60.31 亿美元。其中，新登记外商与中国港澳台地区投资企业 231 家，增长 312.5%，注册资本 1.37 亿美元，增长 29.25%；新增投资总金额 2.23 亿美元。桂林市新增中国港澳台地区投资项目 31 个，增长 287.5%；累计合同外资额 1.05 亿美元，下降 78.08%；实际利用外资额 0.55 亿美元，增长 34.15%。年内，桂林市外商投资政策日益宽松，《外商投资准入特别管理措施（负面清单）》条目由 48 条减至 40 条，压减比例 16.7%，放宽采矿业、制造业、交通运输业等准入措施，外商与中国港澳台商投资范围进一步扩大。

【推行“一口办理”服务】 2019 年，市本级企业登记窗口和商务登记窗口继续推行外商投资企业“一口办理”服务。凡经营范围中不涉及《外商投资准入特别管理措施（负面清单）》的外商投资企业在设立时，只需通过“商事登记全程电子化业务系统（广西壮族自治区市场监督管理局）”填报，无须提交纸质申请材料，即可实现商务备案与商事登记“单一窗口、单一表格”受理、数据即时共享、后台分类审批，可一次性完成企业登记和商务备案。年内，有 26 家外商与中国港澳台地区投资企业通过“一口办理”服务，同时完成企业设立和商务备案。（张妮）

国际贸易促进

【概况】 2019 年，中国国际贸易促进委员会桂林市委员会（简称市贸促会）办公地址在桂林市临桂区西城中路 69 号。内设办公室、法律事务部。人员编制 8 名（含后勤服务人员编制控制数 1 名），在职人员 10 人。6 月，提交审议并通过《桂林市贸促会深化改革方案》，基本完成本级贸促机构改革。年内，市贸促会拓展服务范围、提升服务品质，发挥国际商会作用，全市贸易促进工作持续稳步发展。

【贸促品牌亮点频现】 2019 年，市贸促会举办“首届·桂林智慧物流与供应链创新高峰论坛”和“一带一路”国际贸易大讲坛系列活动，为涉外企业解读贸易出口政策和“一带一路”倡议机遇，为企业寻找商机。承办“中国－东盟商务与投资峰会中日韩健康产业论坛”，中日韩三国政府相关部门负责人、国际和区域组织官员、康养企业高管等代表约 200 人出席活动。主办“桂林 2019 漓骑·国际儿童小铁人骑跑两项赛”，联合举办“2019 数字桂林高峰论坛暨政产学研研讨会”，助力推动“数字桂林”建设。

【加强联络拓展市场】 2019 年，市贸促会加强与东盟及港澳大湾区的沟通联络，为企业创造商机。先后接待马来西亚驻广州总领事馆投资领事、印尼华人商会会长、澳门广西商会会长，组织属地企业家与各地经贸及商协会界就投资、经贸深入沟通，建立沟通联络机制。组织企业拓展海内外市场，组织海威科技、桂林日清食品有限公司到非洲肯尼亚参加“中国贸易周”活动，组织桂林紫竹乳胶制品有限公司到泰国开拓市场，组织桂林本地特色企业参加北京世界园艺博览会广西贸易投资推介会，组织多家企业参加中国（广西）品牌博览会、非洲 16 国广西采购投资洽谈会、中国－东盟投资峰会等经贸盛会，助力桂林企业“走出去”。

【加强监测正规商会】 2019 年，市贸促会加强营商环境监测，打造一流营商环境。4 月，市贸促会营商环境监测站及 10 家会员企业营商环境监测点挂牌成立，打造桂林营商环境贸促监测体系，形成营商环境监测站、点的上下联动机制，动态收集并向有关部门反映各县（市、区）营商环境信息，解决企业在投资经营中遇到的问题。增设商会监事会，正规商会运行机制。11 月，广西钛扬律师事务所、广西桂成律师事务所、广西起航律师事务所等多家律师事务所律师担任第一届桂林国际商会监事会成员，商会监事会对商会常务理事以上成员和财务管理进行监督，促进商会民主化、正规化、透明化建设。（周志军）

财政·税务

财　　政

【概况】 2019年，桂林市财政局办公地址在桂林市临桂区平桂西路金融大厦。内设办公室、综合科、预算科、国库科、政府债务管理科、行政政法科、教科文科、经济建设科、工业交通科、社会保障科、农业科、基层财政财务管理科、金融科、会计管理科、法规科、政府采购监督管理科、资产管理科、财政监督科、人事科、财务科、机关党组织、离退休人员工作科。人员编制117名(含后勤服务聘用人员控制数7名)，在职人员105人。下设桂林市财政国库支付中心、桂林市预算绩效评价中心、桂林市政府非税收入中心、桂林市财政性投资预决算评审中心、桂林市预算编审中心、桂林市财源建设资金中心、桂林市财政信息中心、桂林市财政政策研究室、桂林市财政局干部教育中心9个直属事业单位。

全年桂林市组织财政收入258.79亿元，增长(比上年，下同)0.7%。财政总收入550.09亿元，增长7.9%。其中，一般公共预算收入152.79亿元，增长1.3%；转移性收入397.30亿元，增长10.7%。财政总支出537.34亿元，增长7.9%。其中，一般公共预算支出495.70亿元，增长8.7%；上解上级支出5.39亿元，增长26.4%；预算稳定调节基金11.03亿元;债务还本支出25.23亿元。收入和支出相抵，年终滚存结余12.75亿元，扣除结转下年度继续使用的专款12.75亿元，净结余0元。全市争取上级各类补助249.76亿元，增长10.5%。其中，一般公共预算补助245.77亿元(专项转移支付补助53.82亿元，一般性转移支付191.95亿元)，增长10.2%；政府性基金补助3.99亿元，增长32.9%。全市各级财政盘活存量资金50.20亿元，压减一般性支出3.69亿元，压减比例超过10%，其中“三公”经费压减0.12亿元。

表20　　2019年桂林市财政收支执行情况表

单位:万元

科目	全市	市级			县级
		合计	市本级	城区	
组织财政收入	2587861	1739898	882161	857737	847963
一般公共预算收入	1527929	974980	464294	510686	552949
税收收入	753240	500058	198602	301456	253182
增值税	245402	158228	60893	97335	87174
企业所得税	113256	85746	43125	42621	27510
个人所得税	29475	22387	10685	11702	7088
资源税	7594	534	0	534	7060
城市维护建设税	54454	40478	19569	20909	13976
房产税	61631	49633	20030	29603	11998
印花税	14337	9907	783	9124	4430
城镇土地使用税	24622	12374	3184	9190	12248
土地增值税	89103	68996	13655	55341	20107
车船税	20839	12250	60	12190	8589
耕地占用税	24111	3310	1076	2234	20801
契税	66664	35617	25317	10300	31047
环境保护税	1063	98	59	39	965
其他税收收入	689	500	166	334	189
非税收入	774689	474922	265692	209230	299767
国有资本经营收入	69058	37956	37913	43	31102
国有资源(资产)有偿使用收入	371371	231476	58935	172541	139895
行政事业性收费收入	64630	35774	22430	13344	28856
罚没收入	63105	38797	29044	9753	24308
专项收入	109078	55322	50146	5176	53756
其他收入	109078	55322	50146	5176	53756
上划中央收入	822690	601011	333023	267988	221679
增值税	426298	279758	125958	153800	146540
消费税	93834	91881	91760	121	1953
企业所得税	230678	174823	89415	85408	55855
个人所得税	70738	53725	25622	28103	17013

续表

科目	全市	市级			县级
		合计	市本级	城区	
其他税收收入	1142	824	268	556	318
上划自治区收入	237242	163907	84844	79063	73335
增值税	180899	121530	63935	57595	59369
企业所得税	37751	28581	14377	14204	9170
个人所得税	17682	13430	6405	7025	4252
环境保护税	457	41	25	16	416
其他税收收入	453	325	102	223	128
一般公共预算支出	4956951	1927399	940968	986431	3029552
一般公共服务支出	670642	240236	101819	138417	430406
外交支出	0	0	0	0	0
国防支出	3069	1453	207	1246	1616
公共安全支出	296197	168185	119480	48705	128012
教育支出	765734	285266	148246	137020	480468
科学技术支出	27301	16988	11775	5213	10313
文化旅游体育与传媒支出	59034	13929	8787	5142	45105
社会保障和就业支出	743043	277928	173515	104413	465115
卫生健康支出	597908	163854	82418	81436	434054
节能环保支出	95799	53940	40966	12974	41859
城乡社区支出	878788	463244	137515	325729	415544
农林水支出	472927	77167	19892	57275	395760
交通运输支出	50788	17361	10075	7286	33427
资源勘探信息等支出	30852	12828	4555	8273	18024
商业服务业等支出	13624	8941	7964	977	4683
金融支出	643	374	291	83	269
自然资源海洋气象等支出	25654	11931	8004	3927	13723
住房保障支出	92962	32981	4290	28691	59981
粮油物资储备支出	6760	2925	2520	405	3835
灾害防治及应急管理支出	23355	6854	3272	3582	16501
债务付息支出	101323	70688	55058	15630	30635
债务发行费用支出	348	250	243	7	98
其他支出	200	76	76	0	124

【保障民生事业发展】 2019年，桂林市民生支出383.52亿元，增长6.7%，占一般公共预算支出比重77.3%。筹措资金74.29亿元落实社会保障和就业政策，安排17亿元确保全市机关事业单位退休人员基本养老金按时足额发放，安排10亿元落实全市城乡居民基本养老保险参保人员缴费补贴和基础养老金发放，安排3.50亿元确保全市企业退休人员基本养老金按时足额发放，安排8.43亿元保障城乡低保对象和五保对象基本生活及残疾人补贴资金发放，安排1亿元落实“大众创业、万众创新”政策，助推桂林市就业创业工作，安排0.56亿元保障桂林市实行计划生育人员退休后待遇发放，安排0.36亿元提高全市环卫工人待遇水平，安排0.20亿元支持桂林市引进高层次人才和培养以及深化人才发展体制机制改革。筹措资金59.71亿元推进医疗卫生事业发展，安排23亿元确保全市城乡居民基本医疗参保人员的医疗待遇，安排4.39亿元支持推进公立医院综合改革，推进医联体建设、分级诊疗等各项工作开展，安排3.57亿元支持推进重点疾病预防控制等重大公共卫生项目及中医药发展等工作。筹措资金76.45亿元重点支持加快学前教育普及发展，义务教育均衡发展，特色高中内涵建设和发展，职业教育突破发展。全面落实学生资助惠民工程，加快边远地区教师周转房建设。其中，市级筹措资金1.56亿元，用于桂林中学临桂校区、中山中学城北校区建设及桂林市第十八中学初中部建设等；筹措资金0.12亿元，推进公办幼儿园建设，桂林市桂西幼儿园和三皇路幼儿园2所市直属公办幼儿园投入使用；筹措资金0.22亿元，提升教育信息化水平。

【推进“三大攻坚战”】 2019年，桂林市筹集资金打好“三大攻坚战”（防范化解重大风险、精准脱贫、污染防治）。确保债务按时还本付息，防范化解政府债务风险。至年末，全市政府债务余额461.85亿元，控制在政府债务限额以内。争取新增政府债券额度，全年全市获新增政府债券42.01亿元，主要用于脱贫攻坚、高校、公立医院、工业园区、交通、土地收储、棚户改造、市政基础设施建设等领域的重大项目，全市新增政府债券支出进度达100%。加强法定限额内债务管理，确保法定限额内政府债券不出任何风险。全年桂林市筹集资金偿还到期政府债券本金25.25亿元，其中争取再融资债券偿还到期政府债券本金25.14亿元，并安排预算资金偿还利息16.06亿元。桂林市隐性债务按时还本付息，完成化解任务。加强脱贫攻坚投入保障，财政投入增长机制得到有效落实。全市财政共筹措安排扶贫资金18.85亿元，支持510个贫困村同时实施“整村推进”扶贫开发，聚焦深度贫困地区和特殊贫困群体，推进2个极度贫困村、4个深度贫困乡（镇）、50个深度贫困村脱贫攻坚工作，重点投向贫困村的集中供水、产业扶持等脱贫攻坚项目。深入推进贫困县涉农资金整合，发挥扶贫资金整合规模效应，加大粤桂扶贫协作支持力度，强化财政扶贫资金监管和绩效考核，确保精准扶贫见实效。支持打好蓝天、碧水、净土保卫战，筹集资金5.81亿元，重点用于支持漓江流域生态保护、城市管网与污水处理（黑臭水体）、青狮潭水库灌区续建配套与节水改造等，为城市生命线“激浊扬清”，桂林生态优势更加巩固。

【保障国际旅游胜地建设】2019年，桂林市财政局做好湘江战役红军烈士遗骸收殓资金保障工作，保障《红军长征湘江战役烈士纪念设施建设保护总体规划》项目建设68个，其中“一园两馆”项目如期落成。争取自治区漓江流域生态环境保护专项资金2亿元，加快推进桂林国际旅游胜地转型升级，桂林市通过竞争性评选入选2019年国家黑臭水体治理示范城市，获中央城市黑臭水体治理示范城市专项补助资金4亿元；争取自治区漓江流域山水林田湖草生态修复专项资金1亿元。市级安排航线培育专项资金0.50亿元用于支持增飞省会和重点城市航班、拓展国内“千万”级机场航线、拓展国际航线、谋划洲际航线，完善航线网络结构，提高桂林与其他国家城市间的经贸旅游交流能力。

【推动工业发展】2019年，桂林市围绕“强龙头、补链条、聚集群”的战略部署，筹集支持工业发展资金3.08亿元，加大培育强优企业、工业招大引强、园区加快集聚、技术改造与创新、企业扩大投融资、工业要素保障等关键领域财政投入的力度；筹集自治区重大产业项目资金1.50亿元用于支持桂林深科技智能制造产业园项目建设。参与《桂林市工业振兴三年行动方案》《桂林市支持工业企业发展十八条政策措施（试行）》制订，创新财政资金支持工业投入方式，构建政府投资引导基金投资模式。推动“惠企贷”业务，重点支持园区企业、拟上规模企业和规模以上企业，通过政府增信，企业同等条件贷款额度更高，利率更低。全年共为65家企业发放贷款5.73亿元。在贷企业73家，在贷金额6.01亿元，其中规模以上贷款企业59家，发放贷款金额5.22亿元；城区贷款企业54家，发放贷款金额4.98亿元。

【优化国有资产管理】2019年，桂林市加大资产出租出借和对外投资监管力度，杜绝国有资产占有单位擅自、随意对外出租、出借国有资产的违法违规行为，提高国有资产使用效益。全市门面（场地）出租、出借收入0.72亿元。至年末，处置资产9282项，账面价值0.59亿元，其中车辆97辆，账面价值0.11亿元。市级行政事业单位资产处置收入2.79亿元，其中行政单位国有资产处置收入0.14亿元，事业单位国有资产处置收入2.65亿元。推进市直行政事业单位老城区房屋、土地资产处置工作，督促和协调老城区房屋和土地资产处置工作小组成员单位加强配合，协调解决老城区资产处置过程中存在和出现的各项问题。

2019年7月18日，桂林市财政局到全州县督查红军长征湘江战役烈士纪念设施建设保护工作（朱茜 摄）

【加强收入征管】2019年，桂林市级非税收入26.57亿元，增长11.9%。全年共实现土地出让收入45.04亿元，增长21.6%。其中，招拍挂土地149.5公顷，土地出让收入35.03亿元；收回以前年度土地出让收入2.22亿元；非储备土地收入7.79亿元。加强成本、净收益拨付，助推城市基础设施建设，全年共拨付成本13.10亿元，增长5.6%；拨付城区分享土地净收益3.20亿元，增长120%。

【强化投资评审】2019年，桂林市级共接收各类项目1307个，送审金额143.35亿元，完成项目评审1303个，送审金额91亿元，审定金额80.77亿元，审减不合理资金10.23亿元，综合审减率11.2%。全年委托完成小额项目评审902个，送审金额5.43亿元，审定金额4.99亿元，核减金额0.44亿元，综合核减率8.1%。全年分2次进行小额项目抽查工作，共抽查协作中介机构20家，抽查各类项目164个，送审金额1.69亿元，项目个数和复审金额分别占同期已完成小额项目的16.7%和26.0%。

【推进政府采购】2019年，桂林市完成政府采购预算65.86亿元，实际采购61.01亿元，节约资金4.85亿元，资金节约率7.4%。印发《桂林市代理机构管理实施细则》，明确代理机构从业管理要求，细化代理机构33种违规情形，规范政府采购行为。2019年9月1日，桂林市政府采购项目取消报名和购买采购文件要求，取消收取投标（竞标）保证金。至年末，为供应商节省购买采购文件资金126.80万元，免收投标（竞标）保证金1.94亿元，切实减轻企业负担。开展代理机构监督检查，全年共检查代理机构35家，检查采购项目143个，检查项目涉及金额2.56亿元，发现违规项目116个，涉及金额1.66亿元，以检查倒逼政府采购制度落地。

【加强财政监督】2019年，桂林市共开展“一卡通”专项治理、会计信息质量、地方预决算公开、国有资产有偿使用相关政策执行情况、单位银行账户实有资金自查自纠等检查，检查单位146个，投入检查力量65人次，查出问题金额4.42亿元，清理财政资金应缴数2.90亿元，实际收回财政资金2.09亿元。

【支持金融发展】 2019年，桂林市筹措普惠金融发展专项资金535.66万元，引导地方各级政府、金融机构以及社会资金支持普惠金融发展，支持金融机构加大县域涉农贷款投放力度，引导金融资源流向基础金融服务薄弱地区，支持国家创业担保贷款发展。全市政策性农业保险持续"扩面、增品、提标"。全年实际投保险种12个，增长20%；各险种总保费金额2.14亿元，增长7.34%；保险金额244.38亿元，增长20.57%。发挥农业保险在桂林市稳定农业生产、增强农业抗风险能力、保障农民收益等方面作用。全年利用外资2.52亿元，用于世界银行贷款桂林市环境综合治理项目、世界银行贷款广西扶贫示范项目、法国开发署贷款广西桂林市自来水公司城北水厂二期供水工程项目和德国促进贷款广西现代职业教育发展示范项目建设，支持桂林国际旅游胜地建设，推动创建国家生态文明先行示范区。落实首期专项转贷资金0.30亿元，制订桂林市中小工业企业和小微企业应急转贷资金管理暂行办法，发挥工业企业专项转贷资金杠杆作用，为桂林市中小微企业扩大投融资开辟新渠道。

【深化预算绩效管理】 2019年，桂林市财政局对2018年度市级96个预算部门216个财政支出项目进行绩效评价，评价金额32亿元，除涉密部门外，市级一级预算部门实现全覆盖。全面深化绩效目标管理改革，绩效目标申报和部门预算编制实行同步管理，绩效目标申报实现部门全覆盖。2019年部门预算市级所有一级预算部门项目224个，全部纳入预算绩效目标管理范畴，总金额39.78亿元。完善第三方独立评价机制，建立第三方评价报告质量控制体系，加强中介机构管理，提高第三方评价质量。

【加强会计管理】 2019年，桂林市组织完成全国会计专业技术资格考试，报名人数1.87万人，其中初级专业技术资格报名人数1.50万人。全年完成信息采集、审核的会计人员1.20万人。全市经审批的代理记账机构28家，增长100%。

【推进财税体制改革】 2019年，桂林市财政局推进国库集中支付电子化管理改革，制订完善国库集中支付电子化改革制度文件、突发情况应急预案，确保国库集中支付电子化系统平稳运行。市级国库集中支付电子化管理实现所有代理银行和预算单位全覆盖；11个县、6个城区国库集中支付电子化管理实现所有代理银行和部分预算单位试点上线成功运行。推进基本公共服务领域市以下财政事权和支出责任划分改革，印发《基本公共服务领域市以下财政事权和支出责任划分改革实施方案》，对教育、医疗卫生、社会保障等8大领域18项基本公共服务事项的市以下财政事权和支出责任进行划分改革，提高全市各级人民政府提供基本公共服务的能力和水平。创新预算管理方式，集中财力补短板，印发《桂林市本级创新预算管理支持补短板实施方案（2019—2021年）》，促进桂林市经济社会高质量发展。理顺园区财政管理体制机制，参与制订《深化桂林高铁经济产业园管理体制机制改革实施方案》《桂林高新技术产业开发区管理体制机制改革方案》，完善三大园区的财税体制。 （桂林市财政局）

国家税务

【概况】 2019年，桂林市税务局（简称市税务局）办公地址在桂林市穿山东路40号，在桂林市五美路15号设置五美路办公区。设正科级机构（含内设机构、另设机构、派出机构和事业单位）28个，分别是：办公室、法制科、货物和劳务税科、所得税科、财产和行为税科、社会保险费和非税收入科、收入核算科、纳税服务科、征收管理科、税收经济分析科、税收风险管理局、财务管理科、督察内审科、人事教育科、考核考评科、机关党委、老干部科、系统党建工作科、纪检组、纳税服务中心、信息中心、机关服务中心、第一税务分局、第二税务分局、稽查局、第一稽查局、第二稽查局、第三稽查局。至年末，在编人员383人。年内，市税务局被评为国家级节约型公共机构示范单位，象山区税务局第一税务分局被评为全国税务系统先进集体。

【税收收入特点】 2019年，桂林市税务部门共组织国家税务总局口径收入189.26亿元，下降（比上年，下同）0.2%；组织自治区人民政府口径收入184.58亿元，增长0.4%；组织桂林市人民政府口径收入185.88亿元，增长0.4%。税收发展稳中趋缓，增幅逐步下降。分月度看，4月增值税深化改

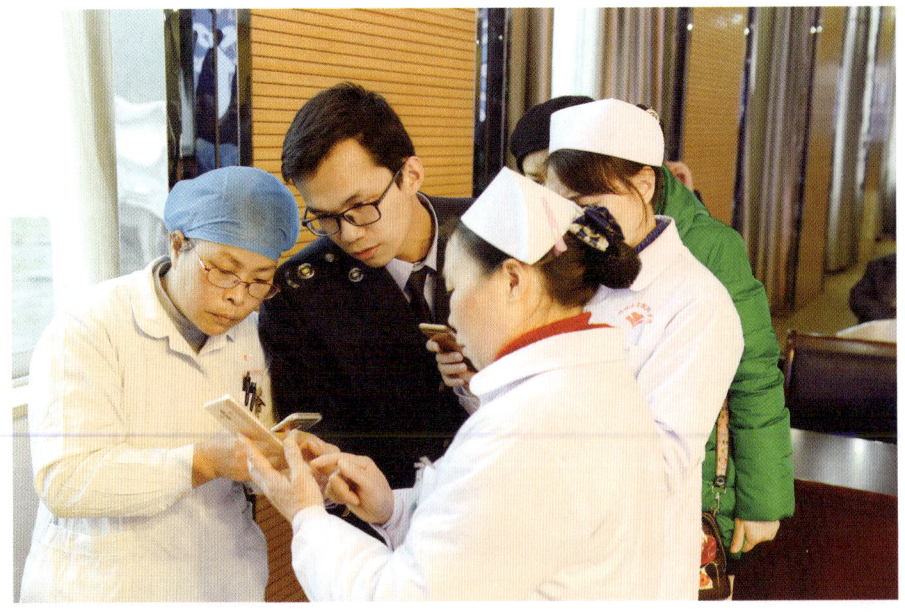
2019年1月，秀峰区税务局干部辅导医护人员使用个税APP （周群丽 摄）

革开始实施之后，增幅在小幅度震荡中逐步下降。各税种变动差异较大，增值税完成85.65亿元，增长2.5%，占税收总量比重达45.3%，提高1.8个百分点。在特殊因素的拉动下，土地增值税、消费税和房产税，分别增长52.3%、36.4%和42%。有6个税种减收。其中，企业所得税小幅下降1.1%；个人所得税和契税因政策性因素大幅下滑，分别下降30.5%、33%。第二产业税收保持增长，完成67.67亿元，增长3.1%。第三产业税收同比下滑，完成121.23亿元，下降2.1%。第三产业中，由于重点企业桂林银行股份有限公司税收减收严重，导致金融业税收下降10.3%，拉低总体税收增幅1.2个百分点。房地产业完成税收45.61亿元，增长5.7%，虽然增幅比2018年大幅回落15个百分点，但是行业增收额2.46亿元仍位列各行业之首，拉动桂林市税收增长1.2个百分点。

【落实减税降费】 2019年，市税务局落实各项减税降费政策，开办减税降费"局长会客厅"，开展减税降费大讲堂巡讲、减税降费宣传并在学习强国平台报道，组织实体纳税人学堂522场，培训纳税人1.3万人次。全年累计新增减免税费22.46亿元，小微企业普惠性优惠政策多缴退税任务完成率100%。其中，放宽小型微利企业标准加大企业所得税优惠力度减税1.39亿元，提高增值税小规模纳税人免税标准减税2.31亿元，减征增值税小规模纳税人六税两费减税2.26亿元，个人所得税专项附加扣除政策减税8978.70万元，深化增值税改革减税8.08亿元。

【落实个人所得税改革】 2019年，市税务局落实新修订的《中华人民共和国个人所得税法》，开展税法政策宣传辅导，推广ITS（自然人税收征管系统）和个人所得税APP，清洗个人所得税征管异常数据23万条，处理自然人异议申诉5000条，完成调整个人所得税减除费用和税率、执行专项附加扣除政策2个关键改革任务。个人所得税改革后，全年共减免个人所得税6.45亿元，全市个人所得税有税纳税人从2018年的54万人下降至2019年的20万人。永福县、叠彩区、高新区税务局作为税务总局试点单位，完成个人所得税专项附加扣除信息核验工作。

【推进社保费征管体制改革】 2019年，市税务局承接机关事业单位社会保险费和城乡居民"两险"征管职责，实现"两个不低于、一个确保"。其中，在广西率先实现税务部门对机关事业单位社保费和职业年金的实质性征收，取得"从无到有、从有到实"突破。打造农村居民"两险"缴费"村村通"，全市共建立村级服务点4000个（平乐县、全州县村级缴费服务点覆盖率较高），阳朔县开通批量签约缴费绿色通道。

【非税收入管理】 2019年，市税务局坚持"税费统管"思路，做好各项社会保险费和非税收入征管服务工作。全市组织各项非税收入5.87亿元，增长4.14%。其中，教育费附加2.71亿元，地方教育费附加1.73亿元，文化事业

表21　2019年桂林市税收收入情况表

项目	2019年金额（万元）	上年同期金额（万元）	增减金额（万元）	增减（%）
税收收入合计	1895475	1901507	-6032	-0.32
国内增值税	856499	835915	20584	2.46
国内消费税	93837	68791	25046	36.41
企业所得税	383283	387557	-4274	-1.10
个人所得税	117901	169760	-51859	-30.55
资源税	7593	4311	3282	76.13
城镇土地使用税	24624	20393	4231	20.75
城市维护建设税	54456	54621	-165	-0.30
印花税	14340	13164	1176	8.93
土地增值税	89101	58500	30601	52.31
房产税	61628	43409	18219	41.97
车船税	20840	19044	1796	9.43
车辆购置税	73968	86888	-12920	-14.87
烟叶税	0	0	0	
耕地占用税	24112	32553	-8441	-25.93
契税	66664	99536	-32872	-33.03
环境保护税	1519	1169	350	29.94
海关代征	2828	4142	-1314	-31.72
非税收入	58717	56383	2334	4.14
教育费附加	27101	27012	89	0.33
地方教育费附加	17266	17256	10	0.06
文化事业建设费	567	753	-186	-24.70
税务部门罚没收入	385	676	-291	-43.05
残疾人就业保障金收入	13398	10686	2712	25.38
社会保险基金收入合计	558402			

建设费 567 万元，残疾人就业保障金 1.34 亿元，税务罚没收入 385 万元。全市组织各项社会保险费 55.84 亿元。其中，城乡居民基本养老保险费 1.41 亿元，机关事业单位基本养老保险费 23.32 亿元，城乡居民基本医疗保险费 9.06 亿元。

【税收法治建设】 2019 年，市税务局实施落实优化税收执法方式三项制度。推行行政执法公示制度，市税务局公示执法人员 1673 人、公示准予行政许可 3222 个、公示行政处罚 693 个、公示重大税收违法失信案件 19 个、公示双随机抽查结果 759 个。推行执法全过程记录制度，对清单列明事项进行音像记录 265 次。推行重大执法决定法制审核制度，全年审核事项 65 件，审核通过 49 件、审核不通过 16 件。加强税收规范性文件制订管理，全年新制订涉及市场主体经营活动的税收规范性文件 1 份；确认全文失效废止的税收规范性文件 5 份，确保执法依据的合法有效。加强执法人员队伍建设，建立和完善公职律师制度，至年末，桂林市税务系统累计注册公职律师 10 人，其他取得法律资格人员 22 人。

【征收管理】 2019 年，桂林市率先统一企业所得税核定标准。做好环保税管理，率先在广西将污水处理纳入环保税应税行为进行实质性征管。开展建筑扬尘环保税开征调研。调整统一桂林市房产税、城镇土地使用税纳税期限。加强土地增值税征管，全年清算房地产开发项目 8 个，清算补缴土地增值税 8486.6 万元。巩固税收保障体系，与 62 个单位签订委托代征协议，14 个县（区）税务局与邮政部门签订“双代”协议，邮政部门代开发票 3.78 万份，代征税款 4421.76 万元。依托第三方数据强化税收风险精准管理，开发 5 个行业风险指标模型，补充 4 个税种风险特征库，实现风险应对成效 1.92 亿元。启用增值税发票管理系统 2.0 版，应用双实名风险阻断系统。参加旅游市场秩序专项整治行动，配合相关部门推广智能税控 POS 开票机 119 部，加强对市内 40 家旅游定点购物商店的税收监管。帮助北京王致和（桂林腐乳）食品有限公司和桂林花桥食品有限公司获得试行农产品增值税进项税额核定扣除资格。

【优化税收营商环境】 2019 年，市税务局实施“百日攻坚”，抓好“三项服务”。调整完善全市不动产交易办税方式，发布《国家税务总局桂林市税务局关于调整五城区个人房产交易涉税业务的通告》，从 7 月 1 日起五城区政务服务中心正式办理房地产交易涉税业务。推广应用增值税发票智能批票系统和电子发票公共服务平台，监督服务商按规定全部清退发票服务费，涉及 877 户纳税人，退费 82.66 万元。将全市企业开办、不动产交易涉税事项和出口退税平均时间分别压缩至 20 分钟、30 分钟和 10 个工作日内，企业年度办税时间压缩至 86.2 小时，各月申报率均高于广西平均水平。市税务局创新“一企一策”的服务企业“升级版”，助力桂林企业“走出去”，高效办理出口免抵退税 7.49 亿元。做好境外游客购物离境退税工作，全市共代理退税 11 笔，退税金额 1.3 万元，定点商店实现境外旅客销售业务 13 笔，销售额 3.4 万元。在全市 40 家定点旅游购物企业推行智能税控系统。制订便民办税春风行动措施 65 条，确保各项便民办税新举措落实到位。年内，市税务局与柳州市税务局创新办税服务厅负责人“跨区域驻点交流”机制。荔浦市税务局创新应用人工智能技术，升级改造办税服务厅。市税务局开展纳税信用等级评定，全年参评纳税人 6.01 万户，共评定 A 级纳税人 1505 户，B 级纳税人 2.21 万户，M 级纳税人 2.42 万户，C 级纳税人 3134 户，D 级纳税人 9233 户，占 15.36%。创新“线上办、便利办”银税互动机制，帮助诚信企业获贷 5.96 亿元。

2019 年 4 月，龙胜各族自治县税务局干部向少数民族群众宣传税收政策
（赵慧　摄）

【税务稽查】 2019 年，市税务局查处涉税违法案件，开展扫黑除恶专项斗争、“打虚打骗”两年行动以及影视业等行业专项整治。全年共立案 206 户，查补税款 2.27 亿元，查实虚开增值税发票 7000 余份，移交 9 条涉黑涉恶线索，移送公安机关立案 4 户，抓捕 7 人，打掉虚开增值税发票团伙 1 个。

【国际税收】 2019 年，市税务局加强国际税收管理，抓好对外支付备案事项审核，全年核查数据 4803 条，发现问题企业 7 家次。全年入库非居民企业税收 1.42 亿元，增长 183%，其中某外资企业境外控股母公司间接转让企业 70% 股权涉及的 6400 万元税款入库。加强出口退免税预警评估核查工作，全年核查出口企业 12 家，发现问题 2 家，其中 1 家涉嫌虚开农产品收购发票和出口骗税。围绕“一带一路”和“走出去”企业做好对外投资税收服务，受理非居民享受税收协定待遇 18 家次。　（周圣果）

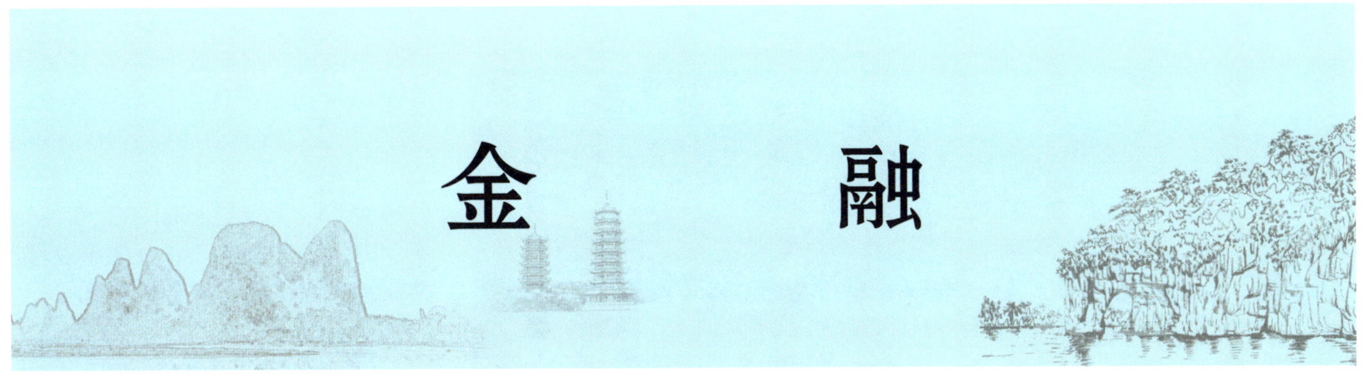

综　述

【概况】 2019年,桂林市金融业坚持以供给侧结构性改革为主线,贯彻落实稳健货币政策,支持实体经济发展,打好防范化解金融风险攻坚战,提高金融服务水平,为桂林市经济社会持续健康发展提供有力保障。年末,桂林市金融管理机构有桂林市金融工作办公室、中国人民银行桂林市中心支行(简称人行桂林市中支)和中国银行保险监督管理委员会桂林监管分局(简称桂林银保监分局);行业管理组织有广西壮族自治区农村信用社联合社桂林办事处;行业自律组织有桂林市银行业协会、桂林保险行业协会。

银行业　2019年,桂林银行业金融机构34家,其中政策性银行1家,国有银行6家,股份制银行6家,城市商业银行3家,农村商业银行7家,农村合作银行7家,村镇银行3家,农村资金互助社1家。非银行金融机构51家,其中小额贷款公司38家,融资担保公司10家,典当行3家。金融机构网点802个,从业人员1.21万人。至年末,桂林辖区银行业金融机构本外币存款余额3624.70亿元,增加(比年初,下同)134.46亿元,增长3.85%。其中,人民币存款余额3603.49亿元,增加131.86亿元,增长3.80%;外汇存款余额3.04亿美元,增加3284.47万美元,增长12.11%;本外币贷款余额2831.36亿元,增加334.19亿元,增长13.38%。其中,人民币贷款余额2829.19亿元,增加333.99亿元,增长13.42%;外汇贷款余额3100.80万美元,增加247.43万美元,增长8.67%。桂林辖区银行业金融机构在经营效益方面,累计实现税后本外币净利润44.15亿元。在资产质量方面,辖区金融机构年末不良贷款余额131.77亿元,增加41.04亿元;不良贷款率4.65%,上升1.00个百分点。

保险业　2019年,桂林市有保险经营主体33家。其中,产险公司18家,寿险公司15家,保险营销员1.90万人。桂林市保险业累计实现保费收入74.02亿元,增长8.01%。其中,人身险保费收入52.80亿元,增长15.63%;财产险保费收入21.22亿元,下降7.21%。累计保费赔款和给付支出26.69亿元,下降5.79%。其中,人身险赔款和给付支出13.84亿元,下降19.25%;财产险赔款支出12.85亿元,增长14.83%;保险深度3.52%,保险密度1455.42元/人。

证券期货业　2019年,桂林辖区共有证券公司18家,证券公司资产总额16.14亿元,负债总额15.07亿元,从业人员371人。至年末,证券投资者开户数35.02万户,其中机构222户,个人35.0万户;境内证券市场交易额3559.86亿元。桂林辖区期货营业部2家,期货公司资产总额0.23亿元,负债总额0.27亿元,期货交易总额605.42亿元,从业人员13人。

表22　2019年桂林金融机构本外币存贷款情况表

项目	余额(亿元)
各项存款	3624.70
境内存款	3617.87
住户存款	2248.37
非金融企业存款	621.69
广义政府存款	584.22
非银行业金融机构存款	163.60
境外存款	6.83
金融债券	76.98
各项贷款	2831.36
境内贷款	2831.21
住户贷款	1395.89
非金融企业及机关团体贷款	1435.32
非银行业金融机构贷款	0
境外贷款	0.15

【外汇收支】 2019年,桂林辖区跨境资金规模及顺差保持小幅增长。跨境资金收支总额17.61亿美元,增长7.24%。其中,跨境资金收入12.34亿美元,增长5.65%;跨境资金支出5.28亿美元,增长11.39%。跨境资金收支顺差7.06亿美元,增长1.73%。银行结售汇规模持续增长,结售顺差大幅下降。银行结售汇总额15.07亿美元,增长10.08%。其中,结汇7.61亿美元,下降8.53%;售汇7.46亿美元,增长38.92%。银行结售汇顺差1498万美元,下降94.90%。货物贸易进口大幅下降导致进出口顺差明显增长,收付汇规模及顺差变化不大。进出口总额12.60亿美元,下降

2019 年 1 月 21 日，2019 年桂林辖区人民银行暨外汇管理工作会议召开

（黄卫东　摄）

11.89%。其中，出口 10.35 亿美元，增长 2.07%；进口 2.24 亿美元，下降 46.15%。实现顺差 8.11 亿美元，增长 35.62%。货物贸易跨境收支总规模 11.24 亿美元，下降 1.14%。其中，流入 9.79 亿美元，下降 0.31%；流出 1.45 亿美元，下降 6.45%。产生货物贸易收付汇顺差 8.34 亿美元，增长 0.85%。个人结售汇及逆差规模有所减少。个人结售汇总额 2.24 亿美元，下降 13.51%。其中，个人结汇 0.65 亿美元，下降 10.96%；个人购汇 1.59 亿美元，下降 14.52%。个人结售汇逆差 0.95 亿美元，下降 15.93%。服务贸易跨境收支增长，逆差规模扩大。服务贸易跨境收支规模为 4.83 亿美元，增长 33.06%。其中，服务贸易涉外收入 1.36 亿美元，增长 52.81%；服务贸易涉外支出 3.47 亿美元，增长 26.64%。逆差 2.11 亿美元，增长 14.05%。受外债本金流入、外债还本付息、外方转股、外方利润汇出的拉动，资本项目跨境收支规模大幅增长。年末，资本项下流入 3.93 亿美元，流出 0.79 亿美元。跨境人民币业务量呈倍数增长。跨境人民币结算业务总金额 40.86 亿元，增长 100%。其中，货物贸易金额 18.03 亿元，增长 49.13%；服务贸易金额 2.28 亿元，增长 26.67%；其他经常项金额 1.17 亿元，增长 46.51 倍。直接投资金额 4.30 亿元，下降 22.66%；其他投资 14.07 亿元，增长 351.75 倍；小额批量 1.01 亿元，增长 853%。

【信贷投放与货币信贷调控】 2019 年，桂林市金融机构支持实体经济发展，配合稳投资需求，优化贷款期限结构，中长期贷款明显增多。年末，桂林金融机构中长期贷款余额 2136.62 亿元，增加 275.41 亿元，新增中长期贷款占新增贷款总额的 82.41%，上升 10.05 个百分点。经济薄弱领域信贷支持力度增强，小微企业贷款增加 43.99 亿元，涉农贷款增加 65.69 亿元。从行业投放来看，年内新增贷款集中投向房地产业、制造业、租赁与商务服务业，分别为 33.16 亿元、17.51 亿元、15.38 亿元。

2019 年，人行桂林市中支合理运用货币政策工具，增强金融机构信贷投放能力，引导金融机构加大对民营企业、小微企业及“三农”的信贷支持力度。桂林辖区共有再贷款再贴现限额 106 亿元，余额 91.37 亿元。其中，支持小微企业再贷款限额 65 亿元，支持小微企业再贷款余额 54 亿元，当年累计发放 54 亿元；支农再贷款限额 11 亿元（含扶贫再贷款 3.45 亿元）、支农再贷款余额 8.96 亿元（扶贫再贷款 2.41 亿元），当年累计发放支农再贷款 8.96 亿元（扶贫再贷款 2.41 亿元）；再贴现限额 30 亿元，余额 28.41 亿元。全年累计为辖内 8 家机构办理再贴现 1581 笔、65.02 亿元，重点支持糖业、林业、示范区企业等重点领域。开展再贷款再贴现示范行、示范区创建工作，桂林辖区获评再贷款示范行 3 家、再贴现示范行 1 家、再贷款再贴现示范区 1 个。落实优惠法定存款准备金率，对辖区法人金融机构实行优惠法定存款准备金率，共获释放流动性资金 100.85 亿元。对考核达标的县级农行“三农金融事业部”实行优惠的存款准备金率，4 家达标县级“三农金融事业部”共获释放流动性资金 2.66 亿元。

【金融市场业务有突破】 2019 年，人行桂林市中支推动地方法人机构金融市场业务的培育推广，督促广西首笔绿色金融债有序投放及后续监督管理工作。年内，桂林银行 20 亿元绿色金融债券通过审批项目 18 个，贷款分布广西 7 个市，授信金额 22.59 亿元，使用金额 14.11 亿元，资金使用率 70.55%。年末，桂林辖区共有 6 家全国银行间债券市场成员，3 家全国同业拆借市场成员，金融市场成员在广西最多。其中桂林银行持有债券 365.44 亿元，投资收入 16.56 亿元；桂林农合机构持有债券 30.62 亿元，投资收入 1.94 亿元。农行桂林分行完成桂林市交通投资控股集团有限公司公交票款资产支持证券项目发行。该项目发行总规模 5.14 亿元，实现广西辖区公交行业及桂林辖内企业资产证券化项目的“双零”突破。商业银行多渠道补充资本，构建和完善充沛多元可持续的资本补充体系。桂林银行分别于 2019 年 3 月、9 月分两期成功发行 30 亿元（10 年期）、10 亿元（10 年期）二级资本债券，资本充足率提高到 12.49%，较发债前提高 2.18 个百分点。（谢宇鹏）

地方金融监管

【概况】 2019 年 3 月，桂林市金融工作办公室（简称市金融办）成为市政府工作部门，办公地址在桂林市临桂区西城中路 69 号。内设综合科、银行保险科、资本市场科、金融稳定科。人员编制 13 名，在职人员 10 人。年内，市金融办围绕“服务实体经济、防控金融风险和深化金融改革”三项任务，引导桂林市金融机构主动适应经济发展新常态，全市金融呈稳健发展态势。

年末，全市金融业增加值增长6.7%，占全市地区生产总值的7.9%，占第三产业增加值的14.5%。

【引导银行业服务实体经济】 2019年，市金融办加大银行企业对接协调力度，引导银行业机构服务实体经济发展。3月，组织银行业机构参加“2019服务业和农业高质量发展银企对接桂林市集中签约活动”，83家企业与银行现场签约，授信金额51.99亿元，实际放款16.01亿元。引导各金融机构完成对2096家企业的实际放款工作，实际放款金额85.14亿元。发布融资需求企业、联系对接发布融资需求企业、签约授信企业、实际放款企业数量居自治区第一，授信金额居自治区第二，实际放款金额居自治区第三。民营企业融资服务持续改善，民营企业贷款余额1570.5亿元，占各项贷款的54.58%。普惠口径小微企业贷款余额309.11亿元，增加20.83亿元。本外币涉农贷款余额1112.63亿元，增长5.88%。强化政府性融资担保体系作用，加大金融“支小支农支民营”工作力度，深化新型政银担合作模式，先后开发“助保贷”“助贸贷”“政银担”等业务和产品。

【全面深化农村金融改革】 2019年，市金融办引导金融机构深化农村金融改革，助力乡村振兴战略。年内，实现12县(市、区)农户信用信息系统全覆盖，采集录入农户信用信息入库率88%。“四级联创”工作累计创建信用户67.5万人，信用村887个，信用乡(镇)76个，占比分别为62%、52.7%、56.72%。累计建立“三农金融服务室”1624个，占比97%。完成验收“广西农村金融服务进村专项活动示范点”117个，基础金融服务“村村通”乡(镇)机构覆盖率100%，行政村金融基础服务覆盖率100%。抓好金融助推精准扶贫，至年末，全市设立风险补偿金1.67亿元，累计财政贴息1.89亿元，扶贫小额贷款余额7.27亿元，累计到期金额11.75亿元，累计现金收回8.98亿元，收回率76.43%。办理续贷余额2.24亿元、展期余额4814万元，逾期余额409万元，逾期率0.56%。

【防范化解金融风险】 2019年，桂林市成立防范化解重大金融风险领导小组，梳理辖内高风险金融机构反映的需协调解决的事项及自治区专项办印发的重点事项21项，出台《桂林市协调解决农村中小金融机构反应的重点事项工作方案》《桂林市公职人员不良贷款清收工作方案》，加强银行与财政、司法等部门协同，形成贷款清收合力。防范化解网络借贷压力释放风险，组织对P2P(个人对个人，点对点)网络借贷信息中介业务机构进行全面排查，对列入整治范围的2家P2P网络借贷机构进行分类处置。防范处置非法集资等涉众型违法犯罪活动风险，制订出台《2019年涉嫌非法集资风险专项排查活动方案》《关于开展“e租宝”案集资参与人信息核实登记工作的通知》等系列指导性文件，妥善处置“老妈乐”“普惠e联”“巴马良品”等涉嫌非法金融活动风险点22个。防范化解上市公司存在的股票质押风险和退市风险。

2019年3月14日，“2019服务业和农业高质量发展银企对接桂林市集中签约活动”举行 (刘娟 摄)

【资本市场直接融资】 2019年，桂林市增加签约三方中介机构计划IPO(首次公开募集)的拟上市(挂牌)企业4家，辖区企业通过发债、上市、配股等方式累计融资67.31亿元，其中桂林银行发行二级资本债券40亿元，并完成第六轮增资扩股工作。11家重点证券公司证券交易额增长25%。6月19日，桂林西麦食品股份有限公司在深圳证券交易所中小板上市，是年内自治区唯一一家在A股上市的企业。18家企业列入自治区上市(挂牌)后备企业资源库。市金融办引导桂林智神信息技术有限公司、桂林海威科技股份有限公司、桂林飞宇科技股份有限公司、八加一药业股份有限公司、桂林光隆光电科技股份有限公司等企业做好科创板上市准备。桂林智神信息技术有限公司、桂林光隆光电科技股份有限公司、桂林桂广滑石开发有限公司3家企业被列入自治区重点拟上市后备企业。

【推动金融业对外开放】 2019年，桂林市成立以市长为组长的桂林市建设面向东盟金融开放门户工作领导小组，推动金融业加大对外开放力度。鼓励桂林银行先后与越南农业与农村发展银行、越南工商银行、柬埔寨加华银行等10多家沿边国家金融机构建立代理合作关系。推进绿色金融服务体系建设，发挥金融对环境治理和产业发展的引导、约束和杠杆功能，支持企业走环保、再生、可持续的道路，桂林银行发行自治区第一笔绿色金融债，金额20亿元。积极与远洋集团控股有限公司、中投双创(北京)创业投资管理有限公司等企业对接，学习先进地区基金小镇运营模式，加快打造漓江金融艺术小镇。 (龙玉祥)

中国人民银行桂林市中心支行

【概况】 2019年,人行桂林市中支办公地址在桂林市七星区七星路28号。内设外汇管理科、反洗钱科、后勤服务中心、科技科、货币信贷管理科、人事科、纪委监察室(内审科)、办公室、会计财务科、国库科、货币金银科、保卫科、宣传群工部、支付结算科(营业室)、征信管理科、调查统计科、金融稳定科,在职人员177人。下辖支行12个,在职人员216人。年内,人行桂林市中支落实稳健的货币政策,疏通货币政策传导机制,推进桂林市建设面向东盟的金融开放门户工作,做好金融精准扶贫、小微企业普惠性税收减免等工作,金融服务水平不断提升。

【发行基金调拨和现金投放回笼】 2019年,人行桂林市中支做好发行基金调拨和现金投放回笼工作。库存发行基金总量充足,券别结构合理,能满足市场现金流通需求。至年末,全辖区发行基金调拨64笔,金额241.65亿元。现金投放154.85亿元,其中20元以下小面额现金投放8.40亿元。回笼7.08亿元,净回笼1.32亿元。其中,残损券回笼122.64亿元,20元以下小面额残损现金回笼7.08亿元。共收缴假人民币3.14万张,面额188.19万元。收缴假外币及港元84张。其中港币20张,面额2万港元;美元51张,面额4920美元;欧元13张,面额6050欧元。

【农村信用体系建设】 2019年,人行桂林市中支多措并举,加强农村信用体系建设,助力乡村振兴。年内,推动辖内农户信用信息数据库的搭建工作,完成桂林市全辖12县(市、区)的农户信用信息数据库搭建。推动"信用户、信用村、信用乡(镇)、信用县"四级联创工作,提升扶贫对象的信用意识、信用等级,引导贫困农户提高获贷能力。至年末,桂林市12县(市、区)共建成三农金融服务室1624个,信用乡(镇)77个,信用村906个,信用户67万户。辖内金融机构向42万户已建立信用档案农户发放贷款,累计发生额1006亿元,贷款余额285亿元。

【金融风险防范】 2019年,人行桂林市中支持续细化推进央行评级、保费缴纳等存款保险各项工作,强化金融风险防范。年内,深化涵盖银行业、证券业、保险业、非金融机构的全面金融风险监测工作,督促金融机构按照审慎稳健的经营理念合规开展各项业务。与桂林银保监分局联合约谈辖区法人金融机构,对高风险机构的业务、经营管理及风险状况加强监测,摸清风险真实情况,对个别高风险机构开展并实施早期纠正措施,避免风险进一步扩大,并及时将有关情况、政策向地方政府领导汇报。开展金融稳定压力测试、金融风险动态排查,充实和完善金融风险监测评估数据库,做好桂林辖区12类金融风险点跟踪监测工作,全面掌握桂林辖区有关金融风险情况,有效防范金融风险。

【货币政策和审慎评估(MPA)双调控】 2019年,人行桂林市中支贯彻执行稳健的货币政策,加强贷款投放节奏和投放结构的引导。年内,重点关注涉农贷款、小微企业贷款、房地产贷款、不良贷款回表等新增情况。按季关注各地方法人金融机构的贷款增加量,引导其贷款投放季度节奏保持3∶3∶2∶2的季度投放占比,确保贷款平稳投放。开展窗口指导,督促各地方法人金融机构持续加大对涉农领域、小微企业、民营企业的支持力度。至年末,桂林辖区16家农合机构和村镇银行共完成新增贷款75.64亿元,桂林银行完成新增贷款283.83亿元。发挥宏观审慎评估的逆周期调节和结构引导作用,在季度MPA考核中,强化"信贷执行情况"指标与涉农领域、小微企业、重点领域支持情况的关联度,优化涉农贷款、小微企业贷款子指标,新增民营企业贷款、房地产贷款、信贷节奏、中长期制造业贷款等子指标。全年对辖内17家地方法人金融机构开展4次评级,评级结果中A、B、C分别占比20.59%、55.88%、23.53%,总体保持稳定。

【优化企业账户服务】 2019年,人行桂林市中支落实国务院"放管服"要求,从6月10日起全面取消企业银行账户许可,企业银行账户管理由事前审核向事中事后监管转移。推动银行机构建立优化企业账户服务长效机制,简化业务办理手续和流程,推广电子渠道预约、预受理、预审核,减少企业跑银行的次数,企业开户更加便捷高效。6月10日至年末,桂林全辖开立的企业类账户1.35万户,变更3157户,撤销3431户。强化风险预警和账户监测,建立风险监测信息共享机制。通过事后核查、账户监测,举报线索跟进等方式,督促银行机构加强企业银行账户全生命周期风险监测和交易监测。收集辖区银行账

2019年9月6日,人行桂林市中支开展桂林市2019年金融知识普及月活动
(黄卫东 摄)

户风险案例，建立辖区风险信息共享机制，及时向辖区银行机构提示可疑风险，并重点整治，查处企业违规使用银行账户的问题。

【完善支付环境】 2019年，桂林辖内共建有助农取款服务点2049个，其中加载电商功能的服务点332个。人行桂林市中支做好农村金融服务进村示范点申报工作，会同桂林市金融办对示范点开展申报、评选、验收等工作，至年末，桂林全辖有示范点134家，获专项活动补贴364.48万元。推进移动便民工程，实现县域用户渗透率与县域场景建设双突破。拓展县域云闪付用户，桂林辖区全年累计拓展县域用户19.71万户，其中灵川县、龙胜各族自治县的用户渗透率均突破10%，成为自治区的移动支付示范县。推进县域场景建设，辖内完成公交支持云闪付付款县域8个，累计建设县域商圈25个，县域菜市8个，建成移动支付示范乡（镇）2个。推广城区移动支付便民工程，建成综合商圈7个，城区支持云闪付付款公交线路67条，支持云闪付购买门票景区11个。

（谢宇鹏）

银行保险业监管

【概况】 2019年，桂林银保监分局办公地址在桂林市七星区育才路10号。内设办公室（党委办公室、党委宣传部）、纪委办公室、人事科（党委组织部）、统计信息与风险监测科、普惠金融科、现场检查科、大型银行监管科、中小商业银行监管科、农村银行机构监管科、保险机构监管科，辖内各县市设县市监管组12个。人员编制90名（灵川、临桂监管组无人员编制），在职人员87人，其中分局机关50人，县市监管组37人。2019年，桂林银保监分局履行属地银行业保险业监管职责，促进监管政策与实体经济发展要求有效对接，引导辖区银行业提升金融服务实体经济水平。

【支持实体经济发展】 2019年，桂林银保监分局引导银行保险业支持桂林工业振兴、桂林国际旅游胜地、国家可持续发展议程创新示范区建设等重大战略实施，联合桂林市发展和改革委员会建立“补短板重大项目清单及融资需求推送机制”，引导银行保险业加大对制造业等重点产业、重点企业和重点项目的信贷支持力度，指导保险业加大保险保障水平和范围，不断提升金融服务实体质效。全年银行业机构增加贷款346.8亿元，增长13.96%，其中新增制造业贷款31.21亿元，增长18.1%；保险业保额89754.14亿元，增长88.07%，其中企业财产险保额481.37亿元，增长19.8%。

【提升普惠金融服务能力】 2019年，桂林银保监分局督导银行业落实小微企业和普惠金融信贷计划，组织开展优化营商环境获得信贷指标攻坚行动、金融服务民营企业纾难解困专项行动，主动降低小微企业融资成本，一站式办结“不动产抵押登记+金融信贷”业务，支持小微和民营企业发展。至年末，桂林银行业小微企业贷款余额957.13亿元，增加70.47亿元。督促指导银行保险业做好信贷支持生猪生产和保险保障工作，组织开展服务业和农业高质量发展银企对接活动，加大涉农领域贷款投放和农业种植养殖业的保险保障力度。至年末，银行业涉农贷款余额1116.57亿元，增加61.02亿元；保险业农业保险保额253.4亿元，增加42.9亿元。引导银行业加大金融精准扶贫、产业扶贫的支持力度，组织开展扶贫小额信贷2019年集中到期风险排查和扶贫小额贷款问题的整改，指导保险业为建档立卡贫困人员实行优惠政策补偿。至年末，银行业扶贫小额信贷、产业扶贫贷款余额分别为7.27亿元、9.73亿元，惠及贫困户2.14万户；保险业对贫困人口政策倾斜赔付0.21亿元。

【防范化解重点领域风险】 2019年，桂林银保监分局加强信用风险防范，通过监管约谈和风险提示等方式督导银行业机构做实贷款五级分类，推动国有大型银行将逾期60天以上对公贷款全部纳入不良贷款，要求高风险农村中小银行主动增提拨备提高抗风险能力，运用现金收回、以物抵债、核销等多种方式加大不良贷款处置力度。全年银行业处置不良贷款59.15亿元，增加9.64亿元。组织银行业开展地方政府债务风险排查，加强对地方政府隐性债务的统计监测，督促银行业实施台账管理，落实风险缓释措施。组织银行业开展房地产开发企业信贷风险专项摸排，集中约谈房地产集中度超标的银行机构，督促压降房地产贷款集中度，促进房地产平稳健康发展。至年末，辖内银行业房地产贷款余额845.86亿元，增加165.89亿元。

【促进银行保险业改革创新】 2019年，桂林银保监分局持续推进银行业

2019年9月4日，桂林银保监分局与市公安局交警支队联动推进“两站两员”建设工作

（邓朴慧 摄）

保险业改革发展，深入实施“引金入桂”战略。年内，广西北部湾银行桂林分行、国富人寿保险股份有限公司桂林分公司入驻桂林，灵川农村合作银行改制为农村商业银行并开业，荔浦农村合作银行筹建农村商业银行获得批准，永福农村合作银行改制逐步推进。深化普惠金融体制机制改革，推动辖区银行业设立普惠金融部或普惠金融专营机构，督导银行保险业推进银行业便民金融服务点建设，督促保险业加强与交警部门协调合作，共同推进“两站两员”（乡镇交通管理工作站、农村交通安全劝导站；乡镇交通安全员、农村交通安全劝导员）站点建设，提升乡镇、农村地区金融服务的便捷性。指导银行保险业开展金融业务创新，探索开展资产证券化等信贷和特色保险类金融产品。年内，桂林银行在全国银行间市场成功公开发行绿色金融债券20亿元，中国人寿财险桂林中心支公司在恭城瑶族自治县开发推出“水稻制种特色险”，为农户提供风险保障482万元。

【加大市场乱象整治】 2019年，桂林银保监分局加大市场乱象行为的整治，成立“巩固治乱象成果，促进合规建设”工作领导小组，组织开展巩固治乱象成果机构自查和现场检查，督导银行保险机构整改。全年完成对3家机构的现场检查，发现问题83个，涉及金额51.46亿元。发布“学平险”业务相关风险提示，督促保险机构落实保险销售的相关要求，规范“学平险”投保市场乱象行为。探索建立商业车险分类监管机制，跟踪监测分析商业车险主要指标变化情况，引导保险业机构规范商业车险市场经营行为，商业车险市场秩序明显好转。至年末，保险业商业车险保费综合费用率30.45%，下降21.01%；综合赔付率75.69%，增长18.19%；承保利润负4907.77万元，增长46.31%。

【加强消费者权益保护】 2019年，桂林银保监分局以保护金融消费者权益为核心，健全消费者权益保护体制机制，梳理制订信访、举报和消费者权益保护事项办理流程，压实银行保险业机构主体责任，全年收到信访投诉150多件，未发生因信访和消费者权益保护事项处理不当而引起行政诉讼的事例。制订印发金融消费者教育和金融知识普及活动方案，在3月和9月分别组织银行保险业开展“3·15”消费者保护宣传教育活动和“金融知识普及月，金融知识进万家，争做理性投资者，争做金融好网民”宣传教育活动，累计开展宣传2028场次。成立侵害消费者权益乱象整治专项工作组，组织银行保险机构对照侵害消费者权益乱象的表现形式开展自查，派出抽查组对机构重点业务进行抽查，督促机构对抽查发现的问题建立整改台账，规范经营行为，保护消费者合法权益。 （毛祖亮）

2019年3月15日，桂林辖内银行保险业开展“3·15”消费者权益保护教育集中宣传活动 （刘文静 摄）

主要银行业金融机构

【中国农业发展银行桂林分行】 2019年，中国农业发展银行桂林分行（简称农发行桂林分行）办公地址在桂林市中山北路149–1号，内设行长室、办公室、政策性业务部、创新与投资业务部、信贷与风险管理部、财务会计部、内部合规部、信息科技部、人力资源部、纪委办公室，在荔浦市、全州县、灵川县、永福县、兴安县、临桂区设有分支营业机构，有在岗员工共148人。年内，农发行桂林分行全力服务乡村振兴战略，支持打赢脱贫攻坚战。年末，存款19亿元，贷款余额107亿元。全年累计投放贷款16.3亿元，增加3.7亿元；农发重点建设基金投资余额4.2亿元；贷款与基金合计信贷支农资金111.2亿元；不良贷款为零。

支持精准扶贫项目建设 2019年，农发行桂林分行以服务脱贫攻坚统揽全局。年内，利用信贷差异化支持政策，推动扶贫贷款项目精准实施，重点支持高标准农田建设、土地改良、土地增减挂钩项目，形成以农村土地为核心的“1+N”信贷支持模式。全年投放各类精准扶贫贷款8亿元，涉及易地扶贫搬迁、农村人居环境改善、农村路网、土地流转、水利等领域。年末，该行精准扶贫贷款累计47.7亿元，占全行贷款总量的44.6%，增加3.9亿元。

支持地方基础设施建设 2019年，农发行桂林分行结合桂林农业农村、城乡一体化及乡村振兴项目推进需求，支持地方基础设施建设。年内，营销项目18个，金额64.4亿元；获批项目14个，金额43.4亿元。按“一企一策”原则制定项目贷款投放方案，加强与各方面沟通协调，全年共投放项目贷款10.9亿元，支持临桂新区路网、阳朔县全域旅游（新城区）基础设施等11个市县的项目建设。

维护粮食市场稳定 2019年，农发行桂林分行把支持粮食收储作为全行最重要的业务工作，保证资金供应。在夏秋粮收购旺季，提前发放粮食收购铺底资金，做到“钱等粮”，保护农

2019 年 2 月 22 日，农发行桂林分行召开 2019 年年度工作会议　（蒋柳兵　摄）

民利益。年内，桂林市投放粮所订粮贷款 1.58 亿元，全年累计投放政策性粮食收储贷款 5.2 亿元，支持收购粮食 20 万吨，确保粮食收储资金供应稳定。

服务民营小微企业　2019 年，农发行桂林分行与商业银行开展同业合作，为民营小微企业客户提供全方位金融服务。推广“农担 +”担保模式，降低民营小微企业融资成本。全年共营销民营小微企业 26 家，申请贷款金额 3580 万元；获批 8 家，授信金额 2265 万元；实现投放 7 家，金额共 1095 万元。（蒋柳兵）

【中国工商银行股份有限公司桂林分行】 2019 年，中国工商银行股份有限公司桂林分行（简称工行桂林分行）办公地址在桂林市中山中路 16 号。分行下设 15 个内设机构，划分为营销管理、风险管理、综合管理、支持保障四大板块。下辖一级支行 12 个，其中城区支行 5 个，县域支行 7 个；营业网点 53 个；在行式自助银行 53 个，离行式自助银行 67 个；ATM 机 208 台。年末，全行在职人员 1113 人。年末，各项存款余额 353.12 亿元，各项贷款余额 216.47 亿元。全年累计发放本外币贷款 131.23 亿元，其中累计发放项目贷款 9.2 亿元，发放个人贷款（含住房按揭贷款）21.3 亿元。年内，阳桥支行营业室获“全国青年文明号集体”称号。

支持实体经济　2019 年，工行桂林分行围绕桂林市经济发展战略，对风电、幸福产业、房地产、制造业等辖内重点领域投放项目贷款，支持地方经济建设。全年累计投放项目贷款 9.2 亿元，房地产开发项目贷款 8.2 亿元。在做好交通、能源、公共设施建设等领域信贷投放“基本盘”的基础上，加大旅游市场的拓展和资源储备，走访桂林国家 4A 级以上旅游景区企业 24 家，达成合作意向文旅企业 12 家。

服务小微企业　2019 年，工行桂林分行深化金融服务改革，实行灵活的信贷政策，支持服务小微企业。针对小微企业客户推出“经营快贷”“e 抵快贷”“担保快贷”等融资产品。通过线上自动化办理和审批，实现贷款“秒贷、秒批、秒放”，满足小微企业多元化融资需求。年末，普惠型小微企业贷款余额 4.8 亿元，增长 80.15%。优化营商环境，梳理办贷材料，让客户一次性办好、办全、办完。对外公布信贷限时办理承诺文本，压缩办理环节，确保贷款审批时限，满足小微企业“短、小、频、急”融资需求。

推进精准扶贫　2019 年，工行桂林分行发挥金融扶贫作用，支持“三农”工作。围绕木业加工、农产品加工、米业、农资、白酒、药业等涉农龙头企业，为其办理短期流动资金贷款。年末，涉农贷款余额 31.05 亿元，增加 3.01 亿元。结合“电商桂林”建设，依托工行“融 e 购”电商平台，联合桂林“电商谷”开展支持精准扶贫工作，打造具有桂林特色的产业、供应、销售商圈。至年末，在“融 e 购”电商平台涉及绿色农业和乡村土特产类企业 20 多家，构建起以芋头、马蹄、柿饼、腐竹、罗汉果等为主的桂林土特产销售商圈。

提升科技服务水平　2019 年，工行桂林分行将科技融入服务，服务水平不断提升。年内，搭建聚合支付的应用场景，完成市、县（市、区）水电缴费项目改造。探索“智慧政务”，拓展“智慧云”产品，成功上线辖内首家宗教云平台。发挥“工银 e 企付”产品优势，对接中国罗汉果大宗交易平台，

2019 年 3 月 8 日，工商银行桂林分行参加桂林市优化营商环境获得信贷指标百日攻坚行动“不动产登记 + 金融信贷服务”联办签约仪式　（莫艳丽　摄）

实现与中国罗汉果小镇全面合作。深化与学校的合作，利用工银 e 缴费平台，把互联网支付技术引入到学校统一的收费平台；投产学校资金管理服务项目，实现学校系统直接对接银行账户信息查询、转账汇款、工资代发等功能。（史晶）

【中国农业银行股份有限公司桂林分行】 2019 年，中国农业银行股份有限公司桂林分行（简称农行桂林分行）办公地址在桂林市中山中路 56 号，内设机构 16 个。管辖一级支行 16 个，营业网点 112 个，在职员工 1676 人。年内，农行桂林分行持续推进转型创新，提升服务质效，各项业务稳健发展。年末，各项存款余额 423.99 亿元，减少 196 万元；各项贷款余额 288.77 亿元，增加 25.59 亿元。

服务实体经济 2019 年，农行桂林分行对接好重大项目、旅游、互联互通、农业现代化等重点建设领域，服务地方实体经济。年内，对政府引导类基础设施项目，以不增加政府隐性债务为原则，重点支持地方国有企业与融资平台等市场化融资与整合并购融资。加强与对公战略客户、三级核心客户的合作，重点跟进风电、阳朔山水、龙光房产、恒大房产、碧桂园房产等项目的投放。审批通过项目 20 个，额度 49.26 亿元。投放对公贷款余额 173.96 亿元，增加 17.49 亿元，其中民营企业贷款增量 9.74 亿元。年内，获广西银行业“优秀帮扶金融机构”称号。

支持普惠小微企业 2019 年，农行桂林分行加快普惠小微贷款投放，全面完成监管部门“两增两控”（单户授信总额 1000 万元及以下的小微企业贷款同比增速不低于各项贷款同比增速，贷款户数不低于上年同期水平；合理控制小微企业贷款资产质量水平和贷款综合成本）的要求。年末，普惠型小微企业贷款余额（银监会监管口径）增加 3.01 亿元；普惠金融贷款增长 42.13%，比各项贷款增速高 32.41 个百分点；贷款户数 3941 户，增加 958 户；贷款综合利率控制在 5% 以内。

加大县域和涉农贷款力度 2019 年，农行桂林分行整合全行信贷资源，督促各支行加大县域贷款和涉农贷款的投放力度。年末，县域贷款余额 173.76 亿元，增加 17.43 亿元，增长 11.16%，县域存量贷存比 64.15%。涉农贷款余额 139.58 亿元，增加 9.33 亿元，增速 7.17%。加大对农村基础设施、农业产业化龙头企业和专业大户等规模农户的贷款支持力度，精准扶贫贷款带动贫困户 2237 人，贷款余额 5.30 亿元；通过项目精准扶贫贷款带动支持贫困人口 1.56 万人，贷款余额 10.14 亿元。

创新应用和新产品推广 2019 年，农行桂林创新对公信贷产品，审批通过某骨伤医院贷款 2.5 亿元，为自治区农行系统首家获批的民营医院贷款。投放桂林某电线电缆公司国内订单融资贷款，为自治区农行系统首笔供应链融资业务。审批通过恭城瑶族自治县栗木镇大营村等 6 个村耕地提质改造项目，为该行首笔“旱改水”项目。推广新产品吸引存款，创新对公投行类新兴产品，实现自治区公交行业及桂林市辖内资产证券化项目的双零突破。加强科技研发，强化对前台业务的系统支撑，开发完善智能回单系统并实现上线运行，为网点节省 95% 的纸张，减轻 98% 回单打印工作量。帮助桂林某啤酒企业等客户在该行的交易金额从 2.4 亿元增到 8.4 亿元。完成财政国库集中支付电子化系统、某监狱服刑人员、桂林某戒毒所戒毒人员个人资金管理系统上线运行，支持平乐县某医院开展信息化系统建设。成功上线多家大学、中学智慧校园信息化系统建设项目。

提升信贷质量 2019 年，农行桂林分行严守风险底线，主动调整信贷结构。年内，加强关注类贷款客户风险管控和潜在风险客户管控，实施风险化解方案中客户的风险管控。全年发放法人贷款均为 BBB 级（客户信用等级）及以上和免评级客户贷款占比 99.61%，90% 以上为重点支持行业客户。加大清收力度，不良贷款余额与不良贷款率均实现下降。做好到期贷款现金收回工作，全行到期贷款现金收回率 99.46%，上升 1.55 个百分点。

推进网点转型 2019 年，农行桂林分行完成 5 个网点撤并、45 个网点软转工作，调整出 12 名柜台人员到大堂经理、客户经理等岗位。完成 9 个装修网点的立项，投放新一代超柜设备 15 台，现金类自助设备 4 台，智能排队机 45 台，广告机 8 台，试点投放智慧货架 13 台，网点智能化服务水平持续提升。（伍文情）

【中国银行股份有限公司桂林分行】 中国银行股份有限公司桂林分行（简称中行桂林分行）办公地址在桂林市中山中路 2 号，内设综合管理部、财务运营部、风险内控部、公司金融部、交

2019 年 12 月 26 日，农行桂林分行设立的母婴关爱室（伍文情 摄）

易银行部、个人数字金融部、消费金融部、纪委办公室。市区下设营业机构17个，荔浦市、全州县、兴安县、阳朔县、灵川县共设置营业网点7个。共设离行式ATM自助银行47个，在职人员487人。2019年，中行桂林分行全面深化金融改革，充分发挥中行外汇独特优势，提高金融服务水平，推进普惠金融建设，支持当地实体经济发展，推动桂林国际旅游城市建设发展，持续提升价值创造力和市场竞争力。年末，中行桂林分行本外币各项存款时点余额166.83亿元，增长7%；本外币各项贷款时点余额100.53亿元，增长25%；实现营业收入4.73亿元，增长17%。

基本业务及智能网点建设　2019年，中行桂林分行推进客户分层管理，重点抓好部队、房产、高新技术等存量行业客户产品打包配置交叉工作。落实“项目+产品”“场景+商圈”策略，开发并维护农民工、代发薪、零售等6大客户群，对公结算账户、对公有效客户、信用卡新增有效户等客户的储蓄容量、质量不断提升，个人贷款、优客分期等业务超任务额增长，本外币存贷款大幅提升。桂建通卡、ETC、普惠金融、房地产等业务不断推进，债券分销业务增长4倍，对公保险业务增加10倍，外币存放、养老金业务、政府隐形债务化解等多项业务取得进展。推进网络化智能化建设，在全辖网点智能柜台覆盖率96%的基础上，分8批完成智能化网点服务新模式推广。人力资源往高效能产品营销方向转变，手机银行月活跃客户完成率保持80%以上，卡户分期、中银智慧、云缴费等业务实现大幅增长。

提升跨境金融服务　2019年，中行桂林分行依托中国银行多元服务、海内外一体化发展的大型跨国经营集团优势，不断提升跨境金融服务。年内，在东盟建设金融开放新门户的政策背景下，拓宽企业融资渠道，通过内外联动，成功为桂林一家企业办理自治区首笔美元项下出口海外融资业务。针对桂林辖区涵盖涉外业务企业的多种经营模式，推进跨境信保融资等综合性全球供应链金融服务，年内为多家企业成功办理通汇达业务、海外代付业务等跨境特色产品，其中通汇达业务合作企业35家，交易额近亿美元。年内，实现国际结算业务量、跨境人民币业务量、结售汇业务量稳定增长。

加大普惠金融力度　2019年，中行桂林分行加大中小微企业普惠金融支持力度，开辟绿色通道，简化审批流程，提升普惠金融服务效率，支持地方企业经济发展建设。全年普惠金融贷款户数857户。小微企业贷款余额5.06亿元，增加2.08亿元，增长69.6%；民营企业贷款余额19.56亿元，增加7.46亿元；绿色信贷余额9600万元，增加7600万元，增长380%，完成银监口径普惠金融“两增”（总量明显增长、户数明显增加）目标。年内，加大对桂林市重点项目的信贷支持力度，发放首笔“漓泉啤酒贷”普惠金融业务，投放个人住房贷款15.95亿元，投放个人普惠金融1.86亿元。全年累计投放贷款31.57亿元。

防范金融风险　2019年，中行桂林分行做好防范化解金融风险工作，坚守资产质量底线。年内，组织召开“风险管理及内控有效性”排查整改工作督导会议，赴辖内县支行全方位开展现场检查工作，组织员工参加学习“说案明纪、知行合一”警示教育暨扫黑除恶巡讲大会，提升员工金融风险防范意识。辖区各营业机构开展不良资产百日会战活动，提前对辖内不良化解工作进行部署，制定“一户一策”的清收策略，超额完成全年控制目标，顺利实现银保监口径不良余额、不良率“双降”。（张琳明）

【中国建设银行股份有限公司桂林分行】2019年，中国建设银行股份有限公司桂林分行（简称建行桂林分行）位于桂林市中山中路24–1号。内设办公室、人力资源部、财务会计部、个人金融部、公司业务部、住房金融业务部、机构业务部、普惠金融事业部、信用卡业务部、风险管理部、安全保卫部、渠道与运营管理部，派驻有建行广西壮族自治区分行信用卡桂林中心、区分行纪委驻桂林分行纪检组。共设营业网点45个，在职人员756人。年内，建行桂林分行以转型和创新持续推动经营发展，为桂林经济社会发展提供优质的金融服务。年末，各项存款余额317亿元，增加7.78亿元；一般性存款日均余额328亿元，增加22亿元；各项贷款余额243亿元，增加30亿元；实现中间业务收入2.15亿元。

支持地方经济建设　2019年，建行桂林分行以服务地方经济建设为重点，提高金融服务效率，加大对桂林市重点项目的信贷支持力度。全年共投放对公非贴息贷款42.24亿元。其中，向批发零售行业投放贷款5.77亿元，向制造业投放贷款8.9亿元，向交通运输、仓储和邮政业投放贷款1.54亿元，向建筑行业投放贷款5.75亿元，向文教卫生、电力供水、水利环境和公

2019年1月30日，中行桂林分行“砥砺奋进　筑梦行远”八十周年庆祝晚会暨2019年新春晚会举行
（中行桂林分行　供图）

2019 年 7 月 16 日，建行桂林高新万达广场支行开业揭牌 （蒋倩 摄）

共设施等行业投放贷款共20.28亿元。支持桂林三大园区建设，为桂林经开深科投资发展有限公司组建首期投放2亿元。以房地产开发贷款支持漓江综合治理工程，成功投放龙光集团、桂林市日兴置业有限公司、桂林凤凰文投置业有限公司等项目，累计投放5亿元。

推进普惠金融　2019 年，建行桂林分行加大普惠金融推进力度，通过小微快贷系列普惠金融产品，持续落实减费让利政策。年内，深化与地方政府及税务、市场监管、工信等单位及园区管委会的合作，开展推介会及宣传讲座 18 场，覆盖客户数 803 户，普惠金融服务覆盖率不断提升。以金融科技应用为支撑，打造普惠系列产品品牌体系，创新推出“个体工商户经营快贷”“抵押快贷”和“交易快贷”，在产品和供应链贷款方面为小微企业提供更多融资选择。9 月，举行“小微梦想　贷动未来”普惠金融系列产品发布会，专项推介“个体工商户经营快贷”“抵押快贷”“交易快贷”等面向中小企业的新产品。年末，普惠金融口径信贷余额 10.5 亿元，增加 1.5 亿元。

服务乡村振兴　2019 年，建行桂林分行落实国家“强农、惠农、利农、便农”政策，加强乡村振兴建设金融服务。年内，加强对“三农”和乡村地区的金融服务，通过“小微快贷”“裕农通”及涉农贷款等普惠金融产品，为桂林市乡村振兴提供配套金融服务。推广“裕农通”乡村金融服务，推进“裕农通・村村通乡村全覆盖”工作，将银行窗口设至村口；根据个人和农业新型经营主体金融需求，推出“裕农保险”、裕农通专享存款、“裕农快贷”等农村专属金融产品。依托金融科技，搭建裕农通平台，叠加普惠金融服务与乡村治理场景，打通乡村智慧政务、便民事务、电子商务、金融服务“四务”，满足乡村治理、惠民便民、知识信息、共享合作和金融服务的多维需求。至年末，累计建立“裕农通”服务点 1576 个，其中乡（镇）设立服务点 1394 个，办理业务 1 万笔。（蒋倩）

【交通银行股份有限公司桂林分行】

2019 年，交通银行股份有限公司桂林分行（简称交行桂林分行）办公地址在桂林市南环路 8 号。内设综合管理部、预算财务部、公司（国际）部、普惠金融事业部、个人金融业务部、营运管理部、授信与风险管理部、信息技术管理部、安全保卫（工会）部。下辖营业网点 10 家，自助银行服务区 36 个，在职人员 317 人。年内，交行桂林分行发挥自身优势，不断拓展业务，创新金融产品，各项业务平稳发展。年末，本外币资产总额 128.39 亿元，本外币各项存款时点余额 123.16 亿元，本外币各项贷款时点余额 81.76 亿元。

助力实体经济发展　2019 年，交行桂林分行紧跟政府发展战略，借助自身综合化经营以及机构、支付平台、产品等优势，加大对桂林实体经济的金融支持力度，重点支持教育事业、基础医疗业、先进制造业、战略性新兴产业、现代服务业等，为企业解决当前金融环境下的融资难题。超额完成银保监“两增”任务，“两增”贷款完成率 182.43%，“两增”小微企业贷款客户数完成率 286.05%。

提升网点服务　2019 年，交行桂林分行推进网点综合化改革。年内，加速推进厅堂一体化项目，带动“线上线下”服务水平双提升。树立服务标杆，以点带面提升网点服务水平，城中支行获“中国银行业文明规范服务五星级营业网点”称号。落实智能

2019 年 11 月 18 日，交行桂林分行开展系列公益行之剪纸公益活动

（马铭艺 摄）

机具设备的推广和使用，借助手持移动设备贴身服务、可上门为客户量身定制的特点，推进网点服务模式转型，提升客户服务体验。年末，智能机具100%覆盖全网点。

完善内控合规长效机制　2019年，交行桂林分行落实监管部门、总分行出台的各项风险管控要求，完善内控合规长效机制，防范化解重大金融风险。年内，做好资产质量管控工作，提升各类风险管理能力。持续加强内部管控体制机制，强化对员工的教育，对金融风险主动防范、科学防范，做到早识别、早预警、早发现、早处置。

普及金融知识　2019年，交行桂林分行采取“厅堂为主、上门为辅”的多维度宣传方式，向社会公众传导金融消费者权益保护理念。年内，利用营业网点作为阵地，在厅堂设立公众教育区，以海报、视频、宣传折页等方式向消费者宣传。开展金融知识进社区、校园、企业等宣传活动，向不同的消费者群体普及金融知识。持续开展金融知识宣讲活动，提升消费者风险责任意识，营造学金融、懂金融、用金融良好氛围。（马铭艺）

【中国邮政储蓄银行股份有限公司桂林市分行】　2019年，中国邮政储蓄银行股份有限公司桂林市分行（简称邮储银行桂林市分行）办公地址在桂林市中山中路57号。内设一级部门12个，下辖一级支行6个，“二改一”支行6个。网点101个，其中自营网点27个，代理网点74个。在职员工523人，客户经理186人，柜员78人。年内，邮储银行桂林市分行落实“两增两控”要求，推进普惠金融建设，各项业务发展稳定。年末，全行资产规模167亿元，各项存款余额150亿元，各项贷款余额77亿元，不良贷款率1.22%，下降0.11%。

支持民营及小微企业　2019年，邮储银行桂林市分行落实“支民支小”计划，全年投放民营企业贷款9.27亿元。落实“两增两控”要求，“两增”口径小微企业贷款增加1.82亿元，户数增加176户，本年利率下降0.26个百分点，不良贷款率3.86%，均达到监管考核标准。做好优化营商“百日攻坚”工作，优化信贷办理流程、精简申请材料，上半年，1000万元以下符合条件的抵押类贷款办理时限，从15个工作日缩减至8个工作日，下半年压缩至4个工作日放款，达到桂林市优化营商环境信贷获得率的年终目标。

推进普惠金融建设　2019年，邮储银行桂林市分行构建多层次、广覆盖、可持续的普惠金融服务体系，提升弱势群体对基础金融服务的可获得性。年内，践行乡村振兴战略，做好金融精准扶贫。强化对民宿市场的调研，根据民宿市场需求，创新推出“民宿贷”信贷产品，解决民宿经营主体融资难、担保难的问题。9月4日，该行发放全国首笔民宿贷贷款，发放金额35万元，标志着该项信贷业务新产品成功投放广西市场，成为“三农”金融业务新的增长点。年末，精准扶贫贷款结余2.04亿元，增加1.1亿元。普惠涉农贷款结余9.16亿元，增加1.05亿元。落实绿色银行建设三年规划，绿色信贷增加1.88亿元。（王蜜蜜）

【桂林银行股份有限公司】　2019年9月10日，桂林银行股份有限公司（简称桂林银行）在桂林的办公地址在临桂区公园北路8号桂林金融大厦，部分业务部室设在南宁市的桂林银行大厦。内设董事会办公室、监事会办公室、办公室、人力资源部、党群部、监察保卫部、计财财务部、授信管理部、风险管理部、法律合规部、信息技术部、审计部、公司金融部、金融市场部、贸易金融部、理财业务部、个人金融部、渠道管理部、普惠金融部、网络金融部、数字银行管理部、运营管理部、集中运营中心、小企业金融服务中心。共设立分支机构103家，社区支行及小微支行211家，农村普惠金融服务站2346家，控股村镇银行7家，在岗员工5453人。年末，桂林银行集团（包括控股村镇银行）总资产3134.03亿元，增长17.25%；各项存款余额2382.64亿元，增长12.38%；各项贷款余额1715.19亿元，增长21.81%。全年实现经营利润47.08亿元，增长7.05%；实现利润总额15.23亿元，净利润13.10亿元；上缴各项税费12.75亿元。年内，桂林银行列“2019全球银行1000强”第392位，上升42位；列“2019中国服务业企业500强”第308位，上升10位；获2019中国金融创新奖“最佳金融创新奖”；获2019中国电子银行金榜奖“最佳金融科技创新应用奖”。

面向东盟金融开放门户建设　2019年，桂林银行完善沿边机构布局，构建金融通道。年内，先后在北海市、防城港市、钦州市、百色市、东兴市、崇左市等地区增设分支机构，推动凭祥市、靖西市等边境地区特色金融机构布点。推出“惠边贷”“互市贷”“桂边贷”“边易贷”等沿边金融产品，累计为边民及涉边企业提供信贷支持20亿元。深挖与东盟国家金融机构合作潜力，出访越南谅山地区三大金融机构，对接越南高平地区金融机构；与泰国开泰银行探索开展泰铢结算、清算等业务合作；推进与马来西亚丰隆银行、新加坡南洋商业银行等境外代理行的业务合作。至年末，桂林银行共支持全自治区项目建设137个，全年实现56.99亿元信贷投放支持广西地方经济发展。

精准扶贫助力“三农”　2019年，桂林银行整合行内外资源，采用差异化、特色化的扶贫模式，做好金融精准扶贫。年内，帮助灌阳县、全州县、平乐县、永福县、龙胜各族自治县、资源县6个县域100余户贫困农户，开展帮扶农产品进食堂活动共52场，助推农产品销售量6000吨，销售金额1.37亿元。年末，桂林银行精准扶贫贷款余额16.94亿元（含已脱贫人口），增加7.50亿元。其中，产业精准扶贫贷款余额11.31亿元，实现了对自治区内52家参与扶贫企业的资金支持；个人精准扶贫贷款余额5.63亿元（含已脱贫人口），惠及4.05万户贫困户。

发展普惠金融　2019年，桂林银行推进普惠金融建设，推动转型发展，服务中小微企业。年内，创新“桂银乐税贷”产品体系，推出乐税贷抵押版和个体工商户版，成为广西第一家实现线上税贷产品对小微企业客户群体全覆盖的金融机构。至年末，“银税互动”总发放金额56.88亿元，其中“桂银乐税贷”累计发放金额24.07亿元，线下“以税助信”贷款累计发放

2019 年 11 月 17 日，桂林银行新核心系统上线仪式举行　（桂林银行　供图）

金额 32.81 亿元，线上线下惠及客户 7000 多户。持续优化营商环境，下调小微贷款利率，实现普惠型小微业务"两增两控"全面达标，年末，人民银行全口径小微贷款余额 711.85 亿元，增长 23.16%。

推进绿色金融发展　2019 年，桂林银行参与桂林开展绿色金融创新试点，持续助力机械制造、化工、制糖、有色金属等传统产业绿色化改造升级，推动新一代信息技术、智能装备制造、节能环保、生物医药、新材料等绿色产业加快发展。加大对绿色经济、低碳经济、循环经济的支持力度，推动桂林绿色金融发展和生态文明城建设。至年末，发行绿色金融债券 20 亿元。

拓展金融服务渠道　2019 年，桂林银行利用金融科技打造基于"移动平台 + 智能服务终端"的电子渠道服务体系，建成全面覆盖各项金融服务的线上和线下服务智能化平台集群，电子渠道业务分流成效显著，电子渠道替代率 95.49%。年内，拓展手机银行、网上银行、微信银行、互联网门户等服务渠道，整合个人、对公、外汇和小微等业务，实现全金融功能的渠道覆盖。完成个人网银升级和互联网门户重建，实现 PC 端和移动端多元化场景服务。年末，全行手机银行客户数 292 万户，网上银行 192 万户，微信银行 115 万户，手机银行、网上银行和互联网支付业务占比 70.1%。创新支付场景应用，为政府企事业单位、核心供应链企业、优质集团客户提供互联网支付综合解决方案，完善小能人 e 码付和小能人 e 缴费平台，实现小微、零售、医院、学校、物业等多场景金融服务应用。11 月 17 日，桂林银行新核心系统上线，11 月 18 日正式投产。新核心系统涉及核心系统、外围系统、数据类系统等。该系统构建了统一客户视图，从"以账户为中心"的模式向"以客户为中心"模式转变，实现"以客户为中心，以产品为导向"。

强化风险体系建设　2019 年，桂林银行多举措加强风险体系建设。年内，引进金融科技公司，建设个人资产风险决策平台，采购外部数据，针对个人信贷业务定制开发准入、反欺诈、征信、行为评分等模型，初步完成风险基础设施框架建设，提升反欺诈、信用评估、策略使用、客户分层、业务预判等能力。成立桂林银行特殊资产认定委员会、桂林银行特殊资产风险审查委员会，加强清收力度，提高诉讼反应速度，提升全行抵债资产管理水平，强化资产保全管理职能。有效控制新增违约贷款，推进"一户一策"，化解存量风险，完成不良资产转让与贷款核销工作等，全面压降不良资产，全行信贷资产质量进一步提升。年末，桂林银行累计处置收回不良资产 24.41 亿元，其中核销贷款 15.91 亿元，不良资产转让收回 5.03 亿元，现金收回 3.47 亿元。（李倩）

【广西壮族自治区农村信用社联合社桂林办事处】 2019 年，广西壮族自治区农村信用社联合社桂林办事处（简称农信社桂林办事处）办公地址在桂林市漓江路 49 号，内设综合科、财务管理科、业务管理科、稽察保卫科、后勤管理科和科技管理科。辖内共有 13 家农村合作银行机构，包括 6 家农村商业银行股份有限公司和 7 家农村合作银行，机构网点 281 个，在职人员 3179 人。年内，农信社桂林办事处加大对实力经济支持力度，业务实现平稳较快发展。年末，桂林辖区农合机构各项存款余额 990.53 亿元，增加 61.76 亿元，增长 6.65%；各项贷款余额 842.22 亿元，增加 66.49 亿元，增长 8.57%，存贷比 85.03%；实现财务总收入 55.28 亿元，实现利润 23.81 亿元，缴纳各类税金 4.06 亿元。年内，漓江农合行北站支行获"全国青年文明号"称号。

服务实体经济　2019 年，农信社桂林办事处围绕市、县（市、区）人民政府的发展重点，加大对地方重点项目支持。年内，支持地方人民政府重大项目 26 个，贷款余额 37.30 亿元。其中，支持县（市、区）人民政府采购服务项目 16 个，贷款余额 32.87 亿元；支持自治区重点项目及"四个一百"（百项新兴产业培育项目、百项传统产业改造项目、百项产品升级与工业强基项目、百项智能制造与智能工厂项目）等项目 10 个，贷款余额 4.43 亿元。

针对小微企业资金需求，加大产品创新。年内，联合市委统战部、市工商联开展"金融机构服务民营经济县域行"活动，为民营经济、小微企业搭建融资平台。年末，小微企业贷款余额 470.97 亿元，增加 32.08 亿元。落实优化营商环境百日攻坚要求，简化办理贷款流程，提升小微企业贷款服务效率。年末，单户授信总额 1000 万元以下（含）小微企业贷款户数 4.66 万户，贷款余额 193 亿元。加强与各市人民政府性融资担保机构的沟通合作，重点支持"4321"（由担保公司、再担保公司、银行和当地政府按照 4 : 3 : 2 : 1 的比例承担代偿风险责任）贷款单户余额不高于 500 万元的小微企业（含个体工商户），累计发放

2019 年 11 月 5 日，广西灵川农村商业银行揭牌仪式举行　　（陆勇华　摄）

银政担小微企业贷款 29 户，贷款余额 6804 万元。为小微企业办理无还本续贷业务，2016—2019 年累计办理无还本续贷业务 1.58 家，金额 219.74 亿元，为企业节约融资成本 4.81 亿元。

推进“乡村振兴”战略，持续推广易农宝农贷新产品，将农户小额信用贷款授信最高额从 5 万元调到 10 万元，对种养大户最高授信额提高到 150 万元，为大米、砂糖橘、葡萄等当地特色农产品的产前、产中、产后提供贷款支持。年末，涉农贷款余额 612.50 亿元，增加 25.88 亿元。加大集约化、机械化程度高的特色农业企业及服务业企业金融服务力度，授信农业和服务业企业 1268 家，授信金额 28.22 亿元，发放贷款 25.7 亿元。

金融精准扶贫　2019 年，农信社桂林办事处落实“党旗领航、电商扶贫”的脱贫工作，联系对接当地品质有保障、产品有特色、效益辐射贫困户的土、特、优农产品上架利农商城销售，全年通过“利农商城”销售贫困地区农产品 1078 万元。用足政府风险补偿金，加大对建档立卡贫困户自主经营发展生产的支持，对有发展项目、有还款能力的贫困户贷款申请优先发放、优先支持。年末，共完成评级授信贫困户 8.31 万户，授信总额 33.08 亿元，户均授信 3.98 万元，通过信贷支持助推 1.51 万户贫困户脱贫。

提升普惠金融服务　2019 年，农信社桂林办事处加强普惠金融建设，提升金融服务便利性。年内，深入到各乡（镇）、村（屯）宣传，向种养大户、专业户、青年农民普及金融、金融安全防范等知识。逐村逐户建立和完善农户信息电子档案，推进信用户、信用村（屯）、信用乡（镇）建设。年末，共创建信用户 61.28 万户，占全部农户的 57.14%；创建信用村 859 个，占全部建制村的 50.62%；创建信用乡（镇）74 个，占全部乡（镇）的 55.22%。加快代收发放系统升级改造，承接全市农村医保、社保的代收业务，便于农户就近办理医保、社保缴费业务。加大易农宝推广力度，减少农户到网点办贷次数。推动移动支付便民示范工程业务，年末，拓展云闪付 APP 用户 11.39 万户。加大公务卡、易系列卡、桂盛信用卡等具有贷记功能银行卡推广力度，年末，共发行贷记功能银行卡 28.79 万张，授信 157.83 亿元，透支余额 77.22 亿元。推进农村便民服务点和综合服务站建设，年末，共设营业网点 281 个，三农金融服务室 1568 个，三农金融综合服务站 274 个。　　（蒋群清）

证　　券

【国海证券股份有限公司桂林分公司】　2019 年，该公司办公地址在桂林市中山中路 46 号，在职人员 94 人，内设部门 3 个。5 月 6 日，广西证监局核准国海证券撤销桂林恭城瑶族自治县迎宾路证券营业部。至年末，下辖桂林中山中路营业部、桂林辅星路营业部、桂林临桂区人民路营业部、桂林兴安县三台路营业部、桂林全州县中心北路营业部、桂林阳朔县蟠桃路营业部、桂林荔浦市荔柳路营业部。年内，该公司推进业务创新与服务创新，盈利水平及核心竞争力不断增强。年末，股基债交易量合计 2153.74 亿元，产品销售 20.48 亿元，增加托管资产 44.54 亿元，各项指标均排名公司前列。年内，加强与市人民政府、相关管理部门的联动，多次参加市人民政府举办的桂林企业金

2019 年 3 月 23 日，申万宏源证券有限公司桂林漓江路证券营业部参加“走进科创，你我同行”投资者教育专项活动　　（申捷　摄）

2019 年 10 月 13 日，东方证券股份有限公司桂林漓江路证券营业部举办东方·红万里行 2019 年投资策略报告会（黄妍婷 摄）

融合作论坛、座谈会，实现多方共赢。加强内控管理，严格执行监管机构及公司的制度、法规，加强风险防范能力，确保各项工作合规、安全、稳健运行。做好下辖各部反洗钱的统筹管理工作。年内，桂林中山中路营业部获广西证券期货业协会“2018 年优秀经营机构”称号，桂林全州县中心北路证券营业部、桂林荔浦市荔柳路证券营业部及桂林阳朔县蟠桃路证券营业部获当地人民银行 2018 年度反洗钱 A 类评级。（唐倡梅）

【东方证券股份有限公司桂林中山中路证券营业部】 2019 年，该营业部办公地址在桂林市中山中路 16 号，营业面积 3500 平方米，内设开户区、VIP 开户区、交易大厅、中户区、大户区、VIP 贵宾区和办公区。在职人员 54 人。年内，在证券市场处于震荡下行的背景下，该部利用互联网平台，提升咨询服务质量，扩大服务覆盖面，全年交易金额 398 亿元，增加客户 924 户。引进欧奈尔股票分析系统，对股票进行大数据分析，营业部客户咨询服务品质得到较大提升。加快转型步伐，组成多支产品服务小组，通过与银行、社区、物业等渠道合作，宣传证券公司账户的综合理财功能，提升理财产品知晓度。开展各项专题投资教育活动，宣传证券业务、非法集资和反洗钱防范等。（赵艳）

【申万宏源证券有限公司桂林漓江路证券营业部】 2019 年，该营业部办公地址在桂林市漓江路 28 号中软现代城，内设总经理室、综合部、市场营销部、客户服务部、存管部、风控部、信息技术部，在职人员 16 人。年内，该营业部加强渠道建设，拓展市场业务。加强营销人员培训，提升员工业务知识及营销技巧。与当地高校签署“校企战略合作协议”，举办证券知识讲座，培养业务后备人才。制订一体化营销方案，为银行渠道提供专业证券咨询和投资顾问服务，多次举办股市沙龙、三方存管培训会，以渠道建设促开发。组织员工参与营销活动，开发新增客户。加快营业部转型，拓展机构业务，拜访企业寻找开发商机，落实股份回购股权激励计划并引进机构投资者。做好日常合规监测，组织开展合规宣导培训。做好发洗钱工作，开展“反洗钱、反恐怖融资、反逃税”知识问答活动，开展“拒绝高利诱惑，远离非法集资”等宣传等。（申捷）

保　　险

【概况】 2019 年，桂林保险行业协会办公地址在桂林市秀峰区阳江路 2 号。内设综合部、市场部，在职人员 6 人。有团体会员 48 家，其中产险公司 18 家，寿险公司 14 家，专业养老机构（平安养老保险股份有限公司桂林中心支公司）1 家，中介保险机构公司 15 家。年内，桂林保险行业协会发挥协会的职能作用，辅助政府监管，服务会员单位，促进桂林保险业稳健发展。

保护消费者权益 2019 年，该协会建立多元化消费维权渠道，开展调解纠纷对接工作，保护消费者合法权益。加强与法院联系，完善道路交通事故诉调对接工作机制。年末，桂林辖区运行正常的道路交通事故纠纷一站式调处点 2 个（共 17 个调处点），法院诉调对接机制受理案件 639 件，成功调解 96 件，成功调解涉及金额 863.9 万元。加强与市交警支队、基层法院联系，在雁山区快速赔付点成立调解室，推动网上数据一体化处理，实现交通事故处理电子化，道路交通事故纠纷化解效率得到提升。聘用专家充实保险合同纠纷调解室，开展矛盾纠纷排查化解工作和信访投诉处理工作，年内共接受保险咨询 30 件，信访投诉 21 件，成功调处 18 件，成功率 85.71%，调解金额 77.25 万元。实施保险社会监督员制度，聘请来自不同部门的社会监督员 20 人，对桂林保险业服务质量进行监督。年内组织召开社会监督员工作座谈会 3 次，对农村服务网点建设、反保险欺诈工作推进等提出建设性意见。

参与社会管理 2019 年，该协会加快推进快赔服务网点覆盖。年末，共建有快速赔付网点 27 个，增加 3 个。其中城区 10 个，县域 17 个。全年快速赔付网点共处理轻微事故 1.99 万件，处理事故车辆 3.98 万辆，估损金额 4769.80 万元。在主要集中的高速服务站设立高速快处快赔服务点，与交警部门联合开展节假日快处快赔暖心服务。累计服务车辆 236 辆，处理轻微事故快赔案件 569 件，涉及事故车辆 1386 辆，估损金额 265.30 万元。加强交警部门与保险机构联动，合力推进“两站两员”建设工作。年内，中国人民财产保险股份有限公司桂林市分公司、平安产险桂林中心支公司与市交警支队签订战略合作协议，由市交警支队对查勘车授权，张贴警保联动标志，累计劝导事故快速撤离 832

件。年末，桂林辖区建成并投入使用服务站52个。

突发事件应急处置　2019年，该协会面对突发事件，组织行业会员公司迅速行动。年内，迅速应对“5·5”火灾事故。第一时间了解事故情况和死伤者人员信息，立即组织保险公司开展事故承保情况全行业排查工作；启动重大事故应急预案，成立事故应急小组，安排工作人员分渠道获取伤亡人员信息，到医院看望慰问受伤学生；启动快速理赔通道，协会工作人员陪同太平洋产险桂林中心支公司理赔工作组到广西师范大学漓江学院开展安抚工作，现场办理理赔手续，并于事故发生后第三天完成第一笔保险赔付。快速应对洪灾及非洲猪瘟灾害。年中，桂林多地遭受特大暴雨袭击以及年内猪瘟肆虐。该协会带头深入多个灾后现场查勘调研并亲自指导理赔服务工作。在5月25日资源水灾中，第一时间赶赴灾区，了解受灾情况，并对北部湾保险桂林分公司的救灾工作提出指导意见，仅用4个小时，案件的查勘及赔付协议签订工作全部完成。

提升行业服务水平　2019年，该协会深化保险行业服务评价和信息披露，提升行业服务能力和水平。年内，对桂林3家农险承办机构开展2018年桂林政策性农业保险服务质量评价工作，推动桂林政策性农业保险服务能力提升。开展车险理赔服务质量测评，全年组织开展现场测评4次，快处快赔非现场测评3次，提高桂林车险理赔服务水平。对桂林辖内经营人身保险业务满3个会计年度的寿险和产险公司三级机构开展2018年桂林人身保险服务质量考评工作，促进各公司建立、完善保护保险消费者利益的工作机制。按季度开展中介机构风险自律巡查。全年巡查中介机构160家次。（廖小英）

【中国人民财产保险股份有限公司桂林市分公司】　2019年，该公司办公地址在桂林市中山中路59号。内设职能管理部门11个，在职人员467人。下设支公司15家，营销服务部21个，网点遍及辖区所有乡（镇）。全年公司实现保费收入7.82亿元，下降12.56%。其中，车险板块实现保费收入4.89亿元，下降18.29%；非车非农板块实现保费收入2.13亿元，增长4.95%；农险板块农险保费收入7941万元。全年纳税金额8755.07万元，全年支付赔款5.16亿元。年内，与桂林市二级以上医疗机构签署健康扶贫医疗兜底资金代垫付协议，在自治区率先实现“一站式”结算体系全辖区覆盖。承保桂林市本级困难群众和资源县医疗救助业务。全年汛期洪水灾害赔款3000万元，养殖险疫情（非洲猪瘟）赔款4200万元。深化警保联动，整合双方资源，推动农村交通安全“两站两员”建设实体化运作。9月25日，与桂林市公安局交警支队在叠彩区大河乡联合举行桂林首个“警保联动”农村交通安全劝导站揭牌仪式。（田程伟）

【中国人寿保险股份有限公司桂林分公司】　2019年，该公司办公地址在桂林市七星区栖霞路24号。年内，实施组织架构调整，内设职能管理部门增至12个。下辖12个县（市）支公司。全辖共有城区营销服务部19个，农村营销服务部59个。在职人员349人，三大渠道销售人员5000人。年内，该公司总体经营保持稳健态势，全年总保费21亿元，增长11.87%。实现首年期交保费3.50亿元，其中10年及以上期交保费1.85亿元，增长93.69%。短期险保费实现1.40亿元，增长10.29%。保障型产品保费实现9311.32万元，增长36.06%。年内共处理理赔案件4.7万件，短期险赔付金额1.4亿元，个人业务申请到支付时效控制在1.2天。年内，公司承办的2018年桂林城乡居民大病保险赔付建档立卡贫困人员大病保险3378.43万元，赔付人数6005人，政策倾斜赔付1471.52万元；2019年桂林城乡居民大病保险赔付建档立卡贫困人员大病保险4894.16万元，赔付人数9058人，政策倾斜赔付2132.05万元。通过2018年度城乡居民大病保险政府考核，项目考核结果为优秀。完善市区机构布局，在北片区新增北辰路支公司，填补在该区域的网点空白。拓展计生关爱保险和关爱女性健康“两癌”保险两大政保平台业务，至9月30日（计生年度考核截止日），收入计划生育关爱保险保费1063万元，覆盖计生人群42.52万人；实现关爱女性健康“两癌”保险保费收入1399.3万元，累计承保16.74万人。年内联合市妇联向穴田村80名贫困妇女赠送“两癌”商业保险，保额共计400万元。（熊小群）

【中国太平洋财产保险股份有限公司桂林中心支公司】　2019年，该公司办公地址在桂林市安新北路10号，内设综合管理部、财务部、销售管理部、理赔部、客服部，下辖县（市）支公司12个，城区支公司3个，在职人员

9月25日，桂林市首个“警保联动”农村交通安全劝导站揭牌仪式在叠彩区大河乡举行（李静　摄）

2019 年 5 月 22 日，中国人寿桂林分公司向穴田村 80 名贫困妇女赠送"两癌"商业保险（吕毅林　摄）

192 人。年末，累计实现保费收入 3.3 亿元，全年赔款支出 2.4 亿元。年内，推进车险电子保单与桂林市车管所对接落地年审工作，车险服务更加便捷高效。与桂林市人民医院达成"医管家服务"合作，为公司投保、出险客户提供急诊绿色通道、医疗救治、重大交通事故应急抢救、免垫付、保险直赔、专家就诊等服务。9 月 26 日，在全市启动"太保公路侠"无偿公益服务活动，即该公司包括查勘员在内的所有员工，碰到需要救援和帮助的乘用车辆，无论是否太保承保，即刻免费提供搭电、换胎、协助处理事故等公益服务。年内，该活动服务车主 1025 人。5 月 5 日，桂林市雁山区雁山镇一自建房发生火灾，造成 5 名学生死亡，30 人受伤。该公司第一时间启动重大突发事件应急预案，成立重大突发事故应急处理小组，启动理赔绿色通道，配合政府有关部门并协助客户做好快速理赔。5 月 25 日，桂林市资源县多地遭遇特大暴雨袭击，该公司启动应急预案，迅速深入灾区查勘定损，一周内完成水淹车赔付 35 件，企业财产损失赔付 6 件，水稻、森林受损面积 10 公顷，共支付赔款 550 万元。落实精准扶贫，落实帮扶项目，组织开展"10·17"扶贫日捐赠 2.5 万元、"彩虹平台"采购贫困地区农产品 2.7 万元、中国太保三江源公益林捐款 2.1 万元、"益学无忧"捐赠桂林市贫困学生平安保险，保额 2800 万元。

（毛志波）

【中国太平洋人寿保险股份有限公司桂林中心支公司】 2019 年，该公司办公地址在桂林市象山区安新北路 10 号，下设 7 个部门(其中后援部门 3 个，业务部门 4 个)，10 家分支机构(七星区、象山区、秀峰区、荔浦市、灵川县、阳朔县、全州县、平乐县、恭城瑶族自治县、兴安县)。有员工 122 人，营销人员 2620 人。年内，该公司利用科技创新提升客户服务，加强合规管理，业务稳定发展。年末，公司实现保费收入 6.38 亿元，下降 8.94%。其中个人业务保费收入 6.06 亿元，下降 9.04%。金融合作保费收入 1421.58 万元，团险业务保费收入 3470 万元。新保保费收入 1.02 亿元，下降 30.47%。其中，个人业务新保保费收入 7993.01 万元，下降 38.95%。续期保费 4.97 亿元，增长 39%。其中个人业务续期保费收入 4.93 亿元，增长 40%。全年赔付金额 1.30 亿元，增长 19.71%，市场份额 9.38%。9 月 12 日，引入"灵犀二号"柜面人工智能机器人，通过生物识别、语音交互等新技术应用，为客户提供咨询、保全、理赔、投保等智能化服务，为桂林保险行业首家拥有"智能机器人"的保险公司。年内，推进合规管理，严控操作风险，加强专业审核预警督办。落实品质管控，强化考核追责，重点整治自媒体销售宣传、销售行为、销售投诉等。加强培训宣传教育，深入一线现场专项检查，鼓励销售违规举报，深入开展销售误导综合治理。开展"违规销售非保险金融产品专项排查""保险从业人员登记清核工作""中介市场乱象整治""非法集资专项排查""护航 2019"反保险欺诈专项行动等风险排查和专项工作。全年未发生风险案件，未受到监管处罚。加强反洗钱基础管理，有效推进对自然人存量客户清理工作。助力金融扶贫，向平乐县沙子中心校 20 名贫困生赠送学生平安保险，保额 246 万元。（陈媛）

2019 年 9 月 4 日，太平洋财产保险股份有限公司桂林中心支公司与桂林市人民医院举行"太好赔·医管家"签约仪式（黄桂林　摄）

新区·开发区

临桂新区

【概况】 2019年，中国共产党桂林市临桂新区工作委员会（简称临桂新区党工委）、桂林市临桂新区管理委员会（简称临桂新区管委会）办公地址在桂林市临桂区世纪东路48号。临桂新区党工委内设党工委办公室、党工委组织人事部。临桂新区管委会内设管委会办公室、规划建设环保部、计划投融资部、招商引资部、土地利用管理部、综合管理服务部，其中党工委办公室、管委会办公室合署办公。下辖桂林市临桂新区管理委员会信息中心。人员编制57名（含后勤服务聘用人员控制数6名），在职人员52人。年内，临桂新区列入市级层面1亿元以上项目41个，年度计划投资80.5亿元，全年完成投资104.71亿元。落实融资额度31.79亿元。下属企业新城投资集团实现主营业务收入3.92亿元，利润总额1.01亿元。签订征地协议9.45公顷；临桂新区供应土地5宗，供应面积6.37万平方米，土地总收入0.45亿元。

【临桂新区重点项目建设】 2019年，临桂新区管委会推进重点项目建设，狠抓西城大道南延长线、桂林国际会展中心、新城吾悦广场、临桂万达广场、兴桂园以及桂林纪检综合业务基地等重点项目。其中，桂林国际会展中心项目完成初步设计出图，临桂万达广场已完成封顶，桂林市纪检监察综合业务基地项目完成装修工程，西城大道南延长线至临苏路口提升改造工程已累计完成投资9400万元。11月30日，新城吾悦广场开业。

【完善临桂新区规划体系】 2019年，临桂新区管委会完善新区城市化规划体系，在已有规划的基础上，积极推进周边片区规划工作。组织完成《临桂新区兰塘河以南片区控制性详细规划》《桂林市临桂区秧塘片区规划整合》编制；联合临桂区人民政府组织开展《万福路旅游度假区（临桂片区）旅游规划》《桂林市临桂区临苏路以南片区凤凰林场片区概念规划》《桂林市临桂区凤凰林场旅游度假区规划》编制，以及秧塘工业园、乐和医疗产业园、宝山工业园、五通工业园、会仙科创小镇5个工业园控制性规划；配合桂林经济技术开发区完成华为、深科技工业园区规划落地规划全域覆盖，为临桂新区与桂林经济技术开发区的高效融合提供支撑。

【临桂新区配套项目建设】 2019年，临桂新区市政项目建设29个，累计完成投资3.47亿元。核心区水系亮化工程和政府北路东段基本完成，临江东路已完成总工程进度的55%，山水南路已完成总工程进度的67.5%，三元东路已完成总工程进度的85%；北区的国奥路已完成机场路至沙塘一期段第二层沥青铺设、人行道铺砖，北区污水泵站、沙塘大道一期均完成总工程进度的90%，沙塘大道二期完成总工程进度的60%，北区水系土建工程完成总工程进度的40%，水系景观绿化工程完成EPC施工总承包招标；中水厂及中水管网工程已在设备调试阶段，中水管网1标及3标已完工，并具备补水条件。配套功能持续完善。旅游综合医院基本完成基础设施建设，翻山底市场AB区菜市商业部分二层主体结构封顶，宏谋市场开始前期工作。9月，国惠幼儿园、新城宝贤小学和致远小学开始招生。

【临桂新区项目策划储备】 2019年，临桂新区共策划包装新项目13个。新签约桂林凤凰文化旅游度假区项目，投资总额200亿元。桂林生物医

2019年，临桂新区环城水系　　（临桂新区管委会　供图）

2019 年 9 月，新城宝贤小学校园一角　　（陈钟涛　摄）

学研究基地项目，投资总额 20 亿元。年内，临桂新区招商引资到位资金 16.09 亿元。（谢琨）

桂林国家高新技术产业开发区

【概况】 2019 年，中国共产党桂林国家高新技术产业开发区工作委员会、桂林国家高新技术产业开发区管理委员会办公地址位于桂林市七星区七里店路创意大厦，内设办公室、发展和改革局、工业和信息化局、投资促进局、财政局、科学技术局、工业园区建设局（与住房和城乡建设局合署办公）、社会发展局、城市管理局、农村工作局、国土资源局、环境保护局、规划局、工商局。年内，桂林国家高新技术产业开发区（简称高新区）推进现代服务业创新发展，优化营商环境，实施创新驱动，推动产业转型升级。全年完成工业总产值 184.78 亿元，纳税总额比上年增长 8%，引进内资 95.06 亿元，实际利用外资 563 万美元。

【高新区工业发展】 2019 年，高新区先后出台《2019 年区领导联系服务重点工业企业工作方案》《关于加快桂林国家高新区新型工业发展的实施办法（试行）》，落实产业扶持资金 2000 万元，解决企业困难问题 86 个，节约企业用电成本 1800 万元。助力广西鸣新底盘部件限公司［原万向钱潮（桂林）汽车底盘部件有限公司］进入世界 500 强供应链。新增规模以上工业企业 9 家，三大主导产业占工业总产值比重 85.37%。规模工业总产值和增加值占全市的比重均超过 20%。辖区大部分工业企业实现逆势增长，17 家企业产值增速超过 20%，7 家企业产值增速超过 40%。桂林国际电线电缆集团有限责任公司、广西盛丰建设集团有限公司、桂林三金集团股份有限公司入选广西民营企业 100 强，桂林西麦食品有限公司等 7 家企业入选广西民营企业制造业 100 强，桂林智神信息技术股份有限公司、桂林电力电容器有限责任公司被评为 2019 年广西最具竞争力民营企业，桂林智神信息技术股份有限公司、桂林光隆光电科技股份有限公司、桂林海威科技股份有限公司被评为 2019 年广西最具潜力民营企业，桂林市啄木鸟医疗器械有限公司、桂林芯飞光电子科技有限公司被评为 2019 年广西智能工厂示范企业。

【高新区科技创新】 2019 年，高新区完成科技成果登记 78 项，科技成果转化 22 项，技术交易额 1134.6 万元。全年申报自治区级科技项目 34 个，市级科技项目 82 个，县级科技项目 22 个，总投资 465 万元。新增高新技术企业 40 家，累计已有 175 家。新增自治区级技术转移示范机构 2 家（桂林南药股份有限公司、桂林金发明科技开发有限公司），新增自治区级众创空间 1 家（桂林智能仪器众创空间），自治区级科技孵化器 1 家（桂林电子科技大学科技园孵化器），市级孵化器 3 家（桂林理工大学科技园、桂林国家高新区科技企业加速孵化器、城德科技孵化器）。桂林民华科技发展有限公司入选“国家小型微型企业创业创新示范基地”，中国化学工业桂林工程有限公司获评国家级企业技术中心。桂林国际电线电缆集团有限责任公司、桂林市晶瑞传感技术有限公司、桂林三金药业股份有限公司、桂林光隆光电科技股份有限公司、广西智度信息科技有限公司、桂林创源金刚石有限公司被认定为广西“瞪羚企业”，累计已有 13 家，占广西总家数 19.11%，占全市总家数 76.47%。桂林西麦食品有限公司在深圳证券交易所上市，成为广西 2019 年唯一 A 股 IPO 上市企业。桂林市思奇通信设备有限公司、中国化学工业桂林工程有限公司参与完成的两项关键技术分别获国家技术发明奖二等奖、科技进步奖二等奖。桂林三金药业股份有限公司被评为广西高新技术企业创新能力十强企业，桂林市啄木鸟医疗器械有限公司被评为广西高新技术企业创新活力十强企业，桂林优利特医疗电子有限公司、桂林电器科学研究院有限公司、桂林电力电容器有限责任公司、桂林智神信息技术股份有限公司等 21 家企业被评为广西高新技术企业 100 强。全年引进国家级高层次人才 6 人，获评市级以上高层次人才 44 人。桂林云璟科技有限公司获 2019 年人力资源和社会保障部留学人员回国创业启动重点支持计划，国家级资金奖励 50 万元，是广西留学人员企业首次获该项目支持。孵化中心与桂林电子科技大学达成合作意向共同建设中小企业科技服务平台，联合朗谷科技合作新建电子产品研发与试制公共技术服务平台。举办“创客厅”沙龙活动 30 余场。

【高新区园区建设】 2019 年，高新区完成道路建设 1675 米，铺设雨污管网 2682 米，供电线路改造 4538 米，给水管道建设 7700 米；完成路灯修建

1300米、99盏路灯；完成燃气管道建设1000米，道路修复2600平方米，完成标准厂房建设10.6万平方米。完成中国中药项目土地平整6公顷；完成澳群彩印开工项目平整。年内，完成园区基础设施投资8633万元，完成固定资产投资7.26亿元。完成2019年度自治区工业园区专项扶持资金材料申报；完成桂林电气节能及电力电子产业项目一期（金属化膜电容器生产车间）、中国电科桂林光电子光通信科技创新与产业化项目2019年市本级工业发展专项资金（工业园区标准厂房建设）申报；完成市本级第一批工业发展专项资金（工业园区基础设施建设和工业用地收储补助资金）申报。引入园区办公楼宇及标准厂房的企业近80家。

2019年7月30日，市委书记、市人大常委会主任赵乐秦（前排左二）在高新区调研桂林飞宇科技股份有限公司项目建设（朱滢　摄）

【高新区招商引资】 2019年，高新区在第16届中国－东盟博览会上签约重大项目5个，总投资68亿余元，其中上海复星医药集团（桂林）智能化医药基地项目入选自治区重大项目专场签约，桂林东衡光通讯产业项目纳入自治区外资项目专场签约。招商区域向京津冀、长三角、粤港澳大湾区拓展，全年开展“走出去”招商活动30余次。承办2019广西“壮族三月三·e网喜乐购”电商节桂林分会场活动暨第五届桂林网购节，设置桂林特色产品展位86个，其中标准展位85个、特装展位1个，参展企业80多家，线上线下销售额约1000万元。

【高新区入围国家外贸转型升级基地】 2019年8月14日，桂林高新区国家外贸转型升级基地（电子产品）成为国家外贸转型升级基地，成为广西两个上榜园区之一。高新区已初步形成电子信息、生物医药和现代服务业三大优势产业和新材料、新能源、节能环保三大新兴产业格局，有各类电子信息企业300多家，电商谷累计入驻电商企业200家，总产值达25亿元。

【桂林创意产业园被评为优秀自治区现代服务业集聚示范区】 2019年，桂林创意产业园被评为优秀自治区现代服务业集聚示范区，并获自治区服务业发展专项资金800万元奖励。桂林创意产业园是广西首批文化产业示范园区，是桂林国家级文化和科技融合示范基地的核心园区。2018年，桂林创意产业园被认定为广西现代服务业集聚区。该园集聚各类文化创意相关企业162家，形成创意设计、软件开发、游戏动漫、科技服务业等产业为代表的现代服务业产业集群。

【高新区科技企业两产品获德国红点奖】 2019年，高新区深入各科技型企业调研，加大中小企业扶持力度，挑选40家企业作为重点企业予以专项支持。11月，桂林飞宇科技股份有限公司研发的AK4500和VLOG Pocket同时得2019年德国红点奖。德国红点设计大奖(Red Dot Design Award)于1955年创立，是世界上知名设计竞赛中最大最具影响力的竞赛之一。AK4500是桂林飞宇科技股份有限公司集最新稳像及控制技术而研发的最新一代三轴手持相机稳定器，全新高性能芯片结合智能防抖算法，无论行走或是奔跑拍摄，都能保证拍摄的画面稳定，还能通过滑滚轮直接控制相机的拍摄、变焦、跟焦以及设置相机其他参数，给视频创作者带来舒适、利落的体验。VLOG Pocket是该公司新研发的一款可折叠式手机稳定器，小巧、便捷、实用让它成为很多手机Vlogger的首选，丰富的功能性和实用性，顺势于当下抖音、直播等热门短视频时代，满足手机Vlog拍摄用户的需求，只需轻轻一按，即可轻松实现横竖拍切换。

（钟婷）

桂林经济技术开发区

【概况】 2019年，桂林经济技术开发区（简称桂林经开区）管理委员会办公地址位于桂林经开区土榕大道1号，内设党政综合办公室、经济发展和招商局、规划建设土地环保局、财政审计局、人力资源和社会保障局、行政审批服务局和社会事务管理局。人员编制27名，在职人员25人。年内，深科技项目一期建成投产，第一部在桂林生产的华为智能手机于8月15日下线；广西汽车集团桂林新能源客车基地建成，成为广西首家获新建新能源客车资质企业；首台“广西产”超导磁共振机下线。全年桂林经开区完成统计上报规模以上工业产值161.56亿元；141个重中之重和重大项目完成投资70.8亿元；新引进优尼康通、钰翎珑、华大生物、桂柳牧业、百年基业等项目45个，引进的项目总投资194.15亿元，全年完成内资到位资金98.4亿元。标准厂房（含企业自建）竣工28.12万平方米；完成土地收储104.44公顷。有规模以上企业 74 家，上市公司企业 20 家，高新技术企业 32 家。

【桂林经开区招商引资】 2019 年，桂林经开区围绕“一部手机、一辆新能源商用车、一条子午胎、一个罗汉果”加强项目策划，强化产业链招商，全年新引进优尼康通、钰翎珑等项目 45 个，增长（比上年，下同）114.3%。其中，1 亿元以上项目 25 个，增长 127.3%；产业类项目 36 个；已落地项目 37 个，全部投产后预计形成产值 620.49 亿元；全年完成内资到位资金 98.4 亿元。

【桂林经开区项目建设】 2019 年，桂林经开区实施重中之重及重大项目 141 个，项目竣工投产 29 个，完成投资 70.8 亿元。实施自治区统筹推进重大项目 10 个，完成投资 25.96 亿元；市领导跟踪服务推进重中之重和重大项目 9 个，完成投资 26.66 亿元；市级层面统筹推进重大项目 58 个，完成投资 67.6 亿元。开工建设标准厂房 35.63 万平方米，竣工 28.12 万平方米。列入自治区“双百双新”项目 10 个，其中“双百”项目 3 个，“双新”项目 7 个。列入“千企”技改项目 21 个。桂林深科技有限公司项目一期建成投产，第一部在桂林生产的华为智能手机下线，至年末已完成 11 条 SMT 线和 16 条手机装配线架设，形成 150 万部每月的手机生产产能。比亚迪新能源商用车及轨道交通产业基地 4 月 27 日竣工投产，至年末累计生产新能源客车 859 辆。广西汽车集团桂林新能源客车基地建成，首台“广西产”超导磁共振机下线。

【桂林经开区服务企业】 2019 年，桂林经开区建立“一对一”“家人式”企业服务机制，重点服务企业 91 家，共组织 4 批次 78 家企业参加座谈会，收集问题 268 个，解决问题 236 个。园区仅有华艺生物等 5 家规模以上企业停产。新培育广西新桂轮橡胶有限公司、桂林深科技有限公司等 10 家规模以上企业，规模以上企业达 74 家。新增高新技术企业 11 家，高新技术企业达 32 家。全年完成规模以上工业总产值 161.56 亿元，增长 22.16%；实现进出口总额 1.28 亿美元，增长 53.6%。桂林奥创园获“国家级小型微型企业创业创新示范基地”称号；桂林经开区孵化器通过自治区级孵化器认证，进入国家级培育，并列入国家中小企业公共服务示范平台名单。在桂林经开区创新创业服务中心注册企业有 88 家。年内，桂林经开区引进科易网组建的“桂林科技成果转化平台”，全年促成技术交易 12 项，交易额 3023.92 万元。

【桂林经开区优化营商环境】 2019 年，桂林经开区深化国家审批制度改革，与桂林精成生物科技有限公司、广西桂柳牧业集团等 6 个项目签订双向承诺书，成为全市第一个项目拿地即开工的园区。制订《桂林经济技术开发区优化营商环境重点指标百日攻坚行动方案》，缩短项目报批报建审批时限，同时行政性收费不作为审批前置。全年桂林经开区行政审批服务局共接件 267 件，即时限时办结 262 件，转外办理 5 件，即时限时办结率 100%，办件效率平均办理时限比法定办结时限压缩 90%，为 62 家企业提供企业开办（变更）服务 201 件次。在市政务服务中心设立服务专窗，开通广西一体化网上政务服务平台、桂林市网上办事大厅公共审批平台、桂林工程建设项目审批管理平台账号，提升办事效率与企业服务能力。成立桂林开区生态环境局，优化整合桂林经开区自然资源分局职能；设立市中级人民法院驻桂林经开区优化营商工作站，设立桂林经开区税务局，完善服务企业的职能。深化土地资源管理与利用创新，113 天完成从土地修规、用地报批到土地出让 3 项工作。

【桂林经开区改善配套设施】 2019 年，桂林经开区建成人才公寓 6.27 万平方米；新开工建设公租房 1721 套；建成道路 5.67 千米；修复破损、断裂路面 1.2 千米；新建、迁改供电线路和管沟 4.6 千米，完成华为合作区等部分项目用电建设，全年苏桥片区企业用电量 1.18 亿千瓦小时，增长 26.9%。完成 2.5 千米给水管网改；新建 2.2 千米燃气管道；新建通信线路 6.9 千米、园区宽带 1000 条；新建通信基站 79 座，通信基站总量 550 个；完成 1.6 千米航油管道迁移；蒸汽管道不断完善，用蒸汽企业 22 家，全年累计用汽 63.53 万吨。实施雨污分流改造，苏桥片区管网全部实现雨污分流。启动桂林经开区罗汉果小镇污水预处理站项目。豪文国际学校、罗汉果小镇阳光幼儿园建成招生，无水港开工建设。新引进百年基业建设应用型本科、高等职业技术、中职职业技术教育项目。补贴开通往返桂林与苏桥的夜间通勤大巴，将 81 路和 61 路公交车延长至桂林深科技智能制造产业园，园区公交由每天 4 趟增加至 30 趟。投放 500 辆哈啰助力车在园区，解决员工出行问题。全年新增就业近 6500 人。

2019 年 4 月 27 日，比亚迪新能源商用车基地竣工投产

（桂林经开区管理委员会　供图）

2019 年，建设中的桂林深科技智能制造产业园（桂林经开区管理委员会　供图）

【桂林经开区资金土地要素保障】 2019 年，桂林经开区获各类扶持资金 3.8 亿元，同时依托华为合作区基础及配套设施项目和桂林深科技有限公司项目，发行桂林经开区土地储备专项债券 2.1 亿元，桂林深科技一期、二期，华为合作区，罗汉果小镇 4 个项目分别获批政府专项债券发行。完成土地报批 60.06 公顷，收储土地 104.44 公顷，完成出让面积 61.42 公顷，完成划拨面积 40.96 公顷。桂林经开区组织报批的永福县 2019 年第七批次乡（镇）建设用地（广西桂柳牧业集团肉禽屠宰项目）成为桂林市内首例使用跨区域流转增减挂钩节余指标完成组卷报批的用地批次。作为全市唯一独立开展规划范围内第三次国土调查的工业园区，组织专门调查小组对 800 公顷重点区域范围内的耕地进行实地调查取证，纠正了原第二次国土调查成果地类认定存在的错误和偏差。获批启动桂林经开区国土空间专项规划，为桂林工业用地规划和发展提供基础性保障。全年苏桥片区完成征地 72.15 公顷，拆除建筑面积 23950.5 平方米，迁坟 398 座，青苗补偿面积 51.09 公顷。共组织执行巡逻任务 500 余次，劝阻各类违建、违种行为 320 余起，开展专项整治行动 7 次，依法清除违种罗汉松等 3000 余株，保障经济技术开发区发展环境。（韦佳贝）

粤桂黔高铁经济带合作试验区（桂林）广西园

【概况】 2019 年，粤桂黔高铁经济带合作试验区（桂林）广西园［简称高铁（桂林）广西园］管理委员会办公地址在桂林市福利北路 3 号，2018 年 6 月正式挂牌，内设办公室、财政金融办公室、招商引资局、土地规划建设局、经济发展局，人员编制 20 名，在职人员 20 人。全年高铁（桂林）广西园完成规模以上工业产值 55.36 亿元；37 个重中之重和重大项目完成投资 63.75 亿元；新签约入园光达云创谷、高铁园外国语学校等项目 15 个，落地项目 4 个，完成投资 79.6 亿元；标准厂房（含企业自建）竣工 5.4 万平方米；完成土地收储 139.6 公顷。2019 年 10 月 18 日，第五届粤桂黔滇高铁经济带合作联席会议暨粤桂黔滇高铁经济带合作试验区（桂林）广西园建设工作现场会在桂林举办。

【高铁（桂林）广西园规划编制】 2019 年，高铁（桂林）广西园强化与经济社会发展规划、城乡建设总体规划、土地利用总体规划、生态保护规划等规划的衔接。由中国城市规划设计研究院完成《定江镇区控制性详细规划》《定江镇区市政工程专项规划》《桂林高铁经济产业园概念性总体规划》编制工作，完成《桂林高铁经济产业园电力专项规划》编制工作，加快推进编制《桂林市国家物流枢纽建设方案》，推进以桂林西物流中心为基础的商贸服务型国家物流枢纽建设，主动融入西部陆海新通道建设。

【高铁（桂林）广西园重大项目建设】 2019 年，高铁（桂林）广西园实施重中之重和重大项目 37 个，年度总投资 63.75 亿元，增长 157%。其中，产业项目 23 个，完成投资 27.7 亿元，增长 76%。高铁（桂林）广西园列入自治区层面统筹推进重大项目 6 个，全年完成投资 14.83 亿元；列入市领导跟踪服务推进的重中之重和重大项目 6 个，全年完成投资 33.96 亿元。

【高铁（桂林）广西园招商引资】 2019 年，高铁（桂林）广西园管委会共接

2019 年 10 月 18 日，第五届粤桂黔滇高铁经济带合作联席会议暨粤桂黔滇高铁经济带合作试验区（桂林）广西园建设工作现场会在桂林举办（蔡钰鑫　供图）

待客商60多批次,“走出去”考察10余次。新签约入园光达云创谷、高铁园外国语学校、智慧医疗照明研发中心、香港电子科技园、青禾美邦等项目15个,其中工业项目10个,工业项目总投资75.06亿元;投资1亿元以上项目7个,占新签约入园项目总数的46.67%。全年,共有24家企业通过智慧产业园招引入驻孵化中心。

2019年,高铁(桂林)广西园智慧产业园 (灵川县摄影协会 供图)

【高铁(桂林)广西园基础设施建设】 2019年,高铁(桂林)广西园实施基础及配套设施项目27个,竣工项目18个,完成投资1.7亿元,增长180%。八里四路西延线(灵川大道—福利路)升级改造工程、八里四路西延线(福利路—西二环)道路及排水管线工程、富兴路等一批配套设施项目相继竣工并投入使用。建成标准厂房(含企业自建)5.4万平方米,人才公寓(含企业自建)7000平方米。全年新建、续建道路完成3.5千米,改建供电线路3.5千米,新建、改建供水管道5.5千米。

【高铁(桂林)广西园推动产城融合发展】 2019年,高铁(桂林)广西园优化营商环境,抓好企业服务工作,园区机械装备制造、智慧产业、商贸物流、中央商务等产业加快发展。机械装备制造产业园有桂林广陆数字测控股份有限公司、桂林天湖水利电业设备有限公司、桂林长隆机械有限公司等企业27家,其中入驻投产有广西惠明电气有限公司、桂林联晟新材料科技有限公司等5家企业。智慧产业园有智慧医疗照明研发中心、香港电子科技园等56家企业入驻,其中孵化中心已入驻企业41家。商贸物流园商贸片区有白马商贸城、中豪国际等9家专业市场和80多家企业入驻,占地80公顷的汽车城已进驻各类汽车营销4S店40余家;物流区桂林西货运站已投入运营,加快推进桂林力源粮油食品综合加工物流等项目建设。中央商务区引进投资90亿元的广州富力综合城项目入驻并开盘销售。配套商住区有7家医院,其中投资1亿元将灵川县中医医院搬迁至园区内;有广西师范大学附属中学、广西师大附中双语实验学校等11所学校。

2019年,八里四路西延线灵川大道至福利路段、福利路至西二环段道路建设工程竣工并投入使用 (灵川县摄影协会 供图)

【高铁(桂林)广西园资金土地要素保障】 2019年,高铁(桂林)广西园加大土地收储力度,完成土地征收254.67公顷,完成21宗土地收储139.60公顷,获18个项目共116.93公顷新增建设用地指标批复,完成30宗土地出让82.53公顷,园区发展空间进一步拓展。多渠道融资,全年获融资授信5亿元,到位资金1.5亿元,并将资金用于园区土地收储及基础设施建设。多措并举解决历史遗留问题。根据产业发展规划,将6家规模小、不符合产业发展方向的企业清退出园区,退还土地定金1156万元,涉及建设用地11.24公顷。推进拆违工作,制止违法用地、违法建设行为。全年完成拆除违章建筑5.4万平方米,维护园区发展环境。 (蔡钰鑫)

经济行政管理与监督

经济发展管理

【概况】 2019年，桂林市发展和改革委员会（简称市发展改革委）办公地址在桂林市临桂区青莲路投资发展大厦。内设机构34个，分别为：办公室、体制改革科、发展战略和规划科、国民经济综合科、固定资产投资科、重大项目建设科、利用外资和境外投资科、区域开放和地区经济科、农村经济科、水库和扶贫易地安置科、交通科、工业和服务业科、创新和高技术发展科、资源节约和环境保护科、社会发展科、营商环境科、经济贸易科、财政金融和信用建设科、价格管理科、价格调控和收费科、价格监测和成本调查监审科、能源科、法规科、经济与国防协调发展科、铁路项目开发科、铁路建设协调科、粮食储备与产业发展科、粮食和物资执法督查科、物资与能源储备科、规划建设与安全仓储科、人事科、财务科、离退休人员工作科、机关党组织。人员编制122名（含后勤服务聘用人员控制数10名），在职人员130人。下设桂林市水库和扶贫易地安置中心（正处级）、桂林市政府投资项目评审中心（副处级）、桂林市价格认证中心、桂林市军粮供应管理中心、桂林市重大项目建设服务中心、桂林市公物处理拍卖中心。直属二层国有企业为桂林市第一粮库、桂林市第三粮库、桂林市军粮供应站。

年内，桂林市按照稳中求进的工作总基调，坚持高质量发展要求和桂林国际旅游胜地建设“一本蓝图绘到底”策略，一体推进国家可持续发展议程创新示范区建设，加快“两大振兴”（工业振兴和乡村振兴），打好“三大攻坚战”（指产业大招商、重大项目建设、优化营商环境），狠抓“四大建设”（基础设施建设、生态文明建设、文化建设及城乡风貌建设），经济社会保持持续健康发展。全年全市地区生产总值2105.56亿元（其中第一产业增加值486.90亿元，第二产业增加值474.98亿元，第三产业增加值1143.68亿元），按可比价格计算，增长（比上年，下同）6.5%，高于全国平均水平0.4个百分点、全自治区平均水平0.5个百分点。三次产业结构调整为23.1∶22.6∶54.3。组织财政收入258.79亿元。固定资产投资增长9.3%。社会消费品零售总额1095.20亿元，增长10.0%。城镇居民人均可支配收入37178元，增长7.3%；农村居民人均可支配收入16045元，增长9.7%。常住人口城镇化率50.9%。

【重大项目建设攻坚】 2019年，桂林市开展重大项目建设攻坚突破年活动。通过建立领导包抓推进项目制度，探索形成“领导一联三、每月一协调、每年一考评、项目论英雄”工作推进机制，创新提出聚焦战略重点抓项目、聚焦产业集群抓项目等好做法，统筹推进一大批重点工业项目建设取得实效。788个市级层面重大项目完成投资增长20%，重大项目的投资额、开竣工数、储备量三大攻坚目标全面实现。全年全市累计争取上级转移支付资金245.6亿元，其中中央预算内资金11.29亿元，排名全自治区第三；新增地方政府债券42亿元，其中专项债券33.67亿元，增长19.7%。成为广西唯一用地用矿审批权限下放试点城市，完成土地收储面积1400公顷、土地出让面积626.67公顷，盘活存量土地面积2326.67公顷，清理闲置土地面积182公顷，供地率70.7%。桂林西站改造完成，桂林站改造工程和桂林北站综合客运枢纽工程加速推进。城市轨道交通线网及建设规划环评报告获生态环境部批复。

【营商环境整体提升】 2019年，桂林市开展优化营商环境攻坚突破年活动，自治区确定的19项营商环境重点指标全面达标，其中企业开办、工程项目报建、不动产登记、获得电力、获得用水、获得用气、获得信贷7项重点指标办理时间较上年压缩50%—95%。成立桂林市行政审批局，取消调整市本级行政许可等事项50项，18个市直部门186项审批服务事项在前台综合窗口实现“一窗受理，集成服务”。加快推进政务服务“一张网”，政务服务事项网上可办率98.7%。形成“1+3”公共资源交易平台格局（即在桂林建设1个市级公共资源交易中心，在全州县、荔浦市、龙胜各族自治县建设3个县级公共资源交易中心，其他各县不再保留任何公共资源交易平台），全年交易项目超3000个、实现交易额230亿元。在全广西率先推行“双容双承诺”改革（即允许企业容缺、政府容错，企业向政府承诺、政府向企业承诺），中国中药（桂林）产业园等28个项目实现快落地、快建设。开展高质量发展银企对接会及金融服务民企纾难解困专项行动，全年实际放款金额78.1亿元，惠及企业超2000家；民营企业贷款余额1570.5亿元，占各项贷款比重达54.6%。鼓励“大众创业、万众创新”。举办各类专场招聘会超100场，累计达成就业意向1.5万人，缓解了民营企业“招工难”问题。全年新增市场主体5.21万户，日均新增142户。

【重点领域改革持续深入】 2019年，桂林市在全自治区率先落实专职专班专抓改革工作机制，39项重点改革任务基本完成。推进供给侧结构性改革，落实降低企业成本各项政策，新增减税降费超33亿元。深化财税体制改革，完成教育等8大类18项基本公共服务事项市以下财政事权和支出责任划分。国有林场改革全面完成，公益性国有林场占比提升至91.7%。农村土地确权颁证率达99.08%，荔浦市成为国家级农村集体产权制度改革试点单位。发展混合所有制经济，桂林五洲旅游股份有限公司完成重组，桂林旅游发展总公司、桂林旅游股份有限公司启动再融资。组织开展国土空间规划编制和第三次国土空间调查，完成全国第四次经济普查。促进民营经济健康发展。全市民营企业增至22.1万家，民间投资增长10%。荔浦市、全州县、灵川县被列入自治区首批民营经济示范县（市）创建名单；桂林民华科技发展有限公司、桂林奥创园创业管理有限公司入选国家小型微型企业创业创新示范基地；桂林力源粮油食品集团有限公司、广西盛丰建设集团有限公司等8家企业入选广西民营企业100强；桂林海威科技股份有限公司等4家企业上榜"2019广西最具潜力民营企业"。开展解决民营企业突出问题百日攻坚行动，清欠民企账款3.4亿元。市工商业联合会编制的《打造法律服务民企创新样板》工作案例入选"创新中国"地市级工商业联合会工作最佳案例。强化重大风险防控，财税金融体制改革稳步推进。通过压减支出、加大土地出让等方式，有效化解债务存量，严控债务增量，政府债务平稳化解。加大不良贷款处置力度，农村中小金融机构整体风险可控。

【区域合作平台搭建】 2019年，桂林市积极融入粤港澳大湾区建设，成功举办第五届粤桂黔滇高铁经济带合作联席会，高铁经济带合作成员由13个市（州）扩大为21个。"两会一节"（联合国世界旅游组织/亚太旅游协会旅游趋势与展望国际论坛、中国-东盟博览会旅游展、桂林国际山水文化旅游节）常办常新，成为亚太地区著名的旅游信息交流中心。加快构建面向东盟的金融开放门户，支持桂林银行与10余家沿边国家金融机构建立代理合作关系。积极应对中美经贸摩擦，183家外贸企业参加中国保险信息技术管理有限责任公司运营的保险信息共享平台，数量居全自治区第一，桂林国家高新技术产业开发区获批成为国家外贸转型升级基地（电子产品）。开展产业大招商攻坚突破年活动，实施招商引资"一把手工程"，出台招商引资激励办法，围绕三次产业14个重点招商方向，创新开展小分队招商、校友招商、以商招商、产业链招商，新签实施1亿元以上项目136个，自治区外境内到位资金832.7亿元。全面实行外商投资准入前国民待遇加负面清单管理制度，新设立外商投资企业28家，实际利用外资6241万美元。

【科技创新能力显著增强】 2019年，桂林市坚持以科技创新支撑产业高质量发展，实施自治区"三百二千"科技创新工程，实现重大技术项目关键核心技术突破10项。每万人口发明专利拥有量8.47件，居全自治区前列。建立与高校产业技术融合发展联席会议制度，全年发布科技成果177项，转化重大科技成果67项。新增国家级创新平台7家、自治区级创新平台13家、自治区级技术转移示范机构4家；新认定高新技术企业114家、保有量308家，28家高新技术企业跻身广西百强，3家企业上榜广西创新活力十强；新认定广西"瞪羚企业"培育单位13家。桂林深科技智能制造项目、桂林光隆光电科技股份有限公司激光器芯片生产与封装项目、桂林智神信息技术有限公司智能电子三轴手持稳定器产业化基地建设项目等27个项目获自治区科技厅创新驱动发展专项资金2.68亿元。推动自治区出台《关于支持桂林市建设国家可持续发展议程创新示范区若干政策》，争取到国家、自治区科技资金5.07亿元，开展自然景观资源保育、生态旅游产业创新发展、生态农业创新发展、文化康养产业创新发展行动、创新驱动能力支撑行动5大行动和相关的17项重点工程。在全国率先成立可持续发展促进中心，组建桂林市可持续发展专家智库，建立广西在粤港澳大湾区首个实体化运营的创新创业引才聚才平台——桂林人才飞地（深圳）。年内，中国-东盟可持续发展创新合作国际论坛被列入中国-东盟技术转移与创新合作大会议程；启动实施亚洲开发银行技术援助合作项目等一批本地化示范项目；花江智慧谷电子信息创业产业园、恭城莲花特色小镇月柿科创园等项目加快建设。

【推进工业园区建设】 2019年，桂林市工业园区规模工业总产值占全市

2019年8月16日，桂林深科技智能制造产业园一期投产

（市发展改革委 供图）

规模工业总产值的比重达71%，较上年提高2个百分点，各工业园区承载力进一步增强。年内，全市各工业园区基础设施建设共投入10.2亿元，竣工标准厂房面积89.5万平方米，完成土地收储面积649.47公顷。制订实施桂林国家高新技术产业开发区（简称桂林高新区）、桂林经济技术开发区（简称桂林经开区）、粤桂黔高铁经济合作试验区（桂林）广西园（简称桂林高铁园）3个市属工业园区体制改革方案，象山、叠彩、秀峰、雁山、灵川园挂牌成立。桂林高新区成功引进华安鑫创控股（北京）有限公司、清华大学深圳研究生院桂林智能仪器与医疗器械创新中心等一批新型科技项目，支持桂林优利特医疗电子有限公司、桂林飞宇科技股份有限公司等13家企业加快生产研发和拓展空间。桂林经开区建成人才公寓面积6万平方米，桂林华为信息生态合作区注册数字企业71家；桂林高铁园引进光达云创谷等项目15个，总投资79.6亿元。荔浦高新技术产业园、灌阳“双百双新”科技产业园、平乐新型建材产业园、全州米粉产业园等一批特色产业园粗具规模。

【基础设施持续完善】 2019年，桂林市公路水路交通基础设施完成投资92.5亿元。阳朔至鹿寨、贺州至巴马（钟山至昭平段）高速公路建成通车；桂林至柳州高速“四改八扩建”项目开工建设；荔浦至玉林、灌阳经恭城至平乐、桂林至柳城高速公路项目加快推进。完成国省道改建项目4个。乡（镇）通公交车率82.8%，建制村通畅率100%、通客车率98%、通公交车率48.9%。完成桂林西站改造。水利基础设施完成投资10亿元以上。桂林市第二水源工程开工建设，资源县源口潭水库扩容等重大项目稳步推进，长塘水库工程可行性研究报告完成审查，启动施工准备工程。完成10个病险水库除险加固。能源、通信基础设施加快升级。全市电网建设改造完成投资25.7亿元，实施风电项目13个，新增装机容量66.9万千瓦；重要交通沿线、重点景区景点实现4G网络信号全覆盖，建成5G基站820个，开通5G网络商用。　（孙毅）

国有资产管理

【概况】 2019年，桂林市人民政府国有资产监督管理委员会（简称市国资委）办公地址在桂林市临桂区青莲路投资发展大厦北楼。内设办公室（党委办公室、绩效办）、党建工作科（党委组织部）、宣传综合科（党委宣传部、党委统战部）、政策法规科、财务监管和考核分配科、产权与收益管理科、改革与规划发展一科、改革与规划发展二科、监督管理科、法人治理管理科（人事科）、机关党组织。机关行政编制49名（含后勤服务聘用人员控制数5名），在职人员46人。年内，市国资委重点监控的国有及国有控股企业27家，市属国有企业整体经济运行质量稳中有升，企业资产总额3742.46亿元，增长14.21%；所有者权益总额596.00亿元，增长8.86%；营业收入183.39亿元，增长12.09%。受监管政策变动影响，部分企业资产减值损失增加，加之减税降费等政策刺激，企业税负明显下降。全年，27家企业已交税费12.85亿元，增长0.83%；利润总额21.53亿元。

【优化国有资本布局】 2019年，市国资委推进市属国有企业优势资源整合，促进国有企业做优做强。年内，培育壮大桂林旅游发展总公司（简称桂林旅发展）、桂林旅游股份有限公司（简称桂林旅股份）、桂林市榕湖饭店（简称榕湖饭店）等一批骨干企业，打造桂林旅游龙头企业。支持桂林旅发展、桂林旅股份融合发展，启动文化产业基金发行工作。推进桂林旅发展资产证券化和桂林旅股份实施不带项目的定向增发工作，将桂林五洲旅游股份有限公司持有的桂林旅股份10.81%股权整合到桂林旅发展，桂林旅发展合计持有17.87%股份成为桂林旅股份第一大股东，巩固国有股权的控制地位。组织实施榕湖饭店改造提升项目，打造成为独具桂林特色的五星级汉唐风格滨水度假酒店，总投资约6亿元，建设工期2年7个月。推动国有投融资公司转型发展，实现优质资源整合。桂林市交通投资控股集团有限公司（简称桂林交投集团）、桂林市经济建设投资总公司（简称桂林经投公司）、桂林国投产业发展集团有限公司（简称桂林国投集团）先后完成企业战略发展规划的拟定；化解桂林国际旅游胜地建设发展基金存量债务，缓解政府隐性债务短时间集中还本付息压力。注入优质资产，扶持交投集团多元化经营。指导企业抓住重大项目建设契机，加快推进桂林轨道交通项目建设；构建桂林市“智慧慢充桩+大功率快充站”充电设施体系，年内建成集中式充电站14个，充电桩170个，充电终端451个。优化国有资本在信息科技应用、电子竞技等产业布局，由桂林国投集团、民营企业及自然人共同出资成立桂林市国有数据科技发展有限公司，桂林市文化体育产业投资发展集团有限公司与自然人共同出资成立广西腾远文化体育发展有限公司，推动国有企业与非国有企业合作投资的混合所有制企业发展。桂林交投集团通过增资扩股、投资新设和出让部分国有股权等方式设立桂林交控汽车集团有限公司等混合所有制企业，通过推进子公司混合所有制改革，增加企业经营性现金流，拓宽了企业产业链条，助力国有资产保值增值。加快资产盘活。桂林机床股份有限公司解困方案逐步落实；桂林市国投城市电子商务物流园项目建设稳步推进；桂林独秀水泥总厂整体有偿划转灵川县人民政府，相关职工安置费用得到协调解决。

【国有资产监管体制改革】 2019年，市国资委贯彻落实中央、自治区关于形成以管资本为主的国有资产监管体制的决策部署，推进国有资产监管机构职能转变工作。年内，市国资委制定《桂林市国资委精简的国资监管事项》，明确各类精简事项共20项，将应由国有企业自主经营决策的事项归位于企业，将延伸到子公司的管理事项归位于母公司。修改完善中介机构备选库选聘工作管理办法，减少审批程序。印发实施《桂林市人民政府国有资产监督管理委员会内设机构设置和职责（试行）》，对内设机构进行改革调

2019年9月27日，桂林“一院两馆”文化旅游配套项目——“文武巷”奠基培土
（王飞　供图）

整，强化规划发展和综合监督的职能，整合国有企业改革、考核分配职能及党建职能。在直属监管企业中启用协同办公统一平台，所有非涉密文件网上办公，实现公文办理电子化，提升工作效率和管理效能。全面落实监管的国有企业“一肩挑”“双向进入、交叉任职”的领导体制，全部建立完善“三重一大”（重大事项决策、重要干部任免、重大项目投资决策、大额资金使用）决策机制。

【推进项目建设】 2019年，市国资委以开展“国资系统项目建设年”活动为契机，加大跟踪服务力度，集中力量解决项目推进过程中的难题，确保重大项目建设顺利推进。年内，市国资委筛选出一批重大项目，由领导班子成员负责跟踪服务，协调解决推进过程中的困难和问题。桂林旅股份的罗山湖农旅康养特色小镇项目、荔浦银子岩“生动莲花”项目、贺州温泉改造项目，桂林国投城市电商物流园项目，桂林桂广滑石开发有限公司12万吨滑石深加工产品项目、矿区二期技术改造工程续建项目，桂林“一院两馆”文化旅游配套“文武巷”建设项目等先后启动，象山实景演艺、漓江东岸旅游新区等项目的规划手续申请办理中。至年末，全市国资系统投资开工建设的新建（或续建）项目29个，完成投资11.16亿元，完成融资64.66亿元。

【国有企业民生保障】 2019年，市国资委推进市属国有企业保障性住房建设。全年，新开工建设（或续建）棚户区、危旧房改造建设项目6个，完成开工建筑面积34.73万平方米，建设住房2889套；已竣工面积8.52万平方米，竣工住房631套，入住388户。牵头做好国有企业退休人员社会化管理、市属国有企业职工家属区“三供一业”（供水、供电、供热和物业管理）改造工作，市属企业方面完成比例均达到100%。开展清理拖欠民营中小企业账款工作、根治欠薪夏季专项行动和清理拖欠农民工工资工作。

（韦代雄）

价格管理

【概况】 2019年，桂林市居民消费价格总水平保持稳定，走势平稳。全市居民消费价格指数(CPI)涨幅3.4%，距自治区下达CPI涨幅控制在3.5%以内的预期目标还有0.1%的调控空间，低于全自治区平均涨幅0.3个百分点。

【重要民生商品保供稳价】 2019年，桂林市为应对非洲猪瘟影响，成立稳定猪肉市场供应工作领导小组和元旦、春节猪肉市场保供稳价应急工作领导小组。建立市场价格调控联席会议制度和猪肉保供稳价周会商制度；制订出台《桂林市重要民生商品价格保供稳价工作方案》《桂林市猪肉保供稳价工作方案》《进一步做好今年后几个月重要民生商品保供稳价工作的通知》等稳定猪肉市场价格，保障民生的制度措施。加强冻猪肉及活体生猪收储，完成冻猪肉储备616吨，轮换储备活体生猪2.2万头。加大资金投入，加快冻猪肉储备相关项目建设，提高冻猪肉生产和储存能力。加强对重点商品价格、销售等信息的监测。启动日报、周报和月报制度，对25家超市、17家农贸市场的猪肉、蔬菜等主要生活必需品的价格进行市场监测和科学分析预判，预防引发重要民生商品市场异常波动的隐患。压实市、县（区）各级部门的主体责任，提高生猪生产、市场流通、质量安全监管和调控保障能力。推进生猪养殖金融服务扶持力度，稳定生猪产能，帮助养殖企业（养殖户）恢复信心。保障困难群众基本生活，4月—12月，桂林市启动社会救助和保障标准与物价上涨挂钩联动机制，发放价格临时补贴3600万元，惠及困难群众230万人次。

【落实减负价格政策】 2019年，桂林市结合实际，新出台多项减负价格政策，全年共计为企业和个人减免各项成本10.29亿元。年内，桂林市出台降低工商业及其他用电类别销售电价（单一制）每千瓦小时0.1547元的政策措施，全年共减免企业用电费用3.49亿元。落实“两部制电力用户按变压器容量计费可改为按实际最大需量计费及一般工商业用户可选择两部制电价计费”的政策措施，全年共计减免用电费用4783.29万元。对具备单独计量条件的农产品冷链物流冷库及蓄冷蓄热节能设备，低谷时段用电实行减半优惠，全年共计减免用电费用203.21万元。鼓励10千伏以上大工业电力用户参加电力市场化交易，35千伏电压等级及以上两部制电价用户参加增量电量专场交易，全年共计减轻用电企业用电负担5.83亿元。从4月1日—12月31日，对“一户一表”用户年用电量超过4500千瓦小时的电量，加价标准由每千瓦小时0.3元降低至每千瓦小时0.1元，全年共减免“一户一表”用户用电成本1469.56万元。将广西广投天然气管网有限公司天然气管输价格由每立方米0.200元降低至每立方米0.198元，全年为企业减轻负担10万元。结合燃气企业增值税税率由10%调整为9%的实际，适时调整居民和非居民用气销售价格。居民用气销售价格由每立方米3.14元调整为每立方米3.11元；非居民用气销售价格根据合同约定价格不同，有每立方米0.03元至每立方米0.04元不等的下降。全年为用气企业、家庭减免用气成本151.49万元。从5月1日—12月31日，临时降低非居民用水类别中工业、经营服务用水价格，由每立方米2.10元临时调降为每立方米1.89元。指导督促各县(市、区)出台降低企业用水价格方案，全年共为用水企业减免用水费用752.69万元。落实减负降费政策。7月1日，桂林市开始实行免征不动产登记费、降低因私普通护照和往来港澳通行证等收费标准，全年为企业和个人减免行政事业性收费共300万元。

【推进价格改革】 2019年，桂林市印发《逐步降低重点国有景区门票价格工作实施方案》，对重点国有景区门票价格进行成本监审，形成漓江景区游览票价的价格评估报告。强化景区门票价格日常监管。对全市列入自治区景区门票价格分级管理目录的景区进行摸底调查，开展景区信息名录及门票价格降价情况统计工作。推进漓江景区“两票制”(漓江精华游门票和游船交通服务价格)改革，明确漓江景区精华游门票价格为每人次54元、三星级游船交通服务价格为每人次161元、四星级游船交通服务价格为每人次306元。提高非居民用户节水意识。印发《桂林市非居民用水超定额累进加价制度实施方案》，明确实施累进加价的范围、用水定额依据、分档水量和加价标准。市发展和改革委员会、市财政局、市教育局联合印发《关于调整市区公办幼儿园保育教育费收费标准等有关问题的通知》，根据市区公办幼儿园类别分两步调整保育教育费收费标准。

【价格服务】 2019年，市价格主管部门做好纪检监察、刑事案件中涉事价格的认定和复核，涉税财物价格认定和价格争议纠纷调解等工作，配合各行政执法机关做好涉及行政执法案件价格认定工作和法院网络拍卖询价工作。全年共完成各类案件1.02万件，认定金额64.48亿元，其中通过市税务局存量房评估系统处理涉税财物工作，认定件数9112件，认定金额50.58亿元。推进国家价格认定综合业务平台推广应用，完成市、县两级价格认定人员平台操作业务培训。(王卫国)

市场监督管理

【概况】 2019年3月18日，桂林市市场监督管理局(简称市市场监管局)挂牌成立，办公地址在桂林市临桂区青莲路建设大厦北楼。内设办公室、综合改革科、政策法规科、综合执法科、行政许可和登记注册指导科、信用监督管理科、个体私营经济监督管理科、小微企业个体工商户专业市场党建工作科、价格监督检查和反不正当竞争科、网络交易监督和消费环境管理科、广告监督管理科、质量发展科、产品质量安全监督管理科(食品安全抽检监测科)、协调和应急管理科、食品生产安全监督管理科、食品经营安全监督管理科、食品餐饮安全监督管理科、特殊食品和食盐安全监督管理科、药品流通安全监督管理科、医疗器械安全监督管理科、化妆品安全监督管理科、特种设备安全监察科、计量科、标准化科、认证认可和检验检测监督管理科、知识产权促进科、知识产权保护科、商标监督管理科、科技信息科、新闻宣传科、财务科、人事科、12315投诉举报指挥中心、机关党委、离退休人员工作科，人员编制262名，在职人员267人。下设直属分局3个(旅游市场监督管理分局、专业市场监督管理分局、产业园区监督管理分局)，二层机构5个(桂林市产品质量检验所、桂林市计量测试研究所、桂林市食品药品检验所、桂林市食品药品安全信息监控与不良反应监测中心、桂林市食品药品审评查验中心)。代管桂林市消费者协会。

2019年，市市场监管局继续深化商事制度改革，落实事中事后监管，优化营商环境，实施“质量强市”战略，加强市场监管，服务地方经济。12月28日，广西壮族自治区推动地方特色食品质量安全和产业发展现场会在桂林市举行。

【市场监管体制改革】 2019年，原桂林市工商行政管理局、桂林市质量技术监督局、桂林市食品药品监督管理局的职责，以及桂林市发展和改革委员会的价格监督检查与反垄断执法职责，桂林市商务局的经营者集中反垄断执法职责，桂林市科学技术局的维护知识产权职责进行整合，组建市市场监管局。市食品安全委员会的具体工作由市市场监管局承担，不再保留

2019年12月28日，广西壮族自治区推动地方特色食品质量安全和产业发展现场会在桂林市举行 (李娟 摄)

原桂林市工商行政管理局、桂林市质量技术监督局、桂林市食品药品监督管理局(桂林市食品安全委员会办公室)3个机构。市市场监管局的成立,进一步创新监管方式,提升监管效能,构建覆盖生产、流通、消费全过程、全领域、全方位的市场监管体系,为经济发展营造宽松便捷的市场准入环境、公平公正的市场竞争环境、安全和谐的市场消费环境。

【商事制度改革】 2019年,桂林市继续深化商事制度改革。全市企业开办时限平均压缩至0.5个工作日。推进"多证合一"改革,在全市范围内实现"39证合一"(将公安、财政、住建等16个部门分别办理的39项涉企证照事项进行整合)。全面推开"证照分离"改革,提升企业市场准入效率,实现"准入即准营"。上线商事登记全程电子化登记手机APP,登记流程实现"无纸化""零见面""零材料""零跑动"。年内,桂林市新增市场主体5.21万户,新增企业1.59万户,全市通过全程电子化登记企业7878户。

【企业注册登记】 2019年年末,桂林市有内资企业(不含私营企业,下同)9630家(含分支机构,下同),增长3.14%;注册资本(金)1346.86亿元,增长12.85%。年内,新增内资企业1007家,增长9.10%;新增注册资本(金)95.27亿元,下降13.45%。

【推进"质量强市"战略】 2019年,桂林市继续实施"质量强市"战略。加大品牌宣传和培育、扶持力度,采取引导争创、重点帮扶、分级推进等措施,按照"树立一个标杆,提升一个行业"工作思路,有计划、有重点地培育不同行业的领先企业。在全自治区市场监管系统率先开通网上"一站式"服务平台,并在市计量测试研究所、市产品质量检验所设立线下"一站式"平台,提供9项质量服务咨询内容。年内,桂林南药股份有限公司和桂林广陆数字测控有限公司2家企业获第五届桂林市市长质量奖,桂林电力电容器有限责任公司和桂林两江四湖旅游有限责任公司2家企业获第五届桂林市市长质量奖提名奖,成为《桂林市市长质量奖管理办法》修订颁布实施后的首次评审获奖企业。

【质量认证体系建设】 2019年,桂林市新增质量认证证书417张,增长30.5%,其中新增有机产品认证证书51张,新增数和总数均居全自治区第一。兴安海螺水泥有限责任公司获低碳产品认证证书2张,实现桂林市在低碳产品认证零的突破。新增ISO 22000和HACCP证书26张,增长53.1%。6家企业获香港优质正印认证,助推优质特色产品便捷走进香港、行销海外。

表23 2019年桂林市内资企业行业分类统计表

行业类型	企业户数(户)	注册资本(万元)
农、林、牧、渔业	323	211565.38
采矿业	58	79526.47
制造业	655	1229447.21
电力、热力、燃气及水生产和供应业	357	500781.13
建筑业	376	709263.90
批发和零售业	2271	2055085.70
交通运输、仓储和邮政业	453	694493.18
住宿和餐饮业	245	129711.51
信息传输、软件和信息技术服务业	442	169252.72
金融业	1084	1967353.95
房地产业	511	1160356.63
租赁和商务服务业	1765	3468994.77
科学研究和技术服务业	488	505150.53
水利、环境和公共设施管理业	118	139459.97
居民服务、修理和其他服务业	129	21492.30
教育	20	8390.00
卫生和社会工作	16	48518.11
文化、体育和娱乐业	151	190855.65
其他	168	178904.80
合计	9630	13468603.91

【知识产权服务能力提升】 2019年,桂林市通过国家知识产权局组织的专利质押融资3年试点年度考核,荔浦市通过国家知识产权示范县年度考核,灵川县、兴安县、永福县、七星区、临桂区通过国家知识产权试点县(区)年度考核。开展专利资助和奖励工作,审核通过专利资助奖励材料459件,资助奖励金额366.68万元。初步构建全市重点企业知识产权保护直通车框架,已入库重点企业16家。建立知识产权维权援助桂林分中心,处理专利纠纷调解案7件。年内,桂林福达股份有限公司被确定为自治区级知识产权优势企业培育单位。桂林市企业获第九届广西发明创造展交会发明金奖7个,占全自治区金奖总数的23.3%。至年末,全市专利申请量5149件,专利授权量2541件,PCT国际专利申请29件,新增知识产权管理体系认证企业97家。全市发明专利有效量4288件,每万人口拥有专利量8.53件。

【商标品牌建设】 2019年,桂林市持续推进商标注册便利化改革,桂林市商标总量实现大幅增长。全年全市共受理商标注册申请1214件,增长144.76%;全市商标有效注册量2.69万件,增长30.92%,每万户市场主体拥有商标量870件。扶持培育商标品牌,促进产业脱贫和乡村振兴,全年桂林商标受理窗口共受理农副产品商标注册申请298件,占商标注册申请总受理量24.55%,其中涉及鲜活农产品的商标注册申请81件。年内,"阳朔九龙藤蜂蜜"注册成为中国地理标志证明商标;广西桂林啄木鸟医疗器械有限公司(1件)、广西桂林飞宇科技股份有限公司(1件)、北京王志和食品桂林腐乳食品有限公司(2件)获马德里商标国际注册;"漓泉啤酒""三金"2件商标品牌连续两年入围世界品牌实验室发布的中国品牌价值排行500强。

【食品安全监管】 2019年,桂林市继续做好食品安全示范城市、示范县创建活动,开展全国食品安全宣传周等宣传活动。持续扩大"明厨亮灶"覆盖面,全市已实施"明厨亮灶"的餐饮单位8077家,覆盖率54.92%,其中学校食堂1486家,覆盖率87.31%。加强食品销售质量安全体系建设。实现全市农(集)贸市场食用农产品快检监测设备配备全覆盖;35家大中型超市实行凭证准入销售食用农产品的比率85%;已建成桂林市"放心肉菜示范超市"17家,其中桂林市沃尔玛超市中山北路分店获评自治区级"放心肉菜示范超市"。推进食品生产安全质量监管,已建立食品安全追溯体系的生产企业611家。整治"保健"市场乱象,开展婴幼儿奶粉领域的专项抽检,组织食盐质量安全隐患排查。做好非洲猪瘟疫情防控工作。全市共检查企业(经营户)7.45万家次,查扣和无害化处理问题猪肉5187.5千克,妥善处置抽检呈阳性猪肉制品11批次。至年末,全市未发生较大以上食品安全事故。

【药品安全监管】 2019年,桂林市加强药品流通领域监管,对1891家药品零售药店进行全覆盖检查,对13个疾病预防控制机构及199个预防使用单位开展疫苗质量全覆盖专项监督检查,全年未出现药品及疫苗质量安全事故。开展医疗器械"清网"等7个专项行动,对辖区9家大型医疗机构进行监督检查,以检查促规范管理。组织开展化妆品"线上净网线下清源"风险排查处置工作,做好化妆品质量安全抽检,完成化妆品抽检任务200批次。年内,全市共审核药品不良反应报告3552份,医疗器械不良事件769份,化妆品不良反应报告409份,药物滥用监测报告883份。市食品药品审评查验中心建立的ISO 9001质量管理体系顺利通过监督认证,全年完成796家药品零售店GSP(药品生产质量管理规范和药品经营质量管理规范)现场检查,13家药品零售连锁总部GSP现场检查,以及124家企业的食品生产许可现场审查。

【特种设备安全监管】 2019年,市市场监管局检查全市的特种设备生产、使用单位2120家次,协调开展电梯、锅炉隐患排查和免费检验检测100余台。推动建立液化石油气钢瓶充装、运输、经营、配送等环节溯源体系,推广使用智能钢瓶。将特种设备注册登记和作业人员考核发证工作委托下放至11个县(市)和临桂区办理,有效降低企业制度性交易成本。深化重大活动保障机制,完成春节、全国"两会"和新中国成立70周年庆典等重大节假日及活动期间的特种设备安全保障任务。全年全市未发生特种设备事故。

【工业产品质量监管】 2019年,市市场监管局组织对全市143家企业的368批次工业产品进行抽查。其中合格356批次,不合格12批次,抽样合格率96.7%。组织开展水泥产品质量提升行动,对辖区10家水泥企业生产的普通硅酸盐水泥、硅酸盐水泥熟料等5种14批次的水泥产品进行抽检,合格率100%。

【打击传销取得阶段成效】 2019年,桂林市出台《关于进一步严厉打击传销违法行为的指导意见》等系列制度文件,持续保持打击传销的高压态势,并将其列入扫黑除恶治乱专项斗争中去。全年全市组织开展打击传销专项行动402次,查处取缔传销窝点116个,检查场所9062处,查办案件245件,罚没款54.61万元。年内,桂林市打击传销领导小组办公室与桂林生活网合作,创建广西首个"无传销网络平台",建立起政企联合"以网管网"的传销群防群控治理体系,开创"清理、打击、宣传、防控"的打击传销"桂林模式"。经过6年有效治理,桂林市成功退出全国传销重点整治城市行列。

【市场主体信用监管】 2019年,市市场监管局完善涉企信息归集共享机制,实现全市387个政府部门涉企信息归集共享覆盖率100%。全年共归集涉企信息143.9万条。加快建立"僵尸企业"强制退出机制,累计清理吊销长期停业未经营企业1984家。推行失信联合惩戒机制的实施,确保"一处违法、处处受限"。探索市场主体信用分类监管,推行"信用+市场监管"新模式,对食品生产经营者、药品经营者及餐饮服务提供者开展信用等级评定。

【消费维权】 2019年,市市场监管局对5条消费维权热线进行整合,统一以"12315"一个电话号码对外提供投诉举报和咨询服务,实现全市"一号对外、多线并号、集中接听、各级承办、部门依责办理"。加强消费环境建设社会共治。引导符合条件企业加入"12315消费争议直通车"和"在线消费纠纷解决"企业(ODR企业),完善消费维权绿色通道建设。推进"放心消费"示范创建,共创建的示范街区(景区、商城、市场)34个,参与创建经营户达1850户。109个单位获评为2019年度桂林市消费维权"诚信单位"。举办"3·15"国际消费者权益日、"5·20"世界计量日、"12315开放日"等宣传活动,定期向社会发布消费提示,开展消费者满意度测评。参与中韩重点旅游城市消费维权协作联盟创建,营造良好的旅游消费市场环境。全年全市"12315服务热线"和消费者协会共受理投诉举报5901件,为消费者挽回经济损失823.87万元。年内,桂林市消费者协会被中国消费者协会评为2018—2019年度全国消费者协会组织消费维权先进单位,是广西唯一获表彰的市级消费者协会。

【标准化建设】 2019年,桂林市参与制定(含发布和立项)国家标准28项、地方标准43项、行业标准25项、团体标准2项;国家标准《罗汉果质量等级》和地方标准《茶树群体种集团选育技术规程》获自治区重要技术标准通报表彰。加快桂林米粉标准化建设,组织建立桂林米粉全产业链标准体系,确定10个项目作为桂林市地方标准制定计划,涵盖米粉厂建设,米粉加工、配送、制作,米粉店建设,电商销售等各环节,其中3项标准年内通过专家审定。至年末,全市有2个国家级标准化试点项目通过验收,分别为:阳朔县国家级农业综合标准化示范县和恭城瑶族自治县国家级美丽乡村标准化试点。桂林市党政机关会议服务综合标准化试点等9个获批创建自治区级标准化试点,桂林市福利机构养老服务标准化试点等6个自治区级标准化试点及标准化良好行为企业通过验收。20家单位获批桂林市第四批市级服务业标准化试点创建。

【广告监管】 2019年,市市场监管局加强提升广告导向监管、信用监管、协同监管的能力和水平,维护良好的广告市场秩序。年内,组织开展互联网广告专项整治行动,重点整治有损国家利益的误导性广告,涉及医疗、药品、保健食品、金融投资等事关广大群众身体健康、生命财产安全的虚假违法互联网广告。加大对市内重点媒体日常监测力度,通过广告监测平台,全年共监测并处理违法广告线索10批次,查办互联网违法广告24件,罚没款18.75万元。组织开展重点领域违法广告风险排查。全年共查处违法广告案件37件,罚没款38.36万元。

【计量服务】 2019年,市市场监管局推进计量便民服务,全市企(事)业单位使用的强制检定计量器实现网上申报办理。落实"精准施测"行动,帮助桂林爱明生态农业开发有限公司和桂林永固混凝土公司2家企业解决计量问题,确保产品质量。2件案例作为《计量助推企业提质增效典型案例》在全自治区市场监管系统推广。加大监督力度,引导诚信经营,营造公平的市场交易环节。全年组织开展市场计量专项检查8次,对集贸和旅游市场计量器具免费检定8437台次,对检查发现的16台计量器具存在短斤少两违法行为的商户进行立案查处。组织对全市40家眼镜配制店、15家加油站和1家新闻媒体的法定计量单位进行"双随机、一公开"监督检查(即在监管过程中随机抽取检查对象,随机选派执法检查人员,抽查情况及查处结果及时向社会公开)。协调完成社会公用计量标准新建2项、升级换代5项。 (何云霞)

审计工作

【概况】 2019年3月,桂林市审计局(简称市审计局)增挂中国共产党桂林市委员会审计委员会办公室(简称市委审计委员会办公室)牌子,合署办公,办公地址在桂林市临桂区青莲路投资发展大厦。内设市委审计委员会办公室秘书科、办公室、人事教育科、机关党委办公室、经济责任审计办公室、法规计划科、审理科、财政审计科、金融审计科、行政事业审计科、企业审计科、农业农村审计科、自然资源和生态环境审计科、社会保障审计科、电子数据审计科、固定资产投资审计一科、固定资产投资审计二科、旅游外资审计科,下设桂林市公共投资项目审计中心、桂林市审计干部培训中心。人员编制112名,在职人员91人。全年全市审计机关完成审计项目157个,查出主要问题金额76.37亿元,上缴财政2145万元,移送违纪违法问题线索31个。市审计局提交审计工作报告、信息12篇;全年发布新闻宣传稿件486篇,被中央、自治区级媒体采用22篇。

【审计体制改革】 2019年,中国共产党桂林市委员会审计委员会成立,与市审计局合署办公。市委审计委员会办公室新设秘书科以及自然资源资产审计科、电子数据审计科、金融审计科、审理科等重要专业科室,承接市发改委、市财政局、市国资委的部分职责,构建起集中统一、全面覆盖、权威高效的审计监督体系。年内,筹备中共桂林市委审计委员会第一次会议,起草《中共桂林市委审计委员会工作规则》《中共桂林市委审计委员会办公室工作细则》。

【重大政策落实情况审计】 2019年,桂林市审计机关继续组织实施重大政策措施贯彻落实情况跟踪审计,共抽查部门(单位)75个、项目78个,涉及资金总量45.17亿元。年内,市审计局采取以政策跟踪审计为主体,其他审计为侧翼的"一拖N"审计模式,将政策跟踪审计与部门预算执行审计、专项资金审计、经济责任审计等项目有机结合。构建"上下联动、横向贯通"的审计运行机制,由市局牵头科室统一采集政策涉及的项目、资金等信息,根据审计内容和审计单位对口责任科室在业务科室和县级审计机关间进行任务拆分。通过审计发现:个别县纳税人未享受小微企业普惠性税收减免、新增政府债券支出进度缓慢、精准脱贫政策未得到有效落实、推进实施乡村振兴战略项目建设推进缓慢等9个方面15个问题,涉及问题金额4136万元,出具审计结果报告4份,专题减税降费综合调查报告1份。强化审计整改。建立审计整改跟踪检查机制,对历次审计发现问题编报翔实的整改台账,逐项明确整改单位,及时掌握整改现状,把控整改进度慢、措施不得力的问题。狠抓督促核检,跨部门联动,推动全面整改。至年末,相关责任单位根据审计意见进行整改,加快新增债券使用3230万元,扶贫资金、污染防治资金发挥效益693万元。

【财政审计】 2019年,市审计局在对2018年市本级预算执行情况审计中,重点关注防范化解重大风险、精准脱贫、污染防治和"三去一降一补"(去产能、去库存、去杠杆,降成本,补短板)任务落实等领域,紧盯财政资金使用效果。通过审计,发现部分专项债券资金使用不及时、部分项目资金支付进度缓慢、企业职工基本养老保险基金存在收支缺口、预算单位实有资金账户存量资金清理不到位、部分国有企业未纳入国有资本经营预算等问题13个,涉及问题金额4.51亿元。有针对性地提出开源节流降本增效、完善国有资本经营预算、规范国有资产管理等审计建议5条。全年全市审计机关共审计(调查)单位预算执行情况项目59个,查出问题金额52.38亿元,出具审计报告76篇;审计(调查)单位财政决算情况项目4个,查出问题金额3.86亿元,出具审计报告6篇。

【行政事业审计】 2019年,桂林市审计机关围绕财政资金管理、国有资产处置、重大项目投资决策等重点环节和事项,严肃查处财政资金损失浪费、国有资产重大流失等问题,发现以权谋私、失职渎职等重大违纪违规线索，促进各单位廉政建设。全年全市共审计单位40个，查出问题金额7.52亿元，出具审计报告73份。

【农业与资源环保审计】 2019年，桂林市审计机关完成农业与资源环保审计4个，审计正处级领导干部1人，乡科级领导干部3人。年内，市审计局采取融合、嵌入的方式，依托领导干部经济责任审计平台，统筹开展自然资源资产审计，实现2个审计项目的完美融合。优化审计资源配置，扩展审计覆盖面，数据资源实时共享，交叉疑点问题共同取证、形成完整证据链。通过审计，发现公益林被砍伐、林地保有量减少、保护区地块划定不准确、临时征占林地未复垦复绿、超范围使用土地出让金、专项资金闲置等问题，督促领导干部切实履行自然资源资产管理和生态环境保护责任，打好污染防治攻坚战。

【固定资产投资审计】 2019年，桂林市审计机关开展政府投资项目审计31项，项目投资额65.67亿元，核减工程价款3494万元。年内，桂林市审计局确定市卫生学校雁山新校区、桂林中学临桂校区、桂林交通运输枢纽指挥中心、临桂新区市民公园、市中医医院城北院区、芳香东路、桂林电子科技大学花江校区供水、临桂新区防洪排涝及湖塘水系等重大投资审计项目16个。贯彻国家审计署《关于进一步完善和规范投资审计工作的意见》，以项目资金流向为主线，关注重大政策贯彻落实、招标投标、设备材料采购、征地拆迁、施工管理等方面，揭示工程建设领域重大违纪违法问题线索。查出临桂新区防洪排涝及湖塘水系建设工程部分竣工图与实际情况不符、东二环路整修工程监理未尽职履行质量监督义务等问题。

【社会保障审计】 2019年，桂林市审计机关共审计（调查）单位1个，延伸审计（调查）单位9个，查出主要问题金额6.88亿元。年内，在养老保险基金审计中，桂林市审计局建立“数据多元化采集、多维度分析”的大数据审计思路，通过拟定审计目标、构建审计分析模型、多方位数据比对的方式，深挖疑点、精准定位，提升审计质量和效益。通过审计，发现养老保险基金存在部分企业欠缴养老保险费、申报缴费基数不实、违规办理一次性补缴、重复领取待遇、死亡人员继续领取待遇、部分困难群体未参加养老保险、违规借支、基金监管漏洞等方面问题，涉及问题金额6.94亿元，撰写审计信息专报上报市人民政府。

【经济责任审计】 2019年，市审计局提升“科技强审”理念，推进大数据审计，突出财务数据标准化直接使用、业务数据扁平化分析使用、综合数据一体化全面协同使用，加大各类数据的集中和关联分析力度，精准定位、精准实施，提高审计工作质量和效率。丰富拓展审计取证、评价的渠道和手段，跳出“就账论账”的传统审计方式，突出“账外”的现场调查、核实，通过调查取证与账目审计、座谈交流多种方式相结合的审计方式，将账面反映的静态数据与各项动态工作有机结合，实现由传统评价财政财务收支为主向全面评价领导干部履行经济责任的审计转型。全年全市共审计领导干部60人，查出问题金额11.74亿元，其中市审计局审计领导干部19人，查出问题金额11.42亿元。

【专项资金审计（调查）】 2019年，桂林市审计机关完成专项资金审计（调查）项目19个，审计专项资金总额8.42亿元，查出问题金额4.10亿元。年内，组织对兴安、阳朔、灵川、永福、平乐、荔浦6县（市）扶贫资金及“一卡通”惠农资金使用情况进行专项审计。查出扶贫资金涉嫌被骗取、多计多付工程款、扶贫建设项目存在质量问题、未发挥预期作用等问题，涉及问题金额454.29万元，向纪委移送案件线索2件，涉及9名人员、6个部门（单位）、1个建制村及2家企业。

【审计学会建设】 2019年，桂林市审计学会突出理论研究与审计实际相结合，将研究方向侧重于稳增长政策措施跟踪审计研究、环境资源审计研究、审计技术方法研究、内部控制审计制度研究等领域，以研究成果促进审计职能履行、审计质量提高、审计成果转化和审计队伍素质提升。年内，市审计学会承担自治区审计厅2019年度重点研究课题1项。在审计厅民生事项专题研讨论文中获一、二、三等奖6篇，向市社会科学界联合会选送优秀学术研究成果4篇。加大对审计一线业务现况研究，安排学会9名自治区级审计理论研究骨干参加审计署、审计厅举办的各项理论研讨，撰写、发表多篇论文和审计案例。加强对计算机审计技术方法的研究，鼓励各会员在日常审计业务中积极收集素材，撰写专家经验和AO实例，并进行交流评比，共享成果。市审计局在2019年

2019年6月，市审计局派出审计组到永福县开展2018年度脱贫攻坚政策落实和扶贫资金使用情况审计
（市审计局 供图）

全自治区优秀审计项目评选中，获三等奖 2 个。上报自治区审计厅 AO 实例 22 篇，其中获优秀奖 4 篇。在全自治区审计系统第七届计算机成果演示比赛中，获市级组三等奖、县级组一等奖。（何静）

统计工作

【概况】 2019 年，桂林市统计局（简称市统计局）办公地址在桂林市临桂新区西城中路 69 号。内设办公室、人事科、政策法规科（桂林市统计执法支队）、国民经济综合统计科、国民经济核算科、工业统计科、固定资产投资统计科、贸易外经统计科、农村统计科、社会科技与人口统计科、能源与资源环境评价统计科、服务业统计科、住户调查科，人员编制 37 名（含后勤服务人员控制数 3 名），在职人员 32 人；下辖桂林市统计信息自动化中心（桂林市统计局普查中心），人员编制 26 名，在职人员 22 人。年内，市统计局加强统计法治建设，营造良好的统计生态环境。深化统计方法制度改革，开展 GDP（地区生产总值）测算。发挥统计监测预警职能，提升统计服务水平。有序推进工作开展，完成统计基层规范化建设和第四次全国经济普查登记工作。

【统计服务】 2019 年，市统计局加强经济分析和重大问题研究，深入基层、企业开展调研，分析 17 个县（市、区）经济运行情况，形成可行性调研报告 68 篇，为市、县（市、区）领导决策提供科学依据。强化统计服务职能。全年向党委、政府报送《统计专报》22 期、各行业专题《统计分析》65 篇；出版发行《桂林统计信息月报》《桂林要情手册》《桂林经济社会统计年鉴》等统计刊物。每季度召开经济运行情况新闻发布会，在主要媒体上发布全市经济运行情况公报，在政府门户网站及市统计局内、外网及时发布全市主要经济指标数据，就社会关注的经济社会指标数据进行全方位详尽解读，社会各界提供优质统计服务。

【优化统计生态环境】 2019 年，桂林市贯彻中央、自治区的统计决策部署，出台《关于深化统计管理体制改革，提高统计数据真实性的实施意见》，夯实防范和惩治统计造假、弄虚作假责任，落实领导干部违规干预统计工作记录制度。进一步加大统计执法“双随机”（随机抽取检查对象、随机选派执法检查人员）抽查力度，严肃查处统计数据的虚报瞒报、拒报迟报、漏报重报、代填代报等统计违纪违法行为，营造各级领导干部在统计数据上不敢假、不能假的统计生态系统。利用第十届“统计开放日”、新媒体平台等手段，以展板、宣传单、宣传视频和手机短信等形式，扩大统计法宣传力度，构建全社会重视支持统计、依法统计的良好氛围。

【统计基层规范化建设】 2019 年，桂林市将统计基层规范化建设列入《政府工作报告》，推进经费落实和项目建设。全年全市投入基层统计工作规范化建设专项经费 560 余万元；实现全市各乡（镇、街道）统计专线网络和视频会议系统与自治区、市、县统计局节点的互联互通；各单位、部门配置独立的统计办公场所、电脑文印设备、文件柜等硬件设施，规范统计制度，落实统计责任。年内，灌阳县统计局、恭城瑶族自治县统计局、资源县统计局以及 65 个部门、39 个乡（镇、街道办）、143 家联网直报企业被评为 2019 年广西新时代基层统计工作规范化建设示范单位。

【深化统计方法制度改革】 2019 年，桂林市结合实际，推动统计方法制度改革创新。年内，《桂林市县区生产总值统一核算改革实施方案》印发实施。市统计部门依据新核算方法对建筑业增加值核算，房地产业核算结构调整，工业、农业、服务业的数据衔接工作进行深入研究，开展 GDP 测算，做好 GDP 核算与经济普查数据的衔接工作。推进固定资产投资统计方法制度改革。兴安县成为国家统计局开展 500 万元—5000 万元固定资产投资项目联网直报的广西试点县，完成各项试点任务，探索出按财务支出来统计投资项目的方法在全市得到推广。

【开展第四次全国经济普查登记工作】 2019 年 1 月 1 日，桂林市启动第四次全国经济普查现场登记。全市选聘 5704 名普查指导员和普查员，对 2842 个普查小区中的 4.84 万家登记法人单位、8539 家产业活动单位，开展入户调查登记。通过 PAD 上传、数据审核、验收上报等环节，完成经济普查登记工作。普查过程中，象山区、七星区、雁山区、阳朔县、灵川县、全州县、龙胜各族自治县、平乐县 8 个县（区）尝试利用政府购买服务方式实施普查服务外包，解决普查员招募问题，提高普查工作效率。在自治区统计系统专

2019 年 1 月 1 日，桂林市启动第四次全国经济普查现场登记工作
（市统计局 供图）

题研讨会上，8个县（区）作经验交流。龙胜各族自治县统计局撰写的《第四次全国经济普查服务外包“得与失”》在国家统计局普查中心网站上发表。

（全学军）

自然资源管理

【概况】 2019年3月18日，桂林市自然资源局（简称市自然资源局）挂牌成立，办公地址在桂林市临桂区青莲路投资发展大厦。内设办公室、综合科（重大项目办公室）、政策法规科与督察科、行政审批办公室、自然资源调查监测科、自然资源确权登记科、自然资源所有者权益和开发利用科、自然资源审查委员会办公室、国土空间规划科、国土空间用途管制科、城市规划管理科、规划技术科、公共规划管理科、社会规划管理科、名城保护和景观规划科、村镇规划管理科、国土空间生态修复科、耕地保护监督科、地质勘查矿产保护科、矿业权管理科、地理信息和测绘科、执法督察科、科技和档案科、财务科、人事科、机关党组织、离退休人员工作科。下辖象山分局、秀峰分局、叠彩分局、高新七星分局、雁山分局、临桂分局、经济技术开发区分局、漓江风景名胜区分局。二层机构13个（含1个代管），分别为：桂林市自然资源综合行政执法支队、桂林市土地储备中心、桂林市城市规划展示馆、桂林经济技术开发区土地储备中心、桂林市城市规划信息技术中心、桂林市城市规划研究中心、桂林市城市规划设计研究院、桂林市测绘研究院、桂林市土地整治中心、桂林市国土资源规划测绘院、桂林市国土资源信息中心、桂林市国土资源档案馆和桂林市不动产登记和房产交易中心（代管）。机关（含分局）人员编制132名（含后勤服务人员编制控制数10名），参照公务员法管理单位（市自然资源综合行政执法支队和市土地储备中心）人员编制91名，事业单位编制247名，在职人员415人。

2019年，桂林市保障221个重大项目建设用地3660.78公顷，解决补充耕地指标344.80公顷（其中水田指标260.33公顷），全市新增工业用地指标占新增建设用地比例超过40%。完成建设用地报批1467.87公顷，土地收储1405.60公顷，土地出让628.60公顷；土地出让收益首次突破100亿大关，达107.6亿元。全市2014—2018年批而未供土地面积1453.16公顷，平均供地率70.65%；盘活存量建设用地面积2323.41公顷。全市13家采石场规范化建设试点工作全部完成并投入生产。开展《漓江流域山水林田湖草生态保护修复规划》《漓江流域山水林田湖草生态保护和修复实施方案》编制，实施漓江流域山水林田湖草生态保护与修复工程等六大提升工程，国土生态保护与修复工程有序推进。推动“大棚房”问题专项整改落实，卫片执法检查实现连续四年“零约谈、零问责”目标。不动产登记百日攻坚提速增效，自然资源规划审批改革初见成效。完成2018年度土地变更调查工作。

【自然资源管理体制改革】 2019年，原桂林市国土资源局和桂林市规划局整合组建桂林市自然资源局。新组建的市自然资源局整合原市国土资源局（市测绘地理信息局）、市规划局等相关部门职责，统一行使全民所有自然资源资产所有者职责，统一行使所有国土空间用途管制和生态保护修复职责，负责组织编制主体功能区规划，城乡规划管理，水资源，草原资源，森林、湿地资源等调查和确权登记管理工作。

【统筹保障重大项目建设用地】 2019年，桂林市出台《统筹推进重大项目建设用地保障攻坚突破“四个一”行动方案》《服务全市产业大招商项目用地保障工作方案》，全方位精准服务重大项目用地需求，保障了221个重大项目建设用地面积3660.78公顷，补充耕地指标面积344.80公顷（其中水田指标面积260.33公顷）；保障桂林华为信息生态产业合作区、桂林比亚迪新能源汽车及轨道交通产业园、天湖国际高山生态旅游度假区等项目耕地占补平衡问题，全市新增工业用地指标占新增建设用地比例超过40%。加快项目报批，构筑大储备格局，建立市县一体化运行机制。全市完成建设用地报批面积1467.87公顷，土地收储面积1405.6公顷，土地出让面积628.6公顷；土地出让收益首次突破百亿大关，达107.6亿元。市本级土地供应30宗，面积170.53公顷，收取土地出让金46亿元，高于上年水平。

【持续推进土地节约集约利用】 2019年，桂林市出台《桂林市工业用地供给侧结构性改革实施办法》，推动采取弹性年期出让、先租后让、租让结合、长期租赁等多种方式供应工业用地，引导企业根据实际需求使用土地，推进土地节约集约利用。至年末，全市2014—2018年批而未供土地面积1453.16公顷，近五年平均供地率70.65%；盘活存量建设用地面积2323.41公顷；闲置土地面积111.31公顷，处于自治区下达的200公顷控制目标范围内。

【地质矿产管理规范化建设】 2019年，桂林市率先在全自治区进行地质灾害预警预报综合防治体系建设，建成桂林市地质灾害防治预警预报系统一期工程，成功预报全州县龙水镇一起泥石流地质灾害，避免了250人伤亡和550万元直接经济损失。年内，桂林市按照采石场建设“三化”（规模化、基地化、规范化）要求和“五化”（建设标准化、生产工厂化、开采阶梯化、经营规模化、管理现代化）标准，开展采石场规范化建设试点，全市13家采石场规范化建设试点中已有12家采石场全部完成并投入生产。全年完成2个国家级、6个自治区级、11个市级共19家绿色矿山建设。全市共招拍挂出让采矿权13宗，采矿权全部成交，成交价款4.23亿元。

【落实耕地保护措施】 2019年，桂林市印发《桂林市人民政府关于全面实行永久基本农田特殊保护的通知》，全面实行永久基本农田特殊保护制度。完成永久基本农田储备区划定工作，划定成果已通过自治区审查，上报自然资源部审核。全面开展永久基本农田划定核实整改和补划工作。部署开展2019年耕地质量等别年度更新评价工作，编制的全市评价成果已通过自治区审查，上报自然资源部审核。推进耕地占补平衡。全市新立项的“旱改水”(旱地改造为水田)耕地提质改造项目7个,测算新增水田面积293.79公顷;年内完成3个“旱改水”耕地提质改造项目确认,验收确认水田面积120.39公顷;在建未确认项目总计81个,测算新增水田面积2449.65公顷。实施耕作层表土剥离项目8个,剥离面积54.26公顷,剥离土方量10.99万立方米。

【桂林漓江流域生态保护和修复提升工程迈向系统治理】 2019年,桂林漓江流域生态保护和修复工程有序推进。年内,由中国自然资源经济研究院牵头的多家联合体完成编制《桂林市漓江流域山水林田湖草生态保护修复规划(2019—2035年)》《漓江流域山水林田湖草生态保护和修复实施方案》的初稿编制;年内组织实施漓江流域山水林田湖草保护与修复工程,涉及的5个大项、18个子项目全部开工建设。

【全域自然资源综合治理有序推进】 2019年,桂林市完成51宗矿山地质环境保护与土地复垦方案审查及备案,龙胜各族自治县滑石矿古坪矿区(三期)等3个历史遗留的矿山地质环境治理项目竣工验收。完成10个第二期整县推进高标准基本农田土地整治重大工程子项目的竣工验收。全年全市土地综合整治项目立项55个,开工建设35个,新增耕地面积2300公顷(其中增加水田面积1100公顷)。储备申报全自治区国土综合整治与生态修复项目10个,农村全域土地综合整治生态环境类项目5个。

【不动产登记工作提速增效】 2019年,市自然资源局落实广西自然资源厅部署,组织开展优化营商环境不动产登记指标“百日攻坚”行动。年内,桂林市印发《桂林市优化营商环境不动产交易登记指标百日攻坚行动实施方案》《不动产登记历史遗留问题指导意见》等文件,对标对表加大整改力度,完成自治区确定的“134”目标,除历史遗留、继承(受遗赠)、居民独栋建筑等复杂问题外,在受理资料齐全、符合登记要求的前提下,对新建商品房转移登记、已有《不动产权证书》商品房买卖的转移登记、实体经济企业不动产登记、抵押权首次登记办结时限压缩至1个工作日内,办理环节压缩至3个,申请材料压缩至4项。不动产登记百日攻坚指标排位居14个设区市前列。推行“一窗受理、并联办理”“互联网+不动产登记”“移动办证大厅进社区”等服务模式,提高登记效率和服务水平,增强群众和企业的获得感和满意度。全年共受理不动产登记业务近11万户,发放证书(证明)近7万本。

2019年,桂林市不动产登记和房产交易中心搭建不动产登记现场办结便民移动服务大厅,提高不动产登记业务办理效率和服务水平 (市自然资源局 供稿)

【空间规划管控】 2019年,桂林市以提高桂林国际影响力、建成生态环境保护新格局、优化新老城区功能布局、塑造城市风貌特色为目标,由广西国土资源规划院和中国城市建设研究院牵头的14家编制联盟初步完成专题研究14个、专项规划5个,完成双评估、双评价和生态保护红线优化调整。推进土地规划与城市规划的“两规”合一工作,解决多年来影响主城区土地利用和开发建设的困境。组织编制叠彩区九华山片区(桂林火柴厂地块)等控制性详细规划(简称控规)9个,开展秀峰区桃花江仙人桥地块等21个控规调整工作,为城市建设提供空间载体和指导依据。聚焦市民出行难、儿童入学难、居民用水难、汽车充电难等系列城市问题,加强源头治理体系规划,推出系列规划成果,城市规划导向功能日益凸显。完成《桂林历史文化名城保护规划(2010—2020年)》《桂林市中心城区历史文化街区划定方案》《桂林市榕湖北路—古南门历史文化街区保护规划》《2018年桂林市中心城区历史建筑名录》的报批,王城片区改造提升工程展露雏形。

【自然资源规划审批改革】 2019年,市自然资源局推动“多审合一”审批制度改革探索,出台《桂林市工程建设项目设计方案联合审查工作细则(试行)》《桂林市建设工程规划设计方案公示管理规定》等文件,对项目规划许可阶段流程进行再优化,工程报建规划许可审批时限由32个工作日简化为14个工作日,用地预审与选址意见书合并办理由原来的18个工作日缩减为10个工作日;对一般项目推动规划总平面方案、建筑方案和综合管线并联审查,由原来9个流程简化为3个流程,压缩审批时限70%左右;项目规划设计方案公示期缩短53天,节省了业主办理项目规划手续的时间和费用。

【推动自然资源治理体系现代化建设】 2019年,桂林市初步建立全市自然资源框架数据,为编制国土空间规划、实施空间用途管制、科学预测规划期建设用地需求提供数据基础。完成2018年度土地变更调查工作,为全市自然资源"一张图"和综合监管平台平稳运行提供支撑。拓展数字桂林地理空间框架应用。建成"天地图"市级桂林节点和国土、城管、旅游、教育、民政和农业等部门的示范应用系统，实现各部门分布式系统共建共享；全面完成桂林市12个县(市、区)数字县域地理空间框架建设立项工作，灵川县、阳朔县、临桂区的地理空间框架项目通过竣工验收。1月1日起，全市地理测绘统一使用2000国家大地坐标，解决几十年来桂林市坐标系不统一的顽疾。 (罗宇韬)

应急管理

【概况】 2019年3月18日，桂林市应急管理局(简称市应急管理局)成立，办公地址在桂林市西城中路69号。内设办公室、应急指挥中心、人事教育训练科、预案管理和综合减灾科、火灾防治管理科、应急综合救援科、危险化学品安全监督管理科、非煤矿山安全监督管理科、工贸行业安全监督管理科、综合协调科、政策法规和宣传科、规划财务科、救灾和物资保障科和机关党组办公室；下设桂林市地震监测中心和桂林市安全生产监察支队。人员编制60名，在职人员105人(含聘用人员)。年内，市应急管理局围绕危险化学品、烟花爆竹、非煤矿山、工贸行业及消防安全等重点行业领域，筑牢安全生产防线。加快应急管理信息化建设。建立全市地质灾害隐患点数据库和重大危险源数据库，自治区—市—县隐患排查治理系统信息平台，实现对安全隐患的掌控。搭建自治区、市、县三级视频联网调度系统，实现应急救援统一指挥调度，并在抗洪救灾中初见成效。加大安全知识宣讲和政策法规宣传，全年出动宣传人员1800人次，接受群众咨询20多万人次。推进防震减灾示范社区建设，全市已有42个社区获"全国综合减灾示范社区"称号，61个社区获"广西壮族自治区综合减灾示范社区"称号。

【应急管理体制改革】 2019年，在原桂林市安全生产监督管理局(简称市安监局)的基础上，整合原市人民政府应急办、市安监局、市民政局、市水利局、市林业局、市国土资源局、市水产畜牧兽医局、市地震局、武警桂林市消防支队9个部门的13项职责，组建市应急管理局，形成统一指挥、专常兼备、反应灵敏、上下联动、平战结合的应急管理新格局。3月18日，市应急管理局挂牌成立。11月8日，市应急管理局与桂林蓝天救援队等11支社会救援队伍签署应急救援协议，在应急管理队伍建设中补充社会救援力量，通过优势互补，建立反应灵敏、协调有序、运转高效的应急救援体系。

2019年11月8日，桂林市社会救援力量签约暨授旗授牌仪式在市人民政府创业大厦举行 (市应急管理局 供图)

【安全生产形势总体平稳】 2019年，桂林市发生各类生产安全事故435件、死亡253人、受伤444人。其中，一般事故428件、死亡227人、受伤390人；较大事故7件、死亡26人、受伤54人。具体细分：道路交通事故382件、死亡194人、受伤397人；工矿商贸事故42件、死亡41人、受伤8人；铁路交通事故4件，死亡6人；其他事故7件，死亡12人、受伤39人。水上交通、化工、烟花爆竹、农业机械、民航飞机、渔业船舶全年无事故。全市安全生产形势保持总体平稳，连续16年未发生重特大生产安全事故。

【重点行业领域安全监管】 2019年，市应急管理局开展全覆盖、全方位事故隐患排查治理，强化重点行业安全风险防控。年内，组织对危险化学品生产经营企业进行全面摸排，重点打击企业在安全生产责任落实、工艺运行和规程执行、危险化学品储存场所管理等7个管理漏洞以及非法经营、非法储存等5类违法行为，排查治理企业在安全领导能力、安全生产责任制、岗位安全教育和操作技能培训等13类安全隐患和制度缺陷。约谈危险化学品生产经营企业97家、主要负责人100余人，整治问题隐患1156项。遏制违法生产经营运输烟花爆竹行为。制订出台《桂林市销售燃放烟花爆竹管理条例》，关闭非法爆竹生产企业11家，清理禁放区内烟花爆竹零售点149家，查获非法经营213起。打击地下矿山私挖乱采行为。先后对7家非煤矿山、2座尾矿库实施关闭治理，全市103座不符合安全生产条件的尾矿库全部实现关闭治理。尾矿库的关闭工作已全部完成全面消除病库、险库。开展工贸行业企业安全生产大检查，检查工贸行业企业226家(次)，发现整改问题隐患1335条，有效防范生产安全事故发生。加强对特种设备的安全检查。全年共出动检查人员2884人(次)，检查生产、使用单位2082家(次)，检测设备2.27万台，检验气瓶12万余只，立案查处企业7家。建立定期执法监察、跟踪监察、举报监察、实时监察执法监察模式4种，执法监察1453次，责令整改419家，行政处罚立案165家，共下达执法文

2019 年 12 月 31 日，桂林市消防救援支队挂牌成立　（市消防救援支队　供图）

书 3568 份，检查出安全生产事故隐患 1306 条，处罚款 1099.21 万元。

【防汛抗旱救援】 2019 年，市应急管理局发挥市防汛抗旱指挥办公室职能，推行工作组深入强降雨一线、防汛工作的部署安排到一线、预警预报到一线、应急处置到一线的“一线工作法”，有效降低自然灾害损失。年内，桂林市遭遇 7 次强降雨天气过程。防汛期间，全市共有 10 个县（市、区）、86 个乡（镇）、564 个建制村（屯）、139.40 万人受灾。造成 9.36 万公顷农作物受灾，2656 间房屋倒塌，直接经济损失 61.42 亿元。全市共投入编织袋、砂石料、柴油等救灾物资 705 万元（消耗折算价值），减淹耕地面积 4813.33 公顷，减少受灾人口 2.34 万人，减灾经济效益 5731 万元。入秋时节，平乐、阳朔、永福、龙胜、荔浦、全州、恭城、兴安、灵川 9 个县（自治县、市）出现旱情，19 条河道断流，22 座水库干枯（低于死水位以下），4.04 万公顷农作物受旱。各县（自治县、市）组织投入抗旱人员 14.59 万人，投入机动抗旱设备近 3 万台套，投入抗旱资金 3571.83 万元。全年全市共争取中央、自治区救灾资金 1.20 亿元，受益群众 21.6 万人。

【灾害预警防御】 2019 年，桂林市加强重点灾害区域监测，及时发布预警信息，科学指挥调度，有效防御灾害产生。6 月 9 日，全州县龙水镇井门前村遭受山体滑坡，由于监测精准，预测及时，撤离果断，全村 250 人实现零伤亡，创造了大灾之下无大难的成功避险案例。7 月 6 日，桂林市大部分地区迎来强降雨，漓江桂林市区洪峰水位 148.5 米，比 1998 年最高洪峰水位高 0.09 米。市应急管理局紧急调度，科学指导漓江上游 4 座水库拦洪蓄水、调洪错峰，成功防御特大洪水灾害，并总结形成树枝形水库群精准调度配置水资源进行抗洪的桂林经验。

【森林防灭火】 2019 年，桂林市共发生森林火灾 54 件，其中一般森林火灾 45 件，较大森林火灾 9 件，未发生重特大森林火灾。过火面积 390.97 公顷、森林受害面积 76.5 公顷、森林受害率 0.04‰。年内，全市共组织扑救人员 1929 人（次），投入扑火经费 49.11 万元，未发生组织扑救人员伤亡事故。查明起火原因 47 件，立案查处 34 件，处理人员 20 人。妥善处理兴安县溶江镇“9·30”森林火灾和叠彩区尧山林区“12·6”森林火灾。

【消防救援】 2019 年 12 月 31 日，桂林市消防救援支队（简称市消防救援支队）挂牌成立，由原武警桂林市消防支队转制组建。该支队下辖大队 17 个、中队 19 个；共有消防指挥员 18 人，消防员 457 人，政府专职消防员 345 人，文员 230 人。年内，市消防救援支队开展消防安全专项治理，对商场市场、宾馆饭店、公共娱乐场所、少数民族村寨、电动车停放充电位置等 10 类场所开展全面排查，发现火灾隐患和违法行为 8.29 万处，下达责令改正通知书 2.76 万份，处罚对象 1064 家，立案查处 19 件，有效防止重特大火灾事故的发生。组织开展消防救援，共抢救被困群众 488 人，保护和抢救财产价值 10.2 亿元。市消防救援支队在全国抗洪抢险救援典型战例研讨会上作经验交流。年内，市消防救援支队被评为全国消防救援队伍改革转制教育整训先进支队。

【应急预案管理】 2019 年，市应急管理局根据《桂林市突发事件总体应急预案》规定，启动应急预案修订工作。至年末，通过并经市人民政府发布专项预案 1 个，已修订待发布预案 11 个。年内，市应急管理局组织开展“7·5”城市燃气管网泄漏爆炸大型应急演练、“6·20”高速公路桥梁危险化学品运输事故联合应急演练和“11·22”森林火灾应急预案演练，有效检验应急预案的实用性和可操作性，其中水陆空一体化救援、互联网信息化指挥等模式运用开创全自治区应急救援行动的多项首次。（蒋幸）

口　岸

【概况】 2019 年，中华人民共和国桂林海关（简称桂林海关）共监管进出口货量 3.5 万吨，下降 26.9%；进出口货物货值 6336.0 万美元，下降 54.4%。共检验检疫进出境货物及包装 1.67 万批次，增长 3.78%；货值 3.77 亿美元，增长 17.08%。保障运输航班起降 6.55 万架次（国际及地区航班 3322 架次），下降 3.7%；完成旅客吞吐量 855 万人次（国际及地区出入境旅客 35.3 万人次），下降 2.1%。年内，桂林两江国际机场共执行飞行航线 140 条（国内航线 132 条，国际航线 6 条，地区航线 2 条），航线总数增加 17 条。通达国际及地区航线目的地（航点）7 个，分别为：桂林—韩国首尔，桂林—泰国曼谷，桂林—新加坡，桂林—马来西亚吉隆坡，桂林—印度尼西亚雅加达，桂林—中国香港、台北。全年共有33家航空公司执行飞行任务，通航城市达87个（国内城市80个、国际城市5个、地区城市2个），新增或恢复北京大兴、延安、无锡、张家界、十堰、信阳、南阳、万州等17个航点。（市口岸办）

【海关】 2019年，桂林海关办公地址分别在桂林市七星区骖鸾路21号和七星区漓江路25号。内设14个处、科级机构，分别为驻机场办事处（副处级机构，下设监管五科、监管六科）、办公室、人事政工科、综合业务一科、综合业务二科、物流监控科、监管一科、监管二科、监管三科、监管四科、企业管理与核查科、审核科、财务科、后勤管理分中心；下设桂林海关综合技术服务中心。全海关在职人员136人（海关关员113人，事业编人员18人，工勤人员5人）。桂林海关缉私分局内设科室4个，缉私警察20人。年内，桂林海关共监管进出口货物3.5万吨，下降26.9%；进出口货值6336万美元，下降54.4%。全年入库税款5097.89万元，下降11.5%。其中，关税2274.84万元，增长41.7%；进口环节税2823.05万元，下降31.84%。监管进出境航班3249架次，下降6.5%；进出境人员37.56万人次，下降1.8%。征收行邮税款24.68万元，下降52.8%。实现全市外贸进出口总值70.58亿元，下降2.6%。

服务地方经济 2019年，桂林海关推行业务整合、流程整合，优化程序、简化手续，大幅压缩通关时间。全力推动口岸提效降费，持续推行“自报自缴”、汇总征税、关税保证保险等便利措施。口岸通关效率再提速，实现版式税单网上打印，税款电子支付率100%，无纸化申报率100%。持续深化“放管服”改革，整合优化原产地签证模式，实施对外贸易经营者备案与原产地备案“两证合一”改革，推广原产地证书企业端自助打印，全年签发各类原产地证书5116份，签证金额2.65亿美元，为企业获得国外关税减免958万美元。继续压缩口岸整体通关时间，全年进口整体通关时间51.37小时，较2018年压缩25.73%；出口整体通关时间3.47小时，较上年压缩71.91%。培育AEO（经认证的经营者）企业，让更多AEO认证企业可以在国内和互认国海关享受进口货物降低查验率、简化单证审核、优先通关等便捷措施。年内，桂林辖区共备案AEO企业859家，其中高级认证企业1家，一般认证企业22家，一般信用企业836家。支持配合桂林市申报境外旅客离境退税政策试点工作，成功办理广西实施境外旅客购物离境退税政策首单退税业务。扩大纺织设备减免税享惠范围的建议得到国家发展和改革委员会采用，切实降低相关行业和企业税负。全年设立加工贸易手册21份、账册2本，备案进口金额5120.94万美元、备案出口金额12409.71万美元。做好3个国家级出口食品农产品质量安全示范区建设，促进辖区木衣架、水果、蔬菜等特色农产品出口。指导输美桂林米粉生产企业顺利通过美国食品药品监督管理局（FDA）现场检查，对5家通过HACCP（危害分析和关键控制点）认证的食品生产企业，开展采信第三方认证结果模式准予出口备案，发证时间缩短为2—3个工作日。针对俄罗斯暂停对中国部分水果进口的情况，采取严抓疫情监控及有毒有害物质检测、持续追踪政策发展动向、督促企业自查、与地方职能部门共治共建等有力措施，恢复对俄罗斯进口水果的贸易。

强化监管效能 2019年，桂林海关参与南宁海关提出的6项政务保障、14项综合业务重点改革（简称“6+14”改革）。全面推进属地纳税人管理，开展税收安全风险防控，建立税收征管评估指标监控推进长效机制，对辖区企业对照国家规定的6505项进口应税商品进行规范申报监控。落实“证照分离”改革相关政策，完成南宁关区首单出口食品加工企业备案证明。开展“龙腾行动2019”知识产权保护专项行动，共查办知识产权案件15件。强化后续监管，完成企业核查73家，核查补税40多万元。加强风险防控，落实执法留印、现场隔讯等制度，严格执行对进出境旅客行李物品实施100%过机检查，对运输工具服务人员所携带行李物品实施100%过机查验，对机检图像可疑的行李物品，实施100%开箱（包）彻查的“三个100%”过机查验工作程序，提高监管有效性。年内，共查获违禁印刷品、音像制品等117份；查办两简案件（简单案件和简易程序案件）39件，移交桂林海关缉私分局案件4件，其中包含查获新型毒品氟硝西泮（俗称“蓝精灵”）1000毫克案件。

筑牢卫生防疫安全防线 2019年，桂林海关加强口岸卫生检疫查验，严防埃博拉病毒病等疫情传入，未出现疫情防控失控情况。年内，发现发热和有症状旅客41例，确诊病例21例；发现核生化有害因子超标2例。桂林口岸通过口岸卫生检疫核心能力预验收。落实“人—机—犬”查验模式，强化进出口动植物及其产品检疫监管，

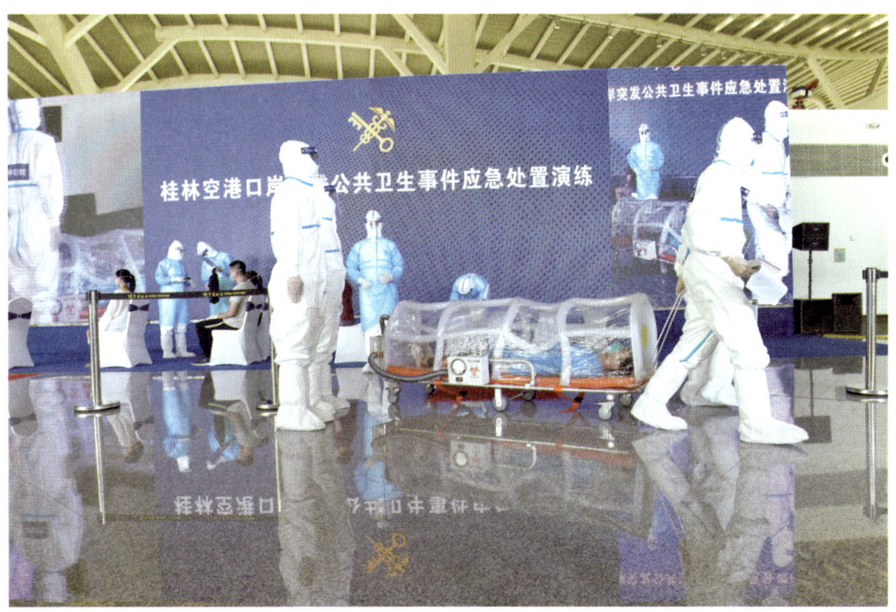

2019年9月12日，桂林空港口岸突发公共卫生事件应急处置演练在桂林两江国际机场举行 （桂林海关 供图）

查获动植物产品2227.68千克。受理出入境货物报检1.67万批次，累计检验项目540项。对5.45万吨进口粮食进行加工后续监管；完成竹木草制品官方监控样品、水果监控样品、水生动物样品、食品样品采送样工作。开展有害生物监测及出口农产品检测，完成桂林市7个点实蝇监测、8个点杂草监测以及11个水果样品、2个水生动物样品、49个食品样品的监测任务。严格进出口商品检验监管，强化危险品、重点敏感商品安全风险防控，对进出口危险化学品及其包装实施严密监管，共检验商品、危化品及其包装277批次，检出不合格6批次。对口岸74家单位(涉及食品生产、餐饮、饮用水供应、公共场所管理、垃圾污水处理等)开展日常卫生监督监管和指导，全年开展日常监管409次，捕获鼠、蚊、蠓等医学媒介生物1734只。桂林口岸首次在白纹伊蚊中检出乙型脑炎病毒。

打击走私　2019年，桂林海关开展“国门利剑2019”“蓝天2019”等打击走私联合专项行动，有效遏制辖区走私势头。年内，共受理刑事案件6件，立案6件，其中列为海关总署缉私局一级挂牌督办案件1件，涉案案值12.46亿元，涉嫌偷逃税额35.95万元；查扣毒品4.17千克、精神药品104克、黄金66千克、叶猴骨架3只、穿山甲鳞片968.4克，犀牛角碎屑175克、走私烟76条、走私酒36瓶；结案3件，移送起诉案件3件9人，法院判决案件3件8人，拘留4人，逮捕7人，取保候审3人。行政立案14件，涉案案值48.82万元，涉嫌偷逃税额6.5万元；查扣仿真枪1支、象牙制品7块(共195.5克)、犀牛角制品2件(共94.1克)、熊胆1个、卡地亚手表1块、冻猪脚等冻品211件(共0.54吨)；行政结案15件，行政处罚9件，上缴罚没收入4.31万元，补缴税款3.54万元，补缴滞纳金1.39万元，没收仿真枪1支，收缴无主象牙制品2件(共51.3克)；撤销案件1件，转刑事立案2件，移送地方公安机关2件。协助调查案件16件，调取证据材料490余份，协助押送嫌疑人2名。（毕晓帆　刘琼）

【边防检查】2019年1月1日，桂林边防检查站完成体制改革，成建制编入人民警察序列，正式更名为中华人民共和国桂林出入境边防检查站(简称桂林出入境边防检查站)。年内，桂林出入境边防检查站共查验出入境人员34.08万人次，下降4.11%；验放出入境航班2595架次，下降3.89%。验放72小时过境免办签证旅客87人次，下降48.82%；验放144小时入境免办签证旅客2.29万人次，增长19.27%。全年查获“三非”（非法入境、非法居留、非法就业）外国人9人、偷渡类案件11件36人，其他违法违规案件28件33人。累计查获案件39件，增长21%；抓获违法人员数78人，增长115%。其中，“3·14”所持签证与入境目的不符案件、“7·11”“8·1”伪造验讫章案件3件重大案件被作为执法执勤典型案例在全自治区移民管理系统推广。年内，该站先后完成新中国成立70周年大庆、环广西公路自行车世界巡回赛桂林段比赛、澳门回归20周年庆典等重大活动的出入境边防检查任务。

口岸执勤　2019年，桂林出入境边防检查站加快口岸边检设施升级改造，完善“一级指挥、两级联动”勤务指挥运行机制，推进边检工作信息化和智能化进程。根据新编制情况和执勤岗位需求的实际，进行岗位优化整合。按照“小单元协作”思路，将执勤队分设为旅检队、后台审查和综合队，实行业务队“拆队化组”勤务模式。强化出入境警力联动支援、机关人员日常协勤和重大勤务全员备勤等警力增援机制，充分保障一线执勤力量。组建专职后台审查队伍，承担后台审查、执法办案、数据核查分析、证件鉴别、技术保障和业务培训等任务；细化行政值班、勤务值班、查控终审、预检反馈、勤务监督等岗位职责；实现用警效能集约化、勤务组织精细化目标。成立广西出入境边防检查总站(桂林)数据核查中心，创新推出以数据分析研判为牵引、现场核查为落脚、动态跟踪为延伸的查缉模式，通过信息收集、数据分析、研判预警、前台检查、后台核查、内外联合、动态跟踪一系列配套措施，全面加强对国际航班出入境旅客，国内航班载运外国人全流程、全要素精准查缉。总结推广以数据研判为基础的信息数据“四步分析法”（即动态研判、建立模型、检索比对、碰撞分析)，确保数据精准应用。强化与公安、海关等口岸联检单位的协作联动，签订《口岸联防联控合作机制》《口岸联检单位联席会议制度》，实现与国家安全局、公安部门等单位的信息系统数据互通共享，构建起区域联合、内外联手、整体联动的口岸管控大格局。围绕“满足旅客需求，回应旅客期待”的工作目标，以打造“山水国门”边检品牌建设为切入点，落实“中国公民出入境通关排队不超过30分钟”等惠民政策精神，旅客排队候检时间从人均20分钟缩短至15分钟以内。全年共开通“绿色生命通道”23次，累计为老弱病残孕和独立乘机的无陪同儿童提供便利服务68次。

基层建设　2019年，桂林出入境边防检查站针对机构改革初期，人员队伍可能出现的思想松散、制度淡化、问责不严等问题苗头，推行“四色预警”（指对民警日常工作表现进行评判，并划分至蓝色、黄色、橙色、红色相对应的颜色等级，表示人员问题从轻到重的严重程度，借此达到预警目的）队伍管理教育机制，对民警工作表现、勤务差错、纪律作风进行动态监督，全站队伍管理实现连续15年无事故案件。年内，桂林出入境边防检查站争取地方政府支持，共获批地方财政经费349万元，用于全站的正规化建设、警务实战化建设、信息化建设以及口岸查验设施维护等项目实施。持续推进“花园式”营区建设。重新规划闲置土地，引种多样植被，合理设置分区，结合绿化景观特点建成警营灯箱及文化长廊，完成警体馆全部配套设置建设。

警民共建　2019年，桂林出入境边防检查站加强与各单位联建联创活动，促进全站党建工作全面发展。年内，依托八路军桂林办事处纪念馆、红军突破湘江战役纪念馆、桂林博物馆、桂林图书馆等共建单位的资源优势，持续展开红色革命传统教育。整合教育资源，开展学习交流。先后与广西机场管理集团有限公司桂林两江国际机场签订“互帮互学共提升、结对共建促发展”共建协议，联合广西师范大学、桂林航天工业学院开展全国“两会”精神学习交流。（张雷堃）

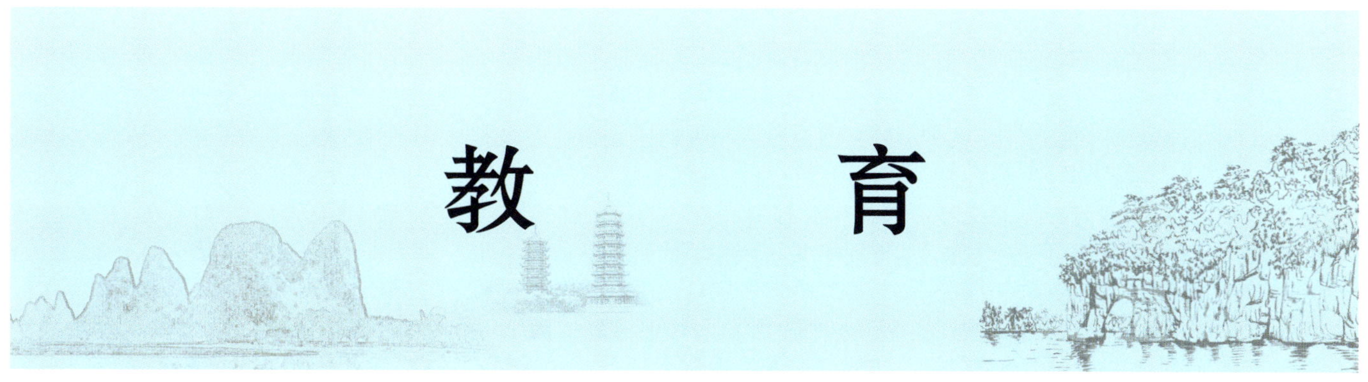

教育

基础教育

【概况】 2019年,中共桂林市委员会教育工作委员会、桂林市教育局(简称市委教育工委、市教育局)办公地址在桂林市临桂区致远路2号,内设办公室、教育工委办公室、人事教育科(教育工委组织部)、德育与汉语言文字工作科(教育工委宣传部)、政策法规规划科等科室12个,人员编制41名(含后勤服务聘用人员控制数4名),在职人员40人。二层机构有桂林市招生考试院、桂林市教育科学研究所、桂林市电教仪器站、桂林市中小学生示范性综合实践教育中心、桂林市学生资助管理中心、桂林市教师培训中心6个。直属学校28所,其中桂林市广播电视大学1所、独立高中1所、完全中学10所、初中5所、九年一贯制学校1所,中等职业学校4所、小学1所、特殊教育学校2所、工读学校1所、幼儿园2所。直属企业2家(桂林市教育实业总公司、桂林市本源教育有限公司)。市教育局下属单位共有人员编制4152名(含非实名编制355名、聘用教师控制数467名),在职人员3543人(含非实名编制31人、聘用教师控制数347人)。年内,市教育局以实施桂林教育提升三年行动计划为抓手,深化教育领域综合改革,提高教育教学质量,人民群众对教育的获得感和满意度进一步提升,全市学前三年毛入学率、九年义务教育巩固率、高中阶段毛入学率分别为89.8%、97.93%、92.3%,均位居自治区前列。

2019年,全市普通中小学共有专任教师4.11万人,其中35岁以下青年专任教师1.32万人。专任教师中,小学教师2.35万人,专科以上学历占96.18%,学历合格率99.94%;初中教师1.19万人,本科以上学历占86.25%,学历合格率99.72%;高中教师5694人,研究生同等学力占8.66%。幼儿园有专任教师8695人(不含园长1457人);特殊教育学校专任教师195人;工读学校专任教师12人。全市普通中小学幼儿园正高级专业技术职称专任教师14人,副高级专业技术职称专任教师4277人,中级专业技术职称专任教师2.17万人。

表24 2019年桂林市基础教育学校及学生情况

类别	数量(所、个)	在校生(人)	学前三年毛入学率/九年义务教育巩固率/高中阶段毛入学率
幼儿园	1050	181365	89.80%
小学	537	399333	97.93%
小学教学点	1102		
九年一贯制学校	20	178693	
普通初中	136		
普通高中(含高完中)	58	84961	92.30%
特殊教育学校	10	1159	—
工读学校	1	23	—

注:数据中的学校包括民办学校。

【学前教育】 2019年,桂林市在园幼儿18.14万人,学前三年毛入园率89.8%,公办幼儿园占比37.36%,普惠性幼儿园覆盖率78%,全市134个乡(镇)有132个乡(镇)完成公办中心幼儿园建设。年内,桂林市加强公办幼儿园及多元普惠幼儿园建设,原市聋哑学校、培智学校改建幼儿园项目、聋哑学校融合幼儿园改建项目完工,并于9月开园,新增学位630个。市教育局联合物价部门完成城区公办幼儿园保育教育费收费标准调整;完善多元普惠幼儿园评估细则,适当调整城区多元普惠幼儿园收费标准,新增自治区多元普惠幼儿园110所,普惠幼儿园总数730所,对6个城区2018年度获自治区多元普惠幼儿园的32所幼儿园进行奖励补助,共发放奖励补助资金64万元。加大示范园建设力度,督查、指导临桂城区第一幼儿园、雁山区快乐太阳城幼教中心进行自治区示范性幼儿园创建工作,对临桂金水湾幼儿园、全州县机关幼儿园等4所参加自治区示范幼儿园复查评估的园所进行市级核查。深化学前教育保教改革,推进"小学化"倾向治理工作,举办一期幼儿园课程改革跟岗研修活动。8月,启动"桂林市学前教育师幼互动质量提升项目"。

【义务教育】 2019年,桂林市有义务教育学校693所,其中初中156所、小学537所(教学点1102个)。义务教育学校在校学生57.80万人,其中初中学生17.87万人、小学生39.93万人。义务教育学校专任教师3.54万人,其中初中专任教师1.19万人、小学专任教师2.35万人。继续实施义务教育均衡发展工程,强化控辍保学工作,加强市、县两级中小学常规管理,完成自治区下达的九年义务教育巩固率目标值。年内,义务教育实现均衡发展,未通过"国检"的全州县、平乐县全力冲刺迎检,已通过"国检"的县(市、区)向义务教育优质均衡迈进。坚持教育优先发展,推动县级政府履行对义务教育的投入责任,建立完善义务教育经费保障机制,依法落实财政一般公共预算教育支出逐年只增不减,按在校学生人数平均的一般公共预算教育支出逐年只增不减。全市17个县(市、区)义务教育财政一般公共预算支出23.6亿元。加快补齐硬件短板,改善义务教育学校办学条件。加大学校项目建设,全年全市义务教育在建项目111个,年末完工101个,完成投资5259万元,新建、改扩建一批学校,合理限额超标学校招生人数和分流学生,逐步化解"大班额"问题。加大义务教育教师队伍建设,全年全市义务教育教师平均工资收入水平基本达到当地公务员平均工资收入水平;招聘义务教育阶段教师3400多人;全面推进教师"县管校聘"改革,合力配置教师资源。

【特殊教育】 2019年,桂林市共有特殊教育学校10所,特殊教育班级118个,其中视力残疾班3个、听力残疾班15个、智力残疾班79个;在校学生3888人,其中特殊教育学校在校学生1159人、普通学校随班就读学生2338人。另有送教上门学生782人。全市适龄残疾儿童少年义务教育入学率98.81%。特教学校在职教职工222人,其中专任教师195人。全市30万人口以上的县(市、区)均开办特殊教育学校。残疾儿童少年义务教育普及水平明显提高,形成"以特殊教育学校为骨干,随班就读为主体,送教上门为辅助的残疾儿童少年义务教育体系"。全市17个县(市、区)开展"送教上门"工作。年内,桂林市通过举办特殊教育教师基本功大赛、业务培训,组织教师参加各级培训等形式提高教师专业水平。

【普及高中阶段教育】 2019年,桂林市继续实施《桂林市高中阶段教育普及攻坚计划实施方案(2017—2020年)》,优化学校布局,扩大办学规模,改善办学条件。实施普通高中特色化发展计划,以广西师范大学附属中学、桂林市第五中学、桂林市第一中学等3所自治区星级特色普通高中为龙头,推动桂林市逸仙中学、桂林市田家炳中学、桂林市第八中学、桂林市第十七中学、桂林市第十九中学和全州县第二中学做好自治区星级特色普通高中创建工作。2019年自治区下达桂林市普通高中招生任务2.80万人,实际招生3.01万人;下达桂林市中等职业学校招生任务1.35万人,实际招生1.42万人;下达桂林市向自治区中等职业学校送生1.80万人,实际送生2.05万人。

【中考招生】 2019年,全市初中毕业升学考试与高中阶段招生工作与上年相比,有4个方面的变化:一是全市普通高中录取管理平台建设完成,全市普通高中录取首次在同一平台的桂林市中考信息网上进行,有效杜绝一生多录,恶意竞抢生源的痼疾,提前完成桂林市"十三五"规划中普通高中招生方式改革目标任务,体现市普通高中招生公平、公正、公开。二是学区生招生比例提高到53%。三是普通高中招生时段由教育局统一规定为5个时段,全市普通高中招生全部在5个时段内完成。四是完成2019年初中学业水平考试体育工作,全年市区参加中考体育考试人数1.07万人,首次突破万人大关,做到全部使用电子考试设备、全程无死角监控,成绩同步显示。全年全市共有初中应届毕业学生5.11万人,中考报名4.63万人,增加(比上年,下同)5490人;市区(不含临桂区,下同)报名人数1.07万人,增加1142人。全市符合条件的外来务工人员随迁子女和外省户籍学籍迁入人员共4725人,增加610人。其中,桂林市区为2615人,增加210人。

【普通高考】 2019年,桂林市普通高考报名3.49万人,增加3776人,实际参加统考2.90万人。其中,报考文科综合1.04万人(增加895人),报考理科综合1.85万人(增加1141人)。市区报名1.19万人(增加1786人),实际参加统考7298人(增加461人),其中报考文科综合2227人(增加347人),报考理科综合5071人(增加114人)。全市共审核1942名异地考生的报考资格和1.32万名享受各项照顾分政策的考生资格。市区公办高中本科上线率提升。一本上线首次突破5000人,达5314人,一本上线率20.08%;二本上线人数1.82万人,二本上线率68.74%;一本、二本上线率居自治区第二。高职高专上线率98.02%。全市共录取空军飞行员4名,居广西第一名。全市考生被北京大学、清华大学录取共26人。

【教育经费保障机制】 2019年,桂林市落实中央、自治区城乡义务教育阶段学校补助公用经费基准定额(每年学生人均:小学600元、初中800元、特殊教育6000元)和分担比例[中央、自治区、市(县、市、区)分担比例为8∶1∶1],其中市本级公办学校按每年学生人均小学400元、初中600元的标准预算分担公用经费;市本级城市公办义务教育阶段学校的公用经费由市财政局直接下拨到各学校,城市民办义务教育阶段学校的补助公用经费由市教育局一次性全额拨付到各学校,再由各学校对学生予以减免。公办普通高中生均公用经费财政拨款基本标准为每人每年400元,其中市本级预算公办普通高中生均公用经费460元,其他县(市、区)按标准预算400元。公办学前教育生均公用经费财政拨款基本标准为:城市公办幼儿园每生每年500元,县镇公办幼儿园每生每年300元。

【学生资助】 2019年,全市共发放资助资金4.25亿元,各学段受助学生36.93万人次,其中农村建档立卡贫困户学生10.68万人次,补助资金7675万元。各项目具体完成情况:学前教育资助项目共发放资助资金1038.19万元,资助贫困户幼儿10987人次,其中受助贫困户学生10986人次,受助金额1038.12万元;义务教育资助项目共发放资助资金1.26亿元,资助学生23.20万人次,其中受助贫困户学生6.74万人次,受助金额3175.30万元;普通高中国家助学金项目共发放资助资金3637.83万元,资助学生3.33万人次,其中受助贫困户学生1.10万人次，受助金额1916.88万元；普通高中免学杂费项目共发放资助资金1116.50万元，资助学生1.38万人次，其中受助贫困户学生1.10万人次，受助金额885.78万元；特定普通高中学生免学费项目拨付免学费补助资金349.60万元，6631人次特定高中学生获免除学费资助；中等职业教育免学费项目共发放资助资金3594.73万元，资助学生3.83万人次，其中受助贫困户学生3218人次，受助金额296.33万元；中等职业助学金项目共发放资助资金288.32万元，资助学生2908人次，其中受助贫困户学生1337人次，受助金额133.70万元；大学新生路费补助项目共发放资助资金439.16万元，资助学生5039人，其中受助贫困户学生1630人，受助金额125.43万元；泛海助学行动项目共发放资助资金103.50万元，资助学生207人，其中受助贫困户学生207人，受助金额103.50万元；生源地助学贷款项目受理人数2.59万人，受理金额1.94亿元。

【教育信息化建设】 2019年，桂林市继续实施“中小学教育信息化建设与应用达标”、乡（镇）及以上义务教育阶段学校宽带网络校校通、示范性图书馆（室）达标等项目，改善全市中小学校信息化教学基础环境建设。全市共有116所学校通过信息化建设与应用达标验收，353所学校通过宽带网络校校通验收，251所学校通过标准化实验室验收、145所学校通过示范性图书馆验收。全市1750所学校（含教学点）实现联网1712所，联网率97.83%，拥有100M以上网络接入条件。其中，叠彩区、秀峰区、七星区、象山区、临桂区、雁山区、荔浦市、永福县、平乐县、灌阳县、全州县、阳朔县、龙胜各族自治县、恭城瑶族自治县实现联网率100%。全市有校园网的学校882所（含教学点），有1.29万间普通教室配备多媒体教学设备，按标准配备教师备课电脑及建有校本资源库，占教室总数83.5%。其中，通网教室1.13万间，占多媒体教室总数96.1%。桂林市榕湖小学数字校园平台被教育部评为2018年网络学习空间应用普及活动优秀学校。

年内，桂林市举办第十四届中小学信息技术与学科教学深度融合观摩展示评比活动，采取教科研和电教部门共同指导、校企合作的教学应用合作模式，展示智慧课堂、视频互动双师课堂、创客教育课堂教学模式。开展“一师一优课，一课一名师”活动。至年末，共推出优课1298节，获省级优课586节、教育部优课253节。开展“移动学习终端的实践研究”“桂林市本地特色资源共建共享”课题研究，涉及子课题学校37所，结题28所。组织开展2019年桂林市初中信息技术学科教师教学技能大赛、桂林市初中信息技术教师scratch（少儿编程软件）专题培训活动、桂林市中小学电脑作品评选活、中小学电脑机器人竞赛。11月23日—24日，市教育局与广西师范大学教育学部联合举办2019年桂林市首届创客马拉松活动，共有201支队伍1000多名学生参加，涵盖城区和县域学校，首次联合小学、中学、大学一起参与，是桂林市历年科技教育活动中普及面广、学段跨越大的活动，也是广西首个城市级别的创客赛事。

2019年11月23日—24日，市教育局与广西师范大学教育学部联合举办2019年桂林市首届创客马拉松活动 （莫珏 摄）

【教育教学科研】 2019年，桂林市教育科学研究所组织、评审和上报全国教育科学“十三五”规划2019年度课题，全市共有3项课题获报送至全国教育科学规划课题评审工作办公室评审，其中市教育科学研究所2项、桂林市榕湖小学1项。完成2019年广西的基础教育教学成果奖申报，报自治区参加评定作品27项。组织、评审和上报广西基础教育教学改革质量提升工程项目55项，桂林市获立项36项。收集整理自治区各类课题的申报结题鉴定，完成自治区委托管理C类课题26项的结题鉴定。组织评审2019年桂林市基础教育教学成果评选活动，评选出特等奖3项、一等奖25项、二等奖55项。组织评选2019年桂林市第三批学科带头人和教学能手，全市共授予学科带头人100名和教学能手400名。组织桂林市教育科学“十三五”规划2019年家庭教育专项课题申报、评审，共立项家庭教育专项课题100项。组织桂林市教育科学“十三五”规划2019年教师个人课题申报、评审工作，共立项教师个人课题180项。组织完成2016年立项高中新课改专项课题的结题鉴定，共完成课题结题28项；完成2018年立项教师个人课题的结题鉴定，发布结题鉴定结果，共168项课题获结题通过，24项课题评定为优秀等级；组织课题结题鉴定35场，完成2019年桂林市集体课题的集中结题鉴定，共完成桂林市集体课题结题65项。完成全市信息技术与学科整合专项课题的结题鉴定，共完成专项课题结题18项。

【学生体育运动】 2019年，市教育局在中小学校开展学生阳光体育运动，举办中小学生乒乓球、篮球、足

2019年8月，桂林市聋哑学校申莹(右四)参加全国第十届残疾人运动会获女子S15级800米自由泳冠军，打破该项目世界纪录　　(卜秦　摄)

球、围棋、游泳等各项比赛活动。组织第二十一届重点中学生篮球赛，举办2019年桂林市中小学生田径运动会和中小学生民族传统项目体育运动会。7月，组队到南宁、柳州参加第十二届全自治区学生运动会，桂林市获金牌9枚、银牌13枚、铜牌6枚，获竞赛项目团体总分第三名。8月，组织桂林市聋哑和培智学校赴天津，分别参加全国第十届残疾人运动会和全国第七届特殊奥林匹克运动会，获金牌10枚、银牌9枚、铜牌9枚，并打破1项世界纪录和2项全国纪录。全年全市新增4所全国青少年校园足球特色学校，全国青少年校园足球特色学校累计47所。按要求组织实施《国家学生体质健康标准》测试，全市所有中小学校测试率和数据上报率均为100%。

【学生艺术活动】 2019年，桂林市参加全国第六届中小学生艺术展演活动，市教育局获评优秀组织奖，两所学校获全国优秀节目二等奖；获书画全国艺术作品一等奖1个、二等奖3个；全国艺术工作坊二等奖1个、三等奖1个。全国优秀案例奖：一等奖1个、二等奖1个。年内，市教育局举办第十届校园文化艺术节，组织开展中华优秀传统文化评选推荐工作，报送桂林市桥头小学等10所学校参加自治区教育厅评选。制订《桂林市中小学生艺术素质测评实施方案(试行)》，对测评指标内容及分值进行详细说明并开展全市中小学生艺术素质测评工作；2019年11月，进行市属学校艺术素质测评工作的抽查。

【开展卫生校园活动】 2019年，市教育局联合市红十字会在市属所有高中段学校开展“急救知识进校园”活动，市区高一新生共8000人参加救护培训。做好学校流感、手足口病、水痘、结核病、登革热等传染病防控。全市创建市级“卫生优秀学校”246所，自治区级卫生优秀学校165所；无烟校园48所，健康促进学校11所；绿色环保学校国家级5所，自治区级55所，市级181所，国际生态学校27所。

【开展学生营养改善计划试点】 2019年，桂林市继续在龙胜各族自治县、资源县、灌阳县、恭城瑶族自治县、雁山区寄宿制学校开展学生营养改善计划试点工作。其中，龙胜各族自治县获中央补助资金614万元，资源县获中央补助资金1170万元，恭城瑶族自治县获自治区试点补助资金1923万元，雁山区获市财政补助资金85万元，灌阳县获自治区试点补助资金1198万元。受益学校429所，受益学生7.31万人，投入金额5704万元。6月27日至28日，桂林市在资源县举行农村义务教育学生营养改善计划知识培训。

【学校德育工作】 2019年，桂林市开展文明校园创建活动，以创建活动促进德育工作开展，结合传统节日、纪念日开展主题教育活动，制订印发《桂林市文明校园创建管理实施办法》，举办校长校园文化建设主题培训班，开展文明校园创建优秀案例征集和“最美校园竞晒”活动。开展师德师风建设年活动，举办中小学师德师风建设培训班，学习落实新时代教师职业行为准则；组织“四有”好教师进行先进事迹巡回宣讲报告会15场，参与聆听教师9400多人；开展师德师风演讲

2019年9月11日，桂林市教育局新时代文明实践“四有”好教师先进事迹宣讲报告会举行　　(林品秀　摄)

比赛；召开“中国好老师”公益行动计划桂林市2019年度工作推进会暨第二次育人论坛。做好教育系统新时代文明实践志愿服务，成立桂林市新时代文明实践道德教育志愿服务队，在“家风家教”“英模事迹”“革命传统”“遵纪守法”“阳光心身”等方面开展道德教育宣讲活动。

【语言文字工作】 2019年，桂林市启动“学前学会普通话”行动，组织各县（市、区）对全市3岁—6岁学龄前儿童普通话水平进行全面摸底调查，开展师资培训，为“学前学会普通话”行动提供师资保障。全年组织开展普通话水平测试4批次，共测试人员5000余人次。继续举办桂林市中华经典诵读大赛和全市中学生汉字听写大赛。组织各(市、区)开展系列活动推进国家通用语言文字普及攻坚工作，兴安县开展“推普我助力，扶贫心连心”结对帮扶活动；灌阳县对贫困户进行普通话培训；资源县开展中小学“争贫可耻，脱贫光荣”主题演讲比赛活动；秀峰区组建“诗意秀峰”朗诵团队。年内，市教育局到灌阳县贫困村开展“推普脱贫乡村行”活动。

【教师队伍建设】 2019年，桂林市推进义务教育学校校长教师交流轮岗工作，共组织县域内义务教育学校校长及骨干教师4818人参加支教、走教及交流轮岗工作，下拨自治区支教、走教专项资金782万元。实施乡村教师生活补助“提标扩面”计划，发放生活补助4826.52万元，每人每月269.85元，惠及乡村教师1.49万人。年内，推进职称改革，落实乡村教师职称评聘不受岗位结构比例限制的倾斜政策，全年取得正高级专业技术职称教师13人、高级专业技术职称1121人、中级专业技术职称1084人。全市累计取得正高级专业技术职称教师27人、高级专业技术职称教师5174人、中级专业技术职称教师2.37万人。加强校长队伍建设，在选派校长参加全国、自治区培训的基础上，与广西师范大学、桂林师范高等专科学校举办校长任职资格（提高）培训班和幼儿园园长任职资格培训班，共培训校（园）长167人；通过公开竞聘和民主推荐的选拔方式，共提拔校级正职领导3人，校级副职领导16人，调整校级领导交流任职6人。按照“按需施训、覆盖全员、分级负责、改革创新”原则，形成“新教师—骨干教师—学科带头人—专家型教师”的中小学教师专业培养体系。全年投入培训经费1304.87万元（国家、自治区下拨经费853.4万元，市财政专项资金451.47万元），培训中小学各层次教师1.03万人次。组织开展第二批“百千工程”（100名名校长领航工程、1000名青年骨干教师领雁工程）；启动新一轮为期3年的100名名师工程和信息技术2.0应用能力提升工程；建立市级教师培训项目库项目数90个，开发有涵盖各个学科“教师专业标准”“师德教育”“法制教育”“信息技术”等模块的培训课程资源共350多个。

【教师招聘与资格认定】 2019年，全市共招聘中小学教师2895人。其中，参加自治区教育厅公开招聘中小学教师1622人，赴自治区外招聘高层次人才188人，实施特岗教师计划招聘特岗教师753人，实施农村小学全科教师定向培养计划，定向培养农村小学学校全科教师332人。推荐认定“双师型”（具有职业教师资格，同时获得有关职业技能等级证书）教师191人。实施教师资格试点改革工作，对申报教师资格人员简化手续，实行网上申请和审核材料。全年组织实施教师资格国家统一考试，参加考试人员1.4万人，取得相应教师资格8336人。

【中小学教师“县管校聘”管理改革】 2019年9月，桂林市教育局、中共桂林市委员会机构编制委员会办公室、桂林市人力资源和社会保障局、桂林市财政局印发《桂林市中小学教师“县管校聘”管理改革实施意见》。9月，荔浦市作为首批“县管校聘”试点单位，开始中小学教师“县管校聘”管理体制改革试点工作，并取得初步成效，获广西壮族自治区人大调研组好评。

【中小学安全工作】 2019年，桂林市开展校园及周边环境秩序治理，共清理整治校园周边无证摊点、校园200米内娱乐场所等违法违规行为700余次，占道经营流动摊点9886摊次，违章停放的非机动车1.2万辆次，整治校园周边超门槛经营商户6223家，检查校园及周边经营户和网吧等市场主体1254家，发出整改通知17份，查处违规经营网吧4家。加大对学校“人防、物防、技防”投入，全市中小学与城市幼儿园保安配备完成，校园封闭式管理100%，一键式报警装置完成。年内，市教育局突出加强扫黑除恶专项斗争，配合执法部门打击涉校、涉生违法行为；各级各类学校发放“扫黑除恶”致家长一封信82.51万封，召开主题班会、家长会1.06万场次。开展“平安校园”创建活动，全市668所中小学通过考评审核。

【公办初中质量提升】 2019年，桂林市加快实施市区公办初中质量提升计划，推进市区小升初工作改革，对招生办法和程序作改进和优化，实行“多校划片招生的公办初中、分流招生的公办初中与民办初中同时招生，公办初中兜底”的招生模式。桂林中学初中部（6个班）、桂林市第十三中学对应秀峰区榕湖小学、中华小学、乐群小学3所小学进行多校划片招生。桂林中学初中部（12个班）、桂林第十八中学初中部、中山中学初中部、逸仙中学初中部、第三中学初中部、第十九中学初中部和秀峰区长海实验学校等7所学校实施分流招生。在桂林中学以课题实验形式开设新高考课程六年一贯制实验班，在桂林第十八中学开设教育管办评分离改革六年一贯制试点班，并为建档立卡贫困户和城市低收入家庭品学兼优的学生进入“六年一贯制”班级给予政策上的支持。桂林第十二中学、第十九中学的生本教育实践初见成效，桂林第十二中学打造“和·合”校园文化，桂林清风实验学校积极构建“乐享课堂”。5月，以“聚焦课堂，构建高效的教研共同体”为主题的市区初中学区教研开放日活动，在桂林中学学区学校（桂林中学初中部、第十二中学、第十三中学、第十四中学）和桂林市逸仙中学初中部开展。桂林第一中学、逸仙中学、第三中学、第八中学、第十一中学、第十二中学、第十四中学等7所市直属公办初中评为桂林市初中教育教学质量管理先进单位。

【校内课后服务】 2019年,桂林市城市(县城)小学202所,开展课后服务的学校93所,占46%。城市(县城)初中学校65所,开展课后服务的学校13所,占20%。乡(镇)学校开展课后服务学校205所。全市15.6万名学生受益,比上年增加5万多人。

【学区制管理改革】 2019年,桂林市推进义务教育学区制管理改革,全市17个县(市、区)均实施义务教育学校学区制管理改革,超过93.56%的义务教育学校纳入学区制管理。各县(市、区)全面实施辖区内学区制管理改革工作,每个学区设立学区长学校,带动学区内其他相对薄弱学校共同发展,提升质量,各地城乡义务教育整体水平进一步提升。

【中小学生综合实践活动】 2019年,桂林市中小学生示范性综合实践教育中心,全年接待188批次5.42万人次参加综合实践活动,接待参观基地来宾600人次,计划外参训人数8000人,接待贫困生624人,减免费用5.27万元。接待自治区内(南宁、玉林等)952人次,自治区外(湖南、广东等)782人次。接待来宾参观、合作基地培训、研学基地培训、广西师范大学学生参观学习等2600人次。与周边研学教育实践基地签有合作协议,每条研学路线的景点景区都有门票减免或优惠政策。

2019年3月21日,桂林市举行中小学"智慧校园"项目学校建设试点工作启动会 (何晖 摄)

【桂林名师云课堂】 2019年,桂林市开设"桂林名师云课堂",包括寒假班、高三专题辅导班和暑假班3期课程。课程涵盖初一到高三共6个年级。初中参加学校181所,高中参加学校54所,合计235所。寒、暑假班初高中共听课人数60万多人次;高三专题辅导班参与听课学校合计64所,高三听课班级数2526班。

【智慧校园项目建设】 2019年,桂林市启动"互联网+教育"大平台项目——桂林市智慧教育云平台建设。3月,印发《桂林市中小学"智慧校园"项目学校建设试点工作实施方案》,挑选市直属、秀峰区全部中小学及叠彩区、象山区和灵川县部分信息化条件好的学校共51所作为试点开展智慧校园平台搭建工作。5月26日,桂林市智慧教育云平台接入国家数字教育资源公共服务体系,年末平台包含课件教案等资源80多万份,题库500万多道,其中试点学校教师上传课件3万多个,习题专题242个,平均日活跃用户8000多人。组织试点学校申报2019年桂林市教育科学"十三五"规划智慧校园专项课题,获立项课题73项,实现51所试点学校"一校一示范(典型),一校一特色,校校有骨干,校校有课题"智慧校园建设与应用的新格局。

2019年3月,桂林市教育名师在使用云课堂进行授课 (何晖 摄)

【城镇小区配套幼儿园治理】 2019年,桂林市对267个住宅小区配套幼儿园建设情况进行摸底排查,其中有68所小区配套幼儿园需要治理。完成12所城镇校区配套幼儿园整治工作,其中规划不到位2所,建设不到位1所,移交不到位2所,使用不到位7所。

【学校重大项目建设推进】 2019年,市直属学校投入1.8亿元新建桂林市第五中学3#教学楼1700平方米、第十八中学横塘初中部新建教学楼及学

2019 年 9 月 2 日，桂林市中山中学城北校区举行启用仪式暨秋季学期开学典礼

（何晖　摄）

生宿舍楼 1.07 万平方米。桂林中学临桂校区续建项目完成投资 3887 万元，完成建筑面积 2.76 万平方米；新建桂林中山中学城北校区完成投资 1.17 亿元，完成建筑面积 3.08 万平方米。投入 1500 万元对各市属学校 19 个校舍和运动场地进行维修和翻新。

【桂林市中山中学城北校区启用】 2019 年 9 月 2 日，桂林市中山中学城北校区启用，该校地处桂林市叠彩区春江北路和站前路之间，总占地面积 4 公顷，有 2 栋教学楼、2 栋学生宿舍楼、2 栋综合实验楼、1 栋行政办公楼，配备了室内综合体育馆、300 米塑胶跑道和足球场、标准室外篮球场、地下室停车场。该校按照 36 个—39 个教学班、容纳 1800 名—1950 名学生住宿的办学规模进行规划建设。全年共招收初一年级教学班 12 个，学生 640 人。

【桂林市第十八中学横塘校区投入使用】 2019 年 9 月，桂林市第十八中学横塘校区投入使用。该校为桂林市机电工程学校旧址，校区占地面积 4.33 公顷。市教育局投入 3300 多万元用于该校区建设和维修改造，新建教学楼 1 栋教室 12 间，新建学生宿舍 3 栋，可容纳 1200 人住宿。有初一、初二年级各教学班 12 个，共 1260 人；有教职工 84 人，其中任课教师 71 人。年内，初二年级从东环校区搬入。

（何晖）

中等职业教育和成人教育

【概况】 2019 年，全市有各类中等职业学校 37 所，其中自治区直属中等专业学校 4 所、自治区直属技工学校 1 所、市人力资源和社会保障部门办技工学校 4 所、教育部门办学校 22 所、民办中等职业学校 6 所。全市有成人文化学校 139 所，国家中等职业教育改革发展示范校 2 所、全国重点学校 6 所、自治区级重点学校 12 所、自治区示范性学校 10 所，开设有 15 大类 103 个专业，基本覆盖全市主要行业和产业。市属中等职业学校招收学生 1.42 万人（含非全日制学历生），毕业学生 9175 人，中等职业学历教育在校学生 3.23 万人（含非全日制学历生），毕业学生就业率 97.57%。年内，由于桂林电子科技大学和桂林旅游学院 2 个高校考点撤并，市区的自考报考课次有所增加，全年全市自学考试报考人数 3500 人，报考科次 7002 科次，分别在 4 月、10 月开考。

【中职学校布局调整和专业结构优化】 2019 年，桂林市落实《桂林市中等职业学校布局调整和专业结构优化方案》要求，全市中等职业学校由 40 所职业学校调整到 24 所，其中市教育局直属公办职业学校由 11 所调整为 4 所，县级职校由 13 所调整为 7 所，市属技工学校和自治区直属学校保持现状办学。新增新能源汽车等专业 3 个，撤销太阳能与沼气技术利用等专业 10 个。

【职业教育扶贫】 2019 年，市教育局以中等职业学校招生“大篷车”宣传活动为契机，到贫困县各初中学校开展渗透职业教育专题讲座，引导有意愿的学生报读中等职业学校。全年招收农村地区学生 8000 多人，610 名建档立卡贫困户新生进入“圆梦班级”。全市建档立卡贫困户毕业生 602 人，全部实现就业。10 月，分 2 批组织中、高等职业院校 190 名中层以上管理干部、骨干教师到肇庆学院、肇庆医学高等专科学校、肇庆市工业贸易学

2019 年 2 月 18 日，新合并的桂林市旅游职业中等专业学校举行揭牌仪式

（何晖　摄）

2019 年 9 月 10 日，桂林市职工大学召开建校 40 周年暨第 35 个教师节庆祝大会

（周旋　供图）

校和肇庆农业学校进行跟岗学习和交流。

【职业教育内涵建设】 2019 年，桂林市获评四星级自治区中等职业学校 5 所、三星级 9 所、二星级 4 所、一星级 1 所。桂林市旅游职业中等专业学校旅游服务与管理、高星级饭店运营与管理、西餐烹饪、中餐烹饪与营养膳食专业，桂林市卫生学校护理、助产专业被评为自治区品牌专业。全年全市获评自治区职业教育教学成果奖一等奖 3 项、二等奖 1 项。　　（何晖）

【桂林市职工大学】 2019 年，该校办公地址在桂林市环城西二路 67 号，占地总面积 2.45 公顷，校舍建筑面积 1.69 万平方米，藏书 5.64 万册。2019 年，该校有教职工 29 人，其中副高级（含副高级）以上专业技术职称 7 人。开设大专、本科 2 个层次的学历教育，培养生产、服务、管理一线实用型人才。其中，大专学历教育有文秘、计算机信息管理、建筑工程技术、经济管理、法律事务、机电一体化、工商管理、财务管理、市场营销、旅游管理专业 10 个；该校与广西大学联合办学设立土木工程、工商管理、人力管理、法学、会计学、机械设计制造及其自动化、工程造价等本科专业 7 个。年内，该校共录取大专学生 140 人；毕业学员 96 人，其中大专 40 人、本科 56 人；年末有在校专科学生 260 人。年内，该校组织 520 余人次共 100 多门课程的教学，给 140 名学生发放市总工会“惠工助学”学费补贴金额 7 万余元。该校连续 6 年评为中华全国总工会办学先进单位，获全国工会系统示范性职工高等学校、全国职工教育培训优秀示范点、全国职工职业技能实训基地、全国工会系统先进就业培训机构等称号。9 月 10 日，该校举行建校 40 周年暨第 35 个教师节庆祝大会。

2019 年，该校继续推进网上学习平台和线下“精品课”建设，学生可以登录网站进行学习，也可到校参加实践性教学，最大程度解决学生工学矛盾突出问题。全年该校共举办精品示范课 6 节，推动学校教育教学改革的全面铺开和可持续发展。加强师资队伍建设，开展思政课程建设和“课程思政”教研活动，聘用一批专业领域的业务骨干、专家学者作为客座教授、副教授。探索“互联网 + 干部职工岗位素质能力提升教育培训”，坚持“立足工会、面向社会、开放办学、创新发展”的办学方向，依托网络学院，打造职工大专学历教育和涵盖干部职工岗位素质提升教育培训、工会干部培训的工会干部学校网络学院学习平台，向 17 个县（市、区）和 100 多家大中型企业免费发放学习账号 142 个，覆盖工会会员 70 万人。加强与企业联系，探索共育人才途径，开展各类培训 8 期，培训学员 405 人。其中，职业技能培训育婴员 2 期 47 人，电子商务 1 期 34 人，各类工会干部培训班共 5 期 324 人。　　（周旋）

【桂林市广播电视大学】 2019 年，该校有桂林市象山区翠竹路北巷 7 号、桂林市叠彩区环城北一路 16 号 2 个校区；占地总面积 1.31 公顷，建筑面积 1.09 万平方米，固定资产 149.92 万元；有现代化多功能会议厅、多功能阅览室、云教室、智能教室及普通话测试中心，拥有 200 多台计算机及现代化多媒体教学设备；有学前教育基地、职业技术培训基地、社区教育培训基地 3 个。内设党政办、教学处、教务处、现代教育技术中心、总务处、招生办、社区教育中心。有教职工 44 人，其中专任教师 20 人（含副高级以上专业技术职称 9 人）；聘请专家、学者 45 人，组成兼职教师队伍。该校主要通过网络系统为社会成员提供开放远程教育、社区教育、职业培训。开放教育

2019 年 12 月 27 日，桂林市社区大学挂牌　　（市广播电视大学　供图）

2019 年 11 月，桂林市 2019 年社区教育工作会议暨全民终身学习活动周举行

（市广播电视大学　供图）

开设本科有学前教育、汉语言文学、英语等专业 18 个，专科有汉语言文学、小学教育、学前教育等专业 27 个；网络学院开设有交通运输（民航管理工程）、电子商务、经济管理等专业 27 个。

2019 年，该校招收学生 346 人，其中本科招生 124 人、专科招生 222 人；各类毕业学生 370 人，年末有各类在校学生 1004 人。该校继续开展优秀村干部中专学历培训，在校培训的优秀村干部 416 人，第一届取得中专学历优秀村干部 137 人。年内，组织社会人员参加各项培训工作，协助桂林市语言文字工作委员会办公室开展面向全社会人员的普通话培训、测试工作，参加普通话测试人员 7200 余人次。7 月，该校第四期公益培训开设少儿播音主持与口才、钢琴、绘画、舞蹈、声乐等公益类专业课程兴趣班专业 14 个，32 个班级，参加培训 1170 人。11 月，该校开展“送教进社区”活动，组织 4 支以青年教师为主的专业团队，到七星区空明、毛塘路等社区，举办手机 APP、家庭心理学、幼儿教育等讲座，共开办 7 项讲座，参加听课居民 470 多人次。12 月 27 日，桂林市社区大学挂牌。年内，该校开展社区科研活动，由两名青年教师分别主持的社区教育科研项目（厅局级）获得教育厅的批准立项；组织该校教师和学员参加全国电大工商案例大赛、自治区信息技术大赛，有 2 名教师、2 名学员分别获优秀奖、二等奖。

（彭素艳）

民办教育

【概况】 2019 年，桂林有经审批的全日制民办学校 1075 所。其中，民办幼儿园 853 所，占全市幼儿园总数 72.2%；在园幼儿 10.30 万人，占全市在园幼儿总数 59.6%；教职工 1.04 万人，占全市幼儿园教职工总数的 73.3%。民办小学 45 所，占全市小学总数 7.4%；在校学生 2.18 万人，占全市小学生总数 5.9%；教职工 1942 人，占全市小学教职工总数 8.7%。民办独立初中 10 所，占全市中学总数 3.7%；在校学生 6686 人，占全市中学生总数 3%；教职工 588 人，占全市中学教职工总数 3%。民办九年一贯制学校 5 所，在校学生 6086 人，教职工 883 人。民办完全中学 5 所，占全市中学总数 2.3%；在校学生 1.11 万人，占全市中学生总数 5%；教职工 1203 人，占全市中学教职工总数 6.3%。民办中等职业学校 5 所，在校学生 1233 人，教职工 146 人（专任教师 90 人）。

【市区民办初中招生】 2019 年，桂林市区民办初中招生工作延续 2018 年方案和模式，继续采取“摇号 + 面谈”方式进行。学生按规定时间报名，统一在小升初网上报名系统报名，各民办初中结合自身办学特色和要求，依据学生德、智、体发展情况（即小学毕业生综合素质评价结果、小学五年级下册期末质量检查和六年级上册学科素养检测结果及小学生体质监测成绩），由网上报名系统自动划定各校市区招生入围 3 倍名单。在入围名单中摇号录取不低于 25% 的招生计划数，尔后由各民办初中通过面谈形式确定不高于市区招生计划数 75% 的面谈预录取名单，其中不高于 50% 的招生计划数在面谈时以入围学生德、智、体发展情况为依据优先预录，25% 的招生计划数由各民办初中在入围学生中自主确定并预录。

【严格民办培训学校年审】 2019 年 2 月，桂林市印发《桂林市教育局关于开展 2018 年度民办学校年审工作的通知》，依据广西义务教育学校、普通高中学校、中等职业学校常规管理规定，遵循日常管理和年度审查相结合的原则，公布广西师范大学附属外国语学校、首都师范大学附属桂林实验中学、桂林德智外国语学校、桂林市桂电中学、桂林任远学校、桂林市奎光学校、桂林市宝贤中学、桂林市城楠中学、桂林市阳光学校 9 所市属民办普通中小学校，张艺谋漓江艺术学校、桂林山水职业学院附属中等职业学校、桂林市风帆旅游职业学校；桂林市森林美工艺雕刻中等职业技术学校 4 所市属民办中职学校为合格学校，桂林智谷东方外国语学校、桂林市阳光中学 2 所市属民办普通中小学校为责令整改学校，提出对照问题清单限期整改要求。

【民办学校规范管理】 2019 年 3 月 22 日，桂林市印发《关于开展民办学校规范办学防范化解风险专项行动的通知》，将全市各级各类民办学校、幼儿园纳入专项治理范围，以安全和意识形态工作为重点，以民办义务教育阶段学校、幼儿园治理为突破口，推进民办学校规范办学防范化解风险专项行动开展，落实“四个全覆盖”要求。一是党组织建设全覆盖，做到党建工作正常化，社会主义核心价值观及素质教育渗透全员化。二是无证幼儿园分类登记治理全覆盖。三是规范招生入学管理全覆盖，推进幼儿园“小学化”治理，对小学入学测试零忍耐；内外兼治，对小升初占坑考试行为零忍

2019 年 4 月，桂林市教育局举行校外培训机构诚信单位授牌仪式　（何晖　摄）

耐。四是统一入校书刊征订渠道全覆盖，杜绝入校书刊出现意识形态问题。

【校外培训机构整治】 2019 年，桂林市开展校外培训机构专项整治工作，共摸排校外培训机构 247 所，其中问题机构 162 所，完成整改 159 所，整改完成率 98%。2 月—4 月，评选出 24 所校外培训机构诚信单位，召开表彰会为诚信单位授牌。3 月，组织全市校外培训机构专项整治“回头看”专项督查。6 月，完成自治区“回头看”督查任务。7 月，指导成立桂林市教育培训协会，加强行业自律和自我管理。10 月—11 月，自治区开展校外培训机构专项整治月活动。年内，出台《桂林市校外培训机构管理规定（暂行）》《桂林市教育局“双随机、一公开”抽查工作实施细则（试行）》，修订《桂林市校外培训机构设置标准》，指导桂林市教育培训协会制订《桂林市教育培训机构教师行为规范公约》。

（何晖）

普通高等教育

【概况】 2019 年，桂林市有各类普通高校 13 所，主要公办普通高校有广西师范大学、桂林电子科技大学、桂林理工大学、桂林医学院、桂林航天工业学院、桂林旅游学院、桂林师范高等专科学校 7 所，7 所高校共有专任教师 8266 人；年内共毕业学生 7.30 万人、招收学生 9.08 万人，年末在校学生 26.05 万人。2019 年桂林普通高校实现定向开发毕业生就业岗位 6.5 万个，离校未就业高校毕业生登记就业率保持 97%。民办全日制普通高校有广西师范大学漓江学院、桂林电子科技大学信息科技学院、桂林理工大学博文管理学院、桂林山水职业学院。成人普通高校有桂林市广播电视大学、桂林市职工大学。此外，广西艺术学院在桂林市雁山区设有分院。另有军事院校 1 所，位于市崇信路的陆军特种作战学院。2 月 26 日，桂林医学院附属口腔医院揭牌成立。3 月 14 日，市委书记、市人大常委会主任赵乐秦到桂林航天工业学院，以《坚持用习近平新时代中国特色社会主义思想引领桂林高质量发展》为主题，为桂林航天工业学院和桂林电子科技大学的师生作主题报告。4 月 18 日，广西师范大学漓江学院融媒体学院挂牌成立。4 月 20 日，广西师范大学承办的第五届中国“互联网 +”大学生创新创业大赛广西赛区选拔赛在广西师范大学育才校区田家炳教育书院报告厅举行。7 月 1 日，广西师范大学湘江战役与红色文化研究中心成立。7 月 12 日，2019 年广西网络安全事件应急演练活动在桂林电子科技大学金鸡岭校区举行。9 月 29 日，桂林医学院全科医学院在桂林医学院第二附属医院（临桂临床医学院）揭牌。10 月 18 日，桂林航天工业学院举行纪念建校 40 周年发展大会。10 月 18 日—20 日，由自治区教育厅主办、桂林理工大学承办的第三届广西高校无人机大赛在桂林理工大学屏风校区举行，来自自治区的 32 所高校共 155 支队伍参与比赛，400 多名选手在花样飞行表演赛、同组双机同飞竞速赛、应急寻字比赛、无人机机载 Lidar 点云数据处理赛等 527 项比赛展开角逐。10 月 25 日，桂林电子科技大学获批首个教育部工程研究中心。12 月 2 日，桂林高校大学生“向全国推荐红色桂林社会实践活动”在桂林旅游学院启动。12 月 22 日，桂林航天工业学院师生团队获跨境电子商务技能竞赛全国特等奖。

（覃丰展）

表 25　**2019 年桂林市主要普通高等教育学校学生情况表**

单位：人

类别		学校	广西师范大学	桂林电子科技大学	桂林理工大学	桂林医学院	桂林航天工业学院	桂林旅游学院	桂林师范高等专科学校
普通高等教育	博士生	毕业	27	7	10	0	0	0	
		招生	89	45	39	0	0	0	
		年末在校	264	144	125	0	0	0	
	硕士生	毕业	1776	915	861	198	0	0	
		招生	2441	1229	1159	351	0	0	
		年末在校	6503	3236	2860	888	0	0	

续表

类别		学校	广西师范大学	桂林电子科技大学	桂林理工大学	桂林医学院	桂林航天工业学院	桂林旅游学院	桂林师范高等专科学校
普通高等教育	攻读硕士学位	毕业	0	54	55	0	0	0	
		招生	0	0	60	0	0	0	
		年末在校	0	227	133	0	0	0	
	本科生	毕业	6437	6083	5831	2225	2856	881	
		招生	6657	8252	6600	2303	3375	2300	
		年末在校	26977	30676	21222	10225	13842	8368	
	高职高专	毕业	0	2635	2899	728	724	2180	2522
		招生	0	3206	4200	490	518	1882	4988
		年末在校	0	8696	12390	1647	1808	5796	9915
留学生		毕业	107	28	702	8	12	0	0
		招生	302	83	715	21	51	143	0
		年末在校	403	634	427	432	186	236	0
成人高等学历教育		毕业	9227	11001	6255	4394	1233	152	0
		招生	11173	12960	11137	3741	259	79	81
		年末在校	22199	31022	21464	14333	1681	314	262
合计		毕业	17574	20723	16558	7553	4825	3213	2522
		招生	20662	25775	23850	6906	4203	4404	5069
		年末在校	56346	74635	58488	27525	17517	14714	10177

注:广西师范大学数据摘自 2019 年高基报表;桂林理工大学的硕士生数据包含攻读硕士学位数据。

(覃丰展)

【广西师范大学】 2019 年,该校有王城、育才、雁山 3 个校区,其中王城校区是国家 5A 级旅游景区。校园占地面积 277.26 公顷,总建筑面积 113.44 万平方米,教学科研及辅助用房和行政办公用房 50.80 万平方米,学生宿舍面积 41.02 万平方米。年内,新增固定资产 1.54 亿元,报废处置固定资产(原值)5078.66 万元,年末有固定资产原值 25.57 亿元。设有文学院、新闻与传播学院等教学学院(部)21 个及独立学院 1 所(漓江学院)。设有党委办公室、校长办公室、发展规划办公室等党群及行政机构,有图书馆等业务单位,有附属中学等附属单位,有出版社集团有限公司等企业。有本科专业 79 个、一级学科硕士学位授权点 30 个、专业硕士学位授权点 18 个、一级博士学位授权点 6 个、博士后科研流动站 3 个,学位授权点涵盖 10 个学科门类。有省部共建国家重点实验室 1 个,省部共建协同创新中心 1 个,教育部重点实验室 2 个,教育部国别和区域研究中心 1 个,广西工程技术研究中心 1 个,广西重点实验室 6 个,广西高校重点实验室 16 个,广西高校人文社会科学重点研究基地 6 个,广西协同创新中心 5 个,国家级实验教学示范中心 3 个,自治区级实验教学示范中心 10 个,自治区级虚拟仿真实验教学示范中心 6 个,自治区人才培养模式创新实验区 3 个,校级实习实训基地 746 个。

2019 年,该校有教职工 2428 人,其中专任教师 1893 人,专任教师中正高级专业技术职称 385 人,副高级专业技术职称 585 人;拥有博士学位 683 人、硕士学位 926 人。硕士研究生导师 1442 人,博士研究生导师 177 人。年内,该校共招收各类学生 2.07 万人,毕业学生 1.76 万人;年末有全日制在校学生 3.33 万人。该校获自治区高校毕业生就业创业工作突出单位。全年该校实现预算总收入 14.33 亿元,减少 1.20 亿元;总支出 14.84 亿元,增加 2.34 亿万元;全年办理生源地信用助学贷款和校园地国家助学贷款 11579 人、8600 多万元,评定各级各类奖助学金 8121.06 万元;本科学

2019 年 2 月 24 日,广西师范大学新行政中心启用 (广西师范大学 供图)

生生活补贴699.02万元，发放“两节一庆”专项生活补贴158万元。

2019年2月24日，该校行政主体搬迁到雁山校区。该校强化顶层谋划，国内高水平大学建设能力稳步提升。围绕“双一流”（一流大学、一流学科）建设目标，编制《广西师范大学推进一流大学和一流学科建设方案》，科学论证2020—2025年学校“双一流”建设重点项目，争取自治区政策和经费支持。完成“十三五”发展规划中期评估及修订，启动“十四五”规划编制工作前期研究。该校综合改革第二阶段各项任务扎实推进，完成后勤基建处、后勤服务集团的分设合并，法学院、政治与公共管理学院的分设发展，研究生工作部的恢复设置。年内，该校分别与桂林市人民政府、中国科学院广西植物研究所、广西地方志办公室、中国移动通信集团广西有限公司等建立长期战略合作伙伴关系。

年内，该校有6个学科继续获广西一流学科建设项目资助共6400万元，马克思主义学院入选全国第三批重点马克思主义学院。投入资金500万元，以一流学科带动其他非一流学科协同发展。做好7个学术型、2个专业学位博士点推荐申报。继续实施生源质量提升工程，抓好录取阶段优秀调剂生的选拔，保持推免生留校读研在自治区院校的领先比例，2019年61.5%。研究生招生的第一志愿报名考生由上年度的5083人增加到2019年的7689人，增幅率51%。

2019年，该校继续深化教育教学改革，人才培养质量稳步提高。年内，获国家级一流本科专业建设点12个、自治区级一流本科专业建设点8个，入选教育部高校思想政治工作建设项目2个；获自治区级一流本科课程27门，其中11门被推荐参加国家级一流本科课程遴选；获自治区级教学成果奖一等奖7项、二等奖8项。推进在线开放课程建设与应用，推荐2门校级在线开放课程参与国家精品在线开放课程遴选。推行研究生全英文课程改革，初步建成“普通考试”“硕博连读”和博士生“申请—考核”研究生招生人才选拔体系。本科生共获全国性竞赛奖励166项、省级奖励1512项；研究生共获国际性奖项24人次、全国性奖项251人次、省级奖项203人次。该校被教育部评为全国创新创业典型经验高校（创新创业50强），参加第五届中国“互联网+”大学生创新创业大赛，获银牌2个、铜牌5个，连续三年排名广西高校第一，大学生创业园获2019年第一批国家级众创空间入库培育机构。继续教育首次录取人数突破2万人，引进成高网络教学和管理平台服务。

年内，该校获人文社会科学类和自然科学类科研项目共369项，科研经费总额9060.17万元。其中，获国家社科基金34项，连续8年进入全国百强，冷门“绝学”和国别史专项项目1项，实现零的突破；获教育部人文社会科学研究一般项9项，立项数位列广西首位；获国家自然科学基金项目立项资助47项，连续3年实现稳定增长。连续获广西创新驱动科技重大专项，项目总经费2500万元。成立越南研究智库联盟，发布《越南研究》创刊号。“广西民族药协同创新中心”获批为省部共建协同创新中心，实现该校在此教育部级平台上的新突破。“药用资源化学与药物分子工程教育部重点实验室”通过教育部考核评估。在新一轮广西高校人文社会科学重点研究基地申报评审中，该校获批基地6个，新成立校级研究机构5个。年内，获广西科技成果奖4项，实现3个类型全覆盖，并首次获广西科学技术奖技术发明类一等奖。全年该校发表高水平理工科类论文184篇，其中发表Top期刊104篇；发表人文社科类论文636篇，其中发表高水平论文218篇。

2019年，该校创新人才工作体制机制，召开学校人才人事工作会议，出台人才人事改革的“1+6”系列文件。引进博士105人，引进具有高级专业技术职称人员39人，全职引进B类漓江学者及以上人才14人，教师获各级各类资助计划34人，教师获省部级及以上高层次人才项目10人。完成涉及全校1400多名的岗位聘用变动工作，成为自治区人社厅、财政厅、教育厅深入推进广西高校和科研院所人才薪酬制度改革试点单位，绩效工资总量的控制线由现行的9.78万元增加至14.45万元，实际人均发放量11.5万元。

全年共接收45个国家的各类长短期国际学生1689人，与美国、加拿大、瑞典等8个国家和地区签署合作协议18份。中韩视觉传达设计中外合作办学项目获教育部批准，是广西唯一获批项目。累计选派学生630人次，增长20%。年内，举办“一带一路”亚洲国际高等美术教育合作论坛、亚太领导圆桌会议、第二届漓江国际药学论坛、第十八届强子谱和强子结构国际会议等国际高峰会议13个。

年内，该校完成雁山校区第五区学生宿舍1#–6#楼、育才校区外国留学生公寓、育才校区道路“白改黑”工程等工程建设。育才校区东院二、三期住宅项目建设和“相思江·奥林苑”商品房项目建设陆续竣工，1600多套住房交付使用，民生“安居工程”有力推进。　　（杨凯　车向清）

【桂林电子科技大学】 2019年，该校有金鸡岭、六合路、花江及北海4个校区，校园占地总面积276.90公顷，校舍建筑面积122.94万平方米，教学科研仪器设备总值9.16亿元。图书馆藏纸质图书212.6万册、电子图书269.7万种、中外文电子期刊3.51万种。设有教学单位20个、教辅单位及职能部门26个、研究生院1个、独立学院1个、附属单位2个，有国家地方联合工程研究中心1个、国家级大学科技园1个（建有“国家级众创空间”），有教育部重点实验室1个、教育部工程研究中心1个，有国家软件与集成电路公共服务平台广西平台1个、广西信息科学实验中心1个、广西重大科技创新基地1个、广西重点实验室9个、广西工程技术研究中心10个、广西工程实验室（中心）3个、国际联合创新平台1个、广西协同创新中心4个、广西人文社会科学研究基地3个。有博士后科研流动站3个，博士学位授权一级学科点4个；广西一流学科建设学科4个、广西一流学科培育建设学科1个；广西重点学科16个，其中广西优势特色学科5个；硕士学位授权一级学科点17个，硕士专业学位授权类别10个，涵盖经济学、法学、理学、工学、管理学、艺术学6个学科门类。有国家级人才培养模式创新实验区1个、国家级实验教学示范中心5个、国家级工程实践教育中心2个,有国家级大学生校外实践教育基地1个,有国家级精品课程、国家级双语教学示范课程、国家级精品资源共享课、国家级精品在线开放课程等共计7门;有广西本科高校特色专业及实验实训教学基地(中心)建设项目建设点8个、自治区级人才培养模式创新实验区3个、自治区级实验教学示范中心5个(含建设单位1个)、自治区级虚拟仿真实验教学示范中心6个,有自治区级精品课程、精品视频公开课、在线建设课程、一流本科课程共计56门。"城市道路单点交通信号控制虚拟仿真实验项目"被认定为2018年度国家虚拟仿真实验教学项目。

2019年,该校有教职工2936人,其中专任教师1615人。专任教师中具有硕士及以上学位教师1337人;有博士生导师123人、硕士生导师728人;有省部级及以上人才称号171人次,其中国家杰出青年科学基金获得者5人、"百千万人才工程"国家级人选5人、中科院"百人计划"5人、教育部"新世纪优秀人才支持计划"人选7人、全国杰出专业技术人才1人、全国优秀科技工作者2人、国务院政府特殊津贴专家33人、广西八桂学者11人、广西特聘专家8人、广西优秀专家10人、广西"十百千"第二层次人选21人、广西八桂青年学者3人、广西杰出青年基金获得者23人、广西教学名师13人、广西卓越学者5人、广西高校"百人计划"23人;有教育部"全国高校黄大年式教师团队"1个、广西人才小高地3个、广西高校创新团队5个。年内,该校共招收各类学生2.58万人,毕业学生2.07万人;年末该校有各类(在籍)学生7.46万人。

2019年,该校有普通高等教育本科专业73个,专科(高职)专业31个,共11类38个专业试点大类招生。10个专业获国家级一流本科专业建设点,8个专业获自治区级一流本科专业建设点,机械设计制造及其自动化等6个本科专业通过工程教育认证。2019年获广西高等教育教学成果特等奖1项、一等奖9项、二等奖5项;获高等教育创新创业教育教学成果奖8项,其中特等奖1项、一等奖1项。全年共获自治区级大学生创新创业训练计划立项310项,国家级创新创业项目"基于卷积神经网络的食管癌辅助诊断系统"成功入选并参展第十二届全国大学生创新创业年会。组织学生参加各级各类学科(技能)竞赛,获省部级奖励829项,国家级以上奖励321项,其中参加2019年全国大学生电子设计竞赛,获全国一等奖8项、二等奖9项(获全国奖、一等奖总数分别位列本科组第五、第六);参加第十八届全国大学生机器人大赛RoboMaster2019机甲大师赛获一等奖;参加"2019年全国普通高校学科竞赛评估结果(本科)",该校名列全国第39位,位居广西榜首。年内,该校共授予博士、硕士学位976人。研究生发表SCI/EI/ISTP收录论文152篇,发明专利138项;硕士论文盲审通过率99%,博士论文盲审通过率100%。研究生获2019年中国研究生数学建模竞赛奖励13项(一等奖1项、二等奖6项、三等奖6项),获华南赛区研究生电子设计大赛奖励20项(一等奖1项、二等奖11项、三等奖8项)。

2019年,该校全年到位科研经费1.55亿元,新增国家级项目62项,其中国家自然科学基金49项;获批广西创新驱动科技重大专项14项(广西第一);获广西科技计划项目95项,其中广西"杰青"项目(7项)、创新团队(2个)立项率广西第一。首次牵头获得国家重点研发计划项目,首次获国家重大项目"2030"课题,首次获国家重点研发计划项目公共安全风险防控与应急技术装备重点专项课题1项,参与科技部国家重点研发计划项目1项;共获专利及软件著作权837件。该校以第一完成单位获广西科学技术奖励9项,其中一等奖1项、二等奖4项(合作1项)、三等奖4项(合作1项)。完成科技成果登记158项(广西第一)。该校瞄准国家和广西区域发展战略需求,重点建设新一代信息技术和电子与新能源材料领域培育国家级平台,"电子信息材料与器件"工程研究中心获批首个教育部工程研究中心;"桂电大数据研发中心"获批第一批数字广西建设标杆引领重点支撑平台。该校获首批教育部"高等学校科技成果转化和技术转移基地"(广西高校唯一),并牵头成立"广西高校科技成果转化联盟",获批广西高校特色人文智库1个;全年转化科技成果30项,新增国家高新技术企业1家,新增国家科技型中小企业入库备案企业7家,大学科技园在孵企业达30家。该校首个校外研究机构"深圳市桂电电子信息与先进制造研究院"注册成立并取得初步成果,组织智能康复机器人、人体健康指数分析仪、超低温特种锂离子电池等科技成果参加第二十一届中国国际高新技术成果交易会。

2019年,该校全职引进国家杰出青年科学基金项目获得者1人、省部级人才称号7人、国(境)外高层次

2019年12月26日,桂林电子科技大学与柬埔寨国立马德望大学共建的孔子学院在柬埔寨马德望大学举行揭牌仪式 (桂林电子科技大学 供图)

人才 13 人，全职引进或培养回校博士 109 人。46 人获自治区博导津贴，新增广西八桂学者 7 人、广西特聘专家 2 人、广西“十百千”第二层次人选 1 人、广西八桂青年学者 3 人、广西高校“百人计划”4 人、广西高校创新团队及卓越学者 1 个（名）、桂林市拔尖人才 2 人；获批国家留学基金委公派出国项目 1 人，获批西部地区人才特别项目资助 4 人，获批“广西高校优秀教师出国留学”资助 6 人；获批“广西高校思想政治教育杰出人才支持计划”第一期支持对象 9 人，获批“国内骨干教师访问学者”2 人，获批“广西高等学校千名中青年骨干教师培育计划”第二期培养人选 23 人。全年选派 23 人攻读博士学位、9 人从事博士后研究工作。

2019 年，该校到华留学生（包括短期生）921 人，其中获中国国家全额政府奖学金学生 99 人，广西政府东盟国家全额奖学金学生 65 人。全年派出学校自组因公出访团组 4 个、参加任务因公派出团组 8 个，接待来访团组 19 批次；派出学生 516 人次，其中汉语教师志愿者 2 人、国家汉办志愿者 3 人、本科生交换生 58 人次、本科境外实习生 346 人次、中外合作办学“2+2”项目学生 32 人、硕博类境外派出学习或参加国际会议 75 人。全年签署国际交流与合作谅解备忘录、国外相关院校交流与合作协议 15 份，邀请境外、港澳台人员到校交流、论坛讲座等 86 场次；举办 2019 先进计算智能会议、第五届矩阵不等式与矩阵方程国际会议、第十一届网络分布式计算与知识发现国际会议。2019 年 12 月 26 日，该校与柬埔寨国立马德望大学共建的孔子学院在柬埔寨国立马德望大学揭牌成立（广西首个）。

2019 年，该校开展“不忘初心、牢记使命”主题教育，2 个党支部获 2019 年全国高校样板党支部；2 名教师分别获全国模范教师、全国优秀教师称号；1 个教师家庭获全国“最美家庭”；获批广西高校网络思想政治工作中心（广西高校唯一）、广西高校校园网站联盟、自治区党员教育培训示范基地、广西统一战线理论研究基地；承建的广西舆情监控中心名列全国前十名，获中央网信办通报表扬。年内，加快“花江慧谷”电子信息创业产业园建设，吸引 30 余家企业到该校“四创”中心设立桂电研发分部。该校与自治区科技厅、中国科学院空天研究院共建地球大数据东盟区域服务平台；与中国－东盟信息港股份有限公司合作，成立中国－东盟信息港数字经济研究院、信息产业研究院、大数据应用工程研究中心等 3 大研究院（中心）；与南宁市人民政府共建南宁产教融合基地；与数字广西集团、中国电子科技集团有限公司海洋信息技术研究院、桂林防务云科技有限公司等签署战略合作框架协议。该校挖掘“校友经济”潜力、共创共赢平台，转化和引进 76 家企业入驻广西。

（康明　黄可）

【桂林理工大学】 2019 年，该校有桂林屏风、雁山和南宁安吉、空港 4 个校区，占地总面积 190.3 公顷，校舍建筑面积 138.4 万平方米。有固定资产 27.6 亿元，其中教学科研设备总价值 7.6 亿元；图书馆纸质藏书 206.6 万册，电子图书（期刊）267.9 万册。设教学单位 19 个，二级学院（珠宝学院）1 个，本科专业 75 个，高职高专专业 50 个；有校级研究所 36 个、独立学院 1 个、附属小学 1 所。有博士后科研流动站 3 个、一级学科博士学位授权点 3 个、一级学科硕士学位授权点 18 个，有工商管理硕士（MBA）、旅游管理硕士（MTA）、公共管理硕士（MPA）、会计硕士（MPAcc）专业学位授权点 4 个和专业学位类别 9 个（其中工程硕士类别有 11 个专业领域）。该校是教育部卓越工程师教育培养计划高校，有 7 个学科领域列入教育部研究生层次卓越工程师教育培养计划，5 个专业列入本科专业卓越工程师教育培养计划。有广西一流学科 5 个（含 1 个培育学科），省部级重点学科 24 个（其中广西优势特色重点学科 5 个）。有国家重点实验室培育基地 1 个、教育部重点实验室 1 个、教育部工程研究中心 1 个、广西重点实验室 8 个、广西人文社科重点研究基地 2 个、广西工程技术研究中心（建设）1 个、广西政府院士工作站 5 个、广西国际科技合作基地 1 个、广西高校协同创新中心 2 个；有国家级、自治区级大学科技园和“众创空间”，并被认定为“自治区技术转移示范机构”；有国家级教学团队 2 个、精品课程 4 门、双语教学示范课程 1 门、精品视频公开课程 3 门、人才培养模式创新实验区 1 个、特色专业 5 个、专业综合改革试点项目 1 个、精品资源共享课 4 门、实验教学示范中心 2 个、虚拟仿真实验教学中心 2 个、大学生校外实践教育基地 1 个及自治区级本科教学质量工程项目 97 项。

2019 年，该校有教职工 2610 人，其中专任教师 1801 人。教师中具有正高级专业技术职称 271 人、副高级专业技术职称 575 人，博士学位 587 人、硕士学位 880 人，有“国家百千万人才工程人选”、国家杰出青年科学基金项目获得者、中科院“百人计划”学

2019 年 12 月 30 日，中国共产党桂林理工大学第三次代表大会召开

（桂林理工大学　供图）

2019 年 7 月 1 日，桂林理工大学建设的广西首个思想政治课校内实践教学基地——桂林近代革命史展馆开馆 （桂林理工大学 供图）

者、国家“有突出贡献中青年专家”、国家自然科学优秀青年基金获得者、享受国务院政府特殊津贴专家、全国模范教师、教育部优秀教师资助计划等国家级高层次专家人才 41 人；广西“八桂学者”、特聘专家、卓越学者、优秀专家、优秀教师、杰出科技人才、“十百千人才工程”、广西高校教学名师等省部级高层次人才 53 人。年内，该校共招收各类学生 2.39 万人，各类毕(结)业学生 1.66 万人；年末有各类在校生 5.85 万人。2019 届毕业生就业率 96.47%。

2019 年 12 月 30 日，该校召开第三次党代会，选举产生新一届党委领导班子和纪委领导班子。实施党建“1+123”管理体系，1 个党支部入选“全国党建工作样板支部”培育创建单位，该校党支部被自治区党委教育工委评定五星级 22 个、四星级 36 个、三星级 45 个。“三全育人示范校”建设项目通过教育厅专家组核验。投入 300 多万元加强马克思主义学科和思政课建设，建成广西首个思想政治课校内实践教学基地“桂林近代革命史展馆”。该校环境科学与工程学院水环境保护与水资源利用教学科研巾帼攻坚组获“全国三八红旗集体”称号、吴群英教授获全国优秀教师称号和“广西三八红旗手”称号。

2019 年，该校推进综合改革和一流学科建设，推进教职工分类考核管理、绩效分配、南宁分校延伸管理等系列改革，与南宁市共建南宁产教融合基地、与中国科学院广西植物所合办植物与生态工程学院，与华为技术有限公司共建华为信息与网络技术学院。该校获评为“自治区依法治校示范校”。加强一流学科建设，成立前沿交叉学科研究院，完成广西一流学科建设中期评估和年度绩效考核工作，新增材料科学与工程博士后科研流动站 1 个，材料科学和化学学科 ESI 理论阈值为 103.96% 和 98.19%。全年举办国际性和全国性学术会议 10 多场，其中“数字广西”国际学术研讨会有 17 名中外院士莅临。该校社会影响力提升，进入校友会中国大学排行 200 强(第 192 名)。

2019 年，该校推进一流本科教育。本专科招生人数突破 1 万人，博士、硕士研究生招生人数大幅增长。开展校级课程建设立项，推动教学方法和考核方式改革，共立项课程建设项目 147 项，其中教学综合改革课程 60 项、暑期国际课程 10 项、课程思政示范课 46 项、优质示范课 10 项、在线课程 21 项。应用化学等 8 个本科专业入选国家级一流本科专业，高分子材料与工程等 11 个专业入选自治区一流本科专业；城乡规划专业通过住房城乡建设部高等教育城乡规划专业评估委员会专业评估，环境工程、高分子材料与工程专业完成专业认证专家进校考查；新增一本招生专业 6 个，全校一本招生专业增至 34 个；立项改造升级新工科专业 15 个、新文科专业 8 个；以第一完成单位获自治区级教学成果奖 15 项，其中特等奖 1 项、一等奖 8 项。本科生集体获省部级及以上各类表彰 30 余项，获“互联网 +”大赛广西金奖等学科专业竞赛奖励一批。完善“5+5+5”教师教学培训体系，开展各类教师培训活动 44 场，培训教师 2023 人次，教师获广西高校青年教师教学竞赛一等奖 1 项、二等奖 1 项、三等奖 2 项。

2019 年，该校注重抓好学位与研究生教育。应用经济学等 3 个一级学科进入增列硕士学位授权点公示，工程类硕士专业学位类别由 11 个增至 13 个。工商管理等 4 个一级学科硕士点通过评估，该校有 30 个各类硕士学位授权点通过合格评估。完成博士生导师资格审查，遴选确认博士生导

2019 年 6 月 4 日，桂林理工大学科技创新大会召开 （桂林理工大学 供图）

师82名。共对67名研究生进行学业预警,对学位论文抽检存在问题的学院进行预警和约谈;实施研究生"修远计划",共选派91名研究生出国访学(研修)等。研究生获"全国大学生年度人物"入围奖、全国研究生数学建模竞赛一等奖等称号和学科竞赛奖励。年内,该校落实科技兴校战略,新增广西工程研究中心1个,国家自然科学基金48项,国家社科基金6项;首次获国家自然科学基金重大研究计划培育项目资助;新增广西创新驱动重大专项项目1项,新增其他省部级项目69项。获教育部科技进步二等奖(2019年度广西唯一一项教育部科技奖)、广西技术发明一等奖等省部级科技奖9项,全年到位科研经费2.2亿元。新增授权专利196件,有效发明专利拥有量突破1000件。

2019年,该校注重统筹国际教育、高职教育和继续教育发展。签署国际合作协议13个,全年到校留学生1149人次;接待马来西亚等东盟国家高校文化交流团组17个共341人,组织16个团组赴12个国家的17所高校开展研学交流,"桂工百名学子看世界"项目影响力持续扩大。该校南宁分校服务国家"一带一路"倡议,被教育部确定为第二批职业教育"走出去"办学试点院校;依托数据中国"百校工程"产教融合项目建成桂林理工大学大数据中心。新增继续教育联合办学单位1家,2个案例入选中国高校远程与继续教育优秀案例库,该校获评为2019中国继续教育最具社会影响力院校。

2019年,该校试点开展高层次人才薪酬改革和高水平人才团队建设。全年共引进博士(正高)教师70人,其中国家级人才2人、省部级人才2人、人文社科类二级教授1人;内培博士毕业16人;在职教师入选省部级以上人才项目称号35人次,其中广西院士后备人选1人。加强师资队伍建设,共选送43人赴国内外进修培训,选派56人到政府部门、企事业单位等挂职锻炼,教师获"全国优秀教师"称号1人、"自治区优秀教师"称号4人、"自治区优秀教育工作者"称号1人、"广西教学名师"称号1人。

2019年5月,以该校为牵头单位发起成立广西高校博物馆育人联盟;科技园新培育高新技术企业1家,新引进企业8家,毕业企业5家。地质博物馆发挥科普功能,全年接待社会公众2.5万人次。年内,该校与自治区自然资源厅、南宁市等14家单位开展战略合作,设立科技研发中心,建成校企合作共建基地10个,推动科技成果转让23项;组织投入专项扶贫资金220余万元,动员教职工自愿购买贫困村农特产品价值50余万元。年内,该校屏风校区科技创新中心、留学生公寓,雁山校区工程实训中心、综合体育馆等一批重点项目相继建成。建成网上一站式服务大厅,升级改造财务综合系统,建设校园测速系统和学生宿舍烟感系统,提升后勤服务质量,提升综合管理服务水平,该校获"国家级节约型公共示范单位"称号。

(雷绍湖)

2019年5月27日,桂林理工大学发起成立的广西高校博物馆育人联盟成立大会在该校地质博物馆举行 (桂林理工大学 供图)

【桂林医学院】 2019年,该校有乐群、东城、临桂3个校区,占地总面积92.34公顷,教学行政用房面积29.1万平方米,学生宿舍面积14.9万平方米。年末,该校有教学科研仪器设备总值2.37亿元,教学用计算机3331台,多媒体教室座位2.36万个;图书馆馆藏纸质图书159.06万册,电子图书548.82万册。设有二级学院(系、部)22个,直属附属医院3所,非直属附属医院5所,临床教学医院22所,实践教学基地145个。拥有一级学科硕士学位授权点6个,二级学科硕士学位授权点41个,专业学位硕士点3个,有全日制普通高等本科专业23个,高等职业教育专业5个。有国家级特色专业建设点、自治区级重点专业、自治区级优质专业、自治区级特色专业、自治区级创新创业教育改革示范专业、自治区级优势特色专业建设点等国家和自治区级专业建设项目14个。有自治区级重点学科7个,广西一流学科(培育)2个,国家中医药科研二级和三级实验室、自治区级重点实验室、广西高校重点实验室等13个国家和自治区实验室建设项目。有国家药物临床试验I期研究中心、广西高校协同创新中心、中药固体制剂制造技术国家工程研究中心广西中心、广西首批临床医学研究中心、广西高校人文社会科学重点研究基地。有国家级临床教学培训示范中心、自治区级实验教学示范中心、自治区级人才培养模式创新实验区、自治区级协同育人平台等国家和自治区级育人平台10个。有自治区级教学团队、自治区级创新创业教学团队6个,自治区级精品课程18门。有自治区级大学生校外实践教育基地、医师人文医学执业技能培训基地。

2019年,该校有教职员工5173人,其中专任教师1024人。专任教师中,有教授及相应正高级专业技术职称人员270人,副教授及相应副高级专业技术职称人员490人,博士生导师22人,硕士生导师351人。年末,校本部有博士学位教师423人。年内，该校共招收各类学生6906人，毕业学生7553人；年末有各类在校学生2.75万人。2019届毕业生一次就业率91.68%。

2019年，该校全年引进高层次人才170人，新增“百千万人才工程国家级人选”1人，国家“高层次留学人才回国资助”项目1人，“八桂学者”2人，广西“特聘专家”1人，广西高校“百人计划”专家1人，自治区优秀教师2人，自治区优秀教育工作者1人，“广西高等学校千名中青年骨干教师培育计划”第三期培养对象14人，实现自主培养国家级人才零突破。年内，获批新增健康服务与管理专业，本科专业达23个；公共管理、口腔医学2个硕士专业学位授权点纳入自治区统筹增列，药学专业顺利通过教育部专业认证并入选国家级一流本科专业建设点，生物技术、临床医学、预防医学、护理学等4个专业入选自治区一流本科专业建设点；内科学、病理学、护理学基础、微观经济学、马克思主义基本原理概论、药物分析、组织学与胚胎学、实践创新教育等8门课程被评定为自治区一流本科课程。

2019年，该校持续强化教学保障，新建智慧教室并投入使用。完善人才培养工作的组织领导和顶层设计，实行“学校、院系、教研室”三级质量监控，教学质量监测与评价体系健全优化。创新督导工作模式，实行“一对一”精准督导，有效推动青年教师专业能力快速发展。年内，该校青年教师参加全国高等学校药学类专业青年教师教学能力大赛获特等奖，参加全国高等医学院校青年教师教学基本功大赛获三等奖，参加自治区高校青年教师教学竞赛获二、三等奖4项。建立二级学院(系、部)院长(主任)本科教学工作考评体系，推动教育教学资源配置向本科教育聚焦；引进爱课程(中国大学MOOC)网络平台精品在线开放课程50门，引进“中国医学教育题库系统”，制订《桂林医学院课程考核过程性评价指导意见》，加大过程性考核成绩在课程总成绩中的比重。教学改革取得新成果，获批自治区级各类教育教学改革课题28项，其中重点项目3项。教师主编、副主编及参编教材19部。学生参加各类科技创新竞赛获自治区级及以上奖项435项奖项，其中参加第六届全国医药院校药学/中药学专业大学生实验技能竞赛获特等奖，参加第二届“科学杯”全国康复临床技能大赛三等奖，参加第十二届全国大学生药苑论坛获二等奖和三等奖，参加首届全国大学生智能技术应用大赛获二等奖和三等奖，参加2019年“外研社国才杯”全国英语演讲大赛全国决赛获三等奖。获批自治区级大学生创新创业训练计划项目128项，其中国家级项目41项。考研考博升学比例提高，2019年考取博士研究生15人，到国外读博深造4人，考取硕士研究生184人。

该校全年科研经费3799.18万元，获国家自然科学基金资助24项，其中面上项目2项、青年科学基金项目1项；获国家专利授权29项，其中发明专利10项、实用新型专利19项；发表学术论文1071篇，其中SCI（科学引文索引）收录263篇，中文核心期刊786篇；获自治区级科学技术奖6项。临床医学学科跨入ESI（基本科学指标数据库）全球排名前1%行列，学科建设实现历史性突破。

2019年，该校完成行政中心向临桂校区转移，临桂校区全年完成投资5384.32万元，人生图书馆、国际教育与交流中心、动物中心周边停车场投入使用，校园配套基础设施和服务功能更加完善。年内，该校推进“三全育人”（全员育人、全程育人、全方位育人）工作，建设“校务一站式服务中心”，构建全方位的学生资助育人体系，设立学生勤工助学岗位188个，1442名新生通过“绿色通道”，1924名贫困户学生建档立卡，1769名毕业生获高校毕业生求职创业补贴，发放各类奖助学金2474.87万元。大学生感恩教育、诚信教育和励志教育成效显著，学生参加自治区“感恩祖国、助学筑梦、励志成长”主题比赛获三等奖2项，课题“新时代大学生诚信教育机制研究”入围立项重点课题。挂牌成立“新时代文明实践所”，志愿服务活动常态化品牌化。2019年，该校2500余名学生志愿者参加环广西公路自行车世巡赛、桂林国际马拉松赛、桂林市创建文明城市活动等志愿服务活动并获桂林国际马拉松赛“突出贡献奖”。该校红十字志愿救援队被授予“桂林市首批社会救援力量”，成为桂林唯一入选的高校大学生志愿团队，“为生命护航——禁毒防艾，我们在行动”项目获自治区红十字会第二期志愿服务项目资助。

年内，该校附属医院麻醉科、临床护理获广西临床重点专科，血液内科、皮肤科获广西临床重点专科建设单位，专科诊疗水平提升；互联网医院建设富有成效，开设在线用药咨询和综合服务咨询，并率先在广西开展前置处方点评；深化“进一步改善医疗服务行动”，率先在广西开展“肿瘤日间治疗”服务，与恭城瑶族自治县人民医院、桂林银海医院建立紧密型医联体，覆盖人口超200万人。桂林医学院第二附属医院加快创建三甲医院，心血管内科、儿科、麻醉医学科、重

2019年5月21日，桂林医学院人生图书馆揭牌仪式在临桂校区举行

（桂林医学院　供图）

2019年12月30日，中国共产党桂林医学院第七次代表大会举行

（桂林医学院　供图）

症医学科获批广西医疗卫生重点培育学科；成为桂北地区唯一毒蛇咬伤救治中心，成功开展新型医疗技术8项，门诊扩建楼及广西第一家100级层流复合手术室投入使用。附属口腔医院揭牌成立并独立运营，成为广西第二所大学直属的口腔专科医院。第三附属医院（桂林国际旅游综合医院）获自治区同意批复成立。

2019年12月，该校召开中共桂林医学院第七次代表大会，选举产生新一届党委领导班子和纪委领导班子。年内，该校加大帮扶力度，组织医疗专家8次到6个帮扶村全覆盖开展义诊和送医送药下乡活动，组织医疗队60余人次开展免费手术，开通帮扶村贫困群众到附属医院看病绿色通道，免费对129名乡村医生进行规范培训和业务指导；开设第一书记农产品销售点，全年累计为贫困户销售农产品80多万元；建立桂林医学院关心下一代教育基地，建设图书阅览室，捐赠价值10万余元图书1.2万册。（孔铎蓉）

【桂林航天工业学院】 2019年，该校有尧山南校区、北校区2个（原来宾市校区于2018年秋季停办），占地面积68.70公顷，校舍总建筑面积33.12万平方米。年末拥有固定总资产4.95亿元，其中教学科研仪器设备总值1.85亿元；拥有纸质图书177万余册，电子图书196万册。校园网络系统完善，布设信息点1.48万个，全面覆盖教学区、办公区和生活区。设管理学院、航空旅游学院、机械工程学院等教学院（部）16个，设党（校）办、组织部、宣传部、学工部（处）等党政职能部门21个及图书馆等教辅部门3个。拥有自治区级重点培育学科2个，院士工作站1个，自治区工程研究中心1个，广西高校重点实验室培育基地2个，广西高校人文社科重点培育基地2个；有本科专业30个、专科（高职）专业12个；有广西一流本科专业建设点5个，广西高等学校优势特色专业（群）建设点7个，广西普通本科应用型人才培养模式改革试点专业3个，广西新建本科学校转型发展首期试点专业2个，广西本科高校特色专业4个；有省级一流课程7门；有各类实验室和实训基地165个，其中中央财政支持的职业教育实训基地1个，自治区示范性高等职业教育实训基地7个，中央财政支持地方高校发展专项资金实验室62个，中央与地方共建高校专项资金特色优势学科实验室10个，中央与地方共建高校专项资金基础实验室12个；有教育部“新工科”研究与实践项目、“产学合作协同育人”项目21个。2019年艾瑞深发布的一流专业排行榜，该校拥有四星级专业1个，三星级专业5个，位居同类院校前列。该校为教育部“承担数控技术及应用专业领域技能型紧缺人才培训任务院校”、民政部“国家减灾中心无人机生产基地遥感遥测人才培养中心”、中国航天科技集团公司和中国航天科工集团公司“人才培养基地”。在中国教育在线高校大数据年度评选榜单中，该校获“2019年广西十大高中生关注本科高校”称号。

2019年，该校有教职工1342人，其中专任教师743人，高级技术职称以上教师275人；硕士以上学位专任教师672人，其中博士66人，在读博士87人；国务院政府特殊津贴专家2人，全国优秀教师1人，自治区特聘专家1人，八桂名师1人，自治区优秀专家2人，广西高等学校教学名师1人，国家旅游局“万名旅游英才计划”1人；桂林市“五一”劳动奖章1人，自治区和桂林市劳动模范称号各1人，“广西高校优秀人才计划”5人，“广西高等学校千名骨干教师培养计划”8人，广西高等学校卓越学者1人，自治区优秀教师3人；有广西高等学校自治区级教学团队2个，广西创新人才培养教学团队1个。年内，共招收学生4203人，毕业学生4825人；年末有各类在校学生1.58万人。该校“智能信息技术及无人机应用研究创新团队”团队入选2019年度“广西高校高水平创新团队”，团队带头人被评为“广西高等学校卓越学者”。

2019年，该校修订完善《关于落实合格评估专任教师队伍建设计划的考核方案》等人事管理制度。全年新引聘教职员工145人，其中新增专任教师117人，引进教授、博士等高层次人才32人，新增高级职称教师24人（其中正高职称人员6人），新聘181名校外优秀专业技术人才、管理人才和高技能人才担任兼职教师，新增在职教师攻读博士研究生13人。年内选派4名教师赴国（境）外访学和2名教师参加国内访问学者培训学习。全年共有813名教师参加各级各类培训学习。年内，共有66名教师参加各类教学竞赛，获自治区级三等奖以上奖励37项，指导学生参加各类竞赛获奖励461项。全年该校组织教师申报自治区级教学成果奖，获一等奖4项、二等奖2项；广西高等教育本科教学改革工程项目获立项19项，其中重点项目2项；广西教育科学“十三五”规划2020年度课题获得立项2项，其中重点项目1项，同时结题6项；广西职业教育教学改革研究项目获立项5

项，结题 2 项；组织开展教学改革论文征集活动，10 余篇论文被《全国新建本科院校联席会议暨第十九次工作研讨会论文集》收录。

年内，该校修订《本科人才培养方案管理办法》等制度，完善本科专业人才培养方案，培育特色品牌专业；开展“内涵提升年”活动，编制《产教融合 校企合作 协同育人工作实施办法（试行）》，把产教融合、协同育人与创新创业教育相结合，围绕广西高校“大学生创业示范基地”平台建设，与中国航天科技国际交流中心、神舟学院、512 所等单位共建人才培养基地，构建“校、政、企、人”一体的“双创”教育协同机制。挖掘教育教学资源，构建“课程教学 + 技能提升 + 创业孵化 + 资金支持”的“全链条式”创新创业教育体系。全年新增“五合一”基地（学生教育实习基地、产学研合作基地、教师研修基地、校外导师来源基地和学生就业基地）14 个，新建专业实验室 12 个，完成 4 个广西本科专业（群）及实验实训教学基地（中心）一体化建设工作。2019 年，该校毕业生初次就业率 94.57%。

2019 年，该校加强对大学生科技活动和学科竞赛的指导，采取“专业教师指导 + 项目 + 团队”的运作模式，组织参加互联网 + 大学生创新创业大赛、“挑战杯”大学生课外学术科技竞赛、无人飞行器竞赛、大学生方程式汽车大赛、机械创新大赛等活动。参加“互联网 +”大学生创新创业大赛，获自治区级银奖 1 项、铜奖 8 项；第九届“挑战杯”广西大学生课外学术科技作品竞赛，获自治区级二等奖 4 项、三等奖 17 项。优化创新创业学分积累与认定制度，拓展培养创新创业能力的第二课堂教学制度，完成大学生创新创业项目立项 145 项，获批国家级创新创业项目 36 项，自治区级项目 97 项，设立校级项目 12 项，立项总数比上年增加 28 项。该校大学生创新创业基地为“广西青年创业创新孵化基地”，入驻基地项目 18 项，3 个创新项目完成专利申报工作，4 个创业项目完成工商注册。该校打造紧扣航空航天特色的校园文化，重点打造和开展学校“航天日、科技文化节”等主题活动，举办“桂航杯”航天知识竞赛、“空乘之星”评选大赛、“超越杯”飞行器设计大赛等赛事。开展暑期社会实践活动，获国家级重点团队 4 项、自治区级重点团队 10 项，遴选 143 支校级团队开展各类实践活动，资助金额 7 万多元。打造七彩助学支教团、“航之梦”教育扶贫关爱团等特色团队，持续推行桂航“启明星”计划，新建 2 个航天科普活动室。2019 年，中国航空学会授予该校为中国航空学会科普教育基地。

2019 年 10 月，该校举行纪念建校 40 周年发展大会，校庆期间开展专家报告会、“航天品质应用型人才培养与创新”高峰论坛、校友纪念座谈会、办学成果汇报演出等多项活动。

2019 年，该校修订出台《横向科研项目管理办法》等制度，完善科研政策体系，为教师开展科研工作提供政策支持。年内，该校纵向科研项目获准立项 54 项，其中省部级及以上项目共 14 项（包括国家级项目 4 项，自治区级项目 10 项）；签订横向项目（含成果转化）53 项；各级各类项目总计立项 107 项。全年教师共发表学术论文 522 篇，中文核心期刊以上刊物以第一作者共发表 143 篇（其中 67 篇被 SCI、EI、ISTP 等权威检索机构检索收录）；出版学术著作 11 部，其中专著 7 部。全年共新增知识产权授权 341 件，其中发明专利 18 件、实用新型专利 71 件、外观专利设计 33 件，计算机软件著作权 219 件。该校与中国电子科技集团公司第 34 研究所、云南航天红云机械有限公司、上海建科协立设计审图有限公司、西安电子科技大学、海南宝通实业公司、郑州市欣创玻璃技术有限公司、桂林智龙电工器材有限公司、舟山久意达机械有限公司等 50 家企事业单位合作，共签订横向项目 53 项，合同金额 374 万元，到位经费 222 万元。

2019 年，该校开展国际交流与合作，全年新增 3 所国（境）外合作院校，共接待来自美国、英国、意大利、尼日利亚、泰国、韩国等 8 个国家和地区的访问团 14 个。聘任 8 名国（境）外教师到校工作。全年共选送 170 名师生赴意大利、芬兰、韩国、泰国、英国等国家和地区交流学习。年末，该校共有来自 24 个国家的各类留学生 706 人。年内，2 名学生获 2019 东盟在桂留学生奖学金。

2019 年，该校通过绿色通道入学新生 1436 人，缓交学费与住宿费共 950.30 万元。全年评定家庭经济困难学生 4688 人，其中 A 类贫困生 2137 人。2018—2019 学年度评选国家助学金 3667 人，2019—2020 学年度评选国家助学金 4372 人；评选国家奖学金、国家励志奖学金和自治区人民政府奖学金 536 人。年内，该校共发放学生各类奖助学金及资助金 1834.08 万元。该校全年提供勤工俭学岗位 819 个，其中，面向家庭经济困难学生设立岗位占 95%，发放补助 161.09 万元。年内，该校继续开展新校区建设，开工建设包括实训中心组团 1#、

2019 年 10 月 18 日，桂林航天工业学院纪念建校 40 周年办学成果汇报演出

（覃思灵 摄）

2019 年 10 月 18 日，桂林航天工业学院举行纪念建校 40 周年发展大会，自治区副主席黄俊华（左四）出席会议　　（谢沥庆　摄）

2# 楼，教学实验楼组团 1#、2# 楼，图书馆及学术报告厅，新校区校园道路，新校区大门，青狮潭水库防洪渠校内支渠改道工程，DN1500 排洪沟管理工程等 7 个项目；启动行政办公楼、院系办公楼、航天博物馆、科技活动中心、通用航空产业研究中心、学生公寓 4# 楼等 10 个建设项目的前期工作；全年完成投入资金 2 亿元。

（刘新良　杨诠）

【桂林旅游学院】 2019 年，该校有雁山、骖鸾校区，校园总面积 125.67 公顷，校舍建筑总面积 33.68 万平方米；教学科研仪器设备总值 1.17 亿元，拥有教学用计算机 3139 台、纸质图书 147.53 万册、电子图书 152.71 万册。设党政管理机构 17 个、教学单位 12 个、教辅机构 5 个、科研机构 2 个（广西旅游科学研究所、广西旅游数据中心）、中国旅游研究院外设科研机构 1 个（中国旅游研究院东盟旅游研究基地）。有广西一流学科（培育）1 个（旅游管理），广西重点学科（培育）2 个（旅游管理、设计学）。年内，该校新增“传播学”和“数字媒体艺术”本科专业 2 个，共有本科专业 26 个和专科（高职）专业 19 个。其中，本科层次拥有国家级一流本科专业建设点 1 个（酒店管理专业），旅游管理、会展经济与管理、工艺美术等 3 个专业获批自治区级一流本科专业建设点；工艺美术、人文地理与城乡规划、烹饪与营养教育等 4 个专业获批广西本科高校特色专业及实验实训教学基地（中心）建设点；“旅游学概论”“旅游礼宾礼仪”“景观设计”等 9 门课程获自治区级一流本科课程认定。专科层次拥有国家教改试点专业 1 个，自治区精品专业 1 个，自治区教改试点专业 2 个，自治区优质专业 12 个，世界旅游组织旅游教育质量认证专业 8 个，广西高等学校优势特色专业建设点 6 个；国家级精品课程 2 门，国家级精品资源共享课 1 门，自治区级精品课程 13 门；中央财政支持的实训基地 2 个，自治区级示范性职业教育实训基地 8 个。

2019 年，该校有教职工 858 人，其中专任教师 639 人。专任教师中有正高级专业技术职称 39 人、有副高级专业技术职称 154 人；博士 25 人、硕士 482 人；“千人计划”1 人，自治区特聘专家 1 人，国家旅游局旅游业青年专家 3 人、广西卓越学者 2 人、广西省级教学名师 3 人，“广西高等学校千名中青年骨干教师培育计划”6 人、广西“十百千”拔尖会计人才培养计划 2 人。获自治区学位委员会批准增列为学士学位授权单位，酒店管理、英语、工艺美术、会展经济与管理等 4 个专业为学士学位授权专业；获批为世界旅游联盟（WTA）会员单位，广西应用型本科高校联盟理事单位，自治区依法治校示范校。该校与马来西亚泰莱大学签署合作协议，成立两校硕士研究生联合培养中心。年内，共招收各类学生 4404 人，毕业学生 3213 人；年末有在校学生 1.47 万人。

年内，该校获自治区级教学成果奖 5 项，其中广西高等教育自治区级教学成果奖特等奖 1 项、一等奖 2 项、二等奖 1 项，广西职业教育自治区级教学成果二等奖 1 项。《旅游论坛》被评为全国高校社科精品期刊。该校获广西高等教育本科教学改革工程项目 13 项、广西职业教育教学改革研究项目 4 项、广西高等教育教学改革工程项目结题 13 项、广西职业教育教学改革项目结题 6 项。获国家社科基金项目 2 项、教育部人文社会科学研究一般项目规划基金项目 1 项、广西科技厅重点研发计划项目 1 项、广西高校中青年教师基础能力提升项目 22 项、桂林市科技计划项目 1 项、桂林市哲学社会科学规划重点课题 2 项等各类项目 52 项，共获纵向科研经费 193.4 万元，横向服务项目 19 项，社会服务合同经费 473 万余元。共获知识产权 65 件，其中实用新型专利 3 件、外观设计专利 26 件、软件著作权 36 件。教师全年发表论文 381 篇，出版各类学术著作 19 部，译作《一座城堡到另一座城堡》获傅雷翻译出版奖文学类奖。与崇左市大新县人民政府共同主办 2019 边境县域旅游可持续发展研讨会暨 2019 广西县域旅游竞争力评价研究报告发布会等。

年内，该校组织并选派 333 人次赴国（境）内外参加培训、访学，推荐 26 名教师参加中青教师教学能力提升项目，入选“广西高等学校千名中青年骨干教师培育计划”第三期培养对象 4 人，获文化和旅游部人事司“双师型”师资人才培养项目资助 2 人。年内，该校对 57 个专业的人才培养方案进行重新修订完善；选拔博士培养对象 20 人，入选广西省级教学名师 1 人，获 2019 年傅雷翻译出版奖 1 人。普通高校技术职称自主评审，教师晋升教授 3 人，教师晋升副教授 14 人，教师晋升研究员 1 名，教师晋升高级实验师 1 人。非普通高校技术职称评审，教师晋升正高级专业技术职称 1 人，教师晋升副高级专业技术职称 5 人。全职引进高层次人才 4 人，其中博士 1 人、教授 3 人。

年内，该校修订完善《桂林旅游学

院共青团"第二课堂成绩单制度"实施办法(试行)》,成功申报获自治区级第二课堂成绩单试点单位。开展高雅艺术进校园活动,邀请山西省话剧院到该校上演话剧《生命如歌》。年内,该校与浪潮集团有限公司、深圳市大也智能数据有限公司签订合作办学协议,全年该校共组织大学生创新创业训练计划项目立项138项,其中国家级21项、自治区级48项、校级立项69项。年内,该校组织学生参加各类学科(技能)大赛,获第三届全国跨境电子商务技能大赛全国总决赛特等奖1项,获国家级一等奖4项、二等奖1项、三等奖1项、优秀奖3项,省部级一等奖16项、二等奖29项、三等奖69项。

2019年10月,第二届"一带一路"与旅游发展国际会议在桂林旅游学院举办,图为2020年会旗交接仪式
(桂林旅游学院 供图)

2019年,该校共接收来自印度尼西亚、哈萨克斯坦、俄罗斯、越南、泰国等20多个国家的留学生320人次,其中在校学历生160人,突破学历留学生历史记录;哈萨克斯坦校区学生46人,印度尼西亚校区学生23人。该校在哈萨克斯坦开展境外办学,与乌兹别克斯坦"丝绸之路"国际旅游大学达成协议;与印尼特里莎克蒂旅游学院合作设立的中印尼旅游商学院、中印尼旅游研究院,基于此申报的"桂林旅游学院中印尼旅游教育合作"2019年入选文化和旅游部"一带一路"文化产业和旅游产业国际合作重点项目。该项目成果——《构建中国－东盟旅游教育共同体,创新国际旅游人才培养机制的实践》作为主要内容之一被纳入2019年自治区级教学成果特等奖。该校开展7个国家(地区)的12所院校的交换(流)生项目,出境学习学生人数170人次,其中77人次参与境外学习,109人次参与境外学习实习项目。派学生赴菲律宾参加2019年PATA年度峰会。该校出台《优秀学生海外交流学习奖励办法》,持续聚焦国际交流合作业务,办理因公临时出国(境)团组和教学科研人员团组共17批次(实际派出14批次),共37人次,分赴亚洲(中国澳门、中国台湾、日本、韩国、泰国、印尼、菲律宾、柬埔寨、哈萨克斯坦、老挝)、欧洲(瑞士、意大利)、美洲(美国、墨西哥)等国家和地区,进行校际间友好交流洽谈、参加学术会议、进行田野调查、举办教育展、开展业务培训等。年内,该校与境外7所院校新签署7份合作备忘录(或协议);召开第二届"一带一路"与旅游发展国际会议;举行桂林旅游学院国际顾问委员会第二次全体会议;与印尼特里莎克蒂旅游学院在印尼首都雅加达共同举办中国－东盟旅游教育联盟2019年会暨第三届中国－东盟旅游教育国际论坛,来自中国与东盟国家的政、产、学、研各界代表共100多人参加,中国驻菲律宾大使黄溪连,印尼驻华大使周浩黎等受邀出席。该校以定制化培训为延伸的"1+4+X"培训格局,面向广西内外共举办旅游人才培训班23期,跟踪服务11次,培训人数1790人次。开展基地申报并获批成为首批全国研学旅行指导师培训基地和广西文旅融合培训基地。举办中国－东盟旅游人才教育培训基地第二十期(越南)培训班。

2019年1月,桂林旅游学院与马来西亚泰莱大学硕士研究生联合培养中心成立
(桂林旅游学院 供图)

年内,该校给4430名家庭经济困难学生建立贫困生档案,确定1757名建档立卡贫困户家庭学生并落实相应资助;给5031名贫困学生办理生源地助学贷款,放款金额3297.06万元;发放国家奖学金、国家励志奖学金、国家助学金、自治区人民政府奖学金共1294.91万元,获助4152人次。做好大学生入伍代偿或退役士兵学费资助、中等职业晋升高等职业家庭经济困难学生补贴、物价补贴发放,全年给4508人次发放勤工助学工资共139.07万元。

2019 年 6 月，桂林旅游学院举行首届本科毕业生学位授予仪式

（桂林旅游学院　供图）

2019 年度有 20 名学生获王冠川助学金。该校推荐的《广西瑶族服饰文化传承与创新创业训练项目》获自治区高校资助育人特色项目奖，实现保障型资助向发展型资助的转变。

年内，该校加大旅游产业扶贫培训精细度，助力国家精准扶贫。举办 4 期自治区农村党员乡村旅游经营专题系列培训班暨深度贫困地区旅游扶贫人才培训班，参加培训人员 240 人；培训来自全国 18 个省（区）和新疆生产建设兵团乡村旅游管理者、带头人、经营户和扶贫干部 123 人。全年共投入扶贫经费 81.15 万元，派出以党员干部为主体的科技扶贫队伍 6 个，派出以大学生党员为主体的社会实践团队 28 支，学生 274 人；实施精准脱贫专项招生录取人数 130 人，资助家庭困难学生 1.04 万人次。完成应用型旅游本科专业综合实训中心项目主体施工，建筑面积 3.63 万平方米；完成学生宿舍北 1# 楼、北 3# 楼建筑方案、工程规划许可证及施工图审查等，完成东盟旅游教育留学生公寓楼可研报告批复、大学生体育教学中心及旅游工艺品研发基地项目立项批复、北区道路及管线、1.29 万千伏安专线配电建设。　（黄婕）

【桂林师范高等专科学校】 2019 年，该校有临桂、信义、甲山 3 个校区，校园总占地面积 72.34 公顷，校舍总建筑面积 51.41 万平方米，其中教学科研行政用房 29.2 万平方米。年末有馆藏纸质图书 104.4 万册，电子图书 69.2 万册，中外文报刊 3774 种；教学用计算机 5054 台，多媒体教室及语音室座位 13215 个，建有能容纳 2% 以上在校生的创新创业中心（1921 平方米）1 个，教学科研仪器设备总值 1.65 亿元。设经济管理系、中文系、外语与旅游系、数学与计算机技术系、物理与工程技术系等教学院系 10 个及公共教学部 1 个（体育教学部）。有专业群 5 个，专业 51 个。专业设置涉及人文学科、社会学科、工学、管理学四大学科门类，专业（专业群）涵盖文化教育、艺术设计传媒、生化与药品、电子信息等专业大类 15 个。有附属中学和附属幼儿园各 1 所。是中小学、幼儿园教师国家级培训计划项目实施学校、广西小学校长和幼儿园园长培训基地、广西高校师范专业办学能力提升计划项目首批重点培育教师教育基地、广西基础教育教学法研究基地、自治区示范性教师教育基地，是广西中小学教师资格考试笔试考点。有校内实验（实训）室和实训基地 230 个、校外实习实训基地 115 个，其中中央财政支持的职业教育实训基地 2 个、自治区示范性高等职业教育实训基地 3 个、广西职业院校示范特色专业及实训基地 4 个、固定实习学校 35 个（其中共建的自治区级教师教育实践基地 21 个）。有广西职业教育专业发展研究基地 2 个、自治区职业教育培训基地 1 个。有国家级精品资源共享课 1 门、自治区级精品课程 10 门，教育部《高等职业教育创新发展行动计划（2015—2018 年）》项目认定骨干专业 1 个，中央财政支持的高等职业学校提升专业服务产业发展能力项目 2 个、广西高等学校特色专业及课程一体化建设项目 6 个，自治区级教师教育优势特色专业 1 个，“十二五” 职业教育国家级规划教材 4 种。有广西小学全科教师教育协同创新中心 1 个，有桂北特色药资源研究中心等校级研究机构 4 个。是桂林基础教育发展联盟理事长单位。

2019 年，该校有教职工 633 人，其中专任教师 551 人。专任教师中具有正高级专业技术职称 42 人，副高级专业技术职称 157 人；具有研究生学历或硕士以上学位教师 334 人，其中博士学位教师 11 人（含在读博士 8 人）；有“双师型”（具有职业教师资格，同时获得有关职业技能等级证书）教师 214 人、广西高等学校教学名师 1 人、广西高校自治区级教学团队 3 个；广西高等学校高水平创新团队 1 个、广西“十百千人才”工程第二层次人选和广西高校卓越学者 1 人、广西高校优秀中青年骨干教师培养对象 2 人；年内，共招收全日制学生 4988 人，其中招收初中和高中起点全科公费师范生 648 人；毕业学生 2522 人；年末有全日制在校学生 9915 人（未含初中起点公费师范生一至三年级 1129 人），在校生规模首次突破 1 万人；2019 届毕业生年终就业率 96.59%。该校广西内文史和理工类考生录取的最低分数分别超过广西高职高专录取分数线。

2019 年 12 月 31 日，该校召开第四次党代会，选举产生新一届“两委”委员。完成中层干部及各党支部换届，共选拔任用处级干部 9 人，科级干部 16 人，调整交流干部 41 人；15 个党总支部、直属党支部完成换届。

2019 年，该校推进教学改革，深化校企合作。制定教师教育专业综合改革相关文件；完善彰显学校“艺术兴学”特色的艺术教育体系，面向全校学生开设艺术素质课程；成立马克思主义学院，举办“课程思政”教学能力比赛，印发方案推进课程思政教学试点建设，11 门课程立项为该校第一批“课程思政”教育教学改革示范课程。修订2019级人才培养方案并制订管理办法；与4家单位签订校企合作协议。年内，该校教师共承担各级各类项目24项，其中广西高校中青年教师科研基础能力提升项目20项，广西教育科学“十三五”规划课题2项，广西高校大学生思想政治教育理论与实践研究课题2项；获国家专利授权和软件著作权134件；《桂林师范高等专科学校学报》被评为第六届全国高校社科优秀期刊和2019年度广西高校精品学报，居同类同级刊物的前列；获广西职业教育自治区级教育教学成果特等奖1项、二等奖1项，广西基础教育自治区级教学成果奖一等奖2项、二等奖2项；获广西职业教育教学改革研究项目2项，其中重点项目1项、一般项目1项。组织师生参加各类职业技能竞赛，共获国家级二等奖1项，自治区级一等奖10项、二等奖18项、三等奖26项。

2019年，该校改善办学条件，推进实训基地与智慧校园、智慧教室建设。新增广西职业教育专业发展研究基地1个；新增自治区级教师教育实践基地7个，验收实训室36间。智慧校园完成一期和二期招标工作；智慧教室完成一期45间常态录播教室建设，4栋公共教学楼全部实现“插卡即用，拔卡即走”，智慧教室二期进入招标阶段。

2019年，该校依托自治区级平台开展协同创新，“初中语文五程序单元教学模式”面向自治区范围全面推广，参训人员达300余人次，辐射面达6个设区市。年内，该校向自治区外拓展服务领域，承担国家级培训、自治区级培训、桂林市级培训及县级培训等各级教师培训项目19项，培训经费626.16万元，培训学员2955人。年内，物流管理等3个专业开展校企合作，其中市场营销专业与广州青木数字技术股份有限公司开展的电商品牌运营项目，2019年“双十一”的项目服务取得9000万元的销售业绩。年内，该校启动全员聘任制度，抓好人才管理工作，推动内部绩效改革。印发一系列校内干部人事制度改革文件，完成岗位设置和全员聘用工作，逐步实现由身份管理向岗位管理的转变；成立教师发展中心，召开人才队伍建设工作座谈会和出台引才留才用才育才措施，构建人才管理评价考核机制；修订绩效考核评价体系和印发绩效工资分配实施方案。加强教师队伍建设，优化师资队伍结构，制定相关方案及实施细则推进高校教师系列专业技术资格自主评审工作。年内，新进教师及各类管理人员53人。新增高级专业技术职称6人、副高级专业技术职称12人、广西高等职业院校“双师型”教师9人。选派10多名教师参加访问学者、高级研修班等各类进修学习，80多名教师参加职业院校教师素质提升培训项目、国培项目学习，推荐2名教师参加广西高校青年教师教学业务能力提升计划培训，2名教师获参加西部地区人才培养特别项目，2名教师入选广西高等学校千名中青年骨干教师培育计划。

2019年9月30日，桂林师范高等专科学校举办图书馆新馆开馆仪式

（张旭杨　摄）

2019年，该校全面动员部署“三全育人”（全员育人、全程育人、全方位育人）综合改革，深化“思政导师”制度，推进思政课教师与学工队伍协同育人机制；编著校本教材，开展校园红色文化主题活动，人民网、《广西日报》要闻版进行报道；进行职级认定辅导员9人，参加自治区级以上的业务培训辅导员34人，1名辅导员获第八届辅导员素质能力大赛二等奖。该校创新创业中心建成并投入使用（总面积1942平方米），该中心获自治区创业示范基地称号，有在校学生创业志愿者团队入驻35支，其中完成工商注册项目4个。年内，该校组织学生参加第五届中国“互联网+”大学生创新创业大赛，获铜奖1项；获广西赛区选拔赛职教赛道金奖2项、银奖1项、铜奖12项、优秀组织奖；参加中华职业教育创新创业大赛，获国家赛二等奖1项，广西壮族自治区赛金奖2项、铜奖6项、优秀奖7项。派出志愿者参与各类社会服务2000多人次，获2019桂林银行桂林马拉松赛突出贡献奖；审核发放国家奖助学金1088.99万，自治区人民政府奖学金19万元，圆梦奖学金10万元，中等职业学校升高等职业学校家庭经济困难学生学费补助59.4万元，自治区农村小学全科教师定向师范生生活补贴299.4万元；安排勤工助学岗位794个，发放勤工助学工资95.99万元。

年内，该校推进制度废、改、立工作，重点完善党委领导下的校长负责制，获自治区依法治校示范校称号。9月30日，建筑面积2.5万多平方米的图书馆新馆落成启用，建设智慧图书馆系统，实现资源利用便利化、智能化、快捷化。年内，完成外事交流、接待工作6批次；12月11日—17日，该校代表团出访德国斯图加特应用科技大学等4所高校并与居里夫人大学签署进一步合作协议；该校10人组团赴台湾开展教育学术交流活动，承办第七届中国大学生阳光体育羽毛球比赛、2019年房地产类专业指导委员会年会、广西高职高专院校思政课多层级集群结对共建暨思政课实践教学改革研讨会等活动；成立桂林市校友分会，举办建校81周年校庆活动。　（唐晓丽）

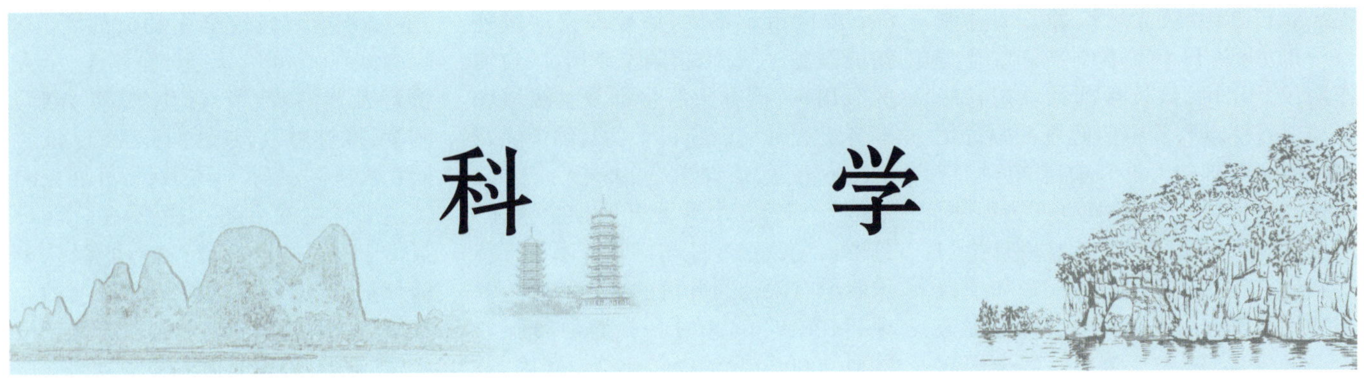

科　学

科研机构

【概况】 2019年，中央、自治区直属驻桂林的科研机构主要有中国地质科学院岩溶地质研究所、桂林电器科学研究院有限公司、中国电子科技集团公司第三十四研究所、广西壮族自治区中国科学院广西植物研究所、中国化工集团曙光橡胶工业研究设计院有限公司、中国有色桂林矿产地质研究院有限公司6家，共有专业技术人员1755人，其中有高级专业技术职称591人、中级专业技术职称1035人；享受国务院政府特殊津贴31人。年内，中国地质科学院岩溶地质研究所挂牌运行地学领域第一家国际标准化组织岩溶技术委员会；桂林电器科学研究院有限公司实现中国主导制定模具国际标准零的突破；中国化工集团曙光橡胶工业研究设计院有限公司完成2019年广西创新驱动专项《替代进口的高性能国产天然橡胶技术提升与工程化应用》项目论证；广西植物研究所成为科学技术部向全国岩溶石漠化区推广的“果化模式”；中国有色桂林矿产地质研究院有限公司开拓印度组锯绳锯、巴西矿山绳锯市场。驻桂林的科研机构发挥专业优势，助力桂林市经济社会发展。　（覃丰展）

【中国地质科学院岩溶地质研究所】 2019年，该所有在职人员222人，其中专业技术人员193人。专业技术人员中有研究员及教授级高级工程师30人、副研究员及高级工程师42人、中级专业技术职称88人。有博士生导师7人、博士45人、硕士136人。全年该所在研科研和社会服务项目181项，新增85项，发表论文112篇，出版专著4部，申请专利10项，软件著作权6项。获批国家重点研发计划项目1项、科学技术部对发展中国家科技援助项目1项、国家自然科学基金6项、广西科技重大专项项目13项。年内，该所“岩溶山区石漠化治理协同火龙果生态产业培育技术创新与示范”项目获广西科技进步二等奖，岩溶水文地质调查服务水资源安全保障成果获中国地质调查局地质科技二等奖，塌陷调查监测评价工作获四川省科学技术进步奖一等奖，首次获广西创新团队建设项目，入选科学技术部高层次科技创新人才梯队7人，入选中国地质调查局优秀地质人才2人，入选中国地质调查局填图科学家4人，入选广西首批高层次人才2人。

2019年10月2日，该所挂牌运行地学领域第一家国际标准化组织岩溶技术委员会，提出2项国际标准提案。年内，国家级岩溶动力系统与全球变化国际联合研究中心通过科学技术部评估。野外研究基地入选自然资源部野外科研台站。中国地质调查局岩溶塌陷防治技术创新中

2019年10月2日，中国地质科学院岩溶地质研究所组织召开国际标准化组织岩溶技术委员会(ISO)第一次全体会议

（陈宏峰　摄）

心、广西博士后创新实践基地获批准，广西岩溶地质工程技术研究中心指导委员会组建。该所组织22个国家有关专家学者研讨“全球岩溶动力系统资源环境效应”国际大科学计划，发布进展报告。编制石漠化生态修复成果报告，召开全国性现场研讨会。石漠化生态修复“果化模式”被编入科学技术部简报。水文地质调查服务脱贫攻坚，实施探采结合井35口，解决4万多人饮水难题，助力云南昭通市、云南省宣威市、四川省昭觉县、贵州丹寨县、陕西富平县等地区脱贫攻坚。

年内，该所发挥专业优势，服务地方经济社会发展。在桂林市实施4项地质调查项目，服务桂林市国家可持续发展议程创新示范区建设。编制《贵阳市岩溶自然资源与生态地质综合调查方案》《贵阳市自然资源图集》，服务贵州市贵阳市国家生态文明示范城市建设。查明山西龙子祠泉域西部边界性质和污染原因，提出晋祠泉的复流建议与复流预期，服务汾河流域生态修复。主持湘西世界地质公园申报，获国际评估专家组肯定。岩溶塌陷调查评价和监测预判服务京沪高铁滕州段和湘桂高铁桂林段工程建设，指导江西吉安市、广东省广州市、广西百色市等地防灾、减灾工作。承办中国－东盟矿业合作论坛自然景观资源图集研讨会，编制广西自然景观资源图集，移交广西壮族自治区政府有关部门。编制1∶50万乌蒙山区重要地质遗迹资源分布图，为促进乌蒙山区38个县的地质遗迹保护、旅游资源开发、国土空间规划提供翔实的基础资料和科学依据。在广西那坡县发现北回归线以南最大的世界级天坑群，填补天坑发育和区域分布空白。在广西凤山县创建广西第一家地质文化村，全面推动岩溶大石山区地质文化村的示范创建。全年举办“第50个世界地球日”等科普活动70余次，年度科普受众5000多人次。 （赵和平）

【桂林电器科学研究院有限公司】 2019年，桂林电器科学研究院有限公司（简称桂林电科院公司）有在职人员694人，其中教授级高级工程师11人、高级技术职称66人、中级技术职称151人；国家第十三批“千人计划”创新长期项目1人、享受国务院政府特殊津贴4人。全年完成营业收入6.14亿元；实现利润总额581万元。年内，该公司组织申报纵向项目22项，组织验收科研项目13项。组织申报国家标准22项、行业标准33项，完成标准制定、修订18项，其中国家标准5项、国家军用标准2项、行业标准11项。该公司牵头制定的ISO 21223∶2019《冲模术语》国际标准发布，实现中国主导制定模具国际标准零的突破。全年该公司提交专利申请40件，其中发明专利28件、实用新型专利12件；获授权专利17件，其中发明专利14件、实用新型专利3件。至年末，该公司共拥有有效专利173件，其中发明专利123件、实用新型专利50件；公开发表论文28篇，其中中文核心期刊19篇。

年内，该公司完成的《塑料机械专用链铗关键技术开发及应用》项目成果获广西科学技术奖技术发明类三等奖，首次获广西技术发明奖；《晶体硅太阳电池组件用绝缘背板》（GB/T 31034–2014）标准获中国机械工业联合会科技进步三等奖。广西发展和改革委员会《广西双向拉伸薄膜成型装备工程研究中心》平台建设、中国机械工业联合会《机械工业双向拉伸薄膜成型工程（技术）研究中心》通过验收。

年内，该公司动力电池实验室的研发成果走向市场，与企业签约横向项目2项，开发出多种高性能电解质材料并实现对外销售，正极材料完成中试生产线建设，《全固态锂动力电池关键材料硫化物电解质制备技术》项目获批中国机械工业集团有限公司重大专项。桂林市人才小高地项目《高能量密度动力电池正极材料研制》获批，朱凌云获批第五批广西八桂学者；李恒、刘亮、王振宇入选桂林市高层次人才，《环保型高性能银氧化锡系列触头材料开发及产业化》获中国质量协会质量创新奖五级认定（公开发布最高奖）。

年内，该公司持续深化国有企业改革，以成套业务为基础成立全资子公司——桂林格莱斯科技有限公司，以检测业务为基础筹备成立全资子公司——桂林赛盟检测技术有限公司。2月19日，桂林电科院公司检测中心取得“UL目击实验室”授牌；6月10日，桂林格莱斯科技有限公司举行揭牌仪式。 （符蓉）

【中国电子科技集团公司第三十四研究所】 2019年，中国电子科技集团公司第三十四研究所（简称中电科技34所）占地面积42.13公顷，其中所本部18.53公顷、英才所区23.60公顷。有在职人员923人，有专业技术职务人员658人，其中研究员高级工程师8人、副高级工程师183人、中级技术职称280人、初级技术职称187人。拥有国家级、省部级专家26人，享受

2019年6月10日，桂林格莱斯科技有限公司举行揭牌仪式

（桂林电科院公司 供图）

2019 年 5 月 22 日，自治区党委书记鹿心社（前排右三）参观全国科技活动周广西活动展区——中电科技 34 所展台（中电科技 34 所　供图）

政府特殊津贴专家 7 人，部级优秀专家和优秀科技青年专家 1 人，自治区优秀专家 1 人。年内，该所承担科研类项目 541 项，合同总金额 10.62 亿元；全年完成专利受理 77 项，其中发明专利 42 项（含国防专利 3 项）、实用新型专利 35 项；完成专利授权 30 项，其中发明专利授权 4 项，实用新型专利 24 项，外观设计专利 2 项。

2019 年，该所通过 IP+SDN 光通信核心技术攻关，实现三个平台、五个关键技术成果。同时，成功申请科学技术部智慧冬奥周界防护课题，申请广西科学技术厅创新驱动发展重大专项 1 项，申报桂林市科技计划项目 4 项，2019 年，该所被纳入广西应急管理厅规划编制单位，牵头跟进国家示范项目“广西智慧边境小镇”。（秦实）

【广西壮族自治区中国科学院广西植物研究所】 2019 年，广西壮族自治区中国科学院广西植物研究所（简称广西植物研究所）有在职人员 217 人，其中专业技术人员 180 人，具有博士学位 35 人，硕士学位 87 人；研究员 31 人，副研究员 58 人；八桂学者 1 人。有享受国务院政府特殊津贴人员 10 人、自治区有突出贡献科技人员 1 人、自治区优秀专家 1 人、广西“新世纪十百千人才工程”人选 6 人、广西青年科技奖 1 人、桂林市拔尖人才 1 人。聘任院士 2 名及国内外研究所、高校教授、知名专家 25 名为客座研究员。拥有大型仪器 60 余台套，仪器设备价值逾 5000 万元。有自治区重点实验室 2 个（广西植物功能物质研究与利用重点实验室、广西喀斯特植物保育与恢复生态学重点实验室），广西木质纤维素生物炼制工程技术研究中心 1 个，广西喀斯特生物多样性保育与恢复生态学国际科技合作基地 1 个，广西第七批自治区级技术转移示范机构（技术领域：植物）1 个；自治区“广西岩溶生态建设与植物资源持续利用人才小高地”1 个；设立广西院士工作站，聘请中国科学院院士陈新滋为该所指导院士；设立广西博士后创新实践基地，可申请与已设博士后科研流动站的高校和科研院所联合培养博士后。设址于该所，由桂林植物园与世界苦苣苔协会（总部设在美国西雅图）合作建立的“中国苦苣苔科植物保育中心”分别在贵州省植物园、安徽大学、深圳市中国科学院仙湖植物园和上海植物园成立分中心；该所与 BGCI、桂林市中医药管理局在其“喀斯特药用植物种质库”内建成“广西珍稀濒危植物保育及技术培训基地”和“特色珍稀中药材种源储备基地”；与中国地质科学院岩溶地质研究所合作建立的广西平果石漠化治理示范基地成为国土资源部野外试验示范基地。广西植物标本馆（国际代码：IBK）馆藏标本 50 万份，其中 50% 为石灰岩地区植物标本，模式标本 4000 余份，是华南第二大标本馆，跻身全国十大植物标本馆之列，作为成员被列入国家标本资源库建设体系。广西植物标本馆启动广西植物 DNA barcode 平台建设，已获广西近 1000 种植物 DNA-barcode 序列。2019 年数字标本馆的网络点击量 191 万次，位居全国各大植物标本馆第六位。

该所所属的桂林植物园占地面积 73 公顷，内有珍稀濒危植物园、广西特有植物园、喀斯特岩溶植物专类园等专类园区 13 个，引种保存植物 5100 多种，其中包括迁地保护的国家珍稀濒危植物 400 多种。该所主办的《广西植物》科技期刊入选中国科技核心期刊（2019—2020 年）；入选中国科学引文数据库“CSCD 来源期刊”（2019—2020 年）。全年共刊发原创研究论文 192 篇，其中刊发中国科学院院士（第一作者）的论文 8 篇、中国工程院院士（通信作者）的论文 1 篇。

2019 年，该所在研项目 309 项，其中新立项项目 94 项，获科技经费 2532 万元。54 项科研项目通过结题验收。全年发表科技论文 138 篇，其中 SCI（科学引文索引）收录 52 篇。申请发明专利 15 项（国际发明专利 1 项），实用新型专利 1 项；获授权发明专利 5 项，实用新型专利 2 项。获颁布广西地方标准 4 项（罗汉果花果期管护规程、罗汉果扦插苗生产技术规程、罗汉果空气能加工烘烤技术规程、罗汉果扦插苗质量要求）。获自治区级奖项 3 项（广西科技进步二等奖“岩溶山区石漠化治理协同火龙果生态产业培育技术创新与示范”、广西技术发明三等奖“新资源食品 L- 阿拉伯糖的应用”、广西自然科学三等奖“珍稀濒危植物金花茶保育生物学研究”）；完成成果转化 8 项（一种利用走马胎幼芽胚轴快速繁殖其种苗的方法、金线莲组培苗规模化生产、广西火桐栽培技术、桃金娘栽培及深加工技术、“山银花提取物生产工艺及

2019年1月4日，广西植物研究所院士工作站揭牌 （郑凯文 摄）

抗菌、抗病毒研究”“广西区植被数据收集与新植被图校订”、桂北高寒贫困山区药食两用植物生态种植与产业化示范基地建设项目、桂翡猕猴桃新品种）。

年内，该所主导研发的人工诱导植被恢复技术体系，形成以火龙果种植为主的特色生态产业，并结合中国地质科学院岩溶地质研究所的表层岩溶水开发和土地整理工程建立立体生态农业模式，成为科学技术部向全国岩溶石漠化区推广的“果化模式”。“果化模式”及相关技术可作为石漠化治理的范式在西南8省份300多个县40万平方千米岩溶区辐射推广。年内，该所派出科技特派员21人，服务资源县、荔浦县、恭城瑶族自治县、龙胜各族自治县、灌阳县、富川瑶族自治县、南丹县、西林县、融水苗族自治县、隆林县等，直接服务贫困村79个，采用现场参观、培训授课、田间指导、发放技术资料、科技咨询、Q群与微信群交流讨论、科技特派员上门服务等方式开展技术服务，全年共开展技术服务450多次，引进新品种20多个，培训人数1800人次。

年内，该所科技人员出访开展学术交流活动，完成出访团组7个12人次，出访地区主要有英国、俄罗斯、美国、瑞典、越南等。邀请国内外专家、学者24人到访开展学术交流活动，其中包括中国科学院院士陈新滋在内的国内专家14人，来自英国、美国、加拿大、日本、新西兰等国的外籍专家10人。主办、协办石漠化生态修复技术成果研讨会、广西喀斯特植物保育与恢复生态学重点实验室学科发展研讨会、天然功能物质创新及可持续利用研讨会重要学术会议3场。年内，桂林植物园开展科普活动，组织开展喀斯特石山植物知识科普进校园、科普进社区及关爱智障少年等公益科普活动，受众6000多人。围绕“植物与人类生活”“花粉的奇妙旅行”为主题，开发设计植物与人类生活自然课堂；选取“会关禁闭的马兜铃”“野蜂飞舞”“蝶恋花”等模块，进行课程开发设计，并编撰相应的内部出版物。全年共开展研学实践活动16期。 （郑凯文）

【中国化工集团曙光橡胶工业研究设计院有限公司】 2019年，该公司有在职人员436人，其中工程技术人员132人，高级工程技术人员38人，教授级高级工程师11人，享受政府特殊津贴人员8人。全年完成主营业务收入2.6亿元，实现营业利润5332万元。年内发表论文17篇，出版内部交流性专业技术刊物《现代橡胶技术》6期。全年开展各类课题研究121项，科技投入2900万元，其中研发支出2075万元；全年完成“四技”（单位和个人从事技术转让、技术开发业务和与之相关的技术咨询、技术服务）收入1300万元。全年确定科研新产品开发任务67项，为运输机、预警机、重型直升机等一系列重点型号配套研制的产品均按节点完成保障任务。全年完成5项重要配套项目申报，均已通过方案评审。完成2019年广西创新驱动专项《替代进口的高性能国产天然橡胶技术提升与工程化应用》项目论证、“AG600大型水陆两栖飞机轮胎研制”申报、“高性能新材料—高品质国产天然橡胶技术提升与工程化应用”项目建议及《替代进口的高性能民用航空轮胎关键技术研发及应用》项目第三方评估等工作。

2019年7月，该院获国家国防科技工业局军用航空轮胎总体牵头单位资格。年内，该院试生产的天然胶胶料性能优于进口烟片胶，达到国内最高水平。该院向国家国防科技工业局提出的“十三五”关键材料建设项目建议书通过评审，该试验台具备的高速度加速度、载荷加速度以及特殊工况模拟试验能力为国内首创，代表中国同类模拟试验台的最高水平。年内，该院广西航空轮胎结构与材料重点实验室天然橡胶试验样品的性能达到国内先进水平；广西航空轮胎工程技术研究中心重点开发了C919、ARJ21等高性能航空轮胎，并开展两个重点型号的轮胎技术改进工作；航空橡胶科研生产中心开展国产天然橡胶的航空轮胎胶料环境适应性研究；省级企业技术中心被评为优秀企业技术中心；省级工程研究中心已经获批。2019年，该院入选广西科学技术企业100强，列名第44位。

年内，该院11个项目通过鉴定或验收，3项成果通过2019年度第三批广西重大科技成果转化项目核验。通过了知识产权管理体系认证的监督审核，申报国家知识产权优势示范企业并通过评审。完成发明专利“用芳纶线做子午线航空轮胎带束层帘线的挂胶胶料”技术成果登记；“子午线航空轮胎研制”项目获2019年度中国化工集团技术发明一等奖；专利“一种二氧化硅接枝氧化石墨烯/橡胶复合胶料及其制备方法”获2019年度中国化工集团专利优秀奖。全年完成专利申请28件，其中发明专利19件。

CHEMCHINA
中国化工集团有限公司

证 书
CERTIFICATE

为表彰中国化工集团技术发明奖获得者，特颁发此证书。

项目名称：航空子午线轮胎研制

获奖等级：一等

获 奖 者：王继泽

2019年12月26日

证书编号：2019-1-01-R01

中国化工集团曙光橡胶工业研究设计院有限公司“子午线航空轮胎研制”项目获2019年度中国化工集团技术发明一等奖　　（姚江雄　供图）

获得8项专利授权，所有专利均运用于新产品中。全年新产品实现销售收入1.57亿元。　　（姚江雄）

【中国有色桂林矿产地质研究院有限公司】 中国有色桂林矿产地质研究院有限公司（简称桂林矿地院）位于桂林市辅星路2号。桂林矿地院占地面积12公顷，建筑面积11万余平方米，注册资金1.75亿元。主要以地质科研与勘查、新材料研发及产业化、环保与工程为主营业务。下设矿产地质研究所、资源综合利用研究所、博泰环保研究所、测试中心、工程中心等研究所（分院）和研究中心7个，有特邦新材料公司、工程公司、金泽利公司、兴达钻探公司、中色赞比亚公司、百锐光电公司等全资、控股和参股公司11个；有国际组织平台1个、国家级科研平台1个、省部级科研平台9个。2019年年末，该公司资产总额6亿元，净资产额4.19亿元；有在职人员742人，其中专业技术人员375人。专业技术人员中，有工程师137人、高级工程师76人、教授级高级工程师37人；国家级“中青年有突出贡献专家”1人，享受国务院政府特殊津贴6人，“百千万人才工程”国家级人选1人，获广西优秀专家称号4人，获“中国有色金属系统跨世纪学术和技术带头人”称号6人，广西“十百千”拔尖人才第二层次人才6人，自治区“八桂学者”1人、“特聘专家”2人、桂林“漓江学者”1人。全年实现综合收入3.32亿元，其中主营业务收入首次突破3亿元；实现利润总额811万元，利润总额、资产现金回报率、技术服务收入等考核指标完成率分别为111%、243%和147%。

年内，该公司获批国企改革“双百行动”（指国务院国有企业改革领导小组选取百余户中央企业子企业和百余户地方国有骨干企业）试点单位，成为中国有色矿业集团有限公司探索国有企业深化改革的三家出资企业之一。整合地质业务、优化组织架构，推进地质业务混合所有制改革方案分步实施。探索高新技术企业股权激励改革，完成百锐公司股权激励方案并获批。启动职能部门“三定”（定机构、定编制、定职能）改革，完成机构调整、岗位设置、职责优化和员工竞聘，推动该公司向“经营+管理型”总部转型。按“四个一批”（一批技术改造提升项目、一批开工建设项目、一批竣工投产项目、一批对接引进项目）结构调整、“一企一策”清理退出等要求，完成3家公司的清理退出方案，并启动退出或转让。

2019年，该公司以地质探矿、环境保护与治理、新材料为重点创新方向，完善研发、激励和保障三大体系，持续推出具有市场竞争力的产品和技术服务。以“工程中心”等为依托申报的广西科技重大创新基地专项正常实施；“广西工程中心”获优秀绩效评估；广西新型研发机构获批组建，入选高新技术企业广西百强和创新能力十强企业；该公司承担运营的中色集团国际研发中心赞比亚实验室完成组建挂牌；举办多项学术论坛和全国性学术会议，打造科研学术交流平台。年内，该公司申报各级各类科研项目，获批12项，科研经费合计1696万元；全年该公司获中国有色金属工业协会成果评价“国际先进”水平1项、中国有色金属工业科技奖一等奖2项、住房和城乡建设部优秀工程勘察三等奖1项、广西科技进步三等奖1项；获授权发明专利6项；主持修订国际标准项目3项，参与制定国家标准5项、行业标准2项、广西地方标准3项。全年共引进各类人才26人，获国务院特殊津贴1人，3人分别获青年地质银锤奖、广西青年科技奖、桂林市第五批拔尖人才称号，获评教授级高级工程师3人。　　（李珊）

2019年，桂林矿地院承担运营的中色集团国际研发中心赞比亚实验室完成组建挂牌
（桂林矿地院　供图）

科技管理与科技活动

2019年9月22日，“2019中国－东盟可持续发展创新合作国际论坛”签约仪式在桂林举行
（魏楚书 摄）

【概况】 2019年，桂林市科学技术局（简称市科技局）办公地址在临桂区青莲路。内设办公室、发展规划与科技监督科和高新技术科等8个科室，编制35名，有在职人员36人。下属二层机构3个，均为事业单位；二层机构有事业编制80名，在职人员60人。年内，市科技局聚焦桂林国家可持续发展议程创新示范区建设，实施创新驱动发展战略，对接自治区“三百二千”科技创新示范工程（“3个100”：突破100项重大技术、创建100个国家级创新平台、引育100个高层次创新人才和团队；“2个1000”：新增1000家高新技术企业、转化1000项重大科技成果），科技创新为桂林经济社会高质量发展提供有力支撑。

【桂林国家可持续发展议程创新示范区建设】 2019年，市科技局统筹前沿战略与规划，完善科技可持续发展新体系。争取到自治区人民政府出台《关于支持桂林市建设国家可持续发展议程创新示范区若干政策》；推动《桂林市促进全社会加大研发经费投入的实施方案》《桂林市科技创新支撑产业高质量发展实施方案（2019—2021年）》等政策实施，落实奖补资金1710万元，为桂林国家可持续发展议程创新示范区建设提供政策保障。加强示范区有关立法工作组织协调，开展《桂林市喀斯特景观可持续利用条例》立法调研，推动《桂林市喀斯特景观资源可持续利用条例》列入立法计划，为可持续发展建设提供法律保障。率先在全国建立“桂林市可持续发展促进中心”，促进示范区建设工作开展。

【厚植科技可持续发展新优势】 2019年，市科技局汇聚高层人才，推动一批国内外院士专家到桂林市调研指导，为桂林市生态治理、城市规划等方面提出建议，策划重点项目。组织岩溶地质研究所等科研团队申报国家2019年度重点专项“漓江流域喀斯特景观资源可持续利用关键技术研发与示范”获得立项，金额1960万元。桂林深科技智能制造项目和桂林电子科技大学花江慧谷电子信息产业园项目获自治区科技资金1亿元。全年共争取到国家、自治区科技资金5.42亿元，其中广西科技重大专项23项，资金2.4亿元。

2019年7月5日，桂林市国家可持续发展议程创新示范区建设工作推进会暨科技计划项目申报与管理培训会召开
（魏楚书 摄）

【拓展科技可持续发展新空间】 2019年，市科技局推动“2019中国－东盟可持续发展创新合作国际论坛”列入中国－东盟技术转移与创新合作大会议程，成为中国－东盟博览会构架下常态化举办的重要高层论坛。通过论坛开展可持续发展领域国际合作与交流，签约创新合作项目19项，打造面向东盟和“一带一路”沿线国家的国际化开放合作新平台。围绕落实桂林市与联合国开发计划署签订的战略合作协议，争取联合国“科技创新促进可持续发展”发展中国家技术培训班在桂林举办，得到联合国开发计划署在技术援助、人才培训、咨询服务等方面支持。推动亚洲开发银行“促进2030年可持续发展议程本地化的制度建设”技术援助合作项目启动实施，就桂林市旅游产业可持续、包容性发展提出解决方案，凝炼桂林可持续发展新模式。

【推进科技创新平台建设】 2019年，市科技局聚焦桂林市经济社会发展重

2019年2月25日，桂林市工业振兴暨科技创新大会召开　（魏楚书　摄）

点领域，精准靶向产业需求，整合优质创新资源，推进科技创新发展平台建设。加强平台和基地建设，新增中国化学工业桂林工程有限公司国家企业技术中心、广西民族药国家省部共建协同创新中心等国家级创新平台11家；支持广西师范大学组建“景观资源生态与可持续利用”厅市共建重点实验室。加强孵化平台建设，新增自治区级科技企业孵化器2家、众创空间2家；认定市级科技企业孵化器5家、备案市级众创空间2家，实现县域孵化平台零的突破，市属三大工业园区均拥有孵化平台。加强成果转化平台建设，培育技术转移示范机构，加强桂林市科技成果交易平台建设；新增自治区级技术转移示范机构4家，转化重大科技成果67项，39项科技成果获得自治区科学技术奖励。加强星创天地载体建设，全年新增星创天地6个，新增数在自治区排名第一。全市共有自治区级星创天地20个。其中，被认定为国家级星创天地5个、列入自治区级合作联盟9个；农业科技园区5个，其中国家级1个、自治区级4个。

【提高科技创新服务组合】 2019年，市科技局打好科技创新服务组合拳，补齐科技创新短板，优化科技创新营商环境，让科技惠及民生。一是强化创新型企业培育。桂林市有13家企业被认定为广西“瞪羚企业”培育单位，其中被认定为广西“瞪羚企业”3家，总数达到20家。通过科技型中小型企业评价174家，实现倍增。通过高新技术企业认定（复审）113家，保有量首次突破300家，达到308家；28家高企荣登广西高企百强、创新能力十强、创新活力十强榜单，总数居自治区第二。二是强化双创大赛引领。桂林市参加2019年第八届中国创新创业大赛广西赛区桂林市选拔赛的企业163家，获晋级广西行业复赛名额41家，其中5家企业获广西总决赛大奖，获奖企业数居自治区第一，2家企业获2019年第八届中国创新创业大赛互联网行业全国优秀企业奖。三是加强科技特派员精准扶贫与示范服务。全年全市选派到各县（市、区）服务的农业科技特派员共327人，开展入村服务11885次，建立各类科技示范基本105个，示范推广新品种94个，新技术108项，开展培训班356场次，受益人1.4万人次。市本级支持科技特派员扶贫、创新示范、创新载体建设等项目19项，投入市科技经费380万元。（魏楚书）

【桂林首家科技馆开馆】 2019年7月21日，全市首家科技馆——赛酷尔科技馆开馆。赛酷尔科技馆位于叠彩区智慧谷文化产业园内，总建筑面积8000平方米，馆内设智慧人类馆、饮水安全馆、能量之源馆等主题馆13个，通过展览形式、专业的互动体验，让市民和中小学生通过观察、体会及实验，了解科学原理、认清科学本质，激发他们的兴趣，引导他们走进神奇的科学殿堂，探索科技世界。为让市民和中小学生获更好的体验，当天主办方采取分批次放行，以控制馆内总人数。馆内的参观者体验各种科技项目，拍照“打卡”。该馆的主题为“自然与工业”。此后每年将根据科技的发展及青少年对科普知识需求的变化，以一年为一个周期来设计不同的展览主题，让科技馆有新意、生机、活力。

【兴安海螺水泥获首张低碳产品认证证书】 2019年12月，中国质量认证中心（CQC）给兴安县海螺水泥有限责任公司的普通硅酸盐水泥P.052.5、P.042.5产品颁发《低碳产品认证证书》，兴安县海螺水泥有限责任公司成为桂林市首家取得低碳产品认证的企业，实现全市低碳产品认证零的突破。2015年至2019年，兴安县海螺水泥有限责任公司参加桂林市卓越绩效模式高级培训班、自治区低碳管理队伍能力建设暨低碳认证培训会、自治区低碳产品认证工作业务培训班，引导企业积极导入卓越绩效模式管理，落实国家、自治区有关节能、减排、降碳规划和产业提质转型升级工作部署，探索低碳发展先进模式。2018年，桂林首家城市生活垃圾窑协同处理项目在兴安县海螺水泥有限责任公司建成投运。（覃丰展）

科技人才与科技成果

【概况】 2019年，桂林市出台《桂林市国家可持续发展议程创新示范区建设智库管理办法》，新聘院士吴丰昌、教授柴跃廷担任智库专家。开展“2019智库专家桂林行”活动，围绕桂林市漓江流域水循环与生态环境、现代农业与可持续发展以及民族医养产品制剂提升等多方面进行政策技术咨询与服务项目对接。开展“科技创新促进可持续发展”国际培训班，36个发展中国家及国际组织的专家学者到桂林，分享经验与智慧。年内，建成广西院士工作站5家，新入站两院院士5人，总数分别为26家和31人。袁隆平院士工作站在灌阳县挂牌，广西植物研究所陈新滋院士工作站启动，市农田灌溉试验中心站李新建教授级高工入围中国工程院院士候选人，桂林理工大学副校长周国清入选广西院士后备人才。通过广西第一批高层次人才共认定93人；成立广西首个地级市“海创基地”；引育高层次人才及团队37个、入选国家“万人计划”科技创业领军人才项目4人、入选八桂学者17人、八桂青年学者6人。向科学技术部组织推荐创新创业人才及领军人才4人、国家引才示范基地2个；获批自治区“港澳台英才计划”2人，“外专聚桂”项目12项、经费资助177万元。全年全市科技成果登记项目共206项，有2项科技成果获2019年度国家科学技术奖，39项科技成果获2019年度广西科学技术奖。其中，桂林市思奇通信设备有限公司参与完成的“面向一体化无线网络的多域资源认知与虚拟化关键技术”获国家技术发明奖二等奖；中国化学工业桂林工程有限公司参与完成的“特种高性能橡胶复合材料关键技术及工程应用”获国家科技进步奖二等奖。全市获广西科学技术奖自然科学类一、二、三等奖分别为1项、7项、4项；获广西科学技术奖技术发明类一、二、三等奖分别为2项、3项、3项；获广西科学技术奖科学技术进步类一、二、三等奖分别为1项、6项、12项。

【提升科技成果转化服务能力】 2019年，桂林市举办“2019年桂林市科技成果转化与科技金融培训班”，邀请有关专家宣讲桂林市成果转化激励政策等业务。建立桂林市与驻桂林普通高校产业与技术融合发展联席会议，通过定期举办联席会议共同协调解决涉及多部门的产业与技术融合发展问题。对技术转移机构建设、技术转移机构开展科技成果交易活动、桂林市企业引进科技成果等3类85项进行奖励性后补助，拨付科技资金398万元。

【开展科技成果转化活动】 2019年，桂林市利用中国－东盟技术转移与创新合作大会组织绿色技术转移对接会，来自49个项目需求单位与中国科学院城市环境研究所、中国科学院生态环境研究中心等20个单位进行面对面地对接交流。市人民政府与中国电子科技集团有限公司、清华大学公共管理学院等高校院所签署战略合作框架协议；八加一药业股份有限公司与中国科学院生物物理研究所等分别签订技术合作协议。

【推进科技成果转化平台建设】 2019年，桂林市加强成果转化平台建设。新增自治区级技术转移示范机构4家，总数14家；转化重大科技成果67项；39项科技成果获自治区科学技术奖励。2019年对获2018年度自治区科学技术转移示范机构认定和开展科学技术交易的技术转移机构发放5项内容共130万元奖励，发布桂林市登记的科技成果206项。全年全市共完成科学技术合同认定登记124件，合同交易总金额5825.36万元，其中科学技术交易金额5360.17万元。　（魏楚书）

【“面向一体化无线网络的多域资源认知与虚拟化关键技术”项目】 该项目由普天技术与北京邮电大学、桂林市思奇通信设备公司联合于2018年完成。项目组在“973计划”等项目资助下，针对一体化无线网络“异构融合和资源高效利用”难题，通过产学研合作与技术攻关，突破一体化无线网络中多域资源认知与虚拟化关键技术，从根本上改变传统异构网络封闭式、静态孤立设计思想，项目组创新性提出“一体化无线网络”解决方案，实现无线网络深度融合、高效组网。项目研究共获授权国家发明专利60项，国际PCT专利10项，提交国内外标准提案50余篇，形成国际国内标准10项等一系列成果。研发支持高流量密度的“一体化无线网络”相关技术和系列产品，应用于蜂窝网络及无线自组网设备等，在中国、蒙古、斯里兰卡、智利、尼日利亚等国家应用，销售额超8亿元。项目成果解决国家军民频谱共用重大技术难题，为4G系统新频段规划和牌照发放提供重要技术保障。2019年，该项目获2019年度国家技术发明奖二等奖。

【“特种高性能橡胶复合材料关键技术及工程应用”项目】 该项目由无锡宝通科技公司与北京化工大学联合主持、中国化学工业桂林工程有限公司参与，于2019年1月完成。项目通过复合材料结构设计、特种橡胶材料制备、输送带产品制造装备与复合工艺创新以及工程应用，突破长寿命特种大型输送带用连续纤维、橡胶复合材料与制造关键技术，实现高端输送带产品的中国制造，成功研发具备长寿命耐高温、高抗撕耐磨、高阻燃耐磨等性能的系列特种高端输送带产品，大幅提高产品的性能与使用寿命，形成自主知识产权，打破高端垄断，实现高端出口与国际品牌并齐，实现相关技术领先。该项目研究成果应用于矿产开采、钢铁冶炼、建材水泥、港口码头、火力发电等经济领域，为复杂苛刻环境下各类工业散货物料的安全稳定输送提供支撑，有效降低产品更换维护频率与物料输送能耗，经济、社会效益显著。2019年度国家科学技术奖励大会，该项目获国家科学技术进步奖二等奖。　（覃丰展）

表26　　2019年桂林市获国家科学技术奖励项目

项目名称	评审类别	等级	主要完成单位
面向一体化无线网络的多域资源认知与虚拟化关键技术	国家技术发明奖	二等奖	北京邮电大学、普天信息技术有限公司、桂林市思奇通信设备有限公司
特种高性能橡胶复合材料关键技术及工程应用	国家科学技术进步奖	二等奖	无锡宝通科技股份有限公司、北京化工大学、中国化学工业桂林工程有限公司

表 27

2019 年桂林市获广西科技奖项目

项目名称	评审类别	等级	主要完成单位
AKR1B10–S1P 信号及相关通路在细胞增殖、死亡中的作用及临床意义	自然科学类	一等奖	桂林医学院、南京医科大学
微波频段超表面对电磁波的调控机理及功能器件	自然科学类	二等奖	桂林电子科技大学、哈尔滨工程大学
约束矩阵方程及最小二乘问题的求解理论与算法	自然科学类	二等奖	桂林电子科技大学、上海大学
光磁功能纳米复合材料的设计合成与性能调控	自然科学类	二等奖	桂林理工大学
土壤重金属污染的生态效应及植物修复	自然科学类	二等奖	桂林理工大学
纳米生物材料表界面设计及功能构筑机制	自然科学类	二等奖	广西师范大学
纳米材料增效的生化分析新方法研究	自然科学类	二等奖	广西师范大学
肝癌复发转移抑制及分子机制研究	自然科学类	二等奖	广西医科大学、桂林医学院
直觉模糊非合作博弈理论与方法研究	自然科学类	三等奖	桂林电子科技大学、福州大学
基于新型功能材料的高效样品前处理新方法研究	自然科学类	三等奖	桂林理工大学、北京大学
珍稀濒危植物金花茶保育生物学研究	自然科学类	三等奖	广西壮族自治区中国科学院广西植物研究所
不同修饰的氧化铁纳米粒子在生物医学领域的应用开发	自然科学类	三等奖	桂林理工大学、桂林医学院、广西医科大学
低成本安全锰系锂离子电池和电极材料的关键技术与应用	技术发明类	一等奖	广西师范大学、广西卓能新能源科技有限公司、贺州学院、广西科技大学、安徽益佳通电池有限公司
可配置自适应 N×M 阵列三维激光雷达(LiDAR)关键技术及装备	技术发明类	一等奖	桂林理工大学、天津大学、中国电子科技集团公司第三十四研究所、中国电子科技集团公司第十一研究所、武汉海达数云技术有限公司、中科遥感科技集团有限公司
大型混凝土构件拼装连接系统的关键技术	技术发明类	二等奖	桂林理工大学、柳州欧维姆机械股份有限公司
面向智慧城市的视频监控多维信息获取与传输系统	技术发明类	二等奖	桂林电子科技大学、浙江宇视科技有限公司
土壤重金属污染修复及其安全风险防控技术开发与应用	技术发明类	二等奖	桂林理工大学、北京高能时代环境技术股份有限公司
X 波段新型磁性吸波材料的制备及应用	技术发明类	三等奖	桂林电子科技大学、中铝广西有色金源稀土有限公司
新资源食品 L– 阿拉伯糖的应用	技术发明类	三等奖	广西壮族自治区中国科学院广西植物研究所、中国人民解放军联勤保障部队第九二四医院、广西壮族自治区南溪山医院
塑料机械专用链铗关键技术开发及应用	技术发明类	三等奖	桂林电器科学研究院有限公司
高精度北斗时空服务网络关键技术及应用	科学技术进步类	一等奖	桂林电子科技大学、北方激光研究院有限公司、柳州欧维姆结构检测技术有限公司、深圳思凯微电子有限公司、郑州轻工业学院、广西壮族自治区遥感中心、广西西江开发投资集团有限公司、中电科东盟卫星导航运营服务有限公司、广州中海达卫星导航技术股份有限公司
海洋承灾体监测预警关键技术与大规模应用	科学技术进步类	二等奖	南宁师范大学、国家海洋信息中心、北京大学、广西壮族自治区海洋研究院、桂林电子科技大学、广东科迪隆科技有限公司
注射用青蒿琥酯的产业化	科学技术进步类	二等奖	桂林南药股份有限公司
军地兼用光传送抗毁组网与智能运维技术体系化研究及应用	科学技术进步类	二等奖	中国电子科技集团公司第三十四研究所、中国人民解放军陆军工程大学、桂林聚联科技有限公司
岩溶山区石漠化治理协同火龙果生态产业培育技术创新与示范	科学技术进步类	二等奖	广西壮族自治区中国科学院广西植物研究所、中国地质科学院岩溶地质研究所、广西山区综合技术开发中心、平果县科学技术情报研究所
红三叶草中活性成分芒柄花黄素诱导肿瘤细胞凋亡的机制及应用	科学技术进步类	二等奖	桂林医学院、广西医科大学
膀胱癌术后个体化治疗关键技术的研究和临床应用	科学技术进步类	二等奖	桂林医学院附属医院
桂香 22 号茶树新品种选育与关键配套技术推广应用	科学技术进步类	三等奖	广西壮族自治区桂林茶叶科学研究所、广西绿异茶树良种研究院、鹿寨县大乐岭茶业有限公司、广西凌云县凌森茶业有限公司、上海土里土沃生态农业发展有限公司
特色优质芋头新品种选育及提质增效技术创新与应用推广	科学技术进步类	三等奖	广西壮族自治区农业科学院生物技术研究所、荔浦市蔬菜技术指导站、八步区农业科学研究所、广西美泉新农业科技有限公司
城郊型蔬菜绿色优质高效生产关键技术集成创新与应用	科学技术进步类	三等奖	广西壮族自治区农业科学院蔬菜研究所、桂林市蔬菜研究所、广西博元生态农业科技有限公司、广西南宁绿田园农业科技有限公司、广西百圣美川农业科技有限公司
优质早熟梨新品种选育及推广应用	科学技术进步类	三等奖	广西特色作物研究院

续表

项目名称	评审类别	等级	主要完成单位
仔猪腹泻的流行病学与防控技术研究	科学技术进步类	三等奖	广西壮族自治区动物疫病预防控制中心、桂林市动物疫病预防控制中心
内燃动力车辆振动控制关键技术创新与应用	科学技术进步类	三等奖	桂林电子科技大学、东风柳州汽车有限公司、广西柳工机械股份有限公司
深部找矿金刚石钻探工具的开发与应用	科学技术进步类	三等奖	中国有色桂林矿产地质研究院有限公司、桂林特邦新材料有限公司、桂林金刚石工业有限公司
电子三轴手持相机稳定器产业化	科学技术进步类	三等奖	桂林智神信息技术有限公司
基于云 GIS 的智慧旅游综合服务平台开发与应用	科学技术进步类	三等奖	桂林理工大学、桂林金海国际旅游有限公司
移动支付智能加密芯片关键技术研发与应用	科学技术进步类	三等奖	广西师范大学、桂林微网互联信息技术有限公司
基于磁纳米金的生物传感方法构建及其临床应用	科学技术进步类	三等奖	广西壮族自治区人民医院、桂林电子科技大学
原发性肝细胞癌复发转移和预后相关分子的鉴定及应用	科学技术进步类	三等奖	桂林医学院

表 28　　2019 年度桂林市科技成果登记项目

成果登记号	成果名称	主要完成单位	所属行业
2019001	清洁醇基燃料高效燃烧控制技术在供热装备中的应用	桂林淦隆环保设备有限责任公司	制造业
2019002	双重血浆吸附联合血浆置换治疗重症肝炎的临床研究	桂林市第三人民医院	生物医药与医疗器械
2019003	乙型肝炎合并肺结核患者肝脏病理及抗病毒干预研究	桂林市第三人民医院	生物医药与医疗器械
2019004	新一代半导体发光引擎关键技术攻关及产品应用	桂林海威科技股份有限公司	水利、环境和公共设施管理业
2019005	基于物联网的安全健康智能照明技术研究及产品开发	桂林市海威科技股份有限公司	水利、环境和公共设施管理业
2019006	桂林市重点行业减排创新方法研究与应用	桂林电子科技大学	科学研究和技术服务业
2019007	桂林市交通事故伤的成因和特点研究	九四二医院	卫生和社会工作
2019008	多巴胺能球周细胞对嗅球神经回路和气味反应的调节作用	桂林医学院	科学研究和技术服务业
2019009	液压挖掘机无线遥控系统 V1.0	桂林航天工业学院	制造业
2019010	机动双绞磨机测试系统 V1.0	桂林航天工业学院	制造业
2019011	无阀控液压凿岩机测试系统 V1.0	桂林航天工业学院	制造业
2019012	齿轮传动箱油液颗粒检测系统 V1.0	桂林航天工业学院	制造业
2019013	基于溢流阀试验的双泵并联压力流量输出控制系统 V1.0	桂林航天工业学院	制造业
2019014	液压破碎锤测试用装夹及垂直升降装置	桂林航天工业学院	制造业
2019015	一种多自由度液压钻臂	桂林航天工业学院	制造业
2019016	一种防偏斜凿岩控制系统	桂林航天工业学院	制造业
2019017	一种具有张力收线及限矩功能的双辊筒机动绞磨机	桂林航天工业学院	制造业
2019018	一种复合液压驱动式波浪能发电装置	桂林航天工业学院	制造业
2019019	一种可调节液压凿岩机装夹及水平推进装置	桂林航天工业学院	制造业
2019020	燕山村柑桔产业科技扶贫示范	桂林市农科院	农、林、牧、渔业
2019021	防水稳定器及其防水方法	桂林飞宇科技股份有限公司	电子信息
2019022	注射用青蒿琥酯的产业化	桂林南药股份有限公司	生物医药与医疗器械
2019023	BISAP-O 评分预测急性胰腺炎严重程度的价值的研究	桂林市人民医院	生物医药与医疗器械
2019024	桂林市低档暗娼人群艾滋病高危行为调查研究	桂林市疾病预防控制中心	生物医药与医疗器械
2019025	桂林市消除疟疾现场应用研究	桂林市疾病预防控制中心	生物医药与医疗器械
2019026	桂林市艾滋病配偶间传播状况调查及干预研究	桂林市疾病预防控制中心	生物医药与医疗器械
2019027	猕猴桃新品种标准化生产技术示范基地建设示范	资源县科技情报研究所	农、林、牧、渔
2019028	油墨树脂的制备方法	桂林兴松林化有限责任公司	制造业
2019029	一种胶印油墨树脂	桂林兴松林化有限责任公司	制造业
2019030	一种改性酚醛树脂	桂林兴松林化有限责任公司	制造业
2019031	植物雌激素通过受体新通路抑制肿瘤细胞生长的分子机制	桂林医学院	卫生和社会工作
2019032	他汀改变巨噬细胞极性的机制	桂林医学院	卫生和社会工作
2019033	驱动蛋白 KIF18A 在肝癌恶性进展中的作用及机制	桂林医学院	卫生和社会工作

续表一

成果登记号	成果名称	主要完成单位	所属行业
2019034	PCG 相关蛋白 RYBP 在肝细胞癌中的作用及分子机制	桂林医学院	卫生和社会工作
2019035	莪术醇通过干预 P53/IGF-1R 信号轴诱导鼻咽癌细胞凋亡	桂林医学院	卫生和社会工作
2019036	TNF-α、TGF-β YU 与原发性干燥综合征腺淋巴细胞浸润程度相关性研究	桂林医学院	卫生和社会工作
2019037	传统抗疟药氯喹通过溶酶体协同地塞米松抗急性淋巴细胞白血病的机制研究	桂林医学院	卫生和社会工作
2019038	桂北高寒山区蔬菜高效栽培示范与推广	桂林市农业科学院	农、林、牧、渔业
2019039	含有没有食子酰基岩白菜素的提取物及制备方法和应用	桂林市莱茵生物科技股份有限公司	农、林、牧、渔业
2019040	一种改变罗汉果甜苷甜味时间轮廓的甜味剂及其制备方法	桂林市莱茵生物科技股份有限公司	农、林、牧、渔业
2019041	低烟无卤聚氨酯泡沫的研发	桂林市科学技术情报研究所	建筑业
2019042	富硒茶生产管理系统 V1.0	广西壮族自治区桂林茶叶科学研究所	农、林、牧、渔业
2019043	富硒茶园土壤养分管理系统 V1.0	广西壮族自治区桂林茶叶科学研究所	农、林、牧、渔业
2019044	广西典型茶园土壤氮素行为及氮肥高效利用研究	广西壮族自治区桂林茶叶科学研究所	农、林、牧、渔业
2019045	一种相位敏感光时域反射计相位解调系统和相位解调方法	中国电子科技集团公司第三十四研究所	信息传输、软件和信息技术服务业
2019046	可持续发展示范区公共安全防范技术的研究与应用示范	桂林长海发展有限责任公司	信息传输、软件和信息技术服务业
2019047	微重力调控巨噬细胞主要组织相容性复合体的机制研究	桂林医学院	卫生和社会工作
2019048	维生素 K2 对 SCA3MJD 转基因果蝇的神经保护及其作	桂林医学院	卫生和社会工作
2019049	用芳纶线做子午线航空轮胎带束层帘线的挂胶胶料	中国化工集团曙光橡胶工业研究设计院有限公司	制造业
2019050	岩溶区铁猛结核土 Cd、Zn 迁移机制及环境效应	中国地质科学院岩溶地质研究所	农、林、牧、渔业
2019051	基于休闲农业的油菜功能拓展关键技术研究与示范	桂林市农业科学院	农、林、牧、渔业
2019052	杂交水稻新品种欣荣优 6307	桂林市农业科学院	农、林、牧、渔业
2019053	一种可拆卸的田间防鸟装置成果转化登记表	桂林市农业科学院	农、林、牧、渔业
2019054	一种莴笋打包装置	桂林市农业科学院	农、林、牧、渔业
2019055	压电式无痛超声牙周治疗仪关键技术研究及产业化示范	桂林市啄木鸟公司	制造业
2019056	金刚石钻头保径材料插孔工装及保径材料埋入方法	桂林特邦新材料有限公司	制造业
2019057	HXJ6040 型环金刚石线切割机的开发	桂林特邦新材料有限公司	制造业
2019058	钻探竖硬硬石用金刚石钻头的开发	桂林特邦新材料有限公司	制造业
2019059	白细胞介素 1α 上调钙卫蛋白亚基 S100A8 的分子机理研究	桂林医学院	卫生和社会工作
2019060	AFB1 致肝细胞恶性转化过程中的组蛋白修饰调控机制	桂林医学院	卫生和社会工作
2019061	人胰淀素不同构型在 1 型糖尿病中对糖稳态的调节机制	桂林医学院	卫生和社会工作
2019062	Wnt 信号通路在瑞舒伐他汀钙对 SD 大鼠肝硬化影响中的作用机制	桂林医学院	卫生和社会工作
2019063	Osteoprotegerin 在间歇性低氧状态下对血管内皮细胞的作	桂林医学院	卫生和社会工作
2019064	LMP1/miR-19b/SOCS1 对鼻咽癌 STAT3 信号通路的影响及机制	桂林医学院	卫生和社会工作
2019065	Rac1 通过 Wnt 信号通路对骨肉瘤增殖和转移的影响及机制研究	桂林医学院	卫生和社会工作
2019066	氢气对脑缺血 / 再灌注损伤线粒体稳态和线粒体自噬的调控作用及机制研究	桂林医学院	卫生和社会工作
2019067	基于 RNA 聚合酶开关区结构特征设计新型高效抑制剂及其抗菌活性研究	桂林医学院	卫生和社会工作
2019068	组织型转谷氨酰胺酶在酒精性肝病发病机制中的作用	桂林医学院	卫生和社会工作
2019069	GABA A 受体在锰致雄性生殖损伤中的作用及机制研究	桂林医学院	卫生和社会工作
2019070	基于 TLR4/NF-κB 信号通路探讨荔枝核总黄酮治疗异常腺窝病灶的机制	桂林医学院	卫生和社会工作
2019071	广谱性手足口病多肽疫苗的实验研究	桂林医学院	卫生和社会工作

续表二

成果登记号	成果名称	主要完成单位	所属行业
2019072	脱氢松香基双杂环化合物的设计合成及抗菌活性研究	桂林医学院	卫生和社会工作
2019073	印制绕组转子枢及印制绕组电机	桂林电器科学研究院有限公司	制造业
2019074	锌铋合金包覆镁硅铁颗粒制备硅铁粉的方法及硅铁复合粉	桂林电器科学研究院有限公司	制造业
2019075	泡沫状硅粉与其制备方法以及应用其的锂离子电池	桂林电器科学研究院有限公司	制造业
2019076	一种基于静电的聚酰胺酸树脂溶液贴附唇壁挤出流涎方法	桂林电器科学研究院有限公司	制造业
2019077	基于模头角度的聚酰胺酸树脂溶液贴附唇壁挤出流涎方法	桂林电器科学研究院有限公司	制造业
2019078	一种塑料薄膜流延机组钢带的张紧与纠偏系统	桂林电器科学研究院有限公司	制造业
2019079	一种耐高温聚萘酯微孔隔膜及其制备方法	桂林电器科学研究院有限公司	制造业
2019080	一种耐高温复合微孔隔膜及其制备方法	桂林电器科学研究院有限公司	制造业
2019081	一种耐高温多层微孔隔膜及其制备方法	桂林电器科学研究院有限公司	制造业
2019082	一种添加锂硅合金和银卤族化合物的硫化锂系固体电解质材料及其制备方法	桂林电器科学研究院有限公司	制造业
2019083	一种含溴化银和氯化银的硫化锂系固体电解质材料及其制备方法	桂林电器科学研究院有限公司	制造业
2019084	果蔗专用收获工具	桂林市农业科学院	农、林、牧、渔业
2019085	高效剥甘蔗叶工具	桂林市农业科学院	农、林、牧、渔业
2019086	miR375/ERα 正反馈环对 RASD1 的调控在脑缺血再灌注损伤的作用及毛蕊异黄酮的干预机制	桂林医学院	卫生和社会工作
2019087	毛蕊异黄酮通过干预 LncRNA-WDR7-7-Rab27B 信号通路抑制乳腺癌细胞迁移侵袭作用的研究	桂林医学院	卫生和社会工作
2019088	一种纳米硅粉的制备方法	中国有色桂林矿产地质研究院有限公司	制造业
2019089	一种球形钛或钛合金粉的制备方法	中国有色桂林矿产地质研究院有限公司	制造业
2019090	一种锂离子电池负极用硅－钴－碳复合材料及其制备方法	中国有色桂林矿产地质研究院有限公司	制造业
2019091	采用条坯组装烧结成型制作钻齿的方法	中国有色桂林矿产地质研究院有限公司	制造业
2019092	一种齿缝镶嵌金刚石的内圆刀片的制备方法	中国有色桂林矿产地质研究院有限公司	制造业
2019093	渐进式自由烧结金刚石串珠的研制	中国有色桂林矿产地质研究院有限公司	制造业
2019094	汽车凸轮轴加工用立方氮化硼(CBN)磨抛带的开发研究	中国有色桂林矿产地质研究院有限公司	制造业
2019095	亚纳秒级 ZnOGa 闪烁单晶的水热法生长技术研究	中国有色桂林矿产地质研究院有限公司	制造业
2019096	综合找矿技术在非洲赞比亚的推广示范及应用研究	中国有色桂林矿产地质研究院有限公司	制造业
2019097	广西河池五圩矿田箭猪坡矿床锑多金属矿成矿规律及其找矿预测	中国有色桂林矿产地质研究院有限公司	制造业
2019098	高抗灰迹 KTP 晶体的水热法生长关键技术及应用	中国有色桂林矿产地质研究院有限公司	制造业
2019099	锻钢发动机曲轴生产工艺行业领军建设	桂林福达股份有限公司	制造业
2019100	年产 100 万套离合器智能制造关键技术研究及产业化	桂林福达股份有限公司	制造业
2019101	农业优良新品种选育示范	广西智友生物科技股份有限公司	农、林、牧、渔业
2019102	灵川县江头贫困村优质稻繁种优势特色产业建设示范	灵川县科技情报所	农、林、牧、渔业
2019103	非折叠蛋白反应在 Pink1 敲低挽救 SCA3/MJD 转基因果蝇中的作用	桂林医学院	卫生和社会工作
2019104	旅游城市食源性疾病监管预警体系研究	桂林市疾病预防控制中心	卫生和社会工作
2019105	粉体包装及码垛机器人关键技术与设备研制	桂林鸿程机电设备有限公司	制造业
2019106	“桂粉蹄 1 号”荸荠标准化生产技术集成与示范	平乐宏源农业发展有限公司	农、林、牧、渔业
2019107	茶园土壤硒素调控及富硒茶高效生产技术集成应用研究	广西壮族自治区桂林茶叶科学研究所	农、林、牧、渔业
2019108	降低生物燃料凝点的添加剂	广西丰泰能源科技有限公司	交通运输、仓储和邮政业
2019109	涂覆催化材料的微晶竹炭陶珠及其制备方法	桂林新竹大自然生物材料有限公司	制造业
2019110	有催化功能的微晶竹炭蜂窝陶质空气过滤板及其制备方法	桂林新竹大自然生物材料有限公司	制造业
2019111	优质进口番茄嫁接和扦插关键技术的优化与推广应用	桂林市蔬菜研究所	农、林、牧、渔业
2019112	优质水果型节瓜新品种的引进与示范推广	桂林市蔬菜研究所	农、林、牧、渔业
2019113	石骨症致病基因定位及突变鉴定	桂林鸿程矿山设备制造有限责任公司	制造业

续表三

成果登记号	成果名称	主要完成单位	所属行业
2019114	HLM1300 超细磨粉系统的研制	桂林鸿程矿山设备制造有限责任公司	制造业
2019115	石骨症致病基因定位及突变鉴定	中国人民解放军联勤保障部队第九二四医院	卫生和社会工作
2019116	自动化轮胎帘布裁断生产线研发与产业化	桂林中昊力创机电设备有限公司	制造业
2019117	正压留置针在传染性疾病住院患者的临床应用	桂林市第三人民医院	卫生和社会工作
2019118	慢性乙型肝炎不同基因分型患者肝组织 Toll 样受体变化及临床意义研究	桂林市第三人民医院	卫生和社会工作
2019119	基于光纤形变定位的传感设备开发	桂林聚联科技有限公司	信息传输、软件和信息技术服务业
2019120	“广西甜茶”提取甜茶苷的产业化	广西甙元植物制品有限公司	制造业
2019121	智能电子产品及元器件研制及应用－用于数字电视鼓簧藕节式接插针的弱电接头研发	桂林市节清科技有限公司	信息传输、软件和信息技术服务业
2019122	环境激素苯并芘通过 miRNA-375/ERα 通路与 AhR 交互作用诱导乳腺癌作用的研究	桂林医学院	卫生和社会工作
2019123	桂香 18 号茶树良种配套栽培集成技术研究	广西壮族自治区桂林茶叶科学研究所	农、林、牧、渔业
2019124	桂北地区富硒水稻标准化生产技术研究与示范	桂林市农业科学院	农、林、牧、渔业
2019125	良种杉木采穗圃营建及无性繁殖育苗技术研究与示范	桂林市林业科学研究所	农、林、牧、渔业
2019126	治疗糖尿病药用植物青钱柳幼龄期药用成分分析及叶用苗木培育技术	广西壮族自治区桂林林业学校	农、林、牧、渔业
2019127	研究智神信息智能三轴手持稳定器海外专利布局试点	桂林智神信息技术股份有限公司	制造业
2019128	高重频水热法 KTP 电光调 Q 开关开发	桂林百锐光电技术有限公司	制造业
2019129	原发性骨质疏松、异位性钙化与衰老的相关性研究及防治对策	中国人民解放军联勤保障部队第九二四医院	卫生和社会工作
2019130	超硬材料及制品制备技术－盐溶矿开采用 Fe-Cu 基金刚石绳锯的开发	桂林特邦新材料有限公司	采矿业
2019131	桂林富硒茶生产技术研究与产品开发	广西壮族自治区桂林茶叶科学研究所	农、林、牧、渔业
2019132	桂林市科普公共服务平台示范建设	桂林市科学技术情报研究所	文化、体育和娱乐业
2019133	MEMS 系列光开关研发及产业化技术	中国电子科技集团公司第三十四研究所	信息传输、软件和信息技术服务业
2019134	多用途智能角度传感模块在自动化控制领域中的开发与应用	桂林市晶瑞传感技术有限公司	制造业
2019135	工合金电子商务平台知识产权保护规范化试点建设	桂林电器科学研究院有限公司	制造业
2019136	环保型低压触头材料及元件产业化	桂林电器科学研究院有限公司	制造业
2019137	锌铋合金包覆硅镁颗粒制备泡沫状硅粉的方法及硅粉	桂林电器科学研究院有限公司	制造业
2019138	一种自动检测产品状态的产线设备	桂林三金药业股份有限公司	制造业
2019139	一种积雪草多倍体及其诱导育种方法	桂林三金药业股份有限公司	制造业
2019140	外侧盘状半月板成形术对早中期膝关节炎疗效影响的临床研究	桂林市中医医院	卫生和社会工作
2019141	解语丹药棒治疗脑卒中后运动性失语的研究	桂林市中医医院	卫生和社会工作
2019142	瑶医火攻疗法治疗痛经的临床观察	桂林市中医医院	卫生和社会工作
2019143	腹针配合益肾化痰汤内服治疗多囊卵巢综合征的临床疗效观察	桂林市中医医院	卫生和社会工作
2019144	右美托咪定联合乌司他丁对老年髋关节置换术后认知功能障碍的影响	桂林市中医医院	卫生和社会工作
2019145	化积定痛散穴位贴敷对肝癌患者的镇痛研究	桂林市中医医院	卫生和社会工作
2019146	松筋针松解加中药穴位注射治疗人工髋关节术后髋部疼痛的临床研究	桂林市中医医院	卫生和社会工作
2019147	茶树群体种集团选育技术规程	广西绿异茶树良种研究院	农、林、牧、渔业
2019148	油茶速溶加工工艺研究	桂林满梓玉农业开发有限公司	农、林、牧、渔业
2019149	一种可焊平行结构银石墨带状触头材料的制备方法	桂林金格电工电子材料科技有限公司	制造业
2019150	一种可焊片状平行结构银石墨触头的制备工艺	桂林金格电工电子材料科技有限公司	制造业
2019151	“智云”电子三轴手持稳定器	桂林智神信息技术股份有限公司	制造业

续表四

成果登记号	成果名称	主要完成单位	所属行业
2019152	优异茶树品种快速选育新技术的示范与应用	广西绿异茶树良种研究院	农、林、牧、渔业
2019153	高黄酮含量茶产品开发及其加工工艺研究	桂林漓江茶厂有限公司	农、林、牧、渔业
2019154	桂北野生茶不同茶类加工技术研究	广西桂林茶叶科学研究所	农、林、牧、渔业
2019155	游标卡尺高频淬火全自动智能系列生产线	桂林广陆数字测控有限公司	制造业
2019156	生态型罗汉果果蜜的开发研究	桂林吉福思罗汉果有限公司	制造业
2019157	复合型罗汉果茶膏固体饮料新产品的开发研究	桂林吉福思罗汉果有限公司	制造业
2019158	中欧合作开发罗汉果风味固体饮料新产品	桂林吉福思罗汉果有限公司	制造业
2019159	罗汉果活性物质提取技术研究及产品开发—罗汉果花粉超低温贮藏技术与花粉库建立	桂林吉福思罗汉果有限公司	农、林、牧、渔业
2019160	罗汉果特色旅游产品生产建设项目	桂林吉福思罗汉果有限公司	制造业
2019161	±800kV 直流输变电工程用 750kV 滤波器电容器及技术	桂林电力电容器有限责任公司	制造业
2019162	一种格构式抗震电力电容器框架、固定架、塔及装置	桂林电力电容器有限责任公司	制造业
2019163	TDL1228–1.2–W 悬吊式直流滤波电容器装置研制	桂林电力电容器有限责任公司	制造业
2019164	网膜素 –1 和脂联素在老年 2 型糖尿病合并脑梗死的相关性研究	桂林市人民医院	卫生和社会工作
2019165	抗磷脂抗体对孕产妇及新生儿影响的临床研究	桂林市人民医院	卫生和社会工作
2019166	桂林市城区学龄前儿童弱视流行病学调查分析	桂林市人民医院	卫生和社会工作
2019167	水稻节水减排防污综合调控关键技术推广	桂林市农田灌溉试验中心站	农、林、牧、渔业
2019168	隐丹参酮通过抑制 STAT3 酪氨酸磷酸化抗恶性神经胶质瘤增殖及其分子机制研究	桂林医学院	科学研究和技术服务业
2019169	桂林现代农业科普信息化研究与应用	桂林市农业科学院	农、林、牧、渔业
2019170	广西珍稀特异茶树种质资源收集与繁育技术研究	广西壮族自治区桂林茶叶科学研究所	农、林、牧、渔业
2019171	老挝有色金属矿产资源勘查技术集成研究与推广示范	中国有色桂林矿产地质研究院有限公司	采矿业
2019172	一种离子吸附型稀土矿离子相标准物质及其制备方法	中国有色桂林矿产地质研究院有限公司	科学研究和技术服务业
2019173	用于治理滑坡地质灾害的锚固材料及其制备方法	中国有色桂林矿产地质研究院有限公司	科学研究和技术服务业
2019174	JNK 信号通路在肝脏缺血再灌注损伤中的作用及机制	桂林医学院	卫生和社会工作
2019175	microRNA–506 靶向调控 EZH2 在肝细胞癌侵袭和转移中的作用及机制研究	桂林医学院	卫生和社会工作
2019176	桂北杉木种子园人工授粉丰产技术研究	桂林市林业科学研究所	农、林、牧、渔业
2019177	心肌缺血 / 再灌注损伤小鼠模型的构建及其在 6– 姜酚开发研究中的应用	桂林医学院	卫生和社会工作
2019178	NGF 转染骨髓基质干细胞复合富血小板血浆的组织工程骨	桂林医学院	卫生和社会工作
2019179	巨噬细胞极性转换在他汀保护心肌中的作用及机理	桂林医学院	卫生和社会工作
2019180	压电式无痛超声牙周治疗仪的研发	桂林市啄木鸟医疗器械有限公司	制造业
2019181	口服 L– 苏氨酸镁对 MPTP 小鼠保护作用的研究	桂林医学院	卫生和社会工作
2019182	染色体乘客复合体的相互作用对口腔鳞状上皮细胞癌发生发展影响机制的研究	桂林医学院	卫生和社会工作
2019183	Borealin 在口腔癌发生发展作用及机制的研究	桂林医学院	卫生和社会工作
2019184	一种治疗颞下颌关节紊乱病的新型颌板研制	桂林市口腔医院	卫生和社会工作
2019185	一种集成磁性编码器的一体化印刷绕组电机	桂林电器科学研究院有限公司	制造业
2019186	一种 BOPP 模头支撑架结构	桂林电器科学研究院有限公司	制造业
2019187	3.5 米双向拉伸光学聚酯薄膜生产线研制	桂林电器科学研究院有限公司	制造业
2019188	3D 打印产业专利导航及应用	桂林电器科学研究院有限公司	制造业
2019189	高性能消防服用胶布材料研制	中国化工集团曙光橡胶工业研究设计院有限公司	
2019190	改善啤酒泡沫及控制衰减技术的研究与应用	燕京啤酒(桂林漓泉)股份有限公司	制造业
2019191	光伏发电及并网电气装备研发项目	桂林君泰福电气有限公司	制造业
2019192	互联网 + 分布式光伏发电关键技术开发及应用示范	桂林君泰福电气有限公司	制造业
2019193	慢病毒介导 BMP–2 转染自体兔 BMSCs 治疗股骨缺损的研究	桂林医学院	卫生和社会工作

续表五

成果登记号	成果名称	主要完成单位	所属行业
2019194	一种悬挂式列车	杨怀辉	交通运输、仓储和邮政业
2019195	光电子与光通信关键技术专利微导航	中国电子科技集团公司第三十四研究所	信息传输、软件和信息技术服务业
2019196	青蒿素类产品的二次开发	桂林南药股份有限公司	卫生和社会工作
2019197	治疗颞下颌关节紊乱病的新型颌板研制	桂林市口腔医院	卫生和社会工作
2019198	鹰嘴豆芽素 A 对脑缺血 / 再灌注损伤中炎性反应的保护作用及其与 p38-MAPK/NF-κB 信号通路的关系	桂林医学院	卫生和社会工作
2019199	毛蕊异黄酮衍生物在制备促进内皮细胞增殖药物中的应用	桂林医学院	卫生和社会工作
2019200	毛蕊异黄酮衍生物在制备治疗脑缺血再灌注损伤药物中的应用	桂林医学院	卫生和社会工作
2019201	毛蕊异黄酮衍生物在制备治疗 ER 阴性乳腺癌药物中的应用	桂林医学院	卫生和社会工作
2019202	一种跟焦系统的工作方法	桂林智神信息技术股份有限公司	制造业
2019203	Smooth 4 手持手机稳定器	桂林智神信息技术股份有限公司	制造业
2019204	一种提高罗汉果可悬浮培养胚性愈伤组织诱导率的方法	桂林莱茵生物科技股份有限公司	农、林、牧、渔业
2019205	一种蜂蜜味道罗汉果汁的制作方法	桂林莱茵生物科技股份有限公司	农、林、牧、渔业
2019206	一种从樱桃中制备樱桃汁及樱桃黄酮的方法	桂林莱茵生物科技股份有限公司	农、林、牧、渔业

（魏楚书）

科学普及

【概况】 2019 年，桂林市科学技术协会（简称市科协）办公地址在临桂区青莲路投资发展商务大厦南楼 25 层。内设办公室、组织人事部、学会部（联络部）、科技普及部（青少年科技工作部）和信息宣传部，人员编制 14 名，在职人员 16 人。下设直属事业单位桂林市科技进修学院、桂林科技报编辑部、桂林市青少年科技工作站、桂林科学技术活动中心。年末，全市共有市级自然科学学会（协会、研究会）27 个，科研院所 3 个，园区、企业、院校科协 39 个；县（市、区）科协 17 个，乡（镇、街道）科协 148 个，农村专业技术协会 453 个。

【全民科学素质提升】 2019 年，市科协对实施全民科学素质行动计划纲要领导小组成员进行调整，成员单位由原来的 19 个增加到 30 个。5 月，市科协与江苏联著实业有限公司签订科普战略联盟合作协议，在全市组织开展以食品安全、垃圾分类、全国科普日为主题的三期全民科学素质线上科普知识竞赛活动，共有 81.5 万人次参与答题活动。12 月，协助自治区科协举办“弘扬爱国奋斗精神、建功立业新时代”报告会之“传承 2019—中国科学家精神报告团广西行”桂林站系列报告会活动，在广西师范大学、桂林中学、桂林榕湖小学和阳朔中学等 8 所大中小学举办报告会 8 场，受众人数 5000 多人，通过手机、桂视网和微阳朔点击量超 10 万人次。全市公民科学素质由上年 6.3% 提升到 2019 年的 7.0%。

【实施基层科普行动计划】 2019 年，市科协依托中国科协、广西科协和财政部、自治区财政厅“基层科普行动计划”“广西科普惠农兴村计划”项目，在各县（市、区）新建农业科技协会 5 个、提升农业科技协会 4 个、建立扶贫产业科普示范基地 1 个、建立科普示范村 1 个、科普示范社区 1 个、科普示范学校 6 个，获奖补资金 232 万元。

【科普基础设施建设】 2019 年，全市新建立科普中国 e 站 35 个，认定崇华中医街、桂林北斗七星动物园成为市级科普教育基地；在中国科技馆发展基金会的帮助下，新建全州县咸水镇

2019 年 7 月，叠彩区科协、叠彩区教育局组织在叠彩区万达广场开展中国流动科技馆巡展活动（市科协　供图）

2019 年 4 月，桂林市中小学生电脑机器人竞赛在市第十七中学举办

（市科协 供图）

白竹初中、阳朔县福利镇福利初中 2 个农村中学科技馆；指导桂林 2 家民营科技馆—叠彩区赛酷尔科技馆和秀峰区漓幻之城 · 沉浸式光影互动体验科技馆营业并对外开放。年内，秀峰、叠彩、临桂、阳朔、永福、平乐、恭城、全州、灌阳 9 个县（区）轮流开展中国流动科技馆在广西的第二轮巡展活动，累计参观人数 10 万余人次。

【开展主题科普活动】 2019 年，市科协持续开展“科学保护漓江生态环境我先行”、科技活动周、食品安全周、防灾减灾日、“八桂科普大行动”“圆梦工程”系列科普志愿行动、科普大篷车进校园进社区（农村）进企业进机关进公共场所、文化科技卫生“三下乡”等主题科普活动。全年开展主题科普活动 135 场，参与活动和受益群众人数 10 万余人次。桂林市科协被评为“2019 年全国科普日活动优秀组织单位”“2019 年八桂科普大行动优秀组织单位”；2019 年桂林市全国科普日活动暨八桂科普大行动启动仪式评为“2019 年全国科普日优秀活动”“2019 年八桂科普大行动优秀特色活动”。

【科技助力精准扶贫】 2019 年，市科协组织科技扶贫专家服务团 30 人次到贫困村和联系县（市、区）举办技术培训 10 期，培训人数 1300 人次，17 县（市、区）科协共培训 4 万人次；参与科技扶贫专家总人数 445 人，组织科技培训 154 次。参与科技扶贫的农业科技协会 112 个，通过科技助力带动脱贫的建档立卡贫困户 9170 人。

【青少年科技普及教育】 2019 年 3 月，市科协联合市教育局组织参加第 34 届广西青少年科技创新大赛决赛，获一等奖 26 项、二等奖 24 项、三等奖 25 项，3 人获优秀科技辅导员，广西师范大学附属中学获科技教育创新优秀学校称号。

4 月，市科协、市教育局和市科学技术局联合在市第十七中学举办 2019 年桂林市中小学电脑机器人竞赛活动，共有 70 多所学校的 474 支代表队、766 名选手参加比赛，赛后选拔 99 名优秀选手参加第 18 届广西青少年机器人竞赛暨东盟国家青少年机器人邀请赛 8 个项目的角逐，其中市第十九中学以该届高中组 FLL 项目冠军的成绩融入广西代表队，获得参加第 19 届中国青少年机器人竞赛的资格。

7 月，桂林市参加澳门举办的第 34 届全国青少年科技创新大赛，广西师范大学附属中学教师李玉华获科技教育方案全国二等奖，桂林市逸仙中学教师周新华获科技教具制作全国三等奖，广西师范大学附属中学的科技实践活动获全国二等奖；李玉华教师获《中国科技教育》杂志专项奖，被评为全国十佳科技辅导员。

9 月，市科协与市教育局、市科学技术局共同启动 2019 年桂林市“悦动 · 科学”青少年科技创新大赛活动，收到各类作品 960 个，经评审公示推荐优秀作品 73 个、基层优秀组织单位 5 个、科技教育创新优秀学校 3 所，参加自治区第三十五届青少年科技创新大赛。同月，市科协与市教育局、市科学技术局共同主办桂林市第二届青少年科技运动会，共有市直属学校和各县（市、区）69 所学校 819 名选手参赛。通过比赛，选出 50 支队伍参加 9 月 28 日至 29 日在桂林中学临桂校区举行的第四届广西青少年科技运动会，桂林市获一等奖 17 个、二等奖 13 个、三等奖 13 个；在 14 个参赛地级市中，桂林市各项获奖等级数量均名列前茅。

10 月，桂林市参加四川成都举办的第十届全国青少年科学影像节展映展评活动，由市科协选送的 18 部作品，有 3 部作品获影像节现场展示二等奖，15 部获三等奖。

【服务科技人才】 2019 年，市科协启动院士专家工作站建设认证，将灌阳县新圩镇小龙村袁隆平院士工作站、全州县才湾镇禾花鲤鱼养殖绿淼公司示范基地桂建芳院士工作站纳入中国科协系统院士工作站规范化管理范围。推荐桂林农田试验灌溉中心站李新建教授参加 2019 年中国工程院院士候选人广西科协评审会，并成为广西科协向中国科协推选的 5 名中国工程院院士候选人之一。桂林医学院附属医院莫靖欣被推选并获“第十五届广西青年科技奖”。

【学术活动】 2019 年，市科协邀请国际萃智协会 TRIZ 方法培训师伍学珍、陆尚平在桂林举办 2 期“创新方法”培训班，并首次组队参加 2019 年中国创新方法大赛广西区决赛，桂林医学院附属医院的 4 个团队在决赛中均获优秀奖。开展“党旗领航——学会专家走基层”活动，组织不同科技协会的专家分别到桂林市崇善小学、叠彩区智慧产业园、桂林医学院附属医院开展科普讲座。全年指导市级各自然科学学会（协会、研究会）主办学术交流活动 39 场、承办学术交流活动 20 场，包括桂林市营养学会举办的第四

2019年9月26日,2019年全国科普日桂林市活动暨八桂科普大行动启动仪式在叠彩区智慧谷文创产业园举行 （市科协　供图）

届桂林象山临床营养论坛、第二届漓江国际药学论坛、桂林市化学学会举办的结构化学与结构生物学核磁共振国际研讨会、桂林市物理学会举办的全国穆斯堡尔谱学会议、强子谱和强子结构国际会议、2019年度BESIII粲偶素及类粲偶素物理研讨会等。（石峰）

防震减灾

【概况】 2019年,市地震监测中心办公地址在临桂区西城中路69号创业大厦东辅楼。年内,桂林市实施机构改革,将市地震局改为市地震监测中心,作为桂林市应急管理局管理的副处级公益一类事业单位。内设防震技术科、监测预警科,人员编制10名,在职人员13人。全年市防震减灾围绕防灾减灾救灾"两个坚持,三个转变"(坚持以防为主、防抗救相结合,坚持常态减灾和非常态救灾相统一,从注重灾后救助向注重灾前预防转变,从应对单一灾种向综合减灾转变,从减少灾害损失向减轻灾害风险转变)工作要求,以人民为中心,聚焦主责主业,做好地震监测预警,提升防震减灾能力水平。

【地震监测预警能力建设】 2019年,市地震监测中心配合自治区地震局对广西地震烈度速报与预警系统桂林项目台站的仪器设备安装,至年末,完成安装调试台站25个。加强指挥中心日常运维管理和专人24小时值守,确保指挥中心仪器设备正常运转。配合自治区地震局维护管理兴安县、龙胜各族自治县、全州县3个国家数字地震背景场台站和永福县地震监测台站,确保设备正常运行。加强"三网一员"(地震宏观测报网、地震灾情速报网、地震知识宣传网、防震减灾助理员)建设管理,全市建成地震宏观观测点84个,每个村指定灾情速报员和宣传员,每个乡(镇)指定防震减灾助理员,并对全市"三网一员"全面清查统计,根据人员变动及时更新调整,落实"三网一员"业务培训,地震群测群防点管理运行正常。

【抗震设防】 2019年,市地震监测中心执行《中国地震动参数区划图》(GB18306-2015)(简称地震区划图),加强指导各县(市、区)开展建设工程抗震设防工作,及时更新平台目录,对照权责清单,服务项目业主,对桂林市确定的重点项目,行政许可审批时间由8天减压至5天;对"未批先建"的特殊项目,建立容缺机制,为重点项目快速落地建设提供服务。1月—4月,市本级共完成建设工程抗震设防要求确定22项(5月起一般建设工程抗震设防行政审批移交给市住房与城乡建设委员会),行政许可受理办结率100%。做好抗震设防事中、事后监管,联合市住房与城乡建设委员会开展地震区划图执行情况检查,确保全市新建、扩建、改建建设工程达到抗震设防要求。

【地震应急能力建设】 2019年,市地震监测中心加强地震应急避难场所维护管理,投入3万余元对桂林园林植物园Ⅱ类地震应急避难场所进行全面检查维修,并筹划对市中心广场、甲天下广场、市体育中心、叠彩区文化广场、市民广场、临桂区第一中学等6处Ⅱ类地震应急避难场所日常管理归属,制定地震应急避难场所使用管理规定。年末,全市地震应急避难场所

2019年10月10日—12日,桂林市流动测震流动观测应急演练在临桂区黄沙瑶族乡开展 （邓诗跃　摄）

2019 年 5 月 10 日，2019 年全国防震减灾日宣传活动在兴安县第三小学举行

（符祖军　摄）

总占地面积 85.87 万平方米，可安置受灾群众 2.11 万人。推进县（市、区）地震应急避难场所建设，永福县福寿广场Ⅱ类地震应急避难场所建成，荔浦市、兴安县筹划建设地震应急避难场所。10 月 10 日—12 日，自治区地震局、桂林地震台、临桂区地震监测中心进行三级联动，在临桂区黄沙瑶族乡开展测震流动观测应急演练，提升流动测震台选址、架设及地震监测分析水平，提高应对地震突发事件的处置能力。

【防震减灾知识宣传】 2019 年，市地震监测中心利用“5·12”防震减灾日、“7·28”唐山大地震纪念日等特殊时段，到兴安县第三小学，临桂区第一小学，七星区樟木小学、穿山小学等学校开展防震减灾宣传，指导地震应急演练。充分发挥桂林电视台《桂林日报》《桂林晚报》、桂林生活网等主流媒体的作用，普及防震减灾知识。5 月 10 日，由市应急管理局、兴安县人民政府主办，市地震监测中心、兴安县地震监测中心、兴安县教育局承办，在兴安县第三小学对该县中小学校校长及幼儿园园长进行防震减灾知识宣传，通过地震应急疏散演练、发放宣传资料、展示防震减灾知识宣传板、讲授防震减灾科普知识，提升师生对防灾减灾、应急处置、自救互救等科普知识的理解。6 月 19 日，市地震监测中心与临桂区地震局在临桂区第三中学组织防震减灾知识竞赛，并组织临桂区第三中学代表桂林市参加自治区防震减灾知识大赛，获一等奖。7 月 24 日，市地震监测中心联合临桂区地震监测中心在临桂区会仙镇开展防震减灾宣传活动，进一步提高市民防震减灾意识和地震应急能力。

【科普教育基地建设】 2019 年，市地震监测中心升级完善市防震减灾科普教育基地设施，投入 3 万余元设立防震减灾知识宣传长廊，接待《桂林日报》小记者、中小学校师生、桂林市老科协、社区等 10 余批次 400 多人参观。指导中小学校创建并申报自治区级、国家级防震减灾科普示范学校。至年末，兴安县第三小学国家级地震科普示范学校通过国家地震局初审，进入公示阶段。　（伍笙璋）

社科活动

【概况】 2019 年，桂林市社会科学界联合会（简称市社科联）办公地址在临桂区青莲路投资发展大厦南楼 26 层。内设办公室、学会部、科研科普部，人员编制 10 名，在职人员 15 人。下辖《社会科学家》杂志社，杂志机构编制 9 名，在职人员 8 人。所属团体会员 55 个，会员总数 1.22 万人。在职从事社科研究人员 400 多人，其中具有高级专业技术职称 58 人、中级专业技术职称 340 多人。全年桂林市社会科学界共发表论文 300 余篇，完成研究课题 40 余项。4 月，市社科联举行第四届委员会第三次全体会议召开。年内，市社科联获“全国社科组织先进单位”称号。

【社科学术活动】 2019 年，桂林市社会科学界围绕桂林经济社会发展开展一系列社科学术活动。举办“第四届中国－东盟民族文化论坛”，东盟各国驻南宁总领事和 13 个国家 150 名国内外专家学者参加会议。论坛向国内外学术界发出《榕湖宣言》。举办“传承红色基因弘扬红色文化研讨会”“2019 灵渠文化研讨会”。市社

2019 年 4 月 18 日，桂林市社会科学界联合会第四届委员会第三次全体会议召开

（吴坚　供图）

科联参加第三届国际青年人文对话大会并代表桂林社科界作大会发言，介绍桂林成果，发出桂林声音。加强对桂林国际旅游胜地建设、国家可持续发展议程创新示范区建设、湘江战役红军遗骸收殓保护等问题的研究，“桂林建设国家可持续发展议程创新示范区路径研究”“桂林打造健康旅游示范基地建设研究”“乡村振兴战略背景下桂林乡村民宿提升策略研究”“基于国际旅游胜地建设升级的桂林东盟客源市场拓展研究”“依托桂林国际旅游胜地建设的红色文化旅游开发研究”“桂林山水城市建设模式研究”“互联网＋时代桂林石刻的保护与传播研究”“湘桂古道历史文化遗存及文献稽考”“桂林乡村旅游发展影响因素与模式创新研究”“规划视阈下的桂林乡土建设研究”等10个2019年度哲学社会科学市级重点规划课题完成研究任务并通过专家评审结题。各社会组织发挥自身学科优势，开展社科调研和各类学术研讨，形成一大批研究成果：市抗战文化研究会完成《桂林红色文化精品课程——桂林抗战文化》《桂林红色文化精品课程——桂林正阳东西巷历史文化街区》等调研报告；市推广普通话学会协助修订完善《普通话测试水平教材》，完成《论朗诵表演的艺术境界探索》等相关项目研究；市金融学会完成“对桂林民宿经济发展的调查和思考”“对区域精准脱贫信贷需求状况的现实思考”等数十个课题项目或论文的撰写研究，为桂林的经济社会发展提供理论支撑；桂林旅游学会参与起草《自治区关于以世界一流为发展目标打造桂林国际旅游胜地建设的实施意见》《关于支持桂林文化旅游深度融合发展实施方案》，完成《政府工作报告—桂林旅游发展调研报告》《桂林市乡村旅游与旅游扶贫融合发展的产业扶贫新途径研究》《构建和完善桂林旅游散客服务体系方案》等研究报告，体现旅游学会自身的职能优势；桂林图书读者协会参与编撰《漓江永远美丽》一书；桂林经济学学会完成《桂林米粉产业发展规划》《广西脱贫攻坚典型经验研究》《生态文化旅游融合发展的桂林样本—基于国际旅游胜地建设的视角》等研究报告；桂林钱币学会的《广西临时军用铜元券实物及其价值初探》《从几张修业文凭看清末民初桂林教育》，桂林市审计学会的《大数据时代审计资源整合路径研究》《计算机技术在自然资源资产离任审计中的应用》《浅谈对乡镇领导干部自然资源资产审计的探索》等研究报告体现学会整体研究水平的提升。

2019年1月31日，市社科联在全州县枧塘镇珠塘村举行新春慰问暨社科知识下乡活动

（吴坚　供图）

【开展社会科普活动】 2019年，市社科联做好社会科学普及工作。1月，市社科联分别在临桂区中庸镇泗林村、秀峰区红头岭社区、全州县枧塘镇珠塘村组织开展2019年桂林市社科联新春慰问暨社科知识下乡活动；组织书法家现场给村民写春联、送春联。组织社会科学专家编撰、出版《桂林文化城之魂—历史文化名人与桂林》《大美桂林》等科普文化书籍。推广普通话学会的全国“曹灿杯”普通话竞赛活动、钱币学会的大型钱币展、图书读者协会的谷雨诗会、纪实摄影学会的学术讲座、长田书画院的艺术研讨会、香文化研究会大型知识进高校的系列讲座、奇石文化研究会的大型作品展、国防教育研究会的阅兵展评比等活动，逐渐成为品牌。5月12日—18日，市社科联在全市开展桂林市科普宣传周活动。科普周期间，举办大型广场科普宣传1场，学术讲座5次，受众市民2000人次。市属各社科类社会组织举办学术活动（研讨会、论坛、年会、座谈会等）18次，参加人员共1600人次。市属各社科类社会组织自主组织科普活动15场次，累计参与公众人数1800人次；举办科普讲座8场，听众790人次；市属各社科类社会组织承担科普知识进村进社区进企业进校园6场次。围绕中华人民共和国成立70周年，各社会组织开展有影响、社会效益明显的科普宣传活动。图书读者协会推出“为祖国喝彩——推荐1本彰显建国70周年成就的书”读书分享活动，推广普通话学会举办“不忘初心　牢记使命——纪念中华人民共和国成立70周年大型诗文朗诵会”，宣城桃源书院举办“公祭舜帝大典，献礼70周年国学舞表演活动”。全年市属各社科类社会组织举办科普活动240次。

【征集2020年度规划研究课题选题】 2019年，桂林市哲学社会科学发展规划领导小组办公室向社会公开征集桂林市哲学社会科学2020年度规划研究课题选题。课题旨在坚持基础研究和应用研究并重，推动桂林哲学社会科学创新体系建设，为各级党委、政府提高科学化决策水平提供智力支持。全市共征集课题37个，其中“桂林长征国家文化公园建设路径研究”“基于体验价值理论的桂林市森林康养旅游开发路径研究”“乡村振兴背景下桂林特色田园综合体建设模式与发展策略研究”“桂林县域经济高质量发

2019 年 7 月 17 日—18 日，第四届中国 – 东盟民族文化论坛在桂林举行

（吴坚　供图）

展创新路径研究”“桂林加快现代服务业提档升级研究”“桂林旅游价格的沿袭与趋势研究”“桂林生态宜居乡村建设实效性提升路径研究”“湘桂古道灌阳段文化遗存考察”等 8 个选题列入桂林市 2020 年度哲学社会科学规划研究重点课题。

【第四届中国 – 东盟民族文化论坛在桂林举行】 2019 年 7 月 17 日—18 日，由自治区社科联、桂林市人民政府、广西民族大学、广西国际文化交流中心主办，桂林市委宣传部、市社科联承办，桂林旅游学院、广西民族大学民族研究中心、中央民族大学壮侗研究所协办的第四届中国 – 东盟民族文化论坛在桂林举行。来自中国、柬埔寨、老挝、马来西亚、缅甸、泰国、菲律宾、越南、印尼、文莱、印度、日本等国的 150 多名学者、嘉宾出席。论坛围绕中国 – 东盟民族文化的区域合作与共同发展为主题，国务院发展研究中心发展战略和区域经济研究部研究室主任、研究员刘云中，柬埔寨王家科学院副院长宋春奔，广西中医大学副校长、广西国际壮医医院院长、教授覃裕旺作主题发言。会议期间，与会学者围绕“一带一路”的民族文化交流与共享，文化旅游与绿色发展，民族文化旅游与城市发展（以中国桂林为例）议题进行研讨，共同发出《桂林榕湖宣言》。宣言从 5 个方面提出与会中外学者的倡议。相信中国与东盟各国都是多民族国家，民族文化丰富多彩；各国充分尊重不同国家、不同民族的文化传统和价值取向，在求同存异中促进各国间的文化交流与合作，在互信互利中建设经济共同体，拓展中国与东盟协同互助发展的新局面。呼吁各国政府要建立高层次的磋商和交流机制，通过磋商交流，寻求科学合理解决问题的办法路径和对策。响应并落实《中国 – 东盟环境保护合作战略》，实施好《中国 – 东盟环境合作行动计划》；本着创新、协调、绿色、开放、共享的发展理念，推进中国和东盟在文化旅游与环境发展的交流合作，促进区域可持续发展，共同为构建人类命运共同体与自然和谐共生作出新贡献。认为桂林是世界著名的风景旅游城市，是“一带一路”重要节点城市，积极探索经济社会与生态文明协调发展新模式，以世界一流为发展目标打造历史文化与现代文明相融合的国际旅游胜地，走出一条具有中国特色的城市建设发展之路。主张中国 – 东盟民族文化论坛要发挥好交流平台作用，不断完善机制定期持续举办。论坛共评选出中外学者的参会论文 71 篇，编成《第四届中国 – 东盟民族文化论坛论文集》。

【召开“传承红色基因　弘扬红色文化研讨会”】 2019 年 12 月 12 日，由自治区社科联、市社科联联合举办的“传承红色基因　弘扬红色文化”研讨会在桂林召开。来自广西大学区域发展研究院、桂林红军长征湘江战役文化保护传承中心、桂林市经济学学会、桂林红色旅游协会、桂北五县党史研究室、部分县（区）社科联、市属社科学会代表共 60 余人参会。会议围绕做好桂林红色文化保护与传承工作、利用现有红色资源，做大做强桂林的红色旅游、抓住长征国家建设公园（广西段）建设的机遇打造桂林红色旅游精品、做好红色旅游文章进行研究和探讨，提出富有建设性、操作性强的意见。

【“2019 灵渠文化研讨会”举行】 2019 年 11 月 28 日，由广西中华文化促进会、桂林市中华文化促进会、桂林市社会科学界联合会、中共桂林兴安县委员会等单位联合主办的“2019 灵渠文化研讨会”在兴安县举行。会议以“从灵渠到合浦—‘一带一路’视

2019 年 12 月 12 日，由自治区社科联、市社科联联合举办的“传承红色基因　弘扬红色文化”研讨会在桂林召开

（吴坚　供图）

野下的灵渠文化”为主题，探讨灵渠文化的科学内涵，对促进中华文化交流融合的历史价值以及推动“一带一路”建设具有现实意义。（吴坚）

社科成果

【《大美桂林——桂林特色旅游景区景点拾萃》】该书由市社科联组织专家、学者，耗时逾2年时间，以旅游体验感的散文笔调，图文并茂地介绍桂林主要风景、文化景区景点的相关内容，文章生动易读，每篇文末增加一则“编者注”，简易快速地告诉读者文中涉及景区景点的去处或概要，方便各类读者、自助旅游者查阅。该书诠释桂林优美的自然风光和文化底蕴，向大家展示一个绚丽的“大美桂林”画卷，可以足不出户，尽情享受桂林山水美景。2018年12月由广西美术出版社出版。

【《文化城之魂——历代文化名人与桂林》】该书由市社科联组织编撰。该书涉及四、五十名古代、近代与桂林有关系的文化名人，详细介绍他们为桂林山水风光与人文景观创作的诗文，是一部对桂林人文历史景观再塑造的文化散文集，既有历史价值，又有文化价值，是一部桂林文化的史诗。2018年12月由广西师范大学出版社出版。

【“桂林建设国家可持续发展议程创新示范区路径研究”课题】该课题是桂林市哲学社会科学规划研究重点课题，由桂林中慧系统工程研究所副教授杜文忠等完成。课题组树立“创新、协调、绿色、开放、共享”的新发展理念，针对“喀斯特石漠化地区生态修复和环境保护”瓶颈问题，以“景观资源可持续利用”为主题，以满足人民日益增长的美好生活需要为目标，以科技创新为动力，积极探索“生产生活生态相融，宜业宜居宜游一体”的桂林发展新路径，实现经济、社会、人口、资源、环境协调发展，为自然资源丰富、生态环境脆弱、经济社会发展相对滞后的地区实现可持续发展提供现实样板和典型经验，为落实2030年可持续发展议程提供桂林智慧。

【“桂林打造健康旅游示范基地建设研究”课题】该课题是桂林市哲学社会科学规划研究重点课题，由桂林电子科技大学教授唐桂黔等完成。该课题坚持新发展理念，坚持以人民健康为中心，围绕国内外游客特别是中高端游客消费需求，以市场为导向，以桂林国际旅游胜地建设为依托，以重大项目建设为抓手，以政策机制为保障，以开放发展和改革创新为动力，推动健康服务业与旅游业融合发展，探索业态创新、产业融合、企业集聚，促进健康旅游产业不断发展壮大，为桂林建设成为国内一流、国际有较大影响力的健康旅游目的地提供决策参考。

【“乡村振兴战略背景下桂林乡村民宿提升策略研究”课题】该课题是桂林市哲学社会科学规划研究重点课题，由桂林理工大学教授梁健爱等完成。课题组在对相关文献综述和相关理论介绍基础上，分析桂林乡村民宿发展环境，从供给端和需求端调查分析桂林乡村民宿发展现状、问题及原因，着重对桂林乡村民宿生态系统发展关键因素进行了研究，提出乡村振兴战略背景下桂林乡村民宿提升发展方向和发展策略建议。

【“基于国际旅游胜地建设升级的桂林东盟客源市场拓展研究”课题】该课题是桂林市哲学社会科学规划研究重点课题，由桂林旅游学院东盟旅游研究基地主任张海琳教授等完成。该课题通过对东盟国家入境客源统计数据的分析，认为东盟已成为桂林市入境旅游持续稳定增长的重要基础市场。借助桂林东盟入境客源市场拓展的SWOT分析，对桂林东盟入境客源市场营销与拓展提出具体举措。研究结论对提振桂林入境旅游具有较强的指导和借鉴意义。

【“依托桂林国际旅游胜地建设的红色文化旅游开发研究”课题】该课题是桂林市哲学社会科学规划研究重点课题，由桂林旅游学院副教授王亚娟等完成。课题组认为桂林市红色文化旅游资源丰富多彩，深挖红色文化旅游资源义不容辞。在着力打造国际旅游胜地的背景下，将红色文化传承、保护、利用与旅游、生态有机融合，为桂林发展注入核心竞争力。针对红色文化旅游资源的开发和利用不足，课题组提出了相应建议，认为需要建立一系列有效的政策，来保证桂林市红色文化旅游资源的合理开发和有效利用。

【“桂林山水城市建设模式研究”课题】该课题是桂林市哲学社会科学规划研究重点课题，由桂林市委党史研究室副研究员凌世君等完成。课题组在总结山水城市理论的提出、提炼和研究的基础上，通过梳理桂林山水城市建设模式的形成、保护与再创造的发展历程，针对在快速城镇化进程中山水城模式遭遇的困境，提出相应的解决策略。明确面对复杂多样的城市问题，要延续桂林典型的“山—水—城”模式，需着眼于城市空间与山水环境之间的共生关系，以维护桂林“山水相依，城景交融”的传统格局，恢复山水城市舒适宜人的城市空间尺度。研究成果以问题为导向，推进山水城市的理论与城市建设的实践相结合，将“城市双修”、城市微更新作为城市治理创新、生态文明建设的总体计划和长期行动，以创建舒适、良好的城市生活品质，提升旅游环境，建设主客共享的桂林国际旅游胜地。通过保护和延续桂林山水城市模式，将进一步推动桂林旅游经济转型升级，以适应新形势下城市发展的变化和要求。

【“互联网+时代桂林石刻的保护与传播研究”课题】该课题是桂林市哲学社会科学规划研究重点课题，由桂林市经济学学会课题组完成。该课题围绕桂林石刻在新时代的保护和传播开展阐述和讨论，回顾与分析几十年来桂林石刻保护的得失、传播的局限，探讨推动桂林石刻保护、传播的有益制度、技术方法和传播途径。为相关部门对石刻进行科学管理和保护、传播提供决策参考。

【“湘桂古道历史文化遗存及文献稽考”课题】该课题是桂林市哲学社会科学规划研究重点课题，由桂林航天工业学院教授叶桂郴等完成。课题组对湘桂古道沿线相关的文化遗存进行初步考察和调查，了解湘桂古道文化遗存的位置分布、基本数据、主要形式、损毁情况，为全面梳理古道文化遗存，调查归档做基础工作，同时对整合资源，联合开发湘桂古道历史文化提出建设性意见。

【“桂林乡村旅游发展影响因素与模式创新研究”课题】 该课题是桂林市哲学社会科学规划研究重点课题，由桂林市委党校副教授王秋红等完成。课题组认为乡村旅游是桂林旅游发展的重要组成部分，在分析、研究桂林乡村旅游发展的影响因素基础上，探讨桂林乡村旅游的发展特色和存在的问题，为桂林乡村旅游发展模式的创新提供路径选择，对促进桂林市旅游业的可持续发展有着现实意义。

【“规划视阈下的桂林乡土建设研究”课题】 该课题是桂林市哲学社会科学规划研究重点课题，由桂林市综合设计院规划师王建宁等完成。课题组结合国内外乡土建设理论研究及相关案例，针对桂林乡村存在的现状问题，重点思考如何从规划、管理和建设层面为乡村建设的乡土化与现代化相结合寻找出路，从规划视角提出了具体的实施策略，探索桂林乡村多元化的发展路径。　（吴坚）

社科期刊

【《社会科学家》】 《社会科学家》为月刊，由桂林市社科联主管、主办，是全国中文核心期刊、中国人文社会科学核心期刊、《中文社会学引文索引》(CSSCI)来源期刊(扩展版)。主要栏目有:《名家访谈》《名家特稿》《博导新论》《哲学与当今世界》《经济新视野》《法学与法制建设》《旅游时空》《人文家园》等。2019年出版12期，发表论文300余篇，共有20多篇文章被各转载机构转载。其中名家访谈栏目推出湖北大学博士生导师马勇、中央财经大学政府预算研究中心主任博士生导师王雍君、中国社会科学院财经战略研究院副院长夏长杰、山东大学博士生导师程相占、云南财经大学旅游文化产业研究院博士生导师明庆忠、南京大学博士生导师张亮等一批国际国内知名博导、学者的文章。　（吴坚）

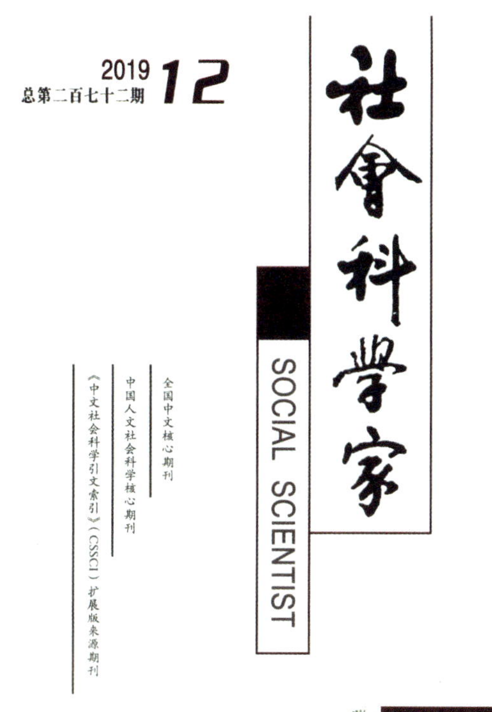

《社会科学家》(2019第12期)　（吴坚　摄）

【《广西师范大学学报(哲学社会科学版)》】 该学报为双月刊，由广西师范大学主办，是全国中文核心期刊，中国人文社科学报核心期刊，全国百强社科学报，广西十佳社科期刊，中国学术期刊综合评价数据库来源期刊，中国学术期刊(光盘版)全文收录期刊。2019年栏目设置有较大变化，常设栏目《马克思主义理论与实践》《政治、法律与社会》《经济与管理》《教育科学》《人文评论》。全年出版6期，发表论文88篇，发行量1万册。2019年度刊物的影响因子是0.51。各期所发论文论点明确、论据充分、概念严谨、逻辑推理严密，达到较高的学术水平，均能代表该学科的前沿研究成果，反映学术界的研究动态和研究热点，对相应学科的研究起到促进作用。其中，《马克思主义理论与实践》专栏较有份量的论文有：管爱花、王升臻《思想政治教育运用大数据相关关系的哲学反思—基于思想与行为的因果关系》(第1期)，曲轩《马克思主义哲学视域下的美好生活》(第2期)，罗健、梁德友《生态共享:习近平共享发展理念的逻辑要求及实现理路》(第2期)，张瑞、张忠祥《论中国共产党十八大以来习近平青年教育思想》(第2期)，张翠、刘玉娟《马克思公共性视域下的人类命运共同体探析》(第3期)，武永江、邓斌《习近平“生命共同体”观的发展演变、诉求及培育》(第4期)，杨兴凤《马克思的时间范畴谱系》(第4期)，高娟《论五四新文化运动“科学”口号的伦理启蒙意蕴》(第5期)，潘柳燕《人类命运共同体思想理论创新的三维审视》(第6期)，莫炳坤《新时代社会平衡的再认识与实现机制》(第6期)，刘国新、易小明《精准扶贫的分配正义之维》(第6期)。《政治、法律与社会》专栏产生较大影响的论文是：秦程节、何小春《融入日常生活：青年核心价值观培育和践行的微观建构》(第1期)，李松有《乡村振兴战略视野下村民自治的有效实现与超越—从权力与资源的关系视角考察》(第2期)，林全民《改革开放与人的塑造的伟大转折》(第2期)，张瑞、张忠祥《论中国共产党十八大以来习近平青年教育思想》(第2期)，吴静，俞梦《网络直播平台中主体的建构与消解》(第3期)，张师伟《政治发展不平衡不充分论析》(第5期)，刘仁春、徐连明《社会结构紧张之下的网络怨恨及其纾解》(第5期)，莫炳坤《新时代社会平衡的再认识与实现机制》(第6期)。《经济与管理》专栏引起广泛注意的论文有:刘俊杰、高莹《人口流动对人口老龄化的区域影响—基于两广的对比分析》(第3期)，伍先福《产业协同集聚影响全要素生产率的空间效应研究—基于246个城市的空间杜宾模型实证》(第3期)，苏平富《辅导员:牢牢掌握高校意识形态工作管理权的践行者》(第4期)，袁伟彦《西部陆海新通道建设效应:内涵、方法与研究框架》(第6期)，徐晓东、乔志《环南海区域内贸易现状及其对21世纪海上丝绸之路建设的启示》(第6期)。《教育科学》专栏独创性较强的论文是:蔡文伯、王亚芹《UNESCO“教育2030行动框架”对中国高等教育发展的冲击与启示》(第1期),樊秀丽、王正阳《“生活教育”视野下的文化融合教育机理—基于北京市随迁子女学校教育的田野研究》(第2期),余欣欣、姚璎珊、韦佳玘《论积极心理学视野下校园文化建设在农村中小学心理健康教育中的作用》(第2期),易连云、龙红霞《“自由”的向度及其超越—东西方文化中“自由”意义的分殊与当代学校德育审视》(第3期),陈世民、余祖伟、高良《个人成长概念、影响因素及其功能》(第4期),姜添辉《评论同类型主义:新自由主义构成的制度化脉络以及教师专业实践坐标》(第4期),国建文、苏德《跨文化场景调查研究中的伦理问题及其解决—基于文化敏感性的视角》(第4期),贾彦峰《歧路徬徨:高校去行政化改革的历程、问题、原因及其走向》(第5期),余欣欣、张月、郑雪《乐观对大学生健康状况的影响及作用机制》(第6期)。《人文评论》专栏所发表的在学术界产生较大影响的论文有:王瑜《中国现代文学史研究的民国视角》(第1期),白宗让《原始儒学对事功的重视》(第1期),胡大雷《文学新动力与建安诗歌兴盛》(第3期),杜海军《论石刻的文学研究状况与不足》(第3期),张婷婷《明代翰林馆课集的存世馆藏探究》(第3期),赵京华《略论鲁迅杂文的激进性与稳健性》(第4期),龙国治、潘悟云《汉语声调研究中的大数据思维》(第4期),杜利娜《“五四运动”:历史评价与时代价值》(第3期),吴先伍《爱的智慧:“哲学”新论》(第6期)。刊物强化栏目创新和专题化建设,采取会议组稿、专家组稿的方式,以热点研究主题为主线,实现用稿串联由点到线的优化组合。为争取优质稿源,编辑部采取学术论文编撰工作坊的形式,围绕国家战略,向重大项目主持人及其团队组稿。开通并运营“广西师范大学学报哲社版”微信公众号,强化期刊与作者、读者的联系。（刘文俊）

《桂林发展研究》(2019第6期)(侯湘玲　摄)

【《桂林发展研究》】《桂林发展研究》为双月刊内部资料性出版物,由桂林市人民政府发展研究中心主办。该刊是市人民政府的机关刊物,为市委、市人民政府决策服务。主要栏目有:《领导讲话》《重大课题研究》《工作研究》《市情民意》《漓江论坛》《名城文化》《他山之石》等。2019年刊发6期,刊登各类领导讲话、重大课题研究、调研报告、工作研究、市情民意、理论研究等文章90余篇约50万字。刊登的主要文章有:2019年桂林市《政府工作报告》(第1期),桂林市发展研究中心课题组《深化校地合作对接　服务“1+2”国家战略》(第2期)《桂林市富硒农业发展途径研究》(第3、4期)《桂林市加快发展康养产业对策研究》(第5、6期)《桂林市决战脱贫攻坚冲刺阶段的对策建议》(第6期),民建桂林市委《打造桂林百亿冷链物流产业畅通生鲜市场“南向通道”》(第1期),民进桂林市委《桂林农村污染治理对策研究》(第2期)《桂林市县域义务教育阶段学校教师流失情况及对策研究》(第3期),民盟桂林市委《关于大力推进桂林市社区居家养老服务体系建设的建议》(第3期),桂林市律师行业党委课题组《桂林市律师行业党建工作调研报告》(第6期),谢波《共青团深化大学生创新创业战略和措施研究——以桂林国家高新区七星区为例》(第1、2期),杨迪忠《湘江战役是长征精神的一次伟大胜利》(第2期),唐东风《提升桂林招商引资能力的思考》(第3期),何晖《深化“创新人才”培养模式改革,助力创新驱动发展战略》(第3期),潘波平、廖战玲、何恒《关于加强新时代进城少数民族流动人员服务和管理的调查与思考》(第4期),杨威《进一步解放思想、改革创新、扩大开放、担当实干,加快桂林国际旅游胜地升级发展》(第5期),赵经《坚持人才引领发展,加快建设创新型桂林》(第5期),周久贺、张弘弛、刘玉成《桂林市关于降低实体经济企业成本的调研报告》(第6期),陈中春《做好“东融”大文章　助推桂林大发展—桂林市主动融入粤港澳大湾区建设几点建议》(第6期),周其厚《关于乡贤文化与乡村旅游融合的思考》(第6期)等。（侯湘玲）

文 化

综 述

【概况】 2019年，桂林市文化广电和旅游局组建成立（简称市文化广电和旅游局），办公地址在桂林市临桂区公园北路广电中心。内设办公室、人事科、政策法规科、财务科、艺术科、公共服务科、信息科技教育科、非物质文化遗产科、文物保护与考古科、博物馆与文物安全科、产业发展科、宣传科（媒体融合发展科）、传媒机构管理科、安全传输保障科、资源开发科、市场管理科、市场推广科、全域旅游促进科、对外交流合作科（国际旅游论坛秘书处办公室）、规划发展科、旅游胜地建设科（桂林国际旅游胜地建设领导小组办公室）、会展管理科（中国－东盟博览会旅游展秘书处办公室）、机关党组织、离退休人员工作科。人员编制81名（含后勤服务聘用人员控制数9名）。下辖单位20个，其中参照公务员法管理单位3个，事业单位15个，企业2个，全系统在职人员876人。

年内，全市有不可移动文物1874处，桂林市被列入各级文物保护单位共475处，其中国家级20处，自治区级109处，市、县级346处。各类博物馆21家，馆藏文物5.99万件，一级文物40件、二级文物877件、三级文物4012件，全国爱国主义教育基地2家。市级以上（含市级，下同）非物质文化遗产名录项目271项，其中国家级名录4项，自治区级名录84项，市级名录项目183项。市级以上非物质文化遗产项目代表性传承人279人，其中国家级非物质文化遗产项目代表性传承人8人，自治区级代表性传承人78人，市级代表性传承人193人，县级代表性传承人152人。全市172家公共图书馆、美术馆、综合楼博物馆、文化馆、文化站，实施零门槛开放和免费提供基本服务。“百姓大舞台”“百姓大讲坛”“漓江之声”“周末大家乐”等公共文化活动品牌影响力持续提升。原创作品《海的女儿》入选全国第十八届群星奖决赛及惠民展演。

（王善库）

【文化交流活动】 2019年5月13日—17日，桂林市文学艺术界联合会（简称市文联）组织市、县作家到湖南、贵州等地开展“重走长征路”主题文学采风活动。采风团一行在调研红军长征过桂北五县的湘江战役之后，调研通道转兵纪念馆、恭城书院、黎平会议旧址、遵义会议会址、娄山关、苟坝会议旧址、息烽集中营等红色教育基地。6月中旬，市文联带领桂林文学院签约作家赴新疆开展采风交流活动。在库尔勒市和乌鲁木齐市，桂林市文联与两地文联分别开展座谈交流，互学互鉴，共同探讨新时代基层文联的建设发展，并与巴音郭楞蒙古自治州文联签订友好文联协议书，桂林文学院签约作家分别与巴音郭楞蒙古自治州和乌鲁木齐市作家进行交流学习。

【文艺扶贫】 2019年，市文联结合实际开展文艺扶贫，让文艺在脱贫攻坚中发挥作用。组织文艺工作者深入基层开展书赠春联、文艺辅导、文艺演出、文艺助学等各类文艺志愿服务和文艺惠民活动近100场，惠及群众2.60万人次。全年培育自治区级文艺村19个、文艺户21个，市级文艺村8个、文艺户5个，为乡村振兴和扶贫攻坚工作提供强大的精神支撑和思想保障，营造良好的基层文化氛围。

（黄正鹏）

2019年1月19日，桂林市“我们的中国梦——文化进万家”暨2019年文化科技卫生“三下乡”活动在灵川县三街镇文化广场启动 （黄丹阳 摄）

文　　学

【概况】 2019年,市文联办公地址在桂林市临桂区西城中路69号,内设办公室、组织联络部、文艺发展部,人员编制7名(含后勤服务人员控制数1名),在职人员11人。下设事业单位有桂林文学院、南方文学杂志社、桂林市文学艺术研究室(桂林中国画院,实行一套人员、二块牌子),人员编制15名,在职人员10人。市文联所属文艺家协会共12个。

【举行"读书汇"活动】 2019年7月27日,桂林文学院"读书汇"首期活动在桂林书城举行,活动主题是精读沈从文的代表作《边城》,由广西作家协会副主席、桂林市作家协会主席光盘主持,十多位桂林文学院签约作家交流读书心得和收获。"读书汇"每月定期举办1次主题读书活动,主题为品读精品,致敬经典。每期活动由文学院签约作家轮流组织,引导大家共读经典名著。年内,"读书汇"共举办5期。

【"湘江红遍"文学三部曲作品分享会】 2019年11月17日,由桂林文学院主办的"湘江红遍"文学三部曲作品分享会在广西师范大学育才校区独秀书房举行。桂林文学院签约作家、文学爱好者以及部分高校学生参加活动。"湘江红遍"文学三部曲由桂林文学院的3名签约作家创作完成,包括光盘的长篇小说《失散》、刘玉的长篇纪实文学《征服老山界》、梁安早的长篇儿童文学《红细伢》。3部作品以多体裁创作、全景式描写、多角度展示湘江战役这场红军长征史上最悲壮一仗。

【文学创作成果丰硕】 2019年4月,《南方文坛》联合桂林市文学艺术界联合会、广西师范大学广西文艺评论基地、漓江出版社,召开黄继树长篇小说《灵渠》的研讨会。会议综述及论文发表于《南方文坛》。刘铁群的《关于茅盾"雨天杂写"系列杂文的史料问题》在《中国现代文学研究丛刊》上发表。5月,曾攀的《物·知识·非虚构——当代中国文学的"向外转"》在《南方文坛》上发表。6月,黄伟林的《〈大公报〉里的桂林师范学院》在《文史春秋》上发表;冯强的《新诗的当代性:刘旭阳诗读小札》在《诗刊》上发表。7月,《新时期外国文学出版的"信史"》在《南方文坛》上发表。8月,《沈从文〈芸庐纪事〉的相关史料问题》在《中国现代文学研究丛刊》上发表;《给我狭窄的心,一个大的宇宙——读王彬的散文集〈三峡书简〉》在《中国艺术报》上发表。年内,桂林市作家协会会员唐女创作的中篇小说《行走的稻草人》获自治区人民政府颁发的广西第九届文艺创作铜鼓奖。梁安早创作的短篇小说《回锅不是外号》获冰心儿童文学新作奖。刘春主编的诗歌集《当代诗人十二家》由广西师范大学出版社出版。桂林市文艺理论家协会编辑出版《百年广西多民族文学经典(1919—2019)》(共18册),该书于2018年开启编辑。 (黄正鹏)

艺　　术

【概况】 2019年,桂林市艺术单位开展丰富多彩的各类活动。8月6日—9月20日,举办庆祝新中国成立70周年"我和我的祖国"文艺调演。共举办专场演出20个,演出节目244个,参演单位226个,参演演员4822人,观众近3万人次。9月28日,举行庆祝新中国成立70周年文艺晚会。在第七届广西戏曲青年演员比赛中,桂林市有18位演员参赛,参赛人数位列各市之首,获一等奖1人,二等奖2人,三等奖3人,辅导奖1人。在第十届广西音乐舞蹈比赛中,2个节目获三等奖。荔浦市的文场戏《帆过漓江天地红》参加全国2019年戏曲百戏(昆山)盛典活动深受好评。桂剧《破阵曲》被评为广西铜鼓奖。

【第九届桂林国际山水文化旅游节】 2019年10月17日—20日,第九届桂林国际山水文化旅游节举行,该文化旅游节以"新融合、新体验、新活力"为主题,共有开幕式暨古韵王城入城仪式、特色旅游产品及线路推介会、东西巷文化创意集市、《舞动大中华歌飞状元乡》大型主题文艺晚会、桂林漓泉啤酒音乐节、第五届桂林国际美食文化节、大美桂林摄影展、秋游漓江—阳朔三千漓文创体验活动、漓水人家非遗体验活动等9项活动,既保留传统的经典活动,又新增文化创意、非物质文化遗产体验。开幕式分为入城、品戏、观礼三部分,通过《山情水意》《文城初建》《山水清音》《人杰地灵》《大美桂林》等篇章。同时,依托瓦窑奇石根雕珠宝字画传统产业,融合文化、旅游和互联网功能,在文旅特色瓦窑小镇举办桂林漓泉啤酒音乐节、第五届桂林国际美食文化节,展现桂林本土艺术品、手工匠艺、桂州窑历史文化。

【《破阵曲》《桂林有戏》在京演出】 2019年8月14日—15日,大型桂剧《破阵曲》在北京参加"2019年全国基层院团戏曲会演"。全国基层院团戏曲会演由中宣部、文化和旅游部主办,

2019年1月18日,2019新春戏曲演唱会在桂林大剧院举行

(市文化广电和旅游局　供图)

汇集全国桂剧、评剧、秦腔、侗戏、潮剧等30个剧种的31台节目，旨在集中展示基层院团传承发展戏曲艺术的优秀创作成果。《破阵曲》代表广西唯一剧目参演。9月25、26日，《桂林有戏》厅堂版在国家大剧院小剧场上演，展现桂林地域特色、桂戏文化底蕴。

【两个作品在中央广播电视总台播出】2019年，为庆祝新中国成立70周年，市文化广电和旅游局组织策划一歌一城的拍摄活动，通过拍摄歌曲《咏桂林》，反映桂林的巨大变化，该节目于10月2日在中央广播电视总台播出。9月28日，组织拍摄“同吃国庆面，共庆国庆节”视频，数百名各界群众聚集在一院两馆广场共同唱响《今天是你的生日，中国》和《我和我的祖国》歌曲，一起吃面条、米粉，共同庆祝新中国成立70周年，该视频于10月2日在中央电视台微视频上播放。

（王善库）

【美术书法活动】2019年，桂林市美术家协会会员参与各类画展。5月24日，由桂林市文联、哈尔滨市文学艺术界联合会主办，桂林市文学艺术研究室、桂林中国画院、哈尔滨美术家协会、哈尔滨画院、桂林市花桥美术馆、桂林市美术家协会承办的“一画万象——庆祝中华人民共和国成立70周年桂林·哈尔滨中国画优秀作品联展”开幕仪式在桂林花桥美术馆举行。展览共展出桂林中国画院和哈尔滨市美术家共100幅作品。8月24日，由市文联主办，市书法家协会承办的“刘东芹博士草书字法公益讲座”在桂林美术馆举行，是刘东芹“百场草书字法全国巡回公益讲座”的第73站，150多名书法家及书法爱好者参与。9月14日，由中共桂林市委宣传部、市文联主办，市美协、市书协承办的“桂林市庆祝新中国成立70周年暨弘扬湘江战役历史丰碑美术书法作品展”在桂林美术馆举行开幕式，共展出书法绘画作品96幅。桂林的文艺工作者以新中国成立以来的伟大建设和红军长征突破湘江战役为主线，通过书法、绘画等形式，创作一批主题鲜明、彰显正气、充满正能量的书画作品。9月29日，由市文联、桂林市美术家协会主办，桂林市文学艺术研究室、桂林中国画院、桂林市花桥美术馆、桂林漓江青年画会承办的“不忘初心，牢记使命——庆祝新中国成立70周年暨纪念红军长征湘江战役美术作品展”在桂林市花桥美术馆举办，展览展出近70幅作品，由桂林中国画院特邀的10名画家和桂林漓江青年画会的画家们创作完成，借翰墨丹青缅怀革命先烈。10月16日，由桂林市文联、北京画院、桂林市花桥美术馆主办的“静寄素怀——北京画院六人作品展”在桂林花桥美术馆开幕，共展出北京画院王明明、庄小雷、莫晓松、李雪松、孙震生、徐卫国等艺术家近90幅作品，涵盖山水、花鸟、人物等题材。12月28日，由中国艺术报社、广西壮族自治区文学艺术界联合会、广西美术家协会、中共桂林市委宣传部、中共桂林市委组织部、中共桂林市委统战部、桂林市总工会、桂林市文学艺术界联合会主办，桂林日报社、桂林市两新党组织工委、桂林市美术家协会、桂林美术馆协办的“不忘初心，牢记使命——庆祝新中国成立70周年桂林新文艺群体中国画优秀作品展”在桂林美术馆开幕。

2019年12月28日，“不忘初心，牢记使命——庆祝新中国成立70周年桂林新文艺群体中国画优秀作品展”在桂林美术馆开幕（黄丹阳　摄）

【书法摄影创作成果】2019年8月，黄正鹏作品入选由中国文联、中国书协主办的“中国精神·中国梦——第三届社会主义核心价值观书法作品主题创作暨全国基层巡展”活动。10月，在中国书法出版传媒有限责任公司、山东省临沂市人民政府主办的2019“书圣故里·中国临沂”中国书法临书大会中，石云端、陈燕的作品入展。11月，在中国书法家协会主办的第十二届全国书法篆刻作品展中，石云端、唐果的作品入展。12月，在中国书法家协会主办的第五届西部书法篆刻作品展中，唐明、刘祖禧、江松璐、廖红兵、黄正鹏的作品入展；唐明作品获广西第九届文艺创作铜鼓奖。年内，在由自治区人民政府主办的第七届广西艺术展中，黄小明、石云端的书法作品获奖，王义、刘祖禧、朱鹏、宋静、张联勇、李鹏飞、林文宏、骆朝霞、蒋迎军、廖红兵的书法作品入展，叶荣华、苏刚、苏志才、黄耀华、潘永生的篆刻作品入展。

年内，桂林市摄影家协会会员在中国文学艺术界联合会、中国摄影家协会主办的27届全国摄影艺术展中，滕彬的《漓水出岫有林泉》入选艺术类组照，获艺术类的评委会推荐大奖，分别在《中国摄影报》《中国摄影》杂志和《大众摄影》杂志刊登；何志民的《大海之子》入选艺术类单幅。2019年，桂林市摄影家协会分别邀请居杨、李洁军、柳军、赵迎新、叶文龙、宋刚明、姜伟、王福春、巩志明、王琦等摄影名家，与桂林摄友进行面对面授课交流。广西摄影家协会桂林摄影精品培育行动学员蒋毅的摄影专题作品《龙的脊》，参加中国摄影家协会主办的2019第四届中国凤凰民俗摄影双年展，并邀请云南著名摄影家尹永宏策展。滕彬参加山东潍坊的第27届全国摄影艺术展颁奖大会、首届福建泉州摄影双年展和中国摄影报在安徽省黟县主办的2019第一届互联网与中国摄影旅游大会，桂林市被中国摄影报遴选为“醉美摄影旅游目的地”。吕建伟《古城三街》由吉林出版集团出版。

【戏曲表演艺术】 7月，桂林市戏剧家协会会员在参加由自治区文化和旅游厅主办的广西青年戏曲演员大赛中，文梨表演的彩调《思凡》获一等奖，郭君表演的桂剧《阴阳河》、龙丹丹表演的桂剧《天女散花》获二等奖，赵娜表演的桂剧《虹霓关》、秦昕怡表演的桂剧《打樱桃》、范吉丹表演的彩调《花好月圆》获三等奖。

【音乐】 年内，桂林市音乐家协会会员曾宪瑞作词、梅文作曲并演唱的歌曲《可爱的广西》参加“不忘初心——纪念建国70周年全国大型原创歌曲征集评选活动”获“原创最佳文艺作品”奖，并入选由中国音乐家音像出版社出版的获奖歌曲CD专辑出版发行。曾宪瑞作词、梅文作曲并演唱的歌曲《建设新时代的主力军》参加广西壮族自治区总工会主办的“广西工匠之歌”歌曲征集评选活动入围十首获奖歌曲之一。周昭麟作词、梅文作曲并演唱的桂林市庆“五一”电视文艺晚会主题歌曲《新时代的追梦人》参加“歌声飘过七十年——庆祝建国70周年全国原创词曲作品征集评选活动”获“最佳文艺作品”及“创新作品”奖，并入选由中国音乐家音像出版社出版的获奖歌曲CD专辑出版发行。周昭麟作词、梅文作曲并演唱的歌曲《中国梦·劳动美》参加“放歌新时代——纪念改革开放40年全国大型词曲征集活动”获“最具号召力作品”奖，并入选由中国音乐家音像出版社出版的《纪念改革开放40周年全国优秀词曲作品音乐专辑》出版发行。廖亮作词、梅文作曲的歌曲《我爱你啊国际旅游胜地》参加“中国群众歌曲创作艺术活动展评”获金奖，并入选《神州歌海——中国群众歌曲创作艺术活动展评获奖作品集》出版发行。张立中作词，何群、梅文作曲的歌曲《中国中国》，入选由中国大众音协和中国职工音乐家协会主办、中国乐坛杂志社编辑出版的《祖国颂歌——庆祝中华人民共和国成立70周年新编原创歌曲集》。吴华英、何群作词，何群、梅文作曲的歌曲《青山绿水都是歌》，入选由中国大众音协和中国职工音乐家协会主办、中国乐坛杂志社编辑出版的《祖国颂歌——庆祝中华人民共和国成立70周年新编原创歌曲集》。何群作词作曲的歌曲《为你》，入选由中国大众音协和中国职工音乐家协会主办、中国乐坛杂志社编辑出版的《祖国颂歌——庆祝中华人民共和国成立70周年新编原创歌曲集》，并获金奖。黄清作词、何群作曲的歌曲《匠心》参加广西壮族自治区总工会主办的“广西工匠之歌”歌曲征集评选活动入围十首获奖歌曲之一。陈德晟作词作曲的少儿歌曲《飞飞飞》，在2019年广西少儿歌曲征集评比中获铜奖。林冬荣获广西教育厅举办的第一届广西高校钢琴大赛优秀指导教师奖和广西高等教育学会举办的2019年“金音杯”广西钢琴大赛优秀指导教师奖。曾宪瑞作词、彭超作曲的少儿歌曲《水珠和大海》和雷金息作词、彭超、丁燕作曲的少儿歌曲《我要变朵小浪花》）均获广西儿童音乐学会主办的2019年广西少儿歌曲征集评比金奖；雷金息作词、彭超作曲的少儿歌曲《板鸭童谣》和曾宪瑞作词、彭超作曲的少儿歌曲《祖国祖国我爱你》均获广西儿童音乐学会主办的2019年广西少儿歌曲征集评比银奖。彭超获广西教育厅主办的第一届广西高校钢琴大赛专业组比赛“优秀指导老师奖”和广西高等教育学会举办的2019年广西“金音杯”钢琴大赛“优秀指导老师奖”。周治红获广西中华文化促进会、广西音乐家协会主办的2019广西“三月三”民歌大会声乐比赛三等奖，中国音乐家协会主办的第十二届金钟奖广西选拔赛民族组三等奖，自治区文化和旅游厅主办的第十届广西音乐舞蹈比赛声乐演唱奖二等奖。雷金息创作的童谣《山路弯弯》获江苏省委宣传部等主办的第九届“童声里的中国”全国少儿歌谣创作大赛优秀奖。雷金息作词、苏庆学作曲的歌曲《石头上的苗家寨》获广西基层文艺汇演声乐类优秀奖。

【舞蹈表演艺术】 6月，桂林市舞蹈家协会参加由文化部和旅游部主办第12届全国“桃李杯”舞蹈教育教学成果展示活动，协会创作编排的舞蹈《巴郎》入选，获教学成果奖。在自治区文化和旅游厅主办的第十届广西音乐舞蹈比赛中舞蹈《湘江记忆》获舞蹈表演三等奖，舞蹈《陪你走到最后》获编导表演三等奖，舞蹈《记得我爱你》获编创三等奖，优秀表演奖，群舞《陪你走到最后》、双人舞《记得我爱你》均获创作三等奖。

【曲艺表演艺术】 5月，桂林市曲艺家协会会员创作编排的广西文场《帆过漓江天地红》作为优秀节目受邀参加中国曲艺家协会、重庆市文联、万州区委、区政府主办的第三届中国西部优秀曲艺节目展演活动；7月，参加在由中国文学艺术界联合会和中国曲艺家协会主办的在北京举办的“向祖国和人民汇报”——庆祝中国曲艺家协会成立70周年优秀曲艺节目展演周少数民族曲艺专场演出。12月，由自治区文学艺术界联合会和自治区曲艺家协会主办的第二届广西曲艺展演中，广西文场《象山水月》获最佳节目奖，桂林弹词《爽神汤》获最佳表演奖。

【杂技魔术】 4月18日，桂林市杂技魔术家协会参加由广西文联主办，广西壮族自治区杂技家协会、桂林市文联、桂林市文艺演出有限责任公司、桂林市杂技魔术家协会承办的庆祝新中国成立70周年，纪念湘江战役历史丰碑“魔幻星空炫南国——2019广西新生代魔术精英盛装展演”在桂林市演艺剧场隆重上演。参加展演的演员，都是近年来涌现出来的广西优秀青年魔术师，获中国杂技金菊奖等诸多国内外大奖，并参加广西文艺志愿慰问演出活动。

【电视艺术】 2019年，桂林市电视艺术高质量完成全市宣传思想工作会议宣传片、特色农产品发展宣传片、桂林市文旅融合发展宣传片、粤桂滇黔高铁沿线21州市联席会议宣传片、全市特色食品产业发展等宣传片，完成中美友谊漓水见证专题纪录片、全市创建国家文明城市汇报片的制作任务，完成纪念湘江战役《不能忘却的纪念》汇报片制作。桂林市电视艺术家协会会员创作的《双囍》获广西广播电视社教专题片一等奖，《见证》获电视社教栏目二等奖，《文化宅地声名远扬》获电视纪录片三等奖，《逍遥楼的前世今生》获电视文学节目三等奖，

《寻世外桃源·桂林》获音乐电视三等奖,《崇山村》获电视文艺专题节目二等奖,《桂林市防洪及漓江补水枢纽工程主体工程完工漓江“水困”和“水患”问题彻底解决》《灵渠成为广西第一个世界灌溉工程遗产》获广西广播电视新闻短消息三等。

2019年11月18日,自治区文化和旅游厅副厅长唐正柱(中),中共桂林市委常委、市委宣传部部长、副市长韦凤云(前排右一)一行参观桂林图书馆临桂新馆

(市文化广电和旅游局　供图)

【民间艺术】 2019年,桂林市民间艺术家协会会员黄惠玲的剪纸作品《湘江战役》入选由自治区人民政府主办的广西庆祝中华人民共和国建国70周年优秀作品展。苏韶芬论文《田汉先生与桂林地方艺术》参加中国田汉研究会、广西抗战文化学会举办的田汉研讨会。朱江勇与人合作的《桂剧》、苏韶芬与人合作的《文场戏》入选国家艺术基金项目《中国戏曲剧种全集》。苏韶芬参加中国民协组织的民间文化进校园工作交流会。宋安群的民间文学《天籁地声——广西情歌之旅》获自治区人民政府颁发的广西第九届文艺创作铜鼓奖。刘建新参与创作《红军长征过湘江系列连环画·中央纵队过桂北》,2019年9月由广西美术出版社出版。苏韶芬参与作词的桂林渔鼓《火凤凰》在全国曲艺票友赛中获奖。　（黄正鹏）

公共文化

【概况】 2019年,桂林市172家公共图书馆、美术馆、综合类博物馆、文化馆、文化站,投入经费1635万元,实施零门槛开放和免费提供基本服务。市文化广电和旅游局结合元旦春节等重大节日,组织全市各级各类文化文艺队伍到乡村,开展送文化下乡活动,丰富群众的文化生活。开展文化下乡活动1000多场。打造“桂林百姓大舞台”“桂林百姓大讲坛”“读书月”“漓江之声”“桂海讲坛”“周末大家乐”广场文艺演出等多种群众文化活动品牌。“一县(区)一品”节庆文化活动丰富多彩,有阳朔县“渔火节”、临桂区“湿地文化节”、荔浦市“荔浦芋美食文化节”、平乐县“桂江文化旅游节”、恭城瑶族自治县“桃花节”和“月柿节”、兴安县“米粉节”、全州县“湘山文化节”、灌阳县“雪梨黑李节”、灵川县“红枫节”、永福县“福寿节”、资源县“河灯节”、龙胜各族自治县“龙脊梯田文化旅游节”、高新七星区“中国·桂林创新创意文化节暨桂林国际动漫节”、秀峰区“歌圩节”、象山区“象山水月”、叠彩区“叠彩桂花香”、雁山区“金雁文化节”等系列旅游节庆活动。

2019年1月13日,桂林市戏剧创作研究院到兴安县湘漓镇打渔村开展送戏下乡活动

(市文化广电和旅游局　供图)

【桂林图书馆基础服务提档升级】 2019年,桂林图书馆全年新增藏量4.49万种,15.33万册,馆藏总量335万册。全年接待读者212余万人次,借阅书刊680余万册次;网站点击量857余万次,移动图书馆点击量660余万次,微博、微信访问量175余万次;科技查新345项,中外文引文检索142项;外购数字资源新增24T,自建数字资源新增15.82TB,数字资源总量151TB。年内,桂林图书馆获自治区文化系统集体二等功、全国“青少年维权岗”先进集体称号。报送的《发挥文化资源优势帮助农村电商发展——广西桂林图书馆文化扶贫案例》获第二届公共图书馆创新创意征集推广活动一等奖。

【桂林图书馆临桂新馆全面开放】 2019年11月18日,桂林图书馆在临桂新馆举办广西桂林图书馆建馆110周年暨新馆全面开放活动。活动包括领导致辞、图书捐赠仪式、专家主旨报告、为新馆全面开放揭牌等。其间举办“广西公共图书馆发展成就展暨广

西桂林图书馆 110 周年馆史展”“藏文蕴典撷英拾萃——广西壮族自治区桂林图书馆建馆 110 周年特展”、公共数字文化融合创新发展专题培训、抖音短视频征集等系列活动。包括人民网、新华网、《广西日报》《桂林日报》等 20 余家媒体对活动进行报道,各大主流媒体客户端、微信公众号也对活动进行转发。桂林图书馆临桂新馆以建馆 110 周年为契机,推出馆藏智能盘点系统、图书 3D 导航系统、信用办证、信用借还系统。揭幕第 1 层和第 4 层服务空间,包括少儿借阅室、低幼借阅室、古籍阅览室、家谱馆、方志馆、户外阅览区、展览厅、影视厅、信息学习中心、音频馆、视频馆等区域。新馆全面开放后,吸引众多市民前来参观体验,日接待量最高 9000 余人次。

【传播阅读风尚】 2019 年,桂林图书馆在“4·23”世界读书日期间,开展以“读经典学新知链接美好生活”为主题的全民阅读活动。举办同城共读阅读比赛,以《论语》为指定阅读书,通过集体阅读经典,让经典走向大众,线上线下互联互动,引导读者通过不同方式阅读《论语》。“同城共读”走进校园,在校园形成浓厚的阅读氛围。组织开展以“壮美广西·多彩艺术”为主题的系列活动,营造全社会参与艺术普及的良好氛围,提升公共文化服务单位的群众认知度和影响力。活动内容包括“全国首届图书馆杯主题海报创意设计大赛获奖作品展”,“多彩艺术”公益讲座、培训,“多彩艺术”少儿系列活动,“全民艺术普及日专题图书推荐”等,吸引读者积极参与。依托“桂海讲坛·公益课堂”“百姓文化大讲坛”“桂图展览”“快乐一小时”“志愿伴成长”“悦动·科学”“独秀诵读经典大赛”等活动品牌,开展丰富多彩的阅读推广活动;配合“三下乡”、图书馆服务宣传周等节点,开展社科知识进乡村暨图书捐赠活动、信息素养培训、艺术展览、惠民服务等形式多样的系列阅读推广活动;定期开展 3D 打印、VR 体验、朗读亭、音视频体验活动;借助新媒体,拓展图书馆服务功能,深化图书馆社会服务职能,引导更多的读者了解图书馆,走进图书馆。

【探索文旅融合新路径】 2019 年,桂林图书馆在兴安县图书馆、桂海碑林、桂林七星万达开展“数字文化智慧服务——公共数字文化系列推广活动”。活动设置海报展览、多媒体互动、资源推介、数字体验、有奖答题、问卷调查等系列内容,特别推出的拓碑体验和“桂林 E 文化”AR 体验广受群众的欢迎。联合龙胜各族自治县图书馆在龙脊镇金竹壮寨设立书香壮寨阅读点,结合文化扶贫项目,送书进寨,放置旅游、摄影、文学、休闲养生、广西特色民俗读物、中英文对照读物和少儿读物等共计 800 余册,便于游客和当地群众借阅图书。

【加强公共数字文化建设】 2019 年,桂林图书馆共享工程地方资源建设项目立项 3 个,分别是《广西传统村落》专题片(二期)(15 集)、《广西革命历史动漫(二期)》(16 集)、《听遍桂林:山水文学篇(二期)》;数字图书馆推广工程资源联建项目立项 5 个,分别是桂林抗战文化专题资源库、图书馆公开课资源建设、地方图书数字化及全文识别、网事典藏、政府公开信息整合。参与公共数字文化工程资源项目验收。年内新建“文化兴安”专题数据库,该库收集整理有关兴安风景名胜、革命文化、古村古镇、历史文化、民族民俗、文学作品、民间艺术等方面的资料,数据类型包含文字、图片、视频、音频。

【公共数字文化融合创新发展】 2019 年,桂林图书馆对工程称谓、宣传标识进行统一;继续跟进支撑平台、公共文化云平台的后续建设工作,跟进“国家公共文化云平台”桂林分中心专区建设,打造桂林文化资源集中、服务集中的互动公共文化云平台。针对服务平台和数字资源情况进行调研,计划搭建以“走读广西”为主题的文旅融合公共数字资源展示平台,在 PC 端、移动终端统一并优化服务入口、服务界面,利用全媒体介质,推送丰富的公共数字文化资源,为基层群众提供一站式、集成式的广西地方特色数字资源文化服务。 (王善库)

文化产业

【概况】 2019 年 3 月 28 日,桂林市 3 家文化企业共获 350 万元自治区文化产业发展专项资金支持,为推动桂林文化企业发展提供坚强服务保障。其中,桂林袭汇文化旅游投资股份有限公司 100 万元、桂林市文艺演出有限责任公司 50 万元,桂林希宇文化创意产业有限公司 200 万元。年内,市文化广电和旅游局推荐桂林俏天下家居用品集团有限公司、广西桂林市尚品名人文化有限公司、桂林湘山酒业有限公司参加自治区文化产业示范基地评选;广西桂物储运集团桂林有限公司、桂林举人苑文化创意有限公司 2 家文化创意园区参加自治区文化产业示范园区评选。经自治区专家材料评审、实地考察、社会公示以及会议研究决定,桂林湘山酿酒生态园(桂林湘山酒业有限公司)被命名为自治区级文化产业示范基地;桂林国际文化创意产业园(广西桂物储运集团桂林有限公司)、桂林智慧谷文创产业园(桂林举人苑文化创意有限公司)2 家文化创意园区被命名自治区文化产业示范园区。

【第四批桂林市文化产业示范基地评选命名】 2019 年,市文化广电和旅游局组织开展第四批桂林市文化产业示范基地的评选命名工作,共有 23 家文化企业参加评选。桂林市文化体育产业投资发展集团有限公司等 16 家为第四批市级文化产业示范基地。 (王善库)

文化市场管理

【概况】 2019 年,桂林市文化市场共出动检查人员 2.92 万人次,检查经营单位 8050 余家次,办结案件 138 件,对违规经营场所警告 102 家次,取缔 19 家,责令停业整顿 27 家次,罚款 18.62 万元。技术监管与服务平台使用率 100%,经营单位激活率 100%。组织全市执法人员线下全员培训 2 次,参训人员共181人次，成绩良好率100%。

【开展扫黄打非专项行动】 2019年，市文化广电和旅游局净化社会文化环境，强化日常监管，封堵政治性非法出版物，打击侵权盗版和传播淫秽色情活动，严肃整治文化市场和新闻出版行业秩序，严格规范市场经营主体的经营行为，组织开展扫黄打非“清源2019”“净网2019”“护苗2019”等专项整治行动。全年共出动执法人员400余人次，检查各类经营场所100余家次，查办各类违法违规案件8件，查处上级督办案件2件，查处率100%。

【传统文化市场领域综合整治】 2019年，桂林市组织开展网吧市场、娱乐场所、营业性演出市场等传统文化市场领域专项整治行动。以市人大开展《娱乐场所管理条例》执法检查、文化和旅游部“体检式”暗访、创建全国文明城市检查为契机，查处全市无证经营娱乐场所84家，网吧26家。为全市130家网吧制作“禁止未成年人在法定节假日外进入”的标志牌。

【规范新型文化市场秩序】 2019年，市文化广电和旅游局加强网络文化市场的管理，对全市受上级通报的4家备案网站从事信息网络传播视听节目业务情况进行核实查处。对2家违规网站进行限期整改，对“薄凉”“凉芯”“飞鼠影院”等网站违规立案查处，对漫音DJ网涉嫌擅自从事经营性互联网文化活动的违法行为进行集体办案查处。

【推进扫黑除恶工作】 2019年，市文化广电和旅游局在文化市场开展推进扫黑除恶专项斗争工作，成立支队扫黑除恶专项行动领导小组。年内，以召开业主培训会动员发动、分组下县检查督促落实等形式，共出动执法人员432人次，检查场所126家次，查找出问题16条，提出整改意见16条，全市存在无证经营娱乐场所84家。

【治理卫星电视传播秩序】 2019年，市文化广电和旅游局实施卫星地面接收设施专项整治行动。6月，对桂林大公馆擅自安装卫星地面接收设施的违法行为，进行行政处罚并没收违禁设备，同时引导其通过合法途径解决宾馆电视接收问题。铲除卫星地面接收设施的生长土壤，重点查处市内电子市场以及郊区集贸市场非法销售卫星设施摊点。年内，共收缴经营摊点销售的卫星地面接收设施46套，查处取缔非法经营摊点17个。 （王善库）

非物质文化遗产

【概况】 2019年，桂林市完成第五批国家级非物质文化遗产代表性名录推荐工作。桂林米粉制作技艺、桂林山水传说、全州民间剪纸、恭城瑶族油茶习俗、桂林漆器传统工艺、彩色拓印等6项入选广西第五批国家级非物质文化遗产代表性项目推荐名单。完成第六批自治区级非物质文化遗产代表性传承人推荐29人，获认定23人。完成第六批桂林市级非物质文化遗产代表性传承人推荐43人，获认定42人。完成第八批自治区级非物质文化遗产保护工作平台建设工作，全市申报非物质文化遗产传承基地、展示中心、生产性保护基地、非遗扶贫就业工坊等平台建设18个，获确认6个。完成国家级非物质文化遗产代表性项目保护单位履职检查和调整工作。桂林市广西文场、桂林渔鼓、瑶族服饰、资源河灯节4个国家级项目保护的保护单位在基础条件、抢救性记录、项目传承传播及经费使用等方面工作出色。

【非物质文化遗产宣传展示活动】 2019年4月4日—5日，桂林市举办“寻找桂林非遗”活动，精选黄昌典毛笔制作技艺、桂林石刻传拓技艺、桂林团扇制作技艺、桂林彩色拓印技艺、桂林雕版彩色套印、桂林马肉米粉制作技艺、桂林傩面具制作技艺、全州民间剪纸、桂林石画、崇善米粉制作技艺10个桂林非物质文化遗产项目，以东西巷为中心，分散在市区各处，吸引广大市民游客特别是青少年参与体验。6月6日—9日，广西壮族自治区文化和旅游厅、桂林市人民政府主办的以“非遗保护·中国实践”为主题的2019年“文化和自然遗产日”广西主场城市活动在桂林举行。整个活动由“文化和自然遗产日”开幕式暨非物质文化遗产实践成果展演、“桂林有戏”观摩演出、自治区非物质文化遗产保护工作优秀实践案例成果图文展、法律法规和政策宣传、自治区非物质文化遗产保护工作座谈会等版块组成。9月6日—10日，国家级非物质文化遗产代表性项目桂林渔鼓代表性传承人参加文化和旅游部在山东济南举办的全国曲艺周展演。10月，“我和我的祖国”国庆文艺调演非物质文化遗产展示，桂林米粉、黄昌典毛笔、桂林漆器、桂林团扇等项目参与。第九届桂林国际山水文化旅游节非物质文化遗产展和非物质文化遗产旅游线路推

2019年5月9日，自治区及桂林市有关领导在桂林市非物质文化遗产馆观看非物质文化遗产项目现场表演 （市文化广电和旅游局 供图）

介，黄昌典毛笔、桂林团扇、桂林石画、彩色拓印、雕版彩色套印、桂林摩崖石刻等项目在开幕式现场进行展示。11 月，首届广西文化旅游发展大会非物质文化遗产展在桂林举行，黄昌典毛笔、桂林石画、桂林团扇、草龙草狮、瑶族服饰、剪纸等数十个项目分别桂林大公馆、大会所在地政府会议中心、桃花湾景区展示。年内，共组织完成戏曲进校园活动 6 场，分别走进桂林市大河中心校、逸仙中学、清风实验学校、第十九中学、桂林中学和中山中学。桂林圆竹剖丝团扇技艺、桂林渔鼓、雕版彩色套印等代表性传承人到南溪山小学、石油小学、凯风小学开展非物质文化遗产进校园活动。继续在桂林广播电视台开展非物质文化遗产宣传活动，每周 2 次推出“走进桂林非遗”系列报道，全年共制作播出 78 条，总时长 396.6 分钟。完成广西非物质文化遗产系列电视专题片《八桂非遗传承录》“壮美广西・多彩非遗”国家级非遗代表性项目桂剧、彩调、广西文场、桂林渔鼓 4 集电视专题片拍摄，由广西广播电视台进行展播。开展桂剧脸谱开展抢救性记录，编撰整理《桂剧脸谱》一书，《桂剧脸谱》书兼具知识性、趣味性与资料性，完成脸谱制作及图片拍摄近 200 个（幅）。（王善库）

文物・博物

【概况】 2019 年，桂林市组织实施文物保护工程 13 项：马君武墓、何信墓维修及张同敞墓墓园维护，靖江王府文物保护工程二期（一、二标段）结算评审，完成文物建筑防雷工程验收，民国桂林市政府旧址修缮（外立面维修），桂林虞山石刻观音像抢险加固工程，正阳门城门保养维护工程，李秀文故居维护项目（瓦面维修）维修，云峰寺太平天国陈列馆局部维修（瓦面维修），西清门城墙抢险加固项目，独秀峰石刻保养维护工程（填色），新公布自治区级文物保护单位保护标志碑制作安装，靖江王府端礼门石墙防风化保护与表面修复工程等。完成岑毓英墓等 15 处文物保护单位点保养维护（二次）。启动桂林普陀山摩崖石刻抢险加固工程。完成靖江王府城门楼遗址保护展示概念设计方案申报，并获国家文物局评审通过。完成第八批全国重点文物保护单位申报和《靖江王资料汇编》书稿收集、编撰、整理及编辑出版采购招标工作。开展五城区（不包括临桂区）三普登记不可移动文物点复核工作。参加国家文物局组织靖江王府保护规划方案评审工作。参与组织承办第七届“中国公共考古・桂林论坛”。

【考古发掘工作】 2019 年，桂林市完成平乐到灌阳高速公路的考古调查、勘探；桂林到荔浦高速公路扩建的考古调查工作；对桂阳公路佛殿村东侧纺织厂工地出土大型墓碑进行技术认定，对靖江王府东区出土明代柱础、须弥座等石构件进行收集，并均移交给桂海碑林博物馆收藏保管；完成全州湘江战役战壕清理，参与完成灌阳、全州、兴安、资源、龙胜五县红军遗骸收殓保护及湘江战役遗址遗存保护工作；完成全州县龙王庙史前遗址的考古发掘工作，发掘面积 300 平方米，出土文物标本上千件，通过自治区专家组验收。

【考古资料整理】 2019 年，桂林市开展桂州窑考古出土文物资料整理（一期）工作，完成文物标本的拣选、清洗、拍照入库工作，挑选文物标本约 1500 件，完成其数据采集和文字描述工作。完成阳朔县新城区老鸦山古墓葬的出土文物后期整理工作。完成 32 处文物保护单位的建档工作。完成国家文物局要求的市县级 50 处 56 点文物保护单位、一般不可移动文物 236 处名录及基础信息上报工作。

【湘江战役阻击战米花山红军战壕遗迹清理】 2019 年 4 月，桂林市文物保护与考古研究院与全州县文物管理所对全州县才湾镇才湾村所在的米花山战场遗址进行文物考古调查，当地村民向导发现一段遮盖于草莽丛生的灌木丛中的战壕遗址。6 月 24 日—7 月 3 日，桂林市文物保护与考古研究院组织完成对该段战壕遗址的文物调查清理工作。战壕和掩体分布于米花山脚上长约 105 米、宽约 25 米的坡地上，战壕总长 105 米、深 0.35 米至 0.4 米，战壕底部至顶部高 0.7 米至 0.8 米，宽 0.65 米至 0.8 米；战壕和掩体前的土坎现存高度为 0.2 米至 0.4 米。第一道战壕距离早年的桂黄公路直线距离约 80 米。文物调查考古工作人员在战壕遗址里发现数处用火痕迹。从文物考古清理和走访调查证实，战壕遗址是 1934 年 11 月底红军突破湘江战役脚山铺阻击战米华山最前沿的红军阻击阵地。7 月 3 日，中央广播电视总台《我们重新再出发长征路万里行》栏目组对米花山红军战壕进行直播专题报道。

【烈士遗骸考古收殓】 2019 年，桂林市组织市文物保护与考古研究院、甑皮岩遗址博物馆的考古技术人员分别到全州县、灌阳县、兴安县、资源县、龙胜各族自治县，协助自治区考古所实施开展的湘江战役红军烈士遗骸收殓保护的考古勘探、发掘工作。3 月 31 日，除 24 处（31 个遗骸点）就地保护、不需要发掘外，共完成桂北五县（含灵川县）380 个遗骸点发掘收殓工作，共收殓相对完整遗骸 82 具，零散遗骸（遗骨）7465 块，遗物 557 件，并提取 DNA 检材 1200 余份进行鉴定。

【湘江战役旧址新发现文物遗址调查】 2019 年，市文物部门对龙胜、资源、兴安、全州、灌阳五县红军长征文物遗址、遗迹就文物保护单位级别、面积和现状情况进行全面调查，调查共涉及遗址、遗迹 89 处。其中，全国重点文物保护单位 1 处，重要遗址、遗迹、遗存 16 个；自治区文物保护单位 6 处，重要遗址、遗迹、遗存 20 个；县级文物保护单位 14 处，未核定公布为县级文物保护单位的遗址、遗迹 39 处。

【整理湘江战役文物遗址抢救性项目申报】 2019 年，兴安、全州、灌阳、龙胜、资源五县文物行政部门对红军长征文物遗址、遗迹进行全面调查，将 89 处红军长征文物遗址、遗迹抢救性保护国家红军长征文物保护专项资金申报，累计 3.54 亿元，其中 2019 年文物保护经费 1.86 亿元，2020 年文物保护经费 1.68 亿元。

【三大纪念馆建设】 2019 年，桂林市在全州县、兴安县和灌阳县分别新建红军长征湘江战役纪念馆、改造提升红军长征突破湘江纪念馆和迁建新圩阻击战史实陈列馆并完成建设。全州馆(建筑面积7479平方米、展厅面积3800平方米、展线长度719米)、灌阳馆(建筑面积2050平方米、展厅面积1000平方米、展线长度293米)的土建工作基本完成,兴安馆(建筑面积6000平方米、展厅面积4147平方米、展线长度456米)的原有展陈已全部拆除。年内,三馆展陈大纲均通过中共中央宣传部审定,展陈版式方案按照展陈大纲内容,经国家、自治区、桂林市、县四级党史、军史、文博等方面专家的修改完善提升。 (王善库)

新闻出版

【概况】 2019年,桂林市新闻出版局办公地址在桂林市临桂区西城中路69号,内设出版发行管理科、电影和版权管理科、反非法反违禁科(市"扫黄打非"工作领导小组办公室),在职人员6人。年内,桂林市有广西师范大学出版集团有限公司、漓江出版社有限公司、桂林日报社、《漓江周刊》《南方文学》《社会科学家》出版单位6家,各类印刷复制企业350家,出版物发行单位420家。市新闻出版局检查印刷复制和出版物发行实体企业(含网上书店)47家次。

【新华书店超额完成年度主要经济指标】 2019年,广西新华书店集团有限公司桂林市公司营业总收入2.6亿元,增长18.18%,其中全州县公司营业收入4158万元,阳朔县公司营业收入1800万元,平乐县公司营业收入1735万元。利润总额完成1279万元,增长22.39%。其中,全州县公司利润257万元,阳朔县公司利润187万元,平乐县公司利润136万元。全年全员劳动生产率21.47万元,净资产收益率11.2%。

【桂林书城品牌建设】 2019年,桂林书城推进全民阅读活动推广,通过抓好重点图书发行、"我和我的祖国"庆祝新中国成立70周年暨店庆70周年系列主题阅读文化推广活动、文化惠民公益活动等活动,打造企业品牌,实现社会效益和经济效益相统一的工作目标。桂林市新华书店有限公司获中共广西壮族自治区委员会宣传部、广西壮族自治区人力资源和社会保障厅授予的"全区宣传思想文化工作先进集体(2013—2018)";桂林书城获中国出版传媒商报授予的2019年度全国书业榜样阅读空间示范基层店——桂林书城家庭亲子阅读体验基地、"壮丽70年·书香基业"推展新华名店等称号。 (李玲)

【政府机关使用软件正版工作督查】 2019年11月24日—26日,自治区党委宣传部版权处到桂林市开展政府机关软件正版化检查指导,桂林市使用正版软件工作领导小组派出督查组。随机抽查党政机关8个、自治区直属单位8个,对政府机关使用正版软件安装使用情况及日常管理工作情况进行督查。督查采取听取汇报、查阅资料台账和实地随机抽查计算机等方式,共检查计算机199台。 (郑当军)

【知识产权】 2019年,全市共收到著作权申请登记作品28件,其中著作权人既包括法人单位也包括自然人,作品有电影剧本、吉祥物、工业产品设计、文学及诗歌和歌曲等。4月26日,组织桂林市知识产权工作联席会议各成员单位在市中心广场举行2019年知识产权宣传周活动,接受群众关于版权登记、侵权盗版投诉等方面的问题咨询400多人次。

【农村公益电影放映】 2019年,桂林市农村公益电影共放映2万场,累计观影人数159万人次。11月28日—29日,由广西壮族自治区党委宣传部举办的自治区农村电影公益放映培训班(第四期)在桂林开班,柳州、桂林、贺州三市及所辖县(市、区)党委宣传部有关领导、农村电影放映管理人员和放映员共300余人参加培训。

【全市电影事业主要综合指标】 2019年,桂林市34家院线影院放映场数28.74万场,观影人数478万人次,放映收入1400余万元。桂林市电影公司营业总收入为1197.91万元、利润9.49万元,全员劳动生产率655.24万元,净资产收益率为1.16%。

(邓洪文)

【出版物"扫黄打非"专项行动】 2019年,桂林市开展"清源、固边、净网、护苗、秋风"五大专项行动,在元旦、春节、"两会"、国庆等重点时段,对校园周边、人流密集的出版物销售场所及印刷复制企业等重点部位,组织开展专项整治行动,全市共出动检查人员6800余人次,收缴各类非法出版物1.3万件;实施互联网低俗色情信息专项整治,处置清理各类有害信息1214条,取缔关闭网站2家;扎实推进"扫黄打非"进基层工作,共完成1851个基层站点规范化标准化建设。

(蒋睿)

【桂林日报社】 2019年,桂林日报社办公地址在桂林市榕湖北路1号,内设部门28个,主办有《桂林日报》《桂林晚报》《体坛导报》、桂林生活网和新闻资讯客户端(APP)"第一时间"、微信公众号"桂林晚报"及"桂林晚报微博",另有参股公司5家。在职人员227人,其中正高级专业技术职称3人、副高级专业技术职称22人、中级专业技术职称102人。

年内,该社在《桂林日报》《桂林晚报》《桂林生活网》和新媒体上开辟专栏、专版和专题,做好习近平新时代中国特色社会主义思想、纪念新中国成立70周年、"两会""不忘初心、牢记使命"主题教育、弘扬社会主义核心价值观、红色文化、"扫黑除恶"专项斗争、脱贫攻坚和乡村振兴、桂林工业振兴、创全国文明城、廉洁桂林、文化桂林、平安桂林、"三会一节"、广西文化旅游发展大会、环广西自行车赛、重大项目建设和关注民生等10多个重要系列专题宣传报道。

2019年2月—9月,该社组织记者采访红军长征湘江战役烈士遗骸收殓保护及纪念设施建设工作、重走长征路调研,做好红军长征湘江战役85周年前期采访,推出《不忘初心,红色精神永续》系列报道,《全州让红色基因永续传承》《为了不能忘却的纪念》等一系列的纪念湘江战役报道。

年内，该社加快新媒体建设、推动媒体融合发展，制订以微信公众号为核心，在“两微一端”（微信公众号“桂林晚报”“桂林晚报微博”和新闻资讯客户端(APP)“第一时间”）各平台发展思路，加强原创、加强对突发事件、重大事件报道，对重大新闻事件开展同步直播。在抖音号、头条号、企鹅号、百家号等平台上加强内容创新、维护和运营，以主流媒体的权威报道实现舆论引导力。面对全国纸媒经营大幅下跌的严峻形势，加强策划活动，推动经营工作稳定发展，《桂林日报》《佳林晚报》发行收入 2824 万元，广告收入 2253 万元。

年内，该社推送的“纪念改革开放 40 周年广西壮族自治区成立 60 周年——寻找：时代榜样·桂林杰出企业家社会公益活动”获中国报业协会、中国广告协会报刊分会等授予的 2018 年度全国报刊广告“金推手”奖中的“经典案例奖”，《桂林日报》获“2018—2019 中国传媒经营价值百强榜”全国城市日报二十强称号，《桂林晚报》获“2018—2019 中国传媒经营价值百强榜”全国晚报二十强称号。该社 1 件作品获第 29 届中国新闻奖短视频新闻二等奖，1 件作品荣获 2018 年度广西新闻奖一等奖、4 件作品荣获二等奖、2 件作品荣获三等奖。

【桂林生活网】 2019 年，桂林生活网(Guilinlife.com)为桂林日报社控股的三新网络传媒有限责任公司旗下网站。桂林生活网注重互联网传播新技术的应用开发，该网站自有平台桂林生活网、桂林生活网微信、微博、“8 号大院”客户端(APP)、桂林生活网直播平台等拥有大量用户。年内，网站重点开发国内网络强势平台运用和短视频，拥有头条号、抖音号、百家号、企鹅号等平台账号，头条号、抖音号月均点击量达几千万。年内，该网站获中国城市网络联盟授予的“中国城市网盟 15 年优秀团队”称号。（吴文）

【广西师大出版社集团有限公司】 2019 年，广西师大出版社集团有限公司造货码洋 16.95 亿元，增长 3.55%；发行码洋 16.46 亿元，增长 3.54%。共出版图书 4232 种，下降 2%。其中，新版书 942 种，下降 9%；再版书 889 种，下降 1%；重印书 2401 种，增长 0.9%。出版图书 1.13 亿册，增长 3%。年内，该公司共有 15 种图书项目、2 个文化产业项目入选国家级或自治区级各类基金项目，其中入选国家出版基金主题出版项目 1 个，国家出版基金资助项目 2 个，国家古籍整理出版专项经费资助项目 3 个，“十三五”规划增补项目 4 个，中共中央宣传部 2019 年度有声读物精品出版工程 1 个，2019 年中华民族音乐传承出版工程精品出版项目 1 个，民族文字出版专项资金资助项目 1 个。

2019 年，集团公司共有近 110 种图书获得国内权威机构颁发的图书奖项及入选国内重要媒体颁布的图书榜单。其中，《风雅宋：看得见的大宋文明》获中国图书评论学会评选的 2018 年“中国好书”；《美国哈佛大学哈佛燕京图书馆藏稿钞校本汇刊》入选第七届中华优秀出版物图书提名奖；《徽州谱牒(第一、二辑)》获全国古籍出版社年度百佳图书(2018 年)一等奖；《草叶手帖》获 2018 年“最美的书”；《与虫在野》获得第二届“中国自然好书奖”和第四届琦君散文奖特别奖；《和爸爸一起散步》获得“2019 年度影响力绘本”；《天气预报：一部科学探险史》获得 2019 年度“中华优秀科普图书榜”十大年度好书；《世间的陀螺》获 2019“精品阅读年度好书”；《新时代高校思政课的“打开方式”》《规矩与方圆：与基层干部群众谈身边的法治》《账本里的中国：一个农民家庭的改革开放 40 年》等 3 种图书和电子出版物获广西第十五届精神文明建设“五个一工程”优秀作品奖；《影子之城：梁思成与 1939/1941 年的广汉》《宋徽宗》《定名与相知：博物馆参观记》《少年轻科普丛书(全四册)》等 4 种图书入选第十四届文津图书奖推荐图书；《小点心大文化》获第 24 届国际美食美酒图书评委会特别奖。

2019 年，集团公司策划出版一批为国家经济社会发展和文化建设服务的精品出版物。推出《林语堂传：中国文化重生之道》《与虫在野》《珞珈筑记：一座近代国立大学新校园的诞生》等一批精品图书。策划出版《“天津支边医生在广西”史料选编》《票证里的中国》《百年广西多民族文学大系(1919—2019)》“儿童粮仓·童话馆系列”等一批重点主题出版物，出版了湘江红遍”三部曲和《湘江战役史料文丛》等图书。出版《理论学习 2019》《广西改革开放 40 年实录(精选版)》等图书，出版《畅通“南宁渠道”——广西抢占新时代全面扩大开放战略制高点研究》。

年内，集团公司打造的“艺术之桥”跨界文化艺术交流平台项目入选 2019—2020 年度国家文化出口重点项目。成立东京事业部，并与日本株式会社树立社签署战略合作协议，与克罗地亚、马来西亚版权贸易中心遥相呼应，打造中日马克四地联动出版平台，11 月该平台首个四地联动出版项目《错了？》多语种新书在上海国际童书展全球首发，形成了中国出版“走出去”新模式。集团公司成立澳门分社，依托澳门独特的区位优势和文化优势，构建联系港澳台地区和全球葡语国家的文化发展平台。全年集团公司图书的海外销售传播保持较好水平，连续第六年进入中国图书海外馆藏影响力全国 20 强，版权输出也有新的成绩，输出图书 276 种，引进图书 49 种，输出引进比达到 5.6∶1。（李植宇）

【漓江出版社】 2019 年，漓江出版社生产图书 473 种。其中，新书 172 种；重印书 301 种，重印率 63.64%。总印数 375.73 万册，总生产码洋 1.27 亿元。《大桥》入选中共中央宣传部 2019 年主题出版重点出版物选题，入选中央和国家机关工委、国家新闻出版署主办的“强素质作表率”读书活动 2019 年下半年推荐书目，获 2019 年度中国版协 30 本好书，并与《灵渠》获广西第十五届精神文明建设“五个一工程”优秀作品奖；《灵渠》作为原创首发长篇小说和现象级广西民族文化图书，与《天籁地声》《唯有山川可以告诉》《而黎明将至》3 种文学图书一同获第九届广西文艺创作铜鼓奖；《一座城堡到另一座城堡》获 2019 傅雷翻译出版奖；《水墨戏剧》入选“新中国 70 年百种译介图书推荐目录”；《给准爸爸的孕期手册》获 2019 年广西十佳科普读物大赛三等奖；《壮族三月三》《非洲的星空》等 4 种图书在第一届中国最美旅游图书大赛中获奖；《玉见》《老南宁记忆》等 4 种图书在第八届广西出版物优秀装帧设计艺术奖评比中获奖;《春潮漫卷书香永》获第六届优秀审读报告推介活动优秀奖;约50种(次)图书登上全国各类图书榜单。“中国故事原创文学丛书”“小小京剧迷”被列为广西当代文学艺术创作工程三年规划第一批入选项目。

年内,漓江书院微信公众号获2018年度“最受欢迎公众号”。在2019中国书店大会暨“新时代杯”2018时代出版·中国书店年度致敬盛典上,漓江书院获“年度社办书店”。10月,漓江出版社承办“文工委”“文编委”2019年社长、总编辑年会。该年会由中国出版协会文学艺术出版工作委员会和中国编辑学会文学读物编辑专业委员会共同主办,全国30多家文艺出版单位的社长、总编辑和编辑代表近100人参加。

年内,该社围绕庆祝新中国成立70周年等主题,结合文艺出版社实际,推出了《大桥》、“何建明国家报告精选集”、《湘江长歌》等以文学致敬伟大时代、“缅怀先烈,致敬理想,重走新长征”的主题出版物。

年内,该社在市场拓展方面,整合现有发行营销资源,深挖电商渠道:优化现有渠道网店客户,针对性推荐匹配度高的产品,有选择地选品、选店进行合作。建设独立书店发行渠道,定期开展推介会、推广活动,主动抢占文学图书销售市场份额。针对教育理论及国学类产品的特性,选择全渠道主推营销,头部产品带动的品牌形式已初显成效。通过加强发行工作全流程管理,加强编发融合,推进发行渠道创新;从市场角度给编辑提供更好的建议和选题思路,挖掘图书存量资源。

2019年10月21日,漓江书院广西大学店继漓江书院三祺广场店、金狮巷店开业运营。秉承了漓江书院24小时为阅读点灯的理念和初心,书院广西大学店已成为广西第一家校园24小时书店,同时也是全国首家5G校园智慧书店。年内,该社构建的ERP管理系统投入使用,统一规范数据标准,实现由传统生产管理方式向线上全流程管理的转变。拓展电子书销售渠道,力拓融合发展经济效益。联合掌阅、中国知网等头部平台,开展各种线上、线下推广活动,带动优质电子书的流量增长。知识服务板块,在喜马拉雅FM、畅读、荔枝微课、腾讯课堂、网易云课堂、十点读书等平台上,音频专辑流量的几何式增长直接拉动了销量增长。现代纸书板块,协助编辑进行ISLI标准下的“互联网+”融合纸书改造,已利用该平台制作融合纸书《科普报道写作与传播实践》《广西传统民歌新编合唱教程·中小学版》《好女孩的恋爱课》等。

2019年,该社依托优质文化及图书资源,申报各类走出去项目。其中《水墨戏剧》入选“新中国成立70年最值得对外译介推广的百种图书”,成为广西出版领域唯一入选该项目的图书;《给孩子的京剧》、《长江边的传说》绘本系列(全七册)、《壮族民歌跨文化传播·中国民歌元功能对等译配(广西卷)》获得2019年广西出版“走出去”优秀项目。《大桥》《黄花》《两个戴墨镜的男人》等10余种图书版权输出到俄罗斯、意大利等国家。 (秦瑜蔓)

广播电视

【概况】 2019年5月6日,原桂林电视台和桂林人民广播电台合并,组建成立桂林广播电视台。办公地址在桂林市象山区安新北路1号。桂林广播电视台内设办公室、总编室、党委办公室、监管部、人力资源部、财务部、后勤安保部、时政新闻部、民生节目部、广播新闻部、引进节目部、专题文艺部、技术部、播控部、广告经营部、融媒体部、播音员主持人管理部、综合广播部、旅游音乐广播部、生活广播部、方言节目部、廉政节目部、经济节目部、法治农村部、文化节目部。人员编制144名,在职人员329人(在编人员137人,聘用人员190人),其中管理人员55人,专业技术人员100人。年内,安全播出时间3.94万小时,其中电视安全播出时间1.95万小时。实行年内安全播出零事故。广播《桂林新闻》播发稿件3621篇,电视播放新闻(含转播)4010.6小时。年内,中央广播电视总台共播出关于桂林的新闻97条,其中新闻联播8条。广西电视台播出594条。广播在中央台播发稿件12篇,在广西台播发稿件95篇,其中头条6篇。电视上中央电视台各档电视新闻栏目185条,广西台各档电视新闻栏目594条,其中,《广西新闻》播发221条,《新闻在线》播发133条。桂林广播电视台在广西台新闻栏目上稿数量长期保持位列自治区前列。桂视网及桂林头条发布的热点资讯多次被今日头条、网易、新浪等媒体端口转载。

【红军长征湘江战役遗址遗存保护宣传报道】 2019年6月和9月,桂林广播电视台策划红军长征湘江战役遗址遗存主题系列报道。派出12名记者,深入全州、兴安、灌阳、资源、龙胜、灵川等县,采访报道红军长征经过桂北的遗址遗存、当地政府保护遗址遗存的各项工作,播发消息、特写、系列报道等各类稿件50多篇。

【新中国成立70周年宣传报道】 2019年,桂林广播电视台从年初开始播发各县(市、区)迎接新中国成立70周年的活动,到国庆期间增加报道分量,形成报道高潮。在广播的《桂林新闻》,电视的《桂林新闻》《身边》等栏目,开设“壮丽70年奋斗新时代”“新时代新作为新篇章”“爱国情奋斗者”“我和我的祖国”“媒体走进产业·向新中国成立70周年献礼”“纪念红军长征湘江战役”“传承红色基因弘扬长征精神”“记者再走长征路”等专栏,报道红色记忆,展现70年的光辉历程,展示各县(市、区)、各单位的新变化、新成效、新成就,通过采制反响片等,关注中共中央总书记习近平重要讲话在桂林的贯彻落实,社会反响较好。年内,综合广播特别策划“山歌新唱咱祖国——桂林非遗音乐献礼新中国成立70周年系列报道”以及“唱支山歌给您听”音乐专题;旅游音乐广播策划完成音乐线性节目“追梦70载唱响新时代”;生活广播开设《沧桑巨变、民族复兴——了不起的70年、了不起的大中国》《唱红歌颂经典》《追寻红色记忆献礼革命英雄》,10月参与中广联合会青少年节目委员会牵头的《童心赞中国》大联播节目展播,制作《小城小街小巷井》特别节目,宣传桂林,国庆期间推出“十一”

2019 年 5 月 6 日，桂林广播电视台揭牌成立　（黄赐勇　摄）

特别编排：特别节目，制作《祝福你，我的祖国》特别节目 7 期，编排《童声赞中国》专题节目 36 期，我家住在解放路专题联播 40 余期，营造热闹的国庆氛围。桂视网开设《习近平新时代中国特色社会主义思想》《盛世华诞举国同庆中华人民共和国成立 70 周年》《壮丽 70 年 · 奋斗新时代》《我和我的祖国一起成长》《我们的 70 年》《我为"湘江战役红军英烈"献花》等专栏。并通过微信公众号"桂林头条""桂视网"，新浪微博"桂林头条""桂视网"进行传播，形成良好网络氛围。

【2019"勤廉榜样"先进事迹主题情景报告会】 2019 年 12 月 18 日，2019 桂林"勤廉榜样"先进事迹主题情景报告会在桂林大剧院举行。桂林广播电视台创作团队历经 10 多轮修改打磨，终于成就精品串词、致敬辞和讲述稿。近 2000 名党员干部在现场聆听报告，10 多万名党员干部通过电视、广播及网络直播收听收看勤廉榜样的先进事迹。

【网络视频直播与图文直播活动】 2019 年，桂林广播电视台探索新媒体技术，运用网络直播技术，启动视频直播、图文直播 21 场，包括广西第十一届体育节"壮美广西 · 逍遥秀峰"、桂林电台飞扬 883"车管探秘行动""2019 桂百少儿模特大赛""2019 桂林市直机关首届趣味运动会暨庆'七一'主题实践活动""第九届桂林国际山水文化旅游节开幕式暨古韵王城观礼仪式""2019 桂林大雨已至图文直播"（参与人数 25326 人）和"第五届粤桂黔滇高铁经济带合作联席会议暨粤桂黔滇高铁经济带合作试验区（桂林）广西园建设工作现场会"等各类会议活动，视频直播点击量接近 320 万次。

【随行广播工作】 2019 年，桂林广播电视台开展随行广播工作，力求出新出彩，完成随行广播 6 项工作。分别是：红色文化考察活动随行广播、自治区年中工作会议随行广播、第五届粤桂黔滇高铁经济带联席会议随行广播、全市文化和旅游发展大会随行广播、自治区文化和旅游发展大会随行广播、自治区纪委政治监督工作会议随行广播，推介了桂林，受到各级领导的高度评价。

【深化媒体融合】 2019 年，桂林广播电视台深化媒体融合，对网站、微信、微博进行结构升级、功能优化及资讯内容的提升，通过图片及视频进行内容传播，实现全平台的个性化内容生产模式，实时线上传播重点事件、重大活动。其中，桂视网针对目前的移动互联网环境，作资讯内容和分享功能的升级，推出网络中国节 · 春节、建设广西共圆复兴梦想 · 解放思想担当实干等专题页面 23 个。至年末，网站流量 569.42 万次，独立访客达 181.90 万人次；抖音号"桂小播"粉丝数 1.4 万 +；微信公众号"桂林头条"的阅读量达到 736.8825 次，微信公众号"桂视网"的阅读量 95.59 万次。

【重大节庆活动直录播工作】 2019 年，桂林广播电视台完成平乐妈祖文化节、恭城油茶文化节、龙脊梯田旅游文化节、统战部献爱心募捐等 10 多场晚会活动，完成庆祝中华人民共和国成立 70 周年《我和我的祖国》文艺调演 21 场，完成纪念湘江战役 85 周年 15 场演讲比赛等活动的录制工作，完成近 10 场《百姓大舞台》节目的录制工作。

【广播频率建设】 2019 年，桂林广播电视台 3 个广播频率的节目收听率和市场占有率再创新高，在桂林落地的 10 套广播频率中位列前三。其中，《政风行风热线》栏目有效搭建起政府部门与市民沟通的平台，受到自治区表扬和群众称赞；《廉洁的声音》专栏反响良好，2019 桂林"勤廉榜样"先进事迹主题情景报告会，线上线下互动，丰富了廉政教育的内容和形式。

【综合广播全新微调】 2019 年，桂林广播电视台综合广播全新微调，增加栏目和小线性节目，大容量提供有趣、新鲜的资讯，并开拓新媒体领域，全面开发官方微信、微博、短视频、图片、表格等新媒体功能，实现资讯、音乐、微信话题互动于一体。重点主打栏目《点亮心灯》照亮心灵旅途，关注现代人的心理健康、情感困惑和亲子关系，给受众一个宣泄倾诉、寻求帮助的途径。《电影随身听》让听众闭上眼睛听电影。

【广播电视精品佳作】 2019 年，桂林广播电视台精品佳作不断涌现。55 个作品获自治区级以上奖项。电视《叮叮糖》栏目获由国家广播电视总局评选的 2018 年度少儿节目精品发展专项资金扶持项目。《见证》栏目获得国家广电总局优秀扶持栏目奖项和自治区广播电视局 2018 年度广西优秀纪录片栏目扶持。完成全市宣传思想工作会议宣传片、特色农产品发展宣传片、粤桂滇黔高铁沿线 21 州市联席会议宣传片等宣传片，完成纪念湘江战役《不能忘却的纪念》汇报片、中美友谊滴水见证专题记录片、全市创建国家文明城市汇报片制作任务。广播剧《湘江红枫 ·1934》，在中央人民广播电台文艺之声、桂林广播电视台综合广播播出，受到听众的广泛好评。　（陈浩）

卫生健康·体育

卫生健康

【概况】 2019年3月，桂林市卫生和计划生育委员会更名为桂林市卫生健康委员会（简称市卫生健康委），办公地址在桂林市临桂区万福路与人民路交叉路口鼎晟大厦。内设办公室、人事科、规划发展与信息化科、财务科、体制改革科、疾病预防控制科、医政医管科、基层卫生健康科、卫生应急办公室、科教宣传科、综合监督与职业健康科、老龄健康科、妇幼健康科、人口监测与家庭发展科、艾滋病防治科、中医药民族医药管理科、保健科、市爱国卫生运动委员会办公室、机关党组织。人员编制66名，在职人员76人。年末，桂林市有各类医疗卫生机构4632家，其中医院73家，疾病预防控制中心13家，卫生监督所18家，妇幼保健院13家，乡（镇）卫生院142家，社区卫生服务中心12家，社区卫生服务站31家，设有床位的民营医院34家。卫生人员（在岗职工）4.60万人，其中卫生技术人员3.54万人。医疗机构床位数（实有床位）2.46万张，每千人口医疗机构床位数（实有床位）4.81张，每千人口卫生人员数（在岗职工）9.02人，每万人口全科医生数和公共卫生人员数分别为2.44人和10.01人。

年内，桂林市围绕卫生健康重点工作和关键环节，健康水平不断提高。参与“一带一路”柬埔寨磅湛省消除白内障致盲行动项目，手术例数722例。医改工作取得重大突破，列入全国118个城市医联体建设试点城市之一，灌阳县、恭城瑶族自治县、龙胜各族自治县、灵川县和临桂区入选国家紧密型县域医共体建设试点县，灌阳县医药卫生体制改革模式得到自治区推广，列入广西唯一国家医疗服务多元化监管试点城市，率先在自治区实现就医“一卡通用”。传染病防控取得重大进展，全市重大疾病防控适龄儿童乙肝疫苗报告接种率99.63%，居自治区各设区市第一位，艾滋病防治项目农村居民、青年学生艾滋病防治知识知晓率分别为90%和100%。实现市域内定点医院医疗兜底“一站式”即时结算，大病贫困患者住院或门诊治疗比例为99.03%。健康旅游产业重点推进，健康旅游项目由2018年的15个增加至34个。获国家级母婴安全优质服务单位1家，国家无痛分娩试点单位2家。桂林市通过复审被确认为“国家卫生城市（2019—2021年）”；恭城瑶族自治县龙虎乡获“国家卫生乡（镇）”称号。

【医药卫生体制改革】 2019年，桂林市高位统筹规划医药卫生体制改革，将其纳入深化改革专责小组事项统筹落实。整体推进医联体建设工作，形成网格化管理布局，初步形成“三二”（三级医院和二级医院的医联体）、“三二一”、县域医共体、城市区域医联体四种格局，全市区域内建成15个“三二”医联体，其中“三二一”医联体模式4个；建立紧密型县域医共体18个，其中医疗集团4个，乡（镇）卫生院参与率81.16%；建立城市区域医联体4个；二级以上公立医院建立专科联盟49个。开展现代医院管理制度建设，对市属所有三级公立医院开展复评；组织各县（市、区）卫生健康行政部门对辖区内二级及以上公立医院开展复评工作。深化医疗卫生服务领域“最多跑一次”改革，全面启用全民健康信息平台分级诊疗管理信息系统，加快全民健康管理的信息化进程，打破医疗机构间的数据壁垒，实现网上双向转诊、转诊的患者“优先接诊、优先检查、优先住院”的工作模式。出台《关于印发桂林市医疗联合体建设工作绩效考核评价方案的通知》，健全绩效考核评价体系，强化制度约束，合理运用考评结果，建立配套长效激励机制，将医联体建设情况与医改“以奖代补”资金挂钩，引导资源主动下沉。桂林市被确定为全国118个城市医疗联合体建设试点城市之一；5个县（区）入选国家紧密型县域医共体建设试点县。9月25日，自治区医改暨医政工作现场推进会在灌阳县召开。桂林市全面实施2018年版国家基本药物目录，基本药物配备使用品规数增长（比上年，下同）9.27%；基本药物采购金额增长32.76%。

【医疗工作】 2019年，桂林市加强医疗质量控制体系建设，成立医疗质量控制中心24个，形成统一指导、分级管理、逐级负责、协同并进的质控体系。做好医疗质量管理，组织质控中心开展市、县医疗技术指导；推进公立医院章程制定试点工作，确定20家试点医院并开展制定章程工作；组织县级综合医院等级评审（复审）工作，全市所有县级人民医院经评审均达到国家二级甲等综合医院的标准。开展市级临床重点专科建设项目申报工作，确定普外科、肿瘤科、麻醉科、重症医学科4个专科11家单位为2019年桂林市临床重点专科建设项目单位，并予250万元经费支持。组织全市各医疗机构申报自治区级重点专科、重点学科项目，各医疗机构共获得自治区重点专科项目 2 个，重点学科项目 6 个。

【卫生应急】 2019 年，桂林市卫生应急共报告突发公共卫生事件 52 件，波及 7.47 万人，发病 3869 人；所有突发公共卫生事件均得到及时有效处置，并及时准确上报相关应急信息。对雁山“5·5”火灾事件、5 起大型交通事故进行卫生应急救援。做好 2019 年世界自行车广西巡回赛、桂林国际马拉松赛等大型活动的医疗卫生保障工作。做好食品安全风险监测工作，为降低食品安全风险提供技术支撑。

【疾病预防控制】 2019 年，桂林市法定报告传染病发病率 1305.85/10 万，无甲类传染病报告，累计为 95.73 万名适龄儿童提供第一类疫苗免费接种，累计接种 133.86 万剂次，免疫规划疫苗报告接种率 99.27%，连续 27 年无脊髓灰质炎野病毒病例，连续 34 年无白喉病例，连续 4 年无麻疹病例。15 岁以下人群乙肝发病数连续 10 年下降，风疹、甲肝、乙脑等发病率均维持在较低水平，结核病发病率 58/10 万，肺结核治疗成功率 83.48%，患者总体到位率 97.18%，重大传染病得到有效防控，市区新建健康生活方式行动示范单元 13 个，促进慢性病综合防控示范区建设。

【艾滋病防治】 2019 年，桂林市继续执行国家和自治区艾滋病防治策略，开展青年学生汉服秀、网红墙快闪打卡、文艺汇演、演讲比赛、防艾之星选拔赛、知识讲座、微电影展播等系列防艾主题创新活动；组建由市疾控中心、市妇女儿童医院专家组成的防艾宣讲团深入全市各级各类学校开展专题巡回讲座，桂林市青年学生的艾滋病防治知识的知晓率 100%。各县（市、区）以乡（镇）为单位，每半年开展 1 次对高危人群、重点人群的调查并造册登记。探索农村“互联网 +”防治模式，推广网络平台宣传教育，全市农村和城镇居民艾滋病防治知识知晓率 90%。至年末，全市累计报告艾滋病病毒感染者和病人 1.31 万例，其中艾滋病病毒感染者 6290 例，艾滋病病人 6763 例。累计报告死亡 4679 例，存活 8374 例。加大对暗娼、男同、吸毒等人群的干预检测力度，对发现的 16 例阳性暗娼进行转介治疗。单阳配偶 HIV 抗体检测率 90.92%，艾滋病感染者和病人随访检测率 91.80%，开展自愿咨询检测 1.69 万人次，增长 5.45%。全市抗病毒治疗覆盖率 88.06%，提高 5.22%。

2019 年 11 月 18 日，桂林市防治艾滋病工作委员会办公室在广西师范大学开展防艾宣传主题活动
（市卫生健康委 供图）

【妇幼卫生保健】 2019 年，桂林市住院分娩活产数 50070 人，住院分娩率 99.998%；孕产妇死亡率 7.99/10 万，婴儿死亡率 3.20‰，5 岁以下儿童死亡率 5.05‰。全市婚前医学检查 43796 人，婚检率 99.55%；产前筛查 29792 人，筛查率 87.73%；新生儿疾病筛查 49458 人，筛查率 98.77%；新生儿听力筛查 49624 人，筛查率 99.10%。实施母婴安全行动计划，孕产妇死亡率低于自治区平均水平。继续加强基层医疗保健机构危重孕产妇和危重新生儿救治网络的建设和管理，评审通过县级危重孕产妇救治中心 19 家、县级危重新生儿救治中心 17 家。加强妇幼保健机构能力建设，继续开展妇幼保健机构等级评审和规范化建设工作，临桂区妇幼保健院由一级妇幼保健院升级为二级妇幼保健院，至年末全市共有二级妇幼保健院 10 家，国家级母婴安全示范单位 2 家（桂林市妇幼保健院、桂林医学院附属医院）、国家级无痛分娩试点单位 2 家（桂林市妇幼保健院、桂林医学院第二附属医院）。

【基本卫生服务】 2019 年，桂林市人均基本公共卫生服务经费标准由 55 元提高至 69 元，基本公共卫生服务项目由 14 类增加至 31 类。桂林市居民健康档案规范化电子建档率 82.31%，新生儿访视率 97.81%，儿童健康管理率 94.15%，适龄儿童国家免疫规划疫苗接种率 90% 以上，早孕建册率和产后访视率分别为 95.29% 和 97.59%，老年人健康管理率 71.4%，高血压患者和 2 型糖尿病患者规范化管理率分别为 86.21% 和 85.43%，严重精神障碍患者规范管理率 88.82%，肺结核患者管理率 99.96%，老年人中医药健康管理率 59.61%，儿童中医药健康管理服务率 73.93%，传染病、突发公共卫生事件报告率均为 100%。家庭医生签约服务覆盖率 42.47%，重点人群签约率 77.45%。

【卫生监督与执法】 2019 年，桂林市深化医药卫生体制改革，加快建立严格规范的医疗卫生行业综合监管制度，推进医疗卫生治理体系建设，开展卫生监督机构能力规范化建设，按照广西地方标准《卫生计生监督机构能力建设规范》，在县（市、区）建成标准化的“九室一中心”（约谈室、合议室、听证室、文化室、罚没物品暂存室、应急物资储备室、档案室、风纪室、快检设备检验室及综合监督指挥中心）。桂林市列为国家、自治区实施医疗服务多元化监管试点城市，旨在健全机构自治、行业自律、政府监管、社会监督相结合，涵盖全行业、全流程的多元化综合监管体系。全年全市共查处无证行医案件113件，罚没款47.26万元，没收医疗器械301件。双随机监督任务完成1567件，全市平均完结率100%，立案查处55件，罚款4.81万元。落实职业健康监督管理，对全市涉及职业病危害的用人单位进行摸底，组织实施职业病危害因素申报、监测工作，在矿山、冶金、化工、水泥制造等行业领域开展尘毒危害专项治理，立案查处违法违规案件7件。

【老龄健康】 2019年，市老龄办并入市卫生健康委，将老龄办职能归为新成立老龄健康科。原市老龄办更名为市老龄工作服务中心，列为市卫生健康委二层机构。年内，桂林市开展人口老龄化国情市情教育、老年健康宣传周活动和“敬老月”活动，举办老龄健康工作培训班和开展老龄健康工作调研。做好老年人维权和优待工作以及组织老年群团开展文体活动，推进全国老年人心理关爱将军桥社区试点项目和自治区级医养结合永福县试点项目。

【社区卫生】 2019年，桂林市共建立社区卫生服务机构42家，其中社区卫生服务中心12家，社区卫生服务站30家。在象山、平山、南门、丽君社区卫生服务中心开展社区残疾人康复建设项目，社区卫生服务机构康复服务能力得到提升。推进广西基层医疗卫生机构能力建设行动计划乡镇卫生院设备购置项目，基层医疗服务水平持续提高。

【人口和计划生育管理】 2019年，桂林市人口和计划生育工作以改革完善计划生育服务管理，促进生育政策和相关经济社会政策的配套衔接为重点，推进全面两孩政策实施。推进母婴设施建设，营造生育友好的社会环境，在全市旅游景区景点、公立医院、火车站、汽车站、大型商场等公共场所均配备母婴设施，全市建成公共场所母婴设施86个，建设面积1155.09平方米，母婴设施配置率93.5%。落实生育登记服务制度，破解群众办事堵点问题，落实计划生育证件办理一次性告知、限时办结、首接责任制、一站式服务等措施，全面实行生育服务证网上办理，优化生育服务证办理流程，解决群众办事堵点问题。全年全市生育登记3.97万例，其中一孩登记1.56万例，二孩登记2.36万例，三孩及以上登记473例；再生育审批受理1553例，经审批发证1524例。生育登记服务目标人群覆盖率90%以上。

【落实计划生育奖励扶助制度】 2019年，桂林市落实国家农村部分奖励扶助金4767.84万元，扶助对象3.31万人。落实国家特别扶助金2909.5万元，扶助对象2576人；落实自治区层面扩面奖扶(55岁—59岁)的奖励扶助金2890.73万元，扶助对象4.01万人。广西城镇居民独生子女父母年老奖励948.25万元，扶助对象6757人。广西一次性奖扶项目295.26万元，扶助对象2413人。

【建立计生社会救助体系】 2019年，桂林市建立“政府主导、部门配合、社会参与、结对帮扶”的社会救助体系，对计生特殊家庭在生活保障、养老照顾、大病医疗、精神慰藉等方面进行全面扶助和关爱，促进社会和谐稳定。全市建立起覆盖全部计生特殊家庭的联系人制度，定期走访慰问。开设计生特殊家庭就医“绿色通道”，将特殊家庭服务对象全部纳入，给予其在挂号、咨询、诊疗、住院、结算支付等优先服务。为所有计生特殊家庭建立个人健康档案，签订家庭医生服务协议。从计生公益金中划拨特扶资金救助计生特殊家庭，为计生特殊家庭购买保险，533人次计生家庭获得理赔159万元。推进“聚爱”生育关怀、小额贷款贴息、暖心行动、微笑行动、健康促进等项目，提升计生家庭帮扶质量和群众幸福获得感。

【计划生育协会工作创新发展】 2019年3月，中国计划生育协会优生优育指导中心项目落户桂林，桂林市成为中国计划生育协会在全国首批设立的28个优生优育指导中心项目建设城市之一。该项目在市妇幼保健院儿童早教中心基础上改扩建，建设总面积380平方米，设有功能区5个，为市民提供婚前优生健康检查、孕产期保健、婴幼儿早期发展等全周期的优生优育知识宣传、培训、指导、优生优育诊疗等多元化服务，受益市民4万余人。举办优生优育课堂惠及群众1万余人，开展免费婚前医学检查新婚夫妇2100多对，开展健康体检儿童1.27万人次，开展儿童生长发育监测2.60万人次。开展优生优育技能培训和健康促进知识讲座，提升基层计划生育协会优生优育服务能力。建立自治区计划生育协会村级家庭服务中心试点21个，投入资金62万元，成立志愿者服务队85支，开展宣传服务、讲座及义诊等健康促进活动252次，服务群众近5万人次。开展生育关怀行动，争取国家级项目3个、自治区级项目6个。全面推进计生家庭系列保险项目，全市计生家庭系列保险参保56.13万份，参保金额1882万元，计生家庭累计获赔付1888.4万元。

【中医药民族医药培训】 2019年，市中医药民族医药管理局组织开展中医适宜技术和中医优势病种推广等培训41场次，培训4200人次。2名中医医师成为工程院士、国医大师石学敏弟子，3名中医医师成为国医大师韦贵康弟子，22名中医医师成为全国名老中医汤一新教授弟子。通过基层名老中医药专家传承工作室、广西名老中医工作室项目的培养传承骨干人员60人。8月，全州县中医医院获批为广西首批中医助理全科医生培训基地。市中医医院入选广西中医外治法示范基地、广西中医特色康复服务示范医院，乳腺科评为广西区域中医(专科)诊疗中心。市中医医院重点专科联合市人民医院、桂林医学院附属医院分别获批乳腺癌、脑梗死病种名称的广西重大疑难疾病中西医临床协作试点项目。2家单位入选广西首批中医药健康旅游示范基地，5家单位入选广西第一批中药材种植示范基地，1家单位入选广西第一批中医药特色医养结合示范基地。

【中医药推动医联体工作】 2019年，市中医药民族医药管理局推动市中医医院与恭城瑶族自治县中医医院建立

“三二”紧密医联体,市中医医院骨一科与朝阳社区卫生服务中心专科联盟成立,完善中医医疗联合体建设。建立“三二”紧密型中医医联体2个,专科联盟7个(其中,紧密型专科联盟5个)。各大医院紧密合作,促进中医医院医疗技术、服务质量、管理水平、知名度等方面提高。

【中医药服务宣传】 2019年,市中医药民族医药管理局成立专业医疗小分队,把医疗义诊服务送到群众家门口和工作岗位。7月,全市各级中医药主管部门、70多家中医医疗机构参与《中华人民共和国中医药法》实施两周年宣传活动和“服务百姓健康行动”大型义诊活动,服务群众4872人次。12月12日,2019年中医中药中国行(桂林站)中医药健康文化大型主题活动在恭城瑶族自治县举行,接受现场群众咨询1000多人,义诊群众300多人。

【中医药整治】 2019年,市中医药民族医药管理局推进全市打击欺诈骗保、整治医疗乱象“百日攻坚”专项行动。2月—4月,开展中医养生保健服务乱象专项整治行动,共抽查中医养生保健服务机构356家,中医医疗机构120家,立案查处7家,下达监督意见书65份,组织培训3000余人次。推进卫生领域不正之风专项整治行动方案落实,抽查中医养生保健服务机构,严查违规收费,加强单位自律,增加医疗工作透明度。7月,成立桂林市中医医疗质量控制中心,并开展全市中医医疗机构医疗质量和行风建设检查。

【卫生健康科技教育】 2019年,桂林市卫生健康医疗机构获自治区卫生健康委、桂林市科技局医学科研项目共立项43个,完成17个。9项获厅级三等奖。获自治区继续医学教育项目87个。参加CME学习1.64万人。完成135名(本科医学生49名,专科86名)的农村订单定向免费医学生培养工作,农村订单定向免费医学毕业生76名。派送38名社区卫生服务中心、乡(镇)卫生院未参加过全科医生培训或未取得全科医生资格的人员参加自治区组织的全科医生转岗培训。桂林市投入90万元在自治区率先开展市级层面的全科医生转岗培训,转岗培训180人。灵川县人民医院获批广西助理全科医生培训基地;全州县中医医院获批广西首批中医助理全科医生培训基地。

【健康旅游示范基地建设】 2019年,市中医药民族医药管理局完善体制机制,增设桂林市大健康旅游产业工程指挥部。2019年,全市健康旅游重点项目由2018年的15个增至34个,新开工建设9个、续建12个、新运营2个。仙源健康产业园一期、龙光国际健康养生谷项目一期、中医药传承创新项目、雁山益田民国风情小镇等开工建设。4月桂林首家公建民营的华邦控股桂林翠竹孝慈轩养老服务中心对外开放。10月1日,全州大碧头国际旅游度假区运动休闲板块运营。阳朔·兴坪休闲养生度假区一期部分商业街示范区运营。仙源健康产业园获国家城企联动普惠养老专项行动2019年中央预算内投资2000万元补助;兴安界首骨伤医院获自治区100万元专项资金奖励。加强与俞梦孙院士团队合作,成立桂林电子科技大学人民健康系统工程研究院。与恭城瑶族自治县签订《战略合作框架协议》,在人民健康系统工程建设、健康城市院士会客厅等方面进行深度合作。依托广西药用植物园专家团队开展中医药资源普查,挖掘桂林市中医药优势资源,完成《桂林中医药资源典》编撰工作。邀请专家参加中国(桂林)国际健康旅游高端论坛、“智库专家桂林行”及调研活动。

【全民健康信息化建设】 2019年,桂林市全民健康信息平台实现向上联通自治区全民健康信息平台,向下联通各县级公立医院和基层医疗卫生机构,横向联通各城市公立医院,桂林市是自治区唯一建有市级全民健康信息平台和市级健康医疗大数据中心的城市。全市44家公立医院中,有40家医院与市级区域平台调通前置机网络,21家二级以上医院能调阅跨机构健康信息,实现患者就诊信息跨机构共享。大部分二级以上医院通过开展电子病历系统应用评级工作,提升院内医疗信息互通共享,提高群众就诊效率。全市10家三级医院机构开展电子病历系统应用评级工作,其中桂林医学院附属医院、桂林医学院第二附属医院评级为四级、8家医院评级为三级;20家二级医院评级为三级。网上预约诊疗和移动支付进一步推广,16家医疗机构实现网上预约,其中市区12家公立医院全部实现网上预约服务。各医疗机构通过自助服务终端、手机客户端等多种途径,优化支付流程,改善结算模式,为患者提供各类电子化付费服务。11家市区公立医院开展移动支付工作,13家县级医院开展移动支付工作。10月,桂林市启动电子健康卡项目,预制电子健康卡428

2019年5月24日,桂林市市长秦春成出席中国-东盟商务与投资峰会中日韩健康产业论坛并致辞
（市卫生健康委 供图）

万张，刷卡次数3134次。市区12家公立医院中有11家支持电子健康卡。

【推进卫生城镇工作】 2019年6月18日，桂林市爱国卫生运动委员会（简称市爱卫会）在荔浦市召开全市创建（复审）自治区卫生城镇工作动员大会暨技术培训班，启动“自治区卫生县城（城市）”全覆盖工作。各县（市）相继启动创建自治区卫生城市（县城）工作。年内，阳朔县通过自治区卫生县城复审检查，恭城瑶族自治县龙虎乡获“国家卫生乡（镇）”称号，全市实现国家卫生乡（镇）零的突破。自治区爱卫会命名全市21个乡（镇）为自治区卫生乡（镇）、55个村（屯）为自治区卫生村、28个单位为自治区卫生先进单位。全年全市通过复审自治区卫生乡（镇）11个、自治区卫生村（屯）203个、自治区卫生先进单位78个。

【加强病媒生物预防控制】 2019年，市本级通过政府采购方式统一招标采购除“四害”药品一批（溴鼠灵灭鼠毒饵40吨，下水道灭蟑药弹5万枚，防鼠毒饵站3000个）发放各城区，组织各城区招标专业PCO防治公司统一开展消杀投药及灭鼠堵洞、下水道灭蟑、外环境灭蚊蝇、“五小”行业“四害”消杀工作。联合市疾控中心开展病媒生物密度监测，控制“四害”密度达到国家标准要求。开展以灭蚊防蚊专项行动防控登革热等蚊媒传染疾病为重点的爱国卫生运动，在登革热高发季节新安装太阳能灭蚊灯36盏。

【推进控烟履约进程】 2019年5月31日，市爱卫办组织市属各医院、市卫生监督所、市疾病预防控制中心等医疗卫生机构和部分病媒生物消杀公司在中心广场开展“世界无烟日”宣传活动，围绕“烟草和肺部健康”主题，提高人们对吸烟有害健康认识。组织全市机关单位开展创建“无烟政府机关”活动，继续巩固创建无烟医疗卫生系统工作成果，全面推进无烟环境创建工作，助力健康中国行动，全年共有市交通运输局等10个市级行政机关和5个城区机关单位被自治区命名为“无烟政府机关”。群众性控烟宣传活动常态化，全市各类媒体播放控烟公益广告312次，电台专题节目播放50次，报纸活动报道或科普知识宣传46次，参与控烟知识竞赛群众数量2.22万人次，举办健康讲座136场，广场活动251场，警示图片巡展活动83次，医务人员参加戒烟“医者先行”倡导活动1946人，督查无烟卫生计生系统创建工作单位107个，督查公共场所控烟工作单位385个，举办签名活动学校35个，参与“拒吸第一支烟”签名活动学生1.01万人次，举办其他类型控烟活动的中小学、高校31个，参与其他类型控烟活动的学生8750人次，开展控烟活动的幼儿园数量30个，参与控烟活动的幼儿园学生3810人次。　（市卫生健康委）

体　育

【概况】 2019年，桂林市体育局（简称市体育局）办公地址在桂林市临桂区青莲路投资发展商务大厦，内设办公室、群众体育科、竞赛科、训练科、体育产业管理科、人事教育科。人员编制26名，在职人员28人。下设直属事业单位9个（全额拨款事业单位6个，差额拨款事业单位2个，自收自支事业单位1个）。全年全市有各类体育场地9290个，其中新增社区健身中心2个、五人制足球场1个、全民健身工程村（屯）级篮球场24个、门球场8个、农民健身工程篮球场4个、配套健身器材10个、城区和乡村健身路径15条。全市有业余体校15所、专职教练95人，在训学生1933人，全年向自治区以上运动队输送运动员76人，新增二级运动员111人、二级社会体育指导员204人。桂林市籍运动员参加世界、亚洲及境外区域性各类赛事获得名次12项，其中第一名5项、第二名2项、第三名1项、第四至八名4项；参加全国大赛获奖牌38枚，其中金牌10枚、银牌9枚、铜牌19枚；参加全国青少年赛获奖牌39枚，其中金牌9枚、银牌13枚、铜牌17枚。

【群众体育活动】 2019年，桂林市举办群众性体育赛事活动400余次，推进全民健身运动向纵深发展。1月30日，桂林市首届全民健身活动大会在桂林市体育中心体育场举行，设立“齐心协力”“八仙过海”“运转乾坤”“奋笔疾书”“超级组合接力”5个项目，吸引街道、社区及企业团队约500人参与。1月—11月，市体育局联合市教育局主办乒乓球、羽毛球、五人制足球、软式排球、民族传统体育运动会等19个项目的体育比赛，参赛人数1万余人次。4月3日—5日，“壮族三月三·民族体育炫”系列活动在桂林举办，中国10个省（直辖市、自治区）和香港特别行政区、台湾地区，以及马来西亚、越南、印度尼西亚等国家的680名运动员参加活动。5月19日，2019“奥林匹克花园杯”第四届桂林舞王大赛在临桂奥林匹克运动城闭幕。参赛的160多支队伍决出民族舞A组、广场舞B组、健身舞C组、体育舞蹈D组、街舞E组的一、二、三等奖及优秀奖。5月27日，2019全国健身气功气舞大赛（桂林站）在市体育馆开幕，全国34支队伍300多名运动员参加。6月15日，2019年“中国体育彩票杯”桂林市第十二届体育舞蹈锦标赛在桂林市第二体育馆落幕，北京、河北等省、市、县的25支队伍、近1000名选手参加角逐，分15个项目，26个级别进行比赛。6月17日，广西第二届节能体验自行车赛暨环广西公路自行车世界巡回赛预热赛（桂林站）在临桂新区举行。6月20日，桂林市直属机关单位趣味运动会暨庆“七一”主题实践活动在市体育中心体育场举行，赛事主题是“建设壮美广西、共圆复兴梦想”，共有91支队伍、1000余名干部职工参加6个项目的角逐。6月23日，“中国体育彩票杯”2019年桂林市第二十一届羽毛球赛暨广西第十四届运动会群众比赛羽毛球选拔赛在市第二体育馆收官，全市共有42支队伍、近500余名选手参加9个项目的比赛。6月23日，广西桂林市“禁毒杯”气排球赛落幕。6月30日，“鑫焱杯”2019年桂林市首届社区乒乓球争霸赛在秀峰区街道办解东社区收官，16支社区代表队、近100名选手参加比赛。7月28日，“7·16”全民游泳健身主题系列活动桂林示范站暨第二十三届全国漓江漂游活动在漓江举行，各省（直辖市、

2019 年 4 月 3 日，“壮族三月三·民族体育炫”系列活动在市中心广场开幕

（市体育局　供图）

自治区）及香港、澳门共 58 个地市游泳协会的 1600 多名游泳健儿参加。8 月 8 日，2019 年桂林市全民健身日活动在市中心广场正式启动，2000 多名健身爱好者、各体育协会代表参加启动仪式。9 月 7 日，2019 年广西－东盟（桂林）狮王邀请赛暨第四届中国桂林秀峰龙狮文化节在市中心广场举行。9 月 11 日，2019 “中国体育彩票杯”第十届桂林市大众篮球赛在市体育馆落幕，比赛分 6 个组别，共 65 支队伍 760 多名运动员参加。9 月 21 日，漓骑 2019 环漓江自行车挑战赛暨环广西公路自行车世界巡回赛桂林预热赛在桂林甲天下广场拉开帷幕，赛事吸引海内外 230 家俱乐部 1672 名车手参赛，赛事分“200 千米挑战赛”与“80 千米体验赛”。10 月 11 日—13 日，“体育彩票杯”2019 年桂林健身气功太极文化节在市体育一馆举行，比赛观看、参与人数达 1000 多人次，文化节比赛共有 10 支代表队参加。10 月 13 日，“麦香坊杯”2019 发现·桂林城市定向赛在市中心广场揭开战幕，参加选手 600 多名。11 月 3 日，桂林市第二十届乒乓球赛在市会展中心 A1 乒乓球馆战罢，比赛设 6 个项目，共 42 支队伍 330 余名选手参赛。11 月 8 日，2019 年“全州·大碧头杯”广西首届男子篮球联赛在全州县体育馆谢幕，14 个辖区市代表队、近 200 名选手参加角逐。11 月 22 日，桂林市第二十六届“解放杯”象山欢乐跑活动在联达商业广场和桂林市园林植物园举行，社会各界的 2000 多名欢乐跑爱好者参加欢乐跑活动。12 月 14 日，“广陆杯”第十届桂林市围棋联赛在桂林棋院落下帷幕，市机关、学校、企业、县域的 10 支甲级队、14 支乙级队参加比赛。12 月 22 日，“中国体彩杯”2019 年桂林市跆拳道锦标赛在市体育馆落幕，22 支队伍、776 名选手参加比赛。

【青少年体育】 2019 年 1 月 20 日—21 日，2019 年桂台高校大学生羽毛球邀请赛在桂林医学院临桂校区举办，台湾国立东华大学、台湾国立东海大学、桂林医学院代表队共 60 多名羽毛球爱好者参加比赛。4 月 27 日，2019 年桂台青年慢垒邀请赛在桂林旅游学院运动场开赛，赛事被列为 2019 年广西“中华一家亲——桂台各民族欢度三月三活动”系列主要活动之一，共邀请参赛队伍 16 支（台湾队伍 10 支，大陆队伍 6 支），近 300 名运动员展开角逐。5 月 17 日，第七届中国大学生阳光体育羽毛球比赛在桂林师范高等专科学校开赛，全国各地的 69 所高校、近 500 名运动员参赛，设本科研究生组、高职高专组两个组别，各组均设男子团体、女子团体、男子单打、女子单打、男子双打、女子双打和混合双打 7 个项目。6 月 2 日，2019 年中国小篮球联赛广西桂林赛区比赛在广西师范大学育才校区收官，比赛分 3 个年龄段，设 U8 男子、U10 男子、U10 混合和 U12 男女 5 个组别，涵盖了小学生所有年龄段，在象山、秀峰、叠彩分设 3 个分赛区，共有 117 支队伍、1014 名选手参赛，经过 290 场比赛，产生 39 支队伍、324 人晋级桂林赛区决赛。7 月 16 日，2019 年全国青少年城际足球邀请赛（桂林站）在市体育中心体育场开幕，重庆、成都等城市的 39 支队伍、540 余名选手参加邀请赛。比赛设 U7、U8、U9、U10 五人制足球赛和 U11、U12 七人制足球赛两项共 6 个组别。8 月 18 日，2019 年桂林市象山区首届青少年跆拳道邀请赛暨第六届桂林“振威杯”跆拳道精英赛在市第二体育馆落幕，柳州、河池等 19 支队伍、503 名儿童、青少年运动员

2019 年 8 月 18 日，桂林市象山区首届青少年跆拳道邀请赛暨第六届桂林“振威杯”跆拳道精英赛在市第二体育馆落幕

（市体育局　供图）

参加比赛,共设品势、竞技、跳绳、仰卧起坐、电子竞速5个项目。11月4日,2019年桂林市中小学生田径运动会在市体育中心体育场落幕,比赛设9个组别,48所中学(含清风实验学校)、22所小学(含清风实验学校),1633名选手参赛田径赛;21所中小学、241人参加少数民族传统体育项目赛。

【老年人体育】 2019年5月14日—16日,广西老年体育协作区气排球赛在阳朔县举行,梧州市、玉林市、贺州市等9支老年气排球队参加角逐,玉林市男队、梧州市女队获冠军。6月20日,桂林市老年人气排球赛在龙胜各族自治县落幕,荔浦市、灵川县等25支男女老年气排球队、近300人参加比赛。7月11日,2019年桂林市老年人乒乓球赛和乒乓球裁判员培训班在永福县体育馆结束,各县(区)8支队伍、近100名选手参加角逐。8月25日,自治区老年体协气排球骨干培训班(桂林片)在永福县结束,桂林市辖县、市、区及贺州市的80多名基层裁判参加培训,参加学习的裁判员分别晋升一级、二级和获得三级裁判员。9月23日,2019全国旅游城市暨广西第四届中老年篮球联谊赛在桂林国际会展中心篮球公园落幕,全国15个省、市、区的39支队伍500名男女运动员参加。

【竞技体育】 2019年4月21日,由自治区汽车摩托车运动协会主办,广东赛车人俱乐部、广西极汉赛车场联合承办的2019“两广拉力王”汽车超级短道拉力赛桂林分站赛开赛。赛事吸引了广东、广西、云南、四川、湖北、浙江、重庆、河南、辽宁9省(市、自治区)共34名专业赛车手报名参与,采用两车同发对抗形式的超级短道赛制,分为精英A组和新秀B组。5月2日,庆祝新中国成立70周年·“我要上自治区运动会”2019年广西龙舟系列赛(平乐站)暨平乐县第二届妈祖文化旅游节龙舟赛在平乐县桂江水域开赛,广西、广东、湖南、贵州及中国香港的9支专业龙舟团队展开角逐。6月30日,为期3天的2019“观澜购物公园杯”全国山地户外运动锦标赛在桂林灌阳落幕,是广西山地户外运动唯一的国家A级赛事,赛事由中国登山协会、自治区体育局、桂林市人民政府主办,市体育局、灌阳县人民政府、桂林日报社承办,全国29支队伍近200名户外运动精英汇聚灌阳参加角逐。7月11日,桂林市体操学校女子运动员韦筱圆参加在匈牙利杰尔的首届世界青年体操锦标赛,与队友管晨辰、欧钰珊、吴然获女子团体项目亚军,在平衡木项目获女子平衡木银牌,高低杠项目获铜牌。7月25日,历时3天的2019年资源漂流世锦赛(测试赛)暨国际漂流精英对抗赛在广西桂林市资源县车田苗族乡五排河落幕,16个国家和地区的30支队伍展开角逐。8月25日—9月1日,全国第十届残疾人运动会暨第七届特殊奥林匹克运动会在天津举行,桂林34名运动员在竞技项目上获金牌10枚、银牌2枚、铜牌5枚。9月6日,2019龙脊梯田“百公里跑山赛”在龙胜各族自治县举行,赛事由市体育局、龙胜各族自治县人民政府主办,龙胜各族自治县文化广电体育和旅游局、广西龙胜龙脊梯田国家湿地公园风景名胜区管理处、广州中体体育有限责任公司承办,桂林龙脊旅游有限责任公司协办,美国、日本等5个国家,中国26个省(直辖市、自治区)和中国香港、澳门地区的1500名选手参赛。9月8日,2019阳朔铁人三项赛在阳朔龙头山码头开赛,由自治区体育局、桂林市人民政府主办,市体育局、阳朔县人民政府承办,阳朔县文化广电体育和旅游局、广州中体体育有限责任公司执行承办,项目包括精英组500人、挑战组700人。英国、法国、挪威等15个国家和地区及国内24个省(自治区)的1200名选手参加。10月22日,2019环广西公路自行车世界巡回赛在桂林圆满收官,赛事为期6天,共设6个赛段,经过北海、钦州、南宁、柳州、桂林5座城市,18支男子车队和17支女子车队的世界顶级车手参赛。10月25日—27日,第十二届阳朔攀岩节在阳朔举办,由中国体育彩票冠名,市体育局、阳朔县人民政府主办,阳朔县文化广电体育旅游局、桂林西唐户外运动策划有限公司承办,国内外的攀岩运动员和爱好者300余人参加成人组抱石赛、野外攀登红点赛、绳索技能大赛等活动。10月26日,为期两天的2019 CPC四国青少年马术(桂林)公开赛在桂林市金鞍马术俱乐部开赛,由市体育局、象山区政府主办,桂林市金鞍马术俱乐部有限公司、北京马赛文化交流有限责任公司、北京小马俱乐部管理服务有限公司承办,澳大利亚、新西兰、新加坡以及国内的15支代表队共100多队人马组合参赛。10月27日,历时2天的2019首届中国－东盟(桂林)阳光健身舞蹈大赛在市体育馆落幕,由广西社会体育运动发展中心和桂林市体育局主办,设啦啦操、健美操、排舞、广场舞、民族民间舞、街舞6个竞赛类别,分设25个竞赛项目,参赛人数2700余人。11月1日—3日,“中国体育彩票杯”2019年中国·桂林首届网球团体公开赛在桂林市举办,由中国网球协会、自治区体育局、桂林市人民政府主办,市体育局、桂林日报社承办,共有15个省、市共16支代表队参赛。11月10日,2019桂林银行桂林马拉松赛在桂林市中心广场开跑,由中国田径协会、自治区体育局、桂林市人民政府主办,市机关事务管理局、市体育局、市文化广电和旅游局、共青团桂林市委员会承办,市人民政府会议接待管理办公室、广州中体体育有限责任公司执行承办,26个国家和地区以及30个省份和直辖市的3万余人参赛。11月18日—30日,为期12天的自治区第十四届运动会在百色市举行,桂林代表团参加游泳、田径、体操等19个大项的比赛,参赛运动员789人,桂林市代表团获金牌161.75枚、银牌114枚、铜牌141枚,总奖牌数416.75枚。12月12日,2019桂林国际拳击公开赛暨辉煌广西拳击之夜拳王争霸赛在市体育馆举行,由自治区体育局、桂林市人民政府主办,国际拳击联合会(AIBA)授权,市体育局承办,上海博盟体育发展有限公司联合承办,中国、俄罗斯、韩国、蒙古、哈萨克斯坦、波兰、亚美尼亚、拉脱维亚8个国家的14名高水平拳击运动员参赛。

【体育产业】 2019年,桂林市共销售中国体育彩票超过2.9亿元,12个免费低收费场馆共开放场馆3000多天。

继续完善体育产业项目建档立库工作，612家企业被纳入体育产业项目库，阳朔十里画廊攀岩体验线路获中国体育旅游十佳精品项目；阳朔燕莎航空运动营地获国家体育旅游精品景区。阳朔龙颈河漂流景区、桂林金钟山旅游度假区、桂林天湖高山户外滑雪线路、桂林市阿比克健身有限责任公司分获广西体育旅游示范基地、广西体育旅游精品线路、广西体育产业示范单位。12月12日—15日，2019体育强国建设论坛暨中国－东盟体育旅游活力月在桂林举办，活动由人民日报社和中华全国体育总会指导，人民网、自治区体育局、桂林市人民政府等联合主办，对接产业项目助力地方经济发展。2019体育强国建设论坛由主题演讲和圆桌对话组成，中国－东盟体育旅游活力月为首次举办，活动内容涵盖投资和项目推介会、年度颁奖盛典、互动式博览会、李宁新品发布和全国订货会、国际体育赛事、明星公益活动等多元化主题板块。

【体育对外交流】 2019年3月23日，桂林市市长秦春成会见乌拉圭体育部部长费尔南多·卡塞雷斯一行，双方就进一步增进了解、加强合作进行了友好交流。访问桂林期间，费尔南多·卡塞雷斯一行考察了雁山足球小镇项目、雁山万达文化旅游城项目、桂林园博园、临桂新区一院两馆、环城水系等，了解桂林发展，推进双方合作。4月26日，桂林市副市长樊新鸿会见国际漂流联合会主席乔·威利斯·琼斯一行，双方就桂林申办2020年世界漂流锦标赛相关事宜交换意见。4月27日，国际漂流联合会、国家体育总局水上运动管理中心和资源县人民政府在资源县签订漂流赛事相关合作协议，乔·威利斯·琼斯一行先后对漂流世锦赛比赛场地五排河河段、备选场地资江河段进行检查。5月13日—17日，桂林市政协副主席郑毅率代表团赴澳大利亚参加2020年世界漂流锦标赛赛事申办答辩工作，并向国际漂流联合会作申办陈述，经国际漂流联合会研究决定，同意桂林市承办2020年世界漂流锦标赛。5月20日，国际漂流联合会举行会旗交接仪式，主席乔·威利斯·琼斯将2020年四人制世界漂流锦标赛会旗移交给桂林市。7月22日，国际漂流联合会授予资源县"世界最美漂流基地"称号。桂林市副市长樊新鸿会见国际漂流联合会主席乔·威利斯·琼斯、赛事活动主任肖恩·弗朗西斯·克拉克，双方就如何举办好此次资源漂流世界杯进行友好洽谈。8月，桂林市接待越南国家体育总局局长王碧兰一行，双方就两地体育＋旅游、加强两地体育训练交流等事项进行交流。12月，桂林市主办体育强国建设论坛暨中国－东盟体育旅游活力月活动期间，邀请柬埔寨国家旅游部副部长屋·达拉列、泰国驻南宁领事馆代总领事符万信、老挝驻南宁领事馆领事随员博学、缅甸驻南宁总领事领事凯欣扶等参加活动。

表29　**2019年桂林市籍运动员参加世界、亚洲及境外区域性各类比赛成绩表**

姓名	性别	比赛时间	地点	比赛名称	比赛项目	名次
申思涵	女	1月12日	美国波特兰	自由式滑雪美国USASA系列赛三站公开组	女子坡面障碍技巧	1
李凤丹	女	3月15日—17日	中国香港	第三届亚洲少年田径锦标赛	女子400米	2
李凤丹	女	3月15日—17日	中国香港	第三届亚洲少年田径锦标赛	女子异程接力	1
莫　芸	女	3月15日—17日	中国香港	第三届亚洲少年田径锦标赛	女子标枪	1
韦心敏	女	10月2日	印度班加罗尔	亚洲青年水球锦标赛	女子团体	4
杜建超	男	10月20日—30日	科威特	2019亚洲保龄球锦标赛	双人赛	1
杜建超	男	10月20日—30日	科威特	2019亚洲保龄球锦标赛	精英赛	1
杜建超	男	10月20日—30日	科威特	2019亚洲保龄球锦标赛	男子五人队际赛	3
杜建超	男	10月20日—30日	科威特	2019亚洲保龄球锦标赛	男子团体	2
杜建超	男	10月20日—30日	科威特	2019亚洲保龄球锦标赛	男子三人赛	7
张春莉	女	10月20日—30日	科威特	2019亚洲保龄球锦标赛	女子五人队际赛	4
张春莉	女	10月20日—30日	科威特	2019亚洲保龄球锦标赛	女子三人赛	8

表30　**2019年桂林市籍运动员参加全国大赛成绩表**

姓名	性别	比赛时间	地点	比赛名称	比赛项目	名次
黄　睿	男	3月4日—10日	海南澄迈	2019全国射箭分站赛第一站	反曲弓混合团体	2
黄　睿	男	3月4日—10日	海南澄迈	2019全国射箭分站赛第一站	个人70米双轮	2
方慧田	女	4月6日	福建将乐	全国春季蹼泳锦标赛	女子1500米蹼泳	2
方慧田	女	4月6日	福建将乐	全国春季蹼泳锦标赛	女子4×200米蹼泳接力	1
黄世平	男	4月9日—13日	浙江开化	全国举重锦标赛	67kg抓举	3
黄世平	男	4月9日—13日	浙江开化	全国举重锦标赛	67kg挺举	3
黄行群	男	4月9日—13日	浙江开化	全国举重锦标赛	55kg抓举	3
黄行群	男	4月9日—13日	浙江开化	全国举重锦标赛	55kg总成绩	1
陈桂真	女	4月12日—15日	重庆荣昌	2019年全国武术套路冠军赛（传统项目）	集体项目	1
孙　元	女	4月12日—15日	重庆荣昌	2019年全国武术套路冠军赛（传统项目）	集体项目	

续表

姓名	性别	比赛时间	地点	比赛名称	比赛项目	名次
申思涵	女	4月23日	吉林白山	全国自由式滑雪大跳台和坡面障碍技巧	女子坡面障碍技巧	1
兰友生	男	4月24日—29日	湖北宜昌	2019年全国男子武术散打锦标赛	男子60kg	3
梁义娜	女	5月6日—7日	四川犀浦	2019年全国田径省区市分区邀请赛(西南赛区)	女子4×200米接力	1
牛冠男	女	5月10日	陕西宝鸡	全国女子水球冠军赛	女子团体	1
田佳宁	女	5月10日	陕西宝鸡	全国女子水球冠军赛	女子团体	3
谢展鹏	男	5月25日—30日	贵州遵义	2019年全国技巧锦标赛	成年组精英级混合双人平衡套	3
刘依倩	女	5月25日—30日	贵州遵义	2019年全国技巧锦标赛	成年组精英级混合双人平衡套	
何宏全	男	5月25日—30日	贵州遵义	2019年全国技巧锦标赛	成年组精英级大集体	3
谢展鹏	男	5月25日—30日	贵州遵义	2019年全国技巧锦标赛	成年组精英级大集体	
刘依倩	女	5月25日—30日	贵州遵义	2019年全国技巧锦标赛	成年组精英级大集体	
朱思琳	女	5月25日—30日	贵州遵义	2019年全国技巧锦标赛	成年组精英级大集体	
何宏全	男	5月25日—30日	贵州遵义	2019年全国技巧锦标赛	成年组精英级团体	3
谢展鹏	男	5月25日—30日	贵州遵义	2019年全国技巧锦标赛	成年组精英级团体	
刘依倩	女	5月25日—30日	贵州遵义	2019年全国技巧锦标赛	成年组精英级团体	
朱思琳	女	5月25日—30日	贵州遵义	2019年全国技巧锦标赛	成年组精英级团体	
李文全	男	5月26日—31日	广东深圳	2019年全国射箭分站赛第二站	男子团体淘汰赛	2
李文全	男	5月26日—31日	广东深圳	2019年全国射箭分站赛第二站	男子个人淘汰赛	3
蒋富杰	男	6月12日—17日	湖北武汉	第七届世界军人运动会拳击测试赛暨2019年全国拳击锦标赛(第三站)	63kg	3
李凤丹	女	7月8日—11日	辽宁沈阳	全国田径锦标赛	女子4×400米接力	3
梁义娜	女	7月16日—17日	辽宁大连	全国短跑、跨栏、跳跃及接力项群赛(1)	女子400米栏	3
兰友生	男	7月17日—21日	重庆渝北	2019年全国武术散打冠军赛	男子60kg	1
李凤丹	女	8月22日—24日	辽宁沈阳	全国田径冠军赛	女子4×400米接力	2
李文全	男	9月21日—27日	安徽合肥	2019年全国射箭分站赛(第四站)	男子个人排位赛	3
罗佳城	男	9月21日—27日	安徽合肥	全国射箭分站赛(第四站)	男子个人淘汰赛	3
黄　睿	男	9月21日—27日	安徽合肥	2019年全国射箭分站赛第四站	男子团体淘汰赛	3
李文全	男	9月21日—27日	安徽合肥	2019年全国射箭分站赛第四站	男子团体淘汰赛	
罗佳城	男	9月21日—27日	安徽合肥	2019年全国射箭分站赛第四站	男子团体淘汰赛	
黄　睿	男	9月21日—27日	安徽合肥	2019年全国射箭分站赛第四站	男子团体排位赛	2
李文全	男	9月21日—27日	安徽合肥	2019年全国射箭分站赛第四站	男子团体排位赛	
罗佳城	男	9月21日—27日	安徽合肥	2019年全国射箭分站赛第四站	男子团体排位赛	
黄丽琴	女	11月2日—8日	安徽合肥	2019年“美佳厨柜杯”全国保龄球总决赛	女子精英赛	1
米忠礼	男	11月2日—8日	安徽合肥	2019年“美佳厨柜杯”全国保龄球总决赛	男子三人赛	1
杜建超	男	11月2日—8日	安徽合肥	2019年“美佳厨柜杯”全国保龄球总决赛	男子三人赛	
米忠礼	男	11月2日—8日	安徽合肥	2019年“美佳厨柜杯”全国保龄球总决赛	男子团体	3
杜建超	男	11月2日—8日	安徽合肥	2019年“美佳厨柜杯”全国保龄球总决赛	男子团体	
蔡其林	男	11月2日—8日	安徽合肥	2019年“美佳厨柜杯”全国保龄球总决赛	男子团体	
邓　恒	男	11月2日—8日	安徽合肥	2019年“美佳厨柜杯”全国保龄球总决赛	男子团体	
孙　元	女	11月9日—12日	河北迁安	2019年全国武术套路锦标赛(太极拳赛区)	女子武式太极拳	3
谢展鹏	男	11月24日—29日	江苏沛县	2019年全国技巧冠军赛	成年组精英级混合双人平衡套	2
刘依倩	女	11月24日—29日	江苏沛县	2019年全国技巧冠军赛	成年组精英级混合双人平衡套	
何宏全	男	11月24日—29日	江苏沛县	2019年全国技巧冠军赛	精英级大集体	2
谢展鹏	男	11月24日—29日	江苏沛县	2019年全国技巧冠军赛	精英级大集体	
刘依倩	女	11月24日—29日	江苏沛县	2019年全国技巧冠军赛	精英级大集体	
朱思琳	女	11月24日—29日	江苏沛县	2019年全国技巧冠军赛	精英级大集体	
李双江	女	11月28日—12月2日	山东聊城	2019年全国三跤总决赛	女子自由跤53kg	3
罗佳诚	男	11月30日—12月6日	江苏南京	2019全国射箭室内锦标赛	男子个人18米排名赛(60支箭)	3
罗佳诚	男	11月30日—12月6日	江苏南京	2019全国射箭室内锦标赛	男子团体18米排名赛	2
罗佳诚	男	11月30日—12月6日	江苏南京	2019全国射箭室内锦标赛	混合团体淘汰赛、决赛	1

表 31

2019 年桂林市籍运动员参加全国青少年赛成绩表

姓名	性别	比赛时间	地点	比赛名称	比赛项目	名次
韩继樟	男	1 月 24 日—31 日	山东德州	第四十五届“红双喜——新星杯”全国少儿乒乓球比赛	男子甲 C 组团体	2
韩继樟	男	1 月 24 日—31 日	山东德州	第四十五届“红双喜——新星杯”全国少儿乒乓球比赛	男子甲 C 组单打	3
韦心敏	女	3 月 6 日	广西南宁	全国水球青少年冠军赛暨第二届全国青少年运动会预选赛	女子团体	2
唐鑫凤	女	3 月 6 日	广西南宁	全国水球青少年冠军赛暨第二届全国青少年运动会预选赛	女子团体	
汪爹娜	女	3 月 23 日—26 日	四川南充	2019 年全国艺术体操集体锦标赛暨 U 系列集体锦标赛	少年集体单项 5 带	3
谢新慧	女	3 月 23 日—26 日	四川南充	2019 年全国艺术体操集体锦标赛暨 U 系列集体锦标赛	少年集体单项 5 带	3
梁子芊	女	4 月 13 日—27 日	河北正定	2019 年“红双喜——四环杯”全国少儿乒乓球比赛	女子单打	3
梁子芊	女	4 月 13 日—27 日	河北正定	2019 年“红双喜——四环杯”全国少儿乒乓球比赛	甲组女子团体	2
陆瞳彤	女	5 月 6 日—19 日	河北迁安	2019 年全国青少年艺术体操锦标赛暨 U 系列青少年锦标赛	少年 A 组个人团体总分	3
黄瑞怡	女	5 月 6 日—19 日	河北迁安	2019 年全国青少年艺术体操锦标赛暨 U 系列青少年锦标赛	少年 B 组个人团体总分	2
黄嘉琪	女	5 月 6 日—19 日	河北迁安	2019 年全国青少年艺术体操锦标赛暨 U 系列青少年锦标赛	少年 B 组个人团体总分	
梁义娜	女	5 月 17 日—19 日	安徽芜湖	2019 年全国青年(U20)田径锦标赛	女子 4×400 米接力	1
董宸成	男	5 月 20 日—26 日	浙江苍南	2019 年尤尼克斯全国 U15—16 羽毛球比赛	U16 男子团体	3
申宇晴	女	5 月 20 日—26 日	浙江苍南	2019 年尤尼克斯全国 U15—16 羽毛球比赛	U16 女子团体	2
梁敏华	男	5 月 22 日—25 日	江西九江	全国青年举重锦标赛	男子举重 109kg 抓举	1
梁敏华	男	5 月 22 日—25 日	江西九江	全国青年举重锦标赛	男子举重 109kg 挺举	3
梁敏华	男	5 月 22 日—25 日	江西九江	全国青年举重锦标赛	男子举重 109kg 总成绩	2
苏　联	男	5 月 22 日—25 日	江西九江	全国青年举重锦标赛	男子举重 73kg 抓举	1
苏　联	男	5 月 22 日—25 日	江西九江	全国青年举重锦标赛	男子举重 73kg 挺举	3
苏　联	男	5 月 22 日—25 日	江西九江	全国青年举重锦标赛	男子举重 73kg 总成绩	2
莫　芸	女	5 月 24 日—26 日	辽宁葫芦岛	全国少年(U18)田径锦标赛	女子标枪	2
刘丽莎	女	5 月 24 日—26 日	辽宁葫芦岛	全国少年(U18)田径锦标赛	女子 4×100 米接力	3
刘丽莎	女	5 月 24 日—26 日	辽宁葫芦岛	全国少年(U18)田径锦标赛	女子 4×400 米接力	2
潘菊娃	女	5 月 24 日—26 日	辽宁葫芦岛	全国少年(U18)田径锦标赛	女子 4×400 米接力	
覃承宇	男	5 月 24 日—26 日	辽宁葫芦岛	全国少年(U18)田径锦标赛	男女混合异程接力	1
朱思琳	女	5 月 25 日—30 日	贵州遵义	2019 年全国技巧青少年锦标赛	少年 9 岁—16 岁组 1 级混合双人平衡套	1
汪爹娜	女	6 月 5 日—13 日	山西孝义	2019 年全国艺术体操冠军赛暨 U 系列冠军赛	少年集体单项 5 带	3
谢新慧	女	6 月 5 日—13 日	山西孝义	2019 年全国艺术体操冠军赛暨 U 系列冠军赛	少年集体单项 5 带	
宾胜男	女	6 月 11 日—19 日	湖北武汉	2019 年全国青少年体操 U 系列锦标赛	女子乙组(U13)高低杠	2
宾胜男	女	6 月 11 日—19 日	湖北武汉	2019 年全国青少年体操 U 系列锦标赛	女子乙组(U13)跳马	3
宾胜男	女	6 月 11 日—19 日	湖北武汉	2019 年全国青少年体操 U 系列锦标赛	女子 12 岁全能	3
李双江	女	7 月 6 日—9 日	安徽淮北	2019 年全国 U23 国际式摔跤大奖赛	女子自由跤 53kg	1
张璎元	女	8 月 15 日—23 日	北京	2019 年“东奥杯”全国青少年保龄球锦标赛	U16 女子双打	3
申典宇	男	8 月 15 日—23 日	北京	2019 年“东奥杯”全国青少年保龄球锦标赛	U16 男女混合贝克赛	3
田师宇	男	8 月 15 日—23 日	北京	2019 年“东奥杯”全国青少年保龄球锦标赛	青少年三人贝克赛	2
张璎元	女	8 月 15 日—23 日	北京	2019 年“东奥杯”全国青少年保龄球锦标赛	女子队际赛	2
张璎元	女	8 月 15 日—23 日	北京	2019 年“东奥杯”全国青少年保龄球锦标赛	青年组女子团体	3
宾胜男	女	9 月 5 日—11 日	陕西西安	2019 年全国青年体操 U 系列冠军赛	女子乙组个人全能	1
宾胜男	女	9 月 5 日—11 日	陕西西安	2019 年全国青年体操 U 系列冠军赛	女子乙组跳马	2
宾胜男	女	9 月 5 日—11 日	陕西西安	2019 年全国青年体操 U 系列冠军赛	女子乙组平衡木	3
宾胜男	女	9 月 5 日—11 日	陕西西安	2019 年全国青年体操 U 系列冠军赛	女子 12 岁组全能	1
廖新宇	女	9 月 5 日—11 日	陕西西安	2019 年全国青年体操 U 系列冠军赛	女子乙组个人全能	3
廖新宇	女	9 月 5 日—11 日	陕西西安	2019 年全国青年体操 U 系列冠军赛	女子 13 岁组全能	1

（罗成斌）

人力资源·社会保障

综　　述

【概况】 2019年年末，桂林市人力资源和社会保障局（简称市人力资源社会保障局）办公地址在桂林市临桂区青莲路投资发展商务大厦南楼。内设办公室、政策法规科、规划财务科、就业促进科、人力资源市场科、职业能力建设科、专业技术人员管理科、事业单位管理科、劳动关系科、工资福利科、养老保险科、失业保险科、工伤保险科、社会保险基金监督科、调解仲裁管理科、劳动监察科、人事科，人员编制53名，在职人员50人。下辖公益一类事业单位8个，分别为桂林市社会保险事业管理中心、桂林市人才服务中心、桂林市劳动和社会保障监察支队、桂林市公共就业创业服务中心、桂林市劳动人事争议仲裁院、桂林市人事考试中心、桂林市社会保障卡服务中心、桂林市工人技术教研室（桂林市职业技能鉴定指导中心）；公益二类事业单位4个，分别为桂林技师学院（桂林高级技工学校）、桂林市交通技工学校、桂林市第二技工学校、桂林市劳动就业培训中心学校。全年全市县级以上政府部门设立公共就业和人才服务等各类服务机构32个，其中就业服务中心18个，人才服务机构14个；设立民办培训机构53个，职业技能鉴定机构29个，职业技能鉴定考评人员685人；劳动保障监察机构30个，专职劳动保障监察员93人。全市享受国务院政府特殊津贴69人，广西“十百千人才工程”人选15人；引进国家“千人计划”专家8人，国家级博士后科研工作站4个，招收博士后研究人员10人，有自治区级人才小高地6个，市级人才小高地8个。

【社会保险覆盖范围持续扩大】 2019年，全市社会保险制度建设加快推进，参保人数持续增加，社会保险基金运行总体平稳。全年全市城镇职工养老保险参保人数100.39万人（其中企业职工养老保险82.97万人、机关事业单位养老保险17.42万人），失业保险参保人数45.14万人，工伤保险参保人数52.79万人；城镇职工养老保险、失业保险、工伤保险基金征缴收入分别为79.77亿元、2.05亿元、1.18亿元。全市城乡居民养老保险参保人数206.98万人。全市基本医疗保险参保人数507.36万人（其中职工医保77.41万人，城乡居民医保429.95万人）；职工医保基金收入30.84亿元，医保基金支出24.25亿元；城乡居民医保基金收入33.87亿元，医保基金支出36.86亿元。全市生育保险参保人数49.77万人，生育保险基金收入1.26亿元，生育保险基金支出1.05亿元。

【劳动关系和谐稳定】 2019年，桂林市落实保障农民工工资支付制度，推动劳动保障监察执法规范化，构筑工资支付诚信体系建设，强化劳动保障重大违法行为社会公布、拖欠农民工工资“黑名单”制度，推动劳动保障监察执法与刑事司法有序衔接，规范日常巡查和专项执法检查工作。全年市人力资源社会保障局检查用人单位2108个，向社会公布重大违法行为1件，向司法机关移送拒不支付劳动报酬案件1件，企业劳动保障守法诚信等级评价A级398家、B级390家、C级29家。全市进行劳动用工备案的单位有4.12万个，劳动合同签订率96.7%。全市111家300人以上大中型企业，149个乡（镇）、街道，237个机关、事业单位均建立劳动人事争议调解委员会，组建率100%。年内，全市经审查立案处理的劳动人事争议案件2019件，同时处理累计未结案案件90件。全年共结案2054件，其中调解案件1029件，终局裁决案件376件。

【落实人社扶持政策】 2019年，市人力资源社会保障局落实人力资源和社会保障扶持政策，持续优化营商环境。一是继续实行降低社会保障费率政策，优化营商环境。至年末，降低养老保险费率，为企业减负8.82亿元，惠及1.72万个单位，职工32.80万人；为机关事业单位减负2.20亿元，惠及3253个单位，职工10.73万人；降低失业保险费率，为参保单位减负2.06亿元，惠及1.97万个单位，职工41.89万人；降低工伤保险费率，为参保单位减负1.17亿元，惠及2.06万个单位，职工47.71万人，减轻企业用工负担。二是落实各类就业创业优惠政策的补贴工作。共认定桂林市主导产业企业101家，发放企业新增岗位社会保障补贴451.65万元，职工共1.91万人；建立就业见习基地19个，审核发放就业见习补贴298.94万元，共276人。

【村级就业社保服务平台建设】 2019年，市人力资源社会保障局按照村级就业社保服务平台有人员、有场地、有设备、有流程、有网络、有经费新标准开展服务平台建设提升工作。全年全市村级就业社保服务平台建设，完成建设提升725个。

【精准扶贫取得新成效】 2019年，市人力资源社会保障局落实扶贫各项政策，精准发力，脱贫攻坚工作取得新成效。全面落实社会保障扶贫政策。通过部门联动，建立数据交换机制、数据比对机制、数据核实机制和上门服务机制，确保社会保障惠民政策落实到符合条件人员。至年末，全市建档立卡贫困人口参加城乡居民养老保险人数30.47万人，参保率100%。推行扶贫车间建设，实施“百家创业”工程。对全市4个深度贫困乡（镇）、50个深度贫困村进行重点扶持，为贫困家庭劳动力在家门口就业和实现居家灵活就业创造条件。全市建设就业扶贫车间556个，认定391个，带动农村劳动力就业2.62万人，吸纳建档立卡贫困劳动力4560人。实施贫困劳动力“千人转移就业”计划。利用春风行动、就业援助月、民营企业招聘周等专场招聘活动搭好供需对接平台，引导农村富余劳动力转移就业。帮助农村劳动力转移就业创业3万人，其中建档立卡贫困劳动力1739人。

2019年7月9日，桂林市职称申报评审网络化系统培训班在临桂区住建大厦举行 （汤涛 摄）

人事管理

【事业单位公开招聘工作】 2019年，市人力资源社会保障局严格把关、规范程序，科学组织事业单位公开考试招聘工作。全年共组织考试20余次，面向社会公开考试招聘事业单位工作人员2470人，其中公开考试招聘中小学教师947人，其他事业单位工作人员1523人。赴自治区外为用人单位招聘重点领域急需紧缺专业人才61人。

【事业单位岗位管理】 2019年，市人力资源社会保障局按照编制部门机构整合改革的要求，完善岗位设置管理办法。全年共调整事业单位岗位设置方案125个，办理市直事业单位岗位聘用审批2456人。全年审核人事档案403份，办理人员流动手续403人，使用后勤服务聘用人员控制数16人，办理人员调出手续9人。

2019年12月7日，市人力资源社会保障局在陕西师范大学举行桂林市事业单位赴自治区外招聘急需紧缺人才现场宣讲会 （黎德强 摄）

【专业技术人员职称评审】 2019年，市人力资源社会保障局做好教育、工程、卫生、中等职业学校教师4个副高级专业技术人员资格异地交叉评审工作。全年全市申报高级工程师427人，评审通过222人，通过率51.99%；申报卫生副高级专业技术人员资格751人，评审通过442人，通过率58.85%。申报中小学高级教师2260人，评审通过1092人，通过率48.31%；申报中等职业学校高级讲师59人，评审通过29人，通过率49.15%。审核推荐683人到自治区各高级系列评审会评审高级专业技术资格。全市申报中级专业技术资格3046人，评审通过1954人，平均通过率64.15%。全年办理大中专毕业生职称认定1628人次，职称重新确认58人次，遗失补办34人次。

【规范评比表彰项目申报】 2019年，市人力资源社会保障局落实有关表彰奖励、评比达标表彰政策，申报表彰奖励项目，审核表彰奖励工作计划和方案并监督实施，规范全市评比达标表彰活动，做好市评比达标表彰协调小组的日常工作。年内，会同有关部门做好桂林市2019年度19个评比达标表彰项目的实施，完成桂林市2020年度评比达标表彰项目的申报工作。

【机关工勤和事业单位工资办理】 2019年，市人力资源社会保障局完成机关工勤和事业单位工作人员的正常晋升、岗位(技术等级)变动、新聘、流动人员及奖励性绩效工资审核的工作,共审核办理 2993 件;审核市直属事业单位新招聘、调入事业单位人员档案核定和新增工资共计 652 人。

2019 年 5 月 29 日,桂林市海内外高端人才创业创新示范基地项目入驻仪式在桂林国家高新区湖塘总部经济园举行 (熊耀成 摄)

人才开发

【高层次人才队伍建设】 2019 年,桂林市全面完成 2018 年度高层次人才认定工作,共认定高层次人才 115 人,增长(比上年,下同)200%。开展 2019 年度高层次人才认定申报工作,进入直接认定程序人才 70 人,其中国家“千人计划”创新长期项目人才、中科院“百人计划”入选者、创新人才推进计划入选者等高层次人才、第二类人才增长 25%。组织开展桂林市第二批急需紧缺高层次人才评价答辩会,该次人才评价共有来自桂林奥泰医疗科技有限公司等 20 多个企事业单位的 64 人,其中企业人才 53 人,占参评人数的 82.8%。

【创新企业人才培养模式】 2019 年,桂林市全面提优“丹桂育才计划”,在保留“名校 + 名企”“标杆企业参访”“名家讲堂”“英才沙龙”特色培训模式的基础上,创新打造“云上丹桂”线上培训平台,与 10 余家国内外一流高校、专业培训机构建立合作通道,通过“线上 + 线下”双驱动,革新人才培养模式,激发企业育才动力,由自上而下的供给型培训,逐步升级为内外双驱的生态型培养,为企业培养人才提供引导和支持。“云上丹桂”线上培训平台注册用户数 2044 人,用户平均在线时长 125 分钟,已开展专题课程推送 5 期,组织开展涵盖经营管理、产业创新、行政及人力资源等多项管理内容的专题研修班 10 期,培训人才 1120 人次。

【建设桂林市高层次人才“一站式”服务平台】 2019 年,桂林市高层次人才“一站式”服务平台首期进驻引才引智、人才奖励、创新创业、生活保障 4 类服务事项 20 项。平台采用服务专窗、服务专网、服务专员、服务专议的“四专联动”模式支撑和保障人才“一站式”服务,确保需要跨部门、跨行业协作的人才服务事项高效运行。至年末,平台已受理服务申请 900 多份,接受各类业务咨询 1500 人次。

2019 年 7 月 31 日,桂林市急需紧缺高层次人才评价答辩会在桂林榕湖饭店举行 (熊耀成 摄)

【建设桂林市海内外高端人才创业创新示范基地】 2019 年,桂林市引进 8 名高层次人才(4 名为国家高层次人才)携项目落地,促成智慧旅游、虹膜识别、健康教育信息化应用 3 个高端人才项目与相关单位签订合作协议,组织开展“国家高层次人才服务行——走进广西桂林”暨海创基地项目入驻仪式、中国 – 东盟博览会“海创展”项目对接等活动,共推动 20 多名高层次人才与桂林市 50 多个企事业单位交流对接,促成 16 名专家与桂林市企事业单位形成合作意向,助力桂林市创新发展、产业升级。

【举办桂林市第十届公益性人才交流大会暨十万大学生留桂就业创业双选会】 2019 年 9 月 21 日,由市人力资源社会保障局主办的桂林市第十届公益性人才交流大会暨十万大学生留桂就业创业双选会在桂林国际会展中心举行。该次大会以“聚力就业　才启未来”为主题,旨在促进桂林市高校毕业生等青年群体多渠道就业,推进实施十万大学生留桂计划。大会共组织优质企业 498 家,提供岗位 2.52 万个,其中毕业生岗位 2.15 万个,吸引求职者 1.1 万人,与用人单位达成就业意向 5700 人。

劳动就业培训

2019 年 1 月 11 日，桂林市 2019 年就业援助月启动仪式暨现场招聘会现场

（叶滴翠　摄）

【就业形势保持稳定】 2019 年，市人力资源社会保障局强化公共就业服务，开展就业创业培训，打造创业创新平台，全市就业状况持续改善，就业局势稳中向好。至年末，全市城镇新增就业 4.49 万人，城镇失业人员再就业 1.40 万人，就业困难人员实现就业 0.44 万人，农村劳动力转移就业新增 7.75 万人，全市城镇登记失业率 2.66%。市本级市场举办招聘会 81 场，进场单位 3198 个次，提供岗位 1.8 万个，进场人数超 8.3 万人次，应聘报名 4.44 万人次，意向成交 1.52 万人，成交率 34%，发挥了人力资源市场促进就业的主渠道作用。

【开展公共就业服务专项活动】 2019 年，市人力资源社会保障局组织开展各项专项公共就业服务活动，促进各类群体就业再就业。开展就业援助月活动。全市共走访就业困难家庭和零就业家庭 608 户，登记认定未就业困难人员 507 人，组织专场招聘会 24 场，帮助就业困难人员实现就业 345 人，帮助就业困难人员享受政策 795 人，帮助零就业家庭至少 1 人实现就业 15 户，全市聘用就业困难人员 130 人。开展春风行动。全市组织大型农村劳动力转移就业专场招聘会 36 场，共组织 1626 家企业参与招聘，累计提供就业岗位 12 万个；跨地区组织劳务输出 1680 人，农村劳动者就近就地转移就业 1907 人；组织参加职业技能培训 1028 人，提供政策咨询、劳动维权服务和法律援助 6707 人次。开展民营企业招聘周活动。全市组织现场招聘会 24 场，参与招聘民营企业 339 家，提供岗位 1.48 万个，意向成交 3019 人，维权及法律援助 1277 人次。

【创业就业扶持】 2019 年，市人力资源社会保障局落实各项优惠政策扶持创业就业。全市 7 个创业孵化基地共投入建设资金 500 多万元，378 家企业和项目入驻孵化，直接带动就业 3899 人，发放各类孵化奖补资金 362.89 万元。推进农民工创业园建设，完成入驻企业 68 家（其中农民工创办企业 53 家），投产运营企业 43 家，提供就业岗位 4970 个，实现就业人数 2573 人，其中吸纳农民工就业 2066 人，贫困农民工 386 人。落实高校毕业生就业创业政策，审核发放高校毕业生求职创业补贴 1727.98 万元，受益学生 1.29 万人。

2019 年 4 月 17 日，桂林市民营企业招聘周启动仪式暨专场招聘会在桂林市人力资源市场举办

（叶滴翠　摄）

【就业技能培训与鉴定】 2019 年，市人力资源社会保障局开展职业技能提升行动，加强高技能人才队伍建设，出台《桂林市职业技能提升行动实施方案（2019—2021 年）》。开展“千村万企”职业技能培训大行动。至年末，新增农村劳动力培训 4.71 万人，应届毕业生培训 5625 人，企业在岗职工培训 5925 人。实施技能扶贫培训，全年培训贫困人口 2 万人。全市新增高技能人才 1429 人，其中高级技师 75 人。全方位培育工匠人才。开展技能大师工作室申报和遴选工作，对认定为大师工作室的企业一次性补助资金 20 万元，激发企业技能拔尖、技艺精湛的高技能人才传、帮、带作用，并加强高技能人才技能交流和推广。支持社会培训和评价机构开展职业技能培训和评价工作，指导推动桂林南药股份有限公司、桂林福达股份有限公司、燕京啤酒（桂林漓泉）股份有限公司开展职业技能等级认定试点工作。

【举办创业大赛】 2019 年 8 月，市人力资源社会保障局启动广西农民工创业大赛桂林市选拔赛暨桂林市首届农民工创业大赛，参加比赛企业68家，进入市级决赛企业40家(其中成长组20家，初创组20家)，参加自治区级大赛企业16家，并在自治区级大赛中获一等奖1个、二等奖3个、三等奖2个。年内，首次实现境内外联合办赛，举办中国桂林创新创业大赛，在桂林、武汉、长春、深圳、韩国首尔、日本东京设立分站赛，创业团队报名参赛403个，团队晋级24个。11月28日，中国桂林创新创业大赛总决赛在桂林香格里拉大酒店举行。

劳动关系协调

【企业劳动用工管理】 2019年，全市进行劳动用工备案的单位有4.12万个，基本覆盖全市用人单位，劳动合同签订率96.7%。企业签订集体合同3109份，集体合同签订率88%，涉及职工27.36万人。其中，签订区域性行业性集体合同819份，涉及职工26.23万人。年内，市人力资源社会保障局开展劳动合同签订专项调研，对最低工资标准贯彻落实情况进行督促指导。发布2019年工资指导线，以货币平均工资增长率6%、1%、11%分别作为企业工资增长的基准线、下线、上线。

【劳动关系和谐单位认定】 2019年，市人力资源社会保障局牵头在全市范围内开展劳动关系和谐单位认定工作。共认定市本级劳动关系和谐单位18个，11个县(市、区)认定劳动关系和谐单位59个，燕京啤酒(桂林漓泉)股份有限公司、桂林长海发展有限责任公司等9家企业被评为自治区和谐劳动关系单位，桂林福达股份有限公司被评为全国和谐劳动关系模范企业。

【根治拖欠农民工工资工作】 2019年，桂林市组织开展根治欠薪夏季专项行动和冬季攻坚行动及保障农民工工资支付等工作督查，强化属地管理和部门监管责任，根治欠薪工作取得成效。年内，全市在建工程项目351个，其中政府投资工程项目101个，农民工工资保证金、实行实名制管理、工资专用账户分账管理、按月足额支付工资、施工现场维权信息告示牌、签订劳动合同、银行代发工资制度覆盖率100%，分包企业委托施工总承包企业代发农民工工资覆盖率92%。全市查处工资类违法案件、涉及金额、人数实现大幅下降。全年工资类案件21件，涉及金额241.83万元，涉及人数227人，分别下降(比上年，下同)72.73%、83.25%、82.91%。全市没有发生政府投资工程项目拖欠农民工工资，没有发生50人以上的群体性讨薪事件，没有发生因讨薪引发的极端事件。

【开展清理整顿人力资源市场秩序专项行动】 2019年，市人力资源社会保障局联合市市场监督管理局、市公安局等部门对全市人力资源市场进行全面清理整顿，严厉查处非法“黑中介”，共出动318人次，检查用人单位720多个，其中检查职业介绍机构、劳务派遣单位132个。发现未经许可和登记擅自从事职业介绍中介活动的单位1个，并对其进行取缔。强化年审监督作用。以机构年审为契机，对人力资源机构经营情况、诚信度、求职者权益保障等进行全面检查整治，对存在违规经营行为的机构限期整改，全市20家机构参加年审，经年审合格15家，依法注销1家。

2019年9月17日，全市2019年根治欠薪工作推进暨迎接自治区督查工作布置会在创业大厦会议中心召开 (钟世超 摄)

社会保险

【实施全民参保计划】 2019年，市人力资源社会保障局实施全民参保计划，扩大社会保险覆盖面。依托自治区全民参保登记信息管理系统，推动“多证合一、一照一码”登记制度改革，定期导入工商新登记单位信息，做好社会保险扩面宣传和服务工作。对全民参保登记大数据进行统计和分析，精准定位断保和未参保人员，全市基本养老保险应入库人数399.78万人，实际入库人数307.36万人，入库率76.88%。

【社会保险支出】 2019年，桂林市发放职工养老待遇137.45亿元。其中，企业退休26.55万人，待遇支付82.85亿元；机关事业单位退休6.79万人，完成社会化发放6.75万人，待遇支付54.60亿元。发放工伤待遇2143人，待遇支付0.68亿元。发放失业待遇1.43万人，待遇支付1.85亿元。发放城乡居民养老保险待遇71.26万人，待遇支付10.31亿元。年内，对足额缴纳失业保险费，并且采取措施稳定就业岗位的企业，按企业及其职工上年度足额缴纳失业保险费总额的50%给予稳岗补贴。全年共计发放一般企业稳岗返还资金1051万元，惠及企业359家、企业职工4万人；发放困难企业稳岗返还资金2693万元，惠及企业30家、职工5866人。

2019 年 5 月 23 日，国家人社部社保中心降费减负和工伤保险工作督导调研桂林市座谈会举行 （黄音 摄）

【社会保险费征收体制改革】 2019年1月1日，城乡居民基本养老保险费开始由税务部门征收，市人力资源社会保障局做好社会保险费职责划转工作，与税务部门交流沟通，开发“税务征集”模块，实现与税务系统实时数据交换和对接，确保桂林市顺利完成职责划转工作。机关、事业单位社会保险费征缴模式暂稳定1年过渡期，4月—12月采取“人社部门核定，税务部门征收”模式征收机关、事业单位社会保险费。4月15日，桂林市机关、事业单位社会保险费由税务部门征收，并与市税务局联合成立社保费征收服务联合经办大厅。全年全市社保部门成功上传和接收市税务局社保费各种征集单40.96万笔。7月1日，全市城乡居民医疗保险费开始由税务部门负责征收，到年末，全市已完成412万名城乡居民医疗保险费征收工作。

【社会保障卡发放与推广】 2019年，市人力资源社会保障局有序推进全市社会保障卡的发放、应用工作，重点做好全市在校学生社会保障卡的申请制发工作。组织采集商成立照片扫描小组和基本资料审核录入小组，把50多万名学生的纸质照片、信息表逐一核对，处理并扫描录入电脑系统，在2个月内完成41万张学生社会保障卡制卡工作，完成最后一个批量覆盖人群的发卡工作。至年末，全市制卡数504万张，实际到卡数487万张。

【机关和事业单位养老保险制度改革】 2019年，市人力资源社会保障局继续实施机关和事业单位基本养老保险制度改革。做好退休人员养老金社会化发放工作，确保退休人员养老金按时足额发放到位。至年末，退休人员养老金社会化发放人数6.75万人，累计发放养老金37.82亿元，社会化发放率99.7%。做好2014年10月以后新增退休人员养老金重算发放工作，至年末，已重算发放新增退休人员1.11万人。其中，重算发放2014年10月—2017年12月新增退休人员8614人，重算率88%；已重算发放2018年新增退休人员2525人，重算率69%。开展参保单位过渡期基本养老金和职业年金的清算工作，清算率98%。

【提升社保惠民服务】 2019年，市人力资源社会保障局落实为民办实事项目。做好城乡居民养老保险管理系统智能化升级改造，购买“人脸识别”资格认证设备，并配发到各城区和社区，保障每个乡（镇）至少配备1台认证设备，方便领取待遇人员开展领取资格认证，确保社保待遇按时足额发放和基金安全。落实上级财政补助资金和地方财政配套资金划拨到位工作，2019年列入绩效考核的上级财政和桂林市各级财政对城乡居民养老保险的补助资金总数9.88亿元，年内已转入社保财政专户9.25亿元，拨付到位率93.65%。

【退役士兵社会保险办理】 2019年，市人力资源社会保障局妥善解决部分退役士兵社会保险问题。指派业务骨干到市退役军人事务局联合办公，建立“一门受理、协同办理”的经办机制，专门办理退役士兵社会保险参保接续业务，及时在社保系统登记参保信息并计算补缴金额。全年，市本级有1300多名符合条件的退役士兵进行社保参保、补缴登记，完成办理560多人。

【社会保险基金监督管理】 2019年，市人力资源社会保障局开展社会保险经办风险管理专项行动。要求市本级社保经办机构落实自查整改工作，建立完整台账；组织县（市、区）社保经办机构按照自治区检查评估指标逐条进行细化培训，并成立专项检查组，抽调专业人员对每个县级社保经办机构进行检查。建立稽核制度。采取实地稽核与书面稽核、重点稽核与普通稽核的方式，实施政府购买服务的方式开展稽核工作，规范参保单位的参保缴费行为，做到应保尽保，应缴尽缴。运用“人脸识别”系统强化社会保险待遇领取资格审核，杜绝虚报、冒领养老金现象。执行社会保险基金财务制度，加强基金预算管理。规范社保基金预算执行和财务运行分析，执行“收支两条线”管理，提高风险防控能力，确保各项社保基金安全运行。 （赵楠）

医疗保障

【概况】 2019年3月18日，桂林市医疗保障局挂牌成立。办公地址在桂林市临桂区青莲路投资发展商务大厦南楼。根据《桂林市机构改革方案》，新组建的桂林市医疗保障局，将市人力资源社会保障局的基本医疗保险、生育保险职责，市发展和改革委员会的药品和医疗服务价格管理职责，市民政局的医疗救助职责等整合。内设

2019 年 3 月 18 日，桂林市医疗保障局挂牌成立　（桂林市医疗保障局　供图）

办公室、待遇保障科、医药管理科、基金监管科。人员编制 32 名（含机关后勤服务聘用人员控制数 2 名），在职人员 22 人。

【基本医疗保险】 2019 年，桂林市基本医疗保险参保人数 507.36 万人（其中职工医保 77.41 万人、城乡居民医保 429.95 万人）。全年职工医保基金收入 30.84 亿元，增长 14.2%；基金支出 24.25 亿元，增长 28.84%；年末基金累计结存 56.7 亿元，其中统筹基金累计结存 28.08 亿元。全年城乡居民医保基金收入 33.87 亿元，增长 4.25%；基金支出 36.86 亿元，增长 42.03%。年末基金累计结存 33.89 亿元，其中统筹基金累计结存 22.76 亿元。

【生育保险】 2019 年，桂林市生育保险参保人数 49.77 万人。基金收入 1.26 亿元，增长 11.87%；基金支出 1.05 亿元，增长 3.88%。全年收支结余 2121 万元，年末基金累计结存 2.49 亿元。

【异地就医直接结算】 2019 年，桂林市医疗保障局落实各项异地就医政策，优化、简化异地就医备案流程，畅通结算渠道，推进全市跨省异地就医直接结算工作，做到异地就医服务"不见面、零跑腿"，全市开通异地住院就医直接结算的机构 206 家。全年，桂林市参保人员赴广西外异地就医 2408 人次，总费用 6174.89 万元，统筹费用 2405.1 万元；广西外城市到桂林市就医 3900 人次，医疗总费用 6058.69 万元，统筹费用 2768.44 万元。

【药品集中招标采购】 2019 年，桂林市医疗保障局组织全市 213 家医疗机构加入广西第一批实施药品集团采购和国家"4+7"药品集中采购试点扩围，将分散的药品采购量集中起来形成团购规模效应，按照"带量采购、以量换价"的药品集团采购新模式组织桂林市药品集团采购工作，显著降低虚高药价，减轻患者用药负担。第一批药品集团采购的 23 个通用名药品（59 个品规）较原采购价平均降价 41.56%，单品种降幅最大的、治疗糖尿病的常用药二甲双胍，降价 87.62%。扩围竞价集中采购的 25 个通用名药品，平均降价 59%。其中，4 个品种降价超过 90%，单品种最大降价的恩替卡韦，每片价格由 12.10 元降至 0.2746 元，降价 97.73%。

【医保支付方式改革】 2019 年，桂林市医疗保障局在全市范围内开展疾病诊断相关分组付费改革，成立全市疾病诊断相关分组付费工作改革小组，并建立疾病诊断相关分组付费改革技术指导专家库，专家库涉及 39 个专业 100 名医疗专家，对国家医保疾病诊断相关分组规则落地应用等改革工作提供技术支撑。组织对 2016—2018 年城镇职工、城乡居民基本医疗保险的住院病案数据进行收集整理和规范，桂林市医保系统结算数据与医疗机构报送的病案数据匹配率 94%，高于全自治区 86% 的平均匹配率水平。组织市、县两级二级以上医疗机构病案、医保、信息工作人员开展编码和病案质量控制培训，为实施疾病诊断相关分组付费方式改革打基础。

【扩大医保支付范围】 2019 年，桂林市医疗保障局将 17 种抗癌药品纳入基本医疗保险Ⅰ类药品支付范围和各种恶性肿瘤门诊特殊慢性病管理范围，减轻群众用药负担。严格落实自治区《关于将部分远程医疗服务项目纳入基本医疗保险基金支付范围的通知》，明确将远程门诊、远程心电图诊断、远程病理诊断、远程影像诊断纳入基本医疗保险基金支付范围。医院通过网络平台可实现对患者的远程诊断，让医疗资源欠丰富地区的群众就近享受便捷、优质、低负担的就医服务，推动分级诊疗。

【优化建档立卡贫困人口门诊特殊慢性病办理程序】 2019 年，桂林市医疗保障局与市卫生健康委员会联合印发《关于优化桂林市建档立卡贫困人口门诊特殊慢性病办理程序的通知》，简化建档立卡贫困人员办理程序，减少备案材料，实行先享受待遇、后备案制度，同时统一部署建档立卡贫困人口门诊特殊慢性病集中认定工作。各县（市、区）医疗保障局组织医务人员、医保经办人员、帮扶干部等进村入户，集中开展贫困人口特殊慢性病筛查和政策宣传 20 余场次。至年末，全市办理门诊特殊慢性病卡的建档立卡贫困人口 5.30 万人。

【落实医疗保障扶贫政策】 2019 年，桂林市医疗保障局推进医保扶贫，全面落实贫困人口"198"医疗保障政策。一是对建档立卡贫困人口信息与基本医疗保险信息系统进行比对，筛查出不符合参保条件的人员 184 人，全市建档立卡贫困人口 41.04 万人，应参保人员 41.02 万人，已参保人员 41.02 人，参保率 100%。二是执行住院医疗费用兜底报销 90% 政策。建

2019年11月12日，桂林市医疗保障局在桂林医学院举办打击欺诈骗保百日攻坚行动培训会（桂林市医疗保障局　供图）

档立卡贫困人口在定点医疗机构住院的，取消住院基金起付线，报销比例提高5%；使用国家基本药物目录内药品，按照自治区现行甲类药品比例给予支付；在统筹区域外住院治疗的，报销比例提高5%。5月起，建档立卡贫困人口医疗费用"一站式"兜底结算扩大至全市范围，在市域内定点医院住院治疗所产生的医疗费用按照基本医保、大病保险、基本医保二次报销、医疗救助、兜底报销的顺序实现"一站式"结算。三是落实建档立卡贫困人口门诊特殊慢性病医疗费用兜底报销80%政策。建档立卡贫困人口治疗自治区统一确定的29种门诊特殊慢性病的，取消起付线，报销比例提高10%。县域内门诊特殊慢性病就诊医疗费用，经"一站式"结算兜底保障至80%。全年全市建档立卡贫困人口住院8.69万人次，住院总费用5.65亿元，基本医保支付3.81亿元，大病赔付5480.96万元，财政兜底金额4451.58万元，符合兜底条件的建档立卡贫困人口住院实际报销比例90%。门诊特殊慢性病就诊25.64万人次，发生总费用8347.28万元，基本医保支付6010.55万元，大病报销781.47万元，门诊慢性病兜底353.35万元，符合兜底条件的建档立卡贫困人口实际报销比例80%。

【医疗保障基金监管】 2019年，桂林市医疗保障局综合运用日常监管、现场交叉检查、协议稽核、数据分析、专家审查、明查暗访等方式，对全市1619家定点医药机构进行现场检查，检查率100%。处理违规定点医药机构408家，追回医保基金5365.57万元。其中，暂停医保服务协议63家，终止服务协议3家，行政罚款1家，2名乡（镇）卫生院院长被行政撤职，查处参保人违法违规3件。全年核查国家和自治区医疗保障局转办件及群众举报线索32条，兑现群众举报奖励15件，向司法机关和纪检部门移送问题线索各2条，在市级媒体主动曝光骗保典型案例15件，打击欺诈骗保专项治理工作成效显著，各项指标综合排名全自治区第一。（朱志贵）

退役军人事务

【概况】 2019年3月18日，桂林市退役军人事务局（简称市退役军人局）挂牌成立，办公地址在桂林市临桂区青莲路建设大厦北楼。内设办公室、思想政治和权益维护科、规划财务科、安置就业创业科、军休服务管理科、拥军优抚和褒扬纪念科、机关党办。下辖市退役军人服务中心、军供站、军休中心、铁西军休所、凯风军休所、五里亭军休所、漓江军休所、东江军休所、桃花江军休所9个二层机构。人员编制28名（含后勤服务聘用人员控制数3名），在职人员28人。年内，加强退役军人服务保障体系建设，推进烈士评定、退役军人信息采集、参战参试人员认定等重大专项工作，做好湘江战役红军遗骸收殓保护工作，对部队和优抚对象进行走访慰问，创新退役军人安置和就业创业工作。做好影响桂林市社会稳定涉军信访群体的信访稳定工作，市本级共受理来信来访753件2635人次。桂林市获自治区双拥模范城"十连冠"。

【退役军人服务保障体系建设】 2019年，市退役军人局建立健全内部管理各项规章制度，确保全市各级退役军人服务保障机构迅速建立、运转正常。3月，市退役军人局、各县（市、区）退役军人局全部挂牌组建。5月，市退役军人服务中心、各县（市、区）服务中心和乡镇（街道）村（社区）两级服务站全部挂牌完毕。

【推进退役军人事务专项工作】 2019年，市退役军人局规范烈士评定、伤残鉴定、带病回乡及参战参试人员生活补助身份认定与清理工作。全年追认烈士1人、新办补办评残45人、调整残疾等级19人、补证7人、迁入换证69人，评定带病回乡人员8人。全面完成退役军人信息集中采集工作，全市已完成11.94万名对象的信息采集工作，其中通过自治区审核11.87万名。基本完成1.43万名已享受优抚待遇参战参试人员的档案清理完善工作。

【走访慰问部队官兵和优抚对象】 2019年，市退役军人局组织开展对驻地部队、官兵个人和优抚对象的春节、"八一"走访慰问活动，向官兵发放节日慰问品。为2.9万名优抚对象发放节日慰问金。开展"大走访、送温暖"活动，走访慰问100名重点优抚对象代表。全年共发放慰问品、慰问金折合3947万元。

【做好悬挂光荣牌和送立功喜报工作】 2019年，市退役军人局推进为退役军人和其他优抚对象等家庭悬挂光荣牌工作。全市为11.8万户符合条件的对象悬挂光荣牌。开展为立功官兵家庭上门送喜报工作，全年为2名荣立二等功、120余名荣立三等功的官兵送喜报上门，并悬挂“功臣之家”牌匾，发放慰问金48.3万元。

【企业军队转业干部解困工作】 2019年，桂林市企业有军队转业干部3455人，市退役军人局共为1030名企业军队转业干部发放困难补助1004万元。落实失业下岗的企业军队转业干部报销养老保险50%政策和医疗保险政策，为27名下岗失业企业军转干部支付养老保险费用12.21万元，解困政策及时足额落实到位；个案救助政策落实到位，预算专项经费30万元用于个案救助。

2019年4月，新修缮后的脚山铺阻击战遗址米花山下无名红军烈士墓

（黄利明　供图）

【创新退役军人安置和就业创业】 2019年，市退役军人局到部队进行调研摸底，开展军队转业干部、退役士兵调研和进军营“送政策、送服务、送温暖”活动。做好军队转业干部和退役士兵接收工作，落实量化计分办法，让安置工作在“阳光”下运行。抓好退役军人就业创业工作，依托局属退役军人服务中心和有资质的培训学校，组织2019年军队转业干部培训，对自主择业军队转业干部和自主就业的退役士兵开展职业能力培训和适应性培训。谋划设立退役军人创业孵化园，成立集就业、创业、培训和服务于一体的退役军人创业就业基地，与桂林民华科技发展有限公司签署合作协议，提高自主择业的退役军人创业质量。利用桂林市人才双选会设立退役军人招聘专区，为退役军人搭建就业平台，现场多人签约或初步达成双选签约意向。

【双拥共建工作】 2019年，桂林市以争创全国双拥模范城“九连冠”为目标，落实基础创建任务，深化拓展双拥创建活动，与12家银行签订拥军优抚合作协议，推进协调办理310名军人子女报名就读、升学转校及随军家属就业安置等事项。桂林市获自治区双拥模范城“十连冠”。年内，以桂林名称命名的“桂林”舰获命名。

【做好湘江战役红军遗骸收殓保护工作】 2019年，市退役军人局推进湘江战役红军遗骸收殓保护工作，并取得阶段性重大成果。协调相关部门、县（区），组织开展湘江战役红军遗骸的搜寻、发掘、收殓等工作，共发掘遗骸点217处，发掘收殓相对完整遗骸82具、零散遗骸7465块，完成遗骸发掘收殓工作任务。精心筹备湘江战役红军烈士遗骸安放仪式和纪念活动，组织学习观摩、模拟演练等准备工作，采购专用棺椁、制式军用毛毯、花篮架等用品，保障全州湘江战役红军烈士遗骸集中安葬仪式暨纪念林落成仪式的圆满完成。推进31处红军烈士遗骸安葬处项目建设工作，确保按时按质完成；组织实施湘江战役红军遗属帮扶，走访慰问211名红军遗属，发放慰问品、慰问金合计25万余元；做好烈士公祭活动。

【开展先进典型推树活动】 2019年，市退役军人局深入挖掘退役军人先进典型，加强退役军人宣传教育，开展“全国模范退役军人”“八桂最美退役军人”评选推荐活动，秀峰区信访联席办主任、信访局局长彭永康和市人力资源和社会保障局主任科员段宗元被评为“全国模范退役军人”；同时，彭永康、段宗元与市环境卫生管理处冲口垃圾填埋场场长王新强被评为“八桂最美退役军人”。在全市退役军人系统掀起向桂林市漓江军队离休退休干部休养所所长李娜学习宣传活动，李娜被自治区人民政府追认为烈士，并被市妇联、自治区妇联追授市级和自治区级“三八红旗手”。结合庆祝新中国成立70周年和中国人民解放军建军92周年，桂林市退役军人事务系统举办迎“八一”文艺汇演和首届退役军人书画摄影展。

【落实军休干部待遇】 2019年，市退役军人局落实军休干部政治待遇和生活待遇，办理军休干部各项生活补助发放，做好军休干部、无军籍职工的传统节日慰问工作。组织开展丰富多彩的军休文体活动，遴选优秀军休文化节目去北海市、贵港市、柳州市参加“八一”文艺汇演，承办“不忘初心，牢记使命”庆祝新中国成立70周年文艺汇演。做好军休干部的接收安置工作，接收2019年自治区退役军人事务厅下达给桂林市安置的军休干部35人，接收安置历年审定未移交的军休干部3人。（唐明山）

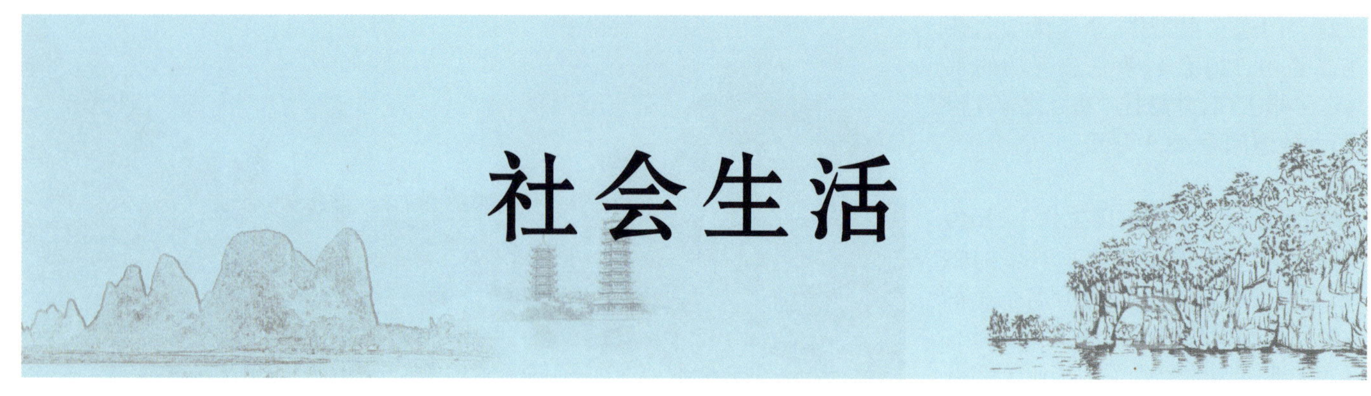

社会生活

居民收入

【概况】 2019年,桂林市城乡居民人均可支配收入稳步增长。至年末,桂林市城乡居民人均可支配收入为26381元,名义增长(比上年,下同)8.6%,扣除价格因素实际增长4.7%。其中,城镇居民人均可支配收入为37178元,名义增长7.3%,扣除价格因素实际增长3.7%;农村居民人均可支配收入16045元,名义增长9.7%,扣除价格因素实际增长5.4%。

【城乡居民人均收入超过广西平均水平】 2019年,桂林市城乡居民人均可支配收入比全国低4352元,比广西高3053元。其中,城镇居民人均可支配收入比全国低2066元,比广西高2433元;农村居民人均可支配收入比全国高1656元,比广西高2369元。城乡居民人均可支配收入倍差2.32,比全国低0.4,比广西低0.22。

【城镇居民可支配收入】 2019年,桂林市城镇居民人均可支配收入由工资性收入、经营性净收入、财产性收入、转移性净收入构成。人均工资性收入为20522元,占比为55%,对城镇居民人均总收入增加的贡献率64%。转移性收入(主要包括养老金或离退休金、社会救济、赡养费、捐赠收入等)为9369元,占比为25%,对城镇居民人均总收入增加的贡献率为30%。

【农村居民可支配收入】 2019年,桂林市农村居民人均可支配收入由工资性收入、经营性净收入、财产性收入、转移性净收入构成。人均工资性收入为6980元,占比为43%。经营性净收入6691元,占比为42%,下降6.5%,对农民增收的贡献率下降到24%。下降的原因为当地农村居民种植的主要经济作物砂糖橘价格大幅下跌,由于猪瘟影响,大量猪遭受恐慌性抛售和死亡,导致农村经营性净收入下降。

（李秀梅）

居民生活消费

【概况】 2019年,桂林市城乡居民人均可支配收入缓速稳增,消费水平较快提升,生活质量继续改善。城镇居民人均消费支出22450元,名义增长9.7%,扣除价格因素实际增长5.8%;农村居民人均生活消费支出10773元,名义增长13.3%,扣除价格因素实际增长8.8%,城镇居民人均消费支出高于农村居民2.1倍。

【居民生活消费特点】 2019年,桂林市按国际标准仅处于相对富裕状态,全市恩格尔系数处于30%—40%。其中,城镇居民家庭的恩格尔系数为34%,下降1.06个百分点;农村居民家庭的恩格尔系数为37%,提高1.09个百分点。食品烟酒、衣着、居住、生活用品及服务、交通通信、教育娱乐文化、医疗保健、其他生活消费状况,城乡均呈较高增长态势。随着人们生活水平的提高,居民更注重充实精神文化生活,教育文化娱乐消费不断提高。城镇和农村居民教育文化娱乐消费占消费支出比重分别为11.6%和10.2%,消费额分别增长14%和34.6%。

【交通和通信消费需求提高】 2019年,桂林市农村居民对交通和通信的消费需求逐步提高。农村居民人均交通通信费1247元,占消费总支出11.5%,增长11.2%;城镇居民人均交通通信费2362元,占消费总支出10.5%,增长11.0%。每百户移动手机接入互联网数,城镇为174部,农村为190部。

【医疗保健开支比重加大】 2019年,桂林市城镇居民的人均开支额度是农村居民的2倍。随着收入的增加,居民更注重身体健康,桂林市城镇居民人均医疗保健支出2246元,增长15.0%,占总支出比重10.0%;农村居民人均医疗保健支出1036元,增长33.7%,占总支出比重9.6%。

【享受型消费逐步提高】 2019年,桂林市收入水平的提高推动居民消费层次提高,生活质量明显提升。全市每百户居民家庭汽车拥有约37辆,增加7辆;全市每百户居民家庭拥有电冰箱、彩色电视机、空调、洗衣机数量分别为101台、116台、88台、92台。

（李秀梅）

居民消费物价

【概况】 2019年,桂林市居民消费价格(CPI)上涨3.4%,涨幅扩大1.2个百分点,低于自治区平均水平0.3个百分点,在自治区14个地级市中,位列第9位。各月CPI同比涨幅分别为2.6%、2.3%、2.4%、2.3%、3.2%、2.9%、3.1%、4.2%、4.2%、3.9%、5.1%、5.0%。其中,7月—12月,受猪肉价格快速走高等因素影响,居民消费价格涨幅持续攀升,至12月上涨至5.0%。八大类商品和服务项目价格呈“七涨一跌”格局，除交通和通信类价格下降2.3%外，其余七大类均有上涨。受生猪疫情影响，猪肉价格上涨明显，受此影响，食品烟酒类价格涨幅居首，上涨9.5%，其次是其他用品和服务类价格上涨5.0%，医疗保健类价格上涨2.1%，居住类价格上涨1.9%，生活用品及服务类价格上涨1.3%，衣着类价格上涨0.7%，教育文化和娱乐类价格上涨0.5%。

【食品烟酒类价格大幅上涨拉动CPI上升】 2019年，桂林市食品烟酒类价格上涨9.5%，涨幅扩大7.9个百分点，拉动居民消费价格总水平上升2.79个百分点，对总指数的拉动力82.1%。受非洲猪瘟疫情、猪周期、环保整治等因素共同影响，桂林市2019年生猪产能不断下滑，猪肉价格上涨50.2%。在消费替代效应作用下，牛、羊、鸡、鸭等替代品价格出现跟涨。其中，牛肉价格上涨13.5%、鸡价格上涨11.6%、鸭价格上涨6.4%、羊肉价格上涨4.4%。鲜瓜果价格上涨15.3%，涨幅扩大15.3个百分点。鲜菜价格稳中有升，上涨11.8%。

【服务项目价格上涨】 2019年，桂林市服务价格呈上升趋势，上涨1.4%，拉动居民消费价格总水平上升0.46个百分点，对总指数的拉动力为13.5%。受人工成本刚性上涨影响，桂林劳务型服务价格明显上扬，衣着洗涤保养价格上涨5.9%，车辆使用费价格上涨4.9%，美容价格上涨4.0%，美发价格上涨3.6%，家政服务价格上涨3.1%。居民对健康娱乐类产品需求呈上升趋势，桂林市健身活动价格上涨9.3%。

【工业消费品价格涨幅收窄】 2019年，桂林市工业消费品价格上涨0.5%，涨幅缩小1.5个百分点，拉动居民消费价格总水平上升0.2个百分点，对总指数的拉动力为5.9%。受国际石油等能源价格变化影响，2019年汽油、柴油价格均有所下降，柴油价格累计下跌6.2%，汽油价格累计下跌5.9%；液化石油气受国内市场需求增大影响，价格累计上涨5.7%。受原材料价格波动影响，药品价格上涨，中药价格上涨7.2%；西药价格上涨3.3%。消毒防腐及创伤外科用药、解热镇痛药、抗微生物药、消化系统用药等均涨幅较大。 （曾劼）

民族宗教事务

【概况】 2019年，桂林市民族宗教事务委员会（简称市民宗委）办公地址在桂林市临桂区西城中路69号。内设办公室、政策法规科、经济社会发展科、宗教一科、宗教二科，人员编制16名（含后勤服务聘用人员控制数2名），在职人员23人。年内，市民宗委开展民族团结进步创建活动，依法加强民族宗教事务管理，维护桂林市民族团结与宗教和谐良好局面，共办理公民民族成分变更审批217件。年内，2个单位被国家民族事务委员会分别命名为全国民族团结进步教育基地和全国民族团结进步示范单位，3个单位、3名个人分别获全国民族团结进步模范集体和模范个人，7个单位被国家民委命名为第三批中国少数民族特色村寨。

【参加第十一届全国少数民族体育运动会】 2019年9月8日—16日，桂林市代表自治区参赛队率射弩队赴河南省郑州市参加第十一届全国少数民族传统体育运动会，射弩队由壮族、瑶族、回族、汉族4个民族组成，获个人二等奖1个，三等奖2个。

【民族团结进步创建活动】 2019年4月，桂林市开展“壮族三月三·和谐在桂林”民族团结进步宣传月、“壮族三月三·民族体育炫·民族歌圩节”等活动，在社区、乡村、学校开展“心连心”系列多样化民族联谊活动，广泛宣传党的民族政策、新中国成立70周年成就。5月，召开桂林市民族工作现场推进会，总结桂林市以民族文化和中华优秀传统文化进校园为载体开展民族团结进步创建活动的经验，推广服务管理流动少数民族群众的城市民族工作经验，观摩民族乡开发民族特色旅游产业加快民族地区发展的先进经验。扶持民族县、乡办好“晒衣节”“盘王节”“侗年”“祭萨节”“河灯节”等少数民族传统节庆活动，促进民族文化传承与发展。配合桂林市体育局举办中国－东盟传统体育表演项目展示大赛，通过举办山歌王争霸赛、民族文艺大展演活动，为市民游客呈现花炮、板鞋、高脚、珍珠球、射弩、陀螺、独竹漂等少数民族传统体育项目竞技展示。年内，桂林市兴安县红军长征突破湘江烈士纪念碑园被国家民委命名为第六批全国民族团结进步教育基地、恭城瑶族自治县民族中学被国家民委命名为第七批全国民族团结进步示范单位。龙胜各族自治县教育局、恭城瑶族自治县民族宗教事务局、象山区南门街道办事处获全国民族团结进步模范集体。资源县两水苗族乡塘洞村李洞寨，龙胜各族自治县平等镇昌背侗寨、蒙洞村、乐江乡西腰村、马堤乡芙蓉村、伟江乡洋湾村，恭城瑶族自治县观音乡狮塘村蕉山村7个村寨被国家民族事务委员会命名为第三批中国少数民族特色村寨。兴安县华江瑶族乡、秀峰区甲山街道办事处、七星区码坪社区、恭城瑶族自治县民宗局、恭城瑶族自治县民族中学、桂林北芬侗族旅游观光有限公司被评为第三批自治区民族团结进步示范区（单位）。桂林市列入全国民族团结进步示范市创建名单。

【少数民族发展资金监管】 2019年，桂林市共获中央第一批少数民族发展资金3158万元，自治区级资金319万元，市级资金160万元，共计3637万元，安排项目137个，涉及11个县（市）和雁山区、临桂区。其中：道路修建项目96个，人饮工程24个，水利、桥梁项目12个，其他项目5个。至年末，全市137个项目均已完工，已拨付资金100%。年内，市民宗委在少数民族资金项目安排方向上，优先考虑解决民族地区深度贫困民族乡和深度贫困村群众特殊困难和问题，重点安排贫困村基础设施项目；优先安排具备条件的贫困村20户以上自然村（屯）通公路建设项目。出台《2019年全市少数民族发展资金使用管理工作指导意见》，对部分县（市、区）2015年后少数民族发展资金项目落实情况和2019年少数民族发展资金项目的计划编制和实施进度情况进行检查指

2019年5月29日，桂林市民族工作现场推进会召开　（向华　摄）

导。共查看项目档案材料117册，实地抽查项目49个，涉及县（市、区）9个，涉及资金2180.5万元。发现问题19个（通报并整改12个，反馈并整改7个），移交问题线索1个，提醒谈话5人次。做好企业贷款贴息申报审核工作，"十三五"期间国家认定民品企业6家，民贸企业16家，为少数民族群众解决2000多个工作岗位。

【宣传贯彻宗教政策】 2019年，市民宗委在市级和17个县（市、区）开展宗教政策法规宣传月活动和行政法规培训，全市民宗系统共42人通过行政执法资格考试。开展社会主义核心价值观进宗教活动场所，在宗教活动场所张贴悬挂社会主义核心价值观24字标语及相关宣传挂图，倡导在信教群众中宣讲社会主义核心价值观；在讲经传道中结合各宗教教规教义阐释与社会主义核心价值观相符的内容；在宗教活动场所开展爱国主义教育和民族团结进步教育，组织宗教界举行升旗仪式、祈福仪式。规范宗教场所管理，将宗教团体办公经费补助列入市民宗委年度经费预算，为每个市级宗教团体预算1万元的办公经费补助。1月18日，桂林市道教协会恢复成立，推进桂林市道教工作健康发展。突出治理未批先建宗教活动场所，依法取缔兴安县兴安镇石坑村"福寿寺"、临桂区临桂镇胆陂村"灵岩殿"等未批先建场所。全年共有登记在册合法宗教活动场所87个，民间信仰场所485处。11月，桂林市宗教界以"五教同行，助力脱贫"为主题开展爱心慈善活动，桂林市佛教协会、市道教协会、市伊斯兰教协会、市天主教两会、市基督教两会、莲花生命关怀志愿者协会共筹集善款13.4万元。（向华）

民政事务管理

【概况】 2019年，桂林市民政局办公地址在桂林市临桂区青莲路建设大厦。内设办公室（政策法规科）、计划财务科，社会组织管理科（社会组织执法监督科）、社会救助科、基层政权建设和社区治理科、区划地名科、社会事务和儿童福利科、养老服务和慈善社工科、人事教育科。人员编制39名（含后勤服务聘用人员控制数3名），在职人员39人。下辖桂林市社会福利院、桂林市社会福利医院、桂林市救助管理站、桂林市殡葬管理处、桂林市公墓管理所、桂林市殡仪馆、桂林市福利彩票发行中心、桂林市低收入家庭经济核对中心。年内，桂林市民政局建立社会救助标准动态调整机制，落实各项政策；加大投入，加快养老基础设施建设；做好易地扶贫搬迁安置点群众自治组织建设，推进5个城区的9个社区服务站点进行新建或改造项目；做好第二次全国地名普查工作，全市11个县（市）、6个城区地名普查档案全部通过自治区验收。（李俊）

【社会组织管理】 2019年，桂林市登记的社会组织3041家，其中市级登记的社会组织有638家，包含社会团体357家，民办非企业单位276个，基金会5家。11月13日，桂林市社会组织管理工作领导小组成立。依法打击非法社会组织，开展社会组织领域扫黑除恶工作，排查整治宗亲理事会等非法组织，全面排查各类社会组织2980家，劝散2家到桂林市活动的非法社会组织。分别对荔浦罗氏宗亲会、灵川黄氏宗亲会、永福黄氏宗亲会依法取缔。推行行业协会商会脱钩改革部署，完成57家行业协会商会脱钩改革试点工作，制订《桂林市全面推开行业协会商会与行政机关脱钩改革的具体工作方案》，推进脱钩改革工作部署。12月，桂林市社会组织党组织服务中心和市社会组织服务中心成立。（李俊）

【城乡低保补助水平提高】 2019年，桂林市保障城市低保对象22.93万人次，保障农村低保对象201.2万人次，累计发放城乡低保资金5.25亿元，城市低保补助水平为每人每月397元，增加19元；农村低保补助水平为每人每月220元，增加13元。

【临时救助】 2019年，桂林市将遭遇突发意外、重大疾病等导致基本生活困难的家庭纳入临时救助。强化前置过渡和后置衔接功能，对申请低保、特困供养的困难群众、脱贫后因各种原因又返贫的建档立卡对象申请低保时，先予以临时救助，对于遭遇突发性、紧迫性、临时性困难的低保对象、特困人员、建档立卡贫困户等，通过临时提升救助整体效益。全面建立乡镇（街道）临时救助备用金制度，采取分级审批、后置审批、先行救助等方式，全年临时救助1.82万人次，发放资金2509.4万元。

【特困人员供养】 2019年7月1日，桂林市城镇特困人员供养对象按每人每月不低于858元的标准发放，农村特困人员供养对象按每人每月不低于487.5元的标准发放。全年共保障特困人员供养对象36.06万人次，发放基本生活供养资金1.85亿元。（隗于启）

2019 年 12 月 26 日，桂林市社会组织党组织服务中心和市社会组织服务中心举行揭牌仪式 （桂林市民政局 供图）

【殡葬管理】 2019 年，桂林市殡仪火化遗体 9194 具，增长 25.64%；给予 709 户困难家庭优惠，减免 128.54 万元。全市（县）公墓销售 1949 座，安葬 2513 座。清明期间，桂林市宣传倡导生态、绿色、低碳、文明祭扫方式，实现绿色、平安清明，公益生态花坛集体安葬骨灰 192 具。加大全市殡葬规划，各县（市、区）完善火化区和土葬改革区划定工作；在全市开展违法违规私建"住宅式"墓地专项整治行动和超大豪华墓、"活人墓"整治工作，叠彩区和七星区共拆除"活人墓" 56 座。兴安县申报兴安县仙鹤园生态陵园项目和桂北净园公墓项目，其中仙鹤园生态陵园项目获自治区民政厅批准筹建。

【婚姻登记】 2019 年，桂林市共办理婚姻登记业务总量 4.05 万对（涉外登记 187 对），实现零差错。争取自治区福彩公益金 20 万元补助兴安县、龙胜各族自治县、荔浦市、临桂区 3A 级婚姻登记机构，以政府购买服务方式聘请社会工作者、心理咨询师、律师到登记机关开展婚姻家庭辅导服务等工作。推进婚姻登记信息化建设，督促各县（市、区）做好婚姻登记历史数据补录工作，整理完成 2007 年 10 月—2018 年 12 月 4143 对涉外婚姻登记电子档案，并移交市档案馆。

【社会收养】 2019 年，桂林市规范寻根回访接待和收养登记工作，免费为家庭提供寻根回访服务。共审批寻根回访 8 例；全市办理收养登记 267 例，其中办理香港、澳门收养各 1 例，依法撤销香港收养 1 例。

【孤儿保障工作】 2019 年，桂林市孤儿基本生活最低养育标准每人每月增加 200 元，机构抚养孤儿提高至 1200 元，社会散居孤儿（含艾滋病毒感染儿童）提高至 800 元。全年为全市 663 名孤儿发放 891.4 万元孤儿保障金（其中散居孤儿 540 名，含参照孤儿保障金标准发放补贴的艾滋病儿童；机构供养孤儿 123 名）。市社会福利院 22 名残疾孤儿在"明天计划"项目的支持下获得医疗和康复救治。8 月，"福彩圆梦·孤儿助学"工程正式启动，全市 89 名符合条件的在校生获每人每学年 1 万元助学金。

【开展"寒冬送温暖"专项行动】 2019 年，桂林市民政局救助管理站坚持 24 小时工作制度，对发现的流乞人员，劝导进站救助；对能够核实身份的，及时安排乘车返乡；对暂时无法核实的，运用全国救助管理信息系统和全国救助寻亲网、"今日头条" APP 等媒体发布受助人员寻亲公告；对不愿入站的，现场发放棉被、棉袄、面包等御寒衣物和食品，同时告知救助热线，以便随时进站接受救助。市级和各县（市、区）救助管理部门共救助流浪乞讨人员 494 人次，劝导流浪乞讨人员 447 人次，接受救助人数 407 人次，发放棉衣等御寒物资 406 件，发放面包、矿泉水等食物 1440 份。市救助管理站发放救助联系卡 150 余份；联合公安、城管行动 29 次，接回站救助 41 人，送福利医院观察救治疑似精神障碍 11 人，送医院救治的危重病人 1 人；发放棉衣裤 35 套，发放棉被 11 床，发放食物、矿泉水 89 份。

【残疾人福利】 2019 年，残疾人两项补贴分别从每人每月 50 元提高到每人每月 80 元，同时调整重残护理补贴对象范围。全市符合领取残疾人两项补贴人数为 96.71 万人次，其中困难残疾人 38.85 万人次，重度残疾人 57.86 万人次，累计支出补贴资金 7938.9 万元。 （贺凯）

【养老机构服务】 2019 年，桂林市、县福利院（养老院）、乡（镇）敬老院、农村五保村（农村幸福院）四级养老服务设施基本覆盖城乡，建有各类养老服务机构及设施共 1162 个（家）（养老机构 68 家，社区养老服务机构设施 150 个，社区互助型养老设施 944 个）。全市养老床位数 2.51 万张，每"千名"老人享有养老床位 23.8 张。养老机构年服务老年人 2.8 万人，社区各类服务机构年服务老年人 30 万人。全市 80 岁以上高龄老人津贴全年共发放资金 4686.8 万元，惠及老年人 13.5 万人（80 岁—89 岁 11.9 万人，90 岁—99 岁 1.6 万人，100 岁以上 434 人）。

【居家养老服务】 2019 年，桂林市在秀峰区、叠彩区、象山区、七星区、雁山区开展居家养老政府购买服务。为 80 岁—89 岁老人提供健康管理、日常巡视服务，90 岁以上老人开展健康体检、入户援助、紧急呼叫等服务。签约 1.7 万名高龄老人并开展服务，入户服务时长 7.1 万个小时，高龄老人的满意度 99% 以上。秀峰区、叠彩区、象山区、七星区开展社区老年食堂、"周周课堂"、夕阳红机构养老服务进社区等服务。在龙胜各族自治县开展农村养老志愿者互助服务试点工作，为农村孤寡、留守、高龄、失能老人提供服务共 2000 个小时。11 月，桂林市被自治区民政厅确定为自治区级居家和养老服务改革试点单位。

【养老产业发展】 2019年,桂林市民政局安排专项资金40万元,指导并支持灵川县大圩镇、雁山区草坪回族乡2个自治区养生养老小镇创建工作,获自治区养生养老小镇称号。桂林夕阳红养老中心开创“医、养、游”相结合发展模式,年平均入住率94%以上,形成功能齐全、服务完善、老人满意的服务模式。开展认知证老人服务,收住阿尔兹海默症老年人近100人;全州县和心城养生养老大型项目落成,第一期新增养老床位160张,是县级养老产业项目的优秀代表,为医养结合的示范性项目;桂林魅力花园国际养老公寓引进美国管理团队,开创广西国外先进管理模式的机构入驻落地,打造高端养老服务机构。

【慈善事业】 2019年,桂林市开展困境儿童庆“六一”活动,对全市1000名贫困、特困、孤儿、残疾儿童等各类困境儿童每人发放800元救助金,共计救助80万元。慈善会捐赠慰问金1.6万元,米、油等慰问品1.64万元,慰问高龄、失能、特困、留守等困难老人80人。桂林市民政局、桂林市慈善事业会募集专项资金13.6万元,在七星公园华夏之光广场开展全市大型老年人公益活动,参加活动的老年人1000人。开展“慈善呵护·关爱童行”公益慈善活动,募集资金38万元,全部用于贫困儿童、留守儿童的慰问捐助。联合“周末爱心妈妈”志愿者服务队、桂林助学联合会、桂林助残联合会到灌阳、全州、龙胜、阳朔、平乐、永福、临桂、兴安等县(区)贫困地区乡村开展扶贫济困、关注山区留守儿童的助学、关爱留守孤残老人的慰问活动。资助儿童物资及资金200余万元。成立“平乐扶贫就困基金”,筹集善款330万元,专项开展对平乐县困难群众的扶贫救助工作。全年,慰问184名大病、重病贫困群众,对医保报账后自付部分予以补贴,共计发放救助金89万元;争取中华慈善总会“恩瑞格”药品和多吉美药品等慈善援助项目6个,为桂林市患有地中海贫血、血友病、癌症等困难患者年发放援助药品3000余人次,共计2237万元。

【福利彩票发行】 2019年,桂林市销售即开型福利彩票1.86亿元(中福在线销售1.28亿元,刮刮乐销售5800万元),筹集福彩公益金3968万元,销售量增长34.07%。

【基层政权建设】 2019年,桂林市、区两级财政一次性投入1450万元“为民办实事项目”专项经费,分别对桃花江、红头岭、芳华、鹦鹉、迎宾西、凯风、七星、毅峰、雁山9个社区服务站点进行改扩建。恭城瑶族自治县在加强农村基层政权建设和社区治理工作中,创新性提出“抓好‘一带两基三化’建设,促进基层‘四生’融合”工作模式被自治区民政厅作为“基层政权建设和社区治理创新经验”推荐到民政部。全市13个乡(镇)、93个社区被确认为自治区级试点单位,26个乡(镇)、230个社区被确认为市级试点单位。年内,桂林市民政局在自治区易地扶贫搬迁安置点社区治理工作推进会上进行经验交流。

【社会工作】 2019年,桂林市设立社会工作组织15家,取得社会工作资格证书的社工711人。举办“追梦新征程,社工在行动”为主题的桂林市社会工作主题宣传活动启动仪式暨社会工作服务图片展。开展未成年人心理危机干预12355服务专线项目(两年)、社区社工综合服务项目、未成年人保护试点工作等项目。举办社会工作者职业水平考试考前培训班,参加培训300余人。成立桂林市社会工作协会,由12家社会工作机构和39名社会工作者组成。 (李俊)

【界线联检和平安边界创建】 2019年,桂林市平安边界创建活动完成。全年完成与贺州市毗邻县的5条市级行政区域界线联合检查,完成市内毗邻县的9条行政区域界线联检,并形成联检成果档案上报自治区民政厅。

【地名普查和地名管理】 2019年,桂林市第二次全国地名普查工作档案验收通过自治区验收。完成编纂印刷《桂林市最美地名故事》,完成编制出版发行《桂林市主城区图》《桂林市行政区划图》《桂林市六城区行政区划图》,完成《桂林市五城区标准地名录》《桂林市城镇乡村名录》的招投标工作。对桂林市城区内的15座天桥(王城天桥、中心广场天桥、清风天桥、北极广场天桥、万福广场天桥、安新天桥、南溪山天桥、翠竹路天桥、瓦窑天桥、桂青天桥、西城路天桥、会展中心天桥、屏风天桥、屏风天桥、龙隐天桥),10条道路(航天路、龙门一路、龙门二路、龙门三路、永彩南路、永彩北路、站前南路、广发路、中山北路西一里、永和路)命名;1条道路(和平巷更名为科第巷)更名;1条道路(新建路)变更起始点。按新的路牌样式设置更换路名标牌191块,维修受损路名标牌100块,制作完成桂林市地名标志管理系统。 (秦丽萍 秦巍)

2019年,桂林市召开地名普查成果转化现场会 (桂林市民政局 供图)

区县(市)简介

秀 峰 区

【概况】 秀峰区位于桂林市区中西部，辖秀峰、丽君、甲山3个街道，分辖社区20个，建制村7个。区人民政府驻中隐路31号。行政区域面积54平方千米。2019年年末，户籍人口11.57万人。

经济总指标 全年实现地区生产总值按可比价格计算，增长(比上年，下同)4.0%，其中第一产业增加值增长1.5%；第二产业增加值增长2.8%(其中工业增加值增长5.1%)；第三产业增加值增长4.2%；固定资产投资下降19.8%。社会消费品零售总额168.12亿元。

财政 2019年组织财政收入10.13亿元。全年一般公共预算收入6.89亿元，其中税收收入完成2.90亿元，非税收入完成3.99亿元。一般公共预算支出9.89亿元。

农业 全年农林牧渔业总产值1.11亿元，其中农业产值0.76亿元，牧业产值0.06亿元，渔业产值0.14亿元，农林牧渔服务业产值0.15亿元。粮食播种面积270公顷，总产量1372.17吨。

工业 全年工业增加值增长5.1%；工业增加值占地区生产总值的比重7.4%。规模以上工业实现工业总产值增长13.1%；实现规模工业增加值增长6.0%。全区规模以上工业企业11家，其中年产值超1亿元企业7家。

文化·科技 年末拥有农家书屋13个，文化馆1个。年内，举办桂林秀峰第九届“三月三”民族歌圩节、新中国成立70周年“我和我的祖国”文艺调演活动、“舞甲天下”全国街舞大赛等文化活动。全年争取到国家级资金1项(桂林市琴潭千亩荷塘湿地项目)。自治区级资金4项，获上级扶持资金2480万元。桂林新奥燃气有限公司、桂林市红星化工有限责任公司、桂林桂北机器有限责任公司、桂林长海发展有限责任公司、广西巨安人防工程防护设备有限公司、桂林金洋地质工程机械有限公司、广西万联科技有限公司、桂林通佳公路工程监理公司、桂林市新业机械制造有限责任公司、桂林市铁专计量器具有限公司通过高新技术企业评审。

教育 全区有直属公办中小学9所，其中小学7所、九年一贯制学校2所，民办、事业单位办小学5所。公办小学在校小学生1.09万人，专任教师611人，民办、事业单位办小学在校小学生1294人，专任教师83人。公办初中在校学生1108人，专任教师81人。小学适龄儿童入学率100%。

卫生·体育 全区有各级各类医疗卫生机构99个，其中医院5个(综合医院2个、专科医院3个)，基层医疗卫生机构91个(社区卫生服务机构7个，村卫生室16个，门诊部2个，诊所、卫生室66个)，专业公共卫生机构3个。共有床位数2532张。有卫生技术人员4656人，其中执业(执助)医师1174人，注册护士1763人，药师(士)140人，技师(士)212人，其他卫生技术人员1367人。全年新增体育场地总面积为3.40万平方米，新增人均场地面积0.20平方米。全区共有体育场地面积28.86万平方米，人均体育场地面积1.92平方米。社区“15分钟健身圈”基本建成。桂林桃花湾智能体育健身驿站开通并对外开放。

计划生育 全区全年出生人口831人，符合政策生育率98.7%，政策外多孩率0.96%，出生人口男女性别比100.2(女性=100，下同)，人口自然增长率1.90‰。

固定资产投资 全年固定资产投资下降19.8%。其中，5000万元以上投资下降49.1%；5000万元以下投资增长321.9%；房地产业投资下降35.8%。

招商引资 全年自治区外境内到位资金28.08亿元。商务口径实际利用外资完成4万美元。

居民生活 全年全区城镇居民人均可支配收入37828元，增长6.6%。其中，工资性收入18282元，增长2.1%；经营净收入3500元，增长3.7%；财产净收入(成本法)3046元，增长9.1%；转移净收入13000元，增长14.0%。城镇居民人均生活消费支出21571元，增长5.8%。

旅游 全区有国家5A级旅游景区3家，国家4A级旅游景区3家，国家3A级旅游景区1家。全年旅游接待总人数1109.57万人次，旅游总消费152.75亿元。

【教育事业稳步推进】 2019年，秀峰区学前教育资源不断优化，自治区学前教育改革发展实验区建设取得突出成绩，形成“优质均衡、健全体制”3.0模式。10月31日，新建的解西幼儿园大龙湾分园启用。全区新增4所广西多元普惠幼儿园，普惠性幼儿园覆盖率达到80%。学区制管理改革工作扎实推进，教育联盟体活动各具特色。教育信息化工作全面转型升级，秀峰区成为广西唯一被认定为2019年全国基础教育信息化应用典型案例的县(区)，榕湖小学成为桂林唯一获全国优秀网络学习空间应用学校称号的学校。

【完善城乡基础设施建设】 2019年，秀峰区开展“美丽秀峰·幸福乡村”

建设活动，完成3个建制村、20个自然村的村庄规划编制工作。对桃花湾旅游休闲绿道、榕湖小学分校、秀峰公安分局实施亮化、美化工程，修复市政绿化设施525处、3360平方米。积极推进乡村基础设施建设，罗汉山西村、矮山塘村、官桥村等村道路修整、安全用水、路灯安装、门牌安装、监控安装等一系列历史遗留问题得到有效解决。完成乳胶厂、橡胶制品厂、巫山脚村排洪渠维修清淤整治，完成官桥村委李家村、田心村农田灌溉修复工作。

2019年1月18日，出席尊神庙夜市开市的领导与嘉宾为夜市揭牌
（秀峰区地方志办　供图）

【文旅体融合发展成效显著】 2019年，秀峰区桃花湾文旅体融合项目和秀峰区第九届“三月三”民族歌圩节·民族体育炫活动成为2019年广西全民健身和全民健康深度融合示范项目。举办桂林市秀峰区舞甲天下第十届国际街舞大赛、2019年广西－东盟（桂林）狮王邀请赛暨第四届中国桂林秀峰龙狮文化节、秀峰区第五届“秀峰人·游秀峰”活动暨第三届“桂林人·游秀峰”活动。秀峰区旅游综合满意度广西排名第二，旅游综合竞争力广西排名第五。第三产业对经济增长贡献率达89.9%。

【工业动力更加强劲】 2019年，秀峰区推动经济高质量发展和优化营商环境，全年工业固定资产投资增长44.2%，工业技术改造投资增长56.3%。部分重点企业发展势头强劲，桂林长海科技有限公司产值增长53.0%，桂林市顺昌食品有限公司产值增长23.1%，桂林市婵娟食品有限公司产值增长21.7%，桂林新奥燃气有限公司产值增长19.1%。飞地工业园工作正式启动，粤桂黔高铁经济带合作试验区（桂林）广西园秀峰园挂牌成立。桂林力港网络科技股份有限公司获自治区2018年度“瞪羚企业”。广西鼎恒工程质量检测有限公司获国家级的奖项“2019年度国家建设工程质量检测AAA级信用机构”。10家科技企业获得国家高新技术企业称号，桂林市第一家区块链企业——广西链谷科技有限责任公司落户秀峰区。

【琴潭新区建设项目】 2019年，桂林万象城建成开业，尊神庙美食文化城建成开街，琴潭新商圈初步形成。燕京（漓泉）100万吨产能填平补齐项目投入生产，东莲路（一期）项目建成通车，鼎富旅游集散中心、解西幼儿园大龙湾分园、阳江路垃圾中转站等项目投入使用，桂林旅游食品文化博览馆主体工程基本完工。“大龙湾·栖息式”社会化养老服务创新示范项目加快推进，力港综合大厦项目实现封顶。琴潭片区及文化广场二期、温德姆花园酒店项目动工建设。桂林市榕湖小学分校桃江校区改造启动，桂林·大龙国际燕京啤酒堡项目前期工作有序进行，千亩荷塘湿地项目总体方案编制和设计修改已经完成。

2019年1月18日，秀峰区举办秀峰逍遥跑活动　（秀峰区地方志办　供图）

【桃花湾旅游度假区实现新升级】 2019年，桃花湾旅游休闲绿道（一期）建成通行，旅游圈框架基本形成。桃花湾智能体育健身驿站、旅游厕所、五人制足球场、停车场等一批配套项目投入使用。芦笛三村风貌改造全面完成，筌塘新村顺利开村，国投城市电商物流园（二期）项目基本完工。桂林碧宸芦笛桃花湾农业生态休闲旅游园项目持续推进；信和信·桂林状元文化城、桃江宾馆二期项目动工建设。靖江别苑文创园、桃花江生态体育公园、桃花湾旅游休闲绿道（二期）、第十九中校园改扩建、阳太阳艺术中心、社会福利院等项目前期工作扎实推进。

【老城区持续优化提升】 2019年，东西巷与正阳步行街地下通道建成启用，老城区核心商圈带动能力进一步增强。正阳西巷项目1#、2#、3#楼建设完工，靖江王城片区特色旅游街区改造项目基本完成，滨水广场地下停车设备重装工程已经完工。榕湖饭店重建、省立艺术馆改造、漓江剧院重建等工程启动。（李雪）

叠彩区

【概况】叠彩区位于桂林市北部，辖叠彩、北门街道和大河乡，分辖社区22个、建制村15个。区人民政府驻中山北路147号。行政区域总面积52平方千米。2019年年末，户籍人口15.62万人。

经济总指标　全年实现地区生产总值91.4亿元，增长（比上年，下同）5.6%。其中，第一产业增加值1.5亿元，下降0.1%；第二产业增加值12.4亿元，增长6.6%；第三产业增加值77.5亿元，增长5.5%。人均地区生产总值48142元。全社会固定资产投资额完成81.63亿元，增长0.7%。社会消费品零售总额147.63亿元，增长10.2%。

财政　全年组织财政收入6.8亿元，增长1.64%，其中地方财政收入4.33亿元，增长7.89%。财政支出7.47亿元，增长20.17%。

农业　全年农林牧渔业总产值2.58亿元，其中农业产值1.81亿元，林业产值0.03亿元，牧业产值0.55亿元，渔业产值0.01亿元，服务业产值0.18亿元。粮食播种面积0.03万公顷，总产量0.17万吨。农业机械总动力8178千瓦。

工业　全年工业总产值17.23亿元，下降8.2%；工业增加值3.53亿元，增长3.1%；工业增加值占地区生产总值的3.9%；工业对全区经济增长的贡献率2.2%。规模以上工业实现总产值13.27亿元，下降10.6%；实现利税3.50亿元，增长39.1%。新增规模以上企业2家，全区规模以上工业企业9家，其中年产值超1000万元企业7家，超1亿元企业2家。

文化·科技　年末拥有文化站3个；电影放映单位4个，放映电影45109场次，观众67万人次。全年申报市级科技项目1项，总投资10万元，共举办种植业、养殖业等科技培训班、科普讲座16期（场次），培训1600人次。建立各类科技示范基地1个。

教育　全区共有中小学18所，在校学生1.40万人。公办初级中学1所，专任教师63人，在校初中生695人。小学17所，专任教师537人，在校小学生1.33万人。小学适龄儿童入学率100%。

卫生·体育　全区各级各类医疗机构床位1331张，其中医院床位640张，妇幼保健院床位635张。卫生技术人员2465人，其中执业医师832人，注册护士1269人。全区城乡居民参保人数6.26万人。全年获市级奖牌2枚，其中银牌1枚，铜牌1枚。

计划生育　全年全区出生人数1591人，符合政策生育率98.93%，其中二孩符合政策生育率100%，政策外多孩率1.82%；出生男女性别比为110。人口自然增长率3.27‰。

固定资产投资　全区固定资产投资81.63亿元，增长0.7%。其中，5000万元及以上项目投资32.86亿元，下降33.9%；500万元—5000万元项目投资23.74亿元，增长1293.7%；房地产项目投资25.03亿元，下降15.5%。

招商引资　全年全区在建项目8个，续建项目4个，合同总额423亿元，其中市外建设项目资金38亿元，自治区外建设项目资金34.9亿元，完成年度任务的102.7%。

居民生活　全区城镇居民人均可支配收入37808元，增长7.7%，人均生活消费支出23971元。农民人均可支配收入16341元，增长8.5%，人均生活消费支出10780元。全年发放农村低收入人口低保金63.19万元，发放城镇居民低保金629.16万元。城镇新增就业人数1751人；领取再就业优惠证的下岗失业人员再就业人数261人，城镇登记失业率控制在4.5%以内。农村劳动力转移就业职业培训1177人。

旅游　全区有营业景区4个。全年接待国内外游客940万人次，旅游总收入132亿元。

【推动工业创新发展】2019年，粤桂黔高铁经济带合作试验区（桂林）广西园叠彩分园揭牌运营，推动园区电子信息、高端装备制造、生物医药、商贸物流等产业加快发展，实现产城融合发展。落实企业技术改造项目扶持和奖励资金353.03万元，工业技术改造投资同比增长28.9%。依托桂林市工业企业与金融机构“结对子”活动，深入推进产融合作，新培育桂林市肉联加工公司、桂林漓源粮油公司2家规模以上工业企业，协助桂林禾田机械公司、鼎康中药有限公司、绿之源米业等企业解决资金的难题。辖区骨干企业桂林市力源集团全年主营业务收入超200亿元。桂林智慧谷产业园获“2019年自治区小型微型企业双创基地”“桂林市科技企业孵化器”称号。

【招商引资成效突出】2019年，叠彩区组织招商团队赴北京、广州、深圳、杭州等城市进行招商洽谈，五福民俗小镇、漓江茂源·奇果大世界、联发乾景御府、中海·九樾项目成功落户叠彩区，投资总额103亿元。与叠彩·漓

2019年8月5日，叠彩区人民政府与西充茂源生态农业发展有限公司举行叠彩区田园综合体项目合作签约仪式

（时梦雯　摄）

江古镇、新华·漓江文化广场、铁路生态旅游新城、兴进·下梁江康养小镇等7个项目签订框架合作协议，计划投资额320亿元。与广西物资集团汽车服务商贸城、万达集团漓江文化旅游综合体、安厦集团预留地开发、大龙集团的城中村改造等4个项目达成合作意向，计划投资额500多亿元。2019年，叠彩区实际引进自治区外资金34.9亿元。

【发展特色城郊农业】 2019年，叠彩区依托城郊农业资源优势，加快推进集体土地流转改革，实施田园综合体建设。加快推进花卉产业改造提升，投资465万元新建花卉基地标志性景区大门、广西苗木交易会主场馆(综合服务中心)、园区道路、旅游厕所等基础设施及标准化景区标识牌，优化花卉产品结构，花卉苗木年产量提升至8000万株，产值达到2.5亿元。累计投入1953万元实施漓江东岸易家村至王家碑段防洪堤岸建设、上阳家村蔬菜基地灌溉工程和新民支渠、莲塘支渠维修清淤。通过产业结合、花卉旅游融合发展，推进叠彩生态农业和乡村旅游发展。

【推进服务业供给侧结构性改革】 2019年，叠彩区抓好"放管服"改革，简化办事流程、压缩办理时限，企业工商登记办结时限从3个工作日压减到0.5个工作日，实现企业登记注册"最多跑一次"。加强网上政务服务建设，叠彩区数字政务一体化平台上线运行，企业设立登记等事项已实现全程电子化，激活民营经济发展活力，全年新增个体户2202户，企业1295家。为限额以上贸易企业争取培育资金131.6万元，完成限额以上贸易企业入库20家。服务业发展势头良好，全年实现增加值81.57亿元，增长5.9%；对经济增长的贡献率为76.9%。重点服务业增长12.0%，其他营利性服务业增长44.5%，非营利性服务业增长12.5%。

【创新社会治理模式】 2019年，叠彩区持续推进社会网格化管理服务平台建设，投入400多万元完成综治中心建设，在大河乡21个自然村主要路口、重要节点安装监控系统。在30个无物业小区安装智能门禁系统，惠及居民2.5万户10万人，改造后的小区基本保持零发案。组建公安骑警队伍，对大街小巷进行不间断巡逻。开展扫黑除恶、严打黄赌毒、严打传销专项斗争，打掉各类犯罪团伙24个，抓获各类涉黑恶势力人员50人，辖区刑事警情数下降67%，为桂林市主城区最低。完成三级信访服务中心建设，创新社区矫正工作，开展安全生产隐患"大排查、大管控、大治理"活动，抓好食品药品安全监管，社会大局保持和谐稳定。

【加大两违整治力度】 2019年，叠彩区针对两违蔓延趋势，调整征拆标准，将2013年6月以前的无证建筑拆迁补偿标准降到桂林市平均水平，2013年6月以后的无证建筑全部实行零补偿。加强城管班子和队伍建设，为城管大队配备新的执法设备，集中开展"百日拆迁风暴行动"，推进灵田路拆违工作，以零补偿的方式拆除建干北路9公顷地块违法建筑，基本拆完灵田路两侧1.8千米违法建筑，为修建花卉大道奠定基础。强化"即查即拆"措施，全年共拆除违法建筑525栋(处)，45.5万平方米，其中集体土地违法建筑463栋(处)，38.6万平方米，零补偿21.7万平方米，节约财政资金3260万元。同时，规范临时建筑审批，从严管控临时建筑，规范城区建设秩序。 （崔帆）

2019年，叠彩花卉基地 （邱真雯 摄）

象 山 区

【概况】 象山区位于桂林市中南部，辖象山、南门、平山3个街道和二塘乡，分辖社区36个，建制村8个。区人民政府驻环城西二路6号。行政区域土地面积88平方千米。2019年年末，户籍人口24.38万人。

经济总指标 全年实现地区生产总值189.70亿元，增长5.5%。其中，第一产业增加值1.32亿元，下降0.3%；第二产业增加值63.82亿元，增长6.7%；第三产业增加值124.56亿元，增长4.9%。人均地区生产总值63925元。固定资产投资55.71亿元，下降22.4%。社会消费品零售总额191.43亿元，增长10.0%。

财政 全年组织财政收入11.06亿元，下降9.8%，其中地方财政收入7.18亿元，下降9.9%。财政支出12.71亿元，增长17.8%。

农业 全年农林牧渔业总产值2.38亿元，其中农业产值0.97亿元，牧业产值1.04亿元，渔业产值0.24亿元，服务业产值0.13亿元。粮食播种面积0.12万公顷，总产量0.56万吨。农业机械总动力2.69万千瓦。

工业 全年工业总产值123.13亿元，增长4.6%；工业增加值42.90亿元，增长10.6%；工业增加值占地区生产总值的29.6%；工业对全区经济增长的贡献率42.8%。规模以上工业实现总产值114.13亿元，增长4.9%；实现利税12.44亿元，下降16.6%。全区规模以上工业企业21家，其中年产值超1000万元企业19家，超1亿元企业11家。

文化·科技 年末拥有专业艺术表演团体24个，演出场次606场；公共图书馆1个，图书藏量50万册；文化站3个；电影放映单位4个，放映电影5.70万场次，观众90.88万人次。全年申报自治区级科技项目9项，市级科技项目12项，区级科技项目13项，总投资826万元，共举办种植业、养殖业等科技培训班、科普讲座6期（场次），培训0.16万人次。建立各类科技示范基地2个。年内共申请专利300件。

教育　全区有自治区示范性普通高中1所，专任教师202人，在校高中生1593人。普通高中2所，专任教师263人，在校高中生1823人。初级中学5所，专任教师323人，在校初中生4527人。小学23所，专任教师1396人，在校小学生24929人。小学适龄儿童入学率100%。

卫生　全区各级各类医疗机构床位4026张，其中医院床位4026张。卫生技术人员4963人，其中执业医师1613人，注册护士2582人。全区参加新型农村合作医疗农民1941人参合率100%。

计划生育　全年全区出生人数2458人，符合政策生育率98.98%。其中，二孩符合政策生育率100%，政策外多孩率1.02‰；出生男女性别比为107.8。人口自然增长率5.26‰。

固定资产投资　全区固定资产投资55.71亿元，下降22.4%。其中，基本建设投资22.09亿元，更新改造投资13.24亿元，房地产业投资18.46亿元，其他投资1.92亿元。

招商引资　全年全区在建项目23个，续建项目12个，合同总额36.19亿元，其中市外建设项目资金36.20亿元，自治区外建设项目资金36.19亿元。引进外资项目到位资金2908万美元。

居民生活　全区城镇居民人均可支配收入38133元。农民人均可支配收入16038元，增长8.3%。全年发放农村低收入人口低保金88.57万元，发放城镇居民低保金1046.36万元。城镇新增就业人数2811人；领取再就业优惠证的下岗失业人员再就业人数1053人，城镇登记失业率为2.99%。新增劳务输出3970人。农村劳动力转移就业职业培训708人；开发公益性岗位84个。

旅游　全区有自然景点和人文景观16个，营业景区5个（国家5A级旅游景区1个，国家4A级旅游景区1个，国家3A级旅游景区3个）。全年接待国内外游客978.63万人次，旅游总收入152.52亿元。

【重大项目建设明显提速】 2019年，象山区出台《重大项目建设绩效考评方案》，首创星级绩效管理模式，变每年一评为每季度一评，并实行个人贡献优秀积分制，调动干部职工推进重大项目建设的积极性、创造性。调整组建“1办8组107指挥部”（即调整组建1个重大项目管理办公室、8个专项工作组、107个重大项目指挥部），策划开展“我在项目一线”担当作为活动，解决项目推进难题300余个。全年实施重大项目107个，计划总投资650亿元，年内完成进度投资74.95亿元。举行各类开工、竣工仪式9次，阳光100桂林丽园、万正西区（二期）等23个项目如期开工，开工率113.04%，投资完成率128%。玉昌食品加工基地、华邦考慈轩等5个项目实现投产运营。龙船坪特色街区提升改造工程完成拆迁，万福东路建成通车，凯风双创广场北区建成，象山区人民法院迎宾路审判业务用房项目实现封顶。开展“12+3”（即收储土地12宗，挂牌出让土地3宗）土地收储出让攻坚战役，完成报批64.89公顷，收储32.43公顷，完成万福路黄村、迎宾路西侧、溢达论坛中心3宗土地出让，共计14.39公顷，奶牛场项目地块挂牌。向上级争取土地专项债券1亿元，凯风小学万福分校中央预算内资金1000万元，拨付率100%。

【工业振兴】 2019年，象山区落实桂林市支持工业企业发展18条，出台《“四上”企业和投资项目培育入库奖励办法》《中小企业培育推进方案》，培育“双百双新”产业项目。挂牌成立高新区象山园筹备领导小组办公室，重点打造颐高桂林（象山）数字港项目，启动“孔雀西南飞”人才计划，吸引桂林顶鑫信息技术有限公司、广西联硕智能科技有限公司、广西火信智能科技有限公司等15家企业入驻象山，集聚资源和人才、数字经济产业集群逐渐形成。继续实施“一联五”［即象山区四家班子领导成员每人联系一家服务的重点企业、一个包点的村（社区）、一个挂点的学校、一户帮扶的贫困户、一户“一帮一”对子户］服务企业工作机制，对辖区21家规模以上工业企业、8家拟上规模企业实行“一企一策”精准服务。支持企业加大技术改造投入，燕京漓泉全生态精酿啤酒绿色供应链系统投入运行，广西膜宝包科技公司PE包装膜生产线实现投产，桂林市永固混凝土有限公司、桂林量具刃具有限公司、桂林月神全谷物有限公司等企业连续6个月实现两位数增长。鼓励企业科技创新，桂林崇华网络科技有限公司、国营长虹机械厂等7家企业通过高新技术企业认定。桂林溢达纺织有限公司“十如”的独特设计获得2019香港建筑师学会两岸四地建筑设计金奖、2019年美国建筑师协会国际区域设计大奖等。

2019年3月29日，华邦（桂林）国际旅居康养小镇举行开工奠基仪式

（象山区委宣传部　供图）

【优化营商环境】 2019年，象山区推进“放管服”改革，开展优化营商环境重点指标百日攻坚行动，全区22个单位进驻政务服务大厅，设立企业开办一站式服务专区，全面推进“审核合一、一人通办”制度。企业开办时间由原来20个法定工作日提速至0.5个工作日，当场即可办结。对当天完成企业登记、印章刻制、发票申领的新办企业，由财政补贴免一枚公章刻制费用，全年新增各类市场主体4645户。年内，全面推进企业登记全程电子化，办结电子登记审批393件。抓好“放管服”改革事项承接，完成行政许可电子审批1289件。引导万福广场、百货大楼、苏宁电器等商贸企业开展系列促销活动，全面促进消费升级。举办第五届桂林国际美食文化展、东盟博览会旅游展、文创展等文旅活动。率先启用全国首个“双目活体”税警联动实人认证系统，实现办税实名到实人的跨越，在广西率先实现税款通过微信、支付宝等第三方支付平台直接入库，全区全年纳税户3万余家，获得减税降费政策优惠3.8亿元，推动企业降本增效发展。

【城市品质逐步提升】 2019年，象山区以规划引领城市建设，启动3个建制村规划编制、1个传统村落保护发展规划和15个实用性村庄规划编制工作，完成3个建制村庄规划编制评审，统筹推动城乡协同发展。全面落实网络化管理，运用城管通和景管通双平台，有效快速处理案件，对城市主次干道、建筑工地、渣土运输实现24小时动态监管。集中开展“脏乱差”集中整治活动，依法拆除违章建筑32.6万平方米。加强市政基础设施建设，新建星级旅游厕所2座、改建2座、维修破损道路105段(处)，更换污水井盖167个、雨水蓖50个，清理排污井98处，疏通雨水管道2.3万米。积极推进“三供一业”(即国有职工家属小区供水、供电、供热〈供气〉及物业管理)改造建设，18家企业与象山区人民政府签订“三供一业”分离移交(框架)协议，涉及32个小区，其中13个社区完成改造工作。龙船坪特色街区纳入新增自治区棚户区改造项目。漓江西岸(净瓶山桥段)堤岸进行综合整治，投入资金388万元。全面开展高铁安全隐患综合整治行动，29处隐患点全部整改到位，排除违章建筑0.88万平方米、彩钢瓦面积1.17万平方米，更换树脂瓦类0.43万平方米，加固处理面积0.98万平方米。创立创建全国文明城市常态机制，办理“金点子”223件，社区环境连片整治成效明显。

【农村风貌有效改善】 2019年，象山区实施乡村风貌提升三年行动，农村基础设施建设得到加强。加快相思江畔·北芬田园综合体落地建设，助力乡村振兴发展。加强驻村队员管理，产业扶贫、就业脱贫、对口扶贫(乡村振兴)工作得到持续巩固。完成红光路维修、上月村农村道路拓宽、二塘乡砖厂战备公路修建、佛殿村葛根基地道路改建，芬塘村与国道321线连接道路硬化，阳光100南向道路拓宽硬化、陶家村路灯安装等工作。完成茶店路沿线环境整治风貌提升改造，积极开展农村“三清三拆”村庄整治行动，拆除老旧厕所、占道钢架棚等2.5万平方米，清运垃圾100吨。大力发展村集体经济，8个建制村集体经济收入均达4万元以上。

【生态环境持续优化】 2019年，象山区加强生态环境执法力度，严格落实河长制，持续开展保护漓江生态环境“四乱一脏”整治活动，完成安家洲沿岸生态修复工程，有效保护漓江生态环境。积极开展“小散乱污”企业清理专项整治，排查“散乱污”企业397家，关闭高污染燃料加工企业2家，整治八中监测点周围违规停车场2家，加大对渣土车辆的查处力度，严控露天焚烧，坚决打赢蓝天保卫战，全年PM2.5下降2.6%。坚持“立查立改、边督边改”，认真办结中央环保督察“回头看”整改销号7件，自治区生态环境保护督察组转办群众信访举报案件11件。

【释放民生发展红利】 2019年，象山区加大财政投入力度，民生支出占财政支出的比重达79%，全面完成公共文化基础设施场所免费开放等10件为民办实事项目。持续完善教育基础设施，对区属15所中小学校校园面貌进行改造，投入资金2030万元。全力破解“入学难”，秋季学期扩班18个，新增学位900个。提前三年通过义务教育均衡验收，获全国义务教育发展基本均衡县(区)。以翠竹·孝慈轩养老服务中心建设为引领，形成“机构+居家+医疗”的“三位一体”医养结合融合创新模式，象山区居民健康档案建档率81%，家庭医生签约率60.8%。围绕庆祝新中国成立70周年，举办“我和我的祖国”象山专场文艺调演，举办文化进万家活动30场次。强化文化旅游市场监管，出动1346人次，检查各类文化场所512家次，办理案件10起。加强市场监管，开展各类专项整治，检查市场主体6000多家，查处违法违章案件61件。退役军人服务管理共采集信息1.2万条，

2019年3月4日，象山区组织各界群众与刘三姐扮演者黄婉秋(前排左六)在象山公园参加中央电视台快闪《我和我的祖国》节目录制　　(象山区委宣传部　供图)

为9993名退役军人家庭悬挂光荣牌。社会保障持续改善，年末，全区城乡居民基本养老保险总参保人数为8648人，参保率97%，领取待遇人员认证率90.9%，全年累计发放养老金等待遇560余万元。城乡居民基本医疗保险参保缴费人数为8.11万人，全年累计救助困难群众4.6万人次，发放各类救助金1249万元。全年实现城镇新增就业2811人，农村劳动力转移就业141人，失业人员再就业1053人，就业困难人员实现就业292人。根治欠薪工作，实现欠薪案件、人数、金额"三下降"，为劳动者追讨回工资24.5万元。社会治理成效明显。全年刑事拘留涉恶犯罪嫌疑人196人，破获涉恶案件46件，破案率43%。信访维稳机制进一步完善，全市共排查矛盾纠纷496件，调处488件，矛盾纠纷调解率90%以上。加快建设"雪亮工程"（即以区、乡、村三级综治中心为指挥平台、以综治信息化为支撑、以网络化管理为基础、以公共安全视频监控联网应用为重点的"群众性治安防控工程"），群众安全感和满意度均大幅提升。 （曾志明）

七　星　区

【概况】 七星区位于桂林市东部，辖东江、七星、穿山、漓东4个街道和朝阳乡、华侨旅游经济区，分辖社区33个，建制村19个（含托管灵川县大圩镇的敢兴村、雁山区柘木镇的龙门村和卫家渡村）。区人民政府驻骖鸾路26号。行政区域面积83平方千米。2019年年末，户籍人口22.74万人。

经济总指标　全年实现地区生产总值275.03亿元，增长5.5%。其中：第一产业增加值1.86亿元，下降0.3%；第二产业增加值100.11亿元，增长4.2%；第三产业增加值173.06亿元，增长6.3%。人均地区生产总值88864元。全社会固定资产投资完成额95.3亿元，增长5.2%。社会消费品零售总额101.58亿元，增长11.0%。

财政　全年组织财政收入20.08亿元，增长7.4%；一般公共预算收入10.79亿元，增长15%。一般公共预算支出17.26亿元，增长10%。

农业　全年农林牧渔业总产值2.61亿元，其中农业产值1.69亿元，牧业产值0.56亿元，渔业产值0.11亿元，服务业产值0.25亿元。粮食播种面积0.05万公顷，总产量0.24万吨。

工业　全年工业总产值193.28亿元；工业增加值63.92亿元，增长5.5%；工业增加值占地区生产总值的22.3%；工业对全区经济增长的贡献率13.8%。规模以上工业实现总产值184.78亿元，下降0.1%；新增规模以上企业9家，全区规模以上工业企业达73家，其中年产值超1000万元企业66家，超1亿元企业28家。

文化·科技　年末拥有专业艺术表演团体2个，演出场次368场；剧场1个，文化站1个；电影放映单位2个，放映电影3万余场次，观众66.11万人次。全年申报自治区级科技项目34个，市级科技项目82个，区级科技项目22个，总投资465万元。完成科技成果登记78项、科技成果转化22项，技术交易额1134.6万元。

教育　全区有初级中学3所，专任教师157人，在校初中生1966人。小学28所，专任教师1082人，在校小学生2.47万人。小学适龄儿童入学率100%。全年新增公办小学1所、新增公办中小学学位1038个。教育支出2.11亿元，增长5.94%。

卫生　全区各级各类医疗机构床位969张。卫生技术人员2527人，其中执业医师（含助理）895人，注册护士932人。全区参加新型农村合作医疗农民1.11万人，参合率100%。

计划生育　全年全区出生人数2383人，符合政策生育率99.45%。其中，二孩符合政策生育率100%，政策外多孩率0.36%；出生男女性别比为108。人口自然增长率4.34‰。

固定资产投资　全区固定资产投资95.3亿元，增长5.2%。其中，基本建设投资8.09亿元，工业技术改造投资5.11亿元，房地产业投资48.02亿元，其他注册资本投资0.53亿元。

招商引资　全年全区在建项目21个，续建项目16个，合同总额387.93亿元，自治区外建设项目资金95.19亿元，引进内资95.06亿元，实际利用外资563万美元。

居民生活　全区在岗职工年平均工资60034元，增长13.7%；城镇居民人均可支配收入40047元，增长8.1%。农民人均纯收入19542元，增长10.4%，人均生活费支出13435元。全年发放城市在享低保金941.30万元（2019年年末低保城乡一体化）。城镇新增就业人数2383人；城镇登记失业率为3.02%。新增劳务输出150人。全年发放社会救助金1362万元，开发公益性岗位9个。

旅游　辖区有自然景点和人文景观5个，其中有国家4A级国家旅游景区3个（七星公园、穿山公园、尧山景区）。全年接待游客910.95万人次，旅游总消费155.11亿元。

【推进项目建设】 2019年，七星区统筹推进重大项目71个，完成投资100.3亿元；收储土地155.8公顷，出让土地50.24公顷。华安鑫创汽车智能生态产业园项目、澳群数字印刷产业园项目等8个重点产业项目集中开工，完成总投资37.8亿元。中国中药（桂林）产业园一期基本建成，智神智能三轴手持稳定器产业化项目、飞宇智能摄像稳定器产业园建设项目、白云电气电力电子产业基地二期项目实现主体竣工，加速推进优利特生化检测及免疫诊断试剂研发生产基地项目、光隆光电激光器芯片生产与封装项目等在建重大产业项目41个。福隆园片区改造项目进入收尾阶段。桂林文化旅游中心项目安置房部分封顶，桂林歌剧院加快建设。塔山片区改造项目建成安置房13万平方米，首批安置村民已选房入住。融创和平万达项目安置房一期17.5万平方米建成交付，二期21.7万平方米建设稳步推进。桂林无线电一厂危旧房改造进入全面收尾阶段。

【创新驱动激发新动力】 2019年，七星区新增高新技术企业40家，累计175家。完成科技成果登记78项、科技成果转化22项，技术交易额1134.6万元。新增自治区级技术转移示范机构2家（桂林南药股份有限公司、桂林金发明科技开发有限公司）；新增自治区级众创空间1家（桂林智能仪器众创空间）；自治区级科技孵化器1家（桂林电子科技大学科技园孵化器）；市级孵化器3家（桂林理工大学科技

2019 年 4 月 1 日，桂林高新技术产业开发区 2019 年第一批重点产业项目在铁山工业园集中开工 （朱滢 摄）

园、桂林国家高新区科技企业加速孵化器、城德科技孵化器）。桂林民华科技发展有限公司入选“国家小型微型企业创业创新示范基地”、中国化学工业桂林工程有限公司获评国家级企业技术中心。桂林国际电线电缆集团有限责任公司、桂林市晶瑞传感技术有限公司、桂林三金大健康产业有限公司、桂林光隆光电科技股份有限公司、广西智度信息科技有限公司和桂林创源金刚石有限公司 6 家企业被认定为广西“瞪羚企业”，累计达 13 家。引进国家级高层次人才 6 名，获评市级以上高层次人才 44 人。科技型中小企业首次突破 100 家，总数 116 家，数量位列全市第一，占全市总数(174 家)66.6%。桂林西麦食品有限公司在深交所上市，成为广西 2019 年唯一 A 股 IPO 上市企业。桂林市思奇通信设备有限公司、中国化学工业桂林工程有限公司参与完成的两项关键技术分获国家技术发明奖二等奖、科技进步奖二等奖。桂林南药股份有限公司阿莫西林胶囊通过国家仿制药一致性评价，实现广西“零”突破。桂林智神信息技术股份有限公司获“2019 中国高科技高成长 50 强”“安永复旦中国最具潜力企业奖”。桂林三金药业股份有限公司获广西高新技术创新能力十强企业，桂林市啄木鸟医疗器械有限公司获广西高新技术创新活力十强企业，桂林优利特医疗电子有限公司、桂林电器科学研究院有限公司、桂林电力电容器有限责任公司、桂林智神信息技术股份有限公司等 21 家企业获广西高新技术企业 100 强。桂林云璟科技有限公司获 2019 年人力资源和社会保障部留学人员回国创业启动重点支持计划，国家级资金奖励 50 万元，是广西留学人员创办企业首次获该项目的重点支持。

【三产成为经济增长主动力】 2019 年，七星区加快服务业集聚示范区建设，辖区国贸益华城全面营业，成为辖区核心商圈的新生力量。创意产业园获评自治区优秀现代服务业集聚示范区及国家级外贸转型升级基地(电子产品)。电商谷入驻电商企业近 200 家，总产值 25 亿元。新增限额以上服务业企业 35 家，限额以上批发业、零售业和餐饮业分别增长 19%、19.3%、25.4%。推动“旅游 +”多元化发展，全年接待游客 910.95 万人次，增长 21.3%；旅游总消费 155.11 亿元，增长 35.6%。实现三产增加值 173.06 亿元，增长 6.3%，成为拉动经济增长的主动力。

【推进城乡融合发展】 2019 年，七星区新建标准厂房 10.2 万平方米。芳香东路、穿山北路、骖鸾路延长线、屏风路中段、信息园 C 段全线通车，铁山园东环道基本完工。金鸡岭路(航院段)道路提升工程全部完工。环卫英才停车场主体工程基本完工；刘家桥、江东桥、七星路二巷道路改造工程加速推进；完成穿山东路雨水管网、施家园梨园路、导航路雨污水管网改造；推进中国邮政宿舍区等 3 个无物业小区改造工程。普陀路、七星路、桂磨路、建干路、骖鸾路、环城南一路、桂大路 7 条“样板示范路”管理经验在桂林市推广，新建益华城等三个地下垃圾收集点，创建桂林市首家环卫智能化管理中心和建筑垃圾消纳场投入使用，垃圾消纳场可以消纳各类土方、石渣、砂砾及其他类型的建筑垃圾 500 万立方米。全年清理违法占地 13.33 公顷，拆除违法建筑 28 万平方米。推进农村人居环境整治和乡村风貌提升三年行动，完成 10 个基本整治型村庄，完成 3 个建制村规划编制。加大农村基础设施建设投入，修建农村道路 23 千米，安装太阳能路灯 510 盏，解决 650 户农户自来水饮水问题，王家碑村至虞山桥段等 3 个漓江护岸和防洪堤工程进展顺利。建制村通客车率、通邮率和通快递率均为 100%，通公交率 94.7%。

【保障民生增进福祉】 2019 年，七星区财政民生领域支出 14.67 亿元，占一般公共预算支出 85.01%。完善教育经费保障机制，实现教育支出 2.11 亿元，增长 5.94%。加强校级领导队伍建设，公开竞聘选拔任用副校级领导 13 人。落实教育技术装备采购资金 236 万元；完成东昇小学建成并投入使用，辰山小学、华侨中学、华侨小学新建教学楼全部封顶，融创实验学校、花桥幼儿园加快建设，总投资 7000 万元。社会保障水平，城市、农村居民最低生活保障标准和基层岗位补贴标准提高，依托低收入家庭核对中心平台，落实社会救助政策。全年累计审核审批城乡社会救助家庭 1367 户 2049 人次，入户核对 100%，实现零误差、零投诉。综合医疗改革取得新成效，基本公共卫生服务支出增长 12.58%。朝阳卫生院与市中医医院医联体建设逐步推开，打造 8 个涵盖社区、家庭、医院、学校、机关等方面的居民健康场所和环境，完成 3 个中医馆建设，聘请中医药专家授课，共计培训 90 余人次，获“全国计生基层群众自治示范县(区)”称号。扩建社区居家养老服务中心、养老服务机构床位补贴，养老床位达 1500 余张。新增五通、施家园社

2019年1月9日，腾讯众创空间启动仪式在桂林国际会展中心举行

（胡学敏　摄）

区居家养老服务站点，接受社区助餐服务老年人650人次。文化惠民工程扎实推进，新建健身路径12条，全年举办基层文化活动200多场次。

【广西首个腾讯众创空间】　2019年1月9日，腾讯众创空间（桂林）开园仪式暨“企鹅号+桂林”启动分享会在桂林国际会展中心举行。腾讯众创空间（桂林）位于桂林国际会展中心，由桂林国家高新区、腾讯开放平台与桂林箐创汇三方合作共建，该空间是腾讯在全国布局的第36个众创空间，是广西首个腾讯众创空间和腾讯文创基地，整体规划1万平方米，以科技、文创、旅游、电竞为主题的新型互联网孵化器。该项目于2018年8月8日开工，分两期建设。一期工程已完工并投入使用，项目占地3000平方米，内设有路演厅、摄影棚、录音室、直播间等功能室，每间功能室配以对应摄影、灯光、录音设备及器材。年末，引进趣谈音乐、i游桂林等10家企业（项目）入驻并开始正常办公。　（钟婷）

雁山区

【概况】　雁山区位于桂林市南部，辖良丰街道、雁山镇、柘木镇、大埠乡、草坪回族乡，分辖社区4个，建制村35个。区人民政府驻雁中路18号。行政区域面积288平方千米。2019年年末，户籍人口7.02万人。

经济总指标　全年实现地区生产总值30.83亿元，增长6.2%。其中，第一产业增加值6.39亿元，增长5.1%；第二产业增加值5.00亿元，增长15.9%；第三产业增加值19.44亿元，增长4.4%。人均地区生产总值21892.23元。全社会固定资产投资额完成35.9亿元，增长12.1%。社会消费品零售总额4.56亿元，增长8.0%。

财政　全年组织财政收入1.59亿元，增长7.35%，其中地方财政收入1.02亿元，下降10.37%。财政支出7.34亿元，增长11.05%。

农业　全年农林牧渔业总产值10.83亿元，其中农业产值5.34亿元，林业产值0.03亿元，牧业产值4.88亿元，渔业产值0.31亿元，服务业产值0.27亿元。粮食播种面积0.35万公顷，总产量1.50万吨。森林覆盖率49.01%。农业机械总动力13.30万千瓦。

工业　全年工业总产值13.59亿元，增长16.2%；工业增加值3.86亿元，增长14.8%；工业增加值占地区生产总值的7.5%；工业对全区经济增长的贡献率16.3%。规模以上工业实现总产值10.67亿元，增长21.1%；实现利税0.68亿元，增长33.3%。新增规模以上企业1家，全区规模以上工业企业8家，其中年产值超1000万元企业8家，超1亿元企业4家。

文化·科技　年末拥有公共图书馆1个，图书藏量2.3万册；文化站4个；电影放映单位1个，放映电影5213场次，观众15.4万人次。全年申报自治区级科技项目1项，市级科技项目4项，总投资20万元。共举办种植业、养殖业等科技培训班、科普讲座12期（场次），培训1.5万人次。建立各类科技示范基地6个。年内共申请专利63件。

教育　全区有初级中学2所，专任教师181人，在校初中生2278人。小学7所，专任教师343人，在校小学生4688人。小学适龄儿童入学率100%。

卫生·体育　全区各级各类医疗机构床位112张，其中医院床位94张。卫生技术人员231人，其中执业医师42人，注册护士94人。全区参加新型农村合作医疗农民5.56万人，参合率99.73%。获自治区级奖牌37枚，其中金牌3枚，银牌1枚，铜牌12枚。

计划生育　全年全区出生人数559人，符合政策生育率95.53%，其中二孩符合政策生育率100%，政策外多孩率4.47%；出生男女性别比为107.4。人口自然增长率1.92‰。

固定资产投资　全区固定资产投资35.9亿元，增长12.1%。其中，基本建设投资35.88亿元，房地产业投资0.02亿元。

招商引资　全年全区新签项目（含框架协议）8个，合同总额188.5亿元，其中自治区外合同资金115亿元。自治区外内资到位资金23.94亿元。

居民生活　全区在岗职工年平均工资35171元，增长17%。城镇居民人均可支配收入35213元，人均消费性支出20777元。农民人均纯收入15118元，增长10.6%，人均生活费支出9273元。全年发放农村低保金616.08万元，发放城镇居民低保金46.62万元。城镇新增就业人数998人；领取再就业优惠证的下岗失业人员再就业人数171人，城镇登记失业率为3.02%。新增劳务输出5712人。农村劳动力转移就业职业培训139人；开发公益性岗位30个。

旅游　全区有营业景区10个（国家5A级旅游景区1个，国家4A级旅游景区2个，国家3A级旅游景区3个）。全年接待国内外游客821.01万人次，旅游总收入98.87亿元。

【重大项目建设突飞猛进】　2019年，雁山区推进自治区层面重大项目2个、市级层面重大项目25个。全区完成征地74.2公顷、土地收储43.93公顷、出让土地26.27公顷，雪松文旅小镇一期19.27公顷土地移交收储。融创文化旅游城等重点项目保障有力，益田·雁山民国风情小镇、悦桂情歌田园、天河竹苑、新小水村等项目开工建设，草坪文旅码头建成运行，金雁小学主体工程完工，中心环线配套设施、玉圭园B区、雁"南北飞翔"项目等项目推进顺利。

【现代农业提档升级】 2019年，雁山区鱼博士生态农业有限公司、同盛生态养殖有限公司被评为全市第八批农业产业化重点龙头企业。广西农垦桂林相思江休闲农业核心示范区列入第九批广西现代特色农业四星级核心示范区，鱼伯伯生态渔业示范区获县级示范区认定。柿里回乡、悦桂情歌、雁鸣乡思田园综合体规划通过评审。

【工业高质量发展】 2019年，雁山区把工业振兴作为重中之重，出台工业振兴攻坚突破年活动方案、支持工业企业发展措施13条。桂林国家高新技术产业发展区雁山园成立运行，落实办公场所与人员，与雁南飞科技发展公司签订入园协议。举办"奋力东融·共赢发展"深圳招商引才推介会，雁山区驻深圳人才联络办公室成立运行，新引进产业项目8个，新增1家工业企业上规。吉福思、润泰项目入选自治区"千企技改"，吉福思跻身广西高新技术企业百强榜，蓝福生总裁获评"国家万人计划科技创业领军人才"。

【推动文旅深度融合】 2019年，融创文化旅游城、益田·雁山民国风情小镇、复星(桂林)国际旅游度假山水小镇等7个项目列入广西首届文旅发展大会重点项目库。全年接待游客820.01万人次，旅游总消费98.87亿元，分别增长17.1%、20.3%。雁山区获广西2018—2019年度"旅游创新发展十强县"称号。

【生态建设持续推进】 2019年，雁山区坚持生态立区，持续推进生态建设工作。加快漓江雁山段生态环境保护，纵深推进"四乱一脏"综合整治，全力打好蓝天、碧水、净土保卫战。全区森林覆盖率49.01%，空气PM2.5、PM10浓度低于全市平均值，空气质量综合指数连续11个月六城区排名第一，主要河流水质达标率保持100%。完成13个自治区乡村风貌提升基本整治型村庄建设，农村人居环境持续改善，草坪回族乡获评自治区健康养老小镇，雁山区农村环境污水连片整治经验在自治区环保厅组织的会议上作典型交流发言。
（莫运珍　秦小娟　苏履波　李秋）

临　桂　区

【概况】 临桂区位于桂林市西南部，辖临桂、两江、四塘、会仙、六塘、南边山、茶洞、五通、中庸9个镇和宛田(瑶族乡)、黄沙(瑶族乡)2个乡，分辖社区15个，建制村161个。区人民政府驻临桂镇。行政区域面积2202平方千米。2019年年末，户籍人口52.82万人。

经济总指标　全年实现地区生产总值222.27亿元，增长10.6%。其中，第一产业增加值45.66亿元，增长5.4%；第二产业增加值60.61亿元，增长14.9%；第三产业增加值116亿元，增长10.5%。人均地区生产总值41294元。固定资产投资额完成193.84亿元，增长18.5%。社会消费品零售总额54.23亿元，增长9.8%。

财政　全年组织财政收入36.11亿元，增长9.24%。一般公共预算收入20.86亿元，增长8.84%。一般公共预算支出43.98亿元，增长13.76%。

农业　全年农林牧渔业总产值75.27亿元，其中农业产值38.09亿元，林业产值2.15亿元，牧业产值30.76亿元，渔业产值1.91亿元，服务业产值2.36亿元。粮食播种面积4.29万公顷，总产量23万吨。全年完成各类人工造林面积605公顷，森林覆盖率62.45%。农业机械总动力40.29万千瓦。

工业　全年工业总产值108.34亿元，增长19.5%；工业增加值25亿元，增长9.2%；工业增加值占地区生产总值的11.2%；工业对全区经济增长的贡献率10.2%。规模以上工业实现总产值91.2亿元，增长23.8%；实现利税7.8亿元，增长7.5%。新增规模以上企业6家，全区规模以上工业企业67家，其中年产值超1000万元企业62家，超1亿元企业23家。

文化·科技　年末拥有专业艺术表演团体1个，演出场次200场；公共图书馆1个，图书藏量11.8万册；剧场1个，文化站11个；电影放映单位1个，放映电影1932场次，观众40.78万人次。全年申报县级科技项目7项，总投资550万元，共举办种植业、养殖业等科技培训班、科普讲座35期，培训0.22万人次。建立各类科技示范基地17个。年内共申请专利419件。

教育　全区有普通高中3所。其中，自治区示范性普通高中1所，专任教师492人，在校学生6582人；完全中学1所，专任教师124人，在校生1703人。独立初中15所，专任教师1230人，在校学生1.65万人。九年一贯制民族学校1所，专任教师81人，在校生1367人。小学70所、教学点69个，专任教师2602人，在校生4.09万人。特殊教育学校1所，专任教师22人，在校生108人。小学适龄儿童入学率100%。

卫生·体育　全区各级各类医疗机构床位0.16万张，其中医院床位1376张，妇幼保健院床位20张。卫生技术人员2974人，其中执业医师1094人，注册护士1277人。全区参加城乡居民基础医疗43.39万人。全年向上级输送各类优秀运动员5人。获世界级奖牌4枚，其中金牌2枚，银牌2枚，破世界纪录1次。获亚洲级奖牌1枚，其中金牌1枚。获国家级奖牌11枚，其中金牌3枚，银牌2枚，铜牌6枚。获自治区级奖牌13枚，其中金牌11枚，银牌1枚，铜牌1枚。

计划生育　全区全年出生人数5527人，符合政策生育率94.81%。其中，二孩符合政策生育率99.73%，政策外多孩率5.19%。出生男女性别比为111.89。人口自然增长率5.08‰。

固定资产投资　全区固定资产投资193.84亿元，增长18.5%。房地产业投资133.27亿元，项目投资60.57亿元。

招商引资　全区在建项目75个，续建项目24个，合同总额453.47亿元，自治区外建设项目资金97.22亿元。引进外资项目到位资金1862.52万美元。

居民生活　全区城镇居民人均

可支配收入40678元，人均消费性支出23749元。农民人均纯收入19003元，增长9.9%；人均生活费支出10854元。城镇新增就业人数4002人；城镇失业人员再就业人数1094人，城镇登记失业率1.57%。农村劳动力新增转移就业5910人。职业技能培训1907人；开发城镇公益性岗位219个。

旅游　全区有自然景点和人文景观57个；营业景区15个，其中国家4A级旅游景区4个，国家3A级旅游景区7个。全年接待国内外游客407.15万人次，旅游总收入45.29亿元。

【经济发展稳中提质】 2019年，临桂区生产总值完成222.27亿元，增长10.6%；固定资产投资完成193.84亿元，增长18.5%；财政收入完成36.11亿元，增长9.24%；税收收入30.89亿元，增长11.38%，占财政收入的比重达85.54%，社会消费品零售总额增长9.8%，规模工业增加值增长12%，三次产业结构为23.4∶32.8∶43.8。临桂区连续第4年入选全国投资潜力百强区。

【重大项目建设稳步推进】 2019年，临桂区重大项目共111项，完成投资190.82亿元。桂林和睦家中药城、桂林航天健康旅游小镇、桂林装配式建筑产业基地等29个项目开工建设，宝湖书院、桂林市啄木鸟医疗器械、中辰电子物流城等20个项目竣工。桂林智能传媒谷项目、信和信·桂林国际智慧健康旅游产业园（二期）等"双百""双新"重大项目稳步推进。储备市级攻坚项目13个，总投资366亿元，其中工业项目5个。

【工业经济不断壮大】 2019年，临桂区为65家规模企业做好服务，其中华为1000亿元信息生态产业合作区、深科技智能制造产业园、福达集团大型曲轴生产线建设、桂林国际电线电缆绿色制造技术升级改造等"双百双新"项目有序推进。持续深化"抓大壮小扶微"工程，新增入规模企业6家。实施品牌战略，推动桂林国际线缆、三金药业、莱茵生物、福达集团等重点企业开展工业名牌产品和驰名商标培育工作，提高市场竞争力。全年规模以上工业总产值完成108.34亿元，增长19.5%；规模以上工业增加值完成25亿元，增长9.2%。全年投入2.96亿元加强工业园区路网、供水、排污的改造，基础配套设施建设日趋完善。年内，凤凰产业园完成概念规划，两江宝山工业园、会仙工业园、临桂镇乐和工业园等规划布局进一步调整优化。

【现代农业稳步发展】 2019年，临桂区克服洪涝灾害、非洲猪瘟等不利因素，全区粮食种植面积4.29万公顷，年总产量突破23万吨；全年完成主要经济作物种植面积3.24万公顷，总产量突破68.87万吨，增长5.5%。推广建立水稻生产全程机械化示范基地166.67公顷，水果总种植面积突破13333.33公顷；总产量23万吨，增长12.57%。年肉类总产量11.09万吨，增长6.27%；生猪出栏39.94万头，下降10.46%。家禽出笼5110.35万羽，增长15.14%。农业耕种收综合机械化水平63.62%，2019年获全国"平安农机"示范区。全区共引导发展农业产业化重点龙头企业12家，其中国家级重点龙头企业2家，自治区级重点龙头企业1家，市级重点龙头企业9家；在市场监管部门登记注册的农民专业合作社810家，其中国家级示范社2家、自治区级示范社7家、市级示范社4家、县级示范社11家。

【脱贫攻坚成效显著】 2019年，临桂区投入1.02亿元用于扶贫领域，全区2077户7129人脱贫，4个贫困村摘帽。慢性病集中筛查办证工作得到群众广泛认可，"千企扶千村"活动成功动员41家区内企业结对帮扶贫困村30个，因地制宜创建扶贫车间36家，贫困地区基础设施逐步完善，人居环境明显好转，群众生活质量、经济收入、帮扶满意度大幅提升。

【民生福祉持续提升】 2019年，临桂区城镇居民人均可支配收入40678元，增长8.0%；农村居民人均可支配收入19003元，增长9.9%。全区基本医疗保障参保人数43.39万人，致远小学、宝贤小学、国惠幼儿园顺利实现秋季学期招生。完成公共租赁住房分配入住1944套，完成农村危房改造1545户。五通镇至桂林市区琴潭站108路公交线路开通。

【三产服务业快速发展】 2019年，临桂区出台《加快旅游业发展暨促进全域旅游开发扶持办法》，创建广西全域旅游示范区取得阶段性显著成效。宛田瑶族乡的在水一汸景区和临桂新区环城水系景区通过国家4A级旅游景区评定，黄沙瑶族乡的秘境大峡谷、会仙镇的喀斯特国家湿地公园、飞虎队遗址公园和李宗仁故居景区通过国家3A级旅游景区评定。新改建旅游厕所17座，旅游集散中心、旅游标识牌等旅游配套基础设施不断完善。旅游精品线路建设持续加强，完成投资1.24亿元。义江国际、世外人间等旅游项目落户，航天小镇、雄虎山庄搬迁、中辰物流园等项目稳步推进。做好限额以上批零企业的服务和培育工

2019年11月26日，市长秦春成（左三）到临桂区会仙镇走访慰问贫困群众

（曾文毅　摄）

作，住宿、餐饮等服务业快速发展，现代商贸物流服务体系逐步成型。

【"桂林新中心"功能日趋完善】 2019年，临桂新区列入桂林市级层面1亿元以上攻坚项目41个，全年累计完成投资104.7亿元。全年市政项目建设29个，累计完成投资3.47亿元。新开工道路6条，建成道路25条，桥梁19座，新区核心区"五纵三横"交通网形成。临桂新区教育、医疗、卫生等公共服务配套项目建设进一步完善，桂林市机关完成入驻临桂新区。

【老城区管理持续加强】 2019年，临桂区按照全国文明城市创建标准，启动岩塘村、大律四组、大律五组等特色街区配套设施项目建设。实施奥园南路、经六路、凤凰路、万福中路等12条道路建设改造工程，城区路网全面优化。依法拆除违章建筑14.2万平方米。持续整治城区"脏乱差"问题，建筑垃圾、生活垃圾清运实现市场化管理，城区环境卫生机扫率提高到70%，城市管理数字化建设取得新成效，部门联动机制进一步完善，公众参与城市管理监督空间进一步扩展，"大城管体系"初步形成，市容市貌进一步改善。

【美丽乡村建设深入推进】 2019年，临桂区第4批五通示范镇建设通过验收，同时启动第5批两江、茶洞示范镇建设。实施乡村振兴战略，中庸镇的泗林村被评为全国乡村治理示范村，宛田瑶族乡的宛田村被评为自治区乡风文明示范村。中庸镇穴田田园综合体建设稳步推进。全区建制村生活垃圾处理实现保洁人员、管护经费、处理措施等"三落实"。开展118个村庄乡村风貌提升工程，完成建设休闲小广场100个，建成幸福乡村示范村20个。完成5个乡（镇）乡土特色示范村建设。年内，全区已建成美丽乡村示范村176个。 （张凯　邓斓）

阳　朔　县

【概况】 阳朔县位于桂林市南部，辖阳朔、白沙、福利、兴坪、葡萄、高田6个镇和金宝、普益、杨堤3个乡，分辖社区15个、建制村99个。县人民政府驻阳朔镇。行政区域面积1428平方千米。2019年年末，户籍人口33.14万人。

经济总指标 全年实现地区生产总值111.65亿元，增长6.1%。其中，第一产业增加值31.92亿元，增长6.7%；第二产业增加值22.10亿元，增长5.7%；第三产业增加值57.63亿元，增长5.8%。全社会固定资产投资完成额54.74亿元，增长16%。社会消费品零售总额35.44亿元，增长10.1%。

财政·金融 全年组织财政收入7.56亿元，增长3.3%。其中，一般公共财政预算收入5.69亿元，增长10.7%。一般公共财政预算支出24.79亿元，增长12.5%。年末，金融机构各项存款余额126.94亿元，增加10.91亿元，增长8.59%；各项贷款余额73.05亿元，增加7.70亿元，增长10.54%。

农业 全年实现农林牧渔业总产值48.88亿元。其中，农业产值38.06亿元，增长9.3%；林业产值0.49亿元，下降0.5%；畜牧业产值7.80亿元，下降6.9%；渔业产值1.22亿元，增长4.8%。粮食播种面积1.92万公顷，下降1.3%；总产量8.96万吨，下降5.1%。森林覆盖率65.04%。农业机械总动力32.61万千瓦。

工业 全年完成工业总产值下降39.3%，其中规模以上工业产值下降66.8%。完成工业固定资产投资增长332.3%。完成企业技术改造固定资产投资增长7353.6%。

交通·邮电 全县公路里程830.47千米，其中国道、省道165.95千米，县道、乡道、村道664.52千米。公路客货运周转量7.80亿吨千米，增长6.5%；水路客运周转量7084.9万吨千米，增长2.5%。全年邮电业务总量18.59亿元。其中，邮政业务总量0.47亿元，增长5.3%；电信业务总量18.12亿元，增长88.6%。年末，全县固定电话用户0.97万户，移动电话用户10.66万户，互联网宽带接入用户6.46万户。

文化·科技 年末拥有文艺表演团体3家，县级公共图书馆1个，农家书屋114家。电影放映单位1个，全年放映电影1195场次，观众20万人次。全年向科学技术部和自治区科技厅申报科技项目1个，县级科技项目6个，总共投资3622万元。年内，全县完成专利申请61件，其中发明专利8件，实用新型专利17件，外观设计专利36件。专利授权36件，其中实用新型专利授权6件、外观设计专利授权30件，有效发明专利拥有量15件，下降51.61%。

教育 全县有普通中学11所，专任教师904人，在校生1.36万人。有中等职业教育学校1所，专任教师35人，在校生248人。有普通小学83所，专任教师1176人，在校生2.10万人。

卫生·体育 全县共有医疗卫生机构257家。医疗卫生机构床位879张，其中医院460张，乡（镇）卫生院419张。有卫生技术人员1124人，其中执业医师和执业助理医师401人，注册护士561人，乡村医生和卫生员162人。阳朔籍运动员兰友生获2019年全国武术散打冠军赛60kg级冠军，县体校多名运动员在广西第十四届运动会上获冠军。阳朔籍运动员参加自治区青少年田径锦标赛，获金牌3枚、银牌3枚、铜牌3枚。参加桂林市中小学生田径运动会初中组获团体总分第1名、小学组获团体总分第1名，个人项目获得金牌25枚、银牌16枚、铜牌10枚。

计划生育 全年全县新生儿出生3554人，出生男女性别比106.9。人口自然增长率3.33‰。

固定资产投资 全县固定资产投资54.74亿元，增长16%。桂林市级层面重大项目36个，全年实际完成投资121亿元；自治区层面统筹推进项目6个，全年实际完成投资18.98亿元。

招商引资 全年度招商引资新签项目9个，在谈项目11个。纳入本年度招商引资项目统计7个，其中内资项目7个，无外资项目。全年内资实际到位资金26.73亿元。

居民生活 全县全体居民人均可支配收入25917元，增长6.1%。城镇居民人均可支配收入40436元，增长7.0%；农村居民可支配收入18354元，增长10.2%。全年完成1个贫困村1222户3418名贫困人口脱贫摘帽。

旅游 全县共有国家4A级及以上旅游景区（点）5家。全年接待国内外游客2018.82万人次，实现旅游总消费 289.46 亿元。

【文旅产业高标准提升】 2019 年，阳朔县承担广西首届文旅大会参观点和参观线路的打造，全县文旅融合发展工作稳步迈进。年内，完成兴坪码头、杨堤码头提升改造工程，新城区元宝山旅游集散中心、北公交场站投入使用，全县旅游设施场站建设不断提质升级。旅游厕所提升改造、A 级旅游厕所评级获全国旅游厕所革命推进现场会重点推介。《书记县长当导游》《县长带你去攀岩》在广西电视台节目推介。《守最美初心　建最美阳朔》等书籍、画册、歌曲编撰出台。启动“先游后付诚信联盟”、桂林品质旅游活动。广西民族博物馆首个文创基地在三千漓揭牌，刘三姐文化印象博物馆建成开馆。2019 年，阳朔县获文化和旅游部首批“国家全域旅游示范区”称号、自治区人民政府“广西旅游综合竞争力十强县第一名”。遇龙河旅游度假区获广西首个“国家级旅游度假区”称号。

【现代特色农业持续推进】 2019 年，全县重点发展超级稻、金橘、砂糖橘、淮山、黑皮果蔗等优势特色农产品和杂交肉牛、黑山羊、蜜蜂等特色养殖。年内，创建市、县、乡、村级示范园区（点）52 个，建设羿春族蜂业等绿色食品 5 家。漓江东岸柑橘和遇龙河柑橘产业获“自治区四星级核心示范区”称号，白沙镇获全国“一村一品”示范村镇。阳朔九龙藤蜂蜜注册为中国地理标志证明商标。

【幸福乡村成果丰硕】 2019 年，全县完成风貌改造基本整治型村庄 230 个、设施完善型村庄 20 个、精品示范型村庄 44 个。硬化自然村道路 19 条，通硬化路自然村 956 个，硬化率 98.75%。实施 74 条县、乡、村道生命防护工程。全县 333 个自然村安装路灯 7123 盏，自然村路灯亮化率 78%。实施完成金宝乡、普益乡第四批新型城镇化示范工程。开工建设白沙镇易地扶贫搬迁就业创业综合体项目。践行“绿水青山就是金山银山”发展理念，按照国家标准化编制《遇龙河两岸地区旅游发展与空间规划》，开展综合整治，实施“梦幻遇龙”田园综合体建设，推进遇龙河度假区整体提升，建设统一风貌、美好家园、五彩田园、微菜园、微花园、微果园，涌现了阳朔镇鸡窝渡、高田镇历村等各具特色的幸福乡村，遇龙河金色稻田成为网红打卡点。白沙镇蕉芭林村获评农业部中国美丽休闲乡村。年内，全县环境空气质量优良率 93.2%。

【阳朔新城区产城建设逐步融合】 2019 年，新城区累计完成投资约 50 亿元，年度完成投资 14.6 亿元。27 条城市主次干道通车里程 39.5 千米，完成总工程量的 80%。览胜桥、甲秀桥、栗木河桥建成通车。览胜二桥基本建成，山水大桥、朝霞桥、甲四桥、兰溪桥建设进展顺利，新城区“五纵五横”路网格局已经形成。新城区建设指挥部、城投公司、阳宏公司入驻综合应急指挥中心，实现“政务入驻”目标。县自来水加压泵站、县社保中心、县“互联网 + 旅游”中心、县综合档案馆、县中医医院、县疾控中心基本建成。新城区防洪治涝工程、创业服务中心、龙城变电站、阳朔第三小学、阳朔妇幼保健院分院、阳朔政务中心快速推进，凤凰 · 山水尚境、彰泰 · 十里澜山、人和 · 壹号院、兴进 · 景园等项目落户新城区并加快推进，红星美凯龙、溪街 · 七十二坊、冰雪大世界等一批产业项目洽谈对接，产城融合格局逐步形成。

【国家农业综合标准化示范县提升工程项目通过验收】 2019 年 10 月 24 日，阳朔县通过国家农业综合标准化考核组考核验收。全县有注册商标基地 5 个，获无公害农产品认证基地 10 个，获绿色食品基地 1 个和获有机认证基地 1 个。示范基地金橘、砂糖橘、茶叶和花卉苗木产品质量合格率 100%。全县健全完善包括基础通用、产地环境质量评价与控制、农业投入品、生态农业生产与管理、产品质量安全与检测、农业休闲旅游等标准子体系在内的标准综合体，包括国家标准、行业标准、地方标准和企业标准共 320 项，覆盖农业生产、农业加工、农业观光旅游等方面，融合一、二、三产业，确保金橘、砂糖橘、茶叶、花卉苗木等特色农业经济作物产前、产中、产后各环节均有标准可依。主导制定《金橘》国家标准 1 项，《观光采摘园服务规范》《真空冷冻干燥金橘干加工技术规程》等广西地方标准 5 项，引领阳朔优势特色产业高质量发展，助力精准扶贫。共建成金橘种植标准化示范基地 5 个，金橘标准化采摘园 7 个，金橘加工基地 1 个，金橘标准化种植示范面积 1333.33 公顷，建成砂糖橘种植标准化示范基地 2 个，面积 800 公顷，建成苗木培育标准化示范基地 1 个，面积 266.67 公顷，建成茶叶综合标准化示范基地 1 个，面积 133.33 公顷，建成标准化生态休闲示范园 9 个。通过国家农业综合标准化示范建设，有效地推进阳朔传统农业向特色农业的转变，实现了农业促旅游、旅游带动农业的县域特色经济的快速与可持续发展，促进农民增收。

【各项社会事业齐头并进】 2019 年，阳鹿高速公路全线建成通车。兴坪、福利 2 所镇级初中和新城区高中全面启动建设。遇龙河健康旅游特色区等 4 个国家重点健康旅游项目启动，县中医药健康旅游服务中心养生堂通过全国首批妇孺国医堂验收，县人民医院通过“二甲”复审，县妇幼保健院获评全国第一届促进母乳喂养优秀服务机构。自治区卫生县城复审顺利通过，全县首个公建民营型养生养老中心颐养庄园建成。完成村级公共服务中心建设 7 个、26 个建制村 81 个自然村数字广西广电云村村通户户用工程。兴坪镇 7 名漓江景区筏工荣登“中国好人榜”。 （秦彬　伍维平）

灵川县

【概况】 灵川县位于桂林市东北部，辖灵川、定江、三街、大圩、潭下、九屋、灵田 7 个镇和海洋、潮田、公平、大境（瑶族乡）、兰田（瑶族乡）5 个乡，分辖社区 19 个，建制村 128 个。县人民政府驻灵川镇。行政区域面积 2287 平方千米。2019 年年末，户籍人口 39.59 万人。

经济总指标　全年实现地区生产总值 169.42 亿元，增长 8.8%。其中，第一产业增加值51.24亿元，增长6.0%；第二产业增加值36.18亿元，下降8.7%；第三产业增加值82.00亿元，增长10.5%。人均地区生产总值44946万元。固定资产投资完成额98.09亿元，增长20%。社会消费品零售总额65.16亿元，增长9.5%。

财政·金融　全年财政收入17.09亿元，增长2%，其中地方财政收入11.62亿元，增长5.71%。财政支出39.77亿元，增长15.6%。年末，金融机构各项存款余额220.40亿元，增长9.8%，其中城乡住户存款余额168.95亿元，增长11.30%。各项贷款余额182.61亿元，增长7.1%。

农业　全年农林牧渔业总产值78.49亿元，其中农业产值57.83亿元，林业产值2.28亿元，牧业产值15.52亿元，渔业产值1.15亿元，服务业产值1.71亿元。粮食播种面积2.62万公顷，总产量13.42万吨。全年完成各类人工造林面积1071.80公顷，森林覆盖率75.96%。农业机械总动力52.41万千瓦。

工业　全年工业总产值70.29亿元，增长18%；工业增加值17.91亿元，增长4.5%；工业增加值占地区生产总值的10.6%；工业对全县经济增长的贡献率6.0%。规模以上工业实现总产值57.37亿元，增长22.6%；实现利税4.48亿元，下降6.0%。新增规模以上企业2家。全县规模以上工业企业达72家，其中年产值超1000万元企业69家，超1亿元企业60家。

交通·邮电　全年全县农村公路通达率100%，完成农村公路建设投资及固定资产1.21亿元，通建制村、自然村道路硬化率分别达100%、87.5%。完成客运量314万人次，客运周转量1.90亿人千米；完成货运量1959万吨，货运周转量37.40亿吨千米。邮路总长1123千米，完成邮政业务运营收入1672.19万元，电信业务（含电信、移动、联通等）运营收入2.81亿元。全县固定电话用户1.3万户，手机用户35万户，宽带用户10.54万户。

文化·科技　年末拥有公共图书馆1个，图书藏量22.14万册；文化站12个；电影放映单位1个，放映电影1574场次，观众11万人次。全年获得自治区级科技项目2个，市级科技项目1个，获得上级拨款科技经费700万元，县级科技项目10个，科技经费29万元。共举办种植业、养殖业等科技培训班、科普讲座30期（场次），培训1540人次。建立各类科技示范基地15个。年内共申请专利173件。

教育　全县有公办自治区示范性普通高中1所，普通高中2所，高完中1所，九年一贯制学校3所，初级中学12所，小学47所，教学点36个。在校小学生28193人，小学专任教师1783人。在校初中生1.25万人，初中专任教师951人。在校高中生5813人，有高中专任教师387人。小学适龄儿童入学率100%。

卫生·体育　全县医疗机构床位1446张，其中县医院床位277张，中医医院床位178张，乡（镇）卫生院床位422张，妇幼保健院床位150张，310医院及民营医院419张。卫生技术人员2216人，其中执业医师699人，注册护士928人。全县城乡医疗保险36.28万人，参合率91.65%。全年向上级输送各类优秀运动员2人。获自治区级奖牌4枚，其中金牌2枚、铜牌2枚。

计划生育　全年全县出生人数4296人，政策外多孩率3.38%；出生男女性别比为116.5。人口自然增长率4.45‰。

固定资产投资　全县固定资产投资98.09亿元，增长20%。房地产业投资38.39亿元。

招商引资　全年全县共引进市外境内新建或增资项目30个，协议投资总额253.10亿元，自治区外建设项目资金88.55亿元。引进外资项目到位资金350万美元。投资1亿元（含1亿元）的项目19个，协议投资总额245.30亿元，实际到位资金83.86亿元。

居民生活　全县城镇居民人均可支配收入38452元，增长6.9%。农民人均可支配收入16933元，增长10.5%。全年发放农村低保户人口低保金2424.20万元，发放城镇居民低保金388.77万元。城镇新增就业人数2981人；城镇失业人员再就业人数858人，城镇登记失业率为3.57%。农村劳动力转移就业新增人数4714人。职业技术培训2793人，贫困劳动力培训754人；开发公益性岗位57个。

旅游　全县有自然景点和人文景观16个，国家A级以上旅游景区9个（国家5A级旅游景区1个，国家4A级旅游景区4个，国家3A级旅游景区4个）。全年接待国内外游客1053.08万人次，旅游总收入132.13亿元。

【项目建设实现新突破】 2019年，灵川县实施自治区、市级层面重大项目40个，完成投资57.97亿元，其中自治区层面重大项目8个，完成投资21.03亿元。全年投资1000万元以上项目112个，完成投资106亿元。取得项目用地批复31个，面积147.39公顷。全年实现重大项目集中开竣工27个，

2019年9月24日，桂林高铁园外国语学校举行奠基仪式

（灵川县融媒体中心　供图）

总投资251.76亿元。其中，开工21个，总投资234.4亿元；竣工6个，总投资17.36亿元。长龙机械项目实现当年开工、当年竣工、当年投产。高铁园龙头带动作用进一步凸显，智慧产业、电子信息、机械装备制造、生物医药等产业不断做大做强，引进高铁园外国语学校、青禾美邦、香港电子科技园等项目，项目总投资79.4亿元。富力综合城、智慧产业园数字经济园等项目开工建设。园区规划、土地征收、路网建设、项目引进成效显著，全年完成土地征收254.67公顷，标准厂房建设5.4万平方米。年内，承办第五届粤桂黔滇高铁经济带合作联席会议暨粤桂黔滇高铁经济带合作实验区（桂林）广西园建设工作现场会。

【全域旅游高质量发展】 2019年，灵川县成功创建国家4A级旅游景区2个，国家3A级旅游景区2个，星级酒店4家，5星级乡村旅游区和农家乐4家，3星级汽车旅游营地1个。千年桂林、山水里、东漓古村等一批项目顺利推进，大圩古镇、东漓古村成为广西首届文化旅游发展大会考察点。全面完成湘江战役红军遗骸收殓保护和新寨村湘江战役纪念设施项目建设，成为灵川县重点红色文化教育参观点。形成“东片游漓江、逍遥湖、古东瀑布、大圩古镇、东漓古村，中片游八路军桂林办事处路莫村物资转运站旧址、希宇欢乐城，西片游龙门瀑布、九屋江头古民居”三大片区并进之全域旅游发展格局。年内，灵川县以全自治区第一名成绩成功创建“广西特色旅游名县”，入选2019中国县域旅游竞争力百强县。

【灵川县现代农业提质增效】 2019年，灵川县实施现代特色农业产业提升行动，实施“新型经营主体＋社会化服务＋适度规模经营”现代农业发展模式，全年新增注册农民专业合作社90家、家庭农场12家，获国家级示范合作社2家，自治区级示范合作社4家、示范家庭农场5家。1家农业企业、2家农民专业合作社获桂林市“五个农业十佳”单位称号。全年共创建广西现代特色农业示范区（园、点）59个，其中富丘生态农业示范区被评为三星级自治区现代特色农业核心示范区，古镇提香现代特色农业核心示范区成功由三星级升级为四星级自治区级核心示范区。桂林聚龙潭生态渔业有限公司获自治区农业农村厅颁发的无公害农产品（水产品）产品证书，桂林威昂佳果农业新技术开发有限公司获2019年现代渔业生态养殖创新企业称号。

【灵川县中医医院获中国人文品牌创新案例奖】 2019年3月29日，灵川县中医医院老年病、康复科在首届中国医院人文品牌建设峰会上，收获首枚人文品牌案例奖。是桂林第一家获该奖项的单位。县中医医院老年病、康复科以“康复是一缕阳光”为题，以实例、实景展示老年病、康复科在开展系统化帮助患者康复过程中，注重传统医学和现代医学模式结合下的人文精神，将人性化服务落实到康复过程的各个环节，贯穿患者康复的全过程。案例有文、有图、有成效，得到专家们认可。

【灵川县灵田风电项目竣工】 2019年12月20日，灵川县灵田风电项目竣工仪式在该电场升压站进行。项目位于灵田镇东北部山区，永久性征地面积2.24公顷，于2017年7月2日启动。由国家电投集团广西灵川风电有限公司投建，总投资5.09亿元，项目安装30台单机容量为2000千瓦风电机组，总容量60兆瓦，每台风力发电机接入1座35千伏户外箱式变压器，并配套建设约41千米的地埋35千伏电缆，同期配套建设1座110千伏升压站。首批机组于2019年1月2日投产。工程投产运行后，年上网电量1.5亿千瓦时。

（秦荣萍）

2019年11月6日，桂林市文化旅游发展大会考察团在灵川县参观考察

（灵川县融媒体中心　供图）

全　州　县

【概况】 全州县位于桂林市东北部，辖全州、石塘、枧塘、凤凰、安和、才湾、绍水、咸水、龙水、大西江、黄沙河、庙头、文桥、两河、永岁15个镇和白宝乡、蕉江瑶族乡、东山瑶族乡，分辖社区14个，建制村272个。县人民政府驻全州镇。行政区域面积4021平方千米。2019年年末，户籍人口84.50万人。

经济总指标　全年实现地区生产总值173.32亿元，增长6.7%。其中，第一产业增加值67.77亿元，增长5.8%；第二产业增加值22.88亿元，增长4.7%；第三产业增加值82.67亿元，增长8.0%。人均地区生产总值25932元。全社会固定资产投资额完成83.88亿元，增长18.9%。社会消费品零售总额42.62亿元，增长9.0%。

财政·金融　全年组织财政收入8.82亿元，增长7.9%，其中地方财政收入6.1亿元，下降1.85%。财政支出46.39亿元，增长14.12%。年末，金融机构各项存款余额223.08亿元，增长5.3%，其中城乡居民存款余额185.70亿元，增长8.01%。各项贷款余额141.27亿元，增长3.95%。

农业　全年农林牧渔业总产值104.23亿元，其中农业产值74.38亿元，林业产值4.80亿元，牧业产值20.12亿元，渔业产值2.90亿元，服务业产值2.03亿元。粮食播种面积7.16万公顷，总产量37.49万吨。全年完成各类人工造林面积2481.61公顷，森林覆盖率68.15%。农业机械总动力62.55万千瓦。

工业　全年工业总产值63.73亿元，下降12.2%；工业增加值18.57亿元，增长5.3%；工业增加值占地区生产总值的10.71%；工业对全县经济增长的贡献率9.3%。规模以上工业实现总产值38.21亿元，下降19.3%。新增规模以上企业4家，全县规模以上工业企业61家，其中年产值超1000万元企业56家，超1亿元企业10家。

交通·邮电　全年完成农村通达公路31条69.80千米，完成农村公路建设投资及固定资产0.33亿元，完成客运量510万人次，客运周转量3.15亿人千米；完成货运量685万吨，货运周转量14.45亿吨千米。邮路总长672千米，完成邮政业务运营收入3705万元，电信业务（含电信、移动、联通等）运营收入2.91亿元。全县固定电话用户0.94万户，手机用户46万户，宽带用户10.59万户。

文化·科技　年末拥有公共图书馆1个，图书藏量22.5万册；文化站18个；电影放映单位1个，放映电影3289场次，观众30.14万人次。全年申报自治区级科技项目1个，市级科技项目5个，县级科技项目3个，总投资2578.23万元，共举办种植业、养殖业等科技培训班、科普讲座185期（场次），培训1.5万人次。建立各类科技示范基地12个。年内共申请专利105件。

教育　全县有自治区示范性普通高中1所，专任教师249人，在校高中生3857人。普通高中4所，专任教师461人，在校高中生8368人。初级中学24所，专任教师1784人，在校初中生2.80万人。小学316所，专任教师2797人，在校小学生5.23万人。小学适龄儿童入学率100%。

卫生·体育　全县各级各类医疗机构床位1796张，其中医院床位1626张，妇幼保健院床位170张。卫生技术人员1196人，其中执业医师133人，注册护士99人。全县参加新型农村合作医疗农民67.31万人，参合率99.5%。全年向上级输送各类优秀运动员37人。获自治区、桂林市级奖牌2枚，其中金牌1枚、银牌1枚。

计划生育　全年全县出生人数6919人，符合政策生育率96.18%。其中，二孩符合政策生育率100%，政策外多孩率3.72%；出生男女性别比为113.6。人口自然增长率3.04‰。

固定资产投资　全县固定资产投资83.88亿元，增长18.9%，其中第一产业投资2.03亿元，第二产业投资19.14亿元，第三产业投资62.71亿元。房地产业投资24.45亿元。

招商引资　全年全县在建项目78个，续建项目19个，合同总额164.41亿元，其中市外建设项目资金70.32亿元，自治区外建设项目资金70.32亿元，完成年度任务的109.8%。引进外资项目到位资金1万美元，完成利用外资年度任务的0.28%。

居民生活　全县城镇居民人均可支配收入35545元，增长7.9%，农村居民人均可支配收入16233元，增长9.0%。全年发放农村低收入人口低保金7850.90万元，发放城镇居民低保金1661.51万元。城镇新增就业人数4862人；领取再就业优惠证的下岗失业人员再就业人数1877人，城镇登记失业率为2.66%。新增农村劳动力转移就业1.2万人。农村劳动力转移就业职业培训2899人；开发公益性岗位650个。

旅游　全县有自然景点和人文景观130个，营业景区6个（国家4A级旅游景区3个，国家3A级旅游景区3个）。全年接待国内外游客758.14万人次，旅游总收入81.51亿元。

【开展长征文化资源保护利用】 2019年，全州县开展湘江战役红军遗骸收殓保护，修缮保护全州才湾镇米花山蒋石林祖孙三代守护烈士墓、全州石塘天坑群红军舍生崖、全州县红六军团十七师五十一团团长张鸿基烈士墓、全州县文塘九弓湾“千人坑”红三十四师烈士墓、全州县两河镇上刘家30名无名红军烈士墓、全州县古岭头红军烈士散葬点、全州县聂家村红军烈士散葬点、全州县石塘镇杨梅山红军烈士散葬点等红军烈士散葬点8处，修缮保护凤凰嘴、大坪、屏山等渡江旧址3个，修缮保护古岭头、文塘、杨梅山、兴隆村、麻子渡等战场旧址5个和湘桂古道红军路（全州段）。9月，红军长征湘江战役纪念园竣工，纪念园位于湘江战役脚山铺阻击战旧址，以“一草一木一英魂，一山一石一丰碑”为主题，包含纪念林和纪念馆两大功能区，占地60.63公顷，获批“全国爱国主义教育基地”，纳入红军长征国家文化公园（广西段）总体规划。至年末，接待全国各地游客63.4万人次，承接团体革命传统教育2880批次。

2019年，红军长征湘江战役纪念园凭吊广场

（全州湘江战役文保传承中心　供图）

【发展以旅游业为重点的服务业】 2019年，全州县发展以旅游业为重点的现代服务业，完成第三产业增加值90.5亿元，对GDP贡献率64.4%。发展全域旅游。完成天湖景区、大碧头国际旅游度假区、红军长征湘江战役纪念园等项目投资8.27亿元。提升旅游综合接待能力，接待游客756.63万人次，实现旅游消费80.9亿元。创建星级旅游景区，年内被评定为国家4A级旅游景区3个、国家3A级旅游景区2个，获评自治区五星级农家乐1个（古井山庄），获评自治区四星级农家乐1个（万福农庄），获评自治区三星级汽车营地1个（大碧头汽车营地），获评"2019年广西休闲农业与乡村旅游示范点"1个（枧塘井源生态农庄）。发展商贸物流服务业，亿都商贸城投入使用，桂北粮食仓储物流中心、联晨中农国际商贸物流城项目开工建设。房地产市场升温，全县商品房销售面积44.09万平方米。

【全州县农业经济稳中向好】 2019年，全州县粮食总产量43万吨，实现16年连增，是桂林市唯一国家"优质粮食工程"项目县，在全国"中国好粮油"行动计划经验交流会上作为广西唯一县级代表作典型发言，广西"优质粮食工程"现场会和广西第十六届看禾选种大会（桂北）在县内召开。全年全县安排农业产业结构调整资金1500万元，推进大米、生猪、水果、金槐等优势产业发展。新增创建乡级以上现代特色农业核心示范区（园）19个、村级示范点95个。新增自治区三星级以上现代畜禽生态养殖场47个。新增培育农民专业合作社124家。安和镇（香芋）获评第九批全国"一村一品"示范村镇。全州禾花鱼获评广西区域公用品牌。全州县被列为第二批国家农产品质量安全县，入选农业部畜禽污资源化利用整县推进示范县。

【推进脱贫攻坚工作】 2019年，全州县投入扶贫财政专项资金2.7亿元，增长45%，其中县本级专项扶贫资金3750万元，增长20%。发展村级集体经济，70个贫困村年集体经济收入突破4万元。发放产业奖补资金756.12万元，受益贫困户4212户。实施道路、饮水、小型桥梁等基础设施建设项目298个，投入1.58亿元，获自治区财政专项扶贫资金绩效评价A等。至年末，全县1.35万人稳定脱贫，13个贫困村脱贫摘帽，贫困发生率降至0.4%。在国务院扶贫办中国社会扶贫网举办的"互联网+社会扶贫、你我同行"论坛上，全州县作典型经验发言。自治区"互联网+社会扶贫"工作现场会在县内召开。

【红军长征湘江战役纪念设施落成仪式在全州县举行】 2019年9月12日，红军长征湘江战役纪念设施落成仪式在全州县红军长征湘江战役纪念园广场举行。中共中央政治局委员、中央书记处书记、中央宣传部部长黄坤明出席活动并讲话。中央、自治区、桂林市、全州县各界代表约1000人参加落成仪式。

【全州县5景区获评国家星级旅游景区】 2019年6月28日，湘山·湘源历史文化旅游区获评国家4A级旅游景区。11月14日，红军长征湘江战役纪念园、大碧头国际旅游度假区获评国家4A级旅游景区。1月15日，全州县桂林国际茶花谷旅游休闲度假区获评国家3A级旅游景区。7月15日，全州县桂林湘山酿酒生态园获评国家3A级旅游景区。

【全州县发生特大洪涝灾害】 2019年6月8日—9日，全州县出现强降雨，县水文站、县气象台连续发布洪水红色预警和暴雨红色预警，县委、县政府启动四级至二级应急响应。强降雨致18个乡（镇）受灾，其中县城城区、全州镇、龙水镇发生严重洪涝灾害。洪灾致40.95万人受灾，2.69万公顷农作物受灾，5088处道路损毁，多处道路和桥梁涵洞损毁，12人死亡，1人失联，直接经济损失23.25亿元。（俞鲜鲜）

兴安县

【概况】 兴安县位于桂林市北部，辖兴安、湘漓、界首、高尚、溶江、严关6个镇和漠川、白石、崔家、华江（瑶族乡）4个乡，分辖社区10个、建制村115个。县人民政府驻兴安镇。行政区域面积2344平方千米。2019年年末，户籍人口39.28万人。

经济总指标　全年实现地区生产总值增长6.7%，其中第一产业增加值增长6.1%，第二产业增加值增长9.7%，第三产业增加值增长5.6%。人均地区生产总值增长6.2%。

财政·金融　全年组织财政收入11.5亿元，其中一般公共预算收入8.1亿元。一般公共财政预算支出28.88亿元。固定资产投资增长11.1%。社会消费品零售总额54.64亿元。金融机构存款余额141.34亿元。

农业　全年农林牧渔业总产值增长6.2%，其中农业产值增长9.6%，林业产值增长10.3%，牧业产值增长12.2%，渔业产值增长5.1%，农林牧渔服务业增长11.6%。全县实有农业耕地2.65万公顷，全年粮食总产量下降5.4%。全年完成各类人工造林面积601.32公顷，森林覆盖率76.48%。农业机械总动力54.71万千瓦。

工业　全年工业总产值下降1.3%；工业增加值增长10.2%。规模以上工业实现总产值34.01亿元，下降2.7%；实现利税8.62亿元。规模以上工业企业31家。

交通·邮电　全年"四建一通"工程项目共投入资金2887万元。完成安防项目6个，共处治隐患里程26千米；完成6座危桥改造，重建桥梁235.66延米。全年客运量712.23万人次，客运周转量3.76亿人千米；货运量648.26万吨，货运周转量9.75亿吨千米。邮路总长752千米，实现邮政业务收入1971万元。全县固定电话用户2.9万户，手机用户29.2万户，宽带用户4.5万户。

文化·科技　年末拥有专业艺术表演团体1个，演出场次120场；公共图书馆1个，图书藏量13.51万册；文化站10个；电影放映单位1个，放映电影1382场次，观众10万人次。全年专利申请量28件，授权量22件，发明专利保有量75件，每万人口发明专利拥有量2.16件。

教育　全县共有各级各类中小学328所，在校学生5.70万人。其中，小学106所，学生2.73万人；初级中学12所，学生8917人；高中（含幼师职校1所）4所，学生5497人；幼儿园206所（其中公办幼儿园80所，民办幼儿园126所），在园（班）幼儿1.53万人。全县教职员工人员编制2467人，其中小学1308人、幼儿园84人、初中567人、高（职）中464人，教育局机关44人。

卫生·体育　全县卫生机构床位数1836张；执业医师和助理医师959人，注册护士1205人，全科医生72人。全年向国家运动队输送优秀运动员1人，向桂林市输送优秀运动员15人。全年获自治区级金牌2枚、银牌1枚，铜牌1枚。

计划生育　全年全县出生人数3900人，出生男女性别比为112.1。人口自然增长率4.4‰。

固定资产投资　全县固定资产投资（不含农户）增长11.1%，其中房地产开发投资增长12.9%。

招商引资　全年签约引进12家汽车部件产业园区项目（投资30亿元）、4家竹木产业园区项目（投资2.5亿元）、华汇环保科技建材一期项目（投资3亿元）、中国能建集团的生物质热电联产项目（投资13亿元）等。全县招商引资实施自治区外项目62个，其中新实施项目48个，计划投资144.88亿元。完成自治区内资到位资金90.21亿元。

居民生活　全县城镇居民人均可支配收入3.74万元，农村居民人均可支配收入1.93万元。城乡居民年末存款余额141.34亿元。参加城乡居民基本养老保险10.79万人，参加城镇职工基本养老保险3.37万人；参加失业保险1.53万人；参加基本医疗保险36.12万人。全年城乡居民最低生活保障的人数1.51万人。

旅游　全县有自然景点和人文景观7个，营业景区6个（国家5A级旅游景区1个，国家4A级旅游景区2个）。全年接待游客1006.36万人次，实现旅游收入117.81亿元。

【兴安县项目建设】　2019年，兴安县统筹推进重大项目92个，计划总投资418.56亿元，完成年度投资43.49亿元。其中，自治区级层面统筹推进重大项目4个，完成年度投资7.26亿元。市级层面统筹推进重大项目49个，完成年度投资35.77亿元。全年共举行集中开竣工活动5次，开工项目15个、竣工项目18个。灵渠展示中心（兴安博物馆）建成开放，灵渠通航（二期工程）冷水堰、矮子堰开闸试航，双胞胎饲料、中储能能源设备等项目建成投产。魁星楼白云驿历史人文景观区加快推进，双女井溪（二期）改造工程基本完工。界首一、二期和严关二期风电、灵渠大道（三期）、天宝石材、郁笙电子、天翔硅业、彰泰学府、桂北世贸城等一批项目快速推进。

【兴安县工业经济转型升级】　2019年，兴安县开展“园区建设年”行动，清洁能源、综合建材、装备制造、生物医药、农产品精深加工及生态食品等五大产业齐驱发展。风电项目完成年度投资3.1亿元，装机容量5万千瓦投产发电，实现工业产值6.92亿元。全年依法关停整治“小散乱”矿粉企业100余家，占地33.33公顷的碳酸钙精深加工产业园建设快速推进。海螺水泥年产量400万吨，年产值14.7亿元，实现税收2亿元，成为全市首家取得中国质量认证中心认证的低碳产品企业。嘉达机电、中储能能源设备等装备制造企业运行良好。兴昊科技、欧润药业等生物医药企业有序发展，全县有规模以上生物科技企业5家。以双胞胎饲料、银杏酒业、日盛食品为代表的农产品精深加工及生态食品加工产业稳步发展。欣安电器、艺唯思皮具、乾昭新材料等企业加速建设。广西展卓通用航空公司和桂林兴松林化有限公司通过高新技术企业复审。加大工业园区基础设施建设，建设标准厂房4.2万平方米。对灵通科技、鑫灿水泥制品、顺景新型建材等项目采取先租后让方式供地，推动项目快速落地。全年新培育上规入统企业10家，新进上规入统工业企业5家。落实工业扶持奖励政策，为磊鑫墙体材料等4家新进规模企业争取上级产业扶持资金，为海螺水泥等企业兑现县级奖励资金383万元。全年签约工业项目13个，总投资约60亿元，其中7个项目落地、3个项目开工建设、2个项目竣工投产，初步形成产业集群式发展格局。

【兴安县农业产业稳增提质】　2019年，兴安县“兴安蜜橘”通过农业农村部地理标志评审。智慧农业平台项目在桂林率先实施。漠川温克葡萄示范区、“猫儿山竹海”森林生态文化休闲示范区成为市级现代特色农业核心示范区。新增市级农业产业化重点龙头企业6家。新增农民专业合作社15家，其中国家级2家、自治区级6家、市级7家。新增自治区级家庭农场5家。积极参与科技成果转化，推进农田水利等基础设施建设。全自治区动物卫生监督现场会、全自治区粮食高质高效技术现场观摩会相继在兴安县召开。

【兴安县文旅建设多点突破】　2019年，兴安县做好湘江战役红军遗骸收殓保护和纪念设施建设修缮工作，73个湘江战役红军遗骸散葬点收殓工作及红军长征突破湘江纪念馆展陈提升、光华铺红军烈士陵园等16个纪念设施项目完工，并在光华铺红军烈士陵园举行红军遗骸安放仪式。红军长征突破湘江烈士纪念碑园创获国家4A级旅游景区，全年接待各地干部群众接受革命传统教育91.36万人次。广西首个规范化建设的研学旅行基地——桂北红色旅游联合体研学旅行基地在兴安揭牌。举办第十届葡萄节暨“长征精神·点亮兴安”火炬晚会、中国长征·汽车（新能源）兴安站拉力赛、“不忘初心、牢记使命”重走长征路马拉松赛暨第四届灵渠古运河马拉松赛等文化体育节庆活动。《湘江·1934》舞台话剧上演。桂林市首个地域性博物馆——灵渠展示中心（兴安博物馆）建成开放，共接待游客9万多人次。与华夏幸福签订“华夏灵洲·幸福水镇”战略合作框架协议，华夏幸福大文化、大旅游、大康养项目有序推进。华江云顶温泉酒店、华江阳雀国际温泉旅游度假区、老山界红色生态旅游综合开发等项目持续推进。梁家寨养生养老基地、东村陡军文化村落相继建成。灵渠古航道漂流开航。开展灵渠申遗工作，通过司法诉讼收回灵渠经营权工作稳步推进。签约水韵华江和《突破湘江》实景演出项目。魁星楼白云驿历史人文景观区主体竣工，财神庙历史文化街区项目开工建设。

【《中国影像方志》栏目组到兴安采访拍摄】 2019年6月2日，中央电视台大型纪录片《中国影像方志》栏目组进驻兴安。对兴安灵渠、榜上古村、秦家大院、古严关、秦城遗址及兴安红色文化、传统民俗文化等进行为期12天的采访拍摄，用镜头展示兴安独具魅力的地域特色、历史文化、手工传记、人文地理和社会发展情况，讲述生动传奇的兴安故事。该纪录片从“地名”“考古”“人物”“风俗”等角度，以及“音律”“美食”“异物”“手工”等当地有独到之处的方面进行单元式解析，以此传承方志文化，记录各地的时代风貌，展现中华文明的丰富多彩。

【灵渠展示中心（兴安博物馆）开馆】 2019年9月29日，兴安灵渠展示中心（兴安博物馆）开馆仪式在兴安县灵渠展示中心（兴安博物馆）广场举行。该中心是灵渠申报世界文化遗产的基础设施，于2017年年初启动，位于灵渠河畔，建筑层数为地上3层，地下1层，建筑面积1.26万平方米。建筑包括1个序厅、5个常设展厅、1个临时展厅、库房、多功能报告厅、游客服务中心、会议室以及办公区等。展陈总面积约3000平方米，总投资8000多万元。灵渠展示中心（兴安博物馆）共展出文物328件，图片624张。

【红军长征突破湘江纪念馆改造升级】 2019年9月12日，经改造提升后的兴安县红军长征突破湘江纪念馆开馆。该馆展陈面积由原来2800平方米扩展至3500平方米，展线长850米，分为“战略转移、突破湘江、伟大转折、精神永存”四大板块。采用多种先进展陈手段，展陈既有历史文物、文献、图片资料等，又有大型雕塑、绘画、场景模拟和声光影像多媒体等现代技术手段，系统全面地再现了湘江战役的全过程，充分彰显了革命先辈“勇于胜利、勇于突破、勇于牺牲”的湘江战役精神。

【红色“小人书”获自治区级优秀奖】 2019年9月2日，兴安县画家周荣、廖国强、张新源创作的《湘江·1934》连环画作品，入选由自治区党委宣传部、自治区文联、自治区美术家协会共同主办的“庆祝中华人民共和国成立70周年·2019广西第七届美术作品展览”，并获优秀奖（最高奖项）称号。《湘江·1934》连环画作品是以著名的湘江战役三大阻击战为主要内容，用版画形式，黑白对比强烈的效果及沉重感，集中阐述激烈悲惨的战斗场面，展现红军顽强不屈的革命精神和英雄气概。

【全国地方史志期刊经验交流会议在兴安召开】 2019年10月28日—11月2日，由中国地方志指导小组办公室（简称中指办）、中国地方志学会史志期刊分会暨编辑出版分会主办，自治区地方志办公室承办，桂林市地方志办公室、兴安县人民政府协办的2019年全国地方史志期刊经验交流会议、2019年全国地方史志期刊暨志鉴编纂编辑培训班在兴安县召开。全国各省（区、志）地方志工作机构、新疆生产建设兵团史志办公室地方史志期刊分管领导、主编、编辑，中指办、方志出版社部分工作人员近140人参加此次会议暨培训班。10月29日，由自治区地方志办公室主办，桂林市地方志办公室、兴安县地方志办公室协助承办的2019年度广西地方志服务“一带一路”项目《灵渠－合浦：海上丝绸之路历史溯源史料选编》专题评审会首次在兴安举办。 （廖晓梅）

2019年9月29日，灵渠展示中心（兴安博物馆）揭幕 （蒋子鸣 摄）

永 福 县

【概况】 永福县位于桂林市西南部，辖永福、罗锦、苏桥、百寿、堡里、三皇6个镇和广福、龙江、永安3个乡，分辖社区6个，建制村93个。县人民政府驻永福镇。行政区域面积2806平方千米。2019年年末，户籍人口29.14万人。

经济总指标 全年实现地区生产总值85.53亿元，增长7.2%。其中，第一产业增加值28.88亿元，增长6.2%；第二产业增加值14.26亿元，增长13.7%；第三产业增加值42.39亿元，增长5.8%。固定资产投资额增长17.0%。社会消费品零售总额38.53亿元，增长9.2%。

财政·金融 全年组织财政收入5.83亿元，下降19.2%，其中地方财政收入3.64亿元，下降25.59%。财政支出21.03亿元，下降3.37%。年末，金融机构各项存款余额90.25亿元，增长9.88%，城乡居民存款68.37亿元，增长11.96%。各项贷款余额70.46亿元，增长8.2%。

农业 全年农林牧渔业总产值47.87亿元，其中农业产值27.42亿元，林业产值3.79亿元，牧业产值14.01亿元，渔业产值0.67亿元，服务业产值1.98亿元。粮食播种面积2.28万公顷，总产量11.04万吨。全年完成各类人工造林面积255公顷，森林覆盖率79.24%。农业机械总动力30万千瓦。

工业 全年工业总产值71.4亿元，增长1.71%；工业增加值16.9亿元，增长17.58%；工业增加值占地区生产总值的12.1%；工业对全县经济增长的贡献率23.9%。规模以上工业实现总产值53.9亿元，增长1.92%。新增规模以上企业11家。全县规模以上工业企业45家，其中年产值超1000万元企业37家，超1亿元企业14家。

交通·邮电 全年完成农村公路建设投资及固定资产0.72亿元。完成客运量236万人次，客运周转量1.43亿人千米；完成货运量465万吨，货运周转量9.50亿吨千米。邮路总长813千米，完成邮政业务运营收入201万元，电信业务（含电信、移动、联通等）运营收入1.4亿元。全县固定电话用户0.62万户，手机用户22.29万户，宽带用户5.10万户。

文化·科技 年末拥有专业艺术表演团体1个，演出场次128场；公共图书馆1个，图书藏量14.33万册；剧场2个，文化站9个；电影放映单位2个，放映电影4257场次，观众8.83万人次。全年申报自治区级科技项目2个，市级科技项目5个，总投资372万元。共举办种植业、养殖业等科技培训班、科普讲座259期（场次），培训1.3万人次。建立各类科技示范基地4个。年内共申请专利106件。

教育 全县有自治区示范性普通高中1所，专任教师142人，在校高中生1677人。普通高中2所，专任教师123人，在校高中生1990人。初级中学10所，专任教师594人，在校初中生8036人。小学79所，专任教师1132人，在校小学生1.90万人。小学适龄儿童入学率100%。

卫生·体育 全县各级各类医疗机构床位1300多张，其中医院床位404张，妇幼保健院床位86张。卫生技术人员1487人，其中执业医师（执业助理医师）468人，注册护士595人。全县参加城乡居民基本医疗保险24.46万人，参保率99%。全年向上级输送各类优秀运动员5人。获自治区级奖牌16枚，其中金牌5枚，银牌3枚，铜牌8枚。

计划生育 全年全县出生人数2916人，符合政策生育率94.38%，其中二孩符合政策生育率99.56%，政策外多孩率4.7%；出生男女性别比为118。人口自然增长率3.69‰。

招商引资 全年全县新签约项目26个，合同总额125.75亿元，自治区外建设项目资金69.63亿元。引进外资项目到位资金13.97万美元。

居民生活 全县在岗职工年平均工资64315元，增长4.0%；城镇居民人均可支配收入37820元，增长6.5%。农民人均纯收入15454元，增长10.0%，全年发放农村低收入人口低保金5113.93万元，发放城镇居民低保金927.98万元。城镇新增就业人数2202人；失业人员再就业人数681人，城镇登记失业率为2.41%。农村劳动力转移就业人数4164人。职业技能培训1883人；公益性岗位安置人数124人。

旅游 全县营业景区3个（国家4A级旅游景区1个，国家3A级旅游景区2个）。全年接待国内外游客130.01万人次，旅游总消费17.41亿元。

【永福县现代特色农业健康发展】 2019年，永福县推动砂糖橘、罗汉果两大主导产业向品牌化、产业化发展，总面积27.33公顷，总投资约2亿元的罗锦农产品交易市场（一期）建成投入使用，罗汉果产业兴村强县示范项目等3个重点农业产业化项目稳步推进。成功举办第四届桂林永福砂糖橘交易会，持续推进现代特色农业核心示范区建设，推动一、二、三产业融合发展，永福县罗锦福寿橘园、永福县龙溪麻竹产业核心示范区分别获自治区四星级、三星级示范区。年内，全县有现代农业核心示范区自治区级3个、县级3个、乡级23个，创建广西示范家庭农场5个，永福县获“全国农村一、二、三产业融合发展先导区”“全国柑橘产业30强县”等称号。永福县（砂糖橘）被列入广西绿色高质高效创建项目，永福罗汉果入选2019中国农产品区域公用品牌·市场新锐品牌，《地理标志产品永福罗汉果》被列为广西地方标准。

【永福县城乡建设】 2019年，永福县总投资8400万元的城区市政道路维修工程全部完工，推进彩调剧院、聚龙路、中洲岛（文化宫）景观工程等项目建设，全面完成洛清江大桥、文武状元祠、文明塔建设。实施县城小街小巷绿化亮化美化整治提升工程，加快推进十字街、旧农械厂、茅江小区（体育馆南面）等棚户区改造项目建设。加强城市综合管理，提升城市形象，获“国家园林县城”称号。完成总投资7745万元堡里镇新型城镇化示范乡（镇）项目建设，加快推进百寿镇农贸市场建设，启动百寿镇文化广场建设，美化乡容镇貌。全县建成19个生态宜居乡村示范村（屯）、乡村振兴（幸福乡村）示范村（屯），永福县罗锦镇被评为全国乡村治理示范乡（镇）。11月25日—26日，全自治区乡村治理体系建设、乡村产业振兴、“幸福乡村”活动、乡村风貌提升现场推进会在永福县召开，经验在全自治区推广。

2019年，永福县福寿橘园现代农业示范区一角　　（永福县绩效办　供图）

2019 年 8 月 15 日，自治区党委书记、自治区人大常委会主任鹿心社（右四）到永福县苏桥罗汉果小镇调研 （《今日永福》通讯社　供图）

【永福县推进重大项目】 2019 年，永福县统筹推进自治区、市级层面重大项目 44 个，累计完成投资 59.49 亿元。领秀城养生家园、永福国际商贸物流城等项目实现开工建设，崇山田园乡村生态旅游区、桂林至柳城高速公路（永福段）、县城十字街及五里桥棚户区改造等项目加速推进，广福至三皇公路实现试通车、永安风电场（一期）、永兴公路路面改造、县城道路维修、洛清江大桥、聚龙路等项目全面竣工。

【永福县脱贫攻坚取得实效】 2019 年，永福县实现脱贫摘帽贫困村 4 个，脱贫 2053 户 6600 人，贫困发生率下降至 0.55%。控辍保学、门诊特殊慢性病卡办理等工作成效明显，完成 1015 户危房改造，全县易地移民搬迁安置贫困人口 2312 人。投入 5100 多万元，完成建设村（屯道路）55 千米、农网改造升级 27 个、宽带网络工程 20 个、4G 基站 57 个。贫困村实现特色产业全覆盖。资助建档立卡户子女 7417 人次，发放资金 607 万元。全县建档立卡贫困人口医保参保率、家庭医生签约率均达 100%，住院和慢性病门诊费用报销比例分别达 90% 和 80% 以上。

【永福罗汉果入选农产品区域公用品牌】 2019 年 12 月 5 日，2019（第四届）中国农业家年会在河南郑州召开。会上颁布由《品牌农业与市场》启动的“2019 中国农产品区域公用品牌·最佳市场表现品牌”评选活动奖项，经过网络投票及专家评定，“永福罗汉果”被评为“2019 中国农产品区域公用品牌·市场新锐品牌”。年内，永福罗汉果产业发展继续在全国保持领先，种植面积 8000 公顷，鲜果产值近 20 亿元，深加工产值 80 多亿元。 （黄治蓉）

灌　阳　县

【概况】 灌阳县位于桂林市东北部，辖灌阳、黄关、文市、新街、新圩、水车 6 个镇和观音阁、西山（瑶族乡）、洞井（瑶族乡）3 个乡，分辖社区 4 个，建制村 138 个。县人民政府驻灌阳镇。行政区域面积 1837 平方千米。2019 年年末，户籍人口 29.72 万人。

经济总指标　全年实现地区生产总值增长 6.1%，其中第一产业增加值增长 5.8%，第二产业增加值增长 5.4%，第三产业增加值增长 6.7%。全社会固定资产投资完成额增长 13.5%。社会消费品零售总额 24.11 亿元，增长 8.7%。

财政·金融　全年组织财政收入 3.57 亿元，增长 4.9%。财政支出 25.32 亿元，增长 13.4%。年末金融机构各项存款余额 93.17 亿元，增长 5.9%，其中城乡居民存款余额 81.54 亿元，增长 12.3%。各项贷款余额 82.57 亿元，增长 62.3%。

农业　全年农林牧渔业总产值 43.81 亿元，增长 6.0%，其中农业产值 32.95 亿元，林业产值 1.11 亿元，牧业产值 7.48 亿元，渔业产值 0.72 亿元，服务业产值 1.55 亿元。粮食播种面积 2.63 万公顷，总产量 15.32 万吨。全年完成各类人工造林面积 733 公顷，森林覆盖率 75.73%。农业机械总动力 33 万千瓦。

工业　全年工业总产值完成增长 24.9%；工业增加值增长 4.1%；工业增加值占地区生产总值的 17.4%；工业对全县经济的贡献率 16.0%；规模以上工业总产值 25.26 亿元，下降 24.9%。全县规模以上企业 24 家，其中年产值超 1000 万元企业 24 家，超 1 亿元企业 11 家。

交通·邮电　全年完成农村通达公路 8 条 20 千米，完成农村公路建设投资及固定资产 0.77 亿元。完成客运量 313 万人次，客运周转量 1.88 亿人千米；完成货运量 289 万吨，货运周转量 5.96 亿吨千米。邮路总长 800 千米，完成邮政业务运营收入 3146 万元，电信业务（含电信、移动、联通等）运营收入 12.81 亿元。全县固定电话用户 1.1 万户，手机用户 19.3 万户，宽带用户 5.6 万户。

文化·科技　年末拥有专业艺术表演团体 1 个，演出场次 82 场；公共图书馆 1 个，图书藏量 11.6 万册；文化站 9 个；电影放映单位 1 个，放映电影 1656 场次，观众 13.28 万人次。全年申报自治区级科技项目 1 个，总投资 120 万元，共举办种植业、养殖业等科技培训班、科普讲座 6 期（场次），培训 0.2 万人次。建立各类科技示范基地 3 个。年内共申请专利 13 件。

教育　全县有普通高中 2 所，专任教师 264 人，在校高中生 3583 人。初级中学 10 所，专任教师 626 人，在校初中生 8372 人。小学 14 所，专任教师 1274 人，在校小学生 18029 人。小学适龄儿童入学率 100%。

卫生·体育　全县各级各类医疗机构床位 978 张。卫生工作人员 1532 人，其中执业医师 360 人，注册护士 478 人。全县参加新型农村合作医疗农民 26.19 万人，参合率 98.96%。全年向上级输送各类优秀运动员 20

人。获自治区级奖牌9枚,其中金牌4枚,银牌2枚,铜牌3枚。

计划生育　全年全县出生人数2313人,符合政策生育率93%。其中,二孩符合政策生育率51%,政策外多孩率11%。出生男女性别比为112.6。人口自然增长率1.12‰。

固定资产投资　全县固定资产投资完成额增长13.5%。房地产业投资2.17亿元。

招商引资　全年全县在建项目39个,续建项目14个,合同总额94.59亿元,内资累计到位资金32.23亿元。

居民生活　城镇居民人均可支配收入34603元。农民人均可支配收入11950元,增长10.8%。全年发放农村低收入人口低保金3058.64万元,发放城镇居民低保金468.58万元。城镇新增就业人数2131人;失业人员再就业人数560人,城镇登记失业率为2.97%。农村劳动力转移就业职业培训975人。

旅游　全县有自然景点和人文景观41个,营业景区1个,国家4A级旅游景区1个,国家3A级旅游景区1个。全年接待国内外游客322.7万人次,旅游总收入32.82亿元。

【灌阳县县域综合实力稳步提升】 2019年,灌阳县经济发展总体平稳,稳中有进、稳中提质,主要经济指标增速进入全市第一方阵,地区生产总值、第一产业增加值、规模以上工业增加值、财政总收入、固定资产投资等指标增速位居全市前列。全县80个重点项目完成投资11.9亿元。争取上级资金11.89亿元,新签约项目10个、内资到位资金28亿元。

【灌阳县脱贫摘帽】 2019年,灌阳县聚焦"两不愁、三保障"(即不愁吃、不愁穿;义务教育、基本医疗、住房安全有保障)突出问题,打好脱贫攻坚"四大战役"(义务教育保障、基本医疗保障、住房安全保障和饮水安全)"五场硬仗"(产业扶贫、易地扶贫搬迁、村级集体经济发展、基础设施建设、粤桂扶贫协作)。出台系列政策支持扶贫产业发展,各村(社区)集体经济收入平均7.89万元,居全市前列,其中达5万以上的贫困村和非贫困村各67个,占总数的100%、90.54%,贫困地区造血能力不断增强。建成水果、蔬菜、食用菌、油茶扶贫产业示范场78个,认定就业扶贫车间70个,完成贫困劳动力技能培训23期975人次,使有劳动能力的贫困户实现产业、就业扶贫全覆盖。

【灌阳县旅游"双创"】 2019年,灌阳县以旅游"双创"(创自治区级旅游标准化示范县、创自治区级全域旅游示范区)为契机,出台系列政策推动提升旅游标准化建设,新建规范一批旅游标识标牌导航系统,智慧旅游建设进程加快。推进唐景崧故里、月岭古民居、洞井古民居等重点文物保护修缮和开发,太子山生态旅游区、小龙生态农庄分别获评广西四星级乡村旅游区和广西五星级农家乐,唐景崧故里被评为国家3A级旅游景区,千家洞旅游度假区建设取得实质性进展。《唐景崧传》公开发行,微视频《人在花中行,举目皆春色》在中央电视台大美微视频微信平台和综合频道《大美中国》播出,有效提升灌阳红色文化传播力和影响力。灌阳油茶推广成效显著,在南宁、柳州、桂林及梧州共新开符合培育扶持条件的灌阳油茶店14家。举办"六月六"及2019全国山地户外运动锦标赛等系列节庆和体育赛事活动,"二月八"农具节获评2019年中国农民丰收节100个农民乡村文化活动,灌阳"红、古、绿"特色旅游品牌更加响亮。

【灌阳县现代农业发展量质提升】 2019年,灌阳县突出提升农业综合生产能力,超级稻+再生稻平均亩产连续十年居全自治区第一,油茶产业发展走在全市前列,水果产量排全市前列,蔬菜、生猪、肉牛、肉羊、家禽等"菜篮子"产品量足质优价稳。推进现代特色农业示范区建设,农业产业化、规模化、品牌化效应不断显现,农业农村部粮食绿色高质高效项目进展顺利,"稻—鱼—菜"高效示范模式成效初显,获颁国家现代农业桃李产业技术体系桂林综合试验站示范县称号,灌阳联春牛业科技有限公司获五星级广西畜禽现代生态养殖场认证。

【湘江战役红军烈士遗骸收殓保护工作成效明显】 2019年,灌阳县红军烈士遗骸收殓保护工作取得明显成效。9月12日,位于湘江战役新圩阻击战酒海井红军纪念园内的新圩阻击战史实陈列馆落成开馆。新圩阻击战史实陈列馆从开工到建成开放仅用时6个多月,落成仪式及纪念活动引起社会强烈反响,得到中央、自治区高度肯定。湘江战役新圩阻击战酒海井红军纪念园获评国家4A级旅游景区,被列为全国爱国主义教育示范基地、国家长征文化公园及全国重走长征路精品线路,自陈列馆开馆以来吸引自治区内外干部群众开

2019年6月12日,自治区党委书记、自治区人大常委会主任鹿心社(左三)调研灌阳水果产业核心示范区
(灌阳县农业农村局　供图)

2019年10月9日，袁隆平院士工作站在灌阳县新圩镇小龙村揭牌

（灌阳县史志研究室　供图）

展爱国主义教育超过24万人次，打响了灌阳红色旅游品牌。

【长征途中首家红色书店落户灌阳】 2019年12月29日，广西首家红色书店——“灌阳红色书店”揭牌并营业。该书店有上下两层，图书陈列品种1万多种，设有多功能活动室、少儿阅读区、休闲区、水吧、VR体验区等多元化阅读区域，是集红色教育基地、弘扬传统文化，推广全民阅读、拓展红色旅游、融合现代高科技于一体的新型书店。

【袁隆平院士工作站挂牌运行】 2019年10月9日，广西首家县域院士工作站——袁隆平院士工作站在灌阳县揭牌。工作站运营后，由袁隆平院士带领科研团队开展杂交水稻选育与示范推广的研究工作，进一步扩展杂交水稻的种植区域，有效地提高土地的单面积产量，实现粮食增产。工作站将选育出适合于地区一系列杂交水稻新组合，完成亩产1200千克的任务。同时选育出一系列水稻新品种，可实现大面积推广品种2个—3个，在广西地区推广面积6.67万公顷。选育特种稻新品种3个—5个，亩产达500千克—600千克的丰产要求，推广面积在2万公顷。同时成立杂交水稻国家重点实验室，培养杂交水稻及特种稻中级育种人员及产业化技术推广人员。　（刘兆菲）

龙胜各族自治县

【概况】 龙胜各族自治县位于桂林市西北部，辖龙胜、瓢里、三门、龙脊、平等、乐江6个镇和泗水、江底、马堤、伟江4个乡，分辖社区9个，建制村119个。县人民政府驻龙胜镇。行政区域面积2538平方千米。2019年年末，户籍人口17.37万人。

经济总指标　全年实现地区生产总值58.81亿元，增长6.0%。其中，第一产业增加值12.41亿元，增长5.4%；第二产业增加值13.88亿元，增长4.6%；第三产业增加值32.52亿元，增长6.8%。人均地区生产总值36273元。全社会固定资产投资额完成33.38亿元，增长13.2%。社会消费品零售总额11.76亿元，增长7.8%。

财政·金融　全年组织财政收入4.5亿元，下降7.34%，其中地方财政收入2.44亿元，下降7.89%。财政支出21.01亿元，增长3.82%。年末金融机构各项存款余额66.76亿元，增长7.65%，其中城乡居民存款余额49.45亿元，增长8.88%。各项贷款余额55.67亿元，增长12.63%。

农业　全年农林牧渔业总产值26.47亿元，其中农业产值13.54亿元，林业产值1.57亿元，牧业产值4.04亿元，渔业产值0.09亿元，农林牧渔服务业产值7.23亿元。粮食播种面积1.10万公顷，总产量5.94万吨。全年完成各类人工造林面积765.8公顷，森林覆盖率81.76%。农业机械总动力30.30万千瓦。

工业　全年工业总产值20.96亿元，增长1.3%；工业增加值8.35亿元，增长7.6%；工业增加值占地区生产总值的14.2%。规模以上工业实现总产值15.9亿元，增长1.4%；新增规模以上企业2家，全县规模以上工业企业18家，其中年产值超1000万元企业18家，超1亿元企业6家。

交通·邮电　全年完成农村公路建设投资及固定资产2.33亿元。完成客运量229万人次，客运周转量1.42亿人千米；完成货运量711万吨，货运周转量14.52亿吨千米。邮路总长1398千米，完成邮政业务运营收入1492万元，电信业务（含电信、移动、联通等）运营收入6.94亿元。全县固定电话用户0.63万户，手机用户16.53万户，宽带用户4.43万户。

文化·科技　年末拥有公共图书馆1个，图书藏量12万册；文化站10个；电影放映单位2个，放映电影3962场次，观众2.4万人次。全年共举办种植业、养殖业等科技培训班、科普讲座162期（场次），培训5.3万人次。建立各类科技示范基地13个。年内共申请专利15件。

教育　全县有普通高中1所，专任教师185人，在校高中生2310人。初级中学3所，专任教师353人，在校初中生4994人。小学12所，专任教师782人，在校小学生1.03万人。小学适龄儿童入学率100%。

卫生·体育　全县各级各类医疗机构床位数548张，其中县人民医院床位250张，中医医院100张，妇幼保健院床位80张，乡（镇）卫生院118张。卫生专业技术人员1057人，其中执业医师335人，注册护士428人。全县参加城乡居民基本医疗保险居民15.10万人，参合率98.50%。全年向上级输送各类优秀运动员21人。获国家级奖牌1枚，其中金牌1枚。

计划生育　全年全县出生人数1537人，符合政策生育率97.14%，其中二孩符合政策生育率100%，政策外多孩率1.76%。出生男女性别比为

2019 年 9 月 2 日，龙胜各族自治县扶贫移民小学落成启用

（龙胜各族自治县融媒体中心　供图）

103.3。人口自然增长率 0.48‰。

固定资产投资　全县固定资产投资 33.38 亿元，增长 13.2%。

招商引资　全年全县在建项目 12 个，续建项目 8 个，合同总额 18.1 亿元，自治区外建设项目资金 18.1 亿元。

居民生活　全县城镇居民人均可支配收入 35315 元。农民人均纯收入 12816 元，增长 10.1%。全年发放 12.76 万人次，发放农村低收入人口低保金 2598.16 万元，发放城镇居民低保金 4888.67 万元。城镇新增就业人数 2029 人；城镇失业人员再就业人数 576 人，城镇登记失业率为 3%。农村劳动力转移就业新增 4649 人；开发公益性岗位 123 个，就业困难对象再就业 176 人。

旅游　全县有自然景点和人文景观 7 个，营业景区 4 个（国家 4A 级旅游景区 2 个，国家 3A 级旅游景区 2 个）。全年接待国内外游客 955.83 万人次，旅游总收入 137.79 亿元。

【第八届龙脊梯田文化节开幕】 2019 年 6 月 17 日，龙胜各族自治县第八届龙脊梯田文化节开幕。来自全县各乡（镇）的苗、瑶、侗、壮、汉等各族群众载歌载舞，向中外游客展示原生态民族风情和多姿多彩的民族文化。该届龙脊梯田文化节有开幕式演出、非物质文化遗产项目展示、名特优农产品展销、“情系粤桂一衣带水”书画摄影作品展等，展现了龙胜独特的民族风情和深厚的文化底蕴，推动民族文化与旅游的互动交融、纵深发展。

【龙胜扶贫移民小学落成启用】 2019 年 9 月 2 日，龙胜各族自治县扶贫移民小学落成启用。龙胜扶贫移民小学（龙胜镇第二小学）是粤桂扶贫协作重点项目之一，由广东省肇庆市高要区援建，主要解决全县 59 个贫困村 712 户易地扶贫搬迁适龄儿童上学的问题。学校园区占地面积 4.53 公顷，建筑面积 3000 多平方米，办学规模 36 个班，学位 1620 个。项目计划总投资 1.15 亿元，共获粤桂帮扶资金 2400 万元。

【龙胜举行欢度农民丰收节】 2019 年 9 月 23 日，龙胜各族自治县举办庆祝中国农民丰收节活动。在龙脊镇龙脊古壮寨，当地群众载歌载舞，开展“晒秋”“唱秋”“敬秋”“庆秋”、名特优农产品展示等丰富多彩的活动，庆祝丰收，感恩祖国，喜迎中华人民共和国成立 70 周年。龙胜各族自治县“中国农民丰收节暨龙脊梯田全球重要农业文化遗产地稻耕文化旅游节”活动被列入 70 个全国最具特色庆丰收活动。活动通过展示龙脊梯田秀美风光、多彩民族风情及龙胜地理标识产品，展现农民丰收的喜悦和农业农村发展新风貌，吸引众多国内外游客前来旅游观光。

【民族文化博物园项目签约仪式】 2019 年 10 月 11 日，龙胜各族自治县举行民族文化博物园项目签约仪式。苏州广盛投资管理有限公司拟在该县投资约 12 亿元，涵盖生态农业、创意产业、养生养老产业和休闲文化旅游业等。该县指定一家国有旅游公司与苏州广盛投资管理有限公司合作成立合资公司，由合资公司将洋灰桥旅游综合服务区打造成为“世界梯田原乡”龙脊梯田的前庭大院，以瑶族文化为主题，壮、侗、苗、汉族文化为辅，红玉文化、红色文化为特色，融吃、住、游、购、娱为一体的文博综合体。

【龙脊大道新区星级酒店系列项目举行开工庆典】 2019 年 12 月 21 日，龙胜龙脊大道新区星级酒店系列项目举行开工庆典。该项目总占地面积 10.2 公顷，计容总建筑面积约 34 万平方米，有龙胜新区幼儿园至高中 15 年

2019 年 9 月 23 日，龙胜各族自治县举办庆祝中国农民丰收节活动（吴倩茜　摄）

制优质教育配套、龙胜优质医疗配套、商业酒店配套以及政务配套资源。项目的业主方广西溯禾置业结合龙胜山体、山景优势特点，以“山居养生”为核心理念打造项目。

（杨进朝　曾媛媛）

资　源　县

【概况】 资源县位于桂林市东北部，辖资源、中峰、梅溪3个镇和瓜里、车田（苗族乡）、两水（苗族乡）、河口（瑶族乡）4个乡，分辖社区3个，建制村71个。县人民政府驻资源镇。行政区域面积1954平方千米。2019年年末，户籍人口18.15万人。

经济总指标　全年实现地区生产总值49.04亿元，其中第一产业增加值16.45亿元，第二产业增加值7.26亿元，第三产业增加值25.33亿元。固定资产投资金额46.40亿元，增长10.2%。全社会消费零售总额15.44亿元，增长7.5%。

财政·金融　全年组织财政收入3.10亿元。财政支出20.55亿元。年末金融机构各项存款余额71.51亿元，增长3.0%；金融机构贷款余额54.84亿元，增长5.5%。

农业　全县农林牧渔业总产值24.82亿元，其中农业产值17.71亿元，林业产值2.89亿元，牧业产值3.22亿元，渔业产值0.16亿元，农林牧渔服务业产值0.84亿元。粮食播种面积9504.66公顷；粮食总产量5.27万吨，下降2.03%。完成各类人工造林面积1375公顷，森林覆盖率82.65%。农业机械总动力26.2万千瓦。

工业　全县工业总产值18.63亿元，其中规模以上工业总产值完成15.75亿元，规模以下工业总产值完成2.88亿元。完成工业增加值5.33亿元，其中规模以上工业增加值完成4.24亿元，规模以下工业增加值完成1.09亿元。

交通·邮电　全县完成通畅公路工程277千米，项目总投资金额0.86亿元。邮路总长790千米，邮政业务总量2230万元。固定电话用户0.5万户，移动电话用户5万户。

文化·科技　年末拥有专业艺术表演团体1个，演出68场次；公共图书馆1个，图书藏书量7万册；文化站7个；电影放映单位1个，年放映电影825场次，观众16万人次。全年申报专利33件，其中发明专利4件。

教育　全县有普通高中2所，专任教师199人，在校学生2981人。初级中学6所，专任教师414人，在校学生6417人。小学115所，专任教师733人，在校小学生1.27万人，小学适龄儿童入学率100%。

卫生·体育　全县有医疗卫生机构120个，床位540张，其中县级医院医疗床位320张，乡（镇）卫生院220张。卫生技术人员900人（包括村卫生室168人），其中执业（助理）医师226人，注册护士325人，药师（士）43人，检验师（士）33人，影像12人。全县参加城乡居民医疗保险15.73万人，参保率98.53%。

计划生育　全年全县出生1456人。人口出生率7.79‰，人口自然增长率2.2‰。

固定资产投资　全年固定资产投资额46.40亿元。

招商引资　全年新引进产业项目6个，总投资额48亿元。

居民生活　城镇居民可支配收入34892元。农村居民可支配收入12227元，增长10.9%。

旅游　全县主要旅游景区（点）有八角寨、资江、天门山、五排河、宝鼎瀑布、丹霞温泉、石山底、雷公田红色旅游区。全年接待游客669万人次，旅游收入82亿元。

【资源县脱贫攻坚】 2019年，资源县投入财政专项扶贫资金2.72亿元，统筹整合财政涉农资金2.01亿元，聚焦“两不愁、三保障”，精准施策，推进脱贫攻坚工作。发放贫困户产业“以奖代补”资金1284.72万元，扶持自主发展产业贫困户4674户，特色产业覆盖贫困户比例97.03%。实施危房改造316户，投入扶贫基础设施项目建设资金9300万元，新建道路14条29.86千米，硬化道路56条81.07千米，新建桥梁28座440.18千米，人饮工程项目13个。47个贫困户集体经济组织收入均达到4万元（含）以上。全年为贫困户发放扶贫小额贷款4278万元。粤桂扶贫协作强力推进，投入资金3047万元，基本建成项目17个。全年减贫1118户3840人、贫困村摘帽12个，贫困发生率下降至0.21%。

【国家有机产品认证示范县创建】 2019年，资源县投入资金5192.8万元，建设有机产业示范基地、扩大基地产品认证、加强有机品牌宣传，有序推进国家有机产品认证示范县创建工作。其中，有机产业示范基地投入资金4990万元，全年实现有机产业总产值1.03亿元，占全县农业总产值20.67亿元的5.1%。有机蔬菜产业投入资金800万元，基地产品认证规模53.37公顷，产值1523万元。有机水果产业投入资金500万元，基地产品认证规模31.12公顷，产值818万元。有机茶叶产业投入资金2000万元，基地产品认证规模94.6公顷，产值3456万元。有机谷物产业投入资金60万元，基地产品认证规模8.53公顷，产值102万元。有机中药材产业投入资金700万元，基地产品认证规模68.3公顷，产值1230万元。有机水产产业投入资金50万元，基地产品认证规模2000尾，产值90万元。有机家禽产业投入资金80万元，基地产品认证规模4997羽，产值148万元。有机牧畜产业投入资金1800万元，基地产品认证规模2543头，产值2973万元。扩大基地产品认证投入资金87.8万元，2019年新认证基地5个，累计有18家获证企业获有机证书24份。有机产业的发展直接带动企业18家，农户1745户，其中贫困户1232户，从事有机农业农民人均可支配收入为每年1.56万元，明显高于当地农民人均可支配收入每年1.21万元。辐射带动企业50多家，辐射带动农户1.98万户，辐射带动的农户人均年增收7000多元。

【2019年资源漂流世锦赛（测试赛）暨国际漂流精英对抗赛】 2019年7月21日—26日，资源漂流世锦赛（测试赛）暨国际漂流精英对抗赛在资源县五排河举行，来自澳大利亚、巴西、智利、德国、英国等16个国家的31支

队伍参赛。赛事分长距离赛和短距离对抗、障碍、竞速赛4个赛项，巴西队和捷克一队获男子组和女子组长距离赛第一名，巴西和俄罗斯一队获男子组和女子组短距离竞速赛第一名，日本队和捷克一队获男子组和女子组短距离对抗赛赛第一名。

【资源县统筹推动城乡发展】 2019年，资源县资江两岸提质改造、城北文化长廊主体提质改造、狮子山亮化等项目建成，棚户区改造扎实推进，自治区首个垃圾处理及城乡环卫一体化PPP项目运营，县城管理水平明显提升。瓜里乡第四批新型城镇化示范乡（镇）建设获桂林市一等奖，梅溪镇自治区级丹霞旅游特色小镇通过专家评审，两水苗族乡第五批新型城镇化示范乡（镇）建设全面启动。居民人居环境持续改善，全面启动建设基本整治型村庄115个，全县村（屯）内道路硬化率、公共场所亮化率、环境卫生洁化率均达100%。（杨顺珍）

平 乐 县

【概况】 平乐县位于桂林市东南部，辖平乐、二塘、沙子、同安、张家、源头6个镇和阳安、青龙、桥亭、大发（瑶族乡）4个乡，分辖社区13个，建制村134个。县人民政府驻平乐镇。行政区域面积1919平方千米。2019年年末，户籍人口46.51万人。

经济总指标　全年实现地区生产总值112.64亿元，增长6.1%。其中，第一产业增加值58.22亿元，增长6.5%；第二产业增加值10.76亿元，增长7%；第三产业增加值43.66亿元，增长5.3%。人均地区生产总值28936元。全社会固定资产投资完成额40.90亿元，增长23.1%。社会消费品零售总额30.54亿元，增长10.3%。

财政・金融　全年组织财政收入6.43亿元，增长13.1%。财政支出25.87亿元，下降2.55%。年末，金融机构各项存款余额116.79亿元，增长9.68%，其中城乡居民存款余额99.49亿元，增长12.52%。各项贷款100.1亿元，增长3.66%。

农业　全年农林牧渔业总产值87.87亿元，其中农业产值71.96亿元，林业产值3.58亿元，牧业产值9.25亿元，渔业产值1.13亿元，服务业产值1.95亿元。粮食播种面积2.94万公顷，总产量14.47万吨。森林覆盖率72.92%。农业机械总动力52.55万千瓦。

工业　全年工业总产值39.41亿元，下降13.3%；工业增加值6.72亿元，增长0.2%，工业增加值占地区生产总值的5.97%；工业对全县经济增长的贡献率0.3%。规模以上企业实现总产值25.59亿元，下降19.4%；新增规模以上企业2家，全县规模以上工业企业39家。

交通・邮电　全年完成农村通畅公路3条49.7千米，完成农村公路建设投资及固定资产6.54亿元。完成客运量645.17万人次，客运周转量7.12亿人千米；完成货运量700.24万吨，货运周转量6.85亿吨千米。邮路总长3395千米，完成邮政业务运营收入2755万元，电信业务（含电信、移动、联通等）运营收入1.95亿元。全县固定电话用户1.31万户，手机用户33.1万户，宽带用户12.1万户。

文化・科技　年末拥有专业艺术表演团体1个，演出场次80场；公共图书馆1个，图书藏量16.24万册；剧场1个，文化站10个；电影放映单位2个，放映电影4945场次，观众9.61万人次。全年共举办种植业、养殖业等科技培训班、科普讲座43场次。建立各类科技示范基地7个。年内申请专利55件。

教育　全县有自治区示范性普通高中1所，专任教师181人，在校高中生2570人。普通高中2所，专任教师182人，在校高中生5923人。初级中学11所，专任教师745人，在校初中生1.49万人。小学35所，在校小学生3.27万人。小学适龄儿童入学率100%。

卫生　全县医疗机构开放床位1822张，其中县级医院1076张，卫生院526张，民营医院220张。卫生技术人员3196人，其中执业医师686人，注册护士937人。全县参加城乡医疗保险38.55万人。

计划生育　全年全县出生人数4003人，符合政策生育率94.4%，政策外生育率5.60%；出生男女性别比为112。人口自然增长率7.07‰。

固定资产投资　全县固定资产投资40.9亿元，增长23.1%。

招商引资　全年全县在建项目19个，其中续建项目4个，合同总额81.21亿元，招商引资到位资金36.7亿元。

居民生活　城镇居民人均可支配收入36024元，增长7.8%；农人均纯收入15339元，增长10.3%。全年发放农村低收入人口低保金4997.5万元，发放城镇居民低保金686万元。城镇新增就业人数3295人；领取再就业优惠证的下岗失业人员再就业人数989人，城镇登记失业率2.97%。农村劳动力转移就业4589人。

旅游　全县有自然景区（点）9个，营业景区1个。全年接待国内外游客286.77万人次，旅游总消费27.70亿元。

【平乐县交通基础设施建设】 2019年，平乐县贺巴高速（钟山至昭平段）实现通车。灌平高速、阳平公路、富川柳家至平乐二塘公路、长滩至黄龙公路、桂林平乐印山旅游码头、桂林港平乐港区珠子洲作业区码头、工业集中区至珠子洲物流园区进港公路、平乐县月城至同乐绕城公路等交通基础设施加快建设。完成大发至广运、广运至大田、源头至黄村（莲塘至启善段）建制村通硬化路建设，实现全县建制村道路通畅率100%。

【平乐县工业振兴】 2019年，平乐县完成园区控制性详细规划修编，规划面积扩大到1533.33公顷，逐步建成“一区多园”“园中园”发展格局，形成较为完整的工业用地版图。全县特色产业园（基地）由9个增加到14个，形成智能制造、医疗器械、食品（农产品）加工、新型材料四大产业集群。创新政银企融资合作模式，通过争取资金撬动社会资本30亿元投入园区建设。园区污水处理、英才公寓楼、园区创业服务中心综合服务楼等设施全面完成。路网、管网、电网、绿化亮化工程进一步升级。建成220千伏双回路直供电网络工程，园区承载力大幅提升。全年落户企业 37 家，完成建设标准厂房 14.2 万平方米，建成投产企业 30 家。召开全县工业振兴动员大会，集中兑现奖励 1170 万余元，全年累计兑现奖励 6710 万元。突出开展精准招商活动，全年签约智能制造、汽车配件、新型材料、电子、食品（农产品）等方面产业项目 20 个，其中有 1 亿元以上项目 4 个，格美乐空调项目填补广西空调制造空白。

【平乐县城镇化建设】 2019 年，平乐县常住人口城镇化率 48.83%。加快推进新型城镇化建设，以进港大道、南洲新区三江六岸美化绿化亮化、昭州大道（二期）、印山旅游码头综合体、昭州文化广场等 21 个重大项目建设为轴，带动县城新区公共设施和教育医疗等配套设施建设，茶江风景桥完工并实现通车，平乐县城市化水平和承载能力得到质的提升。老城区疏解进一步改善。完成棚户区改造 1806 户，其中国家任务 1521 套，自治区新增任务 285 套；完成房屋征收拆迁 1521 套。争取到中央补助资金 3932 万元，获配套基础设施项目 5 个，总投资 8150 万元，全面提升老城区道路、管网、绿化亮化等基础设施建设。完成同安镇、大发瑶族乡等桂林市第四批新型城镇化示范乡（镇）建设。全面启动阳安乡、桥亭乡等桂林市第五批新型城镇化示范乡（镇）建设，阳安乡计划投入资金 1.01 亿元推进项目 31 个，开工建设 8 个，竣工 1 个；桥亭乡计划投入资金 9198 万元推进项目 30 个，完成 18 个，投入资金 5800 万元。

【平乐县旅游发展】 2019 年，平乐县持续实施“旅游引领”战略，旅游景区基础设施进一步完善。投资 15 亿元的三江口核心景区旅游综合开发项目、投资 35 亿元的桂林（平乐）七彩乐园综合旅游景区项目等一批景区项目落户。印山旅游码头至浦口村沿江绿道建设完成投资项目投资 2000 万元。推进三江六岸绿化亮化，打造水清、岸绿、景美的大美平乐。完善原味漓江景区各项游览设施，“壮锦”“瑶绣”等非遗文化表演魅力十足。举办“广西桂林平乐第二届妈祖文化旅游节”“第二届广西桂林平乐十八酿美食节”，“一样的漓江，不一样的风光”更加响亮，妈祖文化被充分发掘。11 月 13 日，平乐县被授予“广西特色文艺之乡”（妈祖文化）。

【举办第二届妈祖文化旅游节】 2019 年 5 月 1 日—3 日，平乐县举办以“一样的漓江，不一样的风光”为主题的广西桂林平乐第二届妈祖文化旅游节，该文化旅游节有妈祖文化交流、经贸交流、非物质文化遗产民俗文化研讨、工农业旅游产品展示、非物质文化遗产民俗秀、美食体验和龙舟大赛、文艺演出等系列活动。文化旅游节共接待游客 16.62 万人次，增长 75.87%；实现旅游消费 4318.6 万元，增长 125.8%。同时，举办经贸交流会和妈祖文化论坛，将妈祖文化旅游节办成了招商引资、文化交流、休闲旅游于一体的交流盛会。经贸交流会暨项目签约仪式，现场签约项目 27 个，其中产业园 5 个，意向投资达 33 亿元。

【第二届广西桂林平乐十八酿美食节】 2019 年 11 月 13 日—15 日，平乐县举办“柿子红了”——第二届十八酿美食节，节庆期间组织开展了美食展，名特优农产品、农机农具、花卉苗木展销，房、车展，两广狮王争霸赛，“十八酿”美食争霸赛，“团结杯”篮球赛，农民趣味运动会，李商隐在桂文化研讨会，石崖茶品鉴会，电商洽谈会等系列活动，其中分会场桥亭大塘口村举办丰富多彩的“盛柿”系列活动，共吸引县内外游客 9.75 万人次，增长 5.4%；实现收入 2710.5 万元，增长 10.57%。来自全国各地 60 多个商会 130 多名客商与当地企业家就电子商务进行交流和洽谈，现场达成意向协议 36 个，签约项目 8 个，签约金额 1.2 亿元。

【平乐县脱贫攻坚】 2019 年，平乐县持续加大财政扶贫力度，财政专项扶贫资金支出 7432.77 万元。全县 5 个贫困村脱贫摘帽，2250 户 7463 名脱贫人口脱贫，全县贫困发生率下降至 0.48%。安排集体经济资金 653 万元，助推贫困村集体经济发展，实现全县 31 个贫困村集体经济收入均达 4 万元以上。全县创建扶贫车间 20 个，吸纳 52 名贫困劳动力就业。义务教育巩固率达 96.5%，建档立卡贫困户医保参保率达 100%，全面完成贫困户危房改造下达任务，全县建档立卡贫困户均达到“有安全饮水”标准。

【平乐县社会保障】 2019 年，平乐县困难群众基本生活救助逐步提高，发放 7879 户 1.73 万人城乡低保金共计 4997.5 万元。实现敬老院县乡（镇）全覆盖，城乡特困供养水平达到全自治区标准，发放 3308 人生活费和护理费 2111.6 万元。医疗救助体系不断完善，支付困难群众医疗救助资金 1.62 万人次 972.5 万元。临时救助工作成效显著，发放 1996 人次临时救助金 333.1 万元，平乐县在民政部临时救助工作座谈会上代表广西作交流发言。推动殡葬改革，被自治区人民政府办公厅予以督查激励通报，并被民政部办公厅评为“全国殡葬综合改革试点优秀案例”。医疗服务更趋完善，推进县中医医院综合业务用房项目建设。乡（镇）卫生院标准化建设有序推进。 （杨良娥）

荔浦市

【概况】 荔浦市位于桂林市南部，辖荔城、东昌、新坪、杜莫、青山、修仁、大塘、双江、花篢、马岭 10 个镇和茶城、蒲芦（瑶族乡）、龙怀 3 个乡，分辖社区 22 个，建制村 122 个。市人民政府驻荔城镇。行政区域面积 1759 平方千米。2019 年年末，户籍人口 38.51 万人。

经济总指标 全年实现地区生产总值增长 6.4%，其中第一产业增加值增长 6.4%，第二产业增加值增长 6.1%，第三产业增加值增长 6.6%。人均地区生产总值 40544 元。全社会固定资产投资额增长 31.0%。社会消费品零售总额 74.16 亿元，增长 10.5%。

财政·金融 全年组织财政收入 10.46 亿元，增长 3.7%，其中地方财政收入 5.95 亿元，下降 3.1%。财政支出 26.72 亿元，增长 3.0%。年末，金融机构各项存款余额 144.30 亿元，增长 7.1%，其中城乡居民存款余额 116.39 亿元，增长 7.5%。各项贷款余额 166.90 亿元，增长 18.2%。

农业　全年农林牧渔业总产值 49.76 亿元，其中农业产值 34.27 亿元，林业产值 0.93 亿元，牧业产值 11.80 亿元，渔业产值 0.68 亿元，服务业产值 2.08 亿元。粮食播种面积 1.91 万公顷，总产量 9.8 万吨。全年完成各类人工造林面积 140 公顷，森林覆盖率 70.49%。农业机械总动力 47.59 万千瓦。

工业　全年工业总产值下降 7.7%；工业增加值增长 4.4%；工业增加值占地区生产总值的 16.14%；工业对全市经济增长的贡献率 11.1%。规模以上工业总产值增长 -9.9%；实现利税 2.9 亿元，增长 19.2%。新增规模以上企业 9 家。全市规模以上工业企业 62 家，其中年产值超 1000 万元企业 57 家，超 1 亿元企业 12 家。

交通·邮电　全年完成农村通达公路 6 条 22.62 千米，完成农村公路建设投资及固定资产 0.61 亿元。完成客运量 465 万人次，客运周转量 2.82 亿人千米；完成货运量 1745 万吨，货运周转量 32.60 亿吨千米。邮路总长 2765 千米，完成邮政业务运营收入 2831 万元，电信业务（含电信、移动、联通等）运营收入 2.48 亿元。全县固定电话用户 1.62 万户，手机用户 34.66 万户，宽带用户 9.69 万户。

文化·科技　年末拥有专业艺术表演团体 1 个，演出场次 100 场；公共图书馆 1 个，图书藏量 11.7 万册；文化站 13 个；电影放映单位 1 个，放映电影 1839 场次，观众 14.59 万人次。全年申报自治区级科技项目 3 个，市级科技项目 10 个，总投资 8000 万元，共举办种植业、养殖业等科技培训班、科普讲座 486 期（场次），培训 9.7 万人次。建立各类科技示范基地 32 个。年内共申请专利 89 件。

教育　全市有自治区示范性普通高中 1 所，专任教师 133 人，在校高中生 2220 人。普通高中 2 所，专任教师 223 人，在校高中生 3353 人。初级中学 10 所，专任教师 688 人，在校初中生 1.07 万人。小学 138 所，专任教师 1459 人，在校小学生 2.43 万人。小学适龄儿童入学率 100%。

卫生·体育　全市各级各类医疗机构床位 0.15 万张，其中医院床 1398 张，妇幼保健院床位 82 张。卫生技术人员 1663 人，其中执业医师 420 人，注册护士 719 人。全市参加新型农村合作医疗农民 33.26 万人，参合率 99.23%。全年向上级输送各类优秀运动员 2 人，获国家级奖牌 5 枚，其中金牌 1 枚，银牌 1 枚，铜牌 3 枚。

计划生育　全年全市出生人数 3913 人，符合政策生育率 96.6%，其中二孩符合政策生育率 98.91%，政策外多孩率 2.5%。出生男女性别比为 102.2。人口自然增长率 2.72‰。

固定资产投资　全市固定资产投资增长 31.0%。全市第一、二、三产业完成投资分别下降 52.5%、6.6%、增长 59.4%。房地产投资下降 16.6%。

招商引资　全年全市在建项目 6 个，合同总额 15.85 亿元，其中市外建设项目资金 15.85 亿元，自治区外建设项目资金 38.20 亿元。引进外资项目到位资金 369.5 万美元。

居民生活　全年城镇居民人均可支配收入 37263 元。农民人均纯收入（农村居民人均可支配收入）16369 元，增长 8.6%。全年发放农村低收入人口低保金 4003.98 万元，发放城镇居民低保金 597.92 万元。城镇新增就业人数 3059 人；领取再就业优惠证的下岗失业人员再就业（失业人员再就业）人数 759 人，城镇登记失业率为 2.41%。新增劳务输出 4920 人。农村劳动力转移就业职业培训 1397 人；开发公益性岗位 43 个。

旅游　全市有自然景点和人文景观 11 个，营业景区 6 个（国家 4A 级旅游景区 3 个，国家 3A 级旅游景区 3 个）。全年接待国内外游客 905.08 万人次，旅游总收入 144.16 亿元。

【荔浦市现代特色农业提质增效】 2019 年，荔浦市连续 3 年在广西县域经济考核中进入农产品主产区前五名。打造品牌农业，将荔浦砂糖橘、荔浦马蹄、荔浦芋作为“荔浦三宝”重点扶持，先后入选全国名特优新农产品目录并全部获国家地理标志认证。年内，荔浦芋获中国农业品牌目录 2019 农产品区域公用品牌。

【荔浦市结束无高速公路历史】 2019 年 7 月 30 日，阳朔至鹿寨高速公路建成通车，结束荔浦市无高速公路历史。阳鹿高速项目主线全长 86.9 千米，于 2009 年 9 月开工建设，2014 年全面停工。2018 年 3 月，由广西交通投资集团承担复工建设。阳鹿高速建成通车后，阳朔至鹿寨行车时间从 2 个半小时缩短至 50 分钟。

【荔浦市工业经济释放新活力】 2019 年，荔浦市引进博士人才 10 余名，举办“智汇荔浦”科创论坛、衣架产业高峰论坛等系列活动。创建高新技术产业园、博士创业园等创新基地，美亚迪光电、鹏威新能源等 4 个项目入选自治区“双百双新”项目，荔浦市获“国家首批创新型县（市）建设县（市）”称号。创建中国驰名商标 1 个，广西著名商标、名牌产品、优质产品

2019 年 8 月，阳鹿高速公路荔浦段西牛大桥　（何虹雨　唐国瀚　摄）

2019 年 11 月 28 日，被国家林业和草原局评为“国家森林乡村创建工作样本村”的荔浦市大塘镇富德村　　（潘峰　摄）

等 80 余个，自主品牌 1353 个。全市储备项目 229 个，总投资 150 亿元，其中 1 亿元以上项目 26 个。列入自治区、市层面 1 亿元以上重大项目 40 个，年度计划投资 37.02 亿元，完成投资 51.52 亿元。创新运用 EPC 模式引进位列安徽民营企业前 5 强的安徽金鹏集团，以 PPP 模式引进为香港供水的粤海水务集团，共引进资金 30 多亿元。

【荔浦市生态环境保护取得实效】 2019 年，荔浦市获“广西生态县（市）”称号，自治区级生态乡（镇）创建率 100%。富德村获“国家森林乡村创建工作样本村”称号，大塘镇富德村、青山镇青云村、新坪镇广福村、双江镇永坪村获“国家森林乡村”称号。荔江国家湿地公园通过国家验收，广西架桥岭自然保护区荔浦辖区面积和界线获自治区批复。

（方杰萍　覃信刚）

恭城瑶族自治县

【概况】 恭城瑶族自治县位于桂林市东南部，辖恭城、栗木、莲花、嘉会、西岭、平安 6 个镇和三江、观音、龙虎 3 个乡及栗木矿区管理委员会，分辖社区（居委）10 个，建制村 117 个。县人民政府驻恭城镇。行政区域面积 2149 平方千米。2019 年年末，户籍人口 30.53 万人。

经济总指标　全年实现地区生产总值增长 5.5%，其中第一产业增加值增长 6.3%，第二产业增加值增长 4.9%，第三产业增加值增长 4.6%。人均地区生产总值 34655 元。全年固定资产投资完成额下降 12.9%。社会消费品零售总额 35.22 亿元，增长 8.5%。

财政·金融　全年组织财政收入 5.93 亿元，增长 0.2%，其中地方财政收入 3.87 亿元，下降 3.5%。一般公共预算支出 22.63 亿元，增长 4.1%。年末，金融机构各项存款余额 88.27 亿元，增长 9.7%，其中城乡居民存款余额 70.68 亿元，增长 13%。各项贷款余额 61.32 亿元，增长 8.4%。

农业　全年农林牧渔业总产值（按可比价格计算）增长 6.4%，其中农业产值增长 7.6%，林业产值增长 12%，牧业产值下降 5.6%，渔业产值增长 4.7%，农林牧渔服务业产值增长 9%。粮食播种面积 1.63 万公顷，总产量 6.53 万吨。全年完成各类人工造林面积 266.67 公顷，森林覆盖率 82.46%。农业机械总动力 60.22 万千瓦。

工业　全年工业总产值增长 11.7%；工业增加值增长 4%；工业增加值占地区生产总值的 11%；工业对全县经济增长的贡献率 8.6%。规模以上工业总产值增长 16.6%；实现利润总额 2.65 亿元，增长 11.4%。新增规模以上企业 1 家，全县规模以上工业企业 19 家，其中年产值超 1000 万元企业 13 家，超 1 亿元企业 6 家。

交通·邮电　全年完成农村通达公路 33 条 71.32 千米，完成农村公路建设投资及固定资产 1.28 亿元。完成客运量 247 万人次，客运周转量 1.49 亿人千米；完成货运量 221 万吨，货运周转量 4.72 亿吨千米。邮路总长 1139 千米。完成邮电业务业务总量 17.57 亿元，增长 81.8%。其中，邮政业务总量 3252 万元，增长 18%；电信业务总量 17.25 亿元，增长 83.7%。全县固定电话用户 1.22 万户，移动电话用户 25.9 万户，宽带用户 7.15 万户。

文化·科技　年末拥有专业艺术表演团体 1 个，演出场次 112 场；公共图书馆 1 个，图书藏量 10.08 万册；文化站 9 个；电影放映单位 2 个，放映电影 9127 场次，观众 20.39 万人次。全年申报自治区级科技项目 1 项，市级科技项目 7 项，共举办种植业、养殖业等科技培训班、科普讲座 10 期（场次），培训 811 人次。建立各类科技示范基地 12 个。年内协助完成高新技术企业入库备案 1 家，协助完成成果转化任务 1 个。

教育　全县有普通中学 11 所，中等职业教育学校 1 所，小学 104 所。普通中学专任教师 917 人，中等职业教育专任教师 38 人，小学专任教师 1365 人。普通中学在校学生数 1.47 万人，中等职业教育学校在校学生数 1011 人（全日制 497 人，成人在职 514 人），小学在校学生数 2.15 万人。小学适龄儿童入学率 99.98%。

卫生·体育　全县各级各类医疗机构床位 1001 张，其中医院床位 637 张，妇幼保健院床位 30 张。卫生技术人员 1489 人，其中执业医师（含执业助理医师）539 人，注册护士 606 人，药师（士）118 人，技师（士）94 人［含检验师（士）76 人］，其他 132 人。全县参加城乡居民医疗保险 25.96 万人，参保率 99.20%。全年向上级输送各类优秀运动员 6 人。获自治区级奖牌 2 枚，其中铜牌 2 枚。

计划生育　全年全县出生人数 2572 人，符合政策生育率 95.02%，其中二孩符合政策生育率 98.75%，政策外多孩率 2.22%。出生男女性别比为 101.6。人口自然增长率 1.09‰。

招商引资　全年全县在建项目 12 个，续建项目 6 个，合同总额 22

亿元，自治区外建设项目资金23.08亿元。

居民生活 全县在岗职工年平均工资77749元，增长4.61%，城镇居民人均可支配收入34846元，增长7.5%；农村居民可支配收入14115元，增长8.7%。全年享受政府最低生活保障13.66万人次，其中城镇居民5787人次，农村居民13.07万人次；累计发放最低生活保障金3264.06万元，其中城市最低生活保障金227.13万元。城镇新增就业人数2254人；下岗失业人员再就业人数562人，城镇登记失业率2.4%。农村劳动力转移就业职业培训1765人；开发公益性岗位184个。

旅游 全县有自然景点和人文景观18个，营业景区9个(国家4A级旅游景区2个，国家3A级旅游景区7个)。全年接待国内外游客527.74万人次，旅游总收入62.78亿元。

【恭城现代特色农业上新台阶】 年初，恭城瑶族自治县从县财政拨出农业专项发展工作经费149万元，实施国家现代农业柿子产业园、莲花镇农业产业强镇示范、恭城月柿农业农村部地理标志保护、中国特色农产品优势区、全球重要农业文化遗产、恭城油茶中国重要农业文化遗产项目6个，获上级财政扶持资金1.5亿元。实施2个2018年度项目和3个2019年度项目，完成资金投入2174.4万元。完成农产品产地初加工补助设施项目资金投入430万元，其中柿子产业一二三产业产值完成40多亿元。获得17个农产品加工企业贷款贴息项目资金224.4万元。2019年9月，恭城新三位一体生态循环农业核心示范区获得自治区级现代特色农业核心示范区(三星级)称号。10月，恭城月柿广西第二批特色农产品优势区域创建，通过自治区验收。至年底，恭城拥有自治区级现代特色农业核心示范区2个，其他各类示范区57个。

【恭城获国家农产品质量安全县称号】 2019年11月2日，恭城瑶族自治县入选农业农村部公布的第二批211个国家农产品质量安全县(市)名单。2019年，恭城加强农产品安全质量宣传，全年开展农产品安全质量宣传培训36期，培训1450人次。出动宣传车下乡宣传51车次，在县城和各乡(镇)开展现场咨询27次，宣传农产品质量安全法律法规。县、乡(镇)成立农产品质量安全监管站(股)、检测站，配备相应的快检设备，落实专项工作经费，推行全县网格化全覆盖监管。县农业农村局各站所对接各乡(镇)，乡(镇)农技人员对接各村，村级协管员对接各重点示范户等形式，落实生产经营主体责任，规范生产经营行为。推行农药经营许可证制度、经营台账制度，加大对农资经营产品监管，使用“双随机”监管执法，对县城内使用量较大的重点农资产品、投入品标识、标鉴、产品质量进行抽查检查。推行“三品一标”(无公害农产品、绿色食品、有机农产品和农产品地理标志)生产基地，恭城月柿地理标志品牌的知名度和影响力得到较大提升。开展对农产品的日常抽检和例行风险监测，强化风险防范。全县9个乡(镇)均有快检检测室，负责对本乡(镇)水果、蔬菜等上市前的日常快检，严把农残残留关。

【恭城列入全国新时代实践文明中心建设试点县】 2019年，恭城瑶族自治县制订《关于开展新时代文明实践中心试点工作的实施方案》，建立县新时代文明实践中心，确定2个县直单位、2个乡(镇)为新时代文明实践所建设试点，3个村为新时代文明实践站建设试点。围绕“学习实践科学理论、宣传宣讲党的政策、培育践行主流价值、丰富活跃文化生活、持续深入移风易俗”5个方面工作内容和打造好“理论宣讲、教育服务、文化服务、科技与科普服务、健身体育服务”五大服务平台的总要求，整合各方资源，抓好以“六讲六传”(讲理论、传思想；讲政策、传信念；讲道德、传新风；讲文化、传文明；讲科学、传技能；讲法治、传正气)为主要内容的实践活动。组建县新时代文明实践中心志愿服务总队，由10个县直部门、9个乡(镇)组成志愿服务分队19支，建立工作协调机制。全县注册志愿者3.2万人，累计开展乡村振兴、脱贫攻坚、文化惠民、环境保护、文明城市创建等志愿服务活动1400多场次，受益群众17多万人。至年末，已建立县级新时代文明实践中心1个，实践所32个，实践站132个，实践点24个。10月，恭城列入全国第二批新时代实践文明中心建设试点县。

【恭城列入全国紧密型县城医疗卫生共同体试点】 2019年8月29日，恭城列入国家卫生健康委、国家中医药管理局公布的全国紧密型县城医疗卫生共同体建设试点县，探索群众不出乡(镇)即可享受优质医疗服务模式。年初，成立以县委书记、县长为组长的医改工作领导小组，与桂林医学院建立战略合作关系，推动县、乡、村一体化建设。以县人民医院为牵头单位，组建医疗集团，实现县域内公立医院和乡(镇)卫生院全覆盖。县人民医院与桂林医学院附属医院、县中医医院与桂林市中医医院结成全托管紧密型医联体，联合共建紧密型专科联盟。试行医保资金“总额预付、结余留用、合理超支分担”机制。完成影像、心电、检验(病理)、远程会诊等业务中心建设，各中心上联桂林医学院附属医院，下联医疗集团各成员单位，实现互联互通、实时查阅、互认共享，逐步推进服务同质化。实现人才流动、药品供应、分工协作、业务中心、双向转诊的上下贯通。恭城镇、平安镇卫生院辟出127张养老床位发展养老服务。在部分村卫生室试点开展增项服务。全县乡(镇)卫生院建立中医馆，推广中医适宜技术，提供中医诊疗服务。建设中医专家义诊360、少数民族医工作室、中医筋膜学临床基地、俞梦孙院士人民健康系统工程示范基地等项目，打造中医药健康旅游示范基地。全县发展道地药材种植面积533.33公顷，2家单位入围首批广西中药材种植示范基地。县级公立医院门诊、住院次均费用增幅分别下降0.73%、6.37%；平均住院日为5.59天，下降0.23天。恭城被列为广西中医药健康示范基地、广西“双百双新”(投资超过百亿元或产值超过百亿元的重大产业项目，新产业、新技术)项目。

(张万强)

人物

烈士

李娜　女，1969年9月出生，汉族，湖南邵东市人，中共党员，大学学历，1989年7月参加工作。桂林市漓江军队离休退休干部休养所所长、支部书记。2019年2月26日上午9时50分，李娜为保护军休干部遗属生命安全，在与凶手斗争过程中被砍中头部，因失血过多，经抢救无效牺牲。她用爱心和善行，用坚守和执着，在危急时刻做出英雄壮举，在生死关头展现人间大爱，用鲜血和生命谱写服务军休干部的诗篇。2019年8月，自治区人民政府批准评定李娜为烈士。（蔡桂松）

全国五一劳动奖章获得者

温芳华　女，1968年12月出生，广西龙胜各族自治县人，侗族，研究生学历，中共党员，1989年7月参加工作。桂林市公安局交通警察支队车辆管理所教导员。她积极开展政治思想教育活动，推动车管所党风廉政建设；紧扣放权、管理、服务三大重点，全面落实“放管服”改革工作，整合资源，打造桂林特色的车管服务新模式，在2018年的全国优秀车管所等级评定工作中，带领市交通警察支队车管所获2016—2017年度“全国优秀车管所”称号。2010—2012年连续三年她获市公安局授予个人嘉奖，2014年获市公安局个人三等功，2016年获广西五一劳动奖章，2017年获“全国五一巾帼标兵”称号，2019年4月获全国五一劳动奖章。（王镜凯）

表32

2019年桂林籍官兵荣立二等功人员表

序号	姓名	性别	籍贯	民族	出生年月	工作单位	获得荣誉	授予单位
1	周晓锋	男	广西桂林	汉	1976年6月	中国人民解放军75130部队	二等功	中国人民解放军75130部队政治工作部
2	李久森	男	广西灵川	瑶	1990年1月	武警广西总队来宾支队金秀中队	二等功	广西消防总队政治部
3	蒋剑波	男	广西灌阳	汉	1990年2月	广西消防总队钦州市消防支队浦北中队	二等功	广西消防总队政治部
4	唐宏斌	男	广西兴安	汉	1983年3月	中国人民解放军95261部队	二等功	中国人民解放军95261部队政治工作部
5	唐华	男	广西兴安	汉	1978年4月	中国人民解放军95896部队	二等功	中国人民解放军95896部队政治工作部

表33

2019年桂林籍官兵荣立三等功人员表

序号	姓名	性别	籍贯	民族	出生年月	工作单位	获得荣誉	授予单位
1	龚浩宁	男	广西平乐	汉	1988年4月	中国人民解放军96603部队	三等功	中国人民解放军96603部队
2	蒋志刚	男	广西全州	汉	1973年4月	中国人民解放军南部战区空军参谋部	三等功	中国人民解放军南部战区空军参谋部
3	阳敬武	男	广西桂林	汉	1990年12月	武警广西总队来宾支队勤务保障中队	三等功	中国人民武装警察部队来宾支队
4	马胜林	男	广西桂林	汉	1978年1月	空军装备部驻成都地区军事代表局驻桂林地区军事代表室	三等功	空军装备部驻成都地区军事代表局
5	罗声撼	男	广西桂林	汉	1987年1月	中国人民解放军95795部队	三等功	中国人民解放军95795部队
6	阳银杰	男	广西桂林	汉	1993年7月	武警湖南总队机动支队	三等功	武警湖南总队机动支队
7	雍韬	男	广西桂林	汉	1982年9月	中国人民解放军95795部队	三等功	中国人民解放军95795部队
8	郭祺	男	广西桂林	汉	1982年2月	中国人民解放军93926部队	三等功	中国人民解放军93926部队
9	陶丽明	男	广西桂林	汉	1994年5月	中国人民解放军75220部队	三等功	中国人民解放军75220部队
10	陈宇嘉	男	广西桂林	汉	1997年2月	空军航空大学	三等功	空军航空大学
11	刘通	男	广西桂林	汉	1988年1月	中国人民解放军75775部队	三等功	中国人民解放军75775部队

续表一

序号	姓名	性别	籍贯	民族	出生年月	工作单位	获得荣誉	授予单位
12	李敏	男	广西桂林	汉	1982 年 9 月	中国人民解放军 95795 部队	三等功	中国人民解放军 95795 部队
13	谢亮	男	广西桂林	汉	1989 年 8 月	中国人民解放军 31639 部队	三等功	中国人民解放军 31639 部队
14	秦振强	男	广西桂林	汉	1989 年 2 月	中国人民解放军 75130 部队	三等功	中国人民解放军 75130 部队
15	郭士浩	男	广西桂林	汉	1997 年 8 月	国防科技大学	三等功	国防科技大学
16	程丽	女	广西桂林	汉	1973 年 3 月	中国人民解放军 95285 部队	三等功	中国人民解放军 95285 部队
17	王国成	男	广西桂林	汉	1990 年 7 月	中国人民解放军 95100 部队	三等功	中国人民解放军 95100 部队
18	肖志坚	男	广西兴安	汉	1979 年 11 月	中国人民解放军 95445 部队	三等功	中国人民解放军 95445 部队
19	熊桂凤	女	广西桂林	汉	1994 年 6 月	中国人民解放军 95133 部队	三等功	中国人民解放军 95133 部队
20	黄振威	男	广西桂林	汉	1988 年 7 月	中国人民解放军 31651 部队	三等功	中国人民解放军 31651 部队
21	姚桂斌	男	广西临桂	汉	1993 年 1 月	武警湛江支队	三等功	武警湛江支队
22	李才斌	男	广西临桂	汉	1993 年 1 月	中国人民解放军 31651 部队	三等功	中国人民解放军 31651 部队
23	石俊豪	男	广西临桂	汉	1990 年 3 月	中国人民解放军 77643 部队	三等功	中国人民解放军 77643 部队
24	滕利发	男	广西临桂	汉	1986 年 9 月	驻香港合成第 7 旅	三等功	驻香港合成第 7 旅
25	唐唯博	男	广西临桂	瑶	1990 年 8 月	中国人民解放军 31639 部队	三等功	中国人民解放军 31639 部队
26	姚小海	男	广西临桂	汉	1988 年 6 月	中国人民解放军 61741 部队	三等功	中国人民解放军 61741 部队
27	骆秀斌	男	广西临桂	汉	1992 年 2 月	武警玉溪支队	三等功	武警玉溪支队
28	李火生	男	广西临桂	汉	1991 年 9 月	中国人民解放军 31644 部队	三等功	中国人民解放军 31644 部队
29	秦勤	男	广西永福	汉	1997 年 11 月	中国人民解放军 31639 部队	三等功	中国人民解放军 31639 部队
30	李绍波	男	广西永福	汉	1979 年 9 月	中国人民解放军 95339 部队	三等功	中国人民解放军 95339 部队
31	冯黄林	男	广西永福	汉	1996 年 12 月	武警江门支队	三等功	武警江门支队
32	龚世格	男	广西永福	汉	1994 年 3 月	广州军区善后工作办公室	三等功	广州军区善后工作办公室
33	管祥文	男	广西阳朔	汉	1984 年 1 月	陆军特种作战学院	三等功	陆军特种作战学院
34	刘林明	男	广西阳朔	汉	1993 年 1 月	武警第二机动总队直升机支队	三等功	武警第二机动总队直升机支队
35	诸葛桥军	男	广西阳朔	汉	1989 年 9 月	中国人民解放军 31602 部队	三等功	中国人民解放军 31602 部队
36	宾曾英	女	广西阳朔	汉	1997 年 8 月	中国人民解放军 91959 部队	三等功	中国人民解放军 91959 部队
37	徐开旭	男	广西阳朔	汉	1991 年 6 月	中国人民解放军 75210 部队	三等功	中国人民解放军 75210 部队
38	石巍	男	广西兴安	汉	1990 年 9 月	中国人民解放军 75180 部队	三等功	中国人民解放军 75180 部队
39	叶陈杰	男	广西灵川	汉	1996 年 1 月	驻港合成第 7 旅	三等功	驻港合成第 7 旅政治工作处
40	黄海波	男	广西灵川	汉	1987 年 10 月	中国人民解放军 31639 部队	三等功	中国人民解放军 31639 部队
41	全卫澎	男	广西灵川	汉	1990 年 7 月	中国人民解放军 95010 部队	三等功	中国人民解放军 95010 部队
42	秦江伟	男	广西灵川	汉	1985 年 6 月	中国人民解放军 31628 部队	三等功	中国人民解放军 31628 部队
43	曾健	男	广西灵川	汉	1984 年 6 月	中国人民解放军 95019 部队	三等功	中国人民解放军 95019 部队
44	秦鹏忠	男	广西灵川	汉	1983 年 8 月	中国人民解放军 77228 部队	三等功	中国人民解放军 77228 部队
45	黎平安	男	广西兴安	汉	1995 年 8 月	中国人民解放军 31676 部队	三等功	中国人民解放军 31676 部队
46	常发立	男	广西兴安	汉	1990 年 12 月	兴安县人民武装部	三等功	桂林市警备区政治工作处
47	阳波	男	广西临桂	汉	1980 年 12 月	中国人民解放军南部战区	三等功	中国人民解放军 93135 部队
48	蒋春健	男	广西兴安	汉	1990 年 3 月	中国人民解放军 94005 部队	三等功	中国人民解放军 94005 部队
49	彭云	男	广西全州	汉	1987 年 5 月	中国人民解放军 31628 部队	三等功	中国人民解放军 31628 部队
50	汤玮	男	广西全州	汉	1988 年 9 月	中国人民解放军 31639 部队	三等功	中国人民解放军 31639 部队
51	杨树林	男	广西全州	汉	1990 年 1 月	中国人民武装警察部队苏州支队	三等功	中国人民武装警察部队苏州支队
52	夏毅	男	广西全州	汉	1992 年 7 月	中国人民解放军 75310 部队	三等功	中国人民解放军 75310 部队
53	刘情	男	广西全州	汉	1994 年 10 月	中国人民解放军 75620 部队	三等功	中国人民解放军 75620 部队
54	张天柱	男	广西全州	汉	1993 年 3 月	中国人民解放军 66429 部队	三等功	中国人民解放军 66429 部队
55	胡纯林	男	广西全州	汉	1996 年 3 月	中国人民武装警察部队钦州支队	三等功	中国人民武装警察部队钦州支队
56	马骋	男	广西全州	汉	1977 年 1 月	中国人民解放军 31633 部队	三等功	中国人民解放军 31633 部队
57	马延哲	男	广西全州	汉	1989 年 9 月	中国人民解放军 75310 部队	三等功	中国人民解放军维和部队方队
58	陈健	男	广西全州	汉	1992 年 8 月	中国人民武装警察部队梧州支队	三等功	中国人民武装警察部队梧州支队

续表二

序号	姓名	性别	籍贯	民族	出生年月	工作单位	获得荣誉	授予单位
59	石鸿辉	男	广西全州	汉	1976 年 9 月	中国人民解放军 31663 部队	三等功	中国人民解放军 31663 部队
60	邓毅	男	广西全州	汉	1989 年 9 月	中国人民武装警察部队贵港支队	三等功	中国人民武装警察部队贵港支队
61	谢裕涛	男	广西全州	汉	1987 年 1 月	中国人民解放军新疆生产建设兵团第十四师人民武装部	三等功	中国人民解放军新疆生产建设兵团第十四师人民武装部
62	苏云知	男	广西全州	汉	1983 年 10 月	中国人民武装警察部队桂林支队	三等功	中国人民武装警察部队桂林支队
63	旷文阳	男	广西全州	汉	1985 年 2 月	中国人民解放军 95337 部队	三等功	中国人民解放军 95337 部队
64	粟彬	男	广西全州	汉	1990 年 12 月	中国人民解放军 75560 部队	三等功	中国人民解放军 75560 部队
65	蒋浩	男	广西全州	汉	1988 年 1 月	中国人民解放军南部战区联合参谋部	三等功	中国人民解放军南部战区联合参谋部
66	蒋亮	男	广西全州	汉	1991 年 1 月	中国人民解放军 31629 部队	三等功	中国人民解放军 31629 部队
67	陈科宇	男	广西全州	汉	1986 年 7 月	中国人民武装警察部队肇庆支队	三等功	中国人民武装警察部队广东省总队
68	蒋浩源	男	广西全州	汉	1991 年 3 月	中国人民解放军 75831 部队	三等功	中国人民解放军 75831 部队
69	奉新生	男	广西全州	汉	1995 年 7 月	中国人民武装警察部队汕尾支队	三等功	中国人民武装警察部队汕尾支队
70	刘周顺	男	广西龙胜	汉	1997 年 12 月	武警海警总队海南支队	三等功	武警海警总队海南支队
71	梁朝茂	男	广西龙胜	壮	1990 年 4 月	中国人民解放军 75220 部队	三等功	中国人民解放军 75220 部队
72	蒋海斌	男	广西灌阳	汉	1990 年 11 月	中国人民解放军 31648 部队	三等功	中国人民解放军 31648 部队
73	唐咸敏	男	广西灌阳	汉	1985 年 5 月	武警广东总队执勤第二支队	三等功	武警广东总队执勤第二支队
74	王俊	男	广西灌阳	汉	1990 年 6 月	贺州消防支队	三等功	贺州消防支队
75	唐露	男	广西灌阳	汉	1989 年 1 月	中国人民解放军 95140 部队	三等功	中国人民解放军 95140 部队
76	唐杰	男	广西灌阳	汉	1994 年 7 月	武警第二机动总队第六支队	三等功	武警第二机动总队第六支队
77	蒋斌	男	广西灌阳	汉	1989 年 8 月	武警广东总队执勤第三支队	三等功	武警广东总队执勤第三支队
78	胡毅	男	广西灌阳	汉	1992 年 2 月	广西海警第一支队	三等功	广西海警第一支队
79	文小幸	男	广西灌阳	汉	1989 年 4 月	中国人民解放军 93920 部队	三等功	中国人民解放军 93920 部队
80	文佳	男	广西灌阳	汉	1997 年 1 月	武警昭通支队	三等功	武警昭通支队
81	王李结	男	广西灌阳	汉	1990 年 9 月	中国人民解放军 95140 部队	三等功	中国人民解放军 95140 部队
82	唐建平	男	广西灌阳	汉	1984 年 2 月	桂林联勤保障中心政治部	三等功	桂林联勤保障中心政治部
83	谢林海	男	广西灌阳	汉	1995 年 1 月	陆军特种作战学院	三等功	陆军特种作战学院
84	胡作斌	男	广西灌阳	汉	1982 年 9 月	中国人民解放军 69225 部队	三等功	中国人民解放军 69225 部队
85	黄涛	男	广西平乐	汉	1995 年 1 月	中国人民解放军 32145 部队	三等功	中国人民解放军 32145 部队
86	莫荣桂	男	广西平乐	汉	1988 年 9 月	中国人民解放军 31643 部队	三等功	中国人民解放据 31643 部队
87	杨倚星	男	广西平乐	汉	1984 年 9 月	中国人民武装警察部队揭阳支队	三等功	中国人民武装警察部队揭阳支队
88	谭富昌	男	广西平乐	汉	1991 年 1 月	中国人民武装警察坠钦州支队	三等功	中国人民武装警察坠钦州支队
89	吴恩德	男	广西平乐	汉	1985 年 3 月	中国人民解放军 93627 部队	三等功	中国人民解放军 93627 部队
90	林涛	男	广西平乐	汉	1989 年 1 月	中国人民武装警察部队百色支队	三等功	中国人民武装警察部队百色支队
91	孙国东	男	广西平乐	汉	1989 年 1 月	中国人民武装警察部队肇庆支队	三等功	中国人民武装警察部队肇庆支队
92	龙业基	男	广西恭城	瑶	1985 年 3 月	中国人民解放军 31638 部队	三等功	中国人民解放军 31638 部队
93	黄远利	男	广西恭城	瑶	1989 年 5 月	中国人民解放军 75180 部队	三等功	中国人民解放军 75180 部队
94	周世明	男	广西恭城	瑶	1990 年 5 月	中国人民解放军 31651 部队	三等功	中国人民解放军 31651 部队
95	黄成宁	男	广西恭城	瑶	1984 年 12 月	中国人民解放军 96742 部队	三等功	中国人民解放军 96742 部队
96	盆世舟	男	广西恭城	瑶	1992 年 11 月	中国人民解放军 91892 部队	三等功	中国人民解放军 91892 部队
97	童凯	男	广西资源	汉	1987 年 7 月	广东省广州军区第五离职干部休养所	三等功	广东省广州军区第五离职干部休养所
98	李清	男	广西资源	汉	1990 年 1 月	中国人民解放军 95172 部队	三等功	中国人民解放军 95172 部队
99	于斌	男	广西资源	汉	1987 年 3 月	武警桂林支队	三等功	武警桂林支队
100	潘荣师	男	广西荔浦	壮	1981 年 10 月	中国人民解放军 95031 部队	三等功	中国人民解放军 95031 部队
101	潘林贵	男	广西荔浦	汉	1987 年 6 月	中国人民解放军 92913 部队	三等功	中国人民解放军 92913 部队
102	黄有骥	男	广西荔浦	汉	1992 年 8 月	中国人民解放军 66389 部队	三等功	中国人民解放军 66389 部队
103	何世港	男	广西荔浦	壮	1988 年 5 月	中国人民解放军 32266 部队	三等功	中国人民解放军 32266 部队

（桂林市退役军人事务局）

统计资料

2019 年桂林市行政区划及土地面积

名称	乡镇合计(个)	乡(个)	民族乡(个)	镇(个)	街道(个)	建制村(社区)(个)	建制村(个)	社区(个)	土地面积(平方千米)
全市	134	46	15	88	13	1903	1653	255	27809
秀峰区					3	27	7	20	54
叠彩区	1	1			2	37	15	22	52
象山区	1	1			3	44	8	36	88
七星区	1	1			4	52	19	33	83
雁山区	4	2	1	2	1	39	35	4	288
临桂区	11	2	2	9		171	161	15	2202
阳朔县	9	3		6		114	99	15	1428
灵川县	12	5	2	7		147	128	19	2287
全州县	18	3	2	15		286	272	14	4021
兴安县	10	4	1	6		125	115	10	2344
永福县	9	3		6		99	93	6	2806
灌阳县	9	3	2	6		142	138	4	1837
龙胜各族自治县	10	4		6		128	119	9	2538
资源县	7	4	3	3		74	71	3	1954
平乐县	10	4	1	6		147	134	13	1919
恭城瑶族自治县	9	3		6		127	117	10	2149
荔浦市	13	3	1	10		144	122	22	1759

注:行政区划数据由桂林市民政局提供,土地面积由自然资源局提供。

2019 年桂林市旅游业重要指标一览表

指标名称	一季度	上半年	前三季度	2019 年	比上年增长 %
到桂林游客总人数(万人次)	2534.37	6373.27	10913.83	13833.66	26.7
国内游客人数	2483.44	6231.04	10674.26	13519.07	27.1
入境过夜游客人数	50.93	142.23	239.57	314.59	14.5
#外国人	22.82	68.15	118.32	160.98	13.5
东盟十国	8.74	26.52	45.63	61.42	20.9
港澳同胞	12.47	36.46	59.37	74.27	22.9
台湾同胞	15.63	37.62	61.87	79.35	9.6
旅游总消费(亿元)	363.39	896.94	1519.65	1874.25	34.7
国内旅游消费(亿元)	341.27	834.60	1412.64	1731.75	34.2
国际旅游(外汇)消费(亿美元)	3.20	9.02	15.49	20.62	35.3
入境过夜游客人均逗留天数	2.42	2.45	2.50	2.53	7.3

2019 年桂林市、县(市、区)城镇居民人均收支情况

指标名称	单位	桂林市	秀峰区	叠彩区	象山区	七星区	雁山区
城镇家庭人均可支配收入与生活消费支出							
一、人均可支配收入	元	37178	37828	37808	38133	40047	35213
1. 工资性收入	元	20522	19338	21100	20855	20809	21122
2. 经营净收入	元	4759	3396	4157	3394	4300	4856
3. 财产净收入	元	2528	2950	2735	3073	3950	2728
4. 转移净收入	元	9369	12144	9816	10773	10988	6507
二、人均生活消费支出	元	22450	21571	23971	23895	23009	20777
1. 食品烟酒	元	7705	7752	8641	8990	8498	7640
2. 衣着	元	1209	1174	1530	1354	1252	1088
3. 居住	元	4571	3807	4535	4767	4833	3909
4. 生活用品及服务	元	1343	1184	1473	1462	1387	1170
5. 交通通信	元	2362	2224	2425	2143	2129	2470
6. 教育文化娱乐	元	2613	2696	2841	2739	2300	2404
7. 医疗保健	元	2246	2360	2108	2002	2112	1798
8. 其他用品和服务	元	401	374	417	438	498	298

续表一

指标名称	单位	临桂区	阳朔县	灵川县	全州县	兴安县	永福县
城镇家庭人均可支配收入与生活消费支出							
一、人均可支配收入	元	40678	40436	38452	35545	37431	37820
1. 工资性收入	元	20831	21281	22305	18246	20404	19851
2. 经营净收入	元	5831	6821	5743	7012	6137	6901
3. 财产净收入	元	3927	3502	2711	3170	2648	3214
4. 转移净收入	元	10089	8832	7693	7117	8242	7854
二、人均生活消费支出	元	23749	22836	21657	19436	20210	21044
1. 食品烟酒	元	8865	8492	7850	7310	7020	7228
2. 衣着	元	1384	1422	1371	1163	1288	1514
3. 居住	元	4455	4380	3766	3736	3807	4092
4. 生活用品及服务	元	1344	1156	1282	1083	1075	1196
5. 交通通信	元	2770	2815	2580	1954	2080	2044
6. 教育文化娱乐	元	2633	2501	2507	2233	2645	2779
7. 医疗保健	元	1857	1692	1901	1657	1853	1768
8. 其他用品和服务	元	440	378	400	301	443	422

续表二

指标名称	单位	灌阳县	龙胜各族自治县	资源县	平乐县	荔浦市	恭城瑶族自治县
城镇家庭人均可支配收入与生活消费支出							
一、人均可支配收入	元	34603	35315	34892	36024	37263	34846
1. 工资性收入	元	18014	20630	21041	18866	19516	19641
2. 经营净收入	元	7790	5105	5046	5515	5571	5158
3. 财产净收入	元	1436	2208	2831	2979	3650	2893
4. 转移净收入	元	7363	7372	5974	8664	8526	7155
二、人均生活消费支出	元	21726	21357	21531	21193	21808	20411
1. 食品烟酒	元	7737	7573	7210	7238	8031	7500
2. 衣着	元	1495	1512	1222	1385	1191	1111
3. 居住	元	4100	3689	4200	4071	4692	4021
4. 生活用品及服务	元	1241	1476	1280	1380	1328	1356
5. 交通通信	元	2241	2532	2600	2674	2565	2424
6. 教育文化娱乐	元	2776	2608	2536	2384	2100	2268
7. 医疗保健	元	1701	1551	1985	1694	1651	1394
8. 其他用品和服务	元	435	417	498	368	249	336

注：本表数据由国家统计局桂林调查队提供。

2019 年桂林市、县（市、区）农村居民人均收支情况

指标名称	单位	桂林市	秀峰区	叠彩区	象山区	七星区	雁山区
农村居民人均可支配收入与生活消费支出							
一、可支配收入	元	16045	—	16341	16038	19542	15118
（一）工资性收入	元	6980	—	8079	7807	10128	6556
（二）经营净收入	元	6691	—	3515	4504	2950	6283
1. 第一产业经营净收入	元	4516	—	2298	2831	1878	4798
①农业	元	3338	—	1276	1515	1202	3790
②林业	元	343	—	4	8	16	156
③牧业	元	736	—	1002	966	645	827
④渔业	元	99	—	16	342	15	25
2. 第二产业经营净收入	元	542	—	90	96	148	203
3. 第三产业经营净收入	元	1633	—	1127	1577	924	1282
（三）财产净收入	元	288	—	1879	1396	2780	256
（四）转移净收入	元	2086	—	2868	2331	3684	2023
二、生活消费支出	元	10773	—	10780	11118	13435	9273
（一）食品烟酒	元	3963	—	3895	4175	4762	3688
（二）衣着	元	377	—	341	433	503	302
（三）居住	元	2200	—	2721	2617	2686	1958
（四）生活用品及服务	元	702	—	750	775	963	511
（五）交通通信	元	1247	—	1255	1156	1992	1116
（六）教育文化娱乐	元	1094	—	953	874	1342	920
（七）医疗保健	元	1036	—	732	951	940	630
（八）其他用品和服务	元	154	—	133	136	247	148

续表一

指标名称	单位	临桂区	阳朔县	灵川县	全州县	兴安县	永福县
农村居民人均可支配收入与生活消费支出							
一、可支配收入	元	19003	18354	16933	16233	19252	15454
（一）工资性收入	元	5999	5057	7013	5233	6388	6212
（二）经营净收入	元	9638	11165	7588	7618	9674	7161
1. 第一产业经营净收入	元	6393	8651	6093	4911	7814	5768
①农业	元	4619	6307	3878	3924	5753	4224
②林业	元	645	581	1113	401	840	449
③牧业	元	1073	1735	1082	524	1180	1095
④渔业	元	56	28	20	62	41	0
2. 第二产业经营净收入	元	515	622	289	352	280	454
3. 第三产业经营净收入	元	2730	1892	1206	2355	1580	939
（三）财产净收入	元	392	182	382	308	217	180
（四）转移净收入	元	2974	1950	1950	3074	2973	1901
二、生活消费支出	元	10854	11638	9663	10435	11610	9310
（一）食品烟酒	元	3918	4694	3583	3858	4385	3589
（二）衣着	元	345	491	386	406	417	345
（三）居住	元	2402	2354	1938	2221	2400	1827
（四）生活用品及服务	元	765	858	591	720	779	584
（五）交通通信	元	1412	1352	1228	935	1124	1232
（六）教育文化娱乐	元	885	1049	993	1004	1172	891
（七）医疗保健	元	935	709	794	1161	1121	685
（八）其他用品和服务	元	193	130	150	131	213	155

续表二

指标名称	单位	灌阳县	龙胜各族自治县	资源县	平乐县	荔浦市	恭城瑶族自治县
农村居民人均可支配收入与生活消费支出							
一、可支配收入	元	11950	12816	12227	15339	16369	14115
（一）工资性收入	元	4997	4627	4274	4264	5216	4686
（二）经营净收入	元	4030	5620	5747	8148	8562	7114
1. 第一产业经营净收入	元	2049	4153	4486	6191	6860	5705
①农业	元	652	2892	3933	5572	5196	4541
②林业	元	598	623	511	131	553	462
③牧业	元	735	630	23	475	1083	679
④渔业	元	64	8	19	13	28	23
2. 第二产业经营净收入	元	963	464	146	397	281	292
3. 第三产业经营净收入	元	1018	1003	1115	1560	1421	1117
（三）财产净收入	元	38	314	237	324	285	226
（四）转移净收入	元	2885	2255	1969	2603	2306	2089
二、生活消费支出	元	9258	9082	8882	9336	11057	9316
（一）食品烟酒	元	3637	3400	3198	3315	3689	3240
（二）衣着	元	389	291	447	303	328	299
（三）居住	元	1699	1776	1847	1986	2308	1970
（四）生活用品及服务	元	564	570	684	626	655	693
（五）交通通信	元	1115	1009	1167	1215	2071	1288
（六）教育文化娱乐	元	845	1021	861	825	893	915
（七）医疗保健	元	843	829	579	943	972	805
（八）其他用品和服务	元	166	186	99	124	140	107

注：本表数据由国家统计局桂林调查队提供。

2019 年桂林市、县(市、区)全部工业总产值和增加值

指　标	桂林市	秀峰区	叠彩区	象山区	七星区	雁山区
全部工业						
总产值(当年价格、万元)						
2019 年	8828623	286640	171762	1157283	1536108	134702
增长速度(%)	1.8	11.7	-8.2	4.6	0.0	16.1
增加值(当年价格、万元)						
2019 年	2620449	74135	28397	381905	441081	28197
增加值(可比价格)						
2019 年增长速度(%)	5.0	5.2	4.8	10.6	5.5	14.8
规模以上工业						
总产值(当年价格、万元)						
2019 年	7019814	261773	132172	1067349	1451139	105565
增长速度(%)	2.0	13.1	-10.6	4.9	-0.1	21.1
增加值(当年价格、万元)						
2019 年	1933102	64685	13353	347730	408793	17125
增加值(可比价格)						
2019 年增长速度(%)	6.4	6.0	9.4	11.5	5.7	21.9
规模以下工业						
总产值(当年价格、万元)						
2019 年	1808810	24867	39590	89933	84969	29137
增长速度(%)	1.1	1.1	1.1	1.1	1.1	1.1
增加值(当年价格、万元)						
2019 年	687348	9450	15044	34175	32288	11072
增加值(可比价格)						
2019 年增长速度(%)	0.5	0.5	0.5	0.5	0.5	0.5

注:1. “规模以上工业”是指年主营业务收入 2000 万元以上的工业企业。2. 产值的速度按当年价格计算;增加值的速度按可比价格计算。3. 规模以下工业数据按国家统计局调查系统采取抽样调查方式推算整理得出。

续表一

指　标	临桂区	阳朔县	灵川县	全州县	兴安县	永福县
全部工业						
总产值(当年价格、万元)						
2019 年	1177276	107655	694055	622837	520470	699958
增长速度(%)	19.5	-39.3	18.0	-12.2	-1.3	1.7
增加值(当年价格、万元)						
2019 年	352215	33664	173775	178362	223056	131607
增加值(可比价格)						
2019 年增长速度(%)	11.0	-8.0	7.2	5.3	10.2	17.6
规模以上工业						
总产值(当年价格、万元)						
2019 年	1005990	31331	564899	367629	304188	524725
增长速度(%)	23.8	-66.8	22.6	-19.3	-2.7	1.9
增加值(当年价格、万元)						
2019 年	287127	4660	124696	81383	140869	65018
增加值(可比价格)						
2019 年增长速度(%)	15.0	-14.9	10.0	9.6	17.5	31.1
规模以下工业						
总产值(当年价格、万元)						
2019 年	171286	76325	129156	255208	216282	175233
增长速度(%)	1.1	1.1	1.1	1.1	1.1	1.1
增加值(当年价格、万元)						
2019 年	65089	29003	49079	96979	82187	66588
增加值(可比价格)						
2019 年增长速度(%)	0.5	0.5	0.5	0.5	0.5	0.5

续表二

指 标	灌阳县	龙胜各族自治县	资源县	平乐县	恭城瑶族自治县	荔浦市
全部工业						
总产值(当年价格、万元)						
2019 年	319321	210037	151973	271783	247465	522051
增长速度(%)	18.0	–8.4	10.2	–13.3	11.7	–7.7
增加值(当年价格、万元)						
2019 年	68376	84549	37939	92355	84328	171572
增加值(可比价格)						
2019 年增长速度(%)	6.7	7.6	8.8	2.2	5.9	7.3
规模以上工业						
总产值(当年价格、万元)						
2019 年	235448	159460	123162	133563	175692	375729
增长速度(%)	24.9	–11.1	12.0	–19.4	16.6	–9.9
增加值(当年价格、万元)						
2019 年	36504	65330	26991	39831	57054	115970
增加值(可比价格)						
2019 年增长速度(%)	11.4	9.9	11.2	3.0	8.4	9.3
规模以下工业						
总产值(当年价格、万元)						
2019 年	83874	50577	28811	138220	71772	146322
增长速度(%)	1.1	1.1	1.1	1.1	1.1	1.1
增加值(当年价格、万元)						
2019 年	31872	19219	10948	52524	27273	55602
增加值(可比价格)						
2019 年增长速度(%)	0.5	0.5	0.5	0.5	0.5	0.5

2019 年桂林市规模工业主要产品产量

产品名称	计量单位	生产量	产品名称	计量单位	生产量
锰矿石成品矿	吨	16518	化学药品原药	吨	4881
铅金属含量	吨	132	注射用头孢	千克	6677
锡金属含量	吨	796	中成药	吨	7740
稀有稀土金属矿	吨	532	橡胶轮胎外胎	条	861044
石灰石	吨	5432744	其中:子午线轮胎外胎	条	825083
建筑用天然石料	立方米	4361094	塑料制品	吨	56176
萤石	吨	17206	硅酸盐水泥熟料	吨	5664508
小麦粉	吨	35038	水泥	吨	8117877
大米	吨	179220	石灰	吨	42034
饲料	吨	1041783	商品混凝土	立方米	9256192
精制食用植物油	吨	13302	水泥混凝土电杆	根	117923
鲜、冷藏肉	吨	12387	砖	万块	95812
焙、炒加工的坚果及果仁	吨	2306	天然大理石建筑板材	平方米	2655091
冷冻蔬菜	吨	1555	天然花岗石建筑板材	平方米	11615002
淀粉及淀粉制品	吨	5632	钢化玻璃	平方米	1021767

续表

产品名称	计量单位	生产量	产品名称	计量单位	生产量
豆腐及豆制品	吨	5286	夹层玻璃	平方米	840297
饼干	吨	138	玻璃包装容器	吨	166436
糖果	吨	184	日用陶瓷制品	万件	3
米制半成品	吨	59736	铁合金	吨	731025
速冻食品	吨	10287	电解锰	吨	5036
罐头	吨	18349	铜合金	吨	99
酱油	吨	582	铜材	吨	7824
营养、保健食品	吨	358	铝材	吨	9954
食品添加剂	吨	550	钢结构	吨	28001
饲料添加剂	吨	1439	钢绞线	吨	2980
饮料酒	千升	590485	铸铁件	吨	1077
其中:白酒(折65度,商品量)	千升	6773	金属切削机床	台	1181
啤酒	千升	577675	其中:数控金属切削机床	台	7
饮料	吨	431817	起重机	吨	6356
精制茶	吨	192	电动手提式工具	台	28801
纱	吨	10589	矿山专用设备	吨	661
蚕丝	吨	187	水泥专用设备	吨	79
服装	万件	342	金属冶炼设备	吨	1060
衣箱、提箱及类似容器	万个	15	炼油、化工生产专用设备	吨	4266
手提包(袋)、背包	万个	248	橡胶加工专用设备	台	269
锯材	立方米	6257	电子工业专用设备	台	140
人造板	立方米	1073426	医疗仪器设备及器械	台	32909
家具	件	10832	眼镜成镜	副	110961
衣架	万个	52313	汽车	辆	3486
机制纸及纸板(外购原纸加工除外)	吨	122723	其中:☆新能源汽车	辆	952
纸制品	吨	177805	机动车(汽车)零配件	千元	1816802
单色印刷品	令	315725	变压器	千伏安	1279890
多色印刷品	对开色令	1453902	互感器	台	3855
甲醛	吨	29294	电力电容器	千乏	38667013
化学农药原药(折有效成分100%)	吨	1081	配电或电器控制设备(11万伏以下)	台(套、面)	8495026
涂料	吨	18354	通信及电子网络用电缆	对千米	3410
颜料	吨	22303	电力电缆	千米	345926
合成纤维聚合物	吨	1530	绝缘制品	吨	1200
松香	吨	14572	电光源	万只	2
多晶硅	千克	107249	半导体分立器件	万只	21140
炸药	吨	12000	光电子器件	万只(万片)	1852
合成洗涤剂	吨	56588	工业自动调节仪表与控制系统	台(套)	220
牙膏(折65克标准支)	万支	1071	量具	万件	308
天然香料	吨	3	环境监测专用仪器仪表	台	1632
香精	吨	0	光学仪器	台(个)	17921
蚊香	千克	13909530	自来水生产量	万立方米	17827

2019 年桂林市、县(市、区)工业企业主要经济指标

单位:万元

县　区	企业单位数(家)	亏损企业	工业总产值(当年价格)	年初存货	产成品	资产总计
桂林市	518	101	7019814	994135	363428	11596193
秀峰区	11	1	261773	74233	19310	351679
叠彩区	9	0	132172	16807	4846	357062
象山区	21	4	1067349	156364	52174	2180679
七星区	74	10	1451139	252284	104492	1858914
雁山区	8	1	105565	13430	4679	149925
临桂区	65	9	1005990	143699	41707	1805140
阳朔县	9	1	31331	1644	266	12737
灵川县	56	10	564899	76668	26587	645602
全州县	52	14	367629	45276	21270	596535
兴安县	23	6	304188	22050	9650	714129
永福县	34	16	524725	75957	33887	799273
灌阳县	24	5	235448	13951	8806	290548
龙胜各族自治县	18	4	159460	22460	5291	568321
资源县	16	3	123162	11840	3833	274960
平乐县	27	2	1335634	80870	28487	3085734
恭城瑶族自治县	11	2	1756924	51295	13086	2756443
荔浦市	60	13	3757294	542586	224715	4064722

续表一

单位:万元

县　区	资产总计					
	流动资产合计	应收账款	存货	产成品	长期股权投资	固定资产原价
桂林市	5125598	1486749	1108984	401653	546692	6670035
秀峰区	251725	40255	98686	27498	5450	119039
叠彩区	217070	18866	15084	4842	116406	16944
象山区	654275	224537	144894	20148	130355	1814138
七星区	1198226	368330	287248	120211	192714	547402
雁山区	123784	79580	15358	6053	3829	36795
临桂区	878717	239704	157221	56798	50721	763232
阳朔县	8965	1700	2277	268	0	6689
灵川县	352401	102058	97069	34298	4614	309131
全州县	236479	58404	54201	30411	3274	402288
兴安县	143979	87704	28124	8613	1135	586928
永福县	324238	117486	81609	41970	5095	682137
灌阳县	95022	26324	13446	7306	228	208813
龙胜各族自治县	221031	21478	25996	6575	19653	357519
资源县	41503	7016	11067	6385	300	148764
平乐县	1064355	119091	87735	38110	9145	2166264
恭城瑶族自治县	607099	148456	62980	19832	430	2638802
荔浦市	2110389	665544	616354	244826	119618	1897102

续表二

单位:万元

县 区	资产总计					
	房屋和构筑物	机器设备	累计折旧	本年折旧	固定资产净额	在建工程
桂林市	1440725	2734490	2517460	319783	3893443	802278
秀峰区	33918	32369	53708	4745	61898	10189
叠彩区	5809	9331	11731	740	5212	527
象山区	237187	350742	885558	91147	927058	306978
七星区	172062	223304	274318	31189	251009	54606
雁山区	14812	12518	21538	2051	15257	1610
临桂区	225621	491503	264606	43096	492495	39415
阳朔县	698	2176	3107	459	3262	44
灵川县	106314	174619	88686	15353	222164	25012
全州县	111988	147922	119784	13759	275190	45821
兴安县	89244	477167	130258	27673	451928	60808
永福县	162785	328041	293321	32559	380664	53890
灌阳县	7831	27889	48416	7861	158548	7721
龙胜各族自治县	61078	119728	112677	10860	136733	47545
资源县	8074	8623	48177	5869	92997	93277
平乐县	337712	890874	249816	67565	1123798	104904
恭城瑶族自治县	524709	1949861	728601	158518	1909665	64270
荔浦市	1170616	444849	637342	98144	1156827	379201

续表三

单位:万元

县 区	资产总计		负债合计			所有者权益合计
	无形资产	土地使用权		流动负债合计	应付账款	
桂林市	464075	297473	6860096	4022834	1272082	4736090
秀峰区	17715	17590	182877	155061	82306	168802
叠彩区	2863	1686	259364	244918	6911	97698
象山区	93035	85521	1406846	397447	207507	773829
七星区	71968	44516	789570	683270	243983	1069342
雁山区	4538	3830	66071	64379	27610	83854
临桂区	121180	43508	773625	574330	134285	1031514
阳朔县	3	0	12290	12051	6514	448
灵川县	36360	19977	483978	358424	117063	161623
全州县	10731	8546	391330	221348	70983	205206
兴安县	23209	20372	478438	167550	81741	235691
永福县	22523	17039	722699	509523	169792	76574
灌阳县	7719	7040	155695	72292	23918	134853
龙胜各族自治县	16062	3887	414257	184752	10142	154064
资源县	5429	56	162107	82524	36865	112854
平乐县	57060	36469	1319859	478301	67169	1765876
恭城瑶族自治县	31759	15942	1610805	760950	74129	1145639
荔浦市	218617	186651	2678844	1710419	383352	1385877

续表四 单位:万元

县 区	所有者权益合计					
	实收资本					
		国家资本	集体资本	法人资本	个人资本	港澳台资本
桂林市	2073555	505944	125805	721231	401848	235896
秀峰区	68321	5521	14160	33293	4022	0
叠彩区	30684	0	21405	6544	2735	0
象山区	293527	50389	36144	33373	21666	151113
七星区	308525	48662	25597	141329	52670	3288
雁山区	50281	0	0	17515	16572	0
临桂区	415088	42274	700	270346	86517	3192
阳朔县	2137	0	0	1670	467	0
灵川县	155156	14513	11566	17625	35066	76186
全州县	74681	8713	0	43411	22556	0
兴安县	147477	85659	0	42034	19784	0
永福县	152004	71003	2938	50021	25926	2116
灌阳县	60074	31686	0	7440	20948	0
龙胜各族自治县	75663	43098	10851	8520	10407	0
资源县	63502	53791	0	3767	3561	0
平乐县	864416	200000	0	123917	540499	0
恭城瑶族自治县	574211	301060	0	239284	33867	0
荔浦市	325757	5318	24441	80236	215135	0

续表五 单位:万元

县 区		营业收入		营业成本	税金及附加	销售费用
	外商资本		主营业务收入			
桂林市	78431	7123560	6907549	5656357	65188	367639
秀峰区	11324	253853	252826	207093	1152	7364
叠彩区	0	137006	135585	120965	215	3163
象山区	843	1153154	1078389	939138	26957	44392
七星区	32580	1539149	1476946	1153778	9042	105867
雁山区	16193	101911	101604	82634	525	6543
临桂区	12059	975835	960370	742179	5787	72786
阳朔县	0	31054	31054	27459	87	2112
灵川县	200	576042	542107	468551	3927	38765
全州县	0	352576	351341	305327	2572	2406
兴安县	0	291229	286882	186853	2648	7339
永福县	0	526642	514975	479060	3943	16724
灌阳县	0	231740	230883	208291	1277	1152
龙胜各族自治县	2788	161228	159798	106760	2175	11326
资源县	2383	119105	119105	100682	400	2702
平乐县	0	1259996	1245270	996565	14900	25106
恭城瑶族自治县	0	1746740	1742686	1286010	7305	33850
荔浦市	626	3723629	3668906	2993299	22612	391049

续表六

单位：万元

县　区	管理费用	研发费用	财务费用			资产减值损失
				利息费用	利息收入	
桂林市	359245	103159	102939	113680	17851	12571
秀峰区	12304	4284	400	912	460	167
叠彩区	5012	1580	1455	2671	1152	5
象山区	67237	17447	309	6214	1020	-638
七星区	84746	53144	7755	14945	7423	7367
雁山区	6325	1821	192	675	418	326
临桂区	39377	18159	14274	18968	4949	1240
阳朔县	1300	0	49	52	4	0
灵川县	27797	3109	9393	3983	174	1531
全州县	15005	379	7522	7594	110	193
兴安县	9138	29	13319	13191	116	19
永福县	33458	2742	18715	16911	1684	1268
灌阳县	6849	0	3153	3149	80	118
龙胜各族自治县	11947	247	9800	9763	135	145
资源县	9005	0	2720	1315	15	72
平乐县	70923	1421	28553	25001	74	462
恭城瑶族自治县	64991	0	55024	52758	1311	6153
荔浦市	161553	772	55250	55639	-253	985

续表七

单位：万元

县　区	其他收益	投资收益	公允价值变动收益	资产处置收益	营业利润	营业外收入
桂林市	35894	54497	-975	114	552985	69876
秀峰区	737	86	0	1	21913	1217
叠彩区	0	27014	0	0	31626	2177
象山区	2258	5238	0	-83	72734	37945
七星区	13050	11943	0	76	142520	8182
雁山区	284	0	0	-1	3827	1015
临桂区	10764	7324	0	122	100241	1918
阳朔县	0	0	0	0	47	37
灵川县	893	277	0	1	24138	2722
全州县	333	5	-14	3	19497	2105
兴安县	373	54	0	0	72311	1836
永福县	5375	202	0	-19	-23710	5430
灌阳县	13	8	0	0	10921	450
龙胜各族自治县	121	527	0	15	19490	1178
资源县	104	1315	0	0	4942	168
平乐县	8244	680	-9612	0	121377	7863
恭城瑶族自治县	2247	1653	0	0	297305	6918
荔浦市	5400	2722	0	0	106209	20188

续表八 单位：万元

县　区	营业外支出	利润总额	所得税费用	应付职工薪酬	应交增值税	平均用工人数（人）
桂林市	52325	569591	92589	697370	185197	93689
秀峰区	298	22832	4045	37451	4976	4049
叠彩区	636	33167	1206	7208	900	825
象山区	40367	69366	10536	161047	33198	15716
七星区	3405	147296	21615	151215	24920	17653
雁山区	26	4817	385	9550	1476	1200
临桂区	728	101431	13002	86034	26226	12255
阳朔县	3	81	18	1986	931	614
灵川县	1408	25452	6679	34593	12750	5658
全州县	662	20940	1433	20422	9404	3664
兴安县	421	73726	14657	16386	12147	2001
永福县	663	−18943	1434	42260	11759	6089
灌阳县	74	11297	1577	9545	6320	1861
龙胜各族自治县	266	20403	5491	24480	10448	3697
资源县	179	4931	1080	6856	3359	1492
平乐县	5128	124112	7086	132079	48737	2125
恭城瑶族自治县	948	303277	69139	115149	73247	1347
荔浦市	25824	100574	18082	636133	141851	13443

续表九 单位：万元

县　区	期末用工人数（人）	从业人员期末人数（人）	从业人员平均人数（人）	亏损企业亏损总额	利税总额	应缴税金及附加
桂林市	94344	95918	93853	92173	819977	342974
秀峰区	4006	3906	3945	63	28961	10174
叠彩区	849	858	824	0	34281	2321
象山区	15266	15565	15755	7834	129520	70690
七星区	17669	17662	17633	7908	181259	55577
雁山区	1239	1287	1252	787	6818	2385
临桂区	14229	14224	12183	15100	133444	45015
阳朔县	615	1829	1830	362	1099	1036
灵川县	5782	5785	5675	7348	42129	23356
全州县	3198	3265	3260	1565	32916	13409
兴安县	2035	2144	2126	732	88521	29452
永福县	5974	6035	6086	37607	−3241	17136
灌阳县	1865	1875	1883	1435	18894	9175
龙胜各族自治县	3714	3721	3682	4839	33026	18115
资源县	1481	1488	1492	443	8690	4839
平乐县	1938	2086	2195	10186	187749	70723
恭城瑶族自治县	1366	1352	1343	14694	383829	149691
荔浦市	13118	12836	12689	36629	265037	182545

2019年桂林市社会消费零售总额及增长速度

单位:万元

指　标	2019年	增长%
合计	9674693	10.0
市区合计	5386138	10.1
秀峰区	864143	10.4
叠彩区	787064	10.2
象山区	1335181	10.0
七星区	1604474	11.0
雁山区	120024	8.0
临桂区	675252	9.8
各县(市)合计	4288555	9.7
阳朔县	451410	10.1
灵川县	1385332	9.5
全州县	457835	9.0
兴安县	211570	10.8
永福县	404966	9.2
灌阳县	106041	8.8
龙胜各族自治县	148431	7.8
资源县	88586	7.5
平乐县	299918	10.3
恭城瑶族自治县	272707	8.5
荔浦市	461758	10.5

2019年桂林市、县(市、区)农村社会经济基本情况表

指　标	单位	桂林市	秀峰区	叠彩区	象山区	七星区	雁山区
一、农村基层组织情况							
1. 乡镇个数	个	134		1	1	1	4
其中:镇个数	个	88					2
2. 建制村	个	1653	7	15	8	16	37
3. 社区	个	255	20	22	36	33	4
4. 村民小组	个	29622	39	153	100	188	318
二、农村基础设施							
1. 自来水受益村数	个	1439	7	7	8	16	9
2. 通有线电视村数	个	1645	7	15	8	16	5
3. 通宽带村数	个	1747	7	15	8	16	13
三、乡村人口与从业人员							
1. 乡(镇)村户数	万户	111.29	0.51	0.67	0.59	1.45	1.71
2. 乡(镇)村人口数	万人	403.49	1.79	2.81	2.50	5.41	6.56
其中:男	万人	210.64	0.95	1.45	1.27	2.56	3.25
女	万人	192.85	0.84	1.36	1.23	2.85	3.31
3. 乡(镇)村劳动力资源数	万人	253.80	1.04	1.57	1.48	3.99	4.19
其中:男	万人	135.05	0.54	0.84	0.78	1.99	2.08
女	万人	118.75	0.50	0.73	0.70	2.00	2.11
4. 乡(镇)村从业人员数	万人	216.97	0.78	1.45	1.22	3.11	3.87
其中:男	万人	116.19	0.41	0.75	0.60	2.14	1.90
农业从业人员	万人	76.59	0.20	0.53	0.29	0.99	1.38
其中:女	万人	100.78	0.37	0.70	0.62	0.97	1.97
农业从业人员	万人	66.30	0.16	0.39	0.30	0.38	1.40

续表一

指　标	单位	临桂区	阳朔县	灵川县	全州县	兴安县	永福县
一、农村基层组织情况							
1. 乡镇个数	个	11	9	12	18	10	9
其中：镇个数	个	9	6	7	15	6	6
2. 建制村	个	161	99	129	272	115	93
3. 社区	个	15	15	19	14	10	6
4. 村民小组	个	3111	2209	2018	4235	1874	1866
二、农村基础设施							
1. 自来水受益村数	个	173	125	123	196	115	70
2. 通有线电视村数	个	248	99	107	227	114	94
3. 通宽带村数	个	268	99	154	256	116	94
三、乡村人口与从业人员							
1. 乡(镇)村户数	万户	10.84	8.11	8.35	19.63	9.78	5.85
2. 乡(镇)村人口数	万人	43.37	29.81	31.61	71.50	33.15	21.83
其中：男	万人	22.81	15.54	16.11	38.26	17.00	11.35
女	万人	20.56	14.28	15.50	33.24	16.15	10.48
3. 乡(镇)村劳动力资源数	万人	26.25	18.80	19.07	44.92	22.92	13.08
其中：男	万人	14.06	9.81	9.89	24.38	12.10	6.81
女	万人	12.19	8.99	9.18	20.54	10.82	6.26
4. 乡(镇)村从业人员数	万人	23.43	16.87	17.08	37.52	18.29	11.47
其中：男	万人	12.35	8.96	8.79	20.61	9.50	5.98
农业从业人员	万人	7.24	6.18	5.05	13.59	6.71	4.95
其中：女	万人	11.08	7.91	8.28	16.91	8.79	5.48
农业从业人员	万人	6.56	5.22	4.98	11.34	6.19	4.55

续表二

指　标	单位	灌阳县	龙胜各族自治县	资源县	平乐县	恭城瑶族自治县	荔浦市
一、农村基层组织情况							
1. 乡镇个数	个	9	10	7	10	9	13
其中：镇个数	个	6	6	3	6	6	10
2. 建制村	个	138	119	71	134	117	122
3. 社区	个	4	9	3	13	10	22
4. 村民小组	个	2438	1646	1573	2260	2307	3287
二、农村基础设施							
1. 自来水受益村数	个	138	119	62	63	111	97
2. 通有线电视村数	个	138	119	71	134	117	126
3. 通宽带村数	个	138	119	71	129	116	128
三、乡村人口与从业人员							
1. 乡(镇)村户数	万户	7.40	3.90	5.12	10.61	6.92	9.85
2. 乡(镇)村人口数	万人	24.45	14.56	16.71	36.72	26.06	34.65
其中：男	万人	12.90	7.42	8.73	18.82	14.02	18.20
女	万人	11.55	7.14	7.98	17.90	12.04	16.45
3. 乡(镇)村劳动力资源数	万人	14.93	8.85	10.44	23.57	16.54	22.16
其中：男	万人	8.04	4.82	5.60	12.17	9.10	12.04
女	万人	6.89	4.03	4.84	11.40	7.44	10.12
4. 乡(镇)村从业人员数	万人	13.05	7.83	8.94	21.55	13.65	16.86
其中：男	万人	6.96	4.22	4.75	11.18	7.60	9.48
农业从业人员	万人	5.37	3.43	2.94	6.28	5.29	6.17
其中：女	万人	6.09	3.61	4.19	10.37	6.05	7.38
农业从业人员	万人	4.62	2.86	2.62	5.90	3.95	4.87

2019年桂林市农作物播种面积和产量

指 标	播种面积(公顷)			总产量(吨)		
	本年	上年	±%	本年	上年	±%
*农作物总播种面积	690888	698573	-1.10			
一、粮食合计	330007	337064	-2.09	1690066	1759835	-3.96
(一)谷物合计	264923	271248	-2.33	1532979	1594572	-3.86
1. 稻谷	214462	221295	-3.09	1322232	1379243	-4.13
早稻	94913	99592	-4.70	557903	596714	-6.50
中稻	38108	37891	0.57	304861	308195	-1.08
晚稻	81441	83812	-2.83	459469	474333	-3.13
2. 小麦	952	954	-0.21	1665	1688	-1.36
3. 玉米	41263	40561	1.73	195454	198876	-1.72
4. 粟(谷子)	382	382	0.07	1211	1224	-1.03
5. 高粱	2326	2326	0.02	7176	7731	-7.18
6. 其他谷物	5537	5731	-3.37	5241	5810	-9.79
(二)豆类合计	30328	30772	-1.44	64099	67118	-4.50
1. 大豆	19211	19351	-0.72	38590	40084	-3.73
2. 绿豆	3616	3692	-2.06	5668	5896	-3.88
4. 其他豆类	7458	7682	-2.91	19783	21072	-6.12
(三)薯类折粮	34756	35043	-0.82	92987	98145	-5.26
(四)薯类合计	34756	35043	-0.82	464937	490727	-5.26
1. 马铃薯	4526	4856	-6.78	56702	60126	-5.69
2. 红薯	30229	30187	0.14	408235	430601	-5.19
*二、经济作物合计	71271	69194	3.00			
(一)油料	25954	25466	1.92	80896	73824	9.58
其中:花生	19789	19250	2.80	69772	62615	11.43
油菜子	5128	5257	-2.46	5404	5460	-1.01
(二)棉花	250	246	1.70	280	413	-32.21
(三)生麻	440	448	-1.94	961	981	-2.05
(四)甘蔗	3391	3534	-4.05	287487	290607	-1.07
1. 糖蔗	1368	1623	-15.67	115412	129526	-10.90
2. 果蔗	2023	1912	5.81	172075	161126	6.80
(六)中草药材	28425	26898	5.67			
(七)木薯	7484	7451	0.44	49737	46842	6.18
(八)其他经济作物	5327	5150	3.44			
2. 红瓜子	4460	4272	4.39	10113	10008	1.05
*三、其他农作物	289610	292316	-0.93			
(一)蔬菜(含菜瓜)	216775	214469	1.07	4996005	4855587	2.89
(二)食用菌				153402	148094	3.58
(三)瓜果类	18619	19448	-4.26	645939	649526	-0.55
西瓜	15549	15742	-1.23	578660	569831	1.55
(四)其他	54216	54033	0.34			
其中:青饲料	9836	9428	4.33			
饲草	3385	3534	-4.21			
绿肥	28586	28092	1.76			
马蹄	12136	12368	-1.88	508313	551462	-7.82

2019年桂林市教育事业基本情况

单位：人

学校名称级类别	本年招生数	本年毕业生数	期末在校生数	年末教职工人数	专任教师			
						副教授以上	讲师	助教
总计	326019	275313	1109658	80000	61209	4679	4233	877
高等院校	67798	54246	217682	14154	9474	4256	3464	355
普通院校	67312	53821	216343	14087	9449	4244	3458	351
广西师范大学	20662	17574	56346	2428	1893	970	636	13
桂林理工大学	11510	8623	37070	2599	1801	761	749	49
桂林电子科技大学	6738	5411	26486	2878	1678	783	496	47
桂林医学院	3187	3159	13173	1455	985	742	183	13
桂林旅游学院	3975	3061	14164	858	639	193	273	100
桂林航天工业学院	4219	4825	17556	1342	743	277	293	41
广西师范大学漓江学院	3117	3008	12568	489	233	31	150	2
桂林电子科技大学信息科技学院	3967	1931	10831	381	203	48	104	3
桂林理工大学博文管理学院	3422	3253	14752	814	560	207	287	9
桂林师范高等专科学校	4247	2522	10177	633	551	198	222	35
桂林生命与健康职业技术学院	1615	0	1781	120	105	31	39	35
桂林山水职业学院	653	454	1439	90	58	3	26	4
成人高等学校	486	425	1339	67	25	12	6	4
桂林市广播电视大学	346	370	1046	43	11	5	3	3
桂林市职工大学	140	55	293	24	14	7	3	1
中等专业学校（不含区直学校）	13686	9175	32320	1513	1277	333	630	366
桂林市财贸管理干部中等专业校	0	75	0	0	0	0	0	0
桂林市卫生学校	2024	1331	3947	178	163	70	62	33
桂林市艺术学校	155	11	267	30	11	1	14	10
广西壮族自治区桂林林业学校	586	461	1801	71	63	19	32	19
桂林市旅游职业中等专业学校	3384	1831	8046	328	288	96	140	70
桂林市经济管理干部中等专业学校								
桂林市机电工程学校	873	313	1825	57	51	10	32	15
桂林市荔浦师范学校								
张艺谋漓江艺术学校	106	80	258	62	34	8	3	17
桂林市民族职业技术学校	0	0	0	19	17	2	13	3
桂林东方中等职业技术学校								
广西桂林创新中等职业技术学校								
桂林电子中等专业学校	735	161	1376	66	61	7	28	26
桂林风帆旅游学校	222	233	452	18	15	0	5	8
山水职业学校附属中专	50	70	354	52	40	0	12	12
桂林华兴中等职业技术学校	0	0	0	1	0	0	0	0
兴安师范学校	601	343	1635	110	87	36	47	26
全州县中等职业技术学校	1187	931	3404	107	82	7	36	36

续表

单位：人

学校名称级类别	本年招生数	本年毕业生数	期末在校生数	年末教职工人数	专任教师			
						副教授以上	讲师	助教
桂林职教中心临桂分校								
灵川县职业中等专业学校	862	304	1659	71	66	17	36	12
兴安县中等职业技术学校	0	446	0	30	26	6	19	1
平乐县中等职业技术学校	0	106	0	9	6	0	6	0
荔浦县中等职业技术学校	798	731	2211	75	72	16	29	27
阳朔县中等职业技术学校	760	49	852	35	34	12	13	9
灌阳县中等职业技术学校	0	375	523	41	33	4	18	16
永福县职业教育中心	657	262	1357	50	50	7	25	15
恭城县职业教育中心	576	130	1133	46	38	10	24	8
资源县中等职业技术学校	0	432	438	17	14	1	15	1
龙胜县民族职业中等专业学校	0	500	620	16	13	1	15	0
桂林市森林美工艺雕刻中等职业技术学校	110	0	162	24	13	3	6	2
技工学校	6528	3814	14122	832	445	90	139	156
广西桂林商贸旅游技工学校	859	607	1896	110	86	12	31	27
桂林市交通技工学校	748	173	1392	138	59	15	26	18
广西商业技师学院	2589	1197	6284	253	105	13	13	44
桂林市第二技工学校	776	910	1737	139	56	20	37	41
桂林技师学院	1556	927	2813	192	139	30	32	26
普通中学	93694	76698	263654	21110	17628			
# 城区	26427	21758	73264	6235	5078			
# 高中（市属）	10164	9027	28862	4025	2083			
初中（市属）	16263	12731	44402	2210	2995			
县镇	55083	45104	155744	12198	10202			
农村	12184	9836	34646	2677	2348			
普通小学	73296	63188	399333	24550	23483			
# 城区	20748	15322	103865	6384	5860			
县镇	29023	29982	173322	9315	9126			
农村	23525	17884	122146	8851	8497			
幼儿园	70755	68089	181365	17604	8695			
# 城区	20542	16912	50004	6667	3247			
县镇	31835	31135	89155	8176	4102			
农村	18378	20042	42206	2761	1346			
特殊教育学校	239	85	1159	222	195			
工读学校	23	18	23	15	12			

（桂林市统计局）

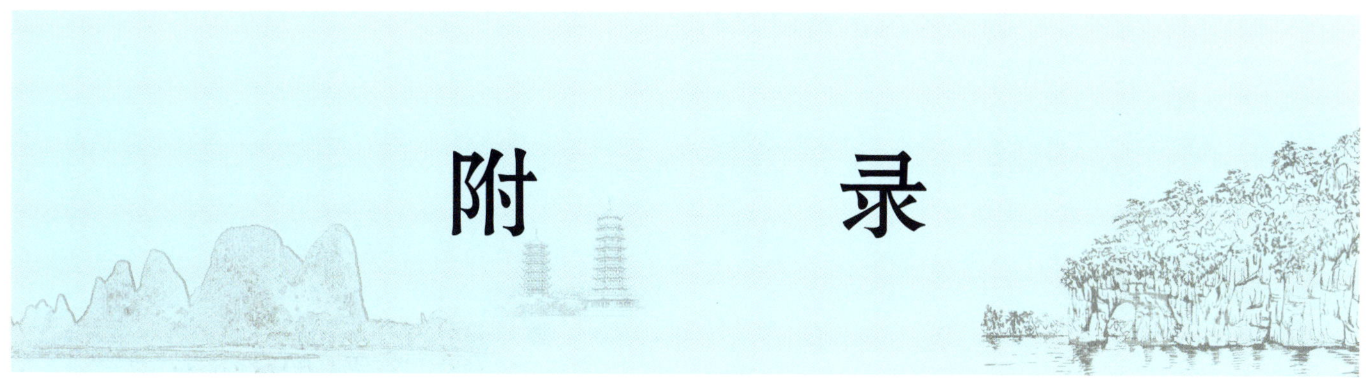

2019 年桂林市国民经济和社会发展统计公报

桂林市统计局　国家统计局桂林调查队

2020 年 4 月 21 日

2019 年，全市各级各部门在桂林市委、市政府的坚强领导下，以习近平新时代中国特色社会主义思想为指导，全面贯彻落实党的十九大和十九届二中、三中、四中全会精神，深入贯彻落实国家、自治区、市委各项决策部署，坚持稳中求进工作总基调，坚持高质量发展，坚持桂林国际旅游胜地建设“一本蓝图绘到底”，加快推进“两大振兴”，打好“三大攻坚战”，狠抓“四大建设”，统筹稳增长、促改革、调结构、惠民生、防风险、保稳定，扎实做好稳就业、稳金融、稳外贸、稳外资、稳投资、稳预期工作，全市经济运行总体平稳，稳中向好，经济社会各项事业平稳健康发展。

一、综合

2019 年末，全市户籍总人口 540.60 万人，其中城镇人口 206.62 万人；常住人口 511.23 万人，其中城镇人口 260.20 万人，常住人口城镇化率为 50.90%。常住人口出生率 12.37‰，死亡率 6.51‰，自然增长率 5.86‰。

初步核算，全年全市生产总值(GDP) 2105.56 亿元，按可比价计算，比上年增长 6.5%。其中，第一产业增加值增长 6.0%；第二产业增加值增长 7.2%；第三产业增加值增长 6.5%。三次产业增加值占地区生产总值的比重分别为 23.1%、22.6% 和 54.3%，对经济增长的贡献率分别为 20.8%、24.9% 和 54.2%。按常住人口计算，人均地区生产总值 41294 元，比上年增长 5.9%。

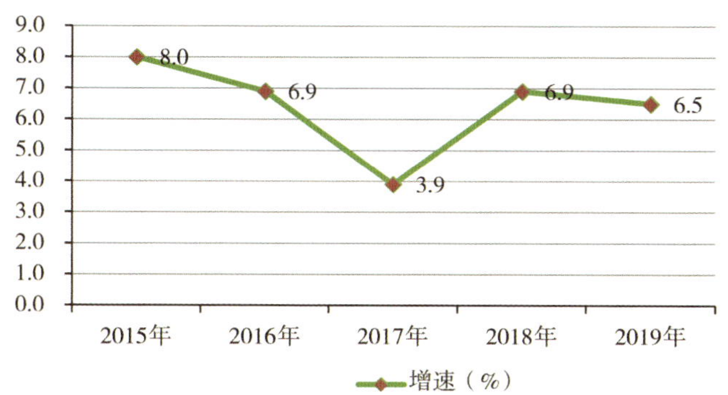

2015—2019 年桂林市生产总值增长速度

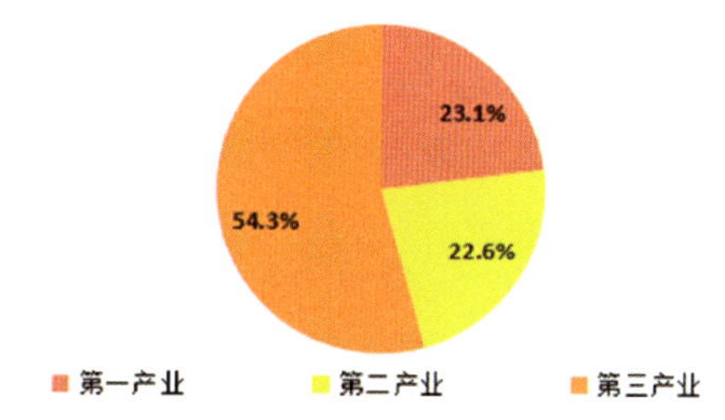

2019 年桂林市三次产业结构图

居民消费价格(CPI)比上年上涨 3.4%；商品零售价格上涨 3.2%。

2019 年居民消费价格指数

指　标	指数(上年同期 =100)
居民消费价格总指数	103.4
# 食品烟酒	109.5
衣着	100.7
居住	101.9
生活用品及服务	101.3
交通和通信	97.7
教育文化和娱乐	100.5
医疗保健	102.1
其他用品和服务	105.0

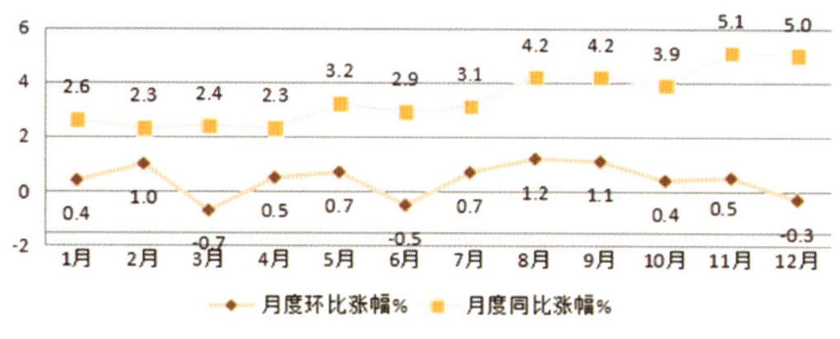

2019 年月度居民消费价格涨跌情况

年末城镇新增就业人数4.49万人;城镇登记失业率2.66%。城镇失业再就业人数1.40万人;新增农村劳动力转移就业7.75万人。

全年组织财政收入258.79亿元,其中一般公共预算收入152.79亿元,税收收入181.32亿元。一般公共预算支出496.03亿元。全年新登记市场主体5.21万户,年末市场主体总数达31.61万户,同比增长10.0%。

二、农业

全市农林牧渔业总产值(按可比价格计算)比上年增长6.1%。其中,种植业产值增长9.1%;林业产值增长6.1%;畜牧业产值下降5.9%;渔业产值增长5.0%,农林牧渔专业及辅助性活动产值增长10.6%。

年末农田有效灌溉面积21.49万公顷,比上年增长0.7%。年末拥有农业机械总动力542.43万千瓦,增长2.8%。农用化肥使用量(按实物量计)68.48万吨,下降1.8%;农用塑料薄膜使用量0.29万吨,增长1.5%;农药使用量(按实物量计)0.78万吨,增长0.8%。

全年农作物总播种面积69.09万公顷,比上年下降1.1%。其中,粮食作物播种面积33.0万公顷,下降2.1%;经济作物播种面积7.13万公顷,增长3.0%。全年粮食总产量169.00万吨,下降4.0%。水果总产量678.29万吨,增长20.4%;蔬菜产量499.60万吨,增长2.9%。

全年肉类总产量50.54万吨,比上年下降9.1%;生猪出栏342.50万头,下降22.4%;家禽出栏1.36亿羽,增长15.2%;水产品产量10.08万吨,增长5.1%。

2019年主要农产品产量及增长速度

单位:万吨

指　标	绝对值	比上年增长(%)
粮食	169.00	-4.0
#夏粮	72.81	-5.2
秋粮	93.44	-3.1
#稻谷	132.22	-4.1
玉米	19.55	-1.7
豆类	6.41	-4.5
薯类(折粮)	9.30	-5.3
油料	8.09	9.6
#花生	6.98	11.4
糖类(甘蔗)	28.75	-1.1
水果产量	678.29	20.4
#柑橘	458.18	25.7
蔬菜产量	499.60	2.9
肉类总产量	50.54	-9.1
#猪肉	25.73	-22.8
牛肉	1.85	9.0
羊肉	0.35	8.3
水产品产量	10.08	5.1
禽蛋产量	5.75	9.7

三、工业和建筑业

全部工业总产值比上年增长1.8%,其中规模以上工业总产值增长2.0%。全部工业增加值比上年增长5.5%,其中规模以上工业增加值增长6.4%。在规模以上工业增加值中,分经济类型看,国有企业增长16.7%,集体企业增长14.0%,股份制企业增长5.2%,外商及港澳台商投资企业增长30.6%;分门类看,采矿业增长6.2%,制造业增长4.3%,电力、燃气及水的生产和供应业增长19.2%;从产业结构看,高技术行业增长4.0%,高耗能行业增长2.5%。

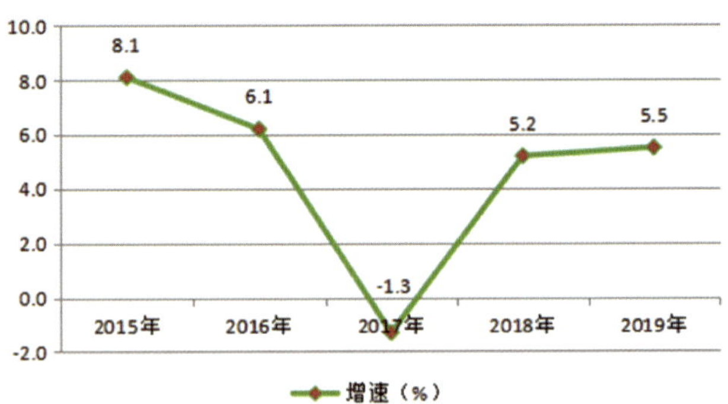

2015—2019年全部工业增加值增长速度

全年全市规模以上工业增加值中,电力、热力生产和供应业增长20.3%,电气机械和器材制造业增长21.7%,汽车制造业增长44.0%,酒、饮料和精制茶制造业增长10.3%,橡胶和塑料制品业增长42.4%,专用设备制造业增长17.2%,黑色金属冶炼和压延加工业增长10.0%,非金属矿物制品业增长1.1%,计算机、通信和其他电子设备制造业增长7.0%,非金属矿采选业增长5.1%。

2019年主要工业产品产量增长速度

产品名称	比上年增长(%)
纸制品	-5.1
金属切削机床	-34.0
汽车	1.2
钢材	0.0
电力电缆	68.8
橡胶轮胎外胎	2650.7
饮料酒	4.5
#白酒(折65度,商品量)	-12.7
啤酒	5.1
软饮料	2.5
人造板	8.0
衣架	0.9
半导体分立器件	-60.7
铁合金	5.9
化学药品原药	-6.6
中成药	14.9
水泥	-0.8

全年规模以上工业企业利润比上年增长6.3%，其中国有控股企业增长11.7%，集体企业增长30.5%，非公有制经济企业增长5.8%。规模以上工业销售产值增长0.5%；规模工业产品销售率为96.37%。

全年全社会建筑业增加值（按可比价格计算）比上年增长10.0%。资质以上建筑业企业实现总产值增长19.2%。

四、固定资产投资

全年全市固定资产投资（不含农户）比上年增长9.3%，其中民间投资增长8.7%。分产业看，第一产业投资增长46.5%；第二产业投资增长14.8%，其中工业投资增长18.7%；第三产业投资增长7.6%。分领域看，基础设施投资增长12.7%，制造业投资增长27.5%，房地产开发投资增长11.8%。

2015—2019年固定资产投资增长速度

2019年分行业固定资产投资增长速度

行业名称	比上年增长(%)
固定资产投资	9.3
#农、林、牧、渔业	46.5
采矿业	36.4
制造业	27.5
电力、热力、燃气及水生产和供应业	3.6
建筑业	-94.0
批发和零售业	-29.9
交通运输、仓储和邮政业	39.0
住宿和餐饮业	-21.0
信息传输、软件和信息技术服务业	35.2
金融业	375.5
房地产业	9.3
租赁和商务服务业	-41.1
科学研究和技术服务业	44.8
水利、环境和公共设施管理业	-4.7
居民服务、修理和其他服务业	25.1
教育	13.8
卫生和社会工作	15.6
文化、体育和娱乐业	28.7
公共管理、社会保障和社会组织	54.3

全年房地产开发房屋施工面积2845.16万平方米，增长15.8%。其中，年内新开工面积934.96万平方米，增长53.9%。房屋竣工面积87.95万平方米，下降16.6%；其中住宅67.05万平方米，下降8.2%。商品房销售面积701.77万平方米，增长17.9%；其中住宅651.90万平方米，增长19.2%。商品房销售额450.80亿元，增长22.3%；其中住宅409.91亿元，增长28.5%。年末商品房待售面积103.82万平方米，下降2.3%；其中住宅57.10万平方米，下降17.2%。

五、国内贸易和对外经济

全年社会消费品零售总额1095.20亿元，比上年增长10.0%。其中，城镇消费品零售总额901.33亿元，增长9.8%；乡村消费品零售总额193.87亿元，增长11.1%。

2015—2019年社会消费品零售总额及增长速度

限额以上批发业销售额357.37亿元，增长10.0%；限额以上零售业销售额196.39亿元，增长6.8%；限额以上住宿业营业额21.27亿元，同比增长1.8%；限额以上餐饮业营业额12.10亿元，同比增长15.8%。

在限额以上单位商品零售额中，粮油、食品类增长4.1%，烟酒类增长2.4%，化妆品类增长11.5%，金银珠宝类增长11.4%，书报杂志类增长14.2%，家用电器和音像器材类增长2.7%，中西药品类增长25.5%，文化办公用品类增长20.3%，家具类增长15.7%，煤炭及制品类下降12.3%，机电产品及设备类增长57.2%，汽车类增长1.4%。

全年外贸进出口总额70.58亿元，比上年下降2.6%。其中，出口62.30亿元，与上年同期基本持平；进口8.28亿元，下降18.6%。

全年内资区外到位资金832.67亿元，全市实施内资项目522个，新签内资项目233个，总投资额761.58亿元；实际利用外资6272万美元。

六、交通、邮电和旅游

全年交通运输、仓储及邮政业增加值比上年增长5.2%。年末公路总里程14580千米，增长4.0%。其中，高速公路里程691千米，增长9.9%。

2019 年客货运输量及增长速度

指　标	单位	绝对值	比上年增长(%)
全社会货运总量			
# 公路	万吨	11047	7.5
水运	万吨	59	15.9
空运(吞吐量)	吨	30313	12.0
全社会客运总量			
# 公路	万人次	6686	-4.4
水运	万人次	295	4.6
空运(吞吐量)	万人次	855	-2.1

年末民用汽车保有量 70.37 万辆，增长 10.3%，其中私人 64.76 万辆，增长 11.3%。

全年邮电业务总量 384.05 亿元，比上年增长 67.4%。其中，邮政业务总量 10.95 亿元，增长 18.2%；电信业务总量 373.10 亿元，增长 69.5%。

全年接待国内外游客 1.38 亿人次，增长 26.7%。其中，国内游客 1.35 亿人次，增长 27.1%；入境过夜游客 314.59 万人次，增长 14.5%。实现旅游总消费 1874.25 亿元，增长 35.0%。其中，国内旅游总消费 1731.75 亿元，增长 34.2%；国际旅游消费 20.62 亿美元，增长 35.3%，入境过夜游客人均逗留 2.53 天。

七、金融和保险

年末金融机构本外币存款余额 3624.70 亿元，增长 3.9%。其中，人民币各项存款余额 3603.49 亿元，本外币贷款余额 2831.36 亿元，增长 13.8%。其中人民币各项贷款余额 2829.19 亿元。

2019 年末金融机构本外币存贷款余额及增长速度

指　标	绝对值(亿元)	比上年增长(%)
本外币各项存款余额	3624.70	3.9
# 住户存款	2248.37	10.3
本外币各项贷款余额	2831.36	13.8
# 境内中长期贷款	2126.62	15.1
境内短期贷款	581.94	2.0

全年保险业承保额合计 31068.22 亿元，比上年增长 15.3%。其中，财产险业务承保额 22735.63 亿元，增长 12.7%；寿险业务承保额 8332.59 亿元，增长 23.4%。保费收入 74.02 亿元，增长 8.0%。其中，财产险业务保费收入 21.22 亿元，下降 7.2%；寿险业务保费收入 52.79 亿元，增长 15.6%。已决赔款 26.69 亿元，下降 5.8%。其中，财产险业务赔款 12.85 亿元，增长 14.8%；寿险业务赔款 13.84 亿元，下降 19.3%。

八、教育和科学技术

全市有普通中学 214 所，专任教师 1.76 万人，当年招生 9.37 万人，在校生 26.37 万人，毕业生 7.67 万人。其中，普通高中 58 所，专任教师 5694 人，当年招生 3.01 万人，在校生 8.50 万人，毕业生 2.56 万人。有普通小学 537 所，专任教师 2.35 万人，当年招生 7.33 万人，在校生 39.93 万人，毕业生 6.32 万人。全市小学入学率 103.95%，全市小学毕业升初中比例 100%，高中三年毛入学率 92.3%。有幼儿园 1050 所，专任教师 8695 人，在园幼儿 18.14 万人。有社会办学校 72 所，在校学生 5.60 万人。有特殊教育学校 10 所，在校学生 1159 人，专任教师 195 人。全年参加高等教育自学考试 3500 人。

全年登记科技成果 206 项，同比增长 67.5%；获科技进步奖 39 项，同比增长 39.3%。年内签订技术登记合同 124 件，合同成交额 5825.36 万元，技术交易额 5360.17 万元。受理专利申请 5149 项，专利授权 2541 项，其中发明 542 项。

九、文化、卫生和体育

全市共有专业艺术表演团体 9 个，国内演出 1230 场次，文艺组团出访 4 次。各类电影放映单位 35 个，全年放映电影 24.75 万场次。公共图书馆 14 个，藏书 497.77 万册。文化馆及艺术馆 18 个。博物馆 27 个，接待观众 469.90 万人次。年末广播节目综合人口覆盖率为 98.32%，电视节目综合人口覆盖率为 99.06%。

全市共有各类卫生医疗机构 4632 所。其中，医院 73 所，疾病预防控制中心 13 所，卫生监督所 18 所，乡镇卫生院 142 所，社区卫生服务中心 43 所，村卫生室 2935 所。卫生机构床位 2.46 万张，其中，医院 1.79 万张。全市卫生技术人员 3.54 万人，执业医师(含执业助理医师)1.26 万人，注册护士(师)1.56 万人。

全市体育场馆 41 个，全年向上级输送各类运动员 76 人。在各类大赛中获国际比赛 8 枚奖牌，其中 5 枚金牌，2 枚银牌，1 枚铜牌；获全国比赛 77 枚奖牌，其中 19 枚金牌，22 枚银牌，36 枚铜牌。

十、人民生活和社会保障

全体居民人均可支配收入 26381 元，比上年增长 8.6%。按地域看，城镇居民人均可支配收入 37178 元，比上年增长 7.3%。农村居民人均可支配收入 16045 元，比上年增长 9.7%。

参加居民基本养老保险 206.98 万人，参加职工养老保险 100.39 万人；参加居民基本医疗保险 429.95 万人，参加职工基本医疗保险 77.41 万人；参加失业保险人数 45.14 万人；工伤保险人数 52.79 万人；参加生育保险 49.77 万人。

全年享受政府最低生活保障的人数 21.31 万人，比上年增长 18.4%，其中城镇居民 2.40 万人，农村居民 18.90 万人。全市有社会福利院 8 个，床位数 1372 张，年末收养各类人员 548 人。

十一、资源、环境和安全生产

全市水资源总量 351 亿立方米，全年全市用水总量

38.17 亿立方米，比上年下降 1.4%。其中，生活用水 4.63 亿立方米，增长 3.6%；工业用水 3.36 亿立方米，下降 6.4%；农业用水 29.81 亿立方米，下降 1.7%。污水处理厂 16 个，污水集中日处理能力 59.60 万立方米，污水处理率 97.14%。生活垃圾处理厂 11 个，全年处理生活垃圾 95.15 万吨，生活垃圾无害化处理率 100%。

全年全社会用电量 146.03 亿千瓦时，比上年增长 15.2%。其中，居民生活用电 42.63 亿千瓦时，工业用电 70.89 亿千瓦时。

全市森林覆盖率 71.62%。造林面积 7921 公顷，更新造林面积 4534 公顷，森林抚育面积 10.49 万公顷。

全年火灾事故死亡人数 13 人，火灾事故直接财产损失 695.80 万元，交通事故死亡人数 481 人，交通事故直接财产损失 1166.80 万元。

注释：

1. 本公报中 2019 年数据均为初步统计数。部分数据因四舍五入的原因，存在着与分项合计不等的情况。

2. 地区生产总值、各产业增加值、农业总产值、工业增加值、建筑业增加值、交通运输仓储及邮政业增加值增长速度按可比价计算；人均地区生产总值按平均常住人口计算。根据第四次全国经济普查结果，对地区生产总值、三次产业及相关行业增加值等相关指标的历史数据进行了修订。

3. 常住人口指在桂林居住半年以上的人口，以及户口在桂林、外出不满半年或在境外工作学习的人口。

4. 户籍人口由市公安局提供，常住人口及邮电业务数据由自治区统计局反馈；物价及城乡居民收入数据由国家统计局桂林调查队提供；财政数据由市财政局提供；市场主体数据由市市场监管局提供；进出口数据由桂林海关提供；外资利用数据由市投资促进局提供；交通数据由市交通局、市交警支队、桂林机场提供；金融数据由中国人民银行桂林市中心支行提供；保险数据由市保险行业协会提供；教育数据由市教育局及相关院校提供；科技数据由市科技局提供；体育数据由市体育局提供；文化、旅游数据由市委宣传部、市文化广电和旅游局提供；卫生数据由市卫生健康委员会提供；就业、社会保障数据由市人力资源和社会保障局提供；用电情况数据由市供电局提供；用水量数据由市水利局提供；森林覆盖率数据由市林业和园林局提供；火灾事故数据、道路交通事故数据由市消防救援支队和市公安局提供。

辉煌巨变七十载　砥砺奋进谱新章

——庆祝中华人民共和国成立 70 周年
桂林市经济社会发展成就

中华人民共和国成立 70 年来，特别是党的十八大以来，在自治区党委、政府和桂林市委、市政府的正确领导下，全市上下认真贯彻落实中央和自治区各项决策部署，以习近平新时代中国特色社会主义思想为指导，始终坚持以漓江生态保护为核心，坚持桂林国际旅游胜地“一本蓝图绘到底”，按照“加快建设新城，疏解提升老城，产业融合发展，城乡协调推进，生态文化相融，富裕和谐桂林”总体要求，统筹推进稳增长、促改革、调结构、惠民生、防风险各项工作，经济社会各项事业取得了令人瞩目的巨大成就，谱写出桂林人民自强不息、砥砺奋进的壮丽篇章。

一、综合实力日益增强，产业结构持续优化

新中国成立初期，桂林市与全国多数城市一样，面临物质匮乏，百废待兴的局面，经济总量偏小，综合实力不强，产业基础十分薄弱，经过 70 年的不断发展，特别是改革开放以来，桂林市经济实现快速增长，综合实力显著提升，经济总量不断迈上新台阶。农业基础地位得到不断巩固，工业振兴战略持续推进，以旅游为龙头的现代服务业提质增效，形成了三次产业协调发展的新局面，实现了由传统农业主导型向现代服务业主导型的历史性转变，产业结构不断调整和优化。

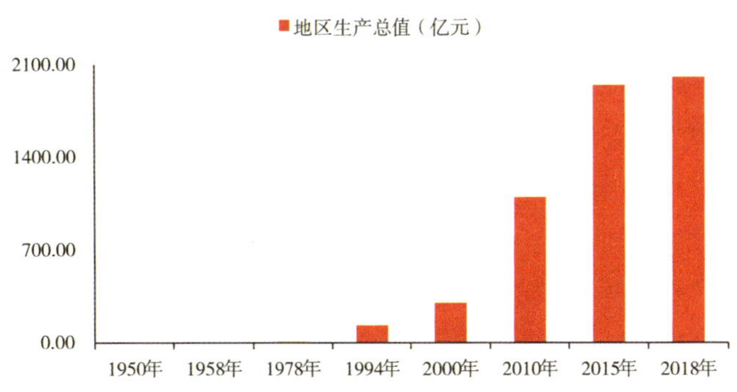

1950—2018 年桂林市主要年份地区生产总值

1950 年，桂林市地区生产总值不到 2 亿元，改革开放以来，全市地区生产总值总量连续迈上新台阶，1978 年，桂林市地区生产总值首次超 10 亿元，到 1994 年突破 100 亿元，2010 年突破 1000 亿元，2016 年迈上 2000 亿台阶。到 2018 年，全市经济总量约为 1950 年的 1374 倍，总量稳居

全自治区第3位。1951—2018年地区生产总值年均增长9.0%，其中，1979—2018年年均增长10.4%，2014年开始中国经济呈现新常态，从高速增长转为中高速增长，2014—2018年全市地区生产总值年均增长6.7%。1950年人均地区生产总值仅70元，2018年实现人均地区生产总值（按户籍人口）近4万元，是1950年的534倍。

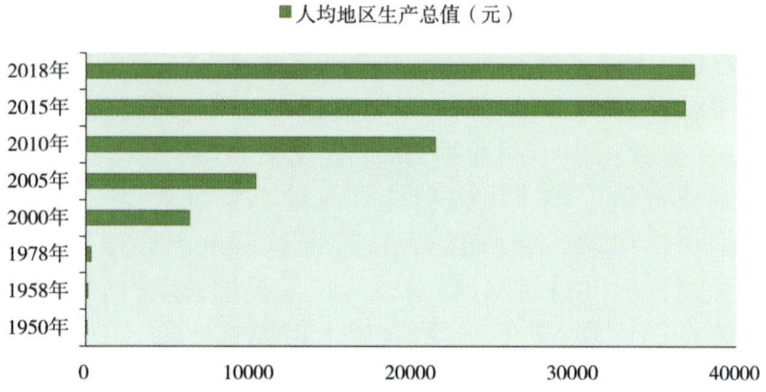

1950—2018年桂林市主要年份人均地区生产总值

70年来，全市产业结构实现了由第一产业为主的传统模式，向第二、三产业为主，三大产业协调融合发展的方向转化。三次产业结构由1950年的75.8∶4.6∶19.6，调整到1978年的43.4∶35.3∶21.3，到2018年三次产业结构为19.6∶31.1∶49.3。1999年完成了产业结构的第一次质变，第三产业占比超过了第一产业；2002年完成了产业结构的第二次质变，第二产业占比超过了第一产业。2018年第三产业支撑作用更为凸显，第三产业增加值占地区生产总值比重近半，对经济增长的贡献率为59.6%，拉动地区生产总值增长4.1个百分点。

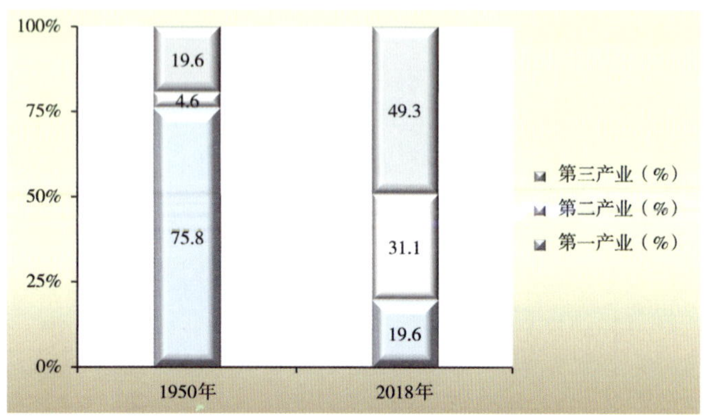

1950年和2018年三次产业结构

二、农业农村经济稳步发展，综合生产能力显著提升

解放初期，桂林实行以粮食为主的农村人民公社分配种养农业，生产力水平低下，生产方式落后。改革开放以来，桂林相继实行了联产承包责任制、农产品流通体制、农村税费制度等多方面改革，制定实施了鼓励发展多种经营、适度规模经营等一系列政策措施，逐步由传统经济向商品农业经济转轨。党的十八大以来，桂林建立以市场为主导的新型农业经营体系，扎实推进特色效益农业、现代设施农业、休闲观光农业、生态循环农业、农产品加工与流通业建设，农林牧渔业协调发展，农业农村经济持续稳步推进。

2018年，全市农林牧渔业总产值比1950年增长392倍，粮食产量比1950年增长3倍，水果产量比1950年增长1043倍。粮食综合生产能力稳步提升，桂北粮仓地位进一步巩固。水果产量明显增加，蔬菜、食用菌稳步发展，持续保持全自治区领先地位，金槐、铁皮石斛、金银花等药材种植发展前景良好。农业、农村生产条件加快改善，2018年，拥有农业机械总动力527.70万千瓦，第一产业用电量达1.76亿千瓦时；全市化肥施用量（按实物量）69.73万吨，农用塑料薄膜使用量2839吨，与建国初期和改革开放初期相比，生产条件有了明显提高，综合生产能力显著提升。

三、转型升级持续推进，工业振兴成效显著

工业发展成效显著，实现了由工业化初期向工业化中期的历史性跨越。解放初期，桂林工业发展基础薄弱，整体水平很低。改革开放后，桂林工业快速发展，成为国家老工业基地之一。党的十八大以来，桂林市大力实施“工业振兴”战略，推进工业创新发展、绿色发展、智能发展、集聚发展。

2018年，全部工业总产值比1950年增长7655倍。工业园区成为工业发展主战场。坚持跳出漓江发展工业，形成三大园区“齐头并进”和各县工业集中区“多点支撑”的工业发展新格局。2018年，全市园区工业总产值占全市工业总产值比重达66%。优势产业发展壮大。依托桂林产业基础和科教优势，重点做大做强电子信息、先进装备制造、医药及生物制品、生态食品四大优势产业，2018年四大优势产业增加值占全市规模工业增加值的43.8%。龙头企业引领行业发展。燕京漓泉、福达集团、国际线缆、三金药业、莱茵生物、力源粮油等龙头企业成为全市工业经济的“压舱石”和“稳定器”；桂康新材料、新桂轮等企业技改提升展现新活力；光隆光电、智神信息、飞宇科技、海威科技等创新型企业跨越发展；华为、比亚迪、深科技等成为工业振兴新动能。

四、一本蓝图绘到底，国际旅游胜地建设成果丰硕

解放初期，市场商品匮乏，桂林第三产业发展几乎空白。1973年5月，桂林市经国务院批准正式对外开放，成为我国最早接待外国游客的城市之一，旅游业从此有了跨越式的发展。改革开放以来，桂林成为国家首批历史文化名城，以得天独厚的自然条件和政策优势，成为新中国旅游业的先行者。党的十八大以来，以桂林国际旅游胜地建设为引领，大力实施“旅游+”战略，带动现代服务业提质增效，2016年起服务业取代工业成为拉动经济增长的“第一动力”，2018年服务业对全市经济增长的贡献率达59.6%。

2018年，全市接待游客总人数突破1亿人次，同比增长32.6%；入境过夜游客274.70万人次，同比增长10.4%；港澳同胞、台湾同胞游客人数分别增长20.7%和9.8%，东

盟十国游客人数增长13.4%。旅游总收入突破1300亿元,其中,国际旅游消费15亿美元。2013年桂林漓江被美国有线电视新闻网CNN评为全球15条“最值得一去”的美丽河流之一,成为中国唯一入选的美丽河流。2016年央视端午特别节目《歌从漓江来》、2017年央视春晚分会场在桂林成功举办,作为全国金秋时节美景的代表之一入选《中国此时此刻·2018国庆》央视新闻新媒体特别节目,桂林山水以秀美的风光和深厚的人文底蕴,向世界观众展示桂林之美。

五、消费品市场活力释放,对外贸易平稳增长

新中国成立以来,桂林市消费品市场资料严重短缺,农副产品以统购统销为主,实行调拨分配,大多凭证定量供应,市场处于全面紧张状态。1978年以来,改革开放为市场发展开辟了前所未有的广阔空间,消费总量持续扩大,经历了生活资料类商品由短缺匮乏、种类单一向供给充裕、品种繁多转变,居民消费由基本生活型向发展享受型转变。物资短缺、商品匮乏的时代一去不复返,人民群众对用于满足美好生活需要的消费品需求高涨。

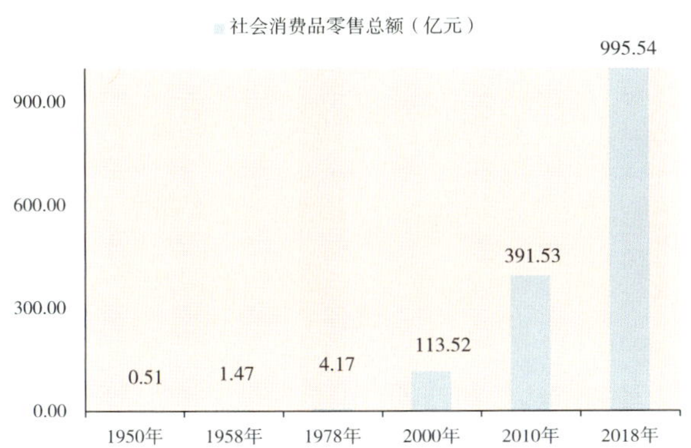

1950—2018年主要年份社会消费品零售总额

2018年,全市社会消费品零售总额995.54亿元,是1950年的1946倍,年均增长11.8%,是1978年的239倍,年均增长14.8%。通过互联网实现的消费迅猛发展。从2018年限额以上批零和住餐业销售额看,通过互联网实现的销售额达2.62亿元,同比增长23.8%,保持快速增长态势。用于满足美好生活需要的消费增势强劲。从2018年限额以上商品零售类值看,化妆品类、金银珠宝类、汽车类、体育娱乐用品类、书报杂志类等用于满足美好生活需要的商品保持较快增长。

城镇消费占主导,乡村消费增速快于城镇。随着城镇化建设的不断推进,全市城镇消费在社会消费品零售总额中的比重逐年提高,占据消费品市场主导地位。按经营单位所在地分,2018年,城镇社会消费品零售额811.09亿元,同比增长9.3%,占全市社会消费品零售总额比重的81.5%;乡村社会消费品零售额184.44亿元,同比增长10.4%,占全市社会消费品零售总额比重的18.5%,增速快于城镇1.1个百分点。城乡差距有所缩小,农村消费潜力得到进一步释放。

对外贸易平稳增长。全年外贸进出口总额72.76亿元,比上年增长3.9%。其中,出口62.58亿元;进口10.17亿元。桂林南药股份公司等15家企业的16个品牌被评为自治区外贸生产重点培育发展名牌企业,桂林优利特医疗电子等10家企业被评为全市10大出口品牌企业。桂林国际电线电缆集团生产的环保线缆获得澳大利亚环保机构颁发的“绿色认证”。

六、投资建设力度加快,城市面貌焕然一新

改革开放以来,桂林市委、市政府按照中央和自治区各项决策部署,大刀阔斧、办事创业,城市功能日趋完善,分布更加合理,临桂新区建设快马加鞭,城市面貌焕然一新。通过紧紧抓住国家在水利、交通、能源等方面向西部地区倾斜的有利政策,加大招商引资力度,持续优化营商环境,以重大项目为抓手,加快城市基础设施建设,桂林市投资规模不断扩大,投资总量跃上新阶段。

2018年,固定资产投资同比增长14.6%,为全市经济发展注入强劲动力。2018年,全市房地产开发投资同比增长8.5%,全年房地产开发房屋施工面积2457.36万平方米,增长7.8%。其中,年内新开工面积607.67万平方米,增长33.2%。商品房销售面积595.43万平方米,增长12.6%;其中住宅547.10万平方米,增长10.5%。商品房销售额368.55亿元,增长25.8%,其中住宅319.08亿元,增长19.2%。

新中国成立之初,桂林市城市功能欠缺,基础设施一片空白,“南北一条路、东西一座桥”是当时交通运输状况的真实写照,近年来,桂林交通运输能力明显提升,进一步加快构建现代综合交通运输体系,全力建设“一带一路”有机衔接的综合交通节点城市和区域性交通运输枢纽城市,“一城九站两高铁”交通运输格局惠及民众,两江国际机场T2航站楼建成投入使用,2018年末,公路、水运、民航货运量10325万吨,客运量7741万人。公路总里程达14017千米,其中,高速公路里程629千米,等级公路占87.0%。邮电通信业迅猛发展。1950年邮电业务总量仅为72万元,2018年增至234.14亿元。通讯方式发生巨变,1950年电话机仅有0.02万部,到2018年末,固定电话达28.99万部,移动电话达535.78万部,互联网宽带接入用户134.85万户。

七、社会事业蓬勃发展,人民生活水平稳步提高

70年来特别是改革开放以来,社会各项事业取得蓬勃发展,城镇人口稳步增加,城乡居民收入大幅增长,居民消费水平明显提升,生活质量显著改善,从温饱不足迈向全面小康,城乡居民生活发生了翻天覆地的变化。

科教文卫事业蒸蒸日上。解放前夕,经过长期战乱,经济发展缓慢,经费拮据,桂林教科文卫等各项社会事业发展落后。建国后,桂林的各项社会事业取得了长足的进步,2018年全市受理专利申请6373件,专利授权3008件,其中发明专利854件。全市普通高等院校在校学生超过20万人,中小学校幼儿园在校学生超过80万人;全市各类卫生机构床位超过2万张,卫生人员4万余人;文化事业

不断发展，基础文化设施不断完善，2018 年全市共有公共图书馆 14 个，藏书 465 万册。博物馆 19 个，接待观众 273 万人次。各类电影放映单位 35 个，全年放映电影 31 万场次，观众人数达 470 万人次。

城镇人口稳步增加。解放初期，桂林市总人口共 209 万人，其中，农业人口占绝大多数，非农业人口仅占全市人口总数的 11.0%，经过多年经济发展和城市建设，城镇人口保持稳定增长，2018 年末，桂林市户籍人口增至 538 万人，比 1950 年增加 329 万人。通过撤乡建镇、完善城市基础设施建设和基本公共服务，全面推进以人为核心的新型城镇化建设，2018 年桂林常住人口城镇化率达到 50.00%。

居民收入、平均工资水平大幅提升。2018 年，全市城镇居民人均可支配收入 34649 元，是 1978 年的 108 倍，年均增长 12.4%；农村居民人均可支配收入 14626 元，是 1978 年的 176 倍，年均增长 13.8%。城镇非私营单位在岗职工平均工资 73226 元，是 1978 年的 131 倍，年均增长 13.0%。

70 年来坚持不懈的努力，特别是改革开放以来，桂林市经济社会各项事业均实现历史性跨越发展。进入新时期，面对新常态下的机遇和挑战，桂林人民将以习近平新时代

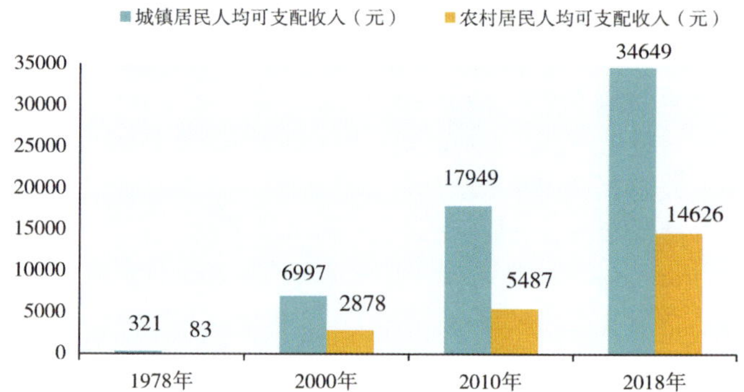

1978—2018 年桂林市主要年份城乡居民人均可支配收入

社会主义思想为指导，在自治区党委、政府，桂林市委、市政府的正确领导下，牢牢把握当前重要战略机遇，持续推进农现代化和工业化、信息化协调发展，坚持“创新、协调、绿色、开放、共享”发展理念，坚守桂林国际旅游胜地建设阵地，努力营造“风清气正的政治生态、团结和谐的社会生态、山清水秀的自然生态”，站在 70 年成就的历史起点上，不忘初心，牢记使命，未来新征程必将取得更辉煌的成就！

广西壮族自治区发展和改革委员会　广西壮族自治区文化和旅游厅关于印发《关于以世界一流为发展目标　打造桂林国际旅游胜地的实施意见》的通知

桂发改社会〔2019〕607 号

桂林市人民政府，自治区各有关单位：

《关于以世界一流为发展目标　打造桂林国际旅游胜地的实施意见》已经自治区党委、自治区人民政府同意，现印发给你们，请认真贯彻执行。

广西壮族自治区发展和改革委员会
广西壮族自治区文化和旅游厅
2019 年 6 月 17 日

关于以世界一流为发展目标　打造桂林国际旅游胜地的实施意见

为推进新时期桂林国际旅游胜地建设，探索经济社会与生态文明协调发展新模式，充分发挥辐射带动作用，有力支撑我区建设旅游强区，现就以世界一流为发展目标，打造桂林国际旅游胜地，提出如下实施意见。

一、总体要求

（一）指导思想

以习近平新时代中国特色社会主义思想为指导，按照习近平总书记赋予广西的“三大定位”新使命和“五个扎实”新要求，坚持新发展理念，对标世界一流，推动桂林加快建设国家可持续发展议程创新示范区、全国旅游创新发展先行区、全国生态文明建设示范区、国家健康旅游示范基地，建成世界一流旅游目的地和国际文化交流中心，为建设壮美广西、共圆复兴梦想作出积极贡献。

（二）主要目标

到 2020 年，胜利完成《桂林国际旅游胜地建设发展规划纲要》提出的目标任务，旅游总消费达到 1600 亿元，接待游客量超过 1.15 亿人次，其中入境过夜游客达到 280 万人次，旅游产品和服务体系比较完善，旅游交通网络比较发达，生态环境保护国内领先，人居环境明显改善，基本建成国际旅游胜地。到 2025 年，旅游产品和旅游服务达到国际一流，“桂林山水甲天下”品牌享誉全球，游客体验感和满意度世界领先，旅游市场知名度、美誉度和国际化水平大幅提升，服务业为主体、新型工业和特色农业协调融合发展的现代产业体系全面形成，全面建成世界一流的国际旅游胜地。

二、打造世界一流的旅游目的地

瞄准世界一流标准，推动桂林旅游提质升级增效，促

进旅游与文化、康养等融合发展，加快建成世界级旅游目的地。

（三）建设一流的精品景区

建设漓江流域精华区，建成世界一流的旅游休闲度假区。实施漓江游船提档升级，引导漓江游船多元化、定制化、高端化运营，高标准特色化改造提升漓江沿岸游船码头配套设施，积极推行漓江分段游、分时游、分级游、分形游。发展漓江骑行游、低空游。高水平高标准规划建设漓江流域拓展区域，推动遇龙河、桃花湾成为国家级旅游度假区，将雁山园权属划归桂林市管理。打造愚自乐园、法国 PVCP、园博园·雁山园、会仙湿地等一批世界级休闲度假基地。

建设桂林城市核心区，建成世界一流的宜游宜居城市景区。依托河湖水系连通中心城区主要景点，高标准建成两江四湖二期工程。完成靖江王府片区国家级历史文化街区改造提升，将东西巷·逍遥楼纳入独秀峰·王城景区统一规划建设运营。研究推行中心城区主要景区逐步免费政策，探索开放式旅游新模式。

建设县域主要景区，建成各具特色、多元发展的旅游景区。创建龙脊梯田、八角寨、猫儿山、灵渠等国家 5A 级景区，力争 2025 年 5A 级景区 8 家以上。加快全州天湖、万达文旅等新兴景区开发建设，打造大圩、草坪等 26 个国际水平的旅游特色小镇，4A 级景区力争达到 60 家。促进桂林乐满地景区向世界级主题公园发展。

积极发展全域旅游。强化桂林中心城区核心作用，提升临桂区游客接待能力和综合服务水平，将雁山区打造为新的旅游增长极。升级漓江黄金旅游带，联动发展湘桂走廊和西南通道两轴，做强做优阳朔、龙胜、兴安旅游三极，辐射带动周边县域旅游发展。打造百里漓东、峰林遗产、茶江生态、桂柳运河、龙脊风情、资江丹霞、湘江红色、灵渠古道等 8 条精品线路。做强特色旅游村镇。创建一批国家和自治区级全域旅游示范区。

（四）提供一流的旅游服务

建设一流的旅游公共服务设施。建成 4 个一级、10 个二级旅游集散中心，高标准完善旅游咨询服务中心、旅游驿站、应急医疗救助点等配套设施，规范并实现多语种旅游标识标牌全覆盖。建成国家标准旅游厕所 1000 座以上。布局建设“运动桂林·健康绿道”，每个县（市、区）建有一条以上自行车休闲绿道、游客步行栈道，建成漓江东岸百里休闲健身步道、西岸桂阳公路旅游休闲带。加密交通站场、景区景点、游客集散中心之间的旅游直通车，开通符合自由行需求的穿梭巴士、旅游专线车。

提供一流的旅游接待设施。鼓励发展多业态精品酒店、文化主题酒店等，建设高端旅游度假酒店群。引进和培育一批具有国际竞争力的旅游（管理）集团。探索制定一流的民宿标准，打造桂林民宿品牌，建成一批精品民宿集聚区。

创建一流的旅游服务环境。积极推进国际质量认证，建立健全与国际通行规则相衔接的旅游服务标准体系。实施外语服务水平提升工程，加强对旅游行业管理和服务人员国际习惯、国际标准和国际礼仪培训。强化旅游市场环境治理和诚信体系建设，开展主要景区、旅行社、导游、餐饮店和商店的信用等级评定。

建设一流的智慧旅游城市。在全区率先建成数字化城市，推进旅游大数据中心建设，建立“一键游桂林·i 游桂林”智慧旅游公共服务体系，实现网络全覆盖，推进服务数字化智能化。

（五）培育一流的旅游品牌

培育打造宜居桂林、养生桂林、桂林有礼、桂林有戏、吃在桂林等魅力品牌，统一桂林旅游宣传口号，推介桂林城市卡通形象。加强与重点城市合作交流，争取更多外国政要、国际名流造访桂林。自治区建立多部门联动对外宣传推广机制，加强面向欧美日韩、东盟、“一带一路”沿线国家的旅游产品设计与推介。

（六）建成一流的国际消费中心

积极争取免税购物政策落地，在两江国际机场等具备条件的区域设立免税商店。实施境外旅客购物离境退税政策。以桂林中心城区、阳朔西街为重点，布局建设具有国际影响力的高品位步行街和大型消费商圈。鼓励跨境电商、市场采购贸易、外贸综合服务企业等外贸新业态综合发展，打造跨境电商消费体验中心、进出口商品直销集散中心。大力营销“桂林有礼”品牌和广西特产，推广桂林山水字画、鸡血玉、绣球、壮锦等旅游商品，打造桂林米粉、油茶、啤酒鱼、酿菜、醋血鸭等美食品牌，举办桂林国际美食节，重塑“桂林老字号”，扩大桂林饮食文化影响。积极行销东盟国家特色旅游商品，打造中国－东盟旅游商品交易基地。

（七）形成一流的文旅体验

促进山水旅游与人文体验深度融合，打响“桂林有戏”文化体验品牌。做大做强印象刘三姐、桂林千古情品牌，打造象山演艺、夜王城、千年桂林、秦安天下、湘山故事、瑶妃传奇等精品文化项目，开发以靖江王府王陵、甑皮岩、桂海碑林、湘山寺、恭城“三庙两馆”以及桂林本土民族民俗为主题的文创产品。建设桂学博物馆。推出七星景区·桂海碑林、芦笛岩·西山石刻等山水文化旅游套餐。深度挖掘靖江王府王陵历史文化，保护利用靖江王陵考古遗址公园。积极开发古灵渠、桂柳古运河水利体验游览产品，支持灵渠申报世界文化遗产。将湘江战役纪念设施纳入国家长征文化纪念公园建设，打造湘江战役红色旅游品牌和红色旅游精品线路链，建设以灌阳、全州、兴安为核心，联动资源、龙胜、灵川发展的桂北红色文化旅游带。培育壮大文化创意龙头企业，建设高新区文化创意产业园。培育数字创意、动漫游戏、影视剧创作等新兴文化业态，建设兴安电影小镇、恭城瑶家大院影视城和临桂航天科技小镇。开展国际文化创意交流活动，提升桂林文化影响力。

（八）建设一流的康养基地

建设国家健康旅游示范基地，规划建设国际医疗旅游先行区，开展前沿医疗技术研究，建设国际化医疗技术产业集聚区。引进和培育一批国际医疗合作机构，开展健康体检、美容整形等特色诊疗服务。争取国家级胸痛中心等科研机构落地桂林。引进有实力的养老机构，建设一批国际康养社区。推动中国－东盟友好疗养基地、华邦（桂林）

国际旅居康养小镇、龙胜温泉康体小镇等项目建设，提升崇华中医街影响力。创建国家体育旅游示范基地、全民运动健身模范市。加快建设攀岩等国家队体育训练基地，规划建设临桂新区体育中心、综合运动场馆。提升桂林市举办大型体育赛事能力，扩大国际体育赛事影响力，承办好环广西公路自行车世界巡回赛，积极申办漂流世锦赛和国际高品质高尔夫比赛。打造一批自治区级体育旅游示范基地、精品线路、精品赛事以及体育旅游综合体。

三、打造美丽和谐的生态环境

实施桂林漓江生态保护和修复提升工程，加快建设国家生态文明先行示范区，让空气清新、山清水秀、洞奇石美、人与自然和谐发展的秀美桂林永存于世、永续发展。

（九）守护世界最美的漓江

开展漓江流域资源环境承载力综合评价，明确划定开发与保护的边界红线，按照国家公园标准对确需保护的区块进行最严格的保护，对确需开发的区块实施低密度开发。积极开展漓江干流上游河道、城市段洲岛等自然生态修复，建设漓江沿岸生态景观林带，加大沿岸露天采石场、采矿场等复绿，加快喀斯特岩溶地区自然植被恢复和生态景观修复。加大沿江村落和居民点环境综合整治和风貌改造。加强漓江上游水源林保护、湿地保护与恢复，实施生物栖息地和生物多样性保育工程，加强水资源调度，改善漓江城市段枯水期生态环境。完善漓江生态环境监控体系及应急响应体系，加快饮用水源地保护和备用水源地，以及长塘水库、第二水源工程等项目建设。深化漓江截污和黑臭水体治理，实现漓江及支流排污口“零排放”。

（十）建设永续发展的生态桂林

实施山水林田湖草生态保护和修复工程，构建以漓江百里绿色画廊，都庞岭、越城岭生态屏障，龙胜、资源、阳朔、灌阳、恭城五个国家级重点生态功能区为主体的“一廊两屏五区”生态保护格局，巩固提升自然生态系统稳定性。深入推进石漠化和水土流失综合治理、自然景观风貌保护与修复等工程建设，强化漓江和湘江源头自然生态保护与修复，加快建设南岭（桂林）山地森林及生物多样性生态功能区，推进猫儿山、花坪、千家洞等国家级自然保护区和森林公园建设。加快琴潭荷塘湿地、会仙湿地生态修复等重点项目建设。实施化肥、农药零增长和减量行动，加大对已污染土地的监管与土壤污染修复。加强工业和医疗废弃物处置。提高清洁能源利用率，推进大气环境质量联防联控，加大工业烟粉尘、尾气排放和扬尘污染控制力度。开展碳排放权和林权等交易试点，鼓励生态资产所有者通过转让、租赁、承包、抵押和入股等形式交易生态资产各类权益。鼓励社会资本投向生态建设和环境保护领域，重大环境治理领域引入第三方治理，推动城乡环保设施建设运营市场化。

四、打造高效通畅的综合交通枢纽

突出发展国际航空，加快发展轨道交通，提高旅游交通通达性，明显提升综合交通枢纽能力，加快形成贯通八桂、连接粤港澳大湾区、衔接华南中南西南的区域性综合交通枢纽。

（十一）提升航空国际化水平

提升桂林两江国际机场枢纽功能，打造世界一流旅游航空港，创建国际卫生机场，旅客吞吐能力达到1600万人次。争取“中途分程权”“第五航权”和“团队免签”等政策落地，开通和培育直飞“一带一路”沿线国家和地区及国际航空枢纽城市的国际航线，加密联结港澳台、日本、韩国、东南亚等国家和地区的直飞航线航班，统筹布局桂林与南宁国际航线，形成国际旅游航线共享运营模式，力争2025年国际（地区）航线达到20条以上，形成覆盖国内主要旅游城市，承接国际，连通港澳、日韩及东盟地区的航线网络。支持桂林航空做大做强，引进一批具有公务舱的机型，力争到2025年机队规模达到30架。推动航空与铁路、公路高效衔接并签订联程结算协议，把两江国际机场建成旅游联运服务港。主动对接京沪陕入境旅游枢纽和国内主要旅游目的地，结成航空、高铁旅游合作联盟。提高桂林两江机场货邮吞吐量，积极发展空港物流和货物加工，打造桂林空港经济区。统筹推进兴安、阳朔等通用航空机场、低空旅游专用机场建设，发展低空飞行旅游，探索发展商务飞行、私人定制飞行。

（十二）发展快速便捷的轨道交通

加快推进张家界经桂林至海口、南宁经桂林至衡阳高铁通道规划建设。推进湘桂铁路既有线柳州至衡阳段电气化改造。加快推进柳州经荔浦至韶关等规划铁路建设。支持开通桂林至香港始发终到列车，加密桂林至粤港澳大湾区、长三角、京津冀和西南地区等主要客源地的始发列车。在符合国家规定条件下，开工建设轨道交通和旅游专线铁路。积极推动“高铁＋小火车”旅游观光项目。

（十三）建设综合交通枢纽中心

依托桂林两江国际机场，规划建设空铁联运交通枢纽。调整优化桂林中心城区高铁线路和站场布局，建设桂林北铁路客运综合枢纽，在城市西北方向规划新建铁路综合客运枢纽站。利用轨道交通、公共交通、出租车等交通方式无缝衔接机场、高铁站、汽车站和重点景区。开展水上巴士、有轨电车等新型旅游交通服务，推动城市公交服务网络逐步延伸到周边主要景区和乡村旅游区（点）。推动智能交通、共享交通、绿色交通等发展，建立统一的旅游汽车租赁平台，推广新能源汽车租赁，实现汽车租赁服务网点全覆盖，旅游租赁车辆车型配置和服务标准达到国际一流水平。规划建设一批标准化、生态化房车营地。

（十四）提高旅游道路通达水平

打通高速公路主线待贯通路段，加快建成阳朔至鹿寨、桂林至柳城、灌阳至平乐等一批高速公路，谋划建设阳朔—融安—贵阳、龙胜至城步、桂林—大圩—灌阳—江永、平乐—昭平—广宁、灌阳—全州—东安等高速公路，完善高速公路服务区旅游服务功能。规划建设环桂林旅游公路网络，连接4A级以上旅游景区公路按二级以上旅游公路标准建设。全面打通旅游景区、乡村旅游区交通基础设施"最后一公里"。升级改造乡村旅游公路,提高公路通达质量和安全防护水平。

五、打造绿色高端的现代产业体系

大力发展与生态环境相适应、与旅游业发展相融合的新型工业、现代服务业和现代特色农业,构建创新能力强、科技含量高、资源环境适宜、人力资源充分利用的现代产业体系。

(十五)加快发展新型工业

充分发挥桂林高校云集、人才集聚等创新资源优势,推动新一代信息技术、装备制造、新能源汽车、新材料、节能环保、生物医药等新型工业发展,推进传统工业和老工业基地改造提升。积极打造工业互联网平台,加快发展激光器芯片,推进北斗卫星通信导航、信息安全、通用测试技术等领域军民融合发展,加快建设华为生态信息产业园、花江慧谷等电子信息产业集聚区。积极发展轨道交通装备、橡胶机械、通用航空装备、汽车零部件及智能数控装备。推进新能源汽车、高性能纳米材料、电工电子新材料、硬质合金技术改造等项目建设。发展生物制药、现代中药、化学药、植物提取制品和高性能医疗器械,积极开发罗汉果等保健产品。支持桂林经济技术开发区升级为国家级经济技术开发区,创建国家工业旅游示范基地。将桂林国家高新技术产业开发区、桂林经济技术开发区培育成为千亿级工业园区。建设桂林高铁经济产业园。

(十六)大力发展现代服务业

深化国家服务业综合改革,大力发展现代物流、国际会展、电子商务和金融、信息、科技、健康等现代服务业,促进服务业提质增效,形成以现代服务业为主导的经济结构。加快建设国家物流枢纽城市和临空经济示范区,大力发展航空物流、铁路物流和保税物流,高标准建设桂林苏桥无水港、空港物流园区、桂林西物流中心等现代综合物流园区。建设国家电子商务示范城市,创建跨境电子商务城市。对标国际建设完善会展基础设施,培育和引进大型会展集团,办好中国－东盟博览会旅游展等展会节庆活动,积极申办中国落实2030年可持续发展议程的相关国际论坛,形成"桂林国际"会展品牌。做大做强桂林银行和国海证券,积极引进国内外银行业金融机构,设立各类非银行金融机构、基金公司,组建桂林旅游银行,探索设立养老保险公司,开发适合康养旅游的医疗健康保险、旅游意外保险、人身险等产品,把金融业培育成为支柱产业。

(十七)积极发展现代特色农业

加强农业科技创新,推广生态种养,发展富硒农业、循环农业、绿色有机农业,建设特色无公害的粮食、果蔬、畜禽、中药材生产基地,打造"三品一标"农产品品牌,推进农村一二三产业融合发展,加快发展农村电商、休闲农业、乡村旅游、养生养老等新产业新业态,实现由农业大市向农业强市转变。创建国家农业可持续发展试验示范区,打造一批农业产业园、科技园、田园综合体,创建全州稻田养鱼、灌阳生态养殖、资源有机农业等一批循环农业示范点。

六、打造宜居宜游的魅力城乡

推动旅游业与新型城镇化、特色小镇、美丽乡村建设融合发展,打造城在景中、人在画中、山水风光与人文景观交相辉映、人与自然和谐共存的城乡风貌。

(十八)焕发历史文化名城新风采

实施中心城市国际化提升工程,把桂林中心城区建成世界闻名、亚洲一流的国际山水园林城市。统筹推进老城区改造,加大历史文化街区、地方特色建筑等"桂林符号"的保护修缮,实施城市"双修"工程,展现历史文化名城古韵新辉。高起点高标准建设临桂新区,完善生产生活配套设施,有序承接老城区的行政、商务、产业、公共服务等功能,实现"再造一个新桂林"的目标。优化中心城区行政区划设置,支持灵川撤县设区,加快发展荔浦副中心城市,积极推进全州撤县改市。提升阳朔、兴安、龙胜、恭城、资源等旅游特色名县影响力,促进永福、平乐、灌阳县域经济发展,推动灵川大圩、兴安榕江、恭城莲花等特色小镇建设。

(十九)建设美丽宜居生态乡村

加快建设全国休闲农业与乡村旅游示范基地,促进农旅融合发展。深入实施农村人居环境整治工程,将旅游元素融入村庄规划建设,改造提升旅游基础设施,优化乡村旅游环境。加强传统村落、民族村寨、农业遗迹保护,传承和发展非遗文化、乡村优秀传统文化。建设一批乡村精品民宿和田园综合体,培育一批以旅游为主导产业的特色小镇。

七、构建充满活力的体制机制

大胆探索、先行先试,着力创新旅游管理、规划体系、环境保护、投融资等体制机制,不断增强发展活力。

(二十)创新旅游管理体制

建立健全适应世界一流国际旅游胜地发展的资源开发、经营、服务和市场监管新体制。对精品景点景区等旅游资源进行全面资产评估,提出对标国际一流的开发标准,引进国内外龙头企业开发经营。建立精品景点景区定期考核和激励退出机制,充分发挥行业协会作用。深化综合行政执法体制改革,将旅游市场执法职责和队伍整合划入文化市场综合行政执法队伍,实现文化、文物、出版、广播电视、电影、旅游市场行政执法统一和旅游市场监管、执法、查处"三统一"。建立旅游投诉统一受理、快速处理机制,加强旅游巡回法庭建设,完善旅游纠纷人民调解和矛盾排查化解机制。建立旅游市场诚信评价体系,完善涉旅企业和旅游从业人员诚信档案以及游客诚信记录,健全旅游市场"黑名单"制度。深化导游自由执业改革试点,推行电子合同、电子行程单管理系统及旅游车辆全程监控系统。推进旅游公共服务等领域地方旅游立法。

(二十一)实现一张蓝图干到底

按照"多规合一"理念科学编制桂林市空间总体规划,开展全域资源环境承载能力和国土空间开发适宜性"双评价"工作,合理划分"三区三线"空间布局,在此基础上统筹叠加风景名胜区等各类开发与保护要素,构建全市一张蓝图。强化空间总体规划落地实施,依据规划开发强度、开发与保护边界要求,编制控制性详规,依法依规开展景区度假区建设、城镇和基础设施建设以及生态环境保护等开发与保护专项活动。建立空间规划综合信息管理平台,实现查询统计、审查审批、监管督查、辅助决策、监测预警等功能。

(二十二)健全漓江流域保护机制

修订漓江流域生态环境保护条例。健全上下联动、协同保护的漓江流域保护机制,自治区建立漓江流域生态环境保护协调机制,协调解决生态环境保护重大问题。桂林市落实漓江流域保护主体责任,加强流域生态环境的统筹管理,实行统一执法。完善漓江流域保护和治理多元化投入机制,自治区建立地方生态公益林森林生态效益补偿标准动态调整机制,优化漓江—桂江以及西江、湘江生态环境保护资源配置。推行生态环境污染第三方治理,吸引和撬动更多社会资本开展漓江生态环境保护。

(二十三)健全多元化投融资机制

鼓励桂林银行创新开发适合国际旅游胜地建设的融资模式和金融产品,引导带动其他金融机构创新金融产品。鼓励国有企业、社会资本、金融机构发起设立桂林国际旅游胜地建设发展基金。鼓励符合条件的旅游企业到境内外证券交易所上市或新三板挂牌。支持现有产业园区依法依规设立一批符合产业园区功能定位的创投基金、产业基金。加大对城市资源和资产的使用权、经营权、冠名权等相关权益的市场化运作。支持市场融资主体采取企业债券发行、资产证券化、收益权转让等多种融资模式募集资金,投入胜地基础设施建设和运营。

八、强化辐射带动和开放合作

发挥桂林品牌优势,加强区域旅游开放合作,提升旅游国际化水平,显著增强桂林国际旅游胜地的龙头带动作用。

(二十四)引领带动广西旅游强区建设

依托桂林国际旅游胜地,整合周边各市旅游资源,优化精品旅游线路,提升区域交通设施通达水平,打造“大桂林旅游圈”。加强与南宁、北部湾国际旅游度假区、巴马长寿养生国际旅游区和边关风情旅游带等联动发展,实现旅游客源、旅游服务、旅游信息等资源共建共享,共拓旅游市场。推广复制旅游胜地建设形成的经验,带动全自治区旅游业提质增效和转型升级。

(二十五)加强国内区域旅游合作

支持桂林加强与广西周边地区、全国旅游影响较大的城市之间的旅游交流合作,扩大国际旅游胜地在全国的影响力。发起成立粤桂湘黔旅游合作联盟、京沪西(安)桂(林)旅游联盟,参与融入“北上陕”中国入境旅游枢纽合作机制,深化与粤港澳大湾区城市之间的旅游合作,推进粤桂旅游一体化深入发展。密切与长三角、京津冀、成渝等区域旅游合作,加强与东北、华北等地区的旅游合作,办好“冬游桂林”活动。

(二十六)提升旅游国际化水平

巩固提升欧美、日韩、东盟等国家和中国港澳台地区的传统客源市场,积极开拓“一带一路”沿线国家的新兴客源市场,到2025年实现入境过夜游客达到500万人次以上。积极争取国家出台支持桂林扩大外国人入境旅游免签的国别范围、延长入境游客过境免签期限、放宽出境口岸限制等政策。支持在桂林注册、符合条件的中外合资旅行社从事除台湾地区以外的出境旅游业务。积极参与国际旅游合作与分工,承办国际电影节、音乐节、艺术节、摄影节等国际文化交流活动,开展时装、选美、狂欢、户外运动、电子竞技、极限挑战等一批国际赛事娱乐活动。建立与国际接轨的旅游应急医疗救助体系,为境外患者便利化诊疗服务,引进国际一流医疗机构参与桂林医院运营管理。增设个人本外币兑换特许机构和外币代兑机构。支持符合条件的旅游酒店经申请接收国家批准落地的境外电视频道。鼓励本土文化旅游企业和文化演艺精品“走出去”,吸引和集聚各类国际组织总部、企业总部和分支机构进驻桂林,引进国际知名的演出经纪机构。

九、强化政策支持

统筹国家可持续发展议程创新示范区、桂林国家健康旅游示范基地、国家生态文明先行示范区等各项政策资源,加大政策支持力度。

(二十七)积极争取国家政策支持

加强同国家有关部门沟通,积极争取各项政策支持。力争在桂林设立综合保税区,开放第五航权,发行竞猜型体育彩票等。争取桂林国际机场口岸53国72小时过境免签期限延长至144小时。争取过境免签和东盟十国入境免签旅游团停留范围扩大至广西行政区域,允许入境免签旅游团从桂林机场口岸入境,从广西各个口岸出境。建设中国旅游资源资产交易中心分中心。争取国家对药品、疫苗、医疗器械、特殊医学用途配方食品等进口相关政策支持,支持建设国家新药转化桂林基地。加大对桂林重点生态功能区生态公益林补偿力度。

(二十八)加大资金项目支持

制定实施桂林国际旅游胜地升级发展三年行动计划,自治区集中财力倾斜支持。落实《广西壮族自治区漓江流域生态环境保护条例》,将漓江流域纳入区内流域上下游生态保护补偿试点,自治区设立漓江流域生态环境保护专项资金,专项用于漓江流域生态环境保护。支持桂林市在政府债务限额内和债务风险可控的前提下,发行项目收益与融资自求平衡专项债券用于项目建设。自治区在制定航线培育、拓展计划时对桂林予以倾斜支持。优先将桂林符合条件的旅游项目纳入自治区统筹推进的重大项目,用地指标由自治区保障。支持桂林继续实施旅游产业用地改革试点形成的相关政策。

(二十九)加快人才培养引进

支持广西师范大学、桂林电子科技大学、桂林理工大学、桂林旅游学院等高校提升办学水平,开展高校综合改革试点,建设产教融合发展示范园,打造一流大学和一流学科。加快桂林高校集聚区建设,筹建民营、外资参股的桂林大学和桂林职业技术学院。推进旅游、家政服务、养老医疗等实训基地建设。规划建设国家和自治区级重点实验室、工程研究中心和企业技术中心等平台，吸引国内外高端人才集聚。推动桂林旅游产业研究院建设。构建更加开放的人才引进机制。拓宽外籍人才就业渠道，实现旅游全行业、全领域面向境外人员就业全开放。全面提升人才服务保障水平，实施人才安居政策，多渠道解决人才居住需求。落实高层次急需紧缺人才医疗保障、子女入学、配偶就业等政策。支持紧缺专业技术人才职称申报，畅通职称晋升渠道。

建设世界一流的桂林国际旅游胜地是重大战略任务。自治区建立由发展改革、文化和旅游、自然资源等部门牵头的桂林国际旅游胜地建设部门联席会议制度，统筹协调推进国际旅游胜地建设工作，推动需要自治区层面解决或需要向国家层面争取支持的重大项目、重大事项的落实，强化督促检查，及时发现问题并提出应对措施，及时向自治区党委、政府报告重大问题、重大事项。自治区各相关部门要发挥职能作用，切实按照本意见提出的各项任务和政策措施，积极向国家部委沟通汇报，争取相关政策落地，加大对胜地建设的支持、指导和协调。桂林市要强化本意见实施的主体责任，细化工作措施，健全完善领导机制和工作机制，及时解决胜地建设面临的突出困难和问题，定期向自治区报告胜地建设情况。

广西壮族自治区发展和改革委员会　桂林市人民政府关于印发《桂林漓江生态保护和修复提升工程方案(2019—2025 年)》的通知

桂发改社会〔2019〕654 号

自治区人民政府各组成部门、各直属机构，桂林市各县(市、区)人民政府，高新区、临桂新区、漓江风景名胜区、经济技术开发区、高铁经济产业园管委会，桂林市直各委、办、局，中央、自治区驻桂林各单位：

《桂林漓江生态保护和修复提升工程方案(2019—2025 年)》已经自治区党委、自治区人民政府批准同意，现印发给你们，请认真贯彻执行。

广西壮族自治区发展和改革委员会
桂林市人民政府
2019 年 6 月 25 日

桂林漓江生态保护和修复提升工程方案(2019—2025 年)

桂林山水是广西乃至全国的一张靓丽名片，漓江是桂林山水的生命源泉。实施漓江生态保护和修复提升工程，是深入学习贯彻习近平新时代中国特色社会主义思想，党的十九大和十九届二中、三中全会精神的重要部署，是深入贯彻习近平总书记关于广西工作和桂林发展的重要指示精神、全面落实中央赋予广西的“三大定位”新使命和提出的“五个扎实”新要求的重要举措，是推动桂林建设世界一流的国际旅游胜地、国家可持续发展议程创新示范区的重要途径，是不断提高当地群众生活水平、促进流域内人与自然和谐发展的必然选择，对实现桂林永续发展、建设壮美广西和美丽中国具有重大意义。

一、桂林漓江基本情况

(一)基本情况

桂林市辖 10 县、1 市、6 区，行政区划面积 2.78 万平方千米，总人口 540 万人。漓江发源于桂林市东北部海拔 2141.5 米的华南第一高峰猫儿山，全长 214 千米，流域总面积 12159 平方千米，涉及桂林市行政管辖区域的灵川、兴安、阳朔、平乐、荔浦、恭城 5 县 1 市以及临桂、象山、秀峰、叠彩、七星、雁山 6 城区，流域内总人口 349.48 万人，占全市总人口 64.72%。流域内有 14 处国家和自治区级自然保护地和湿地公园。

桂林承担着创建国家生态文明先行示范区、国际旅游胜地、国家健康旅游示范基地和国家可持续发展议程创新示范区等战略重任，特别是以漓江为轴线的漓江风景名胜区，2014 年被列入世界自然遗产，2016 年被列入首批国家绿色旅游示范基地，是国家级风景名胜区和 5A 级旅游景区。进一步保护好漓江流域生态环境显得更加重要和紧迫。

(二)存在问题

1. 漓江山水林田湖草等生态功能有所退化

漓江流域历史遗留矿山、采石场、土壤污染、垦荒林地未得到全面生态修复，湿地面积减少，生态功能退化。流域内水源和水环境保护压力较大，枯水期延长，生态公益林仅占流域森林面积 39.9%，保水蓄水能力较差，季节性缺水严重。同时，上游水库调蓄水能力有限，生态用水保障不足，漓江水生态在一定程度上出现退化趋势。

2. 漓江生态保护基础设施滞后

漓江流域覆盖面广，环境保护和防洪水利、交通等基础设施建设历史久、欠账多，城镇污水、固体废物处理能力不足，大部分县(市)无备用水源，存在一定生态风险。城市、工业园区污水、垃圾处理能力及运行财力保障不足，绝大多数村屯未建立污水处理设施，垃圾处理设施简陋，漓江流域仅有 240 个自然村初步建立了污水集中处理设施。缺少规范的危险工业固体废物集中处置场、医疗垃圾和病死动物处理场，使土壤、地表水受到二次污染的威胁。城镇黑臭水体、规模畜禽养殖未全面系统治理，农业面源污染风险严峻。漓江生态保护管理能力建设滞后，缺乏系统完善的监控和管理手段，生态环境调查评估与科研监测工作滞后。

3. 漓江流域生态资源保护与利用能力不强

漓江沿岸和生态保护红线范围内仍存在部分工矿企业。生态园区创建基础薄弱，污染治理、清洁生产、再循环和重复利用等技术相对落后。生态资源利用较为低效，生态旅游创新不足，综合效益较低。漓江特殊的地理条件和敏感脆弱的生态环境特征，决定了生态保护和修复技术难度远远高于一般地区。喀斯特地貌自然生态系统的保护和修复技术仍存在不成熟的领域，制约了漓江生态保护和修复工作的开展。

4. 漓江流域生态保护修复和民生改善矛盾突出

漓江流域内重点生态保护区内实行禁伐、禁牧、禁猎、禁养，沿江群众“靠山不能吃山，靠水不能吃水”，生产生活受到较大影响，产业结构调整难度大，生态经济短期内难以形成规模，农民转产转业制约多，人口与环境承载能力之间矛盾日益突出。如何积极探索形成有利于生态保护、民生改善、经济发展、社会进步相协调的生态保护管理体制和规范长效的生态补偿机制，是开展漓江生态保护修复工作中面临的重要任务和挑战。

二、指导思想和主要目标

（一）指导思想

以习近平新时代中国特色社会主义思想为指导，全面贯彻党的十九大和十九届二中、三中全会精神，贯彻落实习近平总书记对广西工作的重要指示精神，牢记习近平总书记“一定要保护好桂林山水”的重托，全面践行“绿水青山就是金山银山”的理念，坚持保护优先、标本兼治，以漓江生态保护和修复提升为核心，以转变经济发展方式为主线，以制度建设为保障，统筹推进山水林田湖草等生态系统治理，大力发展生态产业，建立健全生态补偿机制，重点实施漓江综合治理工程、漓江生态保护工程、漓江生态修复工程、城市生态提升工程、产业生态提升工程、漓江生态保护和修复提升重点支撑工程六大工程，筑牢漓江流域生态安全屏障，将漓江建成国家生态文明先行示范区、试验区。

（二）主要目标

全面提升漓江流域生态环境指标，实现可持续绿色发展。到2020年，生态流量达到60立方米/秒、水功能区水质达标率达到92%、漓江干流国控点优于三类水质比例达到100%、黑臭水体消除率达到100%、城市污水集中处理率达到100%、集镇污水处理率达到50%。森林覆盖率达到70.98%、生态公益林保有量达到42.5万公顷、湿地保有量达到47856公顷。环境空气质量优良天数比率达到88.5%以上。城镇垃圾无害化处理率达到100%、畜禽粪污综合利用率达到75%。地区生产总值年均增长7%。

到2025年，生态流量保持60立方米/秒、水功能区水质达标率达到94.5%、漓江干流国控点优于三类水质比例达到100%、黑臭水体消除率达到100%、城市污水集中处理率达到100%、集镇污水处理率达到80%。森林覆盖率达到70.98%、生态公益林保有量达到42.5万公顷、湿地保有量达到47856公顷。环境空气质量优良天数比率达到91.5%以上。城镇垃圾无害化处理率达到100%、畜禽粪污综合利用率达到80%。地区生产总值年均增长6.5%。

三、实施漓江生态保护和修复提升六大工程

（一）漓江综合治理工程

1. 环境污染整治

实施水污染治理。实现漓江流域水污染防治基本覆盖，提高水环境质量，使流域水体水质稳定达标，基本实现城镇、园区污水处理设施全覆盖。实施漓江排污综合治理工程、桂林市市区环境综合治理工程、桂林两江国际机场污水处理厂工程、桂林经济技术开发区污水垃圾集中处理工程；扩大污水收集管网覆盖范围，实施灵川、兴安、阳朔、荔浦、恭城、雁山等县（市、区）污水处理厂的扩建、改造工程，实施灵川、兴安、临桂、雁山等县（区）乡镇污水设施建设等。

实施黑臭水体整治。通过控源截污、垃圾清理、清淤疏浚、生态修复等措施，加大黑臭水体治理力度，实施阳朔县老城区9个黑臭水塘治理等工程，基本消除黑臭水体。

实施大气污染防治专项行动。提高清洁能源利用率，推进大气环境质量联防联控，加大工业烟粉尘、尾气排放和扬尘污染控制力度。

实施土壤污染整治。开展受污染耕地安全利用和治理修复，推进耕地土壤环境治理保护工作，实施种植结构调整或退耕还林，切实解决农业面源污染。实施恭城县磨底塘农田土壤重金属污染修复治理示范项目、恭城县西岭镇铅锌矿区农田土壤重金属污染调查及修复治理项目等。

2. 农村环境综合整治

开展农村人居环境整治。铺设污水收集管网，建设农村污水生态处理设施，建立沿岸村落垃圾收集—转运—无害化处理体系，按照建管同步建立运营维护机制，全面改善农村环境。实施漓江干流沿岸村庄污水垃圾综合处理工程和灵川、兴安、阳朔、雁山农村人居环境综合整治等工程。2020年前建设漓江干流沿岸村庄污水垃圾处理设施155处、农村污水垃圾处理设施241处；2025年前建设农村污水垃圾处理设施252处。

推进畜禽粪污资源化利用、畜禽养殖场治理和搬迁。对流域内重点污染源进行治理和搬迁。实施漓江流域畜禽养殖污染源治理、阳朔县畜禽养殖污染源治理等项目。

实施村庄景观风貌整治改造。延伸新型城镇化示范乡镇建设工程，扩展至漓江风景名胜区漓江干流沿岸，进行全面的村庄景观风貌综合整治改造，打造漓江沿岸特色旅游村庄，建成生态环境良好、休闲、宜居、宜游、建筑风貌与自然环境协调一致的美丽乡村。2020年前完成漓江沿岸53个村庄的风貌改造，实施农房立面改造1.2万余座。

3. 漓江沿岸“四乱一脏”综合治理

重点加强对漓江沿岸乱建、乱挖、乱养、乱经营、环境卫生脏等“四乱一脏”问题清理整治，完成对漓江干流及漓江城市段8条支流的违法建设、非法挖砂、住家船、餐饮船、网箱养鱼、规模化家禽家畜养殖等清理整治。

4. 漓江小流域治理

综合治理漓江及其主要支流小流域，改善支流生态环境，提高防洪治涝能力。在灵川、兴安、阳朔、平乐、荔浦、恭城、临桂、象山、七星、雁山等10县（市、区）开展漓江支流小流域综合治理工作。重点实施兴安县漓江支流小流域、荔浦市中小河流、桃花江临桂段、雁山区漓江支流小流域等治理。

（二）漓江生态保护工程

1. 水生态保护

实施最严格水资源管理制度和“河长制”，联合漓江上游水库，加强水资源调配，改善漓江枯水期生态和景观环境。市县集中式饮用水源地水质达标率保持100%。实施阳朔县集中式饮用水水源地保护项目、临桂区生态补水工程等。

2. 林业生态保护

降低速生林和经济林比例，通过提升生态公益林补偿标准，提高生态公益林（水源林）比例，改善林种结构，提升漓江上游水源涵养能力，减少水土流失；严禁在生态公益林区进行开垦、烧荒等生产经营活动，加大对已开垦林区生态修复力度。对青狮潭水库及周边区域的生态环境进行整体保护，系统修复，综合治理；沿漓江干流建设生态景观林带，对漓江风景名胜区核心景区沿江可视范围3.11万亩沿江林带、洲岛、土岭实行统一流转租用或征用，在保护好原生植被的前提下，对其中1.1万亩人工林、残次林进行林种林相改造建设或林分质量提升建设，建立长效管护机制。实施漓江流域森林质量提升工程、青狮潭水库饮用水源生态园区保护和修复工程、漓江风景名胜区核心景区沿江可视范围生态景观林建设项目、漓江流域森林生态效益补偿等。

3. 自然保护地提升

强化漓江流域自然保护地基础设施和能力建设，加快建设南岭（桂林）山地森林及生物多样性生态功能区，开展生物多样性本底调查，建立监测评估与预警体系，加强保护管理基础设施建设，开展珍稀濒危物种人工繁殖、驯化及野外放归，开展生物多样性惠益共享示范。实施漓江国家级水产种质资源保护区工程项目、猫儿山自然保护区生态修复和保护、荔浦长滩森林公园和广西狮子山国家森林公园建设、海洋山自治区级自然保护区生态修复及景观资源保护工程、银殿山自治区级自然保护区生态修复及景观资源保护工程等。

（三）漓江生态修复工程

1. 山水林田湖草生态修复和保护

统筹山水林田湖草系统治理。严守生态保护红线，营造山清水秀的自然生态，构建人与自然和谐共生的乡村发展新格局。对生态受损区域进行生态修复，恢复矿山、采石场植被，减少水土流失和矿区污染。编制《漓江流域山水林田湖草生态保护与修复总体规划》，完善《漓江流域山水林田湖草生态保护与修复工程方案》。实施桂林喀斯特世界自然遗产地（漓江风景名胜区）生态景观修复工程、桂林市城区破损山体生态修复工程、灵川县采石场恢复治理工程等项目。完成桂林喀斯特世界自然遗产地（漓江风景名胜区）内历史遗留采石场生态景观修复。

开展受污染耕地安全利用和治理修复。推进耕地土壤环境治理保护工作，实施种植结构调整或退耕还林，切实解决农业面源污染。实施临桂区相思江、清水河耕地开垦项目等。积极推进国土空间综合整治工程。

2. 湿地恢复

扩大流域湿地面积，推进还湖还湿，提高湿地生态系统调节功能，增强湿地区域生态保护功能和旅游景观功能。实施会仙喀斯特国家湿地公园、荔浦荔江国家湿地公园、琴潭千亩荷塘湿地等项目。

3. 石漠化综合治理

大力治理石漠化区域，增加石山森林植被，防治水土流失，加快推进生态扶贫，改善漓江流域喀斯特地区生态脆弱状况，按照《广西岩溶地区石漠化综合治理工程“十三五”建设规划》分年度、分任务实施石漠化综合治理工程等项目。

（四）城市生态提升工程

1. 生态修复和城市修补

有序修复城市被破坏的山体、河流、植被，恢复城市生态系统的自我调节功能。不断改善城市公共服务质量，改进市政基础设施条件，发掘和保护城市历史文化和社会网络，使城市功能体系及其承载的空间场所得到全面系统的修复、弥补和完善。通过开展城市双修，使“城市病”得到有效缓解，城市生态空间得到有效保护与修复，城市功能和景观风貌明显改善。实施漓江城市段洲岛修复自然生态景区项目等。

2. 城市旅游环境提升

将漓江风景名胜区打造成为世界一流的旅游休闲度假区，改造提升一批已有景区、建设一批核心景区。实施漓江岸线码头建设、桂林市两江四湖环境综合整治二期工程、桂林城北体育文化城体育绿地公园等项目。

将漓江流域周边县域主要景区建成一流景区。打造灵川县大圩镇、雁山区草坪回族乡等一批具有国际水平的旅游特色小镇。实施遇龙河景区提升改造等工程。

建设漓江城市段中心区域休闲旅游示范带。开展漓江城市段东西岸步道、历史文化长廊、沿岸绿化美化等生态景观修复，打造漓江城市段中心区域休闲旅游示范带，实施漓江城市段岸线生态修复自然生态景区等项目。

推进文化旅游融合发展。实施“寻找文化的力量，挖掘文化的价值”战略，将历史文化传承、保护、利用与旅游、生态有机融合。实施桂林市文化旅游基础设施建设、兴安县文化旅游融合发展工程、叠彩区漓江沿岸民俗文化村改造提升工程等。

3. 海绵城市建设

将自然途径与人工措施相结合，在确保城市排水防涝安全的前提下，最大限度地实现雨水在城市区域的积存、渗透和净化，促进雨水资源的利用和生态环境保护，开展桂林市漓东公园（一期）项目建设工作。

（五）产业生态提升工程

1. 大力发展生态农业

深入实施乡村振兴战略，以绿色生态有机农业为导向,推行农业绿色生产方式,支持申报现代特色农业示范园区和田园综合体等示范区。到2020年建成各级现代化特色农业示范区(园、点)2294个。实施华侨生态农业示范区建设等。

2. 推进传统产业绿色化改造

严格控制新建高耗能高排放项目,推进老工业基地转型升级,推进"源头减量、过程控制、末端再生"的循环型清洁生产方式,实现基础设施、市政公用工程共建共享,资源互为利用,能源梯级利用,废水废弃物集中处理。推进节能环保的星级游船建造和排筏动力改造。

3. 实施漓江核心区域产业转移

建立漓江流域产业准入负面清单,逐步搬迁漓江沿岸和生态保护红线范围内的工矿企业,腾挪生态空间,提升支撑桂林社会经济发展的生态承载力,实施城区老工业区搬迁改造提升发展、阳朔葡萄工业园区迁移安置等项目。重点实施桂林飞龙电线电缆、量具刃具、紫竹乳胶、雪芙莲日化、花桥食品、力源粮油等12家企业搬迁提升改造。

4. 推进生态园区建设

以绿色化、生态化改造提升桂林高新区、经济技术开发区、高铁经济产业园区等现有产业园区和企业,积极培育发展能源资源消耗低、污染排放少、经济效益好的新兴产业、新型业态和生态园区。实施阳朔县生态环保科技园等项目。

(六)漓江生态保护和修复提升重点支撑工程

1. 加强基础设施建设

加大水利工程建设。完善漓江干流沿岸生态防洪堤,对河道开展生态修复,改善漓江枯水期生态和景观环境。加快推进长塘水利枢纽工程、桂林市城北水厂二期供水工程、临桂新区机场路以北片区湖塘水系连通工程、漓江核心区生态护岸工程等项目建设。

规划建设交通枢纽。在贵广高铁、湘桂高铁交汇处布局建设一体衔接、中转集散、高水准的铁路综合客运枢纽站,大幅提升市区综合交通运输效率。实施桂林北综合客运枢纽等工程。

打通旅游景区、乡村旅游点交通基础设施"最后一公里"。推进乡村旅游公路升级改造,提高公路通达质量和安全防护水平。实施阳朔县公路桥梁建设、大圩至草坪(灵川段)公路建设等工程。

2. 提升漓江生态环境保护能力

实施自然景观资源保育行动。研究应用喀斯特石漠化治理技术、自然景观保护与修复技术,实施重要生态系统和生态脆弱地区保护与修复,提升自然景观资源保护和可持续利用能力。建成国际岩溶研究中心基地。

实施漓江流域空间用途管控。编制《漓江流域生态环境保护总体规划》,建立流域基础地理信息系统,对漓江流域核心区实施四级网格化管理,严格管住核心区、管控缓冲区。

加强生态环境保护信息化建设。提升漓江生态环境监控和应急响应能力,实施"数字漓江"、野外巡护视频监控及保护区数字化信息管理平台等项目。建立漓江大数据库、信息化执法平台、旅游服务系统、水文水资源管理系统等,完成阳朔县漓江国控断面、集中式饮用水水源地环境监测预警应急中心项目建设。建成漓江干流及支流水质自动监测站。

四、保障措施

将桂林国际旅游胜地建设与建设桂林市国家可持续发展议程创新示范区、桂林国家健康旅游示范基地、国家生态文明先行示范区统筹结合起来,构建政策支持体系,形成发展合力。

(一)加强组织领导

建立由自治区生态环境厅、发展改革委牵头的漓江生态保护和修复部门联席会议制度,加强统筹协调,积极争取国家部委大力支持,共同推进漓江生态保护和修复提升工程建设。自治区相关部门要按照职责分工,落实本方案提出的目标任务,确保各项举措落地见效。桂林市要强化主体责任,建立健全领导机制和工作机制,加大工作力度,细化工作措施,扎实有序推进漓江生态保护和修复提升工程建设。

(二)抓好项目实施

加强研究论证,围绕六大工程,提出6大类147个重点建设项目,计划总投资919亿元。拟争取中央和自治区资金550亿元,桂林市配套资金369亿元。按照各项目的轻重缓急予以分年安排,结合前期工作,实行滚动实施和管理。

1. 组织项目分类实施

漓江综合治理工程49项,计划总投资121.08亿元;

漓江生态保护工程22项,计划总投资56.59亿元;

漓江生态修复工程15项,计划总投资21.32亿元;

城市生态提升工程19项,计划总投资202.39亿元;

产业生态提升工程12项,计划总投资234.58亿元;

漓江生态保护和修复提升重点支撑工程30项,计划总投资282.80亿元。

2. 组织项目分期实施

2020年前计划完成项目64项,计划总投资145.36亿元;2025年前计划完成项目83项,计划总投资773.41亿元。

(三)加大政策支持

1. 积极争取国家政策支持。争取将漓江生态保护和修复提升工程列入国家重大项目,积极争取中央预算内投资及国家各部委专项资金倾斜支持漓江生态保护区基础设施建设和工业转型。支持桂林申请建设中国旅游资源交易中心西南分中心。探索建立生态公益林补偿动态调整机制,先行在漓江开展试点。积极推动桂林漓江流域山水林田湖草生态保护与修复项目纳入国家项目库。推动建立漓江流域上下游横向生态保护补偿机制。

2. 自治区出台支持政策。将漓江生态保护和修复提升工程列入自治区层面统筹推进重大项目。2019—2021年间,自治区加大对桂林市资金倾斜力度,重点支持漓江流域生态保护与修复补偿、民生补助、绿色产业发展、生态环境综合整治及管理能力提升等。根据地方举债空间、债务风险和财力等状况,统筹安排自治区政府专项债券,倾斜支持漓江生态保护区的基础设施建设。结合自治区与市县财政事权与支出责任划分工作,研究减除漓江公益项目地方配套资金事项。加大土地、税收等政策扶持力度。建立完善自治区层面的漓江流域生态环境保护联席会议制度,统筹推进漓江保护利用管理工作。强化提升漓江管理机构的行政管理职能。

3. 加强政策资源整合。整合桂林国际旅游胜地建设发展规划纲要、国家可持续发展议程创新示范区建设方案、国家健康旅游示范基地建设实施方案、创建国家生态文明先行示范区三年行动计划及各部门"十三五"规划等涉及漓江流域的项目,加大统筹协调力度,集中资金和政策支持,推动漓江生态保护和修复提升工程建设。

(四)创新投融资机制

创新政府投资支持方式,发挥政府投资的引导作用,采取直接投资、投资补助、资本金注入、以奖代补等多种方式支持基础设施建设。建立规范的地方政府举债融资机制,推动地方融资平台转型改制和市场化融资,整合优质资源,打造符合条件的市场融资主体,发行企业债券、公司债券和资产证券化等债务融资工具,用于漓江水环境综合治理、重点流域水污染防治等生态和旅游基础设施建设。通过政府和社会资本合作模式,引导社会资本投入漓江基础设施建设。探索研究按市场化方式设立漓江生态保护和修复基金,发挥政府引导基金作用,撬动更多金融资本、社会资本投资优质漓江生态旅游项目、企业。

(五)抓好工作落实

充分发挥漓江生态保护和修复部门联席会议制度作用,及时解决存在问题,抓紧推动工作落实,重大事项向自治区党委、政府报告。桂林市要定期将漓江生态保护和修复情况向自治区报告,并积极协调解决推进工作中的突出困难和问题。

附件:

1. 桂林漓江生态保护和修复提升工程指标目标值表
2. 桂林漓江生态保护和修复提升工程项目汇总表(2019—2025年)
3. 桂林漓江生态保护和修复提升工程2020年前计划完成项目表
4. 桂林漓江生态保护和修复提升工程2025年前计划完成项目表

广西壮族自治区人民政府办公厅关于支持桂林市加快文化旅游产业发展的意见

桂政办发〔2019〕109号

各市、县人民政府,自治区人民政府各组成部门、各直属机构:

为深入贯彻落实自治区党委、自治区人民政府"以世界一流为发展目标,打造桂林国际旅游胜地"的有关决策部署,大力支持2019年广西文化旅游发展大会承办地桂林市打造世界一流的国际旅游目的地,推动文化旅游产业跨越发展,经自治区人民政府同意,提出如下意见。

一、加强文化旅游基础设施建设

(一)加强桂林文化旅游交通基础设施建设

支持提升桂林两江国际机场枢纽功能,打造世界一流旅游航空港。自治区、市两级政府每年安排2亿元航线培育专项资金,用于桂林国际航线的开辟,争取开通欧美洲际航线,开通桂林至东盟国家、东北亚国家航班,加密入境口岸城市的航班。统筹推进兴安、阳朔等通用航空机场、低空旅游专用机场建设。支持依托桂林两江国际机场,规划建设空铁公联运交通枢纽,建设桂林两江国际机场—桂林火车站(南站、北站、西站)的轨道交通和旅游专线铁路。全面提升桂林火车站与国际旅游胜地相匹配的服务功能和品质。加密桂林至粤港澳大湾区、长三角、京津冀和西南地区等主要客源地的始发列车。加强桂林旅游交通环线建设,按照二级公路以上标准,建设桂西北旅游环线、桂南旅游环线等。全面提升连通国家4A级以上旅游景区道路等级水平,重点建设灵川大圩—冠岩景区二级公路,提升漓东旅游交通条件。支持桂林加快建设漓江航运黄金水道,实施漓江游船提档升级工程,高标准特色化改造提升漓江沿岸游船码头配套设施,积极推行漓江分段游、分时游、分级游、分形游。(牵头单位:自治区交通运输厅;配合单位:自治区发展改革委、财政厅、文化和旅游厅,桂林市人民政府,广西机场管理集团,中国铁路南宁局集团等)

(二)加强桂林文化旅游公共服务设施建设

支持桂林市建设旅游集散中心,高标准完善旅游咨询服务中心、旅游驿站、应急医疗救助点等配套设施,规范并实现多语种旅游标识标牌全覆盖。支持建设一流的智慧旅游城市,升级完善"一键游桂林"智慧旅游公共服务体系,加快景区及重点公共场所4G、5G网络全覆盖建设。支持建设提升一批国家A级旅游景区停车场、游客服务中心、旅游厕所、自驾车旅居车营地。支持桂林市布局建设"运动桂林·健康绿道",尽快建成漓江东岸百里休闲健身步道、西岸桂阳公路旅游休闲带。支持建设桂林非遗展示馆、省立艺术馆等一批公共文化基础设施项目。积极创建国家公共文化服务体系示范区。(牵头单位:自治区文化和旅游厅;配合单位:自治区发展改革委、工业和信息化厅、体育局等)

二、推动文化旅游融合发展

(三)创建一批文化旅游精品

支持桂林市创建国家全域旅游示范区。支持创建一批国家级文化产业园区、国家级文化产业示范基地、国家文化产业和旅游产业融合发展示范区。支持桂林全面提升阳朔遇龙河国家旅游度假区和秀峰桃花湾旅游度假区的品质;支持兴安乐满地、独秀峰·王城、两江四湖·象山等国家5A级旅游景区提质提效发展,支持龙胜龙脊梯田、资源八角寨、兴安猫儿山、桂北红军长征国家文化公园创建国家5A级旅游景区。支持桂林市打造百里漓东、峰林遗产、茶江生态、桂柳运河、龙脊风情、资江丹霞、湘江红色、灵渠古道等8条精品线路。帮助引进国际国内知名酒店管理品牌入驻桂林市,支持申报五星级旅游饭店。支持桂林市发展多业态精品酒店、文化主题酒店等,建设高端旅游度假酒店群。支持制定旅游民宿等级评定标准,开展民宿等级评定,培育打造一批民宿精品,建成一批精品民宿集聚区。(牵头单位:自治区文化和旅游厅。配合单位:自治区发展改革委、财政厅、公安厅、交通运输厅、商务厅、应急厅等)

(四)打造一流的文化旅游品牌

打响历史文化名城品牌。支持建设逍遥楼·东西巷历史文化休闲旅游街区、桂林文化旅游中心(漓江歌剧院、山水音乐厅),加快建设榕湖北路—古南门历史文化街区,打造秀峰历史文化旅游体育融合发展示范区;继续推进甑皮岩国家考古遗址公园和靖江王陵国家考古遗址公园建设,推出"桂林博物馆—非遗展示馆—靖江王府·逍遥楼东西巷—桂海碑林—靖江王陵"历史文化精品旅游线路;支持灵渠申报世界文化遗产。打造红色旅游品牌。整合桂北长征红色文化资源,依托"一园两馆"(红军长征湘江战役纪念园、红军长征突破湘江纪念馆、新圩阻击战史实陈列馆)、红军墓、湘江战役旧址等建设国家长征文化公园、全国爱国主义教育基地,依托市、县两级党校建设桂林红军长征研学基地,打造"桂林—兴安—资源—全州—灌阳—龙胜"为主线的"重走长征路"红色旅游精品线路。打造文化演艺品牌。做大做强"印象·刘三姐"品牌,支持将"刘三姐"品牌拓展到服装、影视、歌曲、游戏等领域;打造"桂林有戏"、象山演艺等文化旅游精品,做大做强"两会一节"(联合国世界旅游组织/亚太旅游协会旅游趋势与展望国际论坛、中国-东盟博览会旅游展、桂林国际山水文化旅游节)品牌,支持建设临桂新区桂林国际会展中心;支持桂林文化旅游演艺"走出去",支持《刘三姐》等剧目赴国外演出。打造文化创意品牌。支持建设桂林国家高新创意产业园,推出一批文化创意品牌企业。支持桂林打造文化艺术创作基地,对到桂林创作的文艺工作者给予提供场地等政策支持。(牵头单位:自治区文化和旅游厅。配合单位:自治区发展改革委、交通运输厅、商务厅、人力资源社会保障厅,广西税务局等)

(五)建设一流的健康旅游基地

支持桂林市建设国家健康旅游示范基地,规划建设国际医疗旅游先行区和国际化医疗技术产业集聚区,建设一批国际康养社区,建设自治区级中医药健康旅游示范基地。支持推动中国-东盟友好疗养基地、信和信·桂林国际智慧健康旅游产业园等健康旅游产业集聚区建设,加快推进华邦(桂林)国际旅居健康颐养园、龙光·桂林国际养生谷、龙胜温泉康体小镇、恭城平安康养特色小镇、桂林盘王药谷健康科技旅游小镇、全州大碧头健康旅游示范园等项目建设。支持桂林市打造国家体育旅游示范城市、全民运动健身模范市。支持桂林市承办环广西公路自行车世界巡回赛和申办漂流世锦赛、国际高品质高尔夫比赛。通过城市商场改造、大型体育场馆改扩建、景区服务提升、美丽乡村建设等,增加或提档升级公共基础设施,打造一批自治区级体育旅游示范基地、精品线路、精品赛事以及体育旅游综合体。(牵头单位:自治区卫生健康委、文化和旅游厅、体育局。配合单位:自治区发展改革委、农业农村厅、民政厅、中医药局等)

三、加大文化旅游扶贫力度

(六)支持桂林大力实施文化旅游扶贫富民

支持桂林市大力实施乡村振兴战略,推进乡村旅游转型升级,开展近郊农旅融合项目建设。开展文化旅游扶贫试点示范,重点扶持建设一批文化旅游扶贫重点村。重点推进阳朔春风漓水田园综合体、桂林崇山田园乡村生态旅游区、悦桂情歌田园等项目建设,打造一批民族风情特色村、传统村落、田园综合体和产业园。支持龙脊梯田景区贫困村金江村试点,推广与爱彼迎公司合作,探索"'三变'改革+旅游扶贫"新模式。(牵头单位:自治区扶贫办、农业农村厅、文化和旅游厅。责任单位:自治区发展改革委、住房城乡建设厅等)

兴坪黄布滩　　(曹凯　2019年摄)

四、实施生态环境提升工程

(七)支持桂林加强生态环境建设

支持桂林市大力推进国家可持续发展议程创新示范区建设,实施漓江生态保护和修复提升工程,加快建设国家生态文明先行示范区,创建国家生态园林城市。支持设立漓江流域生态环境保护专项资金,建立漓江流域生态环境保护补偿机制,建立漓江风景名胜区资源有偿使用机制,出台征收标准及具体办法,加强生态环境保护。支持出台漓江游览排筏安全技术检测标准。支持实施山水林田湖草生态保护和修复工程,构建以漓江百里绿色画廊,都庞岭、越城岭生态屏障,龙胜、资源、阳朔、灌阳、恭城五个国家级重点生态功能区为主体的"一廊两屏五区"生态保护格局,巩固提升自然生态系统稳定性。推进猫儿山、花坪、千家垌、会仙湿地等生态旅游景区景点建设,支持建设国家级生态旅游示范区、国家级湿地公园等。(牵头单位:自治区生态环境厅、自然资源厅。配合单位:自治区发展改革委、财政厅、林业局、住房城乡建设厅、文化和旅游厅等)

五、加强文化旅游宣传营销

（八）支持桂林文化旅游宣传推广

支持桂林市加大文化旅游宣传营销力度，举办入境游（桂林）采购商大会。对向桂林市输送游客贡献大的前5名境外旅行商和接待欧美、日韩、东南亚和港澳台地区游客数量多的前5名旅行社给予资金奖励支持。支持联合国世界旅游组织、亚太旅游协会、世界旅游旅行理事会、世界旅游城市联合会、世界旅游联盟等国际旅游组织在桂林设立办事处，鼓励境外旅行商在桂林市设立分支机构，给予场地、税收等方面优惠政策支持。承办全区文化旅游发展大会期间，支持桂林市加大对粤港澳地区的宣传推介，自治区层面组织的境内外旅游招商引资、宣传推介、策划营销、广告投放等活动，重点聚焦突出桂林。大力宣传桂林的53国游客72小时过境免签政策及东盟10国旅游团入境免签政策。协调我区境外旅游营销中心、旅游企业优先推荐桂林市旅游产品。充分利用航线培育、发行体育彩票等方式推动桂林旅游营销。（牵头单位：自治区党委宣传部，自治区文化和旅游厅。配合单位：自治区外事办、广电局、投资促进局，广西税务局等）

六、推进国际旅游消费中心建设

（九）支持桂林加快国际旅游消费中心建设

支持桂林市积极实施境外旅客购物离境退税政策，推动免税购物政策落地，重点在两江国际机场等具备条件的区域设立免税商店或免税购物中心。以桂林中心城区、阳朔西街为重点，布局建设具有国际影响力的高品位步行街和大型消费商圈，培育壮大中高端消费市场。积极培育电子商务消费新业态，提升境外商品和服务消费便利度，鼓励发展跨境电商、市场采购贸易、外贸综合服务企业等外贸新业态，打造跨境电商消费体验中心、进出口商品直销集散中心。大力营销“桂林有礼”品牌和广西特产，积极推广桂林山水字画、鸡血玉、“桂林三宝”、绣球、壮锦等特色旅游商品。举办桂林国际美食节，打造桂林米粉、油茶、啤酒鱼、酿菜、醋血鸭等美食品牌，高标准建成美食一条街，恢复重塑“桂林老字号”，提升“吃在桂林”影响力，唱响桂林饮食文化品牌。（牵头单位：自治区商务厅。配合单位：自治区发展改革委、文化和旅游厅，南宁海关等）

七、加大资金政策支持力度

（十）加大财政资金支持力度

从2019年起，通过自治区旅游发展专项资金分2年安排5000万元，支持桂林市公共文化旅游服务设施和重大项目建设。有关部门要统筹安排2019年、2020年各类农业示范基地、风景名胜区、传统村落、水利风景区、遗产地保护、自然保护区、森林（湿地）公园、文化、体育等项目建设资金，以及服务业、新农村建设、节能减排、生态文明建设等方面的专项资金重点支持桂林市文化旅游产业发展。鼓励桂林市创新财政资金使用方式，撬动社会资本共同参与旅游公共基础设施建设。（牵头单位：自治区发展改革委、文化和旅游厅、财政厅。配合单位：自治区农业农村厅、住房城乡建设厅、自然资源厅、水利厅、生态环境厅、体育局等）

自治区集中财力倾斜支持桂林国际旅游胜地建设。加大对桂林市的综合财力补助。2019—2025年，自治区在保障对桂林综合财力补助的基础上，统筹各方面资金进一步加大对桂林市支持力度。（牵头单位：自治区财政厅。配合单位：自治区发展改革委、文化和旅游厅等）

（十一）支持拓宽文化旅游产业投融资渠道

支持绿色产业基金、风险投资基金、私募股权基金等各类资本按市场化方式参与桂林文化旅游项目开发建设。支持符合条件的旅游企业通过发行企业债、公司债、短期融资券、资产证券化等模式进行融资。支持文化旅游企业在资本市场上市。支持文化旅游项目扩大特许权、运营权、景区门票收入质押担保等融资规模。鼓励自治区级政策性担保机构按照“保本微利”原则为桂林市文化旅游企业提供担保。支持保险公司在桂林市推出各类旅游保险产品。（牵头单位：自治区地方金融监管局。配合单位：自治区发展改革委、财政厅、文化和旅游厅，人民银行南宁中心支行，广西银保监局，广西证监局等）

（十二）加大政策支持力度

优先将桂林市文化旅游产业重点建设项目列入自治区重点项目库，在符合相关规划的前提下，优先办理项目选址手续。依法加快办理相关项目所涉及的林业、环境、水保、住建、自然资源等建设审批手续；支持解决相关历史遗留问题。支持桂林市继续实施旅游产业用地改革试点形成的相关政策。支持桂林市将引进的急需紧缺类高层次人才纳入《广西壮族自治区高层次人才认定办法（试行）》适用范畴，鼓励外籍高层次旅游人才到桂林市工作，在出入境、居留、生活等方面提供全方位服务保障；鼓励桂林市积极开展高端人才引育项目，给予1—3个月短期性出国（境）培训和引才项目立项支持；依托国际、国内智库，加快桂林旅游产业研究院发展；建立桂林旅游人才国际化教育和培训基地。支持桂林市建设“无语言障碍国际化旅游城市”。支持桂林市开展东盟国家旅游行业互访交流活动，推进旅游酒店互派人员交流合作。支持桂林市参照外地先进做法，试行民宿办理不动产登记。支持桂林市探索建立旅游市场综合监管新模式。（责任单位：自治区发展改革委、自然资源厅、住房城乡建设厅、市场监管局、地方金融监管局、国资委、投资促进局、水利厅、人力资源社会保障厅、外事办等）

八、强化责任落实

（十三）抓好督查和责任落实

对《重点支持桂林市加快文化旅游产业发展项目表》中的项目，有关部门和单位要高度重视，开通“绿色通道”，简化审批程序，加快审批进度，解决建设过程中遇到的问题，确保项目顺利实施。自治区政府督查室要适时组织开展督查，并将督查情况报自治区人民政府。桂林市要将目标和任务分解到所辖各县（市、区）政府和市直各部门，明确责任，抓好落实，进一步统一思想、凝聚力量、创新思路，努力做强旅游长板，壮大旅游经济。（责任单位：自治区政府督查室，桂林市人民政府，自治区文化和旅游厅等）

2019年11月15日

广西壮族自治区人民政府印发关于支持桂林市建设国家可持续发展议程创新示范区若干政策的通知

桂政发〔2019〕48号

各市、县人民政府，自治区人民政府各组成部门、各直属机构：

现将《关于支持桂林市建设国家可持续发展议程创新示范区的若干政策》印发给你们，请认真贯彻执行。

2019年11月22日

关于支持桂林市建设国家可持续发展议程创新示范区若干政策

第一章　总则

第一条　为贯彻落实《国务院关于同意桂林市建设国家可持续发展议程创新示范区的批复》（国函〔2018〕31号）精神，支持桂林市全面落实和实施好国家可持续发展议程创新示范区（以下简称示范区）各项行动和工程，特制定本政策。

第二章　财政金融支持政策

第二条　加强漓江流域生态环境保护与治理。设立漓江流域生态环境保护专项资金，建立漓江流域生态补偿机制。自治区每年安排一定额度的专项资金用于漓江流域生态环境保护，鼓励探索建立多元化的生态补偿机制，逐步加大对漓江流域重点生态功能区转移支付的支持力度，推动开展中央、自治区、桂林市、示范区内县四级联动生态公益林补偿机制试点。

第三条　促进景观资源可持续利用。发挥财政资金杠杆放大作用，建立健全创新创业投资引导基金投入机制。有效整合各级财政创新驱动发展专项资金、政府投资引导基金及重大产业发展专项资金等，按照“政府引导、市场运作”的原则，撬动社会资本、金融机构及国有企业投资设立各类桂林市可持续发展的产业投资基金、科创基金，重点支持新兴产业和高新技术产业发展及成果转化应用。

第四条　推动景观资源保育和产业绿色转型发展。探索发展绿色贷款、绿色保险、绿色证券等金融新业态，支持国际金融组织和国内金融机构发行示范区专项绿色债券。推动示范区内金融机构筹备发行上限为500亿元人民币的“景观资源保育”专项绿色金融债券，募集所得资金将专项用于示范区景观资源保育工程和传统产业绿色转型发展。鼓励和支持运作规范、符合条件的创业投资企业，创新各类募集手段，通过上市募集、发行双创债、发行资金信托等融资方式拓展融资渠道，形成市场化、多元化的资金来源。

第五条　加大资金支持力度。自治区财政加大一般性转移支付力度，重点支持示范区重大基础设施建设、生态保护与环境治理、生态产业培育、产业结构调整等重大项目。争取中央加大示范区公益性建设项目投资比例，自治区有关部门给予项目资金倾斜支持。凡属示范区重点发展的产业及其配套的基础设施项目，优先列入自治区国民经济和社会发展总体规划、专项规划和区域规划，优先列入自治区统筹推进的重大项目计划，优先列入申报国际金融组织和外国政府贷款项目国家规划，并在前期工作经费方面给予支持。

第三章　科技支持政策

第六条　支持科技研发和服务平台建设。自治区科技计划重点支持桂林市建设示范区，每年安排一定数量的科技资金，发布指南引导科研单位和科技人员聚焦示范区重大战略产品、关键共性技术和重大工程，汇集科技创新资源，推动示范区景观资源保育与可持续利用关键技术的研发和成果集成应用。支持科技创新基地、科技企业孵化器、众创空间、国际科技合作基地等科技研发服务平台建设，构建全链条式科技创新创业服务体系。

第七条　打造科技成果转化先行区。加快构建与景观资源可持续利用要求相适应的科技成果转化新机制、新模式，培育高效技术交易市场，健全科技成果转化交流平台，引进培育市场化的科技成果和技术转移中介机构，支持国际技术合作与贸易机构落户示范区，加快推进市场化的广西绿色技术转移中心、绿色技术银行西南分中心的建设。紧密对接景观资源可持续利用的技术需求，推动建立一批军民融合、产学研一体化的协同创新平台和新型科研机构，先行试点科技军民融合的政策制度，探索建立科技军民融合金融服务新模式。

第八条　打造县域创新驱动发展高地。加快县域经济转型升级步伐，推动先进适用科技成果在县域的转化和产业化，构建“技术引入—技术匹配—技术孵化加速—技术商业化”的技术发展和产学研合作全链条。推动科技成果在县域转化落地，鼓励企业发挥科技成果转化的主体作用，对于符合申报条件购买科技成果转化应用的企业，按技术合同技术交易额的20%—50%予以补贴，补贴资金最高不超过500万元。

第四章 产业结构调整支持政策

第九条 推动景观资源可持续利用及生态产业发展基础设施建设。统筹中央、自治区、桂林市三级财政资金，撬动社会资本，围绕示范区景观资源可持续利用的要求和布局，按照统筹规划、绿色发展、适度超前的原则，加快推动纳入《桂林市可持续发展规划(2017—2030年)》和《广西壮族自治区桂林市国家可持续发展议程创新示范区建设方案(2017—2020年)》的重点项目及其配套基础设施的建设。支持桂林国家高新技术产业开发区、桂林经济技术开发区突破行政区划有效推进"一区多园"建设机制与模式，打造特色鲜明的现代产业集群，建设创新能力强、附加值高、可持续发展、具有国际竞争力的产业基地。进一步优化军民融合深度发展的政策环境，鼓励示范区内所有县(市、区)和工业园区创建国家级、自治区级军民融合产业示范基地，支持示范区内企业创建国家级、自治区级军民融合示范企业。

第十条 推动旅游多业态融合发展。建设世界级精品景区，推动旅游与文体、康养等融合发展，加快形成国际旅游产业体系，打造世界一流的旅游目的地。实施智慧旅游工程，支持智慧旅游平台建设。实施旅游新产品开发、旅游新业态培育、旅游服务水平提升等工程，加强旅游产品和业态创新，全面提升旅游服务质量，形成可提供示范和借鉴的生态旅游发展"桂林模式"。

第十一条 推动生态农业创新发展和循环发展。实施一批高效生态农业生产基地建设、特色农产品深度开发与产业化示范、农产品质量安全保障等工程，建设一批现代特色农业示范区，推进生态农业规模化、专业化和标准化，推进柑橘、月柿、罗汉果等一批"名特优新"农产品开发。支持开展田园综合体、农业公园、特色小镇+现代农业、生态循环农业项目建设和农业发展新模式探索与推广应用，打造乡村振兴的"桂林样板"。

第十二条 推动文化康养产业创新发展。实施历史文化遗产保护传承与开发示范，红色文化、民俗与特色文化保护开发示范，民族特色医药与健康产业开发示范，社会养老与康乐休闲服务创新示范等工程，做大做强文化康养产业，建设自治区文化康养产业示范基地，探索智慧康养产业发展新模式，推动形成"医、康、养、健、智、学"六位一体的健康旅游与文化产业融合发展格局。

第五章 用地支持政策

第十三条 按照"集中统筹、分级保障"原则，定向保障示范区新增建设用地；自治区级以上项目的建设用地预审由示范区主管部门初审后报有审批权限的主管部门预审；农用地转用和土地征收审批由示范区主管部门审查后报有审批权限的人民政府审批；优先保障重点项目用地，符合自治区重大项目条件的，由自治区发展改革委纳入自治区统筹推进重大项目计划；支持示范区所有县(市、区)纳入自治区"推进城乡建设用地增减挂钩，促进城乡统筹发展和易地扶贫搬迁"政策适用范围。

第十四条 鼓励示范区统筹使用高标准农田建设、农业综合开发、现代农业生产发展等相关项目资金，集中建设产业园基础设施和配套服务体系，支持示范区开展农村土地"三权分置"试点。吸引龙头企业和科研机构建设运营产业园，发展设施农业、精准农业、精深加工、现代营销，带动新型农业经营主体和农户专业化、标准化、集约化生产，推动农业全环节升级、全链条增值。鼓励农户和返乡下乡人员通过订单农业、股份合作、入园创业就业等多种方式，参与建设、分享收益。

第十五条 鼓励通过盘活农村闲置房屋、集体建设用地、"四荒地"、可用林场和水面等资产资源发展休闲农业和乡村旅游，加快城乡结合部及乡村用地规划工作。在符合生态环境保护要求和相关规划的前提下，对使用荒山、荒地、荒滩及石漠化土地建设的旅游项目，优先安排新增建设用地计划指标，出让底价可按不低于土地取得成本、土地前期开发成本和按规定应收取相关费用之和的原则确定。对复垦利用垃圾场、废弃矿山等历史遗留损毁土地建设的旅游项目，实行"谁投资、谁受益"的原则，鼓励土地权利人自行复垦。

第六章 人力资源支持政策

第十六条 加大示范区人才支持力度。根据《广西壮族自治区高层次人才认定办法(试行)》规定，大力引进高层次人才，推行人才工作效益评定人才类别的考核机制。鼓励积极开展高端人才引育工作，对推进人才发展的短期性出国(境)培训、引才项目进行倾斜。加大柔性用才力度，推动用人单位到区外设立离岸研发中心和孵化基地，就地延揽高层次人才，对其中全职工作的视同在示范区工作，可单独申报自治区级人才工程和科技项目。依托院士工作站、技能大师工作室、专家服务基地等载体，灵活使用各类人才。设立广西可持续发展研究院，打造高水平智库。

第十七条 支持示范区加强人才公寓建设。适度放宽土地使用指标限制，盘活住房存量，允许示范区内政策性房源作为人才公寓投放使用，鼓励示范区内民营资本投资人才公寓建设，试行共有产权房，解决示范区引进的各类人才落地初期的住房难题。

第七章 体制机制改革支持政策

第十八条 积极推进示范区体制机制改革。自治区改革试点工作优先在示范区先行先试，以完善产权制度和要素市场化配置为重点，在现行法律法规和政策规定范围内，研究赋予示范区以自治区级经济管理权限，探索将自治区发展改革委、科技厅、教育厅、工业和信息化厅、人力资源社会保障厅、自然资源厅、生态环境厅、住房城乡建设厅、交通运输厅、水利厅、农业农村厅、商务厅、文化和旅游厅、卫生健康委等相关部门相应权限内的证照审批、备案权和资质管理权下放示范区，推进办事权改革，建立备案制度；鼓励建立科学高效的管理模式和自主灵活的用人机制,创新干部管理体制和激励机制。

第十九条　创新生态环境体制机制和模式。组织编制生态保护红线、环境质量底线、资源利用上线、环境准入负面清单,构建环境分区管控体系,有效推进主体功能区建设,抓好漓江流域生态环境保护,促进旅游业可持续发展。探索开展区域环境托管服务新模式,采取政府(园区)购买服务形式,创建工业园区智慧环境管理示范。

第二十条　完善科技创新机制。创新中高端人才推选制度、科研成果评价制度和职称评定制度。探索政府支持企业创新的新机制,建立绿色技术创新体系。支持有条件的企业牵头组建产业与技术创新联盟。

第八章　对外交流与合作支持政策

第二十一条　高水平建设景观资源可持续利用对外合作交流示范基地。支持示范区融入"一带一路"、中国－东盟自由贸易区升级版和粤港澳大湾区建设,深度融入全球产业链、价值链、物流链,推动可持续发展国际交流合作。鼓励有条件的单位参与大型国际合作计划,鼓励跨国公司设立地区总部和功能性机构,提升产品成熟度和市场认可度。支持在桂林设立中国－东盟可持续发展创新合作国际论坛永久会址,承办世界可持续发展创新合作专题论坛,扩大桂林国际合作交流影响力。

第二十二条　扩大对外开放。建立适应贸易自由化、投资便利化的投资促进机制,创新利用外资政策。全面实行准入前国民待遇加负面清单管理制度,推进金融、教育、文化、医疗等服务业领域对外开放,按规定放开建筑设计、商贸物流、电子商务等服务业领域外资准入限制,推动对外开放迈出更大步伐,形成新的竞争优势。

第二十三条　打造一流营商环境。引入国际规则、惯例和管理标准,营造尊重创新、保护创新、鼓励创新人才脱颖而出的政策环境,建设法治化、国际化、便利化的营商环境,推进行政审批"一制三化"改革。推进大通关建设改革,推动口岸管理相关部门信息互换、监管互认、执法互助。支持临空经济区积极设立综合保税区、免税购物中心,支持临空经济区快速融入广西北部湾经济区和粤港澳大湾区建设,共建"无水港"。

第九章　附则

第二十四条　本规定与自治区现行其他政策内容相重叠时,可选择最优惠的政策执行,但不得叠加享受优惠政策。

第二十五条　本规定由自治区科技厅负责解释。

第二十六条　本规定执行期限,从印发之日起至 2025 年 12 月 31 日止。

桂林市人民政府关于桂林米粉产业发展的指导意见

市政规〔2019〕6 号

各县(市、区)人民政府,高新区、临桂新区、漓江风景名胜区、经济技术开发区、高铁经济产业园管委会,市直各委、办、局,中央、自治区驻桂林各单位,各企事业单位:

为做大做强桂林米粉产业,培育我市经济高质量发展新动能,现就我市米粉产业发展提出以下指导意见。

一、总体要求

(一)指导思想

以习近平新时代中国特色社会主义思想为指导,全面贯彻落实党的十九大和十九届二中、三中全会精神,进一步提升桂林米粉文化价值,推动形成桂林米粉规模化、产业化、标准化、绿色化发展格局,实现桂林米粉产业高质量发展。

(二)基本原则

政府统筹,多方参与。做好桂林米粉产业发展顶层设计,加大桂林米粉产业发展全过程保障力度。充分调动政产学研销各方面力量,共同推进桂林米粉产业发展。

鼓励创新,龙头引领。进一步落实创新驱动发展战略,支持企业创新发展。积极培育桂林米粉龙头企业,充分发挥知名米粉企业的品牌影响力。

健全标准,绿色发展。建立健全桂林米粉产业标准体系、溯源体系和食品质量监管体系,推动桂林米粉产业绿色健康发展。

(三)发展目标

到 2021 年,拥有 3—5 家主营业务收入 5000 万元以上的米粉企业,全国范围内新增桂林米粉实体门店超过 500 家,全产业链总收入超过 100 亿元。桂林米粉"中央厨房"和示范性原材料产业化基地基本建成,米粉产业链融合发展格局基本形成,标准化品牌化体系基本完善。

到 2025 年,拥有 2—3 家主营业务收入 1 亿元以上的米粉企业,全产业链总收入达到 200 亿元,全生态产业链基本形成,产品种类极大丰富。

二、主要任务

(一)建设桂林米粉产业基地

1. 建设桂林米粉产业园和原材料基地。建设以研发、生产、产品检验、宣传展示、电子商务、快递物流、文化体验等为主要功能的桂林米粉产业园区,打造一批桂林米粉原材料生产基地,完善相关公共服务平台和配套设施。

2. 建设桂林米粉"中央厨房"和集中配送中心。按照规模化、产业化、标准化的要求,建设一批集米粉生产、配料加工、集中配送、冷链物流、冷库仓储等功能为一体的配送中心,形成加工、包装、仓储、运输、销售为一体的产业发展体系。

3. 培育一批米粉产业龙头企业。在基地建设、产品研发、设备引进、技术改造、市场开拓和挂牌上市等方面给予政策支持。鼓励和支持企业打造知名品牌,做大做强一批米粉产业龙头企业。

(二)促进桂林米粉产业升级发展

1. 推动技术创新和米粉产品升级换代。加大技术创新投入力度,建立桂林米粉研发中心。2021年前,市工业发展资金每年安排一定经费支持米粉企业技术改造。支持研发方便米粉技术,尤其是干米粉还原技术和长保质期鲜湿桂林米粉生产技术,为桂林米粉"走出去"创造条件。

2. 支持桂林米粉设备研发和改造。推动桂林米粉企业研发、改造、引进先进的生产设备,重点支持桂林米粉无人售卖机等设备的研发与推广。

3. 优化桂林米粉物流配送网络。整合区域米粉物流资源,改造提升原有的物流配送网络。加快冷链物流体系建设,充分利用航空、铁路、公路等运输系统,把桂林米粉配送到全国各地。

4. 支持本地桂林米粉星级店改造与提升。继续开展米粉星级店评比活动,到2021年底,完成100家桂林米粉星级店升级改造与评定工作。对星级店予以扶持,努力提升桂林米粉实体店品牌形象。

(三)加快桂林米粉标准化和品牌化建设

1. 建设桂林米粉全产业链标准体系。修订《桂林米粉店建设与服务规范》《桂林米粉店等级评定规范》,加快编制《桂林米粉配送中心建设与改造标准》《桂林米粉厂建设与改造标准》,推动制订《桂林米粉(卤菜粉)标准》等标准,建设桂林米粉全产业链标准体系。

2. 推进品牌化发展。鼓励企业研发新产品,提升竞争力。强化桂林米粉"国家地理标志证明商标"的使用规范,面向社会广泛征集桂林米粉LOGO,申报桂林米粉为国家"地理标志保护产品",申请"桂林米粉"中英文字型商标及国际商标注册与保护。

3. 完善桂林米粉信息平台。构建完善桂林米粉信息公共服务平台,积极宣传推介桂林米粉文化,努力扩大网上销售规模和影响力。

(四)加强桂林米粉文化建设

1. 深度发掘桂林米粉历史文化价值。规划建设桂林米粉文化美食街、米粉文化博览园和米粉博物馆。鼓励制作桂林米粉系列微电影、微视频和宣传片等。出版桂林米粉专著、译著、图册等。继续办好兴安桂林米粉文化节,积极推进米粉文化国际交流,扩大桂林米粉品牌影响力。支持开发桂林米粉文创产品,面向社会征集桂林米粉吉祥物,开发桂林米粉服饰、生活用品、教育用品等系列产品。

2. 鼓励桂林米粉与旅游融合发展。积极引导米粉企业、园区及相关产业配套基地与旅游融合发展,鼓励米粉产业园争创国家A级景区及工业旅游示范区。支持开发桂林米粉伴手礼系列产品,在各类旅游信息平台上大力推荐保鲜包装型桂林米粉,满足外地游客"食""购""游"等多重需求。

(五)加快开拓桂林米粉市场

1. 实施"五进五出"战略。抓好桂林米粉进商超、进景区、进高速、进高铁、进机场"五进入"工作和原材料、技术、设备、人才、标准"五输出"工作。

2. 扶持一批重点米粉企业"走出去"。重点扶持一批生产质量过硬、规模较大、口味正宗的桂林米粉企业走出桂林、走出国门,支持企业布局建设"海外仓"。

3. 继续实施"百城千店工程"。鼓励桂林米粉企业开展品牌连锁经营,重点扶持10个左右的桂林米粉品牌到外地城市开展连锁经营。鼓励国内外现有米粉店按照《桂林米粉店建设与服务规范》进行标准化改造,树立桂林米粉店形象。到2021年,实现全国性布局的桂林米粉企业10家以上,全国连锁加盟店500家以上。

4. 大力发展电商销售。加强与知名电商合作,将桂林米粉纳入京东、淘宝、"i游桂林"等电商平台;鼓励企业和个人在淘宝、天猫、阿里巴巴、京东等电商平台销售桂林米粉,布局线上销售网络,扩大销售规模。

5. 抓好品牌宣传推广。统一实施桂林米粉公共品牌宣传推广工作,制作一批宣传广告片、广告画、宣传手册,邀请国内知名栏目拍摄专题节目。积极组织品牌企业参加国内外重要展销、重大赛事等推广活动。发挥政府、企业、驻外机构、行业协会、海内外桂商商会、海内外侨联、海内外乡籍团体和桂林米粉粉丝团等多方面的合力作用,充分利用新媒介,多角度、多层面、多手段宣传推广桂林米粉。

(六)强化品质监管

1. 建立桂林米粉行业监管体系。重点围绕食品安全、消费者权益保护、商业秘密保护、商标使用管理等问题,建立健全多部门联动机制,加大日常检查和监督力度,严厉打击制售假冒伪劣产品、侵犯知识产权、诈骗等行为。加强对桂林米粉生产加工企业的食品安全生产监管和市场经营监管,依法查处存在食品安全隐患的企业,对不合格食品依法采取下架、封存、召回等措施。对未取得授权而擅自使用"桂林米粉"地理标志商标等行为依法处理。

2. 构建桂林米粉原材料溯源体系。充分利用物联网技术和大数据技术,建立大米、豆类、香料、肉类等原材料生产全过程质量溯源体系,将桂林米粉打造成为绿色健康品牌。

三、保障措施

(一)加强组织领导

桂林米粉产业发展领导小组要加强组织领导,领导小组办公室组织编制桂林米粉产业发展实施方案、产业发展规划等政策文件,协调推进桂林米粉产业发展壮大。

(二)优化营商环境

优化米粉企业行政审批流程,为企业提供优质公共服务。合理降低行政事业性收费和经营性服务收费标准,清理各种不合理收费。加强市场、价格、安全等方面的监管，严格执行米粉产业相关标准，严厉打击劣质低价竞争行为，倡导优质优价，形成有利于本地米粉企业、行业、产业良性发展的格局。

（三）完善支持政策

以桂林米粉生产体系、营销体系、品牌建设、技术研发、人才培训为重点，加大财政、投融资和土地保障等政策支持力度，采取针对性措施，确保政策落地。

（四）做好“引资、引才、引智”工作

大力引进社会资本和人才参与打造桂林米粉全产业链，把桂林米粉产业打造成为“双创”重要领域。将桂林米粉产业人才纳入桂林市人才引进培养计划。依托大中专院校积极开展岗位培训和职业技能提升培训，探索开展桂林米粉产业专项能力鉴定和认证工作，适时组织开展桂林米粉产业职业技能竞赛活动，选拔培养职业能手。大力推动桂林米粉产业人才小高地建设，聚集高层次人才和高技能人才。

（五）发挥行业协会作用

加强对桂林市米粉行业协会的指导，充分发挥桂林市米粉行业协会的作用，鼓励其开展促进桂林米粉品牌发展、形象宣传、产业发展研究等工作；支持米粉协会企业参与行业信用建设，建立健全会员企业信用档案，规范会员企业依法依规经营。

本指导意见自印发之日起施行，有效期5年。

桂林市人民政府
2019年3月14日

桂林市人民政府关于印发桂林市支持工业企业发展十八条政策措施（试行）的通知

市政规〔2019〕3号

各县（市、区）人民政府，高新区、临桂新区、漓江风景名胜区、经济技术开发区、高铁经济产业园管委会，市直各委、办、局，中央、自治区驻桂林各单位，各企事业单位：

现将《桂林市支持工业企业发展十八条政策措施（试行）》印发给你们，请认真贯彻执行。

桂林市人民政府
2019年2月24日

桂林市支持工业企业发展十八条政策措施（试行）

为加快推进我市新型工业发展，实现桂林工业振兴，制定以下政策措施。

一、支持培育强优企业

（一）支持企业做大做强。对年主营业务收入首次达到5亿元、10亿元、30亿元、50亿元、100亿元的规模以上工业企业，分别给予一次性奖励20万元、50万元、100万元、200万元、500万元。

（二）支持企业新建项目。对企业单个新建项目在建设期两年内生产设备投资达到1000万元（含）以上的，按生产设备投资额8%给予补助，补助金额最高不超过1000万元。

（三）支持为企业提供本地配套。对为企业提供配套产品且年度本地配套产品销售额达到1000万元（含）以上的企业，按其当年本地配套产品销售额2%给予补助，补助金额最高不超过300万元。

二、支持园区加快集聚

（四）支持园区基础设施建设和用地收储。对年度投入园区基础设施建设2000万元（含）以上且投入工业用地收储5000万元（含）以上的工业园区，给予其园区公司200万元补助。

（五）支持园区标准厂房建设与租赁。按照《桂林市工业园区标准厂房建设补助办法》（市工信〔2018〕43号）对竣工的标准厂房项目给予补助；对租赁市属工业园区标准厂房且完成生产设备投资1000万元（含）以上的项目建成投产后，由园区统一组织申报，连续3年按其每年实际支付租金的50%给予补助。

（六）支持社会资本投资建设“园中园”。对社会资本在工业园区投资建设“园中园”的，从产业园内企业纳税额达到200万元当年起，3年内由市、县（市、区）受益财政将每年新增的税收本级分成部分全额奖励给产业园投资者用于园区建设发展。

三、支持工业招大引强

（七）支持引进重大工业项目。对从市外引进的亿元以上重大工业项目，按项目实际完成固定资产投资额2%给予项目业主一次性奖励，单个项目奖励金额最高不超过1000万元。对引进世界500强和国内100强企业到我市投资落户或并购重组的特别重大项目可采取“一企一策”方式予以精准支持。

（八）支持重大工业项目加快落地。对生产设备投资超5000万元，承诺投产达产后年销售收入超2亿元的单个新建工业项目，经批准可代建厂房免费使用3年，免费使用期满后企业可按约定购买或租赁使用。免费使用期内，对厂房提供方按市场租赁价格标准的50%给予补助。

四、支持技术改造与创新

（九）支持企业技术改造。对现有企业在建设期两年内生产设备投资达到1000万元（含）以上的单个技改项目，按生产设备投资额8%给予补助，补助金额最高不超过500万元。

（十）支持智能制造与两化融合。对首次获得国家级两化融合管理体系贯标示范企业认定的工业企业一次性奖励50万元，对首次获得自治区级两化融合管理体系贯标示范企业认定的工业企业一次性奖励20万元。对首次获得国家级示范智能工厂、示范智能车间、示范智能制造项目认定的工业企业一次性奖励100万元，对首次获得自治区级示范智能工厂、示范智能车间、示范智能制造项目认定的工业企业一次性奖励50万元。

（十一）支持新技术新产品产业化。对获得自治区级以上相关部门鉴定、技术水平达到国内先进以上的新产品，在鉴定有效期内新产品累计销售收入达到1000万元（含）以上的工业企业，按鉴定有效期内新产品累计销售收入2%给予补助，补助金额最高不超过300万元。

（十二）支持技术创新体系建设。对首次获得国家级创业创新示范基地称号的创业创新基地一次性奖励100万元；对首次获得国家级重点实验室、工程技术研究中心、企业技术中心、产品检测中心、国家地方联合工程研究中心认定的企业一次性奖励100万元；对首次获得自治区级创业创新示范基地称号的创业创新基地一次性奖励50万元；对首次建立博士后工作站的企业一次性奖励50万元；对首次获得自治区级工程技术研究中心、企业技术中心、工程研究中心认定的企业一次性奖励20万元。

（十三）支持工业企业创品牌和上规。对首次获得国家级质量品牌认定或表彰的工业企业，给予一次性奖励50万元；对首次获得广西质量品牌认定或表彰的工业企业，给予一次性奖励20万元；对复评获得广西质量品牌认定的工业企业，给予一次性奖励10万元；对我市首次入规的工业企业给予一次性奖励10万元。

五、支持企业扩大投融资

（十四）支持工业企业资金流动性。建立首期规模不低于3000万元的企业转贷应急资金，用于中小企业流动资金贷款的转贷。

（十五）支持引导基金投入。建立三年内总规模达10亿元（含）以上、首期规模不低于2亿元的政府投资引导基金，通过市场化运作，带动金融机构、国有企业及社会资本参与，运用子基金投资和直接股权投资两种方式加大投入优质企业。

六、支持工业要素保障

（十六）降低用地成本。允许工业企业分期缴纳土地出让价款，在首次缴纳不低于50%的前提下最多可分三期缴纳，第二期不低于30%，一年内全部缴清；推动采取弹性年期出让、先租后让、租让结合、长期租赁方式供应国有工业用地。

（十七）降低用电用气用水通信成本。扩大电力市场交易，推动规模以上工业企业用户参与电力市场交易，降低企业用电成本；工业企业规划红线范围内燃气设施建设安装费严格按工程建设安装定额计取，取消燃气开口费、增容费及规划红线外管线分摊等费用；对新开工工业项目，在接水时予以管道安装费在原价格基础上减半优惠；工业园区的企业工业生产用水费用，由供水用水双方协商，给予用水方降低0.1元/吨的优惠。对企业必须消费的电气水热和通信网络等生产经营要素资源，不得违规收取各种押金、保证金、担保金、预付款等费用。

（十八）支持工业人才引进与培养。对龙头企业引进年薪30万元（含）以上的人员，连续3年由市财政按照个人当年缴纳所得税的市本级留成部分的50%予以奖励，对其在公园景点游览、医疗卫生服务、子女就学等方面给予优惠待遇。

本政策中涉及财政支持的条款，其中1、5、10、12、13、14、15条由市财政安排资金对全市企业、项目进行支持，其余条款市财政安排资金仅支持六城区和市属工业园区企业、项目，县（市、区）财政可安排资金参照执行。

本市其他文件与本政策规定不一致的及本政策各同类条款，按就高不就低的原则执行，不得重复享受。本政策措施自2019年1月1日起施行，有效期3年。

桂林市人民政府关于公布2018年桂林市中心城区历史建筑名录的通知

市政〔2019〕10号

各县（市、区）人民政府，高新区、临桂新区、漓江风景名胜区、经济技术开发区、高铁经济产业园管委会，市直各委、办、局，中央、自治区驻桂林各单位，各企事业单位：

为做好我市历史建筑保护工作，根据《历史文化名城名镇名村保护条例》（国务院令第524号）、《中共广西壮族自治区委员会广西壮族自治区人民政府关于加强城市规划建设管理工作的意见》（桂发〔2016〕18号）等文件精神，经全面普查、专家评审和社会公示等程序，市人民政府确定将我市陈公馆等6处近现代建(构)筑物纳入《2018年桂林市中心城区历史建筑名录》,现予公布。

历史建筑是文化遗产的重要组成部分,保护和利用好历史建筑,对于传承和发扬民族优秀文化传统有着重要而深远的意义。各县(市、区)各部门要依照有关规定,进一步贯彻"保护为主、抢救第一、合理利用、加强管理"的工作方针,各司其职,切实做好我市历史建筑的保护、利用和管理工作。

附件:2018年桂林市中心城区历史建筑名录

桂林市人民政府

2019年9月26日

附件

2018年桂林市中心城区历史建筑名录

类型	编号	所在城区	历史建筑名称	所在位置(详细地址)	建筑年代	历史建筑简介	价值范畴
公共建筑	1	雁山区	陈公馆	位于雁山区雁山植物园内	1948年	1947年年初,陈焕镛来到桂林,任广西大学森林系教授兼系主任,讲授植物分类学及拉丁文。陈焕镛来此先住在教授宿舍,由于环境拥挤嘈杂,不甚习惯,两月之后,即返香港度春节。 时任广西大学校长陈剑脩、教务长何杰知情后,向原广西省政府请拨建筑专款,为陈焕镛建造住处。房屋建于雁山水源岭,坐南朝北,与科学馆、森林馆遥遥相对,于1948年春建成。	历史文化价值
	2	七星区	桂林航天工业学院校史馆	位于金鸡路2号,桂林航天工业学院北校区内	20世纪50年代	桂林航天工业学院校史馆建于20世纪50年代,建筑位于金鸡路2号,桂林航天工业学院北校区内,为上下两层楼房结构,建筑面积约400平方米。20世纪50年代至70年代,该建筑所在校区曾是越南陆军军官学校(阮文追陆军学校)旧址,建筑主要用于学生教学。越南战争期间,一大批越南高级军官将领的子女曾在此就读生活。 1979年起,该校划拨给桂林工业经济管理学校(现桂林航天工业学院)使用管理,主要用于学生教学。目前,作为该校建筑历史最悠久的校园建筑,学校将其作为校史馆使用。近年来,中国载人航天办公室主任、中国飞天第一人杨利伟将军,中国工程院院士、神舟号飞船总设计师戚发初,中国工程院院士、著名飞航导弹技术专家刘永才等中国航天知名人士莅临校史馆参观指导。2015年6月,桂林航天工业学院获批为全自治区第六批爱国主义教育基地,每年接待国内外访客近万人次。	历史文化价值
景观建筑	1	七星区	伴月亭	位于七星公园月牙山山道上	清代(1958年、1978年两次重建)	在月牙山山道上,靠近月牙岩,名取随伴月牙岩之意。始建于清代,1958年、1978年两次重建。为4柱、单檐、攒尖顶方亭,长、宽各2.9米,面积8.4平方米,有半月形观景台挑出小东江之上,是俯瞰江水,遥看"花桥虹影"的最佳点。	艺术价值
	2	七星区	碧虚阁	建于七星公园七星岩洞口外的台地上	1975年重修	早年在七星岩洞口建造,于1975年重修。碧虚阁大小亭均利用就地山石作为基础,大亭为二层,底层敞开式,上层装窗扇,可做接待室用,上下有旋转楼梯通道。上下两层自基座层层挑出,屋顶重檐,立面构图借鉴了广西三江程阳桥桥亭形式,带有地方特色。碧虚阁采用钢筋混凝土构架,外檐深红色,水刷石基座,棕黄色漆垂柱,朱黄色水刷石窗槛墙,紫檀色窗格,绿色琉璃瓦顶,内檐朱红色柱,转梯步级水磨石黑白相同,二层坐凳用黑色大理石。地面贴淡棕色马赛克。	艺术价值
	3	七星区	盆景园	位于七星公园,紧邻驼峰茶室南部	1977年扩建	盆景园紧邻驼峰茶室南部,因原有陈列场地过小,于1977年开始扩建。第一期工程包括两个部分。第一部分从入口到山水廊一段,包括4个连续的小庭院,庭院之间以围墙、隔墙、休息亭及篱笆分隔空间并组织游览线路,盆景格架即分组布置在这些墙体上和亭内,一方面便于陈列和观赏盆景,同时也成为建筑装饰的一部分。第二部分从山水廊到水榭一段,包括曲廊、平桥、水榭及其临近的鱼池等,以水池为中心形成一个较大的庭院。曲廊及水榭内也分组布置格架陈列盆景。第一部分是以建筑为主组成的小空间,第二部分是以自然材料(水、石、植物)组成的大空间,形成一定对比。盆景的陈列采取多样化形式,如窗洞式、挑板式、景窗式、博古架式,地景式等,并在墙角、亭边、池畔等处配置一些小点景,使建筑与盆景及点景组成有机的整体。	艺术价值
	4	象山区	南溪山公园白龙桥	位于南溪山与南溪山公园广场之间的南溪河上	1965年	架于南溪山与南溪山公园广场之间的南溪河上,桥侧有著名的白龙井。建于1965年,仿隋代赵州桥风格,建成单拱、钢筋混凝土桥,跨度30米,长30米,宽两端5.5米、主体部分9米,面积210平方米。桥上有亭廊5间,中部3间高于两端2间并向外挑出。亭廊为小坡顶,上盖青瓦,廊栏为水磨石,灰色。整座桥梁具有中国传统桥梁建筑的特点。	艺术价值

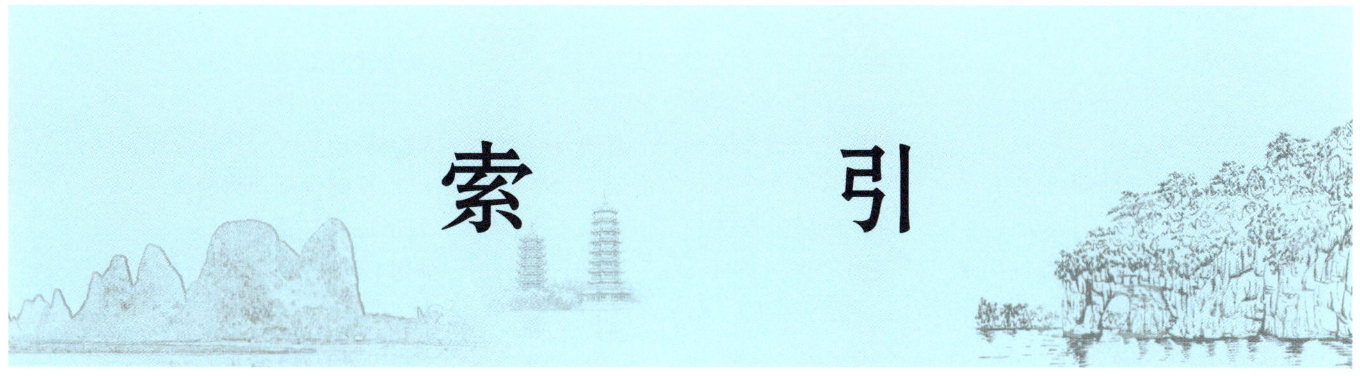

索 引

说 明

一、本索引采用主题分析方法。正文(包括条码、文献、资料和表格)中凡具有独立检索意义的完整资料,均可通过本索引进行检索。

二、主题词词首按汉语拼音字母(同音字按声调)顺序排列。索引范围包括类目、分目、条目、表格标题。正文中的类目、分目在本索引中用黑体字标明,其余款目用宋体字排印。表格在其款目后标明"表"。

三、主题词后的数字表示其所在页码,a、b、c 分别表示左栏、中栏、右栏。

四、同一主题的内容在文中多处出现的,在其款目后用不同的页码标明。空两字起排的款目为上一主题的"附见"。内容有交叉的款目在本索引中重复出现。

五、"编辑说明""市党政机关、直属事业单位、党派团体及其领导人名单""特载""大事记""人物""附录"等栏目不作索引,阿拉伯数字开头的款目排在索引的前面。

H

J

M

N

P

T

W

X

Y

Z